2014

Shanghai Finance Yearbook

上海金融年鉴

上海金融年鉴编辑部 编

上海人民出版社

2013年12月5日，全国社会保障基金会理事会党组书记戴相龙视察上海黄金交易所。

2013年12月5日，“金融支持自贸试验区实体经济推进会”在中国（上海）自由贸易试验区举行。

2013年12月31日，中国人民银行上海总部副主任兼上海分行行长张新看望年终决算员工。

2013年8月7日，上海市金融形势分析会暨货币信贷专题会议召开。

2013年10月15日，上海银监局召开纪念成立十周年暨“为民监管”先进典型事迹交流会。

2013年11月20日，上海证监局局长张思宁在第四届期货机构投资者年会上致辞。

2013年12月26日，上海航运保险协会正式成立。

2013年7月5日，上海期货交易所连续交易正式上线运行。

6.14 信用记录关爱日

你的信用报告，你查过吗？

珍爱信用记录　享受幸福人生

中国人民银行征信中心

CREDIT REFERENCE CENTRE, THE PEOPLE'S BANK OF CHINA

2006年3月，经中编办批准，中国人民银行设立中国人民银行征信中心，作为直属事业单位专门负责企业和个人征信系统（即金融信用信息基础数据库，又称企业和个人信用信息基础数据库）的建设、运行和维护。同时为落实《物权法》关于应收账款质押登记职责规定，征信中心于2007年10月1日建成应收账款质押登记系统并对外提供服务。2008年5月，征信中心正式在上海举行了挂牌仪式，注册地为上海市浦东新区。2013年3月15日施行的《征信业管理条例》，明确了征信系统是由国家设立的金融信用信息基础数据库定位。目前，征信中心在全国31个省和5个计划单列市设有征信分中心。

作为专业化征信机构，征信中心依法履职，积极推进征信系统建设，保障系统安全稳定运行，加快系统升级优化，深入推进服务转型，加强产品研发与应用，切实维护信息主体合法权益，充分发挥征信系统作为我国重要金融基础设施作用，为推动社会信用体系建设做出了积极的贡献。

建成全球规模最大的征信系统。1997年，中国人民银行开始筹建银行信贷登记咨询系统（企业征信系统的前身）。自2004年至2006年，中国人民银行组织金融机构建成全国集中统一的企业和个人征信系统。今天的征信系统，已经建设成为世界规模最大、收录人数最多、收集信息全面、覆盖范围和使用广泛的信用信息基础数据库，基本上为国内每一个有信用活动的企业和个人建立了信用档案。截至2014年4月底，征信系统收录自然人8.4亿多，收录企业及其他组织近2000万户。征信系统全面收集企业和个人的信息。其中，以银行信贷信息为核心，还包括社保、公积金、环保、欠税、民事裁决与执行等公共信息。接入了商业银行、农村信用社、信托公司、财务公司、汽车金融公司、小额贷款公司等各类放贷机构；征信系统的信息查询端口遍布全国各地的金融机构网点，信用信息服务网络覆盖全国。形成了以企业和个人信用报告为核心的征信产品体系，征信中心出具的信用报告已经成为国内企业和个人的“经济身份证”。

征信系统应用广泛、成效显著。征信系统已经在金融机构信用风险管理中广泛应用，有效解决了信息不对称问题，提高了社会公众融资的便利性，创造了更多的融资机会，促进了信贷市场发展。征信系统的广泛应用，显著提高了社会信用意识，进一步促进在全社会形成“守信激励、失信惩戒”的激励约束机制。

今后，征信中心将继续深化服务转型，全面提升可持续发展的能力和水平，把征信系统建设好，努力为全社会提供更加优质高效的征信产品和服务，继续为我国金融体系稳定、社会信用环境改善发挥作用。

地址：

北京办公区：北京市西城区闹市口大街1号长安兴融中心4号楼8层，邮编100031

上海办公区：上海市浦东新区卡园二路108号4号楼，邮编201201

客服电话：

个人征信业务：4008108866

应收账款质押登记：4008858500

网　址：www.pbccrc.org.cn

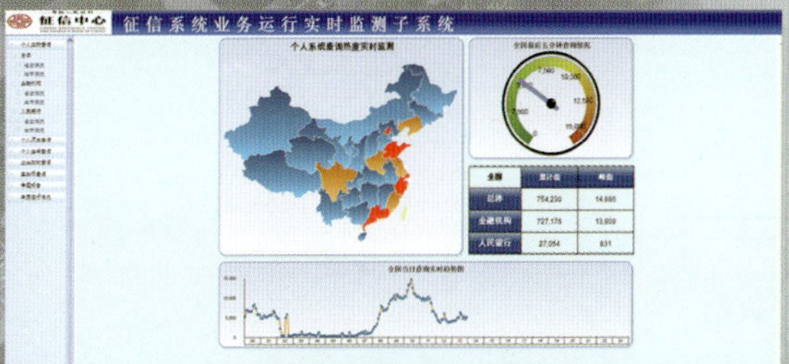

征信系统业务运行实时监测子系统

徽商银行 HUISHANG BANK

2013 年是徽商银行 H 股在香港联交所主板上市之年。面对复杂多变的宏观经济形势，徽商银行认真执行国家宏观调控政策，认真贯彻落实银监会 2013 年监管工作会议以及全省银行业监管会议精神，准确把握经营形势变化，应对挑战，把握机遇，在整体风险可控的前提下，实现了业务平稳较快发展，各项监管指标均达到监管要求，经营管理水平进一步提升。截至年末，全行资产规模 3814.7 亿元；各项存款余额 2747.5 亿元，各项贷款余额（含贴现）1955.2 亿元，分别较年初增长 17.7%、14.7%、19.4%；不良贷款率 0.54%，较年初下降 0.04 个百分点，资产质量得到有效控制，全年实现净利润 50.1 亿元，增长 16.3%。

11月12日，徽商银行H股在香港联交所主板挂牌交易

紧紧围绕全省经济发展重点，不断优化贷款投向，持续加大信贷投放。在优化调整结构的基础上，有效满足了重点融资平台的资金需求；支持皖江示范区、合芜蚌试验区、皖北振兴等重点区域以及省内“861”项目、战略性新兴产业等重点项目；服务中小企业、县域经济等薄弱环节。成功发行 50 亿元小微企业专项金融债，专项用于投放 500 万元以下的小微企业贷款。全年累计在省内投放信贷资金（含贴现）3569 亿元，省内新增贷款（含贴现）235.71 亿元，贷款余额和贷款新增额在省内银行业金融机构中位居前列，有效发挥了地方银行作为支持经济发展的金融生力军和助推器的作用。

持续推进机构网点建设。全年新设 19 家支行，其中 7 家县域支行，12 家城区支行。年末，全行对外营业网点超过 200 家，达到 201 家，其中省内县域支行 43 家，县域支行覆盖率超过 69%。推进社区银行建设，合肥城隍庙支行鼓楼社区银行试点开业。金寨徽银村镇银行顺利开业。

在内部管理上，按照上市银行的标准和要求，持续改进内控管理、风险管理和财务管理，持续调整和优化业务结构，经营管理水平得到全面提升；加强全面风险管理，加强对重点行业、重点领域和区域的风险管控，集中度风险有效降低；推行十二级信贷资产质量分类，提高资产质量精细化管理水平，严格控制新增不良贷款，加大存量不良贷款的处置力度；改进流动性风险等各类风险的管理，持续加大审计检查力度，强化内控评价和合规管理，深入抓好案件防控，全年未发生大案要案和重大责任事故；业务连续性管理工作在全国城商行中名列前茅。

成功在香港联交所上市，成为中部地区首家在香港上市的城市商业银行，募集资金 102 亿元港币。2013 年，全行积极推进启动 H 股 IPO 工作，11 月 12 日实现在香港联交所主板挂牌上市交易，成为第一批登陆境外资本市场的城市商业银行，成为香港资本市场 2010 年以来最大规模的银行业 IPO。

徽商银行与安徽省工商联签署合作协议

徽商银行2013年新员工岗前培训结业仪式

首山资产与证大财富签订战略合作协议

首山资产管理（上海）有限公司在国家关于大力促进互联网金融、民营经济、小微企业发展的精神指引下，成立的新型众筹理财与财富咨询服务公司。是集财富管理、信用风险评估与管理、信用数据整合服务、小额贷款行业投资、小微投资咨询服务与交易促成平台服务等业务于一体的，为客户提供综合的财务解决方案的集团化服务企业。 旗下拥有首山资信（上海）有限公司、首山金融信息服务（上海）有限公司等多家全资子公司。

九江分公司开业照片

公司总部设在上海，率先引入国际先进的信用管理理念，并结合中国的社会信用状况，推出“个人对个人”（“P2P”）的信用贷款服务平台。同时为平台两端的客户提供包括信用咨询、评估、信贷方案制定、协议管理、回款管理等多方面专业的全程信用管理服务。通过首山资本搭建起的信用平台，使两端客户之间的信贷交易行为变得更加安全、高效、专业、规范，实现了显著的社会绩效。

公司致力于成为中国最专业的微金融综合服务机构之一，倡导公益金融、普惠社会的服务理念。

首山文化：

一、战略目标

建立第一流综合性金融服务类集团公司，以信用为基础，立足微金融领域，构建倡导国民信用价值交易体系。

二、企业精神

诚实守信、规范高效、尊重沟通、和谐共赢。

三、企业使命

助力中国诚信环境构建，促进中国个人信用市场发展 。

四、经营方针

快速发展、面向全国、效益第一、追求卓越 。

五、激励方针

目标导向、机制激励、利益共享、机会均等。

首山资产管理(上海)有限公司董事长　首山财富创始人　梁晓伟先生

梁晓伟先生拥有11年金融领域风险控制、市场营销、企业管理等方面的实战经验，历任中国农村信用社（现更名为中国农村商业银行）、中国移动通讯集团、平安金融集团等大型企业风险控制部、市场营销部、银行新渠道（小额信贷部）、拥有中国人民银行、公安系统颁发的银行业关键岗位任职资格。梁晓伟先生是中国小额信用贷款行业最从业人员之一，数家小额信贷公司的共同创始人、投资人。参与过多家金融公司的筹建工作，曾分别担任销售总监，市场总监，总裁助理等重要职务，拥有丰富的小额信用贷款的业务和企业管理经验。

国内首个专业型功能性对冲基金集聚地——上海对冲基金园区于2013年10月18日在虹口北外滩正式开园。

上海对冲基金园区的总体规划围绕“三阶段、三步骤”展开。

第一阶段：基本建成基础设施完备、管理健全的金融服务业产业园区，具备适应金融服务业发展需要的体制、机制和法律环境，基本形成全国有影响力的对冲基金集聚地。

第二阶段：集聚多家国内外知名对冲基金企业，形成海内外对冲基金的集合点。

第三阶段：建设成为国际知名的专业金融产业集聚园区。

对冲基金园区的挂牌成立，进一步推进了金融生态环境的建设。园区与多家金融机构建立了战略协作关系。出台了园区发展扶持办法及实施细则。同时，围绕园区软环境建设，举办了一系列的研讨会和论坛，推动园区做大做强。

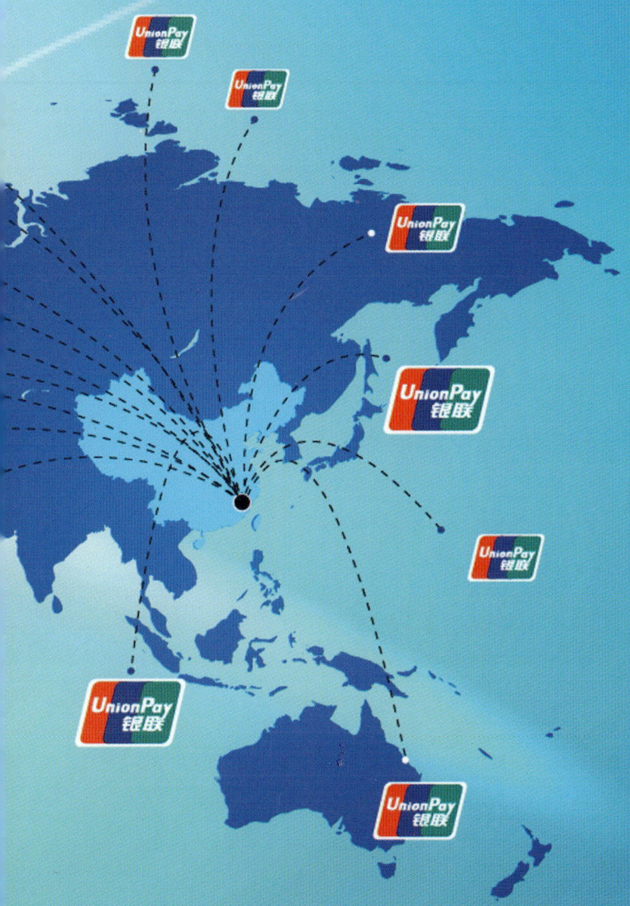

上海黄金交易所
SHANGHAI GOLD EXCHANGE

中国·上海·河南中路 99 号，200001
No.99 Middle Henan Road, 200001, Shanghai China
电话 Tel：+86 21 33189588
传真 Fax：+86 21 33662058

www.sge.com.cn

上海黄金交易所是经国务院批准，由中国人民银行组建，在国家工商行政管理局登记注册的，不以营利为目的，实行自律性管理的法人。交易所于 2002 年 10 月 30 日正式开业，遵循公开、公平、公正和诚实信用的原则组织黄金、白银和铂等贵金属交易。

交易所实行会员制组织形式。现有会员 166 家，包括 8 家外资类银行会员。会员年产金、用金量均占全国的 90%，黄金冶炼能力占全国的 95%。

交易所实行场内集中竞价撮合交易方式，同时提供银行间询价交易。目前，交易品种共分三大类 12 种。其中，黄金、白银有现货实盘和现货延期品种；铂有现货实盘品种。交易所每天交易 10 小时，每晚 21:00 至次日凌晨 2:30 的夜市（周一至周五），与欧美主要黄金市场交易时段吻合。

交易所实行集中、净额、二级的资金清算原则，指定的清算银行包括工、农、中、建等 17 家商业银行。交易所实物交割实行一户一码制”原则，在全国 44 个城市设立 72 家指定仓库，金锭和金条由交易所统一调运配送。交易所对于可提供标准金锭、金条和银锭企业的资格进行认定，认定的金锭企业 35 家、金条企业 23 家，银锭企业 22 家。

Shanghai Gold Exchange (SGE thereafter), approved by the State Council, founded by the People's Bank of China (PBC thereafter) and registered in the State Administration for Industry & Commerce, is a not-for-profit and self-disciplined legal entity. SGE organizes transactions for the precious metals including gold, silver and platinum in accordance with the principle of "Open, Fair, Just and Honest".

SGE adopts a membership system and has totally 166 members, which produce 90% of China's total gold production with the consuming and smelting capacity accounting for 90% and 95% respectively. From 2008, with the approval of PBC, SGE granted the membership licenses to 8 foreign banks. With the active participation of these foreign banks, SGE enjoys the status of being the only exchange in China that has the foreign members.

SGE employs normalized trading for gold, silver and platinum which should meet the strict standard regulated by SGE. At present stage, SGE conducts both spot and deferred trading for gold, silver and platinum with the following 12 trading species: Au99.99, Au99.95, Au50g, Au100g, Au(T+D), Au(T+N), Ag99.9, Ag99.99, Ag(T+D) and Pt99.95. SGE trades 10 hours a day and provides 3 trading sessions: morning session, afternoon session and night session (9:00 pm ~ 2:30 am, from Monday to Friday).

SGE assigns 17 clearing banks including Bank of China, Agricultural Bank of China, Industrial & Commercial Bank of China and China Construction Bank, etc., and conducts the clearing business under the principle of "Concentration, Directness and Net Valuation". Following the principle of "One account one code", SGE sets up 72 assigned vaults in 44 cities all around the country to facilitate its members' storage and delivery business. In addition, SGE appoints 35 domestic refineries to produce standard gold bullion, 23 to produce standard gold bars, and 22 to produce standard silver bullion.

打造中国经济风险管理平台

建设**“社会责任至上，市场功能完备，治理保障科学，运行安全高效”**的世界一流交易所

伴随着中国经济与金融改革步伐的持续加快，中金所将逐步建立权益类、利率类和汇率类三条产品线，为中国实体经济打造一个功能完善的风险管理平台。

中国金融期货交易所
China Financial Futures Exchange
地址：上海市浦东新区世纪大道1600号陆家嘴商务广场6楼(200122) Add:6th Foor,LJZ Plaza,No.1600 Century Avenue,Shanghai 200122,China
Tel:8621－50160666 Fax:8621-50160606 Website:www.cffex.com.cn

中钞国鼎
CHINA GOLDDEAL

产品名称	材质	规格	发行量
金羊玉璧	Au.999+翡翠	40克	1000
		130克	500

公司理念

经营理念

人才是国洲最宝贵资源
拥有共同价值观
专业+持续改进+细节+执行
创新是企业生命之源
平等 开发 透明
学习是工作方式也是生活方式

立业宗旨

我们坚信永恒的价值
热情实现家业梦想
分享每个独特的故事
共同成就丰富人生
和谐成长
生生不息

我们的服务

Server

国洲遵循“一切为客户创造价值”的核心服务理念，通过对客户财务状况、理财需求、投资偏好等综合分析为客户提供一站式咨询、理财规划服务。国洲以客户的需求为己任，在注重完全控制投资风险的情况下，向客户提供优质的服务，从而保障客户资产得以持续、稳健增长。

专注成就卓越 创新引领未来
农银票据
致力票据融资服务，支持经济转型发展！

上海银行
Bank of Shanghai
BOSC Express
上行快线
在线直销银行
上行快线
——与您零距离的银行
触手可及 财富直达
"上行快线"手机客户端
扫一扫 立即下载
"智惠保宝"系列产品
智能存
像活期一样灵活 比定存更高收益
惠理财
私人定制 轻松拥有
安心保
一心二用 理财保险 两不误
快线宝
每一寸光阴 都能沉淀财富
24小时客服热线 95594
www.bankofshanghai.com

上海农商银行 SRCB
ANZ
行無疆 心無限
世界白金鑫卡
全年无限次尊享机场贵宾厅服务[1]
免费机场贵宾接/送服务各1次[2]
全年36次酒后代驾服务[3]
年度高端健康体检服务
高达500万交通意外保险
全国15家高尔夫球场果岭费3至6折[4]
港澳台地区刷万事达卡买名牌享5%返利[5]
20积分兑换1点亚洲万里通/新加坡航空公司航空里程[6]
以上服务内容请详询我行网站www.srcb.com
或致电我行24小时客户服务热线021-962999、4006962999
※ 以上服务限2014年有效
1. 无限次尊享机场贵宾厅服务限2014年有效，每次可携带三名以内亲友进入贵宾厅。
2. 机场接送服务范围为上海虹桥机场或浦东机场至上海市区范围内。
3. 36次酒后代驾服务限2014年有效，服务范围为上海及昆山地区。
4. 需拨打010-65398778预定并使用万事达卡支付。
5. 需登陆www.master5.cn注册万事达“乐游赏”计划。
6. 兑换航空里程以相关航空服务商的具体规定为准。
银联人民币尊尚白金卡
万事达美元世界卡
便捷服务心体验

德意志银行
全球实力 聚集中国
Passion to Perform
Deutsche Bank
德意志银行
浏览www.db.com/china。本广告已获德意志银行(中国)有限公司批准，由其传达，仅供参考。本广告所述服务由德意志银行(中国)有限公司、德意志银行及其下属或相关机
当地适用的法律及规定提供。德意志银行(中国)有限公司2014。

浦发银行
SPD BANK
小微金融
SMALL BUSINESS
新思维·心服务
敢想，敢为
我的明天我开创
无数的微小个体，成就时代的宏图。
用金融力量，启动每个人内心的非凡创想，
浦发银行小微金融，让卓越明天，从此触手可及。
客服热线 95528 www.spdb.com.cn
移动金融
移动通讯金融
Mobile Banking
PAD金融
PAD Banking
微金融
WE Banking

平安银行 真的不一样
中国平安
平安银行
PING AN BANK
DIAMOND
623058 8888888888888
UnionPay
银联
好生意，不等“贷”
快 资料齐全，一天放款
易 一次办理，十年有效，额度循环，随借随还
免 免抵押，免担保，最高能贷100万
省 按日计息，一天也能贷
贷贷平安商务卡，等您来办！
中国平安
保险·银行·投资
平安银行
PING AN BANK
贷贷平安商务卡
•贷贷平安商务卡，是平安银行为小微客户量身定制的以小额信用循环贷款
核心，集融资、结算、理财和综合服务等功能于一体的创新金融产品。
•客户凭二代身份证、营业执照、租赁合同、三个月水电费账单及其他经营资
即可申请办理。
备注：具体资料以我行提供的清单为准
欢迎致电贷贷平安商务卡7*24小时服务热线 4008480888
或浏览平安银行网站 www.bank.pingan.com
贷贷平安商务卡
微信服务平台
微信名称：daidaiping

一、年金

平安养老保险股份有限公司（以下简称“平安养老”）企业年金资产规模始终领跑市场，截至2013年，年金受托加投资规模约1600亿，占五家养老险公司市场份额33%。

平安养老坚持“稳中求进，赢在持续”的投资理念。2013年投资业绩报告显示，平安养老以4.24%综合收益率领先同业，大幅高于市场3.67%平均收益率，拉动0.1%行业整体收益率。其中，单一权益类收益率4.50%，五家养老险公司排名第一，行业21家投管人排名前20%；单一固定收益率4.31%，五家养老险公司排名第二，行业21家投管人排名前家30%。

图一 指数发布现场

二、保险

2013年，保险业务规模137.12亿，其中，短险规模69.62亿，增速17.8%，超市场2.7个百分点，市场占有率22.2%；长险规模67.5亿，增速10.9%，超市场约29个百分点，市场占有率28.1%。截至2013年底，长险存量资产规模达420亿元。

平安养老具有近20年的企业员工综合福利保障管理经验，是中国最大的企业综合福利保障计划提供商。自成立以来，公司累计服务的团体客户超过97万；截至2013年12月底，平安养老正在为6500万有效个人客户提供专业的服务。

图二 年金论坛

三、医保

2013年，平安养老政府业务规模6.35亿，其中，大病保险中标甘肃、重庆、厦门等13个项目，保费规模5亿，覆盖人群1500万，市场排名第三。自2000年起，平安养老参与城镇职工大病保险试点，摸索出因地制宜的合作模式。并由沪上首届十大金融家杜永茂董事长领衔，一流高管、服务团队精心打造厦门、乐山、昆明、甘肃、重庆等大病保险服务模式。前端合署办公，后端集中运作的“厦门模式”，被新华社誉为“平安范式”。此外，自主研发的“医路平安”政府业务专属系统，增强风控能力、提升服务品质，确保政府业务可持续运行。

四、公益

过去两年，平安养老先后发布企业员工福利保障指数和职工养老储备指数，旨在弥补市场空白，推动国家社会保障体系的完善。

在2013年四川雅安地震、厦门BRT公交车起火事故及青岛中石化爆燃事故等重大灾难事件中，平安养老第一时间抵达现场，开通快速理赔通道，提供急难救助服务，并开展内部捐献活动；迄今为止，平安养老险累计为外部慈善组织或内部捐款约500余万元；同时，长期持续开展无偿献血、希望小学、养老院等公益活动。

图三 安徽签约

图片说明

图一：2013年9月，平安养老联合社科院首发《中国职工养老储备指数》。调研发现，2013年中国职工养老储备总指数为60.6，处于“基本水平”下限，基本满足养老储备要求，但仍有较大提升空间。图为杜永茂董事长与人社部相关领导及社科院专家共同揭晓2013中国职工养老储备指数。

图二：2014年5月，由平安养老保险股份有限公司主办、以“稳中求进、赢在持续”为主题的“2014年平安养老年金投资论坛”在北京召开。图为平安养老董事长兼CEO杜永茂先生致辞。

图三：2013年8月，平安集团与合肥市政府签署战略合作协议，未来，双方将在机构设立、项目建设、投融资服务、保险业务、银行结算等方面开展合作。图为平安养老董事长兼CEO杜永茂代表平安集团与合肥市委常委、市政府常务副市长韩冰签署合作协议。

图四 青岛签约

图四：2014年2月，平安养老与青岛市社会保险事业局在青岛签署就“引入第三方服务暨建立新型经办服务模式试点”的合作协议。图为青岛市社保局局长耿成亮与平安养老副总经理张林、平安养老副总经理鞠维萍签署协议。

2011年467位 2012年450位 2013年429位
坚持铸就卓越
中国太平洋保险
蝉联财富世界500强
名列384位
太平洋保险 在你身边
全国客户服务电话
SERVICE CENTER
95500
了解更多详情
欢迎访问官网
www.cpic.com.cn
太平洋保险
CPIC

诚信为本　创造卓越价值

绿地®金融

绿地金融控股集团成立于2011年，是绿地集团着力打造的战略性金融投资平台。立足于“大金融+大资管”的核心目标，绿地金融在现有已开展的金融投资、房地产基金、小额贷款、融资担保、金融资产交易中心、典当等金融产业基础上，积极拓展保险、信托、资产管理、融资租赁、创业投资、财富管理、兼并收购、海外投资等领域的业务空间，全力打造金融全产业链。

成立以来，绿地金融已入股上海农村商业银行、锦州银行、东方证券等多家机构，设立贵州绿地金融资产交易中心，并与贵州、江西、浙江开展全面金融合作，在上海、宁波、贵阳、重庆、南昌、青岛等城市设立一批小额贷款公司，迅速崛起成为绿地集团新的利润增长点。2014年7月，绿地金融成功加入联合国全球契约组织及“负责任投资组织”（PRI），成为国内继国家开发银行、中国工商银行之后唯一加入该组织的金融控股集团。

绿地金融母公司——绿地集团，始创于1992年7月，经营范围涉及房地产、金融、能源、文化等产业领域，在2014年《财富》世界企业500强中位列第268位，较去年大幅上升91位，并在上榜的中国企业中位列第40位。2013年集团实现业务经营收入超过3283亿元，较上年增长33%，利税总额280亿元，年末总资产3533亿元。

作为市场化运作的金融产业，绿地金融依托雄厚的集团背景和创新的商业模式，以“地产的金融”为建设目标，打造自身的核心能力和行业细分优势，并凭借专业的投资和运营管理团队整合各领域资源，将独特的经营理念广泛植入中国最具发展活力和高增长潜力区域，努力寻求风险可控下的投资良机，秉承“专业、诚信、可靠、实力”的发展原则，为投资人和合作伙伴以及社会经济创造无限价值。

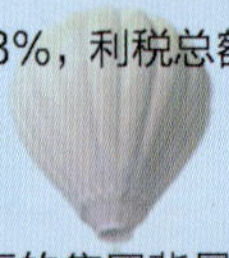

绿地金融投资控股集团有限公司

地 址：黄浦区龙华东路868号办公A楼15楼1508室

电 话：021-53012999　传 真：021-53188898　邮 编：200023

杉德®

www.Sandpay.com.cn

杉木成林 同心协德

杉德巍康企业服务有限公司

成立于2005年3月，是由上海科技投资股份有限公司（国有投资公司）、上海强生控股股份有限公司（国有控股上市公司）、上海杉瑞投资有限公司等共同投资成立的一家企业服务公司，注册资金为人民币12460万元。

公司倾力建立标准化的系统运营、管理服务平台。为全国卖场、超市、百货、餐饮等企业提供定制会员卡的技术、运营服务。为支付机构提供收单系统开发、为第三方支付企业提供软件开发和系统集成方案。7X24小时全天候的专业化运营管理团队，确保系统的安全、持续、稳定、可靠运行。

2011年，公司全资设立了杉德电子商务服务有限公司和上海杉德支付网络服务发展有限公司，并于2011年相继获得中国人民银行支付业务许可证。

杉德电子商务服务有限公司

注册资金23051万元，总部位于上海。2011年5月18日，公司获中国人民银行首批颁发的《支付业务许可证》，经核准专业从事全国范围银行卡收单、互联网支付、移动电话支付业务。杉德电商定位全国性金融支付服务领导企业，致力于为特约商户和持卡人提供全方位的金融支付解决方案和安全、高效、优质的金融专业化服务。

上海杉德支付网络服务发展有限公司

公司成立于2011年6月，由杉德巍康企业服务有限公司全资组建，注册资金一亿元人民币，总部设于上海。2011年12月22日，公司获中国人民银行颁发的《支付业务许可证》，经核准专业从事预付卡发行与受理业务。

杉德支付专注预付卡产品的综合解决方案，致力打造中国领先的预付卡服务平台。为企业、个人客户提供高效、准确、便捷的预付卡支付和受理环境，截止到2014年6月，在上海已经有30000多家网店可以持卡消费，涵盖包括超市、百货、餐饮等商户，与全国近10万家企业成为合作伙伴，为超过3000万消费者提供杉德卡的优质服务。

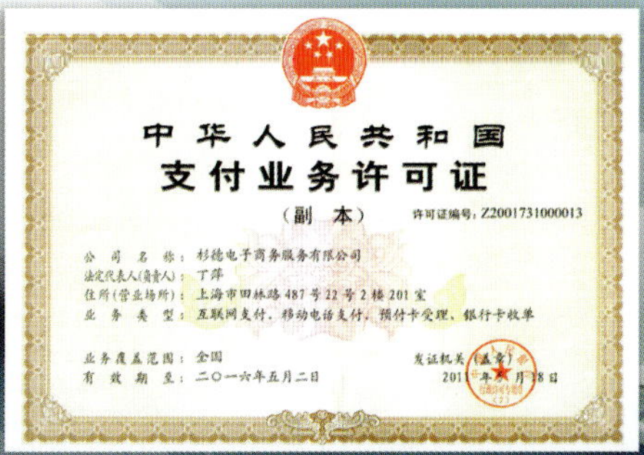

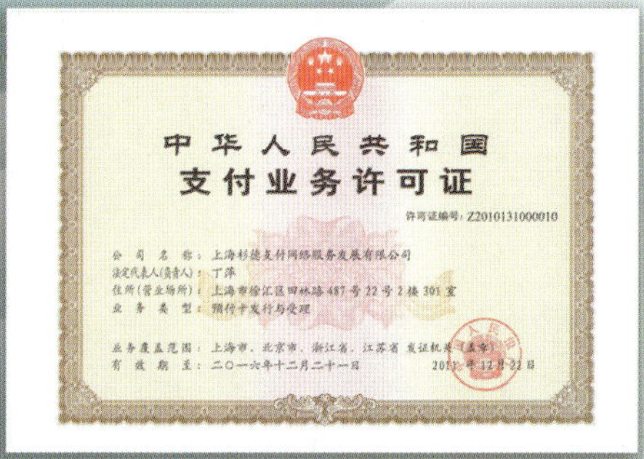

巍康企业服务有限公司　杉德电子商务服务有限公司　上海杉德支付网络服务发展有限公司

市徐汇区田林路487号宝石园22号楼杉德大厦　电话:(021)24013777　客服热线:(021)962567　官网:www.sandpay.com.cn

瑞得卡
刷出便利生活
小额便民支付
可在菜场使用的多用途预付卡
买菜、吃饭、购物，一卡在手，小额支付轻松搞定！
记账、缴付、积分换礼，一卡在手，乐享便捷生活！
芯片卡设计 √
安全有保障
实名制认证 √
补办更方便
消费有单据 √
记账更简单
手机充值 √
充值更快捷
买菜刷卡 √
减少残币杜绝假币
账单缴付 √
一键轻松搞定
积分送礼 √
乐享便捷生活
乐购
TESCO
农工商
大润发
RT-Mart
家得利
JIADELI SUPERMARKET
味之都
红宝石
顺风大酒店
烟波亭
Food-Pavilion
商户
万有全菜场
八仙得菜场
巨鹿菜场
< 菜场 >
刷出便利生活
卡点:上海瑞得企业服务有限公司
址:上海市黄浦区166号一楼
电话:400-820-0108

上海普陀并购金融集聚区

上海普陀并购金融集聚区以长风生态商务区为中心，以长风金融港为核心，规划用地面积约3平方公里。其中办公楼、商贸会展和商业娱乐设施225万平方米；高尚住宅70余万平方米；社区中心、学校、医院、体育馆等公建设施20余万平方米，整体绿化率超过50%。

上海普陀并购金融集聚区依托上海联合产权交易所和长风金融港，借助政策支持、制度创新、平台建设等手段，大力集聚并购金融要素与金融机构，将构建企业兼并重组的综合性功能平台，规划打造一个市场化运作的并购金融集聚高地，使之成为上海乃至中国主要并购金融业务的辐射中心。

上海联合产权交易所是综合性产权交易服务机构，是集物权、债权、股权、知识产权等交易服务为一体的专业化市场平台。

长风金融港已吸引100余家股权投资管理及股权基金入驻，募集资金150亿元，对外投资46亿元，为发展并购金融打下了重要基础。其中国盛、平易、联创、长盈等有实力、有品牌的基金都有从事和扩展并购业务的系统规划。

上海普陀并购金融集聚区的核心功能

（一）提升并购交易效率

合理界定政府部门在并购活动中的功能作用；强化监督管理，制定经济安全预警机制；完善产权交易市场，推进并购活动向市场化规范化发展；拓宽并购交易活动融资渠道；丰富并购重组支付工具；拓宽并购基金退出渠道；协助企业做好并购后的整合工作。

（二）降低并购交易成本

规范产权交易，促进并购交易发展；完善市场信用机制；规范中介机构管理，支持中介机构发展；协助企业控制并购交易成本。

（三）出台系列扶持措施

与《上海普陀并购金融集聚区规划建设方案》相配套的《上海普陀并购金融集聚区配套政策》已经出台。

（四）搭建多层次并购信息平台

上海普陀并购金融集聚区建设目标：三年建成为上海市上海普陀并购金融集聚区；五年内打造成中国上海普陀并购金融集聚区，形成上海作为国际金融中心建设的东西格局。

中国金币
CHINA GOLD COIN

陶冶情操
积累财富

上海崇明沪农商村镇银行

SHANGHAI CHONGMING SRCB RURAL BANK

【上海崇明沪农商村镇银行拳头产品】

——农民专业合作社贷款

近几年崇明县农民专业合作社发展地如火如荼，目前已有1700多家农民专业合作社注册成立，其中48家被评为市级示范农民专业合作社，涉及种植业、养殖业、农机服务业、农产品加工销售及农业旅游等多个产业。十二五期间崇明县将发展150家县级专业合作社，其中50家市级专业合作社。

我行坚持服务三农小微的宗旨，重点扶持农民专业合作社，并将农民专业合作社贷款发展成为我行的拳头产品。我行目前发放该类贷款67户、2.26亿元、占各项贷款余额21%，较年初增长4200万元、增幅23%。

【主要工作措施】

1、我行积极主动与县农委、绿联会保持联系，了解目前农民专业合作社发展现状，对其贷款需求进行了调查、摸底，专门制订了相关制度和业务流程，加大了对农民专业合作社及其成员的信贷支持。同时，把种植业、养殖业和农产品加工业纳入我行信贷支持的重点对象，实行宽松的信贷政策，根据其实际经营管理情况追加一定的贷款授信额度，并对合作社及其成员贷款一律给予基准利率。

2、提供快捷、优质服务，贷款的相关制度上有明确的贷款操作时间限制；在各个贷款流程环节尽量缩短工作时间；贷款审批人、营销部门经理、信贷员同时介入到贷款调查过程，减少贷款决策、审批时间；不固定贷审会时间，做到特事特办、急事急办，一般贷款审查结束即时召开贷审会。

3、采取多种担保方式，在确保风险的前提下，满足不同农民专业合作社的信贷需求。抵押担保36户12218万元、县融资担保中心保证8户3380万元，安信农保投保31户2081万元。

上海浦东建信村镇银行有限责任公司于2010年12月21日正式成立，注册资本15,000万元，由中国建设银行股份有限公司作为发起人，股东单位分别为：上海城投资产经营有限公司、上海新华发行集团有限公司、上海东方惠金文化产业创业投资有限公司、上海建工集团股份有限公司、上海江东土地房地产开发有限公司。注册地址位于上海市浦东新区川沙新镇北市街26号。

上海浦东建信村镇银行是一家定位服务于中小企业和“三农”的新型金融机构。开业至今，始终秉承“诚实守信，快捷高效”的经营方针，立足浦东，全力为“三农”和中小企业提供金融服务。在合规经营的前提下，充分体现独立法人机构的的服务优势，及时响应客户需求，从而更好促进区域经济发展。

上海浦东建信村镇银行将努力成为一家具有业务特色、产品创新、市场知名度的“精品村镇银行”。

人民币：全球贸易和投资新选择
中国银行，您的跨境人民币业务首选银行
中国银行跨境人民币业务
中国银行跨境人民币业务，传承百年国际业务精髓，把握全球经济金融脉搏，保持海内外市场领先地位，以遍布全球的清算网络、丰富的金融产品和精湛的专业技术，为您量身打造综合性跨境及离岸人民币服务方案，为您的全球贸易和投资活动提供新的选择，注入新的活力。
更多精彩@中国银行
BANK OF

上海金融年鉴编辑委员会

金融机构组稿及编写人员

丁露园　于　岚　于　萍　马国标　马岫辰　马雪园　云　松　仉乐央
王　枫　王　亮　王　俭　王　娜　王　峥　王　峻　王　艳　王　骏
王　斌　王　楠　王　颖　王小玲　王怡龙　王晓蕊　王海生　王梦遥
王婷婷　王晶佳　邓舒仁　付　迟　付　玥　冯秋波　史美玲　叶文辉
叶银龙　乔瑜婵　任亚军　刘　波　刘　俊　刘　然　刘中晖　刘芙蓉
刘国辉　刘建飞　刘姚莹　印怡菁　吕　沂　孙　巍　孙卫东　孙安乐
安海王　庄　飞　朱　双　朱庆国　朱坚强　朱明宝　朱皑韬　朱德拉
江雯静　汤钟尧　许弘弢　许伟为　许艳琳　齐媛媛　严瑾瑜　何成钢
何秋翔　何新海　余怡琳　吴　勐　吴晓均　吴睿佳　宋　玮　宋卫平
宋书瑶　张　天　张　平　张　宇　张　应　张　欣　张　波　张　炜
张　彬　张　蕾　张立平　张丽华　张希铭　张金子　张冠琼　张秋龙
张晓奇　张靖婧　李　旻　李　茜　李　峰　李　浩　李　菁　李　媛
李大军　李向瑾　李红霞　李岳岩　李敬喜　李雅颖　杨　可　杨　吉
杨　清　杨　逸　杨丽玲　杨胜利　汪光炎　沈　怡　沈鸣镝　沈晓理
狄　菲　肖瑞林　邱　杰　邱晨祎　邵宗玮　陆　清　陆怡隽　陆维熠
陆蓉晖　陈　昊　陈　科　陈　轶　陈　晗　陈伟华　陈红民　陈佳佳
陈彦娟　陈秋敏　陈锴锟　周　琪　周　颖　周　懿　周玉钦　周玉媛
周妙燕　周胜胜　周海静　孟　晶　季子悦　尚有胜　林　文　林婷彦
林越育　欧阳栋樑　罗敏茜　范　璐　郑　飞　郑　拓　金　麟　金麒琪
俞剑辉　姚青翔　姜天鹰　施玲烨　段　嬴　胡　健　胡洁如　胡涵彬
胡繁俊　骆　影　唐晓雪　唐燕清　夏　乐　夏　鹏　奚　慰　奚尊夏
徐　宇　徐佳贤　徐明奇　徐明昌　殷俊明　殷贵梅　秦志淮　翁　璇
袁　航　诸惠峰　谈建军　贾勤文　郭　居　钱雪莲　顾文硕　顾凌娴
顾静文　高　晨　高　翔　高　鹰　高桂莹　曹　阳　曹凤晶　曹思思
曹慧婷　黄　伟　黄　琦　傅佳伟　傅晓云　储灿春　温　浩　程　岚
程宏勇　葛钱森　董　宇　蒋　晨　蒋　薇　蒋霞英　谢　放　谢　欣
谢晞德　韩　丽　韩梦婷　虞滢凯　裘　亮　褚　伟　褚悦闻　解文才
潘　纬　操基平　薛晨鸣　戴旭闽　魏　维　魏博文

编辑说明

一、作为大型金融资料性文献书刊，本卷年鉴为《上海金融年鉴》总第十四卷，全方位记录2013年上海金融工作的基本情况和重要信息，具有很高的资料价值，供金融界和广大读者参考和使用。

二、本卷年鉴秉承《上海金融年鉴》一贯的方针，内容涵盖银行业、证券业、保险业和其他金融机构一年来的主要业绩，力求真实齐备。

三、本卷年鉴共分十一篇，第一篇综合，第二篇银行，第三篇证券，第四篇保险，第五篇市场，第六篇统计，第七篇法规，第八篇文化，第九篇人物，第十篇长三角金融，第十一篇机构名录。另加附录，内容为长三角金融大事记、上海市贷款企业资信A级汇编和上海金融创新奖获奖项目名单。

四、本卷年鉴“长三角金融篇”，反映上海、江苏、浙江、安徽三省一市金融合作和发展情况，为上海国际金融中心建设服务。

五、本卷年鉴“统计篇”中，有些项目口径经过调整，如与上年年鉴数据不一致，请以本卷为准。

六、本卷年鉴“人物篇”中，先进劳模和商业金融机构负责人均以各部门或单位所提供的资料为限，新闻人物由媒体评选产生。

七、本卷年鉴稿件由本编辑部予以整理与编辑，以期全书在风格上有所统一。

八、为方便读者查阅检索，在卷末设置主题索引，按照首字汉语拼音排列。

九、书稿在编辑过程中，得到了中国银行业监督管理委员会上海监管局、中国证券监督管理委员会上海监管局、中国保险监督管理委员会上海监管局、上海市金融服务办公室、《上海保险年鉴》编辑部以及各中外金融单位的大力支持，还得到中国人民银行南京分行、杭州中心支行和合肥中心支行等具体协助，并由上海人民出版社负责出版工作，在此一并致谢。

《上海金融年鉴》编辑部

2014年10月

目　录

第三篇　证　　券

第四篇　保　　险

第五篇 市 场

第六篇 统 计

第七篇　法　　规

第八篇　文　　化

第九篇　人　　物

第十篇　长三角金融

第十一篇　机 构 名 录

附　录

Catalogue

Chapter 1 Overview

Chapter 2 Banking

Chapter 3 Securities

Chapter 4 Insurance

Chapter 5 Financial Market

Chapter 6 Statistics

Chapter 7 Laws and Regulations

Chapter 8 Culture

Chapter 9 People

Chapter 10 Finance at Yangtze River Delta

Appendix

第一篇　综　　合

一、中国(上海)自由贸易试验区

1. 国务院关于印发中国(上海)自由贸易试验区总体方案的通知

国发〔2013〕38号　2013年9月18日

各省、自治区、直辖市人民政府，国务院各部委、各直属机构：

国务院批准《中国(上海)自由贸易试验区总体方案》(以下简称《方案》)，现予印发。

一、建立中国(上海)自由贸易试验区，是党中央、国务院作出的重大决策，是深入贯彻党的十八大精神，在新形势下推进改革开放的重大举措，对加快政府职能转变、积极探索管理模式创新、促进贸易和投资便利化，为全面深化改革和扩大开放探索新途径、积累新经验，具有重要意义。

二、上海市人民政府要精心组织好《方案》的实施工作。要探索建立投资准入前国民待遇和负面清单管理模式，深化行政审批制度改革，加快转变政府职能，全面提升事中、事后监管水平。要扩大服务业开放，推进金融领域开放创新，建设具有国际水准的投资贸易便利、监管高效便捷、法制环境规范的自由贸易试验区，使之成为推进改革和提高开放型经济水平的"试验田"，形成可复制、可推广的经验，发挥示范带动、服务全国的积极作用，促进各地区共同发展。有关部门要大力支持，做好协调配合、指导评估等工作。

三、根据《全国人民代表大会常务委员会关于授权国务院在中国(上海)自由贸易试验区暂时调整有关法律规定的行政审批的决定》，相应暂时调整有关行政法规和国务院文件的部分规定。具体由国务院另行印发。

《方案》实施中的重大问题，上海市人民政府要及时向国务院请示报告。

附件

中国(上海)自由贸易试验区总体方案

建立中国(上海)自由贸易试验区(以下简称试验区)是党中央、国务院作出的重大决策，是深入贯彻党的十八大精神，在新形势下推进改革开放的重大举措。为全面有效推进试验区工作，制定本方案。

一、总体要求

试验区肩负着我国在新时期加快政府职能转变、积极探索管理模式创新、促进贸易和投资便利化，为全面深化改革和扩大开放探索新途径、积累新经验的重要使命，是国家战略需要。

(一) 指导思想

高举中国特色社会主义伟大旗帜，以邓小平理论、"三个代表"重要思想、科学发展观为指导，紧紧围绕国家战略，进一步解放思想，坚持先行先试，以开放促改革、促发展，率先建立符合国际化和法治化要求的跨境投资和贸易规则体系，使试验区成为我国进一步融入经济全球化的重要载体，打造中国经济升级版，为实现中华民族伟大复兴的中国梦作出贡献。

(二) 总体目标

经过两至三年的改革试验，加快转变政府职能，积极推进服务业扩大开放和外商投资管理体制改革，大力发展总部经济和新型贸易业态，加快探索资本项目可兑换和金融服务业全面开放，探索建立货物状态分类监管模式，努力形成促进投资和创新的政策支持体系，着力培育国际化和法治化的营商环境，力争建设成为具有国际水准的投资贸易便利、货币兑换自由、监管高效便捷、法制环境规范的自由贸易试验区，为我国扩大开放和深化改革探索新思路和新途径，更好地为全国服务。

(三) 实施范围

试验区的范围涵盖上海外高桥保税区、上海外高桥保税物流园区、洋山保税港区和上海浦东机场综合保税区等4个海关特殊监管区域，并根据先行先试推进情况以及产业发展和辐射带动需要，逐步拓展实施范围和试点政策范围，形成与上海国际经济、金融、贸易、航运中心建设的联动机制。

二、主要任务和措施

紧紧围绕面向世界、服务全国的战略要求和上海"四个中心"建设的战略任务，按照先行先试、风险可控、分步推进、逐步完善的方式，把扩大开放与体制改革相结合，把培育功能与政策创新相结合，形成与国际投资、贸易通行规则相衔接的基本制度框架。

（一）加快政府职能转变

1. 深化行政管理体制改革。加快转变政府职能，改革创新政府管理方式，按照国际化、法治化的要求，积极探索建立与国际高标准投资和贸易规则体系相适应的行政管理体系，推进政府管理由注重事先审批转为注重事中、事后监管。建立一口受理、综合审批和高效运作的服务模式，完善信息网络平台，实现不同部门的协同管理机制。建立行业信息跟踪、监管和归集的综合性评估机制，加强对试验区内企业在区外经营活动全过程的跟踪、管理和监督。建立集中统一的市场监管综合执法体系，在质量技术监督、食品药品监管、知识产权、工商、税务等管理领域，实现高效监管，积极鼓励社会力量参与市场监督。提高行政透明度，完善体现投资者参与、符合国际规则的信息公开机制。完善投资者权益有效保障机制，实现各类投资主体的公平竞争，允许符合条件的外国投资者自由转移其投资收益。建立知识产权纠纷调解、援助等解决机制。

（二）扩大投资领域的开放

2. 扩大服务业开放。选择金融服务、航运服务、商贸服务、专业服务、文化服务以及社会服务领域扩大开放（具体开放清单见附件），暂停或取消投资者资质要求、股比限制、经营范围限制等准入限制措施（银行业机构、信息通信服务除外），营造有利于各类投资者平等准入的市场环境。

3. 探索建立负面清单管理模式。借鉴国际通行规则，对外商投资试行准入前国民待遇，研究制订试验区外商投资与国民待遇等不符的负面清单，改革外商投资管理模式。对负面清单之外的领域，按照内外资一致的原则，将外商投资项目由核准制改为备案制（国务院规定对国内投资项目保留核准的除外），由上海市负责办理；将外商投资企业合同章程审批改为由上海市负责备案管理，备案后按国家有关规定办理相关手续；工商登记与商事登记制度改革相衔接，逐步优化登记流程；完善国家安全审查制度，在试验区内试点开展涉及外资的国家安全审查，构建安全高效的开放型经济体系。在总结试点经验的基础上，逐步形成与国际接轨的外商投资管理制度。

4. 构筑对外投资服务促进体系。改革境外投资管理方式，对境外投资开办企业实行以备案制为主的管理方式，对境外投资一般项目实行备案制，由上海市负责备案管理，提高境外投资便利化程度。创新投资服务促进机制，加强境外投资事后管理和服务，形成多部门共享的信息监测平台，做好对外直接投资统计和年检工作。支持试验区内各类投资主体开展多种形式的境外投资。鼓励在试验区设立专业从事境外股权投资的项目公司，支持有条件的投资者设立境外投资股权投资母基金。

（三）推进贸易发展方式转变

5. 推动贸易转型升级。积极培育贸易新型业态和功能，形成以技术、品牌、质量、服务为核心的外贸竞争新优势，加快提升我国在全球贸易价值链中的地位。鼓励跨国公司建立亚太地区总部，建立整合贸易、物流、结算等功能的营运中心。深化国际贸易结算中心试点，拓展专用账户的服务贸易跨境收付和融资功能。支持试验区内企业发展离岸业务。鼓励企业统筹开展国际国内贸易，实现内外贸一体化发展。探索在试验区内设立国际大宗商品交易和资源配置平台，开展能源产品、基本工业原料和大宗农产品的国际贸易。扩大完善期货保税交割试点，拓展仓单质押融资等功能。加快对外文化贸易基地建设。推动生物医药、软件信息、管理咨询、数据服务等外包业务发展。允许和支持各类融资租赁公司在试验区内设立项目子公司并开展境内外租赁服务。鼓励设立第三方检验鉴定机构，按照国际标准采信其检测结果。试点开展境内外高技术、高附加值的维修业务。加快培育跨境电子商务服务功能，试点建立与之相适应的海关监管、检验检疫、退税、跨境支付、物流等支撑系统。

6. 提升国际航运服务能级。积极发挥外高桥港、洋山深水港、浦东空港国际枢纽港的联动作用，探索形成具有国际竞争力的航运发展制度和运作模式。积极发展航运金融、国际船舶运输、国际船舶管理、国际航运经纪等产业。加快发展航运运价指数衍生品交易业务。推动中转集拼业务发展，允许中资公司拥有或控股拥有的非五星旗船，先行先试外贸进出口集装箱在国内沿海港口和上海港之间的沿海捎带业务。支持浦东机场增加国际中转货运航班。充分发挥上海的区域优势，利用中资“方便旗”船税收优惠政策，促进符合条件的船舶在上海落户登记。在试验区实行已在天津试点的国际船舶登记政策。简化国际船舶运输经营许可流程，形成高效率的船籍登记制度。

（四）深化金融领域的开放创新

7. 加快金融制度创新。在风险可控前提下，可在试验区内对人民币资本项目可兑换、金融市场利率市场化、人民币跨境使用等方面创造条件进行先行先试。在试验区内实现金融机构资产方价格实行市场化定价。探索面向国际的外汇管理改革试点，建立与自由贸易试验区相适应的外汇管理体制，全面实现贸易投资便利化。鼓励企业充分利用境内外两种资源、两个市场，实现跨境融资自由化。深化外债管理方式改革，促进跨境融资便利化。深化跨国公司总部外汇资金集中运营管理试点，促进跨国公司设立区域性或全球性资金管理中心。建立试验区金融改革创新与上海国际金融中心建设的联动机制。

8. 增强金融服务功能。推动金融服务业对符合条件的民营资本和外资金融机构全面开放，支持在试验区内设立外资银行和中外合资银行。允许金融市场在试验区内建立面向国际的交易平台。逐步允许境外企业参与商品期货交易。鼓励金融市场产品创新。支持股权托管交易机构在试验区内建立综合金融服务平台。支持开展人民币跨境再保险业务，培育发展再保险市场。

（五）完善法制领域的制度保障

9. 完善法制保障。加快形成符合试验区发展需要的高标准投资和贸易规则体系。针对试点内容，需要停止实施有关行政法规和国务院文件的部分规定的，按规定程序办理。其中，经全国人民代表大会常务委员会授权，暂时调整《中华人民共和国外资企业法》、《中华人民共和国中外合资经营企业法》和《中华人民共和国中外合作经营企业法》规定的有关行政审批，自 2013 年 10 月 1 日起在三年内试行。各部门要支持试验区在服务业扩大开放、实施准入前国民待遇和负面清单管理模式等方面深化改革试点，及时解决试点过程中的制度保障问题。上海市要通过地方立法，建立与试点要求相适应的试验区管理制度。

三、营造相应的监管和税收制度环境

适应建立国际高水平投资和贸易服务体系的需要，创新监管模式，促进试验区内货物、服务等各类要素自由流动，推动服务业扩大开放和货物贸易深入发展，形成公开、透明的管理制度。同时，在维护现行税制公平、统一、规范的前提下，以培育功能为导向，完善相关政策。

（一）创新监管服务模式

1. 推进实施“一线放开”。允许企业凭进口舱单将货物直接入区，再凭进境货物备案清单向主管海关办理申报手续，探索简化进出境备案清单，简化国际中转、集拼和分拨等业务进出境手续；实行“进境检疫，适当放宽进出口检验”模式，创新监管技术和方法。探索构建相对独立的以贸易便利化为主的货物贸易区域和以扩大服务领域开放为主的服务贸易区域。在确保有效监管的前提下，探索建立货物状态分类监管模式。深化功能拓展，在严格执行货物进出口税收政策的前提下，允许在特定区域设立保税展示交易平台。

2. 坚决实施“二线安全高效管住”。优化卡口管理，加强电子信息联网，通过进出境清单比对、账册管理、卡口实货核注、风险分析等加强监管，促进二线监管模式与一线监管模式相衔接，推行“方便进出，严密防范质量安全风险”的检验检疫监管模式。加强电子账册管理，推动试验区内货物在各海关特殊监管区域之间和跨关区便捷流转。试验区内企业原则上不受地域限制，可到区外再投资或开展业务，如有专项规定要求办理相关手续，仍应按照专项规定办理。推进企业运营信息与监管系统对接。通过风险监控、第三方管理、保证金要求等方式实行有效监管，充分发挥上海市诚信体系建设的作用，加快形成企业商务诚信管理和经营活动专属管辖制度。

3. 进一步强化监管协作。以切实维护国家安全和市场公平竞争为原则，加强各有关部门与上海市政府的协同，提高维护经济社会安全的服务保障能力。试验区配合国务院有关部门严格实施经营者集中反垄断审查。加强海关、质检、工商、税务、外汇等管理部门的协作。加快完善一体化监管方式，推进组建统一高效的口岸监管机构。探索试验区统一电子围网管理，建立风险可控的海关监管机制。

（二）探索与试验区相配套的税收政策

4. 实施促进投资的税收政策。注册在试验区内的企业或个人股东，因非货币性资产对外投资等资产重组行为而产生的资产评估增值部分，可在不超过5年期限内，分期缴纳所得税。对试验区内企业以股份或出资比例等股权形式给予企业高端人才和紧缺人才的奖励，实行已在中关村等地区试点的股权激励个人所得税分期纳税政策。

5. 实施促进贸易的税收政策。将试验区内注册的融资租赁企业或金融租赁公司在试验区内设立的项目子公司纳入融资租赁出口退税试点范围。对试验区内注册的国内租赁公司或租赁公司设立的项目子公司，经国家有关部门批准从境外购买空载重量在25吨以上并租赁给国内航空公司使用的飞机，享受相关进口环节增值税优惠政策。对设在试验区内的企业生产、加工并经"二线"销往内地的货物照章征收进口环节增值税、消费税。根据企业申请，试行对该内销货物按其对应进口料件或按实际报验状态征收关税的政策。在现行政策框架下，对试验区内生产企业和生产性服务业企业进口所需的机器、设备等货物予以免税，但生活性服务业等企业进口的货物以及法律、行政法规和相关规定明确不予免税的货物除外。完善启运港退税试点政策，适时研究扩大启运地、承运企业和运输工具等试点范围。

此外，在符合税制改革方向和国际惯例，以及不导致利润转移和税基侵蚀的前提下，积极研究完善适应境外股权投资和离岸业务发展的税收政策。

四、扎实做好组织实施

国务院统筹领导和协调试验区推进工作。上海市要精心组织实施，完善工作机制，落实工作责任，根据《方案》明确的目标定位和先行先试任务，按照"成熟的可先做，再逐步完善"的要求，形成可操作的具体计划，抓紧推进实施，并在推进过程中认真研究新情况，解决新问题，重大问题要及时向国务院请示报告。各有关部门要大力支持，积极做好协调配合、指导评估等工作，共同推进相关体制机制和政策创新，把试验区建设好、管理好。

中国（上海）自由贸易试验区服务业扩大开放措施

一、金融服务领域

1. 银行服务（国民经济行业分类：J金融业——6620货币银行服务）	
开放措施	（1）允许符合条件的外资金融机构设立外资银行，符合条件的民营资本与外资金融机构共同设立中外合资银行。在条件具备时，适时在试验区内试点设立有限牌照银行。 （2）在完善相关管理办法、加强有效监管的前提下，允许试验区内符合条件的中资银行开办离岸业务。
2. 专业健康医疗保险（国民经济行业分类：J金融业——6812健康和意外保险）	
开放措施	试点设立外资专业健康医疗保险机构。
3. 融资租赁（国民经济行业分类：J金融行业——6631金融租赁服务）	
开放措施	（1）融资租赁公司在试验区内设立的单机、单船子公司不设最低注册资本限制。 （2）允许融资租赁公司兼营与主营业务有关的商业保理业务。

二、航运服务领域

4. 远洋货物运输（国民经济行业分类：G交通运输、仓储和邮政业——5521远洋货物运输）	
开放措施	（1）放宽中外合资、中外合作国际船舶运输企业的外资股比限制，由国务院交通运输主管部门制定相关管理试行办法。 （2）允许中资公司拥有或控股拥有的非五星旗船，先行先试外贸进出口集装箱在国内沿海港口和上海港之间的沿海捎带业务。
5. 国际船舶管理（国民经济行业分类：G交通运输、仓储和邮政业——5539其他水上运输辅助服务）	
开放措施	允许设立外商独资国际船舶管理企业。

三、商贸服务领域

6. 增值电信（国民经济行业分类：I信息传输、软件和信息技术服务业——6319其他电信业务，6420互联网信息服务，6540数据处理和存储服务，6592呼叫中心）	
开放措施	在保障网络信息安全的前提下，允许外资企业经营特定形式的部分增值电信业务，如涉及突破行政法规，须国务院批准同意。
7. 游戏机、游艺机销售及服务（国民经济行业分类：F批发和零售业——5179其他机械及电子商品批发）	
开放措施	允许外资企业从事游戏游艺设备的生产和销售，通过文化主管部门内容审查的游戏游艺设备可面向国内市场销售。

四、专业服务领域

8. 律师服务(国民经济行业分类:L 租赁和商务服务业——7221 律师及相关法律服务)	
开放措施	探索密切中国律师事务所与外国(港澳台地区)律师事务所业务合作的方式和机制。
9. 资信调查(国民经济行业分类:L 租赁和商务服务业——7295 信用服务)	
开放措施	允许设立外商投资资信调查公司。
10. 旅行社(国民经济行业分类:L 租赁和商务服务业——7271 旅行社服务)	
开放措施	允许在试验区内注册的符合条件的中外合资旅行社,从事除台湾地区以外的出境旅游业务。
11. 人才中介服务(国民经济行业分类:L 租赁和商务服务业——7262 职业中介服务)	
开放措施	(1) 允许设立中外合资人才中介机构,外方合资者可以拥有不超过 70%的股权;允许港澳服务提供者设立独资人才中介机构。 (2) 外资人才中介机构最低注册资本金要求由 30 万美元降低至 12.5 万美元。
12. 投资管理(国民经济行业分类:L 租赁和商务服务业——7211 企业总部管理)	
开放措施	允许设立股份制外资投资性公司。
13. 工程设计(国民经济行业分类:M 科学研究与技术服务企业——7482 工程勘察设计)	
开放措施	对试验区内为上海市提供服务的外资工程设计(不包括工程勘察)企业,取消首次申请资质时对投资者的工程设计业绩要求。
14. 建筑服务(国民经济行业分类:E 建筑业——47 房屋建筑业;48 土木工程建筑业;49 建筑安装业;50 建筑装饰和其他建筑业)	
开放措施	对试验区内的外商独资建筑企业承揽上海市的中外联合建设项目时,不受建设项目的中外方投资比例限制。

五、文化服务领域

15. 演出经纪(国民经济行业分类:R 文化、体育和娱乐业——8941 文化娱乐经纪人)	
开放措施	取消外资演出经纪机构的股比限制,允许设立外商独资演出经纪机构,为上海市提供服务。
16. 娱乐场所(国民经济行业分类:R 文化、体育和娱乐业——8911 歌舞厅娱乐活动)	
开放措施	允许设立外商独资的娱乐场所,在试验区内提供服务。

六、社会服务领域

17. 教育培训、职业技能培训(国民经济行业分类:P 教育——8291 职业技能培训)	
开放措施	(1) 允许举办中外合作经营性教育培训机构。 (2) 允许举办中外合作经营性职业技能培训机构。
18. 医疗服务(国民经济行业分类:Q 卫生和社会工作——8311 综合医院,8315 专科医院,8330 门诊部[所])	
开放措施	允许设立外商独资医疗机构。

注:以上各项开放措施只适用于注册在中国(上海)自由贸易试验区内的企业。

2. 中国人民银行关于金融支持中国(上海)自由贸易试验区建设的意见

银发[2013]244 号　2013 年 12 月 2 日

中国人民银行上海总部;国家开发银行,各政策性银行、国有商业银行、股份制商业银行,中国邮政储蓄银行:

为贯彻落实党中央、国务院关于建设中国(上海)自由贸易试验区(以下简称试验区)的重要战略部署,支持试验区建设,促进试验区实体经济发展,加大对跨境投资和贸易的金融支持,深化金融改革、扩大对外开放,现提出以下意见。

一、总体原则

(一) 坚持金融服务实体经济,进一步促进贸易投资便利化,扩大金融对外开放,推动试验区在更高平台参与国际竞争。

(二) 坚持改革创新、先行先试,着力推进人民币跨境使用、人民币资本项目可兑换、利率市场化和外汇管理等领域改革试点。

(三) 坚持风险可控、稳步推进,“成熟一项、推动一项”,适时有序组织试点。

二、创新有利于风险管理的账户体系

(四) 试验区内的居民可通过设立本外币自由贸易账户(以下简称居民自由贸易账户)实现分账核算管理,开展本意见第三部分的投融资创新业务;非居民可在试验区内银行开立本外币非居民自由贸易账户(以下简称非居民自由贸易账户),按准入前国民待遇原则享受相关金融服务。

（五）居民自由贸易账户与境外账户、境内区外的非居民账户、非居民自由贸易账户以及其他居民自由贸易账户之间的资金可自由划转。同一非金融机构主体的居民自由贸易账户与其他银行结算账户之间因经常项下业务、偿还贷款、实业投资以及其他符合规定的跨境交易需要可办理资金划转。居民自由贸易账户与境内区外的银行结算账户之间产生的资金流动视同跨境业务管理。

（六）居民自由贸易账户及非居民自由贸易账户可办理跨境融资、担保等业务。条件成熟时，账户内本外币资金可自由兑换。建立区内居民自由贸易账户和非居民自由贸易账户人民币汇兑的监测机制。

（七）上海地区金融机构可根据人民银行规定，通过设立试验区分账核算单元的方式，为符合条件的区内主体开立自由贸易账户，并提供相关金融服务。

三、探索投融资汇兑便利

（八）促进企业跨境直接投资便利化。试验区跨境直接投资，可按上海市有关规定与前置核准脱钩，直接向银行办理所涉及的跨境收付、兑换业务。

（九）便利个人跨境投资。在区内就业并符合条件的个人可按规定开展包括证券投资在内的各类境外投资。个人在区内获得的合法所得可在完税后向外支付。区内个体工商户可根据业务需要向其在境外经营主体提供跨境贷款。在区内就业并符合条件的境外个人可按规定在区内金融机构开立非居民个人境内投资专户，按规定开展包括证券投资在内的各类境内投资。

（十）稳步开放资本市场。区内金融机构和企业可按规定进入上海地区的证券和期货交易场所进行投资和交易。区内企业的境外母公司可按国家有关法规在境内资本市场发行人民币债券。根据市场需求，探索在区内开展国际金融资产交易等。

（十一）促进对外融资便利化。根据经营需要，注册在试验区内的中外资企业、非银行金融机构以及其他经济组织（以下简称区内机构）可按规定从境外融入本外币资金，完善全口径外债的宏观审慎管理制度，采取有效措施切实防范外债风险。

（十二）提供多样化风险对冲手段。区内机构可按规定基于真实的币种匹配及期限匹配管理需要在区内或境外开展风险对冲管理。允许符合条件的区内企业按规定开展境外证券投资和境外衍生品投资业务。试验区分账核算单元因向区内或境外机构提供本外币自由汇兑产生的敞口头寸，应在区内或境外市场上进行平盘对冲。试验区分账核算单元基于自身风险管理需要，可按规定参与国际金融市场衍生工具交易。经批准，试验区分账核算单元可在一定额度内进入境内银行间市场开展拆借或回购交易。

四、扩大人民币跨境使用

（十三）上海地区银行业金融机构可在“了解你的客户”、“了解你的业务”和“尽职审查”三原则基础上，凭区内机构（出口货物贸易人民币结算企业重点监管名单内的企业除外）和个人提交的收付款指令，直接办理经常项下、直接投资的跨境人民币结算业务。

（十四）上海地区银行业金融机构可与区内持有《支付业务许可证》且许可业务范围包括互联网支付的支付机构合作，按照支付机构有关管理政策，为跨境电子商务（货物贸易或服务贸易）提供人民币结算服务。

（十五）区内金融机构和企业可从境外借用人民币资金，借用的人民币资金不得用于投资有价证券、衍生产品，不得用于委托贷款。

（十六）区内企业可根据自身经营需要，开展集团内双向人民币资金池业务，为其境内外关联企业提供经常项下集中收付业务。

五、稳步推进利率市场化

（十七）根据相关基础条件的成熟程度，推进试验区利率市场化体系建设。

（十八）完善区内居民自由贸易账户和非居民自由贸易账户本外币资金利率的市场化定价监测机制。

（十九）将区内符合条件的金融机构纳入优先发行大额可转让存单的机构范围，在区内实现大额可转让存单发行的先行先试。

（二十）条件成熟时，放开区内一般账户小额外币存款利率上限。

六、深化外汇管理改革

（二十一）支持试验区发展总部经济和新型贸

易。扩大跨国公司总部外汇资金集中运营管理试点企业范围，进一步简化外币资金池管理，深化国际贸易结算中心外汇管理试点，促进贸易投资便利化。

（二十二）简化直接投资外汇登记手续。将直接投资项下外汇登记及变更登记下放银行办理，加强事后监管。在保证交易真实性和数据采集完整的条件下，允许区内外商直接投资项下的外汇资金意愿结汇。

（二十三）支持试验区开展境内外租赁服务。取消金融类租赁公司境外租赁等境外债权业务的逐笔审批，实行登记管理。经批准，允许金融租赁公司及中资融资租赁公司境内融资租赁收取外币租金，简化飞机、船舶等大型融资租赁项目预付货款手续。

（二十四）取消区内机构向境外支付担保费的核准，区内机构直接到银行办理担保费购付汇手续。

（二十五）完善结售汇管理，支持银行开展面向境内客户的大宗商品衍生品的柜台交易。

七、监测与管理

（二十六）区内金融机构和特定非金融机构应按照法律法规要求切实履行反洗钱、反恐融资、反逃税等义务，及时、准确、完整地向人民银行和其他金融监管部门报送资产负债表及相关业务信息，并根据相关规定办理国际收支统计申报；配合金融监管部门密切关注跨境异常资金流动。

（二十七）上海市人民政府可通过建立试验区综合信息监管平台，对区内非金融机构进行监督管理。可按年度对区内非金融机构进行评估，并根据评估结果对区内非金融机构实施分类管理。

（二十八）试验区分账核算单元业务计入其法人行的资本充足率核算，流动性管理以自求平衡为原则，必要时可由其上级行提供。

（二十九）区内实施金融宏观审慎管理。人民银行可根据形势判断，加强对试验区短期投机性资本流动的监管，直至采取临时性管制措施。加强与其他金融监管部门的沟通协调，保证信息的及时充分共享。

（三十）人民银行将根据风险可控、稳步推进的原则，制定相应细则后组织实施，并做好与其他金融监管部门审慎管理要求的衔接。

3. 中国银监会关于中国(上海)自由贸易试验区银行业监管有关问题的通知

银监发〔2013〕40 号　2013 年 9 月 28 日

各银监局，各政策性银行、国有商业银行、股份制商业银行、金融资产管理公司，邮政储蓄银行，银监会直接监管的信托公司、企业集团财务公司、金融租赁公司：

根据党中央、国务院关于建设中国（上海）自由贸易试验区的决定，经国务院同意，现就自贸区内银行业监管有关问题通知如下：

一、支持中资银行入区发展。允许全国性中资商业银行、政策性银行、上海本地银行在区内新设分行或专营机构。允许将区内现有银行网点升格为分行或支行。在区内增设或升格的银行分支机构不受年度新增网点计划限制。

二、支持区内设立非银行金融公司。支持区内符合条件的大型企业集团设立企业集团财务公司；支持符合条件的发起人在区内申设汽车金融公司、消费金融公司；支持上海辖内信托公司迁址区内发展；支持全国性金融资产管理公司在区内设立分公司；支持金融租赁公司在区内设立专业子公司。

三、支持外资银行入区经营。允许符合条件的外资银行在区内设立子行、分行、专营机构和中外合资银行。允许区内外资银行支行升格为分行。研究推进适当缩短区内外资银行代表处升格为分行、以及外资银行分行从事人民币业务的年限要求。

四、支持民间资本进入区内银行业。支持符合条件的民营资本在区内设立自担风险的民营银行、金融租赁公司和消费金融公司等金融机构。支持符合条件的民营资本参股与中、外资金融机构在区内设立中外合资银行。

五、鼓励开展跨境投融资服务。支持区内银行业金融机构发展跨境融资业务，包括但不限于大宗商品贸易融资、全供应链贸易融资、离岸船舶融资、现代服务业金融支持、外保内贷、商业票据等。支持区内银行业金融机构推进跨境投资金融服务，包括但不限于跨境并购贷款和项目贷款、内保外贷、跨境资产管理和财富管理业务、房地产信托投资基金等。

六、支持区内开展离岸业务。允许符合条件的中资银行在区内开展离岸银行业务。

七、简化准入方式。将区内银行分行级以下(不含分行)的机构、高管和部分业务准入事项由事前审批改为事后报告。设立区内银行业准入事项绿色快速通道,建立准入事项限时办理制度,提高准入效率。

八、完善监管服务体系。支持探索建立符合区内银行业实际的相对独立的银行业监管体制,贴近市场提供监管服务,有效防控风险。建立健全区内银行业特色监测报表体系,探索完善符合区内银行业风险特征的监控指标。优化调整存贷比、流动性等指标的计算口径和监管要求。

(此件发至外资法人银行业金融机构、外国银行分行,上海辖内银行业金融机构)

4. 中国证监会支持促进中国(上海)自由贸易试验区若干政策措施

按照党中央、国务院关于建设中国(上海)自由贸易试验区(以下简称自贸区)的重要战略部署,中国证监会将深化资本市场改革,扩大对外开放,加大对自贸区建设的金融支持力度。具体措施包括:

一、拟同意上海期货交易所在自贸区内筹建上海国际能源交易中心股份有限公司,具体承担推进国际原油期货平台筹建工作。依托这一平台,全面引入境外投资者参与境内期货交易。以此为契机,扩大中国期货市场对外开放程度。

二、我会支持自贸区内符合一定条件的单位和个人按照规定双向投资于境内外证券期货市场。区内金融机构和企业可按照规定进入上海地区的证券和期货交易所进行投资和交易;在区内就业并符合条件的境外个人可按规定在区内证券期货经营机构开立非居民个人境内投资专户,开展境内证券期货投资;允许符合条件的区内金融机构和企业按照规定开展境外证券期货投资;在区内就业并符合条件的个人可按规定开展境外证券期货投资。

三、区内企业的境外母公司可按规定在境内市场发行人民币债券。根据市场需要,探索在区内开展国际金融资产交易等。

四、我会支持证券期货经营机构在区内注册成立专业子公司。目前,海通期货、宏源期货、广发期货、申万期货和华安基金等机构正在设立或准备设立风险管理子公司和资产管理子公司。

五、我会支持区内证券期货经营机构开展面向境内客户的大宗商品和金融衍生品的柜台交易。

下一步,我会将进一步研究细化相关政策措施,抓紧制定实施细则,加强对相关试点工作的监测和管理,及时总结试点经验,稳步推进资本市场改革开放,发挥资本市场服务经济转型的积极作用,更好地服务于上海自贸区国家战略。

(资料来源:www.csrc.gov.cn,2013 年 9 月 29 日发布)

5. 中国保监会支持中国(上海)自由贸易试验区建设主要举措

为充分发挥保险功能作用,支持中国(上海)自由贸易试验区(以下简称"自贸区")建设,中国保监会对上海保监局提出的有关事项作出批复,主要内容包括:

一、支持在自贸区内试点设立外资专业健康保险机构。

二、支持保险公司在自贸区内设立分支机构,开展人民币跨境再保险业务,支持上海研究探索巨灾保险机制。

三、支持自贸区保险机构开展境外投资试点,积极研究在自贸区试点扩大保险机构境外投资范围和比例。

四、支持国际著名的专业性保险中介机构等服务机构以及从事再保险业务的社会组织和个人在自贸区依法开展相关业务,为保险业发展提供专业技术配套服务。

五、支持上海开展航运保险,培育航运保险营运机构和航运保险经纪人队伍,发展上海航运保险协会。

六、支持保险公司创新保险产品,不断拓展责任保险服务领域。

七、支持上海完善保险市场体系,推动航运保险定价中心、再保险中心和保险资金运用中心等功能型保险机构建设。

八、支持建立自贸区金融改革创新与上海国际金融中心建设的联动机制,不断强化和拓展我会与上海市政府合作备忘录工作机制。

(资料来源:www.circ.gov.cn,2013 年 9 月 29 日发布)

6. 中国人民银行上海总部负责人就《关于金融支持中国(上海)自由贸易试验区建设的意见》答记者问*

为贯彻党的十八届三中全会精神，落实党中央、国务院关于建设中国(上海)自由贸易试验区(以下简称“试验区”)的重要战略部署，促进试验区实体经济发展，加大对跨境投资和贸易的金融支持，深化金融改革，扩大改革开放，近日，中国人民银行出台了《关于金融支持中国(上海)自由贸易试验区建设的意见》(以下简称《意见》)。为此，中国人民银行上海总部党委副书记、副主任兼上海分行行长、国家外汇管理局上海市分局局长张新就当前市场比较关注的相关事项作出了解释。

问：金融支持试验区建设的背景和意义是什么？

答：建立中国(上海)自由贸易试验区是党中央在新形势下推进改革开放的重大举措。党的十八届三中全会提出要切实建设好、管理好试验区，为全面深化改革和扩大开放探索新途径、积累新经验。

试验区挂牌以来，中国人民银行按照国务院办公厅公布的《中国(上海)自由贸易试验区总体方案》(以下简称《总体方案》)要求，深入调研试验区发展动态，掌握实体经济发展需求。党的十八届三中全会以后，中国人民银行认真贯彻落实三中全会精神，适时出台《意见》，并把推动《意见》实施作为当前和今后的一项重要工作来抓。

金融支持试验区建设的意义，在于立足服务实体经济发展、促进贸易投资便利化的指导思想，按照先行先试、风险可控、稳步推进的原则，把扩大金融开放与深化金融改革结合起来，把培育金融国际化功能与拓展金融创新空间结合起来，形成与国际规则接轨的金融制度框架，为全面深化改革和扩大开放，探索新途径、积累新经验。

问：此次中国人民银行出台的《意见》中，有何具体目标？

答：金融支持试验区建设的主要目标是“金融支持实体经济发展、深化改革和扩大开放、建立可复制、可推广的金融管理模式”。

“支持实体经济发展”，主要体现在：一是促进贸易投资便利化；二是推动试验区总部经济和新型贸易业态发展；三是为试验区更加广泛的经济活动提供投融资及汇兑便利。

“深化改革和扩大开放”，主要体现在：一是通过在试验区内探索投融资汇兑便利和扩大人民币跨境使用，力图在更大范围、更高层次上提高资源优化配置能力，提升金融服务质量，增强金融部门竞争力。二是通过加快推进利率市场化改革，建立健全由市场供求决定的利率形成机制，提高资金的配置效率，促进经济发展方式转变和结构调整。三是通过进一步转变外汇管理方式，减少外汇管理中的行政审批，方便企业走出去过程中的投融资行为，加大支持企业走出去的力度。

“建立可复制、可推广的金融管理模式”，主要体现在试验区内实施的所有金融规则和举措，都必须按照中央的要求，实现可复制、可推广。在试验区成功的基础上，建立法治的、透明的、全国统一的市场运行规则，使金融这一重要的要素资源，能够在统一的市场规则下，得到高效配置和流动。

总之，金融支持试验区建设，一定要牢牢把握所有的举措，都要始终为实体经济服务，而不是为金融而金融，为创新而创新；要牢牢把握所有的改革创新都要与中国经济发展水平和人民币国际地位相适应，为不断提高我国的国际竞争力服务。

问：创新试验区账户管理体系的主要作用是什么？

答：为进一步加大对试验区跨境贸易和投资的金融支持力度，通过分账管理的方式，在风险可控的前提下，推动试验区金融业务创新，实现跨境投融资汇兑便利，更好地服务实体经济发展。

根据相关制度安排，在金融机构层面，上海地区金融机构(包括区内金融机构)可根据中国人民银行的规定，通过内部设立试验区分账核算单元的方式，为区内居民、非居民开立本外币自由贸易账户，并提供相应的金融服务。试验区分账核算单元实行分账核算，且在流动性管理上以自求平衡为原则，试验区分账核算单元相对于其母行独立运营。

上述账户之间的资金划转主要涉及三个方面：一是居民自由贸易账户与境外账户、境内区外的非居民账户、非居民自由贸易账户以及其他居民自由贸易账户之间的资金可自由划转。二是同一非金融机构主体的居民自由贸易账户与其他银行结算账户

---

* 资料来源：《解放日报》2013年12月4日。

之间因经常项下业务、偿还贷款、实业投资以及其他符合规定的跨境交易需要可办理资金划转。三是居民自由贸易账户与境内区外的银行结算账户之间产生的资金流动视同跨境业务管理。

问:探索投融资汇兑便利主要内容有哪些?

答:为配合试验区投资审批管理体制改革,进一步扩大对外开放,支持企业走出去,《意见》在促进投融资汇兑便利化方面进行了新的探索。一是区内企业在办理跨境直接投资项下涉及的跨境收付、兑换业务时,可直接向银行办理,与前置核准脱钩。二是所涉及的跨境投融资主体范围包括企业、非银行金融机构、个体工商户等主体。三是跨境融资更加便利,区内机构根据经营需要,可按规定从境外融入本外币资金。在管理方式上,将尊重企业生产经营规律,探索建立宏观审慎管理框架下的外债管理新模式,引入币种匹配、期限匹配等风险管理指标,在改进外债风险管理的前提下赋予微观主体更多的融资自主选择权。四是赋予区内主体结合自身生产经营和跨境商务活动的特点在更大空间内充分利用区内和境外金融市场管理对冲相关风险。

问:扩大人民币跨境使用有哪些新的突破?

答:为促进贸易投资便利化,2009 年 7 月,我们以货物贸易为起点,开展了跨境交易人民币结算业务。目前,跨境交易人民币结算业务发展迅速,人民币跨境使用范围不断扩大,已涵盖全部经常项下及跨境直接投资、对外项目贷款、证券市场投资等部分资本项下经济活动。

为支持试验区建设,充分体现"区内优于区外,区内先于区外"的政策导向,推动试验区进一步扩大人民币跨境使用。在具体政策安排上,一是支持区内跨境电子商务发展,规定上海地区银行业金融机构可与符合条件的区内第三方支付机构合作,为跨境电子商务(货物贸易或服务贸易)提供人民币结算服务。二是赋予区内企业跨境人民币资金池管理及经常项下人民币集中收付功能。三是人民币跨境资金流动更加自由,区内金融机构和企业可根据实际经营需要从境外借入人民币资金,但不得用于投资有价证券、衍生产品以及委托贷款。

问:加快推进利率市场化主要内容有哪些?

答:加快推进利率市场化改革,有利于不断优化资金配置效率,进一步增强市场配置资源的决定性作用。

在区内加快推进利率市场化能够促进区内金融机构更快地融入国际市场,掌握交易规则和运行规律,提高资金价格的敏感性,强化定价能力,优化资金配置,创新产品服务和升级经营模式,提升国际竞争力。

试验区利率市场化将在宏观审慎金融管理框架内,根据服务区内实体经济发展需要,以及金融市场主体培育和市场环境建设情况逐步推进。具体包括:完善区内居民自由贸易账户和非居民自由贸易账户本外币资金利率的市场化定价监测机制。将区内符合条件的金融机构纳入优先发行大额可转让存单的机构范围,在区内实现大额可转让存单发行的先行先试。条件成熟时,放开区内一般账户小额外币存款利率上限。

问:外汇管理部门支持试验区建设有哪些新举措?

答:外汇管理部门在前期深入开展调研、广泛听取意见的基础上,推出深化外汇管理改革的一系列政策措施,为支持试验区建设创造更好的外汇管理政策环境。

此次改革作为外汇管理体制机制改革的重要组成部分,体现了试验区建设的总体要求和外汇管理理念方式的转变。一是服务实体经济,鼓励企业充分利用境内外两种资源、两个市场,实现跨境融资自由化,深化外债管理方式改革,促进跨境融资便利化。二是有针对性地对市场主体实施动态分类监管,加强对守法企业的服务力度,优化经营环境。三是进一步减少外汇管理行政审批,从重行政审批转变为重监测分析,从重微观管制转变为重宏观审慎管理。四是加强非现场监测和现场核查,完善跨部门联合监管机制,牢牢守住不发生系统性、区域性金融风险的底线。

具体来讲,外汇管理部门出台了支持试验区发展总部经济和新型贸易、简化直接投资外汇登记手续、支持试验区开展境内外租赁服务、取消区内机构向境外支付担保费的核准、支持银行开展面向客户的大宗商品衍生品的柜台交易等五条举措。

问:如何防范试验区金融风险?

答:为了有序推进试验区相关金融改革与发展,根据试验区的功能定位,在风险管理上,不仅要管得住,而且还要积极探索新的管理模式和方法。为此,《意见》着重从金融宏观审慎管理的角度,制定了一系列风险防范措施,实施全过程风险管理。

一是切实加强对反洗钱、反恐融资、反逃税的监管。要求区内金融机构和特定非金融机构按照法律法规要求,认真履行客户身份识别义务,按规定上报大额和可疑交易报告。在此基础上,借鉴国际经验,结合试验区具体实践,紧密跟踪试验区业务发展进程,根据风险可控要求,积极采取有针对性的措施,探索建立更加有效的反洗钱、反恐融资和反逃税机制。

二是中国人民银行将会同上海市政府和金融监管部门,加强监测分析,密切关注跨境异常资金的流动。

三是按年度对区内机构进行评估,并根据评估结果对区内机构实施分类管理,并建立相应的扶优限劣机制。

四是区内实施金融宏观审慎管理。中国人民银行可根据形势判断,加强对试验区短期投机性资本流动的监管。

问:试验区内的金融政策安排是否会形成金融"飞地"和政策"洼地"?

答:试验区作为一种新型的开放模式,它不是金融特区,更不是一块"飞地"。我国建设试验区的目标,是要发挥示范带动、服务全国的积极作用,促进各地区共同发展。金融也是如此,试验区的金融政策安排都要能促进试验区实体经济发展,促进投资贸易便利化,并能够形成可复制、可推广的模式。中国人民银行在试验区内组织开展的金融业务都是在岸业务,这些业务近年来在全国各地都有所开展,只是试验区内的开放程度更高、市场化程度更高,更加体现了党的十八届三中全会提出的减少行政管制、让市场在资源配置中起决定作用的要求。离岸金融不是试验区金融支持措施的目标,离岸金融中心也不是试验区建设的选项。

试验区不是金融洼地,是金融平地。政策洼地是给予试验区不可复制、不可推广的特殊政策,这不利于金融政策在全国范围内长远地、可持续地推广。试验区要继续适用全国统一的宏观审慎监管框架,例如继续根据资本充足率管理、流动性管理、法定存款准备金管理等实施统一监管。

试验区是有效服务实体经济的金融开阔平地。要将阻碍实体经济发展的、老的金融管制在试验区内予以取消,实行全面改革的市场化模式。总之,区内采取的所有金融举措,都是为实体经济发展创造开阔的金融服务平地和良好的发展环境,但是不为金融而做金融,不搞金融洼地。

问:试验区是完全封闭的,还是有渗透的?

答:试验区与境外是打通的,如果试验区与境内区外完全封闭,意味着我们把试验区建成了"飞地"或"洼地",这不是我们的政策选项。

试验区企业是有机生命体,完全封闭不符合客观规律,有限渗透是客观现象,也是合理的政策选项,关键是要做好制度安排、管理好风险。从长远来看,试验区的政策措施如果成功实施了的话,将来都会要在境内区外复制、推广,有限渗透不可避免。

问:试验区金融支持措施的适用范围是什么?

答:试验区内金融支持措施的适用范围涵盖两方面:一是为试验区提供服务的上海地区金融机构,也就是说不仅仅是银行,还包括证券、保险等非银行金融机构;不仅包括试验区内的金融机构,还包括整个上海市的金融机构。二是试验区内的实体经济,包括试验区内的居民与非居民。中国人民银行将与上海市政府、金融监管部门共同辅导金融机构,切实为试验区内的实体经济提供高质量服务。

问:试验区金融举措采取什么实施步骤,是不是每一项都需要等待制定细则后实施?

答:试验区的金融举措的落实,都坚持以"风险可控、稳步推进,适时有序组织试点"为原则,平稳有序地组织实施。对于《意见》的具体条款,总体来看,大部分已基本成熟,可以立即实施,如跨境人民币业务、外汇体制改革、自由贸易账户设立等;还有一部分需要制定细则后,在全国率先组织实施。比如,利率市场化,其中一部分已经基本成熟,一部分市场影响较大的措施则需要制定细则后按照全国统一部署审慎实施。再比如,个人境外直接投资,也需要制定细则后按照全国统一部署尽快实施。中国人民银行上海总部将在总行领导下具体负责一线的操作工作,逐项指导企业和金融机构具体落实。

问:对于试验区内的金融支持措施,市场上担心会进展缓慢,有的说至少要两到三年才能落实。对此,您怎么看?

答:试验区内的金融改革,不是过去时,也就是说不能满足于过去取得的成绩,无所作为;也不是将来时,就是说也不能裹脚不前,畏手畏脚,漫长等待;而是现在进行时,现在看准的事情,就尽快实施。

党的十八届三中全会已经明确提出到 2020 年,

在重要领域和关键环节改革上要取得决定性成果。《国务院关于推进上海加快发展现代服务业和先进制造业，建设国际金融中心和国际航运中心的意见》（国发【2009】19号文）中，也明确要求到2020年，上海要基本建成与我国经济实力和人民币国际地位相适应的国际金融中心。同时，我们的实体经济也面临着日益激烈的国际竞争，每天都面临着生产压力和成长需要，需要良好的金融服务，这些都给了我们非常明确的时间框架。

我们在一线工作的人有一个愿景，希望用三个月时间能把《意见》的大部分措施落地实施，用半年的时间初步探索总结试验区改革成熟的经验，用一年左右的时间，基本形成可复制、可推广的金融管理模式，为2020年的全国金融改革目标，以及上海的国际金融中心建设作出力所能及的贡献。

我们会在中国人民银行总行的领导下，在上海市委、市政府的指导和共同努力下，如履薄冰，如临深渊，兢兢业业，管住风险，阔步前进。

二、金融管理机构

1. 中国人民银行上海总部

2013年，上海总部全面落实总行各项工作部署，紧密结合改革开放形势需要和全年工作重点，把金融支持中国(上海)自由贸易试验区建设，作为提升和检验群众路线教育实践活动实效的主要抓手，开创了2013年上海总部两项重点工作相互结合、统筹推进的新局面，更好地夯实了“三个平台、三个中心”职能建设，进一步发挥了总行有机组成部分的职能作用。

【面向社会突出为民服务】 中央银行承担的货币发行、支付结算、金融稳定等职能直接面向社会，与践行群众路线密切相关。上海总部以群众路线教育实践活动为载体，助推直接面向社会的金融服务部门高效履行职责。2013年以来，先后完成上海支付结算综合业务系统业务功能优化项目上线工作；配合上海市政府推进国库单一账户改革和公务卡发行工作，并启动相关试点；加大中小面额钞券投放力度，在全市设立207个小面额现金供应主办网点；研究制定上海市小额贷款公司和融资性担保公司，接入金融信息基础数据库实施方案；探索建立12363金融消费权益保护咨询投诉电话呼叫中心；持续监测172家上海市银行业金融机构的经营状况，及时妥善处理12起在沪金融机构重大突发事件，牢牢守住了金融风险底线；对外窗口服务部门突出重点环节，设立先锋示范岗。良好的履职形象和成效，让接受服务的对象切实感受到了上海总部教育实践活动带来的新变化。

同时，针对新形势下社会各界对央行履职的新需求，上海总部努力拓展服务领域、提升服务水平。稳步开展代理境外央行投资银行间债券市场业务，签署代理债券投资协议的境外机构总数共计22家，累计代理交易总额达到2 247亿元，兑付债券总额361亿元，债券托管余额1 162亿元，在满足境外央行投资需求的同时，提升了人民币和银行间市场的国际影响力。充分发挥桥梁纽带作用，加强与总行、交易商协会、市金融办的沟通协调，指导和支持上海中星(集团)成功发行13亿元非公开定向中期票据用于保障房建设，成为上海地区首只保障房私募债，帮助解决了上海保障房建设资金的需求问题。把小微企业签发或贴现的、票面金额在500万元以下的小额票据，作为再贴现业务优先支持的对象，稳步推进小微企业票据融资业务。截至目前累计办理小微企业签发或贴现的票据再贴现6 333笔，其中票面金额500万以下的小额票据共5 785笔，占比达91.4%。办理小微企业票据再贴现笔数是上年同期的3.5倍，平均每张票据面额175万元。再贴现业务直接受益的小微企业数量超过600家，同比增长近2倍。这些举措初步解决了社会广泛存在的小微企业融资的燃眉之急，得到总行的充分肯定并在全国推广。此外，2013年上海总部还首次上报总行并获批了2亿元支农再贷款额度，经过实地走访调查，对有需要又符合条件的村镇银行发放了一定数额支农的再贷款，较好地满足了“三农”社会资金需求，在解决社会突出问题上取得了实效。

【有力推动金融支持中国(上海)自由贸易试验区建设】 一是注重以调研先行切实掌握试验区改革需求。在金融支持试验区具体改革条款的设计和论证过程中，上海总部始终坚持调研先行，将这项工作作为贯彻群众路线的一项任务，到码头、到工厂、到企业、到金融机构，深入了解企业对金融支持实体经济发展的举措，还有哪些有待改进完善的地方，从一线职工、财务人员、企业家、金融管理者那里，收集了300余条意见和建议，反映了一线企业对金融服务的合理需求。坚持开门搞改革，确保了研究制定试验区金融举措的民主性、科学性。

二是将服务实体经济作为试验区金融举措的出发点和落脚点。上海总部牢牢把握为实体经济服务的基本原则，组织草拟了涵盖创新有利于风险管理的账户体系、探索投融资汇兑便利、扩大人民币跨境使用、稳步推进利率市场化、深化外汇管理改革、监测与管理等30条政策举措的《关于金融支持中国(上海)自由贸易试验区建设的意见》,目前正在集中力量排查涉及113条内容的试验区潜在金融风险点及应对策略,研究面向社会涵盖名词解释、意义阐述等内容的政策逐条解读,论证落实金融支持试验区建设意见的具体实施细则,力求推动试验区金融改革创新在上述主要方面率先实现突破,为全面深化改革和扩大开放探索新途径、积累新经验。

上海总部将金融支持试验区建设的主要目标确定为"金融支持实体经济发展、深化改革和扩大开放、建立可复制、可推广的金融管理模式"。"支持实体经济发展"主要体现在:促进贸易投资便利化;推动试验区总部经济和新型贸易业态发展;为试验区更加广泛的经济活动提供投融资及汇兑便利。"深化改革和扩大开放"主要体现在:在试验区内探索投融资汇兑便利和扩大人民币跨境使用;加快推进利率市场化改革,建立健全由市场供求决定的利率形成机制;进一步转变外汇管理方式,减少外汇管理行政审批。"建立可复制、可推广的金融管理模式"主要体现在,试验区内实施的所有金融规则和举措,都必须按照中央的要求实现可复制、可推广,强调试验区金融举措不是"飞地"、"洼地",也不是离岸中心,而是有效服务实体经济的金融开阔平地。

三是加大破解金融改革开放难题的力度。上海总部始终强调试验区金融改革不是过去时,也不是将来时,而是现在进行时。总行公布《关于金融支持中国(上海)自由贸易试验区建设的意见》两天之内,上海总部党委就先后不拘形式、简约有效地主持召开了多场座谈会,听取总部机关各部门、中外资金融机构、金融市场交易所、专家学者、中国人民银行在沪单位、试验区管委会和市金融办对落实总行《意见》和制定《实施细则》的意见建议,传达贯彻和解读《意见》精神,同时研究部署《意见》出台后的相关工作。上海总部党委还及时主持讨论并修定了《总部负责人答记者问》,于《意见》公布次日即公开发布《总部负责人答记者问》,得到社会各界的好评,为《实施细则》的出台奠定了基础。

为更好落实"一行三会"有关金融支持试验区建设的政策措施,有序推进金融支持试验区实体经济发展,上海总部积极主动牵头与上海银监局、证监局、保监局协商,共同建立了试验区金融信息共享及监管协调机制。同时,上海总部还组织策划并参与了金融支持试验区实体经济推进会,指导银行与企业就出口项下贸易融资、跨境人民币借款、双向资金池等业务进行了签约。此外,上海总部还主动对接金融支持试验区建设与推动上海国际金融中心建设工作,在2013年上海总部参与的59项、牵头的29项上海国际金融中心建设重点工作中,深入研究探索两者的联动建设机制。这些及时有效的工作,不仅向社会明确表明了试验区改革《意见》中大部分金融举措的实施条件已基本成熟,可以立即实施,而且集中反映了上海总部破解金融改革开放难题的全局意识、工作重点和力度。

【将"三个平台、三个中心"作为职能建设重点】

上海总部积极探索并逐步形成了推动上海总部可持续发展的"三个平台、三个中心"职能建设新思路,全面深化和提升履职能力。2013年,通过推进试验区综合金融改革创新举措,办理10笔外资跨国公司人民币总计94.69亿元资金池境外放款试点业务,率先在全国启动8家支付机构跨境电子商务外汇支付业务试点等工作,着力加强了重大金融改革试点及其操作管理平台建设。通过筹备CIPS系统建设,开展QDII2启动前准备工作,启动人民币国际化指数编制和对外债权债务统计研究工作等工作,进一步加强了人民币国际化的业务创新和全国性操作管理平台建设。通过稳步开展代理境外央行投资银行间债券市场业务,批复44家机构进入拆借市场,完成18家境外机构银行间债券市场准入备案,做好台湾银行上海分行新台币现钞清算及兑换业务落实两岸货币清算机制,高质量完成和广泛宣传《国际金融市场发展报告》和《中国金融市场报告》等工作,有效推进了公开市场操作和金融市场运行监测升级平台建设。

同时,通过成功筹办2013年三十人小组(G30)春季全会、亚太反洗钱组织(APG)第十六届年会及首次中瑞金融对话会议,重点研究资本账户开放以及离岸金融中心发展对金融改革开放与试验区建设的借鉴等工作,不断加强了国际金融业务后台服务中心建设。通过翻译出版"国际金融最前沿"系列丛书引进传播国际金融新理念。跟踪分析理财和资金信托统计数据变化情况,完成《以开放为突破口推进上海国际金融中心·建设》、《人民银行再贷款抵质押品制度框架设计及操作探索》、《当前跨境贸易套利模式分析及相关建议》及《支付数据经济分析应用实证研究》等重点专题研究，为中国人民银行分支机构、商业银行、行业协会等提供跨境业务及系统培训等工作，进一步加强了金融研究与培训中心建设。通过吸收外汇交易中心加入上海总部金融支持试验区建设工作委员会，牵头建立央行在沪直属单位教育实践活动协调推进机制等工作，有效推进了总行在沪有关机构协调服务中心职能建设。

2013年，上海总部还严格实施差别化信贷政策，充分发挥流动性监测分析体系和货币政策效应调查反馈体系的作用。稳步推进"两综合、两管理"工作，加大稳定再贷款催收力度。成功上线运行第二代支付系统。建成以中国人民银行为中心节点、连接上海市财政局和17家代理财政集中支付商业银行的"上海市国库专用网"。复点、销毁残损人民币超万袋，创历史新高。研判反洗钱重点可疑交易报告13份，受理侦查机关提请协助调查的线索或案件2起，向侦查机关移送可疑交易线索8件。全方位、多角度开展《征信业管理条例》专题宣传活动，并专项检查落实情况。完成上海市城市金融网虚拟专用网（VPN）建设，组织上海地区ATM终端电子现金跨行圈存试点。重点排查货物贸易资金净流入大的企业，开展转口贸易专项检查，全力防范异常外汇资金流入。落实直接投资、外债管理等资本项下的重大改革举措，确保资本项目信息系统顺利上线运行。通过不断强基础、抓管理、促服务，全面提升了执行货币政策、维护金融稳定、提供金融服务及加强外汇管理等方面的履职能力。

（中国人民银行上海总部综合管理部）

2. 中国银行业监督管理委员会上海监管局

2013年，上海银监局持续指导上海银行业，围绕上海"创新驱动、转型发展"战略，进一步深化重点领域金融服务、加强民生金融服务水平，稳中有进全面提升服务实体经济水平。截至12月末，上海银行业资产总额9.8万亿元，同比增长8.39%；各项存款余额6.7万亿元，同比增长8.05%；各项贷款余额4.5万亿元，同比增长8.16%；不良贷款余额358亿元，不良率0.8%，继续低于全国平均水平。

【服务实体经济】 2013年上海银行业重点支持了市内88项重大项目工程、保障房和旧区改造。截至2013年末，全市保障性安居工程贷款余额771亿元，较年初增加90亿元，高于各项贷款平均增速5个百分点。小微金融服务圆满完成中国银监会要求的"两个不低于"和上海银监局推出的"四个不低于"目标。截至2013年末，在沪银行小微企业贷款余额9 030亿元，增幅（14%）高于各项贷款增幅6个百分点；增量（1 099亿元）较上年同期多增151亿元；小微企业授信客户数17.41万户，同比增加1.31万户；单户授信500万元以下小微企业贷款余额增幅（24.8%）高于同期各项贷款增幅18.3个百分点；单户授信500万元及以下的小微企业授信户数11.34万户，同比增加2.45万户。小微贷款覆盖率为15%，较年初上升2.72个百分点；小微企业申贷获得率达88%。全辖小微专营支行数超200家，基本实现小微企业方圆2公里银行网点全覆盖。"小微信贷产品信息查询平台第二期"正式上线，目前访问量累计8.4万人次，是2013年初的近一倍。小微企业平均年融资成本为7.2%，比上年下降1%；银行服务满意度为82%，融资便利性和可获得性稳步上升。

引导自贸试验区内银行业创新支持实体经济发展。在中国银监会的领导下，上海银监局加快推动银监会支持自贸试验区金融创新"八项措施"落地。截至12月末，累计22家银行业金融机构正式获批在试验区设立25家营业性网点，6家机构递交筹建申请。中国银监会已正式批复同意4家具备离岸业务资格的中资商业银行可授权自贸区分行办理离岸业务。在沪多家主要商业银行已做好开办试验区分账核算单元业务的系统准备，跨境投融资金融服务有望取得新突破。此外，10家机构荣获上海市政府颁发的上海金融创新成果奖。

【金融消费者保护】 要求银行所有理财产品销售柜台从2014年1月1日起实现录音录像同步监控，高风险产品的销售专区要有明显标识并作特别的风险提示，制定消费者投诉处理规程，开发消费者投诉处理系统。向社会集中公布全市60家中外资银行违规经营实名举报热线，通过银行网点、街道、社区发放上海银监局"投诉联系卡"。发布案防"三十禁"，督促全行业加强操作风险管理。深化监管部门、商业银行、社会组织三方合作的金融知识普惠模式，组织银行业机构开展"金融知识宣传服务月"、"万名进城务工者金融教育"、送金融服务与金融知识“三进”青年活动、“中学生金融知识竞赛”等活动，直接参与各项活动的人数超过10万人次，各类活动覆盖受众超过120万人次。在辖内银行对外营业网点统一发布购买理财产品宣传提示语，提醒金融消费者购买理财产品要四问（“一问在哪查询、二问谁的产品、三问投向何处、四问与谁签约”），帮助消费者在购买投资品时分辨、识别、防范风险，提升消费者自我保护能力。与市教委签署合作备忘录，正式启动“金童工程”，推进金融知识进学校。

【推进上海国际金融中心建设】 2013年，根据市政府安排，上海银监局共承担上海国际金融中心建设重点工作27项，其中牵头项目11项，参与项目16项。围绕重点工作，上海银监局积极加强工作创新、细化落实工作安排，在强化机构集聚、支持实体经济、健全市场体系、促进金融开放和优化发展环境五方面取得积极成效，切实推进上海国际金融中心建设。

一是促进机构集聚，鼓励金融创新。促进商业银行专营机构落沪。截至2013年末，异地商业银行在沪设立持牌专营机构总计六类12家，专营机构功能集聚效应进一步增强。进一步鼓励和支持在沪法人银行开展综合经营试点。推动法人银行完善集团综合化经营协同机制，建立子公司综合评价体系。积极推动建立各类同业交流平台，如上海财富管理机构联席会议、在沪总行信用卡联席会议、上海银行业自贸区工作联席会议等，集聚行业智慧，有效增强上海银行业的专业引领优势。

二是强化金融服务，支持实体经济发展。支持金融租赁公司境内外联动发展。目前，上海的4家金融租赁公司中已有3家设立了境外SPV。积极配合推进融资租赁物权登记中心建设，鼓励辖内金融租赁公司参与中国人民银行融资租赁登记系统。积极推进在沪法人银行参与信贷资产证券化创新试点。

三是促进市场功能完善，健全市场体系。扩大商业银行交易资格，完善衍生产品序列。在上海银监局积极推动下，截至目前，累计共有工行、农行、中行、交行、浦发、上海银行、兴业银行、汇丰银行和澳新银行9家中外银行获准申请开办白银期货业务。持续监测上海乃至全国的票据市场动态，积极支持票据业务创新发展。大力推动行业内信用体系建设，积极支持市公共信用信息平台建设，将银行业从业人员行业禁入信息、机构处罚信息纳入其中。升级完善“上海市银行小微企业信贷产品信息查询平台”，实现在线服务，增加了数据增值服务。

四是促进金融开放，提高国际化水平。积极支持试验区建设，协助中国银监会出台支持自贸试验区的八条金融创新措施，促进银行业金融机构先行先试。截至2013年末，累计22家银行业金融机构正式获批在试验区设立25家营业性网点。加强国际金融交流。加强与其他国家和地区监管当局的对话，宣传上海经济金融情况和监管政策，促进境外银行增强在沪发展的信心和投入。

五是优化发展环境，促进行业持续发展。密切结合群众路线教育实践活动，采取“八项举措”，从公司治理、机构、产品、机制、人员五个方面，建立健全金融消费者权益保护工作体系，促进上海金融消费环境改善，取得积极成效。设计消费者权益保护总体框架，建立各银行业机构消费者保护队伍。统一规范银行代销行为，出台《关于加强商业银行代销业务管理的通知》，对流程管理、信息披露、网点管理和人员管理等方面提出具体要求。组织在沪主要银行业金融机构和上海市银行同业公会，通过各种媒体和渠道，集中公布违规经营行为实名举报专线。组织开展“2013年上海银行业‘金融知识进万家’宣传服务月活动”，宣传银行卡、理财等八个方面的金融知识，受众超过120万人次。与汇丰银行、上海市慈善基金会等联合主办“万名进城务工者金融知识教育”项目，累计开展培训804场、培训人次10 225人。与市教委签署合作备忘录，正式启动“金童工程”，推进金融知识进学校。联合中共上海市金融工作委员会、共青团上海市委，以“助实体、惠民生、促转型”为主题，开展金融知识“三进”活动。

【重大活动】 （1）上海银监局代表中国银监会参加中国（上海）自由贸易试验区情况说明会。受中国银监会委托，9月29日下午，上海银监局廖岷局长代表中国银监会参加了试验区情况说明会，宣读了《中国银监会关于中国（上海）自由贸易试验区银行业监管有关问题的通知》，公布了银行业金融机构在区内设立分支机构的批复情况。

（2）上海银监局召开纪念成立十周年暨“为民监管”先进典型事迹交流会。10月15日，上海银监局结合正深入开展的党的群众路线教育实践活动，召开纪念成立十周年暨“为民监管”先进典型事迹交流会。全局干部员工与受邀参会的退休同志们一起，用图片资料幻灯片、主题发言等形式，共同追寻十年成长记忆，探讨银行业监管事业的发展方向。三位由全局干部员工选出的“为民监管”先进典型在会上交流了各自先进事迹。

（上海银监局）

12 月 24 日，上海银监局组织召开“上海银行业支持实体经济工作推进会”

3. 中国证券监督管理委员会上海监管局

2013 年，上海证监局贯彻落实全国证券期货监管工作会议的总体部署，围绕践行“两维护、一促进”的核心职责要求，不断强化辖区监管责任，努力创新监管方式方法，多项工作取得新进展。

【市场监管】 强化日常监管及稽查执法，努力维护市场公开、公平、公正。（1）坚持有效监管。在日常监管工作中严厉查处各类市场主体的违法违规行为，全年共采取各类日常监管措施 487 家次、行政监管措施 50 家次，监管措施的数量和严厉程度大大高于往年。强化上市公司信息披露监管，重点对 32 家风险公司开展年报专检；开发舆情监控系统，实现对上市公司各类信息的全面监测和及时反应；按照规定推动 104 家国有控股上市公司建立健全内控体系，部分公司荣获交易所年度公司治理专项奖；引导落实分红政策，共有 74%的公司累计分配了三分之一净利润，分红家数和分红金额逐年提高。加强证券期货经营机构内生约束和风险管理建设，大幅提高现场检查频率和质量。对证券公司实施内部控制有效性倒查制度；优化风控指标集中监控系统；建立单项业务运作风险情况分析机制；创新开展流动性风险监管；通过营业部合规分类评价持续推动规范运作。强化基金公司“三条底线”、固定收益投资等专项检查；妥善应对和处理“债市风暴”及年中货币基金流动性危机；强化对基金创新业务风险的跟踪关注，推动完善公司内部风控机制。强化期货公司现场检查，通过监管信息通报等形式创新开展合规监管；督促首席风险官不断提升履职能力；不断提高机构信息技术管理能力和应急处置水平。此外，不断强化投资咨询、资信评级及资产评估机构，会计师、律师事务所等中介机构监管，督促归位尽责。

（2）坚持公平监管。始终坚持法律面前人人平等，统一规范监管行为，保持监管标准、尺度的一致性，公平对待各类主体及事项。涉及市场主体的所有监管要求、处罚结果、许可事项及审批条件等，都在局外网相应栏目公开，接受社会监督。全面实现证券经营机构所有行政许可事项的网上审批和全过程公示，实现了 80%的期货行政审批项目在期货行政许可网上审批系统上申报和审批，提高了申报工作的便利性和审核工作的透明度。此外，还加强对行政行为的事前法律审查、事中行政监察和事后执法检查。

（3）坚持科技监管。注重信息技术在监管工作中的运用，先后开发多个监管（管理）系统，借助信息化手段提高工作效率、增强工作效果。利用新版上市公司监管系统，有效提高审核全面性、细致性和审核质量。研发稽查现场辅助系统，提高稽查现场取证效率和工作便利。此外，还完成基金公司电子监管系统第三期升级改造工作和局内电子监察系统的开发。

（4）坚持严格执法。将稽查执法作为监管的核心工作，不断强化严格执法、公正执法和文明执法。贯彻落实《关于进一步加强稽查执法工作的意见》，健全制度建设、加强组织保障、创新执法手段，以查办虚假陈述案为重点，切实加大对内幕交易、欺诈发行等各类违法行为的打击力度。全年共办理各类案件 152 件，较上年增加 17.83%，其中立案及初查案件 40 件，较上年上升了 37.93%；共查办 6 件自办案件，数量较上年增长 2 倍，位居全国前列。年内还查办了国内首单基金公司为主体的内幕交易案、国内首单债券基金经理“老鼠仓”案、系统内首单债券利益输送案等一系列新型典型案件。与公安部证券犯罪侦查局第二分局签订协作会商办法，开辟了行刑衔接的新路径。牵头组织上海打非工作座谈会，与其他监管部门加强对金融违规活动的打击合力，集中曝光23家非法证券经营机构和网站。完善并公布行政处罚审理与听证规则，完成1例行政处罚案件。

【投资者教育和保护】 强化投资者教育和保护，努力维护中小投资者合法权益。(1) 深入开展投资者教育活动，编发《证券市场投资入门须知(2013版)》等基础性宣传教育产品，全面开展覆盖辖区各类机构的投资者调查活动。组织上市公司网络路演活动。建设辖区“五位一体”信息公示平台，推动持牌机构、持证从业人员诚信信息、各类代销金融产品信息等公开公示，帮助投资者防范非法机构和人员的欺诈行为。在监管工作中努力保障中小投资者对上市公司的知情权、决策参与权和分红收益权。

(2) 健全信访工作机制，妥善处理各类信访投诉；主动协助投资者通过仲裁、调解、民事诉讼等途径多渠道解决纠纷矛盾；创新推动基金同业公会参与“12386”热线信访投诉处理工作，完善“12386”投诉处理机制。全年共接待热线电话、来信来访3 108人次，为投资者挽回数额较大的经济损失。妥善处置超日债和光大证券“8.16”事件，快速查实违法事实，坚决采取行政监管措施，配合做好维稳工作和行政处罚。

【服务创新】 强化创新服务工作，努力促进资本市场健康发展。(1) 积极参与多层次资本市场建设。通过现场走访、召开座谈会等多种方式，听取企业对资本市场监管和上市公司规范发展的意见建议。在规范的基础上，支持鼓励各类企业利用资本市场扩大规模、调整结构，实现跨越式发展。全年共有9家上市公司完成并购重组，19家上市公司利用资本市场再融资462.88亿元(含H股12.91亿元)，15家公司发行中小企业私募债融资10.45亿元，44家企业实现在新三板挂牌。

(2) 落实简政放权和监管归位，推动证券期货经营机构创新发展。通过宣讲法规政策、搭建交流平台、推动自律发展等方式，更好地服务实体经济、服务投资者，行业个性化、主动性创新能力明显提升，证券公司多项创新摘得行业首单，如东方资管的公募基金管理人牌照和阿里巴巴资产证券化项目、国泰君安的人行支付系统牌照等。基金公司在组织、产品和业务创新方面取得新进展，汇添富率先完成股份制改制，26家基金公司设立专业子公司，相关公司在业内率先推出场内“T+0”货币基金、国债ETF、黄金ETF、浮动费率基金等创新产品；8家外资银行首批获得基金销售业务资格。8家期货公司取得资产管理业务资格、19家公司具有投资咨询业务资格，数量与占比均居全国之首。

(3) 积极参与上海自贸试验区建设，及时有效地做好上海市政府与中国证监会的沟通协调和政策对接工作，支持辖区机构在自贸区设立机构拓展业务；配合做好机构开放创新和监管方式转变的政策论证，就试验区内证券期货行业的负面清单管理调整提出后续政策建议。

(上海证监局)

4. 中国保险监督管理委员会上海监管局

【交融发展】 以“四个中心”和自由贸易试验区建设为契机，推动上海保险业与地方经济社会交融发展。一是大力支持中国(上海)自由贸易试验区试点，争取中国保监会出台八项举措支持自贸区建设，鼓励保险机构入驻园区，广泛听取业内意见研究制定自贸区保险市场构建和配套监管政策。二是加快航运保险发展。支持保险公司航运中心(事业部)在沪集聚，指导推动上海航运保险协会建立，调整充实航运保险监管力量，积极协调落实航运保险专属机构和业务的配套财税政策和人才政策。三是建立上海保险业重大自然灾害和事故跟踪机制，组织行业做好“菲特”台风等重大自然灾害和事故的保险服务工作，在保险业参与社会管理中提升行业形象。四是借助多种渠道，积极献言建策，优化行业环境，创新先行。配合上海市政府《2013年上海国际金融中心建设重点工作安排》，推进保险相关工作。全力以赴配合中国保监会和上海市政府做好个人税延型养老保险试点前准备，指导流程、制度、产品和平台工作小组有序推进相关工作。按照市政协要求组织做好“加快上海保险市场”重点提案督办工作。配合市政府有关部门举办“陆家嘴论坛”，开展保险交易所研究，鼓励保险资金参与旧区改造项目，支持保险公司采取不同模式、针对不同群体开展民生保险项目。五是关注城市管理和政府转型对保险业衍生需求。会同市政府相关部门大力推动火灾公众责任保险，全面推广危险化学品安全责任保险，探索建立住宅工程质量保证保险机制，大力发展“保淡”蔬菜价格保险、食品安全保险、医疗责任保险等与社会管理创新和政府职能转变紧密相关的险种。六是聚焦保险业发展的战略机遇。把握医药体制改革和人口结构变化的大趋势，大力推动发展高端医疗、健康养老、大病医疗以及长期护理保险，配合农工党中央来沪开展商业健康险调研。七是组织行业开展“1＋1心连心　一元慈善”公益慈善活动，鼓励保险企业通过拍摄公益短片、专题活动、捐款和专项资助等形式积极承担社会责任。

【维护保险市场稳定】 以区域性、系统性风险防范化解为底线，切实维护上海保险市场安全稳定。一是加大司法风险的防范化解力度。通过制度构建、风险排查、案件问责、专人跟踪及行业宣传等多种形式，实施司法案件苗头性风险和显化风险动态全流程管控。按照保监会要求，研究制定《上海保监局案件风险监管工作方案》，建立并完善保险公司对口联系人制度，与市公安局等开展2013年打击和防范经济犯罪宣传日活动。二是妥善处置满期给付与退保风险。全面梳理上海30余家寿险公司近3年分红水平和退保情况，认真研判潜在群体性兑付、退保和投诉风险的重点部位和环节，建立应急预案指导下的保险公司、行业协会、监管部门和地方政府多层风险防范化解体系。三是重点排查化解中介机构和中介业务的风险隐患。针对保险机构代理销售理财产品、非法吸收存款、非法集资或侵占保费和保险金等违法违规行为进行重点检查。四是以风险导向的现场检查和非现场监管为手段，进一步规范市场行为。通过综合性检查、专项检查、信访举报检查以及督查抽查等形式，对保险公司和中介机构进行现场检查。结合分类监管风险导向指引，加强对“市场份额居前、业务增长异常、信访投诉量大”的保险公司重点监管和风险提示。

【保险消费者权益保护】 以车险理赔难和人身险综合治理为重点，进一步强化保险消费者权益保护。(1) 着力推动车险理赔从“赔得慢、赔得烦”表象问题的解决向“秩序规范、标准清晰、机制顺畅、服务优质”的长效机制确立转变。按照中国保监会“三年四步走”的部署和上海保监局工作方案，主要做了五方面工作：一是指导同业公会配合市质量研究院推进上海市地方标准《机动车辆保险理赔(物损)服务质量规范》相关工作。二是与市司法局、市交警总队研究完善道路交通事故检验鉴定信息系统，规范交通事故人伤鉴定标准。三是指导推进“保险理赔员(车损定损)”职业技能鉴定相关工作。四是开展产险积压未决赔案清理工作。五是按照中国保监会要求，做好车险平台移交工作。

(2) 着力推动人身险销售从单一行为管控向基础建设与专项治理相促进、需求匹配与销售品质评价相结合、风险管控与舆论引导相联系的全方位治理体系转变。主要做了四方面工作：一是开展综合治理销售误导内控评估工作，组织起草保险公司全流程风险管控规程，形成以投保适销性、风险排查及重大事件预警和报告为主线的保险公司全流程风险管控规程。二是建立年长消费者权益保护制度。明确保险公司在产品适销性和如实告知方面的审核与责任，要求保险公司通过专门测评表、特别提示和回访话术指引等，向年长消费者介绍保险产品，严格审核其风险承受能力和财务能力。三是建立银保网点品质评价制度。会同上海银监局对上海所有银行网点代理销售的保险产品业务品质进行排名，对于排名靠后的银行网点，采取整改、约束和退出措施。四是指导同业公会建立电话销售禁拨平台，规范保险电销行为。

【重大活动】 (1) 上海保监局开展“四进一调研”，深入宣传贯彻《农业保险条例》。2013年3月1日，我国《农业保险条例》正式实施。上海保监局结合实际，深入宣传贯彻《农业保险条例》：一是进党校。走访郊区农业重地崇明县县委党校，在2014年农口干部、乡镇干部培训班增加《农业保险条例》培训。二是进企业、进农户。印刷农业保险知识宣传册，对农业龙头企业、农业合作社、农户进行农险业务宣传。三是进媒体。举办专题媒体培训班，并组织部分媒体进行农村实地考察采访。四是开展农业保险市场需求调查。分别对区县政府、协办机构、农户、合作社、龙头企业五类机构共计366个样本开展调研。

(2) 上海保监局积极组织开展防范打击非法集资宣传月活动：一是组织落实到位。指定处室负责打击非法集资宣传教育工作，并制定《上海保监局贯彻落实防范打击非法集资宣传教育活动方案》。二是动员部署到位。下发文件要求重点机构切实开展宣传教育，并书面调研活动开展情况。三是集中宣传到位。以"打击防范经济犯罪，携手平安法治建设"为主题，联合上海银监局、上海证监局、市公安局、市金融办等部门于2013年5月15日在外滩陈毅广场开展2013年打击和防范经济犯罪宣传日活动，通过微博直播、现场咨询、播放宣传片、发放法律法规宣传手册、制作展板等形式，全方位、多角度揭露了非法集资犯罪的手法和社会危害性，增强了广大群众风险识别和风险防范能力。

(3) 为促进上海保险业持续健康发展，上海保监局围绕"加强监管、支持发展"主题，于2013年10月25日至26日、11月22日分别举办2013年上海保险公司高管培训班和2013年上海保险中介机构主要负责人培训班。培训针对高管人员履职责任和保险机构依法合规经营、保险案件风险防范和风险监管考核、保险业合规经营和消费者权益保护以及自贸区建设的机遇与挑战等方面，邀请业内外专家进行系统讲解培训，促使上海保险业进一步统一思想，端正态度，明确方向，积极推进行业持续健康发展。

(4) 2013年12月26日，上海航运保险协会正式成立。上海市委常委、常务副市长屠光绍和中国保监会纪委书记、党委委员陈新权共同为上海航运保险协会揭牌，上海保监局局长裴光、上海市金融服务办副主任马弘出席仪式并致辞，上海市建交委、黄浦区政府、自贸区管委会、上海市社团管理局等单位有关领导出席仪式。上海航运保险协会是我国专业性航运保险社团组织，将从服务国家战略的全局高度出发，抓住政策机遇，大力支持上海自由贸易试验区和航运中心建设，加大改革创新力度，致力于航运保险产品创新、数据共享开发以及人才培养，培育壮大航运保险市场，加大国际合作交流，为中国航运保险业争取更多的话语权，力促上海成为我国乃至国际航运保险定价中心之一。

上海航运保险协会成立揭牌

5. 国家外汇管理局上海市分局

2013年，上海市分局积极参与中国(上海)自由贸易试验区建设，扎实推进创新试点工作，全力防控异常外汇资金流动风险，完善日常监管和服务，不断规范外汇收支秩序，各项工作都取得了新进展。

【积极参与中国(上海)自由贸易试验区建设】 根据上海市政府工作要求，在国家外汇管理局和中国人民银行上海总部的统一部署下，做好《中国(上海)自由贸易试验区总体方案》和《中国(上海)自由贸易试验区管理办法》的外汇管理政策研究，向总行、总局和市政府提出建立与自贸试验区发展相适应的外汇管理体制等工作建议。落实《关于金融支持中国(上海)自由贸易试验区建设的意见》，研究出台自贸试验区外汇管理实施细则，积极做好相关贸易投资便利化政策落地前的准备工作。

【扎实推进外汇管理改革创新】 一是顺利启动支付机构跨境电子商务外汇支付业务试点。2013年9月，上海8家支付机构率先获批开展试点，在全国首批5个试点城市全部17家试点机构中占比近50%。二是积极推动跨国公司资金运作便利化试点。修订并下发《上海跨国公司总部外汇资金集中运营管理试点操作方案》，探索建立主体监管模式。三是实施服务贸易外汇管理制度改革。自2013年9月1日以来，上海地区总体运行平稳，政策效应初步显现。四是继续推进国际贸易结算中心试点，提出进一步深化试点的方案建议。五是深化拓展个人本外币兑换特许业务试点，积极发展特许机构。六是制定融资租赁业务试点相关操作流程，简化业务审核凭证，受理多家融资租赁公司购买飞机进行预付货款申请业务。七是进一步开展人民币外汇衍生产品管理政策法规整合，鼓励银行推出面向客户的人民币外汇理财和投资相关业务，完善外汇经纪业务管理，及时解决新台币清算行所涉外汇管理问题。

【全力防范异常外汇资金流入】 面对2013年国内外经济金融形势的快速变化，尤其是上半年资金流入压力加剧的情况，为防范外汇收支风险，采取多种措施，防范异常跨境资金流入。一是加强与相关职能部门和银行之间的沟通协调。及时赴上海市金融办、商务委、海关等部门，做好宣传解释工作；召开中外资银行政策通报会，部署上海地区"控流入、扩逆差"应对措施。二是加强银行外汇资金流入和结汇管理。对由上海市分局负责结售汇综合头寸管理的银行进行逐月考核，加强对银行的分类指导和跟踪监测；合理控制银行自身外汇资金结汇规模和节奏，提高银行结售汇统计频率；形成重点关注银行和企业名单，建立企业结售汇数据库，加强重点监测和考核。三是认真做好经常项下控流入、扩逆差相关工作。对全市货物贸易资金净流入规模大、资金流和货物流严重不匹配及转口贸易差额(率)高、预收延付发生额大的企业进行重点排查，对海关特殊监管区域净流入企业进行排查，确定资金流入重点企业，完成核查和分类工作。四是认真做好资本项下控流入、扩逆差相关工作。合理调控大额资本金流入和转股流入，加强外债签约登记环节的管理，引导境外上市公司向有外汇资金需求的子公司提供外汇委托贷款，支持企业使用募股资金进行境外投资和境外委贷。

【完善日常监管和服务】 一是完善银行外汇收支与结售汇业务监管。有序推进各阶段银行考核工作，约谈考核排名靠后的银行；依法做好即期结售汇业务、远期结售汇业务、掉期业务、期权业务等各项结售汇业务备案，审核银行代债务人结售汇、自身资本金结汇等各项审批；重新修订了《上海地区银行结售汇统计考核标准》。二是加强经常项目日常外汇管理。巩固货物贸易外汇管理制度改革成果，建立现场与非现场、区内与区外、货物与服务、本币与外币四个联动机制；简化海关特殊监管区域外汇管理，制定上海市海关特殊监管区域货物贸易外汇管理风险防范性规定；强化对个人项下外汇收支和结售汇非现场监测和排查；完成保险法人机构外汇账户核查任务。三是全力落实总局资本项下的重大改革举措。通过多种途径对新出台的直接投资、外债管理方面的新政策进行宣传和解读释疑，全力确保资本项目信息系统顺利上线运行，及时发现和解决系统运行中的问题。四是不断健全跨境资金流动监测分析机制。制订与银行联动的跨境资金流动监测分析工作机制，加强对上海外汇形势突出情况的分析；探索海关特殊监管区域货物贸易总量核查方案；灵活确定服务贸易、个人结售汇、外汇账户等业务的非现场排查重点。五是切实提升外汇服务水平。稳步推进上海市分局子站建设，配合开展12363金融消费权益保护热线试点，贯彻落实《外汇管理部营业大厅管理实施细则(试行)》，及时更新有效法规目录和外汇业务办理指引。

【加大外汇查处力度】 一是开展对银行的自身及代客外汇业务检查、转口贸易专项检查、房地产企业资本金结汇专项检查。其中，与上海公安部门联手破获的伪造虚假提单案，作为汇警合作打击虚假转口贸易的典型案例，受到总局与公安部的充分肯定。二是配合公安部门，对非法外汇买卖高发区域开展"面上清理行动"，净化上海外汇市场秩序。三是运用非现场检查系统，筛选涉嫌个人分拆结售汇的可疑及违规线索，积极查处个人分拆结售汇等案件。四是创建沪苏浙甬长三角四方办案协作交流机制，共同签署长三角地区外汇检查合作备忘录。五是加强外汇政策宣传，赴金融机构讲解外汇违规案例，与公安部门共同制作非法买卖外汇警示教育片，推行个人外汇交易风险提示措施。六是创新检查方式，积极开展银行外汇业务数据提取攻关工作。

(上海外管局)

6. 上海市金融服务办公室

2013年，上海市金融服务办公室认真贯彻落实党的十八大和十八届三中全会精神，牢牢把握上海自贸试验区建设重大机遇，加快推进国际金融中心建设，着力提升金融服务实体经济水平，不断深化市属金融国资国企改革，各方面工作均取得了积极进展。

【加快推进上海国际金融中心建设】 一是自贸试验区金融开放创新工作有序推进。“一行三会”等国家金融管理部门相继出台51项支持自贸区金融开放创新的有关制度和政策后，全市成立了自贸试验区金融工作协调推进小组，为推进落实自贸试验区金融开放创新提供服务和保障。积极吸引银行、证券、期货、保险、基金、金融租赁等各类金融机构入驻自贸区，在自贸试验区正式启动跨境人民币双向资金池业务、跨境人民币借款业务试点等。11月，上海国际能源交易中心挂牌成立。二是上海金融市场创新开放步伐加快。新型金融市场建设不断推进，在2012年正式启动股权托管交易市场基础上，推出上海股交中心股权报价系统；同时，保险市场等建设稳步推进。金融产品和工具创新取得新成果，国债期货、沥青期货、黄金ETF等一批重要金融产品顺利推出；原油期货、跨境金融交易中央对手清算服务等开发上市工作稳步推进。金融市场对外开放进一步扩大，合格境内有限合伙人(QDLP)试点率先在上海推出，国际贸易结算中心外汇管理试点、跨国公司总部外汇资金集中运营管理改革试点等工作不断深化，赛领国际投贷基金开展对外投资业务。三是功能性机构集聚发展效应显著。2013年，上海把握自贸区建设有利机遇，采取“多点结合、量质并举”的引进思路，建立健全工作机制，明确重点引进目标，完善空间规划布局，推动扶持政策落地。2013年，共有80余家功能性金融机构在沪注册。银行、证券、保险类功能性金融机构总数超过200家。10月份，中国建设银行(上海)中心揭牌。四是金融发展环境进一步优化。加大政策支持，积极营造有利于金融创新和人才发展的环境，完成2013年度金融创新奖评审工作；协调开展金融人才落户等相关服务工作。成功举办“2013陆家嘴论坛”和上海市推进国际金融中心建设领导小组国际咨询委员会第六次会议；对内对外交流合作不断深化，举办沪港金融合作第三次工作会议、沪澳金融合作第一次工作会议、第二届上海—悉尼金融研讨会。推进与新加坡、卢森堡、耿西岛等有关金融管理部门的友好往来。加强与长三角及兄弟省市的金融合作交流。金融风险防范工作扎实有效，会同相关部门，妥善处置相关金融案件，切实维护上海金融市场稳定。

【着力提升金融服务实体经济水平】 2013年，市政府出台《本市贯彻〈国务院办公厅关于金融支持经济结构调整和转型升级的指导意见〉的实施方案》(沪府办[2013]48号)，提出金融支持实体经济的42条工作举措，积极引导金融资源向经济发展的难点、重点和热点领域倾斜。一是突破小微企业融资难点。上海市金融办会同市财政部门落实配套扶持资金，调动金融机构支持小微企业发展积极性，联合区县、科技园区积极搭建小微企业融资服务平台。推动建立多元化金融服务体系，支持小微企业专营机构发展。截至2013年末，全市已有116家小额贷款公司获批设立，累计放贷约1 071.84亿元，投向“三农”和小企业的贷款占到总量的七成左右；86家融资性担保机构审批通过。二是把握全市经济发展重点。金融机构不断加大对现代服务业、先进制造业、战略性新兴产业等重点领域支持，加大对文化创意产业发展的金融支持。与有关部门共同举办“倾听企业·文化金融融合发展研讨会暨企业合作签约仪式”和“上海市文化企业融资工具培训会”。在全市89个创意产业集聚区开展创意产业融资服务工作，促进商业银行和创意产业融资服务平台有效对接。加快航运金融服务发展。4月，人民币远期运费协议(FFA)中央对手清算业务正式上线运行。三是聚焦社会民生领域热点。积极研究创新服务模式，加大对保障房建设和旧区改造的金融支持，加强与中国人民银行、交易商协会协调，推进多家保障房承建单位发行保障房中票；会同市旧改办协调推进保险资金参与本市旧区改造项目试点工作。推动保险服务创新为社会管理提供支持，支持有关保险机构推出冻鲜鸡食品安全责任保险、电梯责任保险、商业健康保险等多个民生相关险种。

【不断深化市属金融国资国企改革】 一是探索推动市属金融企业市场化、开放性重组。美国史带公司控股大众保险；海通证券收购美国恒信金融集团。二是探索推动市属金融企业创新业务，转型发展。市属金融企业根据竞争需求和市场机遇实现转型发展。上海银行发起设立基金管理公司，迈出综合化经营重要步伐；推动浦发银行、上海银行、太保集团、大众保险、华安基金、海通期货等市属金融企业把握自贸区建设机遇，在自贸区设立分支机构。三是探索完善市属金融企业内部治理机制。进一步健全金融国资监管体系，调整完善市属金融企业经营业绩考核评价方法，探索市属金融企业领导人员中长期激励安排，加大市场化选聘经营层力度。经过不懈努力，主要市属金融企业经营实力进一步增强，太保集团连续第三年进入《财富》杂志世界500强企业排行榜，浦发银行2013年7月首次进入世界500强。

2013年全年，上海金融业实现增加值2 823.3亿元，同比增长13.7%，占全市GDP的13.1%，有力地支持了全市经济增长。全年上海金融市场交易总额达639万亿元，同比增长21%。中外资金融机构本外币各项存款余额6.9万亿元，比年初增加5 474.3亿元；贷款余额4.4万亿元，比年初增加3 297.5亿元。

（上海金融办）

三、上海市金融报告

1. 2013 年上海市金融运行报告

2013 年，中国人民银行上海总部和上海市各金融机构继续认真贯彻落实稳健货币政策，配合推进中国(上海)自由贸易试验区建设，继续发挥差别准备金动态调整工具的逆周期调节作用，引导地方法人金融机构平稳适度投放信贷，有效发挥再贷款的引导功能，支持地方法人金融机构的合理流动性需求，为上海经济转型发展创造适宜的货币金融环境。

(一) 各项存贷款增速放缓，信贷结构有所优化

2013 年末，上海市中外资金融机构本外币资产总额 9.8 万亿元，同比增长 8.4%；各项存、贷款余额分别为 6.9 万亿元和 4.4 万亿元，同比分别增长 9.0%和 8.2%；金融机构不良贷款率为 0.8%，比年初上升 0.15 个百分点。2013 年，全市金融机构实现净利润 991.2 亿元，同比下降 3.2%。

(1) 银行业金融机构平稳发展。2013 年末，上海市共有中资银行法人 4 家，外资银行法人 22 家，村镇银行法人 9 家；银行业金融机构总资产 9.8 万亿元，从业人员 13.4 万人。

表 1　2013 年上海市银行业金融机构情况

机构类别	营业网点			法人机构(个)
	机构个数(个)	从业人数(人)	资产总额(亿元)	
一、大型商业银行	1 559	44 780	34 360	0
二、国家开发银行和政策性银行	14	566	3 249	0
三、股份制商业银行	650	24 989	26 047	2
四、城市商业银行	335	12 002	10 771	1
五、农村商业银行	388	5 865	4 068	1
六、财务公司	16	1 145	2 550	16
七、信托公司	7	1 322	249	7
八、邮政储蓄	471	3 111	1 476	0
九、外资银行	215	39 509	11 897	22
十、新型农村金融机构	9	451	151	9
十一、其他	12		3 063	12
合　计	3 676	133 740	97 881	70

注：大型商业银行包括中国工商银行、中国农业银行、中国银行和中国建设银行；新型农村金融机构包括村镇银行、贷款公司和农村资金互助社；“其他”包括金融租赁公司、汽车金融公司、货币金融公司和消费金融公司等。

数据来源：中国人民银行上海总部。

(2) 各项存款大幅波动，季末冲高特征明显。2013 年，全市本外币各项存款累计增加 5 474.3 亿元，同比多增 95.1 亿元。从存款增长节奏看，受贷存比、内部绩效考核等因素影响，存款季初回落、季末冲高的特征依然明显。3 月、6 月、9 月和 12 月全市本外币各项存款分别增加 2 643.2 亿元、1 316.7 亿元、1 626.2 亿元和 467.6 亿元，累计增加 6 053.7 亿元，为全年存款增量的 105.8%，1 月、4 月、7 月和 10 月各项存款则累计减少 1 928.6 亿元。

单位存款同比多增，主要是定期性存款增加较多。2013 年，全市单位存款累计增加 4 068.1 亿元，同比多增 1 529.1 亿元，其中单位定期存款累计增加 2 154.6 亿元，同比多增 336.5 亿元。单位定期性存款快速增长，一方面显示随着宏观经济形势逐步回稳，企业资金状况有所改善，在企业加强财务收益管理、偏好高收益存款产品和对银行表外授信业务需求旺盛的推动下，单位定期性存款稳步增长；另一方面，企业将新增的流动性主要用于储蓄，反映出目前企业的投资动力仍然比较缺乏。

个人存款同比少增，主要是储蓄存款明显少增。2013 年，全市个人存款累计增加 1 572.5 亿元，同比少增 1 014.8 亿元；其中储蓄存款累计增加 1 272.5

亿元,同比少增 1 016.5 亿元,储蓄存款增长乏力主要与房产市场交易升温带动居民购房支出增加,以及各种理财产品、互联网金融产品的分流因素有关。

外汇存款同比少增,主要是单位保证金存款增速下降。2013 年,全市金融机构外汇存款增加 81.4 亿美元,同比少增 38.9 亿美元;其中单位保证金存款增加 7.7 亿美元,同比少增 31.6 亿美元。进入 6 月份以后,受外汇管理局进一步加强外汇管理和打击虚假贸易等因素影响,单位外汇保证金存款呈明显下降趋势。6—12 月,全市金融机构外汇存款累计增加 4.4 亿美元,其中单位保证金存款累计减少 54.5 亿美元。

(3) 各项贷款增长放缓,信贷结构有所优化。2013 年,全市各项贷款累计增加 3 297.5 亿元,同比少增 520.8 亿元。分季度看,1—4 季度各项贷款分别增加 1 077.4 亿元、770.3 亿元、1 029.5 亿元和 420.2 亿元,第 4 季度信贷投放明显回落。总体来看,2013 年各项贷款增长放缓,一方面反映了上海社会融资渠道日趋多元化,企业更多地通过发行债券、信托等融资渠道来募集资金;另一方面,也反映出上海经济面临的结构转型压力更加明显,经济增速放缓导致企业(特别是制造型企业)有效信贷需求不足等因素影响有关。这还表现在项目提款率较低、提前还款现象增多等。

从贷款投向看,信贷结构继续优化。2013 年,全市新增的本外币企业贷款(不含票据融资)中,投向第二产业的贷款增加 696.6 亿元,其中制造业贷款增加 447.6 亿元;投向第三产业的贷款增加 2 646.1 亿元,占全部境内企业贷款(不含票据融资)增量的 79%,占比较上年全年的 61.2%进一步提高 17.8 个百分点。2013 年,全市新增本外币房地产开发贷款 398.2 亿元,同比少增 12.9 亿元。2013 年,本市金融机构继续加大对小微型企业的信贷支持力度,对大、中、小和微型企业投放的本外币贷款分别增加 560.3 亿元、−41 亿元、537.1 亿元和 90.9 亿元。小微企业在全部新增企业贷款的占比为 54.7%,同比大幅提高 35.2 个百分点,小微企业贷款难的问题有所缓解。

从期限结构看,中长期贷款同比多增。个人住房贷款和单位中长期普通贷款成为拉动上海市信贷增长的主要动力。2013 年,全市短期贷款增加 581 亿元,同比少增 1 211.5 亿元,其中短期贸易融资增加 136.2 亿元,同比少增 1 095.4 亿元;中长期贷款增加 2 320.5 亿元,同比多增 1 562.7 亿元,其中个人住房贷款增加 792.4 亿元,同比多增 614.8 亿元,单位普通贷款增加 660.1 亿元,同比多增 835.4 亿元。

从币种结构看,主要是外汇贷款同比少增。2013 年,上海市中外资金融机构人民币各项贷款增加 3 176.6 亿元,同比多增 33.8 亿元;外汇贷款增加 41.9 亿美元,同比少增 67.1 亿美元。年初以来,在短期贸易融资的拉动下,1—5 月,全市金融机构外汇贷款累计增加 84.4 亿美元,其中短期贸易融资增加 78.2 亿美元。进入 6 月后,受监管部门要求商业银行加强结售汇综合头寸管理、强化外汇存贷比管理,以及打击虚假贸易等因素影响,外汇贷款(特别是短期贸易融资)出现下降趋势,6—12 月累计减少 42.5 亿美元,其中短期贸易融资累计减少 68.2 亿美元。

(4) 商业银行通过调节不同期限的存款定价来调整主动负债的成本,存贷款利率基本稳定。在 7 月贷款利率下限取消后,经过了一个月的时滞,政策调整效应在 9 月利率走势上有所反映,上海辖内 9 月贷款加权平均利率出现了明显下跌,较 8 月大幅下降了 22 个基点,随后金融机构逐步适应了资产端的市场化步伐,贷款利率在四季度有所回升并保持了基本稳定(见表 2)。2013 年,在逐步适应了存款利率浮动区间扩大的利率政策调整后,金融机构更加灵活地运用负债端的定价策略相机调节融资成本。在期限结构上,下半年,部分金融机构加大了对成本较高但稳定性较好的中长期限存款吸收力度,长端存款利率有所上升。12 月份,股份制商业银行分行和外资法人行五年期的定期存款利率环比分别上涨了 38 个和 16 个基点。在 7 月和 12 月两个流动性相对紧张的时点,六个月(含)以内期限的存款利率均高于六个月至一年(含),表明商业银行有在该期限上高息获取资金以改善流动性的意愿,银行间市场流动性的波动一定程度上传导到了存贷市场。

美元存款利率走高,贷款利率下行。2013 年 6 月,国家外汇管理局出台的《关于加强外汇资金流入管理有关问题的通知》规定 6 月底前,中外资银行要完成当月结售汇综合头寸限额的达标,该政策出台后,为完成考核目标商业银行存在着大量吸收外汇存款的需求,美元存款利率呈现了较为明显的上涨。

表 2 2013 年上海市金融机构人民币贷款各利率浮动区间占比表

单位：%

月 份		1月	2月	3月	4月	5月	6月
合 计		100.00	100.00	100.00	100.00	100.00	100.00
0.7 以下		0.0	0.0	0.0	0.0	0.0	0.0
[0.7, 0.9)		0.6	0.9	0.6	0.6	0.0	1.0
[0.9, 1.0)		17.6	24.5	23.2	14.3	24.2	19.6
1		23.3	18.8	19.6	23.1	15.8	26.6
上浮水平	小 计	58.5	55.8	56.6	62.0	60.0	52.8
	(1.0, 1.1]	14.5	12.3	15.6	18.2	13.9	15.9
	(1.1, 1.3]	22.6	23.3	23.3	23.2	26.5	22.3
	(1.3, 1.5]	9.6	10.3	9.2	10.4	9.5	7.2
	(1.5, 2.0]	9.8	8.5	7.6	8.8	8.9	6.4
	2.0 以上	2.0	1.4	1.0	1.3	1.2	1.0
月 份		7月	8月	9月	10月	11月	12月
合 计		100.00	100.00	100.00	100.00	100.00	100.00
0.7 以下		0.0	0.0	0.0	0.0	0.0	0.0
[0.7, 0.9)		0.8	1.1	1.2	1.0	0.8	1.3
[0.9, 1.0)		20.3	20.4	20.0	18.3	20.1	22.7
1		23.4	20.5	21.0	23.2	23.3	23.3
上浮水平	小 计	55.5	57.9	57.6	57.5	55.7	52.7
	(1.0, 1.1]	17.5	17.1	18.8	18.8	18.1	17.6
	(1.1, 1.3]	22.3	21.6	21.6	18.5	20.2	18.4
	(1.3, 1.5]	5.1	6.5	5.6	6.4	5.5	5.2
	(1.5, 2.0]	9.2	10.9	10.3	12.3	10.6	10.1
	2.0 以上	1.4	1.7	1.4	1.4	1.3	1.3

截至 12 月末，一年期的大额美元存款平均利率为 3.66%，同比上涨了 1.57%。美元贷款利率则有一定幅度的下跌，12 月末美元贷款利率为 2.74%，同比减少了 30 个基点。

(5) 跨境收支逆差小幅扩大，跨境人民币交易活跃，占比有所提高。2013 年，上海跨境收支总额 8 863 亿美元，同比增长 12.6%，增速较上年同期下降 1.6 个百分点。其中，跨境收入 3 836.5 亿美元，同比增长 13.3%；跨境支出 5 026.5 亿美元，同比增长 12.1%；跨境收支逆差 1 190 亿美元，同比增长 8.3%。2013 年，上海跨境人民币收支总额 1 409.3 亿美元，同比增长 93.1%，在跨境收支总额中占比 15.9%，同比提高 6.6 个百分点。2013 年，在沪银行结售汇总额 5 050.6 亿美元，同比增长 12.2%，增速较上年同期上升 3.4 个百分点。其中，结汇 2 127.6 亿美元，同比增长 16.4%；售汇 2 923 亿美元，同比增长 9.4%；结售汇逆差 795.4 亿美元，同比减少 5.8%，降幅较上半年收窄 14.1 个百分点；结售汇不平衡度为 15.7%，同比下降 3.1 个百分点。2013 年，上海市跨境人民币业务继续保持快速发展态势，全年实现人民币跨境结算 9 149 亿元，同比增长 86%，位居全国第二位。其中，货物贸易结算量 4 012 亿元，同比增长 47%；服务贸易及其他经常项目结算量 2 442 亿元，同比增长 133%；直接投资项下结算量 1 319 亿元，同比增长 192%。

(二) 证券期货业平稳运行，融资额显著下降

(1) 证券公司资产规模及盈利水平稳中有升。2013 年末，上海辖区 20 家证券公司总资产合计 4 571.6 亿元(见表 3)、净资产 1 687.8 亿元、净资本 1 233 亿元，分别较去年末增长 17.7%、6.0% 和 8.2%。全年累计实现营业收入 307.8 亿元，净利润 91.9 亿元，分别较去年同期上升 18.7%和 11%。从收入结构看，经纪、自营、投行、资管、融资融券等各项业务收入的占比分别为 48.4%、18.6%、9.5%、5.6%和 12.9%。自营、投行业务收入比重分别较去年同期下降 7.5 个和 1.9 个百分点，经纪、资管和融资融券业务收入比重分别较上年同期上升 10.7 个、2.9 个和 6.6 个百分点。

(2) 基金公司资产管理规模平稳增长。2013 年末，上海辖区 44 家基金公司(全国 89 家)管理资产总规模合计 12 798.8 亿元，较上年同期增长 17.8%，其中有三家基金公司规模突破千亿元。辖区公募资产总规模 9 402 亿元，同比增长 3.5%。37 家基金公司管理公募基金产品 675 只，较上年同期增加 152 只，增幅 29.1%，产品总数占全国的 43.5%，总净值占全国的 31.3%。截至年末，上海有 40 家基金公司开展专户业务，4 家开展社保基金管理业务，3 家开展企业年金管理业务。

(3) 期货公司业务规模及盈利水平平稳增长。2013 年末，上海辖区 28 家期货公司客户权益达 501.9 亿元，占全国的 25.7%；代理交易额 143.8 万亿元，占全国 26.9%，市场份额较上年同期有所增长。从盈利能力看，全年累计实现营业收入 41.3 亿元(其中手续费收入 25.5 亿元)，较上年增长 6.5%；实现净利润 7.0 亿元，较上年增长 0.3%。从市场结构看，全年股指期货代理交易额 86.6 万亿元，较上年同期增长 104.7%。从业务创新来看，上海有 8 家期货公司开展资产管理业务，有 3 家期货公司设立了风险管理子公司。

(4) 证券市场融资额显著下降。2013 年末，上海辖区上市公司累计直接融资 462.9 亿元，较去年同期下降 33%(不含 H 股融资，下同)。其中债权融资 295.6 亿元，较上年同期增长 138.4%；股权融资 73.2 亿元，较去年同期下降 70.5%。股权再融资下降与 IPO 暂停是 2013 年上海辖区证券市场融资额下降的主要原因。

表 3 2013 年上海市证券业基本情况表

项　目	数量
总部设在辖内的证券公司数(家)	20
总部设在辖内的基金公司数(家)	44
总部设在辖内的期货公司数(家)	28
年末国内上市公司数(家)	204
当年国内股票(A 股)筹资(亿元)	167.3
当年发行 H 股筹资(亿元)	12.9
当年国内债券筹资(亿元)	508.6
其中：短期融资券筹资额(亿元)	3.0
中期票据筹资额(亿元)	349.7

(三) 保险业加快转变发展方式，服务民生能力不断提高

2013 年，上海保险业加快转变发展方式，不断提高服务民生的能力。积极推动上海国际航运中心建设，促进航运保险快速发展，上海航运保险协会正式成立；积极配合国家金融管理部门推动保险交易所等保险市场建设；推动个人税收递延型养老保险等创新试点；推动中资保险机构在境外提供专业服务；进一步加强和完善农业保险基层服务体系建设；大力发展商业医疗保险，鼓励商业保险机构与社会医疗机构的合作，拓展社会医疗机构的保险筹资渠道。

(1) 保险市场主体稳步增加。截至 2013 年末，上海市共有 125 家保险公司和 6 家保险资产管理公司，保险公司家数比上年同期增加 3 家。其中，财产保险公司 60 家，人寿保险公司 48 家，养老保险公司 7 家，健康保险公司 5 家，再保险公司 4 家，保险集团公司 1 家。总公司 50 家，分公司 81 家。全市共有保险专业中介机构 352 家，比上年同期增加 28 家。其中保险代理机构 174 家，保险经纪机构 112 家，保险公估机构 66 家。

(2) 保险业务总体发展平稳，但寿险公司业务发展明显放缓。2013 年，上海市原保险保费收入累计 821.4 亿元，同比增长 0.1%。其中，财产险公司原保险保费收入 304.8 亿元，同比增长 12.2%；寿险公司原保险保费收入 516.6 亿元，同比下降 5.9%。产、寿险原保险保费收入比例为 37∶63，中、外资保险公司原保险保费收入比例为 85∶15。

(3) 保险赔付支出稳步增长，充分发挥保障民生的能力。2013 年，上海市保险业赔付支出累计 302 亿元，同比增长 18.1%。其中，财产险赔款支出 162.3 亿元，同比增长 17.1%；寿险给付 103.2 亿元，同比增长 17.3%；健康险赔款给付 31.8 亿元，同比增长 26.6%；意外险赔款支出 4.6 亿元，同比增长 14.77%。

表 4 2013 年上海市保险业基本情况表

项　目	数量
总部设在辖内的保险公司数(家)	49
其中：财产险经营主体(家)	19
人身险经营主体(家)	21
保险公司分支机构(家)	81
其中：财产险公司分支机构(家)	41
人身险公司分支机构(家)	40
保费收入(中外资，亿元)	821.4
其中：财产险保费收入(中外资，亿元)	304.8
人身险保费收入(中外资，亿元)	516.6
各类赔款给付(中外资，亿元)	302.0
保险密度(元/人)	3 401.2
保险深度(%)	3.8

(四) 债券融资较快增长，金融市场交易总体活跃

(1) 债券融资较快增长。2013 年，上海市非金融机构部门贷款、债券和股票融资共 3 986.3 亿元(见表 5)，比上年少融资 1 236.7 亿元。其中，本外币贷款 3 297.5 亿元，比上年减少 520.8 亿元；非金融企业债券净融资 508.6 亿元，比上年减少 255.7 亿元；股票净融资 180.2 亿元，比上年减少 460.3 亿元。2013 年，上海市债券、股票融资占总融资量的 17.3%，比上年下降 9.6 个百分点。非金融企业债券累计发行额和累计兑付额均创新高。2013 年，上海市非金融企业债券累计发行额和兑付额分别为 1 594.8 亿元和 1 086.2 亿元，比上年分别多增 162.4 亿元和 418 亿元。

表5 2001—2013年上海市非金融机构部门融资结构表

	融资量（亿元人民币）	比 重(%)		
		贷款	债券（含可转债）	股票
2001	1 251.8	97.6	0.0	2.4
2002	1 852.8	95.4	1.4	3.2
2003	2 712.6	95.3	2.2	2.5
2004	2 041.0	96.4	0.0	3.6
2005	2 410.1	74.1	11.2	14.7
2006	2 390.5	77.7	13.9	8.4
2007	4 729.0	65.8	11.1	23.1
2008	3 411.5	75.1	17.2	7.6
2009	6 746.2	71.4	15.7	13.0
2010	5 432.4	82.7	6.7	10.5
2011	4 517.4	80.9	12.3	6.8
2012	5 223.0	73.1	14.6	12.3
2013	3 986.3	82.7	12.8	4.5

(2) 银行间同业拆借和现券成交量下降。2013年，上海金融机构拆入拆出合计16.8万亿元，同比减少22.7%；质押式和买断式正逆回购分别成交33.2万亿元和1.4万亿元，同比增长17.6%和34.6%。债券市场现券买卖合计21.3万亿元，同比减少40.1%。

(3) 票据业务明显活跃，货币市场利率明显上行。2013年，上海市金融机构票据累计承兑银行汇票7 309亿元，同比增长8.2%；累计办理企业直接贴现6 461.2亿元，同比增长36.2%；累计买断式转贴现转入票据27 862.8亿元，同比大幅增长144.3%，累计买入返售票据13 796.7亿元，同比大幅增加104.2%。2013年末，上海市金融机构银行承兑汇票余额2 673.6亿元，较年初小幅下降4.7%；票据贴现余额2 182.7亿元，较年初增加1.9%。2013年，上海市金融机构累计发生再贴现业务257.2亿元，同比增长73.5%，年末再贴现余额为86.3亿元，同比增长122.4%。

表6 2013年上海市金融机构票据业务量统计表

单位:亿元

季度	银行承兑汇票承兑		贴 现			
			银行承兑汇票		商业承兑汇票	
	余额	累计发生额	余额	累计发生额	余额	累计发生额
1	2 753.2	1 700.7	1 471.0	5 206.0	591.7	839.3
2	2 775.9	2 103.6	1 510.2	6 273.1	755.4	1 283.3
3	2 698.1	1 677.6	1 638.0	6 750.3	619.5	838.4
4	2 673.6	1 827.2	1 563.3	12 039.8	619.4	1 093.9

货币市场利率整体明显上行。2013年，货币市场利率波动较大，整体明显上行。1—5月，货币市场利率走势总体比较平稳，波动幅度不大。进入6月后，受多种因素的共同影响，货币市场利率明显走高并出现大幅波动，其月加权平均融资利率显著高于近年来各月融资利率的平均水平。下半年，尽管货币市场利率较6月出现回落，但总体水平仍较年初明显上行。年初，同业拆借加权平均利率为3.21%，期间最高为13.19%，最低为2.56%，年末收于4.02%，较年初上升了81个基点，升幅为25.2%。年初质押式回购加权平均利率为3.08%，期间最高为11.57%，最低为2.49%，年末收于3.96%，较年初上升了88个基点，升幅为28.6%。

表7 2013年上海市金融机构票据贴现、转贴现利率表

单位:%

季度	贴 现		转贴现	
	银行承兑汇票	商业承兑汇票	票据买断	票据回购
1	4.91	5.72	4.30	3.96
2	6.04	6.22	4.76	4.62
3	6.09	6.64	5.61	5.78
4	6.79	6.82	6.03	6.09

(4) 股票指数振荡下行，交易金额显著增加。2013年，上证综指年初开盘2 289.5点，其间最高为2 434.5点，最低为1 950点，年末收于2 116点，较2012年末的2 269.13点下跌了6.8%。上海证券交易所股票交易累计成交23万亿元，同比增长39.9%。股票累计筹资总额为2 515.7亿元，较上年减少13%，全部为再融资方式。

(5) 期货交易量明显增长，石油沥青、国债期货平稳上市。2013年，上海期货交易所各品种累计成交60.4万亿元(单边计算，下同)，同比增长35.5%，成交额占全国期货成交总额的22.6%。各期货品种成交额同比变化差异显著，其中白银、黄金、螺纹钢期货分别较上年大幅增长459.5%、165.3%和62.4%，铜期货小幅增加2.2%，锌、铝、天然橡胶期货则分别减少44%、22.2%和6%。新上市的石油沥青期货共成交313.4万手、成交金额1 370.5亿元。中国金融期货交易所沪深300股指期货各合约累计成交1.9亿手，累计成交金额为140.7万亿元，较上年分别增长83.9%和85.5%，成交额占全国期货成交总额的52.6%。新推出的5年期国债期货各合约共成

交32.9万手、成交金额3 063.9亿元。

表8 2013年上海期货交易所统计表

交易品种	累计成交金额(亿元)	同比增长(%)	累计成交量(万手)	同比增长(%)
铜	167 323.6	2.2	6 429.6	12.2
铝	2 407.3	−22.2	330.6	−16.2
锌	9 040.9	−44.0	1 208.3	−42.7
黄金	53 545.3	165.3	2 008.8	239.5
天然橡胶	145 267.8	−6.0	7 243.8	−3.6
燃料油	2.5	−89.4	0.1	−88.6
螺纹钢	109 407.1	62.4	29 372.9	62.7
线材	1.5	37.1	0.4	42.1
铅	246.3	−7.1	17.3	151.7
白银	115 554.9	459.5	17 322.3	714.6
石油沥青	1 370.5	/	313.4	1
合计	604 167.7	35.5	64 247.4	75.9

(6)黄金成交量和成交金额大幅增长,金价显著下跌。2013年,上海黄金交易所黄金累计成交量为11 614.5吨,同比增长82.9%;累计成交金额为32 133.8亿元,同比增长42.6%。黄金品种Au99.99年初以334.99元/克开盘,12月末收于236.46元/克,较年初大幅下跌29.4%。

(五)金融积极支持自贸区建设,国际金融中心建设取得新进展

金融市场体系建设不断推进。2013年9月6日,国债期货在中国金融期货交易所正式上市交易,国债期货上市4个月以来运行平稳,对国债收益率曲线的完善发挥了作用。12月12日,银行间市场推出首批同业存单,标志着利率市场化取得新进展。4月10日,银行间外汇市场推出人民币对澳大利亚元直接交易。上海清算所登记托管证券种类扩展至政府债券、央行票据、政策性金融债和商业银行债以外的所有品种,于4月12日正式承担银行间外汇市场人民币外汇询价交易净额清算服务,4月16日正式推出人民币远期运费协议中央对手清算业务。7月29日,国内首批黄金交易型开放式证券投资基金(黄金ETF)——华安易富黄金ETF和国泰黄金ETF在上海证券交易所成功上市。11月22日,上海国际能源交易中心股份有限公司正式在上海自贸区挂牌,原油期货交易平台落户上海自贸区。

金融支持上海自贸区建设的政策框架初步构建。2013年,中国人民银行、中国银监会、中国证监会和中国保监会相继出台《中国人民银行关于金融支持中国(上海)自由贸易试验区建设的意见》、《中国银监会关于中国(上海)自由贸易试验区银行业监管有关问题的通知》、《中国证监会关于支持促进中国(上海)自由贸易试验区若干政策措施》、《中国保监会支持上海自贸区建设八项措施》,中国(上海)自由贸易试验区金融工作协调推进小组正式成立,金融多部门、全方位推进上海自由贸易区发展的体制和政策正在逐步形成。

(中国人民银行上海总部
货币政策分析小组)

2. 2013年上海市金融市场运行报告

(一)同业拆借市场

(1)同业拆借交易量有所减少,拆借利率在大幅波动中明显上升。2013年,上海市金融机构在全国银行间同业拆借市场累计拆入资金84 974.88亿元,累计拆出资金83 244.83亿元,较2012年分别减少15.15%和29.05%。拆入、拆出合计量为168 219.71亿元,同比减少22.65%,净融入资金1 730.05亿元,而上年同期为净融出资金17 188.28亿元。累计拆入、拆出量占全国拆借总量的比重分别为23.92%和23.44%,前者较2012年上升2.48个百分点,后者则下降1.68个百分点。

2013年前五个月,上海市同业拆借利率走势平稳,拆入利率在2.22%和2.84%之间小幅波动,拆出利率区间则位于2.26%和2.87%之间。6月份受多重因素交叠影响,货币市场资金面十分紧张,拆借利率大幅飙升,当月拆入、拆出加权平均利率分别达到6.48%和6.52%,较5月份大幅上升了3.64个百分点,创出有史以来的月度新高。下半年,拆借利率从高位快速回落后,整体水平仍显著抬升。其中,三季度拆入、拆出加权平均利率在3.3%到3.5%之间波动,四季度进一步提高到3.6%到4.2%的区间。12月份,上海市同业拆入、拆出加权平均利率分别为3.98%和3.91%,较上年12月份分别提高了1.49个和1.48个百分点。

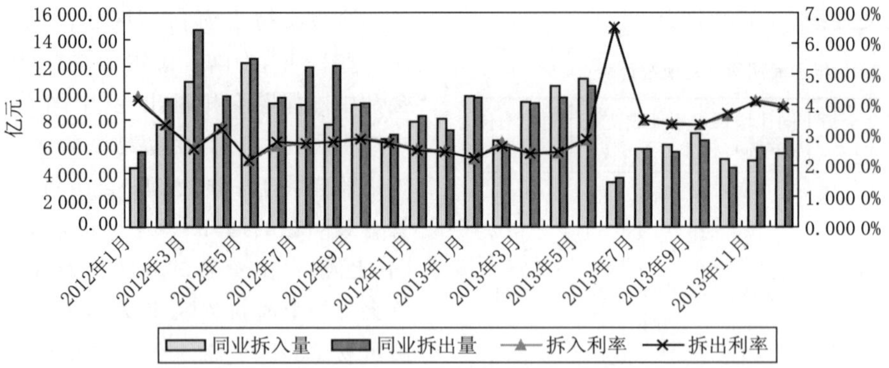

图 1 2012—2013 年上海市金融机构参与银行间同业拆借市场量价图

(2) 证券公司拆入资金量持续大幅增加,中资保险公司开展拆借交易。从成交总量来看,2013 年除证券公司、金融租赁公司、信托公司以外,其他市场主体成交均明显减少。其中,证券公司成交总量近 14 000 亿元,全部为拆入资金,同比增长 19.3%;金融租赁公司成交总量 1 578.5 亿元,同比增长 133.96%。财务公司、农商行成交总量同比减幅逾 5 成,国有银行、股份制银行、城商行降幅也较大,外资银行小幅下降。

资金拆入方主要是外资银行、股份制银行、证券公司和城商行,四类机构拆入量占总量的 92.73%。其中,证券公司占比较上年大幅提高近 5 个百分点至 16.41%,超过城商行位居第三位,而在 2011 年其占比仅约 2%,交易量近年来连续大幅增加,需要加强监测和关注。资金拆出方主要是股份制银行、外资银行和城商行,三类机构拆出量占总量的 95.12%,集中度仍然很高。中资保险公司作为新型机构在 2013 年开展拆借交易,共拆入资金 25.21 亿元。

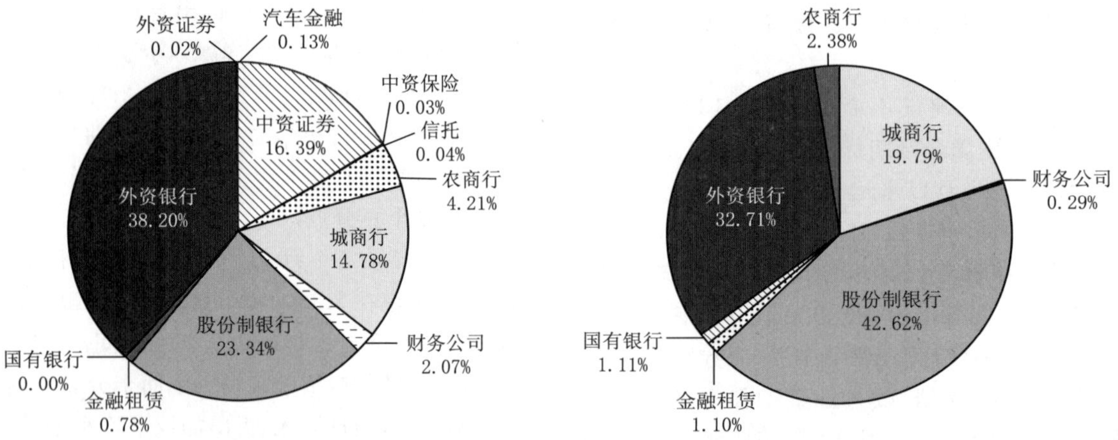

图 2 2013 年上海市各类金融机构同业拆入、拆出量比重分布图

从资金流向看,股份制银行、城商行、国有银行、金融租赁公司为净拆出方,其中股份制银行、城商行、国有银行净拆出额较去年均有大幅下降,金融租赁公司则由原来的净拆入方转为净拆出方。其余机构为净拆入方,其中信托、证券公司净拆入额同比分别增长 202.17%和 19.3%,其他机构净拆入额则大幅减少。

(二) 债券市场

(1) 质押式回购交易量保持增长,回购利率大幅波动中走高。2013 年,上海市金融机构质押式正、逆回购分别累计成交 187 372.63 亿元和 144 401.58 亿元,同比分别增长 23.93%和 10.36%。正逆回购合计量 331 774.21 亿元,同比增长 17.64%,净融入资金 42 971.06 亿元,同比增加逾一倍。累计正、逆回购量占全国回购总量的比重分别为 12.33%和

9.5%，前者较 2012 年上升 1.26 个百分点，后者则略微下降 0.35 个百分点。

2013 年，上海市质押式回购利率走势与拆借利率基本一致，前五个月走势平稳，6 月大幅攀升，下半年从高位快速回落后持续走高。1—5 月，正回购利率在 2.28%和 3.06%之间窄幅波动，逆回购利率区间则位于 2.23%和 3.02%之间。6 月回购利率大幅上升，当月正、逆回购加权平均利率分别达到 6.64%和 7.25%，较 5 月大幅上升了 3.57 个和 4.23 个百分点，创出有史以来的月度新高。三季度，正、逆回购加权平均利率在 3.4%到 3.7%之间波动，四季度进一步提高到 3.8%到 4.4%的区间。12 月份，上海市正、逆回购加权平均利率分别为 4.39%和 4.33%，较上年 12 月分别提高了 1.76 和 1.7 个百分点。

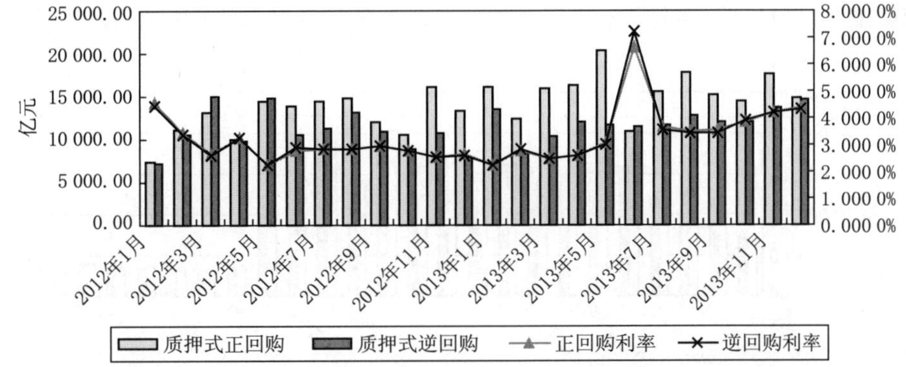

图 3　2012—2013 年上海市金融机构银行间债券市场质押式回购量价图

(2) 保险、证券、基金等非银行金融机构回购业务增长迅速，以融入资金为主，市场份额明显提升。从成交总量来看，2013 年除国有银行和农商行成交同比分别下降 84.71%和 13.33%外，其他机构均有所增加。其中，外资证券、中资保险、外资基金、信托和中资证券等非银行金融机构同比增幅分别达到 213.71%、123.44%、78.31%、73.74%和 51.59%，位居增幅前列。

股份制银行、城商行、中资保险、中资证券、农商行、外资银行等机构是质押式正回购的主要力量，市场占比均超过 10%，合计份额 88.7%。其中，中资保险、中资证券交易量增长较快，全年正回购金额均已超过 20 000 亿元。股份制银行是质押式逆回购的绝对主力，市场占比逾 40%，农商行和城商行占比均超过 10%，位居第二、三位。银行资管 2013 年入市交易，全年回购量为 1 571.02 亿元，其中正回购 1 027.7 亿元、逆回购 543.32 亿元，占全国总量的 14.4%。

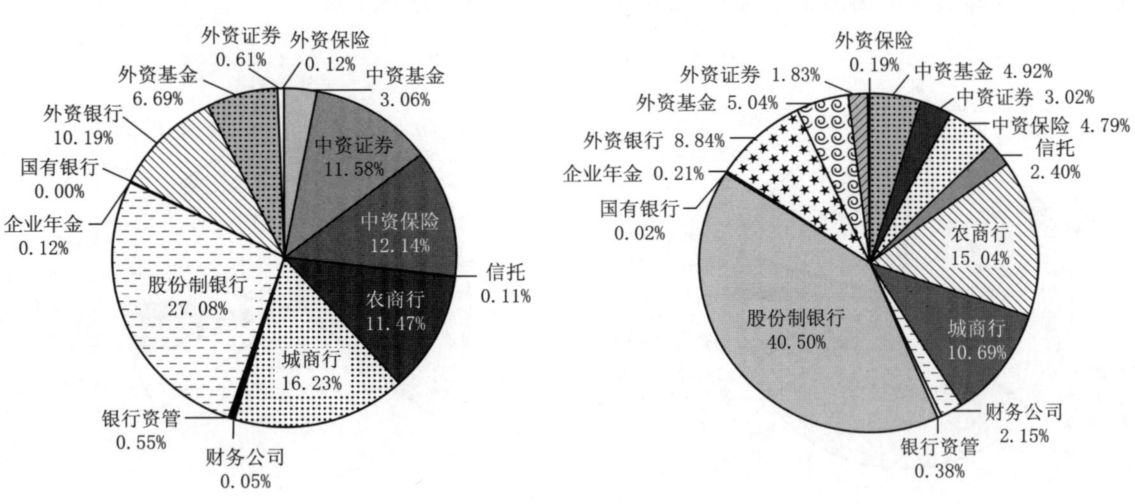

图 4　2013 年上海市各类金融机构质押式正、逆回购量比重分布图

从资金流向看，股份制银行、信托、财务公司、外资证券、中资基金是主要的净融出方，除股份制银行净融出额大幅下降80.8%外，其他机构净融出额均明显增加。中资证券、中资保险、城商行、外资银行、外资基金是主要的净融入方，其中中资证券、中资保险净融入额均超过15 000亿元，同比显著增加，外资基金净融入额大幅增长逾三倍，城商行、外资银行净融入额有所减少。

（3）现券交易量6月份以后大幅减少，中资证券市场份额快速上升，人民币合格境外投资者（RQFII）、银行资管入市交易。2013年，受债券市场规范整顿活动影响，上海市金融机构银行间市场现券交易量较2012年明显减少。全年累计买入现券107 255.2亿元，卖出现券105 374.25亿元，同比分别减少40.09%和40.17%。买入卖出合计量212 629.45亿元，同比减少40.13%，净融出资金1 880.95亿元，同比下降35.46%。累计现券买入、卖出量占全国交易总量的比重在25%左右，同比上升逾2个百分点。

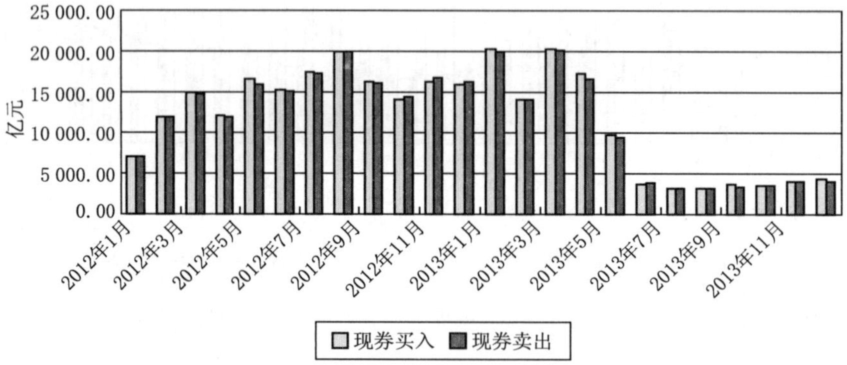

图5 2012—2013年上海市金融机构银行间债券市场现券交易情况

从成交总量看，年交易规模过万亿元的外资银行、股份制银行、中资证券、城商行、农商行等成交均显著下降，信托、外资基金、中资基金、境外银行等少数机构仍有所增长。其中，境外银行全年交易量达到1 441.66亿元，同比增幅为64.5%，继续保持快速增长势头，占全国境外银行交易总量的41.9%。

外资银行、股份制银行和中资证券在买入卖出市场均最为活跃，现券买入市场占比分别为33.16%、28.2%和18.76%，现券卖出市场占比分别为33.11%、28.9%和19.62%，合计份额均超过80%。其中，中资证券增长最为明显，市场份额较2012年上升逾2个百分点，而2011年其份额仅为10%左右。人民币合格境外投资者（RQFII）2013年开始入市交易，全年成交8.52亿元，其中买入现券8.32亿元、卖出0.2亿元，占全国总量的4.3%；银行资管全年成交183.46亿元，其中买入现券163.94亿元、卖出19.52亿元，占全国总量的18.4%。

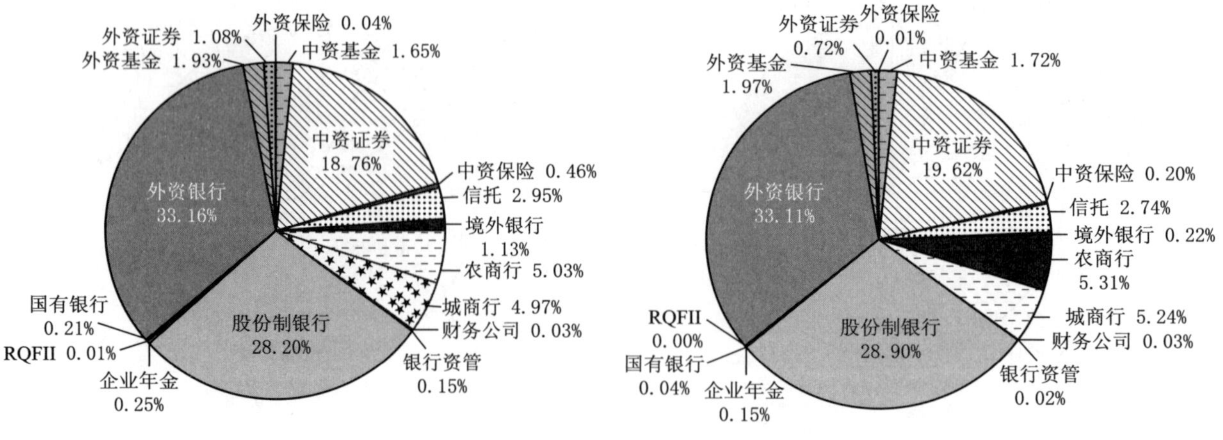

图6 2013年上海市各类金融机构现券买入、卖出量比重分布图

从资金流向看，境外银行、外资银行、外资证券是主要的债券净买入方，其中境外银行净买入债券974.21亿元，同比增长25.04%，外资银行净买入债券673.46亿元，同比大幅增加246.26%，另有企业年金由净卖出方转为净买入债券逾100亿元。中资证券、股份制银行、农商行、城商行是主要的债券净卖出方，除股份制银行由上年净买入债券逾700亿元转为净卖出方，其他机构净卖出金额均有所增加，另有中资基金由上年净买入债券447.54亿元转为净卖出方。

(4) 买断式回购交易量保持增长，证券公司交易持续活跃，股份制银行、外资银行成交额下降。2013年，上海市金融机构买断式正、逆回购分别累计成交10 349.65亿元和3 650.21亿元，同比分别增长46.09%和10.13%。正逆回购合计量为13 999.86亿元，同比增长34.63%。

从成交总量看，除股份制银行和外资银行同比分别减少23.04%和87.37%外，其他机构均保持增长，外资证券、外资基金增幅较大。证券公司是买断式正回购市场的绝对主力，市场占比94.47%，全年累计成交9 777.02亿元，同比增长49.37%。买断式逆回购市场上，农商行、证券公司和股份制银行占据主导，市场占比分别为55.03%、21.25%和15.83%，合计份额达到92.11%。

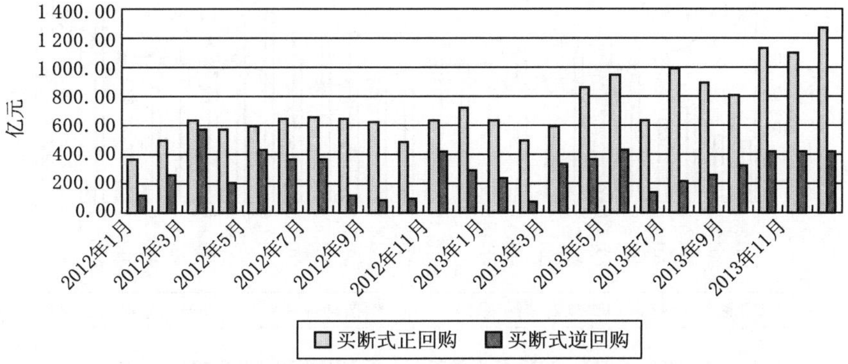

图7 2012—2013年上海市金融机构银行间债券市场买断式回购交易情况

(5) 债券结算代理业务量显著下降，记账式国债柜台交易营业网点小幅增加、交易活跃度有所提高。截至2013年末，上海市具有债券结算代理业务资格的金融机构(含资金中心)共有结算代理户数431家，较年初大幅减少2 570家，主要是受到丙类账户治理规范政策影响，部分账户被注销。由于中国银行上海总部将理财资管户计入，托管债券余额增加较多，年末为4 179.66亿元，较年初增长40.15%。2013年，上述机构通过结算代理方式，总计办理现券交易4 251笔，交易金额为4 436.91亿元，同比显著减少34.15%(其中买入2 927笔、3 007.38亿元，卖出1 324笔、1 429.53亿元)；债券回购1 924笔，交易金额为12 307.79亿元，同比明显下降33.7%(其中正回购937笔、4 201.92亿元，逆回购987笔、8 105.87亿元)。分机构看，上海银行、交通银行、中国银行上海总部业务较为活跃，其中上海银行代理回购交易量最大，交通银行、中国银行上海总部代理现券交易较多。

截至2013年末，上海市商业银行柜台记账式国债交易网点共计1 529个，较上季增加14个。2013年，柜台记账式国债交易量明显增加。工行、农行、中国银行上海总部、建行、招行、北京银行发生业务，南京银行和民生银行仍无业务发生。六家机构累计办理买入3 604笔、金额16 664万元，同比增长92.27%；累计办理卖出5 366笔、金额8 606万元，同比增长12.28%。

上海市商业银行记账式国债柜台交易情况表(2013年)

单位：个、笔、万元

金融机构	营业网点	买入		卖出	
		笔数	金额	笔数	金额
工商银行	495	1 808	2 707	3 214	4 759
农业银行	272	110	99	111	117
中国银行	259	1 176	13 154	1 645	3 505
建设银行	350	213	95	301	143
招商银行	65	291	281	95	82
民生银行	62	0	0	0	0
北京银行	14	6	328	0	0
南京银行	12	0	0	0	0
合　计	1 529	3 604	16 664	5 366	8 606

(三) 票据市场

(1) 票据承兑余额略减、增速放缓,融资余额有所下降,直贴、转贴现、回购业务量显著增长。2013年末,上海市银行承兑汇票余额12 025.44亿元,较年初小幅下降0.82%;票据融资余额4 174.13亿元,较年初减少6.32%。其中,企业贴现余额1 804.63亿元,较年初减少10.59%;买断式转贴现余额2 369.5亿元,较年初减少2.79%。买入返售余额6 977.34亿元,较年初增加1.51%;卖出回购余额262.43亿元,较年初增加16.21%。

2013年,上海市金融机构累计办理银票承兑27 339.2亿元,同比增长4.44%,增幅较2012年下降7个百分点。累计办理贴现65 009.53亿元(含买断式转入),同比增长42.73%。其中,累计办理直贴11 311.04亿元,同比增长25.02%;累计办理买断式转入53 698.49亿元,同比增长47.12%;累计办理买断式转出42 726亿元,同比增长46.9%。累计办理买入返售35 104.34亿元,同比增长50.88%;累计办理卖出回购994.6亿元,同比大幅减少72.91%。

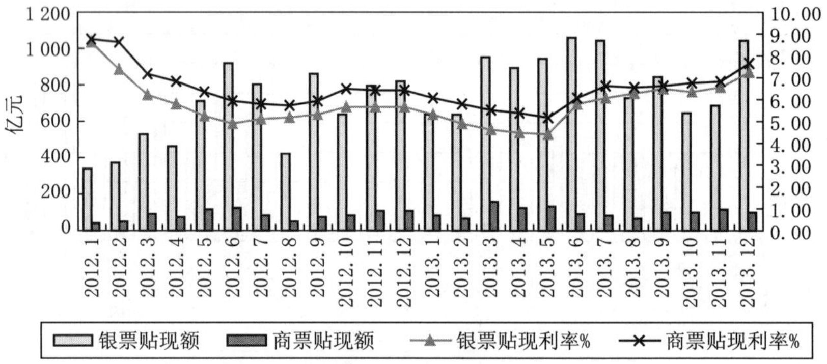

图8　2012—2013年上海市商业汇票贴现额及利率情况

2013年,上海市金融机构累计发生再贴现业务257.2亿元,同比增长73.5%,年末再贴现余额为86.3亿元,同比增长122.4%。

(2) 票据市场利率呈V型走势,年末较同期明显上升。1—5月,上海市金融机构票据贴现利率一路走低。银行承兑汇票和商业承兑汇票贴现的月加权平均利率由年初的5.29%和6.05%降低到5月份的4.43%和5.17%,分别下降了0.86和0.88个百分点。6月份,受货币市场利率大幅走高因素影响,贴现利率出现跳升,当月加权平均利率分别大幅上升到5.77%和6.07%,较5月提高了1.34和0.9个百分点。三季度以后,票据贴现利率稳中有升,保持高位运行。12月份,受年末因素影响,银行承兑汇票和商业承兑汇票贴现的月加权平均利率再次大幅走高,分别达到7.27%和7.68%,较11月份上升了0.73和0.82个百分点,较上年同期则分别提高了1.6和1.27个百分点。

从转贴现利率走势看,与贴现利率基本趋同,由于受货币市场利率影响更为直接,波动幅度更大。1—5月,上海市金融机构买断式转贴现月加权平均利率一路走低,分别为4.91%、4.63%、4.54%、4.44%、4.38%,下降了0.53个百分点,6月份大幅走高到5.75%,较5月份上升了1.37个百分点,下半年保持高位运行,12月大幅跳升到6.28%,较上年同期提高了0.86个百分点;回购式转贴现月加权平均利率1—5月同样一路下降,分别为4.74%、4.23%、4.06%、4.06%、4%,下降了0.74个百分点,6月大幅走高到5.6%,较5月份上升了1.6个百分点,三季度以后保持高位运行,12月跳升至6.48%,较上年同期提高了1.48个百分点。

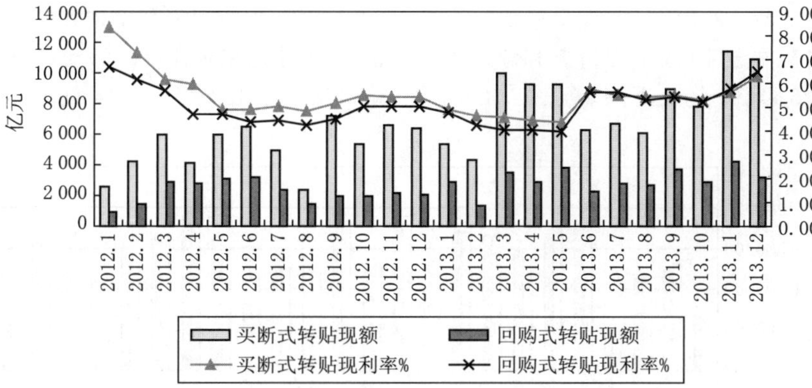

图 9　2012—2013 年上海市金融机构商业汇票转贴现额及利率情况

(四) 外汇市场

(1) 即期询价交易量小幅下降,竞价交易基本淡出市场。2013 年,上海金融机构外汇即期交易中,询价交易累计买入 121 497 笔,折合 14 652.98 亿美元,同比下降 6.1%,累计卖出 118 072 笔,折合 15 040.65 亿美元,同比下降 1.04%。竞价交易累计买入 159 笔,折合 0.67 亿美元,同比下降 58.26%,累计卖出 120 笔,折合 0.84 亿美元,同比下降 56.67%。

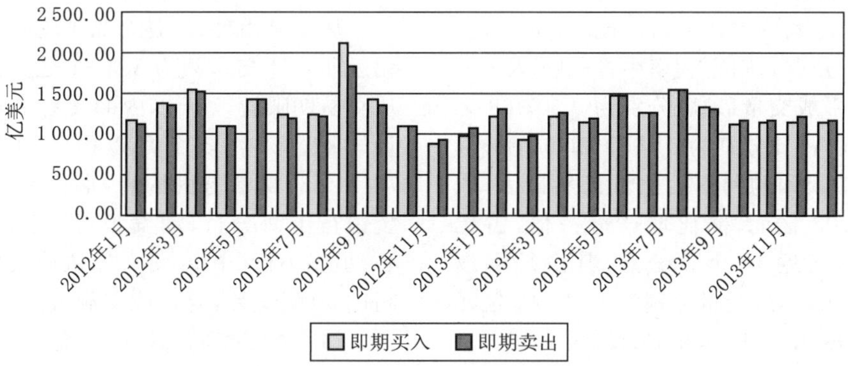

图 10　2012—2013 年上海市金融机构人民币外汇即期交易情况

从成交币种看,美元仍占据绝对优势但占比下降,成交额合计 25 530.81 亿美元,占比 85.98%,较同期下降近 4 个百分点。受人民币对日元直接交易影响,日元成交额大幅上升,累计成交折合 3 697.95 亿美元,占比提高到 12.45%。从参与机构看,交通银行、三菱东京日联银行(中国)、浦发银行、汇丰银行(中国)、瑞穗银行(中国)、三井住友银行(中国)、星展银行(中国)、兴业银行资金营运中心、德意志银行(中国)、花旗银行(中国)等 10 家银行成交量居前,均超过 1 000 亿美元,合计占比达 79.04%,较 2012 年提高了 7 个百分点。

(2) 外币对交易量有所减少,欧元兑美元占比过半。2013 年,上海金融机构在银行间外汇市场外币对买入累计成交 12 410 笔,折合 418.34 亿美元,同比减少 29.08%;卖出累计成交 12 015 笔,折合 634.93 亿美元,同比减少 15.91%。其中,询价交易累计买卖折合 981.91 亿美元,同比略降 1.3%,竞价交易累计买卖折合 71.36 亿美元,同比大幅减少 79.61%。

从成交品种看,欧元对美元仍是最主要的交易品种,成交额达到 593.87 亿美元,占比 56.38%,其次为美元兑港元,成交额为 198.43 亿美元,占比 18.84%,此外澳元对美元、美元对日元占比也近 10%。从参与机构看,渣打银行(中国)、三菱东京日联银行(中国)、汇丰银行(中国)、瑞穗银行(中国)、东亚银行(中国)等外资银行成交较多。

(五) 衍生品市场

(1) 人民币利率互换业务持续增长,浮动参考利率中7天回购占比逾7成。2013年,上海金融机构人民币利率互换交易名义本金额(固定支付方和浮动支付方双向统计)合计36 444.91亿元,同比增长12.56%。2013年末,支付固定利率未到期合约敞口额15 204.47亿元,较年初增加13.84%;支付浮动利率未到期合约敞口额15 551.46亿元,较年初增加16.39%。

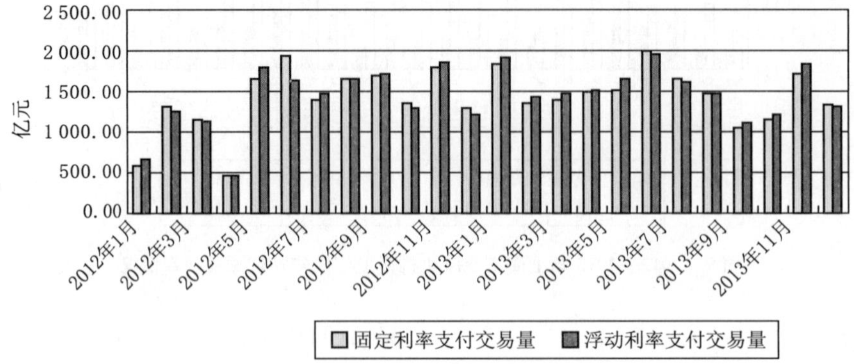

图11　2012—2013年上海市金融机构人民币利率互换交易情况

从期限品种看,6个月至1年合约成交量最大,达到16 065.03亿元,同比增长41.94%,占比为44.08%,较同期提高6.7个百分点;6个月以下合约成交量为10 417.07亿元,同比减少13.96%,占比28.58%,较同期下降6.4个百分点。固定利率中3—4%及4—5%的利率支付水平成交量最高,分别为9 307.68亿元和6 145.12亿元,占比分别为51.93%和34.29%。浮动参考利率中7天回购利率的比重仍然最大,成交量达到18 522.02亿元,同比增长近一倍,占比71.33%,较同期提高近14个百分点;其次是隔夜shibor和3个月shibor,成交量分别为2 615.15亿元和2 437.94亿元,占比14.12%和13.16%。

(2) 债券远期无交易发生。2013年,上海市金融机构无债券远期交易发生(2012年4月至今逾一年均无成交)。

(3) 外汇远期交易量持续减少,7天以内交易占比近半。2013年,上海金融机构外汇远期交易累计买入折合295.63亿美元,同比减少47.3%,累计卖出311.76亿美元,同比减少44.51%。2013年末,外汇远期买卖余额分别为79.93亿美元和75.26亿美元,较2012年底分别下降14.3%和22.42%。

从交易币种看,各个品种均有交易发生,其中美元远期累计交易额为585.84亿美元,占比96.45%。从交易期限看,7天以内的交易最多,占远期总交易量的46.65%,3个月以内的短期品种占比达到78.43%。从参与机构看,瑞穗银行(中国)、瑞士信贷银行上海分行、浦发银行、兴业银行资金营运中心、星展银行(中国)等5家机构交易活跃,成交额均超过50亿美元,合计成交额占比逾三分之二。

(4) 外汇掉期交易保持增长,3个月以内品种占比逾八成。2013年度,上海金融机构外汇掉期交易累计远端买入折合15 884.33亿美元,同比增长21.91%,累计远端卖出折合15 401.12亿美元,同比增长34.63%。2013年末,外汇掉期远端买卖余额分别为2 232.86亿美元和2 182.8亿美元,较2012年底分别增加25.49%和35.36%。

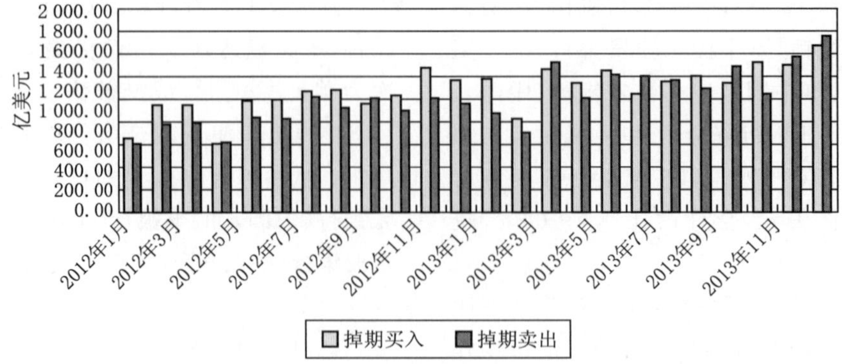

图12　2012—2013年上海市金融机构人民币外汇掉期交易情况

从交易币种看，美元、欧元、港币/人民币等均有交易发生，其中美元掉期交易额为 31 254.21 亿美元，占比 99.9%，仍居绝对优势。从交易期限看，以 7 天以内的短期品种居多，成交金额为 18 890.33 亿美元。占远端买卖量的 60.38%，3 个月以内的品种占比逾 80%。从参与机构看，兴业银行资金营运中心、交通银行、浦发银行、渣打银行（中国）、东亚银行（中国）、星展银行（中国）、汇丰银行（中国）、花旗银行（中国）、法国巴黎银行（中国）、三菱东京日联银行（中国）10 家银行成交活跃，成交额均超过 1 000 亿美元，合计成交额占比 71.37%。

（中国人民银行上海总部
金融市场管理部）

3. 2013 年上海市支付体系建设报告

2013 年在中国人民银行总行的正确领导、关心与支持下，上海总部以总部“三个平台、三个中心”、上海国际金融中心和自贸区建设为契机，进一步推动上海市支付体系建设取得新成就。

（一）支付清算基础设施建设

（1）支付清算系统安全稳定运行。2013 年上海市 93 家大额支付系统参与者（直接参与者 88 家，特许参与者 5 家）通过大额支付系统共办理支付系统往、来账业务 6 945 万笔，清算资金共计 509 万亿元，同比分别增长 20.38%和 9.91%，日均处理往来账 27.89 万笔，日均清算资金 2.04 万亿元。上海市 85 家小额支付系统参与者，共办理业务 2.11 亿笔，同比增长 38.09%，日均处理往来账 58.31 万笔。

上海支付结算综合业务系统共办理业务 4 453 万笔，金额 19.31 万亿元，同比分别上升 17.28%和 21.54%，日均处理业务 17.88 万笔，日均清算资金 775.47 亿元。

上海市 2 950 家票据交换单位（其中包括 999 家辖带交换单位），通过上海市票据交换共办理各类支付结算业务 1 123 万笔，清算资金 1.73 万亿元，日均办理各类纸质票据和结算凭证 4.49 万笔，日均清算资金 69.05 亿元。

上海市各银行行内资金汇划系统共办理各类支付结算业务 4.6 亿笔，结算金额 114.9 万亿元，日均处理各类转账支付结算业务 127 万笔，日均结算金额 3 148 亿元。

（2）顺利实施二代支付系统切换上线。加强组织领导。在总部层面成立了以总部党委委员为组长的“上海市第二代支付系统上线切换工作领导小组”，负责上线过程中行内各部门、辖内各参与者的具体组织和协调。辖内各参与者相应成立由主管行领导牵头、运营、科技等部门分管行领导参与的领导小组，负责贯彻落实上线切换的各项任务。

建立沟通联系机制。收集整理行内和辖内各参与者值班名单。统计各银行具体负责上线工作的业务和技术人员联系方式。为各银行具体工作联络人员建立飞信群，确保了紧急任务落实情况下的通信效率。

认真组织人员培训。组织辖内参与者参加了总行举办的两次视频培训。自行举办了二代支付系统模拟运行准备工作培训、二代支付系统运行操作辅助系统培训、二代支付系统上线演练培训等专题培训。全年累计培训规模达 1 200 人次。

进行多轮模拟与切换演练。组织辖内模拟运行参与者顺利实施四轮模拟运行和上线切换演练和回切验证工作。开展华东三省一市银行汇票、支票截留业务等地方特色业务的验证工作。

稳妥实施切换。国庆期间总部和支付系统各参与者认真贯彻国务院领导批示精神和人总行领导工作要求，安排业务、技术等专人值班，确保各岗位责任人员全天到位。针对上线过程中可能出现的各种异常情况，专门下发《上海市第二代支付系统上线切换应急方案及危机处置预案》，确保应急处置报告及时、措施恰当。组织各参与者向客户做好宣传解释工作，避免产生不必要的误解。密切监测舆情动态，并在总部行政值班室以及上海银监局国庆行政值班室预留了相关联系人手机，以便及时处理相关问题。

及时与相关部门沟通信息。向上海市金融办和上海银监局通报人民银行第二代支付系统上线切换的情况，商请做好相关配合和信息沟通工作。将上海市第二代支付系统上线切换工作情况及时向上海市政府做专门汇报。上线切换后，根据市政府对上海总部书面汇报的积极响应，会同国家处理中心上海中心与上海金融办具体协商确保系统稳定运行的外部支持条件和可以获得的支持途径。

经各方努力，2013 年国庆期间支付系统上海城市处理中心（上海 CCPC）和国家处理中心上海中心顺利实现向二代支付系统切换上线工作。

(3) 稳步推进综合业务系统二期项目投产。总部层面成立上海支付结算综合业务系统二期上线工作领导小组，全面指导上线工作，并要求各银行相应成立综合业务系统二期上线工作领导小组。组织各综合业务系统直连参与者开展了两轮联调测试和两轮完成了模拟运行工作，并对测试和模拟中发现的问题进行认真梳理和解决，为投产运行积累经验。完成了《上海支付结算综合业务系统二期管理办法(试行)》等多项制度办法的编写。

2013 年 7 月 1 日上海市 81 家参与者顺利完成了上海支付结算综合业务系统二期项目上线工作。综合业务系统二期新增了代收付业务、集团公司业务和支票圈存业务，系统功能进一步扩大，这是进一步完善上海市金融基础设施建设的一项重大举措，对推动上海的"总部经济"发展和提升上海金融服务水平有着重要的现实意义。

(二) 非现金支付工具推广

(1) 切实加大电子商业汇票业务推广力度。基于《关于丰富金融市场和金融产品，加快推进在上海建设票据交易中心的建设》(十二届一次 0229 号)的政协提案回复意见，完成建设全国电子票据交易平台的研究报告，并进一步推动课题内容的落地实施。在总行的统一部署下，指导辖内宝钢财务公司和上汽财务公司参加财务公司电子商业汇票线上清算业务试点工作。指导中信银行上海分行和花旗银行(中国)有限公司加快推进电子商业汇票业务在跨境贸易项下的应用。从防范伪造、变造票据的角度，要求银行优先办理电子商业汇票的贴现和质押业务，对于单笔超过 500 万元的银行承兑汇票出票需求，要求银行鼓励客户签发电子银行承兑汇票。

全年上海市各金融机构通过电子商业汇票系统办理承兑业务 31 276 笔，金额 1 348 亿元，同比分别增长 133.07%和 56.05%；办理贴现业务 6 638 笔，金额 460.29 亿元，同比分别增长 127.80%和 128.59%；办理买断式转贴现买入业务 59 603 笔，金额 6 226.26 亿元，同比分别增长 245.52%和 298.51%；办理再贴现业务 1 655 笔，金额 149 亿元，同比分别增长 77.19%和 97.14%。

(2) 有效拓展银行卡应用。把银行卡助农取款服务与拓展农村传统 POS 受理市场结合起来，因地制宜推广银行卡助农取款项目。开展了一系列"银行卡安全知识宣传社区行"活动，通过银行卡有奖刷卡颁奖、农村支付服务宣传有效维护了上海市银行卡产业的良好秩序和稳定局面。稳妥开展银行卡刷卡手续费标准调整实施工作，确保了全市银行卡收单市场秩序平稳有序。积极推广金融 IC 卡应用，通过进一步实施受理机具改造、营业场所主动向客户推介等方式推广本市金融 IC 卡的覆盖范围和使用人群。

全年上海市银行卡发卡量 1 474 万张，较上一年增长了 16.6%，银行卡特约商户共 19.5 万户、POS 机 83.4 万台、ATM 机 1.8 万台，分别比上一年增长了 24.2%、14.01%和 5.9%。共发生银行卡存、取现、消费、转账交易 21.46 亿笔，交易金额 18.35 万亿元。日均发生银行卡交易 588 万笔，日均银行卡交易金额 503 亿元。发生汇票、本票、支票、贷记凭证以及国内信用证业务 5 217 万笔，结算金额总计 24.83 万亿元。

(三) 支付体系监督管理

(1) 有序开展支付结算执法检查。精心组织、部署自查。成立了总部上海市支付结算执法检查领导小组，并抽调业务骨干组成上海市支付结算执法检查组。多次召开专题会议，认真组织检查组成员学习总行相关检查文件和检查流程，研究检查内容，并明确重点。组织辖内银行业金融机构和支付机构对照检查提纲认真开展自查自纠。

充分准备、强化培训。根据总行要求和检查提纲，结合上海实际，制定了详细的检查方案，明确了检查目的、检查原则及检查方式等内容。有针对性地对重点环节和业务开展了培训，确保检查人员迅速进入角色，准确把握检查要点和注意事项。根据现场检查情况，不断调整、完善和细化具体工作措施、检查流程和人员安排。

依法行政，查调结合。以查找被检查单位日常经营和业务开展过程中的普遍性和重大性问题为目标，以实际行动践行党的群众路线教育活动为要求，坚持依法行政，注重检查程序、检查方式的合规性。加强与被检查单位的沟通交流，积极换位思考，全面了解问题的原因和背景，客观定性，并严格按照处罚与教育相结合的方式进行处理。将调研和检查相结合，了解被检查单位在业务开展过程中存在的问题和困难，收集被检查单位对改进中国人民银行支付结算管理工作的意见和建议。

2013 年对上海市 19 家机构的执法检查，进一步规范了上海市支付服务市场秩序，提升了上海市支付结算服务水平，同时也达到了锻炼队伍、提升支付结算监管水平的目标。

(2) 逐步加强支付机构监管。从严审核，规范支付机构变更事项监督管理工作。一是坚持“落实总行整改意见与审批事项挂钩”原则，对支付机构提出新增业务许可、重大变更事项，一律以现场检查方式验收其整改落实情况。全年实施现场验收的支付机构累计 16 家。二是坚持“寓服务于监管之中”原则，深入调研，总结经验，对支付机构需报审、报备的四大类、十二项重大日常变更事宜逐一提出了格式性和内容性要求。在审核过程中，重点关注支付机构提交材料的完备性、翔实性和逻辑性，分析把握支付机构日常变更事项的真实性、合理性及可能产生的影响。全年从严审核支付机构变更主要出资人、增加实缴货币资本、变更实际支配人等 51 项重大日常变更事项。三是坚持“新增支付业务申请与落实业务管理制度挂钩”原则，对于总行已出台的支付机构相关业务管理制度，既督促支付机构严格执行，又在业务初审中，强化申牌机构落实相关业务管理规定的审查力度。全年完成 5 家支付机构新增业务许可初审。

完善手段，建设上海市支付机构监管信息系统。完成 6 万余字的《上海市支付机构监管信息系统业务需求书》编写。召开专家委员会对系统建设构想进行充分论证。组织实施系统软件开发，稳妥开展系统基础数据库导入工作。

深入评估，贯彻落实年度监管报告制度。逐一审核 53 家支付机构填报的近 700 张报表数据的完整性、准确性以及报表之间的勾稽关系。汇总填制监管报告附表中的 200 余个指标并开展指标分析。结合日常监管工作，认真、深入总结并完成辖内 53 家支付机构的 2012 年度综合监管报告以及 10 家重点支付机构的 2012 年度监管报告。

(3) 持续落实账户实名制。一是组织各银行成立了以分管行长为组长的核实工作领导小组，明确部门分工，建立高效务实的工作机制，加强对个人存款账户身份信息核实工作的领导、组织、协调和监督检查，为核实工作提供充足的人力物力保障。二是牵头各银行以核实工作为契机，全面摸清本行个人人民币银行存款账户情况，彻底梳理账户开立、身份信息管理等业务流程中存在的问题及薄弱环节，完善业务制度，改造行内系统，提高业务人员素质，加强风险防范能力。三是指导各银行建立核实工作应急处置机制，对核实工作中突发事件的可能性及其影响进行预测、分析和评估，制定突发事件应急预案，妥善协调解决核实工作中可能出现的突发事件。四是通过在银行营业场所张贴公告、网站发布电子公告、群发短信等多种形式要求存款人重新提交有效身份证件进行核实，有效提高了社会公众对核实工作的认知度，五是从“落实账户实名制、保障存款人合法权益”的角度对核实工作进行宣传，统一宣传口径，加强正面宣传引导，耐心解答存款人疑问，提高社会公众对核实工作的认知度和配合度，避免引起存款人误解、不满、投诉及社会不良反应。

截至 2013 年末，已核实为真实性的个人账户数量 577.86 万户(占账户总数的 61.75%)、无法核实 90.47 万户(占账户总数的 9.67%)、尚未核实 0 户、核实过程中撤销的账户 31.84 万户(占账户总数的 3.4%)，拟不核实的账户 235.65 万户(占账户总数的 25.18%)。

(四) 支付服务创新

(1) 启动支持支付机构跨境支付外汇业务试点。在现有人民币业务监管的基础上，全面、系统地梳理了上海市支付机构基本情况，调查了解上海市支付机构对跨境外汇支付的业务需求以及人民币互联网业务开展的实际情况等。采取问卷调查和实地调研相结合的方式全面开展调研，了解支付机构对跨境外汇支付业务的管理能力、业务运作模式、风险管控状况等。深入分析、评估跨境外汇支付业务的风险点，提出有针对性的风险控制措施，并向总行、总局报告了上海试点工作思路、掌握原则及实施工作方案等。拟定试点机构筛选方案，并在此基础上开展辅导培训。年内所筛选的上海市 8 家支付机构已获得了试点开展跨境电商外汇兑换业务的资格。

(2) 探索支付结算服务自贸区实体经济的具体实施措施。立足服务实体经济，充分了解银行业务需求。以“金融服务实体经济”为指导思想，以“促进贸易投资便利化、推进人民币跨境使用”为工作目标，积极研究试验区支付结算服务的各项措施。多次召开试验区支付结算工作会议，听取银行业金融机构对试验区支付结算工作的意见和建议，了解银行业金融机构支付结算业务的实际需求，认真分析试验区资金结算的风险点，研究各项风险防控的措施。

积极争取总行支持，紧抓措施落地。认真对总行《关于金融支持中国(上海)自由贸易试验区建设的意见》(银发[2013]244 号)中涉及支付结算管理方面的内容进行研究，并对现行管理制度以及业务系统是否支持进行梳理。就银行结算账户、支付系统、支付工具、支付机构管理四个方面 13 项需总行进一步明确或者支持的内容，积极向总行进行请示。

着力研究重点难点问题，探索在自贸区积极推广新型支付工具的可行性。就自由贸易账户的户名或账号加注标识、纸质票据流转与试验区资金流动管理等问题进行了专题研究，并多次召集银行业金融机构商研具体措施。在充分听取银行业金融机构意见和建议的基础上，拟定初步贯彻意见。积极探索了在试验区推广应用电子商业汇票。

(执笔人：钱国根)

4. 2013 年上海市信用体系建设报告

2013 年，《征信业管理条例》在我国正式实施，中国人民银行上海总部全面推动《征信业管理条例》的贯彻落实，开展专项培训、宣传和检查，扩大征信系统应用范围，推动小额贷款公司和融资性担保公司接入征信系统，探索信贷市场信用评级新体制，试点小额贷款公司和融资性担保公司信用评级，开展浦东新区小微企业信用体系试验区建设，不断推动上海社会信用体系建设，完善上海金融生态环境。

(一) 全面贯彻实施《征信业管理条例》，进一步促进上海社会信用体系建设

征信业是市场经济中提供信用信息服务的行业，有助于促进形成“诚信受益，失信惩戒”的社会环境，在促进信用经济发展和社会信用体系建设中发挥着重要的基础性作用。为进一步促进征信业健康发展、推动社会信用体系建设，2012 年 12 月 26 日，国务院常务会议审议通过了《征信业管理条例(草案)》，并于 2013 年 3 月 15 日正式实施该条例，《征信业管理条例》的出台标志着我国征信业正式步入有法可依的轨道，将进一步促进我国社会信用体系建设。

中国人民银行上海总部积极贯彻落实《征信业管理条例》各项规定，对金融信用信息基础数据库查询行为开展自查，对信用报告授权查询、异议处理及投诉诉讼流程等进行研究和修订，组织金融机构和征信机构开展《征信业管理条例》专项培训和检查，有效提升了金融机构对《征信业管理条例》的理解和认识，增强了金融机构的法律意识。同时，自 2013 年 3 月 15 日《征信业管理条例》实施首日，到“6·14 信用记录关爱日”，积极组织全市金融机构结合具体信贷业务，历时 3 个月多方位、立体化地开展《征信业管理条例》宣传，广泛向社会公众宣传《征信业管理条例》的内容和重要意义，普及相关征信知识，取得了良好的效果，提高了社会各界对《征信业管理条例》的认识和理解。

(二) 不断提高金融信用信息基础数据库的系统建设和服务水平，积极维护信息主体合法权益

2013 年，中国人民银行金融信用信息基础数据库的产品和功能不断完善，实现了新版企业信用报告在金融机构的全面应用，上线运行彩色样式的个人信用报告，逐步扩大动产融资统一登记平台服务范围，有效促进了商业银行信贷风险管理效率的提升。截至 2013 年底，中国人民银行金融信用信息基础数据库共收录约 8.4 亿个人和 1 900 万户企业，全年查询约 3.4 亿次和 1 亿次，其中上海共收录约 1 400 万个人和 25 万企业，全年查询量分别约为 5 100 万次和 640 万次。

中国人民银行上海总部不断加强对金融机构征信系统应用的指导和培训，大力开展征信维权工作，完善异议、投诉和纠纷处理制度，指导金融机构及时、快速处理各项异议处理、投诉事项，加强对个人信用信息异常查询和泄露行为的监测和查处力度，积极维护信息主体的合法权益。

(三) 推动小额贷款公司和融资性担保公司接入征信系统取得实质突破，扩大机构信用代码的发放和应用

为充分发挥征信系统功能，扩大征信系统的服务范围，促进小额贷款公司和融资性担保公司的健康发展，按照人总行的有关部署，中国人民银行上海总部与上海市金融办共同对全市 101 家小额贷款公

司和71家融资性担保公司进行了摸底调查，确定了“集中管理、一点接入、间接查询、扫描授权”的接入原则，研究制定了《上海市小额贷款公司和融资性担保公司接入金融信息基础数据库实施方案》并上报人总行，首批74家小额贷款公司和融资性担保公司接入征信系统已获得总行批准，截至2013年底已完成4家小贷公司个人征信系统的数据测试验收，小额贷款公司和融资性担保公司接入征信系统工作取得实质性突破。

2013年，上海继续稳步推进机构信用代码的发放和应用工作，指导金融机构更新企业基本信息报送程序，落实企业征信系统和机构信用代码系统的信息更新机制，开展新版机构信用代码系统测试，进一步加强机构信用代码应用。截至2013年底，上海市历史累计发放机构信用代码证约14.6万户，当年共受理机构信用代码证信息变更约9 800户，受理反洗钱应用查询2万多笔。

(四) 试点小额贷款公司和融资性担保公司信用评级，积极探索信贷市场信用评级新体制

中国人民银行上海总部不断完善借款企业、集团企业评级制度，稳步开展借款企业评级工作，信用评级产品不断丰富，评级覆盖面逐步扩大，评级市场的影响力和经营规模得到进一步的巩固和扩大。2013年上海共对7 079家借款企业和56家集团企业开展评级工作，借款企业评级户数同比增加65户，评级数量居历年之最，参评企业贷款余额占上海市所有企事业单位贷款余额的80%左右。作为全国六家两类机构信用评级试点地区之一，人民银行上海总部与上海市金融办共同研究制定《上海市两类机构信用评级试点工作实施方案》和《上海市小额贷款公司和融资性担保公司信用评级管理办法》等制度，2013年上海共对76家小额贷款公司和28家融资性担保公司开展了信用评级试点。

为促进信贷市场信用评级业务健康发展，中国人民银行上海总部积极推动信贷市场信用评级管理方式改革，探索信贷市场评级新体制，进一步完善信贷市场信用评级的机构备案、统计监测、信息披露等制度，促进由事前管理向事中、事后监测转变，健全评级从业人员资格考试制度、项目经理后续教育培训制度、评级报告质量评审制度和评级监管考核制度，促使评级公司不断提高评级质量，确保上海信贷评级市场的健康有序运行。

(五) 探索浦东新区小微企业信用体系试验区建设，积极研究上海自贸区社会信用体系

为改善中小企业融资环境，中国人民银行自2006年开始中小企业信用体系建设，为扩大示范效应，2013年人民银行在全国选取部分地区开展小微企业信用体系试验区建设。中国人民银行上海总部联合上海浦东新区相关政府部门，按照“政府主导、人行推动、多方支持、市场参与”的工作方针，建立工作领导小组，制定《浦东新区小微企业信用体系试验区工作方案》，推进“浦东新区小微企业融资服务平台”建设，以驻点园区、街镇的金融窗口为服务网络，紧紧依靠区域部门的合作支持，与金融机构、金融中介、产业部门等广泛合作，实现对企业信用数据的采集、分类、整理，为中小微企业融资提供信用信息服务，改善中小企业融资环境，促进中小企业健康发展。

同时，立足金融征信定位，探索加强与地方信用体系建设合作，结合上海自贸区建设积极开展上海自贸区信用体系研究，不断探索在政府诚信、社会公共管理和服务领域等方面加强信用产品使用，推动征信系统功能的充分发挥。

(六) 开展高校征信教育宣传合作，广泛组织各类征信宣传活动

为探索将征信教育纳入国民教育系列，进一步开展征信市场发展的理论与实践研究，加强与高校之间的征信教育宣传合作，向高校学生宣传个人信用及相关金融知识，中国人民银行上海总部积极协调上海立信会计学院等有关高校，推动在高校设立征信教育选修课程，探索建立高校征信知识宣传普及的有效机制，并共同就征信市场发展有关课题进行研究。

同时，为进一步提高社会信用意识水平，中国人民银行上海总部广泛开展各类征信宣传活动，组织金融机构在网点开展征信及相关金融知识主题宣传活动，积极参加上海市社会信用体系建设联席会议举办的“2013年上海诚信宣传月”等活动，及时向社会传递征信动态，宣传普及征信知识。

（中国人民银行上海总部
金融服务二部征信管理处）

第二篇　银　　行

银行业概述

【上海银行业机构情况】 截至2013年末，上海银行业营业性机构总数达3 707家，较上年末增加204家。其中，国有商业银行1 709家，政策性银行(含国开行)14家，股份制商业银行524家，城市商业银行346家，农村金融机构404家，非银行金融机构34家(含6家外资非银行金融机构)，邮政储蓄银行472家，资产管理公司4家，外资商业银行200家。

【上海中资银行基本经营数据】 截至2013年末，上海辖内中资商业银行①本外币资产总额76 872.80亿元，同比增长7.22%；各项贷款33 013.32亿元，同比增长6.71%；各项存款58 762.83亿元，同比增长8.21%。本年实现净利润732.91亿元。不良贷款总额313.58亿元，不良贷款率0.95%。

截至2013年末，上海辖内政策性银行(含国开行)资产总额3 249.40亿元，同比增长10.52%；各项贷款3 097.15亿元，同比增长8.28%；各项存款207.70亿元，同比增长23.90%。全年净利润39.98亿元。不良贷款总额19.98亿元，不良贷款率0.65%。

【上海外资银行基本经营数据】 截至2013年末，上海外资法人银行资产总额1.83万亿元，同比增长13.5%；负债总额1.66万亿元，同比增长13.8%；所有者权益总额1 705.54亿元，同比增长10.6%；净利润104.15亿元，同比下降16.7%；各项存款余额1.19万亿元，同比增长7.3%，各项贷款余额8 019.93亿元，同比增长9.2%。截至2013年末，上海外资法人银行不良贷款余额30.91亿元，不良贷款率0.39%，同比分别增长了6.31亿元和提升了0.05个百分点，不良贷款率低于全国银行业、全国外资银行和上海银行业同期整体水平。

截至2013年末，上海辖内外资银行本外币资产总额1.19万亿元，同比增长9.55%；各项存款余额5 918.67亿元，同比增长3.30%；各项贷款4 405.80亿元，同比增长3.83%；全年累计实现净利润76.50亿元。

【上海非银行金融机构基本经营数据】 截至2013年末，在沪非银行金融机构共有6类34家。各类机构整体资产规模稳步扩展，盈利能力不断增强。截至2013年末，在沪非银行金融机构的总资产、总负债和利润总额分别为5 861.99亿元、5 038.93亿元和135.04亿元，同比分别增长21.95%、21.70%和30.90%。此外，在沪信托公司管理的信托资产合计9 019.78亿元，同比增长54.62%；货币经纪公司累计撮合本外币业务分别为272 138亿元和24 618亿美元，分别占行业总规模的82.04%和56.44%，同比分别增长47.51%和24.04%。具体情况见下表。

单位：亿元

机构类别	总资产	同比增长	总负债	同比增长	本年利润	同比增长
信托公司	249.22	14.35%	23.14	−13.04%	43.62	40.75%
财务公司	2 549.93	13.45%	2 303.02	13.00%	40.64	28.63%
金融租赁公司	2 196.98	33.24%	1 976.14	33.38%	30.22	44.58%
汽车金融公司	826.96	23.47%	705.74	21.97%	19.43	2.27%
消费金融公司	35.90	12.77%	30.15	103.72%	0.56	247.04%
货币经纪公司	3.00	79.57%	0.74	4.23%	0.57	9.27%
合　计	5 861.99	21.95%	5 038.93	21.70%	135.04	30.90%

(上海银监局)

① 上海辖内中资商业银行类金融机构统计范围指：国有商业银行上海市分行、股份制商业银行上海分行(含浦发银行上海分行)、城市商业银行上海分行(含上海银行上海地区)、上海农村商业银行、邮政储蓄银行上海分行、村镇银行。

一、中资银行

（一）中资法人银行

1. 交通银行

2013年，交通银行坚持“促发展”与“防风险”并重的原则，紧紧围绕“抓存款、稳利润、控风险”这一主线，加快推进转型发展，持续深化“二次改革”，不断提高服务实体经济的能力，规模效益平稳增长，资产质量总体稳定。截至2013年末，交行在境内设有机构202家，其中省分行30家，直属分行7家，省辖行165家，在全国215个地级以上城市、159个县或县级市共设有2 690个营业网点。境外设有12家机构，包括香港、纽约、旧金山、东京、新加坡、首尔、法兰克福、悉尼、澳门、胡志明市、台北分行及交通银行(英国)有限公司。业务范围涵盖了商业银行、证券、信托、金融租赁、基金管理、保险、离岸金融服务等，旗下全资子公司包括交银国际控股有限公司、中国交银保险有限公司和交银金融租赁有限责任公司，控股子公司包括交银施罗德基金管理有限公司、交银国际信托有限公司、交银康联人寿保险有限公司、大邑交银兴民村镇银行、浙江安吉交银村镇银行、新疆石河子交银村镇银行、青岛崂山交银村镇银行。此外，交行还是常熟农商行第一大股东，并战略入股西藏银行。

【经营业绩】 截至2013年末，集团资产总额达人民币5.96万亿元，较年初增长13.04%。客户存款余额、客户贷款余额分别达人民币4.16万亿元和人民币3.27万亿元，分别较年初增长11.52%和10.83%。全年实现净利润人民币622.95亿元，同比增长人民币39.26亿元，增幅6.73%。平均资产回报率(ROAA)和平均股东权益报酬率(ROAE)分别达1.11%和15.58%。减值贷款率1.05%，控制在预定目标之内。连续五年跻身美国《财富》世界500强，营业收入排名第243位，较2012年提升83位，英国《银行家》杂志全球千家最大银行一级资本排名列第23位，较2012年提升7位。

【服务实体经济】 认真落实“盘活存量，优化增量”要求，把握信贷投向与投量，积极支持城镇化建设。持续推进信贷结构调整，继续加大对中西部、小微企业、“三农”、节能环保和保障性住房等领域的信贷投放。截至2013年末，境内分行保障性住房人民币贷款余额306亿元，较年初增长27.29%；中西部地区贷款余额8 441亿元，增长12.2%。小微企业贷款余额5 677亿元，新增638亿元，增长12.66%，高于贷款平均增速1.7个百分点；涉农贷款余额5 408亿元，增长12.81%。政府融资平台贷款和“两高一剩”贷款占比分别较年初下降1.69和0.64个百分点。发挥综合经营优势，积极运用信托、租赁、保险、投行、发债等多种渠道满足合理投融资需求，境内分行提供非信贷社会融资规模增量3 783亿元。

【发展战略落地】 全面梳理战略组织管理体系，制定“战略全流程图”和“战略财务分解考核表”，推动“国际化、综合化、财富管理银行”战略加速落地。进一步提高“两化一行”战略与转型发展的融合度，强化境内外、跨市场业务联动，跨境跨业跨市场服务能力继续提升。着力推动集团产品和服务体系的有机整合，实现集团客户和渠道资源的高效共享，持续加强业务协同和交叉销售，将客户价值更多留存在集团内部，让国际化、综合化引领全行的转型发展。截至2013年末，境外银行机构资产总额较年初增长28.47%，全年实现净利润同比增长6.67%；控股子公司(不含英国子行)资产总额较年初增长33.75%，全年实现归属母公司净利润同比增长69.39%。作为获准从事离岸银行业务的4家国内商业银行之一，发挥离岸牌照优势，积极支持企业跨境投融资需求。强化贸易融资和再融资业务创新，推出保票通、人民币保函项下离岸授信联动、外债项下贷款等业务和产品，带动在岸业务和国际业务协同增长。在中资同业中首推离岸网银批量汇款产品，提升业务办理效率。截至2013年末，离岸资产规模达119.00亿美元，较年初增长13.23%；离岸国际结算量1 674.43亿美元，较上年增长34.80%。离岸业务资产规模、贷款余额和国际结算量均居中资同业首位。

【事业部制改革】 2011年，交通银行正式启动以机制再造为重点、以管理创新为核心的"二次改革"。2013年，交行将事业部制改革确定为深化"二次改革"的重要方向。目前，金融市场业务中心、贵金属业务中心、票据业务中心、离岸业务中心业已正式挂牌，准事业部制的资产托管业务中心、资产管理业务中心和消费金融中心也已挂牌运作。

【公司金融业务】 紧密对接集团企业、跨国公司等大型客户需求，推出全球现金管理、云现金池、"SWIFT Net银企直通车"等创新产品和功能。以贸易金融为主导，围绕核心企业业务链条，充分挖掘产业链资金流量价值，力求提供高效、便捷、多样的供应链金融服务，为客户进一步提升产业链业务附加值和竞争力。推出"快捷保理"等创新产品，着力提升集群式拓展与服务水平，服务范围延伸至家电、医疗卫生等行业。与电子、汽车、石油等行业国际龙头企业进行深度合作。以"蕴通财富伴您同行"活动、财富管理峰会、财富司库俱乐部为平台，蕴通理财超市为支撑，多方满足客户财富保值增值需求。以信息科技支持公司金融业务创新，成为业内规模最大的人民币FFA(远期运费协议)代理清算银行和唯一能为航运行业提供产业链电子化支付结算服务的银行，智慧汽车金融系统荣获2013年度上海金融创新成果奖。围绕"走出去"和"引进来"客户差异化需求，为企业提供跨境综合化投融资服务，国际结算与贸易融资业务保持快速发展。全年境内行办理国际结算量5 568.68亿美元，较上年增长21.01%，国际贸易融资发生量375.90亿美元，较上年增长58.59%。积极统筹理财、直投、债务融资、租赁、信托等融资渠道，做大新型表外融资业务规模，成功参与全国首批信贷资产流转业务试点并取得多项市场领先成果。全年境内行累计主承销债务融资工具149支，较上年增长81.71%，主承销发行金额3 104.11亿元，较上年增长98%。发挥既有优势，重点打造养老金业务特色，养老金托管规模突破人民币5 600亿元，保持行业领先地位及中国最大养老金托管银行品牌。资产托管规模达人民币2.8万亿元，较上年增长87.21%。

【个人金融业务】 交行重点围绕"客户、服务、产品、管理"四大要素，推进个人金融业务发展。以提升金融服务水平为引领，积极打造全新品牌理念，稳步扩大中高端客户群体，大力夯实零售业务转型基础，持续打造财富管理银行特色。优化分层客户管理体系，强化公私联动和跨界合作，对接客户理财、保险、基金、贵金属多元投资需求。境内管理的个人金融资产(AUM)达人民币1.9万亿元，较年初增长11%；达标交银理财客户数和达标沃德客户数较年初分别增长11.34%和20.71%；私人银行客户数较年初增长33.53%，管理的私人银行客户资产达人民币2 339.37亿元，较年初增长28.46%。推出沃德添利、交银添利专项表外理财产品，针对代发工资客户推出薪享理财产品。沃德财富品牌荣获《欧洲货币》杂志中国地区"高净值客户服务"第一名，被《亚洲银行家》杂志授予2013年度"中国最佳品牌建设奖"，在《证券时报》举办的2013中国最佳财富管理机构评选中获"中国最佳贵宾理财服务"。同时，太平洋信用卡引入了战略投资者汇丰银行的技术与管理经验，以"中国人的环球卡"为主旨，持续开展"最红星期五"品牌经营，创新实施"Easy for More—方便·实惠交给你"的品牌化服务战略，为持卡人提供方便的用卡体验和实惠的用卡回馈。截至2013年末，境内信用卡在册卡量(含准贷记卡)达3 020万张，较年初净增317万张；全年累计消费额达人民币7 912亿元，较上年增长44.9%。

【资金业务】 2013年，有效应对货币市场利率波动加大的复杂环境，深化业务管理体制改革，成立金融市场业务中心和贵金属业务中心事业部，着力优化非信贷资产结构，大力拓展银银、银证和银场合作，努力发挥做市商优势，持续加强一流的同业客户金融服务银行和交易型银行建设。积极参与金交所、期交所及场外黄金交易，首批开展银行间黄金询价远期和掉期交易，全年境内行黄金T+D开户数较年初增长6.18%；合计交易量达人民币859.86亿元，较上年增长46.18%，在上海期货交易所交易位居金融类会员第一。

【中小微企业业务】 完成首批小微企业金融债发行，加大中小微企业客户支持力度。为产业链、商圈、园区等企业提供集群化特色服务，整合科技金融产品，完善供应链和商圈金融产品体系，推出电子商票快捷贴现、小企业经营性物业抵押贷款等产品，上线“展业 e 贷”等电子渠道产品。截至 2013 年末，境内行中小微企业贷款余额达人民币 1.25 万亿元，较年初增长 12.15%，余额占比较年初提高 0.83 个百分点至 42.61%，增量占集团全部贷款增量的 42.36%。

【服务提升】 深入贯彻“一个交行，一个客户”服务理念，着眼于网点经营模式创新，扎实推进“人工网点＋电子银行＋客户经理”的“三位一体”建设，持续优化渠道服务布局，推动网点“做大做综合、做小做特色”，推进综合网点建设、存量网点提升和特色网点试点。截至 2013 年末，离行式自助银行数量首次超过人工网点，移动金融形成特色品牌，手机银行客户超过 2 000 万户，电子银行分流率达 78.33%，较年初提高 5.16 个百分点。荣获“2013 中国最佳电子银行奖”、“2013 年度最佳电子银行服务创新银行”、“2013 年度客服好声音”等奖项。持续优化流程，提升服务质量，在中国银行业协会“百佳示范单位”评选中入选网点达 20 家，创造了单一银行获选网点数量最多的纪录，被授予“百佳”创建突出贡献奖。

【风险管理】 一年来，交行积极应对经济下行、利率市场化加速推进的多重挑战，牢固树立底线思维，着力加强风险管控，出台了新形势下加强风险管理 20 条意见，强化分行“一把手”风险管理责任制，持续完善以“全覆盖、全流程、责任制、风险文化”为核心的全面风险管理体系。推进统一授信管理体制建设，逐步推动表内外、信贷与非信贷风险一体化管理。加强地方政府融资平台、房地产、“两高一剩”等重点领域风险管控，按季开展民间融资风险排查和管控，积极防范央企、集群客户风险。持续推进减退加固，全年减退有潜在风险贷款 589 亿元，加固担保 193 亿元。持续排查化解钢贸业务风险，成立专项工作组加快风险处置。加大风险化解力度，2013 年处置不良贷款 121 亿元，核销 118 亿元。

【金融文化建设】 2013 年，交行继续大力弘扬践行“拼搏进取、责任立业、创新超越”的企业精神和核心价值观，持续培育职业精神，深入学习贯彻《企业文化手册》（修订版）、《“交行精神”员工辅导手册》、《“交行精神”故事选》，推出企业文化建设考核办法，加深对交行企业文化理念体系的理解和认同，着力培育创新意识，围绕打造“创新活跃银行”目标，结合学习型组织创建活动，大胆探索、积极实践，营造“人人参与创新、事事关注创新”的创新文化。传承创新企业文化建设的渠道和载体，充分发挥《交通银行》报、《交银》杂志、总行内网、墙报、信息、简报等的作用，合理运用论坛、网络社交群、微博、微信、飞信等新媒体形式，不断提升企业文化阵地建设科学化水平。

【社会责任】 2013 年，交行继续从经济、环境、社会三个维度积极履行自身的企业社会责任。正式签署了“中国银行业绿色信贷共同承诺”，确定了发展绿色金融的 4 个大类 23 项重点业务领域。密切关注股东、客户、员工利益，启动了 500 名战略性专业人才培养计划。投入 3 083 万元支持公益慈善事业，每股社会贡献值上升至 3.28 元。在频发的自然灾害中交行累计向四川芦山灾区捐款 654.45 万元、甘肃岷县漳县灾区捐款 216.12 万元。同时，还积极开展“通向明天——交通银行残疾青少年助学计划”，项目自 2007 年启动以来，已累计拨款 8 400 万元，执行完毕款项 7 540 万元。

【服务(中国)上海自贸区】 作为唯一一家总部设在上海的大型商业银行，交行积极融入上海自贸区建设，成为自贸区内唯一拥有两家经营单位的金融机构。2013 年在自贸区成立“中国(上海)自由贸易试验区分行”，子公司交银租赁成立航空航运专业子公司。签约跨境人民币境外借款业务，完成首单飞机融资和首单船舶经营租赁业务。建立了符合人民银行关于“标志分设、分账核算、独立出表、专项报告、自求平衡”的自贸区分账核算体系。

【主要指标】

单位:亿元

指标＼年份	2009	2010	2011	2012	2013
集团净利润(归属母公司股东)	301.18	390.42	507.35	583.73	622.95
集团本外币资产总额	33 091	39 516	46 112	52 734	59 609
本外币各项存款余额(不含同业存款)	23 721	28 678	32 832	37 284	41 578
本外币各项贷款余额	18 393	22 369	25 618	29 473	32 663
个人贷款余额	3 106	4 179	5 093	6 015	7 513
按揭贷款余额	1 987	2 682	3 129	3 583	4 475
减值贷款比率	1.36%	1.12%	0.86%	0.92%	1.05%

（谢　欣）

2. 上海浦东发展银行

至2013年末，上海浦东发展银行总资产规模达3.68万亿元，本外币贷款余额1.77万亿元，各项存款余额2.42万亿元，实现税后利润409.22亿元。在全国设立了38家直属分行，915家营业机构，并在香港开设了海外分行，伦敦代表处正式成立，银川分行获准筹建，员工达38 065名，架构起全国性商业银行的经营服务格局。探索综合经营的道路，先后合资组建华一银行、浦银安盛基金管理公司、浦发硅谷银行、浦银金融租赁公司，参股莱商银行18%股份，作为控股股东发起成立25家浦发村镇银行。

【综合经营战略】 2013年全行总资产、存款余额、贷款余额分别比年初增长16.99%、13.37%和14.43%。税后利润比2013年同比增长19.70%，实现营业收入突破千亿元，同比增长20.57%。平均总资产收益率（ROA）1.21%，不良贷款比例控制为0.74%，不良贷款准备金覆盖率达到319.65%，在国内同业处较领先地位。

2013年浦发银行落实综合经营战略，为客户提供全方位金融服务。与中国商飞公司和上海国际集团联合发起设立的浦银金融租赁公司，是国内首家由商业银行、先进制造企业和综合化金融控股集团共同组建的金融租赁公司。控股子公司浦银安盛基金管理公司资产管理规模突破300亿元，在上海自贸区发起设立浦银安盛资产管理公司。与美国硅谷银行合资的浦发硅谷银行，专注服务科技型中小企业，是中国第一家拥有独立法人地位的“科技银行”。

2013年，新增机构网点91家，西宁、海口分行相继开业，银川分行获准筹建，全行机构网点总数已达915家。参与上海国际金融中心建设以及中国（上海）自由贸易试验区金融服务，经中国银监会批准成为首批获准设立上海自贸区分行的商业银行之一。截至2013年末，已有25家浦发村镇银行开业，36个网点遍布在全国20个省、直辖市的县镇，重点向中西部地区倾斜，向欠发达地区倾斜，向农村乡镇倾斜。

【公司金融业务】 截至2013年底，对公中间业务收入突破百亿元，同比增幅50%以上。对公本外币存款余额18 607亿元，在九家股份制商业银行中，排名第二；全行一般对公贷款余额同业排名第二，对公贷款增量排名第二，中长期贷款余额排名第一。全年对公客户突破100万户，其中对公目标客户达到26万户，新增超过4万户，增幅19%。

债务融资工具主承销金额市场排名第9位，股份制银行中排名第4位，较上年提升2位；股权基金托管规模国内同业排名保持首位，银团贷款、绿色信贷、保理业务等优势产品继续保持股份制银行领先地位。

投行类中间业务收入实现32.68亿元，同比增幅81.25%；其中，债务融资工具中间业务收入6.92亿，增幅达到47.23%。主承销发行国内首单私募并购债；国内首单债券票面利率挂钩CCER（核证自愿减排量）市场价格的债券已获交易商协会注册；首单证券公司短期融资券获人行备案通过；创新研发了股权基金结构化融资业务；成功完成信贷资产流转业务的创新试点落地；参与债权直接融资工具及银行资产管理计划创新研发和试点；首单亚行（ADB）建筑节能贷款项目成功提款；世界银行上海长宁区建筑节能融资项目正式启动；研究推出《智慧城市金融服务方案》；推出了项目营运期贷款，满足客户盘活存量的需求。

依托“5-4-3业务发展策略”，充分发挥贸金业务在强化客户经营、增加营业收入、促进存款增长、防范业务风险方面的基础性作用截至12月底，贸易金融业务量突破3 700亿美元大关；推出跨境人民币协议付款、证付兑、证通兑、跨境兑、银证保、银商保、银财保等创新产品。成功中标获得“财政授权支付代理银行”资格；首批获中金所期货保证金存管银行资格；成功上线广东中移动在线保理融资项目，试点成功上海移动集中代收、上海付费通集中代付业务；业内率先推出公司手机银行的集团服务和第三方存管服务；年内推出小微版公司网上银行和公司手机银行。

创新推出非银行金融机构开办离岸同业代付业务和代理同业开证并续作离岸代付业务；截至12月底，离岸总资产余额为64.3亿美元，比上年末增长了7.9亿美元，增幅为14%。加快托管类产品创新研发，推动分行开拓理财、自营资金对接的项目；开展证券公司股票质押回购托管业务试点，提升托管运营系统对分行服务的支撑能力。托管规模突破1.7万亿元；托管类业务收入超过24亿元。

浦发银行中小企业（国家四部委口径）表内外授

信总额4 712.98亿元，授信客户49 653户，表内贷款总额9 512.65亿元，与上年相比，中小企业表内外授信业务增长13.23%，授信客户数增长15.56%，表内贷款余额增长16.23%；中小业务盈利能力持续提升，全年实现营业净收入138.27亿元，较上年同期高出38.70%。中小企业业务经营中心获银监会评选的全国银行业金融机构小微企业金融服务优秀团队；“吉祥三宝”中小微企业服务模式获评银行业金融机构小微企业金融服务特色产品。

【零售金融业务】 2013年，全行客户交叉销售显著提升，签约五项及以上优质客户占比达到25%以上。同时，明确公私联动合作框架，继续推进网点厅堂一体化工作，为客户提供更为全面系统地服务。通过音乐中国活动、创立积点模式服务平台，为高端客户提供更多尊贵专享服务，提升了贵宾客户体验和品牌效应。截至2013年末，全行个人客户数突破2 600万户，个人优质以上客户突破250万户，私人银行客户突破8 000户，并荣获了“2013中国最受尊敬零售银行”、美国《环球金融》杂志2013年中国之星最佳零售银行（Best Consumer Bank）等多项荣誉。

2013年，丰富财富管理产品种类，推出随心享盈21天、月月享盈、季季享盈等理财计划，并实现客户持有金额分层定价功能，同时推出私人银行“专属投资账户服务”，“尊享盈”系列产品种类和期限结构逐步丰富。开展“Q点理财”、节假日理财等主题营销活动，天添盈产品深受客户喜爱。推出资金归集、村镇银行柜面通等支付结算产品，完成金融POS全行推广。截至2013年末，个人金融资产余额接近7 000亿元，全行个人存款余额突破4 200亿元。

围绕市场需求优化零售信贷业务结构，创新推出“融资易”商人卡，实现一次授信、额度循环、自主支用、随借随还，完成个人经营性贷款“租金贷”、“账龄贷”、“物业贷”、“结算贷”、“设备贷”、“船舶贷”等“六贷六模版”打造，大力提升房贷按揭配比，通过“消贷易”、信用卡盘活存量房产抵押客户，同时推进信用卡风险政策优化和市场、渠道拓展。截至2013年末，个人贷款（含信用卡）余额突破3 800亿元，个贷利息突破200亿元，信用卡营业收入突破26亿元。

开展基金、保险、证券等主题营销活动；推出集团商户收单服务，固话POS、银联无卡支付、IC卡跨行圈存及结售汇等新功能，开拓收入来源。与同程网合作的商旅套餐得到市场的广泛认可，销售量大幅增长，截至2013年末，全行个人中间业务收入实现28亿元。

2013年6月1日，浦发私人银行美国运通信用卡正式上市发卡，该产品是针对私人银行客户专属定制的高端信用卡产品，秉承了浦发私人银行“传承的不只是财富”的品牌理念，将私人旅行顾问、私人生活管家、私人家庭定制、私人理财专家等功能和服务集于一身。该产品荣获美国运通国际组织2013年度最佳产品奖。

截至2013年末，按照月日均金融资产800万的统计口径，私人银行客户数达到8 606户，增幅达44%；所管理的私人银行客户日均金融资产总量超过1 500亿元，增幅达40%。2013年9月，推出私人银行专属投资账户服务，为私人银行客户提供专业的资产配置及投资交易管理服务，其服务流程和系统架构均系业内首创。

【移动金融】 2013年5月，联合中国移动推出全国第一张具有自主知识产权、基于SIM卡的手机NFC支付卡，让“刷卡”变成“刷手机”。8月，与腾讯合作首家推出基于自然语言、符合微信用户使用习惯的微信银行，并形成了集微理财、微支付、微融资、微取款等于一体的微信银行服务体系，已拥有50万客户，单月交易额超过10亿元，每月增幅高达100%；领先完成了远程智能银行的研发，并初步构建了规模化布放体系。联合高校与行业主流企业，推进移动金融标准与发展趋势研究，与中国移动联合发布移动金融2.0标准，引领行业发展趋势。移动金融业务年内荣获“2013年中国移动金融领先银行奖”等多项荣誉，NFC手机支付获得“2013年度上海金融创新奖二等奖”。

2013年，个人网银客户数突破900万户；手机银行客户数突破300万户，现金类自助设备保有量超过6 600台，各类自助网点近3 800个；个人电子银行交易额突破3.7万亿元；手机银行客户新增为前四年客户新增总和的1.5倍，手机银行交易笔数、交易金额分别为上年的4.6倍和15.5倍，报告期末电子渠道交易占比逾80%。

【金融市场业务】 2013年，在同类股份制商业银行中，债券结算量市场排名第二，外汇做市商排名第二、代客外汇交易量排名第三。贵金属自营交易量在金交所、期交所排名第一。2013年，凭借“金融市场业务运作水平和业内普遍认同的投资交易能力”，荣获21世纪亚洲银行金融年会颁发的“2013亚洲最佳金融市场创新银行”奖项。2013年，荣获“银行间本币市场交易100强”奖项，并获得综合排名位居全市场第五名。荣获2013度银行间外汇市场做市机构最佳交易奖、交易最大进步做市机构奖。

应对监管政策的变化，在资产端灵活应用各类子市场开展资产配置创新，在产品端开展多元化组合配置，通过构建丰富的资产超市和产品超市，形成产品体系丰富的产品超市，完成设计T+0产品分层和美元QDII理财产品、保本浮动收益真实挂钩等多项理财产品，推出开放式固定持有期产品、收益分层最短持有期产品，完善固定收益类理财产品线。全年实现理财业务累计销量2.46万亿元，实现理财业务中间业务收入13.46亿元，同比分别增长64.5%和3.4倍。

场外自营投资业务顺应市场趋势，加大产品创新力度和制度建设，推进总分行联动开展相关业务，全年盈利贡献突出，现净利息收入169.42亿元，同比增长98%。

推动金融市场业务收入结构转型，以客户需求为中心，加快代客代理产品开发。2013年，黄金租赁业务实现租出黄金14.408吨，同比增长9.8倍；全年代理第三方公司实物贵金属销售4.54吨，同比增长64.7%。2013年，推出增强型区间赢业务，开展跨境业务项下NRA远期购汇交易，不断满足客户需求。

2013年，累计实现证券、基金、保险、信托等财富类代理业务规模近2 000亿元，累计实现信用证、银票、外币等支付结算类代理量突破2 500亿元，同比分别增长63%和154%。

（浦发银行）

3. 上 海 银 行

2013年，上海银行加强能力建设，着力调整结构，大力促进转型发展，各项业务保持健康快速发展，集团化经营和跨境经营格局初步形成，为全面完成三年发展规划打下了坚实基础。2013年末，集团总资产达到9 777.22亿元，同比增长19.69%；存款余额6 260.13亿元，同比增长14.86%，存款增速持续高于同业平均增速，上海地区市场份额持续提升；贷款余额4 414.88亿元，同比增长13.05%。上海银行引进上港集团等战略投资，成功实施定向增发，进一步增强集团资本实力，年末资本充足率达到11.94%，有力促进了业务发展，抗风险能力进一步提升。年内，上海银行自贸试验区分行正式挂牌成立，上海银行（香港）有限公司正式对外营业，上海银行出资设立上银基金管理有限公司。2013年，上海银行的市场地位获得进一步提升：在英国《银行家》公布的全球1 000家商业银行最新排行榜中，按照一级资本排名，位列第158位；穆迪投资者服务公司授予上海银行“Baa3”的长期发行人和长期银行存款评级，以及“Prime-3”的短期发行人和短期银行存款评级，评级展望稳定。

【公司金融业务】 (1) 对公存贷款业务。应对利率市场化挑战，开展“满天星”存量客户提升、存量授信客户综合回报提升、“1+N”供应链金融等多项细分市场专题营销活动，对新老客户进行集群式发掘，不断加大存款拓展力度。年末，上海银行公司存款余额3 652.03亿元，同比增长17.80%；其中上海地区公司客户人民币存款余额在上海地区中资商业银行中占比8.78%，较年初提升0.9个百分点，市场份额连续两年保持上升。

优化信贷资源配置，实施差异化的信贷投向政策。重点支持弱周期及符合经济转型消费升级导向行业的贷款，服务实体经济转型发展；针对优质信贷客户推出专项额度补贴政策，加大对装备制造业、汽车及零部件制造业、生物医药业、商业零售业、航运物流业等行业支持力度；积极发展绿色信贷，创新推广特色金融产品；探索支持文化产业发展，参与重点文化项目建设；结合国家新型城镇化发展规划，推出“城镇化建设贷款”，服务民生金融。年末，上海银行公司贷款和垫款余额3 222.84亿元，同比增长14.69%，其中上海地区人民币公司贷款余额在上海地区中资商业银行中占比6.4%，较年初提高0.12个百分点。

(2) 政府与集团业务。着力加强政府业务、公共服务、集团客户等重点领域营销拓展，加强现金管理等重点产品的创新与综合运用，提高政府与集团业务的市场竞争力。加快建设上海市镇级财政集中支付业务系统，完善上海市社保实时监控系统及上海市银医直联系统，巩固提升上海银行在财政、社保和维修基金等传统政府业务的优势。年内，上海银行在上海市维修基金业务代理银行年度服务评比中排名第一。以网上预约挂号付费一体化服务、银医通预缴金跨院通用等创新服务打造医疗金融服务特色，形成覆盖医疗主管机构、市区两级公立医院、民营医疗机构等各个层级的医疗金融服务体系。上海银行积极支持上海国际航运中心建设，创新完善配套航运及口岸金融服务，成为国内首家跨境电商平台“跨境通”的备付金合作银行。推广线上委托贷款、单位智能收款、跨行资金管理、全渠道现金池等功能，延伸现金管理产品和服务范围。年末，上海银行政府与集团客户人民币存款余额 2 083.15 亿元，同比增长 26.68%；现金管理客户数 1 040 户，同比增长 34.72%；现金管理集团客户数 136 户，同比增长 47.83%。

（3）投资银行业务。推进产品创新，发行全国首只中小企业非公开定向集合票据和全国第一单商业地产中期票据；推出超 AAA 级别企业债务融资工具和含权定向工具、股权受益权类结构性融资产品、资产组合理财产品、定向理财产品。强化过程管理，完善项目评审机制，开展专项检查，推进系统建设，不断提升投资银行业务风险管理能力。年末，债务融资工具主承销金额 193 亿元，同比增长 8.4%；对公理财产品销售 1 534 亿元，同比增长 83%。年内，上海银行投行与理财业务收入 14.18 亿元，同比增长 116%。

（4）新型机构业务。顺应资产管理业务变革趋势，为各类新型机构客户提供个性化、专业化的综合金融服务。优化管理体制，新设资产托管部上海分部、北京分部及深圳分部。开拓以资产托管业务为主的新型机构业务市场，并引进股票市值管理产品、股票质押式回购投资产品、股指期货量化对冲产品等多项创新产品托管。创新另类投资服务及资产管理服务，积极参与 RQFLP 创新试点，提供全国第一单境外人民币基金境内股权投资服务；推动 QFLP（股权投资机构合格境外有限合伙人业务）基金落户中国（上海）自由贸易试验区；联动上海银行（香港）有限公司首次为境内基金提供境外股权投资服务。与 83 家私募股权投资企业、17 家非金融支付机构、85 家小额贷款公司、10 家期货公司以及 1 家期货交易所开展业务合作，为 23 家商户提供单用途预付卡资金存管服务。年末，上海银行托管资产规模 3 066.48 亿元，同比增长 281.31%。

（5）小企业金融业务。完善专营体系建设，建设各层级小企业专业管理机构，成立全行小企业业务专职客户经理队伍。深化差异化制度建设，优化信贷业务流程，健全不良容忍考核机制。转变专业服务模式，通过搭建服务平台，加强批量化营销力度；通过整合行内外资源，为小企业提供包括投行服务、现金管理、个人金融服务等在内的综合金融服务方案。围绕“科技金融、绿色金融、文化金融”等重点领域推出 IFC 能效贷、知识产权质押贷、小企业信用贷等针对性强、担保措施灵活的融资产品。报告期末，全行小企业人民币贷款余额 407.38 亿元，客户 3 838 户，同比分别增长 34.06%、13.12%，达到中国银监会关于小型微型企业贷款“两个不低于”要求。

【个人金融业务】（1）个人存贷款业务。以基础客户群和重点客户群为目标，通过公私联动，开展批量营销；以数据分析为手段，深化存量客户经营，实施精准营销；以产品和渠道创新为载体，拓展新兴潜力客户群；以网点转型为动力，持续提升客户吸纳能力、产品销售能力、金融服务能力和网点单产能力；以强化资产配置为抓手，合理确定存款利率和理财产品价格，实现储蓄存款与理财业务良性互动发展。年末，上海银行个人存款余额 1 676.51 亿元，同比增长 13.38%，其中，上海银行上海地区人民币个人存款余额在中资商业银行中占比 7.2%，较年初提升 0.3 个百分点。

适应消费升级需求，推广个人信用消费贷款和汽车消费贷款。加强集群授信项目批量营销拓展，优化业务流程，推广个人经营贷款。落实差别化住房信贷政策，推动个人按揭贷款与房地产开发贷款联动营销，稳步发展个人住房贷款。加强个贷客户交叉营销，创新信贷产品，推出倒按揭、尊享贷、接力贷、球证贷、金桔贷、车位贷和理财产品质押贷款，个人贷款产品体系更趋丰富。年末，上海银行个人贷款和垫款余额（含信用卡）599.18 亿元，同比增长 18.49%。

（2）慧通理财业务。围绕客户需求，立足客户家庭生命周期及资产配置，以产品创新增强客户吸附，以结构调整提升收益产出。加快产品引入与创新，取得电子国债网上银行销售资格，推出“e 家通”家庭现金管理平台，开展代理实物贵金属销售业务，新设融金系列及节假日专属理财产品，理财类、融资类、支付类、电子渠道类、家庭现金管理平台等系列产品逐步形成市场影响力。完善个人客户分层服务体系，上线客户关系管理及信息支持平台，提升中高端客户识别、维护和拓展能力。推进产品交叉销售，提升中高端客户产品黏度。优化慧通客户销售服务流程，开展一站式资产配置服务，整合全行增值服务资源，提升慧通客户服务体验。年末，上海银行日均有效慧通卡客户同比增长34%，客户日均资产增长42%。年内，上海银行累计代销非货币基金41亿元，同比增长74%；累计代销保险18亿元，同比增长40%。

(3) 养老金融业务。试点“老年人住房反向抵押贷款”，引入养老特色专户基金、保险产品，推出养老客户资产配置套餐。初步搭建养老特色增值服务平台，围绕消费优惠、健康管理、安居保障和法律咨询等方面，加快引入“银发合作伙伴”，推出“慧健康”电子商务平台。加快推进养老金融支行建设，进行适老性环境改造，开展“家庭开放日”亲情主题活动，增进养老客户归属感。年内，上海银行实现养老金新开户同比增长6.4%，养老金客户综合资产增长18%，上海地区养老金融业务的同业领先地位进一步巩固。继2012年荣获“全国敬老模范单位”之后，上海银行荣获全国“敬老文明号”称号，成为全国为老服务领域中唯一获两项国家级荣誉的金融机构。

(4) 私人银行业务。坚持客户分层服务策略，深入研究高端客户行为和需求，以客户为中心，促进资产业务与负债业务同步发展。运用战略协作资源，夯实业务发展基础，带动私人银行业务架构体系建设。利用上海银行(香港)有限公司以及沪港台“上海银行”平台，在私人银行客户跨境财富管理上实现突破，正逐步搭建全球综合服务平台。年末，上海银行私人银行客户总资产达125.09亿元，同比增长78%。

(5) 银行卡业务。坚持以效益为核心，深化银行卡业务转型发展，加强银行卡产品创新，提升银行卡服务品质，形成精致专业的服务发展特色。上海银行荣获“2013年银联卡营销活动优秀奖”、“2013年银联卡产品合作推广优秀奖”以及“2013年度银联卡合作创新贡献奖”。年末，上海银行银行卡发卡量903万张，同比增加99万张；全年银行卡消费额811亿元，同比增长51.9%。

推出顶级产品钻石信用卡，完善标准产品体系。推出淘宝联名卡、吉祥航空卡、尚印联名卡等4款IC信用卡新产品，推进IC卡迁移。推出车购分期、转账分期等信用卡分期业务，建立电话销售渠道，拓展网上申请、PAD终端、手机银行等电子受理渠道，提升客户体验。推出“在一起”年度主题用卡活动，与多家品牌商户合作开展事件营销；开发积分抵现功能并推出商户积分应用，持续开展商户交易促动。围绕重点业务和新产品、新活动开展服务品质管理，以“客户之声”为重点推进服务优化。年末，上海银行信用卡发卡量296万张，同比增加26万张；年消费额289亿元，同比增长33.5%；信用卡分期业务发放额及手续费收入同比分别增长96.9%、132.6%。

完善借记卡联名卡产品体系，批量拓展新客户，扩大发卡规模。面向校园，发行上海科技大学联名卡和上海工艺美院联名卡；面向企业，发行莱克电器和旭昌化学等联名卡；面向同业，发行新华联名卡；面向行业主题，发行上·善卡和玻璃博物馆联名卡。加强芯片卡功能创新，推出加载公交一卡通功能的交通专用银行卡。顺应互联网金融发展趋势，拓展网上潜力客户群，与同程网合作发行联名卡。建立“慧旅行”商旅增值服务平台，提供持卡人一站式商旅预订体验。开展丰富多样的刷卡市场促销活动，扩大刷卡消费额，打造借记卡品牌形象。年末，上海银行借记卡发卡量607万张，同比增加73万张；年消费额522亿元，同比增长64.4%。

【金融市场业务】 (1) 投资组合管理。年内，市场收益率阶段性变化显著，整体呈现平坦上行趋势。上海银行科学研判宏观经济金融形势，合理安排投资节奏，动态调整投资组合，在保证流动性和风险可控的基础上，不断提高投资组合收益水平，实现资产规模与效益同步发展。年末，上海银行资金业务总资产规模5 751亿元，同比增长1 023亿元。

(2) 货币市场。年内，银行间市场资金面总体趋紧，货币市场利率震荡上行，隔夜、7天等关键期限节点利率一度创出历史新高。上海银行积极应对市场流动性变化，加强市场流行性趋势研究预判，把握多个关键时点市场流动性状况，强化流动性管理。在市场资金面波动明显加大、资金成本持续抬升的市场环境下，通过审慎安排资金配置及资产负债缺口管理，确保流动性安全并有效控制资金成本。全年累计拆借人民币资金2.9万亿元，占市场拆借总成交量的8.2%。

(3) 资产管理。通过加强理财资产运作，创新理财资产配置品种，拓宽理财资产配置渠道，拓展受益权类、基金特定客户资产管理计划、固定收益类信托计划等资产，不断提升理财资产收益和流动性管理水平。与此同时，进一步丰富理财产品体系，推出“稳进”系列结构性存款产品、“融金”系列封闭式理财产品、“福利派”系列开放式理财产品，并不断拓展产品期限、增加产品发行频率，提供灵活的产品定制化服务，为客户和投资者提供更多理财选择。年内，累计发售各类本外币理财产品 1 213 期，累计发售金额 9 867 亿元。

(4) 同业合作。持续推进“大同业金融服务平台”建设，积极拓展业务渠道，不断扩大交易半径，持续深化与银行、信托、基金、保险、资产管理公司等各类交易对手在货币市场、债券市场、衍生品市场、票据市场、黄金市场、外汇市场和理财产品等业务领域的全面合作。年内，债券累计结算量 6.5 万亿元，市场排名第十；黄金自营交易量 325 吨，市场排名第四；各项资金业务累计成交量 11.4 万亿元。此外，上海银行继续保持公开市场一级交易商、SHIBOR 报价团成员、债券做市商等重要资格，品牌地位得到进一步稳固和提升。

【“沪港台”合作和国际业务】 年内，上海银行与 130 多个国家和地区的近 1 700 家境内外银行及其分支机构建立代理行关系，从夯实客户基础、挖掘核心客户综合回报入手，通过跨境产品创新等手段，努力推进国际业务发展。持续打造港台业务特色，积极推进海峡两岸暨香港客户共同营销和联动服务，夯实客户基础，有效提升重点地区港台资企业市场占有率。进一步深化沪港台“上海银行”战略合作，合作领域从公司金融、零售金融、同业金融、渠道合作等延伸至中后台合作及自贸区业务创新领域，从业务合作与产品合作走向了管理合作。年末，上海银行外汇资产规模达 61 亿美元，同比增长 81%。年内，上海银行国际结算量达 506 亿美元，同比增长 24%；上海银行上海地区跨境人民币结算总量排名在上海地区中外资商业银行中首次进入前十。

【上海自贸区业务】 年内，上海银行积极参与中国(上海)自由贸易试验区建设，设立了自贸区工作推进领导小组，研究推进自贸区业务的系统开发、全面风险管理和产品创新。上海银行自贸试验区分行于 2013 年 9 月 29 日正式挂牌成立。自贸试验区分行作为自贸区业务“全牌照”机构，以区内金融政策为导向，注重制度创新、产品创新、服务创新，发挥离岸特色业务优势，提升专业化综合金融服务能力。

【渠道建设】 (1) 电子银行业务。强化渠道建设和产品创新，完善渠道服务体系，提升客户体验。先后推出手机银行、微信服务、PAD 服务平台等新型服务渠道；推出支持手机和网银渠道的新型支付产品“上银快付”；推出手机信用卡，成为业内首批推出 NFC 手机支付业务的银行；推出个人网银跨行资金归集、电子式国债和企业网银投资理财等逾百项新产品和新服务，持续提升客户体验。年末，上海银行电子银行客户数 398.68 万户，各类自助机具 2 310 台。年内，上海银行电子渠道结算业务分流率达 58.36%；实现电子银行中间业务收入 2.83 亿元，同比增长 70.67%；实现电子银行交易笔数 1.68 亿笔，同比增长 24.14%，交易金额 3.95 万亿元，同比增长 63.02%。上海银行荣获“2013 年区域性商业银行最佳网上银行业务创新奖”、“2013 年区域性商业银行最佳网上银行奖”等荣誉。

年内，上海银行客户服务中心电话量(含外拨) 1 178 万通，并荣获由中国银行业协会颁发的“客服好声音”、“卓越业务团队”、“卓越风采团队”奖以及由上海市银行同业公会颁发的“上海银行业最佳客服中心奖”，客户服务中心白金卡班组荣获由中国金融业客服中心发展联盟颁发的“运营管理标杆团队奖”。

(2) 网点和机构情况。年内，上海银行在上海、宁波、南京、杭州、天津、成都、深圳、北京、苏州等地升格 3 家分行，新设 13 家网点；在上海地区迁址、改造(含局部改造)网点 31 家。年末，上海银行共有 303 家营业网点、208 家自助银行。

【主要指标】

单位：亿元

指标 \ 年份	2009	2010	2011	2012	2013
净利润	36.23	50.28	58.06	75.00	93.52
本外币资产总额	4 660.39	5 667.75	6 554.26	8 154.67	9 747.68
本外币各项存款余额(不含同业存款)	3 334.21	4 095.22	4 663.24	5 436.30	6 232.23
本外币各项贷款余额	2 447.04	2 984.36	3 341.30	3 894.09	4 393.09
个人消费贷款余额	353.32	436.15	485.09	430.68	524.22
住房按揭贷款余额	298.93	361.58	385.68	366.13	419.93
不良贷款率	1.59%	1.12%	0.98%	0.84%	0.82%

注：因为 2012 年个人贷款额度口径调整，将消费贷款调入经营性贷款，所以 2012 年个人消费贷款较 2011 年下降较多。

(上海银行)

上海银行自贸试验区分行挂牌成立

4. 上海农商银行

2013年,上海农商银行认真学习和贯彻落实党的十八大精神,坚持科学发展、转型发展,扎实推进各项经营管理工作,业务规模较快增长,业务转型步伐加快。截至2013年末,全行实现净利润42.99亿元,比2012年增加6.43亿元,增幅17.59%;本外币各项存款余额3 515亿元,比年初增加564亿元;本外币各项贷款余额2 301亿元,比年初增加347亿元;不良贷款率1.28%,资产质量维持在良好水平。在2013年度全球1 000家大银行中,上海农商银行排名212位,继续跻身全球银行250强;在国内所有入围银行中,排名第19名。

【业务转型】 市场准入取得新突破,业务转型稳步推进。上海农商银行经过努力,成为了全国农信系统中首家获得衍生产品交易资格的机构。此外,还取得了黄金交易所资金清算行、上海市乡镇财政国库准代理行等资格。上海农商银行社区银行建设初具规模和特色,基本完成了金融便利店、小微企业专营网点、贵宾理财(财富)中心三大平台布局,500万元以下小微企业贷款市场占比提升到11.34%,公积金委托贷款增量市场占比保持全市第一。同时,新兴业务发展提速,电子银行业务实现收入2.44亿元,新增网银用户27万户、手机银行用户19.5万户,开发了微信银行;信用卡业务实现收入1.14亿元,新增有效卡12.6万张,鑫成卡、白金卡、分期付款等业务盈利能力不断增强;科技金融、集团现金管理、跨市场资产组合配置等取得突破。

【业务增长】 各项业务较快增长,市场占有率进一步提升。2013年,上海农商银行对公存款增量排名全市第三,市场占比4.84%,比年初提高0.47个百分点;储蓄存款保持稳定增长,增量排名全市第三,余额排名第四,市场占比7.54%,比年初提高0.4个百分点。国标中小企业贷款余额1 320亿元,比年初增加97亿元;科技型中小企业贷款余额141亿元,比年初增加31亿元,推出了中小企业OTC股权质押授信、"鑫才贷"等产品;新增500万元以下小微企业客户2 064户,当年发放贷款55亿元;推进"三大工程"建设,优先保证"三农"信贷资金需求,涉农贷款余额569亿元,约占自营贷款余额的32%;进一步提升金融市场业务贡献度,自有资金日均营运规模1 286亿元,扣除主动负债后实现收益58.36亿元,资金业务返税收益率4.88%;发行各类理财产品527款,募集资金601亿元,推出了现金管理型理财产品。

【风险防控】 积极应对市场变化,风险防控不断强化。面对经济下行、部分行业风险集中暴露的严峻形势,上海农商银行全力以赴抓好钢贸、中小企业、房地产、政府融资平台等重点领域的风险管控。钢贸类授信敞口下降到24亿元,比年初减少7亿元。监控类平台贷款余额177.7亿元,控制在监管指标内。2013年,上海农商银行实施风险贷款定期评审制度,启动专职审批人队伍建设,全面审计近三年新增不良贷款,清收表外不良资产3.23亿元。此外,加强案件防控工作,制订了《基层网点案防工作手册》,修订了《岗位案防手册》,全面推行违规积分管理,进一步强化岗位案防责任。组织开展高风险网点、业务、环节、岗位排摸,推进"三排查、三整治"专项治理,全年未发案件。

【营运管理】 营运管理有序开展,新一代银行系统顺利投产。经过持续三年的砥砺攻坚,上海农商银行新一代银行系统于年中顺利切换上线,总体实现了平稳运行,对经营管理工作的支撑作用逐步显现。张江业务处理中心建设取得了重大阶段性成果,数据中心如期投入使用。按照央行统一部署,实施二代支付系统升级,加入境内外币支付系统。完成发行基金代理库达标升级,现金中心服务范围扩大到143个营业网点。推进标杆网点建设，充实大堂经理配备，窗口服务水平进一步提高。

【村镇银行】 村镇银行开局平稳，经营管理逐步规范。2013年1月，北京房山沪农商村镇银行、深圳光明沪农商村镇银行相继开业，上海农商银行发起设立的村镇银行达到35家。总行职能部室和分支行主动对接，指导村镇银行健全激励约束机制，强化"支农支小"市场定位，加强风险管理和案件防控；帮助村镇银行接入了"农信银"清算系统，开发了借记卡、网上银行、自助机具，提高村镇银行服务能力。截至2013年末，村镇银行存款余额合计163亿元，比年初增长79亿元；贷款余额合计100亿元，比年初增长61亿元，实现拨备后经营利润合计2.53亿元。

【主要指标】

单位：亿元

指标 \ 年份	2009	2010	2011	2012	2013
净利润	11.59	21.89	31.77	40.41	40.83
本外币资产总额	2 127.77	2 537.28	3 113.66	3 585.52	4 112.96
本外币各项存款余额(不含同业存款)	1 788.68	2 109.16	2 463.63	2 865.54	3 351.12
本外币各项贷款余额	1 186.15	1 412.87	1 664.7	1 920.98	2 200.49
个人消费贷款余额	100.62	118.38	126.15	135.62	159.39
住房按揭贷款余额	94.23	111.83	120.14	125.23	150.17
不良贷款率	1.88%	1.34%	1.17%	1.28%	1.33%

（上海农商银行）

上海农商银行成立上海自贸区试验区分行

（二）中资银行分行

1. 国家开发银行上海市分行

截至2013年末，国家开发银行上海市分行表内外信贷资产达2 735亿元，较年初增长7.09%，其中人民币贷款余额1 611亿元，外汇贷款余额83.42亿美元；累计发放各类贷款947亿元，其中表内人民币贷款511亿元，外汇贷款46.66亿美元；受托业务工作量151亿元；全年累计完成人民币承诺755亿元，外汇承诺39.61亿美元；日均存款106亿元；不良贷款率0.35%；实现拨备前利润36.66亿元，同比增长6.41%，资产利润率1.66%。

【深化与政府及重大客户的合作】 国开行与上海市政府召开高层联席会议并签署《加快推进上海新型城镇化发展战略合作备忘录》，陈元董事长和韩正书记等高层领导出席。上海分行与上海市、青浦区、奉贤区政府开展新型城镇化调研，上报"关于加快上海城乡发展一体化改革试点的建议"，得到杨雄市长批示。与市发改委、经信委、商委、嘉定区政府等单位分别签署规划协议，对旧区改造、产业园区转型、养老产业、战略新兴产业等问题联合开展规划研究，巩固政府和企业合作关系。

【支持国家和上海市重大项目建设】 与上海城投签署《上海市重大工程专项贷款合作备忘录》；推进上海城市轨道交通、松江南站大型居住社区基地、申能集团崇明燃机电厂、宁波铁路枢纽北环线、两港大道等重大基础设施项目。

【支持旧区改造项目】 完成静安、杨浦、虹口、闸北等区旧改地块土地储备项目承诺63亿元。推进虹镇老街旧区改造项目银团贷款组建工作，牵头完成100亿元银团贷款合同签订并实现18.3亿元银团贷款发放。全年发放旧改项目9个，金额40亿元，列入项目储备库的旧改项目达到383亿元，评审承诺的项目达到210亿元。

【助力产业结构调整】 支持战略型新兴产业，现代服务业、文化产业等项目。与市经信委签订战略合作协议，推进产业基金设计、园区统贷平台模式研究、工业园区转型升级与二次开发投融资方案研究。支持上海联合投资低温多晶硅项目、中芯国际

12英寸集成电路项目、东方有线郊区有线电视数字化等重大产业项目。

【拓展外汇和国合业务】 全年发放外汇贷款47亿美元,外汇对公贷款余额在上海金融系统排名第一。支持东航、宝钢、中石化等客户大宗采购和经营需求。绿地韩国济州岛健康医疗城、中建材集团阿塞拜疆水泥厂等国际合作项目实现发放。上海分行澳洲工作组充分发挥"桥头堡"作用,自主及协同开发项目近94亿美元,承诺额13亿美元,余额新增5.5亿美元。

【加大中小企业支持力度】 全年完成中小企业平台机制合作15个,金额45.6亿元,其中创新机制6个;新增评审承诺人民币项目80个,金额20亿元,发放16.5亿元,余额27.82亿元。加强与小额贷款公司合作,累计合作的小贷公司达到28家,占全市小贷公司的24%,贷款余额10.75亿元。

【创新中间业务品种】 全年实现中间业务净收入3.45亿元,承销债券8只,合计金额208亿元,连续三年作为主承销商,再次成功发行112亿元市政债,获得上海市政府的好评;成功牵头发行城投控股私募债,成为上海首单保障房专项债券。通过财政存款招标、理财产品等方式拓展资金来源,获得日均存款35亿元。参与银监会金融资产转让登记系统试点,完成全国首笔资产转让业务,对金融租赁公司发放同业借款178亿元。

【获奖情况】 2013年,上海分行"破解虹镇老街毛地出让地块旧区改造项目融资难题"项目获得上海市政府2013年"金融创新成果奖提名奖";上海国际旅游度假区暨上海迪士尼项目获得上海银行同业工会"最佳项目奖"。中小企业融资业务被市中小企业领导小组评为"上海中小企业融资服务优秀合作伙伴",获得上海小贷公司协会颁发"上海小贷行业最佳合作伙伴",荣获上海银监局、市金融办、市财政局联合给予的上海市小微企业信贷奖励。

【主要指标】

单位:亿元

年份 指标	2009	2010	2011	2012	2013
净利润	21.35	25.51	10.62	18.96	28.99
本外币资产总额	1 483.27	1 772.41	2 147.72	2 149.74	2 318.04
本外币各项存款余额(不含同业)	136.96	144.18	146.02	114.76	147.39
本外币各项贷款余额	1 435.97	1 631.84	1 965.79	1 993.10	2 119.56
个人消费贷款余额	0	0	0	0	0
住房按揭贷款余额	0	0	0	0	0
不良贷款率	0.30%	0.42%	0.31%	0.20%	0.35%

(续表)

(沪开行)

国家开发银行上海分行代表银团与
上海浦东发展(集团)签约

2. 中国进出口银行上海分行

2013年,中国进出口银行上海分行保持稳中求进、稳中有为,加大业务创新发展力度,努力防范化解各项金融风险,着力提高服务实体经济发展水平,完善各项内部管理制度,全行各项业务发展呈现良好态势。截至2013年12月31日,上海分行信贷业务稳步增长,本外币贷款余额达到669.84亿元,较年初增加119.23亿元,增长幅度21.65%。贷款结构明显优化,买方信贷、创新业务和"走出去"项目发展成效凸显。经营效益进一步提高,实现利润较去年同比增长5.9%。

【履行政策性银行职能】 2013年,上海分行着力调整信贷机构,大力支持对外贸易和海外投资,充分发挥上海分行在支持地区外贸增长和"走出去"业务领域的基础性作用。一是提高中长期、外向型项目信贷投放比例,大力支持工程承包、高技术、高附加值节能绿色船舶和海洋工程装备发展。二是着力支持企业“走出去”，培育世界级跨国公司。创新思路、探索突破传统信贷模式为企业量身定制融资方案。三是大力支持能源、资源和关键设备的进口业务，促进国际收支平衡。

【支持上海自贸区建设】 2013 年，上海分行围绕地方特色发展，紧扣“两个中心”建设提供融资服务。一是主动加强与市政府主管部门、监管机构、各产业园区和重点企业的沟通，了解分析上海自贸区建设的政策框架，就资本项目可兑换、推进人民币国际化、创新金融产品和服务所涉及的境外投资、国际结算、金融租赁、航运融资等内容为上海自贸区建设提供全方位金融支持。深入研究自贸区政策，建立创新与开拓工作组、自贸区工作小组，做好新客户拓展和新项目梯度储备。二是加大支持船舶出口，促进企业大力发展高端船型，全力开拓船舶出口买方信贷业务，充分利用融资租赁方式，大力拓展飞机进口信贷。

【业务创新】 2013 年，上海分行业务品种和融资方式创新活跃，业务品种多样化。一是呈现自上而下与自下而上创新相结合的良好局面，开办多个新信贷品种，打破多项分行“首笔”记录。二是创新金融服务手段，加大对科技企业、中小型企业和民营企业等支持力度。三是加强同业合作，提高在银团贷款中角色地位。在中国银行业协会组织的 2013 年银团贷款业务评优活动中，上海分行作为联合牵头行办理的黄浦江内河航道整治系列工程银团贷款项目获得“最佳交易奖”。

【银行管理】 2013 年，上海分行一是加大风险防控力度，确保稳健合规经营。强化制度建设，规范基础操作，努力提升内控合规管理水平；制定风险防控计划，加大排查力度，逐步建立全面风险防控体系。二是狠抓内部管理，夯实可持续发展基础。加强利率定价管理；严格行政经费管理；加强多维度宣传，提升分行在沪影响力；坚持厉行节约、勤俭办行，贯彻落实“八项规定”取得成效。三是以人为本，加强干部员工队伍建设。加强分行企业文化建设，开展各类培训和文体活动，增强员工的凝聚力和向心力。上海分行编写的《中国进出口银行上海分行员工社会心态、思想状况调查报告》，获得 2013 年度全国金融系统思想政治工作和企业文化建设课题研究一等奖。

【主要指标】

单位：万元

指标＼年份	2009	2010	2011	2012	2013
净利润	73 155.66	61 926.49	44 056.06	53 557.34	56 746.12
本外币资产总额	4 351 701.88	5 179 239.38	4 519 020.37	5 552 075.53	6 758 996.54
本外币各项存款余额(不含同业存款)	272 975.63	317 559.53	407 204.03	248 014.72	172 708.68
本外币各项贷款余额	4 130 196.59	5 154 518.67	4 404 974.63	5 506 134.85	6 698 395.79
个人消费贷款余额					
住房按揭贷款余额					
不良贷款率	3.03%	2.09%	2.18%	1.67%	1.56%

（进出口银行）

3. 中国农业发展银行上海市分行

2013 年，中国农业发展银行上海市分行认真贯彻落实总行和市委、市府的各项工作部署和要求，以着力“两轮驱动”发展为核心，以强化全面风险管控为抓手，以完善优化考核方式为保证，切实履行好农业政策性金融职能。全年累放各类涉农贷款 117.71 亿元，年末各项贷款余额 271.62 亿元(剔除票据转贴现)，比年初增加 21.58 亿元，增幅 8.63%；各项存款余额 54.38 亿元，比年初增加 10.01 亿元，增幅 22.57%；全年实现中间业务收入 1 355.43 万元，比年初增加 286.83 万元，增幅 26.84%。经营效益实现快速增长，无新增不良贷款发生，为确保上海粮食安全和服务上海城乡一体化发展发挥了应有的支柱和引导作用。

【业务发展】 (1) 稳固粮油传统业务，确保粮食收储和食品安全。年内，农发行上海市分行积极做好储备、调控贷款管理工作，确保传统信贷业务的平稳运行，以保稳定、保供应、保食品安全为主要目标，巩固、服务好以“中储粮上海直属库、上海良友集团、光明食品集团公司”三大粮油平台为主的战略性粮油客户。面对 2013 年粮食库存继续增加、仓容紧张和“稻强米弱”的市场疲软态势，分行积极支持信用度高、影响力强的国有粮食购销企业入市收购，督促企业快购快销，确保了收购工作的顺利进行。同时培育成长性好、在上海有知名度的产业化重点龙头企业和民营加工企业，使粮油信贷业务得到持续稳定的增长，客户数量和结构得到明显优化。2013年分行发放收购贷款6.78亿元，支持企业收购粳谷21.6万吨、小麦3.51万吨、油菜籽0.18万吨，收购数量占上海地区收购量的70%。截至2013年末，粮油传统业务贷款余额109.83亿元，占全部贷款的40.44%；分行对三大集团企业的信贷支持基本确保了上海粮食市场近40%的供应，维护了上海市场农产品的有效供给、价格稳定和食品安全。

(2) 全面推进总行与上海光明食品集团、上海土地储备中心战略合作。2013年，农发行上海市分行积极落实总行与光明食品集团签订的“农业政策性金融支持光明食品集团涉农产业发展战略合作协议”后续相关工作，达成了首批约20亿元的信贷项目合作意向，涉及该行辖属8家分支机构和光明集团下属约20余家子公司。并向光明食品集团下属企业上海海丰米业有限公司办理了系统内首笔1 900万元的委托贷款。全年累计向光明集团下属企业投放贷款2.92亿元，年末贷款余额3.65亿元。同时，根据总行下发上海分行土地储备机构创新试点方案，分行成功营销并实现投放的重点项目包括市土储25.5亿元上海国际旅游度假区核心区土地储备、市土储5亿元滩涂造地围垦、松江土储22亿元小昆山镇城乡建设用地增减挂钩、青浦土储12亿元新农村建设等项目。2013年该行营销市、区两级土地储备机构承贷项目共22个、金额202.5亿元。全年累计投放农业农村基础设施建设中长期贷款项目27个、金额57.75亿元，其中向市、区两级土地储备中心投放贷款28.38亿元。

【信贷管理】 2013年，农发行上海市分行信贷管理工作进一步强化，管控能力进一步提升。一是夯实信贷基础管理，为业务有效发展打下基础。二是做好CM2006系统升级(二期)版本上线运行，切实加强无纸化办贷管理。三是落实信贷基础管理，进一步加大条线管理力度，调动员工主观能动性和工作积极性。四是进一步加强信贷调查、审查、审议审批工作。在重点项目上实行预审制度，积极做好审查工作的及时介入和衔接配合工作，强化信贷流程的服务意识，使合规性、风险性审查工作前移，从源头上把握风险防控的底线，解决“政策不清、要求不明、资料不全”等问题，切实提高了办贷效率。

【风险管理】 2013年，农发行上海市分行在发展信贷业务的同时，注重加强信贷管理的全流程风险监控，及时掌握借款企业还本付息及风险评价情况，对信贷风险突发事项建立应急预案机制。在管理上紧紧盯住贷后各个环节，在到期收回贷款的政策上不松口、不松劲、不懈怠，全年无欠息欠贷情况发生。

【队伍建设】 2013年，农发行上海市分行根据总行统一部署，于7月份开始在机关全体党员中开展了以“为民务实清廉”为主要内容的党的群众路线教育实践活动，并注重抓好“实”字文章。同时，严格按照干部选拔任用有关规定，完善选人用人机制，加强干部交流和年轻干部的培养，处级干部交流轮岗8人次，进机关跟班学习5人次。组织了55名管理人员及业务骨干参加分行与东北财经大学合办的培训班，选派8名干部参加总行境外培训班，选派3名处级干部参加总行党校春、秋季培训班；组织员工参加总行举办的持证上岗网络考试，涵盖信贷、财会、风险、法规、国际业务各条线，参加人次达114人次。

【企业文化建设】 2013年，农发行上海市分行组织召开了分行二届一次职工暨会员代表大会，顺利完成了职代会换届工作。通过职代会和全行职工思想形势分析会，发挥了职工参政议政、创建和谐企业文化的积极性，也更好地推进了分行的民主管理和科学决策。年内，分行2个集体、3位个人获总行级荣誉称号，1人被中央金融团工委授予“全国青年岗位能手”称号。上报的调研文章分别荣获全国金融系统思想政治工作和企业文化建设优秀调研成果一等奖、上海金融系统优秀调研成果三等奖和《农业发展与金融》优秀作品评比二等奖；共有5篇调研文章在《农业发展与金融》杂志刊发，各有1篇调研文章在《上海金融报》和“总行内部决策参考”上发表。

【主要指标】

单位:亿元

年份 指标	2009	2010	2011	2012	2013
净利润	3.06	3.84	4.91	5.42	5.21
本外币资产总额	387.96	481.14	370.65	331.61	333.67
本外币各项存款余额(不含同业存款)	34.14	39.52	38.33	44.37	54.38

（续表）

年份 指标	2009	2010	2011	2012	2013
本外币各项贷款余额	353.89	476.81	365.94	316.61	307.75
个人消费贷款余额	0	0	0	0	0
住房按揭贷款余额	0	0	0	0	0
不良贷款率	0.87%	0.63%	0.61%	0.67%	0.68%

（陆 清）

农发行上海市分行与光明食品集团联合召开业务洽谈会

4. 中国工商银行上海市分行

2013年，中国工商银行上海市分行各项业务稳中有进，发展优势进一步巩固。截至2013年末，实现拨备前利润232.86亿元，同比增加17.7亿元。本外币三项存款突破12 300亿元，保持平稳增长。其中，人民币储蓄存款比年初增加324亿元，同业第一。本外币各项贷款余额突破5 300亿元，创历史新高。中间业务收入84.24亿元，居同业第一。

【创新发展】 中国工商银行上海市分行以“发展、创新、精细化”为指导思想，以竞争发展为第一要务，以晋位争先为中心工作，实现各项业务稳健增长。存款业务全力拓户增容，储蓄存款时点日均双领先，保持同业双第一，对公存款超额完成既定目标，同业存款同业领先地位进一步巩固。信贷业务着力结构优化，聚焦上海产业结构调整，积极服务现代服务业，公司贷款余额同业第一，小企业贷款批量拓展客户，做大做强供应链融资业务，实现中国银监会小微企业贷款增量和增幅“两个不低于”工作目标。中间业务着力重点兼顾基础，创新产品和服务模式，抢先布局新行业、新市场和新业务，贵金属业务增势强劲，创新型投行发展迅速，金融市场总行备份机制初见成效，业务规模不断扩大，机构金融主动探索资本中介服务，信用卡发卡量突破600万张，与上海迪士尼度假区签署企业联盟协议，电子商务迅猛发展，票据业务效益贡献度不断提升，国际贸易融资发生额、余额同业双第一。

【精细管理】 完善科学考核，围绕经营短板突破设立专项任务考核，增加考核权重，优化考核方式，引入专业条线评价。强化一体化经营，建立联动工作机制，强化公私机联动和境内外协同，努力推进实现大营销、大服务格局，经营活力不断激发。加快网点转型提升，加快网点综合化改革，提高综合网点占比，实施网点绩效评价办法和梯度进步办法，打造网点盈利梯队，激励网点晋位争先。人才队伍储备有力，坚持德才兼备、以德为先的用人标准，努力打造一支立场坚定、品德高尚、素质过硬、能打善战的干部队伍，加快管理干部队伍年轻化建设，加强专业人才和紧缺人才引进，推进干部考察与任职资格管理，营造国际化人才发展氛围。

【风险防控】 坚持审慎合规经营，紧密关注风险因素交织的演变趋势，严防信用违约风险，严控表外业务关联风险，严管外部风险传染，严守风险底线，加强合规及案件风险防控，切实防范和化解各类风险。针对小企业、信用卡、贸易融资等重点业务领域，及早制定预案，做到早部署、早行动、早处置，推动业务稳健持续增长。加快风险贷款处置。实施全面风险管理，夯实信贷管理基础，严控信贷资产劣变，加快不良资产清收处置转化。不良率控制在1%以内，信用卡资产质量持续改善，资本使用效率持续提高。加强信贷基础管理。强化定期跟踪监测和风险预警，细化逾期贷款控制措施，大力化解潜在风险贷款，严控信贷资产劣变。强化“守线防虚”长效机制，有效防控经营风险。切实防范外部风险渗透，强化员工从业行为约束和异常行为监测机制。

【优质服务】 服务面貌明显改观。围绕“增强服务能力、提升服务效率”主线，推进员工综合能力和网点综合效率提升工程，持续开展优质服务标杆网点创建工作，重点关注涉及客户切身利益的诉求反映，加强大堂现场管理，客户有效投诉明显减少。

加快网点业务分流机制建设，提高网点服务承载能力，排长队现象明显改善。加强电话银行和自助机具管理，电话银行人工接听率和自助机具可用率始终保持在98%以上。

【企业文化】 加强企业文化建设，打造和提升文化软实力，营造和谐发展的良好氛围。加快推进金融博物馆建设，提升文化影响力，加强各类先进典型事迹的宣传报道，积极营造学习先进、争当先进的良好氛围。着力打造精品《行报》，让广大员工更好地关心分行发展。扎实推进党的群众路线教育实践活动，重点解决群众关心的热点难点问题，群众满意度有效提升。组织开展"我是谁、为谁做、做什么、怎么做"的学习大讨论，层层开展集中学习、座谈会、基层调研、问卷调查等多种学习教育活动，部室服务职能持续深化，真抓实干作风显著提升。有效结合进社区、进企业活动，向客户发放《党的群众路线教育实践活动征询意见表》千余份，展现工行良好服务形象。

【自贸区分行】 抢抓上海自由贸易试验区发展机遇，成立中国工商银行中国(上海)自由贸易试验区分行，成为首批获得中国银行业监督管理委员会获准设立上海自贸区分行的商业银行之一。通过建立自由贸易试验区特色专营机构，实现专业化管理，提供专属化服务，年内完成区内新注册企业首个基本账户开立，与宝钢签订人民币双向资金池合作协议，实现首笔人民币双向资金归集。

【主要指标】

单位：万元

年份 指标	2009	2010	2011	2012	2013
净利润	1 020 095.37	1 307 970.04	1 563 479.50	1 532 298.81	1 519 472.05
本外币资产总额	98 814 221.29	100 904 016.62	112 941 396.74	126 209 936.71	128 996 313.28
本外币各项存款余额(不含同业存款)	71 890 279.01	82 979 794.52	93 480 469.75	104 359 379.41	106 983 545.53
本外币各项贷款余额	36 947 370.43	41 078 322.08	44 140 988.50	49 375 473.46	52 465 853.49
个人消费贷款余额	5 643 910.29	7 181 736.68	8 103 947.77	8 395 376.81	11 012 129.94
住房按揭贷款余额	5 500 611.72	6 938 863.01	6 741 595.73	6 816 117.42	9 687 172.49
不良贷款余额	408 354.78	351 148.18	271 331.95	293 701.70	512 799.79

(沪工行)

中国工商银行中国(上海)自由贸易试验区分行揭牌成立

5. 中国农业银行上海市分行

2013年，中国农业银行上海市分行经营绩效稳步提升，各项工作在2010—2012三年发展规划圆满收官的基础上再上新台阶，实现了新三年发展规划的良好开局。全行人民币存贷款、中间业务收入持续增长，主体指标计划全面完成。人民币存款日均余额达到6 405.23亿元，比上年度增加573.10亿元，增幅为9.83%。人民币各项贷款余额3 120.16亿元，比年初增加208.79亿元，增幅为7.17%。实现全口径中间业务收入40.71亿元，同比增收3.56亿元，增幅9.58%。

【服务实体经济】 一是助推上海产业结构调整。与上汽集团、上海纺织集团等客户深化合作，服务重点企业转型发展。揭牌成立三家中小企业科技金融服务中心，研发推出科贷通、在线贷、智动贷等产品，积极支持小微企业发展。全行小微企业贷款余额为759.29亿元，全面达成中国银监会"两个不低于"的目标，并荣获"2013年度上海中小企业融资服务杰出合作伙伴奖"。切实履行服务"三农"职责，涉农贷款余额达65.07亿元，比年初增加17.45亿元。二是助推上海城市发展。与市住房保障和房屋管理局签署合作备忘录，全面参与大型居住社区及保障性安居工程建设；创新城镇化信贷产品，加强政策指导与培训。全年共投放旧区改造贷款、城镇化建设贷款、大型社区及保障房建设贷款30.31亿元。研发推广公共自行车IC卡项目，荣获2013年度上海金融创新成果三等奖，创新推出"车联贷"产品，大力推广个人网上贷款平台，为市民发放各类个人贷款余额达到853.94亿元，比年初增加148.53亿元。三是助力国际金融中心建设。通过出口代付、跨境参融通等多项产品及组合服务"走出去"企业。全行跨境人民币结算业务量达659.34亿元，较上年增加448.47亿元，增幅达212.68%。四是充分运用债务融资工具服务地方经济发展。积极承销2013—2014年市政府债券，承销比例达16.07%。全年为客户承销债务融资工具63亿元。此外，还积极参与自贸区建设，成为区内第一批获批、挂牌并与区内企业签约的金融机构，并主动配合总行开发自贸区业务处理系统和管理系统。

【价值创造】 在资产负债规模增速放缓的情况下，坚持向管理要效益，实现了价值创造能力的持续提升。一是完善绩效考核引导机制，及时调整经营策略，采取改进措施。二是完善财务资源配置机制，进一步强化激励费用与业绩增长联动，优化固定资产资源配置，加强费用预算管理。三是完善产品创新管理机制，跟踪研究物联网、互联网金融等热点问题，在总行第三届产品创意大赛上荣获多项大奖。四是完善经济资本约束机制，提高经济资本配置效率。经济资本管理评价在系统内排名第二。五是完善存贷款定价管理机制，加强利率授权的差异化管理。全行实现拨备前和拨备后利润135.83亿元、134.98亿元，增幅分别为12.23%和9.98%，分别超过资产增幅2.7和0.45个百分点；实现经济增加值64.44亿元，增幅20.04%，超过资产增幅10.5个百分点；经济资本回报率和资产回报率分别达到45.64%和1.34%，较上年提升7.11和0.06个百分点；成本收入比26.41%，同比下降0.47个百分点。

【风险管理】 全行严守风险底线，管理基础进一步夯实，资产质量持续向好。全行不良贷款余额30亿元，比年初减少3.3亿元，不良贷款占比0.93%，比年初下降0.15个百分点，不良贷款余额和占比连续四年保持"双降"，拨备覆盖率180.49%，比年初提高0.72个百分点，若计入落账总行的拨备，全口径拨备覆盖率467.67%，比年初提高134.88个百分点，到期贷款现金收回率99.12%。一是切实加强重点领域的信用风险管理，房地产贷款不良贷款余额及占比实现"双降"，钢贸行业贷款风险敞口得到有效控制，平台类贷款无一笔不良。二是持续强化"双基管理"。组织开展"推动经营转型的信贷管理"专项考核和"三化三无"创建活动。将管理会计逐步应用到财务管理中，完成新财会平台考评模块上线工作。顺利完成BoEing系统二、三期的推广上线，生产系统运行安全平稳。率先在系统内上线了运营业务基础管理系统和集中作业平台二期系统。在总行柜员"三基本"考试中，连续两年达标率列系统第一。不断提升法律合规管理水平，连续四年保持内控评价一类行，被总行授予"六五"普法宣讲先进集体称号。三是坚决落实中央和总行安全生产工作要求，全年实现安全运行，再次被市公安局评为治安保卫先进集体。

【队伍建设】 分行结合践行党的群众路线，以此为先导进一步强化队伍建设。一是深入开展党的群众路线教育实践活动。以"七个一"活动为抓手，坚持将学习教育贯穿始终；本着"察实情、听实话、办实事、见实效"的态度，坚持将深入基层贯穿始终；突出问题导向，坚持将聚焦反对"四风"贯穿始终；认真开好专题民主生活会，坚持将批评与自我批评贯穿始终。教育实践活动的深入开展带动了党风、行风的明显好转，文山会海现象得到有效遏制，管理精细化水平持续提高，勤俭节约蔚然成风，员工人文关怀深入细致。二是持续提升员工队伍素质。分层次、分梯队开展培训，增强全员工作能力。制定青年员工网点见习行长助理（营销团队见习经理助理）岗位和到分行本部跟班学习的实施方案，为青年员工成长搭建平台。通过"周末快乐营"和"'农'情家园"等平台加强员工人文关怀。三是深入推进以党建带团建工作，分行团委继续保持农行系统共青团工作考评第一名，并获评"中央金融系统五四红旗团委"称号。

【企业文化】 全行持续增强文化引领，隆重举行三年发展规划总结表彰大会，进一步坚定了全行员工对职业理想的信念。积极开展中国梦学习教育活动和第四届"读书月"活动，凝聚起全行追逐中国梦、农行梦和个人梦的强大力量。聚焦自贸区建设和党的群众路线教育实践活动等重大题材，加强对外宣传，全年在中央及地方主流媒体上刊登播出稿件427篇次，响亮发出农行声音，有力提升农行形象。在"中外企业文化2013上海峰会"上，分行被授予"改革开放35年全国企业文化竞争力三十强单位"称号。积极参与上海市精神文明单位创建工作，共有17家单位荣获第十六届上海市文明单位荣誉称号，总量比上届增加了70%。有3家单位被分别授予“全国金融系统先进集体”、“全国金融五一劳动奖状”和“全国金融系统模范职工之家”称号，1名个人获得“全国金融五一劳动奖章”。

【主要指标】

单位：亿元

年份 指标	2009	2010	2011	2012	2013
净利润	31.94	55.86	78.67	90.91	97.77
本外币资产总额	4 791.68	5 928.93	6 799.34	7 283.25	7 684.15
本外币各项存款余额(不含同业存款)	3 817.40	4 793.72	5 463.32	5 923.91	6 110.79
本外币各项贷款余额	2 224.72	2 623.92	2 925.19	3 093.49	3 219.10
个人消费贷款余额	340.07	431.24	539.18	643.9	853.94
住房按揭贷款余额	332.83	428.08	536.15	635.5	759.40
不良贷款率	2.88%	1.49%	1.25%	1.08%	0.93%

（沪农行）

6. 中国银行上海市分行

2013年，中国银行上海市分行紧紧围绕总行“担当社会责任，做最好的银行”的战略目标，深化“以客户为中心，以营销为导向”的经营管理转型，抢抓机遇，拼搏进取，取得较好的经营业绩。截至2013年底，全行拨备前利润同比增长12%，净利润同比增长8.42%，非利息收入同比增长10.88%，四大行市场份额提升0.29个百分点。本外币核心客户存款较年初新增309亿元，四大行市场份额较年初提升0.41个百分点，其中：人民币客户存款较年初新增297亿元，外币客户存款较年初新增2亿美元。本外币客户贷款较年初新增309亿元，四大行市场份额较年初提升0.84个百分点，其中人民币客户贷款较年初新增321亿元。

【金融创新】 2013年，中国银行上海市分行不断完善创新机制，加大创新力度，成功办理全球首笔对台收汇业务、全市首笔对台付汇业务、本市首笔外资金融机构跨境人民币增资业务，继续保持本市跨境人民币业务累计业务量和当年新增业务量第一，连续三年被中国人民银行上海总部授予“年度上海市跨境人民币业务推进突出贡献奖”；为上海城投发行国内首笔地方性企业境内美元债务融资工具；创新推出新西兰元和印度尼西亚卢比现钞兑换业务；推出“T+D”代理个人上海黄金交易所递延业务；积极探索移动金融业务，与中国银联、中国移动联合推出手机支付业务；成功为中国海运(集团)总公司下属企业办理上海地区首笔商业票据增信业务；建立同业领先的数字化安防管理平台，实现网点银箱交接情况的动态监控、押运人员的身份识别、网点保安员考勤等各项功能。

【支持自贸区建设】 2013年，中国银行上海市分行依托集团多元化平台和海内外一体化优势，集全行之力，积极支持中国(上海)自由贸易试验区建设：成立了以行长任组长的工作领导小组，以及系统建设、客户群、产品、风险管理、机构和人员配置等工作小组，积极推动自贸区各项工作；在国有银行中首家向上海银监局提交设立自贸区分行的申请，并成功成为首批入驻自贸区的银行以及首单金融业务承办银行，完成上海自贸区首笔跨境人民币双向现金池业务；通过开通自贸区业务客户服务热线、搭建微信公众平台等方式，为全国及海外客户提供全面的咨询服务。

【社会责任】 中国银行上海市分行践行企业社会责任，积极参与上海轨道交通12、13号线等重大基础设施银团贷款项目；创新融资方式，支持保障性安居工程，叙作本市首笔保障房非公开定向债务融资工具业务，参与的保障房项目已覆盖上海浦东、青浦、闵行、南汇、金山、奉贤、嘉定、松江、闸北、虹口区以及崇明县等多个区域；积极探索符合上海张江高新区内科技型中小企业特点的科技金融服务模式，设立9家小微企业专营网点，进一步提升对小微企业的金融服务力度；响应“低碳环保”号召，倡导绿色金融理念，积极参与“上海绿色账户行动”，加强垃圾分类减量宣传；率先与公安机关合作，开展打击网络电讯诈骗工作，堵截各类外部案件126起，电子渠道涉案客户应急止付处置103次，堵截金额本外币合计近3 000万元；积极开展打击假护照工作，提供司法协助5 500余次，受理和完成跨行司法冻结36笔，累计排查护照开户账户31 668个，发现可疑账户

278 个，做到“零事故、零案件”，连续四年荣获上海市“治安防范先进集体”称号。

【企业文化】 中国银行上海市分行精心策划开展了青年公益行、结对帮困、公益义卖捐款、举办大堂手语翻译服务培训班等活动，积极打造中行良好形象；通过举办“健康、协同、快乐”的职工运动会、设立“微型图书馆”学习加油站、构建多维度关爱机制等举措，在全行营造出积极向上、奋勇争先的良好氛围。2013 年，全行荣获全国级、市级以及总行级荣誉奖励达 76 个，较上年增长 181%。

【重大事件】 (1) 成功叙作上海地区首笔对台跨境人民币业务。2013 年 2 月 6 日，中国大陆与台湾地区间跨境人民币业务正式启动。中国银行上海市分行在第一时间成功办理了上海地区首笔对台跨境人民币收、付业务，包括为雄师国际旅行社(上海)有限公司办理从台湾汇往大陆的跨境人民币业务，以及为 85°C、上海新天鸿高尔夫物业发展有限公司办理的汇往台湾的跨境人民币业务。

(2) 中国银行(上海)自由贸易试验区分行开业。9 月 29 日，中国银行股份有限公司中国(上海)自由贸易试验区分行开业，中国银行上海市分行就此成为中国(上海)自由贸易试验区首批对外营业的银行业金融机构。12 月 5 日，“金融支持自贸试验区实体经济推进会”在上海自贸区举行。会上，中国银行上海市分行与益海嘉里(上海)国际贸易有限公司签署业务合作协议，并同时为其叙做跨境人民币双向现金池业务，实现跨境收、付 1 亿元和 1.5 亿元。这是上海自贸区首笔跨境人民币双向现金池业务，也是自贸区金融改革政策出台后的首单银行业务。

【主要指标】

单位：万元

指标＼年份	2009	2010	2011	2012	2013
净利润	504 002.54	627 662.28	606 243.63	837 182	770 881.02
本外币资产总额	47 302 242.37	44 591 261.83	45 000 748.81	49 706 900	53 856 896.64
本外币各项存款(不含同业存款)	37 194 274	35 294 409	35 935 275	37 248 505	41 949 003.66
本外币各项贷款余额	25 556 369	25 601 375	26 953 300	27 788 900	31 268 832.69
个人消费贷款余额	7 773 847	7 369 481	7 407 455	9 469 172	10 175 198.87
住房按揭贷款余额	7 496 893	7 134 095	7 325 030	7 194 027	8 061 771.03
不良贷款率	1.09%	0.61%	0.48%	0.51%	0.67%

(沪中行)

7. 中国建设银行上海市分行

2013 年，中国建设银行上海市分行坚持稳中求进、转型发展，各项业务继续保持快速发展，资产质量同业领先，市场份额稳步提升，业务结构持续优化，取得了良好的业绩。

【加快业务发展】 大力营销重大建设项目和战略性新兴产业项目，支持后世博、黄浦江两岸开发、虹桥商务区、迪士尼、临港新城等城市新板块建设，承贷金额 94 亿元支持本市重大项目建设，占融资总额的 23%。当年累计向市政建设、大型居住社区、旧城改造、节能减排、教育医疗等领域投放贷款金额超过 670 亿元，新增投放城镇化、保障房、新农村建设项目贷款 140 亿元。小企业贷款新增达到“二个不低于”的监管要求。人民币对公非贴贷款新增继续保持四行第一。抓住房地产市场交易活跃的机遇，大力营销二手房和非开发贷楼盘，个人住房贷款新增创历史最好水平。

以精准营销和综合金融服务方案为抓手，细分市场和客户，努力培育壮大重点客户群体，对公客户新增 1.2 万户，个人客户新增 48 万户。通过投行产品为客户融资超过 238 亿元，增长 38%。承销债务融资工具 158 亿元，增长 41%。跨境人民币结算量 1 465 亿元，市场份额提升 5 个百分点。金融市场业务收入快速增长，为存款稳定提供了重要产品支持。养老金受托、账户管理、托管等快速发展，系统位次和同业份额进一步提升。银行卡收入快速增长，关键指标同业领先。电子银行账务性交易量占比提升 1.26 个百分点，手机银行活跃客户占比提升 3.15 个百分点。备份中心托管业务核算规模突破 10 000 亿元。造价咨询市场拓展取得新突破，在全国造价咨询收入百强企业排名中位列第一，品牌影响力提升。

【强化产品创新】 将产品创新作为增强核心竞争力、满足客户需求、实现份额提升的重要支柱，在下辖支行实施产品创新直通车试点，与客户联合组建产品尝新研发团队，开展产品创意和创新需求主题活动，形成良好的创新氛围，全年共完成产品创新计划项目37项、流程优化项目18项。推出了创新智能存款、中长期定期存款灵活结息、对公存贷通、结构性存款等新产品，定向债务融资工具创新在总行系统推广。推出“汇贷盈”组合模式创新，人民币期权交易实现零的突破。推出类职业年金、企业年金个人投资选择权开放。打造循环组合贷、经营物业贷、母子连锁贷、网银循环贷四大小企业贷款主打产品。

【加强风险管理】 坚持理性经营、稳健经营，持续推进全面风险管理，实现了安全稳定和可持续发展。做好重点领域风险防范和化解，保持信贷质量稳定。通过前瞻性研究、敏感性分析、主动性防范、针对性化解等措施，钢贸逾期贷款、贸易类企业、小企业贷款风险得到有效控制；房地产类贷款、平台类贷款、“6+1”行业贷款余额控制在监管要求以内，还款情况良好。超额完成信贷退出计划，提前完成全年不良贷款处置计划，实现大额不良贷款的处置清户，遏止了小企业贷款和个人贷款新增不良势头。2013年末不良贷款实现“双降”，不良贷款率为四行最低。加强存续期管理，做好代理信托产品风险排查，及时化解风险，分行年内到期理财产品均按时兑付，理财产品整体风险基本可控。

【夯实基础管理】 全面启动内控体系建设，制定了分行内控体系建设三年规划，开展“内控促发展、合规创价值”内控合规文化宣传活动，强化柜面交易和营运后台操作风险控制，全方位、多手段地开展各项检查。严格个人客户经理和个人业务顾问的准入制度，加强关键岗位销售人员可疑交易行为排查，实现了“九个一”的预定目标。加强分行网络和信息系统安全管理，实现信息系统安全稳定运行。加强安全保卫工作，严格执行案件防控责任制，开展“抓基层、强管理、防案件”专项活动，组织案件风险大排查“百日行动”，实现“平安建行”目标。

【完善客户服务】 落实个人客户服务年活动要求，积极开展金融窗口优质服务劳动竞赛活动，创建星级营业网点，在全行200家网点推出客户免费Wi-Fi服务。加强网点服务质量绩效管理，提升窗口服务质量，客户服务综合评价系统排名大幅提升。分行营业部营业室荣获中国银行业文明规范服务百佳示范单位称号。围绕金融消费者权益保护工作重点，积极推动全行开展金融消费者权益保护宣传，普及金融知识。

【推进渠道建设】 完成156家营业网点“三综合”改造和转型，组建综合营销团队，配备367名对公、对私客户经理和小额无贷户客户经理，提升了网点综合营销能力。52个单功能网点转为综合型网点，102家网点恢复理财室，建立综合柜台1 437个，单一对公柜台综合化371个，配备综合柜员2 345人。成立中国建设银行股份有限公司中国(上海)自由贸易试验区分行，新增对外营业网点13家，实际营业网点总数达到359家。新增自助设备140台、自助终端45台、离行式自助银行3家，自助设备账务性交易量比74%，比上年提高2.8个百分点。

【加强队伍建设】 将员工岗位成才与建行发展紧密结合，积极培育高素质的职工队伍。做好营业网点业务岗位劳务用工择优录用转制工作，开展分行本部与基层单位员工双向交流，拓展专业技术人才发展通道。关心基层一线员工，解决远郊网点员工午餐问题，实施营业网点一线岗位补贴制度，提高了网点人员的薪酬保障。做好一线网点员工思想状况调研，开展“知行合一、实干兴行”主题实践活动。建立女职工生育保险福利制度，推广“心得乐驿站”、“爱心妈咪小屋”，缓解员工工作压力，受到员工欢迎。

【重大活动】 (1) 中国建设银行上海市分行首批贵金属展示中心开业。2013年5月28日上午10:18分，中国建设银行上海市分行同时新开设了3家贵金属展示中心，分别位于静安支行营业室、南京西路支行、威海路支行。三家网点以佛文化、龙文化、婚庆文化、精品收藏等大众感兴趣的主题展示建行金样品，让客户能够更直观地欣赏各种精美的建行贵金属产品。

(2) 11月26日，中国建设银行上海市分行举办“2013禹道·智胜的现金管理业务推介会”。会议就禹道智胜的现金管理业务优势产品、新趋势下的企业财资管理、自贸区新政对企业的商机等主题进行探讨。逾百名集团型与连锁型企业高管、浦东新区商委、财资中国、通用电气、飒拉商业等财资专家出席。

【主要指标】

单位:亿元

年份 指标	2009	2010	2011	2012	2013
净利润	64.72	70.15	86.59	90.07	103.21
本外币资产总额	6 675.78	6 774.74	7 887.09	8 746.61	9 241.66
本外币各项存款余额(不含同业存款)	5 057.21	5 662.61	6 436.54	7 107.36	7 877.60
本外币各项贷款余额	2 705.45	3 017.22	3 354.41	3 978.72	4 113.89
个人消费贷款余额	48.30	39.30	40.95	41.37	23.02
住房按揭贷款余额	479.60	532.26	610.44	710.48	871.98
不良贷款率(%)	1.23	0.98	0.82	0.58	0.55

(沪建行)

中国建设银行上海市分行贵金属展示中心

8. 交通银行上海市分行

2013 年,交通银行上海市分行坚持在做好传统业务的基础上,向办好交易金融、财富管理金融、服务金融、区域特色金融积极转型,业务均衡发展,转型扎实推进,运营安全稳健,各项工作迈上新台阶。至 2013 年末,负债业务稳定增长,人民币各项存款、对公存款、储蓄存款、外币存款市场占比分别较年初提升 0.12 个、0.04 个、0.28 个和 0.61 个百分点,资产业务投放有序,人民币实质性贷款增长 116 亿元,并保持资产质量总体稳定。

【支持实体经济】 一是倾力支持区县经济发展。全年精心举办 15 场"支持实体经济 促进区域发展"走进区县业务推介活动,以实际行动践行"金融助力实体经济发展"。二是大力支持基础设施和重大项目建设,包括迪士尼项目一期工程及市政配套、上海中心大厦建设、中环浦东段建设、轨交 11、12、13、16 号线建设等,牵头银团笔数居上海市首位,被同业公会评为"最佳银团贷款机构"。三是全面支持民生工程,成功发放了上海市首笔旧改贷款(徐汇区小闸镇),牵头组建了黄浦区露香园二期等旧改项目银团;创新产品支持保障房建设,成功注册申能集团定向工具额度,成为上海市首批发行项目之一。四是积极支持战略性新兴产业、文化创意等现代服务业、绿色信贷等重点领域;与市经信委签署了上海市合同能源管理未来收益权质押百亿元绿色融资合同。五是全力支持中小企业发展。创新推出符合小微企业发展特色的 POS 商户贷,及针对科技型小企业的"科灵通"业务专项服务品牌。

【推动金融创新】 不断加大金融创新力度,完成系统内首笔委托债权业务,全年发行债务融资工具项目 17 个。深化金融要素市场合作,成功完成首单人民币 FFA 代理清算交易,设计承接上海市首批 QDLP 基金托管业务。依托智能化收单业务系统、一体化收单业务平台等创新工作,全年卡收单业务份额排名上海市场第二。电子银行整体分流率增长 5.33 个百分点,手机银行交易量增长 137%;试点网银跨行代发业务,开发银联通(三期)、代收付等新型平台。

【严格风险管控】 一是管控以钢贸为典型的信用风险。持续排摸、细化方案、强化落实,并率先探索以市场化手段处置不良资产,全年转让处置了 5 个资产项目,确保了不良资产得到有效控制。二是积极应对市场流动性风险。通过调整优化业务结构,合理安排投资计划,并依托覆盖全过程的资金流动监控体系、丰富的流动性管理工具,保障了流动性安全。三是严密防范操作风险。对六大类二十五项重点治理项目开展排查和整改,全年未发生重大风险案件和经济损失;加强信息安全管理,IT条线考核排名交行系统首位。四是深入推进案件防控工作。开展"遵规章、查隐患、控风险"案件防控行动和"1+3"精准防控专项行动,案防工作扎实有序;成功处置两起侵害自助银行的事件,获得上海治安总队的表彰奖励。

【强化科学管理】 坚持内涵式发展道路,统筹配置各类资源,科学管理的体制机制逐步完善。一是提高资本管理水平。建立健全资本约束的管理机制,在客户选择、业务模式、资本配置、流程控制等各个环节体现经济利润、经济资本回报率理念,全年本外币日均资产、经济利润和经济资本占用三者呈现"两增一减"的积极变化。二是提升财务资源效率。加强财务制度建设和流程管理,制定覆盖各单位、各条线的资源配置办法,加大重点业务和转型业务的资源倾斜力度,强化预算约束,提高财务资源使用效率。三是优化网点资源配置。制定《网点资源整合指导意见》和《2013—2015年网点建设规划》,提高了网点布局前瞻性和科学性。四是健全人力资源管理体系,制定《2013—2015年人才发展规划》,构筑多层次的培训体系,鼓励员工持续学习、自我提升。

【全面提升服务】 持续构建以"提升客户满意度"为核心的服务工作体系,从产品、人员、渠道三个层面有梯度地开展工作,制定了"二项活动、八项举措"。以中银协百家网点为标准,打造20家能代表交行最优服务的示范网点。树立全员服务理念,开展创新服务措施评选大赛,共计上报110条创新措施。分行营业部获评"中国银行业文明规范服务百家示范网点"称号,打响了网点服务品牌。改进客户服务体验,试点"ITM智能柜员机+客户经理"的"微银行"经营模式;维护客户权益,设立24小时金融消费者热线。通过"走进交行,感受温馨"服务评选、拍摄"感动交行"服务故事微电影、服务明星巡讲活动,弘扬先进事迹人物,传播优质服务正能量。

【履行社会责任】 积极与上海申康医院发展中心合作,有序推进自助医院项目,先后完成了周浦医院、奉城医院的项目签约,签约自助医院数扩大至7家,其中4家已上线,合作医院数量和深度均获提升。积极服务市教委,成功为上海纽约大学开户,与建平中学、建平远翔学校成功签订银校合作协议,提供"财智校园"综合金融服务,启动了与上海科技大学代发公交费合作,被教育部授予国家级高校校外实践教育基地。

【服务自贸区建设】 2013年9月29日,经中国银监会批准,交通银行上海外高桥保税区支行升格为"交通银行股份有限公司中国(上海)自由贸易试验区分行",并于11月13日正式更名为"交通银行股份有限公司上海自贸试验区分行",成为同业中首批成立自贸区分行的银行机构,并成功开展区内首单中资企业外债业务,首批签约自贸区跨境人民币境外借款业务,全面参与自贸区建设。

【重大活动】 2013年,交通银行上海市分行依次携手松江、嘉定、黄浦、徐汇、青浦、长宁、金山、奉贤、宝山、杨浦、虹口、闸北、静安、闵行、崇明15个区、县政府举办了15场"支持实体经济,促进区域发展"走进区县业务推介会。通过推介活动,分行分别与黄浦、青浦、金山、奉贤、闵行、崇明6个区、县政府签立了全面战略合作协议。活动还密切了各中心支行与区、县委办部门的关系,如:分行在"走进松江"活动中与松江工业区管委会签订了全面合作协议,成为了自其升级为国家级园区后第一家与其签订战略合作协议的银行。同时,为满足各区政府和企业的个性化需求,分行还于会后提供了公司金融、个人金融、国际金融、中小企业业务等一系列后续服务,有针对性地介绍交行特色产品,充分展现金融专业优势,紧密银政、银企关系,进一步扩大了社会影响,得到政府和企业的一致好评。

【主要指标】

单位:亿元

指标 \ 年份	2009	2010	2011	2012	2013
净利润	44.20	36.09	34.76	40.51	37.48
本外币资产总额	3 913.47	4 079.81	4 347.90	4 849.46	5 244.44
本外币各项存款余额	2 427.58	2 679.45	3 042.31	3 368.64	3 639.23
本外币各项贷款余额	1 644.85	1 901.42	2 098.52	2 293.21	2 429.99
个人消费贷款余额	4.79	4.60	3.92	1.64	1.13
住房按揭贷款余额	211.24	252.67	270.33	290.96	348.19

(沪交行)

交通银行上海市分行“支持实体经济、促进区域发展”走进区县业务推介会

9. 中国邮政储蓄银行上海分行

2013 年是中国邮政储蓄银行上海分行第二个五年计划的起承转合之年,在集团公司、总行的领导下,在市委、市政府和相关部门的关心支持下,在监管部门的指导帮助下,以党的群众路线教育实践活动开展为契机,牢牢把握“确立三个定位、抓好五项创新”的要求,坚持采取缩小差距式、追赶式、跨越式的发展方式,在推进上海分行向现代商业银行转型过程中取得了阶段性成果。

【业务发展】 坚持发展为先,各项业务快速增长。至年末,实现业务收入 29.25 亿元,同比增长 15.97%。按五级分类口径,不良贷款率 0.85%,拨备覆盖率 172.45%,保持了零案件态势。一是负债业务再创佳绩。各项存款规模达 1 397.57 亿元,其中个人存款 1 190.79 亿元,同比增长 9%;个人外币储蓄存款增长 9.4%;人民币对公存款时点规模达 192.49 亿元,全年时点规模峰值达 212 亿元,首次突破 200 亿元,2013 年人民币全年日均余额 179.2 亿元,较 2012 年净增 28.15 亿元。二是资产业务快速增长。分行各项信贷业务结余达 240.64 亿元;为努力破解小微企业融资困境先后推出了“小额贷款”、“个人商务贷款”和“小企业贷款”等信贷产品,业务开办以来累计服务中小微企业超过 1.1 万户,累计放款金额约 140 亿元,信贷余额超过 60 亿元。顺利完成“两个不低于”指标,获得上海市中小办颁发的“2013 年度上海中小企业融资服务优秀合作伙伴”奖,并获市财政局“上海中小微企业融资业务发展突出贡献”专项奖励。三是电子银行业务蓬勃发展。共计使用移动终端 329 次;为超过 200 家代发工资单位提供“绿卡激活+电子银行签约体验+信用卡填单”的综合服务;通过“一户一注册,一户一激活”模式,个人网银激活率接连攀升至 58.16%,提升了 30 个百分点;开展大学生网络商务创新应用大赛,有效提升上海分行电子银行品牌形象。

【机构改革】 按照总行的总体框架和要求,上海分行结合自身实际,于 11 月完成了全行组织机构改革。按照前中后台分离、支持业务发展、加强风险管控的原则,精心组织,周密安排,强化执行,制定了上海分行分支行机构改革方案,设置分行高级管理层委员会 4 个,一级部门 20 个,二级部门 6 个,直属单位 1 个;一级支行根据经营管理情况的不同分别设置了 5 个或 3 个部门。机构改革后,分行机构运行平稳,职责清晰明确,沟通更加顺畅,业务发展和风控能力得到加强。

【风险管理】 一是加强合规平台和文化建设,夯实经营管理基础。高度重视合规文化建设,以合规审查、合同审查、授权管理等工作为依托,将合规管理渗透到各项业务流程中,成功举办“合规大讨论”活动。二是发挥审计监督职能,全力服务大局发展。审计转型步伐加快,审计工作转向对全行风险内控、重大决策、高管履职的监督与评价,审计的独立性和覆盖面得到提高。三是加强风险监测预警,及时揭示业务风险。采用多种手段,进一步完善风险监测预警体系,强化信贷资产质量控制,强化贷款风险分类,以完善分类操作流程、强化制度执行力为手段。四是加强不良资产清收保全,提升风险化解能力。建立不良资产清收集中管理工作机制,积极开展清收和呆账核销活动,针对钢贸行业系统性风险集中爆发给分行信贷资产质量带来的不利影响,相继开展了两次小企业钢贸不良资产集中处置。

【银邮联动】 进一步加强与邮政公司的沟通、协调,根据“自营+代理”经营模式实现自营网点和代理网点的错位经营;充分发挥专业能力优势,加大对代理网点的业务指导和稽查、督察力度,确保合规经营;进一步发挥邮政金融全网的资源优势,整合服务流程,创新商业模式,共同承担起服务“三农”、城市社区和中小企业的社会重任,努力创造邮银和谐共赢、共同发展的新局面。

【企业文化】 上海分行切实加强作风建设，着力构建廉政文化，继续发扬积极向上、求真务实、勤俭办行的工作作风。认真落实党的十八大对党风廉政建设的新要求，着力构建全行反腐倡廉和拒腐防变教育的长效机制。深入贯彻落实中央“三重一大”决策制度，逐步建立权力运行监督制约机制，积极融入银行经营管理，充分发挥纪检监察在银行内控体系建设和案件防控中的独特作用。发挥工会在基层的带头作用，使工会组织成为银行与员工的桥梁和纽带，营造积极、向上的企业文化，总结形成企业核心价值理念，发挥先进文化的导向作用，增强广大员工对企业的荣誉感、归属感和忠诚度。

【主要指标】

单位：亿元

指标＼年份	2009	2010	2011	2012	2013
净利润	0.28	0.49	－0.36	1.55	0.33
本外币资产总额	765.39	924.12	1 088.14	1 319.44	1 475.52
本外币各项存款余额（不含同业存款）	753.56	906.79	1 048.44	1 269.99	1 397.57
本外币各项贷款余额	18.68	47.95	95.25	167.34	251.65
个人消费贷款余额	11.65	28.52	33.85	36.17	76.47
住房按揭贷款余额	13.41	28.56	33.73	35.09	70.34
不良贷款率	0.14%	0.1%	0.14%	0.19%	0.85%

（邮储银行）

10. 上海浦东发展银行上海分行

浦发银行上海分行前身为成立于1998年10月的原浦发银行上海地区总部，2006年4月19日正式更名设立为浦发银行上海分行，进一步完善了上市股份制商业银行的公司治理结构，满足了“一级法人、授权经营”的经营管理要求，充分体现了“植根上海发展、服务区域经济”的初衷，依托总行所在地的强大地缘优势以及多年来的发展积累，上海分行始终在本地股份制商业银行中保持领先地位。

截至2013年底，浦发银行上海分行共有136家经营机构，其中按照区域支行标准配置的经营机构30家，按照二级支行标准配置的经营机构106家。同时，布设离行式自助银行28家，散点自助服务点132个，各类自助服务设备超过1 100台。其中，由上海分行在全市重点涉外区域率先布设的外币自助兑换设备（XDM），实现布放89台，在上海地区乃至全国处于绝对领先地位。

【产品创新】 在公司银行业务领域，2013年，上海分行成功发行了上海建工集团股份有限公司12亿元、3年期保障房定向工具；世界银行—长宁区建筑节能转贷项目协议签订开始执行；上海环境能源交易所第三方存管业务正式上线；与长江养老合作开发投资于中国石油管道项目的3款创新性产品，包括2款信托型养老金产品以及1款资管产品，合计规模50亿元。此外，围绕资本市场发展趋势及支行业务发展需求，积极与相关金融机构合作研发创新产品，与新三板、股交中心、投资机构紧密对接，先后推出了针对股交中心E板的挂牌推荐服务，针对股交中心E板挂牌企业的股权质押小额贷款业务，以及针对新三板挂牌推荐及配套贷款的“银证宝”产品以及“投贷宝”、“投联贷”系列产品，形成了较为完整的针对成长型小微企业早中期投贷一体产品配套体系。

在个人银行业务领域，积极推动具有分行特点的个贷产品创新。2013年上海分行先后推出应收账款质押个人经营性贷款、营运车辆抵押个人经营性贷款、轻松易贷等自助创新产品，已实现应收账款质押个人经营性贷款业务的首笔落地，轻松易贷业务余额已近4亿元。同时，开拓有市场需求的代理类产品供给。2013年上海分行共营销或参与销售了21只基金分级专户产品或券商分级小集合产品的销售，累计销量12.3亿元，同时先后引入了4家新的贵金属合作公司，保证了产品的多样性和供给量。

【业务创新】 2013年，上海分行功能卡项目全面开花。全年分行实施了多个功能卡项目，通过公共交通联名卡、居民健康卡、申通地铁联名卡、国际医学园区联名卡等项目的实施和推进，在为市府机关单位、大型企事业单位提供优质金融服务的同时，积极扩展金融IC卡的覆盖领域。

在公司业务领域，上海分行作为第一家股份制商业银行试点完成“跨国公司总部外汇资金集中运营管理”业务；助力国内最大的跨境人民币国际投资基金:赛领基金“对外跨境直投出海成功”;完成了全行首笔“跨境人民币项下沪港联动国际双保理”和“跨境人民币境外放款”业务;率先推出“保理盈”结构性贸易融资产品和“国内信用证链接表外”业务,成功办理了“离岸保付”业务并正式推出“货代通”产品。

【中小企业服务】 2013年,浦发银行“科技金融”继续发挥品牌优势,完善产品体系,与上海市科委深入共同探索并推出针对小型、微型企业的“微贷通”专项产品。围绕小微企业融资,自推出“小微企业小额信用贷”专项产品以来,以税收为抓手、依托渠道推荐,解决小微企业融资难问题,受到广泛好评。2013年上海分行进一步完善“小微企业小额信用贷”产品方案,适当降低产品准入门槛,让更多的小微企业能获得浦发银行金融支持。

【理财业务】 2013年,上海分行明确树立个人客户“大财富管理”的概念,推进银行理财产品平台的搭建,深入挖掘客户的各类金融需求。全年银行理财产品到期资金、产品销售起息金额分别达到1 388亿元和1 579亿元;全年共发行63期个性化理财产品,同时尝试发行八一建军特供、瑞金医院特供、师恩理财计划、个贷客户专享等特定客户专属产品。

【重点项目】 (1) 深化与中国移动通信公司合作。2013年,上海分行与上海移动联手共同推出了系列市场活动,扩大了双方对接网点,多渠道齐发、积极营销NFC业务。同时继续深化与中移动VIP客户的对接,全年累计发行移动客户专享理财产品超过7亿元。2013年分行127家网点完成了浦发专属WLAN无线网络部署,覆盖率95%。

(2) 支持上海市重点项目。针对2013年上海市重点培育的战略新兴和先进制造业重大项目,上海分行已给予中航商用航空发动机公司投资建设的上海总部及研发中心建设项目和临港生产建设总装基地项目合计35亿元的综合授信额度;支持“大飞机”项目和“ARJ-21支线飞机”项目,在前期给予中国商飞集团33.5亿元集团授信额度的基础上,2013年上海分行进一步加大支持力度,给予中国商飞集团85亿元集团授信额度,综合用于企业长、短期资金需求,以及发行债务融资工具;支持“长兴岛造船基地”建设,提供上海长兴海洋装备产业基地开发有限公司8亿综合授信,支持企业向研发、生产和高端制造转型。

【社会责任】 上海分行一直坚持积极开展志愿者日活动,每年1月9日组织员工走上街头,以爱心回馈社会,为社会传递温暖和希望,以实际行动践行“我奉献,我快乐”的浦发志愿者精神。此外,上海分行积极响应上海银监局要求,全面推动“三进”活动。2013年分行持续推进旨在公益与效益共赢的三进活动,全年累计开展三进宣传活动1 400多场。9月,浦发银行组织全辖开展“金融知识普及月”活动。活动期间,各支行充分发挥物理网点的宣传优势和区域渠道的集群优势,通过网点宣传、现场咨询和主题活动相结合的方式,全方位、多角度宣传普及金融知识。

【自贸区】 2013年9月29日,浦发银行自贸区分行与中国(上海)自贸区管理委员会同日挂牌成立。为抓住上海自贸区建设机遇,推进业务发展,上海分行制定下发了自贸区客户营销指导意见、客户服务方案。随后,上海分行作为第一家股份制商业银行办理了自贸区内首笔“跨境人民币双向资金池”业务。2013年自贸区25家首批挂牌企业中12户与上海分行达成了合作意向,8户企业已完成开户。12月5日,浦发银行首笔跨境人民币双向资金池业务成功落地。该业务是以自贸区公司作为双向资金池主账户,实现了集团境内外的人民币资金归集,提高了集团公司资金使用效率。业务办理当日,共为5家入池企业提供了双向资金调拨服务,资金调拨共计8 000万元。

【主要指标】

单位:亿元

年份 指标	2009	2010	2011	2012	2013
净利润	28.25	33.39	38.91	43.48	43.28
本外币资产总额	2 706.83	3 179.17	3 758.29	3 851.70	4 415.63
本外币各项存款余额(不含同业存款)	2 225.52	2 738.46	3 068.55	3 100.28	3 273.67
本外币各项贷款余额	1 219.77	1 385.37	1 485.75	1 670.24	1 806.94
个人消费贷款余额	255.58	265.18	266.65	293.88	332.13
住房按揭贷款余额	249.28	263.23	262.07	285.72	318.51
不良贷款率	1.22%	0.75%	0.59%	0.50%	0.36%

(浦发银行)

11. 中信银行上海分行

2013年，中信银行上海分行深入贯彻落实总行战略部署和外部监管要求，以“重整转型”为主旋律，内抓经营强管理，外立品牌树形象；以结构调整为主导，不断推动对公业务、零售业务和金融市场业务等主线业务稳健发展；以钢贸不良化解和基础管理夯实为重点，全面提升综合管理水平。通过科学决策、完善体系、优化流程、打造品牌、重塑信心，中信银行上海分行按照“三性”原则积极探索在总行一级法人框架下、在上海国际金融中心建设环境中适合商业银行分行发展的新路子、新模式。

【重整转型】 2013年是中信银行上海分行“重整转型”的第一年。上海分行依托中信集团金融全牌照优势，以“商行+投行”服务模式，深入推进公司金融板块分层经营体系建设，大力提高零售金融板块营销能效，不断夯实发展基础和提高专业服务能力，积极建设“具有独特市场价值的一流商业银行”。一是稳步调整业务结构，以分层经营促公司业务重心上移，加大对战略客户集中经营力度，确定首批重点营销客户名单，加大对机构客户牵头营销力度，在财政、医疗、能源以及政府等领域取得了积极成效，实现了在医疗卫生板块和政府板块的“两个突破”；以网点转型推零售业务重心下沉，通过加强网点辅导，强化绩效考核，多渠道充实人员，提高队伍素质，建立服务品质监控与提升机制等措施，深化网点转型，通过发挥理财优势，加强保险、基金以及贵金属渠道建设，加强“两卡一金”、消费贷等产品交叉营销，释放网点产能，网均中收同比增长86%。二是逐步优化客户结构，对公以“广开户、抓结算”为手段，致力于中型客户的开发与挖潜；对私以“两卡一金”为抓手，加大“两大群体”服务力度。三是不断改善资负结构，主动退出高息人民币存款，降低本外币存款成本；加快退出高风险、低效益的授信客户，加大消费贷款投放力度，鼓励同业及票据业务灵活运用，提高资产运用效率，加大轻资本业务发展，降低风险资本占用。四是持续改进收入结构，不断提高中间业务收入占比，全年中收同比增长23.1%，收入占比达22.7%，同比提高了5.8个百分点，不断提高零售业务中收占比，同比提高了5.5个百分点。

【重点业务】 上海分行围绕总行“全面进军现代服务业”的战略部署，集中资源开拓现代服务业，以加入上海现代服务业联合会为契机，深化与市区两级商务主管单位及商务园区合作，先后与现代物流协会、医药协会、北斗平台建立战略合作关系，成为19家三方支付机构的备付金清算合作银行，是快钱支付的四家备付金合作银行之一。结合总行“非主流业务主流化”的战略安排，进一步做大非主流业务，成功开展多笔保理业务，新开NRA账户数超过以往账户数总和，为离岸业务打下基础，投行业务中收稳步增长，票据业务增势稳定，全年直贴增幅62.2%，转贴现增幅105.2%，托管业务规模扩大，全年规模新增幅达83.5%。按照总行“再造一个网上中信银行”的发展规划，积极开拓网络银行业务，通过推广线上交易渠道，推动以网络贷款、异度支付为代表的网络金融产品落地，加强与主流三方支付机构的创新合作，成效明显。

【产品创新】 上海分行充分运用应收账款融资、标准仓单质押、商票保贴、理财通账户、单用途预付卡资金归集、第三方支付企业备付金存管资金托管、现金管理、科贷通和房逸贷等多种产品，开发上线“单一账户”信息系统，推出“中信医疗IC卡服务方案”和投入运行跨境电子商务外汇支付业务平台等。其中，积极支持小微企业金融创新，为飞马旅旗下“星驹”企业量身打造“中信—飞马贷”产品，切实解决创业企业、尤其是小微企业的融资需求，形成创业企业、服务机构和金融机构的三赢局面。票据产品创新实现突破，《电子商业汇票系统代理接入业务》项目获2013年度上海金融创新成果三等奖，开创了银行和商业保理公司在电子商业汇票项下的创新业务模式，现已为八家机构提供代理接入服务，完成逾千项电子商业汇票交易行为，中信银行上海分行成为中国人民银行上海总部对电子商业汇票在跨境人民币业务中运用的指定研究单位。开展出国金融业务品牌推广组织活动，积极试行“中信出国金融营销新模式”，该案例获得2013中国最佳品牌建设案例优秀奖。

【风险管控】 上海分行积极推进总行风险管理体制改革落地，落实各类风险的牵头管理部门，实施全面风险管理，逐步实现风险管理的全覆盖。严控新增授信风险，完善差异化审贷模式，严格执行重大授信风险报告制度。通过梳理放款流程，强化档案管理，组建专职贷后管理队伍，加强排查等措施，初步构建完成全面、全程、全员的信贷管理体系。积极推动不良的清收化解。

【基础管理】 强化考核引导。上海分行根据总行新政策要求，围绕分行经营发展，及时调整并完善对支行、部门和客户经理的绩效考核办法，突出由粗略向科学的转变，由完全依据结果向过程与结果并重的转变。细化合规管理。重视合规制度建设，加强合规审核与合规考核，加强授权、反洗钱和案件防控管理，培育合规文化，确保了合规经营。加强队伍建设。推进用人机制改革、优化基层人员配置、加强员工培训，通过竞聘和任命相结合的机制，完成 95 人次的干部提聘和 54 人次的干部交流，引进 18 名中高级管理人员，提升了各级班子的战斗力；招聘应届生和社会人才 308 人，开展 9 400 人次培训，充实了员工队伍，提高了员工素质。重视信息技术与安全保卫工作。确保了故障事件和信息科技风险事件“零”发生，治安事件和重大安全责任事故“零”发生。加强品牌管理。积极开展内、外部宣传，加深中信品牌的市场根植度，加强声誉风险管理，积极维护中信品牌在上海地区的良好形象。

【企业文化】 围绕职工之家建设，逐步培育起家园文化、发展文化、风险文化、合规文化等特色企业文化，使中信银行企业文化精髓在分行生根。认真实施惩防体系建设、开展员工思想排查活动，使纪检监察工作落到了实处。开展“25 周年行庆系列活动”，组织了全员劳动竞赛，开展员工运动会等一系列员工喜闻乐见的文体活动，全行干部员工积极参与，进一步增强了凝聚力和战斗力。

【重大活动】 （1）2013 年 9 月 12 日，中信银行上海分行与上海现代服务业联合会成功签署全面合作框架协议，并成功当选为联合会副会长单位。上海分行表示，将更加充分地利用自身在资金、渠道、客户和系统等方面的综合优势，整合资源，创新产品，进一步加深与上海市现代服务业联合会的战略合作关系，扩大现代服务业覆盖面，为上海市现代服务业中小微企业提供更加便捷、优质、高效的金融服务，与上海现代服务业联合会一道为上海经济社会发展和中国（上海）自贸区建设作出自己的贡献。

（2）让艺术走进广场，让老人幸福安康——中信银行幸福年华卡广场舞大赛上海站总决赛成功收官。在上海市老龄事业发展中心、上海市老龄艺术团等相关机构大力支持下，中信银行幸福年华卡广场舞大赛上海站自 2013 年 10 月 12 日开赛以来，共有 301 支参赛队伍积极参与，报名人数突破 3 800 人，并于 11 月 23 日成功收官。此次广场舞大赛是中信银行“幸福 style”品牌框架下的第一站。

（3）中信银行上海分行成功参展“国际养老博览会”，力推信福年华综合金融服务。2013 年 5 月 16 日，中信银行上海分行成功参展第八届中国国际养老及康复医疗博览会，积极宣传中信银行特色“养老金融服务体系”，引起了业内极大关注。该业务旨在解决目前社会养老渠道单一、老年人多样化养老需求难以得到满足的问题，是以金融服务推动老龄事业发展的有益尝试。

【主要指标】

单位：亿元

指标＼年份	2009	2010	2011	2012	2013
净利润	6.91	11.28	15.20	11.64	－20.53
本外币资产总额	1 205.10	1 237.37	1 894.41	1 838.81	1 550.61
本外币各项存款	770.63	1 043.97	1 085.56	1 040.38	1 026.26
本外币各项贷款	521.04	604.81	644.22	679.10	730.45
个人消费贷款	36.03	49.96	58.83	51.90	78.17
住房按揭贷款	30.96	43.19	53.68	49.63	63.66
不良贷款率	0.41%	0.31%	0.22%	2.95%	6.87%

（中信银行）

中信银行上海分行牵手上海现代服务业联合会共谋战略宏图

12. 中国光大银行上海分行

2013年，面对复杂严峻的经营形势，中国光大银行上海分行以“更有内涵的发展”为指引，以“发展与管理年”为主题，围绕业务转型发展和提升管理效益为重心，各项工作取得不断进步。年末，上海分行一般存款余额1 236亿元，比年初增加118亿元；各项贷款余额626亿元，比年初下降35亿元；实现净营业收入32.69亿元，风险调整前利润21.89亿元。

【业务发展】 坚持传统业务“抢份额”、新兴业务“不落后”方针，通过转型推动，促进业务全面提升。储蓄业务取得长足进步，储蓄时点增量系统内排名第二、日均增量系统内第一。对公业务基础进一步夯实，负债结构多元化，国际业务逆势发展。电子银行业务实现迅猛发展，获得总行年度电子银行“突出贡献奖”一等奖和手机银行、手机支付、网络缴费、网上资金归集等“单项业务创新发展奖”。金融市场业务领先，贡献度不断提升。投行业务实现开门红，实现债务融资工具承销总额位居上海地区银行第五位。落实转型战略，大力拓展小微金融和社区金融服务。

【银行管理】 一是开展钢贸风险化解工作，逐步完善风险管理体系，提升风险管理成效。多策并举，钢贸清收化解工作得到上海市政府和监管单位的肯定认可。强化行业组合监控、风险排查和风险预警，推进风险管理下沉。采取多种措施，不断提升风险防控意识，从严问责，全面加强风险管理工作。二是创新管理模式，严格规范日常管理，努力提升管理效能。培育管理出效益意识，完善业务处置流程、资源配置机制和风险差别化管理机制，提升精细化管理水平。健全督办机制，跟踪问效，培育执行力文化。完善组织架构，建立起中心支行（直管支行）—二级支行—社区支行的“三级”经营机构管理框架，针对性完善薪酬、绩效和考核机制，提升管理责任和管理效能。建立员工道德风险季度滚动排查制度、案件防控滚动排查制度、员工违规积分管理制度，促进合规管理。加大创新工作力度，创新能力测评在上海地区92家中资银行排名第十位。

【企业文化】 以党的群众路线教育实践活动为载体，强化作风建设，塑造“诚信、严谨、创新、担当”的企业文化。通过精心组织、全力实施、狠抓落实，确保了教育实践活动开展成效。广泛征求企业文化建设的意见建议，确定“诚信、严谨、创新、担当”的企业文化内涵，并在工作中进行广泛宣传和积极践行，调动了全行员工的工作热情和工作动力。12月30日，在上海市中小企业发展领导小组办公室主办的“2013年度上海中小企业融资服务最佳合作伙伴”评选活动中，光大银行上海分行荣获“上海中小企业融资服务杰出合作伙伴”奖。

【主要指标】

单位:亿元

指标＼年份	2009	2010	2011	2012	2013
净利润	6.78	11.38	18.61	18.28	−8.47
本外币资产总额	1 085.89	1 282.19	1 468.52	1 650.93	1 697.38
本外币各项存款余额（不含同业存款）	646.54	823.07	1 014.45	1 117.5	1 235.56
本外币各项贷款余额	507.93	579.8	634.55	660.62	625.98
个人消费贷款余额	158.22	193.28	202.88	190.22	182.72
住房按揭贷款余额	113	125.8	118.91	113.56	97.66
不良贷款率	0.63%	0.42%	0.34%	1.04%	1.51%

（光大银行）

13. 华夏银行上海分行

2013年，华夏银行上海分行提出了“以人为本，推动‘七个转变’，为实现上海分行转型发展而努力奋斗”的具体目标，紧密围绕“打基础、增信心、转观念、强管理、控风险”开展了各项工作。截至年末，一般性存款日均337.32亿元，储蓄存款日均37.49亿元；实现拨备前利润3.91亿元，中间业务收入1.67亿元；不良贷款率顺利完成监管部门和总行的确保计划。

【转型发展】 调整战略定位，进一步明确工作思路。2013年，为实现华夏银行上海分行“转型发展而努力奋斗”的发展战略，着力以机制创新为突破提高市场竞争力，着力以结构调整为导向加快创新转型，着力以降本增效为指引提高经营效益，着力以合规管理为保证加强内控和案件防控，着力以人为本加强党建和企业文化建设，积极、主动融入上海主流经济和主流社会，制订了2014—2016年发展规划，明确了未来三年发展的指导思想、总体目标、营销策略、风险控制策略以及支持保障措施等，积极实行市场化、多维度、全覆盖的链式管理，充分体现转型发展和降本增效的管理要求。

【开拓创新】 狠抓客户开发和产品运用，业务发展出现起色。2013年，上海分行明确了"六个围绕"的营销策略，引导全行从关系营销、个体营销转向围绕主流、区域、客户开发、存量提升、产品、团队来拓展业务，产品创新和运用推广取得突破。一是健全了产品审议委员会，创新了理财产品质押融资、投资顾问业务权益转让业务模式，制定了智能定期存款、单位大额协定存款、银证投融通等产品制度，商票保贴质押业务实现零的突破，票据池业务突破亿元。二是国际业务保持较快发展。国际结算客户近千户，贸易融资授信客户较年初净增100户；完成国际结算量139.71亿美元，同比增加14.21亿美元；国际业务收入6 320.1万元。三是金融市场业务稳步推进。企业理财日均余额9.72亿元，结构化融资项目余额达33亿元，销售机构理财242.4亿元，资产托管规模达73.09亿元。

【风险管理】 构建信用风险管理长效机制，风险管控能力有所提高。2013年，上海分行启动了风险管理长效机制建设工作，率先在辖内建立了覆盖大、中、小、微企业和个人及金融市场的统一、集中、垂直的信用风险管理体制，逐步构建了"政策上协调一致、运行上统筹监督、业务上相对独立"的统一管理体系。不断加大贷后管理力度，以定期深入客户风险排查为手段，以风险预警客户名单为抓手，以日常贷后检查监督为平台，强化风险识别、预警、处置、跟踪、评价的管理流程，定期收集潜在授信客户风险信息，认真开展评估分析，及时发布风险提示。

【自贸区】 快速主动，积极抢滩自由贸易区试点工作。2013年，成立了华夏银行上海分行自贸区专项工作小组，为拟在自贸区内开展业务企业提供整体金融服务方案。一方面，开展全面的调研，了解自贸区当地企业发展、需求及政策准备情况，促进经营思路和经营方式的调整；另一方面，做好区内新设的分支机构的选点和筹建工作，有针对性地制定了上海综合保税区及外高桥国际贸易运营中心综合金融服务方案，与综合保税区公司签订了全面合作协议。

【基础建设】 夯实管理基础，机制建设有所强化。上海分行持续理顺组织架构和机制，梳理了各营销部的工作职责，深化风险管理及内部控制委员会职能，建立内控手册常态化更新机制，强化专业检查，对账户及印鉴卡管理、印章及重要空白凭证管理、授权管理、网银业务等重点风险业务以及基层风险防范三十项、内控制度执行情况、重点风险岗位参与社会融资活动等开展了专项检查，推动内部控制措施有效执行，各级行员风险意识和合规意识得到加强。

【主要指标】

单位：亿元

指标 \ 年份	2009	2010	2011	2012	2013
净利润	3.02	4.98	6.59	5.22	－13.97
本外币资产总额	600.61	618.74	652.91	648.59	577.82
本外币各项存款余额(不含同业存款)	415.97	504.16	477.08	518.01	505.44
本外币各项贷款余额	280.07	327.23	351.15	317.62	295.85
个人消费贷款余额	24.34	14.80	18.27	20.57	20.25
住房按揭贷款余额	12.05	14.24	17.70	20.01	19.69
不良贷款率	0.79%	1.18%	0.15%	0.40%	2.66%

（华夏银行）

14. 中国民生银行上海分行

在2013年的经营管理工作中，中国民生银行上海分行紧紧围绕董事会的"三大战略"和打造一家伟大商业银行的理念，以全面落实"二五纲要"和新"三年规划"为主线，以"特色、效益银行及三个定位"为目标，强力聚焦小微，打通两翼，把握形势，严控风险，守住底线，深化改革，全面创新，提高效益，加快分行转型，持续推进战略转型，突出区域特色，实施差异化经营，保持多样化的盈利模式，基本完成了预定的各项工作任务目标。

【转型发展】 深化体制机制改革，实现业务创新发展。上海分行紧紧围绕"转型发展"的主线，不断深化体制机制改革，全力促进"'两小'金融业务、交易融资业务、公司银行业务、私人银行业务"等诸多领域的探索创新，为分行战略转型和可持续发展奠定了基础。

（1）“两小”金融业务方面。2013年，上海分行结合自身特点，举全行之力落实“两小”金融战略，全速推进零售转型。首先，小区金融建设势头迅猛。一是高度重视、制度保障。二是规划先行、合理布局。三是搭建平台，综合拓展。四是立足客户，服务创新。其次，小微结构调整明显。一是加强对区域重点商圈、产业链客户群的开发。二是平稳压降“限制和退出类”小微授信业务，业务结构不断优化。

（2）交易融资业务方面。上海分行继续将交易链融资业务列为重点工程，深入研究区域特色行业市场，发掘产业金融潜力，积极引导各经营机构以合理的营销思路开展交易融资业务，成功拓展了一大批重点项目。

（3）公司银行业务方面。围绕公司业务向“融资＋融智”模式转变，服务方式向专业化转变，业务结构向多元化转变，客户开发向批量化转变的要求。分行以“做大企业经营活动中产生的金融资产”为抓手，发挥民生银行上海分行的团队特色，力争通过区域特色业务、贯穿产业链和交易链各个环节。

【内控管理】 建立健全内控机制，积极加强案件防控。上海分行牢固树立以人为本的管理思想，结合上海银监局的监管意见，进一步加强内控管理机制建设，持续深化案件专项治理工作，不断强化员工日常动态管理，确保安全、稳健经营。一是加强各类检查排查，突出多层次风险防范。通过开展各类业务检查以及风险排查等活动，实现了操作风险检查与排查的全覆盖。二是积极开展全范围各层次的案件防控和道德风险防范能力培训，进一步强化干部员工廉洁从业意识。设立投诉举报热线，派专人，设专岗，接听受理投诉举报，鼓励和加强外部监督。三是积极落实专项活动，促进合规意识提升。通过系列活动，在全行营造良好的合规氛围，员工合规意识普遍得到提高。四是全力提升分行有效应对突发事件的管理机制和模式，及时制订相关预案措施，强化案件防控。

【金融创新】 推动完善卓越运营，不断夯实支撑能力。2013年，上海分行不断探索运营与科技助力业务经营发展的有效模式。上海分行以资源整合和流程优化为抓手，努力提升运营效率和效能，提高精细化服务支撑水平。一是结合支行资源和地缘优势规划，适时适地成立新的专业支行和改建存量支行。二是及时完成新核心上线各项准备工作，确保新核心在上海分行顺利上线。全年共进行了58个项目的研发和升级改造，其中财政系统，小微信贷台账，信息平台，分行人事信息管理，综合绩效评估等32个项目已完成开发并上线应用。三是完善客户经理服务信息平台。建立了为全行客户经理提供沟通和交流的微信平台，及时发布经济动态、产品推介、通知通告、案例分享等相关信息，并对客户经理提出的问题逐一跟踪并实时反馈解决。

【企业文化建设】 营造良好企业文化，实现优质规范服务。（1）积极创新培训模式。建立内部培训和外部培训相结合的多模式培训体系，实行课程分类、编班学习、学分管理等培训机制，实现员工岗位价值的提升，为业务部门提供更多高层次人才。

（2）积极推动现代金融服务企业建设，不断健全服务工作领导管理机制，全面推进“服务在分行”、“服务在支行”活动，从“岗位职责、联动营销、服务转介”等方面积极探索建立具有分行特色的“服务管理体系”。

（3）推进企业文化建设，倡导以员工为核心的企业文化建设导向。分行不断完善大楼内咖啡厅、面包房、医务室、电影院、餐饮茶歇区等功能区，继续为员工营造舒适便利的工作环境。

【主要指标】

单位：万元

年份 指标	2009	2010	2011	2012	2013
净利润	142 364.79	255 883.05	383 903.80	119 536.28	－159 783.04
本外币资产总额	21 297 314.31	23 096 417.90	27 992 602.61	37 077 963.97	29 815 040.45
本外币各项存款余额（不含同业存款）	18 244 234.63	17 903 019.98	20 347 831.84	22 284 449.73	21 093 145.52
本外币各项贷款余额	9 669 783.73	11 667 379.74	12 478 911.91	12 328 500.00	13 036 982.08
个人消费贷款余额	1 555 387.36	1 606 956.52	1 327 913.66	1 167 613.10	1 072 131.17
住房按揭贷款余额	1 460 725.33	1 532 447.60	1 265 490.92	1 171 700.00	969 259.77
不良贷款率	0.46%	0.75%	0.78%	1.08%	1.16%

（民生银行）

15. 招商银行上海分行

2013 年，招商银行上海分行认真贯彻落实总行和监管部门的各项政策要求，按照年初提出的“加速转型、深化创新、正视差距、振奋精神，赢得上海分行转型发展的新成就”工作指导思想，大力推进二次转型，较好地完成了各项工作任务，取得了良好的经营业绩。2013 年，上海分行小企业贷款规模余额 176.69 亿元，小微贷款余额 130.62 亿元，“两小”贷款增量是一般贷款增量的 185%，贷款结构得到进一步优化。金卡、金葵花卡、钻石卡、私银卡等中高端客户快速增长，名列全系统前茅。信贷资产质量平稳，整体资产质量在系统内和上海均处于较好水平。

【提升实力】 2013 年，上海分行围绕观念、管理、产品、服务的“四个创新”不断深入推进，将“信心、细心、用心”的“三心精神”贯穿于市场拓展和服务客户的每一个环节中。大力拓展“蓝海”存款，重点营销财政性存款、单用途预付卡存管资金及第三方支付备付金、IPO 及债券承销、联动存款等“新兴存款”业务，取得了良好营销效果。相继中标上海市社保基金 5 年定存、3 年定存项目和上海市本级国库现金管理定存项目，取得了财政性存款的重大突破，在系统内屡次拔得头筹，受到监管单位、总行多次表彰。依托原有优势持续推进产品创新。电子商务跨区域营销、IC 价值认同卡、台协联名卡、东航异业联盟合作等既叫好又叫座的新产品、新业务，叙做华东地区首单、截至目前全国规模最大的私银家庭信托计划。

【“两小”业务】 2013 年，上海分行坚定不移地发展“两小”业务，将考核、业务、产品、人员等资源向“两小”倾斜，努力服务好“两小”企业。继续推进“两小”体制改革，设立专业团队，提高服务专业度；推出了机械贷、影视贷、印刷贷、广告贷等区域性小企业融资产品，结算流量贷、POS 贷、挂牌贷、科技微贷通、科技履约贷 5 个新产品也即将上线。新产品模式市场响应良好，共带来新客户 26 户。进一步梳理了“两小”业务流程，认真查找业务风控要点和规律，进一步加强了营销与风险条线的配合和流程嵌入，提高了业务办理、审批效率，同时优化了绩效考核机制与分配体系，有效调动了客户经理的积极性。此外，分行还在信贷资源投放方面，继续坚持向“两小”倾斜，优先满足“两小”贷款投放需求，重点开展了小企业增值贷业务和小微“五记重拳”活动，社会反响较好。

【安全管控】 2013 年，上海分行进一步加强了风险预警的主动性和前瞻性管理。找出规律，针对特定行业采取了专项授信指导、专业化风险处置队伍、存量风险细化评估、科学合理授信问责等措施，有保有压、“一户一策”地防控、处置、清收不良资产，超额完成全年清收任务。优化流程，相继开展大中企业放款优化流程、通用记账项目集中运营、银企对账系统上线、智能识别分析技术等工作。其中公司信贷合同管理系统项目被评为总行优秀项目并在全系统推广，提高了效率，有效提升了发现和处置各类风险事件以及治安、刑事案件的能力。深入推进案防长效机制建设，进一步推进监保关口前移，通过制度建设、思想教育、合规宣导等措施，进一步提高全行的诚信意识和合规操作水平，确保全行安全运行。

2013 年，上海分行进一步开展“创赢 2013”全员劳动竞赛，突出“两小业务、创新业务和转介业务”三个重点，激励干部员工围绕工作重点和难点，群策群力、主动作为，为业务转型和创新做出更大贡献。上海分行凭借创新、专业、卓越的产品和服务，得到了社会各界的一致好评。上海分行及下属网点集体共获得“全国金融模范职工之家”等全国性奖项 5 人(次)、获得“上海市工人先锋号”等上海市级以上奖项 30 余人(次)。

【主要指标】

单位：万元

年份 指标	2009	2010	2011	2012	2013
净利润	105 193	237 459	397 678	431 132	424 812
本外币资产总额	20 578 320	20 998 386	23 971 020	26 378 886	33 029 839
本外币各项存款余额(不含同业存款)	17 038 409	18 469 136	20 691 681	22 460 675	24 689 675
本外币贷款余额	10 060 891	10 891 366	11 423 461	12 041 378	13 114 304
个人消费贷款余额	103 844	396 089	595 598	443 153	347 471
住房按揭贷款余额	3 012 957	3 143 942	3 021 471	3 124 473	2 820 540
不良贷款率	0.48%	0.45%	0.48%	0.63%	0.95%

(招商银行)

16. 兴业银行上海分行

2013年，兴业银行上海分行坚持科学发展观，坚持深化改革，各项业务实现健康较快发展，整体发展迈上一个新台阶。截至12月31日，分行总资产达2 899亿元，比年初增加475亿元，增幅19.6%；分行本外币各项存款余额为1 722亿元，比年初增加287亿元，增幅20%；分行本外币各项贷款(含贴现)余额916亿元，比年初增加22亿元，增幅2.5%；人民币存贷比为51.6%，比年初减少6个百分点。全年累计实现账面利润46.83亿元，同比增加14.05%。后三类不良贷款5.96亿元，比年初减少0.89亿元，不良率0.65%，比年初下降0.12个百分点，实现双降。

【工作重点及业务创新】 (1) 2013年，上海分行专业化改革步入深水区，在深层次改革领域探索，并建立了良好的经营管理机制，激发业务取得突破性进展。企金存款再创新高，市场地位进一步提升；客户建设跃上新台阶，综合运用产品能力提升，客户结构更趋优化；绿色金融融资规模创新高，品牌形象进一步提升。一是与上海市政府机关、财政及各级政府直属管理的事业单位等广泛合作。教育缴费平台业务，以复旦大学为模版，逐步磨合改进，现已形成独特竞争力。年末参加上海市本级国库现金管理定期存款招标与上海市社保财政存款招标，全年合计中标13亿元。二是采用传统信贷和类信贷产品相结合的方式，推进了包括房地产开发和经营性物业在内的优质房地产资产业务快速发展，大力拓展上海市棚户区改造和保障性安居工程项目。三是持续推进政府平台融资业务，重点推进浦东新区银政合作发展，积极参与城镇化建设，其中，土地储备融资基本实现上海市区土储机构全覆盖。四是积极推进在沪央企和区域龙头重点骨干客户营销拓展和业务落地，有序梳理关联集合及统一授信情况，对潜力客户进行宣贯、深挖。五是银财、银租等联动与创新取得实质性突破，多家财务公司上线分行银财直联系统，银租一体化合作关系陆续落地，实现了零的突破，并加强了与信托、证券、保险的合作。六是积极研发各类本外币国内国际贸易融资产品，并已形成品牌效应，吸引和巩固大批优质客户，外汇存款规模位列上海同业前列。

(2) 零售业务顺应形势，深耕细作，再上新台阶。一是不断完善零售机制，详细制定考核办法，改革薪酬体制，优化财务资源配置，贯彻做大零售综合金融资产、带动客户、提高收益的经营思路，增强了零售业务的核心竞争力。二是优化队伍结构，形成了针对零售条线各级员工的全员培训机制，实行下沉式、精细化管理，市场反应能力更快，通过社会引进和重点高校应届生招聘的方式不断补充新生力量，充实人才储备，提升队伍质量。三是深化客户关系管理，确保客户维护工作有效推进，通过采购增值服务，提高客户体验和与银行的黏度，通过交叉销售，有效跟踪信贷客户还款能力。四是产品的调整和渠道的拓展速度加快，为积极应对市场变化，统筹业务资源，确保产品充沛，平衡产品供应，满足不同客群需求。

(3) 金融市场业务取得突出成绩。一是经营效益再创新高。二是同业资产、负债继续保持行业领先地位。三是加大理财产品创新，推出了基金代销、集合营运计划等新模式，创设了新开放式和随时起息式理财产品，并打通了银银平台和券商代销通道。四是强化托管营销创新力度，上海分行顺利承接了总行托管模式下放运作，初步形成了分工明确、有独立运作能力的小型托管中心，并协助总行托管部顺利拓展了RQFII创新托管业务。

【风险控制】 完善风险管理，提升内控能力，为业务经营和改革发展提供坚实保障。

(1) 加强风险管控，加快不良资产清收处置。在上海地区钢贸风险集中爆发的情况下，上海分行以资产转让、重点项目重组化解、诉讼保全等方式进行信用风险缓释及不良贷款处置。把握银行业的发展趋势，平衡质量与效益，进一步强化责任意识，有效地控制了风险，夯实了发展根基，巩固了经营成果。

(2) 优化科技、人员等后台保障，有力支持业务发展。一是信息科技方面，系统运行指标全面达标，实现年初所制定的工作目标，各项重要系统可用性达到99.9%，全年无重大事故发生。持续推进"监、管、控三位一体"主动型的运维体系建设，全面提升IT监控、预警能力和应急能力，提升运维效率。二是人员储备方面，通过社会招聘、内部推荐、校园招聘等多种方式，以营销人员为主，积极引进各类人才。

【金融文化】 为大力弘扬兴业文化，增强全行凝聚力，上海分行表彰先进、树立标杆，拍摄了首部先进人物宣传片，全面展现了分行先进员工的风采，形成了创先争优的良好风气。年末，在上海分行工会的支持和安排下，全部基层工会均组织开展了团队活动，增强了员工对集体的归属感。正在编印的企业文化建设系列丛书《兴业之家——员工摄影作品选》，作品征集覆盖了上海分行辖内所有支行和部门，全面展现了兴业员工丰富的业余文化生活和朝气蓬勃的精神面貌。

【重大活动】 (1) 获上海市首笔碳交易结算银行证书。2013 年 11 月 26 日，上海市碳排放交易启动仪式在上海环境能源交易所举行。国家发展改革委副主任解振华，上海市市长杨雄，市委常委、副市长艾宝俊等领导出席了仪式。本次启动仪式上，上海分行获得首笔碳交易结算银行证书。兴业银行是首家提出碳金融概念的商业银行，在碳金融业务上已建立了较为成熟的管理制度与操作规程，随着全国碳排放市场的开放，兴业银行碳金融综合服务产品具有巨大的市场潜力。

(2) 开展"普及金融知识万里行"活动。上海分行于 2013 年 4 月 1 日至 7 月 30 日开展了为期 4 个月的"普及金融知识万里行"活动。在各网点开展专题宣传，向客户普及安全用卡、理财服务、自助渠道、中小企业贷款、消费者权益保护、金融安全和风险防范等相关知识。在社区，辖内所有支行均组织员工在活动期间分时段、分批次走进社区，现场为广大金融消费者讲解金融业务知识和金融业务风险、消费者权益保护、防范电信诈骗等知识。此次"普及金融知识万里行"活动共接待客户咨询 8 300 多人次，发放宣传资料 11 500 份，同时从多方面、多渠道收集客户对本行产品、人员服务、渠道等各方面的意见、建议 320 条，在上海分行辖内开展客户满意度调查，收到有效调查问卷 820 份。

【获奖情况】 2013 年 11 月，上海分行获上海第 11 届理财博览会颁发的年度最佳银行金融服务奖。12 月，上海分行获上海市银行同业公会颁发的上海银行同业年度机构贡献奖、上海市促进中小企业发展工作领导小组办公室颁发的"2013 年度上海中小企业融资服务杰出合作伙伴"、上海市浦东科技金融服务联合会颁发的 2013 年浦东新区科技金融创新奖、《东方早报》颁发的最具创新力理财机构评选活动中获得"最佳理财奖"。

【主要指标】

单位：亿元

指标 \ 年份	2009	2010	2011	2012	2013
净利润	22.02	29.42	35.37	41.06	46.83
本外币资产总额	1 970.18	2 474.72	2 003.31	2 424.00	2 899.38
本外币各项存款余额（不含同业存款）	864.68	954.59	1 089.79	1 434.17	1 721.55
本外币各项贷款余额	549.78	629.48	711.2	894.2	916.41
个人消费贷款余额	196.96	200.76	201.32	180.58	197.81
住房按揭贷款余额	195.61	198.59	191.64	171.75	163.4
不良贷款率(%)	1.29%	0.97%	0.76%	0.77%	0.65%

（兴业银行）

兴业银行上海分行参展
"第七届上海中小微企业金融洽谈会"

17. 广发银行上海分行

2013 年，广发银行上海分行继续深入推进总行"建设中国最高效中小企业银行"的战略部署，加快转型发展，持续推进业务调整，着力提升业务和管理创新，加强完善内控机制，弘扬企业文化，深入开展党的群众路线教育实践活动，取得了一定的工作成效。截至2013年年底，上海分行本外币资产总额729.91亿元，本外币各项存款余额521.95亿元，本外币各项贷款余额251.06亿元。

【发展转型】 在加大市场开拓力度的基础上，通过信用卡、“生意人卡”、小企业金融中心这“两卡一中心”建设，持续推进业务转型。小企业金融业务管理体系方面，初步建立小企业服务专业化管理体系；在小企业产品及服务方面，突出“高效、快捷”的产品优势，加强产品创新力度，为客户提供适用的有市场竞争力的信贷合作方案。

【业务创新】 推出专为小微企业、经营性个人等生意人量身定做的综合性金融服务产品“生意人卡”。“生意人卡”包含了多元化融资方案，以创新的方式整合了小微企业融资需求以及企业主个人财富管理需求，具备融资、结算、增值三大功能，包含信用、抵押、质押、保证、联保等多种担保方式，品种多、期限长，提供随借随还、按天计息、“循环贷”服务，还款方式灵活多样，资金结算方便快捷，减免多项手续费用，节省小微企业主成本。

推出24小时智能银行。采取了自助＋远程人工服务的模式，不但能实现传统自助银行的存取款和转账功能，还能做到自助开户、自助申请储蓄卡，并当场办卡和自助申请信用卡。相比以往传统银行网点，24小时智能银行突破了传统营业网点的时间及空间的局限性，融合了本地客户自助办理和远程坐席协助的新型服务模式，集交易、服务、销售于一体，覆盖开户类业务、理财类业务、一站式签约业务及信用卡综合免临柜服务等，实现24小时全天候金融服务，为客户带来更加安全、便捷的银行服务。

“微时代”的“微服务”。推出广发“微信营业厅”，从账户查询，到支持信用卡还款、信用卡申请、卡片激活、交易实时提醒、个人贷款预申请、网点查询预约等众多服务，便民金融服务能力实现质的飞跃，逐步成为广大客户“微生活”的贴心“微管家”，为客户带来更加舒适、快捷、安全的移动金融生活。

信用卡业务在“周五广发日”活动基础上推出“广发商圈特惠月”优惠促销活动，通过上海各大商圈集中宣传，配套了大幅的商场内广告辅以线上线下等众多宣传渠道，力求最大限度地向广大持卡人宣传用卡知识和风险防范手段。

【绿色信贷】 制订了《2013年绿色信贷政策指引》，引进绿色信贷转贷资金和专业管理技术，通过创新担保模式，研发绿色信贷产品，支持产品成熟、技术成熟、管理规范的绿色项目，推进绿色信贷业务发展。明确支持符合国家产业政策、环保政策、投资政策和行业准入条件的绿色信贷项目。

【特色文化】 继续加强企业特色文化建设，开展了诸如上海市工人先锋队创建、“普及金融知识万里行”系列活动、送金融知识“三进”活动、趣味运动会系列活动等工作，开展辅助员工发展计划(EAP)项目加强银行员工心理关爱，企业文化正在不断地朝着健康、向上的方向发展。上海分行还将党团工作与企业文化建设有机结合，举办了学习十八大报告讲座、十八大知识竞赛、“中国梦”主题征文等不同形式的学习活动，创新了思想政治建设的新途径、新方法。延安支行被评为“2013年上海市工人先锋号”，三位行员被中国银行业协会授予2013年度中国银行业文明规范服务“明星大堂经理”称号。

【经营指标】

单位:亿元

指标 \ 年份	2009	2010	2011	2012	2013
净利润	4.48	6.53	9.62	6.72	－11.38
本外币资产总额	621.79	640.20	677.47	736.60	729.91
本外币各项存款余额	421.44	486.82	585.56	623.93	521.95
本外币各项贷款余额	274.99	308.06	335.02	331.06	251.06
个人消费贷款余额	—	—	—	11.33	12.78
住房按揭贷款余额	54.89	74.49	74.54	55.38	49.97
不良贷款率	2.79	0.27	0.26	1.12	2.58

（广发银行）

18. 平安银行上海分行

平安银行股份有限公司是原深圳发展银行股份有限公司以吸收合并原平安银行股份有限公司的方式完成两行整合并更名后的银行，是总部设在深圳的全国性股份制商业银行。中国平安保险(集团)股份有限公司及其控股子公司持有平安银行股份共计约26.84亿股,占比约52.38%,为平安银行的控股股东。2013年,平安银行上海分行坚持走“变革、创新、发展”之路,坚持“对外以客户为中心,对内以人为本”的管理理念,提出打造上海地区“发展速度最快、品牌最好、员工最满意的分行”的目标主张,全力创建温馨和谐包容的“平安家园”文化,持续推进各项管理制度体系建设,合规内控持续强化,风险管理水平不断增强,员工队伍保持稳定。资产规模、存款规模、盈利能力等核心经营指标显著提升,市场占有率、竞争力进一步增强、截至2013年末,拥有46家分支机构,自助设备遍布商业区域和较为繁华的周边区域,已初步建立起“立足上海、辐射周边”的金融服务网络,树立了充满朝气的新型银行形象。

【经营业绩】 截至2013年末,上海分行资产总额达1 452.35亿元,各项存款余额1 199.51亿元,较年初增加139.49亿元,增幅达13.16%,各项存款年日均1 046.29亿元,同比增加92.03亿元,增长9.64%。全年实现所得税前利润25.31亿元。公司、零售和小微授信价值客户数均大幅增长,增幅分别达195%、33%和155%。

【公司业务】 2013年,公司条线持续加强负债、资产和定价管理水平,通过重点项目拓展、批量营销,不断优化客户结构,夯实客户基础,业务规模实现了快速增长,经营绩效显著提升。全年对公存款时点数最高达1 042亿元,年末对公存款余额1 022亿元,比年初增长14%。

【零售业务】 2013年,零售条线理清职能架构,打造全新的经营模式,加快移动金融平台建设,全面启动社区金融布局,“1+5+N”营销模式初步确立,零售队伍逐步壮大,客户基础不断夯实,为今后零售转型突破奠定了坚实基础。截至12月底,零售存款规模177.27亿,全年存款日均164.75亿;新增价值客户数超过2万户,比年初增长5 000户。

【贸易融资】 2013年,贸融条线加快产品创新步伐,深挖客户潜能,业务结构优化转型成效显著,新兴行业占比快速提升,业务格局更加合理。截至年末,贸融业务量达1 590.46亿元,排名全行第1;贸易融资余额达517.27亿元,均超额完成年度预算。

【国际业务】 2013年,国际业务条线持续推进产品业务创新、管理创新,强势推出“全流程管家式”营销服务,各项经营指标全面超额完成预算,业务规模扩张迅猛,对存款、中收等业务带动效应显著增强,为分行存款快速增长做出了较大贡献。2013年全年,离在岸国际结算量合计完成343.7亿美元,同比增长106%,规模首次跃居系统首位。

【中小企业服务】 小微条线以“贷贷平安商务卡”为抓手,坚持“圈、链、会”批量开发模式,深挖客户资源,通过信贷、结算、现金等全方位金融服务,树立良好的品牌形象、市场口碑,推动小微业务快速扩张,发卡进度全面提速。截至年底,贷贷平安总发卡量超2.5万张,发卡量跻身系统前三。

【企业文化】 创建“学习型”组织,全行上下形成一种积极向上的学习氛围,通过深入开展“学业务、讲业务、懂业务”活动,助力新产品、新业务推广。以人为本,关爱员工,推行更多人性化管理举措,通过正向激励手段调动员工积极性,让员工共享银行发展成果。传递正能量,提升凝聚力,建设“和谐、向上、健康”的平安家园文化。

【案防合规】 上海分行积极开展案防合规工作,牢固树立“主动接受监管”意识,加强同监管部门的汇报与沟通,及时掌握监管动态,配合监管工作,协调落实监管意见,保持与发展良好的监管关系,营造良好的监管环境。此外,不断强化内控合规体系建设,提升员工案防责任意识,努力防范风险和案件发生。全年上海分行保持安全稳健运行,无重大合规风险案件和监管处罚事项,总行和银监对分行案防督导检查结果良好。

【风险管理】 为推动分行业务的持续健康发展,在保障授信质量和风险可控的前提下,上海分行评审条线不断提高审批效率,增强服务意识,推行审批时效服务承诺,助力前线业务拓展。同时,着力构建和完善评审管理架构机制,全面提升授信风险管控能力,确保新增授信资产质量,有力地支持了上海分行不良额和不良率的双控目标,为全行资产质量的稳定奠定了较扎实的基础。

【机构建设】 分行曹安路支行、杨浦支行和大宁支行年内顺利开业,分支机构数增至46家,圆满完成总行机构建设任务,网络布局进一步完善。金沙江支行、长风支行、自贸区支行筹建工作进展顺利。此外,老旧网点改造、搬迁工作也如期完成,有效提升了全行网点形象。

【舆情管理】 全年，上海分行坚持“以客户为中心”，推进优质服务，狠抓客户投诉管理，全力做好金融消费者保护工作，与监管、媒体、同业保持密切沟通，主动引导社会舆论，有效化解各类投诉，控制负面舆情的发生，重大舆情风险事故为零，为业务发展营造了有利的舆论环境，巩固了银行正面品牌形象。

【主要指标】

单位：万元

年份 指标	2009	2010	2011	2012	2013
净利润	89 052.31	191 434.42	188 323.29	198 829.82	159 675.50
本外币资产总额	11 752 173.99	13 798 117.72	15 932 792.17	17 482 214.69	19 410 718.84
本外币各项存款余额（不含同业存款）	8 717 902.06	10 716 192.18	10 460 077.94	10 987 852.60	12 304 841.52
本外币各项贷款余额	7 449 721.35	8 471 840.60	8 959 138.37	9 080 295.32	10 654 492.39
个人消费贷款余额	2 312 640.29	2 947 170.95	2 964 515.34	3 552 478.26	6 130 154.62
住房按揭贷款余额	117 435.84	1 283 367.00	1 187 140.80	1 037 380.51	865 813.71
不良贷款率	0.56%	0.33%	0.38%	0.91%	0.63%

（平安银行）

19. 浙商银行上海分行

2013年，面对上海经济结构转型以及钢贸系统性风险的双重考验，浙商银行上海分行以总行“一理清、三强化”要求为指引，着力化解风险，开拓创新，提升服务，增进效益，强化可持续发展的基础。至2013年末，各项存款余额190.03亿元，各项贷款余额125.27亿元，本外币资产总额达到323.62亿元。

【特色业务】 小企业业务着力结构调整。受钢贸风险化解、客户结构调整等影响，年末单笔500万元及以下小企业贷款余额26.35亿元，占各项贷款的比重较年初有所下降，但客户结构和业务结构得已调整优化。投行业务保持稳健发展。全年实现中间业务收入28 584.84万元，较上年增长389.97%。

【内控合规】 2013年度，上海分行进一步完善内控工作方案、基层网点主要负责人案防工作实施细则、辖属机构内控与案防管理实施方案等，全年未发生重大操作风险、安全事故、案件和重大会计差错事件，现金差错率、会计核算差错率均比上年有大幅下降。上海银监局对上海分行内控案防工作考核结果为“满意”。

【服务提升】 创新性开发服务督导平台，按季跟踪各部室年度服务工作计划实施进展，对重要服务事项通过平台予以督办和处罚。建立、健全服务工作考核评价机制，每季开展分行满意度调查，尝试开展服务绩效化管理，将综合服务考核结果与部室和个人绩效挂钩，进一步推动了中后台部门的服务意识、服务效能提升。

【队伍建设】 加大人才培养使用和青年员工交流力度，全年有16名青年员工和业务骨干进行了提拔使用，分支行间共交流人员20余人次；以“突出重点，动态调整，文化引领，内外兼顾，注重效果，强化管理”为思路，有序开展培训工作；以企业文化建设为抓手，以“做事、做好事”为原则，进一步提升“软福利”，创造源动力、新活力，以增加正能量，增强员工的成就感和归宿感，不断营造爱才敬才，聚才育才，选才用才的良好氛围。

【重大事项】 2013年8月，上海分行首批试点并成功上线全国版财税库银横向联网电子缴税系统（简称TIPS系统），有力提升了客户服务能力，为新客户拓展和存量客户挖潜打下了一定基础。

在由解放日报社发起、国家统计局上海调查总队组织实施的“2012年上海银行营业网点服务质量公众评价”调查中，上海分行从28家中资银行中脱颖而出，取得总满意度第三名的佳绩。

2013年12月，在中国人民银行上海总部组织的上海市银行业科技工作竞赛2013年度总结表彰中，上海分行荣获先进集体三等奖，考评总分在中小银行中排名第一。

上海分行成功中标上海市财政局“市本级国库现金管理商业银行定期存款”项目，获得财政存款2亿元，这是该行首个以小微企业金融服务与市财政局成功对接的项目。

【主要指标】

单位：亿元

年份 指标	2009	2010	2011	2012	2013
净利润	0.94	2.32	3.36	4.71	2.18
本外币资产总额	170.07	202.68	284.64	365.43	323.62

（续表）

年份 指标	2009	2010	2011	2012	2013
本外币各项存款余额（不含同业存款）	125.69	154.49	217.09	214.46	190.03
本外币各项贷款余额	80.31	97.04	116.46	119.90	125.27
个人消费贷款余额	0.14	0.16	0.23	0.15	0.02
住房按揭贷款余额	0	0	0	0	0
不良贷款率	0	0	0	0.13%	1.38%

（浙商银行）

20. 渤海银行上海分行

渤海银行上海分行于 2009 年 5 月 25 日开业。2013 年是上海分行第四个经营整年。面对经济下行所带来的信贷资产质量风险，上海分行坚持总行“审慎经营，稳健发展”的经营理念，严格遵循“守住风险底线，创新转型发展”的总基调，围绕“上规模、创效益、防风险、树形象”的总体目标，进一步夯实了业务、客户和队伍基础，做强区域市场，做大经营规模，做实创新业务。截至 2013 年年末，一般性存款余额 175.76 亿元，增幅为 50.06%；各项贷款（含贴现）余额 8 381 亿元，增幅为 16.71%；不良贷款率为 0.69%。

【金融服务】 优质服务是一家银行的核心竞争力，是软实力的体现。为建立健全分行服务管理体系，有效提升分行整体服务水平，全面推动分行服务管理工作，充分体现“以客户为中心”的服务理念，强化全行上下服务意识，上海分行通过建立标准化服务和操作规范，提高服务水平，提升客户感受，逐步建立品牌口碑。

【转型发展】 2013 年，上海分行围绕总行“十二个金融服务方案”，全面分析业务发展状况，积极拓展新增有效客户。一是根据上海地区市场的特点，制定针对性强的金融服务方案，接触上海主流客户，融入上海主流经济；二是充分运用创新业务产品，特别是贸易融资产品和其他业务工具，提升与客户合作的深度与广度，促进业务多元、快速增长，积极开展客户结构调整，有效推动分行转型发展；三是有针对性地选择客户，逐步退出综合贡献低、信用评级低和潜在风险隐患突出的市场领域，高度重视小微企业贷款拓展，拓宽贸易融资业务领域，加强外汇政策管理，丰富投资银行业务产品。

【中小企业金融】 上海分行高度重视中小企业金融服务，探索建立符合上海地区中小微企业经济特色的业务经营模式，实现“四化”运行。一是客户营销批量化，通过加强与上海各经济园区的合作，以点带面，点面结合；二是产品设计标准化，根据不同行业、产业、商圈等经济特点，开发多套适用不同类型中小微企业客户的金融产品；三是风险控制专业化，分行建立一套专业、合理的中小微企业风险评价体系，提高业务审批质量和效率；四是产品定价科学化，综合考虑风险、筹资、管理成本、资本占用等因素，实现差别化定价，开展有针对性的金融服务。2013 年，上海分行完成上海银监局下达的中小微业务“三个不低于”的监管指标，业务产品不断丰富，模式不断创新，为今后推动小微业务批量开发提供了重要的示范和实践效应。

【理财业务】 上海分行加大了理财业务的推动力度，加快了理财业务渠道的开发速度。通过参与商业活动、公益活动、体育比赛、媒体展示、产品推介会、展览展销会的机会，推介渤海银行的品牌及产品。从已到期兑付的理财产品来看，分行产品设计结构合理，均达到当初产品设定的预期收益率；从各产品销售的情况来看，基本上都是在一周内销售完毕，得到客户的认可。

【风险管理】 2013 年，上海分行受到了上海地区钢贸企业集体违约系统性风险的冲击。针对这一情况，上海分行及时成立了不良资产处置工作小组，组织专人专职负责清收处置，积极开展风险分类、损失确认、责任认定、坏账处理等工作。对涉及钢贸的不良贷款，上海分行在第一时间启动了司法程序主张债权，最大程度地保全了信贷资产。2013 年末，上海分行不良贷款率优于上海市同业平均水平。

【内控合规】 上海分行高度重视内控合规管理工作，以“零案件、零隐患、零重大差错”为工作目标，重视监管政策与总行制度的执行，采取有效措施，始终保持案防高压态势，促进内控合规管理的规范化和常态化，保持全年无案件、无重大操作风险事件，保障了全行各项业务持续稳健合规发展。2013 年，分行通过持续不断的检查、发现、整改，纠正各类风险隐患和不规范操作，保障了全行各项业务持续稳健合规发展。

【自贸区】 自贸区分行的设立是渤海银行机构发展战略中极为重要的布局，现自贸区分行已获监管部门批筹，进入筹备阶段。借自贸区分行筹建的机会，积极开展跨境人民币、远期结售汇、协议付款、跨境人民币直投、进口保付、联动保理、福费廷、离岸授信等创新类业务，同时深入研究了区内金融机构可开展业务范围、自贸区负面清单、FT 帐户开展贸易融资业务以及如何降低企业融资成本等课题，为后续有针对性地开展业务做好政策和市场导向。

【主要指标】

单位：亿元

年份 指标	2009	2010	2011	2012	2013
净利润	−0.33	0.17	0.63	0.94	0.47
本外币资产总额	44.04	292.43	177.88	217.08	355.80
本外币各项存款余额(不含同业存款)	43.07	94.26	105.89	128.15	175.76
本外币各项贷款余额	22.50	51.17	57.65	71.81	83.81
个人消费贷款余额	0.05	0.14	0.2	0.59	1.00
住房按揭贷款余额	1.42	5.81	5.72	5.85	6.78

（渤海银行）

21. 北京银行上海分行

2013 年是北京银行上海分行成立的第六年。上海分行以提升市场竞争力为核心，着力做好拓展优质市场的加法、清收处置不良资产的减法和增强发展活力的乘法，各项业务均在同期来沪的商业银行中处于领先地位，经营管理呈现出稳中有升的发展势头。主要体现为：一是规模效益稳步提高，总资产达到 1 039 亿元，实现考核利润 8.22 亿元，中间业务收入 2.22 亿元，经营效益呈现稳中有升。二是各项存款快速增长，本外币各项存款余额达到 506 亿元，比年初增加 108 亿元，余额在 32 家在沪中资银行中位列第 18 位，增量排名位列第 11 位。三是各项贷款稳定增加，本外币各项贷款达到 478 亿元，新增 22 亿元，余额在 32 家在沪中资银行中位列第 15，增量排名第 18，其中个人贷款比年初增加 20 亿元，列第 11 位。

【业务发展】 上海分行积极打造公司、国际、投行、同业业务一体化联动发展的新局面。公司业务向纵深发展。与地方政府的合作进一步深入，2013 年连续两次中标财政资金共 8 亿元。供应链业务取得新进展，成立“上海分行网络供应链金融中心”，成功承办总行“网络链”品牌发布、业务交流会，年销售额达到 193 亿元，其中票据业务达到 183 亿元；汽车金融发展迅速，业务规模突破 10 亿元，与 30 多家汽车品牌经销商建立合作关系；与第三方支付企业如“快钱”公司的合作进一步加深，网络融资业务取得新突破。同业业务打造系统标杆。同业规模持续攀升，资产规模达到 419 亿元，负债规模突破 426 亿元，比年初有大幅增长。盈利能力不断加强，实现考核利润 3.07 亿元，其中：中间业务收入 3 697 万元、票据买卖差价 1 240 万元，同业盈利占比逾 37%，成为分行创利大户和盈利中心。经过近几年快速发展，上海分行同业业务无论是规模还是创利，均在总行系统内名列第一，成为分行的特色，系统的标杆。国际业务继续提速。国际结算量去年突破 200 亿美元，达到 206 亿美元，外汇存款余额达到 20 亿美元，均位列在沪 32 家中资银行第 9 位，实现中间业务收入 8 058 万元。连续第五年获评执行外管规定考核 A 类行，连续第六年在国际收支及结售汇统计工作评比中保持双百分。投行业务加快布局。业务总量显著增加，业务品种日益丰富，全年实现中间业务净收入 7 337 万元，是上一年的 2.7 倍；经营理念创新突破，完成复地集团 10 亿元结构性融资项目，实现由资金提供者向资金组织者的角色转变。

【战略转型】 零售业务和中小微业务是上海分行实施战略转型的重点。上海分行以财富管理为核心，通过抓产品、抓维护、抓渠道、抓培训，推动个人业务核心客户群体明显增长。12 月末资金量余额 62.44 亿元，新增 VIP 客户数 2 060 户，完成全年任务的 137%，新增代发户数 115 户，完成 207%。新增电子银行户数、跨行资金归集户数完成率均超过 150%。储蓄存款比年初基数增加 5.7 亿元，达到 36.7 亿元，资金量和 VIP 客户发展指标完成较好，基础工作有效夯实。加快专业经营，小微业务稳步增长。初步构建小微企业风险管理与高效审批机制，信贷工厂落地，审批中心成立，中小和个人经营性贷款审批合并，风险经理完成派驻；建立专营支行和专业团队；全面完成总行任务指标，批量化营销初见成效。按行内考核口径，年末中小微贷款余额达到 99.8 亿元，较年初增量 14.6 亿元，中小微企业贷款客户数 992 户，较年初增长 302 户。全年净增 2 000 万（含）以下贷款户数 534 户，净收回 2 000 万（含）以下贷款户数 247 户，12 月末小微贷款时点户数 874 户。

【风险防范】 上海分行始终将风险防控放在各项工作前列，一手抓发展，一手抓风控，打造和整合清收平台，制定和完善清收举措。加快风险资产清收步伐。成立专职清收团队，制定完善“四个一批”清收方案，从人员配备、组织架构、运作机制、措施目标、考核办法等各方面进行部署和推进。年末上海分行全部钢贸类风险资产余额比 4 月末锁定余额减少 15 亿元，敞口比 4 月末减少 10 亿元，全年清收处置不良资产 3.05 亿元，风险资产管理工作取得成效。打造和完善风控管理架构。积极打造“一部、两中心、三派驻”风控管理新模式，“一部”即信用审批部，“两中心”即中小企业审批中心与个贷审批中心，“三派驻”即个贷审批派驻、中小评审中心审批派驻、信贷工厂审批派驻，有效实现“集中审批、专业审批”。培育和树立全员风险理念。开展信贷业务专项培训，2013 年授信业务指导意见培训等，从经济形势、授信政策、授信指引等多角度开展培训，传播京行信贷文化，树立全员风险理念。安全保卫防微杜渐。成立分行保卫部，层层签订《安全保卫责任协议书》和《案件防范责任书》，落实安全检查，组织安全演练，及时消除隐患。上海分行连续第六年无重大案件或责任事故发生或火灾事故发生。

【精细管理】 优化完善考核体系。加大对增量部分的考核，对重点业务和转型业务如小微贷款、短贷宝、票据贴现、投行业务加大考核激励力度。调整个人贷款业务和中长期负债业务的考核政策，实施对小微专营团队和零售专营团队的专项考核体系，加大了业务发展的引导作用。稳步推进网点建设布局。虹口支行、青浦支行顺利开业，上海分行网点数达到 14 家。上海分行以迁入新址作为“二次腾飞”新的起点，团结和凝聚力量，全面推动业务可持续发展。强调资本占用经营理念。结合总行经济资本和审批利率的要求，通过多次组织培训，引导经营单位业务向低成本、高收益的方向转型。夯实服务管理架构体系。规范服务管理制度，引入第三方服务检测机构，客观评价服务现状。持续推进服务管理考核，与绩效工资挂钩奖罚兑现；邀请全国劳模吴尔愉来行举办讲座，切实提升网点人员综合服务水平。第四季度分行服务工作在总行排名上升至第 4 位。

【队伍建设】 加速人员引进，持续关爱员工。引进各类员工 156 人，其中经营团队 3 个、营销人员 76 人，淘汰不合格及离职员工 48 人，上海分行员工总数达到 634 人。积极开展“五必访”职工慰问送温暖活动，启动“爱心一日捐”活动，做好特困员工慰问工作。开展集体生日项目等各类员工喜闻乐见的活动，凝聚关爱全行员工。

【主要指标】

单位：万元

年份 指标	2008	2009	2010	2011	2012	2013
净利润	5 525.11	14 257.68	31 524.28	21 032.4	27 325.1	11 183.96
本外币资产总额	1 177 681.68	2 235 439.72	3 624 048.94	6 566 781.9	8 220 518.54	10 391 024.6
本外币各项存款余额(不含同业存款)	765 917.44	1 639 313.38	2 732 001.14	3 497 738.97	3 984 002.79	5 063 708.53
本外币各项贷款余额	1 090 822.45	2 001 180.7	2 638 747.26	3 228 409.09	4 562 049.64	4 780 785.33
个人消费贷款余额	29 098	83 614	201 984	326 767	410 320	649 718
住房按揭贷款余额	19 187	66 053	182 742	320 607	402 018	629 404
不良贷款率	0	0	0	0	1.10%	1.07%

（北京银行）

北京银行上海分行成立网络供应链金融中心

22. 天津银行上海分行

天津银行上海分行于2009年11月15日正式开业。上海分行始终坚持合规经营,平稳、健康发展各项业务,稳步提升内部管理水平和经营效益,积极创新业务发展模式,主动应对经济金融环境变化带来的挑战,在细分市场基础上,积极服务中小企业,并结合上海市总部经济、外向经济集聚的特点,以防范各类风险为前提,以产品创新和优良服务为目标,盈利水平逐步提高,各项业务经营呈现积极向上态势。截止2013年底,上海分行各项存款余额174.38亿元,比年初增加44.31亿元;全年人民币日均存款136.91亿元,比上年增加23.27亿元;各项贷款余额107.69亿元,比年初增加14.09亿元;实现账面利润3.20亿元。全年无案件及重大责任事故。

【业务发展】 上海分行在充分调研和分析基础上,年初下发了各类业务营销指引,确定了发展次优客户、巩固核心客户、拓展集团客户、服务优质中小企业客户、完善和进一步发挥支行网点功能的经营策略,指导各经营单位找准市场定位和目标客户,有的放矢,开展各类公、私业务。通过全行上下一致努力,分行主要业务发展较快,截至2013年末,分行定期存款较年初增加6.05个百分点,保证金存款较年初下降5.40个百分点,本外币存款规模在上海市15家城商行中排名列第7位,存款增量排在第3位;在天津银行系统中存款增量排在第三位。

【战略转型】 上海分行坚定不移地推进结构调整和经营转型,将有限的资源配置到高收益的信贷项目上。零售业务方面,加大零售业务转型力度,稳步发展各类个人贷款业务,储蓄存款、理财等业务突飞猛进;小微金融服务方面,遵循城商行的市场定位,加大了小微业务政策倾斜与营销力度,紧紧围绕小企业集聚行业及区域,提供各类系统性金融服务。

【风险管理】 上海分行严格按商业银行各类风险指引规定,建立了全流程风险管理体系,并在实践过程中持续加以完善。信用风险防控方面,建立了完善的风险管理组织架构,持续加强信贷全流程管理。操作风险防控方面,通过操作风险管理委员会对各业务流程及环节操作风险进行全程管控。合规风险管控方面,通过严格执行合规管理报告、合规检查等,及时发现合规风险隐患并加以整改纠正。

【企业文化】 上海分行坚持“健康工作每一天,乐享生活在天行”,努力传承“天行健、德为天”的天津银行文化内涵,营造健康向上的文化氛围;按照公开、平等、竞争原则,举办了管理岗位公开竞聘活动,激发出青年员工的工作热情,为各项业务发展注入了生机与活力;通过常态化的业务知识培训,不断提高员工业务技能与专业素质;通过开展各类喜闻乐见的文体活动,激发了广大干部员工的工作热情,丰富了员工精神文化生活,营造了和谐融洽的企业文化氛围。

【主要指标】

年份 指标	2009	2010	2011	2012	2013
净利润(万元)	−782.76	10 838.49	19 840.55	20 371.94	3 459.76
本外币资产总额(亿元)	16.59	89.72	160.76	211.82	411.10
本外币各项存款余额(不含同业存款)(亿元)	13.35	87.51	117.52	130.07	174.38
本外币各项贷款余额(亿元)	5.13	48.46	68.22	93.60	107.69
个人消费贷款余额(万元)	5 267.90	67 133.24	164 846.58	120 625.98	128 166.70
住房按揭贷款余额(万元)	5 172.90	29 195.07	49 131.34	50 904.32	70 682.29
不良贷款	—	—	—	1 354.84	11 044.61

注:个人消费贷款余额包括一手房、二手房、住房授信、质押。

(天津银行)

23. 江苏银行上海分行

2013年,江苏银行上海分行重点围绕“树立一个理念,坚持三个结合,贯彻三大方针”,以扎实的工作举措,努力推动经营质效进一步提升。其中,树立一个理念,即要牢固树立可持续发展的理念,通过可持续增存创收,实现可持续发展。坚持三个结合,即一是业务发展与风险防控相结合,始终把风险防范置于首要位置,不断加强信用风险、市场风险、操作风险管理,确保风险整体可控;二是业务发展与结构优化相结合,把结构调整、转型升级贯穿于业务推进的全过程,不断优化资产、负债、客户、收入等各项结构;三是业务发展与基础工作相结合,即在大力发展业务的同时，时刻不忘做好基础性工作和基层管理工作，力争用2—3年的时间使分行的管理水平上一个新台阶。贯彻三大方针：一是以传统业务立行，巩固好、维护好传统存贷款业务，加大客户和渠道拓展力度，不断夯实发展基础。二是以转型升级强行，加快向小微业务、消费金融转型，提升综合竞争力。三是以新兴业务兴行，进一步提升国际、同业、投行业务的规模和能力。

【经营数据】 截至2013年末，上海分行本外币各项存款(不含同业)余额为220.68亿元，其中，单位存款余额155.62亿元，保证金存款余额46.62亿元，储蓄存款余额18.45亿元；本外币各项贷款余额为185.90亿元，其中，人民币各项贷款余额为180.74亿元，外币各项贷款余额为8 525万美元；同时全年实现中间业务净收入1.26亿元。

【业务创新】 2013年，上海分行业务创新主要体现在资金业务、投行业务、国际业务、纳税业务等四个方面。资金业务上，年内设计并开展了同业非标债权T+0投资转让业务创新业务模式，全年累计交易金额超过30亿元。投行业务上，在公司业务部内独立设置团队，专门从事投行产品研发和支持，年内成功发放并购贷款15.5亿元，派生中收超过1 000万元。国际业务上，依旧保持了往年的业务特色，全年累计实现国际结算量50.96亿美元、结售汇10.44亿美元；依托总行级人民币跨境贸易创新工作室，成功办理辖内首笔NRA福费廷业务；成为上海市第一批获得业务规程审核优化操作试点资格的银行；全年跨境人民币结算量位列在沪城商行第三。纳税业务上，分行于2013年8月起正式加入电子缴税横向联网系统，截至2013年末，已为44家客户提供便利的纳税服务。

【小企业服务】 上海分行一直致力于为小微企业提供更细致、更灵活、更专业的金融服务。2013年进一步发挥嘉定支行、奉贤支行等两家小微企业专营支行作用，以“提质增效”为工作要求，努力为沪上小微企业提供专业化金融服务。其中，年内积极推广使用该行新推出的“转期贷”、“政府集中采购融资”、“快易贷”、“组合贷”、“小企业主个人经营贷”等产品，得到广大小微企业客户一致好评。

【信用风险管理】 2013年，上海分行持续完善风险管理架构和运行机制，积极实施主动风险管理。年内开展数次风险大排查，并对针对钢贸及房地产等重点行业开展多次压力测试，为后续增持减退工作提供决策依据。对于逾欠息及不良贷款，该行推动落实一户一策，运用多种途径和手段进行追偿，全力降低损失。

【案件防控】 2013年，上海分行在“内控完善年”主基调下，着重用好“内控检查与整改管理系统”和“内控违规积分管理系统”，充分发挥系统的纠错机制作用；加强自查自纠和整改，以审促改；所有网点开展各项应急预案演练超过50次，进一步夯实了案件防控基础。

【金融企业文化】 2013年，上海分行以总行“融你我　融无限”理念为指导，深化“二线为一线，全行为客户”的服务理念，力求形成以客户为中心的服务文化。年内着重规范了员工日常行为，在部分网点试行窗口限时服务，持续改进提高营业网点对客服务水平。

【社会责任】 2013年内，上海分行13家网点开展以“反假货币”、“反洗钱”、“反诈骗”等为主题的宣传活动、公益活动、调研活动超过40次，通过开展公众金融知识的普及，践行银行业金融机构应有的社会责任。此外，注重维护社会安定和保护百姓资金安全，定期组织反电信诈骗进行培训及演练，于2013年内成功阻截了多起电信诈骗客户资金的案件，受到客户和属地警方的一致好评。

【主要指标】

单位：亿元

指标 \ 年份	2009	2010	2011	2012	2013
净利润	0.58	0.91	1.92	2.95	0.49
本外币资产总额	97.52	155.12	238.69	400.56	390.87
本外币各项存款余额(不含同业存款)	62.19	125.07	202.94	285.9	220.68
本外币各项贷款余额	60.01	92.87	123.59	166.6	185.90
个人消费贷款余额		1.96	2.32	4.09	2.93
住房按揭贷款余额		1.68	2.26	3.8	4.77
不良贷款率	0%	0%	0.03%	0.1%	0.60%

(李岳岩)

24. 南京银行上海分行

2013年，南京银行上海分行按照总行、分行年初确定的工作思路，大力推进业务转型，全力以赴清收化解风险资产，经营绩效表现良好，管理水平进一步提升。截至 12 月末，上海分行本外币存款总额 249.3 亿元，较年初增加 45.18 亿元。其中：对公存款 215.49 亿元、个人储蓄存款 33.82 亿元；各项贷款余额 112.62 亿元，较年初减少 4.65 亿元。其中：小企业贷款 34.99 亿元，较年初增加 3.52 亿元；中间业务净收入 9 544 万元，符合上海地区市场水平，保持了稳健的发展势头。

【业务转型】 (1) 公司业务方面：一是继续以银团项目、拟上市公司资金募集监管账户、私募股权基金托管账户和第三方支付机构备付金存管账户为营销抓手，积极挖掘和培育新的增长点。二是以结构性存款、现金管理等产品拉动负债业务增长，积极拓展溢流能源、上海国际集团新开立结构性存款业务。

(2) 个人业务方面：一是以期供类房易贷、二套房按揭贷款、首套房按揭、“1＋易贷”新产品为重点推进个人贷款业务。二是紧扣中高端客户，全面加强客户营销与维护工作。三是联合总行打造金融“云服务”，推出途牛网出境游“行计划”，推进与驴妈妈及实体旅行社的合作。四是全面优化厅堂服务流程，做好客户分层营销；创新使用微博、微信、社区报等媒体全方位宣传，提升品牌知名度。

(3) 投行、同业业务方面：不断加强债务融资工具及结构化融资业务产品的推进力度，深入开展投行项目营销及业务储备。一是累计为云峰集团、江西正邦、中建材国际、山西陆合等优质客户发行短融、私募等债务融资工具；累计为恒信金融租赁、万国数据、两港投资等客户发行结构化融资产品。二是不断开拓新的同业客户，并通过同业资产、负债的合理匹配、加快产品创新力度、加快高收益资产建仓速度等措施创造效益。

(4) 国际业务方面：坚持“一个延伸一个转变”的发展策略，灵活运用跨境人民币、内保外贷、代付盈、“易付宝”、国内信用证福费廷等特色产品，实现从国际贸易融资领域向与之相配套的国内贸易融资领域延伸，从单一环节的贸易融资向跨境联动、内外贸一体化的多环节全过程的贸易链融资模式转变，满足企业内外贸一体化业务发展需求。成功办理了系统内首笔 NRA 福费廷业务及首笔“易付宝”业务。

(5) 国内贸易融资业务方面：一是积极推动国内保理及国内保理池融资业务，开展“1＋N”模式的买方保理。二是积极探索货权质押业务。推动一对多模式项下的保兑仓业务，制定非标准商品存货质押授信方案，解决小企业缺乏抵押和担保品的难题；针对线上线下三方贸易模式，探索行业专业贸易融资解决方案。

(6) 小企业业务方面：科技金融，加强渠道建设，加入由上海市科委牵头组织的第四期科技履约贷试点项目并积极开展“投联贷”项目。民生金融重在“衣食住行”行业，与环迅支付、汇付天下建立合作关系；积极推动连锁餐饮信用贷产品；与联华超市尝试供应商融资业务，探索珠宝行业小企业贷款。

【风险防控】 一是强化资产质量管理。持续加强针对重点行业和企业的全面风险监测，全面部署对“三材”行业、保兑仓业务、国内保理业务、信保押汇业务、结构化融资业务等专项检查。二是强化风险预警管理。围绕授信业务的监测、预警、排查、分析、报告等环节，提高对风险信号的敏感度，提高全行信贷风险的防控能力。三是强化贷后管理工作。开展对大额民营授信客户的现场贷后回访工作，逐户走访客户了解经营情况，并集体会商后续授信政策取向。

【合规文化】 以案件防控为抓手，狠抓操作风险、道德风险管理，继续保持对案件防控的高压态势，员工合规意识进一步强化，全年未发生案件和安全责任事故。一是制定支行负责人案防日常基础工作管理办法，并修订了相关案防内控制度，不断建立健全案防内控管理工作机制。二是采取针对性措施，有效防控案件风险，包括组织全行员工签订年度案防目标责任书，开展员工诚信自测评价与道德风险排查、网点负责人案防日常工作检查，倡导部门和支行负责人对员工进行谈心和家访，设立违规经营举报热线，定期召开内控案防会议与案防培训，开展案防知识竞赛等。三是不断加强检查监督，通过违规积分和尽职问责，加大对违规行为的处罚力度和警示力度，配合监管开展全面现场检查并对相关问题进行了整改、落实和提高。四是加大对重要风险环节、关键内控点的审计，深化审计信息化建设和项目质量，审计有效性得到加强。

【主要指标】

单位:亿元

年份 指标	2009	2010	2011	2012	2013
净利润	0.98	1.98	2.82	1.08	1.57
本外币资产总额	104.07	204.16	264.72	336.65	413.86
本外币各项存款余额(不含同业存款)	101.20	144.71	170.29	204.12	243.43
本外币各项贷款余额	77.15	89.81	108.29	117.39	118.42
个人消费贷款余额	3.54	2.48	0.86	0.44	1.49
住房按揭贷款余额	4.90	8.62	8.20	7.30	8.23
不良贷款率	0.43%	0.39%	0.15%	0.75%	1.45%

(南京银行)

25. 宁波银行上海分行

宁波银行上海分行成立于 2007 年 5 月,不仅是宁波银行开设的首家异地分行,也是上海地区首家城商行异地分行。开业以来,上海分行秉承"以客户为中心,以市场为导向"的经营理念,不断融入区域经济。截至 2013 年,上海分行拥有营业部、徐汇、松江、闵行、静安、浦东、嘉定、长宁、普陀、黄浦、张江、卢湾支行等 12 家营业机构,服务半径覆盖上海重点经济区域。

【中小企业服务】 作为一家中小型股份制商业银行,宁波银行对自己有着深刻的认识与定位,根据自身特点和市场细分,宁波银行制定了以小企业为目标客户的发展战略,上海分行更是从 2007 年成立之初,就设立了专门的小企业金融服务部门,坚持"以小对小、以细致对细致"的服务理念,旨在与小企业共成长。在支持小企业发展的过程中,宁波银行打造了"金色池塘"金融服务旗舰品牌,该品牌集"小企业专业融资服务"、"小企业主专享金融顾问"和"小企业电子金融体系"为一体,依托充满活动的客户服务团队、标准化的产品和业务流程,为小企业提供专业、高效的金融服务。

"小企业专业融资服务"主要由"十个融"系列产品构成,其中包括信用、抵押、保证、贸易融资以及贷款周转等五类产品;"小企业主专享金融顾问"可为小企业主提供个人贷款、信用卡、现金管理服务等;"小企业电子金融体系"则依托企业网银、企业版移动银行和宁行 E 家人中小企业金融商务社区三大平台,为企业提供便捷的电子金融服务。

在不断根据市场需要,完善产品体系的同时,宁波银行还在不断优化流程、提高放款速度。通过推行"贷款打分卡"制度、为小企业贷款审批开辟绿色通道等措施,切实加快审批,有效缓解小企业客户资金需求急的难题。

【小微融】 上海分行针对小微企业资金需求"短、小、频、急"的特点,推出"贷款打分卡"自动审批的全新模式,该模式有别于传统的人工审批模式,"贷款打分卡"将小微企业信贷部分审批指标标准化,减少了人工干预,目前已可实现单笔 500 万元以下抵押类贷款系统自动审批,这一"小微信贷批量化"的审批新形式大幅提高了小微企业贷款效率,在资料齐全的情况下最快当天就可批准贷款,通过"小微宣传月"的活动,越来越多的小微业主主动向银行客户经理咨询相关产品。

【重大活动】 (1) 2013 年 3 月 28 日,上海分行举办卓越服务媒体体验日活动,以普陀支行老年客户特色服务为窗口,通过邀请全国以及上海本地主流媒体至网点亲身体验的形式,全面展示上海分行卓越服务风采,有效提升了在上海当地的品牌形象。该活动以全行投票第一的成绩入选总行"2013 年度十佳品牌项目"。

(2) 2013 年 4 月 25 日,上海张江支行正式开业,这是上海分行第 11 家营业机构,也是总行范围内第一家小微企业专营支行。张江支行的开业是宁波银行进一步融入上海经济、大力支持小微企业发展的又一重要举措。

【主要指标】

单位:万元

年份 指标	2009	2010	2011	2012	2013
净利润	3 516.46	10 723.58	17 647.26	23 415.06	28 064.66
本外币资产总额	1 486 887.56	2 203 558.11	2 750 912.29	3 243 205.03	3 611 522.31
本外币各项存款余额(不含同业存款)	1 125 868.94	1 642 393.65	2 440 255.84	2 209 059.74	2 412 155.28

（续表）

年份 指标	2009	2010	2011	2012	2013
本外币各项贷款余额	770 194.27	997 573.46	1 239 010.11	1 423 501.62	1 570 687.18
个人消费贷款余额	130 932.99	174 587.72	212 181.79	249 980.95	372 990.37
住房按揭贷款余额	4 245.15	9 698.00	14 783.44	17 743.49	17 117.31
不良贷款率	0.02%	0.05%	0.05%	0.16%	0.72%

（宁波银行）

2013年12月26日，宁波银行上海卢湾支行正式开业

26. 杭州银行上海分行

2013年，杭州银行上海分行按照“精准把握战略重点，深入推进转型发展”的年度总体工作要求，全行上下统一思想，齐心协力，稳步推动各项业务发展，取得了较好的成效。截至2013年12月末，各项存款余额为198.72亿元，比年初增加了31.87亿元，增幅19%；各项存款日均余额为175.62亿元，比2012年全年增加19.06亿元，增幅12%，完成总行存款日均计划的97%；全年实际账面利润3.31亿元，比上年增加0.56亿元。

【公司、国际业务】 紧盯市场，充分发挥国际金融中心优势，开拓新业务，公司、国际业务联动营销成效显著，不断为客户提供高效专业化的金融服务解决方案，努力成为中型企业和公共服务行业单位的紧密合作伙伴。(1)积极推动本外币联动和保本理财产品营销，通过“跨境宝”、保本理财等业务拉动，全年新增对公存款42.3亿元；(2)积极推动“银关通”业务，全年开发有效客户数位列异地分行第一，累计支付总金额位列总行系统排名第一。

【小企业业务】 突出“质量”与“效益”并重，“提升客户数量”与“优化客户结构”并重，致力于为小企业提供专业、便捷、可信赖的金融服务，成为小企业的成长伙伴、小企业金融服务的标杆。(1)通过优化业务流程、改革组织架构，提高抵押类业务的效率；(2)以网点建设为抓手，推动网点团队入“市场”，推进小企业结构转型和服务转型；(3)在风险管控前提下，利用“贴近市场”营销，达到分散客户、优化客户结构、行业结构和产品结构的目的。

【零售业务】 零售业务“沉下去”的工作进一步落实，储蓄存款和新增量均位于异地分行第一名，继续保持领跑地位，在推进业务发展的同时提升了分行的品牌和知名度。(1)创新产品、推进易通卡、IC卡项目落地实施；(2)上海分行全年累计销售理财85.11亿元，组织销售650期个人理财产品，签约客户4.43万户，理财销售业绩位居异地分行榜首；(3)深化社区营销，全年金融服务合作社区共计70家，各类公益性活动385场；(4)新增微信客户端、二维码、报纸、网站、社区派发宣传单页等多种形式，积极开展电话营销试点。

【资金业务】 上海分行资金票据中心长期致力于打造团队诚信、服务专业、经营稳健、业绩优良的资金业务平台，为全行财富管理业务和资产负债定价提供技能支持。2013年，资金业务不仅仅局限于原有业务模式，更充分发挥了资金业务与公司等业务的联动作用，提升了分行对客户的综合服务能力，并通过积极创新产品推进资金业务发展，资金业务盈利能力进一步得到提高。

【创新业务】 在做好传统业务的同时，上海分行加大创新力度，以科技金融业务为战略核心，坚持“专营、专业、专注”的理念，建立分行科技金融推动小组，初步形成了科技金融推广机制，业务发展取得了良好开端。截至2013年12月末，上海分行科技金融客户数为73户，较2012年年末新增48户；贷款余额4.88亿元，较2012年年末新增2.43亿元。上海分行科技金融业务发展的显著成效获得了监管部门及相关区域政府单位的肯定。

【风险管理】 根据内外部形势的变化以及监管部门和总行的新要求，上海分行将风险管理工作作为全行工作的"重中之重"，各条线、各机构之间紧密配合、齐抓共管，确保了在2013年面临较多客观困难的情况下，实现了"零案件"、无违规违纪事件的安全经营目标。

【企业文化】 上海分行重点构建"积极向上、以人为本、风清气廉"的企业文化，全面弘扬正能量，提高凝聚力和战斗力。愿景是致力于为城乡中小企业与居民家庭提供专业、便捷、亲和的金融服务，成为中国价值领先的银行。同时，分行坚持以总行战略为导向，抓住上海作为金融改革排头兵和自由贸易试验区的历史机遇，以"创新"和"改革"为关键词，一手抓业务创新，一手抓体制改革，在严控风险的基础上努力扩大有质量的规模，推行业务专业化管理，培育核心竞争力，做大做强中小企业业务，做大做响零售客户业务，巩固发展传统客户业务。

【主要指标】

单位：万元

指标＼年份	2009	2010	2011	2012	2013
净利润	10 649.00	16 082.00	28 919.00	10 044.00	5 791
本外币资产总额	1 067 039.74	1 493 311.77	2 285 110.95	2 930 385.22	2 546 097
本外币各项存款余额（不含同业存款）	1 032 904.91	1 234 047.80	1 413 807.43	1 668 503.04	1 987 186
本外币各项贷款	699 998.44	621 781.96	808 529.82	1 145 722.29	1 082 548
个人消费贷款余额	15 148.26	24 176.36	38 362.02	33 997.27	46 205
住房按揭贷款余额	6 386.18	13 201.54	12 185.83	10 988.71	13 860

（陈　晗）

27. 温州银行上海分行

温州银行上海分行作为温州银行首家跨省经营的分行，于2010年5月17日正式对外营业，初步实现了温州银行"立足温州、布局浙江、进军长三角"的战略目标。上海分行成立三年多来，坚持"融入上海、立足中小、服务温商、贴近市民"的市场定位，坚持依法合规经营，各项业务迅速发展。2013年主体业务继续保持增长，队伍建设不断加强，机制体制不断完善，基础管理持续增强，先后设立宝山、浦东、徐汇、虹莘、嘉定、杨浦等分支机构。截至2013年12月31日，上海分行资产总规模达到238亿元，各项存款余额102.44亿元，各项贷款余额52.32亿元，国际结算量3.67亿美元。

【科学发展】 根据总行"坚持规模与质量并重，实现效益与效率双升，全力打造资产千亿优质银行"的任务目标。上海分行结合自身发展实际，研究制定了分行2013年发展规划，明确要以"稳增长、调结构、控风险、求创新、强队伍、增效益"为目标，坚持规模、质量、效益平衡发展，深入推进上海分行转型升级，实现全年安全运营。

【业务发展】 上海分行通过制定实施2013年春来早营销活动方案，做到早规划、早布置、早落实，为业务的发展打下了坚实的基础。5月17日，上海分行迎来成立三周年，以此为契机，组织了专题营销活动，各项存款首次成功突破100亿元，极大地提振了全行干部员工的士气，进一步坚定了发展的信心。基本形成了以上市公司、优质大中型企业、优质温商浙商和广大中小企业客户为主体的基础客户群体，为后续发展打下了扎实的基础。

【小微企业服务】 根据监管指导意见和总行相关信贷政策，结合区域经济特点，上海分行制定了小微授信政策，强化对小微业务发展的导向作用。将有限信贷资源优先支持高科技制造业和现代服务业等小微客户发展；深入拓展为制造业内龙头企业提供配套生产的小微型供应商客户，分散行业集中度，降低单户授信规模，不断优化分行授信结构。截至2013年末，上海分行小微型企业贷款余额30.02亿元，较年初增加6.31亿元；小微贷款余额占全部贷款余额57.86%，较上年提高2.34个百分点。小微授信客户占上海分行全部授信客户的78.15%，小微贷款占全部贷款比例、增速远高于上海地区水平，充分体现了温州银行积极支持小微的市场定位。

【企业文化建设】 一是坚持和倡导合规文化。加强对员工的合规教育及检查指导工作，对员工日常不规范的操作行为及时加以引导及纠正，通过营造良好的合规氛围树立员工合规意识，以此约束员工日常操作行为。进一步整章建制，加强培训教育。在营业部设立专职出账组，加强了贷款、贴现、开票等业务风险控制，先后成功堵截变造银行承兑汇票两张，金额近700万元；浦东支行也成功防范堵截一起电讯网络诈骗，确保了上海分行和客户资金安全。为约束员工8小时外行为规范及加强案件防控工作需要，根据总行及监管部门要求，上海分行多次进行员工日常行为和参与非法集资的专项排查工作。

二是丰富员工业余文化生活，以正确的舆论氛围和健康、有益的活动凝聚员工，增进和谐。重新整合，成立了摄影、羽毛球、足球、乒乓球、桌球、游泳等6个员工俱乐部，组织开展各类文体活动。策划、制作了《光荣与梦想——温州银行上海分行成立三周年巡礼》专题片，在全行员工中进行宣传教育，回顾总结三年创业史，鼓舞全行士气，坚定发展信心，引起了较大反响，达到了预期的宣传效果。组织开展了成立以来第一次全员户外拓展培训活动。主题为“勇于承担责任，敢于攻坚克难”，旨在进一步融合团队，进一步丰富分行企业文化建设的载体，进一步深化“以人为本”的企业文化管理内涵。

三是根据上海银监局和上海同业公会的有关要求，组织支行开展金融知识万里行宣传活动，精心策划了“学雷锋，金融服务进社区”、“315银行业消费者权益保护宣传”、“小微金融服务宣传月”、“金融知识进万家”等系列活动，积极组织落实总行“优服务提效能，创文明促发展”主题教育系列活动。其充分展现了温州银行青年的良好精神风貌和社会责任意识，同时增进了对周边居民和专业市场的渗透宣传，促进了业务发展。

（宋卫平）

28. 浙江泰隆商业银行上海分行

截至2013年12月末，浙江泰隆商业银行上海分行开业近四年，2013年末各项存款余额97.73亿元，较年初增加了38.78亿元，增幅65.78%。开户数达162 775户，户均存款仅6万元；各项贷款余额47亿元，较年初增加14.38亿元，增幅44.08%，其中抵（质）押贷款只占14.94%，不良资产率仅为0.75%。2013年，浙江泰隆商业银行上海川沙、金山、闸北、徐汇4家支行相继开业，进一步完善了上海分行服务沪上小微企业的网点布局。

【重点服务】 第一，针对小微企业贷款需求“短、频、快”的特征，分行坚持对500万元以下的信贷业务实行“三三制”的服务承诺：老客户三小时办结业务，新客户三天内给予能否办理的答复。为保障灵活高效的金融服务，上海分行一方面不断优化业务流程，实现业务操作的规范化、标准化及流程化，进一步为小微企业提供快捷、高效的金融服务；另一方面实行充分授权，根据被授权人的从业年限、风险把控能力等因素，授予业务部门负责人及支行行长相当的审批权限，使得大部分信贷业务在支行层面即可完成审批。

第二，为解决小企业主的结算时间与银行营业时间无法对接的难题，上海分行适当地延长了柜面营业时间，从早上八点一刻至晚五点三刻，以超常的服务时间配合微小企业和个体工商户的营业作息需求。除此之外，分行每个网点均配备十余个柜面，极大地减少了小企业主的等待时间，提升了服务质量。

第三，积极推动电子银行业务发展，目前电子银行渠道已成为分行重要的业务交易渠道。

【担保创新】 对于优质客户或者小额贷款，分行适当弱化担保要求，鼓励信用贷款和道义担保贷款，解决客户担保难、签字烦的问题，提升客户体验增强客户满意度。分行的“信融通”（信用贷款）、“义融通”（道义担保贷款）、“押满融”即是担保方式创新的产物。

其中，“信融通”贷款以分行小微企业及个体经营户为主要服务对象，充分发挥“人品”对信贷风险的保障作用，重视借款人自身“信用”，弱化资产实力要求，强调借款人的自我约束，免除借款人为寻找他人做担保而欠“人情债”的顾虑，大大简化了贷款流程，为小微企业客户提供了更为灵活、高效的金融服务。“押满融”抵押组合贷款，是指借款人提供抵押担保作为主担保，在其追加保证担保、道义担保作为辅助担保或组合发放信用贷款的前提下，根据借款人的资信实力，给予一定的利率的优惠，且贷款额度最高可达抵押物价值的150%。该产品的特点是担保方式多样可选，贷款额度可大于抵押物价值，适用于融资需求较大，但抵押物价值不够的客户。

【小微企业服务】 社区化经营是上海分行商业模式在市场拓展与经营方面的核心组成部分。其精髓在于“小客户成片做”这种展业模式以及风控手段。“小客户成片做”的社区化经营包含三个方面的内容：第一是坚持上海分行小微企业的客户定位；第二是为保证服务效率需控制服务半径，首先选择有集中性、有潜力的社区去经营，客户覆盖率必须达到一定标准；第三是为社区客户持续提供高水平的服务，保证分行产品的落地率。

“社区化经营”可以非常有效的解决成本高、信息不对称这两大难题。首先可以通过社区内的口碑相传，一定程度达到批量开发客户的效果，大大降低社区内客户关系维护与贷后检查的成本；同时，通过在社区内长时间深入基层，客户经理在维护、开发客户的同时可以积累大量真实信息，有效解决信息不对称问题、实现风险的可控。

上海分行坚持社区化经营。在考核上，强化对有效社区数量、开户数的考核，高度重视基础客户的积累和客户关系管理。截至2013年12月底，共开发有效社区389个，社区内开户数量81 743户，占分行客户总数的50.21%；社区内存款余额55.1亿元；社区内贷款余额24.5亿元。通过社区化经营，使泰隆银行上海分行有效发挥了社区的规模效应，降低了成本。

另一方面，上海分行又明确了稳健发展的机构发展策略，对于新设机构，淡化规模考核和利润考核的要求，不盲目抢滩，不盲目设立营销团队，以基础客户的积累和客户结构为考核导向，着眼于长期发展。

【风险管理】　目前，上海分行严格按照中国银监会的新监管标准，建立了全面风险管控体系，设立了“纵向到底、横向到边”的前台、中台、后台三道防线机制。在具体执行上，高度重视三大风险：一是操作风险。以风险经理队伍建为抓手，不断完善操作风险防控体系建设，加强自查、抽查和交叉检查，重点防控操作风险。二是道德风险。道德风险是银行风险的重要源头。在内控管理中，以客户和员工“两个人的管理”为抓手，通过强化泰隆特色的“双十禁令”、“三九条令”，严格仿防范道德风险。三是声誉风险。强化舆情管理，加强了非现场检测体系建设，并重新梳理信息报告机制，着力提高风险发现和快速响应能力。

【主要指标】

单位：万元

指标＼年份	2010	2011	2012	2013
净利润	248.67	508.89	1 644.15	8 124.10
本外币资产总额	236 318.59	389 363.80	618 008.06	1 003 387.20

（续表）

指标＼年份	2010	2011	2012	2013
本外币各项存款余额	225 421.14	375 945.93	592 800.49	977 279.08
本外币各项贷款余额	94 291.99	176 422.05	326 241.11	470 028.75
个人消费贷款余额	679.93	1 238.44	2 815.55	6 042.30
住房按揭贷款余额	0.00	0.00	0.00	0.00
不良贷款率		0.03%	0.09%	0.5%

（泰隆银行）

29. 浙江民泰商业银行上海分行

浙江民泰商业银行上海分行是浙江民泰商业银行在省外设立的第二家分行，于2010年12月30日正式挂牌开业。开业以来，上海分行坚持小微企业金融服务的市场定位，充分利用上海国际金融中心建设的有利时机，发展步伐不断加快，管理水平有效提升，各项工作稳步推进。截至2013年12月31日，各项存款余额35.68亿元，存款日均28.25亿元；各项贷款余额21.67亿元，其中，单户授信500万元以下小微企业贷款余额18.96亿元，占全部贷款余额的87.49%，单户授信500万元以下小微企业贷款户数2 859户，占全部贷款户数的98.42%。全年共有嘉定支行、杨浦支行、浦东支行相继开业，小微金融服务覆盖半径不断扩大。

【小微特色】　将“做小”的理念贯穿于各项工作始终，严格按照“深化小微企业金融服务”的要求，开展了“服务好一个乡镇、服务好一个社区（园区）、服务好一个村居、服务好一个市场、服务好一个商会（协会）”的“五个一工程”活动，分阶段开展了金融大走访、进村入企及特色产品宣传活动，深入市场、社区、园区等了解和掌握市场需求和客户需要，专门制作了宣传手册、业务费率表、客户版业务指引等材料，针对小微客户提供专业咨询服务和产品培训，上门为客户讲解业务基本知识和概念，解释办理流程，宣传授信要求。同时，及时掌握和解决小微企业的意见和建议，落实“一企一策”信贷支持措施，在信贷投放和行业投向上做到了专注“小微”，安排了独立的小微企业信贷资金计划，设置了小微贷款考核指标。

【风险管理】 健全风险管理体系，将风险管理着眼于全面风险管理，从多个方面、多个角度开展风险控制工作。继续加强信用风险管理，严格落实信用风险评级及时了解和分析客户的信用状况，密切关注市场信用风险的整体态势；继续加强操作风险的管理。规范各项业务的操作环节，优化环节设置，对操作风险的重点环节进行管理。对信贷业务加强指导，并及时进行跟踪检查，对不符合规章的业务及时督促整改。

开展涵盖夯实案件防控工作基础、开展案件防控专项活动、加强操作风险防控、强化风险检查整改工作4个大类活动、15项具体案防工作；进一步明确了案件防控责任主体和责任人，分层分级分解目标责任，制定了《基层网点负责人案件防控日常工作管理办法》，指导各基层网点负责人切实加强案件防控履职管理；开展业务风险及员工行为排查，查找案件隐患源头。进行了各项案防认知摸底调查、规范经营自查，会计检辅以及业务风险排查；开展了“六个一”廉洁合规主题教育活动。通过邀请专家讲座、参观警示教育基地、观看警示教育纪录片、开展廉洁合规征文和精读一本廉洁合规书籍活动等各类主题活动，在全行营造了崇廉、倡廉、促廉、思廉的良好氛围和风险防控局面。

【产品创新】 为加快战略转型，推动金融创新，上海分行启动了小企业批量化营销试点的探索工作，针对小微企业客户群面广量大的特点，紧抓成本控制和风险管理两条主线，从降低人力和财务成本的角度出发，确立通过建立适合小微客户的标准化营销机制和信贷流程，将传统的“点对点”服务扩展为“点对面”服务，按照大数法则开拓小微金融发展新思路。通过同业交流、信息搜集、头脑风暴等方式研究了小微金融服务的现状和发展方向，并在行业选择、市场调研方式方法、信贷流程优化及营销话术等方面取得了一些阶段性的成果。

【社会责任】 2013年，上海分行积极响应上海银监局银行业青年“三进”活动安排，开展了一系列形式多样、内容丰富的活动。为加强与市场和企业的联动，开展了金融服务大走访活动、银企对接活动、小微企业服务金融宣传月活动、网银信用卡宣传月活动；为扩大在社区和村居的影响力，开展了送金融知识进社区活动、反洗钱宣传活动、反假币宣传活动、残破币兑换活动；为不断提升客户的服务体验，开展了客户经理上门服务活动、客户满意度调查活动；为推进产品和服务创新，面向全行员工开展了“金点子”征集活动。活动覆盖了14个乡镇、42个社区（园区）、7个村居、92个市场和32个商户（协会），参与活动的客户经理为4 457人次，参与的客户数量达到13 497人次。

【主要指标】

单位：亿元

指标 \ 年份	2011	2012	2013
净利润			1 466.31
本外币资产总额	144 971.95	223 986.76	375 201.81
本外币各项存款余额（不含同业存款）	105 868.74	212 117.20	356 816.31
本外币各项贷款余额	42 420.96	133 901.49	227 713.59
个人消费贷款余额	1 163.96	1 983.37	2 178.48
住房按揭贷款余额	0.00	0.00	0.00
不良贷款率	0.00%	0.14%	0.76%

（民泰银行）

30. 厦门国际银行上海分行

2013年是厦门国际银行具有里程碑意义的一年。2013年初，厦门国际银行成功完成股份制改造，由中国第一家中外合资银行正式改制为中资城市商业银行。截至2013年底，厦门国际银行股份有限公司除厦门总部外，在北京、上海、珠海、厦门、福州、福建宁德、龙岩等地设有营业性机构网点，在沿海发达经济区进行了战略性的网点布局，并在香港、澳门分别拥有全资附属机构。在英国《银行家》杂志2013年“全球1 000大银行”评选中，厦门国际银行股份有限公司按一级资本排名位列第480名，跻身全球银行500强行列。迈入成立后的第八年，厦门国际银行股份有限公司上海分行亦取得长足的进步。发挥进位争先的企业文化优势，秉持立足上海、辐射长三角，致力打造差异化优势并提供灵活优质金融服务的宗旨，上海分行已逐步跻身上海地区中小城商行的前列。

【金融服务】 2013年以来，厦门国际银行立足

“拾遗补缺”的市场战略，重点服务中小工商企业，以创新驱动业务增长，先后推出“房易通”、“非上市银行股权质押贷款”、“贸易通”、“厂商银一票通”等为中小企业提供便捷融资服务的创新产品，利用金融杠杆扶持中小企业发展。

充分利用海外附属机构的特殊优势及长三角地区多元化的金融服务需要，分行更积极开展两地联动、海外代付等业务，以专业化的业务人员团队、高效率的反应机制和“方案专家”的个性化、差异化服务，有效保证了金融服务质量及品质，以打造精品商业银行为目标，为区域金融繁荣作出贡献。

【风险管控】 在业务快速发展，中小企业客户规模不断扩大的同时，厦门国际银行始终坚持“精艺管理”的风险管理理念和高标准、严要求的合规经营准则，不断完善制度、加强排查，在2013年整体经济形势下行的大环境下，依然维持0.39%的资产不良率，在同业金融机构中处于较低水平。通过不断加强对行业性风险的深入研究和对市场性风险的提前预判，上海分行未涉及钢贸及大宗贸易融资等风险集中发生的行业，保持了优秀的资产质量。

【企业文化】 以优势文化凝心聚力，以管理特色助力发展。2013年上海分行企业文化建设以总分支三级联动为特征，热点不断、形式多样，通过加强正面宣传、积蓄和释放正能量，传递银行激流勇进的争先文化，助力银行业务发展。致力于打造企业文化建设的传统品牌，分行先后组织“国行2 000亿感谢有你同行——寻找背后的故事”、春茗、迎新运动会、中秋博饼喜乐活动等具有品牌特色的文化活动，并以分行文化论坛为平台组织多项交流、互动活动，提升员工参与度及团队凝聚力。

发扬及贯彻人员管理的优秀经验，上海分行不断通过强化纪律管理、加强合规教育等途径提升人员管理水平、强化管理人员能力，引导管理人员从关注结果到更加关注过程。

【社会责任】 厦门国际银行股份有限公司上海分行立足社会、反馈社会，在党总支、银行工会的带领下组织员工开展多项公益活动。2013年4月22日雅安地震发生后，上海分行员工自发捐款人民币近3万元，以绵薄之力为灾区人民奉献温暖；定点帮扶西部贫困落后地区，为贵州惠水县四所小学捐献14台电脑，履行银行对贫困地区及弱势群体帮扶的社会责任。

【重大活动】 2013年4月13日，以“心创造，新飞翔”为主题的厦门国际银行股份有限公司成立系列活动启动仪式在其机构所在地厦门、北京、上海、福州、珠海、澳门等地同步举行。当天，厦门国际银行上海分行“心创造，新飞翔——张开公益的翅膀”系列活动启动仪式在位于南京东路商圈的黄浦支行门前举行。以“倡导骑车、绿色出行”为主题的该行员工自行车环保宣传队从现场出发，通过与各支行网点员工接力骑行的方式，向沿途市民宣传PM2.5的成因及危害。响应杜绝铺张浪费的号召，分行在后续一段时间内接连举行“有约春天徒步走”世纪公园绿色出行宣传活动及一系列分行内部互动活动，以绿色环保的模式打造银行品牌形象。2013年增资扩股完成后，厦门国际银行资本净额突破100亿元大关。

【主要指标】

单位：亿元

年份 指标	2009	2010	2011	2012	2013
净利润	1.58	1.06	2.29	1.89	2.48
本外币资产总额	67.56	123.44	214.87	441.24	435.67
本外币各项存款余额(不含同业存款)	54.35	87.92	132.23	194.71	264.2
本外币各项贷款余额	57.36	86.69	98.91	113.97	135.68
个人消费贷款余额	0.45	0.34	0.07	0.02	0.02
住房按揭贷款余额	3.24	2.64	2.23	1.97	1.47
不良贷款率	2.20%	1.45%	0.60%	0.38%	0.39%

（厦门国际银行）

（三）营运中心

1. 中国工商银行票据营业部

2013年，中国工商银行票据营业部以创新驱动、转型发展为主线，进一步深化利润中心建设，圆满完成了全年各项工作任务，业务发展迈上了新台阶。全年累计实现票据交易量15 876亿元，同比增加5 429亿元，增幅达52%。实现拨备后利润20.53亿元，同比增加2.9亿元，增幅16.45%，人均创利达

667万元，实现经济资本回报率148.34%、买断类票据收益率6.22%，并实现了假票收进率、不良资产率、资金损失率、案件发生率为零的风险管理业绩。

【转型发展】 主动应势求变，强化了经营理念。一是树立了转型发展理念。明确了“从经营理念、运作方式、业务结构和盈利模式等方面加快发展方式转变，建立‘四位一体’发展格局”的发展理念，走低资本占用、高资本回报的发展道路，着力推动票据业务盈利模式由规模资金驱动型的外延式增长，向资本集约型和效率导向型的内涵式增长转变。二是及时调整了经营策略。针对市场利率波动态势，主动研究分析形势，成立了“应急经营决策小组”，通过集体决策、互通信息，以工作例会形式研究应对策略与工作措施。并实施了库存票据结构优化策略，实行了规模内和规模外“鼓肚”业务操作策略，有效应对了复杂的经营形势。

【重点业务】 突出经营重点，完成了经营目标。一是拓展重点业务产品。针对市场利率大幅波动、规模有限等情况，将转贴现、买入返售及再贴现等业务作为重点产品，通过以量补价、用活资金，提升了利润贡献。全年累计买入票据和卖出票据分别较上年增长49%和56%，创下历史最好水平。买入返售、再贴现等业务的交易量、利息收入在全行名列前茅。二是落实九项增收措施。针对利差同比大幅度收窄的形势，采取了做大周转交易业务、加快票据托管业务推广等九项具体增收措施，并按月分解、按周监测，逐月通报工作完成进度，对阶段性经营目标实行同奖同罚，加强目标推进与工作督导，确保了利润目标的实现。

【竞争能力】 通过三措并举，增强了竞争能力。一是实施“三种营销策略”。通过与系统内分行签订战略合作框架、与系统外同业加强业务需求对接、与外(港、台)资银行培育新的客户关系，有效拓展了客户市场。并积极促进营销模式转型，遴选非银行金融机构目标客户，积累客户资源，为打通业务渠道奠定了基础。二是推动“三类客户升级”。统筹客户营销资源，明晰总分部分层营销体系，加强了总行(部)级客户营销力度，通过每月业务量统计监测与营销策略提示，积极推动核心、重点和一般客户“三类客户升级”，使核心与重点客户的交易量和利润贡献占比均达到80%以上。三是借力“三大营销平台”。积极发挥秘书长单位作用，维护好上海市、长三角地区和全国性商业银行票据联席会议制度，并借助三大平台，交流市场信息，扩大业务合作，进一步提升了业界影响力。

【创新驱动】 实施创新驱动，推进了转型发展。一是推动产品创新，拓宽了业务品种。将创新作为转变发展方式的关键，成立了产品创新部，贴近和满足客户需求，全年投产了票据资产受托管理、票据理财、票据资产托管等新产品，在“票据池”、资产管理等业务创新上取得了新的进展，促进了业务多元化发展。二是力推票据托管，促进了经营转型。配合总行推进票据资产托管业务从研发到投产的全过程，并以推动票据托管业务为契机，积极开展市场营销，通过票据资产托管系统办理了首笔票据托管业务，实施了托管系统的全流程试点操作。截至2013年末，票据资产托管业务签约客户达47家，办理托管存入235笔，金额2.85亿元；发出托收235笔，金额2.75亿元；收回托收234笔，金额2.75亿元，实现了票据托管业务的良好起步。

【经营效能】 提倡集约运作，提升了经营效能。一是有效优化了“三项运作机制”。在资源配置机制上强化资源产效导向，坚持向经营效能高的分部和业务倾斜；在绩效考评机制上坚持价值创造原则，通过优化指标设置和考核，突出增效创利的重点；在费用分配机制上加大财务资源挂钩力度，强化了经营导向和挂钩费用的激励作用。二是推动实施了“三步交易策略”。通过“拓进口、找出口、频交易”的“三步策略”，促进周转交易业务发展，全年共办理周转交易14 008亿元，同比增加4 929亿元，增幅50%，实现周转交易获利5亿元，票据周转率达16次，同比增加4次，通过盘活票据资产，提升了经营效能。

【风险防控】 夯实业务基础，强化了管理效果。一是认真研判票据业务面临的风险形势及防控措施，充分发挥风险管理委员会作用，及时确立风险偏好及风险管理策略，制定并完善了全面风险管理制度办法，强化了票据业务风险提示与防控指导。并对买入业务结构等重点开展多维度风险分析，增强了风险管理的实效。二是强化了内控合规建设。按照“制度精简、流程高效”的原则，全面梳理并精简了制度文件。通过内部控制评价与ISO外部评审结合，加强与监管机构沟通，及时掌握最新监管政策和监管信息，确保了业务合规稳健经营。

(工行票据部)

2. 中国工商银行私人银行部

自2008年3月成立以来，中国工商银行私人银行业务为个人金融资产在800万元人民币以上的高净值个人客户，提供涵盖资产管理、另类投资、全权委托、顾问咨询、财务管理、跨境金融、财富传承和增值服务等八大系列的专属服务，并对个人金融资产500万元人民币以上客户提供体验服务。

【管理模式】 2013年，工行私人银行业务加速产品服务布局，在工行系统36家一级分行、直属分行建立私人银行中心，在400余家二级分行着力推进服务延伸，建立私人银行服务中心，形成了覆盖全国的高端客户市场的业务布局和渠道网络；同时加大对互联网金融服务应用，在手机银行、网上银行等平台推广私人银行基础金融服务，形成“行商模式＋网点服务＋线上直销”的全方位服务模式。私人银行业务还积极延伸海外业务，形成了以香港私人银行中心作为全球产品研发中心，以香港、欧洲、新加坡和中东为区域中心，覆盖全球重点市场的良好局面，私人银行业务境外全球布局已基本形成。

【经营业绩】 2013年，工行私人银行业务实施私人银行业务经营转型，坚持私人银行业务“全行办、全球办、专家办”的战略导向，正确研判宏观经济走势，主动把握市场机遇，有效利用工行私人银行业务转型发展机遇，在资产管理业务发展方面主动创新，积极发展，建立丰富的产品线，满足客户差异化需求，有效提升直接管理资产规模，各项收入实现快速增长，为私人银行业务的快速、可持续增长打下了坚实基础。至年末，个人金融资产800万元以上的私人银行客户突破3.13万户，管理资产达到5 412.85亿元。2013年荣获《亚洲银行家》、《亚洲金融》、《财资》、《证券时报》、《理财周报》等“中国最佳私人银行”大奖。荣获2013年《欧洲货币》的“中国最佳投融资方案私人银行”、《21世纪经济报道》的“最佳中资私人银行”及《中国经营报》的“2013卓越竞争力私人银行”奖项。

【服务创新】 工行私人银行部充分依托工商银行整体优势，秉承工行稳健、进取的一贯风格，坚持“诚信相守、稳健相传”的经营理念和“想所未想、创所未创”的服务理念，充分整合服务资源，积极创建具有中国特色、工行特征的经营模式和服务体系，实现了快速健康发展。

工行私人银行业务加快发展私人银行产品服务创新，形成了“核心＋基础＋策略”的专享产品线体系，实现了产品期限由短到长、风险收益由低到高、投资领域由单一到多元的全覆盖完善型理财产品线布局；持续转变代理业务发展策略，搭建开放式的产品遴选平台，开发顾问咨询业务机制，形成具有工行特色的代理、顾问咨询业务模式；针对5 000万元以上超高、极高净值客户设计、开发专户全权委托产品，提供一对一的专属理财服务。目前，工行私人银行产品服务基本覆盖私人银行客户多元化的投资需求，为私人银行客户提供公私一体、投融资一体、境内外一体的整合性、专业性、创新性金融服务。在服务过程中以客户需求为导向，坚持“先了解、后建议，先策略、后投资”的原则，实现从“销售产品”向“提供方案”转变，已成为客户财富管理与投融资一体化的“解决方案提供者”，提供跨机构、跨市场、跨产品的整合性、专业性、创新性金融服务。同时积极拓展健康医疗、税务咨询、艺术品收藏、慈善公益、子女教育等非金融服务领域，为私人银行客户提供更贴合需求的增值服务。

（工行私人银行部）

3. 中国农业银行票据营业部

2013年，中国农业银行票据营业部适应市场环境的快速变化，适时调整经营策略，不断扩大市场影响力，各项业务经营指标再上新台阶，全年累计完成交易量2 719亿元，实现经济增加值6.94亿元。

【业务拓展】 灵活调整业务结构，重点拓展同业逆回购业务，年中逆回购资产余额创历史新高；在上半年加大同业买断业务的营销力度，增加交易规模；积极拓展高收益业务，提高业务占比。大力拓展新客户，发掘业务互补性强、合作潜力大的金融机构；进行交易性业务客户资源储备，增加盈利渠道，拓宽业务多元化发展空间。

【创新研究】 开展以利率市场化改革为主题的内部课题研究，完成7项研究课题；在《上海金融》杂志开辟国内首个公开性“票据研究”专栏，推动票据市场前沿领域研究；《利率市场化背景下商业银行票据业务经营转型研究》获上海市金融学会重点课题三等奖。

【风险管理】 增强风险应对能力，适时调整风险容忍度，合理平衡业务拓展和风险监管要求；加强中后台质量管理，规范审查标准，加强业务各环节的规范操作；与同业建立公示催告信息共享机制，促进票据市场风险联防联动，继续保持不良资产率、资金损失率为零的安全运营记录。

【制度建设】 不断推进内部制度流程及管理体系完善，制定规章制度管理办法，建立包括业务定价、操作及风险管理等相关办法的制定修订机制，强化业务合规运行能力；制定员工岗位轮换聘任管理和岗位工作考核实施细则，推动实现人性化管理与刚性管理相结合。

【企业文化】 认真组织开展党的群众路线教育实践活动，切实加强廉政建设，倡导勤俭节约的企业文化；开展拓展训练、荐书读书和体育活动，创办电子内刊，强化团队意识和员工文化；加大教育资源投入，构建职业化员工队伍，全年共计 16 人次通过 CFA 等资格考试。

（农行票据部）

4. 中国农业银行私人银行部

自 2010 年 9 月 29 日成立以来，中国农业银行私人银行部不断整合内外部资源，吸收国内外先进经验，秉承“信赖、贴心、成就”的品牌内涵，坚持“以客为尊、锐意进取”的服务理念，通过“1＋1＋N”的服务模式，为金融资产 500 万元以上客户提供投资管理、资产管理、顾问咨询、跨境金融、增值服务等多个领域的专业服务。三年多来，私人银行部对全行高端客户的服务半径不断延伸。截至 2013 年末，全行设有私人银行部的分行达到 21 家，有效覆盖了全国重要经济区域。

【经营业绩】 2013 年，农业银行私人银行部加强客户名单制管理，积极开展客户维护活动，全行私人银行客户数量、资产规模和户均资产实现了稳步增长，多元化资产配置得以持续优化。截至 2013 年末，金融资产 500 万元以上的客户达 4.4 万户，较年初新增超万户，管理资产突破 5 000 亿元。

【业务创新】 农行私人银行产品服务打造开放式的架构和产品优化平台，创新产品服务能力。一方面依托行内部门搭建产品多元化协作机制，与行内部门、农银子公司和境外分行形成产品合作；一方面强化与重点基金公司、证券公司、信托公司、私募公司等第三方机构的合作，搭建行外产品平台，进一步丰富私人银行产品。同时着力提升自身产品创新能力，建立产品创新委员会，健全私人银行产品研发组织体系，及时跟进产品市场创新。2013 年，农行私人银行产品发行规模突破 2 000 亿元，产品线扩展到现金管理、债权投资、股权投资、另类投资、灵活配置、理财管理计划六个大类，满足客户各类需求。

农行私人银行顾问咨询服务范围不断扩展，业务功能逐步完善。跨境金融服务区域持续扩大，开启跨境投资服务，推出面向不同国家和地区的跨境金融服务，覆盖全球热点移民国家和地区。上市公司股东综合金融服务成效明显，为数十家上市公司提供了相关服务，服务市值超过百亿元人民币。法律与税务咨询服务稳步推进，为私人银行客户解决企业上市并购、企业合理避税、婚姻财产安排、财产传承与继承、个人税务筹划等实际问题百余项，同时，满足顶级客户需求，研究推进家族信托、高端保险、家族办公室等服务开展。

农行私人银行增值服务致力于整合优质资源，全新打造集出行管家、健康管家、休闲管家、品鉴管家、社交管家于一体的“五大管家”体系，涵盖财富管理、旅行休闲、品鉴收藏等各类增值服务，服务体系完整，理念先进，全面覆盖客户的多元化非金融服务需求。全年先后推出澳大利亚投资考察、加拿大投资考察、地中海水晶邮轮、地中海帆船邮轮、南极探索等特色旅行线路，为客户提供定制旅行服务。

【风险合规】 农行私人银行部 2013 年加强制度建设和重点领域风险防控，全面提升风险管控水平。在制度建设和合规管理方面，建立“全面、全程、全员”的风险合规管理体系，积极贯彻落实监管机构各项监管政策，梳理私人银行业务制度办法，严密做好内部业务合规审核，满足监管要求。在业务经营和风险防控方面，通过编制产品风险客户教育手册、发布风险提示、合规检查等多种方式，强化产品销售、客户维护、媒体平台利用等重点领域风险管理，保障业务合规经营。

（农行私人银行部）

5. 上海银行信用卡中心

2013 年，上海银行信用卡中心以《上海银行三年发展规划(2012—2014 年)》为指引，加快推进业务转型发展，着力优化客户、业务、渠道和收入结构，经营效益得到提升，转型成效逐步体现，业务规模平稳增长，资产质量保持稳定。全年实现信用卡业务收入 6.65 亿元，较上年增长 17%，其中中间业务收入较上年增长 21%，占比较上年提升 2 个百分点。信用卡累计客户数突破 200 万户，当年新增客户中年轻客户占比较上年提升 7.7 个百分点。年末信用卡贷款余额 58.86 亿元，较年初增长 40%，其中分期付款余额较年初增长 95%，占比较年初提升 3.9 个百分点。全年信用卡交易额 289 亿元，较上年增长 33%，其中电子渠道交易额较上年增长 97%，占比较上年提升 3.3 个百分点。年末贷款不良率 1.78%，较年初微升 0.01 个百分点。

【产品创新】 2013 年，上海银行信用卡中心面向目标客户重点开发高权益、高交易、高收益信用卡产品，年内推出钻石信用卡，进一步完善标准产品体系；主动把握市场动向，与旅游、航空、电商开展合作，推出中国旅游卡、吉祥航空卡、淘宝联名卡等新产品，丰富产品序列。加快实施磁条卡向 IC 卡迁移，全年开发推出的新产品中 80%具备 IC 卡介质。大力推进分期付款业务发展，年内推出车购分期、转账分期等新业务品种，丰富分期业务体系。积极拓展电子渠道应用，年内推出银联—移动 NFC-SIM 模式手机信用卡产品，不断丰富门户网站、网上银行、邮件、短信、微信等渠道的信用卡服务功能。荣获 2013 年银联卡合作创新贡献奖。

【渠道建设】 2013 年，上海银行信用卡中心以全行网点转型为契机，以网点对口服务代表制为抓手，加大对分支行的营销推进、服务指导和信息沟通力度，通过专题座谈、业务培训、劳动竞赛等措施，推动业务产能提升；同时根据各地区经营特点和所在区域市场环境，采取“一行一策”策略，培育信用卡业务标杆行。全年各分支行发卡贡献度较上年提高近 20 个百分点，发挥了营销主渠道作用。深化大零售板块联动和公私联动机制，完善联动销售平台，先后开展信用卡与高端零售客户、小企业客户、机构客户的联动销售。积极拓展电子受理渠道，推出网银在线办卡功能，积极推进 PAD 终端、手机银行等渠道的开发。年内完成各地分行和上海一行三部信用卡直销队伍属地化管理转型，队伍产能稳中有升。组建了信用卡电话销售团队，面向行内外客户资源开展重点卡产品和分期业务的精准营销。

【服务优化】 2013 年，上海银行信用卡中心围绕客户三度，加强客户关系管理。推出“在一起”年度主题系列活动，拓展线上与线下积分使用范围，持续开展高扣率商户交易促动，有效提升客户黏度、忠诚度和贡献度。围绕客户体验，加强服务品质管控。从健全管理框架、完善客户服务管理的流程和制度入手，实施事前会签、事中体验和事后监督闭环服务管理；聚焦重点业务和新产品、新活动开展客户品质管理工作；深化客户之声工作，完成短信功能优化等产品服务功能优化 11 项，分期业务授信审批作业等流程改造 7 项；有效提升客户用卡体验。上海银行信用卡中心恪守行业自律公约，积极履行社会责任。契合社会热点、业务焦点，加大宣传和教育，就计息规则多渠道进行公示告知，一如既往为客户提供信用卡账单日变更和还款容时容差服务，维护消费者权益。

【风险管理】 2013 年，上海银行信用卡中心坚持“稳健审慎、长远发展”的风险策略，践行风险与收益相平衡的管理理念，不断夯实风险基础。结合信用卡风险政策执行情况和行业发展态势，针对不同区域风险特征、不同客群风险水平，及时调整和完善风险政策，强化业务风险评估和风险政策微调，发挥政策引领作用。加强对重点业务和高风险客群的风险监控，完善风险预警和风险监控指标体系，持续开展对重点业务和特定行业等高风险客群的日常监控；开发完成信用卡交易监测系统，加强欺诈案件防控，2013 年信用卡欺诈损失率较上年下降 0.02 个基点。以高风险客户为切入点，建立形成零售高风险客户贷后管理联动机制；完善各地贷后管理渠道建设，结合各地不同风险特征实施差异化管理，严控新增不良风险，保持了整体资产质量的稳定。

【队伍建设】 2013 年，上海银行信用卡中心扎实推进员工队伍培养和部门文化建设，全年陆续组织开展员工周末课堂、专题讲座和系列业务培训，提高员工业务素养和专业技能；结合业务重点工作开展合理化建议征集活动和劳动竞赛，激发员工业务参与度和积极性。以“中国梦”为主题，组织干部员工开展部门文化讨论，提炼具有部门特色的核心价值观，凝聚集体智慧形成共识。围绕青年突击队建设推出主题团队活动和青年攻关项目，鼓励青年员工岗位建功、岗位成才，年内荣获上海市青年文明号。举办“美丽人生”系列特色活动，内容包括女性健康讲座、美容课堂、妇女节活动等，切实关爱女员工，年内获评上海市金融系统“巾帼文明岗”称号。

（上海银行信用卡中心）

6. 兴业银行资金营运中心

兴业银行股份有限公司资金营运中心于2003年11月3日作为兴业银行总行专业经营部门在上海成立，2004年11月经中国银监会批准，领取专营机构金融许可证并办理工商登记，2005年1月开始受中国银监会上海监管局的直接监管，正式成为持牌专营机构，是我国首家单独领取金融许可证和营业执照，独立核算、自主经营的商业银行综合性、专业化的资金运营机构。目前已经形成以自营投资、交易销售、贵金属经纪、研究分析等四大业务板块为前台，风险合规管理为中台，支付结算为后台的整体布局，逐渐从经营资金头寸为主的单一经营模式过渡到经营资金头寸和提供汇率、利率、债券、贵金属等各类产品服务并重的经营模式。

资金营运中心业务范围涵盖本外币同业拆借、同业存放、债券回购、票据贴现与转贴现、信贷资产转让、债券发行、本外币债券承销与买卖、外汇买卖、本外币衍生产品交易及代客买卖、贵金属代理交易及实物买卖、租借等中国银监会批准经营的各类资金业务。资金营运中心是目前国内货币市场、债券市场、商业票据市场、外汇市场、黄金市场等各资金市场中最积极活跃机构之一，也是交易市场有影响力的外汇市场做市商、黄金市场做市商、人民币债券市场做市商、人民币债券主要承销商、Shibor报价团成员、公开市场业务一级交易商、人民币利率互换主要交易商等。截至2013年，经过十年的持续发展，资金营运中心的业务规模也实现较快增长，本外币资产总额从成立时的500多亿元增长至2013年末的超3 000亿元，2013年资金营运中心人民币债券交易量约5 000亿元，人民币货币市场交易量近1万亿元，外汇衍生交易量超6 000亿美元，国内黄金市场各品种交易量近900吨，部分主要产品交易量是成立初期的数十倍。

【自营投资业务】 为快速应对复杂多变的市场环境，资金营运中心一贯采取灵活的投资策略，通过对债券市场业务、货币市场业务、票据市场业务等三大市场的协调运作和跨市场统筹，资金营运中心能及时调整资产结构，长期构建高收益、低风险、高流动性的银行账户组合，银行账户收益率十年来均跑赢大市。在产品创新方面，资金营运中心在银行同业中率先投资企业债等信用产品，并形成一定市场效应，为提高自营投资收益做出贡献。

【做市交易业务】 近年来，得益于境内外市场成熟化发展和监管机构鼓励创新以及内部制度不断改革带来的生产效率的提高，资金营运中心做市交易业务得到迅速发展。2005年，兴业银行成为全国银行间人民币外汇市场首批做市商银行；2007年，获得全国银行间债券市场做市商资格；2009年，成为首批4家上海期货交易所自营黄金期货交易银行类会员之一；2010年，成为银行间市场首批信用风险缓释工具核心交易商和凭证创设机构；2010年，获得开办黄金进口业务资格；2011年，获得银行间外汇市场人民币对外汇期权业务资格；2013年，分别获得上海黄金交易所银行间即期、远期、掉期黄金询价业务的三项首批资格。

自2004年利率改革与2005年的汇率改革以来，资金营运中心已在人民币业务的扩张浪潮中站稳市场第一梯队的有利位置。2013年资金营运中心黄金市场各品种自营交易量近900吨、白银近2 000吨，在外汇在外汇交易中心的汇率交易量超6 000亿美元，市场综合排名第七，其中掉期交易量排名第一、期权交易量排名第六。

【贵金属经纪业务】 贵金属经纪业务是兴业银行的标志性业务之一，长期在业内享有较高的市场声誉。2007年，资金营运中心联合上海黄金交易所在全国范围内首家推出了代理个人实物黄金产品；2008年，黄金总交易量达到240.8吨，综合排名跃居同业第二，签约客户超过了18万户，居金交所各会员之首；2009年，成为中国首家在全国范围内推出代理金交所黄金现货延期交收产品（即黄金T+D）的商业银行，同年成功推出了白银现货延期交收产品（即白银T+D）后，又成为当时国内代理金交所挂牌交易品种最齐全的商业银行；2010年，在完成首例金交所综合类会员个人客户向金融类会员渠道平移试点工作的基础上，首批与7家综合类会员签订战略合作协议。

自2008年起，兴业银行贵金属经纪业务的客户数连续多年在金交所排名第一，总交易量在2009年至2011年的三年间蝉联同业机构第一，并至今连续7年获得上海黄金交易所“优秀会员”称号。

【研究分析业务】 资金营运中心研究分析业务由鲁政委博士亲自督导，目前已经形成了以宏观、利率、汇率、信用、贵金属为主的研究体系，长期在重大政策和月度宏观数据预判方面保持较高的准确度，预测结果保持业内领先水准，特别是CPI预测在各类评比中，一直保持在领先位置。且时效性控制良好，一般在预测数据发布时点比同业早7—14天的情况下公布。

（兴业资金中心）

（四）村 镇 银 行

1. 上海崇明沪农商村镇银行

2013年，上海崇明沪农商村镇银行股份有限公司坚持科学发展，坚持服务“三农”、小微企业，稳中求进，积极应对经济形势、市场环境和监管政策变化，顺利完成了各项经营管理任务。截至2013年末，实现拨备前利润7 153万元（其中：拨备前经营利润3 445万元，占比48%；投资收益2 156万元，占比30%；各级政府补贴1 552万元，占比22%），比上年增加1 404万元，同比增幅24%；利润总额6 138万元，比上年增加1 763万元，同比增幅40%；资产利润率（ROA）为2.49%，资本利润率（ROE）为25.28%。

【业务发展】 负债总额20.06亿元，比年初增加6.84亿元，增幅为52%。各项存款余额为18.25亿元，较年初增加5.19亿元，增幅为40%。其中：对公存款余额16.11亿元，占比88%，比年初增加4.86亿元；储蓄存款余额2.14亿元，占比12%，比年初增加0.34亿元。各项存款日均16.01亿元，比上年增加4.62亿元。与县内11家银行比较，各项存款增量名列第5位，增幅名列第4位。

资产总额22.04亿元，比年初增加7.16亿元，增幅为48%。各项贷款余额10.14亿元，户均贷款246万元，贷款余额较年初增加2.58亿元，增幅为34%。其中：企业贷款144户，余额8.14亿元，占比80%，比年初增加2.14亿元。个人贷款269户，余额2亿元，占比20%，比年初增加0.44亿元。与县内11家银行比较，各项贷款增量名列第5位，增幅名列第5位。

五级分类后三类不良贷款余额1 072万元，比年初增加732万元；不良贷款率1.06%，比年初上升0.61个百分点。

计提拨备1015万元，呆账准备余额达3 006万元；贷款拨备覆盖率280%；拨贷比2.96%，比年初提高0.33个百分点；资本充足率20.17%。

【存款营销】 2013年度村镇银行存款增量主要来源于对公存款，个人储蓄存款增长幅度有所下滑，县财政局及其国有下属公司等20多家单位占对公存款余额的99%。根据年初下达5亿元存款增量的指标任务，全行主要采取了以下措施确保年末存款指标超额完成。一是年初通过对银行存款结构、历年存款增量来源的分析，确定了以对公存量客户为本年存款的重点营销对象。二是通过对对公存量客户的全面排摸、资金潜力的调查预测，将存量客户和新增客户的全年增量指标分别下达到各客户经理。及时完善客户经理考核办法，充分发挥每位客户经理的工作主动性和积极性，取得了明显的效果。三是重点攻关国有公司，并充分利用股东、董事、监事等人脉资源，展开了全年的存款营销工作。四是抓好储蓄宣传工作。重点对村镇银行利率一浮到顶进行广泛宣传，组织员工到各居民小区分发村镇银行的宣传单；继续做好了动拆迁费的吸储工作；为了提高留存率及知名度，三次组织员工现场宣传储蓄利率水平。

【贷款营销】 虽然全年3亿元贷款增量指标任务重、完成难度大，但是通过落实各种措施，全力营销，缩小了与指标的差距。主要采取的措施有：一是村镇银行根据县域经济发展的特点以及“支农、支小”的市场定位，确立了以农民专业合作社和小微企业为主要营销对象的贷款投向。二是重点加强了客户经理服务意识，切实提高办贷效率、提高服务水平，充分发挥村镇银行“小、快、活”的经营特色。由此，在县域内树立了良好的形象，在农民专业合作社成员中影响最大、效果最好。农民合作社贷款增量占今年全部贷款增量的37.60%。三是重点加强了与县农委、农联会、绿联会、安信农保公司等机构的日常联系，积极参加县农委召开的相关会议，增进相互了解，取得了该类机构的支持。

【风险防控】 （1）严格控制信用贷款，适度增加保证担保类贷款，继续扩大房地产抵押贷款。2013年，信用贷款余额1 425万元(22户)，占各项贷款总额的1.41%，该类贷款均为农民专业合作社贷款，并办理了安信农保提供的小额信贷保证保险；保证担保贷款余额23 782.5万元、占各项贷款总额的23.44%，其中：132.5万元(39户)为个人贷款、由第三方自然人担保，5 450万元(7户)为岛内优质企业贷款、并由第三方公司担保，10 170万元(9户)为县属国有企业贷款、并由其他国有企业担保，8 030万元(16户)为私营企业贷款、并由县属担保公司担保；抵质押担保贷款余额76 237.43万元、占各项贷款余额75.15%。综合分析，我行抵质押贷款占比较高，贷款担保结构比较合理。

(2) 加强案件防控工作，确保案防机制长效化。一是落实案防岗位责任，层层签订目标责任书。二是实行案件防控工作例会制度，每季度末召开案防领导小组工作会议。三是细化案防日常工作，提升案防工作质量。四是认真落实各项监管要求，有效推进案防工作。五是做好内控规定动作，开展各类风险排查，落实轮岗、强制休假、对账制度，组织专项审计。六是多渠道灌输案防意识，培育良好的合规文化。七是加强问责追究，加大违规成本。坚持奖罚分明的原则，按照《内控考核实施细则》的规定，每季度对违反内控规定的人员进行适当的经济处罚，开业以来累计对40人次进行了30 040元的经济处罚。

【企业文化】 2013年度严格落实厉行勤俭节约、反对铺张浪费各项要求，要求实行无纸化办公，精简各类会议，确保各类费用用在刀刃上。继续推进廉政建设，对业务交往中难于拒绝的礼品、礼金、礼券坚持上交制度，全年共有47人次上交礼金累计金额80 780元，共有21人次上交礼品折合金额14 500元，拒收18人次累计金额31 500元。

(崇农商)

2. 上海奉贤浦发村镇银行

上海奉贤浦发村镇银行股份有限公司经银行业监督管理部门批准设立，于2009年8月27日正式营业。注册资本现为人民币15 000万元，由上海浦东发展银行股份有限公司、上海奉贤建设投资有限公司、长江经济联合发展(集团)股份有限公司、上海新发展房地产开发有限公司、上海华昌企业(集团)有限公司5家企业法人共同发起设立，其中上海浦东发展银行持股51%。上海奉贤浦发村镇银行目前有员工人数47人，设有董事会、监事会，董事长为黄建强，监事长为万晓枫，银行在行长室的领导下内部设有：办公室、业务发展管理部、“三农”金融服务中心、小微金融服务中心、社区金融服务中心、法律合规部、风险管理部、资金财务部、营业部，共五部一室三中心。上海奉贤浦发村镇银行行长刘胜，副行长黄璧耀、倪李军。

目前上海奉贤浦发村镇银行有两个经营网点，一是本部，地址奉贤区南桥镇环城东路692号；电话：61820800；另一个是小微企业专营网点——奉城支行，在奉贤奉城镇兰博路2909号，电话：61761945。两个网点的设立，对扩大服务范围、增加服务半径起到很好的作用。

【主要财务数据】 至2013年末，上海奉贤浦发村镇银行资产总额181 039.46万元，其中流动资产163 266.05万元，流动负债149 149.50万元。各项存款余额133 250.62万元，比年初增加10 005.40万元，增幅8.12%。各项贷款余额126 088.76万元，比年初增加32 135.27万元，增幅34.20%。2013年度实现账面利润4 322.26万元，同比增加557.95万元，增幅14.82%。至2013年末，上海奉贤浦发村镇银行资本充足率为18.35%，核心资本充足率为18.12%。

【支农再贷款业务】 有效开展支农再贷款业务。2013年4月突发的H7N9禽流感病毒，使奉贤区的养殖业农户受到一定影响，为有效支持“三农”经济发展，解决当地养殖户资金困难，上海奉贤浦发村镇银行首次向中国人民银行上海分行提出支农再贷款申请业务，首笔1 000万元资金于5月29日批复到账，至5月末上海奉贤浦发村镇银行共发放支农再贷款4笔，累计资金1 800万元，这4家企业均属市政府审批10家家禽屠宰定点企业，及时有效支持全区家禽养殖户资金需求。通过本次支农再贷款的及时发放，有效解决了区养殖户的融资需求，同时也体现了上海奉贤浦发村镇银行的支农效应，使广大农户真正体会到村镇银行才是真正贴近农民的金融机构，是联系农户的金融纽带。

【征信系统】 顺利完成征信系统上线工作。为了更好地规避信贷风险，提升风险评估能力，上海奉贤浦发村镇银行自2012年12月开始筹建自己的个人、企业征信系统，全行各部门抽调一位员工投入到征信录入工作中。至2013年6月金电公司对上海奉贤浦发村镇银行个人、企业征信测试通过，7月中国人民银行上海分行征信管理处现场检查通过，10月中国人民银行征信中心验收通过，11月个人、企业征信正式上线。

【获奖情况】 2013年6月14日，由中国银行业协会、中国村镇银行发展论坛组委会共同主办的第六届中国村镇银行发展论坛在中国人民银行郑州培训学院召开。上海奉贤浦发村镇银行在本次评选活动中荣获“服务三农与小微企业优秀奖”；并获综合排名第9位；农户和小微企业贷款排名第16位；税前利润排名第20位；总资产单项排名第24位。

（奉浦发）

3. 上海浦东江南村镇银行

上海浦东江南村镇银行是总部位于江苏常州的江南农村商业银行发起设立的新型地方性金融机构，于2010年5月21日正式对外营业。地址位于上海浦东新区周浦镇。2013年度各项业务稳健发展，期末存款余额53 783.72万元，贷款余额38 031.71万元，都达到了历史最高水平，存贷款比率为70.71%，全年实现按拨贷比2.5%计提拨备后的税前利润总额1 422.47万元。

【业务发展】 一是做大基础客户，不断提升实体经济的能力。2013年度，江南村镇银行按照年初排出的目标客户，逐一上门沟通，加强联系，充分发挥全行员工特别是属地员工人缘、地缘的优势，多渠道，全方位地做好客户的开户结算工作，从有效户入手，不断扩大基本客户群体。二是利用上海银行业第二届小微企业金融服务宣传月活动的契机，重点加强与园区、居委会、商会等业务平台的接洽与合作。江南村镇银行在宣传活动月期间，利用周末时间组织流动设摊宣传，扩大在园区的服务覆盖面，收到了良好的工作效果，为进一步拓展结算型客户，降低资金成本奠定了基础。三是大力开展社区营销活动，每周1—2次到周边社区与居委会互动，通过发放宣传折页、宣传环保袋小礼品、有奖问答、茶话会等方式宣传利率政策、银行性质、业务优势等，使小区居民逐渐了解了村镇银行，知名度逐步得到提升。储蓄存款年末顺利突破10 000万元大关。

【风险管理】 强化制度促合规，保障业务的发展。2013年度，江南村镇银行根据当前的实际，对制度进行后评价，进一步完善各项规章制度。在具体的业务开展上，做到“开办一项业务、出台一项制度、建立一项流程”，使之制度对业务的全覆盖。由于2013年度对外引进的人员较多，银行继续加强制度的学习力度，通过每周学习制度，确保每周半天对新引进员工进行制度的培训和业务流程的学习，对由柜员转岗客户经理的员工，银行制定了“一对一”帮教制度，并签订帮教协议，明确了双方的权利与义务，并对一定时间内达到带教成效的老员工进行一定的物质和精神奖励，形成了老员工带新员工的“传帮带”的良好学习氛围。

【合规建设】 抓案件防范，确保全行资产安全高效运行。银行案件防控，关键在于人的管理。在日常工作中，江南村镇银行注重全体员工的日常行为管理。一是对于新员工，重点突出员工良好操作行为的养成。制定了《上海浦东江南村镇银行员工行为守则》，并作为新员工入行的必学必考内容，通过强化学习培训，自觉树立银行员工良好的职业形象。根据《上海银行业操作风险违规积分管理操作指引》的要求，制定了《上海浦东江南村镇银行员工违规积分管理办法》，细化各项业务操作中的违规积分规则、积分认定、积分应用等，通过积分管理办法细化考核，点滴纪录、纠正员工日常不良操作行为。二是对于业务骨干和管理人员，银行注重合规经营和法律法规以及廉洁自律的管理。重点组织对法律法规、监管新要求等学习，重点关注防范参与民间借贷、充当资金掮客等行为，使管理人员真正做到“知规则、守规则、执规则”，增强主动合规意识。三是坚持开展案防教育培训，开展案防分析会等有效形式，通过开展全员案防实务考试、观看警示教育片等等多样形式，进一步提升全体员工抵御诱惑、防控案件的能力，促进员工树立“内控管理无小事”观念，树立诚信和正直的道德观念，强化“合规人人有责”、“主动合规”等合规文化。在日常员工行为管理中，实行“行长接待日”制度，及时了解员工的思想动态与诉求，力争将可能因员工思想波动引发的各类风险控制在萌芽状态。同时，银行推行了员工“家访”制度，每年对员工的家访率达到100%，并向员工家属发出“家属倡议书”和“调查问卷”，倡导单位和家庭共同关注员工的工作和生活，共同维护员工良好的职业形象。

【主要指标】

单位:万元

指标＼年份	2010	2011	2012	2013
净利润	234.94	1 418.51	945.41	1 045.55
本外币资产总额	149 809.15	52 508.65	125 949.32	68 095.45
本外币各项存款总额	15 432.21	20 124.77	28 007.82	53 783.72
本外部各项贷款余额	8 618.95	12 390.86	18 429.9	38 031.71
个人消费贷款余额	0	0	0	0
住房按揭贷款余额	0	0	0	0
不良贷款率	0	0	1.35%	0.75%

(江南村)

4. 上海浦东建信村镇银行

上海浦东建信村镇银行有限责任公司于2010年12月开业,作为一家定位服务于中小企业和“三农”的新型金融机构,始终秉承“诚实守信,快捷高效”的经营方针,充分体现独立法人机构的服务优势,立足浦东,及时响应客户需求,全力为“三农”和中小企业提供金融服务,为区域经济社会发展服务。截至2013年末,存款余额51 055万元,其中个人存款余额较上年增长132.73%;各类贷款余额50 470万元,较上年新增0.85亿元;存量贷款五级分类均为正常类;实现拨备前利润2 561万元。

【三农信贷】 上海浦东建信村镇银行在2013年禽流感期间,第一时间响应政府号召给予上海市家禽定点收购屠宰企业信贷支持,得到社会各界广泛关注。4月23日上海市农业委员会指定信息发布媒体《东方城乡报》头版头条新闻报道此事;5月2日上海电视台的电视新闻头条报道此事。通过这一系列的新闻报道,使浦东建信村镇银行在区域内服务于“三农”的市场地位进一步得到体现,也提高该行的区域知名度,为下一步发展打下扎实基础。截至2013年末,涉农贷款余额45 125万元,其中农村企业36 043万元,农村各类组织贷款余额4 730万元,农户贷款余额4 352万元。涉农贷款较年初增长19.75%,占贷款总额的89.41%。

【中小企业信贷】 上海浦东建信村镇银行大力拓展区域内中小企业客户群,积极参与各类推介会,例如上海市中小企业金融推介会、浦东新区金融洽谈会等。成功与上海浦东新区就业促进中心签订战略合作协议,并配套推出“浦东新区市民创业贷款”信贷业务。积极参与政府的各类推介会,例如上海市中小企业金融推介会、川沙新镇银企交流会等。截至2013年末,小微企业贷款余额40 553万元,占贷款总额的80.35%,贷款客户数72户,占总公司类贷款户数的96%。

【风险管理】 上海浦东建信村镇银行始终秉承稳健经营理念,不断加强风险管控。针对农民和农村小企业的风险特征,以客户质量和综合贡献度为基础,通过规范各经营管理环节的风险管控基本流程,有效识别和管理潜在风险,促进业务健康发展。一是制订了《上海浦东建信村镇银行工作人员违规失职行为处理办法(试行)》,实行“违规积分登记簿”制度。通过登记轻微违规积分和经济处罚相结合的手段,对员工工作中出现的轻微违规行为进行惩戒。二是严格执行监督检查制度,监督检查涵盖授信业务、综合管理、风险管理、存款和柜台业务、会计等各条线和岗位的操作流程。目前已形成互查、抽查和全面检查的监督检查机制。

【主要指标】

单位:万元

指标＼年份	2010	2011	2012	2013
净利润	−113.44	272.94	1 044.80	1 326.43
本外币资产总额	22 224.85	57 332.01	81 542.54	76 908.43
本外币各项存款余额(不含同业存款)	7 321.10	41 794.60	64 666.74	51 055.07
本外币各项贷款余额	4 900	30 569.8	41 983.58	50 470.77
个人消费贷款余额	0	65	734	1 362
住房按揭贷款余额	0	0	29.67	84.21
不良贷款率	0	0	0	0

(浦建信)

二、外 资 银 行

(一) 外资法人银行

1. 三菱东京日联银行(中国)有限公司

三菱东京日联银行(中国)有限公司是一家由日本三菱东京日联银行股份有限公司全资设立的外商独资法人银行。2007 年 7 月 2 日正式开业,资本金 80 亿元。目前已有深圳、上海、大连、北京、天津、无锡、广州、成都、青岛、武汉、沈阳 11 家分行以及天津滨海、大连经济技术开发区、广州南沙、上海虹桥、北京经济技术开发区 5 家支行。2013 年 12 月,上海自贸试验区支行获得开业许可,三菱东京日联银行(中国)利用分布全国的营业网点向广大沿海和内陆地区客户提供便捷、高效、优质的金融服务。2013 年度,再次被上海银行业协会授予上海银行业银团贷款最佳机构奖。

【业务发展】 2013 年三菱东京日联银行(中国)在监管部门简政放权、金融支持实体经济的宏观要求的背景之下,依托母行全球经营的资源优势,通过多种渠道了解企业的经营动向、物流、资金流等具体情况,从而捕捉潜在的商机,不断拓展市场。在对客户普及金融知识,传递监管信息,加强金融支持的同时,也在加强内控制度、完善操作流程、强化系统建设、积极开拓创新等方面倾注了努力。2013 年全行在推进跨境人民币结算流程优化、跨境人民币放款业务推进、跨境监管账户业务开发、外币集中收付汇业务的尝试、网上银行系统的升级改造、电子商业汇票系统(直连模式)的推出以及外币资金池业务模式的探索等方面取得了实质性的进展和成绩。

在同业市场方面三菱东京日联银行(中国)也表现突出,截至 2013 年末,已具备的银行间市场业务资格有人民币利率掉期业务资格(外资银行首家)、银行间外汇市场即期做市商资格(外资银行首批)、银行间外汇市场远期掉期做市商资格(外资银行首批)、中国外汇交易中心(CFETS)系统外币买卖做市商资格。债券业务方面,可交易的债券品种包括国债、央票和政策性银行债券以及企业法人发行的金融短期债(CP)。根据中央国债登记结算有限责任公司的统计数据,该行 2013 年度的债券买卖额排名 37 位,在债券二级市场上保持较高的水平。

【风险管理】 三菱东京日联银行(中国)非常重视对风险的管理和控制,2013 年通过加强分行管理,推进业务流程标准化,新商品以及新网点开设管理,着实地推进“员工本地化”进程等举措,实施全面而有效的风险管理和控制,保证银行有序运营的同时,也进一步提升了客户对银行的信心。

【加强系统建设】 在 IT 系统方面,开展了多个大规模战略项目,作为共通基础架构整备项目中的一环,2013 年实施了瘦客户端等 BPR 环境强化项目以及数据中心内系统的自动化运行项目,降低了系统运行风险。另外,CNAPS 二代、LCMS(网银)二代、ART、灾备设施强化等各类型大型项目也都按照既定计划并行实施。另外,实施了提升系统基础架构效率、扩容服务器、安装安全补丁等安全策略,对厂商维保到期(EOS)的系统进行变更对应等措施,保证全行系统能够继续稳定运行。

【人才培养及企业文化】 2013 年度,三菱东京日联银行(中国)继续推进“员工本地化”进程。截至 2013 年 12 月底,有正式员工约 2 460 人,其中本地员工约占员工总数的 90%。担任高级经理及以上职务的行员中,本土员工占全体员工约 65%。这部分员工作为不可或缺的核心和骨干力量,活跃在业务及管理的诸多重要岗位上。同时为了进一步充实人才储备,营造良好的工作氛围,采取了多项措施,如进一步完善轮岗体制,通过在不同岗位工作的锻炼,以培养提高行员的全面知识技能;构建全面完善的培训体制,在思想意识、专业技能、沟通管理能力等方面为员工创造学习和自我提高的平台。

【社会责任】 作为一家设立在中国的外资法人银行，一直以来秉承“积少成多”“来源社会，回馈社会”的理念，通过多种形式履行企业的社会责任。母行集团通过与该行各地分行共同协作，从20世纪90年代初开始，通过在中国多所高等学府设立奖学金等形式支持中国教育事业发展。三菱东京日联银行（中国）的各家分行也积极投入到当地的各种公益活动和志愿者项目中。

（李雅颖）

2. 三井住友银行（中国）有限公司

三井住友银行（中国）有限公司是一家由日本三井住友银行股份有限公司全资设立的外资法人银行，注册资本为70亿元人民币，总行设于上海，目前已有天津、广州、苏州、杭州、北京、沈阳、深圳、重庆8家分行以及天津滨海、苏州工业园区、常熟、上海浦西4家支行。自2009年4月27日正式开业以来，三井住友银行（中国）有限公司一直秉承“为顾客提供更有价值的服务，与顾客共同发展”等经营理念，不断拓展在华业务。

【金融服务】 现金管理方面，在亚洲货币杂志（Asia Money）的银行现金管理能力排名评比中，过去两年三井住友银行（中国）有限公司在大、中、小各类型企业客户中的满意度均位列在华外资银行前5强。随着中国市场在各个领域的全球化及企业运作的多元化，三井住友银行（中国）有限公司也在金融服务方面积极创新，以满足企业客户不断产生的各种新需求。

【同业活动】 2013年4月9日，三井住友银行（中国）有限公司分别在清华大学五道口金融学院及中国银行间市场交易商协会举办了“日本商业银行的国际化”专题研讨会。在清华大学五道口金融学院的专题研讨会中，三井住友银行（中国）有限公司母行相关部门人员发表了题为“日本商业银行的国际化”的主题演讲，清华大学五道口金融学院师生出席。演讲针对日本商业银行的国际化进程进行了介绍并展望了未来的发展，与会者踊跃提问，与演讲人员形成了全面、深入的交流和沟通。

另外，中国银行间市场交易商协会的专题研讨会由中国银行间市场交易商协会国际部以及中资国有商业银行的相关人员出席，并就日本商业银行的国际化相关问题进行了深入的交流和探讨。

【社会交流】 2013年10月27日，在三井住友银行（中国）有限公司的积极安排和协调下，三井住友金融集团总裁宫田孝一出席了第25次上海市市长国际企业家咨询会议（IBLAC）。三井住友金融集团作为IBLAC的创始成员公司，积极参与了历届会议，此次围绕“提升上海的城市软实力”与上海市领导进行了深层次的交流，并为上海今后的发展积极地建言献策。

【社会责任】 三井住友银行（中国）有限公司的经营理念是为客户提供更有价值的服务，与顾客共同发展；通过发展中国地区事业，努力为中国社会作出更大贡献的同时，力求扩大三井住友金融集团在中国的影响力并确立其品牌效应。三井住友银行（中国）有限公司于2008年起开始开展高校奖学金项目。2013年，共有来自6所知名高校的56名优秀大学生荣获了三井住友银行（中国）有限公司所冠名的高校奖学金。三井住友银行（中国）还组织部分获奖学生参观银行并举办座谈活动，使得大学生有机会近距离了解银行，并就银行文化、人才选拔、职业发展和培养制度等与银行高管进行了深入交流。三井住友银行（中国）有限公司通过不断深化与全国知名高校的奖学金合作，在吸引更多优秀大学生人才的同时，体现与实践在华扎根发展企业的社会责任与价值。另外，三井住友银行（中国）有限公司还积极参加各种公益活动，如孤儿捐助、地震灾害捐款等，通过此类活动，不断履行社会责任。

（三井住友银行〔中国〕）

3. 东亚银行（中国）有限公司

东亚银行（中国）有限公司是东亚银行有限公司的全资子公司，致力于在中国内地为客户提供个人、企业及其他银行服务。

东亚（中国）是在中国内地拥有最庞大分支机构网络的外资法人银行之一。截至2013年12月31日，东亚（中国）员工总数达4 410人，在内地共设立126个网点，其中包括上海总部、27家分行和98家支行。

【金融创新】 2013年1月，东亚（中国）正式启动供应链金融业务，成为第一家在国内正式全面启动供应链金融业务的外资银行，为供应链企业提供一揽子的综合金融解决方案；4 月，首家发行外资银行金融 IC 借记卡，同时网银“电子结售汇”上线，支持客户网上便捷办理结汇和购汇业务；6 月，东亚(中国)成为首批取得基金销售业务资格的外资银行之一，并于 7 月签下外资银行首单基金销售业务；11 月“金贷卡”上线，支持小微企业循环贷款。

【主要奖项】 2013 年，东亚(中国)获得的主要奖项包括：上海市银行同业公会颁发的“2012 年度上海银行业最佳客服中心奖”；《21 世纪经济报道》颁发的“2013 年度中国资产管理金贝奖”之“最佳品牌建设外资银行”奖；上海第一财经传媒有限公司和上海陆家嘴金融贸易区管理委员会颁发的“温暖金融 2013 年度金融公益榜”之“年度影响力奖”；搜狐网颁发的“最佳财富管理银行奖”；中国人民银行上海总部颁发的“2013 年支付清算系统运行维护工作优秀单位”称号；《第一财经日报》颁发的“2013 第一财经金融价值榜”之“最佳外资网上银行”奖等。

【主要业绩】 截至 2013 年底，东亚(中国)总资产达人民币 2 107.978 亿元，较上年增加人民币 38.319 亿元，增幅为 1.85%。各项贷款余额增加至人民币 1 134.783 亿元，较上年增长 9.08%。各项存款余额达人民币 1 653.183 亿元，较上年增加人民币 111.808 亿元，增幅为 7.25%。所有者权益总额增至人民币 157.847 亿元，较上年增长 7.24%。2013 年度，全行净利润达人民币 12.765 亿元。

【社会责任】 2013 年，东亚(中国)继续积极履行企业社会责任，努力为内地社会的和谐发展作出积极贡献。2013 年 5 月，发布《2012 东亚中国企业社会责任报告》；2013 年 6 月，荣获中国银行业协会颁发的“2012 年度最佳社会责任实践案例奖”及“2012 年度公益慈善优秀项目奖”。

为关爱和帮助贫困地区青少年的教育成长，东亚(中国)携手上海宋庆龄基金会于 2009 年成立了“上海宋庆龄基金会—东亚银行公益基金”。截至 2013 年底，东亚银行公益基金已成功募集善款逾人民币 3 500 万元，并于 2013 年成功组织举办了一系列公益活动。

(1) 萤火虫计划。“萤火虫计划”旨在扶植乡村教育。2013 年，为偏远地区的学校捐建了 11 所含书库、电脑等先进设施的“萤火虫乐园”。截至 2013 年底，东亚银行公益基金于全国共捐建了 31 所“萤火虫乐园”；向超过 5 700 名贫困学生捐助了含学习用品和书籍的“萤火虫 60 包裹”；2013 年 7 月至 8 月，2013 年度乡村教师培训活动在 9 个城市同步开展，为 153 名乡村教师提供共 11 352 课时的教学培训。

(2) 民间公益组织资助计划。2013 年 5 月 9 日，东亚银行公益基金正式启动“民间公益组织资助计划”。该计划重点关注人群仍为青少年和儿童，资助项目包括上海青聪泉儿童智能训练中心早期自闭症儿童康复训练项目、上海乐群社工服务社新市民职业发展训练营及上海微笑青年公益服务中心微笑图书馆绘本导读等。

(3) 东亚银行大学生助学金计划。2013 年，“东亚银行大学生助学金计划”继续为来自复旦大学、中山大学、暨南大学深圳旅游学院的 75 名贫困学生提供助学金。

【重大活动】 (1) 2013 年 7 月 9 日，东亚银行(中国)有限公司宣布，已成功开放首笔外资银行国内基金申购业务，东亚中国成为国内首家完成中国证券登记结算有限责任公司基金注册登记数据中央交换平台接入的外资银行。据了解，当日有近 10 位客户完成交易申请。

(2) 2013 年 5 月 9 日，东亚银行(中国)有限公司正式发布了《2012 东亚中国企业社会责任报告》，该报告向公众呈现了 2012 年度东亚中国在慈善捐助、教育扶贫、员工建设、客户服务、环境保护等各方面的工作。东亚(中国)同时宣布正式启动 2013 民间公益组织(简称“NGO”)资助计划。该计划资金总额 100 万元人民币，将在全社会范围内寻找优秀的 NGO 项目，为其提供资金支持，助推其落地实施以惠及更多人群。

本次报告重点汇报了以“上海宋庆龄基金会—东亚银行公益基金”(简称“公益基金”)为平台、以“萤火虫计划”及“大学生助学金计划”为核心的项目运作情况。该公益基金是东亚中国于 2009 年联手上海宋庆龄基金会所共同成立的，旨在系统性地规划和开展企业社会责任工作。截至 2012 年底，公益基金已收到企业和个人捐款总额近人民币 2 800 万元。

(东亚银行)

4. 恒生银行(中国)有限公司

恒生银行(中国)有限公司于 2007 年 5 月成立，

是香港恒生银行在内地的全资附属公司。母公司恒生银行创立于1933年。截至2013年底,恒生银行在全球上市银行中按市值计,位列第51位。恒生(中国)以长三角、珠三角和环渤海区域为业务拓展重点,秉承母行审慎经营原则,稳健发展内地业务:2013年6月,恒生(中国)深圳前海支行投入服务,配合前海发展需求;7月,成都分行获批筹建,延伸恒生(中国)于西部地区的服务;9月,福州鼓楼支行及汕头支行正式开业,进一步拓宽恒生在海西及珠三角的服务覆盖;10月,上海自贸区支行获批筹建,以配合恒生内地长远业务发展策略。目前,恒生中国在内地19个城市共有50家分支行。

【业务发展】 母行恒生银行对中国市场一直抱有长远发展的决心,并持续投资于恒生(中国)。2013年,恒生(中国)获母行增资20亿元人民币。凭借母行的雄厚实力,恒生(中国)充分发挥业务优势,推动内地和香港的业务联动,在各方面均取得长足进步。

对公业务方面,恒生(中国)立足于本土企业对银行服务需求的特点,利用恒生在内地与香港两地丰富的贸易、财资产品资源及经验,充分发挥恒生(中国)在跨境人民币业务方面的优势,为内地客户在跨境贸易方面提供全面深入的支持。恒生(中国)亦致力于为本地企业包括中小企业提供契合企业发展需求的各式供应链金融服务,助力中小企业发展。在《首席财务官》杂志"2013年度中国CFO最信赖的银行评选"中,恒生(中国)摘得"最佳跨境贸易结算奖";在由南方日报社主办的"金榕奖"——2013南方金融年度系列评选中,恒生(中国)"陆港联动"相关业务荣获"年度最具竞争力金融创新产品(国际类)"奖项。

对私业务方面,恒生(中国)顺应财富管理市场的发展趋势,深入研究客户需求,不断创新,开发并提供灵活多元的产品和服务。2013年6月,恒生(中国)成为首批获得国内证券投资基金销售业务资格的外资银行之一,并于7月推出VIP优越理财服务,为零售银行客户提供更为丰富的财富管理服务产品线和更优越的服务体验。恒生(中国)亦秉持"以客为尊"的服务理念,提供恒生原创设计、多元化的理财产品和专属贴心的理财服务,向投资者传递稳健的理财理念。在《证券时报》的"2013中国最佳财富管理机构评选"中,恒生(中国)"步步稳"系列部分保本投资产品(ETF挂钩)荣获"中国最佳结构性银行理财产品"。

【社会责任】 恒生(中国)长期关注并支持教育、环保等众多领域的公益项目,支持多项慈善捐赠,努力实践企业社会责任。

2013年,恒生(中国)"悦读行"项目惠及5个省份乡村小学的近500名孩子,并通过专业讲师培训乡村教师近150人。"开拓音乐新世界"项目则在2013年为近300名学生提供敲击乐器入门培训,并为学校提供乐器和音响设备。慈善捐助方面,2013年的"恒生慈善跑"活动代表完赛同事筹集善款,专项用于购买运动鞋赠予内地西部贫困儿童。恒生(中国)亦与其他公益组织合作,为广东的乡村小学送去厨房电器设备,帮助学校兴建"幸福厨房"。

恒生(中国)鼓励员工积极参与各项公益活动,让更多需要帮助的人群获得公益力量的关爱。2013年,恒生(中国)在第三届中国公益节中荣获"2013中国公益节—集体奖"。在"上海市外企志愿服务联盟—上海市首届志愿服务评奖"活动中,恒生(中国)志愿者团队获"上海市十佳外企志愿服务优秀团队奖"。此外,恒生(中国)"开拓音乐新世界"项目在《第一财经—陆家嘴》杂志—"2013温暖金融·陆家嘴年度金融公益榜"评选中获得"年度温暖奖"。

(恒生银行)

2013年恒生中国乡村小学"悦读行"项目

5. 大华银行(中国)有限公司

2013年,在中国经济转型步伐加速的大环境下,大华银行(中国)有限公司充分把握机遇,业务得到了持续发展。其净利息收入和服务费与佣金的净收入分别强势增长了29%和95%，达到人民币8.08亿元和人民币1.11亿元。这样的增长主要得益于贷款量的提升和交易量的增长，以及有针对性的交叉销售举措。由于在业务网络拓展和业务能力建设方面加大了投入，这使得本年度的营业费用增长了17%。此外，由汇率波动所带来的对资本的负面影响，共同导致了本年度的税后净利润下滑了41%，为人民币1.27亿元，营业收入则与上一财年度年持平。同时，财务管理基础坚实，资本负债表稳健，资本和流动性水平健康。客户贷款增加了26%，达人民币189亿元；客户存款增长了21%，达人民币291亿元。存贷比为65.9%，符合监管要求。不良贷款率继续下降到了0.3%。

【业务发展】　对公业务方面，2013年4月，大华银行(中国)正式成立了外国直接投资咨询服务部。通过与大华银行覆盖在东南亚多国的外国直接投资咨询团队的密切合作，为客户在东南亚地区的业务扩展提供了建设性的咨询意见。另一方面，继续致力于为客户提供更加丰富的产品选择，包括更多贸易融资以及大宗商品等衍生避险产品服务，并进一步加强了现金管理功能。同时亦积极参与国内的银团贷款项目以支持客户境内外业务的发展。

为满足客户的投资及避险需求，2013年大华银行(中国)设计、开发了一系列专业的外汇、利率、大宗商品及理财产品方案。凭借经验丰富的专业人士，依托全行不断扩大的区域性网络，将多样化的产品及优质的服务提供给国内大中型企业和高净值个人客户。在为客户提供优质服务的同时，大华银行(中国)也是中国债券市场的积极参与者，积极参与包括国债、央行票据、政策性银行债以及高评级的短期融资券和中期票据在内的债券类交易。

此外，大华银行(中国)的贵金属交易规模也不断扩大。在已经于上海黄金交易所开展的贵金属交易和银行间黄金询价即期交易的基础上，又取得了黄金询价远期、掉期交易的资质。同年，还成为了黄金询价市场远期曲线报价团试点成员之一。

在个人业务领域，大华银行(中国)也积极拓展分行网点、ATM机及网上银行等渠道，提升市场竞争力。目前为止，已经在华拥有11家分支行网点、10台自助提款机和存取款一体机，并推出了网上银行和手机银行业务，客户数量和客户资产规模皆取得稳定增长。

2013年6月，大华银行(中国)成为首批获得"国内证券投资基金业务资格"的外资银行，并于8月成功推出"国内证券投资基金"系列产品。该产品作为大华银行(中国)在国内推出的本地投资工具，具有里程碑式的意义，大大地扩展了财富管理平台为客户提供的产品方案，帮助他们更好地分散资产组合，提高投资风险管理水平。

2013年12月，大华银行(中国)手机银行"E动尊享"服务全面启动，为客户提供了安全、快捷和便利的金融服务，使客户可以更便捷地通过移动终端进行账户查询、转账等。

【重大活动】　2013年11月15日，大华银行(中国)上海外滩支行举办了隆重的开业仪式。大华银行集团副主席兼总裁黄一宗先生、大华银行(中国)行长兼首席执行官连文辉先生及大华银行(中国)董事会成员和中国区管理层出席了此次活动。上海外滩支行是大华(中国)在国内设立的第11个"尊享理财"中心，旨在服务于在行资产介于人民币100万元至300万元的高净值人群，为他们量身定做符合生活理念的金融产品。

(大华银行)

大华银行(中国)有限公司

6. 南洋商业银行(中国)有限公司

南洋商业银行(中国)有限公司于2007年12月14日正式注册成立,是中国银行(香港)有限公司通过其全资附属机构南洋商业银行有限公司全资拥有的外商独资银行。2013年,南商(中国)秉持"专业化、差异化、多元化、智能化"的业务发展策略,全力打造"四大电子平台"和"八大特色业务",搭建"内联外通"的合作渠道,持续提升服务效能,着手实施主动风险管理,不断加强内部管理,整体经营情况良好;存、贷款增长及盈利水平亦优于内地主要外资法人银行平均水平。

【主要业绩】 2013年年末,南商(中国)总资产876亿人民币,较年初增长19.27%,存、贷款余额分别为587亿元、420亿元,较年初分别增长15.37%、17.36%,业务规模稳健增长;经营收入为16.45亿元、税后盈利为2.42亿元,较2012年分别增长32.5%、32.7%,盈利能力显著提高;贷款拨备率为1.79%、拨备覆盖率为350.67%,较年初分别增加0.35%、28.68%,风险防范基础增强。

【业务亮点】 企业金融业务。围绕贸易金融、离岸金融、金融机构及资金业务四个领域,创新产品组合与业务模式。全年研发并推出多种专业产品和服务模式。其中,以贸易金融为突破口,启用多种新型合作方案,推广"离在岸一体化"业务模式。截至2013年12月末,企金累计实现经营收入超额完成全年预算指标,较上年同期增长28%;其中非利息收入完成预算指标的125%,较上年同期增加76%。

金融机构。以跨境金融机构代理平台为载体,大力推进"内联外通",已与20家中行海外行、23家中行国内一级分行建立联系,积极开展内保外贷、中小企银团等业务合作;与10余家国内金融机构签署《福费廷总协议》、《国内信用证业务合作协议》及《同业代付业务合作协议》等;先后拓展10余家海外银行及非银金融机构,多方位开展合作,实现由单一授信业务向综合配套服务转变。

资金业务。开发跨币种远期业务,积极开展利率互换产品销售,利用跨境优势为客户提供境内外结售汇服务;推出首款投资非标准债权资产的"益享II号"定向资产管理理财产品,丰富财资产品种类。

中小企业务。深耕多种批量业务模式,寻求合作渠道创新,形成多种业务模型、业务方案及典型授信案例,并在全辖批量复制成功模式;通过提前介入、平行作业、参与前线调研等手段,不断提升批量业务模式下审批效率。

个人金融。围绕小微与个人融资服务、消费金融、跨境理财、出国金融四个领域,打造中高端个人服务特色。年内推出"消费通"、"财融通"、代销基金、代理人寿保险等新业务,向客户提供差异化资产配置方案;与中国银行国内外分行及中银国际等机构合作,引入优势海外基金产品,探索新渠道、新模式;推出信用卡业务,推广现金分期"贷易宝",形成中间业务新来源。

【服务亮点】 推进网点建设。年内新增合肥分行、北京五路居支行、深圳后海支行、无锡江阴支行及青岛城阳支行5家网点,截至12月底,分支行达36家;苏州、上海自贸试验区的2家分支行网点已在筹建中;同期推进"良好分支行"标准建设,提升网点效能。

优化网银功能。优化个人网银开户流程和理财产品交易流程,增加表外理财产品网上交易功能和活期账户交易短信通知服务,延长个人网银境内人民币小额汇款服务时间,提升用户体验。推出企业授信客户在线提还款功能,方便客户用款;推出即期结汇,留住客户存款。

推进电子平台建设。明确电子化平台建设的四个方向,成立各平台工作小组,研究业务需求,制定实施计划。

提升服务效能。开展"微工作、会生活"系列建言献策活动及"规章制度本地化"、"简明高效,提速100"、"提升综合运营能力"等项目,进一步梳理和优化业务流程,发挥中小银行"灵活高效、以小为美"的特点。

【企业文化】 深化"核心人才提升项目",加强多岗位的锻炼,培养符合全行战略发展要求的综合管理人才;主抓"专业人才培养"等项目,加强专业技能队伍建设;实施"青年人才专业培训生项目"、建立青年智库,从专业性和综合性两方面着手培养后备人才。组织开展形式多样的员工关爱活动,如瑜伽兴趣班、六一亲子活动、羽毛球、网球基础培训班及全行篮球比赛等;坚持实施新员工关怀大使计划;组织员工健康体检;发放员工生日贺礼、节日礼盒等;增拨专项费用,鼓励各单位自行组织形式新颖多样,内容丰富、健康向上的康乐活动。

【社会责任】 2013 年 4 月，南商（中国）携全体员工在第一时间为四川雅安地震灾区筹得善款 26 万余元，并通过中国扶贫基金会购买赈灾物品物资；9 月，该行又响应中国人民银行号召支持赈灾工作，捐助 1.8 万元于汕头地区，援助当地遭受特大洪灾后的重建工作。针对今夏部分地区连续出现极端高温天气的情况，南商（中国）发起覆盖全国的"南商清凉之夏"系列公益活动，各地分支机构因地制宜开展了多种形式的"清凉行动"，如举办纳凉晚会、开放纳凉社区以及走访各地社区、居委、环卫所、敬老院等单位赠送各种消暑用品。新华社、《解放日报》、《文汇报》、第一财经电视台、腾网等 61 家媒体对该行"清凉一夏"相关活动进行了报道，取得较好的社会反响。此外，南商（中国）还通过捐资助学、扶贫帮困等社会公益活动来回馈社会。

【重大活动】 （1）以服务创品牌，开通基金代销业务。2013 年 6 月 25 日，经中国证监会批准，南商（中国）获准开展基金销售业务，成为内地首批获得基金代销资格的外资银行，目前已正式对外开展基金销售业务，包括中银基金在内的多家基金公司成为该行首批合作机构。

（2）南商（中国）自贸区支行正式获批。2013 年 11 月 13 日，南商（中国）正式获得中国银行业监督管理委员会上海监管局的批准，在中国（上海）自由贸易实验区设立支行。这是 9 月 29 日上海自贸试验区正式挂牌以来，获批在自贸试验区内开设支行的第 18 家银行，同时也是第 9 家获批的外资银行。

（南商银行）

7. 盘谷银行（中国）有限公司

盘谷银行（中国）有限公司由泰国最大的商业银行盘谷银行（大众有限公司）全资所有，由其在中国境内的分支机构改制而成，于 2009 年 12 月 28 日正式成为法人银行，注册资本为等值人民币 40 亿元，总部设立于上海。目前下辖五家分行，分别位于上海、北京、厦门、深圳和重庆。所有分行均可开展外币和人民币业务。盘谷（中国）向境内外客户提供全部外汇业务和除中国公民外的全部人民币业务，其经营的产品及服务包括本外币银行存款、流动资金和中长期贷款、外汇兑换及买卖、贸易融资、全球支付以及资金业务等。截至 2013 年 12 月 31 日，盘谷（中国）共有员工 247 人。

【贷款业务】 截至 2013 年末，盘谷（中国）贷款余额本外币合计为人民币 47.99 亿元，比上年同期略增 3.54%。银行主要贷款业务种类为固定资产贷款、流动资金贷款和贸易融资等。市场的分布从华南地区延伸到华北地区，并向西扩展，涵盖整个中国地区。从行业角度来看，以实体经济为主，包括制造业、批发零售业、商务服务业以及电力热力燃气及水力的生产与供应。客户性质以外商投资企业为主，多为泰资、台资和港资企业。银行从 2009 年 12 月法人化之后一直着力于本土客户的发展，中资企业的比例已逐渐由最初不足 10%上升至 2013 年底的 35.61%。

截至 2013 年末，盘谷（中国）不良贷款余额为人民币 4 745.39 万元，不良贷款率自 2012 年末的 1.13%降低至 2013 年末的 0.99%。2013 年银行无新增不良贷款，针对现有不良贷款客户，银行坚持做好贷后管理工作，积极跟踪客户最新的经营情况等事宜；针对正常类客户，银行通过贷前谨慎审核，贷后积极预防控制，全力维护贷款资产品质，以防止不良贷款的发生。

【存款业务】 截至 2013 年末，盘谷（中国）存款余额本外币合计为人民币 78.67 亿元，较上年同期持平。日均贷存比保持稳定，全年维持在 60%—65%左右。银行积极拓展存款业务，近两年挖掘了一些优质客户，从而吸收了较为稳定的客户存款。

【货币市场】 2013 年盘谷（中国）货币市场业务整体保持平稳发展，主要以同业拆借和同业存款业务为主。银行资金较为充裕，使同业往来业务的发展得到了进一步的促进。截至 2013 年底，银行本外币同业拆出/借出及同业存放余额为等值人民币 81.04 亿元；同业拆入/借入年底余额为 25.82 亿元。银行在资金管理上，对流动性的管控一向较为谨慎，始终保持一个月内资金头寸为净流入。另外，为了使资金配置更加多元化，2013 年银行继续推进债券投资业务，以增强流动性及平衡资产负债结构。截至 2013 年底，银行持有债券券面总额 4.3 亿元人民币，主要投资于流动性较好的国债和信用评级较高的 3A 级企业债。

【外汇业务】 盘谷（中国）外汇业务较 2012 年有大幅度增加。在中国外汇交易中心的 2013 年度交易量统计中，银行人民币对外币交易量进入全国

50强，G7外币对市场交易量也在市场名列前茅。此外，盘谷（中国）于2011年11月24日获中国人民银行昆明中心支行批准，成为人民币兑泰铢区域银行间市场报价行。作为人民币泰铢做市商，盘谷（中国）能够连续提供人民币对泰铢的买卖双向报价，在泰国母行的大力支持下，为市场提供充足的泰铢流动性。

【衍生产品】 盘谷（中国）在2012年4月份获得衍生产品业务资格后，积极跟同业交易对手联系签署NAFMII补充协议，获取交易对手的授信额度，同时抓住了市场机遇不断推进远期、掉期和利率互换等业务。

【金融文化】 银行每位新进员工在入职后一周内即学习《员工手册》、《行为准则》、《银行从业人员职业道德操守》和《问责制度》，并在试用期结束前参加人力资源部门组织的相关考试。此外，银行每年开展对全体员工的反洗钱、反商业贿赂和案件防控方面的培训，并针对新员工安排季度培训。为加强内部沟通、打造和谐的企业文化和团队精神，银行还每年举办工会活动、户外拓展运动等。

在客户服务方面，盘谷（中国）秉承母行长久以来一直坚持的"事业良友、家庭良伴"的理念，致力于以优质而标准的金融产品及服务满足客户的要求。银行开发了先进的工作系统，引进合理的先进技术，并不断创新，聘请专业人才作为高级管理人员，以确保客户可以获得最优服务。并且，银行谨慎保护客户信息，认真处理客户投诉，重视金融消费者权益保护，与客户建立了友好的关系。

【社会责任】 2013年，盘谷（中国）正式启动消费者权益保护工作，并发起了"普及金融知识，盘谷（中国）与您同行"的金融教育公益项目。通过策划"普及金融知识万里行"和"金融知识进万家"等专题活动，银行以不同主题开展了特色活动，包括"善用金融　幸福生活"、"拒绝高利诱惑　远离非法集资"、"保护消费者权益　创造高质量服务"、"走进盘谷银行　了解金融机构"、"金融知识进万家"等。这一系列活动的开展在社会上得到了广泛的认可，在人民网、《金融界》、《上海金融报》、和讯网、凤凰财经等各大主流媒体上均有报道。在公益项目活动中，银行向不同类型的金融消费者宣传金融知识，真正成为了消费者的"家庭良友、事业良伴"。

此外，银行还在员工中开展了"绿动中国行"的公益植树活动。通过亲手植树护绿，让更多员工深切感受到企业公民的责任，并增强了企业归属感。

（盘谷银行）

8. 苏格兰皇家银行（中国）有限公司

苏格兰皇家银行（中国）有限公司前身为荷兰银行（中国）有限公司，2010年5月获中国银行业监督管理委员会批准更名。苏格兰皇家银行（中国）有限公司为总部位于英国爱丁堡的苏格兰皇家银行集团的成员，后者是一家大型国际性银行及金融服务公司，在全球范围内为个人、商业、大型公司及金融机构客户提供全方位的产品和服务。

【金融服务】 2013年整年，苏皇（中国）各项业务发展主要如下：(1)金融机构业务方面在2013年继续加大和中资银行以及外资银行的合作，把工作重点放在主要客户上以强化和拓展与主要客户的关系。对金融机构客户的产品服务仍然得到延续和发展。继续涵盖清算，海外代付，福费廷，保函，外汇（即期和远期）交易，人民币利率掉期交易，同业存款、同业拆借、回购等。

(2) 公司银行业务根据地理区域及业务性质划分为华南、华东、西南、华北及中资/外资企业等多个团队，服务的客户数量亦超过400个，该业务客户群体主要集中在大型中资企业和三资企业领域。

截至2013年底，苏格兰皇家（中国）注册资本金为45亿元人民币，且在中国境内共设立5家分行，即上海分行、北京分行，深圳分行、重庆分行和成都分行。

【社会责任】 (1)苏格兰皇家银行（中国）有限公司于2013年4月向四川省甘孜州德格县政府，捐赠价值5万元的篮球用于德格县学校的体育教育。(2)苏格兰皇家银行（中国）有限公司于2013年6月向四川省青川县苏皇博爱小学及苏皇上虞毛坝中心小学，捐赠价值共计8万元的教学急需设备完善教学资源。(3)10月，上海分行通过员工内部慈善义卖活动募集资金计人民币31 850元，捐赠给广慈残疾儿童福利院。(4)12月底，中国区各分行如往年一样继续组织捐赠爱心礼盒的活动。中国区共收集到197个员工捐赠的爱心礼盒，并分别赠送给了北京蒲公英中学和在四川省青川县援建的苏皇博爱小学及上海虹口区儿童福利院的孩子们。此次爱心礼盒活动礼物价值合计人民币 2 万余元。

（苏皇银行）

9. 渣打银行(中国)有限公司

2007 年 4 月，渣打银行(中国)有限公司成为第一批本地法人银行之一。截至 2013 年底，渣打银行在全国拥有 25 家分行和 77 家支行，营业网点达到 102 家，员工数量超过 7 000 名。2013 年是渣打银行中国志愿者服务收获丰厚的一年：在这一年中，中国员工志愿者服务的天数首次突破了 10 000 天大关，达到了历史性的 10 981 天。渣打银行员工志愿者活跃在设有分行的 25 个城市，志愿活动参与人数与 2012 年相比增长了 34%，比年初的预期超出了整整 33%。同时，2013 年也是“看得见的希望”全球性公益项目十周年，渣打银行在全国捐赠了 6 700 万元人民币，惠及 470 万人，还提供了 47 万元免费眼科手术，并为各地 7 845 名医疗人员提供了专业培训。

【获得多项殊荣】 2013 年，渣打银行(中国)所获荣誉包括：北京大学企业社会责任与雇主品牌传播研究中心与智联招聘联合评选的 2013“中国年度最佳雇主”和“中国年度最具社会责任雇主”、中国银行业协会颁发的“2013 年度最佳社会责任实践案例奖”、美国商会颁发的“2013 年度企业社会责任创新实践奖”、上海市人民政府颁发的“2013 年度上海金融创新成果奖二等奖”、中华人民共和国商务部颁发的“中国贸易融资十佳银行”、中国外汇交易中心颁发的 2013 年“最佳货币掉期交易奖”和“最佳外币对做市奖”、《财资》杂志颁发的“中国最佳现金管理及贸易融资银行”和“中国最佳结构性贸易融资提供商”。

【引领人民币国际化发展】 2013 年，渣打银行人民币国际化业务继续逐步深化、发展速度明显加快。凭借在境内外的广泛网络和金融专长，渣打银行紧随政策的步伐，为客户提供了量身定制的人民币产品和服务，为人民币国际化的深入推进贡献力量。在中国，渣打在多个城市举行了研讨会，解读人民币跨境结算政策、分享业务经验。许多企业通过这些研讨会，加深了对人民币跨境结算的了解并开始使用这些服务。2013 年 7 月，随着中国人民银行《关于简化跨境人民币业务流程和完善有关政策的通知》的发布，渣打中国率先为一家全球制造商办理了总额达人民币 27 亿元跨境放款。10 月，渣打(中国)经手的人民币跨境放款总额已超过人民币 100 亿元，在中国的人民币跨境结算总额增幅超过 50%。12 月，渣打与中国农业银行就在英国提供人民币清算服务签署谅解备忘录。根据备忘录，双方将在英国联合推出人民币清算服务，金融机构和企业可以通过农行和渣打在伦敦进行人民币交易，充分享受人民币国际化带来的便利。借助这些优势，渣打银行帮助有跨境业务需求的各类企业享受到了新规所带来的便捷与利益，协助企业降低了融资成本、提高了资金使用效率。

【加快网点布局】 2013 年 1 月，针对广州单户授信总额在人民币 500 万元以下的小微企业提供金融服务，渣打在广州开设了渣打中国第 99 家网点——番禺支行。11 月，渣打在中国的第 24 家分行——郑州分行正式开业，为完善中原经济区布局提供了支持。12 月，第 25 家分行——太原分行的设立彰显了渣打中国全面支持国家“中部崛起”战略、持续推进中国内陆地区经济和社会发展的信心和决心，标志着渣打中国在“中部六省”的网络布局基本完成，在华发展又迈出了坚实的一步。

（渣打银行）

10. 汇丰银行(中国)有限公司

2013 年，汇丰银行(中国)有限公司保持稳步发展的态势，继续扩大对网点和人员的投入，开拓新的服务领域，进一步加强业务能力。至 2013 年底，汇丰(中国)共在内地 51 个城市设有网点 162 家，包括 29 家分行和 133 家支行，继续在外资银行中保持在华网点数量和地域范围的领先地位，有员工逾 5 000 人，其中约 98%为本地人才。作为首批本地注册的外资法人银行之一，汇丰(中国)向本地居民、外籍人士及港澳台人士提供广泛的人民币和外币服务，同时为本地企业、外商投资企业提供广泛的银行和金融服务。汇丰(中国)的私人银行业务为内地高资产人士及其家人提供个性化的财富管理服务。与此同时，汇丰(中国)的母公司——香港上海汇丰银行有限公司是在内地投资最多的外资银行之一，在投资自身发展的同时，也入股内地中资金融机构，其中包括入股交通银行 19%的股份。

【业务发展】 2013 年，汇丰(中国)在内地业务发展主要事件包括：1 月，汇丰南宁分行正式开业，进一步加强在华南地区的服务能力；汇丰（中国）成为首家获准实施货物贸易外汇净额结算方案的外资银行。4 月，汇丰（中国）获批成为首批做市商，开始人民币对澳元直接交易。6 月，汇丰（中国）获批销售本地基金，成为首批获得证券投资基金销售业务资格的外资银行；随着汇丰揭阳支行和汕尾支行的开业，汇丰（中国）的服务网络已覆盖广东省内所有地级市。8 月，汇丰扬州分行正式开业，成为汇丰（中国）的第 150 家网点。9 月，汇丰（中国）成为首家开展人民币跨境双向借款业务的外资银行。11 月，汇丰（中国）成为首家获准开展期货保证金存管业务的外资银行。12 月，汇丰（中国）在江苏太仓开设县域支行。

2013 年，汇丰（中国）获得的奖项包括：《金融亚洲》杂志"中国最佳外资商业银行"，《财资》杂志"中国最佳次托管银行"，《亚洲银行家》杂志"中国最佳外资零售银行"、"中国最佳银保产品奖（外资银行）"。

【社会责任】 企业可持续发展是汇丰银行的经营理念之一。本地注册以来，汇丰（中国）积极推动企业可持续发展建设，成立可持续发展委员会，全面提升管理水平。投资社区是汇丰银行企业可持续发展的重要组成部分，慈善公益项目覆盖教育、环保、扶贫与赈灾多个领域，截至 2013 年底，在内地的慈善捐款已累计超过人民币 6 亿元，公益足迹遍及中国内地 31 个省、自治区、直辖市。2013 年，汇丰（中国）连续第八年获得由中国民政部评选并颁发的"中华慈善奖——最具爱心外资企业"。汇丰（中国）2013 年主要的慈善公益项目包括：(1) 普及金融知识，为小学生、中学生、村镇学生和老年人等群体提供形式多样的活动和项目，帮助他们了解理财相关的基本知识。

(2) 除继续开展汇丰水资源计划外，还与多个环保组织合作，在长江上游通过建立农村废水处理及废物垃圾处理系统，解决农业生产和生活对水源和环境的污染，并为社区居民提供干净的饮用水。

(3) 捐赠 1 000 万元人民币，推出"汇丰中国社区建设计划"，先后在广东，北京，上海，南京和苏州等城市为公益组织和社工组织提供资助。

(4) 资助留守儿童住校社工项目和广东流浪儿童服务体系创新项目，促进了农村留守儿童心理健康及提升社会交往能力，帮助流浪儿童更好地回归家庭和社会。

(5) 资助中华慈善总会组织专业护理人员前往 4.20 芦山地震灾区医院照护伤员。

11. 华美银行（中国）有限公司

华美银行（中国）有限公司总部位于上海，目前在汕头设有分行，在北京、广州及深圳设有代表处。华美银行（中国）有限公司为美国华美银行股份有限公司之全资控股子公司。美国华美银行股份有限公司总部位于加州，为全美以华裔为主要市场的规模最大的商业银行，分行遍及全美主要华裔集中社区，截至 2013 年末共有总资产 247 亿美元，于 2010 年至 2013 年连续四年被福布斯评为全美最佳银行前 10 位。华美（中国）稳健经营，致力实现搭建东西方卓越金融桥梁的宏伟愿景。

【主要业绩】 华美（中国）在 2013 年取得经营业绩的长足进步。年末，资产总额达到 38.96 亿元，同比增长 3.29%；存款余额为 20.87 亿元，同比增长 23.39%；贷款余额为 11.95 亿元，同比增长 36.53%；全年实现净利润 5 671 万元，同比增长 11.34%。华美（中国）在稳步发展既有客户群的基础上，推陈出新，有序地建立起更为广泛的业务领域和客户群体。包括大力开拓中美之间桥梁银行业务，发展母行具有独特优势的行业领域，并不断寻求多元化的本地业务资源。另外，历经中美两方人员两年的努力，企业网上银行终在 2013 年正式上线，推向市场。这也是华美（中国）在中国市场快速发展的一个重要里程碑。

【战略重点】 华美（中国）仍将延续中美桥梁银行的母行整体策略，利用母行在美国的网络优势和客户基础，借助中美企业之间贸易和投资活动的日益增强，全力支持中资企业"走出去"战略，同时也协助美国当地的客户进入中国市场。另外，华美（中国）依托日益活跃的中美贸易和投资活动，开发本地上下游目标客户，提供全方位的跨境贸易结算、供应链融资等金融服务。

（华美银行）

12. 华一银行

华一银行是经国务院及中国人民银行批准，首批由中外合资的商业银行。开业 17 年来，华一银行

“以有台商的地方就有华一银行”为期许，并以“服务台商”为市场定位，立足上海，深耕大陆市场。不断增强员工的服务理念，并根据客户的金融服务需求，持续开发新产品。成立以来，华一银行积极提升服务水平，逐渐形成了稳固的客户群体，以优异的服务质量赢得了业界的认同。2013 年底，华一银行资产规模为 494.01 亿元人民币，较 2012 年增长 10.51％；存款总额达 440.70 亿元人民币，较 2012 年增长 7.67％；贷款总额达 310.31 亿元人民币，较 2012 年增长 13.31％；在一次性把贷款拨备率提足到监管要求 2.5％水平的情况下，2013 全年实现税后净利润 2.77 亿元人民币。

【网点分布】 与客户一起成长是华一银行十七年发展之路的真实写照。随着台湾传统产业和先进制造业加快向大陆转移，近几年来到大陆开展投资事业的台商不断增多。围绕着台商聚集的华南珠江三角洲地区、华东上海及其周边地区，以及华北环渤海地区，华一银行共开设了 14 家营业网点。除总行设在上海浦东新区外，华一银行在上海地区还设有虹桥支行、徐汇支行、嘉定支行、松江支行、闵行支行、青浦支行、新天地支行、静安支行共 8 家同城支行；在珠江三角洲地区设有深圳分行及其下辖宝安支行；在大上海地区则于台商密集的苏州设有苏州分行；在环渤海地区设有天津分行及其下辖滨海支行。

【股改增资】 2013 年，华一银行正式启动股改工作。在各方面的共同努力和积极促进下，2013 年 12 月，中国银行业监督管理委员会批准富邦金融控股股份有限公司、台北富邦商业银行股份有限公司及上海浦东发展银行股份有限公司共同入股华一银行，并批准华一银行将注册资本由原 11 亿元人民币增加至 21 亿元人民币。股改增资后，富邦金融控股股份有限公司持有华一银行 29％的股份，台北富邦商业银行股份有限公司持有华一银行 51％的股份，两者合计持有华一银行 80％的控制性股权，上海浦东发展银行股份有限公司则持有另 20％的华一银行股份。股改和增资不仅使华一银行股权结构合乎规范，而且对提高华一银行资金偿付能力、改善流动性水平及增强风险抵御能力均具有积极的作用。

（华一银行）

浦东世纪大道的华一银行新址

13. 正 信 银 行

2013 年，正信银行紧紧围绕年初提出的“稳中求进、防控风险、加强管理、凝聚力量”工作思路，统一思想、坚定信心，在逆境中迎接挑战、寻找机遇，实现了银行的持续发展。截至 2013 年末，正信银行总资产为 2.91 亿美元，各项存款余额为 1.12 亿美元，各项贷款余额为 0.78 亿美元，同业存放、拆借平均余额为 1.95 亿美元，实现收入总额 1 747 万美元，净利润 153 万美元。2013 年末，正信银行资本充足率为 93％，高于监管标准的 10.5％（含 2.5％的储备资本），五级清分后三项不良贷款比例继续保持为零；单一集团客户授信集中度为 14.39％，控制在监管标准 15％以内，单一客户贷款集中度为 9.38％，控制在监管标准 10％以内；流动性比例为 287.88％，高于 25％的监管下限，流动性覆盖率为 142.16％，高于 100％的监管下限，净稳定资金比例为 268.74％，高于 100％的监管下限，时点存贷比为 70％，1—12 月月度日均存贷比均控制在 75％以下，符合监管要求。

【继续做好公司治理与股权优化】 2013 年，正信银行按季召开了董事会、监事会会议，审议并通过了董事会决议 7 项、各专业委员会决议 6 项。根据监管部门的要求，继续深入推进股权优化工作，及时向中国银监会、上海银监局报告此项工作的进展情况，得到了监管部门的及时指导和帮助。

【进一步加强全面风险管理】 2013 年，正信银行首先从强化审慎合规经营意识、加强制度建设入手，制定并下发了《压力测试管理办法》、《异地贷款管理办法》、《信息科技外包风险管理办法》、《正信银行大宗商品融资风险管理实施细则》等一系列管理办法；同时，通过完善风险管理体系、优化风险管理措施、加强日常监测、开展压力测试等手段，使正信银行的全面风险管理水平得到了进一步提升。

【深化合规文化建设】 2013 年，正信银行继续深化合规文化的建设，针对法律法规和监管要求的变化，对已有制度进行了调整、修订或补充，涵盖了业务管理的各个方面。在各类业务开展的过程中，正信银行注重发挥合规管理的渗透作用，通过实施事前和事中的合规性审查、事后的合规性检查，为全行的稳健经营保驾护航。

【完善绩效考评管理】 根据中国银监会下发的关于《银行业金融机构绩效考评监管指引》要求，正信银行探索并设置了总行部门考评指标，推出了《总行部门绩效考评办法》，从而构建了由员工综合考评、营销人员绩效考评、部门绩效考评相结合的考评体系，初步实现了对部门和个人的业绩目标完成情况、专业化管理水平、工作态度、专业技能的综合评价。

【提升信息科技管理水平】 按照正信银行“十二五”信息化建设规划的总体部署，正信银行不断深化信息科技三道防线的体系建设，持续完善信息科技风险管理策略，全面落实信息科技风险防范工作职责，以专项检查为突破口，不断提升正信银行信息科技风险管理的水平和能力。2013 年，重点开展了新核心国际结算系统上线、新核心系统一期验收、新信贷管理系统开发和上线、新绩效考核系统开发和上线、北京异地灾备系统建设、信息科技风险管理、应急演练、日常系统运维和信息科技外包管理等工作，为保障全行稳健运营发挥了重要作用。

【进一步加强员工管理】 正信银行继续深入贯彻落实中国银监会对于案件防控和加强员工管理的总体要求，进一步深化对正信银行员工的行为管理，2013 年重点落实了客户经理变更告知、入职人员背景调查、关键岗位轮岗和强制休假等工作。在员工培养方面，正信银行积极为优秀的年青员工创造良好的职业发展平台，通过专业化培训和对其道德品质、专业水平、管理能力等方面的考察，使部分业务骨干脱颖而出，走上了管理岗位，也为正信银行对人才的阶梯化管理储备了新生力量。

（正信银行）

（二）外资银行分行

1. 日本三井住友信托银行股份有限公司上海分行

日本三井住友信托银行股份有限公司上海分行的前身为日本住友信托银行股份有限公司上海分行。2012 年 4 月 1 日，其总部日本住友信托银行与中央三井信托银行、中央三井资产信托银行合并，银行名称变更为日本三井住友信托银行，为日本国内最大的信托银行。

【业务发展】 截至 2013 年底，上海分行总资产余额为 232.62 亿人民币，同比增长 40.32%；贷款余额从 2012 年末的 119.61 亿元人民币增长到 2013 年末的 130.14 亿元人民币，同比增长 9.30%。上海分行 2013 年末净利润达到了 8 600.47 万元人民币，同比增长 13.22%。

2013 年度上海分行的业务继续保持了稳健的发展势头，在各类资产平稳增长的同时，开展了对客远期结售汇业务、银行间外汇市场人民币对外汇远期及外汇掉期交易、银行间债券交易等新业务。

【重点业务】 目前主要服务于在华的日资外商投资企业，尤以机械制造、电子产品制造企业为主。提供的业务品种主要是贷款业务，并辅以贷款项下的贸易结算和外汇兑换。住友信托银行、中央三井信托银行、中央三井资产信托银行合并后，超过七成的日本上市公司成为日本三井住友信托银行的客户，确立了更加广泛的客户基础。

【社会责任】 在企业文化建设方面，日本三井住友信托银行股份有限公司上海分行将社会责任融入日常的工作环节，建立了企业社会责任评价、报告、披露机制。同时，上海分行延续总行惯例，每年开展企业社会责任活动，2013 年以“保护海洋　关爱海洋生物”为主题，与民工子弟小学的学生一起进行海洋馆之旅的活动。

（三井住友信托银行）

2. 韩国产业银行上海分行

韩国产业银行成立于 1954 年，系由韩国政府

100%出资的政策性金融机构，总部位于韩国首都首尔。截至 2013 年末，在中国大陆共有四家分行，分别是韩国产业银行北京分行、上海分行、广州分行以及沈阳分行。其中，设立于 1996 年的韩国产业银行上海分行是历史最悠久的一家分支机构，同时也是中国境内分行的管理行。

【业务发展】 韩国产业银行上海分行的各项业务在 2013 年得到持续的稳步发展。在传统优势项目——批发性融资业务中，努力维持原有优质客户并积极开发资信良好的新客户，不断调整和优化信贷资产结构；将贷款、咨询业务、贸易融资业务紧密联结起来，加强交叉业务推进；积极参与国内上市公司、政策性金融机构等优秀客户群的银团贷款，加强与中外资金融机构的交流，提升知名度。发展资产业务的同时，亦致力于开拓资金来源渠道，与多家境内外金融机构建立合作关系，并发展多种同业资金合作形式；从主要依赖于总行的资金筹集模式向多元化、本地化的资金筹措模式转变，与优良金融机构联手、加强长期低利率境内资金筹措能力；强化客户关系管理，通过与贷款业务建立关联，加强存款的吸收能力，降低资金成本。

【合规建设】 2013 年，韩国产业银行上海分行保持每月定期进行全行范围合规培训的优良传统，内容紧扣监管部门的最新文件精神和近期业内的重要合规事件等，使得全行职员提高合规意识和防范能力。同时，在制度建设层面上，指派业务骨干进行更新和完善各类内部规定和操作手册的工作，并制定工作人员的积分管理制度和积分标准，令内部规章制度的修订与业务发展相适应。

【内控管理】 韩国产业银行上海分行一贯重视银行各类风险的识别、评估和监控，每月定期举行风险管理会议，紧跟国际国内金融市场形势和监管当局的监管重点，对信用风险、流动性风险、利率风险、汇率风险、操作风险等进行管控。在内部组织架构上，韩国产业银行上海分行继续推进贷款前中后台业务的明确分工，指定专门团队负责信贷风险的测评、监控和反馈工作，增强该项内控管理的独立性和专业性，以提高风险管理水平。

【员工培训】 韩国产业银行上海分行非常重视对员工的各类培训工作。上海分行不定期举行业务研讨会，由各业务部门轮流主持，重点介绍银行当前开展的新业务的相关知识和政策法规。举办内部培训的同时，韩国产业银行上海分行也积极为员工参加外部培训创造条件，如组织员工参加监管部门和同业公会举办的各类专项培训等，使得职员的政策水平和业务能力得到有效提高，能够更加及时、有效地配合监管当局进行金融监管及信息采集。

（韩国产业银行）

3. 韩亚银行(中国)有限公司上海分行

韩亚银行(中国)有限公司成立于 2007 年 12 月 14 日，是韩国韩亚银行股份有限公司在华的独资子公司，注册资本为 20 亿元等值人民币，总部设在北京金融街，目前拥有包括总行营业部在内的北京、上海、青岛、沈阳、烟台、长春、哈尔滨、广州、南京等共 19 家营业网点，向各类客户提供全面人民币业务和外汇业务。现在北京、上海、广州、青岛、烟台、东北三省等地的韩亚银行分、支行已经在中国构成了较为完整的一个金融网络体系，正在为客户提供优质的金融服务。同时，韩亚银行也努力在中国开展一系列公益活动，为中国社会的发展履行了一份责任。

【产品创新】 2013 年，韩亚银行重点加大了零售业务力度，提升对客户的服务水平。陆续开发了“爱心存款”、“环保存款”、“我的梦想”零存整取等主题存款产品，大力发展个人贷款业务，丰富了韩亚银行的个人产品种类，增加了借记卡产品类型，扩大借记卡使用范围，为客户提供了更便捷的银行卡服务；对公业务方面，正式开展了电子商业汇票业务，并对现金管理、贴现、票据代保管等业务进行了升级优化。

【内控管理】 2013 年，韩亚银行根据监管要求，结合实际情况，修订、完善了各项内控制度，涉及信用风险、流动性风险、操作风险、市场风险、柜台操作等各方面；审计、合规等部门对采取多种手段，加大了检查力度；对员工进行多种形式的伦理道理教育，在全行营造了良好的合规理念及环境，进一步提升了银行的案件防控管理水平。

（韩亚银行）

4. 外换银行(中国)有限公司上海分行

2003 年韩国外换银行在上海成立分行，2010 年 5 月 14 日在天津成立外换银行(中国)有限公司，注册资本22亿元人民币，正式专制为法人机构，韩国外换银行上海分行更名为外换银行(中国)有限公司上海分行。法人机构成立以来，上海分行的客户结构发生了重大改变，从过去的完全以韩资企业为服务对象转变为以韩资为中心逐步扩大中资客户比例，积极开拓新的客户领域及业务领域，防止系统性风险。除客户结构以外，内部人员结构也发生了较大变化，从以前的完全以外籍人员为负责人的人员结构转变为提拔多名中方职员为负责人，韩中方负责人并存的人员结构。截至2013年12月，上海分行共32名职员，其中韩方负责人为4名、中方负责人为5名、中方副经理为6名、其余为中方职员。增加中方职员有利于上下级之间的沟通，减少由于文化差异而带来的矛盾。

【内控管理】 2013年外换银行(中国)上海分行仍以增加存款、降低存贷比、加强内控为目标，不仅重视业绩更重视内部控制。通过改变客户结构、灵活业务、差异化服务等增加银行存款及贷款并增加中间收入，存贷比保持在合规范围之内，继续保持资产质量，截至2013年末无贷款坏账，全部为正常类贷款。2013年内审、合规部门通过培训、检查等加强银行内控管理，防范重大案件发生。

【主要业务】 2013年，外换银行(中国)上海分行的主要业务有对各类客户的外汇业务和除中国境内公民以外客户的人民币业务。

(1) 存款业务。一是外币存款，包括美元的活期、定期、通知存款、美元13个月存款、协议存款。二是人民币存款，包括人民币的活期存款、定期存款、通知存款、协议存款。

(2) 国际结算。国际结算业务一直是整个外换银行的强项，在韩国有“外汇业务专家银行”的美誉。由于有海外分支机构众多、外汇业务历史长、外汇业务经验丰富等优势，在韩资企业中外换银行是进行国际结算业务时的首选。2012年下半年，外换银行(中国)上海分行开发了跨境人民币业务，公司客户可以直接以人民币进行对外收款、付款。2013年下半年，上海分行开发了韩币汇款新业务，公司和个人客户可以直接用其他货币兑换韩币汇出。

(3) 信贷业务。外换银行(中国)上海分行开展各种信贷业务，包括企业本外币贷款，外籍人员的本外币贷款。2013年度，上海分行的信贷业务严格遵守监管当局监管要求，严格执行“七不准、四公司”、《三个办法、一个指引》等要求，严格放款操作，逐笔确认资金用途。

在大力发展业务的同时，外换银行(中国)上海分行本着以合规经营为中心，追求稳健持续发展，提高服务质量，开发新兴业务，致力于为客户提供更加优质、安全、便捷、贴心的服务。

(齐媛媛)

5. 友利银行(中国)有限公司上海分行

友利银行(中国)有限公司上海分行前身韩国友利银行上海分行成立于1995年，2007年11月12日转制为法人银行——友利银行(中国)有限公司，总部设在北京，是中国首家具备法人资格的韩资银行。截至2013年末，友利银行(中国)在上海、北京、苏州、深圳、天津、大连、成都和威海共设有16家分支机构。可经营对各类客户的外汇业务和全面的人民币业务，并连续获得国内资深信用评级公司AA信用评级。目前上海设有浦西支行、锦绣江南支行和吴中路支行共3家支行。2013年底，友利银行(中国)上海分行总资产规模为34亿元人民币。

【重点项目】 (1) IBPS(网上支付跨行清算系统)上线。2013年1月，网上支付跨行清算系统(超级网银)正式上线。网上支付跨行清算系统可向客户提供7×24小时全天候服务。客户可通过在线方式提交跨行(支付/查询)协议(申请/解约/查询)、他行账户查询等。

(2) 现金管理业务于2013年2月正式上线。现金管理业务是指友利银行各级机构依托CMS(Cash Management System)系统，以对公客户为对象，以流动性管理为核心，以多种产品组合为内容，将账户管理、收付款管理、资金归集、定活互转、国际业务、中间业务、客户服务等进行有机组合，为客户提供全面的人民币收付款服务、账户信息服务、资金管理等，以协助客户提高资金收益和资金使用效率、降低财务成本、加强风险控制。

【特色服务】 中小企业贷款审批绿色通道。截至2013年年末，全行对中小企业贷款在各项贷款中的占比68.67%。故在对于中小企业提供融资支持的方面，针对其资金需求小、急等特点，实施中小企业贷款审批的“绿色通道”，大幅缩短了贷款审批时间、提高贷款办理效率，又利于贷后管理的进行、有效控制了信贷风险。

【社会责任】 友利银行(中国)有限公司积极回馈社会,履行社会责任。友利银行自成立以来不断在环保、教育等领域开展公益事业,用自己的力量,帮助更多需要帮助的人。为了履行作为本地化银行的社会责任,长年在北京大学、南京大学、吉林大学等5所重点高校设立奖学金;定期对孤儿院等公益机构开展捐赠活动;通过植树造林等实践绿色环保理念。用行动回馈社会,为实践和谐社会贡献友利银行(中国)一份力量。

(友利银行)

6. 印度国家银行上海分行

印度国家银行在资产规模、存款总额、盈利水平,分行及员工数量上,均位居印度商业银行的首位。作为首家印度在华成立的外资银行分行,印度国家银行上海分行自2006年4月正式对外营业以来,积累了良好的客户基础,资产规模稳步增长,信贷资产质量良好,不良贷款率为零,经营利润达到预期水平,建立了较为完善的组织架构、内部控制体系和风险管理机制。2013年印度国家银行天津分行成立,印度国家银行上海分行成为中国境内管理行,全面管理印度国家银行在华业务及发展。

【经营范围】 印度国家银行上海分行目前的经营范围为全面外汇业务和除中国境内公民以外客户的人民币业务,具体为:吸收公众存款;发放短期、中期和长期贷款;办理票据承兑与贴现;买卖政府债券、金融债券,买卖股票以外的其他外币有价证券;提供信用证服务及担保;办理国内外结算;买卖、代理买卖外汇;代理保险;从事同业拆借;提供保管箱服务;提供资信调查和咨询服务;经中国银行业监督管理委员会批准的其他业务。上海分行还可以吸收中国境内公民每笔不少于100万元人民币的定期存款。

【主要业务】 印度国家银行上海分行已经成为中印金融媒介的重要桥梁,促进并增加了双边贸易和印度对华投资。积极地参与各类官方的或非官方的论坛,促进并加强中印双边经济联系,尤其是中印间的贸易和其他服务。

(1) 人民币业务。上海分行于2010年3月15日正式对外经营人民币业务。在近四年的经营过程中,上海分行人民币业务取得了快速增长,客户人民币需求量不断增加。除存贷款业务外,上海分行还加入了人民银行同城票据清算系统,向客户提供支票业务等票据业务服务。

(2) 贸易融资和普通贷款。上海分行贸易融资主要客户为来华投资企业及中印贸易相关企业。此外,分行还为企业进口原材料及境外用汇提供资金支持。

(3) 中间业务。与国际贸易结算相关的中间业务,如托收业务、信用证通知、信用证修改、信用证转让、信用证开证和出具银行保函等业务是上海分行中间业务收入的重要来源;随着中印两国交流合作日趋紧密,为外商投资企业、离岸企业的招标投标项目提供外币银行保函业务已成为上海分行中间业务收入的另一主要来源。

(4) 汇款业务。印度国家银行在全球32个国家设立超过150家分支机构;拥有超过18 000家国内分支机构;与全球121个国家的大约500家银行建立了代理关系,并建立约1 100个SWIFT BKE互换协议,这些优势为便利贸易、快速汇款提供了坚实的保证。

(5) 资金及衍生产品业务。2013年,上海分行继续扩大与国内各银行的资金拆借业务,积极开展衍生产品业务,资金拆借业务总量持续增加,并与各大银行建立了良好的合作关系,为印度国家银行在华快速发展奠定了基础。上海分行的另一项资金业务是为个人和居民企业提供外汇资金结汇、人民币资金购汇以及外汇买卖业务,便利企业和个人境内外的资金需求。

(印度国家银行)

7. 马来西亚马来亚银行有限公司上海分行

马来西亚马来亚银行有限公司是马来西亚最大的本地银行,截至2013年底在中国大陆有上海和北京两家分行,其中马来亚银行上海分行于2000年5月8日批准成立,为马来亚银行在中国大陆的主报告行。2009年,增资后的上海分行注册资本金为等值人民币4亿元。2012年,经中国银监会批准,上海分行可以吸收中国境内公民每笔不少于100万元人民币的定期存款。2013年经中国银监会批准,上海分行可以开办普通类衍生产品交易业务。马来亚银行上海分行现任行长由马来西亚籍人士担任，另有副行长2名。截至2013年底，马来亚银行上海分行共有员工45人，其中5位是外籍人员。

马来亚银行上海分行主要设立部门包括：营运部、企业银行与客户部、信贷管理部、环球金融市场部、合规部、风险管理部、信息科技部及人事行政部，以上各部门紧密合作共同推动中国地区的各类业务发展。

【主要产品】 马来亚银行上海分行在经批准的经营范围内，积极向境内外客户开展本外币贷款和存款、提供信用证服务及担保、提供贸易融资、办理国内外结算、跨境人民币业务、衍生产品交易、办理结售汇及从事同业拆借等各项业务。在2013年新推出了银行承兑汇票贴现业务、发票融资、海外代付、同业代付等多项融资类产品，进一步满足不同客户的融资需求，支持实体经济的平稳发展。

【主要业绩】 2013年，马来亚银行上海分行继续秉承稳健发展的作风，业务实现了稳定的增长。截至2013年底，分行本外币资产总额达到人民币逾56亿元，本外币贷款余额同比增长38%。

2013年，马来亚银行上海分行继续响应中国人民银行的稳健信贷政策导向，本外币贷款均实现了一定的增长，源于分行坚持积极发展贷款客户、为客户提供不同期限以及不同种类的贷款。在银行同业业务方面，马来亚银行上海分行自2011年获中国人民银行批准成为银行间外汇市场人民币对林吉特做市商以来，连续两年为市场提供人民币对林吉特的买、卖双边报价，为市场提供流动性，在2013年度考评中，被中国外汇交易中心授予最大进步会员奖。

【新业务】 2013年，马来亚银行上海分行获中国银监会批准开办普通类衍生产品交易，适时推出了远期结售汇业务，帮助客户规避利率风险。6月30日，上海分行上线了网银系统——现金管理系统，通过该系统，客户可以更为方便、快速的使用银行的服务。此外，上海分行还陆续推出了银行承兑汇票贴现业务、发票融资、海外代付、同业代付等产品，为客户提供多样的融资服务，更好地服务实体经济。

【金融文化】 马来亚银行上海分行秉承集团一贯的核心价值理念——TIGER（团队合作，诚信，成长，效率，良好关系），认真贯彻监管部门风险防控的精神，切实加强合规文化建设，结合各部门、各岗位实际情况落实案件防控职责，进一步深化员工行为管理。通过案件风险滚动排查和风险预警，排除分类风险隐患，做好案件防控工作。加强风险管理条线建设，充实信贷风险、市场风险、操作风险各条线的管理人员，全面保障马来亚银行上海分行的健康发展。在信贷资产质量管理方面，保持信贷适度、均衡增长，同时密切跟踪经济金融形势、政策调控变化情况，加强对房地产、热点行业的风险监测，将有限的信贷资源投向符合国家宏观经济政策且经营规范、具有良好市场前景的客户，支持实体经济的发展，扶持中小企业；严格执行贷款新规，不断提高贷款"三查"水平，确保信贷资产质量稳定。

【社会责任】 马来亚银行上海分行始终注重社会责任的履行，在2013年度承继上一年度"关爱老人"的主题，两次前往上海民建大铭敬老院，为社区老人带去温暖。2013年初春，上海分行的员工为敬老院的老人们送去了一台丰富多彩的歌舞表演，平时静谧的敬老院中充满了欢声笑语，老人们围坐在院子里，欣赏着歌舞表演，手里拿着上海分行送去的礼物，脸上绽放着笑容。深秋季节，上海分行员工再次前往敬老院，为敬老院添置了空调、冰箱等设备，让老人们能在寒冷的冬天里住得舒适，吃得满意。员工们在老人的房里陪老人说说话聊聊天，关心他们的生活，听他们说说家庭琐事。

（马来亚银行）

马来亚银行上海分行"关爱老人"为主题的敬老活动

8. 澳大利亚西太平洋银行有限公司上海分行

澳大利亚西太平洋银行有限公司是澳大利亚十大上市公司之一。截至 2013 年 9 月 30 日，澳大利亚西太平洋银行的市值为 1 018 亿澳元，总资产达 6 970 亿澳元。其前身是创建于 1817 年的新南威尔士银行，1982 年更名为西太平洋银行。西太平洋银行总行位于澳大利亚悉尼，业务遍及亚洲、新西兰、英国、美国及太平洋岛屿等世界各地。西太平洋银行是第一家在中国大陆设立分支机构的澳大利亚银行，西太平洋银行北京代表处于 1982 年设立。截至 2013 年 12 月，西太平洋银行在中国大陆拥有两家分行，上海分行于 2008 年 1 月正式对外营业，北京分行于 2011 年 7 月正式对外营业。上海分行为西太平洋银行在中国境内的管理行。

【目标客户】 上海分行有明确的目标客户，主要为在中国发展业务或者寻求在中国发展的澳大利亚和新西兰等国的企业、同澳大利亚和新西兰等国进行贸易往来或者投资的中资企业、和西太平洋银行保持着全球合作关系的跨国企业提供服务。

【人民币业务】 上海分行于 2011 年获得人民币业务经营资格，开展对除中国境内公民以外客户的人民币业务。2013 年上海分行进一步拓展人民币信贷业务，通过提供多方位、高质量的金融产品及银行服务确保西太平洋银行在中国的竞争力。

【衍生产品交易业务】 上海分行于 2013 年 12 月 23 日获得中国银监会批准的衍生产品经营资格，开展普通类衍生产品交易业务。

【人民币对澳元直接交易做市商】 2013 年 4 月 9 日，中国人民银行正式批准澳大利亚西太平洋银行成为中国境内银行间外汇市场首批人民币对澳元直接交易做市商。上海分行自 2013 年 4 月 10 起，正式进行人民币对澳元直接兑换交易。

【获得奖项】 2013 年度银行执行外汇管理规定情况考核等级为 A 级(外汇管理局)；2013 年度上海金融市场业务统计监测工作进步机构(中国人民银行)；2013 年度上海市外资金融机构统计工作考核三等奖(中国人民银行)。

(西太平洋银行)

9. 澳洲联邦银行上海分行

根据澳大利亚的法律，澳洲联邦银行于 1911 年在澳洲注册成立并于 1912 年正式运营。澳洲联邦银行是澳大利亚最大的金融服务机构，在澳大利亚金融机构中处于领先地位，可提供多元化综合服务，包括零售银行业务、机构及企业银行业务和财富管理。截至 2013 年 6 月结束的财政年度，澳洲联邦银行的现金税后净利润为 781 900 万澳元。澳洲联邦银行于 1994 年在北京成立了第一家中国代表处，并于 1995 年成立了上海代表处。澳洲联邦银行上海代表处于 2009 年 11 月获批准升级为分行，同年 12 月 15 日获得由上海市工商行政管理局颁发的营业执照，并于 2010 年 3 月 1 日正式运营。迄今为止，澳洲联邦银行上海分行通过不断的努力，已经拥有了稳固的客户基础。

【主要业务】 自开业以来，上海分行在总行海外发展战略的指引下，结合当地市场的情况，制定了一系列业务发展的战略。上海分行的主要策略为：(1)支持集团环球贸易及交易服务的战略发展。加快贸易融资的产品开发，流程，风控和服务。(2)树立行业专家的能力。针对集团擅长的自然资源、交通运输、基础设施、农业、食品及饮料和金融服务机构行业，加强行业知识及提供行业相关的金融服务专业能力。(3)加强金融市场业务领域的能力。支持澳洲联邦银行在全球的人民币服务能力，帮助提高人民币在中澳贸易中的结算规模。(4)提高产能。加强技术和后台支持，为将来业务更好地发展做准备。

上海分行已经和自然资源行业内(包括石油，金属和矿产)的跨国公司在华企业和中国本地的国企建立了联系和开始了业务合作。

在农业、食品和饮料行业，上海分行积极参与了为大型国有企业境外融资提供担保和海外收购提供资金支持。

在金融机构业务方面，上海分行发挥美元资金来源和成本优势，积极与本地的银行开展贸易融资和银行间同业拆借市场等方面的业务合作。

在交通运输及基础设施行业方面，上海分行积极配合产品部，维护例如中国航空公司的日常客户关系，参与尽职调查，贷款审批和贷后管理工作，和国内主要的航空公司和航运企业建立了客户关系，并提供了飞机和船舶融资等银行服务。

【主要业绩】 2013年在贷款与2012年持平的基础上，新增100%金融机构长期借款。上海分行在不断学习本地知识，积累本地经验的同时，进一步增强了与中国企业及金融机构的良好合作关系。上海分行的贷款组合质量良好。资产负债表扎实稳固，截至2013年12月底，股东权益比率达10.6%。

10. 澳大利亚国民银行有限公司上海分行

澳大利亚国民银行拥有150多年的历史，是澳大利亚规模最大的上市机构之一，也是澳大利亚最安全的银行。截至2013年9月30日澳大利亚国民银行集团总资产为8 084亿澳元。澳大利亚国民银行上海分行于2011年6月3日获得中国银监会批准设立，并于同年10月10日在上海正式对外开业。

【主要业务】 澳大利亚国民银行上海分行根据《中华人民共和国外资银行管理条例》和《中华人民共和国外资银行管理条例实施细则》的规定，经营全面外汇业务：吸收公众存款；发放短期、中期和长期贷款；办理票据承兑与贴现；买卖政府债券、金融债券，买卖股票以外的其他外币有价证券；提供信用证服务及担保；办理国内外结算；买卖、代理买卖外汇；代理保险；从事同业拆借；提供保管箱服务；提供资信调查和咨询服务；经国务院银行业监督管理机构批准的其他业务以及经中国人民银行批准，经营结汇、售汇业务。

上海分行的业务产品范围包括企业银行业务、贸易融资业务以及一些基本的零售产品。上海分行重点关注与澳大利亚有商业往来的企业客户，即在中国经营或与中国进行贸易往来的澳大利亚或新西兰企业，或者，与澳大利亚或新西兰进行贸易往来的中国企业。上海分行专注于澳大利亚国民银行的优势行业，如食品、农业、资源、能源等。

【社会责任】 随着城市化进程的加快和经济的迅速发展，人类文明进程日益加快，但随之而来的诸如环境、气候、生态等诸多方面的问题也不断涌现出来。上海分行在创造利润的同时把“低碳经济”作为银行对企业、股东、员工、消费者、社区和环境的重要责任。2013年上海分行一如既往地推动保护资源和环境，实现可持续发展。

（国民银行）

11. 俄罗斯外贸银行公开股份公司上海分行

俄罗斯外贸银行总行成立于1990年，是俄罗斯第二大银行及最国际化的银行，在俄罗斯、独联体、西欧、亚洲、非洲等19个国家和地区设立了分、子行，业务涉及商业、企业、租赁、投资和零售等领域。目前，俄罗斯联邦政府是俄罗斯外贸银行的最大股东，拥有全部股份的60%以上。在国际信用评级机构“穆迪投资者服务公司”、“标准普尔”的评定中，VTB在俄罗斯各银行中拥有最高的信用等级。

俄罗斯外贸银行上海分行于2007年12月28日获得了中国银监会颁发的金融许可证，于2008年3月正式对外营业。上海分行于2013年5月正式开展人民币业务。

【业务发展】 俄罗斯外贸银行上海分行是中国境内唯一一家俄资银行营业性机构，目标客户是中俄以及独联体国家从事石油、石化、化工、重型机械制造、建筑、运输、通讯、动力工程、制药以及轻工业的大中型客户，业务种类有人民币及外币（包括卢布）存款、贷款、结算、外汇买卖、信用证及保函、网银等银行业务。

（1）信用证贸易融资方面，由于对俄罗斯及独联体国家的银行足够了解，可以为买方提贸易融资，因此为俄罗斯及独联体银行开立的远期信用证的贸易融资业务是全行的核心业务之一。此外，还与中资银行开展了信用证项下的融资业务。

（2）信贷业务方面，主要为两类客户提供贷款：一是俄罗斯集团客户在中国设立的分、子公司，或中国跨国企业在俄罗斯/独联体国家设立的分、子公司，大客户涉及的领域有：石油、航空、航天、核能、电信、铁路、海运、船舶和机械制造等；二是与俄罗斯/独联体国家有贸易往来的中国企业。

（3）卢布业务方面，作为在中国境内的俄罗斯银行，俄罗斯外贸银行上海分行可以为中国客户提供卢布结算业务，包括存款、贷款和外汇买卖。随着中俄两国本币结算业务的逐步推进，卢布结算逐步成为中俄客商的选择之一，特别是对于同时从事进口和出口的客户，选择卢布结算能最大限度地避免汇率损失。

2010年10月22日，经中国人民银行货币政策司批准，俄罗斯外贸银行上海分行成为中国银行间外汇市场第一批人民币兑卢布外汇做市商。同年11月22日中国外汇交易中心正式挂牌人民币兑卢布交易后，上海分行开始正式履行做市商义务，向市场连续提供人民币兑卢布买卖双边报价，为市场提供充足流动性，交易量逐年攀升。2012年，上海分行获得由中国外汇交易中心颁发的2011年度最大进步会员奖。2013年全年交易量突破了37亿元人民币，连续三年在银行间市场人民币兑卢布交易量和交易笔数上均排名第一。

俄罗斯外贸银行上海分行积极参与中俄之间的大项目，在大项目保函的开立中发挥了桥梁作用。2009年与2010年与中资银行合作，为中俄大型石油管道项目"俄罗斯斯科沃罗季诺输油泵站到中国漠河首站原油管道系统黑龙江(阿穆尔河)穿越工程俄境内段建设承包项目"，开立履约保函和质量担保保函，保证了项目的顺利进行，该石油管道已与2011年1月1日正式开通。

(俄罗斯外贸银行)

12. 比利时联合银行股份有限公司上海分行

比利时联合银行股份有限公司上海分行成立于1997年，是比利时联合银行股份有限公司目前在中国的唯一分行。其主要产品有：本外币的短期和中长期贷款；贸易融资——进出口信用证结算、人民币票据贴现、保函；资金交易——即期、远期外汇交易、结售汇；银行账户服务——本地货币收付；国内外收付款；银团贷款。比利时联合银行股份有限公司上海分行目前具有全面外汇业务资格和除中国境内居民外的人民币业务资格，并可以办理中国境内居民每笔不少于100万元人民币的定期存款资格。比利时联合银行股份有限公司上海分行的服务对象以制造型中小企业为主，分行主要依托母行在欧洲的网络优势，致力于为集团网络客户在中国的分支机构提供良好的金融服务，并帮助其在中国市场的发展。此外，分行也重视对中国市场的开拓，通过提供个性化的优质服务，分行已经与许多本土企业发展了长期稳定的合作关系。

【主要业务】 2013年，比利时联合银行股份有限公司上海分行启动了跨境人民币结算业务，在人民银行规定的政策范围内，为企业提供跨境贸易人民币相关结算服务，业务种类主要包括托收、汇款等结算方式。

【风险管理】 比利时联合银行股份有限公司始终认真贯彻最新巴塞尔协议的各项内容，并按照其相关要求，制定一系列的风险控制标准，以此有效规避各类风险。上海分行更是秉承合规经营的理念，特别重视风险管理方面的工作，始终根据监管当局的要求，认真贯彻落实各项政策、法规，努力加强内控制度建设，并且形成了自下而上主动合规的企业文化。2013年，比利时联合银行股份有限公司上海分行积极落实上海银监局的各项政策法规，在稳健经营、案件防控、风险管理，流动性管理等方面取得了良好的效果。

(比联银行)

13. 德意志银行(中国)有限公司上海分行

秉承以客户为中心的理念，德意志银行是一家全球领先的全能银行。其业务范围包括投资银行、企业银行、零售银行以及资产与财富管理。德意志银行最早于1872年进入中国，在上海设立其第一家海外办事处。2008年德意志银行在中国注册法人银行，德意志银行(中国)有限公司总部设在北京。目前在北京、上海、广州、天津、重庆和青岛设有分行。

德意志银行在香港特别行政区设有地区中心；在2013年，香港地区中心迈入其第55周年历史。德意志银行还在北京和上海设有证券业务代表处。

2013年9月，德意志银行(中国)有限公司在青岛开设其第六家分行，为企业和金融机构客户提供全方位的现金管理、贸易融资和贷款服务，满足企业和金融机构客户的各类需求，具体服务项目包括账户服务、应付和应收账款、流动性管理、贷款、外汇和供应链财务解决方案。

同年11月，德意志银行(中国)有限公司获得中国银行业监督管理委员会上海监管局批准在中国(上海)自由贸易实验区设立支行。该筹备中支行侧重于跨境业务，提供一系列企业银行服务，以满足自贸区内企业及金融机构客户的需求。

通过迅速的自身发展和战略投资，德意志银行全球核心业务均在中国得以积极开展，其中包括公司金融咨询、资本市场、金融交易业务以及资产与财富管理。

（德意志银行）

14. 德国北德意志州银行上海分行

北德意志州银行是德国十大银行之一，总部位于德国北部城市汉诺威。北德意志州银行根据德国公法设立，其股东包括德国北部的两个联邦州及三个州的储蓄银行协会。作为一家综合性银行，主要经营业务包括船舶、飞机融资，商业房地产和农业金融服务，新能源融资等，德国北德意志州银行上海分行于2004年3月由中国银行业监督管理委员会批准成立，在下列范围内经营对各类客户的外汇业务以及对除中国境内公民以外客户的人民币业务：吸收公众存款；发放短期、中期和长期贷款；办理票据承兑与贴现；买卖政府债券、金融债券，买卖股票以外的其他外币有价证券；提供信用证服务及担保；办理国内外结算；买卖、代理买卖外汇；从事同业拆借；提供保险箱服务；提供资信调查和咨询服务；经中国银行业监督管理委员会批准的其他业务。吸收中国境内公民每笔不少于100万元人民币的定期存款（涉及行政许可的凭许可证经营）。2013年，上海分行专注于公司及贸易融资业务，未开办零售业务和理财业务。

【贷款业务】 2013年度，由于年内新发放贷款的金额较少，并且部分中长期贷款到期结束或分期还本，因此上海分行的贷款余额有所减少。贷款客户对象包括上市公司及其子公司、具有德国背景的中小型外商投资企业等。上海分行有关贷款人和担保人的资信及项目的可行性均经上海分行、新加坡地区总部及德国总行有关部门详细分析后才给予授信承诺。

【贸易融资】 2013年度，上海分行的主要业务还是与中外资银行积极开展涉及信用证项下代付、托收项下代付、汇款项下代付、一二级市场福费廷等内容的业务合作。

【资金业务】 上海分行已于2004年取得金融衍生产品交易资格，2005年取得远期结售汇业务许可，目前可以为各类客户提供全面资金业务。

（蒋　晨）

15. 德国商业银行股份有限公司上海分行

德国商业银行股份有限公司是德国第二大银行及欧洲领先的商业银行之一，总部位于德国法兰克福，1993年在上海建立了其在中国的第二个代表处。1994年7月，经中国人民银行批准，德国商业银行股份有限公司上海代表处升格为上海分行，2000年8月开始经营人民币业务。2009年1月德国商业银行股份有限公司收购了原德国德累斯登银行股份公司，并于2009年5月11日完成了与原德国德累斯登银行股份公司的合并，上海为亚洲总部所在地。截至2013年末，德国商业银行股份有限公司上海分行的营运资金约为8.5亿元人民币，包括外汇业务营运资金4 100万欧元和人民币业务营运资金人民币4.5亿元。上海分行可以开展各类客户的外汇业务，及对除中国境内公民以外客户的人民币业务。此外，德国商业银行股份有限公司上海分行已获准吸收中国境内公民每笔不少于100万元人民币的定期存款。

【业务发展】 德国商业银行股份有限公司上海分行现共有企业客户部、贸易融资及结算服务部、财务控制与会计部、资金部、信贷部、运营部等12个部门。上海分行充分把握了中国对外资银行不断开放的政策，积极地扩展各项业务。经过十多年的发展，上海分行拥有了一支专业的、高效率的营销团队，建立了有效的风险信贷管理机制，培养了一批富有极强责任心得后台操作人员，为客户提供了满意的商业银行服务。上海分行提供的服务主要包括：企业/项目融资（包括流动资金贷款、中长期贷款、银团贷款、项目融资等）、贸易融资（各类进出口结算业务、保函、福费庭等）、外汇交易（即期和远期外汇交易、即期和远期结售汇交易，外汇掉期交易）、人民币跨境交易、本外币账户结算以及金融咨询。

2013年，上海分行的各项业务稳步开展。至2013年底，上海分行共有员工111人，本外币总资产173.87亿元。

上海分行一贯的业务发展策略是：坚持和发展所擅长的对中小企业客户的服务，持续稳定地增长信贷及国际结算业务，进一步加快国际化脚步，致力于成为公司客户合作伙伴中最好的银行。

（德商银行）

16. 荷兰安智银行股份有限公司上海分行

荷兰安智银行股份有限公司上海分行成立于1996年，注册资本为人民币8亿元，可以经营所有的外汇业务和除中国境内公民以外其他客户的人民币业务。荷兰安智银行股份有限公司上海分行是荷兰安智银行在中国银行业务的中心，2006年12月由荷兰商业银行股份有限公司上海分行更名。目前荷兰安智银行在中国只有上海分行一个营业性分支机构，在北京为代表处。

荷兰安智银行上海分行一直积极地为客户提供金融顾问服务，包括存贷款业务、信用证服务、担保、国内外结算、买卖外汇、买卖债券、同业拆借等。在贷款和贸易结算方面，提供包括各种短中长期贷款、信用证开证、信托收据融资、出口押汇和汇款业务，并擅长提供结构性的专门融资安排，如项目融资、银团联贷、大宗商品融资和福费廷等业务。在资金业务方面，提供包括同业拆借、外汇交易、外汇远期和期权、利率远期、期权和结构性存款在内的全面金融产品服务。

【主要业绩】 2013年安智银行上海分行业务健康发展，各项核心业务仍然在积极增长中，各项资产总值折合人民币190.57亿元。上海分行共实现营业利润人民币1.98亿元，比2012年增长32%。贷款业务积极开展，贷款仍为资产中的主要组成部分和银行主要收入来源。贷款业务主要包括短期融资，中长期项目融资和银团贷款。同时，金融市场同业业务得到进一步加强，大宗商品贸易融资业务进一步扩大，投资业务发展迅速。

【主要业务】 安智银行上海分行大力发展人民币业务。随着人民币业务的自由度的扩大，上海分行着力发展为国际大企业、大型欧洲企业、本地蓝筹公司、良好的中资客户提供优质的人民币业务。上海分行的主要客户为与总行有多年合作经验且信用优良的跨国企业，以及财务健康、资信良好、具有行业领头羊地位的中资企业。

企业融资部门2013年的主要业务仍然为对外资企业和中资企业的人民币贷款业务。由于全球经济增长明显放缓，再加上多数行业存在产能过剩现象，故企业新增投资意愿减弱，全年企业融资部门新增贷款规模较往年有所回落。另外，2013年市场流动性一直较为紧张，资金成本呈高位盘整状态，贷款利差有所收窄。2013年企业融资部全年盈利较2012年有小幅下滑，但贷款质量良好，全年未发生任何贷款逾期还款情况。大宗商品贸易融资方面，在严格的管理制度及风险审查下，贸易融资部业务保持持续稳定发展，所有放贷未发生逾期还款现象。

金融市场业务方面，2013年度的业务指标都顺利完成，衍生品交易对手从2012年的47家扩大到了51家。荷兰安智银行上海分行在2013年里积极参加上海清算所组织的关于人民币利率互换净额清算的研讨，并提供自己的经验和想法。在信用额度方面，分行在2013年里保留了五大行的20年的结算前额度，并成功开展了一些长期限的交易。这充分显示了分行对中国市场的投入和对中资银行的信心。

【社会责任】 在慈善公益事业方面，荷兰安智银行为了持续推进“孩子们的希望”在中国的发扬光大；为了让更多贫困地区的儿童有接受教育、继续受教育的机会，2013年荷兰安智银行上海分行每月定期举办慈善拍卖，并将拍卖所得善款全部用于各项慈善项目。2013年上海分行累计十余次组织员工去上海“爱心妈妈”之家，照顾慰问残障婴幼儿。2013年暑假，上海分行汇同大中国区香港分行、台北分行员工赴贵州鱼寨小学进行帮教活动。

（安智银行）

17. 瑞典北欧斯安银行有限公司上海分行

瑞典北欧斯安银行有限公司设在瑞典首都斯德哥尔摩，于1983年在北京设立代表处，2005年在上海开设了分行。瑞典北欧斯安银行有限公司上海分行是其总行在中国各项银行业务服务中心，为300多家公司客户提供包括人民币和外币在内的全方位金融服务。上海分行的业务范围包括账户开立和支付、企业贷款、现金管理、贸易融资、项目融资、外汇以及资金交易等。上海分行交易室还为客户提供即期货币兑换，以及外汇敞口的远期、掉期套期保值。

【金融服务】 上海分行于2009年4月正式获得中国银行业监督管理委员会批准对除中国境内公民以外的客户开展人民币业务后，逐步向企业客户提供包括存款、贷款、贸易融资、人民币账户以及现金管理服务在内的各项往来结算服务。上海分行在

2013年进一步深化人民币业务能力，构建更为显著的信贷资产规模，继续为企业客户特别是北欧和德国企业在华的中小微型公司提供贷款票据贴现、贸易融资、现金管理、贷款等金融服务，并开展与之相关联的电子银行方案等多元化的产品和服务。同时，上海分行于2013年初获得银监会的批准增加营运资金4亿元人民币，其中包括外汇营运资金2亿元人民币等值的外币，人民币营运资金2亿元，以支持分行在中国业务长期有效的发展。此外，随着跨境人民币国际化的进一步深入开展，上海分行也积极地加入和推广此项业务。上海分行于2013年正式成为跨境人民币结算的代理银行，进一步为客户的人民币结算提供更为优质的服务。

【重点项目】 2013年度上海分行经营情况良好，业务量及客户量增长迅速，主要通过以下几个产品领域开展业务：企业贷款、现金管理、贸易融资、项目融资、资金和外汇交易。上海分行在现行法规政策允许的范围内为总行合作的企业客户提供在中国的各项金融服务，暂不涉及现金业务和个人零售业务。上海分行自成立之初至今，已获得了全部外汇业务及人民币业务的经营资格，主要包括即期结售汇业务资格、衍生产品交易业务资格、对客户远期结售汇业务资格以及对客户人民币与外币掉期业务资格、人民币现金管理以及贷款业务。上海分行于2013年开展银行承兑汇票的贴现以及人民币一般存款账户透支等新产品和新业务。

上海分行在2013年加大发展外汇买卖、结售汇等外汇交易相关的业务，在服务原有客户的基础上，拓展目标客户群，增强外汇衍生产品营销力度，加深与国内大中型金融机构的资金往来业务，扩大银行自身在国内市场上的知名度。外汇交易量较上年有明显增加。

（北欧斯安银行）

18. 瑞典商业银行公共有限公司上海分行

瑞典商业银行公共有限公司成立于1871年，总部位于斯德哥尔摩，是一家提供全方位金融服务的国际化金融机构。

瑞典商业银行公共有限公司北京代表处于1982年成立，上海代表处于2002年成立，2005年6月上海分行成立，成为第一家在中国取得营业资格的北欧银行。2008年底，上海分行又率先获准开展除中国境内公民以外客户的人民币营业资格。为进一步支持人民币业务发展，上海分行于2012年6月向中国银监会申请增资2亿元并获批准。

【目标客户】 上海分行的目标客户主要是丹麦、芬兰、挪威和瑞典北欧四国，以及英国、德国、荷兰等国在华的分公司和子公司。2012年5月，瑞典商业银行公共有限公司迎来在华经营30周年的里程碑，邀请所有客户欢聚一堂，共同庆祝此意义非凡的日子。

【主要业务】 上海分行的经营范围包括对各类客户的外汇业务和对除中国境内公民以外客户的人民币业务，其中重点为公司客户提供的综合金融服务，包括企业信贷、存款、本外币支付、贸易融资、国际结算、结售汇等衍生产品，以及电子银行等。

2013年，上海分行一贯以客户为中心，致力于向客户提供高效及优质的服务，并积极与中、外资金融机构开展合作，与此同时秉承集团稳健发展的原则，遵循监管机构的要求，以风险管理为核心，合规经营为基调，实现在华发展稳步增长。

（张　韵）

19. 瑞典银行有限公司上海分行

瑞典银行成立于1820年，是北欧及波罗的海地区历史最悠久，规模最大的银行，总部位于瑞典首都斯德哥尔摩。为了配合客户的业务发展需要，瑞典银行于2001年1月在上海设立了代表处，是第一家在上海设立代表处的北欧银行。瑞典银行有限公司上海分行系按照《中华人民共和国外资银行管理条例》的规定，由瑞典银行有限公司于2007年4月27日在上海设立的分行。上海分行经营期限为30年，主要从事对各类客户的外汇业务以及对除中国境内公民以外客户的人民币业务。运营资金为5亿元人民币，其中外汇运营资金为等值2亿元人民币的美元，人民币运营资金3亿元人民币。

【主要经营情况】 瑞典银行有限公司上海分行的战略目标是通过支持北欧和中国的企业，提供优质完善的金融服务，使瑞典银行上海分行成为联系、促进中国和北欧经济文化交流的桥梁。同时，通过积极有效的市场营销和严格的内控制度，达到安全性、流动性、稳定性的要求指标的管理经营模式。

瑞典银行有限公司上海分行为中国、北欧及波罗的海国家的公司客户提供全面外汇及人民币服务，包括且不限于存贷款服务、支付服务、贸易融资服务、外汇交易产品和与银行业务相关的咨询服务。

双边贷款和贸易融资是上海分行的主要业务之一。客户主要为北欧、波罗的海和俄罗斯企业在中国的子公司。贸易融资包括提供信用证，备用信用证，托收，保函，贸易融资，打包贷款等各种各样的贸易融资服务来支持客户在国际和国内的业务运作。

上海分行严格要求员工遵守当地的法律、法规和监管机构的规定及银行的内部条例，同时严格按照监管当局的要求，加强分险控制，建立了业务操作前台和后台结合的管理模式，严格执行各项合规性操作。

（瑞典银行）

20. 瑞士信贷银行股份有限公司上海分行

瑞士信贷银行股份有限公司是一家全球顶级的金融服务机构，隶属于瑞士信贷集团。作为一家综合性银行，瑞信为客户提供集私人银行、投资银行和资产管理一体化的综合性服务。瑞信的总部位于瑞士苏黎世。瑞士信贷银行股份有限公司上海分行成立于 1994 年 7 月，是瑞士籍银行的在华首家外资银行分行。开业至今，瑞信上海稳健经营持续盈利，并在监管当局保持着良好的合规经营纪录。经中国银监会批准，瑞信上海可经营对各类客户的外汇业务及对除中国境内公民以外客户的人民币业务，可以吸收中国境内公民每笔不少于 100 万元人民币的定期存款。瑞信上海目前的主营业务为本外币贷款、人民币债券业务、衍生产品业务。

【主要经营情况】 截至 2013 年底，瑞信上海本外币总资产为 144 亿元人民币，其中外汇总资产折合人民币 33 亿元；本外币营运资金合计为 4 亿元人民币，其中外汇营运资金为 2 亿元人民币，人民币业务资本充足率为 29.38%。贷款方面，截至 2013 年年末，有四笔本外币贷款，主要用于支持客户（2 家公司客户以及 1 家金融租赁公司）的短期流动性及固定资产需求。交易方面，瑞信上海积极活跃在银行间外汇、债券及利率衍生品市场。瑞信上海 2013 年全年在银行间外汇市场交易总量达美元 923.50 亿元，利率掉期交易总量为人民币 712.49 亿元，债券交易总量为人民币 86.02 亿元。

2013 年 4 月 16 日，国家外汇管理局审核同意瑞信上海自 2013 年 5 月 2 日开始，可以开展对客户人民币和银行间外汇市场人民币对外汇期权业务。瑞信上海在取得中国银监会对相关业务核准后，于 2013 年 10 月 16 日在银行间外汇市场执行了第一笔人民币对外汇期权交易。

2013 年，瑞信上海获得了 2013 年度银行间外汇市场优秀会员等相关奖项，包括会员综合系列奖项之最佳远掉会员奖；会员单项奖之远掉最具做市潜力会员奖。

【产品创新和发展】 瑞信上海一直以来都走在金融改革创新的前沿，主张在风险可控的情况下，积极开展适合瑞信上海业务模式的新产品和新业务。自上海自由贸易区成立以来，瑞信上海以及瑞信亚太区高级管理层一直非常密切地关注着上海自贸区的各项政策发展和动向，并且结合分行的业务模式和特点，认真地研究和考量自贸区可能对分行以及客户提供的发展机遇。

对于新产品的创新，瑞信上海在积极探索开展包括但不限于公司债的交易、国债期货交易、在上海期货交易所进行商品期货的交易、并购贷款、资产证券化、向中国个人客户销售人民币理财产品等业务。

（瑞信上海）

21. 西班牙桑坦德银行有限公司上海分行

桑坦德银行是一家多元化的全球金融服务集团，是欧元区最大的银行，总部设在西班牙桑坦德。西班牙桑坦德银行有限公司上海分行于 2008 年 8 月 25 日经中国银行业监督管理委员会批准成立，注册及营业地址为上海市浦东新区世纪大道 88 号金茂大厦 2001—2002 室，现任负责人为欧安和先生(Ortiz Calle Angel)。截至 2013 年底，上海分行共有员工 24 人，其中外方人员（包括港澳台人员）2 人，中方人员 22 人。中国银监会已于 2012 年 4 月 9 日正式批准分行经营对除中国境内公民以外客户的人民币业务，并批准总行向上海分行增拨人民币营运资金 4 亿元人民币等值的自由兑换货币。增资后，上海分行的营运资金为 8 亿元人民币，其中外汇营运资金 4 亿元人民币等值的美元，人民币营运资金 4 亿元人民币。

【经营范围】 上海分行在下列范围内经营对各类客户的外汇业务以及对除中国境内公民以外客户的人民币业务：吸收公众存款；发放短期、中期和长期贷款；办理票据承兑与贴现；买卖政府债券、金融债券，买卖股票以外的其他外币有价证券；提供信用证服务及担保；办理国内外结算；买卖、代理买卖外汇；代理保险；从事同业拆借；提供保管箱服务；提供资信调查和咨询服务；经中国银行业监督管理委员会批准的其他业务；吸收中国境内公民每笔不少于 100 万元人民币的定期存款。

【主要业务】 中国是拉丁美洲最重要的亚洲贸易伙伴。桑坦德银行把中国看作是它亚洲战略成功的关键市场，致力于发展国际贸易融资业务。受益于全球经济复苏，特别是中国进出口贸易的强劲增长，上海分行从 2009 年度至今连续盈利，截至 2013 年 12 月底，上海分行总资产为 4.53 亿美元，比上年增长 12.69%，净利润为 305.04 万美元，比上年减少 42.50%。桑坦德银行发挥自身在拉美和欧洲市场传统优势的同时，积极配合中国政府鼓励企业“走出去”的国际化策略，为中国企业在拉美地区的业务拓展和市场开发提供全面的金融服务。

（桑德德银行）

22. 意大利联合圣保罗银行股份有限公司上海分行

意大利联合圣保罗银行股份有限公司是由原意大利联合银行股份有限公司和原意大利圣保罗意米银行股份有限公司于 2007 年合并组成。集团总部设在意大利米兰。截至 2013 年年末，集团资产市值 401 亿欧元，位列欧元区第四大银行。意大利联合圣保罗银行股份有限公司上海分行（由原意大利联合银行股份有限公司上海分行和原意大利圣保罗意米银行股份有限公司上海分行合并而成）成立于 1997 年 9 月 9 日，1997 年 11 月开始从事外汇银行业务。并于 2002 年取得人民币业务经营许可，开始向客户提供人民币金融服务。2007 年和 2010 年，上海分行获得中国银监会批准，两次增加营运资金。增资后营运资金达到等值 8 亿元人民币。

现任上海分行行长裴缔齐先生（Mr. ROSARIO PEDICINI）为意籍人士，有 25 年从业经验。工作岗位涵盖银行零售业务、会计、信贷审批、内审、衍生产品、公司业务等各个领域。历任意大利联合圣保罗银行伦敦分行衍生品主管、法兰克福分行副行长及阿姆斯特丹分行行长等职务。于 2012 年初被总行派遣至中国担任上海分行行长。

【主要业务】 上海分行主要业务为人民币及外币信贷，以及各种贸易融资。主要服务客户为意大利等欧洲集团公司在中国设立的外商投资企业。目前为超过 450 家企业提供服务，其中包括众多意大利著名品牌企业。

【特色服务】 在帮助中资企业走出去方面，联合圣保罗银行总行在意大利设立了“外资企业服务部”，通过分行的协调，专门为包括中资企业在内的外资企业在意大利以及欧洲的业务发展提供金融服务。借助专门的中资企业服务团队和上海分行的通力协作，多家著名中资企业在意大利的业务得到了快速的发展和壮大。2013 年上海分行联合亚太总部（香港分行），协助国内著名食品加工集团收购美国最大猪肉生产商；协助多家上海当地大型国有上市企业，在意大利及其他欧洲国家进行新能源的投资和电站的收购；协助以海外承包为核心业务的大型国内央企，在东欧地区设立大型天然气/煤发电厂。

（何新海）

23. 意大利裕信银行股份有限公司上海分行

意大利裕信银行原名联合信贷罗马银行，上海分行于 1996 年 5 月 13 日正式对外营业。从 2004 年起，分行正式经营人民币业务。2006 年底，分行获准经营全面外汇业务。2007 年 9 月，分行获准扩大人民币业务服务对象范围，经营对除中国境内公民以外客户的人民币业务以及吸收中国境内公民每笔不少于 100 万元人民币的定期存款。2009 年 11 月，中国银监会批准意大利联合信贷罗马银行股份有限公司上海分行名称变更为意大利裕信银行股份有限公司上海分行。

2013 年，根据总行指示，中国分行继续侧重于公司业务。上海分行的主要任务在于为意大利裕信银行集团重点发展的市场（意大利、德国和其他中、东欧国家)的企业来中国投资提供帮助,同时也为中国经济的和谐及长期可持续发展做出贡献。

【业务发展】 外币存款主要来源于与上海分行有业务往来的、有意大利背景的三资企业的资本金和结算账户,以及来自于私人或外商代表处开立的用于接受国外汇款以支付当地费用的外汇往来账户中的存款。人民币存款主要来源于与分行有业务往来的、有意大利背景的三资企业的基本账户和一般账户。就目前而言,分行的外币信贷组合除以贷款的形式投向在本地注册的外商投资企业,还包括意大利金融机构发行的债券。人民币信贷组合主要是贷款。

上海分行所有的借款人都经过严格挑选,反映了银行仔细评估贷款风险质量的政策。为此,分行每年都会定期对仍在贷款有效期内的借款人的经营状况进行审查,以此来合理监控信贷风险。根据通常的做法,分行采用中国银行业监督管理委员会的贷款风险分类指引对所有贷款进行了评级。2013 年 12 月末分行所有的客户贷款均为正常贷款。

除了信贷业务之外,上海分行还从事汇款、结算、支付和外汇买卖等其他业务,以此产生分行另外的收费收入。另外,分行也为当地的企业做一些出口结算业务,将此作为扩大客户基础的良好机会和更全面地服务客户。

(林越育)

24. 英国巴克莱银行有限公司上海分行

英国巴克莱银行有限公司上海分行于 2005 年 12 月 6 日设立于上海,注册地址及营业地址为上海市浦东新区陆家嘴环路 1233 号汇亚大厦。英国巴克莱银行有限公司是一家成立于英国并在英格兰和威尔士注册登记的公司,主要为客户提供零售银行、信用卡、企业银行、投资银行、理财管理和投资管理等业务。英国巴克莱银行有限公司的客户和业务遍布欧洲、亚洲、美洲和非洲。

目前英国巴克莱银行在中国大陆境内只有上海一家分行和北京代表处。英国巴克莱银行有限公司上海分行自成立以来,主要致力于为机构客户提供远期、掉期、期权等衍生产品交易服务以及即期结售汇和外汇买卖等金融服务。2009 年 7 月,巴克莱银行上海分行经中国银行业监督管理委员会批准,获得经营除中国境内公民以外的人民币业务资格。此外,上海分行同时是中国外汇交易中心会员、全国银行间同业拆借市场会员和上海黄金市场会员。

【新业务】 经外汇管理局批准,英国巴克莱银行上海分行于 2012 年获得开展人民币对外汇期权和人民币外汇货币掉期的业务资格。2013 年,上海分行对客开展的新业务为美元利率掉期交易。通过开展该项衍生产品交易,上海分行可以为客户提供更多金融避险工具。

【内控管理】 英国巴克莱银行上海分行自建立之初,就极为重视银行内控制度的建设。上海分行设有合规部,并配有两名专职人员负责行内专项合规事宜。上海分行以巴克莱集团制度为基础,结合中国银行业法律法规,制定并切实履行与分行业务紧密联系的各项内控制度,包括 2013 年新制定的《个人金融信息内部保护管理政策》、《流动性压力测试技术指引》、《上海分行案件防空管理制度》,以及新修订的《结售汇综合头寸内部管理制度》、《固定资产贷款管理制度》、《流动性资金贷款管理制度》。上海分行希望通过有效可行的内控制度最大可能的控制并减小银行的内部风险,为客户提供更优质可靠的金融服务。

(曹思思)

25. 加拿大丰业银行有限公司上海分行

加拿大丰业银行于 1832 年在加拿大哈利法克斯市成立,迄今已有 180 年以上历史,是加拿大最国际化的银行和北美最大的金融机构之一。丰业银行在中国的历史源于 1982 年在北京开设首家代表处,在华经营已有 32 年的历史。目前,丰业银行在中国境内设有上海、广州、重庆 3 家分行和北京代表处,并对西安银行参股投资及与北京银行合作成立了中加基金管理有限公司以开拓理财业务。丰业银行于 2004 年 11 月在上海成立上海代表处,并于 2006 年 9 月升格为上海分行。上海分行在 2007 年至 2010 年间分别获得结售汇业务经营许可、中国外汇交易中心会员资格、衍生产品经营许可及人民币业务经营资格。

【主要经营情况】 丰业银行在华主要业务包括公司存贷款、同业拆借、贸易融资(含进口代付、福费廷等)和结售汇业务等。2013 年上海分行各项业务稳步发展且基本完成了总行既定的业务赢利目标。

上海分行一贯重视对实体经济的扶持和支持，利用总行全球客户关系和资源并与其他分支机构紧密合作从亚太和北美现有客户中拓展发掘在华投资信贷业务并积极支持中国企业走出去。凭借在企业客户金融服务方面拥有的丰富经验和先进理念，上海分行贷款覆盖的行业涉及制造业、食品加工业、批发业、餐饮业和租赁业等。除此以外，上海分行还向集团海外机构，尤其是与中国贸易往来频繁的国家和地区，推荐人民币结算服务，并利用香港分行的境外人民币融资能力，为中资银行提供人民币项下的进口代付、福费廷等融资产品，分行自身则努力拓展境内和跨境人民币出口信用证贴现业务。

上海分行的管理层秉承总行一贯的安全稳健逐步发展的作风及原则，对各项经营风险予以充分考量与评估，以期达到风险和收益相统一的经营结果。

（陆蓉晖）

26. 美国银行有限公司上海分行

美国银行有限公司在中国大陆地区共设有上海、北京和广州三家分行。成立于1991年的上海分行为美国银行中国区分行的主报告行及管理行。美国银行有限公司上海分行下设环球财资产品部、企业及投资银行部、环球金融市场部、客户发展服务部、运营部、人事部、财务部及合规部等主要部门。截至2013年12月31日，上海分行共有正式员工233人，较2012年增长8%。美国银行有限公司上海分行业务经营范围为《中华人民共和国外资银行管理条例》规定业务范围内的全部外汇业务以及除中国境内居民以外的人民币业务。

【主要业绩】 目前，上海分行在中国主要服务于欧美和亚洲的大型跨国公司，为其在中国的发展提供金融服务，此外银行也继续积极开展与优质的中资企业的业务与合作，特别是为有计划向海外拓展、进行国际化经营的优秀中资企业提供更为专业和便利的服务。2013年，美国银行有限公司上海分行各项业务继续稳步发展，均达到或超过预期目标。分行的贷款客户群相对集中在制造业，大多数跨国公司的贷款由其母公司全额担保，总行根据其财务状况进行贷款审批评级和后续风险管理；对极少数跨国公司客户的信用贷款，是建立在严格筛选，严格审查和有相应的财务制约或财产抵押的基础上。对中资企业贷款主要通过银团贷款，并结合出口信贷等方式进行，每笔贷款必须经过银行内部严格审批并要求通过所有政府部门的合法审批手续。总体而言，上海分行的信贷资产质量较好且风险较小。

【新产品】 在现金管理领域：(1)应收账款智能对账服务；(2)在国内开发和实施了新的现金池管理平台，进一步提升了现金池产品的灵活性和有效性；(3)跨境人民币结算简化流程；(4)国际收支网上申报及单据提交；(5)加强供应链融资及应收账款融资，并进一步拓展客户需求，取得显著成果；(6)供应链融资的网银系统的升级，为进一步拓展客户及服务客户提供了先进的电子平台。

【重大事件】 美国银行于2005年首次对中国建设银行进行投资。在过去的几年里，作为整体战略的一部分，美国银行减持了中国建设银行股份以调整财务资源以及符合以客户为本的经营策略。同时，这也是美国银行对新资本要求作准备。鉴于监管方面对资本的要求更加严厉，使得银行更难持有其他金融机构股份。2013年9月，美国银行同意出售剩余1%的中国建设银行股份，约20亿股。美国银行和中国建设银行间签署的战略协助协议已延续至2016年，将依然有效。

（美国银行）

27. 中国信托商业银行股份有限公司上海分行

中国信托商业银行成立于1966年，为台湾最大的民营银行，并在台湾长期居于领先地位。中国信托商业银行致力于以满足客户需求为导向、提供客户全方位的金融服务为目标，不仅建立了严格有效的风险控管能力，亦成功积累了稳固的客户基础与产品发展能力。在两岸开放金融合作之后，中国信托商业银行上海分行于2012年3月27日正式开业，并购置环球金融中心27楼作为行舍使用，宣示着长期投入与经营大陆市场的决心。

上海分行秉承与客户同发展、共成长，持续延伸“来自台湾、服务最好”的理念，同时保持严格、稳定的风险控制与管理。

【业务特色】 中国信托商业银行坚持对客户服务的全面性，凭借在台湾金融业多年发展经验，和分布全球68个境外平台如中国香港、日本、新加坡、越南、菲律宾、印度尼西亚、印度、美国、加拿大的强大优势，从上海分行延伸连结各项金融服务至各地海外分行，成为伴随企业“走出去”的最佳伙伴。中国信托上海分行有别于其他在地金融机构银行，能提供法人客户全球化且全方位的金融操作，从基础外汇存贷：包括外汇存款业务、外汇贷款业务；到进阶贸易融资操作：包括进口托收融资、海外代付、开立信用证、福费廷、国内(际)保理业务、外汇银团贷款等，从客户实际交易流程，提供金流管理和融资服务。

中国信托上海分行在法人信贷业务上恪遵主管机关之规范，并以客户资金用途及还款来源基础上聚集在法人企业贸易融资，切入公司真实交易流程，协助公司取得营运资金等相关业务，为本行最大之发展竞争优势。

【经营业绩】 目前，已有多家境内企业及境外个人陆续在分行开户并进行存贷业务。上海分行的资产规模随着各项业务的逐步展开正呈稳定增长的态势，截至2013年年底，放款余额达人民币13.6亿元、存款余额达人民币4.3亿元。

【社会责任】 中国信托积极致力于实践企业社会责任，不论在公司治理、员工关怀、客户服务、环境保护、艺术文化及慈善公益等，期许为员工、股东、客户、投资人及社会大众，提供最好的照顾及服务。2013年，中国信托在288家亚洲企业中脱颖而出，荣获亚洲货币杂志评选为“亚洲最佳公司治理企业第一名”。同时成立“中国信托商业银行文教基金会”，长期支持各项艺术活动表演，也通过“中国信托慈善基金会”，专注于弱势儿童及家庭的扶助，并推动全年度志工活动，建立企业志工文化。为扩大“教育脱贫”理念，“中国信托慈善基金会”跨海与“中国关心下一代工作委员会”、“中国社会福利基金会关心下一代基金”合作推动“中国关心下一代教育示范基地”计划，于四川省雅安地震重灾区成立第4所示范学校——四川省雅安市宝兴县灵关中学，近800名学童得以改善教育环境。

（中国信托银行）

三、其他金融机构

1. 中国银联上海分公司

2013年，上海银行卡产业在市委、市政府以及各级主管部门的关心支持下，将产业发展、业务创新与四个中心建设、便民服务密切结合，将产业升级、优化发展与智慧城市打造密切结合，坚决贯彻落实“率先创新、率先发展、率先转型、率先升级”四大要求，各项指标更上一层楼。2013年，全市银行卡跨行交易稳中有升，共实现成功交易9.89亿笔，交易金额16 932亿元，同比分别增长16.5%和40.4%。经银联网络清算的持卡消费金额占社会消费品零售总额的比重超过75%，较2012年提升4个百分点。“银联”品牌美誉度持续提升，持卡人权益不断丰富，便民利民项目覆盖更广，产业升级步伐加快走在全国前列，银联在线、银联移动支付、银联钱包等创新服务产品获得市场认可。银联交易系统运行平稳，风险管理及技术运营服务水平跻身全国前列。

【主要业绩】 传统领域稳步发展。跨行交易快速发展，银联卡结构更加优化。银行卡撬动内需、提升消费作用显著。高端卡、IC卡等重点产品和权益拓展方面取得进展，多层次产品体系得到完善。一是跨行交易创新高。2013年，辖区实现银行卡跨行交易9.89亿笔，交易额达到1.69万亿元，同比增长16.5%、40.4%，继续保持高速度的增长。其中，日常类交易金额排名全公司第一，增幅超全公司2.9个百分点。经银联网络清算的持卡消费金额占社会消费品零售总额的比重超过75%。二是银联卡占比大提升。上海地区年内新增银联卡1 560万张，累计发行量从2007年的2 300万张，提升至2013年的1.27亿张。2013年，上海地区银联卡交易额共1.28万亿元，同比增长50.9%，市场占比75.8%，较去年同期提高5.3个百分点。其中，银联信用卡交易金额1 784亿元，市场占比36.85%，较2012年提升5.98个百分点。银联高端信用卡市场好评度提升，市场份额接近30%。

受理市场纵深发展。依托规模经济、总部经济、旅游经济不断释放新的发展能量，为上海银行卡产业发展源源不断地注入新的生机和活力。银行卡受理市场纵深发展，2013年，全市新增注册商户7.4万户，POS终端13.6万台。联网POS终端达到70多万台，联网商户23.3万家，分别是2002年的28.5倍、40倍。ATM终端新增2 559台，累计达到1.8万台。

【特色业务】 (1) 创新业务多点开花。一是互联网业务率先发展。依托与电子商务、旅游、保险、物流、基金等行业合作，实现互联网业务走在全国前列，全年互联网交易金额同比增长75.9%，新增互联网用户253.63万户，新增银联在线商户2 317家，居全国首位；上海分公司还抓住上海自贸区的战略机遇，进入跨境电子商务领域。二是手机支付走在前列。有针对性重点拓展电商、资金类等多个行业的移动支付，实现交易量65亿元，用户达39.2万户，交易额及用户数排名均居全国前列；以交通领域为主打造具有区域特色的移动支付业务；布局社交网络，银联手机支付开辟微信商圈。

(2) 产业升级加快步伐。为推动银行卡产业升级，贯彻落实《中国人民银行关于推进金融IC卡应用工作的意见》，将上海金融IC卡推进进度时间表提前，中国银联上海分公司从推进金融IC卡受理市场环境建设、推进发卡、推动金融IC卡行业应用、实现金融IC卡应用与互联网支付、移动支付等创新型应用的整合等多方面入手做好此项工作。2013年，按照人行《关于组织开展金融IC卡电子现金跨行圈存试点工作的通知》(银办发[2013]162号)要求，全面启动了ATM终端电子现金跨行圈存试点工作，组织辖内银行全面开展系统升级和终端改造工作。截至2013年底上海地区已有25家受理机构近95%(19 000台)ATM全面开放跨行圈存业务；上海市场POS终端受理IC卡接近全覆盖。随着IC卡专题营销活动(如“畅用金融 IC 闪付卡・第一食品享好礼”体验活动等)和收银员培训竞赛活动的深入,全年交易金额共 658.5 亿元,占上海地区银行卡交易总量的比例为 3.9%,较上年同期提升 3.2 个百分点。

(3) 服务经济民生。一是便民自助服务终端增长迅速。全年新增终端结构中,民生类和公益类共占比 35%,自助终端缴费成为市民日常缴费的重要渠道,自助终端缴费交易笔数和交易金额分别增长 153.2%和 113.7%。推动 IC 卡进入停车场、菜场、自助机具等公共生活场所,联合浦发银行开展公交卡自助充值项目,多领域推进便民利民。二是用卡端权益探索实现突破。上海购物卡实现会员礼遇、免费停车、代驾服务和品质生活四大增值服务的加载,整合旅游局资源,联合各合作银行开展旅游卡升级工作,丰富旅游卡权益。三是上海地区麦当劳门店均实现银行卡自助消费;试水单用途预付费转接项目,推动银行拓展烟草、电力、财政等大型行业客户资金归集业务,行业项目拓展显现成效。

(沪银联)

2. 城市商业银行资金清算中心

2013 年末,清算中心共有服务对象 241 家(其中会员银行 90 家、成员银行 151 家),同比增加 38 家;总资产 127 亿元,同比增长 15%;净资产 1.35 亿元,同比增长 80%。全年支付清算资金总额 2 597 亿元,同比增长 29%;全年实现各项收入 19 095 万元,同比增长 48%;实现税前利润 7 468 万元,同比增长 34%,均创历史最好水平。

【系统运行】 多措并举,扩大业务系统覆盖范围和交易量。一是明确营销重点、丰富营销方式,努力吸收新的接入行。2013 年末,支付清算系统共有接入行 75 家,同比增加 11 家;业务通汇网点 3 613 个,同比增加 761 个。

二是加快系统改造、指导接入行优化业务流程,不断提高业务交易量。支付清算系统全年共处理各类业务 79 万笔、清算资金 2 247 亿元,同比分别增长 102%和 43%。其中,电子汇兑业务 59 万笔、金额 1 277 亿元,同比分别增长 262%和 98%;通存通兑业务 21 万笔、金额 970 亿元;处理信息类业务 20 万笔。

三是城商行汇票处理系统和电子商业汇票系统运营服务平台继续保持平稳运行态势。2013 年末,汇票处理系统接入行共有 126 家;全年累计签发 2.7 万笔、金额 350 亿元,累计兑付 1.6 万笔、金额 210 亿元。2013 年末,电子商业汇票系统运营服务平台参与行共有 50 家;全年累计承兑金额 82 亿元、转贴现金额 359 亿元、纸质登记 151 万笔。

【网银平台】 发挥优势,拓展网银平台等金融外包服务。一是网银平台继续优化升级,托管业务增长迅速。2013 年末,网银平台共有 78 家托管行,同比增长 21 家;开户总数超过 53 万户,同比增长 109%。全年实现交易量 1 322 万笔,同比增长 112%;交易金额 28 643 亿元,同比增长 102%。此外,2013 年末门户网站共有 28 家托管行,同比增长 4 家;网银互联接入行 10 家。

二是移动网银业务顺利上线运行。2013 年末,移动网银业务共有参与行 11 家,另有 7 家银行已完成签约,联调成功即可上线运行。

【金融创新】 加快创新,开发各类新产品和新业务。为满足中小银行优势互补、资源共享、协同发展的需要,以及应对互联网金融和新兴支付方式的迅猛发展,在征求广大服务对象基础上,清算中心以需求为导向,加大创新力度,开发完成了综合交易平台和电子支付平台。目前,综合交易平台第一期理财产品销售功能已经上线。电子支付平台是与第三方支付和电商对接实现电子支付业务的应用系统,通过该平台,各参与行能够形成一个整体增强与第三方支付合作的实力,清算中心则能通过实时、批量代发代扣等功能实现各类创新业务。

【风险控制】 强化风控,确保业务系统平稳运行。一是加强业务系统日常运行风险控制。不断完善制度流程,加强系统运行风险监控,提高业务系统抗风险能力;强化灾备切换演练,实施硬件升级以及相关集成安装和集群化改造工作,全年未出现重大或严重影响接入行业务的运行事故。

二是通过各类监管检查提升运维和风控能力。根据人民银行要求,进行了支付系统运维和数讯机房的巡检自查;认真配合中国人民银行网络现场检查,制定信息安全管理制度,积极争取接入金融城域网;配合完成金融外包服务现场检查,并通过检查完善相关制度、机制和流程。此外,2013 年末,清算中心作为金融市场基础设施提供商之一,开展了中国人民银行总行组织的金融市场基础设施原则自评估工作,自评估结果为基本遵守原则。

【合规建设】 夯实基础，提升内部管理成效。清算中心认真梳理科技项目开发建设流程，建立规范的项目立项机制。不断加强合规建设，建立标准合同版本体系及业务法规查询指引，确保依法合规开展业务。加大宣传力度，提升"城诚通"品牌形象，以品牌促进业务拓展。启动新企业会计准则实施工作，并建设新的财务管理平台。坚持"以人为本"，加大人才引进，强化培训管理，努力提高人力资源整体水平。

【重大活动】 清算中心于2013年5月1日—5月31日，联合全国68家接入行集中开展了主题为"城市之间，存兑无间"的"城诚通—柜面通"全国统一宣传月活动，推广口号是"城市之间，存兑无间，跨行存取，免费快捷"。活动月内，清算中心通过报刊广告、网站宣传、统一标识、宣传折页等多种手段，全程跟进、密切联系各接入行开展宣传。本次活动得到了各接入行领导的高度重视，各行在辖下各网点柜面黏贴了标识贴纸，设置了宣传专柜，组织专人佩戴绶带分发宣传折页，方便客户了解和办理相关业务。为了突出宣传，部分接入行还根据自身的情况，增设了多种形式的宣传，如南京银行、江苏银行等在网站显著位置播报"城诚通—柜面通"业务信息；西安银行在网点LED显示屏滚动播报"城诚通—柜面通"宣传活动；龙江银行采用行内多部门合作共同推广宣传"城诚通—柜面通"业务；上海银行还专门组织了相关部门、分支机构员工的培训。通过活动月的开展，提高了"城诚通"品牌知名度，增加了客户对柜面通业务知晓度，更好地满足了金融消费者异地跨行存取款的需要，达到了预期的效果。

（奚　慰）

城市商业银行资金清算中心第二届第六次理事会会议现场

3. 中国华融资产管理股份有限公司上海分公司

2013年，中国华融资产上海分公司认真贯彻落实公司年初工作会议精神，在第一时间明确了全年工作思路，即"转变观念、树立信心、赶超进位、强化管理，全年力争实现利润3亿元，确保不发一案，不倒一人，实现上海分公司又好又稳可持续发展"。2013年，上海分公司实现商业化业务净收入较上年增长38 839.62万元，实现拨备前税前利润较上年增长36 975.87万元，完成公司下达利润指标的223.75%。

【创新驱动】 统一思想，转变观念。年初，上海分公司党委针对项目少、总量小、资源缺等实际情况，首先，通过党委会、总经理办公会议等方式，提高班子对完成全年目标任务的认识，坚定完成全年目标任务的信心，并以实际行动带领和影响员工勤勉工作。其次，积极引导员工进一步提高对市场的认识，提高对创新的认识，提高对扭转困难局面的认识，不断提振士气，树立信心，找准定位，奋力推进。

【以队伍建设为抓手】 把员工的精力集中到做项目上来，充分调动一切积极因素开拓市场。一是增设业务部门，从原来的四个业务部门增加至六个业务部门。二是充实业务一线力量。全年先后引入12位不同层次的人才充实到各个部门，重点向一线业务部门倾斜。同时，把中后台适宜做业务的骨干充实到一线，有效增强业务一线的力量。三是公开竞聘业务部门负责人，为"想干事、能干事、不出事"的员工搭建舞台。本着"公开、公正、公平"的原则，在众多竞聘员工中，上海分公司坚持德才兼备，重在市场开拓能力的原则，聘用了综合考评前2名的员工。定向引进2名业务部门负责人，上述人员到岗后立即投入到业务开拓中。分公司各部门已形成你追我赶、积极向上的良好工作氛围。四是进一步完善绩效考核办法，树立多劳多得的分配导向。五是稳定队伍，提振信心和士气。上海分公司采取各种措施，切实提高员工待遇，稳定队伍。通过开展的"两创一促"、"比学赶帮超"、学习"周伙荣工作法"等活动，营造分公司学先进、争先进、超先进的良好风气，调动和激发员工的积极性、创造性，增强责任感和紧迫感，不断凝聚发展的正能量。

【增强市场意识】 努力业务创新，敢闯取拼，鼓足干劲，积极抢占市场。上半年上海分公司任务完成不够理想，公司年中工作会议后，分公司多次召开总经理办公会议，对下半年思路进行认真的分析总结和研究，要求全体人员必须树立责任意识、忧患意识，振奋精神，坚定信心，增强工作中的"三劲"：冲劲，韧劲和闯劲。适时调整发展策略和方向，"因客户而变，因市场而变"。在公司推出非金业务后，上海分公司抓住机遇，乘势而上，争分夺秒，奋力拓展了一大批优质客户，项目投放金额数倍增加，为锁定全年利润起到重要作用。特别值得总结的是银行不良资产包业务。2013 年上海分公司参与了上海地区全部公开批量处置的不良资产包项目，成功实现不良资产包收购 28 项，占比达 47.9%，居同业第一，完成了总部对分公司在不良资产收购业务上市场占有率的考核任务。

【风险管控】 积极开展"双年"活动，进一步规范业务流程和风险管理制度，建立管用的"两线三台"风控体系。一是按照公司"双年"活动的要求，上海分公司及时召开动员大会，成立分公司"双年"活动领导小组，明确分公司"双年"活动目标，制定分公司"双年"活动方案细则和活动计划。通过"双年"活动的推进和落实，进一步强化员工的风险责任意识和合规意识。二是着力打造"两线三台"相互制衡的风控体系。通过新设业务审查部，调整风险合规部职能，以及调整分公司业务审查委员会、评估审查委员会和风险管理和内部控制委员会的人员组成等措施，使前、中、后台的职能更加分明，形成了更为严谨、更为有效的风险管控体系。

（华融资产）

4. 中国长城资产管理公司上海办事处

2013 年，中国长城资产管理公司上海办事处深入贯彻落实党的十八大精神和群众路线教育实践活动要求，紧密围绕公司发展战略和目标，坚持以创利为核心，以市场为导向，以管理为准绳，实现经营目标，提升业务品牌，调整配套资源，各项工作均取得了有序进展。2013 年共计实现商业化经营利润突破 3 亿元，超额完成总公司下达的年度利润目标，位列公司系统办事处前茅。

【业务经营】 一是加大金融不良资产经营收购管理力度。办事处认真贯彻总公司年初工作会议的战略部署，全员拓展业务，积极推进商业化转型，取得了积极的成效。二是新型投融资项目拓展规模不断扩大。办事处开展"阶段性投融资"业务，积极开拓创新，重点打造竞争力和"专业的资产管理服务商"品牌，积极探索多元化不良资产处置业务新模式，全力加强拓展新型投融资项目。同时，认真开展项目投后管理工作，依法合规经营，确保现有项目总体运行平稳，风险可控，收益可期。三是多元化业务经营模式日趋完善，丰富业务经营模式方面，注重加强金融产品的探索与拓展。四是项目审核和风险管控水平有序强化。办事处积极落实总公司体系文件，完善内控机制，提升法律服务与审核水平，确保业务经营和内部管理合规合法开展。

【内部管理】 办事处认真贯彻落实中央、银监会和公司有关内部管理、治理工作的指示精神和要求，进一步完善内部管理体系，提高自身管理能力，消除风险隐患，有效遏制各类案件的发生，确保办事处工作健康、稳健、有效地运营。一是人力资源管理改革日益完善。二是资金财务管理水平稳中提高。三是审计监督与风控保障持续强化。

【企业文化建设】 坚持贯彻执行党和国家的路线方针政策、上级主管部门和公司党委的决定、决议精神以及各项规章制度规定，大力加强领导班子和员工队伍的思想、学习和作风建设，积极推进组织建设和制度建设，全力打造优质工作团队，有力确保办事处党委领导班子在经营管理中正确履行自己的职责。一是党的建设和班子建设深入推进，积极开展"中国梦"、"长城梦"学习宣传教育活动，凝聚共识、团结力量，坚定理想信念、构建精神支柱，推进办事处科学经营发展，提高干部队伍和党员整体素质。二是党风廉政建设和反腐建设有效落实，积极贯彻落实总公司纪检监察会议精神，提高风险意识，完善机制建设，全面提升办事处可持续发展核心竞争力，严格监督，推进反腐倡廉建设科学化。三是先进典型事迹和文明建设不断涌现。2013 年，办事处华夏资产包项目组荣获中华全国总工会授予的"全国工人先锋号"荣誉称号；办事处题为《以"制度廉评"促廉政文化建设——金融资产管理公司开展制度廉洁性评估探析》的调研文章入选上海金融系统党建与思想政治工作研究会"优秀调研成果"，成为沪上唯一一家入围该获奖名单的国有资产管理公司地方分支机构。

（长城资产）

5. 中国东方资产管理公司上海办事处

2013年，中国东方资产管理公司上海办事处坚持以保持业务稳健高速发展为第一要务，加大营销力度，防范金融风险，抢抓机遇，乘势而上，团结一致，务实进取，全年实现商业化业务利润总额较2012年同期增长54.57%，完成总公司任务指标的131%，继续保持公司全辖第一的领先地位，在树立市场口碑，确保行业地位方面迈出了坚实的一步。

【业务发展】 2013年，办事处紧紧围绕以客户为中心，市场为导向，效益为目标的经营理念，要求全体员工进一步强化市场化意识，更新观念，不断学习，努力提高市场竞争力，加强客户管理及维护，提高客户培育深度，以总公司下达的“双好”标准为依据筛选项目，同时，全力推进资产管理业务，主动与各金融机构建立密切联系，积极拓展多渠道资金来源。

办事处一是深化渠道建设，依托但不局限于本地市场，加强与各金融机构与东方公司在沪平台的沟通与联系，通过切实有效的区域性金融营销网络，拓宽业务渠道，抢占市场份额，落实资金来源；二是坚持以处置不良资产业务为主业，积极参与并成功收购了多家银行不良资产包，在尽职调查、交易结构设计过程中体现的专业态度和服务意识，获得了各银行的认可；三是大力拓展资产管理业务模式，多渠道寻找优先级资金，克服种种困难，成为公司辖内第一批实现前端资管项目快速落地的办事处之一，精细化运作能力进一步提高，在业务模式调整上做出了积极的尝试；四是加强对实体经济支持力度，成功运作了光伏电站行业的金融服务项目，分散了行业集中度风险；五是重视核心客户群的培育工作，在开拓新客户的同时，积极做好现有客户的后续服务和管理，及时了解客户战略目标及发展规划，逐步提高客户粘性。此外，2013年办事处剩余可疑类资产处置取得重大突破，可疑类资产包整体回收扭亏为盈，并取得了超额盈利，为下一步减轻历史资产包袱，轻装开展商业化业务增添了助推力。

【风险控制】 办事处坚持“注重实质、把握节点、各尽其责、全程管控”的原则，不断完善全过程风险管理制度建设。坚持以双好标准筛选项目，把握项目基本面，做好尽职调查，夯实基础信息，严控抵质押率，从提高项目质量着手防范违约风险；严格按照公司规定开展对权限内项目的审查工作，梳理相关规章制度；建立重大、疑难投融资项目预审会制度，通过专家委员会委员对投融资项目的预审，对疑难、重大项目进行深度研讨和评判；印发《关于重申商业化项目投后管理审批流程的通知》和《上海办事处商业化业务投后管理操作指引》，要求每一单项目执行后及时制定投后管理方案实施细则上会审议，力求实现投后管理制度化与规范化；提供信息共享和动态化管理服务，采取动态额度管理制，及时了解项目执行情况；采取自己管理与委托管理方式相结合的方式，选聘专业中介机构对建设期的项目进行贷后监管，对管理半径较长的项目则考虑委托其他办事处或平台公司现场监管，从而确保管理及时高效。

【队伍建设】 队伍建设是办事处各项业务顺利开展的必要保证。为增强队伍的战斗力、执行力和凝聚力，办事处切实贯彻落实党的群众路线教育实践活动，通过动员部署、集中学习、征求意见、民主生活会、向督导组汇报等工作，强化党员干部的群众观念，锤炼干部队伍的思想作风；高度重视企业文化建设，坚持结果导向，公平公正对待员工，大力倡导团结、进取、高效、尽责的企业文化，不断改革激励机制，完善分配体制，按“想干事，能干事，干成事”的标准提拔干部，提高员工积极性；开展《浅析商业化业务审查要点》、《办事处风险管理介绍》、《大客户营销管理培训》等一系列培训活动，加强员工的风险防控意识，提高员工的综合业务素质；通过坚持学习监管机构下发的案件通报文件、定期组织员工观看教育警示片等活动，大力推进案件防控长效机制建设，帮助员工牢固树立风险控制与案件防范意识。

（东方资产）

6. 中国信达资产管理股份有限公司上海市分公司

2013年，中国信达资产管理股份有限公司成功在香港上市，开启了中国金融资产管理公司改革发展的新篇章。上海分公司在总公司的统一部署下，坚持“调结构、防风险、稳增长”的工作方针，大力开展业务创新，大力拓展市场化业务，积极进取，交出了一份出色的业绩成绩单。

【经营发展】 一是注重资产结构调整。以资产管理为主业、以客户为导向、以效益为中心，支持实体经济，努力挖掘一些有经营前景、但受各方面因素影响处于暂时困难的实体企业，逐步调整资产的结构。在业务类型上关注金融和非金融的配比，房地产与实体经济的配比，大型企业和中小企业的配比，扩大客户面和服务面，提升整体资产质量。二是大力拓展战略合作伙伴，与多家银行和知名公司签署《战略合作协议》，以优势互补、合作创新、共赢共享为原则，在今后资产收购、直接投资、基金、发行债券和推荐上市业务等方面进一步开展实质性的合作。三是加大宣传力度，做好市场营销推广工作。与新华社上海分社开展合作，在浦东金融机构集结地投放宣传公司品牌和业务的广告；在多家杂志上设计、制作及投放公司业务宣传广告；积极参加上海金融洽谈会，做好业务宣传。通过这些措施扩大了公司知名度，使更多的大客户、知名企业了解和熟悉分公司业务。

【业务创新】 分公司积极探索、开拓、实践新的业务模式。年内对多种新业务模式进行了尝试，尤其针对中小企业融资难的状况，分公司通过认真对中小企业上下游客户资信等情况进行分析，利用资产收购工具，为中小企业盘活短期流动性提供帮助，给中小型实体企业提供了切实的综合金融服务。

【风险控制】 分公司始终坚持合规经营，不断加强、完善风控管理措施等内控体系和流程，预防和控制风险的发生。年内分公司自主研发了风险预警系统，并已开始运作。同时，继续贯彻执行管理责任人制度以及风控联系人制度。每个项目在确认管理责任人、第一管理责任人的同时确认风控联系人，在经营合规的基础上，重点保障业务风险可控。正是由于风控措施不断加强，分公司虽然业务量不断上升，但项目风险依然处于可控范围。

【企业文化】 分公司在抓经营业务的同时，注重企业文化建设。一方面举办中国信达驻沪机构第二届运动会。通过比赛增强了信达团队意识，加深了员工之间的互相了解，增进了彼此间的情谊。另一方面，继续办好《上海信达》季刊，组织员工积极参与上海信达杂志的征稿、排版、编撰和印发，现在员工们可以通过这份杂志关注行业信息、交流业务经验、展示个人才华、分享个人感悟，使杂志成为信达驻沪机构全体员工的精神家园。

（信达资产）

位于北京西路的信达大厦

7. 上海国际信托有限公司

2013年，上海国际信托有限公司积极适应国内外复杂严峻的经济形势和更加激烈的市场竞争，坚持稳中求进、创新发展的工作主基调，牢牢把握发展主动权，构建可持续发展的核心竞争力，全力完成全年目标任务，不断开创上海信托事业发展新局面，各项指标完成情况均创历史最好水平。

【业务拓展】 公司紧紧围绕国家产业政策方向和市场需要，大力推进业务创新，不断加大市场拓展力度：(1)持续推进业务创新，增强可持续发展能力。2013年基金化业务成效显著，上信·万科房地产股权投资集合资金信托计划成功募资，规模名列国内房地产投资基金前茅；险资渠道进一步拓展，积极引入国内一线险资作为投资人，探索重大产业项目信托对接险资模式；资产证券化业务稳步推进，成功中标多家机构信贷资产证券化受托人资格，进一步丰富了公司公募受托业务品牌。(2)深度挖掘优质客户，确保业务做优做强。先后与多家国内名列前茅的开发商实现了持续的深度合作，加强与同业的战略合作，为今后全方位的合作奠定了坚实基础。(3)加大业务推进力度，提高业务拓展效率。在月度例会上加大业务分析和指导力度，进一步提高业务拓展效率；公司主要领导亲自带队走访国内重要区域，沟通信息，支持业务部门进一步开拓新市场，做深次新市场，建立新的客户关系和客户渠道，为公司信托规模、收入实现突破奠定了坚实的基础。

【机制创新】 为保持和进一步提升上海信托行业地位，公司不断推进机制创新工作：(1)优化组织架构设置，推进战略资源优化配置。公司根据形势发展及时调整内部架构，调整、充实战略发展部职能，进一步提高公司自主管理能力和资产管理市场核心竞争力；持续强化、充实核心业务领导力量，不断加大拓业力度。(2)推进薪酬体制改革，建立市场化薪酬机制。不断完善薪酬市场化改革方案，推进薪酬机制改革。(3)完善项目审批制度，全力支持信托业务拓展。及时调整相关业务准入标准和常规业务指引，完善项目评审规则，实现专业化评审，取得了良好的效果。

【财富管理】 公司高度重视财富管理工作，在行业内牢牢把握业务发展的主动权和主导权：(1)创新财富管理模式，全力提升品牌影响力。创新高端财富管理业务，在保持良好流动性的前提下，为超高净值客户实现财富稳健增值服务；启用网上交易系统，稳步推进 CRM 系统开发工作，努力提升客户体验；积极探索产品高效申购、赎回方式，取得了良好的效果。(2)持续提升直销能力，不断拓展资金渠道。自主销售能力得到有效提升，客户拓展成效显著，营销布局不断完善，成功完成公司在上海市域内主要高端客户聚集区的网点布局。(3)积极布局家族信托，提升海外投资能力。成功举办 2013 年首届中国家族信托年会，逐步建立了家族信托的潜在客户群网络。

【资金配置】 公司主动把握宏观经济形势及市场风格转换，坚持稳健合规经营：(1)全力适应市场变化，提高主动管理投资收益。积极挖掘中小市值成长类股票，在股票二级市场主动管理投资方面取得佳绩。(2)积极丰富投资品种，提升固定收益业务盈利。成功规避涉及违规基金公司及相关产品，并利用债市去杠杆带来的短期大幅度下跌买入部分优质产品，进一步扩大盈利。(3)组合运用多种工具，有效保证公司流动性。主动采用基金投资、银行理财和券商资管等专业机构委托投资等方式，分散直接投资于个股和个券的特定风险，以指数化和组合投资方式分享资本市场的红利，在收益率最大化的同时做好流动性支持工作。

【风险管理】 针对复杂且个性化报审项目日益增多的实际情况，公司加大项目实质性风险点的审查力度：(1)严控实质性风险，提高风险预审效率。一是对于重大项目和可疑项目，多次派员赴项目地进行现场尽职调查，提高风险预审的客观性和准确性。同时，实行"预审动作"标准化，提高项目预审工作效率，有效降低业务风险。二是完善"随访记录"制度，强化贷后风险管理。"随访记录"的完成率从年初 3%提升至 100%。(2)重视风险排查管理，加强操作风险防范。开展多项风险排查工作，明确公司产品经理和运营经理职责分工，加大公司操作风险防控力度。(3)强化交易管理，严防案件发生。制订管理制度，有效防范了交易风险和案件的发生。

【运营管理】 通过完善系统功能、业务操作规则和指引，公司不断提升运营板块配合效率：(1)优化新系统功能，积极支持业务创新。优化升级多项配套功能，明确职责分工，为信托业务创新提供了有效保障。(2)加强部门联动，发挥协同效应。进一步加强了新型业务的运营管理，有效推进运营经理负责制探索，制定标准化操作流程，有力推进中后台运营标准化工作。(3)规范信托财务规则，有效提高运营效率。出台了一系列规范性文件，并多次开展业务人员培训，有效提升了信托后台的运行效率。

【公司荣誉】 2013 年，上海信托屡获殊荣，先后荣获"诚信托—管理团队"、"诚信托—价值信托产品"、"中国优秀信托公司"、"优秀理财管理团队"、"年度综合实力最佳信托公司"等奖项；公司网站获评"2013 年最佳信托公司网站"，公司"新一代业务系统建设项目"获评"2013 年度信托业互联网创新优秀案例"，"上海信托铂金系列大中华债券投资集合信托计划"荣获 2013 年度上海金融创新成果奖。

（杨胜利）

8. 华澳国际信托有限公司

2013 年，华澳信托围绕"夯实基础、严控风险、团结奋进、乘势而上"的工作主线，资产管理规模快速增长，收益稳步提升，风险管理和内部控制不断加强，团队能力持续提升，超额完成了董事会下达的指标任务，发展呈现出稳中向优的良好态势。新增设了北京信托业务四部、上海信托业务六部、证券投资部、产业金融研究所。截至 2013 年末，资产管理总规模约 506 亿元，其中单一信托业务规模 347 亿元，集合信托业务规模 154 亿元，事务管理类信托规模 5

亿元，实现税前利润3.05亿元。

【系统建设】 随着深化金融创新、业务发展及产品种类升级，实现业务系统数据与流程一体化管理，是华澳信托所面临的迫切问题。公司确定了“建设业务一体化信息平台”的思路与方案。业务一体化系统平台有效支持业务创新。(1)提升业务创新能力：平台采用了松耦合结构，缩短新功能处理的开发部署时间，可更快速相应业务发展需求，为提升主动管理能力、向专业财富管理转型提供保障。(2)提升项目运营效率：平台将信托产品全生命周期所需系统功能相互协作，形成立体的运营框架。(3)提升业务风控管理：平台通过固化业务审批流程，利用系统工具固化风险管理需求，解除了业务创新的后顾之忧。

【业务创新】 2013年，华澳信托协调推进传统类和创新类业务，不断优化产品投资结构，积极开展创新类产品研究，着力推动成熟产品的落地。创新产品研究上，在资产证券化、金属交易所、中小企业基金及农业基金等方面均取得新进展，针对跨平台合作、信托与券商合作、信托与交易商协会合作、信托与产权交易所合作、资产证券化等进行了专题研究，形成研究结果与报告文章10余篇。创新产品实践上，2013年，公司共发行11个投资类产品，总规模31亿元，比2012年末增加了30%；事务管理类项目2个，总规模3亿元，实现了该类型项目零的突破。针对中小企业、金属交易所、银信合作等不同的合作平台创建了不同的产品系列：在2013年年末成功发行的华澳—泛亚稳健策略产品(第一期)集合资金信托计划，不但实现了公司内部的创新，更是成为了业内首单现货商品交易市场挂钩套利产品。澳浦中小企业精选系列、中小企业风险投资基金系列、中小企业优选投资系列等创新型信托产品发行成功，得到了市场的青睐，帮助公司开拓了庞大的客户群，为后续创新型信托系列产品发行打下了良好的市场基础。

【风险管理】 公司按照“严控风险”的要求，进一步提高了风险管理水平，重点加大了信用风险、操作风险的防控工作。一是不断加强风险管理制度建设。公司通过不断完善风险管理制度，优化项目评审流程，提高审批效率，为业务稳健发展提供了有力保障。全年共制订、修订风险管理制度办法二十余个。二是启动了“内控体系建设咨询项目”，逐步建立适应公司业务发展和需要的内部控制自我评估体系，全面提升公司内部控制规范化管理的能力和水平为长远发展提供支持和保证；并建立以风险控制为导向，综合考虑成本、风险、收益的风险资产计量和配置体系，打造行业领先的内部控制和风险管理体系。三是不断强化项目全流程风险管理，优化相互协调制约机制。

【品牌建设】 2013年5月16日，华澳国际信托有限公司财富中心暨“华澳·臻财富”品牌正式揭牌成立。财富管理中心的职能定位是为高端客户提供财富管理服务，从客户需求出发，为客户创造价值，并进行全方位的财富规划从而实现保值、增值。其口号“如您所托，臻享未来”，充分反映了华澳信托与客户心心相印、共同创造与成长的美好愿景；而其独特而灵魂的形象设计，凸显了财富无限、永恒发展的财富与价值管理主题。“华澳·臻财富”的成立，是华澳信托有限公司从传统投融资业务向全面的资产管理和财富管理转型的重要战略举措，也是全力培养自身财富管理品牌的重要里程碑。

【社会责任】 华澳信托在开展业务的过程中，向国家政策支持的绿色产业、生态农业、节能环保、保障房、中小企业等领域靠拢，以实际行动支持社会可持续发展。公司从信托业务收入中提取资金，发起设立“华澳信托公益基金”。华澳信托公益基金致力于关注贫困地区青少年成长，发展青少年文化教育事业，关怀社会贫困弱势群体，参与本地社区建设。截至2013年底，华澳信托共在云南、广西、四川、安徽、河南、河北、北京等建立了12座“华澳信托爱心图书室”，为数千名名师生提供了一座座知识宝库，有力支持了乡村阅读教育的发展。

(华澳信托)

华澳信托举办新形势下的金融同业合作研讨会

9. 华宝信托有限责任公司

华宝信托有限责任公司成立于1998年，是宝钢集团有限公司旗下的金融板块成员公司，宝钢集团有限公司持股98%，浙江省舟山市财政局持股2%。华宝信托现注册资本金20亿元（含1 500万美元），旗下控股华宝兴业基金管理有限公司（中法合资）。

2006年起，华宝信托进入快速发展阶段，2006—2013年累计清算信托项目677个，成功兑付率100%。公司为投资者创造了良好收益，1998—2013年累计为客户实现收益449亿元。截至2013年底，华宝信托管理的信托资产规模已超2 700亿元（含年金），稳居行业前列。华宝信托也为股东创造了良好收益，成立以来连续16年都实现盈利。目前，华宝信托产品线投资范围涵盖证券、投融资、产融结合等领域；信托产品利用多种结构和工具覆盖了资本市场、货币市场、实体经济。同时，在风控方面，华宝信托形成了由董事会及管理层直接领导，以风险管理部门为依托，相关职能部门配合，与各个业务部门全面联系的三级风险管理组织体系，公司治理结构及风险控制水平行业领先。

【经营情况】 截至2013年末，华宝信托存续信托计划共672个，管理信托资产规模2 715亿元，较年初增长28%。2013年，华宝信托共新增信托计划362个，涵盖基金化、私募基金及股指期货、产融结合、大型投融资等领域。其中主动管理型新增合同266个，占新增总量73%，包括证券投资类40个、股权投资类6个、组合投资类190个、融资类30个；被动管理型新增信托96个，包括证券投资类23个、股权投资类1个、组合投资类1个、融资类66个、事务管理类5个。

2013年公司在进一步加大风险控制力度的基础上，继续加快产品创新进程。其中，基金化类固定收益类产品——“现金增利”自推出以来以其较高的流动性及稳定的收益水平受到市场好评，并平稳渡过2013年罕见的“资金荒”。

房地产投资业务方面，2013年公司成功发行了3单房地产股权投资项目，2014年公司将继续推动房地产投资基金业务，做好存量客户再开发的同时积极寻找新的优质合作伙伴，将真实投资类业务打造成为公司的特色业务之一，构建差异化竞争优势。

信政合作业务方面，2013年信政合作融资需求较为旺盛，公司严格遵循政府及监管层各项规定，坚持严禁违规开展平台融资、不新增平台融资规模余额。公司在符合监管政策要求的情况下，审慎开展风险管理，合理筛选项目，谨慎推进该类业务。

产融结合方面，2013年公司与宝钢建筑合作推出的“产融生辉4号”已成功落户横琴国家示范新区，成为华宝信托与宝钢建筑“宝钢产融结合”模式在股权投资领域的首次尝试与成功突破，也是宝钢建筑与上市公司合作模式的创新。

QDII业务方面，继2012年取得QDII业务资格并发行公司首单QDII产品后，公司进一步拓展境外理财业务。经国家外汇管理局批准公司追加QDII业务外汇额度4亿美元，可用额度达到9亿美元。2013年累计发行单一QDII业务23笔。

股指期货业务方面，公司推进股指期货业务TOT及MOM产品的开发，在策略上亦新增股指期货跨期套利功能，以丰富股指期货对冲产品的产品线；在产品模式上也将从被动管理逐渐转向被动管理与主动管理兼顾的产品模式。

2013年，公司继续以“认真履行受托职责，遵循诚实、信用、谨慎、有效管理的原则，恪尽职守，为受益人的最大利益处理信托事务”为宗旨，有效地保障了受益人利益。2013年全年公司共支付受益人收益134亿元，未发生未付和延迟支付受益人利益的情况，无不规范运作行为的发生。

2013年，华宝信托共有76个产品到期清算，全部正常清算缴付，按时向受益人支付本金及收益，清算项目运作期间累计支付受益人收益约31亿元，加权平均年化收益率为5.91%。其中主动管理型项目清算48个，加权平均年化收益率7.83%；被动管理型项目清算28个，加权平均年化收益率4.89%。

【重大活动】 2013年7月30日，在宝钢集团年度社会责任报告发布仪式上，华宝信托推出了一款公益性质的信托——“华宝爱心信托”。华宝信托在行业内带头在公益领域内开展相关研究和实践探索，本次推出的华宝爱心信托计划，纳入了宝钢集团社会责任体系。华宝爱心信托计划将公益与信托相结合，是公益性质的信托计划，是公益人士基于对华宝信托信任的财产委托，是华宝信托对信托制度本源业务的探索。该产品入选国资委“2013 中央企业优秀社会责任实践”案例。

【重要荣誉】 2013 年 10 月，华宝信托“操作风险地图在信托公司风险控制体系中的运用”项目荣获 2013 年上海市企业管理现代化创新成果二等奖。该项目覆盖所有岗位员工以及全业务流程，通过对操作风险地图和岗位操作规范的梳理，将操作风险控制措施固化在制度流程中，并落实到每个岗位操作规范，以建立常规性自我诊断与自我完善的机制，是信托行业操作风险管理的成功尝试。

（华宝信托）

华宝信托有限责任公司

10. 中海信托股份有限公司

2013 年，中海信托股份有限公司紧紧围绕“诚信稳健、忠人所托”的经营理念，坚持合规运营，加快业务转型，强化内部风控，落实完善体制机制，经营业绩再创新高。截至 2013 年底，中海信托股份有限公司资产总额 49.14 亿元，净资产 38.08 亿元，公司资产继续保持较高质量；公司全年实现营业收入 12.07 亿元、利润总额 10.25 亿元、净利润 8.58 亿元、净资产收益率 22.55%，公司盈利能力良好；公司人均净利润达到 659.95 万元，继续保持行业领先水平。

面对不确定的外部市场环境，公司主动控制发展节奏，确保业务发展风险可控。截至 2013 年底，公司管理信托资产规模 1 774.44 亿元，全年累计管理信托资产规模 3 284.09 亿元，各项业务稳健发展，未发生任何信托项目不能按期兑付、损害投资人利益的情况，连续十年保持新增不良资产为零，公司保持了健康、稳健、可持续的发展态势。

【业务创新】 中海信托股份有限公司视创新为发展的动力，坚持以市场为导向，以客户为中心，充分利用跨市场配置的信托制度优势进行产品和业务创新。一方面，公司积极贯彻落实中央经济金融工作会议的精神，继续发挥在实业类信托业务积累的专业和客户、渠道优势，支持实体经济发展。积极探索同能源、交通和基础设施等行业的客户合作领域和模式，主动为其提供组合融资方案，传统信托业务优势不断巩固。

另一方面，公司审慎开展创新业务，侧重中长期项目规划，为未来布局，谋求可持续发展。继 2012 年 11 月公司担任受托人和发行人成功发行首单保险资金投资信贷资产支持证券“交银 2012 年第一期信贷资产支持证券”后，2013 年 3 月，公司再次与工商银行合作，成功发行工元 2013 年第一期信贷资产证券化信托资产支持证券，项目规模 35.9 亿元。另外，公司成功中标工元 2014 年第一期信贷资产证券化业务，项目规模 100 亿元。

【风险管理】 中海信托股份有限公司始终坚持“只有风险可控的发展才是真正的可持续发展”的风险控制理念，不断完善风险控制体系，确保各项业务发展风险可控。2013 年，结合业务发展实际，公司继续开展第十版内控制度的滚动修订工作，从加强全程风控、完善量化风控标准入手，着重提高项目管理各环节的风险防范，形成了有效的企业管理标准和工作标准并贯彻实施。目前，制度完善工作已取得明显的成效，公司各项业务合规稳健发展，有效保障了公司的良性运营。

【社会责任】 中海信托股份有限公司始终坚持把企业社会责任建设与公司企业文化融会贯通，积极履行国有金融企业的社会责任，弘扬中海特色企业文化。一方面，中海信托始终把维护受益人的利益放在首位，不断优化风险控制体系，切实承担起国有金融企业维护金融稳定的社会责任。公司通过“低风险、差异化”发展道路，为客户提供结构化融资业务、低风险理财业务、资产证券化业务、资本市场投资业务、财务顾问等金融服务，树立起稳健经营和专业理财的良好社会形象。自 2004 年以来，公司累计管理信托资产规模达到 22 000 亿元，连续十年未发生一笔信托不能到期兑付的情况，未发生一笔任何损害委托人、受益人利益的情况，未新增任何不良资产，得到委托人和市场的高度认可，成为委托人信得过的信托理财平台。

另一方面，公司坚持服务社会、奉献社会、回报社会，发扬"一方有难、八方支援"的精神，及时伸出援手，组织员工开展各种捐赠活动，扶助弱势群体。2013 年，公司组织开展了"心系雅安你我同在"主题捐款活动，以实际行动支援灾区渡过难关，重建家园，彰显了国有金融企业高度的政治责任感和强烈的社会责任感。同时，公司积极参与所在地政府和社区组织的公益活动，广泛与社会群体保持紧密联系，多渠道主动收集地方政府和社区意见，实现企业与社会的和谐互动，塑造了一个具有高度社会责任感的金融企业形象。

【获奖情况】 2013 年 3 月，公司荣获"2012 年度上海市黄浦区经济发展突出贡献 100 强企业第 14 位"荣誉称号。6 月，公司荣获上海证券报社、中国证券网联合举办的第七届诚信托评选"诚信托—卓越公司奖"。同月，公司荣获证券时报社、新财富杂志联合主办的"创新 · 突围——2013 中国信托业峰会暨第六届优秀信托公司评选"——"中国最具区域影响力信托公司"奖。

（中海信托）

中海信托公司的前台

11. 中泰信托有限责任公司

中泰信托有限责任公司前身是中国农业银行厦门信托投资公司，成立于 1988 年。1997 年改制为厦门联合信托投资有限责任公司。2002 年 2 月 9 日，经中国人民银行总行批准，公司进行重新登记，更名为中泰信托投资有限责任公司，注册地址由厦门市迁往上海市，注册资本为人民币 51 660 万元。2009 年 4 月 3 日，经中国银监会批准，公司获准变更公司名称和业务范围，注册名称变更为"中泰信托有限责任公司"，并领取了新的金融许可证。目前，中泰信托有限责任公司主要股东构成为：中国华闻投资控股有限公司持有 31.57%；上海新黄浦置业股份有限公司持有 29.97%；广联（南宁）投资股份有限公司持有 20%。

【主要业绩】 2013 年，中泰信托有限公司稳健发展业务规模，培育挖掘成熟业务模式，加强风险控制，拓展业务渠道，公司自主管理和业务创新能力显著提高。截至 2013 年 12 月 31 日，公司管理的信托资产规模 622 亿元，比 2012 年末的管理资产规模 316 亿元增长了 96.84%。2013 年，公司实现营业收入 68 354.42 万元，比 2012 年增长了 113.56%。其中，信托业务收入完成 35 145.67 万元，比 2012 年增长了 190.54%。固有业务方面，公司 2013 年全年实现收入 33 208.75 万元，较 2012 年的 4 769 万元增长了 137.69%。公司 2013 年全年实现利润总额 47 520.81 万元，比 2012 年增长 70.6%。实现净利润 28 506.46 万元，比 2012 年增长 19.78%。

【创新研究】 2013 年，公司拟定了服务中小企业发展、协助地方区域"城镇化"发展、提供不同流动性金融产品的业务方向，并在此基础上设立区域发展基金以及信托产品向高收益债券转型等课题研究方向。

为了响应国家关于"优化资源配置，盘活存量，用好增量"的宏观金融政策导向，推动公司的业务开展与业务创新，用资产证券化手段拓展和升级传统信托业务，积极参与银行存量资产的信贷资产证券化，发挥资产证券化在优化金融资源配置、存量结构调整、提升金融效率和完善信托功能方面的作用，公司已就获得特定目的信托受托机构资格之事宜向中国银行业监督管理委员会上海监管局提出申请。

公司基于对资产证券化业务在金融市场中的发展空间，以及公司的特点，在战略规划中，将资产证券化业务作为战略性基础业务和未来创新业务开展的支撑点，并形成了稳步开展此项业务的战略安排：立足公司战略高度，将资产证券化业务作为提升公司传统业务、打造公司核心竞争力的重要手段，借鉴公司在资产管理和金融市场交易的经验和优势，开发适应公司特点的稳定和可持续的业务板块。

【风险管理】 2013 年，中泰信托有限责任公司在业务规模快速增长、业务种类日渐丰富的背景下，对于风险管理工作坚持全面性、独立性、连续性、审慎性、有效性等基本原则，以风险最小化、风险成本最低化为目标，坚持以风险管理为核心开展经营活动，平衡业务发展与风险管理之间的关系。

首先，公司结合业务需要修订补充了多项制度，从业务前期的尽职调查、方案设计，到业务中期的存续管理，再到业务后期的风险处置，进一步明确了各环节的岗位职责和工作流程，使风险管理体系更好地覆盖了信托业务开展的各个阶段。

其次，公司将信息化建设作为年内的工作重点，通过多次意见征集，汇集了各业务部门、风控部门、财富中心所提的个性化需求，结合制度梳理工作，在通过在线处理提升业务效率的同时，将业务流程和工作要求通过信息系统加以固化，使风险管理体系通过信息系统得以有形体现。

再次，公司通过部门设置和部门职责的完善继续加强风险防范和业务管控，一方面继续通过风险管理部门加强风险排查，提升风险揭示和风险化解能力；另一方面又针对存续信托业务的管控需要强化了运营部门的有关职能，并使风控体系与业务管控体系有机结合，形成“大风控、大运营”的整体安排。

最后，公司通过全员的风险教育，提升了整体对风险的认识，公司上下不仅对于业务的信用风险、市场风险、合规风险和法律风险在工作中加以注意，也进一步提升了对操作风险和声誉风险的认识，并通过流程梳理和岗位设置做出有效布置。

【品牌形象】 2013 年，公司倡导以企业文化和价值观驱动企业发展和员工成长。基于此，公司倡导了“简单可依赖”的企业文化，公司内部对企业文化的认识和认同感极高，这正成为推动公司持续发展的内生动力，保障了公司诸多改革措施的顺利落地和有效执行。同时，作为企业形象建设中较重要的舆情管理，公司在 2013 年主要着眼于快速应对、信息优化、理念梳理、制度建设等基础工作，且建立和加强了与市场的沟通、与内外部包括员工、股东、客户、投资者、媒体等利益相关者主动交流的机制，向市场和更多公众传递更多公司信息。

积极承担社会责任、投身公益事业，是企业形象建设另一层面的工作。“4.20”雅安地震发生后，公司率先响应中国信托业协会号召，深入灾区捐助救灾物资，支援灾后重建工作及其他社会公益事业。在身体力行践行绿色办公方面，公司注重绿色办公和资源能源节约使用。2013 年公司扩租办公区，全部采用环保材料进行简易装饰装修。公司办公面积比 2012 年增加 25%，但通过严格的办公场地管理和绿色办公理念的影响，公司 2013 年水、电耗用量仅比 2012 年增加 10%，单位办公面积能耗有较大降低。

2013 年，中泰信托有限责任公司连续第三年在证券时报社、新财富杂志联合主办的“中国优秀信托公司评选”中获得“中国最具成长性信托公司”称号。

（中泰信托）

12. 上海爱建信托有限责任公司

2013 年是上海爱建信托有限责任公司重新登记后的第一个完整年度，公司围绕“强管理、增效益、促发展”的指导思想，积极应对资管行业格局变化和资金市场大幅波动带来的挑战，经营业绩显著增长，内部管理持续改进，整体发展水平呈现良好发展态势。2013 年公司实现营业收入 6.58 亿元，同比增长 55.19%；净利润 3.65 亿元，同比增长 58.83%。

【信托业务实现跨周期发展】 (1) 提高交易对手层级、加强业务合作深度。2013 年，公司在发展不动产、政府信用等传统业务时，提高了选择交易对手的精准度，同时加强合作深度，转变以往零敲碎打的业务开拓模式，从公司战略角度形成与之稳定的合作发展模式，提高投入产出比。业务规模迅速增长，年内新增信托项目 98 个，规模 287.62 亿元，其中新增单一信托项目 59 个，规模 170.30 亿元；新增集合信托项目 39 个，规模 117.32 亿元。

(2) 提升信托业务创新能力。2013 年，公司通过把握宏观经济、政策重点，加强对产业结构、发展趋势的理解，跟进、准入、设计并尝试一些创新业务、业务模式。

在业务模式方面，公司在严守风控底限的前提下，以成立工作小组的形式对不动产股权投资业务模式开展了风险研判、市场方案、结构设计等全方位立体化的设计，并在监管部门认可的基础上实现了此类业务的开展，为公司获得了较高的信托报酬；为提高公司政府信用类业务的竞争力，公司成立政信业务政策工作小组，对于“城市发展基金”业务模式展开研究与讨论，以此提高公司政信业务在市场中的竞争力。

在创新业务方面，公司着重建设现金汇裕产品线并已正式上线，开始对外募集；上半年完成了证券板块构架搭建工作，前移固定收益部和证券信托部，筹备研究发展部，重启证券信托业务。

此外，公司从战略角度考虑，设立自贸区业务总部，积极探索发展上海自贸区相关业务，并进一步探索设置自贸区的合资子公司等工作，架设海外投资的桥梁和纽带，探索引入境外资金对接信托或类信托资产，进而标准化金融资产对接等。

【固有业务重风险、讲策略、增效益】 （1）自营贷款业务。公司将自有资金安全性始终放在首位，各项目保障程度较高。截至 2013 年 12 月底，公司新增 12 个项目，累计发放贷款 23 笔，共计 20.3 亿；累计回收贷款 15 笔，项目顺利结束 12 个，共计 15.9 亿元；存续的贷款项目为 14 个，贷款余额为 16.95 亿元，日均贷款余额为 15.51 亿元。

（2）固定收益业务。2013 年，公司在固有资金运作上充分考虑宏观经济政策与市场环境变化，相机抉择，采取了灵活的投资策略，在保证资金安全的基础上努力实现收益最大化。

【营销能力稳步提升】 2013 年，公司制定了以强化直销能力、建立多渠道销售模式、提高客户满意度的营销体系建设主要目标，并完善营销架构，建立有效的激励考核机制，营销能力获得提升。

（1）完善客户服务。公司将松散的活动整合为有效的整体，提高客户满意度，形成对爱建信托的服务依赖，成为公司的忠实客户。

（2）营销机制逐步完善，确保合规推介有效激励。公司始终关注销售合规性的内部控制，制订了一系列合规营销基本制度，通过完善营销管理流程，建立内部督导、约束、改进机制。

（3）建立合理的营销激励机制。为了激发销售团队的潜能，公司制定了富有竞争力的、透明的激励机制。合理的营销激励机制使得公司在市场中吸纳了优秀人才，稳固了直销团队。

【树立全面风险管理理念】 2013 年，公司全面风险管理的指导思想为强化内部控制环节，明确项目分段评审职责；从严设置合同条款，提高风险处置能力；规范市场营销环节，细化专业培训计划，强化中台建设机制。

（1）公司成立了证券、房地产、信政、金融机构合作四个风险政策工作组，为风险政策、业务、制度能有效链接提供了平台；同时制定组合风险管理政策，指导业务开展，为业务的标准化创造条件。

（2）公司通过落实了评审委员问责机制，再造项目审批流程，建立预审退回机制，进一步推进风险管理执行体系建设来提升项目评审质量。

（3）公司规范了单一信托和金融机构合作业务模式；推进不动产投资类业务的管控模式化和风控政策；调整了政信合作业务风控政策；完成集合信托业务管理、外派人员管理、信托业务应急处理、业务审批制度的草案拟定和征求意见、资产证券化业务管理细则等制度的建设。

（4）公司设置了风险处置委员会，并要求信托业务部门和运营管理总部在项目的事中、后续管理中加强项目跟踪监控力度，对交易对手风险状况持续评估，确保及时发现风险并第一时间上报至风险处置委员会，争取第一时间化解风险。

【提升内部管理能力】 （1）完善法人治理结构。2013 年，公司进行了董事会、监事会的换届以及经营管理层的重新聘任工作；根据《公司章程》的有关规定及控股股东的管控要求，适时调整授权方案，并严格执行；进一步梳理内部管理制度。

（2）调整组织架构。为进一步提高组织运行效率，公司围绕“提高业务运作能力，突破营销瓶颈，强化中台管理能力”的指导思想实施了一系列的组织架构调整。

（3）优化人力资源配置。为支持业务发展及强化内部管理，公司通过网络招聘、内部选拔、外部推荐等多种方式，进一步优化人员结构，提升公司活力。录用人员基本具有注册会计师、律师、金融风险管理师等专业资质，并拥有较为丰富的金融从业经验。

（4）开展内控检查整改。公司按照监管和公司制度要求开展稽核审计工作，对终止集合资金信托计划房地产项目的审计做到基本全覆盖，并对发现的问题开展了跟踪检查。

（爱建信托）

爱建信托参展第十一届上海理财博览会

13. 安信信托投资股份有限公司

2013 年，安信信托投资公司继续完善法人治理，优化资产结构，提高项目风险的把控能力，继续加强团队建设、拓展营销渠道、提升项目流程控制和风险控制能力，为公司可持续发展奠定了基础。公司 2013 年度共实现营业总收入 87 925 万元，归属于母公司的净利润 27 960 万元，归属于母公司的所有者权益为 86 476 万元。公司总资产 16 亿元，比上年末增加 6.49 亿元，增幅为 68.27%，负债总额 7.36 亿元。公司执行固有业务管理制度，固有资金的运用均履行严格的评审程序，所有固有贷款均落实风控措施，并实行持续的贷后跟踪管理。截至 2013 年 12 月 31 日，固有资产拨备充分，无不良资产。

【信托业务】 （1）截至报告期末，存续信托项目 297 个，受托管理信托资产规模 1 158.15 亿元；已完成清算的信托项目 65 个，清算信托规模 195.71 亿元；新增设立信托项目 259 个，新增信托规模 979.35 亿元。其中，新增集合类信托项目 20 个，实收信托规模 155.03 亿元；新增单一类信托项目 237 个，实收信托规模为 820.63 亿元；新增财产管理类信托项目 2 个，实收信托规模为 3.69 亿元。

（2）信托资金投向：公司 2013 年信托资金主要投向涉及基础产业、房地产、证券投资、实业和其他。与 2012 年末相比，房地产类占比从 17.14%下降至 9.36%，实业类占比从 44.98%上升至 64.13%。在保持温和发展的态势下，公司继续向非房地产领域进行业务拓展，调整业务结构，加大其他领域的拓展力度。

（3）集合资金信托业务：集合资金信托业务占信托资产总规模比例为 20.47%，信托规模有一定提升，公司自主发行能力和主动管理能力继续增强。

（4）信托业务风险方面：公司执行各项信托业务管理制度，信托业务的开展及后续管理均严格以受益人利益最大化等为宗旨依法操作。

【公司治理】 严格按照《公司法》、《证券法》、《信托法》及中国银监会、中国证监会有关法律法规的要求，不断完善公司法人治理结构、规范公司运作。根据公司发展及经营环境的变化，公司及时梳理制定相关制度，报告期内，为规范固有资金投资运作和管理，董事会审议通过了公司《证券投资管理办法(暂行)》；为提升反洗钱和反恐怖融资工作的有效性及合理确定客户洗钱风险等级，董事会审议通过了《洗钱和恐怖融资风险评估及客户分类管理办法(试行)》。

【合规先行】 继续加强项目合规、风险控制和管理。(1)继续贯彻“合规先行”的原则，动态监测项目风险。报告期内，公司为了更好地实现项目全过程风险控制，成立了投资监管部，将检查工作延伸到现场，对公司多个存续集合资金信托项目进行了投贷后检查工作；对可能存在的市场风险、信用风险和流动性风险保持动态监测，并及时出具风险提示函进行风险警示。

（2）努力做好制度建设，及时优化业务流程。及时优化各类业务报告模板，及时规范项目报送、评审流程和可研报告编制格式，科学梳理报送流程和可研报告提纲。公司信托业务系统正式上线，随着信托业务系统的建立和完善，公司信托业务日常运营和管理流程的规范化、监管报送的自动化、业务的量化分析都得到了显著提升。

【投资者服务】 着力培育合格投资者，提升公司主动服务的管理能力。2013 年，公司在客户拓展和维护方面取得了较好的成绩，合格投资者数量持续增长。公司一如既往地注重了解投资者各类风险偏好，积极帮助客户寻找适合的金融产品，满足不同客户的投资需求。面对日趋白热化的理财市场竞争，公司组织建立产品发行定价小组，加强信息沟通的及时性，以产品发行定价市场化为原则，选择最佳的营销策略，确保发行工作有序、及时地完成。同时，公司积极与金融机构、各大企事业机构接洽，建立发行推介、资金对接等多元化的合作模式。

【创新业务】 2013 年，公司加大了类公益型、类基金型等既符合国家政策导向又能体现信托公司资产管理能力的产品研发力度，发起设立慈善与金融相结合的类公益信托计划，进一步拓展与各慈善基金会的合作领域，结合公司资产管理优势将公益落到实处。

（1）关爱系列“阳光三号·百姓爱心”系列产品。2013 年 1 月，安信在社会各界及监管机构的大力支持下，关爱系列“阳光三号·百姓爱心”系列集合信托资金计划，携手上海市慈善基金会成立“安信信托百姓爱心专项基金”。专项基金主要用于助困、助医、助学及维护百姓医疗健康权益的慈善公益事业。安信·关爱系列“阳光三号·百姓爱心”系列集合资金信托计划为安信信托利用自身在金融领域的人才、信息及管理优势，发挥受托人专业信托财产管理职能，并努力将投资者利益与社会公益事业相结合而设立的一个集合资金信托计划组合。

（2）“金汇一号”新农村发展基金集合资金信托计划。安信信托“金汇一号”新农村发展基金集合资金信托计划，充分发挥安信信托在主动管理型信托产品的创新能力和行业整合优势，将募集资金以股权、债权、可转股债权、受让资产收益权、受让信托受益权、设立 SPV 或其他符合法律法规的投资工具用于上海市奉贤区金汇镇区域内的新农村项目建设，通过对片区内北行村、南行村的相关改造，旨在改善当地农民的生活条件（包括居住、教育、医疗、服务等），进一步配合提升南桥新城的整体居住与商业氛围，为农村创造更多更好的就业机会制造条件。另一方面作为信托受托人的职责所在，通过投资实现社会金融资源的合理配置、优化及价值提升，在保持资金的低风险、高效率的基础上，发掘价值增长点，使投资人获得良好的投资回报。

【社会责任】 （1）强化经营管理，提高企业效益，为社会经济作贡献。公司坚持“专业化、差异化”的经营策略，落实各项监管要求，在加强风险识别、防范和管控能力的同时，不断提升主动管理能力，保证业绩的持续稳定增长。

（2）坚持依法诚信纳税，积极履行企业公民的法定义务。公司作为企业公民依法纳税、积极履行代扣代缴税款的法律义务；依法进行税务登记、设置账簿、保管凭证、纳税申报；如实向税务机关反映公司的生产经营情况和执行财务制度的情况，按有关规定提供相应的报表和资料，没有瞒报、漏报、误报，偷税漏税的行为。2013 年安信信托实现基本每股收益 0.615 7 元，向职工支付工资、社保、福利费用、缴国家税收等共计 16 748 万元，根据以上口径统计公司每股社会贡献值为 0.98 元。

（3）关注民生热点，主动承担社会责任。公司在上海市商委的鼓励支持下，联手上海市蔬菜（集团）有限公司，选择符合食品安全要求、生产组织化程度高的无污染蔬菜生产基地，并选取上海市民蔬菜食用量最大的黄瓜、西红柿等几大品种，从源头播种开始到流通领域的整个流程，实施严格检测和管理。2013 年 7 月 5 日，安信信托“蔬菜食品安全·放心菜”公益项目正式启动，让“安信信托·放心蔬菜”进入上海市民，尤其是老年人的餐桌。公司组织和开展了“为全市各区老年人、残智障人士特种人群赠送‘助老送餐车’和‘光动力治疗机’活动”、“雅安地震赈灾捐赠活动”等一系列公益活动。

（安信信托）

14. 宝钢集团财务有限责任公司

2013 年，宝钢财务公司加大服务与创新力度，探索电商金融服务模式，推进供应链融资业务，深化票据服务内涵，依托信息系统和流程再造提升在线风控能力。当年实现利润总额 2.62 亿元，净资产收益率 11.86%，管理资产规模 150 亿元，各项监控指标全部符合中国银监会规定的考核标准，整体风险水平低，资产质量优良。

【信贷业务】 提供优惠利率支持成员单位实体经济发展，全年累计发放贷款、票据贴现 143 亿元，委托贷款 31 亿元；积极争取人行的再贴现资源，激发符合条件的成员单位向上游供应商开票结算，当年累计融入低成本再贴现资金 10.5 亿元，提高了融资服务能力。

【供应链融资业务】 在严控风险的前提下，依托主业购销两端价值链的延伸，积极拓展上下游供应链金融，服务钢铁主业。为上游供应商提供票据贴现服务，支持宝钢以票据结算方式支付原材料、设备采购款，缓解资金紧张；与宝钢电商平台共同设计开发在线钢材质押融资产品，促进宝钢产品线上销售。

【资金和投资业务】 模拟市场化基金的管理方式，内部建立3个基金化运作的资产组合，提升流动性管理能力和固定收益投资运作能力。2013年，投资业绩跑赢市场上同期纯债基金和混合型基金；流动性管理在保障结算的前提下，提高短期资金配置效率。

【票据业务】 2013年电子票据业务维持增长态势，电票承兑金额在财务公司行业占比32%，为成员单位打造一条高效率、低成本、低风险的“电子票据快线”，经人行批准作为首批试点单位之一，参与财务公司电票线上清算的试点工作；纸质票据托管服务聚焦专业化、标准化、电子化，全年累计托管票据1.38万张，金额235亿元。

【结算和资金集中】 作为集团的结算主渠道，全年办理结算流量2.7万亿元，业务量54万笔；资金集中管理平台与商业银行银财直连，与成员单位ERP系统对接，实现成员单位资金跨行、跨区域归集。2013年末，归集资金余额277亿元，支持集团提高资金整体使用效率。

【业务创新】 跟随宝钢电子商务发展趋势，探索电商金融服务新模式，推出宝付通、宝融通等电商金融品牌，为平台上购买宝钢产品的中小微客户量身定制在线支付、融资等基础金融服务，解决传统贸易模式中支付繁琐、资金效率低、融资难和风险高等问题，促进宝钢产品在线销售。

【风险管理和内部控制】 坚持“创新驱动，风控先行”，风险管理从源头介入，参与业务和产品设计，依托流程设计、系统功能实现全流程的在线风控，建立了以对资金与质物的实质性控制为核心的供应链融资风险管控模式，为金融创新保驾护航。

【信息化建设】 2013年公司加大信息化建设力度，专门成立了信息科技部，引入具有丰富IT经验的专业技术人才，严格按照信息安全等级保护国家3级标准进行系统建设，从技术和管理层面全面升级安全防护能力，确保金融服务的安全性、有效性和连续性。

【重大活动】 2013年5月31日，在上海钢铁交易中心揭牌仪式上，宝钢财务公司正式推出“宝融通”系列电商金融产品。该产品基于钢材质押，为在宝钢电商平台上购买在库现货的客户提供在线买方信贷服务，促进宝钢产品线上销售。产品具有额度授信、循环使用、在线操作的特点，并采取在线监控、线下监管、流程控制、封闭结算等多种方式管理风险，确保信贷资金安全，有效解决了传统贸易模式中融资难、融资贵等难题，进一步完善了电子商务应用环境。

（宝钢财务）

宝钢集团财务公司在上海钢铁交易中心揭牌仪式上推出“宝融通”系列产品

15. 上海汽车集团财务有限责任公司

上海汽车集团财务有限责任公司是1994年5月经中国人民银行批准成立的非银行金融机构，注册资本金人民币30亿元（含1 000万美元），由上海汽车集团股份有限公司和上海汽车工业销售有限公司分别投资98.592%及1.408%组建。2013年末，公司资产总额910.45亿元，全年净利润在2010—2012年实现26%—86%高速增长的基础上又增长27%，达19.62亿元，再创历史新高。公司实行董事会领导下的总经理负责制，设18个部门。2013年末共有在编职工454名。

【汽车金融板块】 (1) 业务成就。2013年,公司汽车金融总信贷规模达361亿元,同比增长44.60%,其中零售业务累计放款23.34万笔,同比增长64%,批发业务累计拷车89.31万辆,同比增长30%,业务规模及增速在专营本集团汽车品牌业务的金融公司中排名第一。公司资产质量继续优中求优,批发业务始终保持零逾期;零售业务30天以上逾期率仅为银行、汽车金融公司平均水平的1/3至1/4。

(2) 产融协作。公司对自主品牌加强支持,覆盖荣威、MG、大通、上依红四大品牌,并已成为上汽乘用车、上依红等厂商最主要的终端融资供应商。对合资品牌则深化服务,快速上线大众、斯柯达进口车业务;同时继续与整车厂开展联合促销,全年共推出400多项促销活动。

(3) 创新发展。公司运用"人脸自动识别技术",自主研发了新型远程面签系统,这是金融行业首次成功开发的远程类电子签名系统;独家开发了"车贷E管家",在国内首次实现了公司客户通过移动平台直接参与金融公司运营的模式(移动B2B),填补了汽车金融行业运营管理方式的空白。

【公司金融板块】 (1) 业务成就。2013年公司日均存款较上年增长22.11%,存款峰值近900亿元,连续五年实现存款每年增长100亿元的跨越式发展。同时公司结算业务继续稳定发展,结算笔数同比增加39%。

(2) 产融协作。公司始终立足为集团产业布局服务,2013年成为上汽通用五菱新一轮银团贷款的牵头行;并运用资金池产品将服务延伸至异地,配合集团企业战略布局。

(3) 创新发展。公司是业内首家获准对经销商签发电子票据的财务公司,也是首批以直联方式加入人行大额支付系统进行电子商业汇票线上资金清算试点的财务公司之一。2013年公司通过电票有力支持了集团主业的发展,同时使电票的流转获得了重大突破,并获得金融监管机构的高度评价。

【投融资板块】 (1) 投资。2013年公司准确把握年初波段机会,在固定收益业务上及时获利了结;在6月份市场钱荒时,公司保持了充足的现金流,抓住高收益率同业存放配置机遇实现超额收益;下半年债券市场惨烈下跌时,公司早以空仓应对,再次避免损失。

(2) 融资。公司首单资产证券化产品发行后运行良好,在入池产品未做优化选择的情况下,2013年累计违约率保持汽车金融行业最低水平。大公国际、联合资信、中债资信均大幅上调其信用等级2—3档,使其成为市场上跟踪评级上调最多的资产证券化产品。

【风险管理】 2013年,公司RFID合格证远程监控保管箱"单元格结构"获国家级发明专利,该项目已累计获得包括两项发明专利在内的五项国家级专利;公司设计完成了信贷风险压力测试方案和压力测试模型,并开展了买方信贷和消费信贷风险压力测试,为风险防控提前做好准备;公司自主设计开发的全新内控测评系统完成测试,把内控测评工作的管理水平提上了一个新台阶。此外,公司还完成了由直接驻点向第三方外包驻点模式的切换。以上种种措施为公司风控向精细化发展打下了基础,为业务发展保驾护航。

【人本管理】 2013年末,公司在册员工已达454人。人员的快速增长,对公司人本管理提出了更高的要求。为了培训员工技能,高效助推人才成长,公司全年共组织各类培训40场,其中重点开展了汽车金融营销团队分层次的系列培训、公司金融营销阶梯式系列培训、汽车金融销售培训生成长计划培训,及覆盖公司10个部门的提升客户服务质量的主题培训。同时,公司对外加强与同行单位交流,传递财务公司人才理念,对内开展"十佳员工"、"服务明星"评比,激发员工爱岗敬业、奋勇争先的工作热情和干劲。

【企业文化】 2013年,公司大力推进具有上汽财务特色的企业文化建设工作。对外立足企业形象提升,通过制作企业形象片、改版外网、推出官方微信、举办全国融资经理精英挑战赛推进企业品牌形象建设;对内通过完善制度建设、加强员工关怀、开展业务竞赛等活动有效提高团队的凝聚力和战斗力。公司举办了首届员工家庭才艺秀、员工家庭趣味运动会,搭建起公司与员工家庭沟通的桥梁,增强员工的归属感。外勤家属24小时生活服务热线、外勤家庭活动日、外勤太太俱乐部则重点关怀外勤团队,解决其后顾之忧。而新建"爱心妈咪小屋",举办青年交友活动、退休职工重阳节活动都体现出公司全方位的人文关怀。

【公司荣誉】 (1) 在《21世纪经济报道》旗下《理财周报》主办的"2013中国汽车金融年会暨2013

中国汽车金引擎奖颁奖典礼”上，上汽财务公司当选全国三家“2013 最佳创新型汽车金融公司”之一；公司总经理沈根伟被评为“2013 中国汽车金融杰出推动者”。

(2) 在金融时报社和中国社会科学院金融研究所联合举办的“2013 中国金融机构金牌榜‘金龙奖’颁奖盛典”上，上汽财务公司荣获全国唯一“年度最佳创新财务公司”称号。这也是公司继 2011 年、2012 年两度当选全国三家“年度最佳财务公司”之一、2013 年斩获“2013 最佳创新型汽车金融公司”后，再一次获得的全国性荣誉。

(上汽财务)

16. 上海浦东发展集团财务有限责任公司

2013 年，浦发财务公司紧跟集团项目建设步伐，重点围绕做好集团资金守护者、投融资探路者和内控建设先行者的具体要求，周密部署，协调推进，在“以强化功能带动主业发展、以拓展主业支撑功能发挥”的产融结合格局中找准定位，有序地推进各项经营工作的开展。截至 2013 年末，公司资产总额 103.17 亿元，所有者权益 20.94 亿元，实现净利润 2.11 亿元，净资产收益率为 10.35%，总资产收益率 2.8%。资产质量保持良好，各类监管指标和重要经营资产质量指标均符合监管机构的监管要求。

【信贷业务】 为满足浦东新区重大项目的建设，公司牵头完成了银团项目的组建、签约和提款等工作，总融资规模达到 97 亿元；协助集团环保企业取得 11.75 亿元的融资额度，积极支持环保产业发展；同时，公司积极为集团和成员企业提供资金支持，全年累计发放自营贷款 102.08 亿元，日均存贷款规模分别为 85.51 亿元和 28.98 亿元；资金归集率为 86.2%(剔除非财务公司专户)，全年平均为 88%。

【资金业务】 针对利率市场化进程的深入推进和市场利率波动剧烈的特点，公司积极开展同业合作，通过优选交易对手，深入探讨通道业务，加大对资金的合理调度和周转，实现了 2.4 亿元的资金业务收入。此外，为了进一步加强对资金流动性管理的探索和研究，公司专门对资金流动性管理进行深入分析和研究，并形成了《资金流动性管理体系研究》的课题报告，促进公司资金流动性管理，提高盈利能力和抗风险能力。

【投资业务】 公司坚持安全性、流动性、合规性和收益性的原则审慎开展投资业务，通过配置货币基金等固定收益类产品，获取了较好的投资收益。同时，公司进一步完善投资制度，通过制度化、流程化的管理，加强对投资业务的风险管控。公司还积极加强与同业之间的沟通，不断提升投资团队的投资管理水平。

【投行业务及创新】 根据集团的实际需求，公司积极开发权益类融资模式，创新设计结构性融资产品，深入研究投融资机制和产品。年内公司积极做好产业基金和集团境外融资业务的方案设计和合作者谈判等工作。此外，公司还通过《信息参考》、《金融信息》周报和金融信息交流会等载体，努力做好为集团和成员企业的投融资服务的研究工作。

【风险管理和内部控制】 年内，公司以高效规范为目的，全面推行风险嵌入式管理，并着重围绕“内控手册、制度建设、风险监控、信息报送和法务合规”五方面开展工作，公司风险管理工作取得显著成效。

【财务结算】 年内，公司正式启用了电子印章，并借助网银系统实现成员企业自主打印对账单功能。此外，公司主动走访成员企业了解实际需求，不断优化业务系统和业务流程，努力为客户提供个性化的金融服务。

【人力资源管理】 在完善《绩效考核管理办法》的基础上，通过部门季度重点工作分解和员工季度工作小结的结合，确保公司各项经营任务的完成；启动了任职资格管理工作，进一步优化公司人力资源架构，拓宽员工职业发展通道；通过年度培训计划的不断落实，以提高员工业务水平和综合素质；另外，公司还修订或制定了包括《员工培训管理办法》、《员工退休管理办法》、《任职资格管理办法》、《薪酬管理办法》在内的一系列人力资源管理制度，进一步完善了人力资源制度体系。

【信息化建设】 2013 年，公司对信贷、结算、网银等模块进行新增、改进和优化，从而规范信息系统的业务流程，提升对业务的支撑和覆盖范围，促进业务的开展和运营。此外，公司根据内控管理的要求，部署了堡垒机系统，对公司的系统管理的操作权限进行了限制，对操作行为进行了监控，提升了操作风险和道德风险的防范能力。

【企业文化建设】 2013 年，公司组织开展了学习贯彻落实党的十八大精神系列活动，扎实推进以道德讲堂为载体的社会主义核心价值体系建设，形成《廉政风险防控机制建设手册》，加强了惩治和预防腐败的体系的建设；积极发挥工、团等群众组织的作用，开展了丰富多彩的活动，增进团队合作精神，提升组织凝聚力。年内，公司成功续创第十六届市级文明单位；光荣获颁“上海市五一劳动奖状”、“上海市浦东新区建设劳动竞赛先进集体”和首届上海浦东智库奖企业管理奖等荣誉称号。

【社会责任】 年内，公司通过学雷锋活动、公益绿化活动、励志助学活动、浦东金融青年慈善义卖活动和暖心接力活动等公益活动的开展，在有效传递正能量的同时，为创建和谐社会做出应有贡献；公司还同共建社区、共建部队和共建警队，共同开展了社区服务和慰问活动，积极践行驻区单位的社会责任。

（浦发财务）

浦发集团财务公司荣获“上海市五一劳动奖状”

17. 东航集团财务有限责任公司

2013 年，东航集团财务有限责任公司按照规划平稳发展，截至 12 月 31 日，公司资产规模达到 67.15 亿元，营业收入 1.12 亿元，实现利润总额 1.28 亿元。

【信贷业务】 2013 年，公司积极服务于集团和各成员单位，为股份公司设计了资金池管理计划。截至年末，公司共发放人民币自营贷款 43 笔，贷款金额 55.47 亿元，人民币委托贷款 32 笔，委托贷款金额 15.05 亿元，美元自营贷款 1 笔，金额 1 200 万元，港币自营贷款 1 笔，金额 2 337.20 万元，美元委托贷款 5 笔，金额 13 150 万元，港币委托贷款 1 笔，金额 4 000 万元。开具保函 1 笔，担保金额人民币 300 万元。依托外汇资金池业务，开展了池内委托贷款的发放，实现集团资金的体系内运转，从而提高集团资金的利用率、降低财务成本。

【结算业务】 2013 年，公司成功吸收了 5 家新开户单位。截至 2013 年 12 月 31 日，公司人民币结算量达到 5 797.88 亿元，结算笔数达到 73 787 笔。随着外汇资金池业务的展开，外汇结算量有所增长，其中：美元结算量为 25.24 亿元，笔数为 419 笔，欧元结算量为 1 473.39 万元，笔数为 43 笔，港币结算量为 20.58 亿元，笔数为 60 笔。

【资金业务】 2013 年，公司密切跟踪集团整体资金安排计划，加大资金调度和周转，提高闲置资金使用效率，做好同业存放工作。截至 12 月末，共拆出资金 63 笔，累计拆出资金 245.22 亿元，利息收入 560.50 万元，拆入资金 15 笔，累计拆入资金 56.5 亿，利息支出 103.23 万元，大大提高了资金收益率。

【外汇业务】 2013 年是公司外汇业务的快速发展年。截至 12 月底，累计完成结售汇业务各币种折合 12.6 亿美元，较上年全年增长 80%，创收 376.9 万元人民币，较上年全年增长 172%。

3 月中旬，公司成功获批跨国公司试点业务，成为上海市第一批 6 家试点企业之一。牌照包括境外外汇资金境内归集、境内外汇资金集中管理、外债和对外放款额度集中调配、经常项目集中收付汇和货物贸易轧差净额结算五项内容，是首批试点名单牌照最全的企业。截至年底，公司利用资金池累计完成外债借入 6 笔，金额 13 452 万美元，归还 1 150 万美元，对外放款 1 笔，金额 4 000 万港元，归还 4 000 万港元，共办理 1 521 笔集中收付汇，金额 108 135 万美元，有效地提高了集团整体外汇资金的效率。

2013 年 8 月，公司获得了中国银监会批复的外汇衍生品业务资格，于 10 月底获得外汇买卖远掉期会员资格、12 月中旬获得人民币外汇远掉期会员资格，并已与合作银行签署相开展相关交易协议。至此，外汇买卖产品可开展业务操作。

【信息化建设】 2013 年，公司完成了新建银企直连项目，搭建了东航财务—中国东方航空股份有限公司银企互连平台，提供了对内部网银系统的数字签名功能。

（东航财务）

18. 锦江国际集团财务有限责任公司

2013年，锦江国际集团财务有限责任公司在集团、金融事业部、酒店事业部以及董事会的领导下，以集团三大战略和“6＋2”中心建设为工作核心，进一步提高公司治理水平，圆满完成了各项目标任务，实现了公司的快速发展，体现了公司团结一心，奋发图强的新局面。

2013年，公司实现营业收入1.2亿元，同比增加1.8%；净利润约4 600万元，同比增加7.8%。截至2013年底，公司注册资本5亿元，所有者权益6.3亿元；公司资产总额54亿元，比年初增加9.9%；负债总额48亿元，比年初增加11.1%；公司吸收存款32.5亿元，自营贷款13.3亿元，委托贷款14.9亿元，信贷资产质量继续保持无后三类贷款水平。

【完善治理结构和加强绩效管理】 2013年，公司充分发挥董事会战略与投资委员会和风险控制与审计委员会在完善法人治理结构中的重要作用，召开了多次专业委员会会议，审议公司的投资项目及公司合规和风险管理情况，委员会为公司的发展规划、投资管理、风险控制等多方面献计献策，进一步提高了公司科学决策能力和风险防控能力。

同时，公司采用多方位绩效考核对部门经理及员工进行考核，并根据对考核的反馈情况，调整且细化了业务部门的考核指标，新增了窗口服务部门的考核标准，使考核工作更具操作性和有效性。

【公司金融】 一是探索本外币业务结合的新途径。公司通过中行及工行等银行服务方案的竞标，为企业争取优惠的结售汇汇率、外币融资利率及手续费率，为集团企业降本增效提供支持，也充分发挥了财务公司的本外币联动的金融服务功能，改变以往以人民币业务服务为主，逐渐向外汇业务服务延伸，提升财务公司的服务能力。二是保障集团重点项目的资金需求。在市场信贷资金异常紧张的情况下，公司配合酒店发展向银行融资，争取了基准利率下浮10%的贷款利率，保障了集团重点项目的资金需求，也为酒店发展降低融资成本提供了支持。三是加强资金归集，提高资金集中度。公司利用中行、工行现金池对酒店发展新收购的时尚之旅21家门店和新设企业包括锦江国际餐饮公司、锦箸公司、锦江都城等的账户实现资金归集，提高了资金归集率；公司完成了昆明锦江、金茂汽车、江苏南京饭店三家酒店的中行账户挂接，拓展延伸中行现金池异地酒店资金的归集；公司结合现有网上银行及中行现金池的金融服务工具，通过多次沟通，为新亚大家乐设计了门店统一金融服务方案，解决了其门店资金缴款及上收等财务统一管理问题，并争取到极优惠的服务费用，得到了企业的认同；公司还积极寻求集团新设企业及原未开户企业的存款，归并了多个工会账户，增加了公司的存款。

【投资业务和资金业务】 2013年，公司的投资业务实现了从“模拟操作”到“实战检验”的突破。公司在投审会、董事会层面的战略与投资委员会以及董事会的逐级审批和严格把关下，先后购买了货币基金、银行可转债等，取得了较好的投资收益，提升了公司盈利能力。同时完善和修订了投资相关的各种制度和流程，为今后投资业务的开展奠定了良好的基础。

2013年，公司在宏观面资金偏紧的形势下，在保持公司流动性的前提下，通过和银行同业业务的紧密合作，提高资金的使用效率，同业定期存款业务量大幅上升，同业利息收入6 599万元，比上年同期增加32.3%。

【风险管理和内部控制】 2013年，公司制定和修订了《投诉举报奖励管理办法》、《财务公司资本管理办法(试行)》等8项管理制度，使公司的管理制度更加完善。公司根据酒店集团内控手册，起草了公司内控手册，并作为公司的一项重要管理制度予以实施。在制度框架下，公司进一步细化了部门、岗位业务操作流程指引和新业务操作流程。

公司通过有针对性地开展关注类贷款企业的贷后检查、完善资产的整体抵押手续等以加强贷后管理，防范信贷风险。为确保公司稳健运行，防范市场风险，公司对所购买的基金、有价证券进行风险价格监测，控制有价证券价格风险。公司建立了报表报送合规检查差错库，并对九恒星风控系统的缺陷点进行记录，督促其完善。针对贷款的存贷比，公司提高监测频率，实施按日监测，将存贷比控制在人民银行、银监会允许的限度内。同时公司加强内外部审计核查工作，并积极落实整改。2013年，公司再接再厉，再次取得了财政颁布的“2012年度财务会计信用等级A类企业”证书。

【信息化建设】 2013年，公司加强对信息系统软硬件建设和维护，有序推进多个IT建设项目实施，使公司的信息化水平跃上了新的台阶，提高了公司的管理水平。(1)组织北京中软融鑫公司进行监管统一报送平台的开发，实现了月报和季报取数、校验自动化，提高了财务统计数据的质量；(2)实施信息安全等级保护项目建设，并获得了上海市信息安全测评认证中心出具的信息系统安全等级为二级的资质，公司的信息安全有了保障；(3)九恒星二期开发和实施，包括电子回单、网上通知和定存、存款自主结息、报表系统完善等项目，完善了业务系统的功能；(4)积极配合酒店集团统一采购支付平台的建设；(5)保管箱库管理软件开发和实施，提高了公司对保管箱库业务的管理水平。

(韩　丽)

19. 中国电力财务有限公司华东分公司

2013年，中国电力财务有限公司华东分公司区域内各经营单位深入贯彻公司党组的决策部署，坚持"三抓一创"工作思路，围绕"转型、提升、融合、发展"工作方针，锐意进取，扎实工作，全面完成了公司下达的年度经营任务，经营效益再创新高，优质服务取得实效，管理基础全面夯实，队伍建设喜获成果。

【主要业绩】 2013年，华东分公司积极开展"三增三节"活动，统筹组织，加强协同，采取多种举措，克服辅业单位剥离、国网改制和网省公司超安全备付资金上划等的不利影响，全力挖掘存贷款来源，确保存贷款规模增加，促进了全年经营任务完成。

(1) 存款方面，建立健全与网省公司资金管理月度联席会议机制，加强存款动态监测统计分析，以个性化的营销策略，努力提高资金归集水平，确保存款规模稳定；加强与客户、商业银行积极沟通和协调，以资金池的方式实现了对区域内新改制县供电公司基本户的开立和挂接，账户挂接率100%，实现了资金实时归集；通过为省公司社保和年金账户搭建资金池、开展年金回购、定存、落实社保资金利率上浮优惠政策等手段，稳定和增加了社保年金存款；将网省公司电费结算金额大的电厂逐步纳入结算服务体系，充分利用内部结算账户电厂的资金蓄水池和备付安全阀作用，延期提取电费，增加关键时点备付安全性和存款日均规模。

(2) 贷款方面，以满足区域内特高压中长期项目资金需求为立足点，加强公司总部及各省级分支机构联系，积极争取融资计划份额配比，稳定信贷规模；利用循环贷款解决客户资金充裕期对临时周转贷款的需求既有效弥补了日均贷款规模下滑趋势，又满足了客户月底资金压降需求；扩大融资服务范围，深化县级供电公司融资服务工作，在满足县公司融资需求的同时，充分挖掘南瑞集团、安徽绩溪抽水蓄能有限公司和国网新源控股有限公司所属子公司的融资需求，稳定了信贷规模；加强与各银团贷款参贷行的同业合作，丰富了同业合作，密切了银企财合作关系，确保了信贷规模稳定。

(3) 在"三节约"方面，深入贯彻落实改进作风、厉行节约、反腐倡廉精神，深入推进依法从严治企，规范公务接待和加强会议管理，健全"业务协同、预算控制、报销审核"三位一体的费用支出管理机制，堵住口子，捂紧袋子，把有限的资金用在提升效益、保障安全的刀刃上。2013年华东分公司可控管理费用与业务费用合同比降幅为30.3%，各关键单项费用控制指标均同比大幅下降。

【重点项目】 2013年，华东分公司以中国电力财务有限公司体制机制建设为契机，坚持工作方式创新，不断夯实管理基础，为完成全年重点工作打下了扎实基础。

(1) 在流程型财务公司建设方面，围绕流程型财务公司建设工作要求，统一思想，抓贯彻落实，抓组织领导，抓协同配合，突出现场推进，突出牵头主试单位，突出互有侧重、分工明确、优势互补的协同工作机制，创新实施"八步法"标准作业流程，依托有力的考核评价机制，确保了试点工作稳步有序完成。其中，梳理二、三级业务流程304个，业务管理制度55项，提出修订建议6条，全面完成部门职责和岗位职责梳理，完成595家客户共2 408个账户信息梳理，试点工作在华东试点单位得到了有效落地，较好完成预期任务。试点推广工作的开展，加深了建设流程型财务公司重要意义认识，明确了区域分公司功能定位和未来发展目标，基本实现了前、中、后台业务分离，增强了核心业务的支撑保障能力和一线服务能力。

(2) 在基础管理方面，区域内各单位积极配合依法治企大检查，全面推进"大安全"体系建设，安全风险管理水平和风险管理意识得到提升。按前瞻性、创造性和实效性要求，认真谋划、科学安排"二十四节气表”,依靠强作风、强管理的有力引导,有序谋划和滚动推进全年重点工作,实现了办公场所环境、会议纪律、考勤、绩效考核、宣传报道规范管理,确保了全年重点工作顺利完成,全面提升了分公司科学发展能力。

(3) 在信息安全方面,依托公司“大安全”风险管理提升活动,认真贯彻落实上级单位和监管单位信息安全专项工作要求,以应急演练及反事故演习为重点,狠抓“反违章”督查,抓重要时段和敏感时点的信息安全保障,加强信息安全治理工作,全面推进“安全日”活动。在活动中,坚持班子成员深入各单位现场指导,坚持全员参与,坚持不走过场,确保了活动实效,全年未发生任何风险事件。同时,定期组织信息安全巡检,完善资金结算系统应急预案,完善“两级三线”安全运维检查标准化管理机制,加强网络信息安全主动防御和监测,加固信息内网桌面终端安全,确保了信息系统的安全运维。

【特色服务】 2013 年,区域内各经营单位按照国网资金优化配置工作要求,做好银行存款配置,确保了年度配置偏差率考核指标完成;深化与客户单位“资金安全管理共建信息平台”共建工作,提升了双方资金安全管理水平;各经营单位分别通过集团账户四大国有银行的实时归集电费资金、跨省集团账户挂接、县公司产权上划后资金归集和在省公司基层单位实行“大小额分流”结算模式,加大集团账户资金归集力度,有效防范了流动性风险和操作风险;主动开展《电网企业现金流管理策略研究》,为电网企业提高现金流管理水平发挥财务顾问作用;充分利用二维码信息技术,积极搭建“区域营业在线监控平台”,创新了区域分公司的营业风险防控模式。

【队伍建设】 以流程型财务公司建设试点为契机,积极有序地开展机构调整工作,全面厘清前中后台管理界面;加强工资总额计划管理,构建一体化福利管理体系,优化收入分配机制。加强岗位管理、劳动定员管理和工作量测评,加大区域内人才交流、轮岗力度,组织师带徒结对工作,认真做好不同方向不同层级培训、全员普考和专业调考,积极推进国网和公司各类人力资源管理信息系统实用化工作,努力提升人力资源管理工作效率。加大干部培养选拔力度,积极参加公司组织的副处级领导干部公开选聘工作,2013 年区域内有 2 名同志走上副处级领导岗位,向公司总部输送 2 名处级领导干部,选拔任用科级干部 4 名。

(中国电财)

20. 中国石化财务有限责任公司上海分公司

中国石化财务有限责任公司上海分公司(简称上海分公司)是中国石化财务有限责任公司驻沪分支机构,1992 年 11 月 11 日经中国人民银行批准成立上海代表处;1994 年 11 月 29 日经中国人民银行批准成立上海办事处;2007 年 4 月经中国银监会批准,7 月 19 日正式挂牌更名为上海分公司,注册营运资金 1 亿元。至 2013 年,上海分公司内设五个部门,分别为综合部、信贷部、财会部、结算部、内控稽核部。共有员工 30 人,平均年龄 33 岁,硕士研究生 3 人,大学本科 25 人,其余均为大专以上学历;目前上海分公司拥有高级会计师 2 人,高级经济师 1 人,中级职称 14 人。

【业务范围】 上海分公司业务范围:吸收成员单位的存款;对成员单位办理贷款及融资租赁;办理成员单位之间的内部转账结算;对成员单位办理票据承兑与贴现;办理成员单位之间的委托贷款及委托投资;协助成员单位实现交易款项的收付;对成员单位办理财务和融资顾问、信用鉴证及相关的咨询、代理业务;经批准的保险代理业务;经公司批准的属于财务公司经营范围内的其他业务。

【服务范围】 目前,上海分公司根据上海银监局的核准和总部的授权,主要从事的业务包括内部转账结算、吸收存款、发放贷款、票据贴现及转贴现等。按总部业务区域划分,为上海、浙江、福建三地中石化集团持股 20% 以上的各石化成员企业提供金融服务,共有开户企业 138 家,业务涵盖石油化工行业上、中、下游各类企业。各项业务的开展接受中国人民银行上海分行及上海银监局的领导、监督、检查、管理及指导。

【主要业绩】 2013 年末,上海分公司资产规模为 62.19 亿元;全年资金总流量达 4.72 万亿元;累计实现营业收入 4.15 亿元;当年实现利润 1.70 亿元;全年累计上缴各项税费 7 026 万元。全年累计发放贷款 40.04 亿元,日均贷款 50.78 亿元;累计办理票据贴现 51.30 亿元,日均存款 11.67 亿元。

【金融文化】 作为中国石油化工集团公司内部

金融机构,"集团利益最大化"是财务公司发展的永恒主题,上海分公司以"立足石化、服务主业"为己任,从服务中求效益、求发展,落实科学发展观,充分利用信息技术手段,推行现代管理模式,提高自身核心竞争力,形成立足上海辐射浙江、福建的业务网络。近年来,按照财务公司总部的统一部署,牢固树立大局和服务意识、风险防范和管理意识,以提升服务能力为中心,以强化管理为基础,以提高员工素质为突破口,开拓创新,积极进取,提升服务意识,优化服务结构,以百倍的努力和优质的服务来拓展各项业务,在金融市场环境日趋复杂的更加注重发展的质量和效益,从偏重于"做大"转向"做强做优",稳步开展各项工作。

【主题年活动】 2013 年度,上海分公司积极响应财务公司总部要求,开展了"巩固提升年"主题活动,以"奋发实干做强做优、保质保效力促提升"为基调,进一步转变作风,以客户服务团队为核心,"五巩固、五提升"为抓手,风险控制为保障,信息系统为支撑,全面推进做强做优,以昂扬奋进的精神状态,勇于创新的发展理念,不断完善的管理模式,积极应对诸多困难和挑战,始终培育和保持改革创新、锐意进取、脚踏实地、追求卓越的良好精神状态,通过巩固已取得的各项成果,全面提升经营管理水平,激发活力和创造力,实现持续健康发展的目的实现经营管理的全面提升,确保实现"稳中求进"的目标任务。

(吴睿佳)

21. 百联集团财务有限责任公司

百联集团财务有限责任公司经中国银行业监督管理委员会核准成立,于 2013 年 8 月 9 日正式揭牌营业。公司由百联集团有限公司和上海友谊集团股份有限公司共同出资设立,注册资本为人民币 5 亿元,其中百联集团有限公司出资 3 亿元,占股份总额的 60%;上海友谊集团股份有限公司出资 2 亿元,占股份总额的 40%。作为百联集团产融结合的新载体,公司严格遵守国家的法律法规,秉承"立足百联、服务企业、规范经营、共同发展"的经营方针,视合规经营、严控风险为前提,以优质的服务为集团成员企业创造价值为己任,致力成为百联集团的资金结算中心、融资服务中心和金融运营中心,积极融入集团发展战略,服务主业发展目标,联融促商,建设金融功能完备、与银行业务互补、差异化服务为特色的财务公司。

【信贷业务】 公司秉承审慎经营理念,在严控授信风险的前提下实现信贷业务稳健增长。公司注重成员企业贷款资料有效分析管理,严格遵照规范要求以及年度信贷投向政策,实现贷款风险管控前移,保障信贷资金安全回流,并派专人到成员企业进行实地核查,对每一单贷款均做到授信前调查,授信中审查,授信后检查的全程跟踪管理。

【资金业务】 公司借鉴银行经营模式,以"先算后做"的思路推进资金运作和头寸管理,通过创建相对固化的测算模型,对每笔资金投向均进行收益、成本与风险的综合评价与测算比较,不仅算清各项业务、产品、收入、利润账,更算清人力、贷款规模、费用、政策等各类资源的投入产出。尤其是通过对 SHIBOR、LPR 等指标的持续观察,逐步了解流动性管理经验,预判市场趋势,加强流动性管理,在保证成员企业正常支付的前提下,发展同业业务,严控期限错配。

【资金集中】 公司在资金管理信息系统趋于稳定的前提下,结合公司经营目标,根据业态多元化、需求多样化的商业企业资金管理特点,坚持以市场化为导向、行政推动为保障,制定了科学的系统上线实施方案,在 3 个月内对成员企业分批进行交叉培训、开户、测试、上线,使各成员企业能在最短时间内,了解财务公司的资金管理信息系统,成熟一批上线一批。

【风险管理和内部控制】 公司将坚守风险控制底线作商融结合探索的根本前提,并从三方面着力做好风险管理工作:一是健全内控管理体系,完善内控制度。公司设立由信贷评审委员会和七个职能部门组成的内控架构,修订并完善风险管理内部制度,实现前台、中台、后台三分离,形成以流程制约和系统控制为主要形式的较为刚性的控制体系。二是优化操作流程,通过线上业务流转与线下审批流转的相互补充、互为牵制,将业务风险的可防范性与业务系统的可操作性有效管控,实现风险控制覆盖贯穿公司业务运行体系的各个领域和各个环节。三是加强风险排查,规范管控工作。根据监管部门要求以及公司合规经营需求,公司完成了员工不当行为、信贷业务风险、操作风险等方面的风险排查,对重点人员、重点业务领域、重点实物进行梳理盘点,有效保障后续业务发展的安全、规范、可控。

【信息化建设】 公司遵照银监部门的严格监管要求，建设完成专业化机房，为核心业务系统及网络数据安全搭建硬件环境，健全公司信息管理管理制度，对接银监专线，夯实信息化管理基础。公司设计搭建了具有商业流通领域特点的资金集中管理平台，并通过模式创新与技术创新，实现了企业的资金汇划、网上银行、授信管理、法人透支账户等功能，满足了成员企业银行结算全代理、业务范围全覆盖、金融服务创特色的需求。通过规范系统整合标准，公司将各银行提供的差异化资金集中模式成功嵌入到自身资金管理平台中，并实现结算业务过渡无缝化，即对外发布信息不变(包括开户银行不变、银行账户不变、内部交易信息延续)、ERP 系统不受影响、会计核算内容不变、原有银行服务不变。

(百联财务)

22. 上汽通用汽车金融有限责任公司

上汽通用汽车金融有限责任公司成立于 2004 年 8 月，是中国首家专业汽车金融公司，也是中国最大的汽车金融公司。注册资本 15 亿元人民币，由上汽集团财务有限公司、美国通用汽车金融公司(现更名为 Ally Financial Inc.)和上海通用汽车有限公司三方出资组建。目前，公司资产规模突破 550 亿元人民币，已为超过 155 万位中国客户提供了汽车消费信贷服务，与全国 350 多座城市中的 7 000 余家汽车经销商建立了良好的零售信贷业务合作关系。

【特色产品】 新社计：这是一款专为年轻人、企业雇员量身定制的购车计划。在企业里工作稳定、首次购车的潜在客户，由于没有合格的担保人，也无法提供房产、本地户口、信用记录，最终只能和爱车擦身而过。“新社计”使得这部分客户凭借连续的社保记录即可实现汽车梦想。

【特色服务】 极速通：“极速通计划”是上汽通用汽车金融为提升客户体验而专门推出的流程优化计划。由于云计算和大数据技术的应用，“极速通”系统可以迅速判断客户的资信状况并给予贷款申请反馈，使客户无需再经历长时间的等待。客户仅需要提供身份证和驾照，且有连续 12 个月以上良好信用记录就可以申请极速通计划。最快仅需 10 分钟，客户就可获知贷款审批结果。

【获奖情况】 (1)2013 年 12 月，在“2013 中国汽车金引擎奖”评选中，上汽通用汽车金融公司连续第四年蝉联“最佳汽车金融公司”称号。(2)“汽车消费联合贷款”项目被授予 2013 年上海金融创新成果奖三等奖。(3)公司开展的“寻找第一百万个客户”公关活动荣获 2013 金融行业最佳营销方案。

【社会责任】 在坚持业务创新的同时，上汽通用汽车金融公司也不忘回馈社会，打造具有社会责任感的企业公民形象。2008 年“5・12”地震之后，公司于四川省天全县紫石乡捐建了一所希望小学，并在接下来的几年间不间断地在员工中发起支教、捐赠等公益行动。2011 年，“蒲公英支教计划”诞生了。该活动每年派出精挑细选的支教老师，到希望小学教授英语、语文、地理、美术、手工、体育等课程。2013 年 4 月，7.0 级地震袭击了该希望小学，上汽通用汽车金融又第一时间做出援助决定，采购 180 条棉被并通过邮政特快专递将物资送抵学校，解决师生燃眉之急。

(上汽金融)

23. 上海国利货币经纪有限公司

上海国利货币经纪有限公司(以下简称“公司”)是 2005 年 12 月经批准成立的中国首家货币经纪公司，开创了中国货币经纪行业之先河。公司注册资本金为 4 000 万元人民币，由上海国际信托有限公司和德利万邦(欧洲)有限公司分别出资 67% 和 33% 组建。

公司主要是通过声讯和电子手段，从事以促进金融机构间的衍生品交易、债券交易、外汇交易等为目的的专业经纪业务。公司作为交易双方的中间人，撮合双方完成交易并保持客观中立性。2013 年公司各项业务稳步发展，并继续保持了货币经纪行业的领先地位。

【文化建设】 公司致力于加强文化建设，2013 年 5 月，公司团总支发动了爱心义卖活动，全体员工为雅安灾区人民奉献爱心，树立了乐于奉献爱心的企业公民形象。同时，公司注重员工身体素质的锻炼，2013 年 11 月，公司举办了第一届秋季运动会，切实增强了团队协作精神和凝聚力，为公司更好地发展打下了坚实的精神文明基础。

(上海国利)

四、金融服务公司

1. 上海远东资信评估有限公司

2013年是中国开发性金融促进会作为控股股东正式入主公司的第一年，远东资信评估公司在新股东的信任、支持下，在开发性金融理念的指引下，以“保基础，争创新，谋发展”为目标，坚持“稳中求进，稳中求新，稳中求变，稳中求实”的方针策略，巩固了上海信贷企业评级市场的领先地位，保持了信贷、集团评级等评级主业稳步增长。公司积极扩大业务范围，争取资本市场债券评级业务，同时，实现了咨询服务的不断创新，进一步推广公司研究成果和社会影响力。

【评级业务】 2013年，远东资信传统信贷企业评级、集团企业评级、小额贷款公司评级和担保机构评级等评级业务实现稳步增长。在中国人民银行上海总部的支持、管理和监督下，远东资信借款企业信用评级业务较上年稳步增加。同时，公司业务区域不断拓展，例如江西省借款企业评级业务地位得到进一步巩固，参评企业数量占到江西省借款企业评级市场份额的95%以上。2013年，远东资信承担的人行上海总部集团评级与上年基本持平，同时，受银行等金融机构风险管理部的委托，完成多家银行集团类客户的评级及风险分析咨询项目，同时开展了担保机构评级、小额贷款公司评级。在业务量增长的同时，远东资信谨慎把握信用级别，结合国内信贷环境趋紧的状况，强化了集团偿债能力、财务弹性等分析，起到了揭示和防范风险的作用。

【咨询业务】 2013年，远东资信在金融机构风险咨询和财务顾问咨询服务方面继续开拓。(1)围绕金融机构风险管理咨询的需求，针对2013年风险积聚的重点行业，远东资信与某金融机构合作推出行业风险指数、行业评级产品；(2)上海自贸区的改革试点为各大金融机构转型发展提供了难得的市场机遇，远东资信根据某金融机构需求，将其现有资源整合策略与自贸区政策和细则相结合，为其业务创新形成差异化竞争优势的形成提出借鉴建议；(3)针对企业拟定战略规划和融资规划编制需求，远东资信为一批行业内龙头企业制订了具备较强指导性和可操作性的战略规划，并结合金融机构业务特点有针对性地设计了融资方案和金融产品，有效服务了金融机构和企业需求。

【理论研究】 2013年，远东资信继续加强各项信用评级基础研究工作，进一步加大了信用评级行业发展、国内外信用评级发展问题、信用评级与经济热点相结合等方面的理论研究和研发力度，完成了《不同市场之间信用等级差异的原因分析》、《地方政府融资平台公司的信用风险评价研究》、《我国影子银行发展现状及风险研究》和《开发性金融实践助推中小企业信用体系建设》等一系列课题研究。同时，公司对信托计划评级、地方融资平台评级等产品形成了相应成果，继续推进行业研究工作，持续跟踪十八个行业，开发了行业评级方法，并向社会公开发布了行业风险指数的部分主要成果，研究成果的推广提升了公司社会影响力。

【金融支持实体经济】 在深化开展中小微企业信用评价体系和解决方案基础上，2013年远东资信积极拓展小微企业融资服务，并开展各类微型金融培训论坛活动。2013年6月，远东资信参加了上海市中小企业发展服务中心举办的“中小企业融资服务联盟工作交流会”，并于11月加入上海市中小企业服务互动平台，通过相关产品和宣传资料，以线上线下方式，为中小企业提供全方位的服务。

2013年远东资信将微型金融服务作为重点突破口，围绕微型金融开展各项工作，打造特色服务。在2012年开展中小微企业信用评价体系和解决方案基础上，以国际一流小微型金融评级机构为标杆，开展了小微金融体制评级的研究工作，推出专业的微型金融机构的金融体制评级的理论方法、评级框架和指标体系。2013年，远东资信作为协办单位参加由中国小额信贷机构联席会召开的第二届中国小微金融60人论坛，提出开展小贷公司评级有助小贷市场完善理论、小额信贷实干家经营管理系列培训班等系列会议，为小额贷款公司分类评价和小微企业客户风险控制汲取经验。"小微企业融资体制研讨会"的举办，使得小微企业与融资服务机构能够进行面对面的沟通交流，全面了解小微企业融资方式和途径，获得专业融资指导和解决融资难题的诀窍。

（远东资信）

2. 上海新世纪资信评估投资服务有限公司

2013年是新世纪评级发展壮大的一年，公司在评级业务、理论研究、对外交流、合规管理等方面继续快速发展。业务方面，公司在业务规模继续扩大的基础上，承接多种资产证券化创新产品评级业务，在资产证券化评级方面取得重大突破。研究方面，公司评级方法及理论研究快速发展，宏观和行业研究获得投资者广泛认可。对外交流方面，公司在多个国内主要刊物上发表重要文章，多次主办、协办信用评级研讨会议，继续深入与标准普尔公司全面合作，扩大市场影响力。另外，公司发布首份《社会责任报告》和《合规报告》，对公司的合规体系进行了全面的介绍，阐述了公司的社会责任理念观，在不断发展壮大过程中，时刻不忘自己应承担的社会责任。

【评级业务规模增长】 近几年，国内信用债市场规模快速增加，国内信用评级市场快速发展，新世纪评级业务规模明显上升，债券评级业务数量较上年同期有较大幅度增加。2013年，公司全年营业收入比2012年增长约20%，债券评级市场占有率稳步提升，信贷评级业务全市排名第一，征信业务也创新高。公司人员规模继续增加，人员共188人；办公场所继续扩大，达到二个楼面的规模，办公条件大幅改善，建立了独立的档案室和备份机房，加强了档案的规范管理，提升了信息化安全水准。从地域方面看，公司在大幅拓展外地业务的同时，在上海地区债券评级市场份额高于60%，继续呈现出较强的区域竞争优势。

2013年，新世纪评级承接了国内首单小额贷款证券公司东证——阿里巴巴专项资产管理计划，承接了上海银行、浙商银行信贷资产证券化项目，填补了公司在该项产品上的实务空白；承接了华融租赁、远东租赁等租赁资产的证券化项目；承接了国泰君安、宏源证券专项资产管理计划，承接了郑州污水资产支持票据（ABN）、吴江交投专项资产计划（ABS）等众多创新项目。自此，公司创新产品的评级业务基本覆盖了国内创新产品的所有种类，促进了公司创新产品评级方法的完善和提升。

【推进评级研究】 新世纪评级在评级研究方面持续对原有的评级模型和评级报告进行优化，继续推进行业研究的深度和广度，并针对某些特殊评级产品展开了评级技术的专项研究。

2013年，新世纪评级在《新世纪评级方法总论》的基础上，推动了行业评级方法的建设，截至2013年末，行业研究小组已经提交了重型装备制造、软件、信息设备制造、商业银行、证券公司、建筑、文化传媒、建材、百货零售、电器设备制造、基础化工、有色金属、港口、电力、房地产十五个行业的评级方法和分析打分表。

新世纪评级于2013年1月、7月分别发布《2013年中国宏观经济分析与展望》。该报告指出了中国的宏观经济将在积极的财政政策、稳健的货币政策、经济的转型与升级中得到稳定的增长，同时也将伴随产业、地区、贸易摩擦等结构性风险。

新世纪评级于2013年7月发布了包括商业银行、证券公司、煤炭、有色金属、汽车制造、电力、房地产、港口、医药、信息设备、软件十一个行业的信用分析和展望报告。这是公司连续第4年发布行业信用分析报告，涉及的行业从最初的5个拓展至目前的11个。

新世纪评级在创新产品实践的基础上，于2013年12月针对银行信贷资产证券化评级的方法专门召开了研讨会，推进了公司在创新产品评级理论、方法、经验的分享，为公司创新产品评级的进一步发展奠定了基础。

【加强对外交流】 2013年，新世纪评级继续加强对外交流，在20余年评级理论和实务积累的基础上，通过多个方面对评级本质属性进行论证，在构架信用评级理论体系、完善信用评级理念以及传播信用评级文化等方面起到重要的推动作用。同期，公司多次主办、协办信用评级研讨会议，继续深入与标准普尔公司全面合作，通过与业内人士的不断交流进一步提升市场影响力。新世纪评级总裁朱荣恩撰写的《论信用评级的本质属性》一文，先后被2013年第 4 期的《征信》杂志和 2013 年 7 月 29 日的《金融时报》刊发，该文从信用评级的前瞻性、批判性、艺术性、差异性和时间性五个方面，对信用评级的本质属性进行论证。

由中国银行间市场交易商协会主办、新世纪评级协办的信用评级专业委员会第一期沙龙于 2013 年 5 月在北京举办，沙龙主题为"城镇化与融资"，通过探讨金融和债券市场评级的发展，促进评级行业的内外互动。2013 年 5 月，新世纪评级在上海举办了"资产证券化产品信用评级研讨会"。台湾政治大学教授，标准普尔中国区前总裁、董事总经理、《资产证券化理论与实务》一书的作者扈企平博士，向与会人员分享了资产证券化产品的国际经验，与相关业务人员进行了深入交流，提升了公司资产证券化理论和实务水平，扩大了公司的公众影响力。

【发布首份《社会责任报告》和《合规报告》】 新世纪评级于 2013 年 4 月发布首份《社会责任报告》，阐述了新世纪评级"稳健经营、诚信待人、质量为本、求真务实"的社会责任理念，介绍了新世纪评级 20 年的发展征程、管理治理规范和社会责任践行等情况，阐述了公司的社会责任理念。2013 年 5 月，公司发布首份合规报告。该报告从合规管理体系、利益冲突管理、合规核查、信息披露与透明度和评级市场表现五个方面，对公司的合规体系进行了全面的介绍。

（新世纪评级）

新世纪评级举办
"资产证券化产品信用评级研讨会"

3. 华杰资信评级有限责任公司

华杰资信评级有限责任公司成立于 1999 年 4 月，现注册资本金人民币 5 235 万元，是以企业资信评级业务为基础的综合性、全国性的经济服务机构。经营范围涵盖企业信用评级、金融产品评级、企业综合评价、资金监理、财务顾问、投融资咨询、商业调查、商账催收等。公司成立 15 年来，评级业务稳步发展、监理业务逐步壮大、企业管理日臻完善、人才培育形成机制，华杰公司的各项工作得到了业内外的认可，公司获 2007 年度、2010 年度、2011 年度、2013 年度中国人民银行上海市贷款企业评级先进集体称号，并获"2013 年度上海市信用服务机构质量控制先进集体"称号。

【主要业绩】 华杰资信评级公司评级业务在年年增长的基础上继续稳步增长。2013 年各类贷款企业评级业务较上年增长 4.04%，评级业务收入较上年增长 7.87%。华杰公司特别注重现场调研，评级跟踪，个案分析，揭示企业经营和信用中存在的问题和风险，力求评级报告的公正、公平，为银行内部评级提供客观的参考，为大中小型企业融资、企业招投标搭建信用的平台。

2013 年华杰资信评级公司贷款监管业务项目数量较上年增长 85.7%，公司积极寻找监管业务新的增长点，分别尝试了私募房产基金、公募房产基金、并购贷款和银行信托托管账户的监管业务。公司的监管业务不仅局限于上海，还扩大至北京、苏州、成都、郑州、莆田等地。

【内部管理】 华杰资信评级公司致力于企业标准化建设，2013 年进一步完善内部管理工作站，不断完善业务流程。无论是评级或监管等方面的工作，公司非常注重事先、事中、事后，全过程的质量监控。例如评级工作，事先，完善评级模板、评级指导，2013 年事先根据形势撰写评级指南 20 多篇，并对新老员工进行系列培训。事中，分析师须调研到位（调研提纲调研笔录企业财务签章均原件进档，同时公司实施调研质量跟踪抽查），评级报告完成后经三级审核、专家评审会过堂。事后进行报告质量分析，其中专家评审会后当场进行现场讲评当日改进，每周例会常态的案例讲评给人印象深刻。又如监管工作，还必须到项目监管现场对项目进行多角度拍摄。所有的业务流程、人员管理和培训教程等等均实施数字化，标准化管理，业务操作留痕，管理审批留痕。

【理论研究】 2013年华杰公司就评级工作进行了一系列的深入的专题研究。全年完成人行课题6个，被人行汇编录用刊登的行业报告2篇。华杰公司撰写的《信用评级：弥补中小企业向上发展的短板》，获上海市府中小企业办公室好评，并刊登在《上海中小企业》杂志上。

公司注重行业分析。利用公司数据库常年对宏观形势、对主要行业（汽车、钢铁、医药、通信等十几个行业）作季度分析，对房地产的5个细分市场作月度分析，并出具分析报告。此举不仅有利于分析师提高自身素质，掌握市场动态，而且为银行或企业提供增值服务，体现了华杰资信服务于公众服务于社会的良好的社会责任感。

【人才培养】 华杰资信公司非常注重复合型人才的培养。员工培训一是采取面授的系统培训，二是学员可随时上网查阅培训教程，三是专业导师一对一的带教，四是金融专家的点评与指教。公司还鼓励员工参加各种专业资质证书考试和学历考试，并给予相应的奖励。2013年公司新进员工通过人行评级分析师资质考试和证券从业资格考试，当年又有2位骨干员工通过中国证监会组织的债券评级高管资格考试。华杰资信评级公司专业人才和管理人才的储备为公司的发展奠定基础。

【金融文化】 阳光、健康、快乐、向上，是华杰资信评级公司崇尚的企业文化。为此，公司提倡健身，参加一年一度的上海市马拉松比赛。公司员工大爱无疆，雅安地震闻"震"而动，第一时间捐款；积极报名参与全市性公益活动"一个鸡蛋的竞走"，2013年为此募集资金近5 000元。公司踊跃参加街道扶贫助老慈善事业，华杰青年还主动报名积极参与无偿献血活动。2013年公司开办系列文化讲座：世界名表鉴赏、黄金钻石讲座、西点烘焙等，使员工的生活更加丰富多彩，知识面更开阔。

华杰资信评级有限责任公司

（华杰资信）

4. 上海资信有限公司

为进一步推动公司各项业务发展，2013年上海资信有限公司管理层根据董事会议定的经营目标，踏实努力，创造了历史佳绩。

2013年，上海资信以积极开拓非银行征信领域为重任，脚踏实地地进行了一系列的探索与实践。

2013年6月28日，上海资信经过近半年研发的全国网络金融征信系统（NFCS）正式上线。截至2013年年底，已有102家网贷机构与上海资信签署了合作协议，合作范围除上海以外，已延伸至北京、山东、辽宁、四川、重庆、云南、陕西、浙江、江苏、福建、广东等地区。报送数据的机构有49家，共报送客户数超过11.5万人。

小贷公司/担保公司接入人行征信服务平台项目已落实全国10个省市人行省级服务平台的搭建任务。截至2013年年底，已在全国8个省市实现签约163家。

同时，上海资信还积极参与地方社会信用体系建设，在政府行政管理与服务流程中嵌入征信产品与服务。在海关稽查、市经信委在政府专项资金审批过程中，在小贷及融资性担保企业申请设立、重新确认登记的资格审批中使用企业信用报告。同时，在上海市诚信示范企业达标评选、建筑工程单位诚信建设工作项目中都取得了较大的市场份额。

在借款企业信用评级业务方面，上海资信立足上海，积极开拓异地评级业务市场，提升评级业务总量。拓宽评级业务思路，从企业信用评级原动力入手，寻求新的评级和咨询服务市场。

（上海资信）

5. 上海天诚企业征信有限公司

2013 年，上海天诚企业征信有限公司的企业征信业务开展情况如下：

【征信产品】 天诚公司的征信产品开发主要根据政府各委办局在行政监管、资质或项目审批中的具体要求，出具各类政府专项评估报告，为政府部门的决策提供参考依据。如政府招投标专项评估报告等。

【征信服务】 (1) 招投标企业评估业务。招投标领域资信评估是业主方在招标过程中要求应标企业提供自身的资信评估资料。在招投标过程中，业主方一方面考查投标人的资质，另一方面由第三方评估机构出具的投标人的资信评估报告是业主方有效、全面地获取投标人真实信息的重要渠道。上海在全国率先实行政府采购引入供应商信用报告制度，即市区两级政府在实施政府采购过程中，由第三方征信机构对供应商出具企业专项评估报告。天诚公司出具的专项评估报告已作为政府采购招标中的评定依据之一，强化了对供应商的制约和规范。2013 年，为多家企业提供了招投标专项评估报告。

(2) 建筑企业诚信档案建立业务。2013 年，天诚公司与上海市杨浦区五角场镇签署了镇建筑工程单位诚信建设工作的委托协议，为镇政府管理的建筑工程单位进行企业诚信档案建设、企业信用信息的更新与维护工作。

（天诚公司）

6. 上海中誉企业信用咨询有限公司

【上海地区借款企业评级业务】 2013 年，上海中誉企业信用咨询有限公司借款企业评级业务规模取得较大增长，同比增长 20.93%，在积极争取扩大上海借款企业评级业务市场份额的同时，通过竞标，上海资信的全资子公司中誉公司成为拥有无锡辖区借款企业评级资质的 6 家评级公司之一。

【政府监管流程中的征信服务】 (1) 上海市建筑施工企业信用评级项目。2013 年度，上海中誉参与了上海市建交委主导的在建筑施工企业招投标环节引入信用产品的项目。该项目作为 2012 年上海市重点领域推进诚信体系建设的十大领域之一，公司在上海市建交委的部署下，依据定性与定量相结合、指标相对性和模块化相结合、符合建筑施工企业特征等评估原则，主导设计了《上海市建筑施工企业评估指标体系》。

建筑施工企业开拓市场的基本方式是进行投标。目前我国不少地区建筑施工企业在投标中大部分都要提供信用证明，在部分政府部门的招标中也要求投标企业提供信用等级证明，并把投标企业的信用等级作为评标的一项内容来考核。只有具备一定信用等级的企业，其中标后履约的风险才能得到适当控制，才能保证项目的顺利建设。

在产品内容设计方面，上海中誉整合了企业申报信息、企业数据库信息以及行业监管信息，并按行业主管部门的要求设计了各项业务流程和保障性制度，为行业主管部门加强对招投标市场监督管理提供参考和依据。

(2) 招投标领域专项评估。招投标领域资信评估是业主方在招标过程中要求应标企业提供自身的资信评估资料。在招投标过程中，业主方一方面考查投标人的资质，另一方面由第三方评估机构出具的投标人的资信评估报告是业主方有效、全面地获取投标人真实信息的重要渠道。上海在全国率先实行政府采购引入供应商信用报告制度，即市区两级政府在实施政府采购过程中，由第三方征信机构对供应商出具企业专项评估报告。上海中誉出具的专项评估报告已作为政府采购招标中的评定依据之一，强化了对供应商的制约和规范。2013 年，共计为 15 家企业提供了招投标专项评估报告。

(3) 静安区商业企业信用评价。静安商贸服务业核心在静安南京路，上海商业“十二五”规划中明确静安南京路要以建设世界级商业街区为发展方向，充分发挥独特地域优势、历史文化传承、商业经营特色、商务和旅游资源，进一步调整结构、优化布局，逐步建设成为亚太地区乃至全球著名的商业街区。围绕《上海市商务诚信建设试点工作实施方案》的要求，按照“高起点、外向型、国际化”的区域发展思路，上海中誉与上海市静安区商务委、区商联会联合创建商业领域企业诚信建设工作新模式，2012 年、2013 年连续两年对南京路 50 家商业企业进行信用评价，建立政府部门指导、行业协会具体承办、由上海中誉提供评估服务、社会有效监督的四位一体模式，最终实现主管部门深化分类监管、商业企业增强诚信经营意识的目标。该模式可以充分发挥各方参与者的作用,各方当事人分工明确,其中政府相关部门负责协调相关职能部门提供参评企业相关的监测数据,行业协会发挥行业组织的优势,积极组织协会会员参与评级,上海中誉受前者的委托按照规范的评估程序对参评企业进行评估,提供客观、公正的评估结果。而社会公众通过登录静安商业诚信信息平台或接受满意度调查等方式对参评企业进行监督。

静安商业企业信用评估的主要内容包括建立档案、信用评估以及公示奖惩。信用评估指标包括10个大类25项具体指标,每年进行考核。14家职能部门通过联席会议,定期开展协商研讨,结合部门职能,对参评企业进行网上鉴定测评,完善考核机制。每年评出的年度优胜单位已成为了诚信服务的标杆企业。

为了发挥诚信网络平台的监督引导作用,在诚信档案的基础上,静安区商务委、区商联会又推出了商业企业诚信信息平台,该平台强化互动参与和倡导示范两个功能,把诚信建设的主体从政府、行业协会、商家扩展到包括消费者等多个群体共同为诚信建设提供建议。参评企业对诚信档案的重视程度也得到提高,通过参与信用评价,参评企业更加重视企业内部管理和控制制度的建设,社会责任感明显增加。

(上海中誉)

7. 上海金国咨询服务有限公司

作为上海及长三角地区的知名金融中介服务机构,上海金国咨询服务有限公司2013年在新一届公司董事会和总经理室的领导下,积极面对风云变幻的市场,在公司既有的三大板块(金融人力资源外包服务、金融咨询服务及中国金币特许零售服务)的基础上及时调整现有业务,灵活应变开发新项目,优化资源配置,提升管理水平,显示了较强的经营抗风险能力,保持了一定的发展势头。公司连续第十一年获得“信得过人才服务单位”称号。

【金融外包服务】 通过新加坡六达资本公司引进了在中国大陆全新的金融职位——外汇交易员。新加坡六达资本公司是一家卓越的外汇交易与培训公司,上海金国公司与其合作,通过金融人力资源及服务外包的形式,为其招聘一定数量的人员,由其对他们运用六达资本公司独一无二的外汇交易员的风险管理交易平台,用虚拟账户执行交易训练。通过近三个月的网络课程,讲座,实践真实的市场条件,辅导与表现评估,从基础理论和技能规律化的步入实时市场交易。他们合格者中的一部分留下为新加坡六达资本公司服务,另一部分则为其他的外汇交易部门提供人力资源服务,特别是为不远的将来人民币国际化提供熟练的专业人力资源。

【国际注册信贷师培训】 从2012年开始,金国公司成为国际注册信贷分析师在上海地区独家鉴定被训机构以来,根据中国人民银行、中国银监会、中国证监会和中国保监会制定的《2012—2020年金融人才中长期发展规划》,把信贷员队伍建设列为重点目标的要求,围绕大力提高信贷员的职业水准,建设一支素质精良的信贷员队伍,即对信贷业务的专业认知、对信贷业务的职业良知、对信贷业务技能的精通把握,促进当前金融业的改革创新为中心,其课程运用信贷管理基本原理,广泛吸收国际银行信贷管理与运作重点新规则、新技术、新模式,注重金融理论和实践高度统一,国际和国内的有机结合,具有很强的操作性。同时,公司在聘请讲师时,既注重其学衔和学术造诣,更重视其在本领域的丰富经验,大都是在金融行业摸爬滚打数十年、具有大量生动案例的专家。在2013年,公司组织了三期(近200名信贷专业人员)国际注册信贷分析师的培训,其中两期为高级证书班,一期为中级证书班;参加培训的银行有中信银行上海分行、光大银行上海分行、上海农商银行等,并有工商银行上海分行、建设银行上海分行、兴业银行上海分行等金融机构派信贷部门负责人参加了旁听考察。国际注册信贷分析师的培训也获得了学员的广泛好评,认为通过培训课程系统梳理了银行信贷业务的基本知识、技能,并且提供了具体的操作方法,许多案例使学员们获益匪浅,对信贷业务具有很强的指导意义。

【银行四级柜员培训】 为深入实施人才强市战略,加快上海国际金融中心建设,培养专业化和实战型的金融高技能人才,提高金融行业窗口服务人员的服务质量,从2008年开始,“银行柜员”被确定为第一个试行职业,并从2010年始,公司与上海市银行同业公会合作,通过考核与选拔组成了既具有扎实理论功底,又具有丰富实务操作经验的明星讲师,通过现代化的网络交流平台及专业化的管理，对全市银行的柜员进行“银行四级柜员职业鉴定考试培训”。参加培训的学员普遍感到，强化了服务意识，提高了专业知识，增强了敬业精神和责任心，保证了服务质量，提升了银行的公众形象。“银行柜员职业鉴定考试培训”至今已举办了17期，共有32家商业银行的15 041名柜员参加培训与考试，其中44%名考试合格，获得银行柜员四级证书。此证书由上海市人力资源与劳动保障局颁发，是国家到目前为止唯一的银行业国家鉴定标准证书。

【特许零售服务】 为应对国际黄金市场的剧烈变动和经营环境的弱化，公司及时调整经营方针，加速库存商品的周转，减少库存量，降低经营风险和成本；加大贵金属纪念币的宣传力度，向公众植入贵金属纪念币知识，弘扬中国金币文化；同时适度扩大了贵金属经营场地，新开设了市中心淮海中路1828号独立门店，并于2013年8月正式对外营业。

（上海金国）

8. 上海普兰金融服务有限公司

上海普兰金融服务有限公司是国内首家具有票据中介业务资质的金融服务公司，为货币市场参与者提供咨询、信息、经纪、培训、软件等综合金融服务，提供票据、债券、资金、理财等货币市场品种综合经纪服务。公司注册于上海市浦东新区张江高科技园区，注册资本1亿元，成立于2012年5月。前身为上海普兰投资有限公司，成立于2002年。普兰秉承服务于中国票据市场的规范健康发展理念，经过12年的发展和沉淀，目前员工人数已逾900人，在全国35个城市设有分支机构，服务企业22 000家，银行客户1 100家，是一家行业领先的创新型金融服务公司。

【经纪业务】 普兰最优特色、影响力最广、经纪规模最大的核心产品为“票据经纪”，提供票据市场信息数据的收集整理、票据交易双方的业务撮合和票据资源的开发与应用，2013年完成票据经纪量逾9万亿元。

【新兴业务】 普兰积极探索包括债券、资金、资产、外汇等货币市场其他相关的新兴业务，并于2013年成功启动债券、资金信息和代理服务。其中，债券服务包括利率债及信用债的双边信息服务，该服务推出不足1年已受到中国债券行业的关注，获得了由中国债券俱乐部授予的“2013年度最具希望奖”；资金服务则主要包括同业存放及协议存款的双边信息服务。普兰启动的新兴业务着力于服务中小金融机构，使中小金融机构获得了平等的市场地位、待遇与更具竞争力的价格，使其资产运营更加活跃并极大地提高了自身的盈利能力；同时，普兰的信息服务提升了市场透明度从而提高了市场交易活跃度。

【咨询服务】 普兰现为中小企业提供“货币市场盈利模式的设计与运营”、“新利润区模式设计”、“基于资金运营的中小业务财务筹划”、“集团财务报表整合”等多方面的咨询服务，为中小银行则提供“中小银行经营决策辅助分析系统设计”、“行长经营决策辅助分析系统”等方面的咨询服务。

【软件业务】 为中小银行设计了基于风险运营的票据交易管理软件“普兰票据交易管理系统”，为中小企业设计了基于风险预估的信用测评软件“普兰信用风险测评系统”，同时为货币市场各参与者开发了在线报价撮合的电子系统“普兰电子经纪平台”。

【培训业务】 普兰的培训业务已拓展至票据业务、债券业务、资金业务和财务业务四个方面，其中70%的培训集中于银行客户。为银行客户提供的培训有：货币交易培训、票据交易培训、债券交易培训、资金交易培训、金融IT培训以及经纪人素质培训；为企业客户提供的培训有：资金运营培训、票券业务培训、财务筹划培训、报表整合培训以及经理人素质培训。

【社会责任】 2013年，西藏普兰县遭遇罕见暴雪灾害，四川雅安发生7.0级地震，在灾难面前，普兰第一时间启动爱心基金并组织员工募捐活动，筹集百万元善款及物资捐赠受灾群众。

（普兰金融）

五、银行自律组织

上海市银行同业公会

2013年，上海市银行同业公会围绕“服务会员、回馈社会、强化治理”的主线，积极履行“自律、维权、协调、服务”的八字职能，为维护上海银行业良好秩序和健康发展环境，实现会员共同利益发挥积极作用。公会在上海市社团局2013年组织的社会组织规范化建设评估工作中，荣获中国社会组织评估最高级5A等级荣誉称号。

【服务会员】 服务会员，促进行业健康发展。(1)稳步推进钢贸风险化解工作。一是出台《上海银行业钢贸信贷风险缓释工作指导意见》，制定钢贸平台及企业分类管理标准，并成立钢贸风险统一处置工作小组，制定风险处置方案。二是加强与司法部门的沟通协调，帮助各行维护债权。三是推出快速处置交叉查封抵质押物的应对措施。四是首创动产质押信息平台，推动上海银行业进一步完善风险管控流程，降低信贷风险。

(2) 反映会员诉求，积极协调沟通。一是拟定《上海市银行同业公会会员单位分组会议工作办法》，进一步畅通会员单位沟通交流渠道。二是针对会员单位反映的办理房产抵押登记时的共性困难，积极与市房地产交易中心协调并得到支持解决。三是继续推进银行业增值税改革事宜，提出三套适用银行业营改增税收模式供立法部门参考。四是搭建武装守押价格联合谈判平台，力争降低银行运营成本，维护行业利益。

(3) 深入开展调研，形成工作成果。先后完成了内容涵盖银团贷款、非金融支付机构支付业务、动产质押业务、理财业务、房地产抵押评估、银行从业人员心理因素等调研报告10余篇，积极推进银行业转型发展。

(4) 贴近会员需求，开展多层次培训。一是持续开展外汇及柜员的常规培训，2013年共组织培训12期，培训人员5 884人次。二是邀请专家学者举办各类专题培训及讲座20余场，取得良好效果。三是全年共举办八期高规格的“上海银行同业·大讲堂”，继续扩大品牌影响力。

(5) 完善银团贷款系统，促进银团市场发展。一是完善“银团贷款信息发布与统计系统”，按季对外发布相关数据。二是开展银团系统历史数据梳理及二级市场调研工作，完成《2010—2012年上海地区银团贷款市场分析报告》及《关于初步构建上海地区贷款二级市场的调研报告》，促进上海地区银团贷款业务发展。

(6) 首建上海银行从业人员职业背景调查互助机制。开展商业银行员工职业操守专题研讨，建立“上海银行从业人员职业背景调查互助机制”，共有60余家会员单位自愿加入，不断完善银行从业人员行为约束的外部环境。

(7) 扩大对外交流与合作。一是走访金融同业行业协会，召开专题交流座谈会，积极推动银行与证券、基金等在资产管理、产品研发及培训交流等领域开展深度合作。二是加强国内外行业组织及其他机构交流合作。三是组织境内外学习交流，学习借鉴欧洲银团贷款、台湾银行业消费者权益保护等先进经验。

(8) 加强新闻宣传和舆情应对，树立上海银行业正面形象。2013年，累计统发新闻稿28篇，在30余家平面、电视等媒体上刊登、播报各类新闻报道150余次，在《上海金融报》等媒体上刊登反映银行业主动开展金融消费者权益保护等内容的整版专题报道。组织召开2013年在沪总行信用卡中心联席会议媒体恳谈会，加强信用卡知识宣传，注重维护银行业声誉。

(9) 继续办好公会年度品牌活动。一是举办第九届银行业合规年会、第五届上海银行业人力资源管理年会、2013年沪港银行卡风险管理研讨会等各类年度性专业会议，深入研讨相关专题，为银行稳健、创新发展开拓思路。二是开展“上海银行同业·年度奖项”评选活动，表彰会员单位在业务发展中的突出成绩及对公会工作的支持。

【回馈社会】 回馈社会，彰显行业社会责任。(1)深化小微金融服务，搭建银企合作平台。完成“上海银行业小微企业信贷产品信息查询平台”二期开发，新增银企互动板块。平台汇集了在沪 66 家银行的 367 个产品，注册用户已达 748 个，使用人数已超过 8 万人次。

(2) 多形式多渠道推进消费者权益保护工作。一是延续“和谐金融、诚信服务”的主题，开展“3·15”国际消费者权益保护日宣传周活动。组织 100 个银行网点设摊宣传、1 000 个银行网点参与金融知识普及宣传活动。二是设立消费者纠纷调解中心，探索建立多元化金融消费者纠纷解决机制。三是推进客服热线监测工作，持续提升上海银行业客服热线质量。四是开展上海银行业员工消费者权益保护知识竞赛活动，约 3 万余员工参与了此次竞赛。

(3) 加强公众金融知识普及宣传。一是全面开展普及金融知识万里行活动。在公会网站上增开活动宣传专栏，并上载《百姓金融知识小百科》电子版；向浦东新区 38 个居委赠送《百姓金融知识小百科》2 000 余本。二是携手会员单位共同制作了上海银行业消费者知识系列短片，在第一财经电视频道播放，以通俗易懂、生动有趣的方式，传播金融消费理念及普及金融知识，助推社会公众对银行知识的熟悉了解。

【强化治理】 强化治理，持续完善自身建设。(1)顺利完成公会换届，扎实推进专委会工作。公会完成了第十一届理事会的换届选举，新一届的会长行由中国工商银行上海市分行担任。年初召开专委会工作会议，明确年度工作重点，制定全年工作计划并稳步推进。2013 年，专委会进一步完善了组织架构，完成了正(副)主任单位换届工作，同时通过召开工作会议、开展调研、举办专题培训、交流研讨等形式，搭建沟通平台、反映行业诉求、协调政策执行，发挥专业引领作用。

(2) 进一步扩大会员单位覆盖面，丰富议事平台。重点吸收各类在沪持牌专营机构入会，包括驻沪总行信用卡中心、私人银行部等 5 家专营机构及 2 家银行类机构加入公会。截至 2013 年末，公会已有 171 家会员单位，其中正式会员 146 家。为适应行业发展需要，2013 年，先后成立“上海财富管理机构联席会议”、“上海银行业自贸区工作联席会议”，为会员单位搭建业务交流、政策解读的平台。

(3) 完善秘书处建设，重视历史传承。公会进一步调整和优化秘书处部门设置，以契合加强会员服务工作的需要；开发 OA 系统并进行试运行，实现公会与会员单位之间公文及信息件的电子化流转；编写《联络员工作手册》，提升公会工作效率和服务水平。此外，公会通过历史资料的考证以及拜访多位业内专家，证实公会是 1918 年成立的上海银行公会的历史延续，两者一脉相承。

(银行公会)

第三篇　证　　券

证券期货业概述

【证券公司】 截至2013年末，上海共有证券公司20家，占全国115家的17.4%；证券营业部498家，证券公司在沪分公司62家。此外，上海还有证券投资咨询公司19家，异地咨询公司在沪分公司6家，证券资信评级机构2家，外资证券类代表处77家。有5家证券公司在香港设立了子公司。

【证券行业运行特点】 （1）资本实力持续增长，盈利模式逐步转型。截至2013年底，上海证券公司总资产、净资产、净资本、客户资产分别为4 572亿元、1 688亿元、1 233亿元、46 743亿元，均较2012年末有明显上升，幅度分别为18%、6%、8%、22%。受托管理客户资产规模和融资融券规模增幅尤为明显，年末分别为11 253亿元和794亿元，比2012年同期增加126%和210%。2013年，上海证券公司总计实现营业收入308亿元、净利润92亿元，同比分别增长了19%和11%，净利润行业前三的公司中上海证券公司占据2席。各项业务份额及行业排名均保持一定优势，业务收入结构有所改善，其中经纪业务、资产管理业务、融资融券业务收入较2012年同期分别增加53%、145%和144%，收入占比分别为48%、6%和13%，且经纪业务、融资融券业务收入均位居全国之首，而传统投行业务、自营业务收入占比则相对下降，从2012年的11%、26%下降到2013年的10%、19%。

（2）创新转型逐步深入，个性化创新日益突出。2013年，上海证券公司业务创新发展势头总体迅猛，信用业务、资产管理业务等显著增长，在行业居于前列，已形成新的盈利重点；多项创新摘取行业首单，取得较大的市场反响。例如：4家公司（光大证券、申银万国、海通证券、国泰君安）成为行业首批转融券试点券商；4家公司（海通证券、国泰证券、中银国际、申银万国）开展柜台业务；7家公司（国泰君安、海通证券、光大证券、申银万国、东方证券、中银国际、上海证券）参与债券质押式报价回购；9家公司（海通证券、国泰君安、光大证券、东方证券、申银万国、中银国际、德邦证券、华宝证券、上海证券）参与约定购回式证券交易和股票质押式回购交易；东方证券获批行业首单公募基金管理人牌照，并发行了首只公募基金，开展首单基于小额贷款的“东证资管—阿里小贷”资产证券化项目；国泰君安获取行业首单人行支付牌照；海通证券获取行业首单公募基金托管与估值资格。

（3）合规管理有所深化，风险管理探索前行。2013年，上海证券公司治理结构总体健全，三会运作总体规范；业务管控制度、内部约束机制和责任追究制度建立并执行，合规管控和合规问责取得效果；信息隔离墙制度覆盖投行、资产管理等业务领域。截至2013年末，上海20家证券公司净资本与净资产的比例为73.05%、净资本与各项风险资本准备之和的比例为775.2%，均远远优于监管指标，显示证券机构净资本覆盖风险的能力保持在较高的水平。各公司继续深化风控指标动态管理，进一步完善以净资本为核心的风控指标体系；加强对流动性风险的关注与管控；强化对新业务、新产品、新模式的风险研判与监控工作。

（4）对外开放持续推进，国际化战略取得新进展。2013年以来，上海证券经营机构积极拓展海外业务，努力探索“走出去、引进来”的发展路径，积极谋划、加快布局，提升跨境服务能力。辖区5家证券公司的香港子公司2013年实现营业收入26亿港元，净利润12亿港元。4家证券公司借助香港子公司首批获准开展RQFII业务试点，截至年底，获批规模达226亿元。国泰君安、海通证券、东方证券筹建自贸区分支机构，其他3—5家机构也正在筹划自贸区布局。

【基金公司】 截至2013年底，辖区共有基金公司44家，约占全国89家的49.4%；基金公司专业子公司26家，基金公司分公司及理财中心26家，基金销售支付结算机构4家，基金代销机构45家（其中独立基金销售机构6家）。2013年，辖区基金公司共新发基金产品151只，占全国的39.63%；募集总规模1 924亿元，占全国的34.42%。截至年底，上海辖区基金公司共管理基金674只，占全国的43.4%；总净值9 407亿元，占全国的31.3%，继续居各辖区首位。

【基金行业运行特点】 (1) 机构数量增加，机构类型不断丰富。2013年，辖区共获批新设基金公司7家(其中合资公司2家)，基金公司专业子公司23家，基金公司香港子公司2家，基金代销机构10家(其中外资银行9家，独立基金销售机构1家)，上海基金行业规模化发展格局进一步确立。

(2) 管理资产份额增长，非公募业务发展迅速。截至2013年底，上海辖区共有37家基金公司开展公募业务，管理公募基金规模9 407亿元，同比增长3.3%，连续两年保持基金规模的增长。

截至2013年底，辖区有40家基金公司开展专户业务，4家开展社保基金管理业务，3家开展企业年金管理业务，共管理非公募资产净值3 397亿元，是2012年底(1 556亿元)的约2.2倍，其中，管理规模超过100亿元的有7家。上海地区有26家基金公司开设专业子公司，其中有22家基金公司已开展业务，共管理非公募资产2 958亿元，管理规模超过100亿元的有8家。

(3) 公募整体业绩与全国持平，单只基金表现突出。从绝对收益来看，除指数型基金明显低于全国平均水平和QDII基金明显高于全国平均水平外，上海公司各类型公募基金整体平均收益与全国平均水平基本保持一致。从单只基金来看，2013年，上海辖区基金公司有21只基金产品排在普通股票型基金收益率前30名。从相对收益来看，按可比口径统计，498个基金样本中，有82.1%的基金(409只)净值收益跑赢业绩基准，高于全国79.6%的比例。分基金类型来看，货币基金表现相对突出，全部货币基金均跑赢业绩基准。

(4) 创新发展不断推进，对外开放步伐有所加快。创新发展方面，辖区公司相继推出了“T+0”货币基金、国债ETF、黄金ETF等创新产品，得到市场良好反响；汇添富基金率先完成了股份制改制，华安基金率先在上海自贸区内设立资产管理子公司，多家公司在子公司治理中引入员工持股和股权激励政策，机构活力进一步提升；基金子公司尝试开展房地产融资、收益权买入反售融资等业务；海外子公司继续推进RQFII业务，汇添富香港子公司在今年发行了RQFII-ETF产品；国泰获批首只淘宝互联网债券基金，多家基金公司与淘宝、腾讯等电商平台开展创新合作。

对外开放方面，2013年，上海新增合资基金管理公司2家(永赢和圆信永丰)。此外，有2家基金管理公司(国泰、交银施罗德)在香港新设子公司。截至2013年底，上海共有合资基金公司25家；8家基金管理公司在香港设立子公司，其中汇添富、海富通、华安、上投摩根、富国5家基金公司香港子公司获得RQFII业务资格。

【期货公司】 截至2013年末，上海辖区共有28家期货公司，占全国158家的17.7%。共有期货营业部128家，较上年同期增加13家。其中，本地17家期货公司在沪营业部37家，异地82家期货公司在沪营业部91家。

【期货行业运行特点】 (1) 资本实力进一步增强。截至2013年末，辖区28家期货公司实收资本总额为74.64亿元，同比增加7.01亿元。其中，1家期货公司迁入增加注册资本6亿元，8家期货公司年内完成增资共5.11亿元，因合并转出注册资本4.1亿元。通过增资扩股，上海期货公司的资本实力和抗风险能力进一步增强。

(2) 经营规模快速增长。2013年，辖区期货公司积极把握期货市场新品种上市和上期所连续交易上线运行的发展机遇，实现经营规模快速增长。截至2013年末，辖区期货公司客户权益和代理交易额分别达到501.94亿元(含全面结算会员代理交易会员的客户权益10.67亿元)和141.24万亿元，分别较上年同期增长12.24%和78.94%(全国市场同期增长分别为10.75%和56.37%)，全国占比分别达到25.65%和26.43%。

(3) 经纪服务能力持续领先。近年来，辖区期货公司服务客户能力不断增强，代理客户交易持续盈利。2013年，辖区期货公司代理客户交易盈利49.88亿元，较上年同期29.31亿元增长70.21%。其中，12家期货公司代理客户连续两年合计实现交易盈利共计115.88亿元，特别是海通期货、国投中谷、光大期货、大陆期货和上海中期等5家期货公司，代理客户连续两年实现的盈利均逾10亿元，共计约92亿元。

(4) 金融期货业务保持优势。2013年，辖区金融期货业务继续保持全国领先优势，市场规模显著增长。截至2013年末，辖区共有26家期货公司具有金融期货交易所会员资格，其中全面结算会员2家，交易结算会员19家，交易会员5家。年内辖区期货公司实现金融期货手续费收入(不含交易所返还及减收)6.76亿元，较上年同比增长53.29%；金融期货代理交易额86.59万亿元，较上年同比增长105.9%，其中，股指期货代理交易金额全国占比为32.47%，国债期货代理交易金额全国占比为30.7%。

(5) 合规管理水平不断提升。2013年度期货公司分类评价结果显示，辖区28家期货公司中，A类7家、B类14家、C类6家、D类1家，在全国同类公司中数量占比分别为29%、22%、9%和25%，其中C类与D类公司数量较2012年明显减少，辖区期货公司合规状况不断改善。

(6) 各项创新业务稳步推进。截至2013年末，辖区共有8家期货公司取得资产管理业务资格，19家期货公司取得投资咨询业务资格，数量上均处于全国首位。其中，8家取得业务资格的期货公司均已正式开展资产管理业务，年末受托管理资产规模2.57亿元，全国占比为20.4%；19家期货公司投资咨询业务稳步发展，年内共取得投资咨询业务收入688.29万元。

(上海证监局)

一、证 券 公 司

1. 海通证券股份有限公司

2013 年，面对复杂严峻的市场形势，海通证券股份有限公司努力拼搏，锐意进取，重大战略稳步实施：成功收购恒信租赁，成为首家获得融资租赁业务牌照的国内券商；在境外市场成功发行 9 亿美元公司债，在境内市场成功发行首期 120 亿元公司债和 30 亿元短期融资券，拓宽了融资渠道，进一步加大对业务发展资金支持力度；再获多项创新资格，自主创新步伐加快；资本中介业务发展良好，利润贡献不断加大，创新业务利润占比不断提高；研究业务取得历史性突破，首获市场排名第一。公司取得了良好的经营业绩，总资产、净资产、营业收入和净利润排名行业前两位，主要业务指标位居行业前列。

【证券经纪业务】 证券经纪业务多措并举，加快创新转型步伐，提升业务市场份额。2013 年，总交易金额市场份额达到 5.48%，同比增长 0.03 个百分点，位居行业第二位。依托公司综合资源优势，以研究服务为核心，加强对基金、保险等大型机构客户的全方位服务，机构业务服务内涵不断深化，价值量快速增长。创新国际客户服务手段，加大国际客户开拓力度，全年 QFII 客户净新增开户数市场份额达 8.2%。期货业务保持快速增长势头，客户权益、交易金额市场份额同比均大幅增长。

【投资银行业务】 投资银行继续推进业务结构向股债并重转型，在 IPO 暂停的不利条件下，大力拓展再融资业务，积极推动债券业务创新，取得较好成绩，全年共完成股权和债券项目 41 个，承销总金额 694 亿元。债券融资在央企债券发行上实现新的突破，成功主承销了华能国际、中电投等企业债；积极创新债券品种，成功发行武汉地铁可续期债券。并购融资完成中钨高新、澄海股份、卧龙电气等具有市场影响力的项目。

【资产管理业务】 资产管理子公司进一步丰富产品线，全年发行各类产品 190 只，管理规模由 2012 年末 350 亿元大幅提升至 2 048 亿元；推出首只 QDII 产品；投资业绩明显改善，权益类产品业绩市场排名靠前。海富通基金公募基金管理规模 244 亿元，富国基金公募基金管理规模 660 亿元。公司成立海通新能源股权投资管理公司，股权投资基金管理公司总数达 5 家。各产业投资管理公司积极推动新设境内外基金，逐步扩大资产管理规模。产业投资基金管理规模总计 105.4 亿元。

【创新业务】 2013 年是证券行业"巩固、深化、完善、提高"创新成果之年。公司继续践行创新驱动的发展战略，成效显著。公司首家获得公募基金托管业务资格，首批获得股票质押式回购交易业务资格，顺利取得代销金融产品、保险兼业代理、消费支付服务试点和贵金属现货合约代理及自营等多项创新业务资格；资产证券化业务取得突破；上海自贸区分公司获批设立；公司自主创新力度亦不断加大；创新业务收入占比进一步提高。

【海外业务】 海通国际作为公司拓展海外业务的桥头堡，在香港本土的市场地位进一步提升。海通国际证券通过配股、银团贷款、可转债等途径融资 51.7 亿元，为业务发展提供有力的资金支持。全年经纪业务交易量列 B 类券商第 17 位，较 2012 年上升 4 位；成功完成银河证券、中石化炼化等大型 IPO 项目，港股 IPO 承销家数位居第二；以 RQFII、QFII 及 RQFLP 为契机，推动各类投资产品的设计和创新；海外布局取得新进展，新加坡公司正式开业。

【内部管理】 公司一直致立于建立和完善公司治理、风险管理和内部控制体系。根据国家五部委颁布的《企业内部控制基本规范》及配套指引进一步加强内控规范落实工作，对各业务部门进行了穿行测试及运行有效性测试，突出重点风险领域；加强流动性管理，定期进行压力测试和评估；推行全面风险管理，做好各类风险量化，实时监控，定期跟踪督导；加大对创新业务的风险管理，进一步完善审核流程，降低风险隐患，推行以风险为导向的内部审计工作。

【获奖情况】 2013年12月14日，在上海市政府设立的金融创新成果奖评比中，由海通证券柜台市场部牵头申报的海通证券“柜台交易市场建设项目”荣获2013年度上海金融创新成果奖三等奖。海通柜台交易市场业务开展以来，各部门和分支机构通力合作，保障了业务的顺利开展，柜台交易市场业务为公司创造了新的盈利模式，为客户投融资、风险管理等需求的满足提供了重要平台。截至2013年12月底，公司共发行16款88个柜台交易产品，累计募集规模超过102亿元；为柜台市场产品持续提供报价服务和协议交易服务，累计成交金额分别为3 310万元和3.89亿元；无论是柜台市场产品发行数量还是交易量均位居国内市场第一。海通柜台交易市场产品、交易方式等多项创新开行业之先河，客户也给予了充分肯定和积极参与。

（海通证券）

上海证券交易所“我是股东”活动走进海通证券

2. 东方证券股份有限公司

2013年，东方证券股份有限公司坚持“创新、转型、发展”的总思路，扩大融资来源，提升业务规模，完善业务支持和风险管理体系，加强人才队伍建设，推进市场化经营管理机制，进一步夯实了发展基础和实力，获评A类A级证券公司，阿里专项与“添富快线”双双荣获2013年度上海金融创新成果奖二等奖。

东方证券2013年实现营业收入32.88亿元，同比增长38%；取得净利润10.46亿元，同比增长72%。截至年末，东方证券总资产590.12亿元，同比增长21%，净资产155.50亿元，同比增长5%，净资本111.88亿元，每股收益0.24元，每股净资产3.63元。东方证券2013年营业收入和净利润增长水平高于行业平均水平，总资产、净资产、净资本均排名行业第11位，营业收入和净利润分列行业第18和13位，排名比2012年有所进步。

业务支持体系逐步完善。大自营平台、财富体系、数据中心、OTC等信息技术重点工作有序落实和推进，获得3项软件著作权。推广上线客户账户资金消费支付服务创新项目，开发柜台交易系统和综合财富管理体系，逐步建立、完善公司的交易、托管、支付等场外市场和基础证券功能。布局“东方云”平台五年发展规划，桌面云应用投入使用，攻克账户无纸化项目电子手写签名法律有效性问题难关。

【创新业务】 东方证券2013年多渠道融资，发行次级债券36亿元，滚动累计发行短期债务融资券94亿元，借入次级债务8亿元，债券质押式报价回购业务保持日均余额2亿元规模，银行同业拆借累计300多亿元，增强了公司资金实力，有效推动了各项业务特别是资本中介业务规模的提升。

东方证券以“八项重点创新项目”为主要抓手，实行重点创新项目领导分工制，实施多层次创新项目管理体系，确定公司级重点项目8个、部门主导级项目64个，全面推动创新业务和创新工作，创新业务收入达5.15亿元，占总营业收入的15.7%。东方证券2013年共获批9项业务创新试点资格，取得业内首个券商公募基金资格，成为证券行业首家成立资产管理公司和首家获得券商公募基金资格的公司。

证券金融业务总规模达63.59亿元，同比增长302.72%，其中融资融券余额28.01亿元，质押回购待购回金额22.37亿元，非标信贷业务11.31亿元。积极投资各类创新产品，在业内率先开展场外股票质押业务，抢得市场先机。机构业务发展迅速，完成私募产品9个，发行地产金融产品2个，完成东虹桥小贷信贷资产转让项目，开发股权质押类项目3个。

【通道业务】 东方证券2013年投资业务体系共实现收入12.61亿元，其中股票投资业务实现收入 6.44 亿元，固定收益业务实现收入 5.35 亿元，金融衍生品业务实现收入 0.82 亿元，保持行业领先水平。加大对海外市场的投研力度，首个 QDII 产品净值 1.514 元，远超所有同期同类产品。国债金融债承销排名持续领先，国开债、农发债承销量均列券商第 1，国债列券商第 4。2013 年下半年，债市遇到前所未有的资金紧张局面，回购利率陡峭上扬，东方证券有效发挥利率互换业务的避险功能，保证了投资收益的稳定。

经纪业务向财富管理转型，实现代理买卖证券业务及利息净收入 10.24 亿元；实现证券交易总额 47 151 亿元，同比增长 66%，市场占有率为 2.03%，同比增长 3.57%；股票基金交易总量 13 935 亿元，市场占有率为 1.44%。进一步增设、优化网点的全国战略布局，形成三级管理体系，获批 29 家新设营业网点，覆盖国内省会城市和主要中心城市。

【集团化发展】 东方证券已拥有 8 家全资、控股或参股子公司。(1)东方证券资产管理有限公司实现收入 1.91 亿元，全年新发产品 17 只，年末受托资产管理规模 442 亿元，较年初翻一番。投资业绩保持行业领先，在 253 个同类产品收益率排名中，公司 6 个产品进入前十，其中东方红 5 号和 4 号分列第一名和第二名。(2)东证期货有限公司实现收入 2.15 亿元，全年引进机构 19 家、产品 46 个，发行 3 款 CTA 理财产品，国债期货交易数据名列前茅。(3)东方(香港)金融控股公司获批 RQFII 业务资格及 5 亿元人民币境内证券投资额度，新增澳洲市场及配套服务，开通一级市场配售业务，顺利开展首宗企业财务顾问业务。(4)东证资本有限公司开拓股权投资基金业务，主动为集团提供项目资源。(5)东方花旗证券公司积极拓展债券和新三板项目，深入挖掘再融资业务，全年实现收入 1.57 亿元；"湖北广电借壳武汉塑料重组上市"项目在证券时报社举办的"2013 中国区优秀投行评选"中获得"最佳创新项目奖"。(6)汇添富基金管理有限公司全年新发基金 18 只，规模 220.27 亿元，年末公募管理总规模 786.28 亿元，较年初增长 17.71%；专户业务总规模 302.13 亿元，同比增长 283.95%；社保业务总规模 163.56 亿元，同比增长 80.63%；电商业务行业领先，年末保有量 157.86 亿元，同比翻了 10 倍；发行的 RQFII 人民币 A 股 ETF 基金，募集规模超 10 亿元；与意、英等国机构合作基金或专户业务，国际化道路不断深化；设立资本子公司，成立资管计划 60 多个，管理规模 320 亿元。

（东方证券）

3. 中银国际证券有限责任公司

中银国际证券有限责任公司经中国证监会批准于 2002 年 2 月 28 日在上海成立，现注册资本 19.79 亿元人民币。中银国际证券由中银国际控股有限公司、中国石油天然气集团公司、上海金融发展投资基金(有限合伙)、北京联想科技投资有限公司、云南省投资控股集团有限公司、江西铜业股份有限公司、江西铜业集团财务有限公司、中国通用技术(集团)控股有限责任公司、江苏洋河酒厂股份有限公司、上海联新投资中心(有限合伙)、汕头市达濠市政建设有限公司、万兴投资发展有限公司共同投资。

中银国际证券的经营范围包括：证券经纪、证券投资咨询与证券交易、证券投资活动有关的财务顾问、证券承销与保荐、证券自营、证券资产管理、证券投资基金代销、融资融券、代销金融产品。中银国际证券还通过全资子公司中银国际期货有限责任公司和中银国际投资有限责任公司分别从事期货业务和直接投资业务。

中银国际证券注册地在上海，并在北京、深圳、广州、成都、哈尔滨等主要城市设有分支机构。中银国际证券积极发挥"深厚中行背景、跨境金融服务"业务优势，依托中国银行全方位的金融服务平台、借鉴中银国际控股丰富的境外资本市场运作经验，努力为客户提供高品质、专业化、个性化的投资银行和证券服务，迅速成长为具备较强市场竞争力的投资银行。

【主要业务】 2013 年，公司积极围绕"服务整体战略，实现自身做大做强"的战略目标和定位，面对证券市场低迷、IPO 财务核查、审批停滞，债券市场风暴频发，流动性极其紧张等不利因素，优化组织架构和业务流程、持续开展业务创新、强化内部管理、提升 IT 支持能力，客户基础进一步扩大，收入结构不断改善。2013 年，中银国际证券在证券公司分类评级升为 AA 级，是行业十家 A 类财务顾问之一。

(1) 资产管理业务：公司资产管理受托资产管理规模相比 2012 年末规模增长 312%。受托资产管理规模行业排名从 2012 年末的 17 名提升到 2013

年的13名。

(2)投资银行业务：公司担任独家保荐人和主承销商的浙报传媒非公开发行项目于2013年4月完成发行，项目融资额约22.85亿元。公司担任独家保荐人和主承销商的华数传媒控股股份有限公司非公开发行A股项目于12月完成发行，项目融资额约22.85亿元。2013年，公司分别荣获《新财富》年度“大项目能力最佳投行”、最佳IPO项目（中国交建）、《21世纪经济报道》“最佳承销保荐业务证券公司”奖、《证券时报》“最佳并购重组业务投行”等众多荣誉。

(3)经纪业务：公司营业部部均股基交易量排名位居前列，排名市场第9位。同年，公司于3月19日在业内首批推出见证开户业务，4月1日首日推出港澳台居民见证开户业务，首批获得了中国结算数字证书代理和网上开户资格，携手中国银行在业内率先实现第三方存管网上“一步式”签约，非现场开户业务各项数据在市场上保持领先地位。

(4)创新业务：公司已开展的创新业务有融资融券、非现场开户、结构性投融资、中小企业私募债、新三板及区域性股权市场、个股期权、柜台市场业务、债券质押式报价回购、股票质押式回购交易、约定购回式证券交易、私募基金综合托管等，涵盖公司各主要业务板块。其中非现场开户、柜台市场业务、股票质押回购业务以及私募基金综合托管业务的资格取得在业内居于较领先的位置。

【重大活动】 2013年3月，中银国际证券在业内首批推出非现场见证开户业务。截至2013年末，中银国际证券实现见证开户2.9万户、网上开户9 317户，累计新增客户资产15.9亿元，非现场开户占总开户比例达到73%，各项数据在同业市场上名列前茅。同时，作为首批获得中国结算数字证书代理和网上开户业务资格的券商，中银国际证券于今年9月正式推出网上开户直通车服务，客户可通过其公司网站自助完成网上开户，也可以预约工作人员上门开户。在《证券时报》主办的“第十四届金融IT创新暨优秀财经网站”评选活动中，中银国际证券非现场开户项目被评为“2013年度中国互联网金融十大创新案例”。

（中银国际证券）

4. 国泰君安证券股份有限公司

2013年，国泰君安证券股份有限公司创新转型工作有序推进，综合理财、网络金融等创新均走在行业前列，基本完成了综合理财平台以及账户体系、产品体系、服务体系和制度流程的建设，成为唯一一家获准加入中国人民银行支付系统的非银行金融机构，打通了客户理财资金汇划通道，并率先推出综合理财账户体系，基本健全了作为投资银行的五大基础功能。在2013年审议通过的《公司2013—2015年发展战略规划纲要》中，公司明确提出，用三年左右的时间，健全投资银行功能，提升综合金融服务能力，努力把国泰君安证券打造成为行业领先的综合金融服务商。此外，公司作为首家中资券商在国际权威财经媒体Euromoney(《欧洲货币》杂志）主办的“2013年卓越奖”评选中荣获“大中华地区最佳证券交易公司”。

【创新项目】 2013年，第一家加入央行支付系统、实现支付功能，综合理财服务平台一期功能如期上线，“君弘一户通”于12月18日正式发布。公司综合理财服务创新项目获得“2013年度上海金融创新奖”一等奖。公司大力推动金融服务网络化。公司大力推动金融服务网络化，并积极探索实践网络金融业务。搭建了“线上国泰君安”、“君弘金融商城”、“国泰君安微理财”等新型渠道，率先推出了“微交易”和“微商场”功能。积极布局轻型网点，持续推进网点建设工作。作为首家券商进驻自贸区，先行探索业务创新和跨境业务。

【投资银行业务】 公司着力推进并购业务，获评上市公司并购重组财务顾问业务执行能力专业评价A类券商资格，成为首批10家迈入审核快速通道的券商之一。中票短融、中小企业私募债、资产证券化、类贷款等业务影响力业内领先。

【资产管理业务】 公司权益类、固定收益类、量化投资类产品类别齐全，营业收入行业排名第一，资产管理业务总规模为行业排名第二，且大部分产品收益率在业内同类产品中处于前列水平。

【证券经纪业务】 公司代理买卖证券业务净收入行业份额排名保持第二，大力发展经纪业务多元化，减轻了对二级市场的依赖，改善了经纪业务线的收入结构，大力开展产品、服务和渠道创新，加速了经纪业务向综合理财、财富管理转型的进程。

【信用交易业务】 公司信用交易业务实现跨越式增长，已经成为公司收入的重要来源。年末两融余额市场份额行业第一，是行业内股票质押待购回业务规模唯一突破百亿元的券商。

【期货业务】 公司全年股指期货交易份额排名行业第三，国债期货交易份额行业排名第一。2013年行业分类监管评级中晋升A类AA级。

【技术创新】 公司新数据中心项目成功获得国内金融行业数据首个（UPTime T4）设计认证证书，移动运作支持平台获得专业媒体“2013年度中国证券业最佳金融信息化案例奖”。

【社会责任】 2013年国泰君安社会公益基金会及公司员工向云南昭通国泰君安丹丹希望小学、甘肃渭源国泰君安希望小学、江西晓坑小学以及复旦大学、上海财经大学和上海国家会计学院等83名困难大学生等项目捐助资金累计达到人民币1 308 542.20元。

（国泰君安）

英国《每日邮报》董事长向国泰君安证券公司董事长万建华颁发奖状

5. 爱建证券有限责任公司

2013年，爱建证券有限责任公司以提升效益为目标，开拓创新，狠抓内部管理，公司治理结构基本完善，市场化的激励机制基本建立，制度体系基本健全，员工队伍建设逐步加强，员工队伍的精神风貌发生了积极变化，各项业务加快了开拓步伐，实现了经营管理往良性发展的转变。

目前，公司业务涵盖了证券经纪、证券承销与保荐、证券投资活动有关的财务顾问、证券投资咨询、证券自营、证券资产管理、证券投资基金代销等众多业务领域。公司以合规经营、严控风险为前提，从核心业务开拓、团队能力提升、后台业务支撑、经营资质和品牌建设、企业文化建设等方面扎实、有效开展工作，遵循做实、做强、做大的发展次序，逐步加快步伐，力争实现跨越式发展。

【内部管理】 2013年，爱建证券大力开展治理整顿，全面提高管理水平，重点开展公司薪酬市场化改革工作和人才队伍建设。以市场化的理念建立科学的薪酬体系，以内部培养、外部引进相结合的原则，进行内外部公开竞聘，充分激发了全体干部员工的工作积极性和创造性。通过全员共同努力，公司经营管理水平明显提高，超额完成了2013年公司经营目标。

【企业文化建设】 “诚信、稳健、开拓”是公司经营管理的核心理念。2013年，公司加强企业文化建设，倡导全员“同心协力、克服困难，干事创业、共谋发展”，努力形成良好风气，营造良好工作氛围，创造共同价值观。公司在发展过程中同时兼顾社会效益、股东利益和员工利益，凝聚力量，共同推动公司的发展。2013年，围绕经营管理工作重点，公司认真开展党的群众路线教育实践活动，深化企业民主管理。

（爱建证券）

二、基金管理公司

1. 汇添富基金管理股份有限公司

2013年，汇添富基金管理股份有限公司资产管理总额超过1 500亿元。汇添富旗下有46只基金，涵盖股票、指数、ETF、QDII、债券、理财基金、货币市场基金等不同风险收益特征的产品。3月，资本子公司汇添富资本管理有限公司成立。

【公募业务稳步增长】 至2013年末，公司公募基金资产管理规模逾800亿元，在88家基金公司中位列第13位，在上海40多家基金公司中保持领先。年内，公司发行公募基金18只，形成了覆盖高、中、低各类风险收益特征，种类较为完善的产品线。1月17日，首只实现场内T+0申赎的货币基金——添富快线在上海证券交易所挂牌上市；12月25日，该产品获得2013年度上海金融创新成果奖二等奖。9月16日，汇添富中证行业指数系列ETF产品（中证主要消费ETF、中证医药ETF、中证能源ETF、中证金融地产ETF）在深圳证券交易所上市。

【投资业绩表现良好】 汇添富民营、医药等基金业绩在358只股票基金中分别排名第20位、34位，其他各股票基金业绩良好。添富快线、添富货币，以及理财系列60天、30天、14天、28天等基金也位列同类基金前列。

【电子商务和专户业务快速发展】 电子商务业务方面，汇添富基金与多家互联网公司合作，电商平台保有规模明显提升。"现金宝"品牌的影响力扩大。专户业务业绩表现优秀，各类型账户均跑赢指数。专户业务在"2013中国金鼎奖"评选中获得专户"最佳投研实力"、"最佳对冲类产品"、"最佳固定收益类产品"等奖项。

【国际业务取得突破】 年内，汇添富发行的RQFII人民币A股ETF基金——添富共享沪深300指数ETF(C-SHARE)在香港上市，公司由此成为RQFII业务布局完整的基金公司。年内，公司获得《亚洲资产管理》杂志评选的"最佳投资者教育奖"和"最佳创新产品奖"等奖项。

【做好投资者服务和保护工作】 汇添富全年组织内地巡讲活动数百场，并开展"投资者见面会""添富之约"客户沙龙、投资者"走进汇添富"和"走进上市公司"等客户活动，加强对投资者的教育和培养工作，履行企业责任。

2013年汇添富基金新发基金情况表

基金名称	成立时间	成立规模（亿元）
汇添富理财21天债券型发起式证券投资基金	2013-1-24	53.65
汇添富消费行业股票型证券投资基金	2013-5-3	8.46
汇添富理财7天债券型证券投资基金	2013-5-29	29.86
汇添富实业债债券型证券投资基金	2013-6-14	26.59
汇添富美丽30股票型证券投资基金	2013-6-25	6.69
汇添富高息债债券型证券投资基金	2013-6-28	10.94
四只行业ETF基金*	2013-8-23	31.24
汇添富年年利定期开放债券型证券投资基金	2013-9-6	5.41
汇添富现金宝货币市场基金	2013-9-12	2.41
汇添富沪深300安中动态策略指数型证券投资基金	2013-11-6	2.75
汇添富互利分级债券型证券投资基金	2013-11-6	6.85
汇添富安心中国债券型证券投资基金	2013-11-22	5.61
汇添富双利增强债券型证券投资基金	2013-12-3	3.84
汇添富新收益债券型证券投资基金	2013-12-10	3.98
汇添富全额宝货币市场基金	2013-12-13	5.85

（汇添富）

2. 华宝兴业基金管理有限公司

华宝兴业基金管理有限公司是中法合资的基金管理公司，于2003年获准开业，公司中外方股东的母公司均为世界500强企业，分别是宝钢集团和法国兴业银行集团。中方股东华宝信托是宝钢集团金融发展的战略核心，注册资本10亿元，投资业绩、资产质量在国内同业名列前茅。外方股东领先资产管理公司是法国兴业银行集团的全资子公司，系全球创新性资产管理解决方案的主要提供者之一，其业务主要集中于指数跟踪(ETF)投资、量化及结构性投资、多资产投资、另类投资四大类快速发展的资产管理业务领域，为华宝兴业在量化、对冲、QDII等领域的产品开发和管理提供了有力支持。

2013年，华宝兴业基金发行了1只公募基金，截至2013年底，公司共管理26只开放式基金，管理公募基金资产的总规模达420.54亿元，涵盖各主要产品线；同年华宝兴业发行的专户产品合计11只，包括2个"一对一"专户和9个"一对多"专户，截至2013年底运作中的专户共计18个。

【管理业绩】 在《上海证券报》主办的第十一届中国"金基金"奖评选活动中，华宝兴业基金管理公司荣获"金基金·TOP公司大奖"，华宝兴业收益增长混合型基金荣获"3年期偏股混合型金基金奖"。

在《中国证券报》主办的第十一届中国基金业金牛奖评选活动中，华宝兴业收益增长混合基金获评"三年期开放式混合型持续优胜金牛基金"，华宝兴业宝康消费品基金获评"2013年度开放式混合型金牛基金"。

【产品布局】 华宝兴业基金致力于打造以多元化产品为平台的财富管理中心，多年来在"行业基金管理专家"及"创新量化投资专家"方向上布局尤其广泛。

(1) 行业基金方面，截至2013年底，华宝兴业旗下共有7只行业主题基金，分别是宝康消费品基金、华宝兴业行业精选股票型基金、华宝兴业新兴产业股票型基金、华宝兴业标普石油天然气上游指数基金、华宝兴业医药生物股票型基金、华宝兴业资源优选股票型基金、华宝兴业服务优选股票型基金。华宝兴业在2013年发行的华宝兴业服务优选基金，成立于2013年6月27日，是专注服务相关行业的主题基金。

(2) 量化产品方面，截至2013年底，华宝兴业旗下共有8只公募量化基金，其包括：中证100指数基金、国内首只风格ETF——上证180价值ETF及其联接基金、上证180成长ETF及其联接基金、华宝兴业标普石油天然气上游股票指数基金、华宝兴业中证短融50指数债券基金、华宝兴业现金添益交易型货币市场基金。其中，华宝添益交易型货币基金于2013年12月9日实现了"T+0回转"交易，流动性实现了全面提升，自实现"T+0"回转至2013年底，日均成交金额达到75.22亿元，单日最高成交纪录为164亿元，创下了史上交易型基金单日最大成交纪录。

(3) 在专户领域，华宝兴业2013年管理中的产品包含了量化对冲系列、元盛CTA系列等。华宝兴业管理期货"元盛一号"资产管理计划，是国内基金公司首度联合海外CTA巨头联合开发的CTA专户产品。2014年1月，华宝兴业又成功发行了业内首只对冲基金中基金(Fund of Hedge Funds)，主要瞄准了国内高净值投资者配置海外优秀基金产品的需求，在A股市场缺乏系统性机会的形势下转战海外市场，投向广阔的海外市场中运作成熟、风控规范的另类投资公募基金，实现资产的相对稳定增值。

【公司治理】 华宝兴业是国内基金业内第一家实行"核心员工持基激励计划"的基金公司，公司的基金经理(含基金经理助理)、核心研究员、大部副总监以上员工等核心员工均纳入持基计划范畴，基金经理(含基金经理助理)必须参与其管理的基金，核心研究员必须参与相应的基金，华宝兴业根据核心员工申购金额按1∶1比例以公司固有资金申购旗下基金，其投资收益则归"持基"员工所有，核心员工持基份额锁定期为18个月。

(华宝兴业)

3. 中欧基金管理有限公司

中欧基金管理有限公司正式成立于2006年7月19日，现注册资本为人民币18 800万元，总部位于上海陆家嘴金融贸易区，并在北京设有分公司。中欧基金为一家合资基金公司，中外股东方分别为意大利意联银行股份合作公司(出资额6 580万元，占比35%)、国都证券有限责任公司(出资额5 640万元，占比 30%)、北京百骏投资有限公司(出资额 5 640 万元,占比 30%)以及万盛基业投资有限责任公司(出资额 940 万元,占比 5%)。2013 年 9 月,子公司深圳中欧盛世资本管理有限公司成立,其从事特定客户资产管理业务以及中国证监会许可的其他业务。

【基金管理】 中欧基金自成立以来坚持追求业绩和服务双轮驱动。截至 2013 年末,旗下共有 16 只基金,分别为中欧新趋势股票型证券投资基金(LOF)、中欧新蓝筹灵活配置混合型证券投资基金、中欧稳健收益债券型证券投资基金、中欧价值发现股票型证券投资基金、中欧中小盘股票型证券投资基金(LOF)、中欧沪深 300 指数增强型证券投资基金(LOF)、中欧增强回报债券型证券投资基金(LOF)、中欧新动力股票型证券投资基金(LOF)、中欧鼎利分级债券型证券投资基金(LOF)、中欧盛世成长分级股票型证券投资基金、中欧信用增利分级债券型证券投资基金、中欧货币市场基金、中欧纯债分级债券型证券投资基金、中欧价值智选回报混合型证券投资基金、中欧成长优选回报灵活配置混合型发起式证券投资基金以及中欧纯债添利分级债券型证券投资基金,已建成一条拥有货币基金、债券基金、混合基金、股票基金、指数基金等较为完备的产品线,截至 2013 年末,公司公募基金管理规模为 115.17 亿元。此外,中欧基金的专户业务也有条不紊地发展推进,截至 2013 年末,共有 15 只专户产品处于运作期,专户管理规模为 23.15 亿元。

2013 年度旗下多只债券基金凭借突出的管理业绩屡获殊荣:中欧增强回报债基被评为“2013 年度债券型金牛基金奖”(中国证券报)、“2013 年度债券型金基金”(上海证券报),中欧鼎利分级债基被评为“2013 年度债券型金牛基金奖”(中国证券报)。公司近三年累计获得 10 座奖杯,涵盖了公司类及股票、混合、固定收益等三大类产品,显示出中欧基金整体投资管理能力的持续稳定和全面开花。

【内部管理】 中欧基金积极求变,探索公募基金公司股权改革方向,推行核心员工持股计划,通过持有公司股份实现利益绑定,以改善公司治理结构。公司充分重视人才价值,让核心团队对公司的发展方向有更大的参与权,将员工利益与客户、股东的利益进一步紧密相连,使各方真正做到从长远的角度思考公司发展的策略和方向。

2013 年,中欧基金成为首家在公募基金业内实行“投资事业部”模式的公司,投资团队围绕最优秀的基金经理组建独立运作的事业部,而销售、研究、基金行政和公司行政等四大部门为投资事业部提供一站式的高效率服务。

【业务发展】 中欧基金 2013 年发行并成立了 4 只公募基金产品——中欧纯债分级债券型证券投资基金、中欧价值智选回报混合型证券投资基金、中欧成长优选回报灵活配置混合型发起式证券投资基金以及中欧纯债添利分级债券型证券投资基金,进一步完善了公司的产品线布局。其中,中欧价值智选回报和中欧成长优选回报是以“为投资者赚取绝对收益”为目标的混合型基金,中欧成长优选回报更是国内首只采取“支点式对称浮动管理费”模式的权益类基金,直接将业绩与管理费挂钩,将投资者与基金管理人利益捆绑在一起。

在管理规模方面,2013 年中欧基金继续稳健发展。据银河证券基金研究中心统计,截至 2013 年末,中欧基金公募基金 AUM 为 115.17 亿元,排名较上年提升 4 位;从变化率来看,较 2012 年末增加了 34.43%,该变化率在全行业中排名第 12 位;基金份额为 117.41 亿份,较 2012 年末上升 6 位。从变化率来看,份额较 2011 年末增加 25.73%,该变化率在全行业中排名第 9 位。

在产品业绩方面,在 2013 年债市整体相对较弱的背景下,中欧增强回报债基、中欧鼎利分级债基表现抢眼。据银河证券基金研究中心统计,中欧增强回报在开放式普通一级债基(A 类)中排名 4/59,中欧鼎利在开放式普通二级债基(A 类)中排名 11/73。优秀的业绩表现使得其在荣获多项业界殊荣——中欧增强回报被评为“2013 年度债券型金牛基金奖”(中国证券报)、“2013 年度债券型金基金”(上海证券报),中欧鼎利分级债基被评为“2013 年度债券型金牛基金奖”(中国证券报)。

(中欧基金)

4. 华安基金管理有限公司

华安基金管理有限公司成立于 1998 年 6 月 4 日,是中国证监会批准设立的首批五家基金管理公司之一,注册资本 1.5 亿元人民币。十六年来,公司锐意创新、稳健前行,在产品创新、投资管理、团队建设等方面积累了丰富的经验。公司以打造专业化的资产管理公司为目标，坚持以公募基金为业务主线，大力发展财富管理和海外资产管理，努力向现代资产管理机构转型，致力于成为全球领先的大中华投资专家。目前，公司共有员工 297 人，其中 55.9%具有硕士及以上学位，93.2%拥有三年证券业或五年金融业以上从业经验。

【资产管理业务】　华安基金经营稳健规范，历经多年牛市熊市的洗礼之后，仍以雄厚的综合实力保持着基金行业的领先地位。2013 年，公司管理的公募基金、专户组合、RQFII 基金等各类资产规模共计 938.41 亿元，达到历史第三高位，仅次于 2007 年的 1 074.20 亿元和 2012 年的 1 021.65 亿元。其中公募基金 838.62 亿元，位居全行业 89 家基金公司中第 10 位，在上海地区 44 家基金公司中位居第二。2013 年，公司发行新基金产品 12 只，募集规模 104.62 亿元，目前共管理 47 只公募基金，产品总数位居行业第三。2013 年，公司旗下主动偏股型基金的平均收益率为 18.08%；专户投资业绩保持业内优势地位，权益类组合平均收益率为 22.03%，最高收益率为 24.76%，远超同期沪深 300 收益率。在第十一届中国基金业金牛奖评选中，公司旗下基金华安科技动力和华安安心收益分获 2013 年度股票型金牛基金奖和 2013 年度债券型金牛基金奖。

【创新业务】　在中国基金行业发展的历程中，华安基金开创了开放式基金、开放式指数基金、货币市场基金、QDII 基金、ETF 联接基金、短期理财基金、黄金 ETF 七大类基金产品。华安基金不断延续着创新优势，延展创新边界，近两年推出了鑫系列短期理财产品和黄金 ETF 等开创性的大类产品，始终保持着行业创新引领者的地位。

作为国家上海金融中心“十二五”规划里的项目之一，2013 年推出的华安黄金易，是我国金融市场上首只实现“跨监管、跨市场、跨系统”的重大金融创新产品，具有覆盖广泛、结构透明、监管严格的特点。黄金易(ETF)真正实现了国内黄金现货市场、国内黄金期货市场、国内证券市场、海外黄金市场的“四市联动”，填补了国内基金产品在实物黄金领域的空白，满足投资者通过透明、规范的基金产品来投资黄金的需求。黄金易(ETF)项目作为重大创新项目，获得了“2013 年度上海金融创新成果奖提名奖”。

2013 年 9 月 29 日，华安未来资产管理(上海)有限公司作为首批企业正式入驻中国(上海)自由贸易试验区，成为首家在自贸区设立的资产管理公司。子公司顺利入驻上海自贸区，既体现了证券基金行业对国家重大举措的支持，也符合公司战略业务发展需要，是公司组织创新和业务创新的又一体现。

【品牌建设】　公司秉承“以坦诚赢得信任，以睿智创造价值”的文化理念，坚持专业化营销、精准化营销，销售支持和品牌建设两者并重。注重活动的质量和效果，提高公司的品牌知名度及美誉度。公司赞助的郭川环球航海项目获得圆满成功，郭川成为全球首位成就单人不间断环球航海伟业的中国人。公司承办的 2013 香山财富论坛暨中美基金经理论坛聚集了近百位海内外投资菁英云集扬州，获得圆满成功。公司的传统品牌活动“锐智沙龙”暨中国杯帆船赛再度提升了公司的影响力和品牌号召力。

【社会责任】　公司在努力为持有人创造收益的同时，积极践行企业社会责任。公司与上海崇明绿华镇华西村签署助学协议，并出资 20 万元人民币用于华西村脱贫转型实验投入，帮助华西村村民转变生产方式，提高造血能力和自我发展能力；公司与新华爱心基金会合作，开设华安基金贵州大方一中珍珠班，资助 50 名特困特优生三年高中学费和生活费；公司在贫困山区以“华安基金梦想中心”冠名赞助多所梦想中心，鼎力支持农村教育标准化知识网络建设；公司党政工团代表前往内蒙古通辽市奈曼旗土城子乡中心校与当地师生进行深入交流，以现金和物资的形式捐助少先队活动室。

（王　艳）

5. 泰信基金管理有限公司

泰信基金管理有限公司于 2003 年 5 月 8 日获中国证监会《关于同意泰信基金管理有限公司开业的批复》(证监基金字〔2003〕68 号)，并于 2003 年 5 月 23 日正式成立。公司注册资本金为人民币 2 亿元，是由山东省国际信托有限公司(出资 9 000 万元)、江苏省投资管理有限责任公司(出资 6 000 万元)、青岛国信实业有限公司(出资 5 000 万元)共同发起设立的。泰信基金管理有限公司是第一家以信托公司为主发起人的基金管理公司。泰信的三家股东均是其所在地的政府投资主体，实力雄厚、经营稳健、业绩优良，在国内外资本市场上保持着良好的信誉。

【新项目】 (1) 新产品发行。公司于2月份成功发行泰信现代服务业股票型基金，募集规模3.58亿；7月份成功发行泰信鑫益定期开放债券型基金，募集规模2.33亿元，旗下基金数量扩大至15只。

(2) 子公司成立。公司旗下子公司上海锐懿资产管理有限公司于2013年2月4日正式成立，注册资本2 000万元。锐懿公司系泰信基金管理有限公司的全资子公司，主要经营范围为特定客户资产管理业务以及中国证监会许可的其他业务。截至年末，子公司已累计发行成立数十只专项资管产品。

【创新业务】 随着互联网科技的进步和传统银行代销成本的逐年走高，各基金公司纷纷涉足互联网平台交易领域。顺应这一行业趋势，公司于年内正式启动了银商“天天富”货币基金项目，成为行业内第四家开展此项业务的基金公司，积极开发银联约200万家企业商户的3万亿元周期性闲置资金资源。

【基金管理】 截至2013年末，公司管理的公募基金共15只，管理资产规模合计81.39亿元，比2012年底增加了10.33亿元，上涨14.54%，高于行业4.74%的增长率，规模排名53位，较上年提升一位。公司管理基金份额111.94亿份，份额排名48位，同样较上年提升一位。自2003年5月成立至今，公司已经拥有泰信天天收益货币、泰信先行策略混合、泰信双息双利债券、泰信优质生活股票、泰信优势增长混合、泰信蓝筹精选股票、泰信债券增强收益、泰信发展主题股票、泰信债券周期回报、泰信中证200指数、泰信中小盘精选股票、泰信保本混合、泰信中证锐联基本面400指数分级、泰信现代服务业股票、泰信鑫益等15只开放式基金，形成了较完善的基金产品线。

2013年以来，公司旗下基金投资业绩表现突出。根据晨星基金排名，全年参与排名的13只基金中，半数以上位于行业前1/2，其中优势增长(以42.45%的累计净值增长率位列年度混合型基金业绩排行前三甲)、先行策略、周期回报3只基金位于前1/5，优质生活基金位于前1/3。优势增长、天天收益获得晨星五年期三星评级，发展主题、增强收益获得晨星三年期四星评级，先行策略获得晨星三年期三星评级。

根据海通证券“2013年度基金公司权益及固定收益类资产超额收益排行榜”，在70家纳入统计的基金公司中，公司权益类基金超额收益排名第13位；根据《投资时报》“2013年基金公司股票投资能力榜”显示，公司股票投资能力在统计的60家公司中排名第9位。公司投资业绩获得了市场的一致肯定。

【内部管理】 为实现绩效与利润相挂钩的主要目的，公司2013年开始培育进一步完善了“绩效导向”的企业文化，公司进一步组织完善了员工关键绩效考核体系，科学设定可量化的KPI考核指标与考核标准，全面、客观、公正、准确地评价从公司到各部门、从管理层到每位员工的工作绩效，并严格将绩效考核结果与薪酬挂钩，实现奖惩有据、优胜劣汰，充分激励员工的工作积极性、主动性与创造性，促进公司目标、部门目标和员工目标的有效统一。

(王　斌)

泰信基金管理有限公司的全资子公司锐懿资产管理公司

三、证券自律组织

1. 上海市证券同业公会

上海市证券同业公会成立于1997年1月，2013年新增单位会员14家，至年末共有单位会员598家。公会理事会下设合规与自律监察专业委员会、信息技术专业委员会和证券调解专业委员会。秘书处为日常办公机构，下设会员部、培训部、办公室。公会宗旨为“自律、服务、沟通”，2013年围绕会员业务创新、深化服务、完善自律机制、提升内部自身建设而开展工作，并荣获“上海市先进社会组织”和“5A级社会组织”荣誉称号。

【自律管理】 推进行业自律管理和机制建设，促市场健康发展。合规与自律监察专业委员会制定实施了证券营业部自律现场检查方案，重点是阳光执业实施及营业部经营数据报送情况。最后向会员通报检查和处理情况，提出自律工作相关建议，起到警示效果。公会秘书处通过证券营业部数据分析系统、人员信息系统平台，实现从现场检查为主到信息平台管理相结合的互补。经对每月数据发生异常波动的营业部跟踪，共下发401次核查通知，要求对异常波动情况作出说明。形成对营业部客户服务及交易佣金异动的及时反映、关注、处理的动态跟踪管理机制。按中证协“同类客户同类收费、同等服务同等收费”的原则，完成117家证券营业部提交的佣金收取报备方案的审核工作。年内新设立信息技术专业委员会和证券调解专业委员会，建立健全运作规则。

【信息平台】 加强信息公示平台建设，方便会员及投资者查询。公会新版网站运行后，机构信息、电子地图、金融产品销售等信息在网上公示，拓宽投资者的信息渠道和投资的安全性，抑制了非法市场的空间。及时向投资者公布网点变更信息，发布证券营业部搬迁信息47条。新版上海证券营业部数据分析系统启用，营业部及时按要求做好网上数据报送工作，网站每月及时公布营业收入、利润总额、客户资产总额、理财产品销售收入等10项指标排名。上海地区证券营销人员和投资顾问人员数据分析系统升级，分析功能进一步的扩展和完善。

【企业诚信创建】 “诚信企业创建”活动在业内形成良好风气，向社会展示企业诚信风采。公会通过和市“企业诚信创建”活动组委办联合举办“企业诚信创建”活动培训班，将这项工作向证券分公司和营业部推广，建立了来自70家会员单位的诚信建设联系人队伍。全年新增92家会员单位申请参加创建活动。经几年来的申报升级，截至2013年年末，行业内共有107家会员单位参与了该项活动，其中已有4家五星级、4家四星级。

【深化服务】 发挥公会职能，深化为会员服务工作。对未参加团体保电项目的125家营业网点进行问卷调查，确保该项工作不留盲点，召集部分会员代表与服务商洽谈，确定新的年费标准，延长新签合同期限，有345家营业网点达成续保工作。响应中证协整治利用网络等媒体开展非法证券活动的要求，共创平稳有序的市场环境。公会与网络整非服务公司保持紧密沟通，推动上海地区打击非法证券业务活动。

【各类培训】 加强证券营销人员职业操守和自律诚信建设，提升为投资者服务水平。年内举办了六期证券营销人员“职业道德与合规经营”培训，内容上新增了创新业务板块，全面覆盖上海地区证券营业部的一线营销人员，两年来共有9 916人参加；组织了一批赴台财富管理及创新业务培训班。

【行业服务质量提升】 公会牵头制订上海市地方标准《证券业窗口服务质量规范》，业内4家证券公司先试先评，及时汇总相关信息，总结完善测评方法，由上海市质量技术监督局正式发布，2013年7月起在全行业正式实施。与市质量管理科研院、市质量体系审核中心合作，推荐业内3大证券公司参加“十二五”国家科技支撑计划项目服务认证课题的示范试点。开展行业五星级“优质服务网点”、“优质服务明星”的评选工作。结合《证券业窗口服务质量规范》的实施，在行业内大力推动。

【交流活动】 加大交流拓展视野，取长补短共谋发展。组织部分会员单位参加与湖南证券业协会及会员间的学习交流，就证券业务不断创新下的自律服务与管理进行深入的交流，取长补短。组织会员单位赴浙江、广州和深圳进行课题研讨和创新业务交流，通过走入现场察看和深入交流，与会人员亲身感受到业务创新发展之快和自身的差距以及需要提高的方面。还根据当前行业热点和会员需求，举办上海地区证券公司办公室主任联席会议、上海地区银行业与证券业合作专题讨论、证券公司上海分公司工作研讨、信息技术专业委员会全体委员、证券纠纷调解专业委员会全体委员等沙龙活动。

【投资者保护宣传】 保护中小投资者权益，维护证券市场的健康发展。深入开展投资者调研，选取98家证券公司营业部为调查对象，综合考虑投资者的资金量、投资年限、学历、年龄等因素，确保调查对象涵盖到各类投资者。共收到4 533份调查问卷，并形成专项报告送业务主管单位。向会员单位免费发放由中证协制作的投资者教育30集系列片《来福学投资》光盘，在证券营业部为投资者播放；陆续向会员单位发放投资者宣传教育手册，累计为1万册；向每家营业部发放《证券市场投资入门须知(2013版)》，共计2万本；向会员单位发放《上海资本市场诚信宣传漫画集》、《证券期货市场诚信宣传手册》近万本。

（证券公会）

2. 上海市期货同业公会

2013年，上海市期货同业公会结合上海国际金融中心建设进程，引导期货公司进一步服务产业，培育合格机构投资者，秉承“重实务、促协调，守自律，拓发展”的宗旨，在社会各界的大力支持下，充分发挥服务功能，大力培育机构投资者队伍，在更大范围和更高水平上发挥直接金融服务全局的作用。

【创新培训】 (1) 业务培训。在期货新品种方面，2013年铁矿石、动力煤、鸡蛋、国债等新品种陆续上市，上海市期货同业公会分别于1月和5月组织期货、基金行业22家公司共计51人赴美国芝加哥期权交易所拓展学习，还组织了境外视频学习进行了有关管理期货、CTA资金管理运用的培训。

组织期货软件与信息技术联席会，通过邀请业内著名的创新软件公司介绍资产管理业务方面的新软件，把握行业IT新技术在新热点与新方向的使用。

(2) 同业培训。首先是和上海市人才服务中心合作开展金融企业家培训和劳动法解读培训。积极和上海市银行同业公会在资管业务方面合作，讨论资管业务合作并联合银行公会对银行从业人员举行期货基础知识普及培训，为银行与期货的进一步合作打下良好基础。

2013年上海自贸区挂牌成立，上海市期货同业公会联合同济大学、上海市金融学会、上海国际集团金融发展研究院将创新业务和自贸区的发展讨论相结合，联合举办了自贸区金融发展研讨会暨国债期货培训活动。

(3) 人才培养。大力开展人才培养，举办场外清算市场讲座、国债期货研修班等培训活动，继续承接大连商品交易所期货学院培训项目，开展为期2个月的能源化工培训。和金融学院合作，开展期货行业会计继续教育培训。与上海期货交易所合作，开展铅锌产业调研培训和铝产业调研，安排32名研究员前往河南省济源市豫光金铅公司和神火集团进行实地调研。

【自律管理】 组织期货公司完成社会责任报告编写工作，树立了行业良好社会形象。连续第六年参与上海市企业诚信创建活动，30家期货公司获得荣誉。开展了诚信漫画活动活动，宣传诚信风尚。

设立期货行业服务质量标准专家小组，组织业内专家进行多次讨论，编制首部《期货行业窗口服务质量规范》(试行)并积极申报成为地方标准。并以此为基，组织会员单位参与上海市“诚信、高效—上海金融窗口优质服务劳动竞赛”活动，历时半年多，比服务规范、比服务能力、比服务管理，涌现了一批优质服务单位创建窗口和优质服务创建个人。

【保护投资者】 举办“第四届期货机构投资者年会”，联合上海银行、证券、保险、基金和上市公司协会六大金融行业公会共同主办，深化衍生品领域合作，加快上海国际金融中心建设，参会人数创历史新高。又先后主办了4场大型的国债期货投资者教育报告会，受众1 000余人次，组织上海25家期货公司分别开展国债期货投资者教育培训活动，获得了投资者广泛地认可与关注。开展法制教育日活动，保护投资者合法权益。

【深化服务】 建立联席会制度，新建合规风控、人力资源和创新业务联席会，探讨行业内的热点问题，互相交流经验。继续组织会员单位参加上海市中小企业金洽会，为会员单位搭桥连线中小企业，发挥期货套期保值作用。关爱从业人员身心健康，组织了多场保健类讲座，继续开展趣味体育运动会，同时展现行业员工风采。

2013 年，期货行业首次参加上海市优质服务窗口创建活动，在引入第三方考评打分制度后，期货行业的服务窗口水平与优秀的银行、保险、证券服务窗口在同一平台进行评选，对于期货行业整体服务水平的提高有着非常重要的作用。

（许弘弢）

3. 上海市基金同业公会

上海市基金同业公会成立于 2010 年 11 月 18 日，是在中国证券监督管理委员会上海监管局的指导下，经上海市社会团体管理局批准，由上海基金行业相关业务单位发起并自愿组成的行业性的非营利性社会团体法人。作为中国基金业第一家地方性行业自律组织，截至 2013 年 12 月 31 日，公会共有会员单位 75 家，包括上海地区 42 家基金管理公司，5 家独立基金销售机构，3 家外资银行基金代销机构，25 家异地基金管理公司在沪分支机构，会员单位数量进一步扩大。

【破格授予 4A 级社会组织称号】 2013 年 9 月，经上海市社会组织规范化建设评估委员会的严格评审，公会在成立时间未满三年的情况下，被破格授予 4A 级社会组织称号。

【加快行业国际化发展步伐】 在相关会员单位的大力支持下，年内公会先后组织会员单位相关人员赴欧洲、北美开展了两次国际学习交流，通过与德国安联集团、毕马威卢森堡、法国巴黎银行资产管理、美国富兰克林邓普顿基金集团、加拿大蒙特利尔银行资产管理等多家国际知名专业机构的深入交流，了解了国际基金业最新发展情况和不同国家基金业的监管方式与理念，学习了国际机构在人力资源管理、养老金业务发展、合规与风险管理等方面的先进经验。

【新《基金法》的宣传普及】 新《基金法》于 2012 年底颁布后，为推动行业对新法的贯彻落实，公会第一时间制作了专题网站，汇集了新《基金法》及证监会出台的相关配套规章规则文本，配以相关权威解读，积极宣传新《基金法》，促进行业全面理解和掌握新《基金法》。2013 年 7 月，还通过开展《“2013 年上海基金业投资者调查”》，向投资者进行新《基金法》的宣传普及。

【启动“12386”中国证监会热线投资者诉求处理工作】 为配合上海证监局做好“12386”中国证监会热线投资者诉求处理工作，切实加强投资者合法权益保护，充分发挥公会行业自律监管的平台作用，在上海证监局的指导下，2013 年 12 月，公会启动了与上海证监局共同办理“12386”基金条线投资者诉求处理工作。

【搭建多元化、多层次平台服务会员，助力行业发展】 2013 年，随着行业市场化发展步伐的不断加快，公会根据行业业务创新发展需要，积极推进金融同业合作，继续加强与国内外金融行业组织、专业机构、政府部门、媒体等的沟通交流，扩大对外交流与合作。3 月，公会与银行同业公会共同牵头组织召开了银基合作座谈会；8 月，公会组织召开了基金公司子公司业务交流座谈会，围绕子公司业务发展情况作了深度交流；11 月，公会连续第三年联合上海市期货、证券、银行、保险、上市公司 5 大行业自律组织，共同主办了期货机构投资者年会等。

（基金公会）

第四篇　保　　险

保险业概述

【保险公司】 2013年，上海保险业围绕“抓服务、严监管、防风险、促发展”主线，深入践行“为民监管、依法公正、科学审慎、务实高效”的核心价值理念，推动保险业在服务地方经济社会发展中持续健康发展。

截至2013年12月底，上海共有125家保险公司和6家保险资产管理公司，其中，财产保险公司60家，人寿保险公司48家，养老险保险公司7家，健康保险公司5家，再保险公司4家，保险集团1家。

【原保费收入】 原保险保费收入821.43亿元，全国排名第9位，同比增长0.10%。2013年，上海共实现原保险保费收入821.43亿元，同比增长0.10%。其中，财产险业务原保险保费收入为285.25亿元，同比增长11.26%；寿险业务原保险保费收入为435.89亿元，同比下降9.65%；健康险业务原保险保费收入为67.85亿元，同比增长18.05%；人身意外险业务原保险保费收入为32.44亿元，同比增长33.32%。

【赔款与给付】 赔款与给付支出301.95亿元，同比增长18.05%。2013年，上海保险公司赔付支出累计301.95亿元，同比增长18.05%。其中，财产险业务赔款支出为162.33亿元，同比增长17.10%；寿险业务给付金额为103.17亿元，同比增长17.25%；健康险业务赔款与给付支出为31.82亿元，同比增长26.58%；意外险业务赔款支出为4.63亿元，同比增长14.77%。

一、人寿保险公司

1. 中国人寿保险股份有限公司上海市分公司

2013年，中国人寿保险股份有限公司上海市分公司坚持“攻坚克难、稳中求进、奋力拓展”的总基调，大力实施“创新驱动发展”的总战略，凝心聚力、奋勇拼搏，完成年初制定的任务目标，公司各项工作取得新进展。其主要表现在：

【业务发展保持稳定】 2013年，分公司实现股份总保费69.5亿元，其中续期保费36.6亿元，同比增长14%。个险渠道实现期交保费5.3亿元，其中十年期及以上保费2.1亿元。团险渠道实现长险保费2.3亿元；短险保费7.5亿元，同比增长13%；其中意外险保费3.7亿元，同比增长12%。银保渠道实现长险保费16.6亿元，期交保费2.8亿元。电销渠道实现长险首年期交保费636万元。

【队伍建设持续提高】 通过进一步深化经营管理体系改革，对分公司的组织架构、人员配置进行优化，对绩效管理和薪酬分配进行了完善。同时，构建多形式、常态化的人才引进机制，加大内部挖潜，优化队伍结构。

【运营管理不断优化】 通过启用短信服务、加强话务分流、实施夜间集中作业等方式，提高客户服务效能。通过优化运营服务流程，加强业务数据分析，提升理赔服务品质，柜面服务创新升级。

【风险管控常抓不懈】 研发上线经营管理与风险预警监控系统，建立分公司风险整改追踪督导机制。开展了反洗钱、关键岗位检查、内控评估、集资诈骗专项教育、“诚信我为先”、综合治理销售误导等一系列工作，做好风险防范。

【文化建设成果显著】 开展了专题组织生活会、中心组学习、党团日活动、党建征文、职场话剧、“国寿好声音”、员工亲子活动等一系列活动，丰富了员工的业余生活，全年共有5人次和4家基层单位荣获上海市地方荣誉称号。

（中国人寿）

2. 中国平安人寿保险股份有限公司上海分公司

中国平安人寿保险股份有限公司上海分公司成立于1994年5月4日。至2013年底，累计有效契约量416万件，客户总量477万人，全市设有营业网点38个，外勤销售团队近1.3万人，内勤团队近千人。2013年，平安人寿上海分公司坚持“以人为本，共创未来”的发展理念，严格内部管理，狠抓业务品质，大力推动分公司销售模式和发展模式的转型。全年实现总保费收入95.4亿元，市场占比18.5%；其中个险保费收入90.1亿元，市场占比41.3%；银行代理业务保费收入4.9亿元，市场占比2.2%。全年净增契约量约4万件，新契约规模保费收入（含银保）17.4亿元，支付各类给（赔）付金额合计29亿元。

【保险基础服务】 以“P-STAR”（主动-Proactive、简单-Simple、及时-Timely、方便-Accessible、可靠-Reliable）五星服务文化为指引，不断完善对客户的服务。2013年全年，共结案理赔案件近5.5万件，理赔金给付3.9亿元，标准案件2日结案率96.9%，理赔处理平均时效1.6天。在提升理赔时效的同时，继续信守合约，为客户寻找理赔的理由，秉承“拒赔更审慎”的原则，为客户提供简易、便捷的理赔服务。另外，2013年平安人寿上海分公司以“简单便捷友善安心”为主题面向内外勤深入推广P-STAR服务。全年通过《新闻晨报》、《上海金融报》、上海热线、东方网、《上海业务员专刊》、《上海客服专刊》、《平安家援》等多样渠道持续向客户及内外勤传播寿险服务升级的喜讯，在第一财经广播、第一财经电视频道、看看新闻网等广播电视平台向听众和观众介绍平安人寿的服务升级缘由和措施；顺利开展首届平安人寿客户体验建议公开征集活动，广泛听取客户对公司服务的意见和建议。

【附加价值服务】 2013年平安人寿上海分公司面向所有客户举办“友善安心 欢乐平安”第十八届客户服务节，组织各类主题活动：观摩热门电影、精彩1+1少儿才艺赛、安全知识大闯关、专家巡讲、服务升级宣导等活动，同时在每季度针对高端客户策划开展VIP会员活动——插花花艺专场、佛学讲座、秋萍茶宴馆茶道品鉴活动、玻璃博物馆亲子专场、21克拉话剧专场以及贺岁系列电影观摩活动，迎合客户需求，深得客户喜爱。

【E化平台创新】 2013年平安人寿从便利客户的角度出发，围绕消费者的需求与体验，一方面推出“服务多渠道，简单便捷真安心”等服务升级举措，一方面通过先进的科技平台、专业的人才优势，不断优化、改善、突破现有的服务平台，从而最大程度上提升客户服务体验。

【持续回馈社会】 2013年平安人寿上海分公司继续积极努力实践承诺，回馈社会。在教育公益方面，慰问回访安徽六安霍邱县平安希望小学，向上海第一聋哑小学进行爱心基金捐赠，为民工子弟小学奉献爱心。通过“一元慈善”等行动，聚沙成塔、汇流成河，将募集来的捐助款项全部用于改善边远贫困地区的教学条件，为孩子们提供公平教育的机会。在履行社会责任方面，举办的活动有重阳节时慰问敬老院老人，爱在金秋温暖行，设立“1+1慈善基金”，2013跨越行动爱心捐赠等等。

（平安人寿）

3. 新华人寿保险股份有限公司上海分公司

新华人寿保险股份有限公司上海分公司成立于2001年3月，以稳健的姿态高速发展。作为新华保险的重点战略机构，上海分公司坚持规模结构双轨提升的内涵式发展路线。截至2013年，共计实现总保费收入460亿元，其中近四年实现287亿元，保费规模逐年累积，稳坐上海寿险市场探花之位。

【综合开拓】 新华保险上海分公司坚持以客户为中心，不断提升业务价值，打造长期核心竞争力。目前，公司已经形成覆盖全市的营销网络布局，下设静安、虹口、金山、普陀、徐汇、崇明、宝山、黄浦、长宁、闵行、浦东、松江等14家营销机构。有工商银行、农业银行、中国银行、建设银行、光大银行，以及邮储等多家渠道合作单位，法人客户900余家，内勤员工400多人，各业务渠道外勤作业人力达3 000余人，综合实力平稳增长。

【转型发展】 2013年，新华保险上海分公司紧跟总公司战略规划，以“转型、价值、创新、超越”为关键词，坚持以价值经营为核心，翻开了价值转型的新篇章。大业务结构层面上，个险业务占比不断提升，2013年占比上升到22%，保费存续的盘子逐渐增加，占比上升到52%。小业务结构层面上，健康险和十年期业务的占比也在不断提升。个险、银代的10期以上产品销售占比均翻番，而个险、续收的健康险占比均突破10%。得益于各渠道价值调整的成果，2013年，分公司累计实现2.19亿元价值保费，实现毛价值同比正增长5.4%。

【社会责任】 公司通过一系列的产品创新和服务创新，充分发挥保险经济补偿和社会管理机制积极参与社会和谐建设。先后与上海市血液中心和上海市老龄委以及上海市志愿者协会合作，共同开发出无偿献血“爱心卡”、“银发无忧”老年人综合保障方案，得到社会各界的认可，口碑良好。公司诚信尽责的经营赢得了社会的认可，先后被评为“上海市诚信服务单位”、“上海市诚信在线企业”、“上海消费者最信赖的保险公司”，获得“上海保险论坛年度优秀服务保险公司服务创新奖”、“《解放日报·保险周刊》客户服务规范奖”、“《新闻晨报》最佳产品设计奖”、《理财周刊》上海保险行业稳健提升客户价值机构年度大奖等。

（新华人寿）

4. 太平人寿保险有限公司上海分公司

2013年是中国太平集团实现“三年再造一个新太平”的宏伟战略目标的关键之年，作为太平人寿总部所在地的分支机构，太平人寿上海分公司实现了业务快速发展，市场的影响力和竞争力进一步巩固和提升。与此同时，公司积极践行“产品、服务、销售一体化”的理念，加强客户服务，提升客户满意度；积极响应保监会号召，进一步完善合规内控管理，积极培育的合规文化，有效保证了业务销售品质，树立放心品牌。

【理财服务】 依托中国太平集团综合性、多元化经营平台，上海分公司致力于为客户提供周全的保险保障和一站式、一揽子金融理财服务。公司在个人代理、银邮代理、电子商务等渠道提供涵盖人寿、意外、健康、年金等多种类型的保险产品，用以满足客户养老、教育、疾病、医疗、生存、身故、残疾等多方面的保障需求。2013年，太平人寿上海分公司深化专业经营，业务增速跑赢大市，同时主动防范风险、优化业务结构，坚持有价值的成长。个险渠道通过强化基层经营单位的自主经营能力，开展高频率客户营销活动，实现了新契约规保破亿元，同比增速位列上海个险市场前十大寿险公司第一。银行保险渠道加强与重点银行的合作，大力推进期交业务转型，实现趸交期交业务双突破，新单保费排名较2012年提升10位。电销年化标保连续两年突破亿元平台，市场份额稳居上海市场第2位；个险13月、25月继续率，银险13月、25月继续率保持90%以上，品质管控效果良好，指标持续提高。

【业务创新】 太平人寿上海分公司积极应对市场变化，大胆尝试新业务模式，开展了多项创新项目，如中石化加油站合作营销项目、O2O项目等。在整个上海寿险市场缓慢复苏的大背景下，公司凭借迅猛的发展势头，引起了业内外广泛关注，收获多项荣誉。在《解放日报·保险周刊》举办的第九届"上海优秀服务保险公司"评选活动中，太平"福利健康保障计划"荣获上海地区"最受市场欢迎"奖，上海分公司获得上海地区"创新服务"奖。

（太平人寿）

5. 合众人寿保险股份有限公司上海分公司

2013年，合众人寿保险股份有限公司紧密围绕"寻找蓝海、机制创新、人才培养"的发展战略，在管理结构、业务模式、产品体系、机制策略等方面进行了创新变革。合众人寿上海分公司坚持内涵发展路线，继续保持着快速稳健的发展步伐，实现年度总保费收入5亿元。其中个险渠道实现保费收入4.3亿元，银保渠道实现保费收入0.59亿元，团险渠道实现保费收入0.13亿元。2013年公司累计给赔付金额8 292万元，保险覆盖面和影响度稳步提升。

【产品创新】 围绕公司"打造以养老和医疗服务产业为支撑的金融保险集团"这一战略定位，同时立足于满足客户日益增长的养老保障需求，2013年公司进一步加大产品创新力度，隆重推出首款实物养老保障计划：合众乐享优年生活年金保险（A/B款）、合众颐享优年生活年金保险（A/B款），为广大客户提供了更多的养老方式选择空间，获得市场的积极响应。在养老模式创新方面，公司在"第六届中国·武汉金融博览会"分会——金融养老服务创新成果发布会上对"合众优年养老社区"进行了隆重发布，百余家主流媒体参加并报道了此次盛会，社区的落成受到社会各界的广泛关注，在全国范围内引起了巨大反响。在11月召开的"我们明天如何养老"全国民政系统养老论坛上，合众养老新模式也得到了民政系统领导的高度评价和认可。

【系统创新】 公司推出的电子投保即E化保单系统得到进一步推广应用。客户可在公司网站完成投保操作，并选择POS刷卡、在线支付、转账等方式交费，承保后客户可直接在公司网站下载电子保单并登录第三方认证中心网站进行保单有效性验证。"E化保单"不仅节省了时间成本，缩短了传统投保模式中客户较长的等待时间，而且符合绿色、低碳的工作方式。

（合众人寿）

6. 汇丰人寿保险有限公司

汇丰人寿保险有限公司由汇丰保险（亚洲）有限公司和国民信托有限公司合资成立，双方各占50%股权，公司注册资本为10.25亿元人民币，总部设于上海，在北京设有分公司。汇丰人寿为个人和企业客户提供全面的保险产品与服务，覆盖家庭保障、退休养老、子女教育、财富管理和增值与财富传承各个方面。

【银行保险业务】 2013年，公司的业绩增长主要源于银行保险业务的快速发展，这意味着汇丰全球领先的"整合银保模式"在国内有效、成功地运营。汇丰人寿的银行保险产品主要以年金和两全为主，兼具长期储备与保障的保险解决方案受到了市场和客户的青睐。汇丰人寿注重长期保障类产品的开发，旨在让保险回归保障本质；此外，期缴产品有助于培养民众有计划地长期储备财富的习惯，可以更好地协助家庭和个人实现长期财富管理的目标，因而，汇丰人寿亦注重期缴产品的开发和推广。

【社会责任】 汇丰人寿保险有限公司视社会责任为公司文化建设的重要组成部分，积极承担对环境、社会、社区的责任，把支持教育、环保作为企业社会责任的重点。2013年，汇丰人寿继续携手复旦大学“点亮未来”西部支教项目，资助复旦大学研究生支教团于贵州息烽县老区支持中小学的教学工作。截至2013年9月，该项目的第四批复旦大学研究生支教队员已经在贵州乌江复旦学校完成了又一年的支教工作。2013年，汇丰人寿继续参与热爱家园社区青年志愿者活动，为“太阳花”项目的农民工子女们定期提供志愿者服务，使这些“城市边缘儿童”获得更多的教育资源。“绿色生活日”是汇丰人寿每月定期开展的特色活动之一，旨在号召员工以实际行动从自我做起，节能减排，并带动身边更多的人投入到关爱环境的行列中来。2013年，汇丰人寿继续鼓励员工加入“地球一小时”活动，以实际行动倡导低碳、节能的生活。此外，汇丰人寿还非常注重员工志愿者活动，定期为社会孤残老人和儿童等弱势群体提供切实的帮助。

（汇丰人寿）

7. 友邦保险有限公司上海分公司

友邦保险有限公司上海分公司成立于1992年9月，是改革开放后首家进入中国大陆营业的外商独资人寿保险企业，公司注册营运资本金人民币9.548 58亿元。公司总部位于上海中山东一路17号友邦大厦3-8楼，现任总经理方志男。截至2013年底，公司总资产为244.89亿元，同比增长6.44%；全年保费收入23.37亿元，同比增长2.27%；各项赔款和给付支出4.33亿元，同比增长7.70%。公司共有员工713名，保险营销员2 141名，电话销售中心1个，营销服务部11个，基本遍及上海各区县。

【创新驱动】 2013年，公司根据市场需求继续开发新产品，年内先后推出了《友邦抗疫无忧住院给付医疗保险》、《友邦稳赢一生保险计划》、《友邦环球尊享精英团体医疗保险》、《友邦环球尊享精英团体医疗保险—特别计划》、《友邦综合员工福利保险计划》之“鼎福”组合计划、《友邦全佑一生（乐成长版）疾病保险》、《友邦尊享全佑一生（乐成长版）疾病保险》和《友邦稳赢一生（育英才）保险计划》等新产品，产品结构进一步丰富、合理。2013年，公司采取多项举措推动业务发展。1月，公司ISP系统正式上线。该系统重新开发并整合了公司的多个系统，通过权限控制模块，支持多平台、多渠道的使用，可在IPAD或PC上使用，同时支持IE和Safari阅览器。ISP系统具有主动提醒、快捷查询、关联性强、知识共享、自动报表和兼容IPAD六大亮点。2月，公司正式推出《友邦中国区NPA（Nurturing Premier Agent）人才计划》，以打造一支高水准的营销队伍。8月，公司正式推出V平台。V平台融合了招募、培训等多项功能，既是各区部和家族用于招募新人和展示风采的EOP平台，又是帮助新人快速提升销售能力的培训平台。11月，公司特别开发了客户管理系统，包括“客户地图”和“保单体检”模块，可以更好地帮助营销员开展工作。

【保险服务】 2013年，公司进一步提升客户服务质量。4月，公司开放郊区营销服务部协助营销员为客户办理重大理赔后的保险合同的切结及领款手续。5月，公司推出2013全新升级友邦贵宾会服务；友邦新版网上客户服务中心eService启用，进一步提高网上客户服务的品质。9月，公司“掌上友邦(eService APP)”及新单自助注册功能启用。

（友邦保险）

8. 建信人寿保险有限公司

建信人寿保险有限公司是中国建设银行股份有限公司控股的专业化人寿保险公司，总部位于上海。公司其他股东包括中国人寿保险股份有限公司（台湾）、全国社会保障基金理事会、中国建银投资有限责任公司、上海锦江国际投资管理有限公司和上海华旭投资有限公司。公司前身太平洋安泰人寿保险有限公司成立于1998年。2011年，因股权变更，经监管部门批准，公司更名为建信人寿保险有限公司。

【经营业绩】 2013年，建信人寿坚定执行建行“综合性、多功能、集约化”战略，坚持改革创新，持续加快发展，取得了较好的经营业绩。全公司全年规模保费收入111.5亿元，同比增长84.1%；市场排名进一步提升至第16位；投资收益率5.11%；实现净利润1.01亿元，同比增长104.5%，连续第八年盈利；总资产达到263.0亿元，比上年末增长48%；偿付能力充足率为632%，达到中国保监会充足Ⅱ类标准。

（建信人寿）

9. 中融人寿保险股份有限公司上海分公司

中融人寿保险股份有限公司上海分公司于2011年4月在上海正式挂牌成立，主营业务包括：人寿保险、健康保险、意外伤害保险等各类人身保险业务及再保险业务，以及经中国保监会批准的其他业务和国家法律、法规允许的保险资金运用业务。公司总部位于北京，是2010年3月18日成立的一家全国性人寿保险公司，已在北京、上海、广东、江苏和四川、深圳等地设有多家分支机构。

【业务发展】 在2013年，中融人寿上海分公司全年累计实现保费174 220万元，主要采取银保销售渠道为主，团险销售渠道为辅的经营策略。在银保渠道，保持与工商银行、中国银行两大渠道的良好合作关系，通过相互支持、亲密配合，在两大渠道共计实现174 215万元的分红险产品保费收入，在银保趸交业务市场排名中名列前茅。团险渠道在2013年共计完成5万元的保费收入。

【团队建设】 秉承着投资于人的理念，为促进员工全面发展，提升员工价值及公司核心竞争力，中融人寿建立“学习型组织”，完善员工终身教育体系。在总公司的统一部署下，上海分公司以“中国人身保险从业人员资格培训”教材为基础实施开展了为期1年的“员工持续成长项目”，同时根据公司发展需要，上海分公司通过内部专家、学习小组、研讨会、专题讲座等学习方式，开展了法制宣传、反洗钱、消防安全等多种培训项目，通过践行多层次，全方位的培训计划，培养多元化的素质人才，使员工实现职业成长，打造一支积极向上、健康专业的良好团队。

【合规经营】 上海分公司严格执行总公司的战略方针和各项管理规定，把合规管理作为公司全面风险管理的核心内容，制定内部管理制度和操作规范，有效防范和控制风险，提高服务质量。2013年，上海分公司在业务经营、运营操作、财务控制等方面都保持了良好的经营状态，实现零投诉，公司整体营运合规顺畅，呈现平稳健康的发展态势。

（中融人寿）

二、财产保险公司

1. 中国人民财产保险股份有限公司上海市分公司

2013 年，中国人民财产保险股份有限公司上海市分公司继续以稳中有升的态势，为该区域内人民生活和经济发展提供风险保障，锁定市政重大项目、民生工程、政府关注扶持领域，提供企业力量。2013 年，公司共实现保费收入 47.72 亿元，同比增长 9.71%。

【创新发展】 创新发展是 2013 年人保财险上海市分公司经营发展的关键词，分公司在众多领域实现突破，取得实效：一是牵头承保了包括上海国际金融中心、中国博览会会展综合体等地标性建筑在内的一批市政工程项目；二是继续保持公司在旅行社责任保险、承运人责任保险、输血安全责任保险的市场主导地位和船舶保险领域的市场领先地位；三是创新驱动，在短期出口信用保险领域和车辆延长保修责任保险领域实现了重大突破，并创新启动了长宁区医疗责任保险新模式的试点工作，为探索新医改助力；四是锁定城市弱势群体，帮助开发和推进了由政府出资的独居老人、特困女性和残疾人等特殊人群的民生保险和医务人员团体意外险。

【金融服务】 用户体验上，分公司进一步梳理优化流程，重建了从承保前端、客户服务到理赔后台的全流程体系：一是加大力度完善了电话销售平台和网络销售平台，进一步方便客户咨询和承保；二是搭建了车险理赔流程操控平台，完善了人身伤害案件跟踪流程，建立第三方调解机制和诉前医审介入机制，强化了反欺诈和追偿工作，年末理赔指标综合排名在人保系统内全国领先；三是建立企财险多维度赔付跟踪制度，发挥风险控制专业团队的作用，对 281 家企业进行承保前实地查勘及风险评估，做好防灾防损工作；四是针对“菲特”台风突发灾害，快速启动重大灾害理赔应急预案，配置充足的人力、物力资源，为人民群众重建家园提供绿色通道服务。

（人保财险）

2. 中国太平洋财产保险股份有限公司上海分公司

2013 年，在中国太平洋财产保险股份有限公司上海分公司的发展征程上具有特殊重要的意义。分公司全体干部员工凝聚力量、攻坚克难，突出抓好市场分析研判、渠道专业化建设、转型实践、成本管控、业务品质管理等方面的重点工作，分公司历史上业务发展首次突破保费收入 50 亿大关，最终累计实现保费收入 56.44 亿元，同比增长 17.09%，顺利达成全年各项经营目标。2013 年，分公司认真贯彻落实集团公司“一个太保，共同家园”的转型理念，抓住国家在上海浦东建立中国上海自由贸易实验区的契机，完成中国太平洋财产保险股份有限公司上海自贸试验区分公司挂牌工作，成为 9 月 29 日中国（上海）自由贸易区首批入驻的 36 家单位之一。

【转型发展】 2013 年，分公司在集团、总公司的领导下，认真贯彻落实集团提出的“以客户需求为导向”的战略转型，通过新技术应用、目标客户群拓展、员工队伍及客户界面优化、客制化产品服务的创新，赢得发展的主动权，全面推进转型发展。分公司先后承保了上海浦东国际机场 T1 航站楼改造工程建筑工程一切险，金光集团财产一切险、宝钢一揽子保险、上海燃气（集团）有限公司、美国杜克能源财产一切险、福特汽车全球保单等重大项目。2013 年，分公司《建筑工程质量潜在缺陷保险》成功摘得上海金融创新成果奖一等奖。

【综合服务】 分公司立足于“一个太平洋保险的综合性服务平台”的定位，不断强化理赔资源与业务拓展的有效配合，强化理赔、业务的联动机制。面对 9.13 和“菲特”台风暴雨突袭申城等特殊时期，分公司及时启动应急预案，调动各方资源，沉着应战，尽可能减少损失，提升服务效率和质量。在2013年由《解放日报“保险周刊”》主办的“第九届上海优秀服务保险公司评选”中，再次被评为“上海优秀保险服务公司”。

（太平洋财险）

3. 中国平安财产保险股份有限公司上海分公司

平安财产保险股份有限公司上海分公司2013年各项业绩保持稳健、快速发展，经营情况良好。平安产险上海分公司2013年保费收入69.88亿元，同比增长6.67%。车险保费收入52.22亿元，同比增长13.14%。财产险保费收入15.31亿元，同比下降13.22%。意健险是主要增长点，保费收入2.35亿元，同比增长37.26%。2013年车险保费占比74.73%，同比上升4.27%；财产险保费占比21.91%，同比下降5.02%；意健险保费占比3.36%，同比上升0.75%。2013年赔款支出42.45亿元，同比增长23.40%，承保利润5.88亿元。

【社会责任】 平安产险上海分公司荣获“上海市文明单位”荣誉称号，精神文明创建工作获社会高度认可。组织志愿者远赴江西省上饶县平安希望小学参加支教活动，为当地学校赠送教学教具等公益活动，树立积极履行企业社会责任的良好品牌形象，为社会散播正能量。

【开展客服节活动】 平安产险上海分公司成功举办“e路平安，全橙有你”第十届客服节活动，推出微信自助服务、网销新功能以及“95511-5-7”女性车主服务热线等创新服务举措，围绕“专业、互动、价值”三大板块，切实回馈客户，赢得广泛赞誉。

【车险、财产险理赔服务全面创新升级】 平安产险上海分公司连续5年升级车险“快易免”服务体系，首次推出赔款即时到账、零查勘简易理赔、微信实时查询理赔进度、APP客户自助免费救援四项创新服务，引导客户体验科技应用便利，打造最佳客户体验。财产险理赔上，致力于提升客户理赔的便利度，持续推进“一证快赔”，并创新开展实时支付试点。

【高效处理突发事件】 在台风“菲特”、9.13暴雨期间，平安产险上海分公司车险、财产险报案以及相关救援服务数量猛增。上海分公司全体查勘定损人员坚守岗位，克服交通不便状况，第一时间为客户开展施救查勘工作，同时开通绿色理赔通道，简化理赔材料，保证了大灾面前的社会稳定。

【大项目方面成果显著】 平安产险上海分公司独家承保上海市高校学生伤害事故校方综合责任险，并承保上海市中小学校方责任险、危险化学品市政共保项目，以及磁悬浮财产公众保险。

（平安产险）

4. 华泰财产保险有限公司上海分公司

华泰财产保险有限公司上海分公司1998年11月开业。2013年，华泰财险上海分公司完成保费收入60 747万元、营业利润7 233万元，继续保持了多年稳健发展的态势。华泰财险注册资本金30亿元人民币，注册地为上海，在全国百余座城市设有分支机构，经营范围涵盖财产损失险、责任险、水险、意外伤害险、健康险等保险业务。2013年，华泰财险被国际著名信用评级机构惠誉授予财务实力评级(IFS)“A－”级，在《2013中国保险公司竞争力评价研究报告》中荣获财产险公司综合竞争力排名第二，在新华网2013中国保险业发展高峰论坛上荣获“年度最佳保险企业”，在金融时报与社科院金融所发布的2013中国金融机构金牌榜中，凭借华泰专属代理人(EA)模式荣获“最具创新力保险公司”，在和讯网第11届中国财经风云榜上凭借“网络购物退货运费险”的业绩荣获“2013年度最佳保险创新案例”奖。

【创新业务】 2013年，华泰财险上海分公司坚定实施总公司EA车险主渠道的发展战略，积极推进EA经营模式的发展，继2012年开业8家EA门店后，2013年又连续开设EA新门店12家，使上海EA门店总数达到了20家。与此同时，还全面整合销售团队、降低职场成本，2013下半年先后撤销了长宁、徐汇、闵行、松江4个外设销售机构，同步完成了主渠道战略发展过程中的机构调整。

【经营战略】 华泰财险上海分公司将继续按照发力“EA、经纪、电商”三大主渠道、打造差异化竞争优势、成为细分市场领导者的战略要求，从上海市场实际出发，加强渠道建设、推进创新变革、打造板块及渠道优势、实现分公司的可持续发展。为此，华泰财险上海分公司将从“明确战略重点，加强主渠道发展；优化组织架构，降低成本增强盈利能力；强化理赔服务，切实提高服务水平；关注市场变化，抓住市场机会；落实监管要求，积极防范经营风险”等五方面入手，紧紧抓住华泰EA商业模式发展的历史机遇，继续完成20家EA新门店的布局。同时，华泰财险上海分公司还要在改进EA运营管理、帮助支持服务EA店主、提升市民服务体验、提高EA投入产出等方面，进行积极深度的探索，不断破解EA发展中遇到的难题，通过全面建成公司、店主、客户三赢成熟的EA商业盈利模式，将分公司带上健康快速发展的新轨道。

【金融文化】 2013年4月，华泰财险上海分公司凭借连续多年良好的经营业绩，以及认真履行社会责任、积极构建企业文化的文明实践，荣获了“2011—2012年度上海市文明单位”的荣誉称号。

2013年11月，华泰财险上海分公司还组织入职10年以上老员工及相关领导约50人赴武警部队上海某部，以军民联谊、共建文明、更多承担社会责任的活动形式，庆祝分公司开业15周年。部队领导向分公司赠送了“十五春秋已风华，军民携手谱新章”的贺匾，分公司则向部队共建单位赠送了“退伍老兵礼品”。

（华泰财险）

5. 中国大地财产保险股份有限公司

2013年是中国大地财产保险股份有限公司创立的第十年，目前已设立分公司35家、营业部1家，省市、地级和县级机构总数超过1 700家，形成了全国性服务网络。2013年，中国大地保险立足于“以改革创新促发展”的总体思路，推动实施体制机制改革，保费收入实现稳定增长。作为中再集团的核心子公司之一，中国大地保险全年实现保费收入199.09亿元，总资产达到255.1亿元，税前利润2.85亿元，市场份额3.1%，居行业第六位。

【经营管理】 中国大地保险扎实推进基础管理，积极探索人力资源、渠道化、全面预算管理体系的改革；初步完成垂直管理、人员集中的审计体制改革；实施“双龙工程”和“醒狮计划”，努力提升各级机构发展能力；初步搭建续保管理体系，车险续保率同比提高4个百分点；开发上线预算管理、理赔反欺诈、新呼叫中心、车险分类定价等系统，有效提升管理能力和技术能力。通过赞助中国男子篮球职业联赛(CBA)成为其官方合作伙伴，联合中国青少年发展基金发起设立“大地保险·希望工程快乐体育基金”公益项目等一系列品牌推广活动，进一步提升了社会关注度和品牌价值。

【创新发展】 中国大地保险紧跟市场与时代的脚步，高度重视创新发展，积极发展互联网金融业务。2013年2月，中国大地保险淘宝网销直通车平台正式上线运营，可自助式、全流程地完成车险在线投保和在线支付；当月，中国大地保险电子商务平台与新浪微博系统顺利对接并成功上线，使得新浪微博用户可以直接登录公司电子商务平台了解最新的产品及活动信息。5月，中国大地保险与国内门户类网站巨头网易公司的保险业务合作正式启动，对促进公司电子商务发展有着重要的意义。

（大地保险）

6. 安信农业保险股份有限公司

2013年，安信农业保险股份有限公司着力打造农业保险、涉农保险、商业保险互为促进、互为支撑的“三驾马车”销售体系，以创新驱动、科学发展为指导，全面完成年初各项任务目标。全年共实现保费收入9.36亿元，同比增长15.41%；赔款支出4.91亿元，同比下降3.16%；营业利润完成4 410.25万元，投资收益率4.89%。

【农业保险】 农业保险抓《条例》落实。如推动上海地区农业保险的2013—2015年新财政补贴政策落地，将纳入政府保费补贴的险种扩大到21项，提高了大部分险种的保额标准和保费补贴比例；协调出台《2013—2015年上海推进林业健康发展促进生态文明建设的若干政策措施》，实现上海地区林业保险的新突破；进一步完善农业保险基层服务体系建设，初步形成“管理到区县、机构到乡镇、网络到村组、服务到农户”的农业保险基层服务体系。

【涉农保险】 涉农保险抓创新试点。如建立包括农村聚餐、大型婚宴、盒饭配送、为老助餐、游轮餐饮、超市卖场食品安全等在内的覆盖九大领域的食品安全责任保险体系，公司“集体聚餐食品安全责任保险项目”在2013年度“上海金融创新奖”评选中荣获提名奖；创新开发菜农高温意外保险、冷鲜鸡食用安全责任保险，有效应对极端高温、H7N9禽流感等突发事件，稳定市场供应、保障生命安全；在新农合第三方管理及补充医疗、小额信贷保证保险等已有的、口碑好的创新险种上，扩大试点范围和合作对象，保持其旺盛的生命力。

【商业保险】 商业保险抓效益产出。如不断推进危险化学品安全责任保险、火灾公众责任保险、养老机构责任保险等老牌创新险种的渠道建设；加强银保业务创新服务，从中小企业金融服务入手，广泛开展借款人履约信贷、高新企业应收账款质押贷款、保理业务、小微企业透支项目、小企业信用贷等保险服务的调研和试点工作；从协助政府开展社会公共管理的角度，开发残疾人意外保险、特种设备、地下空间、为老服务机构综合保险等一批民生服务型项目保险，为推动商业保险效益型发展提供了强大的内生动力。

【金融服务】 客户服务上，完善基础数据，依托科技革新，提升服务效率。如建设客户信息管理系统，通过业务系统和影像系统的对接，探索建立以客户为单位的，跨险种、跨承保理赔、跨新保续保的客户信息影像资料库；启动车险代查勘代定损“双代”系统改造，基本实现江浙沪车险通赔；优化官网客户服务功能，扩大客户承保理赔信息自主查询的险种范围，提供定损单自助打印功能，增加下载单据的样张服务，使客户自助服务更方便、更快捷、更有效。

（安信农保）

7. 美亚财产保险有限公司上海分公司

2013年，美亚财产保险有限公司上海分公司经营稳健，赔付率及综合成本率指标良好，偿付能力充足。全年实现总保费收入6.53亿元，净赔款支出1.13亿元，综合赔付率33.39%。根据统计，公司2013年原保险保费收入在上海外资产险中居第一位。当年，公司业务发展均衡，责任险仍为第一险种，总保费收入1.94亿元，同比下降1.72%；意外伤害险居第二，总保费为1.70亿，同比增长15.6%；货运险位居第三，总保费为1.09亿，同比下降8.3%。

（美亚财险）

8. 东京海上日动火灾保险(中国)有限公司

东京海上日动火灾保险(中国)有限公司前身为1994年在沪成立的日本东京海上火灾保险株式会社上海分公司，是首家在中国取得保险经营许可证的日资保险公司。2008年7月获批改建为独资法人公司，同年11月1日起正式以东京海上日动(中国)的名义对外展业。注册资本4亿元人民币，主要经营除法定保险以外的各类财产保险及其再保险业务。公司目前下设上海、广东、江苏和北京4家分公司，截至2013年末的员工总数为314人。

【经营情况】 2013年，东京海上日动(中国)实现保险业务收入6.03亿元，同比微增3.35%。同时，在稳健严谨的核保政策、严格的预算管理控制下，综合成本率同比缩减9.27个百分点，达85.73%，实现承保利润6 102.73万元。

【风险管理】 2013年，东京海上日动(中国)继续贯彻重视承保前、承保后两个环节的风险评估与管控的原则，以确保业务风险结构常年处于可控的优良状态。承保前，公司坚持贯彻科学的核保方针，准确评估保险的风险状况。承保后，公司着重于风险管理及其防范工作，由专业风险管理工程师对重大保险标的开展风险调查，向客户提出规避、减少和防范风险的合理化建议，以确保客户风险降低到最小程度，从而控制公司整体业务出险水平。

【企业文化】 2013年，在认真贯彻保险行业“守信用、担风险、重服务、合规范”的核心价值理念的基础上，为将公司努力打造成为“Good Company”(好公司)，东京海上日动(中国)确立了“感动客户”、“信赖伙伴”、“充满热情”、“勇于创新”、“责任感”5个核心价值。

【社会公益】 东京海上日动(中国)不仅关注自身发展，还长期致力于公益事业。2013年度通过开展四川雅安地震灾区捐款、菲律宾台风“海燕”捐款等募捐救助，赞助“中日学生手语交流南京交流项目”，开展“日本东京海上青少年发展支援项目”等多种方式积极履行企业社会责任，贯彻落实“广泛地贡献于所在地区和社会”这一宗旨。

（东京海上日动保险）

9. 三井住友海上火灾保险(中国)有限公司

三井住友海上火灾保险(中国)有限公司是于2007年9月6日经中国保险监督管理委员会批准改建而成的外商独资财产保险公司，其前身为三井住友海上火灾保险公司上海分公司。公司注册资本为

5 亿元人民币，经营范围包括：财产损失保险、责任保险、信用保险等财产保险业务，短期健康保险，意外伤害保险，以上业务的再保险业务。三井住友海上(中国)由上海分公司改建成为独立法人后，于 2008 年 9 月开设了广东分公司。2010 年 1 月获得北京分公司的开业批复，12 月在无锡市设立了江苏分公司。2011 年 1 月广东分公司获得深圳营销服务部的开业批复，5 月设立了江苏分公司苏州营销服务部。为进一步强化在上海地区的保险服务，三井住友海上(中国)上海营业部于 2013 年 1 月正式成立。三井住友海上(中国)不断通过扩充营销网络，向众多潜在客户提供高质量服务的同时实现业务持续发展，积极地融入中国保险市场，更多地参与中国保险市场建设，将母公司先进的保险技术和管理经验引入中国，与中国保险行业共同和谐发展。

【诚实守信】 诚实守信是三井住友海上(中国)从事经营，为客户提供保险服务的一贯宗旨。三井住友海上(中国)严格遵守中国的相关法律法规以及监管机构的政令，为客户提供最佳的风险解决方案和保险服务。为了确保诚实守信，三井住友海上(中国)加强相关制度的制定，并彻底严格地执行保监会的规章规定，严格根据中国保险法的相关规定合法开展业务。

【稳健经营】 2013 年，随着中国经济的不断发展和中国保险业改革的不断深入，三井住友海上(中国)保费收入保持持续增长，达到 11.4 亿元人民币，税后净利润为 1 700 万元，偿付能力充足率为 271%，并于 2013 年 12 月继续维持了标准普尔的 A(stable)财务信用评级，连续六年获得该机构的同样评级。

【贡献社会】 在创造物质财富的同时，三井住友海上(中国)努力创造精神财富，在以下七个方面积极履行公司的社会责任，即对客户的责任；对代理店的责任；对员工的责任；对合作伙伴的责任；对地区社会、国际社会的责任；对环境的责任；对股东的责任。2013 年中，为四川省雅安地震、受“海燕”台风袭击的菲律宾灾区捐款；向民办振兴小学捐赠电脑；慰问博爱儿童康健园脑瘫儿童。

(三井住友海上保险)

10. 中国出口信用保险公司上海分公司

2013 年，中国出口信用保险公司上海分公司继续加强一般贸易出口的短期出口信用保险等政策性产品和相关服务，进一步扩大企业的“走出去”的扶持力度。全年对本市外经贸的支持规模达到 256.7 亿美元，同比增长 10.6%，全年共为上海企业支付赔款 34 460 万元，同比增长 2.4%。

【支持一般贸易出口规模扩大】 短期险支持上海一般贸易出口 222.1 亿美元，增长 10.3%，其中 90 天以上长账期赊销出口 17.4 亿美元，增长 24.3%，拉动本市一般贸易增长效果显著，为本市一般贸易出口实现 3.5%的增长、结构占比从 37.6%提高到 40%，发挥了重要作用。

【支持外贸转型发展】 短期险共支持企业新发展海外客户 6 264 家，提供买方授信额度 89.1 亿美元，为全市出口市场结构的优化提供了有力支持。中国信保上海分公司充分发挥信用保险保单的融资作用，用中国信保的海外买家授信提升企业出口应收账款的信用等级，联合银行、担保公司一起为春宇集团“快贸通”外贸服务平台提供 10 亿元授信额度支持。

【支持企业“走出去”】 中长期险和海外投资租赁保险支持出口 5.3 亿美元，储备各类项目 30 个，涉及合同金额 111 亿美元。以出口卖方信贷信用保险带动项目融资的方式支持振华重工出口阿联酋岸桥和轮胎吊项目，提升了港机企业争抢国际一流码头管理公司订单的能力。

【加强客户服务工作】 2013 年，出口信用保险受惠面进一步扩大，累计服务支持企业数达 1 944 户，同比增加 507 户，增长 35.3%，其中小微企业 1 213 家，增长 35.9%。在 3A、2A 客户分类基础上，分公司连续两年制定卓越客户的评定办法，并举行授牌仪式。通过推出加大承保及限额支持、建立理赔绿色通道、提供个性化资信服务等分级服务措施，使服务内容更加丰富，服务重点更加突出，得到了重大客户的高度评价，也为提高客户忠诚度、扩大业务合作打下了坚实基础。

【支持内贸成效明显】 2013 年，中国信保上海分公司进一步支持内贸发展，扩大国内需求，积极为企业争取银行融资，提高了内贸企业的风险防范水平和融资能力。国内贸易信用保险支持企业内贸赊销及进口分销 175 亿元，增长 15.9%，对平衡进出口、扩大内需发挥了积极作用。

(中国信保)

11. 劳合社保险(中国)有限公司

劳合社保险(中国)有限公司是劳合社经中国保监会批准在中国设立的全资子公司。劳合社中国于2007年3月15日成立,获准经营非寿险再保险业务。2010年5月18日,中国保监会批准劳合社中国在原有非寿险再保险业务范围基础上增加经营非寿险直接保险业务。公司于2011年下半年正式开展直接保险业务。劳合社中国是在中国境内少数几家享受国际评级机构高信用评级的财产保险公司。国际评级机构给予劳合社中国的信用评级分别为:标准普尔(A+),惠誉(A+),A.M.Best(A)。

【业务发展】 2013年度,公司实现毛保费收入人民币29 654万元,较2012年度增长了27.3%。保费收入居前三位的险种为农业保险、企业财产保险和货物运输保险,其保费收入分别占公司保费收入总额的37.8%、24.3%和10.7%。

【渠道创新】 公司沿袭倚重保险中介渠道开展业务的传统,积极同相关保险中介机构拓展合作领域。同时,公司也致力于促进保险市场渠道创新。在9月份公司与上海保险同业公会合作举办了关于承保代理模式的研讨会。劳合社管理承保代理事务的负责人Peter Montanaro专程从英国赶赴上海,并作主题讲座。承保代理模式在北美、欧洲等地有着多年的发展历史、并且被证明是一种有效的展业模式。来自上海保监局以及保险同业公会的领导以及多家保险公司、保险经纪公司和保险代理公司的代表参加了该研讨会。公司希望借助这样的活动可以推动承保代理模式在中国的发展,拓宽中介渠道的服务领域。

【内部控制】 公司加强了对风险的内部控制,并且建立了比较全面的内部控制框架。(1)业务控制。公司建立了完善的保险业务风险控制体系。风险控制活动涵盖所有业务经营管理各方面,主要包括产品开发、核保理赔管理、印鉴档案管理、信息系统管理、突发事件管理等各环节。每个监控环节都充分明确了每类风险的识别、评估与防范控制措施。(2)财务控制。公司在财务控制方面建立了全面的风险管理体系,控制活动主要涵盖了财务会计制度、财务报告、资产管理、负债管理、预算控制与费用管理、财务系统、资金控制、税务管理、会计凭证及档案管理等方面。公司根据会计准则的要求,建立并完善了自身的财务会计制度,做到会计确认、计量和报告均符合会计准则的要求,如实反映符合确认和计量要求的各项会计要素及其他相关信息,保证会计信息客观、公允并完整反映了公司的经营状况。(3)信息技术控制。公司设有专属信息技术部门,配备具有丰富经验的信息技术从业人员,制定了完整有效的信息技术管理规章制度。公司网络配置了功能强大的防病毒和网络防火墙,为公司系统安全提供的有力的保障;对于核心业务系统,严格执行开发与生产维护的职权分离,保障核心业务系统生产环境的安全稳定。同时,借助劳合社的整体安全集中监控体系,对不同等级数据采取相应的预防及日常安全监控措施,建立了逐级安全报告制度。

(劳合社)

三、保险资产管理公司

华泰资产管理有限公司

华泰资产管理有限公司成立于2005年，是中国保监会首批批准设立的保险资产管理公司之一。自成立以来，公司立足于保险资金需求，敏锐捕捉市场投资机遇，努力开拓第三方机构客户市场，坚持稳健投资，为保险资金的保值增值做出努力和贡献。

经过9年的建设与发展，华泰资产管理实现净资产增长11倍；管理资产规模增长43倍；客户增至109家，覆盖40%以上的保险公司。同时，华泰资产管理签约企业年金客户20家，成为多家银行和QFII的投资顾问。华泰资产管理已发展成为投资能力优秀、市场拓展突出、产品创新鲜明的保险资产管理机构。

华泰资产管理拥有丰富的资产管理经验，投资业绩始终位于行业前列，并大幅超越市场基准。同时，华泰资产管理积极开拓基础设施、股权和海外投资等业务，发行了多款项目投资产品，成为保险资金和优质投资资源之间的桥梁。

【主要业务】 2013年初，为顺应政策环境和市场形势的变化，华泰资产管理明确提出“服务保险主业，紧贴市场需求，专注绝对回报，创造客户价值”的战略定位，进一步聚焦公司战略重点、提升竞争力。2013年，公司经营业绩再创新高，预算执行实现新突破，全年实现净利润2.42亿元，净资产达到12.77亿元。

在证券投资方面，公司在稳定基础上顺应变局。2013年，股票市场大幅波动，小幅下跌，结构分化明显；债券市场大幅下跌，收益率上行。华泰资产管理及时控制风险，积极把握机会。受托华泰各账户净值增长整体超越业绩基准，受托外部账户（年金）普遍跑赢基准，多数账户排名第一。

在项目投资方面，公司在竞争基础上推动创新，不断深化市场化机制运作。2013年，项目投资管理中心进一步深化布局、调整机制，通过厘清职责、明确考核，调动积极性、提升团队能力和竞争力。2013年，公司项目资产支持计划创新突破；基础设施债权计划加速落地；股权和不动产业务稳步推进。

在市场营销方面，公司在竞合基础上实现突破。2013年，公司受托规模同比增长66.59%，第三方受托规模占比85.16%；客户不断增加，机构客户109家，管理账户109个；渠道取得突破，与100多家银行和多家券商建立业务关系，推进业务落地。

在基础管理方面，公司在有限投入基础上守住底线，风险管理抓防范、财务管理抓效能、人事管理抓能力，全面推动各项战略举措的落实。

【重大活动】 2013年1月30日，公司成功发行华泰—武汉保障房债权投资计划，规模为30亿元人民币。2月20日，公司成功发行华泰—国投煤炭项目债权投资计划，规模为15亿元人民币。7月16日，公司成功发行项目资产支持计划第一单：华泰—中信医疗项目资产支持计划，规模为5亿元人民币。8月28日，公司成功发行华泰—兖矿济三电力债权投资计划，规模为6.15亿元人民币。9月10日，公司成功发行华泰—甘肃高速债权投资计划（4年期）及华泰—甘肃高速债权投资计划（7年期），规模分别为8亿元、12亿元人民币。

（华泰资产）

四、保险集团公司

中国太平洋保险(集团)股份有限公司

2013年,中国保险业的经营环境面临着错综复杂的形势。尽管发展环境充满挑战,但太平洋保险依然看好变革给保险业带来的新机遇,积极适应新环境,主动迎接新变化。2013年,太平洋保险固守本元,坚持“专注保险主业、价值持续增长”的发展战略,微调和完善市场策略。同时又与时俱进,积极推进“以客户需求为导向”的转型项目落地,取得了比2013年年初预期要好的结果。

【稳中有进】 (1)集团价值稳健提升。截至2013年末,集团内含价值1 443.78亿元,较上年末增长6.7%;集团有效业务价值624.22亿元,较上年末增长27.3%。2013年度,太平洋寿险实现一年新业务价值74.99亿元,同比增长6.2%,近三年复合增长率达到7.1%。

(2)财务结果表现良好。全年实现营业收入1 931.37亿元,同比增长12.6%,其中保险业务收入1 769.23亿元,同比增长8.4%;实现净利润92.61亿元,同比增长8.4%。每股收益1.02元,同比增长72.9%;集团净资产989.68亿元,较上年末增长了2.9%;加权平均净资产收益率9.5%,较上年提升3.4个百分点。偿付能力充足率283%,保持在充足水平。太平洋寿险反映新业务价值创造能力的指标实现了持续提升,营销员月人均产能达到3 795元,同比提升6.2%;月均总人力达到28.6万人,同比增长4.4%,人力结构持续优化;期缴保费占比达到80.5%。太平洋产险业务综合成本率99.5%,上升较快。

(3)集团管理资产稳定增长。截至2013年末,集团管理资产达7 466.39亿元,较上年末增长9.9%,其中:集团投资资产6 667.99亿元,较上年末增长6.3%,投资收益率5.0%,投资资产的净值增长率达到4.3%。第三方管理资产798.40亿元,较上年末增长53.3%,第三方管理费收入2.23亿元,同比增长72.9%。

【转型发展】 (1)完善客户信息归集和分析系统。在“一个客户、多次接触”的信息采集原则下,持续完善统一的客户信息平台建设,从销售、承保、综合服务、理赔四大领域中15个环节、29个接触点,分步分批、有针对性地采集客户数据。拓展外部合作渠道,更多地获取客户行为动态信息,形成定期更新数据机制。经过有效治理,2013年末太平洋保险集团拥有较完善信息的客户近7 900万名,较2010年末增长66.2%。

(2)基于客户数据分析,提供细分市场客户需求的产品和服务。针对城市中青年白领客群,太平洋寿险开发了市场上首款防、治、保相结合,融保险和服务于一体的保障型产品——“守护安康”防癌综合解决方案,2013年实现业务收入9 700万元。面对潜力巨大的中小企业客户市场,太平洋产险以行业为区隔进行客户细分推出“财富U保”计划,2013年保险业务收入1.53亿元,新增中小企业客户9 701名。为满足客户对流动性资产的管理需求,太平洋保险资产创新并优化了资产管理产品“稳健一号”,2013年该产品日均余额34.39亿元。面对不断增加的社会养老保障和养老服务需求,长江养老在业内率先推出三款创新型专项养老金产品,投资金额近60亿元。

(3)适应网络和移动互联时代客户行为的变化,创新及完善虚拟和实体界面,并推动界面之间的有效互动。太平洋保险建立了面向分散型客户的智能综合服务平台——太保在线。通过网上商城、手机E保通等自媒体建设、社交媒体应用,以及与第三方合作,实现了39项产品和78项服务的线上全流程。不断完善门店和队伍等实体界面。有效整合资源,为客户提供“一站式”产寿综合服务门店。太平洋保险开创了为中高端客户提供服务的专属“金玉兰”品牌,打造一支高产能理财规划师队伍。同时,创新O2O流程,在线吸引的潜在客户,通过全能坐席引导，由线下业务员为其提供专业细致的服务。

（4）积极运用移动互联新技术，为客户提供高效便捷服务，提升客户体验。寿险领域，太平洋寿险在业内率先推出“神行太保”智能移动保险平台，设备投入数量从2012年末的2.5万台增加到2013年的7.2万台，作业时效由7天缩短为最快15分钟，让客户“随时、随地、随心”投保成为可能。规范的销售流程和展业内容，既有效防范销售误导，又提高了营销员产能，目前已经基本实现营销渠道新保全覆盖。产险领域，太平洋产险的车险3G快速理赔系统，融现场查勘与后台定损于一体，平均18分钟完成现场查勘定损，现已覆盖75.6%的普通案件。已经有超过1 520万的客户享受到了公司新技术应用服务的便捷。

（太保集团）

五、保险自律组织

上海市保险同业公会

2013 年，上海市保险同业公会认真把握当前保险业发展的方针政策，全年工作紧扣“服务行业、服务社会”，在积极维护行业利益和会员利益的同时，努力探索开展保护保险消费者权益的各项事宜，为促进行业发展与行业规范，尽心尽力地开展各项工作，较好地完成了各项任务。

【行业自律】 2013 年，在积累多年自律实践的基础上，公会除组织完成常规自律检查外，从创新自律的角度出发，做了一系列富有特色的工作。一是修订自律公约，签署服务承诺。二是关注市场反映，调研管控违规现象。三是规范销售、服务行为，提升行业形象。譬如通过建设电话销售禁拨系统应对电销扰民；深化车险理赔服务管理；加快代理人销售模式转变，严防销售误导等举措规范行业管理。四是继续做好保险销售、经纪、公估从业人员资格考试及资格证书 A、B 证换发等工作。全年累计换发代理、经纪和公估从业人员资格证书 26 064 本、组织 6 万余人次参加保险销售从业人员的资格考试。

【投诉维权】 公会根据上海保监局配合治理寿险销售误导、解决车险理赔难、保护保险消费者权益的总体要求，增加接待力量，充实调解队伍，丰富诉调对接形式，及时化解矛盾纠纷，降低了保险公司处置争议案的成本，提升了行业服务水平，维护了保险当事人的合法权益和行业声誉。2013 年，公会共受理各类咨询、投诉件 3 002 件。其中，通过电话受理咨询、投诉 2 156 件，来访、来函受理 843 件。公会人民调解工作与投诉信访工作衔接，使得投诉风险关口前移，共计受理人民调解 252 起，成功结案 243 起，调解成功率 96.43%，涉及调解金额 2 269.3 万元。

【沟通协调】 公会一直以来坚持与政府相关部门保持良好的沟通与协作，按要求落实相关事项。一是参与政府有关方案制定的论证工作，撰写提供相关行业材料。二是继续巩固现有会商机制，坚持信息共享。2013 年分别与公安经侦和公安交警拟定了“保险反欺诈工作方案”和“车险反欺诈信息会商与交流工作方案”，配合市公安机关侦查了几起重大案件。三是做好政府部门交办的各项工作。譬如根据上海市金融工会要求，组织参加全市金融系统窗口服务劳动竞赛、组织开展公司申报五星级网点预评审等。四是共同推进诚信建设，防范风险。

【平台建设】 2013 年，公会继续加大信息平台的建设力度，提升其为行业、为社会服务的水平。一是平台全年围绕新增功能的程序开发达 129 项。二是平台的服务重点从基本的业务流程管控逐步转向防风险、增效益。2013 年，公会通过开发风险预警提示功能、人伤系统单证管理功能等，有效帮助会员公司、消费者在业务全流程过程中掌握风险情况，为打击保险欺诈，防骗赔等提供了技术支持。三是做好数据收集工作，为行业数据的分析管理奠定了基础。截至 2013 年 12 月底，平台共收集各类信息 31.91 亿条，日均查询量超过 23.93 万次。

【保险宣传】 公会充分发挥行业组织作用，有效地组织会员公司开展各类宣传活动，取得了明显的社会效果，展示了保险业良好的社会形象。一是组织举办大型宣传活动。通过组织“3.15 消费者权益保护宣传日”、“7·8 全国保险公众宣传日”、“保险进社区、保险进校园”等系列活动普及保险知识。二是组织第九届寿险优秀代理人评选表彰活动。在召开的表彰大会上，向上海慈善基金会捐赠了 121.64 万元的“人身保险、关爱你我”专项慈善基金。三是组织参与大型展会活动。四是维护良好的媒体关系，建立稳固的媒体报道渠道，积极外投稿件，提高行业影响力。2013 年，结合核心价值理念宣传，公会和《新闻晨报》组织开辟保险宣传专栏，组织会员公司以“服务创新、服务举措和客户服务体验”等为主题投送了50多篇通讯报道。

【自身建设】 公会在按照《章程》要求履职的同时，致力于秘书处的自身建设，加强队伍管理、规范工作流程，党建工作常抓不懈，在实践中不断提高公会的执行能力和服务水平，2013年，经上海市社团局组织专家评审，荣膺上海市5A级社团组织。同时，于2013年5月16日召开了第六届会员代表大会，圆满完成了换届工作。

（余怡琳）

第五篇　市　　场

一、交易所(中心)

1. 中国外汇交易中心暨全国银行间同业拆借中心

2013年,中国外汇交易中心暨全国银行间同业拆借中心(以下简称“交易中心”)在确保系统稳定运行、市场一线监测、货币政策传导的基础上,以支持实施稳健货币政策、落实市场规范管理的政策措施、加强系统建设、加快产品和服务改革与创新等为工作重点,有效地推进了银行间市场基础设施建设,有力地支持了汇率形成机制、利率市场化改革和银行间市场对内对外开放以及人民币国际化,保持和增强了交易中心的市场竞争力。2013年,全国银行间市场交易出现调整、利率振荡上行、汇率总体走强,投资者队伍继续壮大。截至2013年12月底,银行间外汇市场、货币市场、债券市场的现货及衍生品累计成交285万亿元。1W和1M Shibor利率年末均报收在5%以上,较年初上升120点以上。人民币对美元汇率中间价年末创新高6.096 9,全年升值3.1%。人民币对日元汇率中间价年末创新高5.777 1,升值26.4%,是全年升值幅度最大的货币。外汇市场会员405家,本币市场成员6 362家,中国货币网注册信息、报价、备案、监管用户24 716个,“中国票据”网成员2 381家,有54家银行业金融机构接入贷款转让平台。

【推出人民币对澳元直接交易】 2013年4月10日,推出人民币与澳大利亚元的直接交易,根据直接做市商报价形成人民币对澳元汇率中间价。澳元直接交易推出,降低了经济主体汇兑成本,促进了人民币与澳元在双边贸易和投资中的使用。直接交易推出以来,系统运行平稳,市场交易和报价活跃度上升。2013年,人民币对澳元直接交易1 497.1亿元人民币,同比增长19.9倍。

【推出银行间市场黄金询价远期、掉期交易】 在2012年12月与上海黄金交易所联合成功上线黄金询价即期交易产品的基础上,分别于2013年3月25日、11月25日推出黄金询价远期和黄金询价掉期交易。同时,配合上海黄金交易所,将黄金询价会员范围扩大到非外汇市场会员机构,完善市场成员结构,增强市场流动性。

【推出贷款基础利率】 2013年10月25日,正式运行贷款基础利率(LPR)集中报价和发布机制。贷款基础利率是商业银行对其最优质客户执行的贷款利率,其他贷款利率可在此基础上加减点生成。其推出有利于促进定价基准由中央银行确定向市场决定的平稳过渡,提高金融机构信贷产品定价效率和透明度,增强自主定价能力,进一步推进利率市场化改革。贷款基础利率推出以来,有7笔以LPR1Y为基准的交易,名义本金4.2亿元。

【推出同业存单发行交易】 2013年12月9日,正式推出同业存单发行、交易业务,系统运行平稳,收益率上扬,有效拓展了银行业存款类金融机构的融资渠道,促进货币市场发展,有利于推进利率市场化改革。

【上线外汇询价交易确认和黄金询价交易确认服务】 在2012年正式推出利率互换(IRS)电子化交易确认和冲销业务基础上,2013年上线外汇询价交易确认服务和黄金询价交易确认服务,共确认外汇询价交易11.6万笔、黄金询价交易639笔,有效降低了金融机构的操作风险、信用风险和法律风险。

【丰富境外机构投资者类型】 上线境外机构代理交易模块,加大债券代理交易支持,目前已有40余家机构申请使用。境外机构在银行间市场交易策略不断丰富,总体交易活跃,截至2013年12月31日,获准进入境内银行间债券市场并联网的RQFII机构有22家,QFII机构1家,“三类机构”框架下机构85家。

【推进人民币跨境系统建设】 2013年12月1日,依托交易中心现有系统,建设完成人民币跨境交易信息统计监测系统(一期),开展该系统与人民币跨境收付信息管理系统（RCPMIS）的数据互通和界面集成，并做好将 RCPMIS 数据接入交易中心数据仓库的准备。

【承担市场利率自律定价机制有关工作】 2013 年 9 月 24 日，中国人民银行成立市场利率自律定价机制，秘书处设在交易中心，成立贷款基础利率（LPR）、上海同业拆放利率（Shibor）、同业存单小组和合格审慎评估工作小组，开展金融机构评估标准、实施办法制定等秘书处日常工作。

（交易中心）

2. 中 国 银 联

2013 年，面对复杂的银行卡市场发展环境，中国银联在各成员机构及有关方面的大力支持、配合下，以抓增长、调结构、讲效益为主线，克服各种不利因素，保持了业务平稳运行，各项工作取得新的进展。全年实现跨行交易 151.4 亿笔、32.3 万亿元，同比分别增长 21.2%、48.4%，银行卡跨行交易成功率稳定在 99%以上。

【银联标准卡推广取得较好成效】 2013 年全年新增银联标准卡 8.2 亿张，累计 39.3 亿张。其中银联标准信用卡新增 6 916 万张，累计 2.97 亿张，新增占比 76.5%，同比提高 2.9 个百分点，银联标准信用卡月均活卡量占比 51.8%，同比提升 7.3 个百分点。全年新增金融 IC 卡发卡 3.9 亿张，同比增长 2.6 倍，累计发卡 5.2 亿张。实现金融 IC 卡交易 10.5 亿笔、1.3 万亿元，分别是上年的 10.6 倍和 10.7 倍。

表 1　2006 年以来银联标准卡发卡量增长情况

年　份	银联标准卡（万张）		银联标准借记卡（万张）		银联标准信用卡（万张）	
	新增	年末	新增	年末	新增	年末
2006 年	14 668	23 218	14 354	22 875	314	343
2007 年	30 563	53 781	29 346	52 221	1 307	1 650
2008 年	35 579	89 360	32 777	84 998	2 802	4 452
2009 年	40 000	129 360	36 400	121 398	3 600	8 052
2010 年	50 000	179 360	44 000	165 398	4 210	12 262
2011 年	56 926	236 286	52 000	217 398	4 926	17 188
2012 年	74 568	310 854	70 665	288 063	5 603	22 791
2013 年	82 256	393 110	75 340	363 403	6 916	29 707

【受理市场平稳发展】 一是受理网络稳步扩大。全国新增联网商户 280.2 万户、POS 终端 351.4 万台，累计分别达 763.5 万户、1 063.2 万台，其中，二级地市净增直联商户 64.4 万户、直联 POS 终端 73.2 万台。二是银联卡产品不断完善。推出银联标准钻石卡、高端借记卡、多币种卡和可视卡，启动研发商务卡平台及产品。三是持卡人服务体系建设迈出新步伐。全年拓展高端卡商户 134 个品牌、1 208 家门店，旅游卡商户 1 268 家，景区 178 家，便民缴费项目 100 多项，接入全国性渠道商 20 余家。“银联钱包”累计注册用户超过 71 万人，上线商户 2 100 余家。建成银联持卡人统一用户系统，提升了用户体验。四是行业合作继续深化，全国所有火车站和 3 000 多个代售点实现银联卡受理，30 个城市实现公路客运联网售票，32 个省市全面推广 COD 货到付款业务。五是与非金融支付机构的合作稳步推进。全年新增签约机构 23 家，入网机构累计达 70 家。非金融支付机构通过银联转接的线下跨行交易达 5.4 万亿元，同比增长 92.8%。

表 2　2006 年以来联网商户、POS、ATM 增长情况

年　份	联网商户（万户）		联网 POS（万台）		联网 ATM（万台）	
	新增	年末	新增	年末	新增	年末
2006 年	12.7	66.9	21	96.7	1.6	10.2
2007 年	21.8	88.7	36.3	133	2.5	12.7
2008 年	35.3	124	52.5	185.5	3.5	16.2
2009 年	39	163	58	243.5	3.9	20.1
2010 年	62	225	91	334.5	6.2	26.3
2011 年	93	318	148.2	482.7	8.7	35
2012 年	165.3	483.3	229.1	711.8	9.2	41.6
2013 年	280.2	763.5	351.4	1 063.2	10.4	52

【互联网支付和移动支付业务发展较快】 “银联在线支付”交易规模增长态势良好，交易结构不断优化。全年实现交易 3 657.5 亿元，同比增长 2.3 倍，铁路售票以外的重点商户在 B2C 交易中的占比提升了近 10 个百分点。新增互联网商户 8 653 户、用户 4 738.5 万户，累计分别达到 1.8 万户和 6 567.3 万户。推出互联网支付无跳转支付产品，优化完善无卡通道，无卡自助消费、代收付、订购业务成功上线，订单成功率保持稳步提升。

移动支付实现交易 645.2 亿元，同比增长 2.8 倍，新增用户 1 712.2 万户、远程商户 3 543 户，累计分别达到 2 483.2 万户、6 512 户。TSM 平台建设取得突破，远程支付商圈和银联共享商圈建设加快，12 家全国性银行、4 家区域性银行及 2 家行业应用成功接入 TSM 平台。

【国际业务取得新进展】 全年境外新增商户 263.8 万户、ATM 4.8 万台，累计分别达 1 201.7 万户(含密码商户)和 110 万台。近 30 个国家和地区发行了银联卡，新增发卡近 815 万张，累计发卡量超过 2 500 万张。一是健全会员理事会制度，逐步发挥会员制运作机制的优势拓展业务。二是境外受理网络加快拓展，受理环境持续改善。受理网络逐步向南非、吉尔吉斯斯坦等中国游客到访相对较少的国家和地区延伸，银联卡在韩国、蒙古等多个市场实现了全面受理。围绕亚太核心区域和重点市场，打造了 20 个境外核心受理商圈。三是大力推进境外发卡和业务本地化，外卡业务快速增长。美国、澳大利亚、格鲁吉亚、毛里求斯等市场实现银联卡首发。推动新加坡、中国台湾等具备条件的市场落实本地化交换费定价，加速业务本地化转型。四是加快境外芯片卡迁移和创新业务跨境应用。公司以股东会员身份加入 EMVCo，为 IC 卡在全球的发行和受理奠定了基础。完成 90 万台 POS 和 14 万台 ATM 芯片卡受理改造。通过理事会运作发布了全球芯片卡风险转移生效时间表和迁移指引，为 2013 年和 2014 年全面完成终端的芯片卡受理改造创造条件。“银联海购”平台正式上线，移动近场支付项目在香港和韩国市场成功落地。顺应人民币“走出去”步伐，首次开通对香港银联卡商户的人民币清算业务。

表 3　2006 年以来银联境外市场拓展情况

年　份	境外联网商户(万户)	境外联网 POS(万台)	境外联网 ATM(万台)
2006 年	5.5	8.1	29.8
2007 年	12.5	17.4	36.6
2008 年	43	54	58
2009 年	55.7	69.8	71.9
2010 年	85.4	88.3	80
2011 年	151.6	168.1	91.7
2012 年	237.9	281.1	104.1
2013 年	1 201.7(含密码商户)	616.7	110

【系统运营保持较高水平】 实施二代系统核心网络架构优化，提升了二代系统的高可用性和安全稳定性。有计划地组织开展重要生产系统和异地灾备系统应急演练，推动 ISO27001 信息安全体系落地，提高了应急处置能力和运营服务水平。完成邮储银行等 87 家银行的双中心多点接入改造，以及北京银行等 29 家签约机构代授权业务投产及验证工作。建立并完善业务、系统运营服务机制，成立机构入网“一站式”支持团队，提高对外服务质量和效率。

【风控体系持续完善和技术引领能力不断提升】 一是配合政府有关部门，顺利完成刷卡手续费标准调整工作，推动 269 家境内成员机构完成系统改造，534.5 万商户完成协议换签，实现了市场、业务、系统和舆论平稳过渡。二是业务规则的市场服务能力和规范能力得到提升。围绕互联网支付、移动支付、IC 卡等重点创新业务，补充、优化完善业务及风险规则 25 个，发布相关业务指引 4 个。协助监管部门对套用 MCC、大商户模式、异地收单等较为突出的违规行为进行引导和规范。三是不断创新风险策略管理与服务。发布了《中国银联重要产品及业务风险策略管理办法》，对互联网支付、移动支付等创新业务实施动态风险策略管理。成立互联网金融支付安全联盟。推动中央综治委将打击银行卡犯罪纳入全国社会综合治理考核标准，45 家非金融支付机构使用银联风险管理系统。国内银行卡欺诈率和贷记卡欺诈损失率继续低于同期全球平均水平。四是技术引领能力不断提升。公司成为国内首家承建电子商务领域国家实验室的企业。银联博士后工作站获准建站并启动招生工作。完成国家级芯片安全检测实验室建设，并通过技术验收。推动出台移动支付国家标准，发布银联 IC 卡企业技术标准。五是与国际银行卡公司对标工作取得阶段性成果，产业投资基金项目有序推进。

【银联品牌影响力不断扩大】 夯实品牌基础建设，不断改进品牌推广的内容形式。连续第二年赞助上海网球大师赛，与央视财经频道合作策划全球跨年直播节目，首次在纽约时代广场投放银联品牌形象广告，银联品牌的国际化形象得到提升。及时高效地做好“4·20 雅安地震”抗震救灾和超强台风“菲特”银行卡应急服务工作，树立了银联良好的品牌形象。2013 年 6 月 4 日，中国银联荣获“国家金卡工程 20 年优秀应用成果奖”。

(蒋霞英)

3. 上海证券交易所

2013年上交所围绕“两维护、一促进”，紧扣经济社会发展、改革的大目标，求真务实、开拓进取、勤勉奋发，坚定推进蓝筹股市场、债券市场、衍生品市场和国际化四大发展战略，市场创新发展与监管转型全面铺开，各项事业都取得了积极进展。

截至2013年12月底，上交所市场股票市价总值15.1万亿元，债券托管量1.7万亿元；总成交金额86.5万亿元，其中股票成交金额22.96万亿元，债券成交金额62.6万亿元(其中包括现货1.53万亿元，回购61.05万亿元)，基金成交金额0.898 9万亿元(其中包括ETF 6 707亿元，交易型货币基金2 050亿元，封闭式基金232亿元)，其他成交金额411亿元；股票及公司债筹融资额5 508亿元。截至12月底，股票市价总值、成交金额、筹资额在全球主要交易所中分别排第7、5、6位。

【安全运行】 持续深化安全运行保障工作，守住安全运行底线。实现了各核心系统、业务和场所持续安全运行。积极应对“光大8·16突发事件”。做好核心平台的测试工作，有效支持各项业务创新。进行同城灾备系统、外高桥灾备中心电力增容项目等技术基础设施建设。完成综合监控系统和运维自动化项目一期建设。参与“证联网”核心节点建设。完成数据仓库架构优化。推动沪港市场数据枢纽互联互通托管项目。

【市场服务】 进一步完善市场服务机制，持续推进做大、做强、做活蓝筹股市场。从“增量”和“存量”两方面推进做大、做强蓝筹股市场，扩大蓝筹股市场规模。全年实现IPO新增报会企业51家。154家上市公司实现股权再融资筹资2 516亿元，55家上市公司完成公司债融资1 707亿元；36家公司完成了重大资产重组，涉及交易金额合计737亿元，新增市值超过百亿公司5家。

推进“大服务”，初步形成针对各类市场主体，涵盖股票、债券、创新、监管等内容的综合服务体系。发布《上海证券交易所上市公司现金分红指引》，督促、引导上市公司通过现金分红积极回报投资者，重塑市场估值中枢。

【债券市场】 全力促进债券市场改革创新，交易所债券市场发展取得积极进展。截至2013年底，实现债券挂牌数达1 686只，托管量1.72万亿元，交易量62.58万亿元(其中现券1.53万亿元)，分别比前一年末增加65%、62%和65%，均超额完成了全年既定目标，并创历史新高。

加大产品创新力度，丰富债券交易品种，提升市场吸引力。完善债券交易机制及系统，健全基础设施。稳步推进中小企业私募债券备案，扩大中小企业私募债服务效能。

【个股期权】 全面推进新产品新业务快速发展，积极筹划个股期权突破。全力做好个股期权各项准备工作。12月26日，正式启动期权全真模拟交易。积极推进基金市场创新。顺利推出股票质押回购交易，平稳实现报价回购转常规、转融券试点，扩大融资融券覆盖面和标的证券范围。

【对外合作】 务实推进对外交流与合作，多种方式拓展对外开放度。务实推进与境外交易所之间的实质性合作。积极研究沪港交易所产品互挂业务方案，积极探索沪港交易所合作新机制。举办首届“中国—南非资本市场论坛”。抓住上海建立自贸区的契机，积极研究上交所参与上海自贸区国际金融资产交易市场建设的方案。

【自律监管】 坚决贯彻“两维护、一促进”，努力提升自律监管能力、水平和公信力。7月1日信息披露直通车正式上线，同时，配套建立公司监管快速反应机制，启动新公司业务管理系统，有效推动上市公司监管转型。妥善实施新退市制度。积极配合并购重组审核分道制实施。成立信息披露咨询委员会。

严厉打击市场各类重大违规行为。全年，针对上市公司及相关主体的违规行为，共做出133份纪律处分和监管措施决定，涉及上市公司约68家、董监高约285名。其中，公开谴责了28名上市公司董监高、6家上市公司、1家控股股东、2名实际控制人，并公开认定3人不适合担任董监高。

【内部管理】 大力加强内部管理，持续推进基础设施建设。进一步完善交易所治理结构，设立监事会，开展履职监督及财务监督；设立理事会咨询委员会，新辟会员交流平台。推动官方微博、微信发展，推进交易所透明度建设。官方微博粉丝数已快速突破百万。平稳、有序推进新大楼项目。启动交易大厅改造方案。

(上交所)

4. 上海黄金交易所

2013年,受国内外社会经济形势等因素影响,黄金市场波动较大,上海黄金交易所积极完善交易系统、创新交易品种、健全风控机制、规范内部管理,各项工作取得了新的成效,进一步巩固了上海黄金交易所在全球黄金现货交易市场的领先地位,有力保障了我国黄金市场的健康平稳发展。

【业务创新】 交易所着力加强市场研究和产品研发,完善业务制度和流程,不断推进跨市场合作等创新工作。一是与沪深两地证券交易所及基金公司合作推出ETF,成功探索了跨行业、跨市场联合运营模式,拓宽了市场投资渠道。2013年7月和11月,3只ETF分别在上海证券交易所、深圳证券交易所上市,交易所为黄金ETF的实物申购赎回平台。截至年底,黄金ETF共成交14.61吨,申购赎回总量9.54吨,持有黄金总量1.80吨。二是银行间黄金询价业务陆续推出远期、掉期业务,同时积极扩展市场参与方,不断增加市场流动性。批准18家机构参与黄金询价应急租借业务,牵头组建银行间黄金询价远期价格曲线报价团已成功试运行。三是适时挂牌Au995合约,研究推出小规格产品,实现与国际现货合约的接轨,部分缓解国内市场供给压力。四是交易所推出周五夜市,实现了交易时间与国际主要市场的紧密结合,极大方便了投资者,对交易的活跃起了很大的促进作用。自2013年5月31日夜市推出起,全年夜市共成交黄金2 060.66吨、白银217 300.71吨、铂6.78吨。五是积极筹备在自贸区推出国际板。认真研究相关政策,争取中国人民银行政策支持和业务指导,召开境外专家专题研讨会,结合交易所实际,确定国际板具体建设方案,并正加紧推动机构设立、系统建设、仓库设置、人员配置等各项工作。

【市场规范】 2013年交易所致力于提高市场便利化、规范化、服务化程度。进一步降低交易成本,下调黄金、白银、铂金产品的交易手续费率;积极研制价差检测指标,制定上海黄金交易所贵金属指数,为市场交易行为及管理提供有效依据;研究推出实物仓单充抵保证金业务,探讨为会员场外交易市场提供集中清算服务的可行性;严抓黄金质量,进一步完善黄金实物认证体系及国内外交割标准的统一,推进国外品牌企业注册认证工作,目前已有澳大利亚珀斯造币厂、香港美泰乐、瑞士美泰乐三家企业品牌金锭通过了交易所的质量检验;优化现有仓储网络,改进仓库系统功能,与深圳威豹金融押运股份有限公司达成合作意向,做好设立第三方交割库的相关准备;积极配合各地人民银行、公安、工商等行政机关对涉嫌违规事件的调查和举证工作,打击非法交易,保护投资者权益;完成农业银行、建设银行代理业务上线验收,检查会员资金、代理行为和代理商管理情况,约谈个别违规会员并责其整改;对深圳金融电子结算中心全面开展业务、协议、风控和财务检查,规范该平台与商业银行的代理业务合作;完成10家会员资格转让、5家会员更名,推进会员资格租赁试点,以专户形式引进5家券商和2家基金公司,不断优化会员结构;加强投资者教育和市场推广,不断提升市场参与者数量及专业化程度。制定《客户适当性管理暂行办法》,印发《上海黄金交易所入市指南》、《上海黄金交易所常见问答》。截至年末,交易所有效法人客户增至6 710户,比上年末新增约500户;个人客户增至437万户,比上年末新增88万户;全年累计举办培训133次、11 358人;进一步加强增值税专用发票开具管理,控制套票风险。同时积极与税务部门沟通协调,协调解决现货合约交易征收印花税的问题,并取得初步成效。

【系统建设】 在加强系统运维规划和实施,保障交易所系统全年安全运行无事故的基础上,积极进行系统开发,提供创新业务技术支持。一是成功实施2.5代交易系统改造升级,完成多项基于2.5代系统的新增业务功能开发上线。二是周五夜盘交易于5月31日成功上线,在原有夜市的基础上有效填补了国内黄金市场相对于国际市场的交易时间“缺口”。三是自主开发黄金ETF系统,实现了和沪深两地证券交易所系统的直连,为交易所实现实物T+0申购、赎回功能提供了有效支持平台,为跨市场交易提供了快捷渠道。四是完成离线查询系统三期开发项目,进行平今仓免手续费功能改进、小规格产品系统改造、搭建银行间黄金询价远期价格曲线报价平台,以及实物充抵保证金业务、黄金拆借平台、风险控制系统的开发调研。五是全面规划两地三中心灾备系统工作,稳步推进深圳灾备系统建设。

【内部管理】 以防范内部风险,促进内部管理规范化,保障各部门合规运营为主线。一是完成交易、清算、交割储运及技术等业务流程的深化梳理,规范流程，明确责任。二是加强人事管理的制度建设和实践探索。制定专门的招录、入职、培训、考勤、奖惩、假期、值班加班等制度规范和实习生、兼职人员、顾问等劳动合同及干部聘任管理办法；做好领导干部个人有关事项报告工作，并将报告范围从领导班子扩大到中层以上管理人员。三是加快推进交易所办公自动化系统建设，建立舆情监测系统，改版交易所门户网站，进一步扩展功能；规范交易所印章和档案管理，完成第一批托管档案外包托管。四是严格控制"三公"经费支出、因公出国出访，大幅削减办公、会议和接待费用开支，严格按程序执行招标采购，不断完善采购流程。

【风险控制】 加强风险管理与监测，力求防风险于未然。一是完善风险管理制度，规范风险控制流程。针对交易所实际情况，修订《风险控制管理办法》、《极端行情的应急处置预案》、《超期费制度实施细则》，制订《持仓限额申请审批管理规定》，并对保证金制度、涨跌停板制度、限仓制度、夜市期间极端行情等风控措施做出重要调整。二是加强日常风险管理工作，通过严格的持仓限额管理、大户报告制度等措施，防范一切可能发生的风险。三是加强风险监控工作，跟踪市场风险状况，及时发现风险苗头，提出风险控制方案，年内多次启用超期费制度、保证金制度、涨跌停板制度、风险警示制度等措施，有效控制市场风险。四是积极推动风险系统开发工作，加强对流动性风险的研究，提出通过调整交易所收费结构提高交易产品市场流动性的方案。五是筹建由交易所和会员单位风险控制专家组成的风险控制专门委员会，确定专门委员会的职责、工作办法和工作计划等，为完善全市场风险控制工作奠定了基础。

【获奖项目】 黄金 ETF 项目荣获 2013 年度上海金融创新奖一等奖。为满足市场需求、丰富我国黄金市场业务品种、拓展交易所市场服务功能、支持上海国际金融中心建设，黄金交易所根据市场发展需求，结合国际惯例与国内实际，先后完成市场调研论证、规章制度修订、业务流程设计、系统平台建设、市场推广各项工作后，顺利与深沪两地证券交易所及基金公司合作推出了黄金 ETF 业务，成功探索了跨行业，跨市场联合的模式，拓宽了市场投资渠道。

黄金 ETF 有大型黄金生产商向基金公司寄售实物黄金，随后由基金公司以此实物为依托，在交易所内公开发行基金份额，销售给各类投资者，商业银行分别担任基金托管和实物保管行，投资者在基金存续期间内可以自由赎回。黄金 ETF 在证券交易所上市，投资者可以像买卖股票一样方便地交易黄金 ETF。交易费用低廉是黄金 ETF 的一大优势。投资者购买黄金 ETF 可以免去黄金的保管费、储藏费和保险费等费用。此外，黄金 ETF 还具备保管安全、流动性强等优点。

（交易所）

5. 上海期货交易所

【市场拓展】 2013 年，上海期货交易所持续拓展市场功能，提升市场效率。(1)成功推出连续交易。成功推出贵金属、有色金属连续交易，并平稳运行。黄金、白银期货日均成交量分别较上线前提高 2.2 倍和 5.3 倍；日均参与客户数分别上升 266.78% 和 256.63%；单位客户持仓量、套保持仓量、特殊单位客户和商业银行会员持仓量也明显增加。黄金、白银品种成交量占国际市场份额明显提升，价格连续性得到改善，盘后"跳空"幅度明显收窄，国际联动更加紧密，价格影响力显著增强。白银合约成交量因跃居全球首位，被期货期权世界杂志(FOW)评为"2012—2013 年度亚洲最佳合约"。

(2) 全面优化和完善交易机制。一是推出单向大边保证金制度，提高资金使用效率。二是实施套利交易制度，满足不同投资者的策略需求。三是推出 FOK、FAK 交易指令，丰富指令种类，提高下单速度。四是完善有色金属、贵金属等品种时间和持仓梯度保证金收取标准，降低投资者交易成本。五是调整会员限仓比例，优化会员平仓制度。六是科学制定长假风控措施，适度调整部分品种保证金比例和涨跌停板幅度。七是完善各品种成交、持仓排名方式，并向市场公布相关时段的期货合约加权平均价。

(3) 做精做深现有品种。一是开展年度品种功能评估，修订完善黄金、白银、螺纹钢等 7 个合约，优化涨跌停板、最低交易保证金、交割月份等设置。二是积极推进有色金属、能化期货品种国际化，与海关、外汇局等单位紧密合作，推动保税交割在试点品种和试点区域拓展。三是加强交割业务管理，简化交割流程、提高结算效率，开通质押仓单直接转交割业务，开展年审和现场检查，不断优化交割仓库的全国布局。

(4) 拓展市场服务的广度和深度。一是面向机构投资者开展服务创新,推出"机构综合服务方案",主要从专业指导、渠道共享等六方面提供专业化服务。二是发布《上海期货交易所指定存管银行管理办法》,为银行创新服务期货打下基础。三是与会员共同培育市场,合作举办570余场次市场推广活动、50余场驻厂调研。四是以"与机构投资者同行"、"为产业服务"、"期货大讲堂"三个活动品牌为抓手,举办近20次讲座培训。五是组织期货从业人员参加相关培训,促进行业人才素质提高,完成优秀会员及分析师的评选工作。

【创新驱动】 落实创新驱动,推进国际化建设。(1)稳步推动原油期货市场建设。11月6日,经中国证监会同意,在上海自贸区注册成立上海国际能源交易中心股份有限公司,具体承担推进国际原油期货平台筹建工作。一是重新梳理并完成交易所层面相关规则体系初稿。全面修订交割标的合约设计,完成第一批交割油库选择。二是积极配合相关部委出台原油期货上市有关政策。三是改造完成交易所与会员端、银行端IT系统,开发新的结售汇系统,启动国际平台技术系统测试,推动系统开发上线。

(2) 加速产品创新步伐。一是顺利推出石油沥青期货,目前运行平稳。二是稳步推进热轧卷板、上期有色金属指数期货的上市准备工作,完善相关标准合约和业务规则设计。三是积极开展期权产品研发及推广,上线铜和黄金期货期权仿真交易。四是支持上期有色金属指数ETF、白银期货ETF等基金产品开发,稳步推进镍、锡、不锈钢、水泥、纸浆、电力、稀土、航运指数等10余个储备品种的研发工作。

(3) 持续推进国际化建设。一是完成国际化规划初稿,修订《上海期货交易所章程》、《交易规则》等英文版规则17个。二是稳步推进沪港交易所合作项目,完成第一阶段合作方案。三是积极推动多层次衍生品市场体系建设,启动上期结算所有限公司建设项目。四是与印度多种商品交易所、新加坡证券交易所、迪拜商品交易所等境外交易所签署或研究签署合作备忘录。五是成功举办第十届上海衍生品市场论坛、第二届亚洲铜业周,参加了FIA亚洲年会、WFE第53届年会等国际会议。

【市场监管】 加强自律监管,严守风险底线。(1) 做好日常风控管理。一是重视风险预研预判,推进业务前端风险的动态监控与分析,紧盯市场主要运行和风险指标,及时发现风险隐患并适时调整风控措施。二是坚持每周召开市场动态分析例会,针对风险苗头迹象制定应对预案。三是全面排查运维风险隐患,完善突发事件应急预案,优化应急处置流程。四是加强应急演练常态管理,以交易端的突发事件为切入点,开展日常实战演习。

(2) 优化市场监管机制。一是系统完善市场法规规则体系,实施细则新增4个、修订14个,继续推进期货法立法研究,推进《多德—弗兰克法案》、《商品交易法》翻译出版。二是持续优化风险监控系统,启动引进SMARTS风险监控系统项目,完善历史数据分析系统,加强数据定量分析。三是坚决打击违法违规行为,排查自成交、频繁报撤单等异常交易行为196起,审结违规案件25起,对57位客户采取自律处罚措施。四是积极推进跨品种、跨市场监管研究,探索和设计建立上期大宗商品交易大平台方案。五是总结监管实践经验,积极探索对由于套利交易引起的异常交易行为进行豁免等提高市场运行效率的举措。

(3) 加强系统运维建设。一是夯实基础设施,强化演练力度,完善应急预案,全年未发生黑客入侵及病毒爆发等信息安全事件,未发生影响交易及相关业务的故障事件。二是推进更新一代交易系统(NGES2.0)建设,取得阶段性成果,实现了减跳的技术架构,完成了序列化流与相应流的合并,降低了主备数据中心系统切换时间等。三是完成ISO27001信息安全管理体系的测评认证。

(4) 强化舆情信息监测。一是强化日常舆情报告,加强对微博等新媒介的舆情监控,引导媒体和公众正确认识期货市场,完善应急舆情应对处置机制,对重大舆情做到及时控制与处置。二是围绕重要工作和业务创新,组织落实新闻宣传。三是建立与中央媒体的合作机制,落实新华社关于原油期货的专访与内参报道,与《人民日报》合作开办"期货市场解读"专栏。

【科学管理】 完善管理体系,提升核心竞争力。(1) 进一步规范内部管理。一是按照中国证监会的统一部署,构建支持上期所新战略的组织架构体系。在开展对证券、银行、基金、交易所行业监事会调研的基础上,完成监事会筹备及运行。二是开展业务流程优化重组 BPR1.1 项目，完成流程全面优化、关键授权细化及部分重点流程 E 化。三是积极探索创新理念，围绕国际化战略，结合国内外交易所及互联网金融发展现状，开展战略转型、流程管理和业务创新研究。四是起草完成《上海期货交易所理事会议事规则》，修订了《上海期货交易所专门委员会工作办法》，提升了理事会、专委会议事决策的制度化、规范化。五是加强对子公司内审合规检查，围绕采购等重点领域开展专项审计，将指定交割仓库纳入产品部门延伸检查范围，有效防范潜在风险。

（2）优化人力资源配置。一是立足服务创新业务快速发展，加大青年后备人才招聘引进力度，选拔录用了 47 名新员工。二是从职务晋升和薪酬调整两个方面强化激励，提升人岗匹配度。三是通过优化绩效指标体系，更新人力资源管理系统，提升人力资源管理的科学性和有效性。四是加大人才培养投入，做精做深各类国际化人才培养项目，为上期所可持续发展提供智力支持。全年共组织境外培训 9 次，培训人员 51 人次。

【重大活动】　2013 年 11 月 22 日，上海国际能源交易中心股份有限公司在上海期货交易所挂牌成立。中国证监会副主席姜洋、上海市常务副市长屠光绍先后在揭牌发布会上致辞，并共同为上海国际能源交易中心股份有限公司揭牌。上期所理事长杨迈军在发布会上介绍了能源中心的建设情况。发布会由上期所总经理刘能元主持。

（上海期交所）

上海国际能源交易中心股份有限公司在上海期交所挂牌成立

6. 中国金融期货交易所

2013 年，中金所继往开来、改革创新，全面贯彻落实党的十八大精神，按照年初确定的工作部署，顺利实现国债期货上市，股指期货市场运行日益成熟，市场功能显著发挥，股指期权全市场仿真交易正式启动，新产品新业务全面加快推进，交易所各项工作呈现蓬勃发展的良好局面。

【平稳运行】　确保股指期货和国债期货安全平稳运行，促进市场功能发挥。一是以降低成本、提高效率为基本原则，进一步提升股指期货和国债期货市场运行质量，促进市场功能发挥。根据市场发展新变化和新形势，在兼顾市场安全和市场效率的基础上，综合考虑保证金设置水平，推进组合保证金制度建立，探索研究有价证券充抵保证金制度。二是进一步完善管理、提升服务，维护股指期货和国债期货市场安全平稳运行。按照“交易不断、数据不乱”的要求，加强技术保障和运维管理，完善交易与结算运维流程。加强盘中资金实时监控和盘后压力测试工作，及时评估与化解潜在资金风险。加强对代理结算业务和国债期货实物交割环节的管理，确保结算业务稳定。完善保证金存管银行管理制度，确保新进入商业银行安全稳妥地开展期货保证金存管业务。三是以机构真实需求为基础，加强调研论证，持续深入推进市场开发工作，积极引导证券、基金、信托、保险、QFII 等各类机构投资者平稳有序入市，不断优化市场交易及投资者结构。积极协助争取进一步放松机构投资者参与股指期货交易政策。加强与银监会、保监会等沟通协调，协助推动商业银行、保险等机构参与国债期货政策出台，选择商业银行等重点机构，积极开展一对一针对性培育，引导参与国债期货交易。四是进一步完善机制，提升服务水平，推动市场和行业发展。进一步完善手续费定价机制，稳妥做好择机适度降低手续费的准备，重点鼓励套保套利交易。继续优化套保套利等业务管理程序，提升市场服务水平。适时发展机构开展做市商业务，丰富健全市场参与者结构。

【创新驱动】　适应市场化改革发展的新形势，加快推进产品研发和上市准备。一是完成股指期权的上市准备，进一步深化波动率指数研发工作。二是加快推动上证 50 和中证 500 等后续一系列股指期货产品的上市工作。三是在推动5年期国债期货市场发展的基础上,完成其他关键期限国债期货产品研发与仿真交易。四是进一步论证外汇期货产品设计及规则制度,推进外汇期货上市工作。五是抓住中国(上海)自由贸易试验区建设的历史机遇,结合人民币跨境使用、人民币资本项目可兑换、利率市场化和外汇管理等领域改革试点的进程开展相关工作。

【系统建设】 根据国债期货上市和其他新产品研发准备情况,完成国债期货、指数期权等相关业务系统改造,推动会员单位技术准备。形成新一代系统规划方案准备,新一代系统建设有序推进。完成数据中心建设,启动异地灾备数据中心建设和上海国际金融中心机房建设咨询项目。推进精益化分级保障,提升安全运维效率。加强与指数公司、行情商、信息商等合作,交易所信息数据服务水平不断提升,业务数据和信息数据管理安全有效。

【投资者教育】 积极主动贴近公众,正面开展教育引导工作。加强重点走访与沟通,赢得理解与支持。围绕全国"两会"、期指三周年、股指期权仿真启动等开展专题宣传。进一步拓宽投资者教育渠道,开设官方微博微信平台,充分利用新媒体的互动功能,及时与公众进行互动交流。

【市场监管】 继续深入开展股指期货市场日常监控,深化跨市场监管机制,规范实际控制关系、程序化交易监管,确保市场规范运行。根据国债期货产品特征和风险特性,建立金融期货适当性制度,制定国债期货监控方案及风险预案,推动建立跨市场监管协作机制,健全大户持仓报告制度。配合股指期权等产品创新步伐,全力推进监管准备,完善监查相关业务系统。适应业务发展和产品创新需要,全面修订业务规则,完成业务与产品并重、多维度和多层次的规则体系重构。以《期货法》立法为重点,大力推动期货市场法律研究工作。

【市场服务】 根据市场发展的需要,调整股指期货手续费和套期保值交易手续费,调整股指期货持仓限额标准,降低市场成本,促进市场功能发挥。修订《会员管理办法》,优化套保套利管理,简化额度申请流程,扩展套期保值内涵,引入风险管理理念。大力推进各类机构参与股指期货、国债期货,实现保险资金参与股指期货。在继续做好股指期货市场培训的同时,加大国债期货市场培训工作,开展针对监管部门、会员单位、机构投资者、重点辖区投资者和普通客户的五大系列活动,累计达到205场、培训32 700余人次,覆盖全国73个城市。充分发动社会力量,先后与16家地方局、全国36个证券期货业协会联合开展培训,提高培育覆盖范围和深度。充分调动会员力量,以"点"带"面",组织实施行业内首次国债期货会员种子讲师培训计划,持续开展针对会员单位高管和业务人员的系列培训,初步实现从业人员培训的机制化、常态化。

【获奖情况】 2013年12月25日,中国金融期货交易所"5年期国债期货"项目荣获2013年度上海金融创新成果奖特等奖。5年期国债期货上市以来,市场运行平稳,投资者参与理性,期现价格联动性良好,市场功能逐步显现。上市5年期国债期货对金融市场发展具有积极推动作用:一是有助于建立完善的基准利率体系,推动利率市场化进程;二是有助于提高债券市场流动性,扩大直接融资比例,推进多层次资本市场体系建设;三是有助于提升上海金融资产定价权,推进上海国际金融中心建设;四是有助于促进国债发行,完善国债管理体制;五是有助于扩大境外机构持有人民币资产的规模,推动人民币国际化进程;六是有助于丰富金融机构策略,促进金融市场创新。

(中金所)

中国金融期货交易所国债期货上市

7. 上海清算所

2013年,银行间市场清算所股份有限公司(简称上海清算所)大力推进中央对手清算业务创新,持续拓展登记托管结算业务规模,有效保证业务和技术平稳运行,各项工作取得明显成绩。

【新产品】（1）人民币远期运费协议中央对手清算业务。2013 年 4 月,上海清算所自主创新、独立研发的人民币远期运费协议中央对手清算业务正式推出,该产品于同年 12 月荣获上海市人民政府授予的 2013 年度上海金融创新成果奖二等奖。人民币远期运费协议中央对手清算业务指在中国境内由经纪公司帮助达成交易、以人民币计价和清算结算的远期运费协议产品,由上海清算所提供中央对手清算服务,在规范、专业的风险管理体系下,即使原来交易对手方违约甚至破产,所达成人民币远期运费协议的权利义务也仍然可以确保得到履行。上海清算所首批推出了海岬型船平均期租远期运费协议(CTC)、巴拿马型船平均期租远期运费协议(PTC)和超灵便型船平均期租远期运费协议(STC)等三个产品的中央对手清算服务。协议期限包括月度协议、季度协议和年度协议。

（2）人民币利率互换集中清算业务。2013 年 12 月,经中国人民银行批准,上海清算所启动人民币利率互换集中清算业务。该项业务的推出是进一步发展我国金融市场、特别是场外金融衍生品市场的内在要求;也是进一步活跃市场交易、提高市场配置资源的效率积极重要的外在推动力。人民币利率互换集中清算业务,是指上海清算所作为中国人民银行指定的人民币利率互换集中清算机构,对市场参与者达成的利率互换交易,在承继交易双方的权利及义务后,按多边净额方式计算各清算会员在相同结算日的利息净额,并建立相应风险控制机制,保证合约履行、完成利息净额结算的处理过程。上海清算所首批推出固定利率对浮动利率互换交易的集中清算服务,即交易一方支付固定金额(固定利率支付方),交易另一方支付浮动金额(为浮动利率支付方);浮动端参考利率为 SHIBOR 隔夜利率(SHIBOR_O/N)、SHIBOR 三个月利率(SHIBOR_3M)以及七天回购定盘利率(FR007)等,剩余期限范围在 5 天(含)至 5 年(含)(Shibor_O/N 最长剩余期限为 3 年(含))且为支付周期的整数倍。

（3）银行间市场同业存单业务。2013 年 12 月 7 日,中国人民银行下发了《同业存单管理暂行办法》(〔2013〕第 20 号),在银行间货币市场推出同业存单业务。上海清算所为同业存单提供登记托管、清算结算和估值业务。同业存单是指由银行业存款类金融机构法人在全国银行间市场上发行的记账式定期存款凭证,是一种货币市场工具。发行主体为存款类金融机构包括政策性银行、商业银行、农村合作金融机构以及中国人民银行认可的其他金融机构。投资和交易主体为全国银行间同业拆借市场成员、基金管理公司及基金类产品。同业存单的发行利率、发行价格等以市场化方式确定,其中,固定利率存单期限原则上不超过 1 年,为 1 个月、3 个月、6 个月、9 个月和 1 年,参考同期限上海银行间同业拆借利率定价。浮动利率存单以上海银行间同业拆借利率为浮动利率基准计息,期限原则上在 1 年以上,包括 1 年、2 年和 3 年。单期发行金额不得低于 5 000 万元人民币。发行备案额度实行余额管理,发行人年度内任何时点的同业存单余额均不得超过当年备案额度。公开发行的同业存单可以进行交易流通,并可以作为回购交易的标的物。

【新服务】（1）银行间外汇市场净额清算服务。2013 年 4 月,上海清算所承接了人民币外汇询价交易净额清算业务,为人民币外汇即期询价交易、人民币外汇远期交易、人民币外汇掉期交易提供净额清算服务。实现了我国银行间外汇市场清算环节的独立经营和专业化风险管理,形成银行间外汇市场统一的中央对手清算平台和集中高效的风险管理,有效支持汇率市场的加速创新发展,为广大市场主体特别是金融机构,提供更好主动管理汇率波动风险的相关工具和服务,推进人民币汇率形成机制市场化。

（2）非金融企业债务融资工具全券种托管服务。2013 年 6 月,上海清算所创新金融产品登记托管结算业务稳步发展,新增 2 个产品:包括中期票据、中小非金融企业集合票据。至此,上海清算所实现了非金融企业债务融资工具全券种托管。2013 年,全国公司信用类债券①发行额为 3.68 万亿元,其中在上海清算所发行登记的占比 66.30%,达到 2.44 亿元。非金融企业债务融资工具全券种托管服务,

---

① 全国公司信用类债券根据中国人民银行调查统计司《中国金融市场统计月报》第 185 期统计口径,并引用第 18 页数据,包括非金融企业债务融资工具、企业债券以及公司债、可转债、可分离债、中小企业私募债。

有力支持我国实体经济发展,对上海国际中心建设起到了积极推进作用。在此基础上,上海清算所将继续探索债券市场中央对手清算机制,优化债券现券交易中央对手清算业务,更有效发挥节约交易资金、增加市场流动性、提高结算效率、降低操作成本、提高市场活跃程度等作用。

【新工程】 上海清算所北京东路 2 号(外滩 28 号)房屋修缮工程项目于 2012 年 6 月 15 日正式开工建设,2013 年 7 月 4 日通过竣工,并于 9 月 2 日起,外滩 28 号迎来了新的历史使命,成为上海清算所办公所在地。入驻新大楼是上海清算所发展的一个重要的里程碑,有助于通过贴近金融市场一线的优势,推动金融产品创新,加快金融市场基础设施建设,从而为外滩金融集聚带建设和上海国际金融中心的建设做出重要贡献。

【获得荣誉】 2013 年 12 月 25 日,上海清算所"人民币远期运费协议中央对手清算"项目获 2013 年上海金融创新奖二等奖。

人民币远期运费协议中央对手清算业务(简称人民币 FFA 清算业务),是上海清算所从上海国际金融、国际航运两个中心协同建设的实际需要出发,历时两年多时间研究开发的创新产品。经中国人民银行批准并报上海市政府同意,人民币 FFA 清算业务 2012 年 12 月试运行,2013 年 4 月正式推出,系统运行安全稳定、业务呈现高速增长态势。人民币 FFA 清算业务是上海清算所运用中央对手清算机制,首次将中央对手清算服务拓展到银行间市场之外,也是首个金融衍生品中央对手清算业务。人民币 FFA 清算业务标志着我国在主要的全球化金融衍生品上实现了人民币计价清算的零的突破,对于深化上海在全球金融衍生品市场的竞争力、协同推进上海国际金融、国际航运两个中心建设、确立上海全球性人民币产品定价和清算中心地位,都有着非常显著的战略意义。

(上海清算所)

二、金 融 市 场

1. 全国银行间市场

【银行间外汇市场】 （1）国际市场汇率表现分化，人民币汇率总体走强。2013 年，全球经济缓慢复苏，货币环境错综复杂，国际外汇市场表现分化。随着美国经济复苏，市场预期美联储退出宽松预期也不断高涨，美元汇率一波三折，年内最大升幅超过 6%，全年走升 0.6%。欧洲央行 2013 年两次降息，市场信心有所恢复，欧元对美元汇率全年走升 4.2%。英镑在较强的基本面支持下全年走高 1.9%。日本政府推行量化和质化宽松货币政策，日元大幅贬值，对美元汇率在上年度贬值 11.3%基础上进一步贬值 17.6%。澳大利亚经济疲软，多次降息，澳元对美元汇率大幅下挫，年贬值 14.2%。部分新兴经济体在经济增长放缓、自身经济结构性矛盾突出和美联储退出 QE 预期的影响下，资本流入发生逆转，汇率一度大幅贬值。印度卢比、印尼盾等货币对美元汇率年内最大贬值超过 20%，巴西雷亚尔和韩元、卢布对美元汇率最大贬值也分别超过 16%和 8%。

在复杂的国际货币环境下，人民币汇率总体走强。2013 年，人民币对美元汇率中间价振荡走强，年末创新高 6.096 9，全年升值 3.1%。人民币对日元汇率中间价年末创新高 5.777 1，升值 26.4%，升值幅度最大。人民币对澳元、俄罗斯卢布、加元、林吉特和英镑汇率中间价分别升值 20.4%、11.2%、10.3%、10.8%和 1.0%。人民币对欧元汇率中间价全年贬值 1.2%。国际清算银行数据显示，2013 年前 11 个月人民币名义和实际有效汇率分别升值 6.4%和 7.0%。

（2）市场成交保持较快增长，结构继续改善。2013 年，中国对外经济较快增长，前 11 个月进出口贸易增长 7.7%，外商直接投资增长 5.5%，银行代客结售汇增长 6.7%，代客远期结售汇签约增长 59.6%。银行间外汇市场全年成交 7.6 万亿美元，同比增长 25.4%，增速较上年提高 17.9 个百分点。其中，人民币外汇市场成交 7.5 万亿美元，增长 26.1%；外币对市场成交 642.3 亿美元，同比下降 25.1%。

按币种结构划分，美元交易占比持续下降，2013 年降至 95.9%，较上年下降 1.4 个百分点。非美货币交易量增速在 2013 年达到 89.5%，连续四年快于美元交易增速。2013 年 4 月推出人民币对澳元直接交易，至年底该货币对共成交 1 497.1 亿元人民币，同比增长近 20 倍。人民币对日元直接交易全年成交 12 756.6 亿元人民币，同比增长 67.8%。人民币对卢布和林吉特分别成交 54.4 亿和 11.4 亿元人民币，同比分别增长 14.9%和 5.2%。人民币对欧元、英镑成交量分别为上年的 1.8 倍和 4.1 倍。

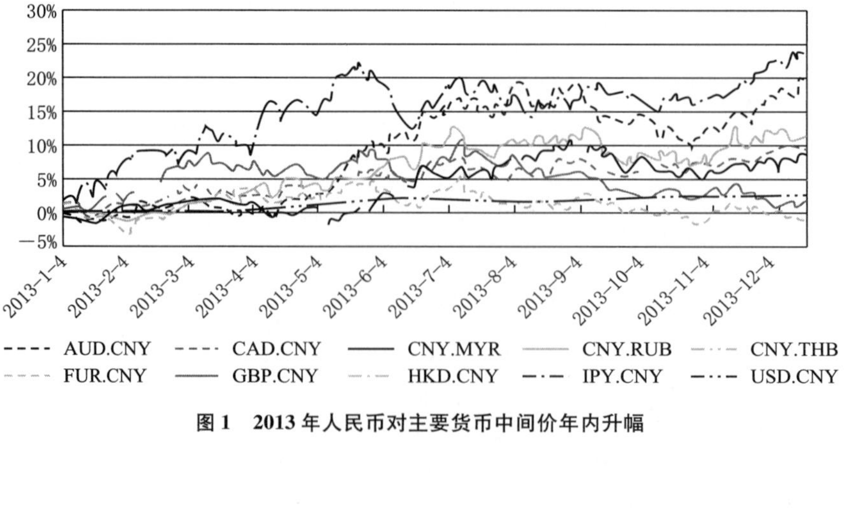

图 1　2013 年人民币对主要货币中间价年内升幅

【银行间货币市场】 货币市场流动性趋紧，利率较上年全面走升。2013 年，经济基本面与政策面维持稳定，国内经济平稳增长，通胀水平控制于合理区间，货币政策保持中性基调；主要受外汇占款变化和季节性因素等短期波动的冲击，以及商业银行同业业务迅速扩张的影响，银行间市场资金面总体呈现前松后紧的态势，并于年中和年末出现两次较为严重的阶段性紧张，7 天质押式回购利率分别升至 12.3%和 8.8%的历史高位。

利率中枢下半年明显抬升。2013 年，流动性由年初较充裕到逐渐收紧，全年加权平均利率较上年明显走升，隔夜和 7 天质押式回购利率较上年分别上升 55 个和 84 个基点，达 3.28%和 4.32%。利率中枢以年中为界，前低后高，以 7 天质押式回购利率为例，上半年利率中枢在 3.9%附近，下半年明显抬高至 4.4%一线，且居高不下，至年末又走出一波上升行情。Shibor 利率年末较年初全线上扬 56 个至 180 个基点，其中中长期限 Shibor 利率上升明显，3 个月和 6 个月 Shibor 分别上升 166 个和 82 个基点至 5.56%和 4.92%。

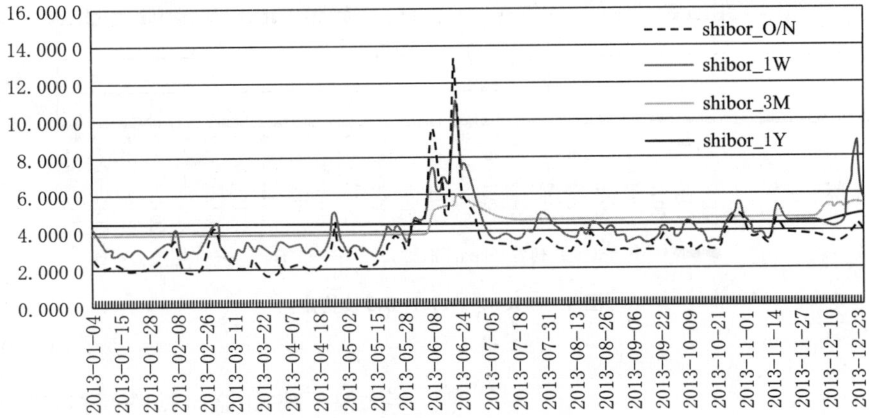

图 2　2013 年货币市场利率走势

【银行间债券市场】 国债收益率连创新高，现券成交大幅缩水。2013 年第一季度，受经济基本面弱复苏以及资金面相对宽松等因素推动，银行间债券收益率稳步下行。二季度以来，受到 4 月份债市“核查风暴”、6 月“钱荒”后资金利率居高不下以及 10 月起利率债供给大幅增加等因素影响，银行间债市在弱势调整后，自下半年起连续下挫，国债收益率持续攀升，10 年期国债到期收益率在 11 月下旬达到 4.70%的九年高点。年末，国债到期收益率曲线较年初整体上移，其中 10 年及以内品种上移幅度超过 100 个基点，而一年及以下期限涨幅更为明显，超过 125 个基点。

2013 年，现券市场共成交 41.6 万亿元，同比大幅下降 44.7%。从交易券种看，政策性金融债、中期票据和企业债是成交占比前三位的券种，市场占比分别为 30.3%、19.2%和 16.8%。从期限结构看，成交集中在 10 年期以下品种，市场占比达 99.5%。

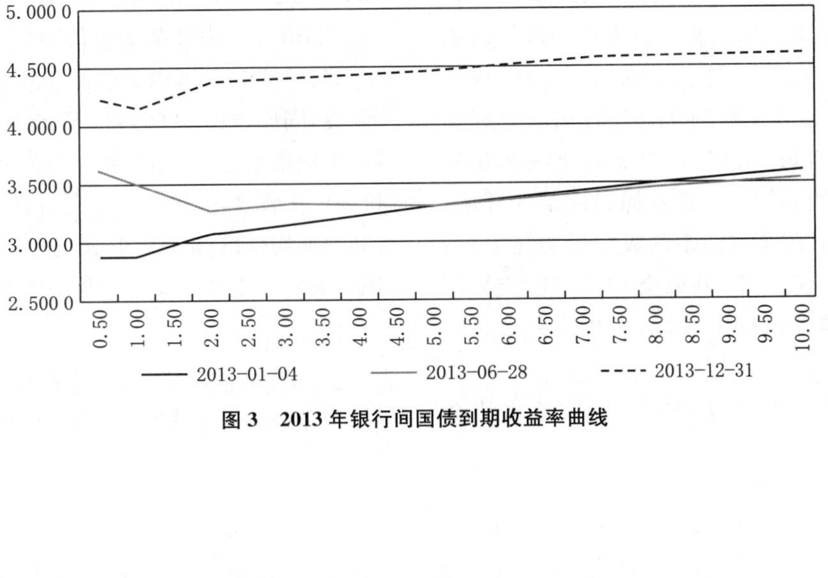

图 3　2013 年银行间国债到期收益率曲线

【银行间衍生品市场】 汇率衍生品市场交易持续活跃,利率衍生品交易活跃度趋缓。2013 年,汇率衍生品成交 3.5 万亿美元,同比增长 32.1%。其中,掉期产品成交 3.4 万亿美元,增长 34.9%;期权产品成交 217.5 亿美元,增长 5.5 倍;远期和货币掉期产品成交 358.8 亿和 24.4 亿美元,分别下降 59.8%和 62.6%。

利率互换已经成为银行间利率衍生品市场最主要的成交品种,交易量占比达到 99.9%以上。2013 年,利率互换成交活跃度有所下降,全年成交 2.7 万亿元,同比下降 6.0%。主要期限品种仍然集中在 1 年及以下期限,占了全部交易的 75.6%;FR007 和 Shibor 仍然为最主要的参考利率,与之相关的交易占比分别达到 65.3%和 33.3%。债券远期和远期利率协议成交清淡,全年成交量分别为 1.01 亿元和 0.5 亿元。

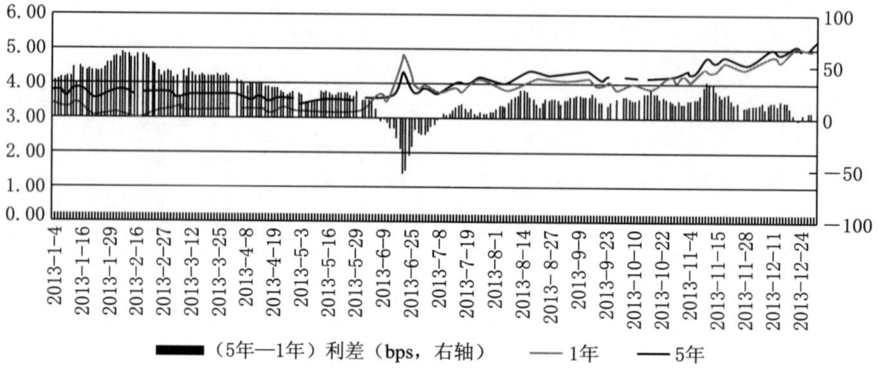

图 4　2013 年 FR007_IRS 价格走势

(外汇交易中心)

2. 上海黄金市场

2013 年,上海黄金交易所市场总体上取得了稳健的发展,资金清算与实物出入库量增长显著。随着周五夜市的推出,Au995 合约和 ETF 的上线,以及黄金询价业务和实物租借业务的大力发展,上海黄金市场功能不断完善,交易与市场呈现多元化发展,逐步与国际接轨。

全年交易所总成交量 44.22 万吨,同比增长 105.33%,总成交额 5.22 万亿元,同比增长 48.01%。其中黄金成交量 11 614.45 吨,同比增长 82.9%,黄金成交额 3.21 万亿元,占总成交额的 61.51%;白银成交量 430 500.76 吨,同比增长 106.03%,白银成交额 1.98 万亿元,占总成交额的 37.97%;铂金总成交量 90.24 吨,同比增长 41.19%,铂金成交额 273.73 亿元,占总成交额的 0.52%。随着周五夜市的开放,Au995 合约的上线,黄金与白银的成交量明显上升;三只黄金 ETF 的正式上市,共成交 14.61 吨,交易所作为黄金实物的申购赎回平台,申购赎回总量 9.54 吨,持有黄金总量为 1.80 吨。

【金银铂价格】 2013 年,黄金、白银价格均全年大幅下跌,铂金价格跌幅相对较小。年初国内黄金开盘价①为 334.99 元/克,一月底到达最高 340.8 元/克,随后黄金价格一路下行,4 月、6 月经过两轮骤跌,年末收于 236.46 元/克,跌幅达 29.31%。全年加权平均价 278.6 元/克,同比下跌 17.76%。年初国内白银开盘价②为 6 170 元/公斤,最高价 6 628 元/公斤,白银价格随后呈上半年一路下行,下半年震荡整理趋势,年末收于 4 011 元/公斤,跌幅达 36.01%。全年加权平均价 4 606 元/公斤,同比下跌 29.13%。铂金年初开盘价 325.5 元/克,最高价 356.75 元/克,年末收盘价 281 元/克,跌幅 12.53%。加权平均价 303.35 元/克,同比下跌 7.87%。

2013 年国内外黄金差价明显,全年 238 个交易日中,237 个交易日国内金价高于国际,平均幅度为 3.23 元/克,同比增长 73.66%;一个交易日国内金价低于国际,平均幅度为 0.75 元/克。与黄金相反白银国内外差价进一步收窄,全年 238 个交易日中,国内银价均高于国际,平均幅度为 129.85 元/公斤,同比下降 28.01%。铂金国内外差价 14.1 元/克,同比下降 2.62%。

---

① 黄金价格为 Au9999 合约价格。
② 白银价格为 Ag(T+D)合约价格。

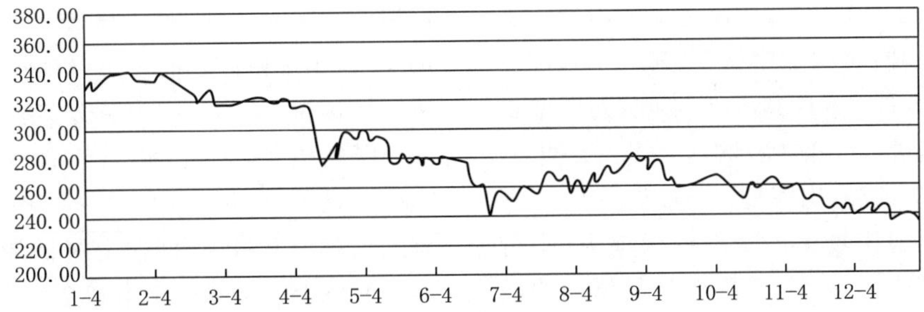

注:黄金价格为 Au9999 合约价格的日收盘价。

图 1　2013 年黄金价格走势图(元/克)

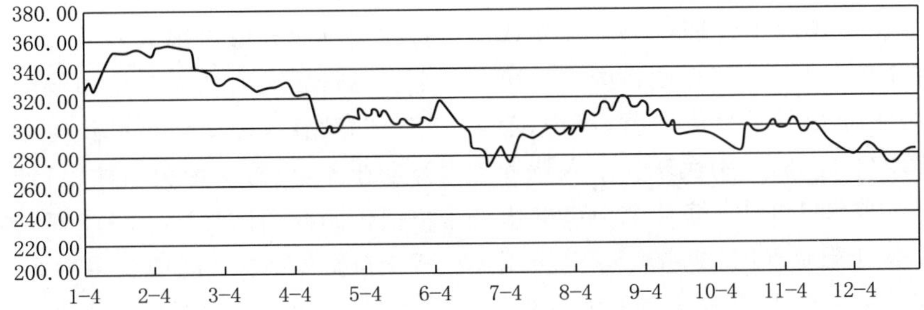

注:铂金价格为 Pt9995 合约日收盘价。

图 2　2013 年铂金价格走势图(元/克)

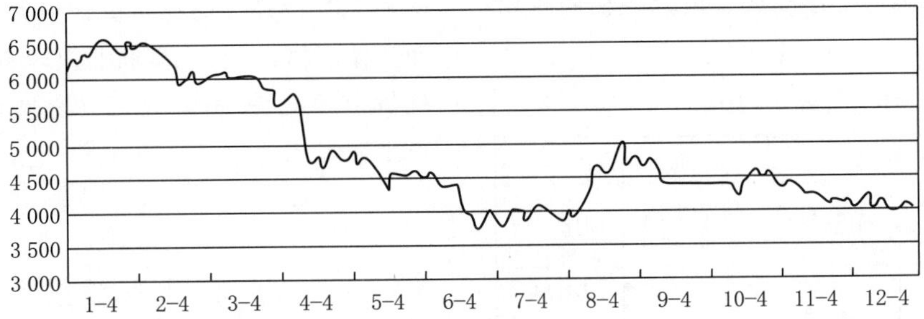

注:白银价格为 Ag(T+D)日收盘价。

图 3　2013 年白银价格走势图(元/克)

【交易规模】　随着金银价格的持续走低,金银交易规模大幅增长。黄金总成交量 11 614.45 吨,同比增长 82.9%,日均成交量 48.8 吨。其中现货合约交易规模扩大,交易量 4 919.75 吨,占市场份额 42.36%,同比增长近 10%;但延期合约仍占黄金交易主力,交易量 6 694.7 吨,占市场份额 57.64%,同比下降近 10%。

白银总成交量 430 500.76 吨,同比增长 106.03%,日均成交量 1 808.83 吨。其中白银现货交易量 515.46 吨,是上年同期的 12.15 倍,但市场份额仅占 0.12%。白银延期合约仍是白银市场的绝对主力,交易量 429 985.3 吨,同比增长 105.82%,占市场份额 99.88%。铂金的交易规模增加 41.19%达 90.24 吨,但铂金消费主要用于工业与首饰加工,交易总量仍然偏小。

【资金清算】　由于交易规模的扩大,年资金清算量大幅增加。2013 年全年资金清算量为 16 742 亿元,同比增长 48.43%,其中会员自营 9 835 亿元,比上年增长 40.45%;代理 6 907 亿元,比上年增长 61.49%;资金清算的笔数和会员保证金存量也呈逐渐增加趋势,日均分别为 1 200 笔和 300 多亿元,开具结算发票 19.9 万张,金额 11 077.50 亿元,同比增长 35.88%。

【仓库管理】　仓库管理系统运行良好,会员存取,调拨出入库手续操作正常,年黄金,白银,铂金的出入库量均有增长。全年共使用仓库 54 个,涉及 34 个地区,指定仓库使用率 73.97%。全年黄金入库量

2 197.08 吨，同比增长 81.35%，相比之下国内近冶炼企业入库量 654.99 吨；黄金出库量 2 196.96 吨，同比增长 92.89%。全年白银入库量 513.54 吨，同比增长 40.84%；白银出库量 482.39 吨，同比增长 23.05%。全年铂金入库量 46.54 吨，出库量 45.47 吨。

【市场主体】 各市场主体交易规模增大，银行类会员业务发展迅速。一是银行类会员的增速明显高于综合类会员。如表 1、表 2 所示，银行类会员与综合类会员在黄金与白银市场的业务均快速增长，但银行类会员的业务增速翻倍，且银行类会员倾向于自营业务，综合类会员倾向于代理业务。二是代理业务的增速远超过其他业务。三是银行类会员市场份额有所上升，2013 年银行类会员自营、代理、个人业务的市场份额共 60.33%，其中代理和个人业务增长明显分别为 1.96%和 1.37%；综合类会员的市场份额 39.67%，其中自营业务同比下降 3.59%，仅占 17.29%。四是银行类会员已呈现出国有五大行，股份制银行，以及外资银行共同竞争，齐头并进的局面，尤其是国有五大行与股份制银行之间的差距逐步缩小。五是商业银行已逐渐成为黄金租借质押市场的主要参与者。

表 1　市场主体黄金交易情况

业务类型	银行类会员		综合类会员	
	2013 年交易量(吨)	同比(%)	2013 年交易量(吨)	同比(%)
自营	4 272.14	85.39	2 007.79	51.44
代理	935.45	141.77	2 598.49	80.97
个人	1 800.58	100.69	—	—

表 2　市场主体白银交易情况

业务类型	银行类会员		综合类会员	
	2013 年交易量(吨)	同比(%)	2013 年交易量(吨)	同比(%)
自营	6 971.24	105.81	6 661.73	70.59
代理	5 165.59	180.09	116 900	95.77
个人	29.48	110.42	—	—

【市场服务】 市场服务功能进一步深化与创新，呈现出丰富的市场交易模式和多层次的市场体系。一是周五夜市活跃，2013 年 5 月 31 日，交易所推出了周五夜市，实现了交易时间与国际主要市场的紧密结合，极大方便了投资者，对交易的活跃有很大的促进作用。全年夜市共成交黄金 2 060.66 吨、白银 217 300.71 吨、铂 6.78 吨。二是 Au995 黄金合约上线，小规格产品的推出，有利于交易所与国际现货市场接轨，增加了国内黄金实物供应，部分缓解国内市场的供给压力。截至年末 Au995 共成交 6.11 吨。三是 ETF 业务上线，2013 年的 7 月和 11 月，共有三只黄金 ETF 分别在上海证券交易所和深圳证券交易所上市交易。上海黄金交易所成为黄金 ETF 的实物申购赎回平台，实现了黄金交易与证券市场的连通。截至年底，黄金 ETF 共成交 14.61 吨，申购赎回总量 9.54 吨，持有黄金总量为 1.80 吨。四是银行间询价业务取得很大发展，银行间黄金询价交易上线运行后成为场内竞价市场的有益补充，满足了银行间黄金大额交易的需求，且已逐步推出了远期，掉期业务，交易所牵头组建银行间黄金询价远期价格报价团开始试运行。2013 年，黄金询价交易累计成交黄金 884.06 吨，成交金额 2 452.49 亿元。五是实物租借业务大幅增长。商业银行开展租借的积极性不断提高，全年新增 4 家商业银行，累计 22 家商业银行推出租借业务，共借出黄金 1 103.12 吨，同比增长 177.12%。交易所黄金租借业务在服务黄金产业实体经济发展、丰富商业银行黄金业务、带动黄金现货市场发展、完善金融市场服务功能等方面已取得了明显成效。

（黄金交易所）

3. 上海股票市场

【市场走势】 2013 年，上海股票市场总体呈震荡下行走势。2 月份，上证综指在达到 2 434 点的当年最高点后振荡下跌，至年末跌至 2 116 点，较最高点下跌 13.1%，与 2012 年末相比，上证综指下跌 6.8%。

2013 年深证成指的走势与上证综指类似，也是在 2 月份达到 10 058 点的当年最高点后震荡下跌，至年末跌至 8 122 点，较 2012 年末下跌 10.9%。

2013 年，深圳创业板指数的走势则与上证综指和深证成指完全不同，总体表现为不断创出新高。2013 年 10 月 10 日，创业板指数达到历史最高 1 424 点，较 2012 年末上涨近一倍；年末收于 1 304 点，同比上升 82.7%，反映出投资者对于具备高新技术的中小企业关注程度持续提高。

具体来看，2013 年上海股市走势也是一波三折。从 2012 年底开始的强势反弹一直持续到 2013 年 2 月，而在 3 月到 5 月市场开始振荡整理，其后 6 月发生的“钱荒”引发了股市暴跌，上证综指单月下跌 14%，创下 3 年半来最大的单月跌幅，此后市场再度小幅反弹。

2013 年 6 月中下旬，银行间资金市场捉襟见肘，短期资金利率一路飙升。6 月 20 日上海银行间同业拆放利率(SHIBOR)的隔夜利率曾一度在盘中升至 30%的历史最高水平，资金市场的恐慌情绪波及包括股市在内的整个资本市场。上证综指曾在盘中下探 1 849 点，为国际金融危机以来最低。

8 月 16 日的光大乌证券龙指事件也造成了市场的短期剧烈波动。2013 年 8 月 16 日上午 11 时 05 分，市场突然出现大笔巨量买单，上证综指在短时间内暴涨超过 5%，一时间各种传言充斥于市。直到下午 2 时光大证券才公告称其策略投资部门自营业务在使用套利交易系统时出现了问题，以致发出错误指令，市场闻讯随之大跌。

此外，受政策发布及解读等因素影响，市场在 11 月也出现了比较明显的波动。11 月 12 日晚间，党的十八届三中全会公报发布，市场认为公报内容低于会前期望，次日股市应声下跌，上证综指下跌 1.8%，失守 2 100 点整数关口；此后 11 月 15 日公布的《中共中央关于全面深化改革若干重大问题的决定》的内容则远超市场期望，从而激发了市场的一波反弹，上证综指两天大涨 4.6%，接近 2 200 指数关口。

【市场交易及融资情况】 2013 年，中国股票市场交易扭转了过去两年低迷的态势，成交金额显著增加，全年股票累计成交金额 46.88 万亿元，同比增长 49%，其中上海证券交易所全年股票累计成交金额 22.96 万亿元，同比增长 39.6%。

2013 年，中国股票市场累计募集资金 2 803 亿元，同比减少 10.4%；其中上海证券交易所累计募集资金 2 423 亿元，在全部融资的占比为 86.4%，同比减少 9.4%。从融资类型来看，由于首次公开发行暂停，增发、配股等再融资方式成为唯一途径。

截至 2013 年末，沪深两市股票总市值为 23.91 万亿元，较 2012 年末小幅增加 0.87 万亿元，其中沪市股票总市值为 15.12 万亿元，较 2012 年末下降 0.67 万亿元；沪深两市股票流通市值为 19.96 万亿元，较 2012 年末增加 1.74 万亿元，其中沪市股票流通市值为 13.65 万亿元，较 2012 年末增加 0.22 万亿元。

【制度建设和市场创新】 (1) 新股发行体制启动第四轮改革。2013 年 11 月 30 日，中国证监会发布《关于进一步推进新股发行体制改革的意见》，启动第四轮新股发行体制改革。12 月 13 日，中国证监会修订并发布《证券发行与承销管理办法》，落实新股发行体制改革要求。随后，沪深证券交易所落实新股发行改革相关工作，陆续发布了新股网上网下发行规则、新股上市首日开盘价格形成机制和上市初期交易机制等。本轮新股发行体制改革，进一步突出了以信息披露为中心的监管理念，加大信息公开力度和审核力度，切实保护中小投资者的知情权、参与权、监督权和求偿权，进一步按照市场化原则理顺新股发行、定价、配售等环节，强化市场约束，促进市场参与各方归为尽责，有利于资本市场的持续健康发展。

(2) 转融券业务试点推出。经过两年多的实践，融资融券已成为股票交易策略中的重要工具。尤其是2012年8月转融通启动以来，融资融券业务取得了长足发展。2013年2月底，转融券试点正式启动，A股市场格局和投资策略再次发生深刻变化。转融券推出有利于完善市场定价机制，对资本市场长期稳定发展有着积极推进作用。其一，有利于改变中国股票市场单边市的格局，对缓解股市剧烈波动、推动市场平稳发展有着积极作用；其二，有利于改变股价与基本面相脱离的困境，促进股票合理定价，完善资本市场价格发现功能；其三，有利于维护蓝筹市场地位，进一步强化资本市场的稳定性；其四，有利于改善上市公司造假问题，提升资本市场信息披露和信息管理的质量；其五，有利于降低投资者的投资风险，多样化投资者的持股收益，从风险管理和收益管理两维度培育长期投资者。

(3) 并购重组分道制正式实施。2013年9月13日，中国证监会宣布上市公司并购重组审核分道制方案，按照“先分后合、一票否决、差别审核”的原则，由证券交易所、证监局、证券业协会及财务顾问分别对上市公司合规情况、中介机构职业能力、产业政策及交易类型三项进行评价，按照评价汇总结果将并购重组申请划入豁免/快速、正常、审慎三条审核通道。其中，符合条件的企业申请将进入豁免/快速通道，不涉及发行股份的项目将豁免审核，由中国证监会直接核准。进入正常通道的项目将按照现有流程审核。还有部分项目将被纳入审慎通道，综合考虑诚信状况等因素，必要时加大核查力度。沪深两地证券交易所随后根据上市公司信息披露考核评价办法，结合证监局日常监管意见，完成了上市公司信息披露和规范运作水平的评价。证券业协会公布了财务顾问执行质量评价方案。上述两项评价结果均为A类，且重组项目属于国务院及工信部确立的“汽车、钢铁、水泥、船舶、电解铝、稀土、电子信息、医药、农业产业化龙头企业”等九大推进兼并重组重点行业，交易类型属于同行业或上下游并购、不构成借壳上市的，将进入豁免/快速审核通道。10月8日起，并购重组分道制审核正式实施。

(王 晟)

4. 上海保险市场

2013年，上海共实现原保险保费收入821.43亿元，全国排名第9位，同比增长0.10%。其中，上海中资保险公司原保险保费收入695.91亿元，占市场份额为84.72%；外资保险公司原保险保费收入125.52亿元，占市场份额为15.28%。上海保险公司全年赔付支出累计301.95亿元，同比增长18.05%。

【财产险业务】 (1) 财产险业务原保险保费收入285.25亿元，全国排名第8位，同比增长11.26%。2013年，上海财产险业务原保险保费收入为285.25亿元，较去年同期增加28.87亿元，同比增长11.26%。其中，机动车辆保险、企财险、船舶保险、货运险和责任险五个主要险种原保险保费收入合计为259.88亿元，同比增长12.06%，占财产险业务原保险保费收入的91.11%，占财产险公司原保险保费收入的85.25%。

(2) 累计赔款支出162.33亿元，同比增长17.10%。2013年，上海财产险业务累计赔款支出162.33亿元，同比增长17.10%。

【人身险业务】 (1) 原保险保费收入536.18亿元，全国排名第7位，同比下降4.98%。2013年，上海人身险业务原保险保费收入为536.18亿元(其中包括财产险公司经营的意外险、短期健康险原保险保费收入19.58亿元)，同比下降4.98%。其中，寿险业务实现原保险保费收入为435.89亿元，同比下降9.65%，占人身险业务原保险保费收入的81.30%；健康险业务实现原保险保费收入67.85亿元，同比增长18.05%，占人身险业务原保险保费收入的12.65%；人身意外险业务实现原保险保费收入32.44亿元，较去年同期增加8.11亿元，同比增长33.32%，占人身险业务原保险保费收入的6.05%。

(2) 赔款与给付支出139.61亿元，同比增长19.17%。2013年，上海人身险业务赔款与给付支出139.61亿元，较上年同期增加22.46亿元，同比增长

19.17%。其中,寿险业务给付金额为103.17亿元,同比增长17.25%;健康险业务赔款与给付支出31.82亿元,同比增长26.58%;意外险业务赔款支出4.63亿元,同比增长14.77%。

【保险中介市场】 (1)专业保险中介机构。截至2013年底,经批准设立的专业保险中介法人机构212家,比年初少7家,其中代理公司109家,经纪公司62家,公估公司41家;非法人分支机构(含分公司和营业部)140家,其中代理、经纪、公估的分支机构分别为65家、50家和25家。2013年,上海共有15家机构退出市场,其中法人机构11家,分支机构4家。

(2)保险兼业代理机构。截至2013年底,上海共有5 535家保险兼业代理机构,其中主要是银邮类和车商类兼业代理机构,数量占比分别达到63.65%和18.39%。

(3)保险营销员。截至2013年底,上海共有保险营销员40 044人,与2012年大致持平,持证率100%。

【保险代理业务】 (1)代理保费规模。2013年,上海保险代理法人机构(含其全国分支机构)累计代理保费收入37.56亿元,同比增长33.33%。其中,代理财产险保费收入23.16亿元,同比增长52.87%;代理人身险保费收入14.4亿元,同比增长10.6%。

(2)代理险种结构。2013年,上海保险代理法人机构(含其全国分支机构)代理财产险和人身险业务的比例约为1.61。代理机动车辆险、企业财产保险、意外伤害保险业务比重较大,占比分别为39.59%、5.68%和4.65%。

(3)代理佣金收入。2013年,上海保险代理法人机构(含其全国分支机构)累计实现代理业务手续费收入9.32亿元,同比增长−6.61%。其中代理财产险业务手续费收入为3.38亿元,代理人身险业务手续费收入为5.94亿元,代理人身险业务手续费收入和财产险业务手续费收入的比例为1.76。保险代理平均手续费率为24.81%,其中财产险和人身险的平均手续费率分别为14.59%和41.25%。

(4)利润状况。2013年末,上海保险代理法人机构(含其全国分支机构)资产总额达到8.27亿元,净亏损为2 539.05万元。在109家保险代理公司中,有56家报表显示盈利,盈利面为51.38%,同比上升了23.1%。

【保险经纪业务】 (1)经纪保费规模。2013年,上海保险经纪法人机构(含其全国分支机构)实现经纪保费收入82.66亿元,同比增长8.11%,其中财产险经纪保费65.86亿元,人身险经纪保费15.83亿元,再保险经纪保费0.97亿元,分别占全部经纪保费收入的79.68%、19.15%和1.17%。

(2)经纪险种结构。2013年,上海保险经纪法人机构(含其全国分支机构)财产险和人身险业务比重为4.16。企业财产险、责任保险和机动车辆保险占比较大,分别达到21.92%、18.43%和9%。

(3)经纪业务收入。2013年,上海保险经纪法人机构(含其全国分支机构)共实现业务收入122 082.96万元,同比增长12.96%。其中经纪佣金收入96 465.11万元,包括财产险经纪佣金收入80 561.98万元,占65.99%;人身险经纪佣金收入15 903.13万元,占13.03%;咨询业务收入24 926.08万元,占20.42%;再保险经纪佣金收入691.77万元,占0.57%。经纪业务的平均佣金率为14.77%,其中,财产险和人身险的平均佣金率分别为12.23%和10.05%。

(4)利润状况。2013年,上海保险经纪法人机构(含其全国分支机构)资产总额达到17.60亿元;净利润0.66亿元,同比减少40%。在62家机构中,有38家机构的报表显示盈利,净利润总计达到13 556.5万元;24家机构亏损,亏损额为6 781.52万元。

【保险公估业务】 (1)实现收入情况。2013年,上海保险公估法人机构(含其全国分支机构)累计实现营业收入(含公估服务费收入和其他收入)37 391.2万元,同比增长16.16%,其中理赔公估服务费收入为35 736.24万元,承保公估服务费收入462.33万元,其他收入1 192.63万元。

按照险种划分,机动车辆险、企业财产险、船舶保险与货物运输保险收入比重较大,占比分别为30.53%、25.53%、13.78%和12.41%。

(2)利润状况。2013年,上海保险公估法人机构(含其全国分支机构)资产总额达到2.87亿元,净利润为1 056.83万元。盈利机构24家,净利润总计达1 561.08万元;亏损机构17家,亏损额达504.25万元。

(上海保监局)

5. 上海商品期货市场

【市场运行】 2013年上海商品期货市场运行规范有序，总体呈现三大特点：一是交易规模稳步增长。总成交金额为60.42万亿元（以下数据均按单边计算），总成交量为6.42亿手，同比分别增长35.47%和75.86%，分别占全国的22.59%和31.16%。其中，连续交易总成交量为1.02亿手，总成交额为8.91万亿元，分别占全年的15.82%和14.74%。二是投资者结构逐步完善。有41.47万个客户参与交易，同比增长15.94%；561户特殊单位客户办理开户，包括基金、期货公司资管、证券公司自营、集合资产管理、定向资产管理客户等。三是客户套保积极性明显提高。286户法人客户申请获批2 605.55万手套保交易头寸，同比分别增长23.63%和49.56%，参与套期保值交易754.81万手，同比上升59.56%。四是各品种走势与国际市场基本一致。

【品种走势】 2013年上期所铜期货合约共成交6 429.59万手，成交金额167 323.62亿元，与上年相比分别上涨12.24%和2.19%。全年共交割铜51 600手，交割金额139.26亿元，与上年相比分别下降19.59%和24.55%，本年累计交割率达0.08%。全年库存最高时为123 796吨，最高持仓量462 356手。

2013年上期所铝期货合约共成交330.56万手，成交金额2 407.32亿元，与上年相比下降16.16%和22.22%。全年共交割铝81 910手，交割金额59.81亿元，与上年相比分别下降5.85%和11.98%，本年累计交割率为2.43%。全年库存最高时为254 994吨，最高持仓量139 678手。

2013年上期所锌期货合约共成交1 208.32万手，成交金额9 040.92亿元，与上年相比分别下降42.74%和43.96%。全年共交割锌37 410手，交割金额27.77亿元，与上年相比分别下降25.79%和27.11%，年累计交割率为0.26%。库存最高时为164 702吨。最高持仓量201 605手。

2013年上期所铅期货合约共成交17.28万手，成交金额246.28亿元。与上年相比分别上涨151.67%和下降7.07%。全年共交割铅19 593手，交割金额32.48亿元，与上年相比分别上涨562.28%和235.41%，年累计交割率为17.13%。库存最高时为70 375吨。最高持仓量13 456手。

2013年上期所黄金期货合约共成交2 008.78万手，成交金额53 545.31亿元，与上年相比分别上涨239.51%和165.31%。全年共交割黄金2 841手，交割金额7.54亿元，与上年相比分别上涨10.24%和下降13.83%，本年累计交割率为0.02%。全年库存最高时为1 095千克。最高持仓量93 818手。

2013年上期所白银期货合约共成交17 322.26万手，成交金额115 554.86亿元，与上年相比分别上涨714.59%和459.47%。全年共交割白银57 788手，交割金额42.48亿元，与上年相比分别上涨106.52%和48.26%，本年累计交割率为0.04%。全年库存最高时为591 170千克。最高持仓量383 891手。

2013年上期所天然橡胶期货合约共成交7 243.81万手，成交金额145 267.78亿元，与上年相比分别下降3.64%和5.97%。全年共交割橡胶14 607手，交割金额29.22亿元，与上年相比分别上涨61.19%和101.51%，本年累计交割率为0.02%。全年库存最高时为87 249吨。最高持仓量154 202手。

2013年上期所燃料油期货合约共成交0.10万手，成交金额2.51亿元，与上年相比分别下降88.62%和89.41%。全年共交割燃料油77手，交割金额0.18亿元，与上年相比分别下降85.61%和87%。本年累计交割率为3.58%。全年库存最高时为41 565吨。最高持仓量56手。

2013年上期所石油沥青期货合约共成交313.43万手，成交金额1 370.53亿元。全年共交割石油沥青0手，交割金额0亿元，本年累计交割率为0%。全年库存最高时为2 250吨。最高持仓量48 715手。

2013年上期所螺纹钢期货合约共成交29 372.89万手，成交金额109 407.13亿元，与上年相比分别上涨62.67%和62.36%。全年共交割螺纹钢19 950手，交割金额7.22亿元，与上年相比分别上涨7.26%和0.22%。本年累计交割率为0.01%。全年库存最高时为45 792吨。最高持仓量1 238 318手。

2013年上期所线材期货合约共成交0.39万手，成交金额1.46亿元，与上年相比分别上涨42.14%和37.05%。全年共交割线材0手，交割金额0亿元，与上年相比分别下降0%和0%。本年累计交割率为0%。全年库存最高时为0吨。最高持仓量286手。

（上期所）

上海期货交易所有色金属连续交易上线启动

6. 中国金融期货市场

2013年，金融期货市场运行平稳，交易活跃，期现拟合良好，基差保持较低水平，持仓量稳中有升，风险管理功能进一步增强。2013年9月6日，国债期货正式挂牌交易，12月主力合约成功切换，交割平稳顺畅，国债期货市场功能初步显现。

【股指期货市场运行情况】 (1) 交易适度活跃。2013年沪深300股指期货共238个交易日，按单边统计，总成交1.9亿手，总成交金额140.7万亿元，比上年分别增长83.91%和85.52%。日均成交81万手，日均成交金额5 912亿元，日均持仓10.6万手，分别比上年增长87.78%、89.43%和38.97%。近月合约为主力合约，交易最为活跃，占市场总成交的90%以上，符合成熟市场一般规律，市场整体流动性进一步增强。

(2) 开户平稳增长，参与者结构改善。开户数平稳均衡增长，市场参与面继续扩大。截至2013年末，全市场账户总数达到16.76万户，参与交易客户数9.99万户。证券、基金、信托、QFII、保险等机构参与股指期货的政策均已明确，截至2013年末，6个大类共199家机构参与股指期货交易，其中，证券公司75家，基金公司69家、信托公司7家、期货公司26家、QFII公司18家、保险公司4家。

表1 2013年沪深300股指期货月度交易情况

月 度	成交量(万手)	环比增幅(%)	成交金额(亿元)	环比增幅(%)	月末持仓量(万手)	环比增幅(%)
一 月	1 504.23	1.27	116 824.39	12.29	10.43	−5.57
二 月	1 120.70	−25.50	90 740.34	−22.33	10.36	−0.61
三 月	1 823.07	62.67	141 140.77	55.54	10.16	−1.98
四 月	1 442.60	−20.87	107 121.12	−24.10	9.97	−1.87
五 月	1 688.58	17.05	129 076.04	20.50	12.76	28.04
六 月	1 374.48	−18.60	95 468.98	−26.04	7.99	−37.38
七 月	2 321.16	68.88	153 581.37	60.87	9.71	21.55
八 月	2 110.85	−9.06	145 804.71	−5.06	9.25	−4.72
九 月	1 413.74	−33.03	102 680.79	−29.58	8.56	−7.49
十 月	1 362.40	−3.63	98 871.23	−3.71	9.56	11.68
十一月	1 596.13	17.16	113 773.24	15.07	11.70	22.34
十二月	1 564.11	−2.01	111 919.35	−1.63	11.95	2.19
总 计	19 322.05		1 407 002.33			

(3) 持仓稳中有升。2013年，股指期货持仓量稳中有升，全年日均持仓量10.64万手，环比增长38.97%；日均名义持仓金额为770.03亿元，环比增长38.98%。成交持仓比持续稳定，接近境外成熟市场水平。

(4) 期现货价格拟合度良好，期现货基差率较小。沪深300股指期货与现货指数保持高度相关性，2013年主力合约与沪深300价格相关系数达99.84%。基差率维持较低水平，大体在±1%以内波动，以负基差为主，即期货价格高于现货指数价格，负基差天数达到62.2%。市场成熟度较高，套利空间较少，为机构套保业务的顺利开展以及市场功能的稳定发挥奠定了坚实基础。

(5) 交割量较低。2013 年,沪深 300 股指期货共交割 12 个合约,交割总量 3.8 万手,平均交割量为 3 200 手。从期、现货的收敛情况看,合约价格始终围绕交割结算价微幅波动,走势平稳,收敛性良好,市场没有出现对到期合约的过度炒作。

表 2 2013 年沪深 300 股指期货月度交割情况

月 度	交割量(万手)	交割金额(亿元)
一 月	1 437	11.18
二 月	3 550	29.25
三 月	2 598	20.02
四 月	3 075	23.33
五 月	2 458	19.00
六 月	2 907	20.19
七 月	2 052	13.65
八 月	2 200	15.38
九 月	3 294	24.35
十 月	4 281	31.18
十一月	2 454	17.37
十二月	8 100	55.65
总 计	38 406	280.55

【股指期货市场运行主要特点】 (1) 市场成熟度不断提高。一是期现货价格拟合度好。近四年来,二者高度拟合,2013 年股指期货主力合约与沪深 300 指数价格相关性达 99.84%,基差率处于 1% 以内的交易日占 95.62%。期货价格相对偏高,负基差天数达到 62.2%,开盘及收盘高于现货价格的交易日比例分别达到 73.47%和 63.55%。二是持仓规模放大,成交持仓比渐趋合理。合约持仓量由上市初期的不足 1 万手增加至 2013 年末约 12 万手。成交持仓比持续下降,由初期的最高约 27 倍降至 2013 年年底的 7 倍左右,降幅超过 70%,逐步向境外成熟市场水平靠拢。三是交割平稳顺畅,期现货市场未出现"到期日效应"。

(2) 市场功能逐步显现,服务实体经济的能力不断增强。一是风险管理作用发挥明显。沪深 300 股指期货上市后,机构投资者合理运用股指期货管理现货风险,在股市三年半来总体下跌的情况下,避险减亏效果显著,累计减亏 172 亿元,一定程度上抵补了现货资产损失。二是股市波动更加平滑。股指期货上市前后同期比较,股市大幅波动天数明显减少,沪深 300 指数涨、跌超过 2%的天数分别下降了 59.87%和 59.06%。三是促进了机构稳定持股。股指期货上市后,沪深 300 指数成份股换手率降幅超过全部 A 股平均水平近 13 个百分点,提升了投资者对大盘蓝筹股的持有偏好。四是促进机构深入参与,助推机构金融创新。截至 2013 年末,6 个大类共 199 家机构参与股指期货交易。机构投资者通过运用股指期货有效对冲风险,助推业务创新,加快转型发展。

【国债期货市场运行情况】 (1) 投资者参与理性,成交持仓结构符合国际惯例。按照"高标准、稳起步"的要求,中金所顺利完成国债期货上市各项准备工作,国债期货于 2013 年 9 月 6 日正式上市。截至 2013 年底,国债期货共运行 76 个交易日,按单边统计,总成交 32.9 万手,总成交金额 3 064 亿元,日均成交 4 326 手,日均成交金额 40 亿元,日均持仓 3 737 手。主力合约成交量和持仓量分别占比 97.14%和 91.35%,日均成交持仓比为 1.15 倍,投资者参与理性,成交持仓主要集中于近月合约,成交持仓结构符合国际惯例,未出现炒新、爆炒等现象。

表 3 2013 年 5 年期国债期货月度交易情况

月 度	成交量(万手)	环比增幅(%)	成交金额(亿元)	环比增幅(%)	月末持仓量(万手)	环比增幅(%)
九 月	15.33		1 443.83		0.44	
十 月	3.68	−75.99	345.67	−76.06	0.40	−9.45
十一月	7.56	105.36	695.73	101.27	0.32	−20.28
十二月	6.31	−16.54	578.66	−16.83	0.36	13.22
总 计	32.88		3 063.89			

(2) 期现价格联动性较好,基差合理。2013 年,5 年期国债期货当季合约的日均基差为−0.18 元,期货价格波动合理。国债期现货价格联动性较好,接近国际成熟市场水平。

(3) 主力合约成功切换,交割平稳顺畅。随着交割月的临近,没有实际交割意愿的投资者逐步将国债期货头寸从近月合约转移到远月合约。2013年12月2日,国债期货TF1312合约进入交割,至12月18日交割结束,共完成70手滚动交割、381手集中交割。参与交割的客户均为机构投资者,交割业务运行顺畅,所有客户全部履约。

表4 2013年5年期国债期货月度交割情况

月 度	交割量(万手)	交割金额(亿元)
十二月	451.00	4.09
总 计	451.00	4.09

【国债期货市场运行主要特点】 (1) 发挥价格发现和避险功能,促进国债发行。国债期货产品标准化程度高,报价成交连续,能够为债券市场提供透明度高、连续性强的价格信息。国债期货上市以来,财政部先后发行了多只可交割国债,国债期货为国债招标发行提供了重要的定价参考。在承销国债的过程中,部分国债承销团成员,利用国债期货锁定利率风险,取得了良好的效果。国债期货套期保值和价格发现功能的初步显现,提高了投资者参与国债投标积极性,促进了国债发行。

(2) 提升国债现货市场流动性,健全反映市场供求关系的国债收益率曲线。健全的国债收益率曲线需要建立在统一、高效、透明的国债现货市场之上,全面反映不同期限结构国债的市场供求关系。上市以来,国债期现货之间套利交易机会、实物交割需求等的增加,促进了国债现货市场流动性的提高,最便宜可交割国债市场流动性的提升尤为明显,促进了现货市场定价效率的提高,从而夯实了国债收益率曲线的编制基础。国债期货价格反映了市场对中长期利率走势的预期,与5年期利率互换走势高度相关,国债期现货基差与回购市场利率之间的关联性也较高,对现货市场价格进行再发现、再定价、再校正,提高现货市场定价效率,进一步提升国债收益率曲线反映市场供求关系的有效性。

(3) 促进债券市场互联互通,及时反映货币政策信息。国债期货促进了交易所债券市场与银行间债券市场的互联互通。国债期货是横跨交易所市场和银行间市场的衍生品,期现套利交易有助于消除同一券种在两个债券市场上的定价差异,提高债券市场定价效率,促进国债在交易所和银行间市场的双向流动。国债期货价格反映了市场对中长期利率走势的预期,能够及时、有效反映货币政策信息。

(4) 加快金融机构产品和业务创新,促进各行业共同发展。国债期货为机构投资者提供有效的风险管理工具,丰富了金融机构的交易策略,促进基于债券市场组合和国债期货的产品创新,提升金融机构的资产管理效率,增强其服务实体经济的能力。国债期货的上市,促进了商业银行、证券公司、期货公司、证券投资基金国债期货相关业务合作。国债期货还促进了债券市场其他创新品种的发展。

(中金所)

7. 上海产权市场

2013年,上海产权市场秉持“推动流转、防止流失、市场配置、发现价值”的服务理念,突出利用市场平台进行产权优化配置的功能,积极应对、创新驱动、拓展市场、稳中求进,进一步加快产权市场规范、创新发展,不断提高市场资源配置效率,推动上海产权市场运行质量稳步提升。2013年,上海产权市场整体运行平稳,各专业平台建设板块有有序展开推进,业务和管理创新取得新的成效有升有降,特别是企业国有产权进场交易整体呈现出稳中有进的发展态势,上海联合产权交易所与合作平台全年共完成各类交易14.9万宗,交易涉及金额达1.39万亿元。一年来,上海产权市场运行呈现新的特点,业务和管理创新取得新的成效。

【注重优化企业国有产权交易服务】 2013年,上海联交所紧紧把握国资国企改革发展新动向,更加注重在企业国有产权交易中发挥市场配置作用,深化、细化、优化企业国有产权交易流程,着力提升国资国企资源市场化配置效率,进一步提升整体交易流转功能,企业国有产权交易呈现“公开挂牌金额增加,通过市场化方式成交金额同比增长”的市场态势。2013年,企业国有产权挂牌金额同比增长64.63%,挂牌成交金额同比增长48.76%;其中,中央企业国有产权挂牌金额同比增长53.65%。与此同时,企业国有产权非挂牌交易同比大幅下降。2013年,企业国有产权非挂牌交易宗数和金额同比分别下跌12.5%和88.4%,其中中央企业国有产权非挂牌交易宗数和金额同比分别下跌43.06%和97.14%。企业国有产权更多采用市场化交易方式的趋势明显。

根据上海国资结构调整任务，立足集团差别化整合需求，重点围绕集团与集团重组项目和核心资产上市后资产整合项目，组织专业团队为企业集团提供产能规划、资产梳理、方案设计、交易实施等为主要内容的综合服务，顺利实现重组后同类业务集中、管理关系理顺和优化产权结构。如仪电和广电重组，共涉及项目22宗，交易金额超过15亿元。再如巴士和强生重组，涵盖出租车、汽车服务、置业三个板块整合，涉及公司近30家，资产10多亿元。

在央企服务过程中，上海联交所不断增强企业国有产权交易项目资源的市场化经营意识和能力，从提高项目推介的效率和质量着手，联合会员单位、异地交易机构、对口服务企业和机构投资人等各种资源优势，将多方位的市场化推介与高效利用投资人信息库相结合，促进项目成交与竞价。同时，深化、细化服务，对于挂牌项目不是简单停留在披露信息阶段，而是将服务内容深入到项目投资价值分析和产业匹配可行性研究，央企部门与联交所市场部和会员部等加强沟通，联手做好推介工作，提升了上海联交所的整体服务能级。

【注重提升产权市场的融资功能】 2013年，上海联交所认真贯彻落实国务院国资委“80号文”精神，出台了《上海产权市场吸引和服务民间资本参与国有企业改制重组试行办法》，更加注重提升产权市场的融资功能，规范有序聚集和组合各类民间资本，创新金融产权进场交易服务，积极探索增资类、创投股权交易等新型业务，努力构建起有效的中小企业投融资机制，吸引更多的非公主体参与产权市场交易。从受让交易情况来看，2013年民营资本不仅在收购宗数上全面超过国有资本，而且在收购金额上也首次超过国有资本，全年民营资本收购金额同比增长50.2%，其中外资企业收购金额同比增加3.24倍。

2013年，金融产权交易挂牌项目和挂牌金额同比分别增长20.45%和2.39倍；成交宗数和金额同比分别增长16.67%和1.41倍。其中，中信银行深圳分行476笔不良债权资产包、华泰保险集团股份有限公司股份1 870万股股份、中国平安人寿保险股份有限公司股份12.497 4万股股份、泰康人寿保险股份有限公司5 000万股股份等转让项目都以竞价方式完成交易。深圳信达佛山资产包和惠城资产包两个项目是信达集团第一次通过产权市场成功处置不良资产包。在创新型金融资产交易方面，共完成13笔总计21.48亿元委托债权投资项目。

上海联交所还积极探索增资扩股市场化模式，吸引和服务各类社会资本和国有资本融合发展。2013年增资扩股类项目成交宗数和金额同比分别增长92.86%和3.73倍。此外，积极探索私募股权基金二级市场流转项目。2013年，盛懿基金6.991亿元出资份额项目挂牌转让，挂牌金额近7.7亿元；上海物联网基金3 000万元出资份额、上海铎得宝股权投资公司3 600万元出资份额等一批基金份额也公开挂牌交易。

上海联交所积极开发创新项目，依托搭建专业交易平台尝试引入更多非公主体参与交易。2013年，金银币资产通过淘宝网实现网络竞价，成交率为52.9%，增值率为8.1%，实现良好开局。为进一步促进面向普通公众的全网络化物权交易，上海联交所正抓紧进行物权交易系统和报价网系统的新一轮开发，力求将淘宝网的相关功能融入到新系统开发中，最终打造一个操作简便、能够吸引广大非公主体参与的产权市场全网络交易平台。

为加强中小企业投融资服务，2013年上海联交所专门成立了中小企业投融资服务中心，依托长江流域产权交易共同市场积极打造中小企业投融资服务联盟，与广东中小企业投融资服务中心和佛山所实现两地项目联合挂牌，并被上海市经信委核准认定为“上海市中小企业投融资专业服务平台”。2013年完成技术合同认定登记金额同比增长11%，认定登记金额在全市33家登记处中继续保持第一，获评年度先进集体及先进个人。

【注重拓展物权类交易业务】 2013年，上海联交所制定了《上海联合产权交易所物权交易办法(试行)》及《上海涉诉国有资产司法委托拍卖操作细则》，大力拓展物权交易品种，依托“中国产权交易报价网”的网络报价功能，开发成功大宗实物资产网络竞价交易平台。针对实物资产等大宗物权标的特定化属性，充分发挥网络竞价交易模式便利、快捷、高效的特点，实现了“三公”资源在更大范围、更宽领域、更深层次的市场化公开处置。2013年，物权成交宗数和金额同比分别增加9.48倍和50.36%。

2013年，上海联交所按照国务院国资委关于资产进场交易的通知精神，积极推进中央企业国有实物资产进场交易。其中，江苏上电贾汪发电有限公司 4×135MW 关停火电设备挂牌项目最终以 1.82 亿元价格成交。央企二部与国航集团积极合力推进飞机资产交易平台建设，并逐步向其他国有航空公司推开。

2013 年，上海联交所成功开展了公务车处置等资产交易业务。为妥善做好本市奉贤区公务用车市场化处置工作，制定了《奉贤区公务用车转让项目应急预案》、《关于奉贤区首批公务用车网络竞价安排及相关手续办理的通知》等一系列文本和规则，最终成功完成奉贤区 1 506 辆公务车网络竞价，吸引了各地 5 000 余人同时参加网络竞价，单车最多竞买人数超过 100 人，报价轮次最多 125 轮，网络报价时间最长 1 小时 56 分钟，成交率达到 96.75%，平均增值率达 36.19%。

2013 年，权益类物权项目的进场交易也在逐步推进。上海联交所积极尝试引入经营性租赁和融资租赁类的资产和权益转让项目，以及银行债权资产包处置项目。比如，针对申通集团地铁商铺、上盖等具有特定要求的经营权、租赁权开发项目招商引资，研究提出以权重报价法替代传统招投标实施市场点对面招商，获得申通集团和市产管办的支持。

【注重产权资源跨区域优化配置】 2013 年，上海联交所积极拓展异地业务，不断完善与异地交易机构的合作协调机制和利益分配机制，不断加强异地并购业务拓展，推动各类国有资产在更大范围、更宽领域、更深层次优化配置。2013 年，异地并购成交金额占到总的成交金额的比例为 33.04%，同比增加 7.74 个百分点。其中，上海对中部地区、中部地区对上海以及长三角对东部地区的并购金额同比分别增加 1.59 倍、7.48 倍和 1.48 倍。

2013 年，"中国产权交易报价网"（以下简称"报价网"）在全国的影响力不断扩大，2013 年新增了义乌产权交易所等 7 家产权交易机构和山东省高级法院等 19 家其他机构加入。全年共有 20 多家机构通过报价网发布 2 500 多条项目信息，有近千宗项目实现了交易，成交宗数和金额同比分别增长 87.52% 和 1.38 倍。其中，"国盛证券有限责任公司 1.854% 股权"项目经过 1 764 轮竞价，增值率达到 75.13%。报价网平台已经发展成为全国性报价标准平台。

上海联交所不断加强国内外合作与交流。作为长江流域产权交易共同市场理事长单位，积极做好共同市场发展和组织协调工作，充分利用好共同市场这个合作平台，参与主持了由共同市场主编的《产权市场　中国创造》书籍编辑出版工作。整合行业协会、研究机构等各类资源，作为上海金融业联合会并购专业委员会主任委员单位，成功举办"2013 年上半年'上海金融景气指数'发布会暨上海企业并购高峰论坛"，发布了上海首个"企业并购指数"及《2013 上半年上海企业并购指数报告》。积极加强国际金融投资交易业务的合作交流，在 2013 年 9 月 29 日"中国（上海）自由贸易试验区挂牌仪式"上，上海联交所成为首批颁证企业，旗下新设的上海联合产权交易服务有限公司首批注册成功入驻自贸区。

【注重各专业平台建设和发展】 2013 年，上海环境能源交易所各项挂牌和成交情况继续保持全国领先，碳排放交易试点工作取得突破性进展，2013 年 11 月 26 日上海碳排放交易在上海环境能源交易所正式启动。南南全球技术产权交易所全球所在全球气候变化应对、技术转移机制创新、国内外合作等方面取得显著成效，全年累计挂牌 5 000 多宗，配对成功 1 469 项，成交宗数 208 宗。2013 年 5 月，南南全球技术产权交易所成功举办"第八届南南峰会暨第一届中国（上海）国际技术交易会"，达成 130 多个合作项目，项目金额总计近 25 亿美元。

上海联交所旗下的其他各个专业平台建设也取得新的进展。其中，上海联合矿权交易所以建立覆盖海内外市场业务链和合作网为主攻方向，新发展会员 25 家（其中海外会员 4 家）；上海联合知识产权交易中心积极开展知识产权市场化工作，在演出经纪、冠名权、音乐制品版权等方面展开业务合作，新开发了"中国保值艺术品交易网"和"世界文化之旅"等业务领域。

（杨　清）

上海环境能源交易所举行碳排放交易启动仪式

8. 上海清算所业务运行

【债券市场】 (1) 登记托管规模继续扩大，全国非金融企业信用类债券齐聚上海。经人民银行批准，上海清算所于2013年6月17日正式开办中期票据和中小非金融企业集合票据的登记托管和清算结算业务，实现了非金融企业债务融资工具的全券种托管，标志着企业信用类债券的登记托管、清算结算业务集聚上海。

2013年，全国债券发行总量8.86万亿元，在上海清算所登记托管的占比31.38%、达到2.78万亿元；全国公司信用类债券发行3.68万亿元，上海占比84.6%，达到3.13亿元，其中在上海清算所登记托管的占比66.30%、达到2.44亿元，同比增长34.81%，故此上海正在成为公司信用类债券全国登记托管、清算结算中心。从券种结构来看，短期融资券发行8 524.8亿元，同比增长1.98%；超短期融资券发行7 535亿元，同比增长29.42%；非公开债务融资工具发行5 668.08亿元，同比增长48.64%；资产支持票据发行48.00亿元，同比下降15.79%；区域集优中小企业集合票据发行61.22亿元，同比增长110.02%；中期票据发行2 516.10亿元。

(2) 投资者账户结构多元化，债券持有结构进一步优化。2013年，我国债券市场投资者队伍不断壮大，投资主体更加多元化。截至2013年末，上海清算所累计开立4 085个投资者账户，较2012年增加745个。其中，政策性银行2家；商业银行259家；证券公司103家；保险公司75家；信用社132家；非银行金融机构92家；非金融机构法人18家；人民银行批准的境外机构60家，同比增长62%，说明银行间债券市场对境外资金的吸引力加大，对外开力度加大，也显示了我国资本项目可兑换进程逐步深化。同时，随着资产管理类业务的快速发展，银行理财、基金、信托等资金集合型的非法人机构投资者明显增多。截至2013年末，上海清算所累积开立的非法人机构共计3 344个，较上年增加630个，其中包括1 048只证券投资基金，912只企业年金计划，76只保险产品，484只信托产品，546只证券公司资产管理计划，43只社保基金以及211只基金管理特定客户资产管理组合，以及24家非法人机构。

截至2013年末，上海清算所托管余额为26 870.42亿元，同比增长9 822.89亿元。随着投资者队伍的不断壮大及机构类型的多样化，债券市场的投资者持有结构也得到进一步优化。2013年，非法人机构债券持有量呈上升趋势，占比为41%，较2012年上升约1个百分点。值得关注的是银行类机构持有的主要是AAA及AA+高等级信用债。政策性银行、国有大行累计持有的AA及以下债务融资工具仅占债务融资工具总额的5%左右。而信托产品、证券公司资产管理计划、证券投资基金、银行理财等各类非法人产品是最主要的投资人，高占比反映了这些投资人较高的风险偏好。

(3) 债券清算业务稳步发展，债券流动性持续提高。随着上海清算所的业务品种和规模发展迅速，在我国场外金融市场发展过程中扮演日益重要的角色。中央对手清算业务逐年稳固，整体来看发展势头良好。其中，现券净额清算金额与清算笔数增速明显，资金轧差率稳中有升，月度业务量保持稳定增长，产品覆盖面逐步扩大。2013全年上海清算所现券交易清算量56 287.01亿元，回购交易清算量55 949.85亿元。其中质押式回购交易清算量52 825.03亿元，买断式回购交易清算量3 124.82亿元。共处理现券净额业务4 053笔，清算面额6 283.20亿元，占清算所集中清算业务的(全额、净额)的11.16%，现券净额清算会员从2012年末的53家扩大至58家。

2013年，随着投资者群体的进一步多元化，债券二级市场交易整体活跃度提升。从上海清算所托管的券种来看，短期融资券、超短期融资券和中期票据的交易更为活跃，年度换手率分别为441.31%、240.77%、338.77%。

(4) 风险管控措施日趋完善，为债券市场平稳运行保驾护航。2013年，上海清算所持续优化风险管理制度，为创新金融产品稳健发展搭建重要的制度平台；先后召开4次风险管理委员会常规会议，持续完善和有效发挥其风险管理决策职能。同时，结合业务发展，不断完善业务规则体系。为明确新增登记托管产品的登记托管业务制度及业务办理流程，上海清算所先后发布了《关于中期票据登记托管结算业务的公告》(清算所公告〔2013〕9号)和《关于同业存单登记托管、清算结算业务的公告》(清算所公告〔2013〕17号)。

上海清算所积极用符合国际标准的一整套风控

措施，有效保障债券现券中央对手清算业务运行平稳，未发生清算会员违约情况，成交价格均在正常范围内，业务总体风险可控，全年清算业务的资金轧差率（即市场成员资金节约比例）稳定在90%以上，有效发挥了节约资金、增加流动性、提高市场活跃程度等作用。同时，上海清算所严格贯彻总行8号和12号公告，以及关于停止部分类型机构开户、限制关联交易、开展C类户清理等市场规范管理要求，积极做好与市场成员沟通，及时传达解释有关业务及政策调整情况，进一步促进债券市场规范平稳运行。

【外汇市场】 继2011年8月22日开始正式向市场提供外汇即期竞价交易集中清算服务后，上海清算所于2013年4月12日起为人民币外汇即期询价交易、人民币外汇远期交易、人民币外汇掉期交易提供净额清算服务。实现了我国银行间外汇市场清算环节的独立经营和专业化风险管理，形成银行间外汇市场统一的中央对手清算平台和集中高效的风险管理，有效支持汇率市场的加速创新发展，为广大市场主体特别是金融机构，提供更好主动管理汇率波动风险的相关工具和服务，推进人民币汇率形成机制市场化。

截至2013年末，外汇竞价清算会员达249家，外汇询价清算会员达26家。2013年全年开展外汇竞价和外汇询价交易清算总额折合1.75万亿美元。

【大宗商品衍生品市场】 2013年4月16日，上海清算所自主创新、独立研发的人民币远期运费协议中央对手清算业务投入正式运行，清算产品包括CTC（海岬型船平均期租远期运费协议）、PTC（巴拿马型船平均期租远期运费协议）与STC（超灵便型船平均期租远期运费协议）3个品种。该业务标志着主流的全球化场外金融衍生品首次实现以人民币计价清算，是我国在这一领域零的突破，不仅为市场主体提供极大便利，也探索出人民币国际化的一条新路；该业务连通上海国际金融、国际航运两个中心建设工作，有利于上海争夺国际航运金融市场定价权，更好服务我国实体经济。

2013年末，共有3家清算会员、6家人民币FFA经纪公司及132家航运相关企业参与该业务；日均清算笔数和清算金额较试运行期间分别增长了162%和115%。

（上海清算所）

第六篇　统　　计

一、金融综合统计

2013 年上海市中资金融机构统计口径

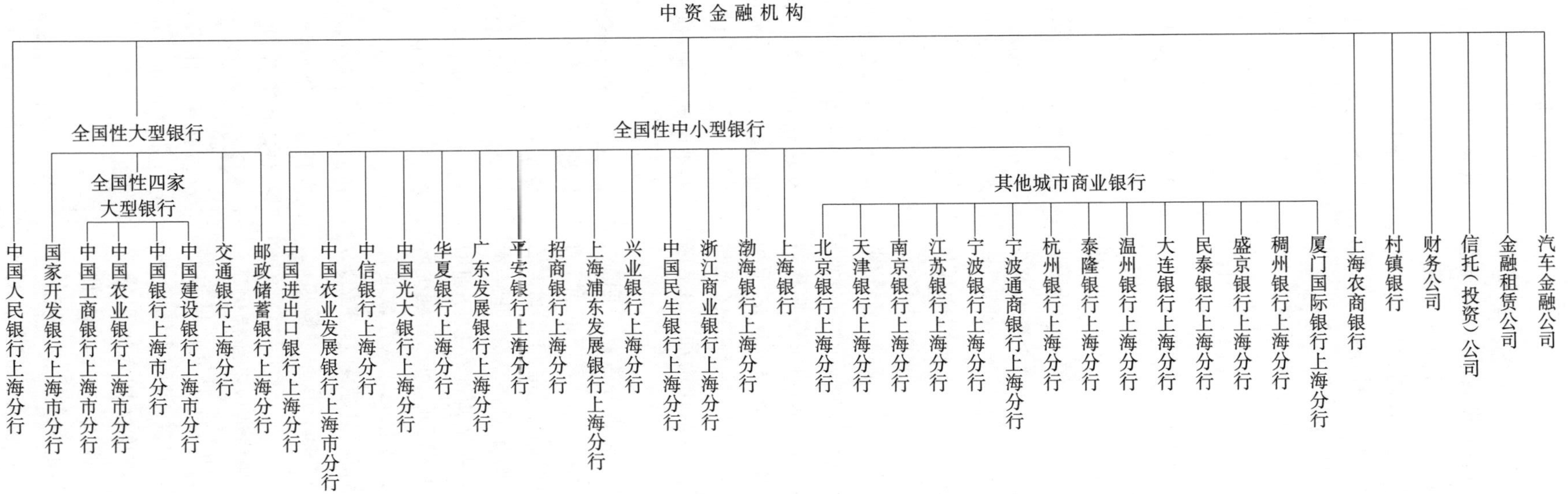

注：1. 全国性大型银行是指本外币资产总量超过 2 万亿元的银行；全国性中小型银行是指本外币资产总量小于 2 万亿元且跨省经营的银行。首次分组以 2008 年末各金融机构本外币资产总额作为参考标准。

2. 自 2012 年 9 月起，深圳发展银行与平安银行两行合并，更名为平安银行；新增宁波通商银行上海分行。

数字提要

2013年，上海市货币信贷运行总体平稳，各项存贷款总量增长适度，信贷结构不断优化，较好地支持了本市实体经济发展。2013年末，上海市本外币各项存款余额69 256亿元①，全年新增存款5 474.3亿元，其中第4季度新增722.4亿元，环比少增455.3亿元。本外币各项贷款余额44 358亿元，全年新增贷款3 297.5亿元，其中第4季度新增420.2亿元，环比少增609.3亿元。

一、各项存款增加较多，单位存款增速较快

（一）人民币存款总量增加较多，外汇存款增长减缓。2013年，全市新增人民币存款5 093.4亿元，其中12月份增加597.9亿元，环比多增15.7亿元。全年新增外汇存款81.4亿美元，其中第4季度减少16.2亿美元。

（二）单位存款增长加快，新增存款占比明显提高。2013年，全市新增本外币单位存款4 068.1亿元，同比多增1 529.1亿元；全年新增本外币单位存款占各项存款增量的74.3%，占比同比提高27个百分点。从存款产品看，本外币单位定期存款、协定存款和结构性存款全年分别增加2 154.6亿元、1 464亿元和837.3亿元，同比分别多增336.4亿元、1 486.8亿元和584.6亿元；而本外币单位活期存款仅增加118.1亿元，同比多增35.1亿元。

（三）个人存款明显少增，储蓄分流趋势明显。2013年，全市新增本外币个人存款1 572.5亿元，同比少增1 014.8亿元，其中新增储蓄存款1 272.5亿元，同比少增1 016.6亿元。按存款产品分，全年本外币个人活期存款、定期存款和结构性存款分别增加596.5亿元、757亿元和301.5亿元，同比分别少增122.2亿元、884亿元和多增15.1亿元。从存款变化情况看，下半年全市本外币储蓄存款减少72.3亿元，其中第4季度减少52.1亿元，环比多减31.9亿元。

二、贷款总量增长平稳，信贷结构不断优化

（一）人民币贷款增长适度，外汇贷款增速减缓。2013年，全市新增人民币贷款3 176.6亿元，同比多增33.8亿元，其中第4季度新增人民币贷款660.3亿元。全年新增外汇贷款41.9亿美元，其中第4季度减少32.8亿美元，环比多减31亿美元。

（二）个人贷款增加较多，单位贷款需求相对疲软。一是个人贷款大幅增加，个贷占比快速上升。2013年，全市新增本外币个人贷款1 347.9亿元，同比多增736.1亿元，占全部贷款增量比重超过四成，占比同比提高24.8个百分点。二是单位普通贷款增幅回落较快。全市本外币单位普通贷款增加1 084.1亿元，同比多增830.3亿元；其中第4季度仅增131.8亿元，仅为前3个季度平均增量的四成。按产品分，全年单位经营性贷款和固定资产贷款分别增加550.6亿元和524.8亿元，同比分别多增745.2亿元和83.7亿元。三是融资租赁贷款、银团贷款和贸易融资贷款同比少增。全年本外币融资租赁贷款、银团贷款和贸易融资贷款分别增加558.4亿元、308.6亿元和157.9亿元，同比分别少增78.5亿元、108.3亿元和1 078.3亿元。四是票据融资明显下降。全年本外币票据融资减少239.8亿元，同比多减756.8亿元；其中直贴减少186.4亿元，同比多减421.9亿元。

（三）贷款投向主要支持经济增长和结构调整需要。全市金融机构发放的本外币企业贷款（不含票据融资）主要投向租赁商务业、制造业、房地产业、交运仓储邮政业和电力燃气及水生产供应业，五行业贷款分别增加646.5亿元、447.6亿元、352.3亿元、264亿元和107.7亿元。按借款企业规模分，上海市中外资银行投放的企业贷款以大型和小型企业为主，分别增加560.3亿元和537.1亿元，其中大型制造企业和小型租赁商务、制造企业贷款分别增加328.5亿元、221.3亿元和179.8亿元；微型企业贷款增加90.9亿元，其中制造和房地产企业贷款分别增加24.5亿元和22.1亿元；中型企业贷款减少41亿元，主要是制造和批发零售企业贷款分别减少247.7亿元和150.3亿元。

（四）房地产开发贷款增长平稳，保障房贷款占比回落。上海市中外资银行本外币商业性房地产开发贷款全年增加398.2亿元，同比少增12.9亿元。按贷款用途分，地产开发贷款增加98.6亿元，同比少增38.5亿元，主要是土地储备机构贷款同比少增65.5亿元。住房开发和商用房开发贷款分别增加161.4亿元和156.2亿元，同比分别少增2.7亿元和多增34.6亿元。全年上海市保障性住房开发贷款

① 因外资金融机构统计指标体系全面调整，2013年上海市中外资金融机构和外资金融机构各项存贷款统计数据不可同比。

仅增加 88.7 亿元，同比少增 115.6 亿元，占住房开发贷款增量的 55%，同比下降 69.5 个百分点。

（五）个人住房贷款持续快速增长。全市新增本外币个人消费贷款 1 341.6 亿元，同比多增 908.8 亿元，其中个人住房贷款增加 789.6 亿元，同比多增 612 亿元。受房地产调控预期、购房刚需集中释放、以及第 4 季度上海市出台落实房地产调控新措施等多种因素的影响，2013 年全市个人住房贷款总量维持高位增长态势，但增势已有所放缓。12 月份全市新增本外币个人住房贷款 49.9 亿元，同比多增 29.8 亿元，环比少增 35.8 亿元。全年本外币个人汽车消费贷款增加 457.8 亿元，同比多增 298.9 亿元。

（2013 年 12 月份汇率 6.096 9）

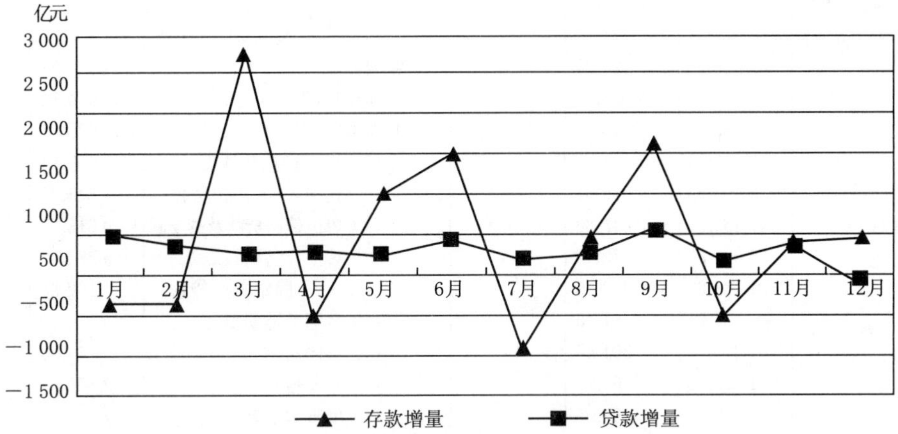

上海市中资金融机构本外币存贷款增量变动图

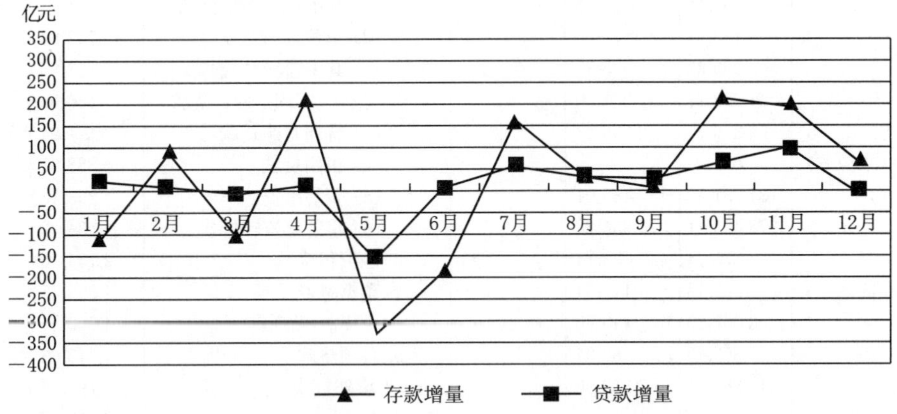

上海市外资金融机构本外币存贷款增量变动图

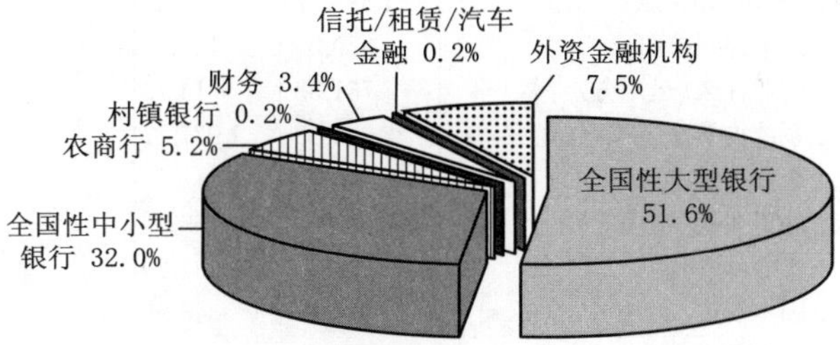

上海市中外资金融机构人民币存款余额占比图

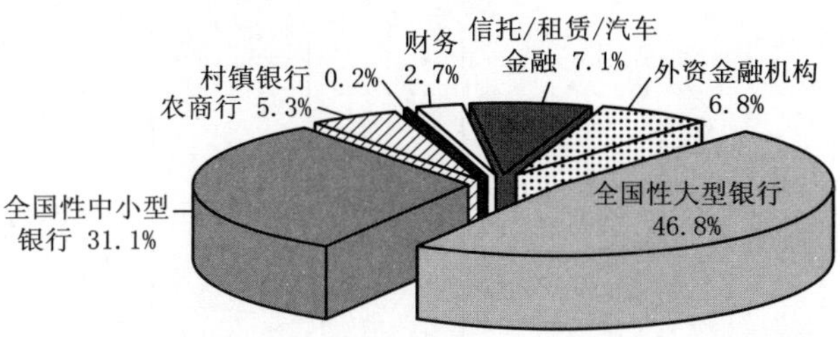

上海市中外资金融机构人民币贷款余额占比图

(一) 本外币信贷收支统计

1. 上海市中外资金融机构本外币信贷收支表

汇率:6.096 9　　2013-12-31　　单位:亿元

栏目 来源项目名称	本 期	比年初增减数	
		本 年	上 年
一、各项存款	69 256.32	5 474.25	
1. 单位存款	41 491.55	4 068.10	
其中:活期存款	11 485.44	118.08	
定期存款	12 696.34	2 154.57	
通知存款	2 692.83	−566.61	
保证金存款	2 489.56	−42.83	
2. 个人存款	23 097.35	1 572.45	
储蓄存款	21 185.69	1 272.45	
保证金存款	34.91	−1.45	
结构性存款	1 876.75	301.45	
3. 财政性存款	1 798.50	168.73	
4. 临时性存款	149.62	34.08	
5. 委托存款	306.79	18.31	
6. 其他存款	2 412.52	−387.44	
二、金融债券	287.12	55.05	
三、中长期借款	186.73	70.86	
四、应付及暂收款	2 299.33	575.87	
其中:应付利息	1 068.27	243.30	
五、同业往来(来源方)	9 336.15	2 095.37	
六、系统内资金往来(来源方)			
七、外汇买卖(来源方)	131 231.46	127 469.01	
其中:结售汇	78 423.11	74 956.78	
八、各项准备	875.24	133.74	
其中:贷款损失准备金	832.48	117.04	
九、所有者权益	2 907.30	349.59	
其中:实收资本	855.43	66.94	
十、其他	−10 881.51	−2 632.96	
资金来源总计	205 498.13	133 590.78	

栏目 运用项目名称	本 期	比年初增减数	
		本 年	上 年
一、各项贷款	44 357.88	3 297.46	
(一) 境内贷款	43 560.83	3 218.50	
1. 短期贷款	13 673.51	580.99	
(1) 个人贷款及透支	909.84	25.45	
其中:个人消费贷款	344.37	74.79	
(2) 单位普通贷款及透支	9 818.21	424.04	
其中:经营贷款	9 573.47	516.01	
固定资产贷款	167.38	−100.71	
(3) 普通并购贷款	6.45	4.12	
(4) 银团贷款	44.50	−8.86	
(5) 贸易融资	2 894.51	136.24	
(6) 境外筹资转贷款			
2. 中长期贷款	25 901.85	2 320.45	
(1) 个人贷款	7 763.92	1 322.42	
其中:个人消费贷款	7 191.43	1 250.36	
(2) 单位普通贷款	13 783.83	660.10	
其中:经营贷款	2 602.85	34.55	
固定资产贷款	11 180.98	625.55	
(3) 普通并购贷款	177.94	−0.14	
(4) 银团贷款	3 888.81	317.44	
(5) 贸易融资	253.13	21.68	
(6) 境外筹资转贷款	34.22	−1.04	
3. 融资租赁	2 134.40	558.37	
4. 票据融资	1 805.45	−239.80	
其中:贴现	1 805.44	−237.11	
5. 各项垫款	45.63	−1.51	
(二) 境外贷款	797.05	78.96	
二、有价证券	2 819.47	−61.87	
三、股权及其他投资	2 257.67	999.70	
四、应收及预付款	1 391.57	577.09	
其中:应收利息	370.33	123.52	
五、同业往来(运用方)	761.38	−14.79	
六、系统内资金往来(运用方)	22 666.59	1 977.77	
七、金银占款			
八、外汇买卖(运用方)	130 512.76	126 755.49	
其中:结售汇	77 796.94	74 331.29	
九、固定资产	521.59	46.99	
十、库存现金	207.08	13.48	
十一、投资性房地产	2.17	−0.55	
资金运用总计	205 498.13	133 590.78	

注:因实施中外资金融机构统计指标一体化,2013 年外资金融机构统计指标体系全面调整,故与上年数据不可比。

2. 上海市中资金融机构本外币信贷收支表

汇率:6.096 9　　　　2013-12-31　　　　单位:亿元

来源项目名称	本期	比年初增减数		运用项目名称	本期	比年初增减数	
		本年	上年			本年	上年
一、各项存款	63 346.88	5 237.68	5 208.36	一、各项贷款	39 992.48	3 156.36	3 900.89
1. 单位存款	36 655.56	3 738.27	2 401.81	(一) 境内贷款	39 585.36	3 089.31	3 820.74
其中:活期存款	10 319.79	185.85	-97.45	1. 短期贷款	11 499.36	407.70	1 866.11
定期存款	11 177.13	1 956.68	1 861.37	(1) 个人贷款及透支	908.91	25.07	198.08
通知存款	2 311.96	-535.13	225.17	其中:个人消费贷款	344.18	74.78	61.27
保证金存款	2 363.25	-63.40	207.20	(2) 单位普通贷款及透支	8 004.71	306.06	408.13
2. 个人存款	22 279.91	1 573.62	2 553.64	其中:经营贷款	7 841.11	386.24	427.65
储蓄存款	20 718.31	1 279.98	2 255.37	固定资产贷款	140.42	-85.00	-26.83
保证金存款	34.25	-1.86	11.91	(3) 普通并购贷款	6.45	5.15	0.21
结构性存款	1 527.35	295.50	286.35	(4) 银团贷款	15.28	-10.69	0.54
3. 财政性存款	1 798.50	168.73	-204.62	(5) 贸易融资	2 564.02	82.10	1 259.14
4. 临时性存款	147.30	35.10	25.53	(6) 境外筹资转贷款			
5. 委托存款	306.79	18.31	30.80	2. 中长期贷款	24 507.06	2 368.50	789.39
6. 其他存款	2 158.83	-296.36	401.20	(1) 个人贷款	7 561.67	1 312.14	403.11
二、金融债券	227.21	5.12	60.29	其中:个人消费贷款	6 993.99	1 243.08	357.85
三、中长期借款	186.73	70.86	68.20	(2) 单位普通贷款	12 875.07	677.79	-67.24
四、应付及暂收款	2 082.25	587.05	261.92	其中:经营贷款	2 159.83	59.41	-577.20
其中:应付利息	1 003.52	236.48	251.14	固定资产贷款	10 715.24	618.38	509.96
五、同业往来(来源方)	7 223.32	1 173.45	1 282.64	(3) 普通并购贷款	172.05	3.29	28.53
六、系统内资金往来(来源方)				(4) 银团贷款	3 624.97	351.58	416.32
七、外汇买卖(来源方)	17 205.76	13 543.05	10 475.57	(5) 贸易融资	239.08	24.74	4.58
其中:结售汇	14 526.96	11 126.22	7 394.73	(6) 境外筹资转贷款	34.22	-1.04	4.09
八、各项准备	818.45	125.26	87.24	3. 融资租赁	2 134.40	558.37	636.90
其中:贷款损失准备金	776.42	108.76	90.03	4. 票据融资	1 400.64	-242.90	493.29
九、所有者权益	2 215.26	285.89	345.42	其中:贴现	1 400.63	-240.21	495.30
其中:实收资本	552.30	46.60	77.43	5. 各项垫款	43.91	-2.35	35.05
十、其他	-6 186.67	-312.04	-2 268.73	(二) 境外贷款	407.12	67.04	80.15
				二、有价证券	2 420.41	-174.52	250.51
				三、股权及其他投资	2 257.67	1 202.31	807.36
				四、应收及预付款	1 254.69	636.67	-177.84
				其中:应收利息	310.19	118.95	33.24
				五、同业往来(运用方)	562.96	229.62	-193.21
				六、系统内资金往来(运用方)	22 735.90	2 069.38	428.05
				七、金银占款			
				八、外汇买卖(运用方)	17 197.69	13 540.22	10 470.85
				其中:结售汇	14 525.09	11 124.96	7 394.10
				九、固定资产	491.75	42.78	21.29
				十、库存现金	203.57	14.05	13.43
				十一、投资性房地产	2.05	-0.53	-0.43
资金来源总计	87 119.18	20 716.33	15 520.90	资金运用总计	87 119.18	20 716.33	15 520.90

注:2013 年 5 月,厦门国际银行从外资银行改制为中资银行,故本表本年数据与上年数据不可比。

3. 上海市外资金融机构本外币信贷收支表

汇率：6.096 9　　　　2013-12-31　　　　单位：亿元

来源项目名称	本月余额	比年初增减数 本年	比年初增减数 上年	运用项目名称	本月余额	比年初增减数 本年	比年初增减数 上年
一、各项存款	5 909.44	236.57		一、各项贷款	4 365.41	141.11	
1. 单位存款	4 836.00	329.83		（一）境内贷款	3 975.47	129.19	
其中：活期存款	1 165.65	−67.77		1. 短期贷款	2 174.15	173.30	
定期存款	1 519.20	197.89		(1) 个人贷款及透支	0.93	0.38	
通知存款	380.87	−31.48		其中：个人消费贷款	0.20	0.00	
保证金存款	126.31	20.57		(2) 单位普通贷款及透支	1 813.50	117.97	
2. 个人存款	817.44	−1.17		其中：经营贷款	1 732.36	129.77	
储蓄存款	467.38	−7.53		固定资产贷款	26.97	−15.71	
保证金存款	0.66	0.41		(3) 普通并购贷款		−1.03	
结构性存款	349.40	5.94		(4) 银团贷款	29.22	1.83	
3. 临时性存款	2.32	−1.02		(5) 贸易融资	330.50	54.15	
4. 其他存款	253.69	−91.08		(6) 境外筹资转贷款			
二、代理财政性存款	0.00	0.00		2. 中长期贷款	1 394.79	−48.05	
三、金融债券	59.91	49.94		(1) 个人贷款	202.25	10.28	
其中：境外发行				其中：个人消费贷款	197.44	7.28	
四、中长期借款				(2) 单位普通贷款	908.76	−17.69	
其中：境外借款				其中：经营贷款	443.02	−24.86	
五、应付及暂收款	217.08	−11.19		固定资产贷款	465.74	7.17	
其中：应付利息	64.76	6.82		(3) 普通并购贷款	5.88	−3.44	
六、卖出回购资产	38.00	−16.10		(4) 银团贷款	263.84	−34.14	
七、向中央银行借款		−1.11		(5) 贸易融资	14.06	−3.06	
八、同业往来(来源方)	2 862.02	316.69		(6) 境外筹资转贷款			
1. 同业存放	1 316.89	92.30		3. 融资租赁			
其中：境外同业存放	1 042.13	609.35		4. 票据融资	404.81	3.10	
2. 同业拆借	1 545.14	224.39		其中：贴现	404.81	3.10	
其中：境外同业拆借	1 044.32	355.13		5. 各项垫款	1.72	0.84	
九、境外联行往来(来源方)	734.99	275.40		（二）境外贷款	389.93	11.92	
十、外汇买卖(来源方)	114 025.70	113 925.96		二、有价证券	881.54	44.85	
其中：结售汇	63 896.15	63 830.56		三、股权及其他投资		−202.61	
十一、委托存款及委托投资基金(净)				四、应收及预付款	136.88	−59.58	
1. 委托存款及委托投资基金				其中：应收利息	60.15	4.58	
2. 减：委托贷款及委托投资				五、买入返售资产	624.03	439.52	
十二、代理金融机构委托贷款基金				六、存放中央银行准备金存款	1 235.92	103.76	
其中：中央银行委托贷款基金				七、存放中央银行特种存款			
十三、各项准备	56.79	8.48		八、缴存中央银行财政性存款		0.00	
其中：贷款损失准备金	56.06	8.28		九、同业往来	2 846.95	318.54	
十四、所有者权益	692.04	63.71		1. 存放同业	1 337.75	96.24	
其中：实收资本	303.13	20.34		其中：存放境外同业	122.86	−103.79	
十五、其他	−1 138.42	−838.13		2. 拆放同业	1 509.20	222.30	
				其中：拆放境外同业	57.34	−150.28	
				十、境外联行往来(运用方)	48.13	9.94	
				十一、代理金融机构贷款			
				其中：代理人行专项贷款			
				十二、库存现金	3.51	−0.57	
				十三、外汇买卖(运用方)	113 315.07	113 215.28	
				其中：结售汇	63 271.85	63 206.33	
				十四、投资性房地产	0.12	−0.02	
资金来源总计	123 457.57	114 010.21		资金运用总计	123 457.57	114 010.21	

注：1. 因实施中外资金融机构统计指标一体化，2013 年外资金融机构统计指标体系全面调整，故与上年数据不可比。
2. 2013 年 5 月，厦门国际银行从外资银行改制为中资银行，故本表本年数据与上年数据不可比。

(二) 人民币信贷收支统计

1. 上海市中外资金融机构人民币信贷收支表

2013-12-31　　　　单位:亿元

栏目 来源项目名称	本　期	比年初增减数 本　年	上　年	栏目 运用项目名称	本　期	比年初增减数 本　年	上　年
一、各项存款	65 037.47	5 093.39		一、各项贷款	39 748.56	3 176.63	
1. 单位存款	38 326.52	3 567.39		(一) 境内贷款	39 562.35	3 194.54	
其中:活期存款	10 281.47	76.20		1. 短期贷款	11 042.84	602.71	
定期存款	11 482.14	1 831.64		(1) 个人贷款及透支	907.85	25.19	
通知存款	2 671.65	-545.77		其中:个人消费贷款	342.38	74.52	
保证金存款	1 934.46	-73.75		(2) 单位普通贷款及透支	8 810.61	463.82	
2. 个人存款	22 314.51	1 591.22		其中:经营贷款	8 569.49	552.32	
储蓄存款	20 486.25	1 264.41		固定资产贷款	163.79	-97.26	
保证金存款	32.99	-1.47		(3) 普通并购贷款	1.45	-0.88	
结构性存款	1 795.27	328.28		(4) 银团贷款	40.57	-8.47	
3. 财政性存款	1 798.50	168.73		(5) 贸易融资	1 282.36	123.04	
4. 临时性存款	101.12	25.85		(6) 境外筹资转贷款			
5. 委托存款	297.68	18.08		2. 中长期贷款	24 557.16	2 290.28	
6. 其他存款	2 199.15	-277.89		(1) 个人贷款	7 750.11	1 322.13	
二、金融债券	287.12	55.05		其中:个人消费贷款	7 177.69	1 250.14	
三、中长期借款	143.96	60.01		(2) 单位普通贷款	12 753.19	623.39	
四、应付及暂收款	2 142.12	464.64		其中:经营贷款	1 978.06	-19.73	
其中:应付利息	1 043.54	250.49		固定资产贷款	10 775.13	643.12	
五、同业往来(来源方)	7 848.59	1 651.88		(3) 普通并购贷款	144.85	-13.07	
六、系统内资金往来(来源方)				(4) 银团贷款	3 722.24	337.74	
七、外汇买卖(来源方)	31 564.35	29 769.87		(5) 贸易融资	186.58	20.09	
其中:结售汇	26 058.55	24 298.72		(6) 境外筹资转贷款	0.18		
八、各项准备	810.09	132.70		3. 融资租赁	2 112.67	542.67	
其中:贷款损失准备金	772.98	115.87		4. 票据融资	1 805.16	-239.77	
九、所有者权益	2 585.93	311.57		其中:贴现	1 805.16	-237.08	
其中:实收资本	698.87	76.15		5. 各项垫款	44.52	-1.35	
十、其他	-8 669.52	-1 160.44		(二) 境外贷款	186.21	-17.92	
				二、有价证券	2 811.68	-62.09	
				三、股权及其他投资	2 250.79	999.92	
				四、应收及预付款	1 170.91	494.43	
				其中:应收利息	343.93	126.44	
				五、同业往来(运用方)	544.40	212.95	
				六、系统内资金往来(运用方)	22 965.72	1 812.59	
				七、金银占款			
				八、外汇买卖(运用方)	31 559.90	29 686.62	
				其中:结售汇	26 111.41	24 382.40	
				九、固定资产	513.65	44.66	
				十、库存现金	182.32	13.53	
				十一、投资性房地产	2.17	-0.55	
资金来源总计	101 750.10	36 378.69		资金运用总计	101 750.10	36 378.69	

注:因实施中外资金融机构统计指标一体化,2013 年外资金融机构统计指标体系全面调整,故与上年数据不可比。

2. 上海市中资金融机构人民币信贷收支表

2013-12-31

单位:亿元

来源项目名称	本　期	比年初增减数		运用项目名称	本　期	比年初增减数	
		本　年	上　年			本　年	上　年
一、各项存款	60 321.03	4 767.37	4 427.46	一、各项贷款	37 033.88	3 169.64	3 149.28
1. 单位存款	34 417.89	3 276.31	1 788.17	(一) 境内贷款	36 882.94	3 184.02	3 142.03
其中:活期存款	9 635.43	118.53	−160.37	1. 短期贷款	9 663.90	542.60	1 176.32
定期存款	10 351.57	1 695.54	1 489.51	(1) 个人贷款及透支	906.92	24.81	198.01
通知存款	2 297.38	−513.78	218.72	其中:个人消费贷款	342.19	74.52	61.20
保证金存款	1 819.59	−92.51	−39.09	(2) 单位普通贷款及透支	7 659.04	443.50	622.67
2. 个人存款	21 675.54	1 553.38	2 487.16	其中:经营贷款	7 496.96	523.93	625.76
储蓄存款	20 174.75	1 257.15	2 178.65	固定资产贷款	138.89	−85.24	−10.39
保证金存款	32.34	−2.12	11.48	(3) 普通并购贷款	1.45	0.15	0.21
结构性存款	1 468.45	298.34	297.03	(4) 银团贷款	14.10	−11.83	2.02
3. 财政性存款	1 798.50	168.73	−204.62	(5) 贸易融资	1 082.40	85.97	353.41
4. 临时性存款	100.27	27.23	20.04	(6) 境外筹资转贷款			
5. 委托存款	297.68	18.08	36.23	2. 中长期贷款	23 663.05	2 343.64	802.90
6. 其他存款	2 031.15	−276.35	300.48	(1) 个人贷款	7 561.26	1 311.77	403.11
二、金融债券	227.21	5.12	60.29	其中:个人消费贷款	6 993.58	1 242.71	357.84
三、中长期借款	143.96	60.01	61.95	(2) 单位普通贷款	12 242.06	667.81	−30.16
四、应付及暂收款	1 793.80	418.25	268.68	其中:经营贷款	1 840.93	41.68	−517.16
其中:应付利息	985.57	241.75	234.10	固定资产贷款	10 401.13	626.13	487.00
五、同业往来(来源方)	6 787.04	1 061.18	1 132.25	(3) 普通并购贷款	139.17	−9.67	17.25
六、系统内资金往来(来源方)				(4) 银团贷款	3 541.13	358.29	409.52
七、外汇买卖(来源方)	7 313.11	5 559.64	3 714.30	(5) 贸易融资	179.25	15.44	3.00
其中:结售汇	7 286.22	5 554.09	3 696.22	(6) 境外筹资转贷款	0.18		0.18
八、各项准备	770.00	124.04	73.68	3. 融资租赁	2 112.67	542.67	633.75
其中:贷款损失准备金	733.41	107.44	79.39	4. 票据融资	1 400.35	−242.88	493.44
九、所有者权益	2 176.75	251.44	356.18	其中:贴现	1 400.35	−240.19	495.23
其中:实收资本	541.38	45.91	77.07	5. 各项垫款	42.97	−2.02	35.61
十、其他	−5 813.04	75.97	−2 146.15	(二) 境外贷款	150.94	−14.38	7.25
				二、有价证券	2 416.02	−177.66	254.23
				三、股权及其他投资	2 250.79	1 202.53	867.59
				四、应收及预付款	1 099.04	569.89	−152.13
				其中:应收利息	292.69	117.42	28.19
				五、同业往来(运用方)	522.85	202.92	−188.95
				六、系统内资金往来(运用方)	22 381.19	1 799.93	192.60
				七、金银占款			
				八、外汇买卖(运用方)	7 341.79	5 499.74	3 792.44
				其中:结售汇	7 292.53	5 575.03	3 670.99
				九、固定资产	491.56	42.82	23.64
				十、库存现金	180.66	13.73	10.36
				十一、投资性房地产	2.05	−0.53	−0.43
资金来源总计	73 719.84	12 323.01	7 948.63	资金运用总计	73 719.84	12 323.01	7 948.63

注:2013 年 5 月,厦门国际银行从外资银行改制为中资银行,故本表本年数据与上年数据不可比。

3. 上海市外资金融机构人民币信贷收支表

2013-12-31　　　　单位:亿元

来源项目名称	本月余额	比年初增减数 本年	比年初增减数 上年	运用项目名称	本月余额	比年初增减数 本年	比年初增减数 上年
一、各项存款	4 716.44	326.02		一、各项贷款	2 714.67	6.99	
1. 单位存款	3 908.64	291.08		(一) 境内贷款	2 679.41	10.52	
其中:活期存款	646.04	−42.33		1. 短期贷款	1 378.93	60.10	
定期存款	1 130.57	136.10		(1) 个人贷款及透支	0.93	0.38	
通知存款	374.27	−32.00		其中:个人消费贷款	0.20	0.00	
保证金存款	114.86	18.76		(2) 单位普通贷款及透支	1 151.57	20.32	
2. 个人存款	638.97	37.84		其中:经营贷款	1 072.52	28.39	
储蓄存款	311.50	7.26		固定资产贷款	24.90	−12.01	
保证金存款	0.65	0.65		(3) 普通并购贷款		−1.03	
结构性存款	326.82	29.93		(4) 银团贷款	26.47	3.37	
3. 临时性存款	0.85	−1.37		(5) 贸易融资	199.96	37.07	
4. 其他存款	167.99	−1.54		(6) 境外筹资转贷款			
二、代理财政性存款	0.00	0.00		2. 中长期贷款	894.10	−53.36	
三、金融债券	59.91	49.94		(1) 个人贷款	188.85	10.36	
其中:境外发行				其中:个人消费贷款	184.11	7.42	
四、中长期借款				(2) 单位普通贷款	511.13	−44.42	
其中:境外借款				其中:经营贷款	137.13	−61.41	
五、应付及暂收款	348.32	46.39		固定资产贷款	374.00	16.99	
其中:应付利息	57.96	8.74		(3) 普通并购贷款	5.68	−3.41	
六、卖出回购资产	33.89	−20.21		(4) 银团贷款	181.11	−20.54	
七、向中央银行借款		−1.11		(5) 贸易融资	7.33	4.65	
八、同业往来(来源方)	1 357.37	167.84		(6) 境外筹资转贷款			
1. 同业存放	1 150.19	183.95		3. 融资租赁			
其中:境外同业存放	1 026.77	618.95		4. 票据融资	404.81	3.10	
2. 同业拆借	207.18	−16.11		其中:贴现	404.81	3.10	
其中:境外同业拆借	25.43	15.90		5. 各项垫款	1.56	0.67	
九、境外联行往来(来源方)	66.15	46.17		(二) 境外贷款	35.26	−3.53	
十、外汇买卖(来源方)	24 251.24	24 210.24		二、有价证券	872.16	41.80	
其中:结售汇	18 772.34	18 744.63		三、股权及其他投资		−202.61	
十一、委托存款及委托投资基金(净)				四、应收及预付款	71.87	−75.46	
1. 委托存款及委托投资基金				其中:应收利息	51.23	9.02	
2. 减:委托贷款及委托投资				五、买入返售资产	624.03	439.52	
十二、代理金融机构委托贷款基金				六、存放中央银行准备金存款	1 190.77	107.44	
其中:中央银行委托贷款基金				七、存放中央银行特种存款			
十三、各项准备	40.09	8.67		八、缴存中央银行财政性存款		0.00	
其中:贷款损失准备金	39.57	8.43		九、同业往来	1 854.60	468.89	
十四、所有者权益	409.17	60.13		1. 存放同业	826.51	178.74	
其中:实收资本	157.49	30.24		其中:存放境外同业		−0.45	
十五、其他	265.40	79.15		2. 拆放同业	1 028.09	290.15	
				其中:拆放境外同业	3.49	0.82	
				十、境外联行往来(运用方)			
				十一、代理金融机构贷款			
				其中:代理人行专项贷款			
				十二、库存现金	1.66	−0.20	
				十三、外汇买卖(运用方)	24 218.11	24 186.88	
				其中:结售汇	18 818.88	18 807.37	
				十四、投资性房地产	0.12	−0.02	
资金来源总计	31 547.99	24 973.23		资金运用总计	31 547.99	24 973.23	

注:1. 因实施中外资金融机构统计指标一体化,2013 年外资金融机构统计指标体系全面调整,故与上年数据不可比。
2. 2013 年 5 月,厦门国际银行从外资银行改制为中资银行,故本表本年数据与上年数据不可比。

4. 上海市中资全国性大型银行人民币信贷收支表

2013-12-31

单位:亿元

栏目 来源项目名称	本月余额	比年初增减数		栏目 运用项目名称	本月余额	比年初增减数	
		本 年	上 年			本 年	上 年
一、各项存款	32 467.61	2 056.31	2 582.17	一、各项贷款	18 592.69	1 366.25	1 412.69
1. 单位存款	16 614.92	1 208.47	856.93	(一) 境内贷款	18 508.78	1 373.56	1 414.46
其中:活期存款	4 910.38	−21.40	126.55	1. 短期贷款	4 054.73	560.89	515.29
定期存款	4 639.76	875.17	510.91	(1) 个人贷款及透支	297.91	6.88	113.96
通知存款	859.68	−291.31	117.04	其中:个人消费贷款	134.39	12.20	44.73
保证金存款	530.51	23.97	−83.56	(2) 单位普通贷款及透支	2 950.08	466.64	172.12
2. 个人存款	15 084.82	953.52	1 559.07	其中:经营贷款	2 892.72	484.78	150.95
储蓄存款	14 286.11	885.76	1 414.02	固定资产贷款	55.98	−12.30	13.98
保证金存款	1.57	0.24	0.63	(3) 普通并购贷款		−0.30	0.30
结构性存款	797.13	67.52	144.41	(4) 银团贷款	13.51	−6.35	4.78
3. 临时性存款	59.52	38.57	−0.67	(5) 贸易融资	793.24	94.01	224.14
4. 其他存款	708.35	−144.24	166.85	(6) 境外筹资转贷款			
二、代理财政性存款	1 299.34	372.38	−46.15	2. 中长期贷款	14 100.63	1 009.93	669.28
三、金融债券	0.01	0.00	0.00	(1) 个人贷款	4 184.06	816.93	314.45
其中:境外发行				其中:个人消费贷款	4 016.84	800.24	286.40
四、中长期借款				(2) 单位普通贷款	7 492.02	17.57	5.01
其中:境外借款				其中:经营贷款	877.12	−70.38	−186.58
五、应付及暂收款	918.27	254.43	104.99	固定资产贷款	6 614.91	87.95	191.59
其中:应付利息	573.87	163.58	126.04	(3) 普通并购贷款	100.80	6.54	34.76
六、卖出回购资产	75.71	20.26	46.84	(4) 银团贷款	2 320.70	169.22	311.76
七、向中央银行借款	8.79	7.55	1.24	(5) 贸易融资	3.05	−0.33	3.29
八、同业往来(来源方)	5 262.21	−149.83	465.96	(6) 境外筹资转贷款			
1. 同业存放	5 192.84	−113.84	360.60	3. 融资租赁			
其中:境外同业存放	360.21	109.21	101.33	4. 票据融资	350.33	−197.98	229.63
2. 同业拆借	69.37	−36.00	105.36	其中:贴现	350.33	−197.98	229.63
其中:境外同业拆借	7.49	−37.87	45.35	5. 各项垫款	3.09	0.72	0.26
九、境外联行往来(来源方)	2 248.82	2 053.70	163.29	(二) 境外贷款	83.91	−7.31	−1.77
十、外汇买卖(来源方)	4 368.12	4 060.74	3 162.54	二、有价证券	1 146.58	33.25	190.45
其中:结售汇	4 368.12	4 060.74	3 162.54	三、股权及其他投资	38.56	−22.31	164.09
十一、委托存款及委托投资基金(净)	11.62	4.94	−129.40	四、应收及预付款	751.54	537.36	7.05
1. 委托存款及委托投资基金	2 958.44	1 658.07	−196.99	其中:应收利息	170.94	89.50	−1.13
2. 减:委托贷款及委托投资	2 946.82	1 653.13	−67.59	五、买入返售资产	565.07	21.17	222.82
十二、代理金融机构委托贷款基金	7.28	0.72	−7.01	六、存放中央银行准备金存款	850.01	717.47	−43.23
其中:中央银行委托贷款基金				七、存放中央银行特种存款			
十三、各项准备	300.31	20.37	13.62	八、缴存中央银行财政性存款	1 079.31	75.95	−32.41
其中:贷款损失准备金	296.52	19.43	15.52	九、同业往来	2 193.01	239.30	405.11
十四、所有者权益	400.61	50.60	66.83	1. 存放同业	1 405.29	−23.79	334.87
其中:实收资本				其中:存放境外同业			
十五、其他	−17 630.59	−1 788.23	−821.60	2. 拆放同业	787.71	263.09	70.24
				其中:拆放境外同业			
				十、境外联行往来(运用方)			
				十一、代理金融机构贷款	17.02	10.46	−7.01
				其中:代理人行专项贷款			
				十二、库存现金	109.92	9.29	8.92
				十三、外汇买卖(运用方)	4 394.37	3 975.76	3 274.83
				其中:结售汇	4 373.43	4 057.65	3 171.99
				十四、投资性房地产			
资金来源总计	29 738.08	6 963.94	5 603.31	资金运用总计	29 738.08	6 963.94	5 603.31

5. 上海市中资全国性中小型银行人民币信贷收支表

2013-12-31

单位:亿元

来源项目名称	本月余额	比年初增减数		运用项目名称	本月余额	比年初增减数	
		本 年	上 年			本 年	上 年
一、各项存款	20 125.12	1 663.04	1 259.75	一、各项贷款	12 347.48	640.01	659.22
1. 单位存款	13 798.15	1 461.64	570.65	(一) 境内贷款	12 281.48	646.93	650.16
其中:活期存款	3 153.78	−77.09	−106.69	1. 短期贷款	4 080.59	−274.55	446.64
定期存款	4 201.54	523.93	434.89	(1) 个人贷款及透支	547.87	3.47	66.91
通知存款	1 040.88	−216.04	47.34	其中:个人消费贷款	165.40	49.65	2.69
保证金存款	1 168.17	−126.13	22.77	(2) 单位普通贷款及透支	3 243.34	−266.42	253.56
2. 个人存款	4 945.65	400.45	676.74	其中:经营贷款	3 156.04	−229.71	283.02
储蓄存款	4 248.57	168.87	517.07	固定资产贷款	66.45	−47.03	−29.30
保证金存款	30.70	−2.35	10.80	(3) 普通并购贷款	1.45	0.45	−0.09
结构性存款	666.38	233.94	148.86	(4) 银团贷款	0.13	−3.93	−2.77
3. 临时性存款	21.31	−14.76	13.03	(5) 贸易融资	287.80	−8.12	129.02
4. 其他存款	1 360.02	−184.29	−0.67	(6) 境外筹资转贷款			
二、代理财政性存款	21.21	−9.19	9.19	2. 中长期贷款	7 653.08	1 114.04	24.14
三、金融债券	122.20	0.01	20.22	(1) 个人贷款	2 511.25	341.01	4.26
其中:境外发行				其中:个人消费贷款	2 150.41	285.48	−4.67
四、中长期借款				(2) 单位普通贷款	3 836.27	620.09	−52.81
其中:境外借款				其中:经营贷款	839.72	122.14	−296.30
五、应付及暂收款	515.72	93.15	40.98	固定资产贷款	2 996.55	497.95	243.50
其中:应付利息	312.37	60.87	79.17	(3) 普通并购贷款	38.37	−16.21	−17.51
六、卖出回购资产	566.33	175.39	−12.68	(4) 银团贷款	1 090.81	153.38	90.31
七、向中央银行借款	35.94	24.00	3.57	(5) 贸易融资	176.19	15.76	−0.29
八、同业往来(来源方)	7 529.46	814.40	1 357.28	(6) 境外筹资转贷款	0.18		0.18
1. 同业存放	7 393.99	939.48	1 453.52	3. 融资租赁			
其中:境外同业存放	245.73	198.74	43.12	4. 票据融资	510.00	−189.40	145.25
2. 同业拆借	135.47	−125.09	−96.24	其中:贴现	510.00	−189.40	145.25
其中:境外同业拆借	49.87	42.14	7.73	5. 各项垫款	37.82	−3.14	34.13
九、境外联行往来(来源方)	0.00	−0.10	0.10	(二) 境外贷款	65.99	−6.92	9.06
十、外汇买卖(来源方)	785.20	235.38	68.25	二、有价证券	1 856.11	43.03	194.28
其中:结售汇	780.98	231.86	67.67	三、股权及其他投资	2 053.07	1 238.69	658.49
十一、委托存款及委托投资基金(净)	284.43	11.51	166.53	四、应收及预付款	243.33	57.26	−141.59
1. 委托存款及委托投资基金	4 109.42	966.45	920.90	其中:应收利息	79.90	21.64	18.82
2. 减:委托贷款及委托投资	3 825.00	954.94	754.37	五、买入返售资产	2 844.51	441.14	1 346.98
十二、代理金融机构委托贷款基金	43.17	43.17		六、存放中央银行准备金存款	1 332.58	101.55	45.27
其中:中央银行委托贷款基金				七、存放中央银行特种存款			
十三、各项准备	320.77	70.42	34.30	八、缴存中央银行财政性存款	1.19	−2.68	0.69
其中:贷款损失准备金	306.69	68.03	32.77	九、同业往来	1 904.01	−1 639.96	562.31
十四、所有者权益	633.58	3.91	96.62	1. 存放同业	1 299.83	−1 694.89	692.96
其中:实收资本	42.34			其中:存放境外同业			
十五、其他	−7 515.78	−1 938.80	319.31	2. 拆放同业	604.19	54.93	−130.66
				其中:拆放境外同业			
				十、境外联行往来(运用方)			
				十一、代理金融机构贷款	43.17	43.17	−0.26
				其中:代理人行专项贷款			
				十二、库存现金	51.48	1.37	4.76
				十三、外汇买卖(运用方)	788.38	263.24	33.06
				其中:结售汇	782.15	258.60	31.96
				十四、投资性房地产	2.04	−0.53	0.21
资金来源总计	23 467.36	1 186.28	3 363.42	资金运用总计	23 467.36	1 186.28	3 363.42

6. 上海市其他城市商业银行人民币信贷收支表

2013-12-31

单位:亿元

来源项目名称	本月余额	比年初增减数 本 年	比年初增减数 上 年	运用项目名称	本月余额	比年初增减数 本 年	比年初增减数 上 年
一、各项存款	2 229.00	593.95	347.32	一、各项贷款	1 397.37	296.29	228.76
1. 单位存款	1 813.13	482.96	242.58	(一) 境内贷款	1 396.57	296.17	228.20
其中:活期存款	427.30	146.87	22.50	1. 短期贷款	805.41	117.16	156.43
定期存款	597.79	136.15	136.76	(1) 个人贷款及透支	120.41	30.43	31.31
通知存款	100.82	4.66	10.68	其中:个人消费贷款	43.53	13.59	8.79
保证金存款	338.44	31.06	59.06	(2) 单位普通贷款及透支	673.96	103.84	104.08
2. 个人存款	261.44	66.48	66.03	其中:经营贷款	662.90	108.16	98.82
储蓄存款	238.87	56.64	60.45	固定资产贷款	11.05	−4.33	5.27
保证金存款	0.04	0.01	−3.01	(3) 普通并购贷款			
结构性存款	22.53	9.83	8.59	(4) 银团贷款		−1.70	0.20
3. 临时性存款	2.58	−12.08	13.75	(5) 贸易融资	11.03	−15.40	20.83
4. 其他存款	151.85	56.59	24.95	(6) 境外筹资转贷款			
二、代理财政性存款	0.02	0.02		2. 中长期贷款	540.98	190.84	51.18
三、金融债券				(1) 个人贷款	124.88	35.37	17.41
其中:境外发行				其中:个人消费贷款	106.78	32.81	9.38
四、中长期借款				(2) 单位普通贷款	373.83	142.01	24.47
其中:境外借款				其中:经营贷款	147.76	59.21	12.39
五、应付及暂收款	53.68	25.13	12.31	固定资产贷款	226.07	82.81	12.08
其中:应付利息	43.15	22.63	7.72	(3) 普通并购贷款	4.73	−0.98	0.29
六、卖出回购资产	7.79	−49.75	32.27	(4) 银团贷款	34.09	11.99	8.66
七、向中央银行借款	12.78	1.78	4.76	(5) 贸易融资	3.45	2.44	0.34
八、同业往来(来源方)	1 535.78	631.14	456.41	(6) 境外筹资转贷款			
1. 同业存放	1 535.78	650.50	437.05	3. 融资租赁			
其中:境外同业存放	0.05	0.05		4. 票据融资	48.06	−11.39	18.25
2. 同业拆借		−19.36	19.36	其中:贴现	48.06	−11.39	18.25
其中:境外同业拆借		−0.15	−0.15	5. 各项垫款	2.12	−0.44	2.34
九、境外联行往来(来源方)				(二) 境外贷款	0.80	0.11	0.57
十、外汇买卖(来源方)	27.27	15.63	7.93	二、有价证券	122.24	−5.92	105.54
其中:结售汇	24.78	13.18	7.89	三、股权及其他投资	446.78	363.61	81.42
十一、委托存款及委托投资基金(净)	0.05	−0.07	−2.34	四、应收及预付款	22.89	15.37	0.69
1. 委托存款及委托投资基金	256.30	144.02	41.67	其中:应收利息	14.89	9.20	0.91
2. 减:委托贷款及委托投资	256.25	144.09	44.01	五、买入返售资产	580.34	153.84	332.59
十二、代理金融机构委托贷款基金				六、存放中央银行准备金存款	91.02	−4.68	31.76
其中:中央银行委托贷款基金				七、存放中央银行特种存款			
十三、各项准备	23.16	9.22	6.07	八、缴存中央银行财政性存款	0.02	0.02	
其中:贷款损失准备金	22.38	8.86	5.67	九、同业往来	586.82	242.20	−31.08
十四、所有者权益	33.08	19.38	12.49	1. 存放同业	471.99	246.58	−89.90
其中:实收资本				其中:存放境外同业			
十五、其他	−644.70	−169.43	−118.78	2. 拆放同业	114.83	−4.38	58.82
				其中:拆放境外同业			
				十、境外联行往来(运用方)			
				十一、代理金融机构贷款			
				其中:代理人行专项贷款			
				十二、库存现金	3.16	0.64	0.85
				十三、外汇买卖(运用方)	27.27	15.65	7.90
				其中:结售汇	24.87	13.25	7.90
				十四、投资性房地产			
资金来源总计	3 277.91	1 077.01	758.43	资金运用总计	3 277.91	1 077.01	758.43

7. 上海市村镇银行人民币信贷收支表

2013-12-31

单位:亿元

栏目 / 来源项目名称	本月余额	比年初增减数		栏目 / 运用项目名称	本月余额	比年初增减数	
		本 年	上 年			本 年	上 年
一、各项存款	119.05	19.69	24.45	一、各项贷款	83.49	18.26	19.17
1. 单位存款	107.69	16.91	21.92	(一) 境内贷款	83.49	18.26	19.17
其中:活期存款	55.00	10.44	11.06	1. 短期贷款	70.36	12.32	18.03
定期存款	36.71	4.09	10.50	(1) 个人贷款及透支	10.19	1.85	1.97
通知存款	3.65	−0.21	−0.31	其中:个人消费贷款	0.04	−0.01	0.03
保证金存款	3.04	−2.96	1.11	(2) 单位普通贷款及透支	60.17	10.47	16.06
2. 个人存款	11.25	2.69	2.52	其中:经营贷款	60.10	10.40	16.06
储蓄存款	11.19	2.70	2.48	固定资产贷款	0.07	0.07	
保证金存款	0.06	0.00	0.05	(3) 普通并购贷款			
结构性存款				(4) 银团贷款			
3. 临时性存款	0.10	0.09	0.01	(5) 贸易融资			
4. 其他存款				(6) 境外筹资转贷款			
二、代理财政性存款				2. 中长期贷款	10.81	6.16	2.47
三、金融债券				(1) 个人贷款	2.65	1.29	0.23
其中:境外发行				其中:个人消费贷款	1.35	0.77	0.09
四、中长期借款				(2) 单位普通贷款	8.16	4.87	2.25
其中:境外借款				其中:经营贷款	7.24	4.56	2.15
五、应付及暂收款	1.80	0.59	0.44	固定资产贷款	0.92	0.31	0.10
其中:应付利息	0.87	0.27	0.15	(3) 普通并购贷款			
六、卖出回购资产				(4) 银团贷款			
七、向中央银行借款	2.00	2.00		(5) 贸易融资			
八、同业往来(来源方)	5.83	−7.68	11.00	(6) 境外筹资转贷款			
1. 同业存放	5.83	−7.68	11.00	3. 融资租赁			
其中:境外同业存放				4. 票据融资	2.14	−0.40	−1.34
2. 同业拆借				其中:贴现	2.14	−0.40	−1.34
其中:境外同业拆借				5. 各项垫款	0.19	0.19	
九、境外联行往来(来源方)				(二) 境外贷款			
十、外汇买卖(来源方)				二、有价证券	0.62	0.00	0.00
其中:结售汇				三、股权及其他投资	0.40	−20.45	18.05
十一、委托存款及委托投资基金(净)				四、应收及预付款	0.88	0.27	0.41
1. 委托存款及委托投资基金	5.78	2.05	1.43	其中:应收利息	0.27	0.08	0.05
2. 减:委托贷款及委托投资	5.78	2.05	1.43	五、买入返售资产			
十二、代理金融机构委托贷款基金				六、存放中央银行准备金存款	26.19	7.47	5.71
其中:中央银行委托贷款基金				七、存放中央银行特种存款			
十三、各项准备	2.66	1.15	0.93	八、缴存中央银行财政性存款			
其中:贷款损失准备金	2.66	1.15	0.93	九、同业往来	40.58	12.13	−0.57
十四、所有者权益	22.35	2.26	6.78	1. 存放同业	40.58	12.13	−0.57
其中:实收资本	15.05		4.00	其中:存放境外同业			
十五、其他	−1.33	−0.26	−0.81	2. 拆放同业			
				其中:拆放境外同业			
				十、境外联行往来(运用方)			
				十一、代理金融机构贷款			
				其中:代理人行专项贷款			
				十二、库存现金	0.18	0.07	0.03
				十三、外汇买卖(运用方)			
				其中:结售汇			
				十四、投资性房地产			
资金来源总计	152.35	17.75	42.79	资金运用总计	152.35	17.75	42.79

8. 上海市信托投资公司人民币信贷收支表

2013-12-31

单位:亿元

来源项目名称	本月余额	比年初增减数 本年	比年初增减数 上年	运用项目名称	本月余额	比年初增减数 本年	比年初增减数 上年
一、各项存款				一、各项贷款	33.70	−2.01	18.14
1. 单位存款				(一) 境内贷款	33.70	−2.01	18.14
其中:活期存款				1. 短期贷款	15.70	4.34	5.95
定期存款				(1) 个人贷款及透支			
通知存款				其中:个人消费贷款			
保证金存款				(2) 单位普通贷款及透支	15.70	4.34	5.95
2. 个人存款				其中:经营贷款	15.70	4.34	5.95
储蓄存款				固定资产贷款			
保证金存款				(3) 普通并购贷款			
结构性存款				(4) 银团贷款			
3. 临时性存款				(5) 贸易融资			
4. 其他存款				(6) 境外筹资转贷款			
二、代理财政性存款				2. 中长期贷款	18.00	−3.66	14.17
三、金融债券				(1) 个人贷款			
其中:境外发行				其中:个人消费贷款			
四、中长期借款				(2) 单位普通贷款	17.90	−3.76	15.16
其中:境外借款				其中:经营贷款	17.90	−3.76	15.16
五、应付及暂收款	22.44	−2.88	5.32	固定资产贷款			
其中:应付利息				(3) 普通并购贷款			
六、卖出回购资产				(4) 银团贷款	0.10	0.10	−0.99
七、向中央银行借款				(5) 贸易融资			
八、同业往来(来源方)				(6) 境外筹资转贷款			
1. 同业存放				3. 融资租赁			
其中:境外同业存放				4. 票据融资		−2.69	−1.98
2. 同业拆借				其中:贴现			−0.19
其中:境外同业拆借				5. 各项垫款			
九、境外联行往来(来源方)				(二) 境外贷款			
十、外汇买卖(来源方)			−0.06	二、有价证券	80.06	−7.42	18.57
其中:结售汇			−0.06	三、股权及其他投资	62.61	22.51	−1.24
十一、委托存款及委托投资基金(净)			2.37	四、应收及预付款	9.70	1.90	2.40
1. 委托存款及委托投资基金	19.05	−2.08	1.40	其中:应收利息	0.23	−0.01	0.12
2. 减:委托贷款及委托投资	19.05	−2.08	1.40	五、买入返售资产	7.57	−1.06	7.93
十二、代理金融机构委托贷款基金	0.01			六、存放中央银行准备金存款			
其中:中央银行委托贷款基金				七、存放中央银行特种存款			
十三、各项准备	1.66	−3.18	0.23	八、缴存中央银行财政性存款			
其中:贷款损失准备金	0.17	−3.03	−0.12	九、同业往来	35.69	13.45	−13.92
十四、所有者权益	219.59	35.04	31.85	1. 存放同业	35.69	13.45	−13.92
其中:实收资本	109.76	0.09	20.01	其中:存放境外同业			
十五、其他	−13.88	−1.31	−5.62	2. 拆放同业			
				其中:拆放境外同业			
				十、境外联行往来(运用方)			
				十一、代理金融机构贷款	0.01		
				其中:代理人行专项贷款			
				十二、库存现金	0.00	0.00	0.00
				十三、外汇买卖(运用方)	0.48	0.31	0.48
				其中:结售汇	0.82	0.34	0.49
				十四、投资性房地产	0.01	0.00	−0.64
资金来源总计	229.83	27.68	31.72	资金运用总计	229.83	27.68	31.72

9. 上海市财务公司人民币信贷收支表

2013-12-31

单位:亿元

来源项目名称	本月余额	比年初增减数 本年	比年初增减数 上年
一、各项存款	2 122.70	316.90	192.96
1. 单位存款	2 122.70	316.90	192.96
其中:活期存款	359.89	71.55	−195.59
定期存款	996.99	168.87	406.88
通知存款	362.25	−9.17	55.87
保证金存款	37.50	10.71	18.33
2. 个人存款			
储蓄存款			
保证金存款			
结构性存款			
3. 临时性存款			
4. 其他存款			
二、代理财政性存款			
三、金融债券			−10.00
其中:境外发行			
四、中长期借款			
其中:境外借款			
五、应付及暂收款	37.01	9.55	−1.62
其中:应付利息	14.42	5.07	4.77
六、卖出回购资产			−11.95
七、向中央银行借款	13.80	6.65	7.15
八、同业往来(来源方)	10.43	−28.94	−15.34
1. 同业存放	7.43	−15.94	1.66
其中:境外同业存放			
2. 同业拆借	3.00	−13.00	−17.00
其中:境外同业拆借			
九、境外联行往来(来源方)			
十、外汇买卖(来源方)			
其中:结售汇			
十一、委托存款及委托投资基金(净)	1.63	1.63	−0.90
1. 委托存款及委托投资基金	890.48	193.53	286.72
2. 减:委托贷款及委托投资	888.85	191.91	287.61
十二、代理金融机构委托贷款基金			
其中:中央银行委托贷款基金			
十三、各项准备	22.70	7.10	2.35
其中:贷款损失准备金	22.47	6.86	4.30
十四、所有者权益	243.31	42.78	35.74
其中:实收资本	125.23	14.22	6.06
十五、其他	74.57	−19.24	72.12
资金来源总计	2 526.15	336.43	270.51

运用项目名称	本月余额	比年初增减数 本年	比年初增减数 上年
一、各项贷款	1 085.63	203.03	56.95
(一)境内贷款	1 085.63	203.03	56.95
1. 短期贷款	577.88	165.22	62.27
(1) 个人贷款及透支	10.71	−0.28	0.04
其中:个人消费贷款	10.68	−0.32	0.03
(2) 单位普通贷款及透支	567.17	165.50	62.24
其中:经营贷款	559.52	178.22	57.31
固定资产贷款	7.65	−12.72	4.93
(3) 普通并购贷款			
(4) 银团贷款			
(5) 贸易融资			
(6) 境外筹资转贷款			
2. 中长期贷款	374.72	64.99	33.75
(1) 个人贷款	202.90	74.74	45.87
其中:个人消费贷款	201.28	73.35	45.64
(2) 单位普通贷款	118.27	−11.42	−14.25
其中:经营贷款	51.35	10.80	3.66
固定资产贷款	66.92	−22.22	−17.91
(3) 普通并购贷款			
(4) 银团贷款	53.55	1.66	2.13
(5) 贸易融资			
(6) 境外筹资转贷款			
3. 融资租赁	54.32	−30.93	−29.78
4. 票据融资	78.71	3.75	−9.29
其中:贴现	78.71	3.75	−9.29
5. 各项垫款			
(二)境外贷款			
二、有价证券	115.12	−181.98	45.38
三、股权及其他投资	80.77	−17.14	32.46
四、应收及预付款	5.05	−1.89	−0.07
其中:应收利息	3.87	−1.51	2.21
五、买入返售资产	27.36	27.36	
六、存放中央银行准备金存款	302.92	48.70	27.35
七、存放中央银行特种存款			
八、缴存中央银行财政性存款			
九、同业往来	909.56	258.35	108.42
1. 存放同业	909.56	258.35	108.42
其中:存放境外同业			
2. 拆放同业			
其中:拆放境外同业			
十、境外联行往来(运用方)			
十一、代理金融机构贷款			
其中:代理人行专项贷款			
十二、库存现金	0.01	0.01	0.00
十三、外汇买卖(运用方)	−0.27	−0.02	0.00
其中:结售汇	−0.04	0.00	0.00
十四、投资性房地产			
资金运用总计	2 526.15	336.43	270.51

10. 上海市金融租赁公司人民币信贷收支表

2013-12-31

单位:亿元

栏目 来源项目名称	本月余额	比年初增减数		栏目 运用项目名称	本月余额	比年初增减数	
		本 年	上 年			本 年	上 年
一、各项存款	31.49	1.56	−7.47	一、各项贷款	2 056.39	575.36	664.38
1. 单位存款	31.49	1.56	−7.47	(一)境内贷款	2 056.39	575.36	664.38
其中:活期存款				1. 短期贷款			
定期存款				(1)个人贷款及透支			
通知存款				其中:个人消费贷款			
保证金存款	31.49	1.56	−7.47	(2)单位普通贷款及透支			
2. 个人存款				其中:经营贷款			
储蓄存款				固定资产贷款			
保证金存款				(3)普通并购贷款			
结构性存款				(4)银团贷款			
3. 临时性存款				(5)贸易融资			
4. 其他存款				(6)境外筹资转贷款			
二、代理财政性存款				2. 中长期贷款			
三、金融债券	40.00	20.00		(1)个人贷款			
其中:境外发行				其中:个人消费贷款			
四、中长期借款	117.62	58.01	56.12	(2)单位普通贷款			
其中:境外借款				其中:经营贷款			
五、应付及暂收款	184.39	58.26	86.77	固定资产贷款			
其中:应付利息	11.98	2.27	3.56	(3)普通并购贷款			
六、卖出回购资产	16.62	14.62	−28.00	(4)银团贷款			
七、向中央银行借款				(5)贸易融资			
八、同业往来(来源方)	1 532.12	320.77	486.11	(6)境外筹资转贷款			
1. 同业存放				3. 融资租赁	2 056.39	575.36	664.38
其中:境外同业存放				4. 票据融资			
2. 同业拆借	1 532.12	320.77	486.11	其中:贴现			
其中:境外同业拆借				5. 各项垫款			
九、境外联行往来(来源方)				(二)境外贷款			
十、外汇买卖(来源方)				二、有价证券			
其中:结售汇				三、股权及其他投资			
十一、委托存款及委托投资基金(净)				四、应收及预付款	46.84	−44.48	−23.92
1. 委托存款及委托投资基金				其中:应收利息	16.42	3.41	5.60
2. 减:委托贷款及委托投资				五、买入返售资产			−4.34
十二、代理金融机构委托贷款基金				六、存放中央银行准备金存款			
其中:中央银行委托贷款基金				七、存放中央银行特种存款			
十三、各项准备	39.65	16.46	12.12	八、缴存中央银行财政性存款			
其中:贷款损失准备金	39.47	16.28	12.20	九、同业往来	29.70	−4.07	3.97
十四、所有者权益	220.56	53.67	67.76	1. 存放同业	29.70	−0.07	1.17
其中:实收资本	149.50	22.50	47.00	其中:存放境外同业			
十五、其他	−49.53	−16.55	−33.32	2. 拆放同业		−4.00	2.80
				其中:拆放境外同业			
				十、境外联行往来(运用方)			
				十一、代理金融机构贷款			
				其中:代理人行专项贷款			
				十二、库存现金	0.00	0.00	0.00
				十三、外汇买卖(运用方)			
				其中:结售汇			
				十四、投资性房地产			
资金来源总计	2 132.94	526.80	640.09	资金运用总计	2 132.94	526.80	640.09

11. 上海市汽车金融公司人民币信贷收支表

2013-12-31

单位:亿元

来源项目名称	本月余额	比年初增减数	
		本年	上年
一、各项存款	101.89	5.73	42.84
1. 单位存款	101.89	5.73	42.84
其中:活期存款			
定期存款	69.00	-1.00	36.00
通知存款			
保证金存款	32.89	6.73	6.84
2. 个人存款			
储蓄存款			
保证金存款			
结构性存款			
3. 临时性存款			
4. 其他存款			
二、代理财政性存款			
三、金融债券		-14.89	0.06
其中:境外发行			
四、中长期借款	26.33	2.00	5.83
其中:境外借款			
五、应付及暂收款	29.07	3.81	2.65
其中:应付利息	4.04	-0.28	0.81
六、卖出回购资产			-0.06
七、向中央银行借款			
八、同业往来(来源方)	544.19	129.47	14.99
1. 同业存放	127.01	51.27	-21.11
其中:境外同业存放			
2. 同业拆借	417.18	78.20	36.10
其中:境外同业拆借			
九、境外联行往来(来源方)			
十、外汇买卖(来源方)			
其中:结售汇			
十一、委托存款及委托投资基金(净)			
1. 委托存款及委托投资基金			
2. 减:委托贷款及委托投资			
十二、代理金融机构委托贷款基金			
其中:中央银行委托贷款基金			
十三、各项准备	9.72	3.22	2.77
其中:贷款损失准备金	8.52	3.16	2.12
十四、所有者权益	121.20	30.09	18.99
其中:实收资本	49.49	9.09	
十五、其他	-1.66	0.26	-0.84
资金来源总计	830.74	159.69	87.23

运用项目名称	本月余额	比年初增减数	
		本年	上年
一、各项贷款	733.40	123.07	98.19
(一)境内贷款	733.40	123.07	98.19
1. 短期贷款	243.62	64.33	61.90
(1)个人贷款及透支	20.55	8.94	9.76
其中:个人消费贷款	20.55	8.94	9.76
(2)单位普通贷款及透支	223.07	55.39	52.14
其中:经营贷款	222.51	54.83	52.14
固定资产贷款	0.56	0.56	
(3)普通并购贷款			
(4)银团贷款			
(5)贸易融资			
(6)境外筹资转贷款			
2. 中长期贷款	487.82	60.50	37.13
(1)个人贷款	487.20	60.24	37.59
其中:个人消费贷款	484.51	67.29	27.85
(2)单位普通贷款	0.62	0.26	-0.46
其中:经营贷款	0.05	-0.25	-0.53
固定资产贷款	0.57	0.50	0.06
(3)普通并购贷款			
(4)银团贷款			
(5)贸易融资			
(6)境外筹资转贷款			
3. 融资租赁	1.96	-1.76	-0.84
4. 票据融资			
其中:贴现			
5. 各项垫款			
(二)境外贷款			
二、有价证券			
三、股权及其他投资			
四、应收及预付款	5.67	2.27	-0.33
其中:应收利息	4.92	1.83	-0.27
五、买入返售资产			
六、存放中央银行准备金存款	14.74	3.46	5.34
七、存放中央银行特种存款			
八、缴存中央银行财政性存款			
九、同业往来	76.94	30.89	-15.97
1. 存放同业	76.94	30.89	-15.97
其中:存放境外同业			
2. 拆放同业			
其中:拆放境外同业			
十、境外联行往来(运用方)			
十一、代理金融机构贷款			
其中:代理人行专项贷款			
十二、库存现金	0.00		0.00
十三、外汇买卖(运用方)			
其中:结售汇			
十四、投资性房地产			
资金运用总计	830.74	159.69	87.23

(三) 外汇信贷收支统计

1. 上海市中外资金融机构外汇信贷收支表

2013-12-31

单位:亿美元

来源项目名称	本期	比年初增减数 本年	比年初增减数 上年
一、各项存款	691.97	81.36	
1. 单位存款	519.12	95.24	
其中:活期存款	197.47	12.59	
定期存款	199.15	57.35	
通知存款	3.47	−3.21	
保证金存款	91.05	7.65	
2. 个人存款	128.40	0.87	
储蓄存款	114.72	4.72	
保证金存款	0.32	0.01	
结构性存款	13.37	−3.87	
3. 财政性存款			
4. 临时性存款	7.95	1.55	
5. 委托存款	1.49	0.08	
6. 其他存款	35.00	−16.38	
二、金融债券			
三、中长期借款	7.02	1.94	
四、应付及暂收款	25.78	18.47	
其中:应付利息	4.06	−1.02	
五、同业往来(来源方)	243.99	77.88	
六、系统内资金往来(来源方)	49.06	−24.81	
七、外汇买卖(来源方)	16 347.18	16 034.08	
其中:结售汇	8 588.72	8 317.22	
八、各项准备	10.69	0.49	
其中:贷款损失准备金	9.76	0.48	
九、所有者权益	52.71	7.63	
其中:实收资本	24.83	−0.98	
十、其他	−362.81	−245.16	
资金来源总计	17 065.58	15 951.87	

运用项目名称	本期	比年初增减数 本年	比年初增减数 上年
一、各项贷款	756.01	41.91	
(一) 境内贷款	655.82	23.49	
1. 短期贷款	431.48	9.49	
(1) 个人贷款及透支	0.33	0.05	
其中:个人消费贷款	0.33	0.05	
(2) 单位普通贷款及透支	165.26	−1.37	
其中:经营贷款	164.67	−0.84	
固定资产贷款	0.59	−0.53	
(3) 普通并购贷款	0.82	0.82	
(4) 银团贷款	0.64	−0.04	
(5) 贸易融资	264.42	10.03	
(6) 境外筹资转贷款			
2. 中长期贷款	220.55	11.42	
(1) 个人贷款	2.26	0.11	
其中:个人消费贷款	2.25	0.10	
(2) 单位普通贷款	169.04	10.91	
其中:经营贷款	102.48	11.71	
固定资产贷款	66.57	−0.80	
(3) 普通并购贷款	5.43	2.22	
(4) 银团贷款	27.32	−2.41	
(5) 贸易融资	10.92	0.58	
(6) 境外筹资转贷款	5.58	0.00	
3. 融资租赁	3.56	2.60	
4. 票据融资	0.05	0.00	
其中:贴现	0.05	0.00	
5. 各项垫款	0.18	−0.02	
(二) 境外贷款	100.19	18.42	
二、有价证券	1.28	0.07	
三、股权及其他投资	1.13	0.00	
四、应收及预付款	36.19	14.24	
其中:应收利息	4.33	−0.33	
五、同业往来(运用方)	35.59	−35.17	
六、系统内资金往来(运用方)			
七、金银占款			
八、外汇买卖(运用方)	16 230.03	15 930.29	
其中:结售汇	8 477.35	8 201.05	
九、固定资产	1.30	0.41	
十、库存现金	4.06	0.11	
十一、投资性房地产			
资金运用总计	17 065.58	15 951.87	

注:因实施中外资金融机构统计指标一体化,2013 年外资金融机构统计指标体系全面调整,故与上年数据不可比。

2. 上海市中资金融机构外汇信贷收支表

2013-12-31　　　　单位:亿美元

来源项目名称	本期	比年初增减数		运用项目名称	本期	比年初增减数	
		本 年	上 年			本 年	上 年
一、各项存款	496.29	89.72	124.93	一、各项贷款	485.26	12.45	120.44
1. 单位存款	367.02	84.51	98.08	(一) 境内贷款	443.24	−1.77	108.80
其中:活期存款	112.25	14.08	10.23	1. 短期贷款	301.05	−12.43	110.24
定期存款	135.41	45.61	59.24	(1) 个人贷款及透支	0.33	0.05	0.01
通知存款	2.39	−3.33	1.04	其中:个人消费贷款	0.33	0.05	0.01
保证金存款	89.17	7.31	39.29	(2) 单位普通贷款及透支	56.70	−20.16	−33.86
2. 个人存款	99.13	6.20	10.78	其中:经营贷款	56.45	−20.21	−31.25
储蓄存款	89.15	6.31	12.38	固定资产贷款	0.25	0.05	−2.61
保证金存款	0.31	0.05	0.07	(3) 普通并购贷款	0.82	0.82	
结构性存款	9.66	−0.16	−1.67	(4) 银团贷款	0.19	0.19	−0.23
3. 财政性存款				(5) 贸易融资	243.01	6.67	144.32
4. 临时性存款	7.71	1.48	0.89	(6) 境外筹资转贷款			
5. 委托存款	1.49	0.08	−0.86	2. 中长期贷款	138.43	8.11	−1.83
6. 其他存款	20.94	−2.55	16.04	(1) 个人贷款	0.07	0.06	0.00
二、金融债券				其中:个人消费贷款	0.07	0.06	0.00
三、中长期借款	7.02	1.94	1.00	(2) 单位普通贷款	103.82	4.70	−5.64
四、应付及暂收款	47.31	28.28	−1.03	其中:经营贷款	52.31	4.39	−9.41
其中:应付利息	2.94	−0.75	2.71	固定资产贷款	51.52	0.31	3.77
五、同业往来(来源方)	71.56	20.01	23.99	(3) 普通并购贷款	5.39	2.22	1.80
六、系统内资金往来(来源方)			−20.63	(4) 银团贷款	13.75	−0.65	1.12
七、外汇买卖(来源方)	1 622.57	1 318.82	1 076.05	(5) 贸易融资	9.81	1.77	0.27
其中:结售汇	1 187.61	922.14	588.74	(6) 境外筹资转贷款	5.58	0.00	0.63
八、各项准备	7.95	0.43	2.17	3. 融资租赁	3.56	2.60	0.50
其中:贷款损失准备金	7.05	0.42	1.71	4. 票据融资	0.05	0.00	−0.02
九、所有者权益	6.32	5.67	−1.70	其中:贴现	0.05	0.00	0.01
其中:实收资本	1.79	0.16		5. 各项垫款	0.15	−0.05	−0.09
十、其他	−61.28	−63.57	−19.44	(二) 境外贷款	42.02	14.22	11.64
				二、有价证券	0.72	0.52	−0.59
				三、股权及其他投资	1.13	0.00	−9.55
				四、应收及预付款	25.53	11.39	−4.05
				其中:应收利息	2.87	0.33	0.81
				五、同业往来(运用方)	6.58	4.44	−0.67
				六、系统内资金往来(运用方)	58.18	44.61	16.78
				七、金银占款			
				八、外汇买卖(运用方)	1 616.54	1 327.72	1 062.87
				其中:结售汇	1 186.27	918.57	592.65
				九、固定资产	0.03	−0.01	−0.37
				十、库存现金	3.76	0.16	0.50
				十一、投资性房地产			
资金来源总计	2 197.73	1 401.29	1 185.35	资金运用总计	2 197.73	1 401.29	1 185.35

注:2013 年 5 月,厦门国际银行从外资银行改制为中资银行,故本表本年数据与上年数据不可比。

3. 上海市外资金融机构外汇信贷收支表

2013-12-31

单位:亿美元

来源项目名称	本月余额	比年初增减数 本年	比年初增减数 上年
一、各项存款	195.67	−8.36	
1. 单位存款	152.10	10.73	
其中:活期存款	85.23	−1.49	
定期存款	63.74	11.74	
通知存款	1.08	0.11	
保证金存款	1.88	0.34	
2. 个人存款	29.27	−5.33	
储蓄存款	25.27	−1.59	
保证金存款	0.00	−0.04	
结构性存款	3.70	−3.71	
3. 临时性存款	0.24	0.06	
4. 其他存款	14.06	−13.82	
二、代理财政性存款			
三、金融债券			
其中:境外发行			
四、中长期借款			
其中:境外借款			
五、应付及暂收款	−21.53	−9.81	
其中:应付利息	1.11	−0.27	
六、卖出回购资产	0.67	0.67	
七、向中央银行借款			
八、同业往来(来源方)	246.79	31.09	
1. 同业存放	27.34	−13.76	
其中:境外同业存放	2.52	−1.45	
2. 同业拆借	219.45	44.85	
其中:境外同业拆借	167.12	58.98	
九、境外联行往来(来源方)	109.70	39.76	
十、外汇买卖(来源方)	14 724.61	14 715.26	
其中:结售汇	7 401.11	7 395.08	
十一、委托存款及委托投资基金(净)			
1. 委托存款及委托投资基金			
2. 减:委托贷款及委托投资			
十二、代理金融机构委托贷款基金			
其中:中央银行委托贷款基金			
十三、各项准备	2.74	0.05	
其中:贷款损失准备金	2.70	0.06	
十四、所有者权益	46.40	1.96	
其中:实收资本	23.03	−1.15	
十五、其他	−230.25	−152.85	
资金来源总计	15 074.80	14 617.79	

运用项目名称	本月余额	比年初增减数 本年	比年初增减数 上年
一、各项贷款	270.75	29.46	
(一) 境内贷款	212.58	25.26	
1. 短期贷款	130.43	21.92	
(1) 个人贷款及透支		0.00	
其中:个人消费贷款		0.00	
(2) 单位普通贷款及透支	108.57	18.79	
其中:经营贷款	108.22	19.38	
固定资产贷款	0.34	−0.58	
(3) 普通并购贷款			
(4) 银团贷款	0.45	−0.23	
(5) 贸易融资	21.41	3.36	
(6) 境外筹资转贷款			
2. 中长期贷款	82.12	3.31	
(1) 个人贷款	2.20	0.05	
其中:个人消费贷款	2.19	0.04	
(2) 单位普通贷款	65.22	6.21	
其中:经营贷款	50.17	7.32	
固定资产贷款	15.05	−1.11	
(3) 普通并购贷款	0.03	0.00	
(4) 银团贷款	13.57	−1.76	
(5) 贸易融资	1.10	−1.19	
(6) 境外筹资转贷款			
3. 融资租赁			
4. 票据融资			
其中:贴现			
5. 各项垫款	0.03	0.03	
(二) 境外贷款	58.17	4.20	
二、有价证券	1.54	0.53	
三、股权及其他投资			
四、应收及预付款	10.66	2.85	
其中:应收利息	1.46	−0.66	
五、买入返售资产			
六、存放中央银行准备金存款	7.41	−0.36	
七、存放中央银行特种存款			
八、缴存中央银行财政性存款			
九、同业往来	162.76	−19.04	
1. 存放同业	83.85	−10.61	
其中:存放境外同业	20.15	−15.84	
2. 拆放同业	78.91	−8.43	
其中:拆放境外同业	8.83	−23.77	
十、境外联行往来(运用方)	7.89	1.82	
十一、代理金融机构贷款			
其中:代理人行专项贷款			
十二、库存现金	0.30	−0.05	
十三、外汇买卖(运用方)	14 613.49	14 602.58	
其中:结售汇	7 291.08	7 282.48	
十四、投资性房地产			
资金运用总计	15 074.80	14 617.79	

注:1. 因实施中外资金融机构统计指标一体化,2013 年外资金融机构统计指标体系全面调整,故与上年数据不可比。
2. 2013 年 5 月,厦门国际银行从外资银行改制为中资银行,故本表本年数据与上年数据不可比。

4. 上海市中资全国性大型银行外汇信贷收支表

2013-12-31　　　　单位:亿美元

来源项目名称	本月余额	比年初增减数 本年	比年初增减数 上年	运用项目名称	本月余额	比年初增减数 本年	比年初增减数 上年
一、各项存款	262.99	32.07	60.97	一、各项贷款	314.84	−15.30	48.36
1. 单位存款	167.64	29.57	41.05	(一) 境内贷款	283.02	−23.02	39.34
其中:活期存款	66.13	5.91	3.36	1. 短期贷款	189.16	−23.66	49.86
定期存款	59.04	16.85	25.49	(1) 个人贷款及透支	0.22	0.03	0.01
通知存款	1.11	−3.97	1.83	其中:个人消费贷款	0.22	0.03	0.01
保证金存款	21.42	−6.41	17.38	(2) 单位普通贷款及透支	28.65	−19.48	−36.51
2. 个人存款	77.42	4.54	7.88	其中:经营贷款	28.40	−19.52	−33.91
储蓄存款	73.28	4.60	8.01	固定资产贷款	0.25	0.05	−2.60
保证金存款	0.26	0.05	0.06	(3) 普通并购贷款	0.82	0.82	
结构性存款	3.88	−0.11	−0.19	(4) 银团贷款	0.17	0.17	−0.22
3. 临时性存款	6.02	1.36	0.92	(5) 贸易融资	159.29	−5.20	86.58
4. 其他存款	11.91	−3.39	11.12	(6) 境外筹资转贷款			
二、代理财政性存款				2. 中长期贷款	93.72	0.70	−10.51
三、金融债券				(1) 个人贷款	0.01	0.00	0.00
其中:境外发行				其中:个人消费贷款	0.01	0.00	0.00
四、中长期借款	3.72	0.18	0.88	(2) 单位普通贷款	72.06	0.76	−14.21
其中:境外借款	3.72	0.18	0.88	其中:经营贷款	21.41	0.59	−17.87
五、应付及暂收款	43.75	26.71	−0.69	固定资产贷款	50.65	0.17	3.66
其中:应付利息	1.35	−0.77	1.68	(3) 普通并购贷款	5.01	2.26	1.94
六、卖出回购资产				(4) 银团贷款	10.03	−1.31	0.66
七、向中央银行借款				(5) 贸易融资	1.07	−0.98	0.46
八、同业往来(来源方)	88.04	−23.34	33.54	(6) 境外筹资转贷款	5.54	−0.04	0.63
1. 同业存放	69.99	−38.88	37.04	3. 融资租赁			
其中:境外同业存放	11.45	3.66	−1.73	4. 票据融资	0.05	0.00	0.01
2. 同业拆借	18.05	15.54	−3.49	其中:贴现	0.05	0.00	0.01
其中:境外同业拆借	15.83	14.22	−4.19	5. 各项垫款	0.10	−0.05	−0.02
九、境外联行往来(来源方)	35.70	8.62	27.08	(二) 境外贷款	31.81	7.72	9.02
十、外汇买卖(来源方)	1 118.56	1 051.34	985.12	二、有价证券	0.94	0.83	0.01
其中:结售汇	713.55	663.51	506.53	三、股权及其他投资	0.72	0.00	−9.55
十一、委托存款及委托投资基金(净)	0.01	0.01	0.00	四、应收及预付款	24.14	13.01	−5.41
1. 委托存款及委托投资基金	100.34	25.43	35.39	其中:应收利息	2.05	0.29	0.36
2. 减:委托贷款及委托投资	100.32	25.42	35.39	五、买入返售资产			
十二、代理金融机构委托贷款基金				六、存放中央银行准备金存款	3.53	3.53	
其中:中央银行委托贷款基金				七、存放中央银行特种存款			
十三、各项准备	6.06	0.42	1.58	八、缴存中央银行财政性存款			
其中:贷款损失准备金	5.17	0.41	1.12	九、同业往来	16.02	−32.97	33.59
十四、所有者权益	4.38	5.56	−0.45	1. 存放同业	10.20	−26.16	21.86
其中:实收资本				其中:存放境外同业	2.86	2.42	0.19
十五、其他	−87.19	−68.16	−74.13	2. 拆放同业	5.82	−6.81	11.73
				其中:拆放境外同业			
				十、境外联行往来(运用方)	0.06	−0.06	−0.08
				十一、代理金融机构贷款			
				其中:代理人行专项贷款			
				十二、库存现金	2.75	0.08	0.52
				十三、外汇买卖(运用方)	1 113.03	1 064.29	966.47
				其中:结售汇	712.37	663.80	504.89
				十四、投资性房地产			
资金来源总计	1 476.02	1 033.41	1 033.90	资金运用总计	1 476.02	1 033.41	1 033.90

5. 上海市中资全国性中小型银行外汇信贷收支表

2013-12-31

单位:亿美元

来源项目名称	本月余额	比年初增减数	
		本 年	上 年
一、各项存款	223.49	57.84	59.38
1. 单位存款	191.12	55.23	51.60
其中:活期存款	40.91	9.56	2.45
定期存款	74.33	28.34	33.08
通知存款	1.28	0.64	−0.79
保证金存款	66.73	13.04	21.57
2. 个人存款	21.65	1.65	2.89
储蓄存款	15.82	1.70	4.36
保证金存款	0.06	0.00	0.01
结构性存款	5.78	−0.05	−1.49
3. 临时性存款	1.69	0.12	−0.03
4. 其他存款	9.03	0.83	4.92
二、代理财政性存款			
三、金融债券			
其中:境外发行			
四、中长期借款			
其中:境外借款			
五、应付及暂收款	2.81	1.17	−0.05
其中:应付利息	1.53	0.00	1.01
六、卖出回购资产			
七、向中央银行借款			
八、同业往来(来源方)	69.65	−4.37	66.48
1. 同业存放	24.71	−12.97	31.39
其中:境外同业存放		0.00	0.00
2. 同业拆借	44.94	8.59	35.09
其中:境外同业拆借	28.16	7.39	20.25
九、境外联行往来(来源方)			
十、外汇买卖(来源方)	163.05	62.93	14.44
其中:结售汇	137.17	54.91	8.49
十一、委托存款及委托投资基金(净)	1.48	0.07	−0.86
1. 委托存款及委托投资基金	4.71	0.87	−0.67
2. 减:委托贷款及委托投资	3.23	0.80	0.19
十二、代理金融机构委托贷款基金			
其中:中央银行委托贷款基金			
十三、各项准备	1.82	−0.03	0.58
其中:贷款损失准备金	1.82	−0.03	0.58
十四、所有者权益	−0.10	0.24	−1.35
其中:实收资本	0.16	0.16	
十五、其他	−103.85	−26.79	−48.32
资金来源总计	358.36	91.05	90.31

运用项目名称	本月余额	比年初增减数	
		本 年	上 年
一、各项贷款	163.25	24.90	70.64
(一)境内贷款	153.14	18.45	68.08
1. 短期贷款	108.43	11.01	59.61
(1)个人贷款及透支	0.10	0.02	0.01
其中:个人消费贷款	0.10	0.02	0.01
(2)单位普通贷款及透支	27.13	−0.17	2.59
其中:经营贷款	27.13	−0.17	2.60
固定资产贷款		0.00	−0.01
(3)普通并购贷款			
(4)银团贷款	0.02	0.02	−0.02
(5)贸易融资	81.18	11.14	57.03
(6)境外筹资转贷款			
2. 中长期贷款	44.66	7.44	8.57
(1)个人贷款	0.06	0.06	0.00
其中:个人消费贷款	0.06	0.06	0.00
(2)单位普通贷款	31.71	3.97	8.44
其中:经营贷款	30.84	3.82	8.34
固定资产贷款	0.87	0.14	0.10
(3)普通并购贷款	0.38	−0.04	−0.14
(4)银团贷款	3.72	0.66	0.45
(5)贸易融资	8.74	2.75	−0.18
(6)境外筹资转贷款	0.04	0.04	
3. 融资租赁			
4. 票据融资		0.00	−0.04
其中:贴现		0.00	0.00
5. 各项垫款	0.05	0.01	−0.07
(二)境外贷款	10.10	6.45	2.56
二、有价证券	0.30	0.22	−0.60
三、股权及其他投资			
四、应收及预付款	0.89	−2.11	1.54
其中:应收利息	0.78	0.01	0.44
五、买入返售资产			
六、存放中央银行准备金存款	2.11	0.83	0.85
七、存放中央银行特种存款			
八、缴存中央银行财政性存款			
九、同业往来	28.35	8.67	−2.16
1. 存放同业	22.48	7.82	−1.31
其中:存放境外同业	1.34	0.38	−1.14
2. 拆放同业	5.88	0.85	−0.86
其中:拆放境外同业	1.82	1.77	
十、境外联行往来(运用方)			
十一、代理金融机构贷款			
其中:代理人行专项贷款			
十二、库存现金	0.93	0.09	−0.02
十三、外汇买卖(运用方)	162.53	58.45	20.07
其中:结售汇	136.98	50.61	14.21
十四、投资性房地产			
资金运用总计	358.36	91.05	90.31

6. 上海市其他城市商业银行外汇信贷收支表

2013-12-31　　　　单位:亿美元

来源项目名称	本月余额	比年初增减数 本年	比年初增减数 上年
一、各项存款	38.64	8.24	6.92
1. 单位存款	37.10	8.19	6.04
其中:活期存款	3.83	1.45	0.89
定期存款	12.19	5.33	6.29
通知存款	0.21	−0.10	0.31
保证金存款	13.02	−2.58	3.71
2. 个人存款	1.52	0.18	0.74
储蓄存款	1.46	0.15	0.73
保证金存款			
结构性存款	0.07	0.03	0.01
3. 临时性存款	0.01	−0.13	0.13
4. 其他存款	0.00	0.00	
二、代理财政性存款			
三、金融债券			
其中:境外发行			
四、中长期借款			
其中:境外借款			
五、应付及暂收款	0.17	−0.10	0.16
其中:应付利息	0.17	−0.08	0.15
六、卖出回购资产			
七、向中央银行借款			
八、同业往来(来源方)	13.92	−1.10	14.88
1. 同业存放	0.05	−0.23	0.13
其中:境外同业存放		0.00	0.00
2. 同业拆借	13.87	−0.88	14.75
其中:境外同业拆借	7.87	−4.76	12.63
九、境外联行往来(来源方)			
十、外汇买卖(来源方)	4.15	2.32	1.26
其中:结售汇	4.00	2.16	1.25
十一、委托存款及委托投资基金(净)			
1. 委托存款及委托投资基金	0.77	0.21	−0.07
2. 减:委托贷款及委托投资	0.77	0.21	−0.07
十二、代理金融机构委托贷款基金			
其中:中央银行委托贷款基金			
十三、各项准备	0.16	−0.03	0.15
其中:贷款损失准备金	0.16	−0.03	0.15
十四、所有者权益	0.11	0.30	−0.20
其中:实收资本	0.16	0.16	
十五、其他	−10.01	4.63	−1.70
资金来源总计	47.14	14.26	21.46

运用项目名称	本月余额	比年初增减数 本年	比年初增减数 上年
一、各项贷款	29.21	1.35	21.85
(一) 境内贷款	28.07	0.22	21.83
1. 短期贷款	25.26	−2.59	21.83
(1) 个人贷款及透支			
其中:个人消费贷款			
(2) 单位普通贷款及透支	6.49	−0.20	3.42
其中:经营贷款	6.49	−0.20	3.43
固定资产贷款			−0.01
(3) 普通并购贷款			
(4) 银团贷款			
(5) 贸易融资	18.77	−2.39	18.41
(6) 境外筹资转贷款			
2. 中长期贷款	2.81	2.81	
(1) 个人贷款	0.06	0.06	
其中:个人消费贷款	0.06	0.06	
(2) 单位普通贷款	2.74	2.74	
其中:经营贷款	2.47	2.47	
固定资产贷款	0.27	0.27	
(3) 普通并购贷款			
(4) 银团贷款			
(5) 贸易融资			
(6) 境外筹资转贷款			
3. 融资租赁			
4. 票据融资			
其中:贴现			
5. 各项垫款	0.01	0.01	
(二) 境外贷款	1.14	1.13	0.01
二、有价证券			
三、股权及其他投资			
四、应收及预付款	0.09	−2.15	2.21
其中:应收利息	0.07	0.02	0.06
五、买入返售资产			
六、存放中央银行准备金存款			
七、存放中央银行特种存款			
八、缴存中央银行财政性存款			
九、同业往来	13.65	12.74	−3.87
1. 存放同业	13.65	12.74	−3.87
其中:存放境外同业			
2. 拆放同业			
其中:拆放境外同业			
十、境外联行往来(运用方)			
十一、代理金融机构贷款			
其中:代理人行专项贷款			
十二、库存现金	0.03	0.01	0.01
十三、外汇买卖(运用方)	4.15	2.31	1.26
其中:结售汇	3.98	2.15	1.25
十四、投资性房地产			
资金运用总计	47.14	14.26	21.46

7. 上海市信托投资公司外汇信贷收支表

2013-12-31

单位:万美元

栏目 来源项目名称	本月余额	比年初增减数		栏目 运用项目名称	本月余额	比年初增减数	
		本 年	上 年			本 年	上 年
一、各项存款				一、各项贷款			
1. 单位存款				(一) 境内贷款			
其中:活期存款				1. 短期贷款			
定期存款				(1) 个人贷款及透支			
通知存款				其中:个人消费贷款			
保证金存款				(2) 单位普通贷款及透支			
2. 个人存款				其中:经营贷款			
储蓄存款				固定资产贷款			
保证金存款				(3) 普通并购贷款			
结构性存款				(4) 银团贷款			
3. 临时性存款				(5) 贸易融资			
4. 其他存款				(6) 境外筹资转贷款			
二、代理财政性存款				2. 中长期贷款			
三、金融债券				(1) 个人贷款			
其中:境外发行				其中:个人消费贷款			
四、中长期借款				(2) 单位普通贷款			
其中:境外借款				其中:经营贷款			
五、应付及暂收款	195	8	−1 062	固定资产贷款			
其中:应付利息				(3) 普通并购贷款			
六、卖出回购资产				(4) 银团贷款			
七、向中央银行借款				(5) 贸易融资			
八、同业往来(来源方)				(6) 境外筹资转贷款			
1. 同业存放				3. 融资租赁			
其中:境外同业存放				4. 票据融资			
2. 同业拆借				其中:贴现			
其中:境外同业拆借				5. 各项垫款			
九、境外联行往来(来源方)				(二) 境外贷款			
十、外汇买卖(来源方)	1 349	577	772	二、有价证券	1 867	753	−762
其中:结售汇	1 349	577	772	三、股权及其他投资	4 054	−1	9
十一、委托存款及委托投资基金(净)				四、应收及预付款	8	−11	−1 797
1. 委托存款及委托投资基金				其中:应收利息	8	−11	−10
2. 减:委托贷款及委托投资				五、买入返售资产			
十二、代理金融机构委托贷款基金				六、存放中央银行准备金存款			
其中:中央银行委托贷款基金				七、存放中央银行特种存款			
十三、各项准备	2	2		八、缴存中央银行财政性存款			
其中:贷款损失准备金				九、同业往来	5 268	−303	2 151
十四、所有者权益	9 671	−149	−203	1. 存放同业	5 268	−303	2 151
其中:实收资本	8 500			其中:存放境外同业			
十五、其他				2. 拆放同业			0
				其中:拆放境外同业			
				十、境外联行往来(运用方)			
				十一、代理金融机构贷款			
				其中:代理人行专项贷款			
				十二、库存现金	1	0	0
				十三、外汇买卖(运用方)	19	0	−95
				其中:结售汇			−95
				十四、投资性房地产			
资金来源总计	11 217	438	−493	资金运用总计	11 217	438	−493

8. 上海市财务公司外汇信贷收支表

2013-12-31　　单位:万美元

来源项目名称	本月余额	比年初增减数 本年	比年初增减数 上年
一、各项存款	56 904	−13 235	46 440
1. 单位存款	56 904	−13 235	46 440
其中:活期存款	40 722	−13 564	36 875
定期存款	16 182	329	9 565
通知存款			
保证金存款			
2. 个人存款			
储蓄存款			
保证金存款			
结构性存款			
3. 临时性存款			
4. 其他存款			
二、代理财政性存款			
三、金融债券			
其中:境外发行			
四、中长期借款			
其中:境外借款			
五、应付及暂收款	1 908	444	188
其中:应付利息	72	26	40
六、卖出回购资产			
七、向中央银行借款			
八、同业往来(来源方)			
1. 同业存放			
其中:境外同业存放			
2. 同业拆借			
其中:境外同业拆借			
九、境外联行往来(来源方)			
十、外汇买卖(来源方)			
其中:结售汇			
十一、委托存款及委托投资基金(净)			
1. 委托存款及委托投资基金	47 800	34 800	13 000
2. 减:委托贷款及委托投资	47 800	34 800	13 000
十二、代理金融机构委托贷款基金			
其中:中央银行委托贷款基金			
十三、各项准备	30		−40
其中:贷款损失准备金	30		−40
十四、所有者权益	10 101	140	88
其中:实收资本	7 781		
十五、其他	−94	21	−478
资金来源总计	68 849	−12 630	46 198

运用项目名称	本月余额	比年初增减数 本年	比年初增减数 上年
一、各项贷款	7 572	1 358	574
(一) 境内贷款	6 572	858	74
1. 短期贷款	6 072	1 122	−170
(1) 个人贷款及透支			
其中:个人消费贷款			
(2) 单位普通贷款及透支	6 072	1 122	−170
其中:经营贷款	6 072	1 122	−170
固定资产贷款			
(3) 普通并购贷款			
(4) 银团贷款			
(5) 贸易融资			
(6) 境外筹资转贷款			
2. 中长期贷款	500	−264	244
(1) 个人贷款			
其中:个人消费贷款			
(2) 单位普通贷款	500	−264	244
其中:经营贷款	500	−264	244
固定资产贷款			
(3) 普通并购贷款			
(4) 银团贷款			
(5) 贸易融资			
(6) 境外筹资转贷款			
3. 融资租赁			
4. 票据融资			
其中:贴现			
5. 各项垫款			
(二) 境外贷款	1 000	500	500
二、有价证券	207	207	
三、股权及其他投资			
四、应收及预付款	41	−1	−24
其中:应收利息	40	−1	−24
五、买入返售资产			
六、存放中央银行准备金存款	1 727	−91	776
七、存放中央银行特种存款			
八、缴存中央银行财政性存款			
九、同业往来	59 232	−14 104	44 873
1. 存放同业	59 232	−14 104	44 873
其中:存放境外同业			
2. 拆放同业			−150
其中:拆放境外同业			
十、境外联行往来(运用方)			
十一、代理金融机构贷款			
其中:代理人行专项贷款			
十二、库存现金			
十三、外汇买卖(运用方)	70	0	0
其中:结售汇	70	0	0
十四、投资性房地产			
资金运用总计	68 849	−12 630	46 198

(四) 利 率

1. 中国人民银行对金融机构存贷款基准利率调整表

(2013 年)

单位:年利率(%)

项 目	利 率
一、人民银行对金融机构存款利率	
(一) 法定准备金	1.62
(二) 超额准备金	0.72
二、人民银行对金融机构贷款利率	
(一) 流动性再贷款(不含农信社)	
二十天	3.25
三个月	3.55
六个月	3.75
一年	3.85
(二) 再贴现	2.25
(三) 农信社再贷款	
二十天	2.8
三个月	3.05
六个月	3.25
一年	3.35
(四) 支小再贷款	
三个月	3.7
六个月	3.9
一年	4
(五) 专项政策性再贷款(超限额及新发放部分)	4.27
(六) 金融稳定再贷款(延期期间)	4.27

注:支小再贷款利率从 2014 年 3 月 20 日起执行,其他从 2010 年 12 月 26 日起执行。

2. 金融机构人民币存款基准利率调整表

(2013年)

单位:年利率(%)

项目	利率
一、活期存款	0.35
二、定期存款	
(一) 整存整取	
3个月	2.6
半年	2.8
1年	3
2年	3.75
3年	4.25
5年	4.75
(二) 零存整取、整存零取、存本取息	
1年	2.6
3年	2.8
5年	3
(三) 定活两便	按一年以内定期整存整取同档次利率打六折执行
三、协定存款	1.15
四、通知存款	
一天	0.8
七天	1.35

3. 金融机构人民币贷款基准利率调整表

(2013年)

单位:年利率(%)

项目	利率
一、短期贷款	
6个月以内(含6个月)	5.6
6个月至1年(含1年)	6
二、中长期贷款	
1至3年(含3年)	6.15
3至5年(含5年)	6.4
5年以上	6.55
三、贴现	以再贴现利率为下限加点确定
四、个人住房公积金贷款	
5年以下(含5年)	4
5年以上	4.5
五、罚息水平	
(一) 逾期贷款	在合同利率水平上加收30%—50%
(二) 挤占挪用贷款	在合同利率水平上加收50%—100%

4. 全国同业折借市场利率水平表

(2013 年)

单位:年利率(%)

	IBO001	IBO007	IBO014	IBO021	IBO01M	IBO02M	IBO03M	IBO04M	IBO06M	IBO09M	IBO01Y
1 月	2.127	3.274	3.141	3.678	3.887	4.166	4.115	3.857	4.165	—	4.481
2 月	2.593	3.438	3.668	4.000	4.157	3.746	4.034	4.476	4.400	—	4.423
3 月	2.310	3.217	3.468	3.323	3.415	3.869	4.238	3.880	4.300	—	4.330
4 月	2.380	3.372	3.496	3.320	3.657	3.525	3.879	4.200	4.011	—	4.000
5 月	2.797	3.712	3.690	3.337	3.882	3.575	4.260	4.032	—	—	4.329
6 月	6.433	6.982	7.069	7.133	6.792	6.437	5.924	4.995	5.915	—	3.971
7 月	3.336	4.104	4.242	4.576	5.231	5.072	5.081	4.432	5.007	4.800	5.231
8 月	3.229	4.097	4.532	4.826	4.671	5.272	5.241	5.803	4.980	—	5.493
9 月	3.218	3.875	4.643	4.568	5.183	5.408	5.461	4.568	—	5.088	5.507
10 月	3.623	4.394	4.242	5.043	5.261	5.052	5.316	4.300	5.778	—	5.716
11 月	3.884	4.535	5.077	6.010	5.752	5.677	6.454	4.633	5.254	—	—
12 月	3.713	5.174	5.626	5.508	5.818	6.183	6.102	5.345	7.000	—	6.467

注:本利率水平为月度加权平均利率。

5. 小额外币存款利率表

(2013 年)

单位:年利率(%)

项 目	美 元	欧 元	日 元	港 币
活 期	1.150 0	0.100 0	0.000 1	1.000 0
七天通知	1.375 0	0.375 0	0.000 5	1.250 0
一个月	2.250 0	0.750 0	0.010 0	1.875 0
三个月	2.750 0	1.000 0	0.010 0	2.375 0
六个月	2.875 0	1.125 0	0.010 0	2.500 0
一 年	3.000 0	1.250 0	0.010 0	2.625 0

注:本表从 2005 年 12 月 28 日起执行,自 2014 年 3 月 1 日起对上海地区金融机构吸收自贸试验区内居民的小额外币存款放开利率上限,自 2014 年 6 月 27 日起对上海地区金融机构吸收企业客户的小额外币存款放开利率上限。

二、金融机构业务统计

(一) 人民币信贷收支统计

1. 国家开发银行上海市分行人民币信贷收支表

2013-12-31　　　　单位:亿元

来源项目名称	本月余额	比年初增减数	
		本　年	上　年
一、各项存款	145.95	32.36	−31.65
1. 单位存款	145.95	32.36	−31.65
其中:活期存款	26.31	−18.25	0.98
定期存款	28.04	4.33	2.91
通知存款	22.00	9.94	−22.43
保证金存款	0.00	0.00	−0.08
2. 个人存款			
储蓄存款			
保证金存款			
结构性存款			
3. 临时性存款			
4. 其他存款	0.00		0.00
二、代理财政性存款			
三、金融债券			
其中:境外发行			
四、中长期借款			
其中:境外借款			
五、应付及暂收款	2.93	0.70	0.24
其中:应付利息	1.10	0.59	0.18
六、卖出回购资产			
七、向中央银行借款			
八、同业往来(来源方)	0.00	0.00	0.00
1. 同业存放	0.00	0.00	0.00
其中:境外同业存放			
2. 同业拆借			
其中:境外同业拆借			
九、境外联行往来(来源方)			
十、外汇买卖(来源方)	0.88	0.03	0.03
其中:结售汇	0.88	0.03	0.03
十一、委托存款及委托投资基金(净)			
1. 委托存款及委托投资基金			
2. 减:委托贷款及委托投资			
十二、代理金融机构委托贷款基金			
其中:中央银行委托贷款基金			
十三、各项准备	53.21	6.30	−0.65
其中:贷款损失准备金	53.21	6.30	1.49
十四、所有者权益	24.65	−3.98	22.98
其中:实收资本			
十五、其他	1 575.67	100.96	166.48
资金来源总计	1 803.29	136.37	157.43

运用项目名称	本月余额	比年初增减数	
		本　年	上　年
一、各项贷款	1 610.93	68.00	109.40
(一) 境内贷款	1 610.93	70.55	111.96
1. 短期贷款	109.24	23.72	8.44
(1) 个人贷款及透支			
其中:个人消费贷款			
(2) 单位普通贷款及透支	109.24	23.72	8.44
其中:经营贷款	94.49	30.96	4.30
固定资产贷款	14.75	−7.23	4.14
(3) 普通并购贷款			
(4) 银团贷款			
(5) 贸易融资			
(6) 境外筹资转贷款			
2. 中长期贷款	1 501.53	46.83	104.03
(1) 个人贷款			
其中:个人消费贷款			
(2) 单位普通贷款	1 035.71	−48.54	−11.09
其中:经营贷款	10.00	2.55	2.15
固定资产贷款	1 025.71	−51.09	−13.24
(3) 普通并购贷款	5.52	0.11	5.41
(4) 银团贷款	460.30	95.25	109.71
(5) 贸易融资			
(6) 境外筹资转贷款			
3. 融资租赁			
4. 票据融资			−0.50
其中:贴现			−0.50
5. 各项垫款	0.16	0.00	
(二) 境外贷款		−2.55	−2.56
二、有价证券	12.00	−2.00	−2.00
三、股权及其他投资			
四、应收及预付款	6.48	1.08	1.12
其中:应收利息	6.39	1.06	1.17
五、买入返售资产			
六、存放中央银行准备金存款	5.95	2.31	−0.74
七、存放中央银行特种存款			
八、缴存中央银行财政性存款			
九、同业往来	167.03	66.95	49.61
1. 存放同业	0.03	−0.05	−0.39
其中:存放境外同业			
2. 拆放同业	167.00	67.00	50.00
其中:拆放境外同业			
十、境外联行往来(运用方)			
十一、代理金融机构贷款			
其中:代理人行专项贷款			
十二、库存现金			
十三、外汇买卖(运用方)	0.90	0.03	0.03
其中:结售汇	0.88	0.03	
十四、投资性房地产			
资金运用总计	1 803.29	136.37	157.43

2. 中国进出口银行上海分行人民币信贷收支表

2013-12-31

单位:亿元

来源项目名称	本月余额	比年初增减数 本年	比年初增减数 上年	运用项目名称	本月余额	比年初增减数 本年	比年初增减数 上年
一、各项存款	10.74	−4.30	−15.90	一、各项贷款	437.87	60.01	90.56
1. 单位存款	10.74	−4.30	−15.90	(一)境内贷款	432.84	59.36	90.92
其中:活期存款	5.44	−4.74	1.28	1. 短期贷款	92.45	7.14	34.63
定期存款	1.31	0.31	−3.98	(1)个人贷款及透支			
通知存款	0.30	−1.00	−12.79	其中:个人消费贷款			
保证金存款	3.69	1.12	−0.41	(2)单位普通贷款及透支	55.06	14.06	17.54
2. 个人存款				其中:经营贷款	55.06	14.06	17.54
储蓄存款				固定资产贷款			
保证金存款				(3)普通并购贷款			
结构性存款				(4)银团贷款			
3. 临时性存款				(5)贸易融资	37.39	−6.91	17.09
4. 其他存款				(6)境外筹资转贷款			
二、代理财政性存款				2. 中长期贷款	340.39	52.22	56.29
三、金融债券				(1)个人贷款			
其中:境外发行				其中:个人消费贷款			
四、中长期借款				(2)单位普通贷款	169.37	47.44	47.17
其中:境外借款				其中:经营贷款	169.37	47.44	47.17
五、应付及暂收款	1.05	0.23	−2.20	固定资产贷款			
其中:应付利息	0.53	0.11	0.09	(3)普通并购贷款			
六、卖出回购资产				(4)银团贷款	48.24	22.23	19.95
七、向中央银行借款				(5)贸易融资	122.60	−17.46	−11.00
八、同业往来(来源方)	0.17	0.17		(6)境外筹资转贷款	0.18		0.18
1. 同业存放	0.17	0.17		3. 融资租赁			
其中:境外同业存放				4. 票据融资			
2. 同业拆借				其中:贴现			
其中:境外同业拆借				5. 各项垫款			
九、境外联行往来(来源方)				(二)境外贷款	5.03	0.65	−0.36
十、外汇买卖(来源方)				二、有价证券			
其中:结售汇				三、股权及其他投资	7.23		
十一、委托存款及委托投资基金(净)				四、应收及预付款	0.93	0.11	0.03
1. 委托存款及委托投资基金				其中:应收利息	0.74	0.10	0.02
2. 减:委托贷款及委托投资				五、买入返售资产			
十二、代理金融机构委托贷款基金				六、存放中央银行准备金存款	2.46	−0.21	0.24
其中:中央银行委托贷款基金				七、存放中央银行特种存款			
十三、各项准备	8.57	2.40	1.45	八、缴存中央银行财政性存款			
其中:贷款损失准备金	8.46	2.35	1.43	九、同业往来	0.01	−0.06	0.07
十四、所有者权益	3.55	3.55	4.21	1. 存放同业	0.01	−0.06	0.07
其中:实收资本				其中:存放境外同业			
十五、其他	424.42	57.82	101.33	2. 拆放同业			
				其中:拆放境外同业			
				十、境外联行往来(运用方)			
				十一、代理金融机构贷款			
				其中:代理人行专项贷款			
				十二、库存现金	0.00	0.00	0.00
				十三、外汇买卖(运用方)			
				其中:结售汇			
				十四、投资性房地产			
资金来源总计	448.49	59.85	90.89	资金运用总计	448.49	59.85	90.89

3. 中国农业发展银行上海市分行人民币信贷收支表

2013-12-31

单位:亿元

来源项目名称 \ 栏目	本月余额	比年初增减数	
		本年	上年
一、各项存款	43.04	15.02	5.56
1. 单位存款	43.04	15.03	5.54
其中:活期存款	36.48	13.68	1.04
定期存款	2.61	1.95	0.43
通知存款	3.66	-0.60	4.06
保证金存款	0.28	0.00	0.01
2. 个人存款			
储蓄存款			
保证金存款			
结构性存款			
3. 临时性存款		-0.01	0.01
4. 其他存款			
二、代理财政性存款	11.34	-5.00	0.48
三、金融债券			
其中:境外发行			
四、中长期借款			
其中:境外借款			
五、应付及暂收款	0.36	0.03	0.06
其中:应付利息		0.00	0.00
六、卖出回购资产			
七、向中央银行借款			
八、同业往来(来源方)		-1.00	1.00
1. 同业存放		-1.00	1.00
其中:境外同业存放			
2. 同业拆借			
其中:境外同业拆借			
九、境外联行往来(来源方)			
十、外汇买卖(来源方)			
其中:结售汇			
十一、委托存款及委托投资基金(净)			
1. 委托存款及委托投资基金			
2. 减:委托贷款及委托投资			
十二、代理金融机构委托贷款基金			
其中:中央银行委托贷款基金			
十三、各项准备			
其中:贷款损失准备金			
十四、所有者权益	5.21	-0.21	0.51
其中:实收资本			
十五、其他	271.63	-7.12	-46.54
资金来源总计	331.58	1.72	-38.94

运用项目名称 \ 栏目	本月余额	比年初增减数	
		本年	上年
一、各项贷款	307.75	-8.86	-49.34
(一)境内贷款	307.75	-8.86	-49.34
1. 短期贷款	107.06	5.55	10.80
(1)个人贷款及透支			
其中:个人消费贷款			
(2)单位普通贷款及透支	107.06	5.55	10.80
其中:经营贷款	107.06	5.55	10.80
固定资产贷款			
(3)普通并购贷款			
(4)银团贷款			
(5)贸易融资			
(6)境外筹资转贷款			
2. 中长期贷款	164.56	16.03	46.81
(1)个人贷款			
其中:个人消费贷款			
(2)单位普通贷款	139.37	24.92	31.03
其中:经营贷款	0.75	0.15	0.60
固定资产贷款	138.62	24.77	30.43
(3)普通并购贷款			
(4)银团贷款	25.19	-8.89	15.78
(5)贸易融资			
(6)境外筹资转贷款			
3. 融资租赁			
4. 票据融资	36.13	-30.44	-106.94
其中:贴现	36.13	-30.44	-106.94
5. 各项垫款			
(二)境外贷款			
二、有价证券			
三、股权及其他投资			
四、应收及预付款	0.15	-0.01	-0.22
其中:应收利息	0.09	-0.05	-0.25
五、买入返售资产			
六、存放中央银行准备金存款	3.18	0.84	0.42
七、存放中央银行特种存款			
八、缴存中央银行财政性存款			
九、同业往来	20.49	9.76	10.19
1. 存放同业	20.49	9.76	10.19
其中:存放境外同业			
2. 拆放同业			
其中:拆放境外同业			
十、境外联行往来(运用方)			
十一、代理金融机构贷款			
其中:代理人行专项贷款			
十二、库存现金	0.02	-0.01	0.01
十三、外汇买卖(运用方)			
其中:结售汇			
十四、投资性房地产			
资金运用总计	331.58	1.72	-38.94

4. 中国工商银行上海市分行人民币信贷收支表

2013-12-31

单位:亿元

来源项目名称	本月余额	比年初增减数		运用项目名称	本月余额	比年初增减数	
		本 年	上 年			本 年	上 年
一、各项存款	10 234.84	383.34	942.40	一、各项贷款	4 850.59	299.44	351.42
1. 单位存款	4 756.68	47.31	405.55	(一) 境内贷款	4 825.70	302.14	351.54
其中:活期存款	1 589.00	-104.69	87.96	1. 短期贷款	1 149.02	173.05	187.38
定期存款	1 513.54	280.40	199.33	(1) 个人贷款及透支	105.84	12.02	52.32
通知存款	149.95	-216.53	111.35	其中:个人消费贷款	1.65	0.12	0.63
保证金存款	20.48	-23.62	8.32	(2) 单位普通贷款及透支	761.55	199.62	95.65
2. 个人存款	5 320.37	324.27	495.77	其中:经营贷款	741.84	186.86	95.30
储蓄存款	4 900.26	132.15	371.03	固定资产贷款	19.60	12.65	0.35
保证金存款	0.52	0.08	0.49	(3) 普通并购贷款			
结构性存款	419.49	192.04	124.25	(4) 银团贷款			
3. 临时性存款	1.79	0.23	0.47	(5) 贸易融资	281.63	-38.60	39.40
4. 其他存款	156.00	11.54	40.60	(6) 境外筹资转贷款			
二、代理财政性存款	390.09	47.11	-105.22	2. 中长期贷款	3 576.09	248.53	4.55
三、金融债券	0.00			(1) 个人贷款	1 125.81	264.66	51.77
其中:境外发行				其中:个人消费贷款	1 075.62	263.70	29.22
四、中长期借款				(2) 单位普通贷款	2 072.07	16.86	3.81
其中:境外借款				其中:经营贷款	154.00	17.56	-41.03
五、应付及暂收款	296.94	50.60	119.12	固定资产贷款	1 918.07	-0.69	44.84
其中:应付利息	173.62	52.43	43.06	(3) 普通并购贷款	42.31	20.94	16.92
六、卖出回购资产			-1.89	(4) 银团贷款	335.89	-53.93	-67.96
七、向中央银行借款	8.79	7.55	1.24	(5) 贸易融资			
八、同业往来(来源方)	1 561.49	-141.39	145.65	(6) 境外筹资转贷款			
1. 同业存放	1 556.67	-144.12	143.55	3. 融资租赁			
其中:境外同业存放	24.65	23.15	-1.17	4. 票据融资	100.59	-119.43	159.62
2. 同业拆借	4.83	2.73	2.10	其中:贴现	100.59	-119.43	159.62
其中:境外同业拆借	4.83	2.73	2.10	5. 各项垫款			
九、境外联行往来(来源方)				(二) 境外贷款	24.88	-2.70	-0.12
十、外汇买卖(来源方)	3 545.87	3 545.74	2 856.20	二、有价证券	981.84	48.83	93.50
其中:结售汇	3 545.87	3 545.74	2 856.20	三、股权及其他投资			
十一、委托存款及委托投资基金(净)	0.00	0.00		四、应收及预付款	365.30	285.38	41.30
1. 委托存款及委托投资基金	315.21	121.62	60.81	其中:应收利息	30.68	5.36	1.77
2. 减:委托贷款及委托投资	315.21	121.62	60.81	五、买入返售资产	15.00	-30.87	20.05
十二、代理金融机构委托贷款基金			-3.50	六、存放中央银行准备金存款	17.73	-11.03	-4.42
其中:中央银行委托贷款基金				七、存放中央银行特种存款			
十三、各项准备	96.45	10.78	1.45	八、缴存中央银行财政性存款	389.19	84.43	13.17
其中:贷款损失准备金	96.37	10.76	1.46	九、同业往来	156.69	110.24	-72.24
十四、所有者权益	130.08	-12.68	-10.57	1. 存放同业	33.80	31.80	1.96
其中:实收资本				其中:存放境外同业			
十五、其他	-5 908.11	442.95	-638.11	2. 拆放同业	122.89	78.44	-74.20
				其中:拆放境外同业			
				十、境外联行往来(运用方)			
				十一、代理金融机构贷款			-3.50
				其中:代理人行专项贷款			
				十二、库存现金	26.99	3.93	-0.60
				十三、外汇买卖(运用方)	3 553.13	3 543.64	2 867.07
				其中:结售汇	3 553.13	3 543.64	2 867.07
				十四、投资性房地产			
资金来源总计	10 356.45	4 334.00	3 305.76	资金运用总计	10 356.45	4 334.00	3 305.76

5. 中国农业银行上海市分行人民币信贷收支表

2013-12-31

单位:亿元

来源项目名称	本月余额	比年初增减数 本年	比年初增减数 上年
一、各项存款	6 003.26	192.65	427.54
1. 单位存款	2 757.58	118.91	14.52
其中:活期存款	1 041.20	−33.63	24.39
定期存款	604.07	110.21	41.12
通知存款	99.45	−12.38	1.58
保证金存款	48.59	−11.52	−39.70
2. 个人存款	3 110.98	97.31	357.22
储蓄存款	3 020.80	87.43	427.71
保证金存款	0.01	0.01	0.00
结构性存款	90.17	9.88	−70.50
3. 临时性存款	0.40	0.22	0.12
4. 其他存款	134.30	−23.79	55.68
二、代理财政性存款	890.70	320.09	63.01
三、金融债券			
其中:境外发行			
四、中长期借款			
其中:境外借款			
五、应付及暂收款	127.92	17.17	27.67
其中:应付利息	96.90	17.12	24.00
六、卖出回购资产			
七、向中央银行借款			
八、同业往来(来源方)	323.76	−5.28	−177.68
1. 同业存放	322.43	34.42	−218.71
其中:境外同业存放	9.47	−22.72	−3.22
2. 同业拆借	1.33	−39.70	41.04
其中:境外同业拆借	1.33	−39.70	41.04
九、境外联行往来(来源方)			
十、外汇买卖(来源方)	821.27	514.97	306.30
其中:结售汇	821.27	514.97	306.30
十一、委托存款及委托投资基金(净)		0.01	−0.01
1. 委托存款及委托投资基金	904.77	600.63	57.12
2. 减:委托贷款及委托投资	904.77	600.62	57.13
十二、代理金融机构委托贷款基金	7.28	0.72	−3.51
其中:中央银行委托贷款基金			
十三、各项准备	55.11	−5.40	−4.73
其中:贷款损失准备金	54.33	−5.54	−5.18
十四、所有者权益	126.92	6.06	14.44
其中:实收资本			
十五、其他	−3 500.40	−447.94	−179.92
资金来源总计	4 855.83	593.06	473.11

运用项目名称	本月余额	比年初增减数 本年	比年初增减数 上年
一、各项贷款	3 120.16	208.79	126.42
(一) 境内贷款	3 114.21	208.76	126.55
1. 短期贷款	648.82	50.71	5.93
(1) 个人贷款及透支	45.51	0.66	16.81
其中:个人消费贷款	26.01	−0.55	10.58
(2) 单位普通贷款及透支	493.19	16.94	−72.18
其中:经营贷款	477.63	17.13	−59.96
固定资产贷款	15.55	2.48	−14.90
(3) 普通并购贷款		−0.30	0.30
(4) 银团贷款	1.06	−13.37	0.48
(5) 贸易融资	109.08	46.77	60.53
(6) 境外筹资转贷款			
2. 中长期贷款	2 389.13	151.07	120.98
(1) 个人贷款	802.49	147.83	102.13
其中:个人消费贷款	778.00	143.91	101.44
(2) 单位普通贷款	960.70	−68.96	−127.55
其中:经营贷款	130.88	−1.95	−39.72
固定资产贷款	829.83	−67.01	−87.83
(3) 普通并购贷款	15.39	−6.44	1.30
(4) 银团贷款	610.55	78.64	145.10
(5) 贸易融资			
(6) 境外筹资转贷款			
3. 融资租赁			
4. 票据融资	76.26	6.98	−0.35
其中:贴现	76.26	6.98	−0.35
5. 各项垫款			
(二) 境外贷款	5.95	0.04	−0.13
二、有价证券	48.96	−15.92	17.55
三、股权及其他投资			
四、应收及预付款	10.02	2.37	1.39
其中:应收利息	6.65	−0.24	1.12
五、买入返售资产	38.65	38.65	−8.08
六、存放中央银行准备金存款	18.61	9.87	−5.43
七、存放中央银行特种存款			
八、缴存中央银行财政性存款	682.01	−6.36	−38.94
九、同业往来	77.70	−162.90	75.01
1. 存放同业	0.00	−104.10	24.95
其中:存放境外同业			
2. 拆放同业	77.70	−58.80	50.06
其中:拆放境外同业			
十、境外联行往来(运用方)			
十一、代理金融机构贷款	7.28	0.72	−3.51
其中:代理人行专项贷款			
十二、库存现金	33.01	3.85	3.78
十三、外汇买卖(运用方)	819.42	513.98	304.92
其中:结售汇	819.42	513.98	304.92
十四、投资性房地产			
资金运用总计	4 855.83	593.06	473.11

6. 中国银行上海市分行人民币信贷收支表

2013-12-31

单位:元

指 标	金 额	指 标	金 额
人民币资金运用总计	462 223 355 463.78	人民币资金来源总计	462 223 355 463.78
一、各项贷款	276 579 347 367.97	一、各项存款	370 053 255 309.90
（一）境内贷款	272 997 205 929.16	1. 单位存款	197 452 781 499.53
1. 短期贷款	66 107 762 028.30	其中:活期存款	56 428 800 622.12
(1) 个人贷款及透支	11 659 214 154.06	定期存款	64 779 900 731.77
其中:个人消费贷款	10 614 598 476.03	通知存款	11 583 588 261.00
(2) 单位普通贷款及透支	37 591 648 245.50	保证金存款	11 952 481 663.64
其中:经营贷款	37 516 325 897.12	2. 个人存款	157 235 133 929.54
固定资产贷款	75 321 868.38	储蓄存款	157 193 762 337.36
(3) 普通并购贷款	0.00	保证金存款	41 371 592.18
(4) 银团贷款	1 244 900 000.00	结构性存款	0.00
(5) 贸易融资	15 611 999 628.74	3. 临时性存款	5 484 985 604.49
(6) 境外筹资转贷款	0.00	4. 其他存款	9 880 354 276.34
2. 中长期贷款	200 705 463 289.06	二、代理财政性存款	771 541 431.29
(1) 个人贷款	94 609 169 190.88	三、金融债券	0.00
其中:个人消费贷款	91 137 390 194.21	其中:境外发行	0.00
(2) 单位普通贷款	58 383 644 876.43	四、中长期借款	0.00
其中:经营贷款	5 545 247 837.99	其中:境外借款	0.00
固定资产贷款	52 838 397 038.44	五、应付及暂收款	14 933 016 260.72
(3) 普通并购贷款	1 184 515 500.00	其中:应付利息	12 216 824 034.80
(4) 银团贷款	46 222 891 704.51	六、卖出回购资产	7 570 506 000.00
(5) 贸易融资	305 242 017.24	七、向中央银行借款	0.00
(6) 境外筹资转贷款	0.00	八、同业往来(来源方)	89 535 712 878.09
3. 融资租赁	0.00	1. 同业存放	83 347 712 878.09
4. 票据融资	6 168 116 318.51	其中:境外同业存放	23 838 496 150.89
其中:贴现	6 168 116 318.51	2. 同业拆借	6 188 000 000.00
5. 各项垫款	15 864 293.29	其中:境外同业拆借	0.00
（二）境外贷款	3 582 141 438.81	九、境外联行往来(来源方)	198 344 999 852.23
二、有价证券	10 183 388 143.80	十、外汇买卖(来源方)	0.00
三、股权及其他投资	0.00	其中:结售汇	0.00
四、应收及预付款	9 228 858 764.63	十一、委托存款及委托投资基金(净)	0.00
其中:应收利息	8 775 801 307.32	1. 委托存款及委托投资基金	88 530 982 606.71
五、买入返售资产	15 795 710 505.25	2. 减:委托贷款及委托投资	88 530 982 606.71
六、存放中央银行准备金存款	75 854 189 897.43	十二、代理金融机构委托贷款基金	0.00
七、存放中央银行特种存款	0.00	十三、各项准备	6 185 546 880.22
八、缴存中央银行财政性存款	88 188 000.00	其中:贷款损失准备金	6 029 756 980.41
九、同业往来(运用方)	71 101 885 913.64	十四、所有者权益	6 676 195 682.51
1. 存放同业	43 586 713 634.68	其中:实收资本	0.00
其中:存放境外同业	0.00	十五、其他	−231 847 418 831.18
2. 拆放同业	27 515 172 278.96		
其中:拆放境外同业	0.00		
十、境外联行往来(运用方)	0.00		
十一、代理金融机构贷款	0.00		
其中:代理人行专项贷款	0.00		
十二、库存现金	1 301 499 154.05		
十三、外汇买卖(运用方)	2 090 287 717.01		
其中:结售汇	0.00		
十四、投资性房地产	0.00		

7. 中国建设银行上海市分行人民币信贷收支表

2012-12-31

单位:亿元

来源项目名称	本月余额	比年初增减数		运用项目名称	本月余额	比年初增减数	
		本年	上年			本年	上年
一、各项存款	7 567.20	737.95	619.73	一、各项贷款	3 702.94	278.05	294.49
1. 单位存款	4 629.07	643.94	316.78	(一) 境内贷款	3 689.28	279.03	293.12
其中:活期存款	1 160.56	43.14	70.20	1. 短期贷款	684.16	91.93	−1.21
定期存款	1 214.83	274.93	179.72	(1) 个人贷款及透支	16.37	−14.54	4.37
通知存款	237.10	8.34	8.62	其中:个人消费贷款	0.27	−0.41	0.08
保证金存款	127.32	39.28	−63.32	(2) 单位普通贷款及透支	600.49	101.39	−14.22
2. 个人存款	2 848.91	212.46	248.96	其中:经营贷款	594.70	116.36	−34.57
储蓄存款	2 739.83	398.18	198.99	固定资产贷款	5.16	−15.60	20.37
保证金存款	0.04	0.03	0.00	(3) 普通并购贷款			
结构性存款	109.04	−185.75	49.97	(4) 银团贷款			
3. 临时性存款	1.39	−0.99	1.27	(5) 贸易融资	67.30	5.07	8.64
4. 其他存款	87.83	−117.46	52.72	(6) 境外筹资转贷款			
二、代理财政性存款	9.24	−3.85	−0.61	2. 中长期贷款	2 946.87	276.36	240.50
三、金融债券	0.00	0.00	0.00	(1) 个人贷款	865.01	158.96	94.39
其中:境外发行				其中:个人消费贷款	829.71	157.78	93.39
四、中长期借款				(2) 单位普通贷款	2 070.86	119.09	142.09
其中:境外借款				其中:经营贷款	364.28	−71.54	−10.36
五、应付及暂收款	122.18	3.53	28.05	固定资产贷款	1 706.58	190.63	152.45
其中:应付利息	99.27	3.97	25.19	(3) 普通并购贷款	11.00	−1.69	4.02
六、卖出回购资产				(4) 银团贷款			
七、向中央银行借款				(5) 贸易融资			
八、同业往来(来源方)	1 054.58	−194.91	63.13	(6) 境外筹资转贷款			
1. 同业存放	1 054.58	−194.91	63.13	3. 融资租赁			
其中:境外同业存放	14.44	9.50	−6.71	4. 票据融资	57.55	−88.24	53.98
2. 同业拆借				其中:贴现	57.55	−88.24	53.98
其中:境外同业拆借				5. 各项垫款	0.70	−1.02	−0.15
九、境外联行往来(来源方)				(二) 境外贷款	13.65	−0.98	1.37
十、外汇买卖(来源方)	0.09	0.00	0.00	二、有价证券	1.81	−1.50	−4.40
其中:结售汇	0.09	0.00	0.00	三、股权及其他投资	0.20	−60.47	164.09
十一、委托存款及委托投资基金(净)	0.00	−0.01	0.01	四、应收及预付款	30.45	4.22	−0.27
1. 委托存款及委托投资基金	568.71	157.93	−152.61	其中:应收利息	25.17	3.97	1.00
2. 减:委托贷款及委托投资	568.71	157.94	−152.62	五、买入返售资产	34.75	−49.75	50.23
十二、代理金融机构委托贷款基金				六、存放中央银行准备金存款	6.13	−1.26	−1.52
其中:中央银行委托贷款基金				七、存放中央银行特种存款			
十三、各项准备	1.37	0.55	−0.07	八、缴存中央银行财政性存款	6.80	−0.01	−2.47
其中:贷款损失准备金				九、同业往来	791.08	−100.24	93.53
十四、所有者权益	16.33	−2.31	3.76	1. 存放同业	646.11	−104.81	3.13
其中:实收资本				其中:存放境外同业			
十五、其他	−4 174.20	−470.13	−118.87	2. 拆放同业	144.97	4.57	90.40
				其中:拆放境外同业			
				十、境外联行往来(运用方)			
				十一、代理金融机构贷款			
				其中:代理人行专项贷款			
				十二、库存现金	22.63	1.77	1.45
				十三、外汇买卖(运用方)			
				其中:结售汇			
				十四、投资性房地产			
资金来源总计	4 596.78	70.80	595.13	资金运用总计	4 596.78	70.80	595.13

8. 交通银行上海市分行人民币信贷收支表

2012-12-31 单位:亿元

来源项目名称	本月余额	比年初增减数 本年	比年初增减数 上年	运用项目名称	本月余额	比年初增减数 本年	比年初增减数 上年
一、各项存款	3 438.06	225.77	286.31	一、各项贷款	2 297.85	114.81	164.49
1. 单位存款	2 165.48	140.41	161.12	(一)境内贷款	2 294.25	114.48	164.16
其中:活期存款	464.75	−1.44	−4.19	1. 短期贷款	693.81	47.04	158.31
定期存款	514.88	55.75	29.21	(1)个人贷款及透支	0.87	−1.82	−2.72
通知存款	232.08	−62.37	92.45	其中:个人消费贷款	0.19	0.09	−0.25
保证金存款	213.10	2.46	16.07	(2)单位普通贷款及透支	536.55	24.32	82.69
2. 个人存款	1 041.40	106.52	111.83	其中:经营贷款	535.93	28.23	78.15
储蓄存款	862.48	55.25	71.11	固定资产贷款			
保证金存款	0.49	−0.08	0.04	(3)普通并购贷款			
结构性存款	178.43	51.35	40.68	(4)银团贷款			3.96
3. 临时性存款	1.09	0.38	0.31	(5)贸易融资	156.38	24.54	74.38
4. 其他存款	230.10	−21.53	13.05	(6)境外筹资转贷款			
二、代理财政性存款	1.59	1.41	0.09	2. 中长期贷款	1 570.76	66.85	29.18
三、金融债券				(1)个人贷款	359.12	56.92	19.35
其中:境外发行				其中:个人消费贷款	345.81	56.30	18.21
四、中长期借款				(2)单位普通贷款	745.19	−10.16	−66.61
其中:境外借款				其中:经营贷款	155.63	−17.25	−87.03
五、应付及暂收款	180.90	97.72	−79.22	固定资产贷款	589.56	7.09	20.42
其中:应付利息	47.88	10.16	5.50	(3)普通并购贷款	14.73	−4.39	3.50
六、卖出回购资产				(4)银团贷款	451.71	24.48	72.94
七、向中央银行借款				(5)贸易融资			
八、同业往来(来源方)	1 421.83	125.06	130.92	(6)境外筹资转贷款			
1. 同业存放	1 420.50	125.96	128.70	3. 融资租赁			
其中:境外同业存放	73.26	64.47	−28.62	4. 票据融资	27.61	−1.49	−23.32
2. 同业拆借	1.33	−0.89	2.22	其中:贴现	27.61	−1.49	−23.32
其中:境外同业拆借	1.33	−0.89	2.22	5. 各项垫款	2.08	2.08	
九、境外联行往来(来源方)	265.37	233.74	18.48	(二)境外贷款	3.60	0.32	0.32
十、外汇买卖(来源方)	0.00	−0.01	0.01	二、有价证券	0.14	0.13	0.00
其中:结售汇	0.00	−0.01	0.01	三、股权及其他投资	38.36	38.17	
十一、委托存款及委托投资基金(净)	11.62	4.94	−129.41	四、应收及预付款	234.42	168.65	−44.15
1. 委托存款及委托投资基金	241.43	37.99	−168.12	其中:应收利息	3.50	1.39	−13.69
2. 减:委托贷款及委托投资	229.81	33.05	−38.71	五、买入返售资产	122.87	−39.69	−30.37
十二、代理金融机构委托贷款基金				六、存放中央银行准备金存款	41.51	17.12	−1.17
其中:中央银行委托贷款基金				七、存放中央银行特种存款			
十三、各项准备	28.80	−1.09	9.38	八、缴存中央银行财政性存款	0.44	0.28	−1.00
其中:贷款损失准备金	28.80	−1.09	9.38	九、同业往来	289.12	−7.12	82.94
十四、所有者权益	35.50	−2.77	7.01	1. 存放同业	289.12	−7.12	84.72
其中:实收资本				其中:存放境外同业			
十五、其他	−2 341.09	−382.33	−71.58	2. 拆放同业			−1.78
				其中:拆放境外同业			
				十、境外联行往来(运用方)			
				十一、代理金融机构贷款	9.74	9.74	
				其中:代理人行专项贷款			
				十二、库存现金	8.13	0.38	1.25
				十三、外汇买卖(运用方)	0.01	0.00	0.01
				其中:结售汇			
				十四、投资性房地产			
资金来源总计	3 042.60	302.46	171.99	资金运用总计	3 042.60	302.46	171.99

9. 中国邮政储蓄银行上海分行人民币信贷收支表

2012-12-31　　　　单位:亿元

来源项目名称	本月余额	比年初增减数		运用项目名称	本月余额	比年初增减数	
		本年	上年			本年	上年
一、各项存款	1 377.76	111.95	217.87	一、各项贷款	244.43	77.26	72.10
1.单位存款	185.64	12.95	44.67	(一)境内贷款	244.43	77.26	72.10
其中:活期存款	64.27	−0.28	12.81	1.短期贷款	108.60	57.76	22.51
定期存款	116.60	12.44	30.71	(1)个人贷款及透支	12.72	4.08	3.91
通知存款	3.26	−0.04	0.76	其中:个人消费贷款	0.13	0.11	0.01
保证金存款	1.50	0.83	0.39	(2)单位普通贷款及透支	73.14	30.94	18.60
2.个人存款	1 190.80	98.87	172.74	其中:经营贷款	72.98	30.77	18.60
储蓄存款	1 190.80	98.87	172.74	固定资产贷款	0.17	0.17	
保证金存款				(3)普通并购贷款			
结构性存款				(4)银团贷款			
3.临时性存款	0.01	0.01		(5)贸易融资	22.73	22.73	
4.其他存款	1.32	0.12	0.46	(6)境外筹资转贷款			
二、代理财政性存款				2.中长期贷款	109.20	24.60	21.76
三、金融债券				(1)个人贷款	85.54	42.03	3.12
其中:境外发行				其中:个人消费贷款	76.34	40.58	2.00
四、中长期借款				(2)单位普通贷款	23.65	−17.42	18.64
其中:境外借款				其中:经营贷款	6.88	1.79	5.09
五、应付及暂收款	38.07	7.11	10.98	固定资产贷款	16.77	−19.22	13.55
其中:应付利息	32.94	7.15	10.28	(3)普通并购贷款			
六、卖出回购资产			−6.72	(4)银团贷款			
七、向中央银行借款				(5)贸易融资			
八、同业往来(来源方)	5.18	2.34	2.12	(6)境外筹资转贷款			
1.同业存放	5.18	2.34	2.12	3.融资租赁			
其中:境外同业存放				4.票据融资	26.64	−5.10	27.83
2.同业拆借				其中:贴现	26.64	−5.10	27.83
其中:境外同业拆借				5.各项垫款			
九、境外联行往来(来源方)				(二)境外贷款			
十、外汇买卖(来源方)				二、有价证券			
其中:结售汇				三、股权及其他投资			
十一、委托存款及委托投资基金(净)				四、应收及预付款	12.58	−0.82	6.79
1.委托存款及委托投资基金	43.01	17.52	13.59	其中:应收利息	10.79	1.47	3.06
2.减:委托贷款及委托投资	43.01	17.52	13.59	五、买入返售资产	195.84	52.01	83.85
十二、代理金融机构委托贷款基金				六、存放中央银行准备金存款	1.54	−0.67	1.40
其中:中央银行委托贷款基金				七、存放中央银行特种存款			
十三、各项准备	3.52	1.62	0.70	八、缴存中央银行财政性存款		0.00	0.00
其中:贷款损失准备金	3.52	1.62	0.70	九、同业往来	0.36	−0.22	0.39
十四、所有者权益	0.36	−0.48	1.22	1.存放同业	0.36	−0.22	0.39
其中:实收资本				其中:存放境外同业			
十五、其他	−964.00	5.51	−61.76	2.拆放同业			
				其中:拆放境外同业			
				十、境外联行往来(运用方)			
				十一、代理金融机构贷款			
				其中:代理人行专项贷款			
				十二、库存现金	6.15	0.50	−0.13
				十三、外汇买卖(运用方)			
				其中:结售汇			
				十四、投资性房地产			
资金来源总计	460.89	128.06	164.40	资金运用总计	460.89	128.06	164.40

10. 上海浦东发展银行上海分行人民币信贷收支表

2013-12-31 单位:亿元

来源项目	2013 年末余额	运用项目	2013 年末余额
一、各项存款	3 125.26	一、各项贷款	1 764.06
1. 单位存款	2 197.10	(一) 境内贷款	1 751.96
其中:活期存款	435.14	1. 短期贷款	410.94
定期存款	654.96	(1) 个人贷款及透支	36.99
通知存款	308.45	其中:个人消费贷款	13.44
保证金存款	49.60	(2) 单位普通贷款及透支	307.50
2. 个人存款	844.76	其中:经营贷款	285.92
储蓄存款	738.76	固定资产贷款	20.72
保证金存款	0.63	(3) 普通并购贷款	0.95
结构性存款	5.37	(4) 银团贷款	
3. 临时性存款	0.57	(5) 贸易融资	65.51
4. 其他存款	82.83	(6) 境外筹资转贷款	
二、代理财政性存款	2.57	2. 中长期贷款	1 333.77
三、金融债券		(1) 个人贷款	383.90
其中:境外发行		其中:个人消费贷款	307.62
四、中长期借款		(2) 单位普通贷款	499.92
其中:境外借款		其中:经营贷款	117.51
五、应付及暂收款	147.74	固定资产贷款	382.40
其中:应付利息	60.98	(3) 普通并购贷款	21.75
六、卖出回购资产		(4) 银团贷款	428.20
七、向中央银行借款	1.06	(5) 贸易融资	
八、同业往来(来源方)	983.01	(6) 境外筹资转贷款	
1. 同业存放	982.57	3. 融资租赁	
其中:境外同业存放	233.03	4. 票据融资	7.25
2. 同业拆借	0.44	其中:贴现	7.25
其中:境外同业拆借	0.44	5. 各项垫款	
九、境外联行往来(来源方)		(二) 境外贷款	12.10
十、外汇买卖(来源方)	0.03	二、有价证券	94.52
其中:结售汇	0.03	三、股权及其他投资	
十一、委托存款及委托投资基金(净)	0.01	四、应收及预付款	83.57
1. 委托存款及委托投资基金	1 004.69	其中:应收利息	3.44
2. 减:委托贷款及委托投资	1 004.68	五、买入返售资产	92.55
十二、代理金融机构委托贷款基金		六、存放中央银行准备金存款	0.87
其中:中央银行委托贷款基金		七、存放中央银行特种存款	
十三、各项准备	30.99	八、缴存中央银行财政性存款	
其中:贷款损失准备金	24.14	九、同业往来	311.64
十四、所有者权益	55.21	1. 存放同业	281.64
其中:实收资本		其中:存放境外同业	
十五、其他	—1 991.19	2. 拆放同业	30.00
		其中:拆放境外同业	
		十、境外联行往来(运用方)	
		十一、代理金融机构贷款	
		其中:代理人行专项贷款	
		十二、库存现金	7.02
		十三、外汇买卖(运用方)	0.45
		其中:结售汇	0.00
		十四、投资性房地产	
资金来源总计	2 354.67	资金运用总计	2 354.67

11. 上海银行人民币信贷收支表

2013-12-31　　　　单位:万元

资金来源项目 \ 栏目	本月余额	比年初增减数 本年	比年初增减数 上年
一、各项存款	60 003 990	6 961 466	6 909 348
1. 单位存款	41 107 613	5 547 756	5 806 108
其中:活期存款	10 263 426	201 163	−27 961
定期存款	15 046 988	2 549 406	3 266 408
通知存款	1 216 428	−153 859	157 717
保证金存款	2 131 989	−483 115	495 329
2. 个人存款	16 685 567	1 975 199	1 872 546
储蓄存款	13 875 929	1 369 461	1 217 031
保证金存款	3 248	2 519	729
结构性存款	2 806 390	603 219	654 786
3. 临时性存款	157 728	−14 195	60 001
4. 其他存款	2 053 082	−547 294	−829 307
二、代理财政性存款	20 459	5 700	4 886
三、金融债券	1 222 025	109	202 229
其中:境外发行	0	0	0
四、中长期借款	0	0	0
其中:境外借款	0	0	0
五、应付及暂收款	1 570 838	452 659	369 277
其中:应付利息	1 042 331	304 376	294 820
六、卖出回购资产	4 695 481	1 675 961	117 998
七、向中央银行借款	10 000	6 000	4 000
八、同业往来(来源方)	20 681 047	3 993 209	6 643 185
1. 同业存放	19 521 859	3 630 115	6 982 091
其中:境外同业存放	293 710	232 446	58 787
2. 同业拆借	1 159 188	363 094	−338 906
其中:境外同业拆借	412 168	408 115	4 053
九、境外联行往来(来源方)	0	0	0
十、外汇买卖(来源方)	9 804 716	2 627 453	1 826 111
其中:结售汇	9 804 716	2 627 453	1 827 128
十一、委托存款及委托投资基金(净)	5	5	−4 291
1. 委托存款及委托投资基金	12 900 001	6 758 720	2 820 330
2. 减:委托贷款及委托投资	12 899 996	6 758 715	2 824 621
十二、代理金融机构委托贷款基金	0	0	0
其中:中央银行委托贷款基金	0	0	0
十三、各项准备	1 047 180	143 850	21 827
其中:贷款损失准备金	1 034 794	138 321	21 604
十四、所有者权益	5 592 107	1 374 485	884 766
其中:实收资本	423 400	0	0
十五、其他	−754 670	−25 915	−148 130
资金来源总计	103 893 178	17 214 982	16 831 206

资金运用项目 \ 栏目	本月余额	比年初增减数 本年	比年初增减数 上年
一、各项贷款	41 401 330	3 943 441	4 422 072
(一) 境内贷款	41 310 674	3 953 927	4 431 268
1. 短期贷款	14 551 114	1 491 193	1 191 546
(1) 个人贷款及透支	1 367 211	252 725	313 759
其中:个人消费贷款	965 569	339 992	−102 362
(2) 单位普通贷款及透支	12 728 474	842 357	904 504
其中:经营贷款	12 176 879	671 802	919 786
固定资产贷款	264 624	12 252	27 560
(3) 普通并购贷款	0	0	0
(4) 银团贷款	38 990	−13 076	−29 300
(5) 贸易融资	416 439	409 187	2 583
(6) 境外筹资转贷款	0	0	0
2. 中长期贷款	20 858 509	2 526 738	−289 232
(1) 个人贷款	4 527 840	691 843	−413 801
其中:个人消费贷款	4 270 510	690 420	−416 920
(2) 单位普通贷款	13 117 218	1 390 677	−448 193
其中:经营贷款	1 642 301	164 515	−854 688
固定资产贷款	11 474 917	1 226 162	406 495
(3) 普通并购贷款	10 603	−34 000	20 700
(4) 银团贷款	3 202 848	478 218	552 062
(5) 贸易融资	0	0	0
(6) 境外筹资转贷款	0	0	0
3. 融资租赁	0	0	0
4. 票据融资	5 834 169	−52 545	3 538 326
其中:贴现	5 834 169	−52 545	3 538 326
5. 各项垫款	66 882	−11 459	−9 372
(二) 境外贷款	90 656	−10 486	−9 196
二、有价证券	12 790 944	638 407	−503 165
其中:境外有价证券	0	0	0
三、股权及其他投资	15 892 360	12 984 177	2 311 560
四、应收及预付款	586 072	41 094	310 523
其中:应收利息	91 048	53 136	35 656
五、买入返售资产	3 313 650	2 478 450	−164 950
六、存放中央银行准备金存款	11 751 415	1 451 949	−178 904
七、存放中央银行特种存款	0	0	0
八、缴存中央银行财政性存款	9 389	1 367	5 331
九、同业往来(运用方)	8 109 753	−7 265 426	9 162 643
1. 存放同业	6 401 974	−7 741 174	10 558 612
其中:存放境外同业	0	0	0
2. 拆放同业	1 707 779	475 748	−1 395 969
其中:拆放境外同业	0	0	0
十、境外联行往来(运用方)	0	0	0
十一、代理金融机构贷款	0	0	0
其中:代理人行专项贷款	0	0	0
十二、库存现金	214 541	61 173	−15 786
十三、外汇买卖(运用方)	9 811 378	2 883 871	1 479 815
其中:结售汇	9 796 612	2 873 254	1 475 666
十四、投资性房地产	12 346	−3 521	2 067
资金运用总计	103 893 178	17 214 982	16 831 206

12. 上海农商银行人民币信贷收支表

2013-12-31 单位:亿元

来源项目名称	本月余额	比年初增减数		运用项目名称	本月余额	比年初增减数	
		本 年	上 年			本 年	上 年
一、各项存款	3 332.07	475.88	397.46	一、各项贷款	2 182.94	279.29	250.77
1. 企业存款	1 670.84	273.10	132.28	1. 短期贷款	654.07	52.37	79.47
(1) 活期存款	1 174.66	142.23	11.00	(1) 个人贷款及透支	22.99	4.97	7.59
(2) 定期存款	496.18	130.87	121.28	(2) 单位普通贷款及透支	629.72	47.24	71.61
2. 财政存款	0.77	0.13	0.57	(3) 普通并购贷款			
3. 机关团体存款	0.00	0.00	0.00	(4) 银团贷款			
4. 储蓄存款	1 640.91	199.12	256.85	(5) 贸易融资	1.36	0.16	0.27
(1) 活期储蓄	239.07	26.04	46.58	2. 中长期贷款	1 052.50	70.93	37.34
(2) 定期储蓄	1 401.84	173.08	210.27	(1) 个人贷款及透支	181.48	21.60	2.81
5. 农业存款				(2) 单位普通贷款及透支	794.57	16.95	28.23
6. 信托存款				(3) 普通并购贷款			
7. 委托存款				(4) 银团贷款	76.45	32.38	6.30
8. 其他存款	19.55	3.53	7.76	(5) 贸易融资			
二、金融债券	65.00	0.00	50.00	3. 票据融资	474.35	155.71	132.64
三、应付及暂收款	85.53	1.40	29.28	4. 各项垫款	2.02	0.28	1.32
其中:应付及预收利息	68.29	10.15	19.67	二、有价证券及投资	797.38	156.49	120.17
四、同业往来	141.52	−37.98	3.02	三、应收及预付款	36.27	17.44	3.93
五、行内资金往来	0.38	0.38	0.00	其中:应收利息	16.39	2.69	2.78
六、各项准备	72.51	8.49	7.36	四、同业往来	104.63	−35.59	−30.08
其中:贷款损失准备金	45.42	−15.94	11.67	五、系统内资金往来			
七、所有者权益	318.55	35.39	32.22	六、金银占款			
其中:实收资本	50.00	0.00	0.00	七、外汇占款	2.68	0.58	0.49
当年结益	50.87	9.83	9.47	八、固定资产	32.97	−0.36	3.70
八、其他	137.32	40.71	−49.13	九、库存现金	19.13	2.99	−3.30
				十、存放央行存款	690.69	118.18	73.63
				十一、买入返售证券	171.35	−19.95	−0.24
				十二、其他	114.84	5.20	51.14
资金来源总计	4 152.88	524.27	470.21	资金运用总计	4 152.88	524.27	470.21

13. 中信银行上海分行人民币信贷收支表

2013-12-31

单位:亿元

资金来源项目 \ 栏目	本月余额	比年初增减数		运用项目名称 \ 栏目	本月余额	比年初增减数	
		本 年	上 年			本 年	上 年
一、各项存款	8 683 132.38	−165 171.23	−1 111 766.54	一、各项贷款	6 467 421.82	198 209.21	265 656.17
1. 单位存款	5 872 273.58	415 868.43	−1 948 929.30	(一)境内贷款	6 451 399.87	197 138.45	271 224.24
其中:活期存款	781 780.70	44 070.78	−105 379.92	1. 短期贷款	3 027 521.39	−574 431.70	462 382.87
定期存款	1 614 620.14	98 896.99	−938 062.21	(1) 个人贷款及透支	227 718.01	−151 248.52	170 535.96
通知存款	301 754.24	−240 195.48	15 425.54	其中:个人消费贷款	25 421.84	20 075.81	1 165.49
保证金存款	1 336 922.58	−292 262.12	−28 317.18	(2) 单位普通贷款及透支	2 620 626.63	−471 238.45	174 772.83
2. 个人存款	1 759 739.12	29 872.60	271 233.12	其中:经营贷款	2 610 350.52	−376 027.58	228 331.81
储蓄存款	1 060 536.67	−233 061.93	9 321.92	固定资产贷款		−100 000.00	−50 000.00
保证金存款	16 434.85	−70 176.87	35 953.00	(3) 普通并购贷款	5 000.00	−2 000.00	−1 500.00
结构性存款	682 767.60	333 111.40	225 958.20	(4) 银团贷款			
3. 临时性存款	8 470.65	4 232.52	−61 377.60	(5) 贸易融资	174 176.75	50 055.27	118 574.08
4. 其他存款	1 042 649.03	−615 144.77	627 307.24	(6) 境外筹资转贷款			
二、代理财政性存款	26 891.87	25 487.75	−11 705.42	2. 中长期贷款	2 844 658.96	471 298.13	−131 587.08
三、金融债券				(1) 个人贷款	825 031.24	272 295.73	−55 998.68
其中:境外发行				其中:个人消费贷款	746 846.70	247 844.12	−64 622.28
四、中长期借款				(2) 单位普通贷款	1 879 338.86	229 749.30	−23 918.10
其中:境外借款				其中:经营贷款	816 813.34	217 443.84	−305 795.86
五、应付及暂收款	193 176.21	−51 096.67	40 893.85	固定资产贷款	1 062 525.52	12 305.46	281 877.77
其中:应付利息	137 479.22	3 535.70	29 916.83	(3) 普通并购贷款			−5 500.00
六、卖出回购资产				(4) 银团贷款	140 288.86	−30 746.90	−46 170.30
七、向中央银行借款				(5) 贸易融资			
八、同业往来(来源方)	5 315 255.63	−655 546.79	−1 594 744.02	(6) 境外筹资转贷款			
1. 同业存放	5 315 255.63	−653 674.64	−1 596 616.18	3. 融资租赁			
其中:境外同业存放	51 810.94	39 851.94	−6 876.78	4. 票据融资	471 951.01	254 613.97	−119 234.95
2. 同业拆借		−1 872.16	1 872.16	其中:贴现	471 951.01	254 613.97	−119 234.95
其中:境外同业拆借				5. 各项垫款	107 268.51	45 658.06	59 663.40
九、境外联行往来(来源方)				(二) 境外贷款	16 021.95	1 070.76	−5 568.06
十、外汇买卖(来源方)	120 377.87	−12 356.50	22 528.36	二、有价证券	55 843.89	−45 283.72	−45 335.26
其中:结售汇	103 030.46	−23 160.80	15 985.95	其中:境外有价证券			
十一、委托存款及委托投资基金(净)	2 153 129.43	−58 466.25	1 673 509.05	三、股权及其他投资	1 458 303.59	1 458 303.59	
1. 委托存款及委托投资基金	2 595 399.22	78 036.70	1 561 957.05	四、应收及预付款	134 679.33	88 554.77	−19 095.23
2. 减:委托贷款及委托投资	442 269.79	136 502.94	−111 552.00	其中:应收利息	57 496.47	18 250.15	−18 677.36
十二、代理金融机构委托贷款基金				五、买入返售资产	3 229 718.98	2 231 274.89	783 393.70
其中:中央银行委托贷款基金				六、存放中央银行准备金存款	134 113.76	52 747.08	−29 375.13
十三、各项准备	433 141.42	297 977.69	54 550.48	七、存放中央银行特种存款			
其中:贷款损失准备金	411 747.43	282 359.22	52 162.14	八、缴存中央银行财政性存款	407.50	−8 441.00	4 456.20
十四、所有者权益	−169 579.83	−305 968.19	−9 072.01	九、同业往来(运用方)	968 323.49	−3 013 159.74	−2 017 964.91
其中:实收资本				1. 存放同业	885 633.59	−2 782 624.36	−408 724.99
十五、其他	−4 148 562.85	1 899 939.45	−115 797.10	其中:存放境外同业			
				2. 拆放同业	82 689.90	−230 535.38	−1 609 239.92
				其中:拆放境外同业			
				十、境外联行往来(运用方)			
				十一、代理金融机构贷款			
				其中:代理人行专项贷款			
				十二、库存现金	17 740.57	−3 562.65	−2 852.10
				十三、外汇买卖(运用方)	140 409.21	16 156.83	9 513.21
				其中:结售汇	121 893.01	5 279.64	2 448.28
				十四、投资性房地产			
资金来源总计	12 606 962.14	974 799.26	−1 051 603.35	资金运用总计	12 606 962.14	974 799.26	−1 051 603.35

14. 中国光大银行上海分行人民币信贷收支表

2013-12-31　　　　单位:亿元

栏目 来源项目名称	本月余额	比年初增减数		栏目 运用项目名称	本月余额	比年初增减数	
		本　年	上　年			本　年	上　年
一、各项存款	1 138.63	113.48	63.22	一、各项贷款	585.26	−28.67	−4.14
1. 单位存款	633.73	−24.73	−61.96	(一) 境内贷款	583.19	−28.66	−4.42
其中:活期存款	116.61	19.68	−42.24	1. 短期贷款	159.08	−35.96	20.12
定期存款	170.69	−27.38	−0.09	(1) 个人贷款及透支	5.49	−0.88	−4.70
通知存款	79.34	−4.32	3.07	其中:个人消费贷款	1.18	0.07	−1.92
保证金存款	55.52	−46.28	−16.36	(2) 单位普通贷款及透支	99.59	20.51	3.35
2. 个人存款	345.78	103.99	50.25	其中:经营贷款	98.83	23.42	1.18
储蓄存款	212.31	48.21	25.20	固定资产贷款	0.21	−1.16	
保证金存款	0.19	−3.58	3.41	(3) 普通并购贷款			
结构性存款	133.28	59.36	21.65	(4) 银团贷款			
3. 临时性存款	0.46	0.18	−0.30	(5) 贸易融资	54.00	−55.59	21.47
4. 其他存款	158.66	34.04	75.23	(6) 境外筹资转贷款			
二、代理财政性存款	0.37	−3.30	3.19	2. 中长期贷款	404.74	7.09	−28.88
三、金融债券				(1) 个人贷款	173.97	−6.23	−8.26
其中:境外发行				其中:个人消费贷款	106.34	−17.26	−1.23
四、中长期借款				(2) 单位普通贷款	153.22	−19.22	−10.62
其中:境外借款				其中:经营贷款	34.28	−18.42	−0.87
五、应付及暂收款	20.33	3.65	0.94	固定资产贷款	118.94	−0.80	−9.75
其中:应付利息	14.89	3.80	2.72	(3) 普通并购贷款			
六、卖出回购资产		−1.20	−33.89	(4) 银团贷款	46.72	3.57	−5.10
七、向中央银行借款				(5) 贸易融资	30.83	28.96	−4.91
八、同业往来(来源方)	379.09	−83.82	108.23	(6) 境外筹资转贷款			
1. 同业存放	379.09	−83.82	108.23	3. 融资租赁			
其中:境外同业存放				4. 票据融资	11.38	−0.51	−2.88
2. 同业拆借				其中:贴现	11.38	−0.51	−2.88
其中:境外同业拆借				5. 各项垫款	7.99	0.72	7.22
九、境外联行往来(来源方)				(二) 境外贷款	2.08	−0.01	0.28
十、外汇买卖(来源方)				二、有价证券	0.21	−0.11	−0.31
其中:结售汇				三、股权及其他投资	162.84	−80.30	243.14
十一、委托存款及委托投资基金(净)	61.78	30.59	0.95	四、应收及预付款	7.32	1.23	3.59
1. 委托存款及委托投资基金	91.11	20.95	−4.91	其中:应收利息	6.89	1.19	3.90
2. 减:委托贷款及委托投资	29.33	−9.65	−5.85	五、买入返售资产	114.47	52.92	−164.83
十二、代理金融机构委托贷款基金				六、存放中央银行准备金存款	14.08	−3.05	2.21
其中:中央银行委托贷款基金				七、存放中央银行特种存款			
十三、各项准备	15.63	−1.48	3.81	八、缴存中央银行财政性存款	0.06	−0.43	−0.39
其中:贷款损失准备金	15.59	−1.49	3.81	九、同业往来	197.64	78.75	−19.23
十四、所有者权益	−10.86	−27.62	−0.55	1. 存放同业	51.98	49.72	−99.36
其中:实收资本				其中:存放境外同业			
十五、其他	−518.33	−12.12	−83.15	2. 拆放同业	145.66	29.03	80.13
				其中:拆放境外同业			
				十、境外联行往来(运用方)			
				十一、代理金融机构贷款			
				其中:代理人行专项贷款			
				十二、库存现金	3.89	−2.00	2.68
				十三、外汇买卖(运用方)	0.05	0.00	0.00
				其中:结售汇	0.05	0.00	0.00
				十四、投资性房地产	0.81	−0.18	
资金来源总计	1 086.63	18.16	62.73	资金运用总计	1 086.63	18.16	62.73

15. 华夏银行上海分行人民币信贷收支表

2013-12-31

单位:亿元

栏目 来源项目名称	本月余额	比年初增减数		栏目 运用项目名称	本月余额	比年初增减数	
		本年	上年			本年	上年
一、各项存款	486.92	−13.15	55.12	一、各项贷款	252.45	−29.83	−46.67
1. 单位存款	279.38	−4.99	−6.60	(一) 境内贷款	251.68	−29.89	−46.78
其中:活期存款	77.64	11.68	−1.15	1. 短期贷款	106.05	−36.06	−5.45
定期存款	89.29	−9.09	3.25	(1) 个人贷款及透支	0.54	−2.66	−7.37
通知存款	37.32	2.99	−6.24	其中:个人消费贷款	0.10	−0.09	−0.20
保证金存款	15.53	−7.39	0.02	(2) 单位普通贷款及透支	104.33	−33.84	1.37
2. 个人存款	41.35	−4.23	−4.35	其中:经营贷款	103.16	−32.85	−0.79
储蓄存款	41.34	−4.25	−4.35	固定资产贷款	0.67	−1.49	2.16
保证金存款				(3) 普通并购贷款			
结构性存款	0.02	0.02		(4) 银团贷款			
3. 临时性存款	0.18	0.08	0.07	(5) 贸易融资	1.18	0.43	0.55
4. 其他存款	166.00	−4.00	66.00	(6) 境外筹资转贷款			
二、代理财政性存款	0.03	0.03	−0.02	2. 中长期贷款	145.40	11.98	−41.33
三、金融债券				(1) 个人贷款	21.50	−0.98	2.50
其中:境外发行				其中:个人消费贷款	19.39	−0.28	2.28
四、中长期借款				(2) 单位普通贷款	114.98	16.21	−22.88
其中:境外借款				其中:经营贷款	28.38	0.50	−9.56
五、应付及暂收款	19.73	1.12	2.83	固定资产贷款	86.59	15.70	−13.32
其中:应付利息	7.99	−0.12	3.93	(3) 普通并购贷款			−10.00
六、卖出回购资产				(4) 银团贷款	8.93	−3.25	−10.95
七、向中央银行借款				(5) 贸易融资			
八、同业往来(来源方)	44.87	−51.56	−61.42	(6) 境外筹资转贷款			
1. 同业存放	44.47	−51.26	−62.11	3. 融资租赁			
其中:境外同业存放			0.00	4. 票据融资		−5.62	−0.41
2. 同业拆借	0.40	−0.29	0.69	其中:贴现		−5.62	−0.41
其中:境外同业拆借				5. 各项垫款	0.24	−0.18	0.42
九、境外联行往来(来源方)				(二) 境外贷款	0.77	0.05	0.11
十、外汇买卖(来源方)	60.77	60.77	−40.03	二、有价证券		−0.75	−0.22
其中:结售汇	60.77	60.77	−40.01	三、股权及其他投资			
十一、委托存款及委托投资基金(净)			−0.26	四、应收及预付款	11.21	0.86	−0.33
1. 委托存款及委托投资基金	40.94	2.76	3.26	其中:应收利息	0.28	0.21	0.06
2. 减:委托贷款及委托投资	40.94	−2.76	3.26	五、买入返售资产	1.00	−64.78	55.95
十二、代理金融机构委托贷款基金				六、存放中央银行准备金存款	8.08	−0.63	0.10
其中:中央银行委托贷款基金				七、存放中央银行特种存款			
十三、各项准备	14.77	11.41	−0.74	八、缴存中央银行财政性存款	0.03	−0.06	0.00
其中:贷款损失准备金	14.68	11.41	−0.30	九、同业往来	0.15	−0.23	−71.99
十四、所有者权益	−14.10	−19.63	−1.34	1. 存放同业	0.15	−0.23	−71.99
其中:实收资本				其中:存放境外同业			
十五、其他	−278.59	−23.98	−57.26	2. 拆放同业			
				其中:拆放境外同业			
				十、境外联行往来(运用方)			
				十一、代理金融机构贷款			
				其中:代理人行专项贷款			
				十二、库存现金	0.68	−0.35	0.32
				十三、外汇买卖(运用方)	60.81	60.78	−40.02
				其中:结售汇	60.77	60.77	−40.01
				十四、投资性房地产			
资金来源总计	334.40	−34.98	−102.86	资金运用总计	334.40	−34.98	−102.86

16. 中国民生银行上海分行人民币信贷收支表

2013-12-31

单位:亿元

来源项目名称	本月余额	比年初增减数		运用项目名称	本月余额	比年初增减数	
		本 年	上 年			本 年	上 年
一、各项存款	2 072.20	7.89	92.53	一、各项贷款	1 303.70	1 303.70	55.81
1. 企业存款	1 230.82	−163.80	−291.67	1. 短期贷款	505.40	−135.76	−102.64
(1) 活期存款	232.05	−374.11	−482.89	(1) 工业贷款			
(2) 定期存款	998.77	210.31	191.22	(2) 商业贷款			
2. 机关团体存款	296.80	−3.90	144.75	(3) 建筑业贷款			
3. 储蓄存款	351.97	−16.15	50.08	(4) 农业贷款			
(1) 活期储蓄	86.62	−13.78	35.43	(5) 乡镇企业贷款			
(2) 定期储蓄	265.35	−2.37	14.65	(6) 三资企业贷款			
4. 农业存款				(7) 私营企业及个体贷款			
5. 其他存款	192.61	191.74	47.55	(8) 其他短期贷款			
二、代理财政性存款	0.03	0.03	0.03	其中:个人短期贷款			
三、金融债券				2. 中长期贷款	731.26	731.26	115.91
其中:政策性金融债券				(1) 基本建设贷款			
四、应付及暂收款	39.11	−6.22	13.79	(2) 技术改造贷款			
其中:应付及预收利息	39.11	−6.22	21.04	(3) 其他中长期贷款			
五、卖出回购资产		−19.26	−1.45	其中:个人中长期贷款			
六、向中央银行借款	0.36	0.36	0.36	3. 票据融资	61.08	55.84	48.08
七、同业往来	842.10	−671.09	155.34	其中:贴现		−5.24	−13.00
1. 同业存放	832.10	−638.09	216.44	4. 各项垫款	5.96	1.90	5.51
2. 同业拆借	10.00	−33.00	−61.10	二、有价证券及投资	228.42	98.46	178.80
八、行内资金往来	853.07	853.07	853.07	三、应收及预付款	14.60	4.06	6.56
九、委托存款及委托投资基金(净)				其中:应收利息		−7.87	−5.87
1. 委托存款及委托投资基金	198.68	−6.16	40.12	四、买入返售资产	308.36	−252.08	301.25
2. 减:委托贷款及委托投资	198.68	−6.16	40.12	五、存放中央银行准备金存款	27.76	−17.15	8.52
十、代理金融机构委托贷款基金				六、存放中央银行特种存款			
其中:中央银行委托贷款基金				七、缴存中央银行财政性存款	0.16	0.14	−0.34
十一、各项准备	29.37	−3.10	6.77	八、同业往来	21.49	−497.82	−484.28
其中:贷款损失准备金	29.37	−3.10	6.77	1. 存放同业	21.49	−497.82	−484.28
十二、所有者权益	−20.44	−32.19	−59.00	2. 拆放同业			
其中:实收资本				九、行内资金往来	1 911.32	1 911.32	1 911.32
十三、其他				十、代理金融机构贷款			
				其中:代理人行专项贷款			
				十一、库存现金	4.30	−1.41	−0.28
				十二、外汇占款			
资金来源总计	1 932.26	−586.16	75.14	资金运用总计	1 932.26	−586.16	75.14

17. 招商银行上海分行人民币信贷收支表

2013-12-31　　单位:亿元

来源项目名称	本月余额	比年初增减数		运用项目名称	本月余额	比年初增减数	
		本年	上年			本年	上年
一、各项存款	2 373.06	209.71	171.28	一、各项贷款	1 221.33	70.79	49.68
1.单位存款	1 432.99	273.88	6.95	(一)境内贷款	1 205.72	73.78	50.03
其中:活期存款	396.55	76.13	0.31	1.短期贷款	417.99	46.37	46.18
定期存款	302.78	62.93	24.48	(1)个人贷款及透支	60.08	31.24	11.05
通知存款	121.92	−33.80	5.76	其中:个人消费贷款	2.03	−0.91	−4.07
保证金存款	59.17	10.09	−33.61	(2)单位普通贷款及透支	324.99	12.00	17.17
2.个人存款	923.73	−10.77	125.68	其中:经营贷款	319.91	9.75	21.82
储蓄存款	923.73	−10.77	125.68	固定资产贷款	5.08	2.25	−4.65
保证金存款				(3)普通并购贷款			
结构性存款				(4)银团贷款		−0.20	−0.50
3.临时性存款	0.77	0.12	−0.39	(5)贸易融资	32.92	3.33	18.46
4.其他存款	15.57	−53.51	39.03	(6)境外筹资转贷款			
二、代理财政性存款	2.22	2.17	−0.74	2.中长期贷款	756.89	19.69	−1.27
三、金融债券				(1)个人贷款	388.52	0.62	15.61
其中:境外发行				其中:个人消费贷款	304.23	−34.31	−3.25
四、中长期借款				(2)单位普通贷款	264.34	22.57	−35.41
其中:境外借款				其中:经营贷款	32.35	1.83	−31.69
五、应付及暂收款	37.23	8.08	8.11	固定资产贷款	231.98	20.74	−3.72
其中:应付利息	21.29	3.97	5.83	(3)普通并购贷款	3.32	−1.34	−1.21
六、卖出回购资产				(4)银团贷款	85.03	−1.62	4.47
七、向中央银行借款	20.74	20.20	−1.51	(5)贸易融资	15.69	−0.54	15.28
八、同业往来(来源方)	615.99	328.48	28.00	(6)境外筹资转贷款			
1.同业存放	615.99	328.48	28.29	3.融资租赁			
其中:境外同业存放	5.20	3.39	0.07	4.票据融资	30.66	7.67	5.01
2.同业拆借			−0.29	其中:贴现	30.66	7.67	5.01
其中:境外同业拆借				5.各项垫款	0.19	0.05	0.10
九、境外联行往来(来源方)				(二)境外贷款	15.61	−2.99	−0.35
十、外汇买卖(来源方)			0.00	二、有价证券			
其中:结售汇				三、股权及其他投资	45.20	45.20	
十一、委托存款及委托投资基金(净)				四、应收及预付款	7.21	3.11	0.08
1.委托存款及委托投资基金	229.13	16.49	−1.14	其中:应收利息	6.10	2.82	−0.10
2.减:委托贷款及委托投资	229.13	16.49	−1.14	五、买入返售资产	101.03	101.03	
十二、代理金融机构委托贷款基金				六、存放中央银行准备金存款	19.64	4.53	0.71
其中:中央银行委托贷款基金				七、存放中央银行特种存款			
十三、各项准备	29.11	5.32	1.91	八、缴存中央银行财政性存款	0.23	−1.32	0.51
其中:贷款损失准备金	27.49	5.22	1.90	九、同业往来	50.44	−145.60	141.06
十四、所有者权益	40.54	−0.49	3.09	1.存放同业	0.25	−180.05	148.04
其中:实收资本				其中:存放境外同业			
十五、其他	−1 667.13	−496.84	−16.71	2.拆放同业	50.20	34.45	−6.98
				其中:拆放境外同业			
				十、境外联行往来(运用方)			
				十一、代理金融机构贷款			
				其中:代理人行专项贷款			
				十二、库存现金	6.69	−1.10	1.39
				十三、外汇买卖(运用方)		0.00	0.00
				其中:结售汇			
				十四、投资性房地产			
资金来源总计	1 451.76	76.64	193.42	资金运用总计	1 451.76	76.64	193.42

18. 兴业银行上海分行人民币信贷收支表

2013-12-31

单位:万元

栏目 来源项目名称	本月余额	比年初增减数		栏目 运用项目名称	本月余额	比年初增减数	
		本 年	上 年			本 年	上 年
一、各项存款	1 466.18	240.75	159.45	一、各项贷款	757.23	50.89	9.29
1. 单位存款	1 080.19	216.88	128.95	(一) 境内贷款	747.80	54.23	−3.48
其中:活期存款	240.93	62.40	44.07	1. 短期贷款	196.86	−4.91	30.27
定期存款	386.91	−0.72	92.44	(1) 个人贷款及透支	42.68	1.57	3.69
通知存款	121.27	23.97	2.08	其中:个人消费贷款	17.12	10.29	−2.44
保证金存款	29.13	−1.06	−7.00	(2) 单位普通贷款及透支	139.11	−10.57	16.49
2. 个人存款	220.48	13.91	31.77	其中:经营贷款	137.40	−9.01	17.72
储蓄存款	220.30	13.73	31.77	固定资产贷款	1.71	−1.56	−1.23
保证金存款	0.18	0.18		(3) 普通并购贷款			
结构性存款				(4) 银团贷款			
3. 临时性存款	0.51	−0.22	0.62	(5) 贸易融资	15.06	4.09	10.10
4. 其他存款	164.99	10.19	−1.89	(6) 境外筹资转贷款			
二、代理财政性存款	0.34	0.34	−0.16	2. 中长期贷款	547.19	58.04	−35.37
三、金融债券				(1) 个人贷款	194.07	8.39	−26.47
其中:境外发行				其中:个人消费贷款	172.25	1.62	−21.44
四、中长期借款				(2) 单位普通贷款	276.02	45.37	−18.39
其中:境外借款				其中:经营贷款	14.06	−5.92	−11.12
五、应付及暂收款	26.38	−6.74	15.24	固定资产贷款	261.95	51.29	−7.27
其中:应付利息	19.92	2.98	6.33	(3) 普通并购贷款			
六、卖出回购资产	59.81	48.81	−6.23	(4) 银团贷款	77.10	4.28	9.48
七、向中央银行借款				(5) 贸易融资			
八、同业往来(来源方)	962.60	144.93	24.83	(6) 境外筹资转贷款			
1. 同业存放	956.21	145.67	117.71	3. 融资租赁			
其中:境外同业存放	2.06	2.06		4. 票据融资	0.04	0.04	−0.77
2. 同业拆借	6.39	−0.74	−92.88	其中:贴现	0.04	0.04	−0.77
其中:境外同业拆借	5.89	5.89		5. 各项垫款	3.71	1.06	2.40
九、境外联行往来(来源方)				(二) 境外贷款	9.43	−3.34	12.76
十、外汇买卖(来源方)				二、有价证券	125.93	−142.95	9.30
其中:结售汇				三、股权及其他投资	311.12	311.09	
十一、委托存款及委托投资基金(净)	6.89	−10.30	17.19	四、应收及预付款	10.96	−11.47	13.43
1. 委托存款及委托投资基金	968.36	299.72	292.74	其中:应收利息	8.67	−2.71	5.66
2. 减:委托贷款及委托投资	961.47	310.02	275.55	五、买入返售资产	333.29	−275.73	171.13
十二、代理金融机构委托贷款基金				六、存放中央银行准备金存款	10.68	3.60	−2.71
其中:中央银行委托贷款基金				七、存放中央银行特种存款			
十三、各项准备	11.12	−1.24	1.25	八、缴存中央银行财政性存款			
其中:贷款损失准备金	10.01	−0.39	0.70	九、同业往来	43.97	−58.67	1.11
十四、所有者权益	48.25	3.70	9.59	1. 存放同业	0.92	−16.74	−6.28
其中:实收资本				其中:存放境外同业			
十五、其他	−986.34	−543.42	−19.88	2. 拆放同业	43.05	−41.93	7.39
				其中:拆放境外同业			
				十、境外联行往来(运用方)			
				十一、代理金融机构贷款			
				其中:代理人行专项贷款			
				十二、库存现金	2.05	0.08	−0.27
				十三、外汇买卖(运用方)			
				其中:结售汇			
				十四、投资性房地产			
资金来源总计	1 595.22	−123.16	201.29	资金运用总计	1 595.22	−123.16	201.29

19. 广发银行上海分行人民币信贷收支表

2013-12-31

单位:亿元

项目名称	本月余额	本期比年初		项目名称	本月余额	本期比年初	
		增减	增减%			增减	增减%
资金来源总计	485.48	18.12	3.88	资金运用总计	485.48	18.12	3.88
一、各项存款	514.33	−88.52	−14.68	一、各项贷款	245.77	−68.88	−21.89
1. 单位存款	293.78	−94.31	−24.30	(一) 境内贷款	244.04	−70.61	−22.44
其中:活期存款	62.76	−12.69	−16.82	1. 短期贷款	77.17	−61.64	−44.41
定期存款	74.09	−37.27	−33.47	(1) 个人贷款及透支	2.17	−1.58	−42.14
通知存款	24.13	−18.92	−43.95	其中:个人消费贷款	0.00	−0.00	−13.33
保证金存款	29.02	−11.59	−28.54	(2) 单位普通贷款及透支	73.94	−57.91	−43.92
2. 个人存款	72.15	16.62	29.93	其中:经营贷款	73.94	−57.91	−43.92
储蓄存款	38.52	−6.01	−13.51	固定资产贷款			0.00
保证金存款	0.33	0.19	138.18	(3) 普通并购贷款			0.00
结构性存款	33.30	22.44	206.72	(4) 银团贷款			0.00
3. 临时性存款	1.43	−0.59	−29.17	(5) 贸易融资	1.07	−2.16	−66.93
4. 其他存款	146.98	−10.24	−6.51	(6) 境外筹资转贷款			0.00
二、代理财政性存款	−0.39	−0.39	0.00	2. 中长期贷款	164.09	1.45	0.89
三、金融债券			0.00	(1) 个人贷款	60.16	−3.96	−6.18
其中:境外发行			0.00	其中:个人消费贷款	49.54	−6.99	−12.36
四、中长期借款			0.00	(2) 单位普通贷款	82.28	10.49	14.61
其中:境外借款			0.00	其中:经营贷款	26.30	17.26	190.74
五、应付及暂收款	9.02	−3.24	−26.43	固定资产贷款	55.97	−6.77	−10.79
其中:应付利息	8.08	−2.98	−26.97	(3) 普通并购贷款			0.00
六、卖出回购资产			0.00	(4) 银团贷款	21.65	−5.08	−19.00
七、向中央银行借款			0.00	(5) 贸易融资			0.00
八、同业往来	153.66	76.95	100.33	(6) 境外筹资转贷款			0.00
1. 同业存放	153.66	79.15	106.22	3. 融资租赁			0.00
其中:境外同业存放			0.00	4. 票据融资	0.13	−2.81	−95.64
2. 同业拆借		−2.19	−100.00	其中:贴现及买断式转贴现	0.13	−2.81	−95.64
其中:境外同业拆借			0.00	5. 各项垫款	2.66	−7.61	−74.13
九、境外联行往来			0.00	(二) 境外贷款	1.73	1.73	0.00
十、外汇买卖	0.00	0.00	3 100.00	二、有价证券及投资	0.12	−0.37	−75.91
其中:结售汇	0.00	0.00	0.00	其中:境外有价证券	59.49	59.49	0.00
十一、委托存款及委托投资基金	0.39	0.39	0.00	三、股权及其他投资	11.60	11.60	0.00
1. 委托存款及委托投资基金	7.66	−14.64	−65.64	四、应收及预付款	2.37	0.93	65.08
2. 减:委托贷款及委托投资	7.27	−15.03	−67.38	其中:应收利息	92.98	91.98	9 160.24
十二、代理金融机构委托贷款基金			0.00	五、买入返售资产	10.56	−82.87	−88.70
其中:中央银行委托贷款基金			0.00	六、存放中央银行准备金存款		−8.56	−100.00
十三、各项准备	6.08	2.31	61.31	七、存放中央银行特种存款	0.03	0.03	0.00
其中:贷款损失准备金	6.04	2.30	61.40	八、缴存中央银行财政性存款	64.00	63.97	195 017.68
十四、其他	−197.61	30.61	−13.41	九、同业往来	3.60	−43.41	−92.35
				1. 存放同业		−12.01	−100.00
				其中:存放境外同业	60.40	60.40	0.00
				2. 拆放同业		−35.00	−100.00
				其中:拆放境外同业			0.00
				十、境外联行往来			0.00
				十一、代理金融机构贷款			0.00
				其中:代理人行专项贷款	0.95	0.95	0.00
				十二、库存现金		−1.03	−100.00
				十三、外汇买卖		−0.72	−100.00
				其中:结售汇		−0.72	−100.00
				十四、投资性房地产			0.00

20. 平安银行上海分行人民币信贷收支表

2013-12-31

单位:亿元

来源项目名称	本月余额	比年初增减数 本年	比年初增减数 上年
一、各项存款	994.87	−56.44	35.29
1. 单位存款	752.74	−34.35	31.89
其中:活期存款	180.08	21.79	6.43
定期存款	225.48	56.50	−29.34
通知存款	32.73	−20.32	12.91
保证金存款	197.29	−92.96	29.33
2. 个人存款	126.37	1.39	3.37
储蓄存款	104.95	−9.70	−1.00
保证金存款	21.43	11.09	5.22
结构性存款			−0.85
3. 临时性存款	0.54	0.10	−1.57
4. 其他存款	115.22	−23.59	1.60
二、代理财政性存款	0.04	0.03	0.01
三、金融债券			
其中:境外发行			
四、中长期借款			
其中:境外借款			
五、应付及暂收款	17.11	1.39	−82.46
其中:应付利息	12.55	0.19	−2.17
六、卖出回购资产			
七、向中央银行借款			
八、同业往来(来源方)	648.12	27.49	176.19
1. 同业存放	644.46	117.24	154.68
其中:境外同业存放			
2. 同业拆借	3.66	−89.75	21.51
其中:境外同业拆借	3.66	−3.92	7.58
九、境外联行往来(来源方)			
十、外汇买卖(来源方)			
其中:结售汇			
十一、委托存款及委托投资基金(净)		0.00	0.00
1. 委托存款及委托投资基金	34.28	12.31	−0.20
2. 减:委托贷款及委托投资	34.28	12.31	−0.20
十二、代理金融机构委托贷款基金	25.67	25.67	
其中:中央银行委托贷款基金			
十三、各项准备	20.08	9.04	2.62
其中:贷款损失准备金	20.00	8.99	2.60
十四、所有者权益	17.59	−2.14	7.10
其中:实收资本			
十五、其他	75.92	297.42	117.29
资金来源总计	1 799.39	302.46	256.03

运用项目名称	本月余额	比年初增减数 本年	比年初增减数 上年
一、各项贷款	992.86	106.54	10.86
(一) 境内贷款	990.03	107.55	12.75
1. 短期贷款	213.67	−201.04	−7.43
(1) 个人贷款及透支	43.86	3.68	7.07
其中:个人消费贷款	6.98	−10.83	−7.54
(2) 单位普通贷款及透支	165.19	−195.07	−25.27
其中:经营贷款	159.49	−197.17	−26.67
固定资产贷款	5.70	2.10	1.40
(3) 普通并购贷款			
(4) 银团贷款			
(5) 贸易融资	4.63	−9.65	10.77
(6) 境外筹资转贷款			
2. 中长期贷款	766.58	308.69	29.60
(1) 个人贷款	646.17	259.42	57.38
其中:个人消费贷款	606.02	268.60	66.49
(2) 单位普通贷款	113.43	53.50	−26.57
其中:经营贷款	5.96	−26.93	−26.84
固定资产贷款	107.47	80.44	0.27
(3) 普通并购贷款		−3.77	−1.12
(4) 银团贷款	3.90	−3.54	−0.09
(5) 贸易融资	3.08	3.08	
(6) 境外筹资转贷款			
3. 融资租赁			
4. 票据融资	8.64	3.97	−13.73
其中:贴现	8.64	3.97	−13.73
5. 各项垫款	1.13	−4.07	4.30
(二) 境外贷款	2.84	−1.01	−1.88
二、有价证券			
三、股权及其他投资	307.81	102.71	123.08
四、应收及预付款	14.27	3.86	−215.86
其中:应收利息	10.99	2.61	1.30
五、买入返售资产	438.74	151.62	278.33
六、存放中央银行准备金存款	16.77	−1.29	−2.64
七、存放中央银行特种存款			
八、缴存中央银行财政性存款	0.01	0.00	0.01
九、同业往来	1.08	−86.83	61.60
1. 存放同业	−1.08	−73.59	65.91
其中:存放境外同业			
2. 拆放同业		−13.24	−4.31
其中:拆放境外同业			
十、境外联行往来(运用方)			
十一、代理金融机构贷款	25.67	25.67	
其中:代理人行专项贷款			
十二、库存现金	2.18	0.17	0.65
十三、外汇买卖(运用方)			
其中:结售汇			
十四、投资性房地产			
资金运用总计	1 799.39	302.46	256.03

21. 北京银行上海分行人民币信贷收支表

2013-12-31

单位:亿元

来源项目名称	本月余额	比年初增减数 本年	比年初增减数 上年
一、各项存款	389.41	72.30	42.04
1. 单位存款	336.90	67.04	34.68
其中:活期存款	72.54	22.50	−13.99
定期存款	128.44	14.19	40.80
通知存款	33.27	17.18	−4.14
保证金存款	30.66	−2.54	−4.42
2. 个人存款	35.73	4.65	7.36
储蓄存款	23.83	2.25	1.96
保证金存款	0.00	−0.01	0.02
结构性存款	11.90	2.41	5.38
3. 临时性存款	0.29	0.11	0.00
4. 其他存款	16.50	0.50	0.00
二、代理财政性存款			
三、金融债券			
其中:境外发行			
四、中长期借款			
其中:境外借款			
五、应付及暂收款	7.05	1.48	1.65
其中:应付利息	6.21	1.35	1.35
六、卖出回购资产			
七、向中央银行借款			
八、同业往来(来源方)	421.23	123.73	111.15
1. 同业存放	421.23	123.88	111.00
其中:境外同业存放			
2. 同业拆借		−0.15	0.15
其中:境外同业拆借		−0.15	0.15
九、境外联行往来(来源方)			
十、外汇买卖(来源方)			
其中:结售汇			
十一、委托存款及委托投资基金(净)			
1. 委托存款及委托投资基金	30.49	21.11	2.64
2. 减:委托贷款及委托投资	30.49	21.11	2.64
十二、代理金融机构委托贷款基金			
其中:中央银行委托贷款基金			
十三、各项准备	12.77	5.92	2.68
其中:贷款损失准备金	12.14	5.69	2.27
十四、所有者权益	1.12	−2.51	0.93
其中:实收资本			
十五、其他	13.44	−45.86	−62.88
资金来源总计	845.02	155.05	95.56

运用项目名称	本月余额	比年初增减数 本年	比年初增减数 上年
一、各项贷款	383.78	44.16	35.94
(一) 境内贷款	383.09	44.03	35.38
1. 短期贷款	184.88	−7.14	15.36
(1) 个人贷款及透支	4.90	−3.36	1.00
其中:个人消费贷款	0.93	0.53	0.18
(2) 单位普通贷款及透支	176.16	−1.53	11.88
其中:经营贷款	176.16	−1.52	13.39
固定资产贷款		−0.01	−1.51
(3) 普通并购贷款			
(4) 银团贷款			
(5) 贸易融资	3.82	−2.25	2.48
(6) 境外筹资转贷款			
2. 中长期贷款	195.70	64.58	19.34
(1) 个人贷款	67.50	24.12	8.73
其中:个人消费贷款	63.43	23.35	7.62
(2) 单位普通贷款	101.60	29.65	5.23
其中:经营贷款	4.80	2.80	−8.70
固定资产贷款	96.80	26.85	13.93
(3) 普通并购贷款	4.73	−0.98	0.29
(4) 银团贷款	20.21	10.15	5.06
(5) 贸易融资	1.67	1.63	0.04
(6) 境外筹资转贷款			
3. 融资租赁			
4. 票据融资	2.50	−13.41	0.67
其中:贴现	2.50	−13.41	0.67
5. 各项垫款			
(二) 境外贷款	0.69	0.14	0.56
二、有价证券	12.00	−17.00	29.00
三、股权及其他投资	8.10	8.10	
四、应收及预付款	4.16	1.73	0.15
其中:应收利息	4.09	1.71	0.10
五、买入返售资产	82.38	−30.64	113.02
六、存放中央银行准备金存款	37.68	−7.71	25.24
七、存放中央银行特种存款			
八、缴存中央银行财政性存款			
九、同业往来	316.60	156.36	−107.82
1. 存放同业	260.60	155.49	−146.69
其中:存放境外同业			
2. 拆放同业	56.00	0.87	38.88
其中:拆放境外同业			
十、境外联行往来(运用方)			
十一、代理金融机构贷款			
其中:代理人行专项贷款			
十二、库存现金	0.31	0.05	0.03
十三、外汇买卖(运用方)			
其中:结售汇			
十四、投资性房地产			
资金运用总计	845.02	155.05	95.56

22. 江苏银行上海分行人民币信贷收支表

2013-12-31　　　　单位:亿元

来源项目名称	本月余额	比年初增减数		运用项目名称	本月余额	比年初增减数	
		本　年	上　年			本　年	上　年
一、各项存款	217.03	−68.62	85.07	一、各项贷款	180.74	24.78	36.22
1. 单位存款	171.00	−59.65	46.12	(一) 境内贷款	180.74	24.78	36.22
其中:活期存款	26.54	−6.00	5.44	1. 短期贷款	99.15	−5.43	27.21
定期存款	65.46	19.49	28.27	(1) 个人贷款及透支	0.56	0.24	0.21
通知存款	8.06	−9.09	5.65	其中:个人消费贷款	0.32	0.16	0.14
保证金存款	45.35	−58.27	14.95	(2) 单位普通贷款及透支	93.08	0.56	15.26
2. 个人存款	18.42	3.83	−1.43	其中:经营贷款	83.75	3.66	9.12
储蓄存款	18.42	3.83	−1.43	固定资产贷款	9.33	−3.10	6.14
保证金存款				(3) 普通并购贷款			
结构性存款				(4) 银团贷款			
3. 临时性存款	0.76	−12.80	13.53	(5) 贸易融资	5.51	−6.22	11.73
4. 其他存款	26.85		26.85	(6) 境外筹资转贷款			
二、代理财政性存款				2. 中长期贷款	63.47	22.86	9.60
三、金融债券				(1) 个人贷款	11.50	3.92	3.10
其中:境外发行				其中:个人消费贷款	7.68	3.34	1.43
四、中长期借款				(2) 单位普通贷款	46.87	21.21	5.62
其中:境外借款				其中:经营贷款	27.67	10.47	7.34
五、应付及暂收款	5.47	1.40	1.27	固定资产贷款	19.20	10.73	−1.72
其中:应付利息	4.08	1.22	0.76	(3) 普通并购贷款			
六、卖出回购资产				(4) 银团贷款	5.10	−2.27	0.87
七、向中央银行借款	9.14	2.41	2.61	(5) 贸易融资			
八、同业往来(来源方)	141.33	72.04	46.30	(6) 境外筹资转贷款			
1. 同业存放	141.33	82.97	35.36	3. 融资租赁			
其中:境外同业存放				4. 票据融资	16.54	6.01	−0.82
2. 同业拆借		−10.93	10.93	其中:贴现	16.54	6.01	−0.82
其中:境外同业拆借				5. 各项垫款	1.58	1.34	0.24
九、境外联行往来(来源方)				(二) 境外贷款			
十、外汇买卖(来源方)	1.82	1.82	0.01	二、有价证券	3.60	3.60	
其中:结售汇	1.79	1.79	0.01	三、股权及其他投资			
十一、委托存款及委托投资基金(净)		−0.12	−2.34	四、应收及预付款	1.87	1.27	−1.58
1. 委托存款及委托投资基金	23.81	−7.31	9.74	其中:应收利息	1.70	1.22	−0.20
2. 减:委托贷款及委托投资	23.81	−7.19	12.08	五、买入返售资产	127.09	65.21	52.91
十二、代理金融机构委托贷款基金				六、存放中央银行准备金存款	4.43	0.18	1.52
其中:中央银行委托贷款基金				七、存放中央银行特种存款			
十三、各项准备	2.99	1.20	1.63	八、缴存中央银行财政性存款			
其中:贷款损失准备金	2.96	1.17	1.63	九、同业往来	69.18	39.19	−11.25
十四、所有者权益	0.70	0.70	2.78	1. 存放同业	35.73	27.99	−23.77
其中:实收资本				其中:存放境外同业			
十五、其他	10.43	125.22	−59.37	2. 拆放同业	33.44	11.19	12.53
				其中:拆放境外同业			
				十、境外联行往来(运用方)			
				十一、代理金融机构贷款			
				其中:代理人行专项贷款			
				十二、库存现金	0.19	−0.01	0.11
				十三、外汇买卖(运用方)	1.82	1.82	0.01
				其中:结售汇	1.82	1.82	0.01
				十四、投资性房地产			
资金来源总计	388.91	136.04	77.95	资金运用总计	388.91	136.04	77.95

23. 南京银行上海分行人民币信贷收支表

2013-12-31

单位:亿元

来源项目名称	本月余额	比年初增减数 本年	比年初增减数 上年	运用项目名称	本月余额	比年初增减数 本年	比年初增减数 上年
一、各项存款	208.31	24.38	18.91	一、各项贷款	94.93	−6.55	−3.97
1. 企业存款	158.05	21.59	7.56	1. 短期贷款	45.03	−14.73	8.14
(1) 活期存款	52.61	7.1	−17.59	(1) 工业贷款	10.87	3.3	0.1
(2) 定期存款	105.44	14.49	25.15	(2) 商业贷款	28.18	−6.6	8.41
2. 机关团体存款	2.83	1.24	0.72	(3) 建筑业贷款	1.13	−1.6	−2.66
3. 储蓄存款	33.74	7.96	16.09	(4) 农业贷款	0	0	0
(1) 活期储蓄	6.02	0.85	1.34	(5) 乡镇企业贷款	0	0	0
(2) 定期储蓄	27.72	7.11	14.75	(6) 三资企业贷款	0	0	0
4. 农业存款	0	0	0	(7) 私营企业及个体贷款	1.61	−1.15	−2.98
5. 其他存款	13.69	−6.41	−5.46	(8) 其他短期贷款	3.24	−8.68	5.27
二、代理财政性存款	0	−4.1	4.1	其中:个人短期贷款	2.18	−0.68	−0.93
三、金融债券	0	0	0	2. 中长期贷款	45.75	14.36	−13.18
其中:政策性金融债券	0	0	0	(1) 基本建设贷款	10.53	−0.01	−16.84
四、应付及暂收款	4.16	0.68	1.41	(2) 技术改造贷款	3.55	2.97	−0.49
其中:应付及预提利息	4.03	0.56	1.5	(3) 其他中长期贷款	31.67	11.4	4.15
五、卖出回购资产	0	−7.68	−19.69	其中:个人中长期贷款	10.28	1.56	0.12
六、向中央银行借款	3.64	−0.63	4.27	3. 票据融资	4.15	−4.86	−0.25
七、同业往来	147.2	45.43	40.95	其中:贴现	4.15	−2.44	−2.67
1. 同业存放	147.2	45.86	40.52	4. 各项垫款	0	−1.32	1.32
2. 同业拆借	0	−0.43	0.43	二、有价证券及投资	46.54	46.54	0
八、行内资金往来	0	0	0	三、应收及预付款	2.45	1.57	−0.71
九、委托存款及委托投资基金(净)	0	0	0	其中:应收利息	1.84	1.19	−0.81
1. 委托存款及委托投资基金	103.85	91.64	−2.51	四、买入及返售资产	118.21	22.21	21.11
2. 减:委托贷款及委托投资	103.85	91.64	−2.51	五、存放中央银行准备金存款	4.5	1.62	1.97
十、代理金融机构委托贷款基金	0	0	0	六、存放中央银行特种存款	0	0	0
其中:中央银行委托贷款基金	0	0	0	七、缴存中央银行财政性存款	0	0	0
十一、各项准备	0.37	0.24	−0.05	八、同业往来	8.79	3.12	0.48
其中:贷款损失准备金	0.37	0.24	−0.05	1. 存放同业	8.79	8.66	−0.06
十二、所有者权益	1.86	0.54	−1.42	2. 拆放同业	0	−5.54	0.54
其中:实收资本	0	0	0	九、行内资金往来	89.84	−9.54	29.35
当年结益	1.86	0.54	−1.42	十、代理金融机构贷款	0	0	0
十三、其他	−0.05	0.15	−0.2	其中:代理人行专项贷款	0	0	0
		0	0	十一、库存现金	0.23	0.04	0.05
		0	0	十二、外汇占款	0	0	0
资金来源总计	365.49	59.01	48.28	资金运用总计	365.49	59.01	48.28

24. 温州银行上海分行人民币信贷收支表

2013-12-31

单位:亿元

栏目 / 来源项目名称	本月余额	比年初增减数		栏目 / 运用项目名称	本月余额	比年初增减数	
		本 年	上 年			本 年	上 年
一、各项存款	99.82	16.48	31.21	一、各项贷款	49.72	9.09	22.13
1. 单位存款	66.49	12.85	21.96	(一)境内贷款	49.72	9.09	22.13
其中:活期存款	16.49	5.05	4.25	1. 短期贷款	39.99	2.32	21.26
定期存款	17.63	1.97	7.10	(1)个人贷款及透支	4.56	2.40	1.23
通知存款	4.14	−2.74	4.63	其中:个人消费贷款	0.02	0.02	
保证金存款	17.48	5.62	2.13	(2)单位普通贷款及透支	35.43	−0.07	20.04
2. 个人存款	8.93	−1.46	4.31	其中:经营贷款	35.43	−0.07	20.04
储蓄存款	8.93	−1.46	4.31	固定资产贷款			
保证金存款				(3)普通并购贷款			
结构性存款				(4)银团贷款			
3. 临时性存款	0.10	0.09	−0.06	(5)贸易融资			
4. 其他存款	24.30	5.00	5.00	(6)境外筹资转贷款			
二、代理财政性存款				2. 中长期贷款	8.91	6.84	1.35
三、金融债券				(1)个人贷款	0.72	0.66	0.07
其中:境外发行				其中:个人消费贷款	0.00	0.00	
四、中长期借款				(2)单位普通贷款	8.18	6.18	1.29
其中:境外借款				其中:经营贷款	8.18	6.18	1.29
五、应付及暂收款	1.90	−2.55	3.38	固定资产贷款			
其中:应付利息	1.68	0.05	0.68	(3)普通并购贷款			
六、卖出回购资产				(4)银团贷款			
七、向中央银行借款				(5)贸易融资			
八、同业往来(来源方)	58.20	9.70	28.00	(6)境外筹资转贷款			
1. 同业存放	58.20	9.70	28.00	3. 融资租赁			
其中:境外同业存放				4. 票据融资	0.83	0.39	−0.73
2. 同业拆借				其中:贴现	0.83	0.39	−0.73
其中:境外同业拆借				5. 各项垫款		−0.47	0.25
九、境外联行往来(来源方)				(二)境外贷款			
十、外汇买卖(来源方)				二、有价证券	2.30		2.30
其中:结售汇				三、股权及其他投资	92.15	49.64	40.76
十一、委托存款及委托投资基金(净)				四、应收及预付款	0.73	0.11	0.31
1. 委托存款及委托投资基金	2.50	1.64	−1.70	其中:应收利息	0.65	0.08	0.28
2. 减:委托贷款及委托投资	2.50	1.64	−1.70	五、买入返售资产			
十二、代理金融机构委托贷款基金				六、存放中央银行准备金存款	10.83	−2.03	6.76
其中:中央银行委托贷款基金				七、存放中央银行特种存款			
十三、各项准备				八、缴存中央银行财政性存款			
其中:贷款损失准备金				九、同业往来	79.12	39.30	19.43
十四、所有者权益	8.55	8.55	0.88	1. 存放同业	74.12	54.60	19.05
其中:实收资本				其中:存放境外同业			
十五、其他	66.53	63.96	28.31	2. 拆放同业	5.00	−15.30	0.38
				其中:拆放境外同业			
				十、境外联行往来(运用方)			
				十一、代理金融机构贷款			
				其中:代理人行专项贷款			
				十二、库存现金	0.15	0.02	0.10
				十三、外汇买卖(运用方)			
				其中:结售汇			
				十四、投资性房地产			
资金来源总计	235.00	96.14	91.79	资金运用总计	235.00	96.14	91.79

25. 浙江泰隆商业银行上海分行人民币信贷收支表

2013-12-31 单位:亿元

来源项目名称 \ 栏目	本月余额	比年初增减数		运用项目名称 \ 栏目	本月余额	比年初增减数	
		本 年	上 年			本 年	上 年
一、各项存款	97.60	38.56	21.45	一、各项贷款	46.86	14.25	14.99
1. 单位存款	39.73	13.93	7.98	(一) 境内贷款	46.86	14.25	14.99
其中:活期存款	20.51	7.40	2.24	1. 短期贷款	44.91	12.80	14.65
定期存款	4.49	1.59	1.73	(1) 个人贷款及透支	35.22	13.41	11.16
通知存款	0.21	−0.01	0.04	其中:个人消费贷款	6.40	2.22	4.15
保证金存款	4.86	0.91	2.14	(2) 单位普通贷款及透支	9.68	−0.61	3.49
2. 个人存款	57.72	24.57	13.41	其中:经营贷款	9.68	−0.61	3.49
储蓄存款	57.71	24.55	13.41	固定资产贷款			
保证金存款	0.02	0.02		(3) 普通并购贷款			
结构性存款				(4) 银团贷款			
3. 临时性存款	0.14	0.05	0.06	(5) 贸易融资	0.00	0.00	
4. 其他存款				(6) 境外筹资转贷款			
二、代理财政性存款				2. 中长期贷款	0.50	0.25	0.10
三、金融债券				(1) 个人贷款	0.41	0.16	0.10
其中:境外发行				其中:个人消费贷款	0.40	0.16	0.14
四、中长期借款				(2) 单位普通贷款	0.09	0.09	
其中:境外借款				其中:经营贷款	0.09	0.09	
五、应付及暂收款	0.80	0.43	0.21	固定资产贷款			
其中:应付利息	0.55	0.34	0.14	(3) 普通并购贷款			
六、卖出回购资产				(4) 银团贷款			
七、向中央银行借款				(5) 贸易融资			
八、同业往来(来源方)	0.00	0.99	0.85	(6) 境外筹资转贷款			
1. 同业存放	0.00	0.99	0.85	3. 融资租赁			
其中:境外同业存放				4. 票据融资	1.39	1.15	0.24
2. 同业拆借				其中:贴现	1.39	1.15	0.24
其中:境外同业拆借				5. 各项垫款	0.05	0.05	
九、境外联行往来(来源方)				(二) 境外贷款			
十、外汇买卖(来源方)	3.09	2.59	0.02	二、有价证券			
其中:结售汇	3.08	2.60	0.01	三、股权及其他投资			
十一、委托存款及委托投资基金(净)				四、应收及预付款	0.34	0.18	0.07
1. 委托存款及委托投资基金	0.66	0.14	0.13	其中:应收利息	0.26	0.16	0.06
2. 减:委托贷款及委托投资	0.66	0.14	0.13	五、买入返售资产			
十二、代理金融机构委托贷款基金				六、存放中央银行准备金存款	1.40	0.48	0.38
其中:中央银行委托贷款基金				七、存放中央银行特种存款			
十三、各项准备	0.37	0.28	0.06	八、缴存中央银行财政性存款			
其中:贷款损失准备金	0.37	0.28	0.06	九、同业往来	0.29	0.12	−0.32
十四、所有者权益	0.81	0.65	0.11	1. 存放同业	0.29	0.12	−0.32
其中:实收资本				其中:存放境外同业			
十五、其他	−49.51	−23.64	−7.14	2. 拆放同业			
				其中:拆放境外同业			
				十、境外联行往来(运用方)			
				十一、代理金融机构贷款			
				其中:代理人行专项贷款			
				十二、库存现金	1.19	0.27	0.42
				十三、外汇买卖(运用方)	3.09	2.59	0.02
				其中:结售汇	3.09	2.59	0.02
				十四、投资性房地产			
资金来源总计	53.16	17.89	15.57	资金运用总计	53.16	17.89	15.57

26. 浙江民泰商业银行上海分行人民币信贷收支表

2013-12-31

单位:亿元

来源项目名称 \ 栏目	本月余额	比年初增减数	
		本 年	上 年
一、各项存款	35.63	14.47	10.58
1. 单位存款	11.43	2.02	3.67
其中:活期存款	3.56	0.08	−0.25
定期存款	2.89	−0.86	
通知存款	0.03	−0.28	
保证金存款	4.95	3.09	
2. 个人存款	11.16	1.41	
储蓄存款	11.16	1.41	
保证金存款			
结构性存款			
3. 临时性存款	0.03	0.03	
4. 其他存款	13.00	11.00	
二、代理财政性存款			
三、金融债券			
其中:境外发行			
四、中长期借款			
其中:境外借款			
五、应付及暂收款	0.69	0.43	
其中:应付利息	0.44	0.24	
六、卖出回购资产			
七、向中央银行借款			
八、同业往来(来源方)			
1. 同业存放			
其中:境外同业存放			
2. 同业拆借			
其中:境外同业拆借			
九、境外联行往来(来源方)			
十、外汇买卖(来源方)		−0.65	0.65
其中:结售汇		−0.65	0.65
十一、委托存款及委托投资基金(净)			
1. 委托存款及委托投资基金	1.03	0.67	0.31
2. 减:委托贷款及委托投资	1.03	0.67	0.31
十二、代理金融机构委托贷款基金			
其中:中央银行委托贷款基金			
十三、各项准备			
其中:贷款损失准备金			
十四、所有者权益	0.33	0.33	0.03
其中:实收资本			
十五、其他	−12.79	−6.34	1.71
资金来源总计	23.86	8.23	10.17

来源项目名称 \ 栏目	本月余额	比年初增减数	
		本 年	上 年
一、各项贷款	22.69	9.30	9.15
(一) 境内贷款	22.69	9.30	9.15
1. 短期贷款	22.69	9.30	9.15
(1) 个人贷款及透支	17.09	6.62	7.70
其中:个人消费贷款	5.05	2.52	2.42
(2) 单位普通贷款及透支	5.57	2.67	1.43
其中:经营贷款	5.40	2.50	1.43
固定资产贷款	0.16	0.16	
(3) 普通并购贷款			
(4) 银团贷款			
(5) 贸易融资			
(6) 境外筹资转贷款			
2. 个人中长期贷款			
(1) 个人贷款			
其中:个人消费贷款			
(2) 单位普通贷款			
其中:经营贷款			
固定资产贷款			
(3) 普通并购贷款			
(4) 银团贷款			
(5) 贸易融资			
(6) 境外筹资转贷款			
3. 融资租赁			
4. 票据融资	0.03	0.03	
其中:贴现	0.03	0.03	
5. 各项垫款		−0.02	0.02
(二) 境外贷款			
二、有价证券			
三、股权及其他投资			
四、应收及预付款	0.24	0.07	0.11
其中:应收利息	0.14	0.08	0.05
五、买入返售资产			
六、存放中央银行准备金存款	0.44	−0.78	0.64
七、存放中央银行特种存款			
八、缴存中央银行财政性存款			
九、同业往来	0.26	0.17	−0.43
1. 存放同业	0.26	0.17	−0.43
其中:存放境外同业			
2. 拆放同业			
其中:拆放境外同业			
十、境外联行往来(运用方)			
十一、代理金融机构贷款			
其中:代理人行专项贷款			
十二、库存现金	0.22	0.12	0.05
十三、外汇买卖(运用方)		−0.65	0.65
其中:结售汇		−0.65	0.65
十四、投资性房地产			
资金运用总计	23.86	8.23	10.17

(二) 外汇信贷收支统计

1. 国家开发银行上海市分行外汇信贷收支表

2013-12-31

单位:万美元

来源项目名称	本月余额	比年初增减数 本年	比年初增减数 上年	运用项目名称	本月余额	比年初增减数 本年	比年初增减数 上年
一、各项存款	2 353	414	703	一、各项贷款	834 237	118 034	−128 529
1. 单位存款	2 353	414	703	(一) 境内贷款	674 744	112 039	−195 296
其中:活期存款	2 353	414	703	1. 短期贷款	184 736	25 336	−337 316
定期存款				(1) 个人贷款及透支			
通知存款				其中:个人消费贷款			
保证金存款	0	0	0	(2) 单位普通贷款及透支	184 736	25 336	−337 316
2. 个人存款				其中:经营贷款	183 358	23 958	−312 255
储蓄存款				固定资产贷款	1 378	1 378	−25 060
保证金存款				(3) 普通并购贷款			
结构性存款				(4) 银团贷款			
3. 临时性存款				(5) 贸易融资			
4. 其他存款				(6) 境外筹资转贷款			
二、代理财政性存款				2. 中长期贷款	490 008	86 703	142 019
三、金融债券				(1) 个人贷款			
其中:境外发行				其中:个人消费贷款			
四、中长期借款				(2) 单位普通贷款	416 612	72 041	91 374
其中:境外借款				其中:经营贷款	150 298	−16 102	31 300
五、应付及暂收款	40	−351	−142	固定资产贷款	266 314	88 142	60 074
其中:应付利息	0	0	0	(3) 普通并购贷款	23 843	−2 164	19 586
六、卖出回购资产				(4) 银团贷款	47 922	16 832	31 090
七、向中央银行借款				(5) 贸易融资			
八、同业往来(来源方)				(6) 境外筹资转贷款	1 631	−6	−30
1. 同业存放				3. 融资租赁			
其中:境外同业存放				4. 票据融资			
2. 同业拆借				其中:贴现			
其中:境外同业拆借				5. 各项垫款			
九、境外联行往来(来源方)				(二) 境外贷款	159 493	5 995	66 768
十、外汇买卖(来源方)	35	4	0	二、有价证券	1 176	57	123
其中:结售汇			0	三、股权及其他投资	2 520	−5	122
十一、委托存款及委托投资基金(净)				四、应收及预付款	1 351	38	65
1. 委托存款及委托投资基金				其中:应收利息	1 344	36	63
2. 减:委托贷款及委托投资				五、买入返售资产			
十二、代理金融机构委托贷款基金				六、存放中央银行准备金存款			
其中:中央银行委托贷款基金				七、存放中央银行特种存款			
十三、各项准备	28 206	2 310	25 896	八、缴存中央银行财政性存款			
其中:贷款损失准备金	24 510	2 259	22 251	九、同业往来			
十四、所有者权益	7 119	22 498	−23 264	1. 存放同业			
其中:实收资本				其中:存放境外同业			
十五、其他	801 530	93 248	−131 412	2. 拆放同业			
				其中:拆放境外同业			
				十、境外联行往来(运用方)			
				十一、代理金融机构贷款			
				其中:代理人行专项贷款			
				十二、库存现金			
				十三、外汇买卖(运用方)			
				其中:结售汇			
				十四、投资性房地产			
资金来源总计	839 284	118 124	−128 219	资金运用总计	839 284	118 124	−128 219

2. 中国进出口银行上海分行外汇信贷收支表

2013-12-31

单位:万美元

来源项目名称	本月余额	比年初增减数	
		本 年	上 年
一、各项存款	10 716	−4 811	12
1. 单位存款	10 370	−5 157	12
其中:活期存款	10 098	−2 053	−3 197
定期存款	138	−3 089	3 226
通知存款			
保证金存款	133	−15	−17
2. 个人存款			
储蓄存款			
保证金存款			
结构性存款			
3. 临时性存款	346	346	
4. 其他存款			
二、代理财政性存款			
三、金融债券			
其中:境外发行			
四、中长期借款			
其中:境外借款			
五、应付及暂收款	230	50	−40
其中:应付利息	229	50	−30
六、卖出回购资产			
七、向中央银行借款			
八、同业往来(来源方)	14 929	13 429	1 500
1. 同业存放	6	−1 494	1 500
其中:境外同业存放			
2. 同业拆借	14 923	14 923	
其中:境外同业拆借	14 923	14 923	
九、境外联行往来(来源方)			
十、外汇买卖(来源方)			
其中:结售汇			
十一、委托存款及委托投资基金(净)			
1. 委托存款及委托投资基金			
2. 减:委托贷款及委托投资			
十二、代理金融机构委托贷款基金			
其中:中央银行委托贷款基金			
十三、各项准备	2 667	743	220
其中:贷款损失准备金	2 667	743	220
十四、所有者权益	3 490	3 490	1 823
其中:实收资本			
十五、其他	350 019	93 744	28 313
资金来源总计	382 050	106 645	31 828

运用项目名称	本月余额	比年初增减数	
		本 年	上 年
一、各项贷款	380 477	105 631	31 709
(一)境内贷款	291 494	37 744	20 361
1. 短期贷款	94 767	40 887	12 818
(1) 个人贷款及透支			
其中:个人消费贷款			
(2) 单位普通贷款及透支	77 304	27 304	10 844
其中:经营贷款	77 304	27 304	10 844
固定资产贷款			
(3) 普通并购贷款			
(4) 银团贷款			
(5) 贸易融资	17 463	13 583	1 975
(6) 境外筹资转贷款			
2. 中长期贷款	196 727	−3 142	7 542
(1) 个人贷款			
其中:个人消费贷款			
(2) 单位普通贷款	124 222	−9 434	2 908
其中:经营贷款	124 222	−9 434	2 908
固定资产贷款			
(3) 普通并购贷款			
(4) 银团贷款	16 326	9 848	6 478
(5) 贸易融资	56 179	−3 557	−1 843
(6) 境外筹资转贷款			
3. 融资租赁			
4. 票据融资			
其中:贴现			
5. 各项垫款			
(二)境外贷款	88 983	67 886	11 348
二、有价证券			
三、股权及其他投资			
四、应收及预付款	979	536	150
其中:应收利息	979	536	149
五、买入返售资产			
六、存放中央银行准备金存款			
七、存放中央银行特种存款			
八、缴存中央银行财政性存款			
九、同业往来	594	478	−30
1. 存放同业	594	478	−30
其中:存放境外同业			
2. 拆放同业			
其中:拆放境外同业			
十、境外联行往来(运用方)			
十一、代理金融机构贷款			
其中:代理人行专项贷款			
十二、库存现金			
十三、外汇买卖(运用方)			
其中:结售汇			
十四、投资性房地产			
资金运用总计	382 050	106 645	31 828

3. 中国工商银行上海市分行外汇信贷收支表

2013-12-31 单位:亿美元

栏目 来源项目名称	本月余额	比年初增减数		栏目 运用项目名称	本月余额	比年初增减数	
		本 年	上 年			本 年	上 年
一、各项存款	76.46	13.23	23.77	一、各项贷款	65.33	3.34	27.97
1. 单位存款	50.79	11.76	21.41	(一)境内贷款	61.16	4.28	28.80
其中:活期存款	12.93	1.58	−1.67	1. 短期贷款	51.16	3.40	30.12
定期存款	37.50	15.53	18.10	(1) 个人贷款及透支			
通知存款				其中:个人消费贷款			
保证金存款	0.35	−5.35	5.01	(2) 单位普通贷款及透支	2.57	−0.53	2.19
2. 个人存款	25.16	1.86	1.79	其中:经营贷款	2.46	−0.44	2.28
储蓄存款	25.10	1.82	2.27	固定资产贷款	0.11	−0.09	−0.09
保证金存款	0.07	0.04	0.03	(3) 普通并购贷款	0.82	0.82	
结构性存款			−0.52	(4) 银团贷款			
3. 临时性存款	0.01	0.01	0.00	(5) 贸易融资	47.77	3.10	27.93
4. 其他存款	0.50	−0.39	0.57	(6) 境外筹资转贷款			
二、代理财政性存款				2. 中长期贷款	9.91	0.91	−1.45
三、金融债券				(1) 个人贷款			
其中:境外发行				其中:个人消费贷款			
四、中长期借款	0.01	0.00	0.00	(2) 单位普通贷款	5.91	−1.28	−0.81
其中:境外借款	0.01	0.00	0.00	其中:经营贷款			−0.15
五、应付及暂收款	1.70	0.12	0.33	固定资产贷款	5.91	−1.28	−0.65
其中:应付利息	0.24	−0.57	0.71	(3) 普通并购贷款	2.63	2.48	−0.02
六、卖出回购资产				(4) 银团贷款	1.36	−0.29	−0.62
七、向中央银行借款				(5) 贸易融资			
八、同业往来(来源方)	18.31	−7.45	14.76	(6) 境外筹资转贷款	0.01	0.00	0.00
1. 同业存放	13.79	−11.97	14.96	3. 融资租赁			
其中:境外同业存放				4. 票据融资	0.00	0.00	0.00
2. 同业拆借	4.52	4.52	−0.20	其中:贴现			
其中:境外同业拆借	4.51	4.51		5. 各项垫款	0.09	−0.03	0.13
九、境外联行往来(来源方)				(二) 境外贷款	4.16	−0.94	−0.84
十、外汇买卖(来源方)	983.67	981.98	919.68	二、有价证券	0.82	0.82	
其中:结售汇	583.01	581.49	458.10	三、股权及其他投资			
十一、委托存款及委托投资基金(净)				四、应收及预付款	0.13	−0.10	0.17
1. 委托存款及委托投资基金	80.20	21.01	24.59	其中:应收利息	0.10	−0.06	0.10
2. 减:委托贷款及委托投资	80.20	21.01	24.59	五、买入返售资产			
十二、代理金融机构委托贷款基金				六、存放中央银行准备金存款			
其中:中央银行委托贷款基金				七、存放中央银行特种存款			
十三、各项准备	1.32	0.18	0.13	八、缴存中央银行财政性存款			
其中:贷款损失准备金	1.32	0.18	0.13	九、同业往来	6.97	6.53	0.19
十四、所有者权益	0.35	−0.56	0.81	1. 存放同业	2.86	2.42	0.19
其中:实收资本				其中:存放境外同业	2.86	2.42	0.19
十五、其他	−25.33	5.07	−12.86	2. 拆放同业	4.11	4.11	
				其中:拆放境外同业			
				十、境外联行往来(运用方)	0.05	−0.06	0.05
				十一、代理金融机构贷款			
				其中:代理人行专项贷款			
				十二、库存现金	0.74	−0.25	0.28
				十三、外汇买卖(运用方)	982.47	982.28	917.94
				其中:结售汇	581.81	581.79	456.36
				十四、投资性房地产			
资金来源总计	1 056.50	992.57	946.60	资金运用总计	1 056.50	992.57	946.60

4. 中国农业银行上海市分行外汇信贷收支表

2013-12-31 单位:亿美元

来源项目名称	本月余额	比年初增减数		运用项目名称	本月余额	比年初增减数	
		本年	上年			本年	上年
一、各项存款	17.64	−0.39	5.29	一、各项贷款	16.23	−12.75	6.72
1. 单位存款	15.05	−0.50	5.07	(一)境内贷款	16.23	−12.75	6.72
其中:活期存款	4.64	0.30	−1.15	1. 短期贷款	14.27	−10.47	7.99
定期存款	3.79	1.06	−1.83	(1)个人贷款及透支	0.05	0.01	0.01
通知存款			−0.03	其中:个人消费贷款	0.05	0.01	0.01
保证金存款	6.62	−1.86	8.09	(2)单位普通贷款及透支	0.31	−0.61	0.28
2. 个人存款	2.47	0.12	0.24	其中:经营贷款	0.31	−0.61	0.28
储蓄存款	2.47	0.12	0.24	固定资产贷款			
保证金存款				(3)普通并购贷款			
结构性存款				(4)银团贷款	0.17	0.17	
3. 临时性存款	0.04	0.02	0.01	(5)贸易融资	13.74	−10.05	7.70
4. 其他存款	0.07	−0.03	−0.03	(6)境外筹资转贷款			
二、代理财政性存款				2. 中长期贷款	1.96	−2.28	−1.17
三、金融债券				(1)个人贷款			
其中:境外发行				其中:个人消费贷款			
四、中长期借款				(2)单位普通贷款	1.70	−1.32	−1.33
其中:境外借款				其中:经营贷款		−1.10	−1.00
五、应付及暂收款	0.34	−0.30	0.42	固定资产贷款	1.70	−0.22	−0.33
其中:应付利息	0.09	−0.44	0.47	(3)普通并购贷款			
六、卖出回购资产				(4)银团贷款	0.26	−0.18	−0.36
七、向中央银行借款				(5)贸易融资		−0.77	0.53
八、同业往来(来源方)	3.38	−7.86	−3.56	(6)境外筹资转贷款			
1. 同业存放	3.38	−7.06	−4.36	3. 融资租赁			
其中:境外同业存放	0.00	0.00	0.00	4. 票据融资		0.00	0.00
2. 同业拆借		−0.80	0.80	其中:贴现			
其中:境外同业拆借		−0.80	0.80	5. 各项垫款			−0.11
九、境外联行往来(来源方)				(二)境外贷款			
十、外汇买卖(来源方)	130.54	82.02	48.43	二、有价证券			
其中:结售汇	130.54	82.02	48.43	三、股权及其他投资			
十一、委托存款及委托投资基金(净)				四、应收及预付款	0.60	0.09	0.14
1. 委托存款及委托投资基金	0.11	−0.83	0.73	其中:应收利息	0.12	−0.07	0.07
2. 减:委托贷款及委托投资	0.11	−0.83	0.73	五、买入返售资产			
十二、代理金融机构委托贷款基金				六、存放中央银行准备金存款			
其中:中央银行委托贷款基金				七、存放中央银行特种存款			
十三、各项准备	0.37	0.03	0.10	八、缴存中央银行财政性存款			
其中:贷款损失准备金				九、同业往来	1.36	−8.36	9.60
十四、所有者权益	0.40	0.44	0.03	1. 存放同业	0.27	−0.59	0.74
其中:实收资本				其中:存放境外同业			
十五、其他	−3.61	−12.91	14.30	2. 拆放同业	1.09	−7.78	8.86
				其中:拆放境外同业			
				十、境外联行往来(运用方)			
				十一、代理金融机构贷款			
				其中:代理人行专项贷款			
				十二、库存现金	0.33	0.04	0.03
				十三、外汇买卖(运用方)	130.54	82.01	48.53
				其中:结售汇	130.54	82.01	48.53
				十四、投资性房地产			
资金来源总计	149.06	61.03	65.02	资金运用总计	149.06	61.03	65.02

5. 中国银行上海市分行外汇信贷收支表

2013-12-31　　　　单位:美元

指　　标	金　额	指　　标	金　额
外币资金运用总计	7 108 458 723.93	外币资金来源总计	7 108 458 723.93
一、各项贷款	5 922 514 642.67	一、各项存款	8 108 646 056.59
（一）境内贷款	4 755 814 955.67	1. 单位存款	4 231 456 999.26
1. 短期贷款	2 781 574 721.74	其中:活期存款	3 266 574 566.99
（1）个人贷款及透支	17 538 571.06	定期存款	849 760 488.78
其中:个人消费贷款	17 538 571.06	通知存款	15 562 000.00
（2）单位普通贷款及透支	321 933 405.81	保证金存款	99 559 943.49
其中:经营贷款	321 933 405.81	2. 个人存款	3 488 477 069.45
固定资产贷款	0.00	储蓄存款	3 477 916 698.52
（3）普通并购贷款	0.00	保证金存款	10 560 370.93
（4）银团贷款	0.00	结构性存款	0.00
（5）贸易融资	2 442 102 744.84	3. 临时性存款	261 458 040.35
（6）境外筹资转贷款	0.00	4. 其他存款	127 253 947.53
2. 中长期贷款	1 969 642 440.82	二、代理财政性存款	0.00
（1）个人贷款	283 855.47	三、金融债券	0.00
其中:个人消费贷款	283 855.47	其中:境外发行	0.00
（2）单位普通贷款	1 525 180 328.92	四、中长期借款	0.00
其中:经营贷款	365 730 129.37	其中:境外借款	0.00
固定资产贷款	1 159 450 199.55	五、应付及暂收款	73 343 338.51
（3）普通并购贷款	0.00	其中:应付利息	65 891 113.21
（4）银团贷款	301 363 583.73	六、卖出回购资产	0.00
(5)贸易融资	13 283 697.29	七、向中央银行借款	0.00
（6）境外筹资转贷款	129 530 975.41	八、同业往来(来源方)	3 738 517 949.35
3. 融资租赁	0.00	1. 同业存放	3 079 267 523.48
4. 票据融资	4 597 793.11	其中:境外同业存放	1 139 313 919.10
其中:贴现	4 597 793.11	2. 同业拆借	659 250 425.87
5. 各项垫款	0.00	其中:境外同业拆借	609 250 425.87
（二）境外贷款	1 166 699 687.00	九、境外联行往来(来源方)	3 570 160 901.44
二、有价证券	0.00	十、外汇买卖(来源方)	435 108 596.78
三、股权及其他投资	44 152 088.92	其中:结售汇	0.00
四、应收及预付款	107 831 724.18	十一、委托存款及委托投资基金(净)	0.00
其中:应收利息	106 060 210.67	1. 委托存款及委托投资基金	1 832 416 486.25
五、买入返售资产	0.00	2. 减:委托贷款及委托投资	1 832 416 486.25
六、存放中央银行准备金存款	352 658 498.68	十二、代理金融机构委托贷款基金	0.00
七、存放中央银行特种存款	0.00	其中:中央银行委托贷款基金	0.00
八、缴存中央银行财政性存款	0.00	十三、各项准备	126 112 342.70
九、同业往来(运用方)	587 174 994.79	其中:贷款损失准备金	111 244 857.08
1. 存放同业	525 466 135.33	十四、所有者权益	210 019 509.15
其中:存放境外同业	0.00	其中:实收资本	0.00
2. 拆放同业	61 708 859.46	十五、其他	−9 153 449 970.59
其中:拆放境外同业	0.00		
十、境外联行往来(运用方)	0.00		
十一、代理金融机构贷款	0.00		
其中:代理人行专项贷款	0.00		
十二、库存现金	94 126 774.69		
十三、外汇买卖(运用方)	0.00		
其中:结售汇	0.00		
十四、投资性房地产	0.00		

6. 中国建设银行上海市分行外汇信贷收支表

2012-12-31

单位:亿美元

栏目 来源项目名称	本月余额	比年初增减数		栏目 运用项目名称	本月余额	比年初增减数	
		本年	上年			本年	上年
一、各项存款	51.32	6.68	8.58	一、各项贷款	67.95	−20.95	54.71
1. 单位存款	33.70	7.81	−3.02	(一) 境内贷款	67.92	−20.94	54.73
其中:活期存款	9.38	−0.04	0.06	1. 短期贷款	57.76	−22.16	54.85
定期存款*	1.72	−3.59	3.20	(1) 个人贷款及透支*	0.00		
通知存款*	0.89	−2.13	0.96	其中:个人消费贷款	0.00		
保证金存款*	1.76	−3.62	−0.27	(2) 单位普通贷款及透支*	2.74	−16.66	1.79
2. 个人存款	6.02	0.71	0.08	其中:经营性贷款	2.74	−16.66	1.79
储蓄存款	5.29	0.49	0.42	固定资产贷款			
保证金存款	0.00	0.00	0.00	(3) 普通并购贷款			
结构性存款	0.73	0.22	−0.33	(4) 银团贷款			
3. 临时性存款	2.97	2.08	0.33	(5) 贸易融资	55.02	−5.50	53.06
4. 其他存款	8.64	−3.92	11.19	(6) 境外筹资转贷款			
二、代理财政性存款				2. 中长期贷款	10.16	1.22	−0.08
三、金融债券				(1) 个人贷款*	0.00	0.00	0.00
其中:境外发行				其中:个人消费贷款	0.00	0.00	0.00
四、中长期借款	3.71	0.18	0.88	(2) 单位普通贷款*	5.54	1.22	−0.77
其中:境外借款	3.71	0.18	0.88	其中:经营贷款	2.64	1.71	−1.08
五、应付及暂收款	0.29	−0.29	0.41	固定资产贷款	2.90	−0.49	0.31
其中:应付利息	0.16	−0.26	0.32	(3) 普通并购贷款			
六、卖出回购资产				(4) 银团贷款*			
七、向中央银行借款				(5) 贸易融资*	0.94	−0.18	−0.19
八、同业往来(来源方)	20.85	−8.27	10.16	(6) 境外筹资转贷款	3.68	0.19	0.88
1. 同业存放	20.60	−8.52	10.16	3. 融资租赁			
其中:境外同业存放	0.04	0.010	0.04	4. 票据融资			
2. 同业拆借	0.26	0.26		其中:贴现			
其中:境外同业拆借				5. 各项垫款	0.00	0.00	−0.04
九、境外联行往来(来源方)				(二) 境外贷款	0.03	−0.01	−0.01
十、外汇买卖(来源方)				二、有价证券			
其中:结售汇				三、股权及其他投资			−9.57
十一、委托存款及委托投资基金(净)				四、应收及预付款	1.14	−0.81	1.37
1. 委托存款及委托投资基金	0.01	0.01	0.00	其中:应收利息	0.36	−0.41	0.43
2. 减:委托贷款及委托投资	0.01	0.01	0.00	五、买入返售资产			
十二、代理金融机构委托贷款基金				六、存放中央银行准备金存款			
其中:中央银行委托贷款基金				七、存放中央银行特种存款			
十三、各项准备	0.00	0.00	0.00	八、缴存中央银行财政性存款			
其中:贷款损失准备金				九、同业往来	1.00	−15.18	15.18
十四、所有者权益	0.87	1.32	−0.72	1. 存放同业	1.00	−15.18	15.18
其中:实收资本				其中:存放境外同业			
十五、其他	−6.51	−36.43	42.39	2. 拆放同业			
				其中:拆放境外同业			
				十、境外联行往来(运用方)			
				十一、代理金融机构贷款			
				其中:代理人行专项贷款			
				十二、库存现金	0.43	0.12	0.01
				十三、外汇买卖(运用方)	0.02		
				其中:结售汇	0.02		
				十四、投资性房地产			
资金来源总计	70.54	−36.81	61.70	资金运用总计	70.54	−36.81	61.70

7. 交通银行上海市分行外汇信贷收支表

2013-12-31

单位:亿美元

栏目 来源项目名称	本月余额	比年初增减数		栏目 运用项目名称	本月余额	比年初增减数	
		本 年	上 年			本 年	上 年
一、各项存款	32.99	8.12	6.48	一、各项贷款	21.67	4.15	5.12
1. 单位存款	22.45	6.65	5.41	(一) 境内贷款	21.67	4.15	5.12
其中:活期存款	6.26	0.99	0.54	1. 短期贷款	18.68	5.72	5.96
定期存款	5.13	2.34	−0.26	(1) 个人贷款及透支			
通知存款	0.06	−0.34	−0.12	其中:个人消费贷款			
保证金存款	11.00	3.66	5.25	(2) 单位普通贷款及透支	1.33	−1.30	2.07
2. 个人存款	8.74	0.35	1.05	其中:经营贷款	1.33	−1.30	2.07
储蓄存款	5.50	0.70	0.37	固定资产贷款			
保证金存款	0.08	−0.03	0.01	(3) 普通并购贷款			
结构性存款	3.15	−0.33	0.66	(4) 银团贷款			
3. 临时性存款	0.38	0.20	−0.03	(5) 贸易融资	17.34	7.03	3.89
4. 其他存款	1.42	0.92	0.06	(6) 境外筹资转贷款			
二、代理财政性存款				2. 中长期贷款	3.00	−1.58	−0.84
三、金融债券				(1) 个人贷款			
其中:境外发行				其中:个人消费贷款			
四、中长期借款				(2) 单位普通贷款	2.01	−0.99	0.02
其中:境外借款				其中:经营贷款	0.08	0.00	0.09
五、应付及暂收款	40.66	26.83	−1.89	固定资产贷款	1.92	−0.98	−0.07
其中:应付利息	0.19	0.03	0.12	(3) 普通并购贷款			
六、卖出回购资产				(4) 银团贷款	0.60	−0.56	−0.83
七、向中央银行借款				(5) 贸易融资			
八、同业往来(来源方)	7.05	−1.34	7.38	(6) 境外筹资转贷款	0.39	−0.03	−0.04
1. 同业存放	1.37	−5.99	6.34	3. 融资租赁			
其中:境外同业存放	0.01	0.00	−0.01	4. 票据融资	0.00	0.00	0.00
2. 同业拆借	5.68	4.64	1.04	其中:贴现			
其中:境外同业拆借	4.23	4.09	0.14	5. 各项垫款			
九、境外联行往来(来源方)		−3.98	3.98	(二) 境外贷款			
十、外汇买卖(来源方)	0.00	0.00	0.00	二、有价证券			
其中:结售汇				三、股权及其他投资	0.03		
十一、委托存款及委托投资基金(净)	0.01	0.01	0.00	四、应收及预付款	21.05	13.26	−6.87
1. 委托存款及委托投资基金	1.70	−0.02	0.00	其中:应收利息	0.27	0.20	−0.05
2. 减:委托贷款及委托投资	1.69	−0.03		五、买入返售资产			
十二、代理金融机构委托贷款基金				六、存放中央银行准备金存款			
其中:中央银行委托贷款基金				七、存放中央银行特种存款			
十三、各项准备	0.26	0.33	−0.19	八、缴存中央银行财政性存款			
其中:贷款损失准备金	0.26	0.33	−0.19	九、同业往来	0.82	0.05	0.04
十四、所有者权益	−0.06	0.01	−0.31	1. 存放同业	0.82	0.05	0.04
其中:实收资本				其中:存放境外同业			
十五、其他	−37.02	−12.44	−17.28	2. 拆放同业			
				其中:拆放境外同业			
				十、境外联行往来(运用方)	0.01	0.00	−0.13
				十一、代理金融机构贷款			
				其中:代理人行专项贷款			
				十二、库存现金	0.31	0.08	0.01
				十三、外汇买卖(运用方)	0.00	0.00	0.00
				其中:结售汇	0.00	0.00	0.00
				十四、投资性房地产			
资金来源总计	43.90	17.54	−1.82	资金运用总计	43.90	17.54	−1.82

8. 上海浦东发展银行上海分行外汇信贷收支表

2013-12-31

单位:亿美元

来源项目	2013 年末余额	运用项目	2013 年末余额
一、各项存款	24.52	一、各项贷款	7.08
1. 单位存款	21.35	(一) 境内贷款	7.08
其中:活期存款	16.86	1. 短期贷款	5.33
定期存款	1.94	(1) 个人贷款及透支	
通知存款	0.05	其中:个人消费贷款	
保证金存款	2.50	(2) 单位普通贷款及透支	0.46
2. 个人存款	2.31	其中:经营贷款	0.46
储蓄存款	2.31	固定资产贷款	
保证金存款		(3) 普通并购贷款	
结构性存款		(4) 银团贷款	
3. 临时性存款	0.40	(5) 贸易融资	4.88
4. 其他存款	0.47	(6) 境外筹资转贷款	
二、代理财政性存款		2. 中长期贷款	1.75
三、金融债券		(1) 个人贷款	
其中:境外发行		其中:个人消费贷款	
四、中长期借款		(2) 单位普通贷款	0.39
其中:境外借款		其中:经营贷款	0.11
五、应付及暂收款	0.10	固定资产贷款	0.28
其中:应付利息	0.07	(3) 普通并购贷款	0.38
六、卖出回购资产		(4) 银团贷款	0.98
七、向中央银行借款		(5) 贸易融资	
八、同业往来(来源方)	4.26	(6) 境外筹资转贷款	
1. 同业存放	3.29	3. 融资租赁	
其中:境外同业存放		4. 票据融资	
2. 同业拆借	0.97	其中:贴现	
其中:境外同业拆借	0.56	5. 各项垫款	
九、境外联行往来(来源方)		(二) 境外贷款	
十、外汇买卖(来远方)	0.42	二、有价证券	
其中:结售汇	0.00	三、股权及其他投资	
十一、委托存款及委托投资基金(净)		四、应收及预付款	0.12
1. 委托存款及委托投资基金		其中:应收利息	0.12
2. 减:委托贷款及委托投资		五、买入返售资产	
十二、代理金融机构委托贷款基金		六、存放中央银行准备金存款	
其中:中央银行委托贷款基金		七、存放中央银行特种存款	
十三、各项准备		八、缴存中央银行财政性存款	
其中:贷款损失准备金		九、同业往来	0.13
十四、所有者权益	0.41	1. 存放同业	0.13
其中:实收资本		其中:存放境外同业	
十五、其他	−21.80	2. 拆放同业	
		其中:拆房境外同业	
		十、境外联行往来(运用方)	
		十一、代理金融机构贷款	
		其中:代理人行专项贷款	
		十二、库存现金	0.22
		十三、外汇买卖(运用方)	0.36
		其中:结售汇	0.01
		十四、投资性房地产	
资金来源总计	7.91	资金运用总计	7.91

9. 上海银行外汇信贷收支表

2013-12-31 单位:万美元

资金来源项目	本月余额	比年初增减额 本年	比年初增减额 上年
一、各项存款	382 750	170 740	212 010
1. 单位存款	356 067	158 704	197 363
其中:活期存款	48 366	14 764	33 602
定期存款	81 060	−632	81 692
通知存款	8 674	5 846	2 828
保证金存款	217 817	138 576	79 241
2. 个人存款	13 663	1 168	12 495
储蓄存款	8 894	1 516	12 424
保证金存款	0	0	0
结构性存款	4 769	−348	71
3. 临时性存款	1 410	−450	1 860
4. 其他存款	11 610	11 318	292
二、代理财政性存款	0	0	0
三、金融债券	0	0	0
其中:境外发行	0	0	0
四、中长期借款	0	0	0
其中:境外借款	0	0	0
五、应付及暂收款	3 307	2 501	806
其中:应付利息	2 999	2 370	629
六、卖出回购资产	0	0	0
七、向中央银行借款	0	0	0
八、同业往来(来源方)	195 630	57 494	138 136
1. 同业存放	13 959	−8 456	22 415
其中:境外同业存放	0	0	0
2. 同业拆借	181 671	65 950	115 721
其中:境外同业拆借	171 671	121 340	50 331
九、境外联行往来(来源方)	0	0	0
十、外汇买卖(来源方)	1 979 389	691 471	1 287 918
其中:结售汇	1 750 414	614 937	1 135 477
十一、委托存款及委托投资基金(净)	0	0	0
1. 委托存款及委托投资基金	0	0	0
2. 减:委托贷款及委托投资	0	0	0
十二、代理金融机构委托贷款基金	0	0	0
其中:中央银行委托贷款基金	0	0	0
十三、各项准备	2 478	−3 068	5 546
其中:贷款损失准备金	2 478	−3 068	5 546
十四、所有者权益	2 383	−102	2 485
其中:实收资本	0	0	0
十五、其他	−18 134	−35 571	17 437
资金来源总计	2 547 803	883 465	1 664 338

资金运用项目	本月余额	比年初增减额 本年	比年初增减额 上年
一、各项贷款	438 020	183 447	254 573
(一) 境内贷款	438 020	183 521	254 499
1. 短期贷款	408 907	163 626	245 281
(1) 个人贷款及透支	1 012	213	799
其中:个人消费贷款	1 012	213	799
(2) 单位普通贷款及透支	235 024	69 250	165 774
其中:经营贷款	235 024	69 259	165 765
固定资产贷款	0	−9	9
(3) 普通并购贷款	0	0	0
(4) 银团贷款	50	0	50
(5) 贸易融资	172 821	94 163	78 658
(6) 境外筹资转贷款	0	0	0
2. 中长期贷款	29 113	19 895	9 218
(1) 个人贷款	0	0	0
其中:个人消费贷款	0	0	0
(2) 单位普通贷款	26 496	20 124	6 372
其中:经营贷款	25 877	20 565	5 312
固定资产贷款	619	−441	1 060
(3) 普通并购贷款	0	0	0
(4) 银团贷款	2 617	−229	2 846
(5) 贸易融资	0	0	0
(6) 境外筹资转贷款	0	0	0
3. 融资租赁	0	0	0
4. 票据融资	0	0	0
其中:贴现	0	0	0
5. 各项垫款	0	0	0
(二) 境外贷款	0	−74	74
二、有价证券	3 000	2 211	789
其中:境外有价证券	0	0	0
三、股权及其他投资	0	0	0
四、应收及预付款	3 383	2 150	1 233
其中:应收利息	24	24	0
五、买入返售资产	0	0	0
六、存放中央银行准备金存款	21 987	8 075	13 912
七、存放中央银行特种存款	0	0	0
八、缴存中央银行财政性存款	0	0	0
九、同业往来(运用方)	101 983	37 439	64 544
1. 存放同业	43 213	25 249	17 964
其中:存放境外同业	7 690	−678	8 368
2. 拆放同业	58 770	12 190	46 580
其中:拆放境外同业	18 200	17 700	500
十、境外联行往来(运用方)	0	0	0
十一、代理金融机构贷款	0	0	0
其中:代理人行专项贷款	0	0	0
十二、库存现金	1 150	−122	1 272
十三、外汇买卖(运用方)	1 978 280	650 265	1 328 015
其中:结售汇	1 751 750	575 511	1 176 239
十四、投资性房地产	0	0	0
资金运用总计	2 547 803	883 465	1 664 338

10. 上海农商银行外汇信贷收支表

2013-12-31

单位:亿美元

来源项目名称	本月余额	比年初增减数		运用项目名称	本月余额	比年初增减数	
		本 年	上 年			本 年	上 年
一、各项存款	3.23	1.66	0.78	一、各项贷款	2.87	0.12	0.88
1. 单位活期存款	1.52	0.36	0.41	1. 短期贷款	0.47	−1.15	0.79
其中:中资企业存款	1.52	0.36	0.41	(1) 境内短期贷款	0.47	−1.15	0.79
外商投资企业存款		0	0	其中:中资企业贷款			
2. 单位定期存款	1.65	1.29	0.36	外商投资企业贷款			
其中:中资企业存款	1.65	1.29	0.36	(2) 境外短期贷款			
外商投资企业存款		0	0	2. 中长期贷款	0.00	−0.13	0.09
3. 储蓄存款	0.06	0.01	0.01	(1) 境内中长期贷款	0.00	−0.13	0.09
其中:定期存款	0.05	0.01	0.04	其中:中资企业贷款			
4. 信托存款		0	0	外商投资贷款			
5. 委托存款		0	0	(2) 境外中长期贷款			
6. 其他类存款	0	0	0	3. 进出口贸易融资	2.40	1.40	0.00
7. 境外存款		0	0	4. 票据融资			
二、境外筹资		0	0	其中:贴现			
三、同业存放	0.17	0.17	0	5. 融资租赁			
其中:境外同业存放		0	0	6. 信托贷款			
四、应付及暂收款	0.03	−0.02	0.01	7. 委托贷款			
其中:应付及预提利息		0	0	8. 各项垫款			
五、同业拆入	1.71	0.5	0.19	9. 境外筹资转贷款			
其中:境外同业拆入	1.07	0.79	0.25	二、有价证券及投资			
六、外汇买卖	0.44	0.11	0.07	三、应收及预付款			
其中:结售汇		0	0	其中:应收及预付利息			
七、境内联行存放		0	0	四、存放同业	0.67	−0.25	0.27
八、证券业务款项		0	0	其中:存放境外同业	0.40	−0.28	0.14
九、各项准备	0	0	0	五、拆放同业	2.59	2.19	0.30
其中:贷款损失准备金		0	0	其中:拆放境外同业			
十、所有者权益	0	−0.1	0.05	六、存放境外联行			
其中:实收资本		0	0	七、证券业务占款			
当年结益	−0.1			八、库存现金	0.07	−0.01	0.00
十一、其他	0.76	−0.22	0.4	九、存放中央银行	0.14	0.05	0.05
资金来源总计	6.34	2.1	1.5	资金运用总计	6.34	2.10	1.50

11. 中信银行上海分行外汇信贷收支表

2013-12-31

单位:万美元

资金来源项目	本月余额	比年初增减额 本年	比年初增减额 上年	资金运用项目	本月余额	比年初增减额 本年	比年初增减额 上年
一、各项存款	259 060.374 9	11 588.708 8	105 342.334 5	一、各项存款	137 301.329 9	54 283.508 9	13 395.253 2
1. 单位存款	211 458.428 9	14 356.219 9	97 237.617 1	(一) 境内贷款	137 301.329 9	54 283.508 9	13 395.253 2
其中:活期存款	17 198.359 6	3 549.604 5	−2 632.202 3	1. 短期贷款	115 200.256 3	44 357.553 0	9 590.538 2
定期存款	86 816.825 4	−60 663.523 6	128 165.523 1	(1) 个人贷款及透支			
通知存款			−120.231 4	其中:个人消费贷款			
保证金存款	107 443.243 9	75 920.980 6	−32 626.313 8	(2) 单位普通贷款及透支	45 227.241 1	9 534.048 3	−16 030.385 9
2. 个人存款	38 292.654 0	98.094 8	−2 727.196 5	其中:经营贷款	45 227.241 1	9 534.048 3	−16 030.385 9
储蓄存款	11 383.451 5	−3 611.510 6	7 399.858 9	固定资产贷款			
保证金存款				(3) 普通并购贷款			
结构性存款	26 909.202 5	3 709.605 4	−10 127.055 5	(4) 银团贷款			
3. 临时性存款	1 532.956 9	598.215 8	524.543 0	(5) 贸易融资	69 973.015 2	34 823.504 7	25 620.924 1
4. 其他存款	7 776.335 1	−3 463.821 8	10 307.371 0	(6) 境外筹资转贷款			
二、代理财政性存款				2. 中长期贷款	21 744.438 9	9 925.955 9	3 818.483 0
三、金融债券				(1) 个人贷款			
其中:境外发行				其中:个人消费贷款			
四、中长期借款				(2) 单位普通贷款	21 744.438 9	9 925.955 9	3 818.483 0
其中:境外借款				其中:经营贷款	21 744.438 9	9 925.955 9	3 818.483 0
五、应付及暂收款	1 894.746 4	−1 352.116 3	1 974.396 8	固定资产贷款			
其中:应付利息	1 759.076 1	−1 478.537 0	2 248.338 5	(3) 普通并购贷款			
六、卖出回购资产				(4) 银团贷款			
七、向中央银行借款				(5) 贸易融资			
八、同业往来(来源方)	94 706.373 0	−155 644.326 9	236 652.176 6	(6) 境外筹资转贷款			
1. 同业存放	68 976.438 6	−181 374.261 3	236 652.176 6	3. 融资租赁			
其中:境外同业存放				4. 票据融资			
2. 同业拆借	25 729.934 4	25 729.934 4		其中:贴现			
其中:境外同业拆借	9 000.000 0	9 000.000 0		5. 各项垫款	356.634 6		−13.768 0
九、境外联行往来(来源方)				(二) 境外贷款			
十、外汇买卖(来源方)	27 566.637 1	3 455.049 4	20 540.451 2	二、有价证券			
其中:结售汇	3 678.923 7	3 618.288 0	−1 039.620 8	其中:境外有价证券			
十一、委托存款及委托投资基金(净)	12 655.475 5	−19.943 8	−3.455 0	三、股权及其他投资			
1. 委托存款及委托投资基金	14 575.896 5	1 737.090 1	159.932 1	四、应收及预付款	1 211.153 4	580.224 3	−415.987 7
2. 减:委托贷款及委托投资	1 920.421 0	1 757.033 9	163.387 1	其中:应收利息	1 117.444 5	487.114 8	−416.257 9
十二、代理金融机构委托贷款基金				五、买入返售资产			
其中:中央银行委托贷款基金				六、存放中央银行准备金存款			
十三、各项准备	1 976.866 0	695.400 7	−2.015 3	七、存放中央银行特种存款			
其中:贷款损失准备金	1 976.866 0	695.400 7	−2.015 3	八、缴存中央银行财政性存款			
十四、所有者权益	−5 853.146 1	−2 665.163 1	−4 229.840 0	九、同业往来(运用方)	25 316.087 3	−58 129.655 3	3 884.604 2
其中:实收资本				1. 存放同业	25 316.087 3	−56 129.655 3	4 884.604 2
十五、其他	−202 975.043 1	139 785.048 0	−321 144.962 3	其中:存放境外同业	5 079.235 9	4 879.949 7	−7 949.610 0
				2. 拆放同业		−2 000.000 0	−1 000.000 0
				其中:拆放境外同业			
				十、境外联行往来(运用方)			
				十一、代理金融机构贷款			
				其中:代理人行专项贷款			
				十二、库存现金	919.921 0	277.536 2	−330.426 3
				十三、外汇买卖(运用方)	24 283.792 2	−1 168.957 3	22 595.643 1
				其中:结售汇	585.130 5	−999.313 2	1 112.634 8
				十四、投资性房地产			
资金来源总计	189 032.283 7	−4 157.343 2	39 129.086 5	资金运用总计	189 032.283 7	−4 157.343 2	39 129.086 5

12. 中国光大银行上海分行外汇信贷收支表

2013-12-31

单位:万美元

来源项目名称	本月余额	比年初增减数 本年	比年初增减数 上年
一、各项存款	160 078	11 850	65 235
1. 单位存款	76 324	2 742	37 371
其中:活期存款	11 784	−31 169	31 989
定期存款	57 299	27 917	4 335
通知存款	6 783	5 633	1 140
保证金存款	458	361	−93
2. 个人存款	35 824	−6 327	9 443
储蓄存款	9 912	−2 154	7 374
保证金存款	531	41	96
结构性存款	25 381	−4 214	1 973
3. 临时性存款	2	−1	−4
4. 其他存款	47 928	15 436	18 425
二、代理财政性存款			
三、金融债券			
其中:境外发行			
四、中长期借款			
其中:境外借款			
五、应付及暂收款	1 248	−795	725
其中:应付利息	1 248	−795	725
六、卖出回购资产			
七、向中央银行借款			
八、同业往来(来源方)	14 142	12 281	−163
1. 同业存放	777	543	−1 583
其中:境外同业存放			
2. 同业拆借	13 365	11 738	1 420
其中:境外同业拆借	13 365	11 738	1 420
九、境外联行往来(来源方)			
十、外汇买卖(来源方)	83	4	1
其中:结售汇	83	4	1
十一、委托存款及委托投资基金(净)	2 168	726	−3 184
1. 委托存款及委托投资基金	2 435	726	−9 184
2. 减:委托贷款及委托投资	267		−6 000
十二、代理金融机构委托贷款基金			
其中:中央银行委托贷款基金			
十三、各项准备	1 426	−164	1 087
其中:贷款损失准备金	1 426	−164	1 087
十四、所有者权益	−493	1 931	−796
其中:实收资本			
十五、其他	−107 502	−35 311	−17 581
资金来源总计	71 150	−9 478	45 324

运用项目名称	本月余额	比年初增减数 本年	比年初增减数 上年
一、各项贷款	67 245	7 701	48 762
(一) 境内贷款	67 245	−7 701	48 762
1. 短期贷款	34 077	1 769	19 736
(1) 个人贷款及透支			
其中:个人消费贷款			
(2) 单位普通贷款及透支	4 596	4 596	−2 404
其中:经营贷款	4 596	4 596	−2 404
固定资产贷款			
(3) 普通并购贷款			
(4) 银团贷款			
(5) 贸易融资	29 481	−2 827	22 140
(6) 境外筹资转贷款			
2. 中长期贷款	33 168	−9 470	29 026
(1) 个人贷款			
其中:个人消费贷款			
(2) 单位普通贷款	26 863	−11 564	25 069
其中:经营贷款	26 863	−11 564	25 069
固定资产贷款			
(3) 普通并购贷款			
(4) 银团贷款	6 305	2 265	3 957
(5) 贸易融资		−171	
(6) 境外筹资转贷款			
3. 融资租赁			
4. 票据融资			
其中:贴现			
5. 各项垫款			
(二) 境外贷款			
二、有价证券			
三、股权及其他投资			
四、应收及预付款	208	−422	345
其中:应收利息	208	−422	345
五、买入返售资产			
六、存放中央银行准备金存款			
七、存放中央银行特种存款			
八、缴存中央银行财政性存款			
九、同业往来	2 773	−1 332	−4 018
1. 存放同业	2 773	−1 332	−4 018
其中:存放境外同业	592	−413	−524
2. 拆放同业			
其中:拆放境外同业			
十、境外联行往来(运用方)			
十一、代理金融机构贷款			
其中:代理人行专项贷款			
十二、库存现金	924	−23	235
十三、外汇买卖(运用方)			
其中:结售汇			
十四、投资性房地产			
资金运用总计	71 150	−9 478	45 324

13. 华夏银行上海分行外汇信贷收支表

2013-12-31　　单位:万美元

栏目 资金来源项目	本月余额	比年初增减数		栏目 资金运用项目	本月余额	比年初增减数	
		本　年	上　年			本　年	上　年
一、各项存款	30 580.25	1 793.76	−20 460.03	一、各项贷款	71 687.85	14 948.38	36 410.17
1. 单位存款	29 076.44	1 328.44	−19 950.92	(一) 境内贷款	71 687.85	14 948.38	36 410.17
其中:活期存款	3 953.12	1 829.94	1 552.58	1. 短期贷款	49 615.03	−1 538.53	15 661.72
定期存款	60.12	−539.88	−1 284.86	(1) 个人贷款及透支	0.00	0.00	0.00
通知存款	0.00	0.00	0.00	其中:个人消费贷款	0.00	0.00	0.00
保证金存款	25 063.20	38.39	−20 218.64	(2) 单位普通贷款及透支	1 184.20	−10 955.16	−25 550.77
2. 个人存款	462.83	52.56	81.60	其中:经营贷款	1 184.20	−10 955.16	−25 550.77
储蓄存款	462.83	52.56	81.60	固定资产贷款	0.00	0.00	0.00
保证金存款	0.00	0.00	0.00	(3) 普通并购贷款	0.00	0.00	0.00
结构性存款	0.00	0.00	0.00	(4) 银团贷款	153.33	153.33	−20.39
3. 临时性存款	1 040.98	412.76	9.64	(5) 贸易融资	48 277.50	9 263.30	41 232.88
4. 其他存款	0.00	0.00	−600.34	(6) 境外筹资转贷款	0.00	0.00	0.00
二、代理财政性存款	0.00	0.00	0.00	2. 中长期贷款	22 072.82	16 486.91	21 396.80
三、金融债券	0.00	0.00	0.00	(1) 个人贷款	0.00	0.00	0.00
其中:境外发行	0.00	0.00	0.00	其中:个人消费贷款	0.00	0.00	0.00
四、中长期借款	0.00	0.00	0.00	(2) 单位普通贷款	21 120.00	16 120.00	21 079.98
其中:境外借款	0.00	0.00	0.00	其中:经营贷款	21 120.00	16 120.00	21 120.00
五、应付及暂收款	140.03	57.88	−220.66	固定资产贷款	0.00	0.00	−40.02
其中:应付利息	50.83	1.92	−256.65	(3) 普通并购贷款	0.00	0.00	0.00
六、卖出回购资产	0.00	0.00	0.00	(4) 银团贷款	535.82	−50.09	−100.18
七、向中央银行借款	0.00	0.00	0.00	(5) 贸易融资	0.00	0.00	0.00
八、同业往来(来源方)	46 530.79	21 419.51	44 822.64	(6) 境外筹资转贷款	417.00	417.00	417.00
1. 同业存放	356.26	−1 019.41	−1 351.89	3. 融资租赁	0.00	0.00	0.00
其中:境外同业存放	0.00	0.00	0.00	4. 票据融资	0.00	0.00	0.00
2. 同业拆借	46 174.53	22 438.92	46 174.53	其中:贴现	0.00	0.00	0.00
其中:境外同业拆借	0.00	0.00	0.00	5. 各项垫款	0.00	0.00	−648.36
九、境外联行往来(来源方)	0.00	−4 621.44	0.00	(二) 境外贷款	0.00	0.00	0.00
十、外汇买卖(来源方)	99 351.38	99 303.43	59 924.87	二、有价证券	0.00	0.00	0.00
其中:结售汇	99 283.14	99 283.14	59 922.07	其中:境外有价证券			
十一、委托存款及委托投资基金(净)	0.00	0.00	0.00	三、股权及其他投资	0.00	0.00	0.00
1. 委托存款及委托投资基金	0.00	0.00	0.00	四、应收及预付款	100.79	−22.77	−243.65
2. 减:委托贷款及委托投资	0.00	0.00	0.00	其中:应收利息	0.00	0.00	0.00
十二、代理金融机构委托贷款基金	0.00	0.00	0.00	五、买入返售资产	0.00	0.00	0.00
其中:中央银行委托贷款基金	0.00	0.00	0.00	六、存放中央银行准备金存款	0.00	0.00	0.00
十三、各项准备	731.64	149.48	46.57	七、存放中央银行特种存款	0.00	0.00	0.00
其中:贷款损失准备金	716.88	149.48	46.57	八、缴存中央银行财政性存款	0.00	0.00	0.00
十四、所有者权益	218.00	717.15	661.51	九、同业往来(运用方)	175.27	−1 535.71	127.92
其中:实收资本	0.00	0.00	0.00	1. 存放同业	160.50	115.08	127.92
十五、其他	0.01	0.01	0.01	其中:存放境外同业	0.00	0.00	0.00
				2. 拆放同业	14.76	−1 650.79	0.00
附:委托存款	0.00	0.00	0.00	其中:拆放境外同业	0.00	0.00	0.00
				十、境外联行往来(运用方)	6 171.43	6 171.43	−11 398.67
				十一、代理金融机构贷款	0.00	0.00	0.00
				其中:代理人行专项贷款	0.00	0.00	0.00
				十二、库存现金	133.62	−24.69	−11.46
				十三、外汇买卖(运用方)	99 283.14	99 283.14	59 890.60
				其中:结售汇	99 283.14	99 283.14	59 922.07
				十四、投资性房地产	0.00	0.00	0.00
资金来源总计	177 552.10	118 819.78	84 774.91	资金运用总计	177 552.10	118 819.78	84 774.91

14. 中国民生银行上海分行外汇信贷收支表

2013-12-31

单位:万美元

栏目 来源项目名称	本月余额	比年初增减数		栏目 运用项目名称	本月余额	比年初增减数	
		本 年	上 年			本 年	上 年
一、各项存款	60 825	−1 971	−31 521	一、各项贷款			
1. 企业存款	46 952	−3 241	14 864	1. 短期贷款			
(1) 活期存款	24 742	7 650	10 502	(1) 工业贷款			
(2) 定期存款	22 210	−10 891	4 363	(2) 商业贷款			
2. 机关团体存款	145	145	−42 943	(3) 建筑业贷款			
3. 储蓄存款	12 267	320	−30 821	(4) 农业贷款			
(1) 活期储蓄	2 786	−87	2 786	(5) 乡镇企业贷款			
(2) 定期储蓄	9 481	407	−404	(6) 三资企业贷款			
4. 农业存款			−5 341	(7) 私营企业及个体贷款			
5. 其他存款	1 460	803	−15 710	(8) 其他短期贷款			
二、代理财政性存款				其中:个人短期贷款			
三、金融债券				2. 中长期贷款			
其中:政策性金融债券				(1) 基本建设贷款			
四、应付及暂收款	260	260	260	(2) 技术改造贷款			
其中:应付及预收利息	260	260	260	(3) 其他中长期贷款			
五、卖出回购资产				其中:个人中长期贷款			
六、向中央银行借款			−251	3. 票据融资			
七、同业往来	701	−4 934	455	其中:贴现			
1. 同业存放	701	−4 934	−184	4. 各项垫款			
2. 同业拆借				二、有价证券及投资			
八、行内资金往来	15 648	15 648	15 648	三、应收及预付款	137	80	29
九、委托存款及委托投资基金(净)				其中:应收利息	137	137	29
1. 委托存款及委托投资基金				四、买入返售资产			
2. 减:委托贷款及委托投资				五、存放中央银行准备金存款			
十、代理金融机构委托贷款基金				六、存放中央银行特种存款			
其中:中央银行委托贷款基金			−22 821	七、缴存中央银行财政性存款			
十一、各项准备	25	25	−22 796	八、同业往来	10 755	9 736	9 405
其中:贷款损失准备金	25	25	25	1. 存放同业	10 755	9 736	9 405
十二、所有者权益	337	1 009	337	2. 拆放同业			
其中:实收资本				九、行内资金往来	60 437		
十三、其他				十、代理金融机构贷款			
			262	其中:代理人行专项贷款			
				十一、库存现金	6 468	5 524	5 602
			96 299	十二、外汇占款			
							−866
资金来源总计	50 306	19 456	25 161	资金运用总计	50 306	19 456	25 161

15. 招商银行上海分行外汇信贷收支表

2013-12-31　　　　单位:万美元

栏目 来源项目名称	本月余额	比年初增减数		栏目 运用项目名称	本月余额	比年初增减数	
		本　年	上　年			本　年	上　年
一、各项存款	158 496	25 725	10 268	一、各项贷款	148 906	62 877	20 155
1. 单位存款	80 049	11 284	117	(一) 境内贷款	148 906	62 877	20 115
其中:活期存款	72 004	9 785	4 006	1. 短期贷款	97 530	63 847	−11 568
定期存款	5 833	855	−372	(1) 个人贷款及透支			
通知存款				其中:个人消费贷款			
保证金存款	2 212	644	−3 517	(2) 单位普通贷款及透支	3 414	443	2 260
2. 个人存款	68 439	14 129	8 485	其中:经营贷款	3 414	443	2 272
储蓄存款	68 439	14 129	8 485	固定资产贷款			−12
保证金存款				(3) 普通并购贷款			
结构性存款				(4) 银团贷款			
3. 临时性存款	6 629	1 603	−348	(5) 贸易融资	94 116	63 404	−13 828
4. 其他存款	3 379	−1 291	2014	(6) 境外筹资转贷款			
二、代理财政性存款				2. 中长期贷款	51 233	−970	32 037
三、金融债券				(1) 个人贷款			
其中:境外发行				其中:个人消费贷款			
四、中长期借款				(2) 单位普通贷款	49 377	−631	35 375
其中:境外借款				其中:经营贷款	46 869	−631	33 625
五、应付及暂收款	302	−544	623	固定资产贷款	2 508		1 750
其中:应付利息	292	−514	655	(3) 普通并购贷款			1 750
六、卖出回购资产				(4) 银团贷款	1 856	−339	−3 338
七、向中央银行借款				(5) 贸易融资			
八、同业往来(来源方)	33 866	−16 508	43 032	(6) 境外筹资转贷款			
1. 同业存放	29 621	−20 753	43 032	3. 融资租赁			
其中:境外同业存放				4. 票据融资			−354
2. 同业拆借	4 245	4 245		其中:贴现			
其中:境外同业拆借	4 245	4 245		5. 各项垫款	143		
九、境外联行往来(来源方)				(二) 境外贷款			
十、外汇买卖(来源方)	46	−46	47	二、有价证券			
其中:结售汇				三、股权及其他投资			
十一、委托存款及委托投资基金(净)				四、应收及预付款	742	621	−32
1. 委托存款及委托投资基金	11 290	−6 849	8 384	其中:应收利息	740	619	32
2. 减:委托贷款及委托投资	11 290	−6 849	8 384	五、买入返售资产			
十二、代理金融机构委托贷款基金				六、存放中央银行准备金存款			
其中:中央银行委托贷款基金				七、存放中央银行特种存款			
十三、各项准备	3 965	1 682	156	八、缴存中央银行财政性存款			
其中:贷款损失准备金	3 965	1 682	156	九、同业往来	2 180	−1 436	−2 138
十四、所有者权益	3 208	−136	437	1. 存放同业	2 180	−1 436	−2 138
其中:实收资本				其中:存放境外同业			
十五、其他	−46 554	51 867	−36 371	2. 拆放同业			
				其中:拆放境外同业			
				十、境外联行往来(运用方)			
				十一、代理金融机构贷款			
				其中:代理人行专项贷款			
				十二、库存现金	1 455	24	201
				十三、外汇买卖(运用方)	46	−46	46
				其中:结售汇			
				十四、投资性房地产			
资金来源总计	153 329	62 040	18 192	资金运用总计	153 329	62 040	18 192

16. 兴业银行上海分行外汇信贷收支表

2013-12-31　　　　单位:万美元

栏目 来源项目名称	本月余额	比年初增减数		栏目 运用项目名称	本月余额	比年初增减数	
		本　年	上　年			本　年	上　年
一、各项存款	419 042	86 960	293 926	一、各项贷款	261 077	−38 051	276 620
1. 单位存款	407 682	90 555	287 835	（一）境内贷款	261 077	−23 603	262 172
其中:活期存款	10 496	2 361	1 153	1. 短期贷款	244 483	−23 397	248 073
定期存款	138 664	51 960	86 151	(1) 个人贷款及透支			
通知存款	47	47		其中:个人消费贷款			
保证金存款	258 475	36 187	200 532	(2) 单位普通贷款及透支	3 254	−38 948	24 099
2. 个人存款	5 458	241	1 522	其中:经营贷款	3 254	−38 948	24 099
储蓄存款	5 457	240	1 522	固定资产贷款			
保证金存款	1	1		(3) 普通并购贷款			
结构性存款				(4) 银团贷款			
3. 临时性存款	240	122	−1	(5) 贸易融资	241 229	15 551	223 974
4. 其他存款	5 663	−3 958	4 569	(6) 境外筹资转贷款			
二、代理财政性存款				2. 中长期贷款	16 595	−206	14 099
三、金融债券				(1) 个人贷款			
其中:境外发行				其中:个人消费贷款			
四、中长期借款				(2) 单位普通贷款	15 500		14 305
其中:境外借款				其中:经营贷款	15 500		14 305
五、应付及暂收款	4 497	1 457	2 745	固定资产贷款			
其中:应付利息	4 418	1 385	2 745	(3) 普通并购贷款			
六、卖出回购资产				(4) 银团贷款	1 095	−206	−206
七、向中央银行借款				(5) 贸易融资			
八、同业往来(来源方)	110 065	34 863	73 469	(6) 境外筹资转贷款			
1. 同业存放	742	−4 192	3 201	3. 融资租赁			
其中:境外同业存放				4. 票据融资			
2. 同业拆借	109 324	39 055	70 268	其中:贴现			
其中:境外同业拆借	81 324	44 055	37 268	5. 各项垫款			
九、境外联行往来(来源方)				（二）境外贷款		−14 448	14 448
十、外汇买卖(来源方)				二、有价证券			
其中:结售汇				三、股权及其他投资			
十一、委托存款及委托投资基金(净)				四、应收及预付款	1 974	−255	2 017
1. 委托存款及委托投资基金	11 125	11 125		其中:应收利息	1 974	−255	2 017
2. 减:委托贷款及委托投资	11 125	11 125		五、买入返售资产			
十二、代理金融机构委托贷款基金				六、存放中央银行准备金存款			
其中:中央银行委托贷款基金				七、存放中央银行特种存款			
十三、各项准备	2 734	−375	2 566	八、缴存中央银行财政性存款			
其中:贷款损失准备金	2 734	−375	2 566	九、同业往来	621	121	13
十四、所有者权益	−3 463	1 162	−4 133	1. 存放同业	621	121	13
其中:实收资本				其中:存放境外同业			
十五、其他	−268 742	−162 223	−89 902	2. 拆放同业			
				其中:拆放境外同业			
				十、境外联行往来(运用方)			
				十一、代理金融机构贷款			
				其中:代理人行专项贷款			
				十二、库存现金	461	30	19
				十三、外汇买卖(运用方)			
				其中:结售汇			
				十四、投资性房地产			
资金来源总计	264 133	−38 156	278 670	资金运用总计	264 133	−38 156	278 670

17. 广发银行上海分行外汇信贷收支表

2013-12-31　　　　单位:万美元

项　　目	本月余额	比年初		项　　目	本月余额	比年初	
		增减额	增减%			增减额	增减%
资金来源总计	9 236	−21 006	−69.46	资金运用总计	9 236	−21 006	−69.46
一、各项存款	12 492	−21 048	−62.75	一、各项贷款	8 680	−17 422	−66.75
1. 单位存款	10 374	−15 674	−60.17	(一) 境内贷款	8 680	−17 422	−66.75
其中:活期存款	6 097	−625	−9.30	1. 短期贷款	8 680	−17 422	−66.75
定期存款	3 480	−14 025	−80.12	(1) 个人贷款及透支	0	0	—
通知存款	0	0	—	其中:个人消费贷款	0	0	—
保证金存款	797	−1 024	−56.23	(2) 单位普通贷款及透支	3 808	−9 303	−70.96
2. 个人存款	2 016	946	88.41	其中:经营贷款	3 808	−9 303	−70.96
储蓄存款	1 995	946	90.18	固定资产贷款	0	0	—
保证金存款	21	0	0.00	(3) 普通并购贷款	0	0	—
结构性存款	0	0	—	(4) 银团贷款	0	0	—
3. 临时性存款	2	−1	−33.33	(5) 贸易融资	4 872	−8 119	−62.50
4. 其他存款	100	−6 319	−98.44	(6) 境外筹资转贷款	0	0	—
二、代理财政性存款	0	0	—	2. 中长期贷款	0	0	—
三、金融债券	0	0	—	(1) 个人贷款	0	0	—
其中:境外发行	0	0	—	其中:个人消费贷款	0	0	—
四、中长期借款	0	0	—	(2) 单位普通贷款	0	0	—
其中:境外借款	0	0	—	其中:经营贷款	0	0	—
五、应付及暂收款	696	482	225.23	固定资产贷款	0	0	—
其中:应付利息	692	480	226.42	(3) 普通并购贷款	0	0	—
六、卖出回购资产	0	0	—	(4) 银团贷款	0	0	—
七、向中央银行借款	0	0	—	(5) 贸易融资	0	0	—
八、同业往来	83 956	60 920	264.46	(6) 境外筹资转贷款	0	0	—
1. 同业存放	80 148	69 334	641.15	3. 融资租赁	0	0	—
其中:境外同业存放	0	0	—	4. 票据融资	0	0	—
2. 同业拆借	3 808	−8 414	−68.84	其中:贴现及买断式转贴现	0	0	—
其中:境外同业拆借	3 808	3 771	10 191.89	5. 各项垫款	0	0	—
九、境外联行往来	0	0	—	(二) 境外贷款	0	0	—
十、外汇买卖	0	−1 153	−100.00	二、有价证券及投资	0	0	—
其中:结售汇	0	−1 153	−100.00	其中:境外有价证券	0	0	—
十一、委托存款及委托投资基金	0	0	—	三、股权及其他投资	0	0	—
1. 委托存款及委托投资基金	0	0	—	四、应收及预付款	126	−80	−38.83
2. 减:委托贷款及委托投资	0	0	—	其中:应收利息	126	−80	−38.83
十二、代理金融机构委托贷款基金	0	0	—	五、买入返售资产	0	0	—
其中:中央银行委托贷款基金	0	0	—	六、存放中央银行准备金存款	0	0	—
十三、各项准备	0	0	—	七、存放中央银行特种存款	0	0	—
其中:贷款损失准备金	0	0	—	八、缴存中央银行财政性存款	0	0	—
十四、其他	−87 908	−60 207	217.35	九、同业往来	210	−3 435	−94.24
				1. 存放同业	210	−3 435	−94.24
				其中:存放境外同业	0	0	—
				2. 拆放同业	0	0	—
				其中:拆放境外同业	0	0	—
				十、境外联行往来	0	0	—
				十一、代理金融机构贷款	0	0	—
				其中:代理人行专项贷款	0	0	—
				十二、库存现金	215	−74	−25.61
				十三、外汇买卖	5	5	—
				其中:结售汇	5	5	—
				十四、投资性房地产	0	0	—

18. 平安银行上海分行外汇信贷收支表

2013-12-31

单位:万美元

栏目 来源项目名称	本月余额	比年初增减数	
		本　年	上　年
一、各项存款	389 257	313 050	60 350
1. 单位存款	370 191	305 685	51 138
其中:活期存款	8 780	−6 203	4 402
定期存款	280 233	244 656	333 333
通知存款			
保证金存款	81 177	67 233	13 402
2. 个人存款	2 214	325	21
储蓄存款	2 214	325	21
保证金存款			
结构性存款			
3. 临时性存款	617	160	−150
4. 其他存款	16 234	6 880	9 341
二、代理财政性存款			
三、金融债券			
其中:境外发行			
四、中长期借款			
其中:境外借款			
五、应付及暂收款	15 405	14 205	289
其中:应付利息	3 614	2 435	1 152
六、卖出回购资产			
七、向中央银行借款			
八、同业往来(来源方)	36 310	35 254	−5 194
1. 同业存放	20 867	20 070	−5 453
其中:境外同业存放			
2. 同业拆借	15 443	15 184	258
其中:境外同业拆借	13 148	13 148	
九、境外联行往来(来源方)			
十、外汇买卖(来源方)			
其中:结售汇			
十一、委托存款及委托投资基金(净)			
1. 委托存款及委托投资基金			
2. 减:委托贷款及委托投资			
十二、代理金融机构委托贷款基金			
其中:中央银行委托贷款基金			
十三、各项准备	644	299	−10
其中:贷款损失准备金	644	299	−10
十四、所有者权益	−5 456	−5 707	21
其中:实收资本			
十五、其他	−314 598	297 222	30 856
资金来源总计	121 562	59 879	24 599

栏目 运用项目名称	本月余额	比年初增减数	
		本　年	上　年
一、各项贷款	119 920	85 072	2 350
(一) 境内贷款	119 279	85 241	2 598
1. 短期贷款	70 964	46 956	1 527
(1) 个人贷款及透支			
其中:个人消费贷款			
(2) 单位普通贷款及透支	41 553	17 861	2 365
其中:经营贷款	41 553	17 861	2 365
固定资产贷款			
(3) 普通并购贷款			
(4) 银团贷款			
(5) 贸易融资	29 412	29 094	−838
(6) 境外筹资转贷款			
2. 中长期贷款	48 315	38 285	1 071
(1) 个人贷款	17	−12	−4
其中:个人消费贷款	17	−12	30
(2) 单位普通贷款	17 059	7 059	1 132
其中:经营贷款	17 059	7 059	1 132
固定资产贷款			
(3) 普通并购贷款			
(4) 银团贷款			−57
(5) 贸易融资	31 238	31 238	
(6) 境外筹资转贷款			
3. 融资租赁			
4. 票据融资			
其中:贴现			
5. 各项垫款			
(二) 境外贷款	641	−169	−248
二、有价证券			
三、股权及其他投资			
四、应收及预付款	529	−670	231
其中:应收利息	522	−677	731
五、买入返售资产			
六、存放中央银行准备金存款			
七、存放中央银行特种存款			
八、缴存中央银行财政性存款			
九、同业往来	410	−24 957	21 994
1. 存放同业	410	−24 957	21 994
其中:存放境外同业			
2. 拆放同业			
其中:拆放境外同业			
十、境外联行往来(运用方)			
十一、代理金融机构贷款			
其中:代理人行专项贷款			
十二、库存现金	703	434	24
十三、外汇买卖(运用方)			
其中:结售汇			
十四、投资性房地产			
资金运用总计	121 562	59 879	24 599

19. 北京银行上海分行外汇信贷收支表

2013-12-31

单位:万美元

来源项目名称	本月余额	比年初增减数 本年	比年初增减数 上年	运用项目名称	本月余额	比年初增减数 本年	比年初增减数 上年
一、各项存款	202 275	72 554	11 052	一、各项贷款	155 765	−30 882	157 266
1. 单位存款	200 676	71 735	11 111	(一) 境内贷款	155 765	−30 882	157 266
其中:活期存款	2 521	333	1 380	1. 短期贷款	155 765	−30 882	157 266
定期存款	71 017	69 832	−3 794	(1) 个人贷款及透支			
通知存款	1 935	1 935		其中:个人消费贷款			
保证金存款	125 203	−365	13 525	(2) 单位普通贷款及透支	15 121	−15 441	21 062
2. 个人存款	1 598	819	−59	其中:经营贷款	15 121	−15 441	21 062
储蓄存款	937	498	−145	固定资产贷款			
保证金存款				(3) 普通并购贷款			
结构性存款	661	321	86	(4) 银团贷款			
3. 临时性存款				(5) 贸易融资	140 644	−15 441	136 204
4. 其他存款	0	0		(6) 境外筹资转贷款			
二、代理财政性存款				2. 中长期贷款			
三、金融债券				(1) 个人贷款			
其中:境外发行				其中:个人消费贷款			
四、中长期借款				(2) 单位普通贷款			
其中:境外借款				其中:经营贷款			
五、应付及暂收款	846	247	−242	固定资产贷款			
其中:应付利息	845	348	−318	(3) 普通并购贷款			
六、卖出回购资产				(4) 银团贷款			
七、向中央银行借款				(5) 贸易融资			
八、同业往来(来源方)	110 259	−15 827	126 086	(6) 境外筹资转贷款			
1. 同业存放				3. 融资租赁			
其中:境外同业存放				4. 票据融资			
2. 同业拆借	110 259	−15 827	126 086	其中:贴现			
其中:境外同业拆借	50 259	−55 827	106 086	5. 各项垫款			
九、境外联行往来(来源方)				(二) 境外贷款			
十、外汇买卖(来源方)				二、有价证券			
其中:结售汇				三、股权及其他投资			
十一、委托存款及委托投资基金(净)				四、应收及预付款	417	156	98
1. 委托存款及委托投资基金				其中:应收利息	417	156	98
2. 减:委托贷款及委托投资				五、买入返售资产			
十二、代理金融机构委托贷款基金				六、存放中央银行准备金存款			
其中:中央银行委托贷款基金				七、存放中央银行特种存款			
十三、各项准备	1 392	−406	1 455	八、缴存中央银行财政性存款			
其中:贷款损失准备金	1 390	−404	1 450	九、同业往来	132 949	131 269	−43 904
十四、所有者权益	−140	1 301	−486	1. 存放同业	132 949	131 269	−43 904
其中:实收资本				其中:存放境外同业			
十五、其他	−25 412	42 667	−24 382	2. 拆放同业			
				其中:拆放境外同业			
				十、境外联行往来(运用方)			
				十一、代理金融机构贷款			
				其中:代理人行专项贷款			
				十二、库存现金	88	−8	23
				十三、外汇买卖(运用方)			
				其中:结售汇			
				十四、投资性房地产			
资金来源总计	289 219	100 536	113 483	资金运用总计	289 219	100 536	113 483

20. 江苏银行上海分行外汇信贷收支表

2013-12-31

单位:万美元

栏目 来源项目名称	本月余额	比年初增减数		栏目 运用项目名称	本月余额	比年初增减数	
		本 年	上 年			本 年	上 年
一、各项存款	6 033	−41 897	44 189	一、各项贷款	8 525	−8 564	10 971
1. 单位存款	5 989	−41 616	43 884	(一) 境内贷款	8 525	−8 564	10 971
其中:活期存款	4 017	1 263	1 566	1. 短期贷款	8 475	−8 614	10 971
定期存款	1 097	−31 672	32 441	(1) 个人贷款及透支			
通知存款		−3 095	3 095	其中:个人消费贷款			
保证金存款	875	−8 112	6 782	(2) 单位普通贷款及透支	1 440	−3 993	4 780
2. 个人存款	44	−281	305	其中:经营贷款	1 440	−3 993	4 862
储蓄存款	44	−281	305	固定资产贷款			−82
保证金存款				(3) 普通并购贷款			
结构性存款				(4) 银团贷款			
3. 临时性存款				(5) 贸易融资	7 035	−4 621	6 191
4. 其他存款				(6) 境外筹资转贷款			
二、代理财政性存款				2. 中长期贷款			
三、金融债券				(1) 个人贷款			
其中:境外发行				其中:个人消费贷款			
四、中长期借款				(2) 单位普通贷款			
其中:境外借款				其中:经营贷款			
五、应付及暂收款	1	−931	919	固定资产贷款			
其中:应付利息	1	−931	919	(3) 普通并购贷款			
六、卖出回购资产				(4) 银团贷款			
七、向中央银行借款				(5) 贸易融资			
八、同业往来(来源方)	519	395	124	(6) 境外筹资转贷款			
1. 同业存放	519	519		3. 融资租赁			
其中:境外同业存放				4. 票据融资			
2. 同业拆借		−124	124	其中:贴现			
其中:境外同业拆借				5. 各项垫款	50	50	
九、境外联行往来(来源方)				(二) 境外贷款			
十、外汇买卖(来源方)	2 982	2 982	28	二、有价证券			
其中:结售汇	2 982	2 982	28	三、股权及其他投资			
十一、委托存款及委托投资基金(净)				四、应收及预付款	58	−21 989	21 963
1. 委托存款及委托投资基金				其中:应收利息	58	−508	482
2. 减:委托贷款及委托投资				五、买入返售资产			
十二、代理金融机构委托贷款基金				六、存放中央银行准备金存款			
其中:中央银行委托贷款基金				七、存放中央银行特种存款			
十三、各项准备				八、缴存中央银行财政性存款			
其中:贷款损失准备金				九、同业往来	61	25	−7
十四、所有者权益	−340	−340	−142	1. 存放同业	61	25	−7
其中:实收资本				其中:存放境外同业			
十五、其他	2 440	12 242	−12 160	2. 拆放同业			
				其中:拆放境外同业			
				十、境外联行往来(运用方)			
				十一、代理金融机构贷款			
				其中:代理人行专项贷款			
				十二、库存现金	9	−3	3
				十三、外汇买卖(运用方)	2 982	2 982	28
				其中:结售汇	2 933	2 933	28
				十四、投资性房地产			
资金来源总计	11 635	−27 549	32 958	资金运用总计	11 635	−27 549	32 958

21. 南京银行上海分行外汇信贷收支表

2013-12-31

单位:万美元

来源项目名称	本月余额	比年初增减数 本年	比年初增减数 上年	运用项目名称	本月余额	比年初增减数 本年	比年初增减数 上年
一、各项存款	58 017	32 443	17 219	一、各项贷款	38 803	13 512	20 798
1. 单位活期存款	1 552	636	−747	1. 短期贷款	12 722	10 801	−1 657
其中:中资企业存款	1 552	636	−747	(1) 境内短期贷款	12 722	10 801	−1 657
外商投资企业存款	0	0	0	其中:中资企业贷款	12 722	10 801	−1 657
2. 单位定期存款	56 327	32 367	17 501	外商投资企业贷款	0	0	0
其中:中资企业存款	56 327	32 367	17 501	(2) 境外短期贷款	0	0	0
外商投资企业存款	0	0	0	2. 中长期贷款	0	0	0
3. 储蓄存款	126	47	3	(1) 境内中长期贷款	0	0	0
其中:定期存款	70	20	12	其中:中资企业贷款	0	0	0
4. 其他类存款	12	−607	462	外商投资企业贷款	0	0	0
5. 境外存款	0	0	0	(2) 境外中长期贷款	0	0	0
二、境内中长期筹资	0	0	0	3. 进出口贸易融资	26 081	2 711	22 455
三、卖出回购资产	0	0	0	4. 票据融资	0	0	0
四、境外筹资	0	0	0	其中:贴现	0	0	0
五、向中央银行借款	0	0	0	5. 各项垫款	0	0	0
六、中央银行存款	0	0	0	6. 境外筹资转贷款	0	0	0
七、应付及暂收款	246	128	97	二、投资	0	0	0
其中:应付及预提利息	218	106	91	1. 购买有价证券	0	0	0
八、同业存放	0	0	0	其中:购买境外有价证券	0	0	0
(1) 境内同业存放	0	0	0	2. 其他投资	0	0	0
(2) 境外同业存放	0	0	0	其中:投资境外	0	0	0
九、同业拆入	19 835	−465	20 300	三、应收及预付款	79	65	6
(1) 境内同业拆入	0	−518	518	其中:应收及预付利息	79	65	6
(2) 境外同业拆入	19 835	53	19 782	四、买入返售资产	0	0	0
十、委托基金存款(净)	0	0	0	五、存放中央银行	0	0	0
十一、外汇买卖	0	0	0	其中:缴存准备金	0	0	0
其中:结售汇	0	0	0	六、存放同业	254	−228	382
十二、境内联行存放	0	0	0	(1) 存放境内同业	254	−228	382
十三、境外联行存放	0	0	0	(2) 存放境外同业	0	0	0
十四、各项准备	0	0	0	七、拆放同业	0	0	0
其中:贷款损失准备金	0	0	0	(1) 拆放境内同业	0	0	0
十五、所有者权益	−486	−111	−502	(2) 拆放境外同业	0	0	0
其中:实收资本	0	0	0	八、存放境内联行	38 445	18 624	15 915
当年结益	−486	−111	−502	九、存放境外联行	0	0	0
十六、其他	7	−2	−1	十、库存现金	38	20	12
资金来源总计	77 619	31 993	37 113	资金运用总计	77 619	31 993	37 113

22. 温州银行上海分行外汇信贷收支表

2013-12-31 单位:万美元

来源项目名称	本月余额	比年初增减数 本年	比年初增减数 上年	运用项目名称	本月余额	比年初增减数 本年	比年初增减数 上年
一、各项存款	4 302	−2 299	5 954	一、各项贷款	4 262	1 056	2 906
1. 单位存款	4 289	−2 305	5 949	(一) 境内贷款	4 262	1 056	2 906
其中:活期存款	1 568	994	−70	1. 短期贷款	2 263	−943	2 906
定期存款	2 398	3 622	6 020	(1) 个人贷款及透支			
通知存款				其中:个人消费贷款			
保证金存款	22	22	−1	(2) 单位普通贷款及透支	2 144	−1 062	2 906
2. 个人存款	13	6	5	其中:经营贷款	2 144	−1 062	2 906
储蓄存款	13	6	5	固定资产贷款			
保证金存款				(3) 普通并购贷款			
结构性存款				(4) 银团贷款			
3. 临时性存款				(5) 贸易融资	119	119	
4. 其他存款				(6) 境外筹资转贷款			
二、代理财政性存款				2. 中长期贷款	2 000	2 000	
三、金融债券				(1) 个人贷款			
其中:境外发行				其中:个人消费贷款			
四、中长期借款				(2) 单位普通贷款	2 000	2 000	
其中:境外借款				其中:经营贷款	2 000	2 000	
五、应付及暂收款	11	−137	145	固定资产贷款			
其中:应付利息	11	−80	91	(3) 普通并购贷款			
六、卖出回购资产				(4) 银团贷款			
七、向中央银行借款				(5) 贸易融资			
八、同业往来(来源方)				(6) 境外筹资转贷款			
1. 同业存放				3. 融资租赁			
其中:境外同业存放				4. 票据融资			
2. 同业拆借				其中:贴现			
其中:境外同业拆借				5. 各项垫款			
九、境外联行往来(来源方)				(二) 境外贷款			
十、外汇买卖(来源方)				二、有价证券			
其中:结售汇				三、股权及其他投资			
十一、委托存款及委托投资基金(净)				四、应收及预付款	14	−9	22
1. 委托存款及委托投资基金				其中:应收利息	14	−9	22
2. 减:委托贷款及委托投资				五、买入返售资产			
十二、代理金融机构委托贷款基金				六、存放中央银行准备金存款			
其中:中央银行委托贷款基金				七、存放中央银行特种存款			
十三、各项准备				八、缴存中央银行财政性存款			
其中:贷款损失准备金				九、同业往来	65	−115	161
十四、所有者权益	43	43	−18	1. 存放同业	65	−115	161
其中:实收资本				其中:存放境外同业			
十五、其他	6	3 328	−2 990	2. 拆放同业			
				其中:拆放境外同业			
				十、境外联行往来(运用方)			
				十一、代理金融机构贷款			
				其中:代理人行专项贷款			
				十二、库存现金	21	3	2
				十三、外汇买卖(运用方)			
				其中:结售汇			
				十四、投资性房地产			
资金来源总计	4 362	935	3 091	资金运用总计	4 362	935	3 091

23. 浙江泰隆商业银行上海分行外汇信贷收支表

2013-12-31

单位:万美元

来源项目名称	本月余额	比年初增减数 本年	比年初增减数 上年
一、各项存款	215	−170	376
1. 单位存款	204	−174	368
其中:活期存款	204	126	68
定期存款		−300	300
通知存款			
保证金存款			
2. 个人存款	5	0	4
储蓄存款	5	0	4
保证金存款			
结构性存款			
3. 临时性存款	7	3	3
4. 其他存款			
二、代理财政性存款			
三、金融债券			
其中:境外发行			
四、中长期借款			
其中:境外借款			
五、应付及暂收款	0	−1	1
其中:应付利息	0	−1	1
六、卖出回购资产			
七、向中央银行借款			
八、同业往来(来源方)			
1. 同业存放			
其中:境外同业存放			
2. 同业拆借			
其中:境外同业拆借			
九、境外联行往来(来源方)			
十、外汇买卖(来源方)	5 064	4 275	39
其中:结售汇	5 063	4 275	39
十一、委托存款及委托投资基金(净)			
1. 委托存款及委托投资基金			
2. 减:委托贷款及委托投资			
十二、代理金融机构委托贷款基金			
其中:中央银行委托贷款基金			
十三、各项准备			
其中:贷款损失准备金			
十四、所有者权益	−3	−7	4
其中:实收资本			
十五、其他	67	364	−377
资金来源总计	5 344	4 461	43

运用项目名称	本月余额	比年初增减数 本年	比年初增减数 上年
一、各项贷款	235	204	−17
(一) 境内贷款	235	204	−17
1. 短期贷款	235	204	−17
(1) 个人贷款及透支			
其中:个人消费贷款			
(2) 单位普通贷款及透支			
其中:经营贷款			
固定资产贷款			
(3) 普通并购贷款			
(4) 银团贷款			
(5) 贸易融资	235	204	−17
(6) 境外筹资转贷款			
2. 中长期贷款			
(1) 个人贷款			
其中:个人消费贷款			
(2) 单位普通贷款			
其中:经营贷款			
固定资产贷款			
(3) 普通并购贷款			
(4) 银团贷款			
(5) 贸易融资			
(6) 境外筹资转贷款			
3. 融资租赁			
4. 票据融资			
其中:贴现			
5. 各项垫款			
(二) 境外贷款			
二、有价证券			
三、股权及其他投资			
四、应收及预付款	1	1	0
其中:应收利息	1	1	0
五、买入返售资产			
六、存放中央银行准备金存款			
七、存放中央银行特种存款			
八、缴存中央银行财政性存款			
九、同业往来	44	−18	20
1. 存放同业	44	−18	20
其中:存放境外同业			
2. 拆放同业			
其中:拆放境外同业			
十、境外联行往来(运用方)			
十一、代理金融机构贷款			
其中:代理人行专项贷款			
十二、库存现金			
十三、外汇买卖(运用方)	5 064	4 275	39
其中:结售汇	5 047	4 289	13
十四、投资性房地产			
资金运用总计	5 344	4 461	43

(三) 资产负债项目统计

1. 国家开发银行上海市分行资产负债表

单位:人民币元(本外币合计)

资 产	行次	2013年12月31日	2012年12月31日	负债及股东权益	行次	2013年12月31日	2012年12月31日
资产:				负债:			
现金及存放中央银行款项	1	595 323 056.30	364 514 024.78	向中央银行借款	19	0	0
存放同业款项	2	9 335 005.75	16 366 512.43	同业及其他金融机构存放款项	20	29 317.55	124 101.33
贵金属	3	0	0	拆入资金	21	0	0
拆出资金	4	16 700 000 000.00	10 000 000 000.00	交易性金融负债	22	0	0
交易性金融资产	5	0	0	衍生金融负债	23	0	0
衍生金融资产	6	0	0	卖出回购金融资产款	24	0	0
买入返售金融资产	7	0	0	吸收存款	25	14 738 782 970.33	11 481 131 631.40
应收利息	8	720 609 185.96	614 519 018.05	应付职工薪酬	26	0	0
发放贷款和垫款	9	205 140 403 234.63	193 220 462 317.47	应交税费	27	173 079 326.38	167 071 036.15
可供出售金融资产	10	−0.01	0	应付利息	28	109 797 994.86	50 544 733.73
持有至到期投资	11	1 200 000 000.00	1 400 000 000.00	预计负债	29	0	0
长期股权投资	12	0	0	应付债券	30	0	0
投资性房地产	13	0	0	递延所得税负债	31	0	0
固定资产	14	16 054 290.85	15 172 965.72	其他负债	32	213 883 194 515.98	201 379 512 436.68
无形资产	15	8 177.12	11 947.58	负债合计	33	228 904 884 125.10	213 078 383 939.29
递延所得税资产	16	0	0	所有者权益(或股东权益):			
其他资产	17	7 422 121 376.48	9 343 225 359.71	实收资本(或股本)	34	0	0
				资本公积	35	0	0
				减:库存股	36	0	0
				盈余公积	37	0	0
				一般风险准备	38	0	0
				未分配利润	39	2 898 970 201.98	1 895 888 206.45
				外币报表折算差额	40	0	0
				所有者权益(或股东权益)合计	41	2 898 970 201.98	1 895 888 206.45
资产总计	18	231 803 854 327.08	214 974 272 145.74	负债及所有者权益(或股东权益)总计	42	231 803 854 327.08	214 974 272 145.74

2. 中国进出口银行上海分行资产负债表

2013-12-31

单位:人民币元(本外币合计)

项　　目	行次	期初数	期末数	项　　目	行次	期初数	期末数
资产:				负债:			
现金及银行存款	1	8 843 661.76	9 240 017.77	向中央银行借款	28		
存放中央银行款项	2	266 687 451.07	245 569 395.73	联行存放款项	29	52 499 331 632.35	63 891 458 889.12
贵金属	3			同业及其他金融机构存放款项	30	94 282 499.92	16 975 252.13
存放联行款项	4	0.00	0.00	拆入资金	31	0.00	909 837 783.07
存放同业款项	5	14 390 257.50	37 494 016.56	交易性金融负债	32		
拆出资金	6			衍生金融负债	33	0.00	0.00
交易性金融资产	7			卖出回购金融资产款	34		
衍生金融资产	8	0.00	0.00	吸收存款	35	2 480 147 231.24	1 727 086 837.68
买入返售金融资产	9			应付职工薪酬	36		
应收款项类金融资产	10	0.00	365 814 000.00	应交税费	37	33 259 047.38	47 784 728.52
应收利息	11	92 038 311.58	131 337 744.84	应付利息	38	53 940 980.88	67 364 546.54
其他应收款	12	10 436 486.32	7 261 547.43	其他应付款	39	6 470 008.50	4 005 552.51
发放贷款和垫款	13	54 330 340 729.71	65 978 317 952.40	预计负债	40	59 487 985.87	57 576 590.65
可供出售金融资产	14			应付债券	41		
持有至到期投资	15			递延所得税负债	42		
长期股权投资	16	722 888 000.00	722 888 000.00	其他负债	43	293 835 933.60	300 414 046.41
投资性房地产	17	0.00	0.00	负债合计	44	55 520 755 319.74	67 022 504 226.63
固定资产	18	74 742 583.28	71 558 349.55	所有者权益(或股东权益):			
在建工程	19		20 263 054.51	实收资本(或股本)	45	0.00	0.00
固定资产清理	20	0.00	0.00	其中:国有资本	46	0.00	0.00
无形资产	21	93 446.66	60 966.62	外商资本	47	—	—
商誉	22			资本公积	48	0.00	0.00
长期待摊费用	23			减:库存股	49		
抵债资产	24	0.00	0.00	盈余公积	50		
递延所得税资产	25			一般风险准备	51		
其他资产	26	294 391.87	160 401.67	未分配利润	52	0.00	567 461 220.43
				外币报表折算差额	53		
				归属于母公司所有者权益合计	54	0.00	567 461 220.43
				少数股东权益	55		
				所有者权益(或股东权益)合计	56	0.00	567 461 220.43
资产总计	27	55 520 755 319.75	67 589 965 447.08	负债和所有者权益(或股东权益)总计	57	55 520 755 319.74	67 589 965 447.06

3. 中国农业发展银行上海市分行资产负债表

2013-12-31

单位：人民币元（本外币合计）

资　　产	期初数	期末数	负债及所有者权益	期初数	期末数
流动资产：			流动负债：		
现金及银行存款	3 147 029.47	1 946 874.75	短期存款	4 405 935 606.87	5 409 725 725.17
贵金属			短期储蓄存款		
存放中央银行款项	233 785 464.50	317 750 809.37	向中央银行借款		
存放联行款项			联行存放款项	27 068 071 542.63	27 179 340 805.41
存放同业款项	1 072 705 663.84	2 048 804 737.76	票据融资		
拆放同业			同业存放款项	100 000 000.00	
贴现	8 656 391 377.07	3 812 860 203.24	同业拆入		
短期贷款	10 151 376 160.15	10 706 494 706.10	卖出回购证券款项		
贸易融资			汇出汇款	170 000.00	
应收利息	13 168 881.09	8 554 959.99	应解汇款	1 200 000.00	
应收股利			存入短期保证金	28 471 269.30	28 394 545.07
其他应收款	3 033.453 05	6 596 606.93	应付利息	51 455.56	
减：坏账准备			应付职工工资	9 742 610.70	9 396 999.10
短期投资			应交税金及附加	22 454 249.32	24 863 336.29
减：短期投资跌价准备			应付股利（利润）		
买入返售资产			其他应付款	2 613 969.43	5 161 274.34
待摊费用			预提费用		
一年内到期的长期投资			发行短期债券		
其他流动资产			预计负债		
流动资产合计	18 134 108 929.97	16 702 798 798.14	一年内到期长期负债	1 000 000.00	
长期资产：			递延收益		
中长期贷款	14 852 847 300.00	16 455 675 543.18	其他流动负债		
非应计贷款（逾期贷款）			流动负债合计	32 429 710 704.31	32 658 882 385.38
减：贷款损失准备			长期负债：		
减：呆账准备			长期存款		
长期投资：			长期储蓄存款		
长期股权投资			存入长期保证金		
长期债权投资			长期借款		
减：长期投资减值准备			发行长期债券		
合并价差			长期应付款		
长期投资合计			其他长期负债	189 123 548.92	189 123 548.92
减：不良资产处置损失专项准备			长期负债合计	189 123 548.92	189 123 548.92
固定资产原价	286 170 444.02	290 756 780.50	递延税项：		
减：累计折旧	112 121 563.09	117 455 635.12	递延税款贷项		
固定资产净值	174 048 880.93	173 311 145.39	负债合计	32 618 834 253.23	32 846 005 934.30
减：固定资产减值准备			少数股东权益		
固定资产净额	174 048 880.93	173 311 145.39	所有者权益（或股东）权益：		
固定资产清理			实收资本		
在建工程		35 472 956.00	国家资本		
减：在建工程减值准备			集体资本		
长期资产合计	15 026 696 180.93	16 664 459 644.56	法人资本		
无形资产及其他资产：			其中：国有法人资本		
无形资产	6 667.40	2 572.98	个人资本		
减：无形资产减值准备			外商资本		
长期待摊费用			资本公积		
抵债资产			盈余公积		
减：抵债资产减值准备			一般准备		
其他长期资产			本年利润		
无形资产及其他资产合计	6 667.40	2 572.98	未分配利润	541 977 525.13	521 355 081.30
递延税项：			外币报表折算差额		
递延税款借项			所有者权益（或股东）权益合计	541 977 525.13	521 355 081.30
资产总计	33 160 811 778.30	33 367 261 015.00	负债和所有者（或股东）权益合计	33 160 811 778.36	33 367 261 405.00

4. 中国工商银行上海市分行资产负债表

2013-12-31 单位:万元

	项　　目	A	B	C
		人民币	外币折人民币	本外币合计
1	Ⅰ.资产			
2	1. 现金	269 881.20	44 560.83	314 442.03
3	2. 贵金属	8 838.36	223 290.04	232 128.39
4	3. 存放中央银行款项	177 304.00	0.00	177 304.00
5	4. 存放同业款项	338 001.47	173 125.56	511 127.03
6	4.1 境内同业	338 001.47	0.00	338 001.47
7	4.2 境外同业	0.00	173 125.56	173 125.56
8	70. 存放系统内款项	61 728 610.42	1 497 190.92	63 225 801.34
9	71. 拨付营运资金	0.00	0.00	0.00
10	5. 应收利息	306 787.67	5 895.70	312 683.37
11	6. 贷款	44 683 671.04	1 064 415.52	45 748 086.56
12	7. 贸易融资	2 816 255.02	2 895 537.24	5 711 792.25
13	8. 贴现及买断式转贴现	1 005 938.08	36.60	1 005 974.68
14	9. 其他贷款			
15	10. 拆放同业	1 228 910.00	249 397.00	1 478 307.00
16	11. 其他应收款	422 260.99	1 748.31	424 009.30
17	12. 投资	9 818 371.86	53 508.57	9 871 880.43
18	12.1 债券	9 818 371.86	49 919.06	9 868 290.92
19	12.2 股票	0.00	0.00	0.00
20	12.3 其他	0.00	3 589.52	3 589.52
21	12.3.1 其中:长期股权投资	0.00	0.00	0.00
22	13. 买入返售资产	149 980.00	0.00	149 980.00
23	13.1 境内外金融机构	149 980.00	0.00	149 980.00
24	13.2 境内外非金融机构	0.00	0.00	0.00
25	14. 长期待摊费用	18 786.29	0.00	18 786.29
26	15. 固定资产原价	1 016 604.73	0.00	1 016 604.73
27	16. 减:累计折旧	342 021.72	0.00	342 021.72
28	17. 固定资产净值	674 583.01	0.00	674 583.01
29	18. 固定资产清理	−8 006.96	0.00	−8 006.96
30	19. 在建工程	45 422.48	0.00	45 422.48
31	20. 无形资产	83 187.42	0.00	83 187.42
32	21. 抵债资产	3 464.90	333.11	3 798.02
33	22. 递延所得税资产	33 946.88	0.00	33 946.88
34	23. 其他资产	89 267.85	9 098.70	25 745.90
35	23.1 投资性房地产	0.00	0.00	0.00
36	23.2 衍生金融资产	14 535.85	9 098.70	23 634.55
37	23.3 商誉	0.00	0.00	0.00
38	24. 减:各项资产减值损失准备	964 489.27	80 176.87	1 044 666.15
39	25. 资产总计	122 930 972.70	6 137 961.23	128 996 313.28
40	Ⅱ.负债及所有者权益			
41	26. 单位存款	48 922 034.79	3 087 608.27	52 009 643.06

（续表）

	项 目	A	B	C
		人民币	外币折人民币	本外币合计
42	27. 储蓄存款	53 197 543.32	1 521 361.25	54 718 904.57
43	28. 向中央银行借款	0.00	0.00	0.00
44	29. 同业存放款项	15 566 652.05	835 808.36	16 402 460.41
45	29.1 境内同业	15 320 108.16	835 808.36	16 155 916.53
46	29.2 境外同业	246 543.88	0.00	246 543.88
47	72. 系统内存放款项	0.00	0.00	0.00
48	30. 同业拆入	48 279.48	273 916.26	322 195.74
49	31. 卖出回购款项	87 881.22	0.00	87 881.22
50	31.1 境内外金融机构	87 881.22	0.00	87 881.22
51	31.2 境内外非金融机构	0.00	0.00	0.00
52	32. 汇出汇款	16 411.01	803.29	17 214.29
53	33. 应解汇款	1 452.43	0.00	1 452.43
54	34. 存入保证金	210 983.35	25 347.83	236 331.18
55	35. 其他存款			
56	36. 应付利息	1 736 208.03	14 287.23	1 750 495.27
57	37. 应交税费	579 145.31	0.02	579 145.33
58	38. 应付职工薪酬	116 294.14	0.00	116 294.14
59	40. 应付股利	0.00	0.00	0.00
60	41. 其他应付款	544 832.08	89 177.06	634 009.14
61	43. 递延收益	36 760.43	824.95	37 585.38
62	44. 预计负债	727.78	0.00	727.78
63	46. 应付债券	31.97	0.00	31.97
64	47. 其他负债	19 067.40	194 108.87	140 555.62
65	47.1 衍生金融负债	10 021.26	93.54	10 114.80
66	48. 递延所得税负债	0.00	0.00	0.00
67	49. 负债合计	121 084 304.79	6 043 243.39	127 054 927.53
68	50. 少数股东权益			
69	51. 所有者权益			
70	52. 实收资本	545 850.97	73 350.90	619 201.88
71	53. 资本公积	−197 024.48	−263.70	−197 288.18
72	53.1 其中:重估储备	0.00	0.00	0.00
73	54. 盈余公积	0.00	0.00	0.00
74	55. 一般风险准备	0.00	0.00	0.00
75	56. 信托赔偿准备	0.00	0.00	0.00
76	57. 未分配利润	1 497 841.41	21 630.64	1 519 472.05
77	57.1 其中:本年利润	1 497 841.41	21 630.64	1 519 472.05
78	58. 外币报表折算差额	0.00	0.00	0.00
79	59. 所有者权益合计	1 846 667.91	94 717.84	1 941 385.75
80	60. 负债及所有者权益总计	122 930 972.70	6 137 961.23	128 996 313.28
81	附注项目			
82	61. 各项存款	102 348 424.90	4 635 120.63	106 983 545.53
83	62. 各项贷款	48 505 864.14	3 959 989.35	52 465 853.49

5. 中国农业银行上海市分行资产负债表

2013-12-31 单位:人民币元(本外币合计)

	期初金额	期末金额		期初金额	期末金额
资产			负债		
现金及存放中央银行款项	72 804 419 528.55	73 561 696 555.23	向中央银行借款		
存放同业款项净额	10 948 889 902.81	164 399 621.99	同业及其他金融机构存放款项	39 617 158 898.62	38 712 262 246.13
存放同业款项总额	10 948 889 902.81	164 399 621.99	联行存放款项	21 194 956 154.53	7 125 204 097.64
减:存放同业减值准备			拆入资金	955 497 730.36	31 400 000.00
贵金属	170 520.00	170 520.00	以公允价值计量且其变动计入当期损益的金融负债	6 212 779 178.09	4 892 290 919.20
存放联行款项	304 545 214 053.27	348 838 162 114.93	衍生金融负债	67 073 629.53	7 860 750.24
拆出资金净额	19 179 332 315.45	8 301 174 128.98	卖出回购金融资产款		
拆出资金总额	19 221 275 965.82	8 357 521 112.98	客户存款	636 211 407 087.54	690 530 644 418.46
减:拆出资金减值准备	(41 943 650.37)	(56 346 984.00)	其中:公司活期存款	188 844 071 005.11	197 259 227 780.79
以公允价值计量且其变动计入当期损益的金融资产	6 213 713 253.43	4 823 506 377.71	公司定期存款	71 033 795 907.23	81 412 902 211.21
衍生金融资产	57 467 936.34	3 906 006.80	个人活期存款	105 684 614 995.87	105 865 876 253.31
买入返售金融资产净额	0.00	3 865 003 854.46	个人定期存款	189 131 289 382.98	197 722 035 020.55
买入返售金融资产总额	0.00	3 865 003 854.46	保证金存款	11 141 755 730.76	8 700 415 681.59
减:买入返售金融资产减值准备			其他存款	70 375 880 065.59	99 570 187 471.01
应收利息	810 036 501.50	738 703 918.02	应付职工薪酬	1 535 760 880.63	1 647 222 327.84
发放贷款及垫款净额	303 383 700 219.80	316 495 339 125.53	应交税费	299 123 939.19	302 009 182.40
发放贷款及垫款总额	309 370 986 800.88	321 928 166 963.80	应付利息	8 313 978 698.13	9 747 345 041.26
其中:对公贷款及垫款	238 786 167 740.33	236 488 329 892.74	预计负债	2 619 165.00	0.00
零售贷款及垫款	70 584 819 060.55	85 439 837 071.06	应付债券及发行存款证		
减:发放贷款及垫款减值准备	(5 987 286 581.08)	(5 432 827 838.27)	递延所得税负债		
可供出售金融资产净额			其他负债	1 833 445 159.99	2 383 489 265.70
可供出售金融资产总额			其中:应付财政部款项款项		
减:可供出售金融资产减值准备			应付待结算及清算款项	809 747 384.92	764 059 354.35
持有至到期投资净额	0.00	0.00	久悬未取款项	119 849 740.43	27 189 139.94
持有至到期投资总额	0.00	0.00	递延收益	100 290 762.12	81 127 539.09
减:持有至到期投资减值准备			应付投资款项		
应收款项类投资净额			转贷资金		
应收款项类投资总额			预提费用		
减:应收款项类减值准备			应付股利		
长期股权投资净额			分摊往来 2		
长期股权投资总额			其他负债—其他	803 557 272.52	1 511 113 232.32
减:长期股权投资减值准备			负债合计	716 243 800 521.61	755 379 728 248.87
固定资产净值	9 660 986 787.83	9 918 637 299.58	所有者权益		
固定资产原值	12 054 295 144.06	12 748 554 943.90	实收资本		
减:累计折旧	(2 393 308 356.23)	(2 829 917 644.32)	资本公积		
减:固定资产减值准备			盈余公积		
无形资产净值	476 502 926.15	456 022 031.88	一般风险准备		
无形资产原值	602 576 923.57	600 060 103.57	未分配利润/(累计亏损)	12 080 932 776.34	13 035 670 336.29
减:累计摊销	(126 073 997.42)	(144 038 071.69)	外币报表折算差额		
减:无形资产减值准备			归属于母公司所有者权益合计	12 080 932 776.34	13 035 670 336.29
投资性房地产净值			少数股东权益		
投资性房地产原值			所有者权益合计	12 080 932 776.34	13 035 670 336.29
减:投资性房地产减值准备			负债及所有者权益总计	728 324 733 297.95	768 415 398 585.16
递延所得税资产					
其他资产	244 299 352.82	1 248 677 030.05			
其中:应收及暂付款	1 35 420 604.31	232 108 539.35			
抵债资产					
长期待摊费用	83 563 410.29	80 460 293.93			
商誉					
待处理资产	1 054 389.59	1 813 725.26			
分摊往来 1					
固定资产清理	0.00	2 573 819.31			
其他资产—其他	24 260 948.63	931 720 652.20			
资产总计	728 324 733 297.95	768 415 398 585.16			

6. 中国银行上海市分行资产负债表

2013-12-31 单位:万元

	项 目	A	B	C
		人民币	外币折人民币	本外币合计
1	Ⅰ. 资产			
2	1. 现金	130 149.92	57 388.15	187 538.07
3	2. 贵金属	7 783.18	8 453.26	16 236.43
4	3. 存放中央银行款项	7 551 621.06	215 012.36	7 766 633.42
5	4. 存放同业款项	4 277 576.43	320 371.45	4 597 947.88
6	4.1 境内同业	4 277 576.43	320 371.45	4 597 947.88
7	4.2 境外同业	0.00	0.00	0.00
8	70. 存放系统内款项	3 448 118.86	3 119 966.54	6 568 085.40
9	71. 拨付营运资金	0.00	0.00	0.00
10	5. 应收利息	538 054.90	82 796.47	620 851.37
11	6. 贷款	25 447 812.46	2 111 070.16	27 558 882.63
12	7. 贸易融资	1 591 724.16	1 497 024.56	3 088 748.72
13	8. 贴现及买断式转贴现	616 811.63	2 803.23	619 614.86
14	9. 其他贷款			
15	10. 拆放同业	2 751 517.23	37 623.27	2 789 140.50
16	11. 其他应收款	45 114.28	1 080.07	46 194.35
17	12. 投资	22 980.56	27 819.79	50 800.35
18	12.1 债券	22 980.56	0.00	22 980.56
19	12.2 股票	0.00	0.00	0.00
20	12.3 其他	0.00	27 819.79	27 819.79
21	12.3.1 其中:长期股权投资	0.00	27 819.79	27 819.79
22	13. 买入返售资产	180 935.05	0.00	180 935.05
23	13.1 境内外金融机构	180 935.05	0.00	180 935.05
24	13.2 境内外非金融机构	0.00	0.00	0.00
25	14. 长期待摊费用	11 432.20	0.00	11 432.20
26	15. 固定资产原价	481 333.42	0.00	481 333.42
27	16. 减:累计折旧	205 557.79	0.00	205 557.79
28	17. 固定资产净值	275 775.63	0.00	275 775.63
29	18. 固定资产清理	894.60	0.00	894.60
30	19. 在建工程	106 117.98	0.00	106 117.98
31	20. 无形资产	36 991.88	0.00	36 991.88
32	21. 抵债资产	18 920.94	8 951.21	27 872.16
33	22. 递延所得税资产	0.00	0.00	0.00
34	23. 其他资产	1 586.48	0.79	1 587.27
35	23.1 投资性房地产	0.00	0.00	0.00
36	23.2 衍生金融资产	0.00	0.00	0.00
37	23.3 商誉	0.00	0.00	0.00
38	24. 减:各项资产减值损失准备	618 554.69	76 889.43	695 444.12
39	25. 资产总计	46 443 424.75	7 413 471.88	53 856 896.64
40	Ⅱ. 负债及所有者权益			
41	26. 单位存款	20 052 290.12	2 596 761.78	22 649 051.90

（续表）

项目		A	B	C
		人民币	外币折人民币	本外币合计
42	27. 储蓄存款	15 719 376.23	2 120 451.03	17 839 827.27
43	28. 向中央银行借款	0.00	0.00	0.00
44	29. 同业存放款项	6 964 702.37	1 877 398.62	8 842 100.99
45	29.1 境内同业	5 950 921.67	1 182 770.31	7 133 691.99
46	29.2 境外同业	1 013 780.70	694 628.30	1 708 409.00
47	72. 系统内存放款项	0.00	0.00	0.00
48	30. 同业拆入	0.00	401 938.39	401 938.39
49	31. 卖出回购款项	0.00	0.00	0.00
50	31.1 境内外金融机构	0.00	0.00	0.00
51	31.2 境内外非金融机构	0.00	0.00	0.00
52	32. 汇出汇款	2 443.97	54 733.78	57 177.74
53	33. 应解汇款	31 747.59	104 674.58	136 422.17
54	34. 存入保证金	1 199 385.33	67 139.25	1 266 524.58
55	35. 其他存款			
56	36. 应付利息	901 935.59	58 273.44	960 209.03
57	37. 应交税费	34 957.16	0.00	34 957.16
58	38. 应付职工薪酬	78 574.46	0.00	78 574.46
59	40. 应付股利	0.00	0.00	0.00
60	41. 其他应付款	111 111.42	4 397.22	115 508.64
61	43. 递延收益	29 609.84	146.33	29 756.17
62	44. 预计负债	7.14	0.00	7.14
63	46. 应付债券	0.00	0.00	0.00
64	47. 其他负债	164 616.19	0.00	164 616.19
65	47.1 衍生金融负债	0.00	0.00	0.00
66	48. 递延所得税负债	0.00	0.00	0.00
67	49. 负债合计	45 290 757.42	7 285 914.41	52 576 671.82
68	50. 少数股东权益			
69	51. 所有者权益			
70	52. 实收资本	511 749.35	0.00	511 749.35
71	53. 资本公积	0.00	0.00	0.00
72	53.1 其中:重估储备	0.00	0.00	0.00
73	54. 盈余公积	0.00	0.00	0.00
74	55. 一般风险准备	0.00	0.00	0.00
75	56. 信托赔偿准备	0.00	0.00	0.00
76	57. 未分配利润	640 917.98	127 557.48	768 475.46
77	57.1 其中:本年利润	640 917.98	127 557.48	768 475.46
78	58. 外币报表折算差额	0.00	0.00	0.00
79	59. 所有者权益合计	1 152 667.33	127 557.48	1 280 224.81
80	60. 负债及所有者权益总计	46 443 424.75	7 413 471.88	53 856 896.64
81	附注项目			
82	61. 各项存款	37 005 243.24	4 943 760.41	41 949 003.66
83	62. 各项贷款	27 657 934.74	3 610 897.95	31 268 832.69

7. 中国建设银行上海市分行资产负债表

2013-12-31　　　　单位：人民币亿元(本外币合计)

资　　产	行次	期末余额	年初余额	负债和股东权益	行次	期末余额	年初余额
资产：	1			负债：	27		
现金及存放中央银行款项	2	38.17	37.01	向中央银行借款	28		
存放同业款项	3	97.19	851.69	同业及其他金融机构存放款项	29	1 179.14	1 430.89
贵金属	4	0.45	0.76	拆入资金	30	1.56	
拆出资金	5	144.97	140.40	交易性金融负债	31	486.48	0.00
交易性金融资产	6	554.96	60.81	衍生金融负债	32	6.42	2.78
衍生金融资产	7	8.49	8.49	卖出回购金融资产款	33	0.00	
买入返售金融资产	8	34.75	84.50	吸收存款	34	7 422.77	7 142.43
发放贷款和垫款	9	4 112.82	3 976.75	应付利息	35	99.82	97.41
应收利息	10	18.60	21.07	应付职工薪酬	36	9.44	8.49
可供出售金融资产	11	0.01	0.01	应交税费	37	5.13	5.16
应收款项投资	12			预计负债	38	0.27	0.27
持有至到期投资	13	1.81	2.97	应付债券	39	0.00	
长期股权投资	14			递延所得税负债	40		
资产支持证券	15			其他负债	41	9.05	43.32
投资性房地产	16			负债合计	42	9 220.08	8 730.75
固定资产	17	34.68	33.20	股东权益：	43		
在建工程	18	3.15	3.71	股本	44		
无形资产	19	12.79	13.17	资本公积	45		
商誉	20			减：库存股	46		
递延所得税资产	21			盈余公积	47		
其他资产	22	4 178.82	3 512.07	一般风险准备	48		
	23			未分配利润	49	21.58	15.86
	24			外币报表折算差额	50		
	25			股东权益合计	51	21.58	15.86
资产总计	26	9 241.66	8 746.61	负债和股东权益总计	52	9 241.66	8 746.61

8. 交通银行上海市分行资产负债表

2013-12-31　　单位：人民币元（本外币合计）

项目名称	期末余额	去年同期	项目名称	期末余额	去年同期
流动资产：		0.00	流动负债		0.00
现金及银行存款	1 002 269 572.98	918 504 111.59	短期存款	179 333 061 346.60	174 682 286 212.37
其中：现金	1 001 516 314.27	917 753 519.98	短期储蓄存款	81 482 302 097.92	69 992 016 070.03
贵金属	55 487 388.78	48 849 776.52	财政性存款	159 416 206.36	17 872 109.06
存中央银行款项	4 194 908 072.23	2 454 986 919.68	向中央银行借款		0.00
其中：准备金存款		0.00	同业存放款项	142 888 214 977.99	134 842 346 529.92
其中：备付金存款	4 150 656 072.23	2 438 741 919.68	联行存放款项		0.00
存放同业款项	29 412 862 661.65	30 112 138 709.49	拆入资金	3 594 622 850.19	872 301 658.37
存放联行款项	228 877 852 381.15	205 871 453 357.96	应解汇款	267 935 798.47	140 905 384.21
拆出资金		0.00	汇出汇款	74 616 273.00	45 131 501.51
短期贷款	53 544 743 595.04	52 385 000 740.07	委托存款	125 294 716.54	62 281 241.04
应收进出口押汇	21 367 061 016.73	16 934 670 718.12	应付代理证券款项		0.00
应收账款	515 521 690.31	258 656 653.16	卖出回购证券款		0.00
其他应收款	679 141 294.49	556 187 503.08	应付账款	4 904 867 085.04	3 871 256 821.51
贴现	19 834 476 981.59	21 899 590 860.69	其他应付款	2 648 240 242.38	2 132 743 272.31
短期投资	4 747 651 071.29	0.00	存入短期保证金	25 753 071 174.69	22 517 794 314.18
委托贷款及委托投资		0.00	应付工资	432 199 790.58	419 378 474.45
自营证券		0.00	应付福利费		0.00
代理证券		0.00	应交税金	221 244 498.34	198 960 938.67
买入返售证券		0.00	应付利润		0.00
待处理流动资产净损失		0.00	预提费用		0.00
其他流动资产	1 714 539.27	1 136 104.09	发行短期债券		0.00
一年内到期的长期投资	13 907 866.46	434 553.26	其他流动负债	2 444 409 047.11	2 911 187 903.96
流动资产合计	364 247 598 131.97	331 441 610 007.71	一年内到期的长期负债	13 554 623 769.85	6 068 461 882.21
长期资产：		0.00	发行短期存款证		0.00
中长期贷款	159 222 790 558.05	153 252 853 464.68	流动负债合计	457 884 119 875.06	418 774 924 313.80
逾期贷款	1 317 694 513.88	1 105 435 390.54	长期负债：		0.00
减：呆账准备	3 039 275 462.56	2 944 943 317.42	长期存款	33 096 125 106.04	30 303 605 106.04
应收租赁款		0.00	长期储蓄存款	14 229 802 453.79	14 601 090 820.95
减：未收租赁收益		0.00	存入长期保证金	15 721 576 736.03	17 482 791 559.14
应收转租赁款		0.00	应付转租赁租金		0.00
租赁资产		0.00	发行长期债券		0.00
减：待转租赁资产		0.00	长期借款		0.00
经营租赁资产		0.00	长期应付款		0.00
减：经营租赁资产折旧		0.00	发行长期存款证		0.00
长期投资	37 405 232.00	38 567 260.00	其他长期负债		0.00
固定资产原值	3 269 145 232.00	2 842 629 854.42	长期负债合计	63 047 504 295.86	62 387 487 486.13
减：累计折旧	1 495 541 356.91	1 327 915 389.51	所有者权益		0.00
减：固定资产减值准备		0.00	实收资本		0.00
固定资产净值	1 773 603 949.94	1 514 714 464.91	资本公积		0.00
固定资产清理		0.00	盈余公积		0.00
在建工程	650 374 001.43	262 402 044.23	监管储备		0.00
待处理固定资产净损失		0.00	未分配利润	3 512 821 587.97	3 783 175 233.46
长期资产合计	159 962 592 792.74	153 229 029 306.94	其中：本年利润	3 512 821 587.96	3 783 175 233.45
无形、递延及其他资产		0.00	所有者权益合计	3 512 821 587.97	3 783 175 233.46
无形资产	26 555 441.37	27 622 320.10			
递延资产	57 970 838.12	63 464 956.25			
其他长期资产	149 728 554.69	183 860 442.39			
其他资产合计	234 254 834.18	274 947 718.74			
资产总计	524 444 445 758.89	484 945 587 033.39	负债及所有者权益总计	524 444 445 758.89	484 945 587 033.39

9. 中国邮政储蓄银行上海分行资产负债表

2013-12-31

单位：人民币元(本外币合计)

项 目	行次	年初数	年末数	项 目	行次	年初数	年末数
资产：	1	—	—	负债：	33	—	—
现金及银行存款	2	567 017 267.42	618 020 570.58	向中央银行借款	34		
存放中央银行款项	3	220 593 765.70	153 678 696.09	联行存放款项	35		
贵金属	4			同业及其他金融机构存放款项	36	462 532 765.36	707 652 371.55
存放联行款项	5	96 184 171 089.13	96 180 926 767.85	拆入资金	37		609 690 000.00
存放同业款项	6	58 778 845.88	39 290 733.71	交易性金融负债	38		
拆出资金	7			衍生金融负债	39		
交易性金融资产	8			卖出回购金融资产款	40		
衍生金融资产	9			吸收存款	41	126 999 515 400.42	139 577 326 620.86
买入返售金融资产	10	14 383 237 902.27	19 584 116 767.98	应付职工薪酬	42	11 479 997.30	11 847 278.52
应收款项类金融资产	11			应交税费	43	19 969 733.86	27 700 515.85
应收利息	12	182 963 991.98	316 209 675.25	应付利息	44	2 141 639 449.51	2 863 373 779.55
其他应收款	13	415 876 843.01	132 803 106.28	其他应付款	45	24 862 399.64	37 466 634.48
发放贷款和垫款	14	16 544 358 761.23	24 715 462 201.89	预计负债	46		
可供出售金融资产	15			应付债券	47		
持有至到期投资	16			递延所得税负债	48		
长期股权投资	17			其他负债	49	2 283 616 608.62	3 646 673 496.95
投资性房地产	18			负债合计	50	131 943 616 354.71	147 481 730 697.76
固定资产	19	1 599 308 055.22	2 983 881 411.42	所有者权益(或股东权益)：	51	—	—
在建工程	20	73 540 529.55	141 625 905.60	实收资本(或股本)	52		
固定资产清理	21			其中：国有资本	53		
无形资产	22	3 336 404.49	2 884 403.13	外商资本	54		
商誉	23			资本公积	55		
长期待摊费用	24	81 951 343.05	80 789 189.17	减：库存股	56		
抵债资产	25			盈余公积	57		
递延所得税资产	26			一般风险准备	58		
其他资产	27	1 642 617 106.44	2 532 041 268.81	未分配利润	59	14 135 550.66	
	28			外币报表折算差额	60		
	29			归属于母公司所有者权益合计	61	14 135 550.66	
	30			少数股东权益	62		
	31			所有者权益(或股东权益)合计	63	14 135 550.66	
资产总计	32	131 957 751 905.37	147 481 730 697.76	负债和所有者权益(或股东权益)总计	64	131 957 751 905.37	147 481 730 697.76

10. 上海浦东发展银行上海分行资产负债表

2013-12-31

单位:元(总折人民币)

资　　产	期初数	期末数	负债及所有者权益	期初数	期末数
现金	777 414 492.40	835 188 993.08	向中央银行借款	0.00	0.00
存放中央银行款项	70 683 913.93	87 231 421.74	同业存放款项	61 944 664 758.31	100 249 110 055.69
存放同业	45 056 179 839.75	28 244 133 124.94	拆入资金	755 757 991.43	630 482 170.44
贵金属	0.00	0.00	衍生金融负债	0.00	0.00
拆出资金	2 918 212 474.89	3 000 000 000.00	卖出回购金融资产款	0.00	105 780 292.94
交易性金融资产	0.00	0.00	短期存款	184 731 620 141.97	203 549 322 526.39
加或减:交易性金融资产公允价值调整	0.00	0.00	短期储蓄存款	65 206 792 932.99	68 484 152 012.73
衍生金融资产	0.00	0.00	存入短期保证金	1 493 408 452.63	2 065 388 652.29
买入返售金融资产	6 960 434 829.29	9 254 826 590.84	长期存款	37 298 991 061.49	29 202 242 066.86
应收利息	525 628 759.40	414 406 620.62	长期储蓄存款	14 765 072 566.06	17 324 234 807.00
短期贷款	40 928 104 384.25	41 068 723 332.21	存入长期保证金	5 229 425 429.61	4 467 860 533.21
贴现	3 715 440 642.32	1 456 987 950.01	应解汇款及临时存款	351 073 125.42	288 376 506.73
进出口押汇	2 909 697 189.59	1 889 913 181.19	汇出汇款	20 246 505.09	7 970 716.48
中期贷款	47 794 890 821.40	56 134 032 297.46	资产托管存款	1 042 252 291.33	2 021 631 581.47
长期贷款	70 967 094 450.36	79 879 537 921.29	应付职工薪酬	4 219 068.81	11 906 769.91
逾期贷款	708 392 858.56	264 659 490.93	应交税费	155 358 671.40	165 371 077.67
减:贷款呆账准备	2 545 933 543.42	2 414 425 010.60	应付利息	4 645 010 622.66	6 135 891 522.22
可供出售金融资产	124 989 365.39	25 000 000.00	发行长期债券	0.00	0.00
加或减:可供出售金融资产公允价值调整	0.00	0.00	递延所得税负债	0.00	0.00
减:可供出售金融资产减值准备	0.00	0.00	委托资金	0.00	0.00
持有至到期投资	0.00	0.00	财政性存款	759 555 032.02	212 898 030.25
减:持有至到期投资减值准备	0.00	0.00	其他应付款	871 936 826.30	742 679 079.02
分为贷款和应收款的金融资产	140 591 344.75	9 426 842 481.97	应付利润	0.00	0.00
长期股权投资	0.00	0.00	预提费用	0.00	0.00
减:长期股权投资减值准备	0.00	0.00	其他流动负债	98 136 678.83	126 779 103.52
固定资产	1 402 071 997.25	1 423 863 103.98	其他长期负债	0.00	0.00
减:累计折旧	572 167 583.79	632 886 886.59			
减:固定资产减值准备	0.00	0.00			
固定资产清理	0.00	0.00			
在建工程	17 971 969.35	15 776 201.20	负债合计	379 373 522 156.35	435 792 077 504.82
减:在建工程减值准备	0.00	0.00			
无形资产	149 367 447.64	153 796 755.14			
减:无形资产累计摊销	84 235 530.48	93 954 330.99	实收资本	0.00	0.00
减:无形资产减值准备	0.00	0.00	资本公积	0.00	0.00
递延所得税资产	0.00	0.00	盈余公积	0.00	0.00
其他应收款	227 461 373.09	369 608 242.96	一般风险准备	0.00	0.00
减:坏账准备	50 568 868.89	52 734 824.50	未分配利润	5 796 960 209.44	5 770 788 086.33
其他流动资产	150 808 494 736.96	185 849 203 738.15			
长期待摊费用	82 741 317.76	84 922 391.54	所有者权益合计	5 796 960 209.44	5 770 788 086.33
待处理抵债资产	783 326 975.35	783 177 510.48			
减:抵债资产跌价准备	580 113 331.31	580 008 705.90			
其他长期资产	11 934 310 000.00	24 727 004 000.00			
减:其他非贷款资产减值准备	0.00	51 960 000.00			
资产合计	385 170 482 365.79	441 562 865 591.15	负债和所有者权益合计	385 170 482 365.79	441 562 865 591.15

11. 上海银行资产负债表

2013-12-31

单位:人民币万元

项　　目	年初数	年末数	项　　目	年初数	年末数
资产:			负债:		
现金及存放中央银行款项	10 555 434.30	12 115 460.90	向中央银行借款	4 000	10 000.00
存放同业及其他金融机构款项	14 211 574.3	6 663 724.9	同业及其他金融机构存放款项	16 031 504.3	19 606 404.3
拆出资金	1 521 591.1	2 057 556.4	拆入资金	1 516 918.70	2 246 760.40
交易性金融资产	484 865.8	728 127.9	衍生金融负债	19 661.90	105 918.30
衍生金融资产	18 250.00	103 055.50	卖出回购金融资产款	3 019 520	4 695 481
买入返售金融资产	832 397.40	3 313 650.00	吸收存款	54 363 010.10	62 322 341.80
应收利息	481 506.20	537 332.90	应付职工薪酬	116 260.70	141 977.20
发放贷款和垫款	38 009 850.60	42 881 077.10	应交税费	111 716.30	145 464.30
可供出售金融资产	6 153 988.00	5 490 131.60	应付利息	741 879.30	1 061 195.10
持有至到期投资	6 741 543.60	7 409 337.00	应付债券	1 221 916.10	1 222 025.10
应收款项类投资	1 703 131.60	14 999 948.80	其他负责	205 879.20	323 741.00
长期股权投资	32 130	75 073.9			
固定资产	377 020.40	446 635.00	负债合计	77 352 266.6	91 881 308.5
无形资产	32 136.70	46 190.80			
递延所得税资产	174 897.20	217 475.40	所有者权益(或股东权益):		
其他资产	216 417.20	392 030.90	股本	423 400.00	423 400.00
			资本公积	386 954.90	933 231.50
			盈余公积	996 937.5	1 221 938.1
			一般风险准备	723 000.00	1 048 000.00
			未分配利润	1 664 175.40	1 968 930.90
			外币报表折算差额	0.00	0.00
			归属于母公司所有者权益合计	4 194 467.80	5 595 500.50
			少数股东权益		
			所有者权益(或股东权益)合计	4 194 467.80	5 595 500.50
资产总计	81 546 734.40	97 476 809.00	负债和所有者权益(或股东权益)总计	81 546 734.40	97 476 809.00

12. 上海农商银行资产负债表

2013-12-31　　单位:人民币亿元

资　产	年初数	期末数	负　债	年初数	期末数
流动资产	1 914.63	2 196.04	流动负债	1 636.27	1 766.00
一、现金及银行存款	16.68	19.60	一、短期存款	1 039.77	1 176.75
二、存放中央银行	573.14	690.61	二、短期储蓄存款	213.11	239.14
三、存放同业	138.54	71.75	三、财政性存款	0.65	0.77
四、存放联行款项	0.00	0.00	四、向中央银行借款		
五、拆放同业	12.51	52.81	五、同业存放	125.92	132.58
六、短期贷款	936.85	1 145.97	六、联行存放		
其中:贴现	318.65	474.35	七、同业拆入	63.64	20.44
七、应收账款	16.35	36.38	八、票据融资		
其中:应收利息	13.72	16.50	九、应解汇款及临时存款	12.24	18.84
八、短期投资	29.26	7.57	十、汇出汇款	3.78	0.74
九、委托贷款及投资		0.00	十一、委托存款		
十、买入返售证券	191.30	171.35	十二、卖出回购证券	64.70	83.83
十一、待处理流动资产损失			十三、应付及预提款项	84.48	85.72
十二、其他流动资产			十四、存放短期保证金	27.98	7.19
长期资产	1 589.49	1 829.50	十五、发行短期债券		
十三、中长期贷款	984.14	1 054.52	十六、其他流动负债		
十四、减:贷款损失准备	61.36	56.91	长期负债	1 665.42	2 028.39
十五、长期投资	611.64	789.81	十七、长期存款	339.62	484.36
十六、固定资产净值	33.33	32.97	十八、长期储蓄存款	1 229.04	1 402.18
固定资产	48.91	52.73	十九、存放长期保证金		21.92
减:累计折旧	15.58	19.76	二十、发行长期债券	65.00	65.00
十七、固定资产清理	0.00	0.00	二十一、其他长期负债	31.76	54.93
十八、在建工程	24.40	24.72	所有者权益	283.83	318.57
十九、待处理固定资产损失	0.00	0.00	二十二、实收资本	50.00	50.00
二十、减:其他资产减值准备	2.66	15.61	二十三、资本公积	74.60	77.68
无形递延及其他资产	81.40	87.42	二十四、公积金	50.99	61.36
法人机构拨付分行营运资金			二十五、公益金		
			二十六、未分配利润	81.98	93.75
			其中:本年利润	40.41	40.84
			二十七、一般准备	26.26	35.78
资产总计	3 585.52	4 112.96	负债总计	3 585.52	4 112.96

13. 中信银行上海分行资产负债表

2013-12-31

单位：人民币元(本外币合计)

资　　产	期初值	期末值	负　　债	期初值	期末值
现金及存放中央银行款项	1 155 561 151.37	1 578 704 977.91	同业及其他金融机构存放款项	75 425 095 932.90	57 357 980 822.20
存放同业款项	41 801 851 622.39	10 399 832 393.34	联行存放	877 802.38	6 026 410.20
存放联行	58 948 610 211.85	23 731 416 954.83	拆入资金	18 721 574.89	1 568 728 370.43
拆出资金	3 257 962 781.12	819 680 834.12	吸收存款	104 137 283 913.86	102 625 975 808.71
买入返售金融资产	9 982 492 932.13	31 974 197 408.75	应付职工薪酬	537 172 788.01	514 212 015.79
应收利息	377 801 525.08	446 268 050.33	应交税费	405 062 043.63	－153 590 277.30
发放贷款和垫款	66 469 846 414.06	68 647 432 813.95	应付利息	1 542 935 313.09	1 482 041 259.55
可供出售金融资产	173 835 744.44	70 708 244.44	其他负债	108 420 856.24	－6 820 719 501.29
持有至到期投资	837 440 388.84	487 730 657.56	负债合计：	182 175 570 225.00	156 580 654 908.29
应收投资款	0.00	14 583 035 934.61	未分配利润	1 163 502 984.13	－2 052 820 360.34
固定资产	337 609 277.57	354 653 206.33	拨入营运资金	541 585 647.17	533 611 865.61
无形资产	4 720 267.90	4 379 406.55	股东权益合计：	1 705 088 631.30	－1 519 208 494.73
递延所得税资产	284 615 924.25	1 026 353 298.87			
其他资产	248 310 615.30	937 052 231.97			
资产合计：	183 880 658 856.30	155 061 446 413.56	负债合计：	183 880 658 856.30	155 061 446 413.56

14. 中国光大银行上海分行资产负债表

2013-12-31

单位:元(总折人民币)

编号	资　　产	期初数	期末数	编号	负债及所有者权益	期初数	期末数
1	资产:			5	负债:		
110	现金及银行存款	645 481 290.09	444 879 866.86	510	对公存款	83 330 625 460.15	86 759 462 342.76
120	贵金属	0.00	0.00	520	储蓄存款	26 739 393 595.58	36 747 138 725.77
130	存放中央银行款项	1 762 063 788.49	1 414 382 581.69	530	财政性存款	367 325 082.59	36 934 952.37
140	存放同业款项	472 819 619.15	5 366 282 527.82	540	向中央银行借款	0.00	0.00
150	存放联行款项	53 722 265 181.27	57 042 702 620.45	550	同业存放款项	46 305 394 142.25	37 956 129 370.61
160	拆出资金	11 662 957 130.72	14 565 839 134.42	560	联行存放款项	0.00	0.00
170	买入返售金融资产	6 093 110 726.43	11 348 880 951.61	570	同业拆入款项	98 544 282.57	809 257 033.30
180	发放贷款和垫款	51 630 723 411.52	51 192 606 727.24	580	卖出回购金融资产款	119 187 011.25	0.00
190	贸易融资	13 058 454 064.26	10 238 883 609.05	590	应解汇款	1 455 610 872.24	47 794 635.98
200	贴现	1 162 272 393.01	1 118 885 406.20	600	汇出汇款	3 714 431.46	1 508 264.23
210	信贷资产减值准备	1 773 815 552.14	1 645 102 746.49	610	应付利息	1 233 741 480.48	1 564 951 064.10
220	应收利息	608 395 421.57	701 473 007.91	620	其他应付款	46 064 087.57	30 442 190.46
230	其他应收款	34 722 924.45	38 891 492.66	630	交易性金融负债	0.00	0.00
240	交易性金融资产	0.00	0.00	640	衍生金融负债	0.00	0.00
250	衍生金融资产	734 845.75	1 698 666.25	650	应付债券	0.00	0.00
260	可供出售金融资产	0.00	0.00	660	长期借款	0.00	0.00
270	持有至到期投资	34 475 556.23	21 007 150.80	670			
280	长期股权投资	0.00	0.00	700	应付职工薪酬	225 603 502.67	215 747 537.40
290	应收款项类投资	24 313 900 000.00	16 283 700 000.00	710	应交税费	139 647 107.01	88 311 941.80
300				720	应付股利	0.00	0.00
320	固定资产原值	1 580 041 781.19	1 609 105 780.46	730	预计负债	30 407 592.72	8 326 337.09
330	减:累计折旧	308 888 286.57	366 125 406.21	740	递延所得税负债	0.00	0.00
340	固定资产净值	1 271 153 494.62	1 242 980 374.25	750	其他负债	3 261 110 871.26	6 587 339 325.34
350	投资性房地产	80 670 028.91	56 840 269.00	7	负债合计	163 356 369 519.80	170 853 343 721.21
360	固定资产清理	324 564.05	625 578.12	8	股东权益:		
370	在建工程	0.00	0.00	810	股本	0.00	0.00
380	无形资产	49 933 364.04	46 504 939.65	820	资本公积	0.00	0.00
390	商誉	0.00	0.00	830	盈余公积	0.00	0.00
400	长期待摊费用	36 088 375.51	28 488 596.52	840	一般风险准备	0.00	0.00
410	抵债资产	0.00	133 600 000.00	850	未分配利润	1 529 578 484.72	1 115 708 641.34—
420	递延所得税资产	0.00	0.00	860	其中:本年利润	0.00	0.00
430	其他资产	19 216 576.59	93 584 325.86	9	股东权益合计	1 529 578 484.72	1 115 708 641.34—
4	资产总计	164 885 948 004.52	169 737 635 079.87	10	负债和股东权益总计	164 885 948 004.52	169 737 635 079.87

15. 华夏银行上海分行资产负债表

2013-12-31

单位：人民币元（本外币合计）

资　　产	期末余额	期初余额	负债和所有者权益(或股东权益)	期末余额	期初余额
资产：			负债：		
现金及存放中央银行款项	883 607 886.32	991 985 102.50	向中央银行借款	0.00	0.00
存放同业款项	24 635 966.63	40 720 440.50	同业及其他金融机构存放款项	4 468 711 715.75	9 659 220 280.40
贵金属	0.00	0.00	拆入资金	2 835 359 981.01	1 547 753 618.30
拆出资金	0.00	102 822 368.03	交易性金融负债	0.00	0.00
交易性金融资产	0.00	0.00	衍生金融负债	0.00	0.00
衍生金融资产	0.00	0.00	卖出回购金融资产款	0.00	0.00
买入返售金融资产	100 000 000.00	6 577 501 962.15	吸收存款	50 543 531 550.54	51 798 345 163.59
应收利息	82 513 400.83	145 993 022.13	应付职工薪酬	104 187 267.57	72 878 613.05
发放贷款及垫款	28 073 352 172.97	31 400 391 137.99	应交税费	32 025 677.33	41 680 423.27
可供出售金融资产	0.00	0.00	应付利息	819 847 732.54	838 716 265.70
持有至到期投资	0.00	74 853 628.80	预计负债	0.00	0.00
应收款项类投资	0.00	0.00	应付债券	0.00	0.00
应收融资租赁款	0.00	0.00	递延所得税负债	0.00	0.00
长期股权投资	0.00	0.00	其他负债	375 064 351.92	378 643 356.30
投资性房地产	0.00	0.00	—		
固定资产	415 924 218.11	339 504 709.06	—		
无形资产	0.00	0.00	负债合计	59 178 728 276.66	64 337 237 720.61
递延所得税资产	0.00	0.00	股东权益：		
其他资产	28 201 532 319.49	25 185 333 128.74	股本	0.00	0.00
—			资本公积	0.00	0.00
—			减：库存股	0.00	0.00
—			盈余公积	0.00	0.00
—			一般风险准备	0.00	0.00
—			未分配利润	−1 397 162 312.31	521 867 779.29
—			股东权益合计	−1 397 162 312.31	521 867 779.29
资产合计	57 781 565 964.35	64 859 105 499.90	负债与股东权益合计	57 781 565 964.35	64 859 105 499.90

16. 中国民生银行上海分行资产负债表

2013-12-31　　单位：人民币亿元

资　　产	年初数	期末数	负　　债	年初数	期末数
流动资产			流动负债		
一、现金及银行存款	6.24	8.24	一、短期存款		
二、存放中央银行	44.93	27.92	二、短期储蓄存款		
三、存放同业	519.95	28.04	三、财政性存款	120.03	0.03
四、存放联行款项	0.00	0.00	四、向中央银行借款	0.00	0.36
五、拆放同业	0.00	0.00	五、同业存放	1 473.73	832.53
六、短期贷款	650.00	572.44	六、联行存放	0.00	0.00
其中：贴现	5.24	61.08	七、同业拆入	43.00	10.00
七、应收账款	10.57	14.68	八、票据融资	0.00	0.00
其中：应收利息	7.87	10.58	九、应解汇款及临时存款	0.92	0.55
八、短期投资	0.00	194.62	十、汇出汇款	0.36	0.58
九、委托贷款及投资	204.84	198.68	十一、委托存款	204.84	198.68
十、买入返售证券	102.58	308.36	十二、卖出回购证券	0.00	0.00
十一、待处理流动资产损失	0.00	0.00	十三、应付及预提款项	45.65	39.27
十二、其他流动资产	0.00	0.00	十四、存放短期保证金	187.42	189.36
长期资产			十五、发行短期债券	0.00	0.00
十三、中长期贷款	582.48	731.26	十六、其他流动负债	0.00	0.00
十四、减　贷款损失准备	32.51	29.38	长期负债		
十五、长期投资	19.50	33.80	十七、长期存款		
十六、固定资产净值	5.44	5.44	十八、长期储蓄存款		
固定资产	8.70	9.20	十九、存放长期保证金	5.67	6.11
减：累计折旧	3.25	3.76	二十、发行长期债券	0.00	0.00
十七、固定资产清理	0.00	0.00	二十一、其他长期负债	33.29	24.66
十八、在建工程	0.07	0.00	所有者权益		
十九、待处理固定资产损失	0.00	0.00	二十二、实收资本	12.50	0.00
二十、减　其他资产减值准备	0.00	0.00	二十三、资本公积	−0.14	−4.00
无形递延及其他资产	0.80	1.55	二十四、公积金	0.00	0.00
法人机构拨付分行营运资金	0.00	12.50	二十五、公益金	0.00	0.00
			二十六、未分配利润	11.47	−0.25
			其中：本年利润	11.47	−15.98
资产总计	3 707.80	2 981.50	负债总计	3 707.80	2 981.50

17. 招商银行上海分行资产负债表

2013-12-31　　　　单位:人民币元

资产项	年初余额	期末余额	负债及所有者权益项	年初余额	期末余额
流动资产:			流动负债:		
现金及银行存款	875 246 045.90	763 720 550.82	短期存款	118 686 963 610.73	136 322 283 759.99
贵金属	574 426.04	5 244 814.42	短期储蓄存款	85 831 194 676.26	83 999 321 587.61
存放中央银行款项	1 665 193 040.67	1 986 214 876.27	财政性存款	1 363 877 360.73	2 204 731 020.14
存放同业款项	18 254 608 438.41	156 557 373.21	向中央银行借款	0.00	0.00
存放联行款项	127 769 738 810.88	178 577 738 138.31	票据融资	54 189 837.49	2 063 851 960.51
拆放同业	874 892 402.69	3 419 842 598.77	同业存放款项	31 889 918 324.53	63 391 772 756.36
拆放金融性公司	700 000 000.00	1 600 000 000.00	联行存放款项	5 124 653 877.53	9 557 874 053.43
短期贷款	38 824 895 380.18	42 774 625 721.78	同业折入	0.00	256 863 012.53
应收进出口押汇	1 474 387 010.12	5 583 845 546.72	金融性公司拆入	0.00	0.00
应收账款	335 941 639.40	654 713 277.80	应解汇款	435 566 354.30	436 180 562.56
坏账准备	−4 530 176.42	−15 140 987.79	汇出汇款	54 164 014.77	59 294 349.98
其他应收款	79 222 014.33	96 375 021.36	委托存款	0.00	0.00
贴现	2 252 169 679.41	3 020 793 559.41	应付代理证券款项	0.00	0.00
短期投资	0.00	0.00	卖出回购证券款	0.00	0.00
持有至到期投资减值准备	0.00	0.00	卖出回购贷款	0.00	0.00
委托贷款及委托投资	0.00	0.00	应付账款	1 781 727 243.22	2 146 449 788.59
自营证券	0.00	0.00	存入短期保证金	4 704 946 500.15	5 881 460 712.30
代理证券	0.00	0.00	其他应付款	386 608 132.91	666 752 463.78
买入返售款项	0.00	10 067 486 226.27	应付工资	291 976 211.55	363 196 011.49
待处理流动资产损失	0.00	0.00	应付福利费	0.00	0.00
一年内到期的长期投资	0.00	0.00	应付税金	453 648 352.06	472 059 294.32
待摊费用	37 479 835.73	38 515 414.78	应付股利	0.00	0.00
流动资产合计	193 139 818 547.34	248 730 532 132.13	预提费用	7 982 353.79	12 468 233.48
长期资产:			发行短期债券	0.00	0.00
中期贷款	24 386 408 080.17	24 990 683 958.96	以公允价值计量且变动计入当期损益的金融负债	0.00	0.00
长期贷款	52 849 576 733.33	53 744 490 284.75	流动负债合计	251 067 416 850.02	307 834 559 567.07
逾期贷款	580 161 347.54	983 899 659.03	长期负债:		
呆账准备	−2 368 719 219.55	−2 988 607 559.87	长期存款	2 393 982 334.24	5 583 323 850.19
应收租赁款	0.00	0.00	长期储蓄存款	10 951 401 300.94	12 480 349 798.79
未收租赁收益	0.00	0.00	保证金	189 401 544.78	152 038 339.32
租赁资产	0.00	0.00	应付转租赁租金	0.00	0.00
待转租赁收益	0.00	0.00	发行长期债券	0.00	0.00
经营租赁资产	0.00	0.00	长期借款	0.00	0.00
经营租赁资产折旧	0.00	0.00	长期次级债	0.00	0.00
长期投资	0.00	0.00	长期应付款	0.00	0.00
可供出售金融资产减值准备	0.00	0.00	交易性金融负债	0.00	0.00
固定资产原值	803 496 344.35	840 268 220.10	长期负债合计	13 534 785 179.96	18 215 711 988.30
累计折旧	−565 042 055.62	−605 579 464.57	其他负债:		
固定资产净值	238 454 288.73	234 688 755.53	其他负债	0.00	0.00
固定减值准备	−1 428 700.00	−1 428 700.00	其他负债合计	0.00	0.00
投资性房地产	0.00	0.00	递延税项:		
减:投资性房地产累计折旧	0.00	0.00	递延税款贷项	0.00	0.00
减:投资性房地产减值准备	0.00	0.00	应付债券	0.00	0.00
固定资产清理	1 135 070.83	1 161 032.37	负债合计	264 602 202 029.98	326 050 271 555.37
在建工程	1 428 700.00	1 428 700.00	所有者权益:		
在建工程减值准备	0.00	0.00	实收资本	0.00	0.00
待处理固定资产净损失	0.00	0.00	资本公积	0.00	0.00
固定资产净额	237 025 588.73	233 260 055.53	盈余公积	0.00	0.00
投资性房地产净额	0.00	0.00	其中:法定公益金	0.00	0.00
长期资产合计	75 687 016 301.05	76 966 316 130.77	一般准备	0.00	0.00
无形、递延及其他资产			未分配利润	0.00	0.00
无形资产	1 522 146.05	1 833 865.08	本年利润	4 311 316 571.05	4 248 124 998.74
无形资产减值准备	0.00	0.00	所有者权益合计	4 311 316 571.05	4 248 124 998.74
长期待摊费用	53 844 468.55	41 929 255.42			
其他资产	177 052 438.04	183 125 670.70			
其他资产减值准备	−145 735 300.00	−145 340 500.00			
无形、递延及其他资产合计	86 683 752.64	81 548 291.20			
递延税项:					
递延税项借项	0.00	0.00			
交易性金融资产	0.00	0.00			
可供出售金融资产	0.00	0.00			
持有至到期金融资产	0.00	0.00			
减:其他应收投资减值准备	0.00	0.00			
其他应收投资款	0.00	4 520 000 000.00			
减:其他应收投资减值准备	0.00	0.00			
减:长期股权投资减值准备	0.00	0.00			
存放境外央行国别风险准备	0.00	0.00			
存放境外同业或其他金融机构国别风险准备	0.00	0.00			
买入返售国别风险准备	0.00	0.00			
拆放境外同业或其他金融机构国别风险准备	0.00	0.00			
资产总计	268 913 518 601.03	330 298 396 554.10	负债及所有者权益合计	268 913 518 601.03	330 298 396 554.11

18. 兴业银行上海分行资产负债表

2013-12-31 单位:人民币万元(本外币合计)

项　目　名　称	上期余额	本期余额
现金及存放中央银行款项	122 823.11	130 082.24
存放同业款项	14 849.32	12 987.72
贵金属	0.00	0.00
拆出资金	450 500.00	430 500.00
交易性金融资产	150 166.55	139 165.69
衍生金融资产	0.00	0.00
买入返售金融资产	3 201 655.46	3 332 942.96
应收利息	106 877.52	98 739.59
发放贷款及垫款	9 082 189.22	9 047 195.76
可供出售金融资产	1 490 061.65	1 110 570.55
持有至到期投资	588 790.33	588 790.56
应收款项类投资	2 594 503.84	2 530 838.84
长期股权投资	285.00	285.00
投资性房地产	0.00	0.00
固定资产	40 893.68	40 893.68
在建工程	81 601.66	81 601.66
无形资产	44.97	44.97
递延所得税资产	0.00	0.00
其他资产	12 169 551.78	11 449 197.77
资产总计	30 094 794.14	28 993 837.04
向中央银行借款	0.00	0.00
同业及其他金融机构存放款项	10 360 484.27	9 566 671.07
拆入资金	730 988.96	730 387.68
交易性金融负债	0.00	0.00
衍生金融负债	0.00	0.00
卖出回购金融资产款	598 100.00	598 100.00
吸收存款	17 028 042.07	17 218 871.77
应付职工薪酬	43 375.49	44 200.80
应交税费	15 017.15	15 896.41
应付利息	220 303.66	226 178.71
预计负债	0.00	0.00
应付债券	0.00	0.00
递延所得税负债	0.00	0.00
其他负债	643 514.26	132 130.71
负债合计	29 639 825.88	28 532 437.19
所有者权益(或股东权益)	0.00	0.00
股本	0.00	0.00
资本公积	−6 858.66	−6 858.60
盈余公积	0.00	0.00
一般风险准备	0.00	0.00
未分配利润	461 826.92	468 258.44
减:库存股	0.00	0.00
所有者权益(或股东权益)	454 968.25	461 399.84
负债及所有者权益总计	30 094 794.14	28 993 837.04

19. 广发银行上海分行资产负债表

单位:亿元(人民币合计)

资　　产	期初数	期末数	负债及所有者权益	期初数	期末数
资产：			负债：		
现金及存放中央银行款项	9.72	11.62	向中央银行借款	0	0
存放同业款项	12.01	3.60	同业及其他金融机构存放款项	74.51	153.66
贵金属	0	0	拆入资金	2.19	0
拆出资金	35.00	60.40	交易性金融负债	0	0
交易性金融资产	0	0	衍生金融负债	0.29	0.11
衍生金融资产	0.35	0.11	卖出回购金融资产款		0
买入返售金融资产	93.43	92.98	吸收存款	602.85	514.33
应收利息	1.00	2.41	应付职工薪酬	0.55	0.21
发放贷款和垫款	310.09	238.19	应交税费	0.31	0.27
应收款项投资	0.49	59.61	应付利息	11.06	8.08
可供出售金融资产	0	0	预计负债		0
持有至到期投资	0	0	应付债券	0	0
长期股权投资	0	0	递延所得税负债	0	0
固定资产	0.43	0.36	其他负债	3.70	3.88
在建工程	0	0	负债合计	695.47	680.53
无形资产	0.02	0.02	所有者权益(或股东权益)：	0	0
递延所得税资产	0	0	实收资本(或股本)	0	0
其他资产	238.31	199.85	资本公积	0	0
			减:库存股	0	0
			盈余公积	0	0
			一般风险准备	0	0
			未分配利润	5.37	−11.38
			外币报表折算差额	0	0
			所有者权益(或股东权益)合计	5.37	−11.38
资产总计	700.84	669.15	负债和所有者权益(或股东权益)总计	700.84	669.15

20. 平安银行上海分行资产负债表

2013-12-31　　单位：人民币元(本外币合计)

指标名称	行号	年初数	期末数
现金及存放中央银行款项	1	1 911 973 009.03	2 136 161 586.51
贵金属	2		
存放同业款项	3	9 046 729 707.89	132 430 514.17
拆出资金	4	1 324 150 060.00	
存放联行款项	5		
交易性金融资产	6		
衍生金融资产	7		
买入返售金融资产	8	28 712 589 936.01	43 874 258 619.86
应收利息	9	903 198 903.44	1 131 028 042.78
发放贷款和垫款	10	89 706 454 252.41	104 499 726 228.67
应收款项类投资	11	20 510 000 000.00	30 781 407 372.66
可供出售金融资产	12		
持有至到期投资	13		
长期股权投资	14		
商誉	15		
固定资产	16	81 751 973.95	95 264 722.27
投资性房地产	17		
无形资产	18	1 597 962.50	1 236 532.49
递延所得税资产	19		
其他资产	20	24 611 999 222.53	11 455 674 754.59
资产总计	21	176 810 445 027.76	194 107 188 374.00
	22		
	23		
向中央银行借款	24		
同业及其他金融机构存放款项	25	52 772 184 735.45	65 709 377 563.00
拆入资金	26	9 356 640 263.82	1 300 391 093.39
联行存放款项	27		
交易性金融负债	28		
衍生金融负债	29		
卖出回购金融资产款	30		
吸收存款	31	109 879 302 423.40	123 002 671 462.47
应付职工薪酬	32	152 002 666.84	50 977 563.35
应交税费	33	109 156 414.65	140 132 795.00
应付利息	34	1 309 431 683.99	1 474 090 969.88
预计负债	35	24 300.00	0.00
应付债券	36		
递延所得税负债	37		
其他负债	38	1 243 404 364.11	1 000 662 705.41
负债合计	39	174 822 146 852.26	192 678 304 152.50
股东权益	40		
股本	41		
资本公积	42		
盈余公积	43		
一般风险准备	44		
未分配利润	45	1 988 298 175.50	1 428 884 221.50
归属于母公司股东权益合计	46	1 988 298 175.50	1 428 884 221.50
少数股东权益	47		
股东权益	48	1 988 298 175.50	1 428 884 221.50
负债和股东权益总计	49	176 810 445 027.76	194 107 188 374.00

21. 浙商银行上海分行资产负债表

2013-12-31

单位:人民币元

资　产	期初数	期末数	负债及所有者权益	期初数	期末数
现金及存放中央银行款项	791 176 119.15	165 039 145.04	向中央银行借款		
贵金属			同业及其他金融机构存放款项	12 582 589 601.12	9 224 232 435.63
存放同业及其他金融机构款项	12 769 208 158.73	6 731 376 821.78	拆入资金	343 565 053.95	3 590 207 401.62
拆出资金	232 600 000.00		交易性金融负债		
交易性金融资产			衍生金融负债		
衍生金融资产	721 611.46	2 686.76	贴现负债		9 879 760.42
买入返售金融资产	9 366 167 078.80	12 299 996 398.27	吸收存款	21 445 770 032.20	19 002 896 649.67
应收利息	115 885 421.47	49 956 830.50	其中:各项存款	21 445 660 032.20	19 001 657 649.67
发放贷款和垫款	11 988 658 566.27	12 537 093 015.06	财政预算存款		
其中:贷款	11 921 714 716.30	12 521 286 268.43	汇出汇款	110 000.00	1 239 000.00
票据贴现	66 943 849.97	15 806 746.63	卖出回购金融资产款		69 055 375.32
减值准备			预计负债		
可供出售金融资产			应付职工薪酬	509 388.76	35 458 335.76
持有至到期投资			应交税费	15 725 141.56	17 809 955.82
贷款和应收款项类投资	1 104 444 657.52	417 693 589.05	应付利息	42 961 618.67	4 095 642.16
长期股权投资			应付债券		
固定资产	136 119 169.82	129 808 214.38	递延所得税负债		
无形资产			其他负债	1 641 638 730.72	190 437 276.90
递延所得税资产			负债合计	36 072 759 566.98	32 144 072 833.30
其他资产	38 425 259.13	30 864 122.15			
			实收资本(或股本)		
			资本公积		
			其中:股本溢价		
			可供出售金融资产公允价值变动		
			盈余公积		
			一般风险准备		
			未分配利润	470 646 475.37	217 757 989.69
			所有者权益合计	470 646 475.37	217 757 989.69
资产总计	36 543 406 042.35	32 361 830 822.99	负债和所有者权益总计	36 543 406 042.35	32 361 830 822.99

22. 渤海银行上海分行资产负债表

2013-12-31 单位:万元

	项目	A	B	C
		人民币	外币折人民币	本外币合计
1	Ⅰ.资产			
2	1. 现金	1 097.93	81.92	1 179.85
3	2. 贵金属	0.00	0.00	0.00
4	3. 存放中央银行款项	19 051.18	0.00	19 051.18
5	4. 存放同业款项	213 064.14	55.67	213 119.81
6	4.1 境内同业	213 064.14	55.67	213 119.81
7	4.2 境外同业	0.00	0.00	0.00
8	70. 存放系统内款项	627 559.69	0.00	627 559.69
9	71. 拨付营运资金	0.00	0.00	0.00
10	5. 应收利息	20 697.37	26.00	20 723.36
11	6. 贷款	683 151.34	0.00	683 151.34
12	7. 贸易融资	6 007.00	22 671.06	28 678.06
13	8. 贴现及买断式转贴现	126 281.49	0.00	126 281.49
14	9. 其他贷款			
15	10. 拆放同业	10 000.00	0.00	10 000.00
16	11. 其他应收款	2 682.07	0.00	2 682.07
17	12. 投资	1 035 060.58	0.00	1 035 060.58
18	12.1 债券	0.00	0.00	0.00
19	12.2 股票	0.00	0.00	0.00
20	12.3 其他	1 035 060.58	0.00	1 035 060.58
21	12.3.1 其中:长期股权投资	0.00	0.00	0.00
22	13. 买入返售资产	809 986.30	0.00	809 986.30
23	13.1 境内外金融机构	809 986.30	0.00	809 986.30
24	13.2 境内外非金融机构	0.00	0.00	0.00
25	14. 长期待摊费用	244.78	0.00	244.78
26	15. 固定资产原价	1 512.40	0.00	1 512.40
27	16. 减:累计折旧	1 001.73	0.00	1 001.73
28	17. 固定资产净值	510.67	0.00	510.67
29	18. 固定资产清理	0.00	0.00	0.00
30	19. 在建工程	0.00	0.00	0.00
31	20. 无形资产	0.00	0.00	0.00
32	21. 抵债资产	0.00	0.00	0.00
33	22. 递延所得税资产	0.00	0.00	0.00
34	23. 其他资产	0.00	0.00	0.00
35	23.1 投资性房地产	0.00	0.00	0.00
36	23.2 衍生金融资产	0.00	0.00	0.00
37	23.3 商誉	0.00	0.00	0.00
38	24. 减:各项资产减值损失准备	19 722.55	486.02	20 208.57
39	25. 资产总计	3 535 671.98	22 348.62	3 558 020.61
40	Ⅱ.负债及所有者权益			
41	26. 单位存款	1 480 955.32	16.50	1 480 971.82

（续表）

	项 目	A	B	C
		人民币	外币折人民币	本外币合计
42	27. 储蓄存款	134 944.01	109.99	135 054.00
43	28. 向中央银行借款	0.00	0.00	0.00
44	29. 同业存放款项	1 232 470.18	0.00	1 232 470.18
45	29.1 境内同业	1 232 470.18	0.00	1 232 470.18
46	29.2 境外同业	0.00	0.00	0.00
47	72. 系统内存放款项	0.00	6.77	6.77
48	30. 同业拆入	0.00	22 671.06	22 671.06
49	31. 卖出回购款项	284 968.50	0.00	284 968.50
50	31.1 境内外金融机构	284 968.50	0.00	284 968.50
51	31.2 境内外非金融机构	0.00	0.00	0.00
52	32. 汇出汇款	0.00	0.00	0.00
53	33. 应解汇款	375.06	0.00	375.06
54	34. 存入保证金	141 248.68	0.00	141 248.68
55	35. 其他存款			
56	36. 应付利息	63 192.14	26.19	63 218.32
57	37. 应交税费	1 712.47	0.00	1 712.47
58	38. 应付职工薪酬	1 120.89	0.00	1 120.89
59	40. 应付股利	0.00	0.00	0.00
60	41. 其他应付款	342.60	0.00	342.60
61	43. 递延收益	4 158.84	0.00	4 158.84
62	44. 预计负债	0.00	0.00	0.00
63	46. 应付债券	0.00	0.00	0.00
64	47. 其他负债	175 000.03	0.00	175 000.03
65	47.1 衍生金融负债	0.00	0.00	0.00
66	48. 递延所得税负债	0.00	0.00	0.00
67	49. 负债合计	3 520 488.71	22 830.51	3 543 319.21
68	50. 少数股东权益			
69	51. 所有者权益			
70	52. 实收资本	10 000.00	0.00	10 000.00
71	53. 资本公积	0.00	0.00	0.00
72	53.1 其中:重估储备	0.00	0.00	0.00
73	54. 盈余公积	0.00	0.00	0.00
74	55. 一般风险准备	0.00	0.00	0.00
75	56. 信托赔偿准备	0.00	0.00	0.00
76	57. 未分配利润	5 183.28	−481.88	4 701.40
77	57.1 其中:本年利润	5 183.28	−481.88	4 701.40
78	58. 外币报表折算差额	0.00	0.00	0.00
79	59. 所有者权益合计	15 183.28	−481.88	14 701.40
80	60. 负债及所有者权益总计	3 535 671.99	22 348.62	3 558 020.61
81	附注项目			
82	61. 各项存款	1 757 523.07	126.49	1 757 649.56
83	62. 各项贷款	815 439.83	22 671.06	838 110.88

23. 北京银行上海分行资产负债表

2013-12-31

单位：人民币元(本外币合计)

资　　产	期末余额	期初余额	负债和所有者权益(或股东权益)	期末余额	期初余额
资产：			负债：		
现金及存放中央银行款项	3 805 010 635.59	4 571 427 973.97	向中央银行借款	0.00	0.00
存放同业款项	34 108 976 402.06	10 616 011 053.03	同业及其他金融机构存放款项	42 624 132 148.43	29 686 946 942.06
贵金属	0.00	0.00	拆入资金	6 675 196 018.79	7 870 896 834.50
拆出资金	5 600 000 000.00	5 512 706 694.60	交易性金融负债	0.00	0.00
交易性金融资产	0.00	0.00	衍生金融负债	0.00	0.00
衍生金融资产	0.00	0.00	卖出回购金融资产款	0.00	0.00
买入返售金融资产	8 238 398 430.49	11 302 384 419.11	吸收存款	50 686 095 664.58	39 841 527 912.19
应收利息	434 242 864.93	254 341 124.65	应付职工薪酬	0.00	0.00
发放贷款和垫款	46 446 522 856.44	44 792 836 837.20	应交税费	61 857 320.11	46 223 294.51
可供出售金融资产	0.00	0.00	应付利息	671 842 395.68	517 069 311.09
持有至到期投资	0.00	0.00	预计负债	0.00	0.00
应收投资款项	2 010 000 000.00	2 900 000 000.00	应付债券	0.00	0.00
长期股权	0.00	0.00	递延所得税负债	0.00	0.00
投资性房地产	0.00	0.00	其他负债	3 087 758 926.05	3 969 270 044.67
固定资产	958 497 580.98	421 443 840.70	负债合计	103 806 882 473.64	81 931 934 339.02
无形资产	0.00	0.00			
递延所得税资产	0.00	0.00	所有者权益(或股东权益)：		
其他资产	2 308 596 820.11	1 834 033 440.13	实收资本(或股本)	0.00	0.00
			资本公积	0.00	0.00
			减：库存股	0.00	0.00
			盈余公积	0.00	0.00
			一般风险准备	0.00	0.00
			未分配利润	103 363 116.96	273 251 044.37
			所有者权益(或股东权益)合计	103 363 116.96	273 251 044.37
资产总计	103 910 245 590.60	82 205 185 383.39	负债和所有者权益(或股东权益)总计	103 910 245 590.60	82 205 185 383.39

24. 天津银行上海分行资产负债表

2013-12-31

单位：人民币元(本外币合计)

资　产	期初余额	期末余额	负债和所有者权益(或股东权益)	期初余额	期末余额
流动资产			流动负债		
现金及银行存款	5 226 249.48	7 983 217.59	短期存款	5 392 545 257.44	6 583 586 356.18
贵金属	0.00	0.00	短期储蓄存款	233 411 779.50	489 729 255.06
存放中央银行款项	1 253 393 340.33	1 514 985 696.24	财政性存款	0.00	0.00
存放同业款项	3 052 055 930.61	831 993 910.85	向中央银行借款	0.00	0.00
存放联行款项	0.00	0.00	同业存放款项	7 544 747 339.56	21 408 578 754.15
拆放同业	0.00	0.00	联行存放款项	0.00	0.00
短期同业借出	0.00	0.00	同业拆入	60 779 160.00	0.00
短期贷款	5 822 546 762.45	5 590 551 126.81	应解汇款	12 000 000.00	34 389 267.35
应收进口押汇	128 261 022.48	11 186 632.54	汇出汇款	0.00	0.00
应收帐款	653 997.44	45 614 626.20	委托存款	184 600 000.00	1 192 300 000.00
减:坏帐准备			应付代理证券款项	0.00	0.00
其他应收款	10 003 213.21	17 914 975.74	卖出回购证券款	0.00	0.00
贴现	216 100 000.00	0.00	应付账款	62 455 113.40	619 239 789.01
短期投资	0.00	0.00	其他应付款	2 548 819.52	11 081 387.02
委托贷款及委托投资	184 600 000.00	1 192 300 000.00	存入短期保证金	4 355 606 731.87	4 899 117 860.06
自营证券	0.00	0.00	应付工资	0.00	0.00
代理证券	480 214.43	785 795.50	应付福利费	0.00	0.00
买入返售证券	0.00	0.00	应缴税金	10 723 838.02	21 339 357.33
买入返售金融资产	0.00	11 862 454 331.96	应付利润	0.00	0.00
交易性金融资产	0.00	0.00	预提费用	0.00	0.00
可供出售金融资产	0.00	0.00	发行短期债券	0.00	0.00
应收投资款项	4 786 000 000.00	10 432 613 726.07	其他流动负债	99 822 621.93	100 000 000.00
待处理流动资产净损失	0.00	0.00	流动负债合计	17 959 240 661.24	35 359 362 026.16
其他流动资产	2 205 251 163.60	4 118 639 380.24			
一年内到期的长期投资	0.00	0.00	长期负债：		
流动资产合计	17 664 571 894.03	35 627 023 419.74	长期存款	2 431 570 878.76	4 765 676 503.10
			长期储蓄存款	568 580 005.46	665 378 218.31
长期资产：			存入长期保证金	0.00	0.00

（续表）

资　　产	期初余额	期末余额	负债和所有者权益(或股东权益)	期初余额	期末余额
中长期贷款	3 149 339 253.86	5 076 743 327.61	应付转租赁租金	0.00	0.00
逾期贷款	26 304 375.87	79 332 702.60	发行长期债券	0.00	0.00
减:贷款呆账准备	0.00	0.00	长期借款	0.00	0.00
应收租赁款	0.00	0.00	长期应付款	0.00	0.00
减:未收租赁收益	0.00	0.00	其他长期负债	0.00	0.00
应收转租赁款	0.00	0.00	长期负债合计	3 000 150 884.22	5 431 054 721.41
租赁资产	0.00	0.00			
减:待转租赁资产	0.00	0.00	所有者权益:		
经营租赁资产	0.00	0.00	实收资本	0.00	0.00
减:待转租赁资产折旧	0.00	0.00	资本公积	0.00	0.00
长期投资	0.00	0.00	盈余公积	0.00	0.00
减:风险投资准备	0.00	0.00	未分配利润	203 937 335.55	319 942 340.45
长期同业借出	300 000 000.00	300 000 000.00	所有者权益合计	203 937 335.55	319 942 340.45
固定资产原值	13 251 568.00	16 588 865.00			
减:累计折旧	6 204 887.76	9 329 695.69			
固定资产净值	7 046 680.24	7 259 169.31			
固定资产清理	0.00	0.00			
在建工程	2 357 166.00	3 703 277.70			
待处理固定资产净损失	0.00	0.00			
长期资产合计	3 485 047 475.97	5 467 038 477.22			
无形资产	57 333.22	49 333.21			
递延资产	13 283 975.86	16 247 857.85			
其他长期资产	0.00	0.00			
其他资产合计	13 709 511.01	16 297 191.06			
资产合计	21 163 328 881.01	41 110 359 088.02	负债及所有者权益总计	21 163 328 881.01	41 110 359 088.02
补充资料:代保管有价值品(万元)	0.00				
抵押品(万元)		942 107.00			

25. 江苏银行上海分行资产负债表

2013-12-31

单位:元(总折人民币)

资　　产	行次	期初数	期末数	负债及所有者权益	行次	期初数	期末数
各项资产:	1	39 700 055 866.68	39 087 146 241.36	各项负债:	20	39 700 055 866.68	39 037 904 159.34
现金及存放中央银行款项	2	445 524 085.49	462 636 156.89	向中央银行借款	21	0.00	0.00
存放同业款项	3	775 823 587.18	3 576 996 821.50	同业及其他金融机构存放款项	22	5 836 502 834.23	14 164 876 516.63
贵金属	4	0.00	0.00	拆入资金	23	1 100 909 239.07	0.00
拆出资金	5	2 225 190 000.00	3 344 350 000.00	交易性金融负债	24	0.00	0.00
交易性金融资产	6	0.00	0.00	衍生金融负债	25	0.00	0.00
衍生金融资产	7	0.00	0.00	卖出回购金融资产款	26	668 789 497.33	910 050 586.17
买入返售金融资产	8	6 140 752 965.21	12 570 718 703.18	吸收存款	27	31 466 488 925.17	22 068 367 691.94
应收利息	9	1 383 166 192.43	170 346 880.29	应付职工薪酬	28	102 064 268.08	118 710 287.04
发放贷款和垫款	10	16 437 763 187.62	18 248 682 257.71	应交税费	29	18 528 707.24	20 351 553.75
可供出售金融资产	11	0.00	0.00	应付利息	30	341 515 568.08	407 671 169.28
持有至到期投资	12	0.00	0.00	应付债券	31	0.00	0.00
长期股权投资	13	0.00	0.00	预计负债	32	0.00	0.00
投资性房地产	14	0.00	0.00	递延所得税负债	33	0.00	0.00
固定资产	15	45 542 486.69	42 073 392.43	其他负债	34	165 256 827.48	1 347 876 354.53
无形资产	16	27 499.95	217 093.99	负债总计	35	39 700 055 866.68	39 037 904 159.34
递延所得税资产	17	−325 000.00	−325 000.00	所有者权益	36	0.00	49 242 082.02
其他资产	18	12 246 590 862.11	671 449 935.37	股本	37	0.00	0.00
				资本公积	38	0.00	0.00
				减:库存股	39	0.00	0.00
				盈余公积	40	0.00	0.00
				一般风险准备	41	0.00	0.00
				未分配利润	42	0.00	49 242 082.02
				所有者权益合计	43	0.00	49 242 082.02
资产总计	19	39 700 055 866.68	39 087 146 241.36	负债及所有者权益总计	44	39 700 055 866.68	39 087 146 241.36

26. 南京银行上海分行资产负债表

2013-12-31　　单位:人民币元

项　　目	年初余额	期末余额
现金及存放中央银行款项	308 165 695.67	475 912 916.17
存放同业存款	43 729 194.19	894 241 006.38
贵金属		
拆出资金	553 907 113.80	
交易性金融资产		
衍生金融资产		
买入返售金融资产	9 600 420 858.81	11 820 978 102.07
应收利息	197 798 522.37	188 951 179.57
发放贷款及垫款	11 738 849 226.13	11 797 597 999.64
可供出售金融资产		
持有至到期投资		
应收投资款项		4 654 000 000.00
长期股权投资		
投资性房地产		
固定资产	116 562 624.43	111 663 378.14
无形资产	623 666.93	1 153 097.97
递延所得税资产		
其他资产	11 105 348 688.36	11 441 008 246.42
资产总计	33 665 405 590.69	41 385 505 926.36
向中央银行借款	426 839 617.72	364 099 022.03
同业存放款项	10 134 613 455.76	14 719 946 348.38
拆入资金	42 560 000.00	1 200 774 365.07
交易性金融负债		
衍生金融负债		
卖出回购金融资产款	767 607 973.08	
吸收存款	20 411 644 964.43	24 342 772 707.82
应付职工薪酬	24 077 633.91	46 104 732.35
应交税费	10 910 745.88	23 185 524.86
应付利息	347 237 957.63	416 007 818.19
预计负债		
应付债券		
递延所得税负债		
其他负债	1 368 035 006.87	115 718 890.83
负债合计	33 533 527 355.28	41 228 609 409.53
股东权益:		
股本		
资本公积		
盈余公积		
一般风险准备		
未分配利润	131 878 235.41	156 896 516.83
减:库存股		
股东权益合计	131 878 235.41	156 896 516.83
负债和股东权益总计	33 665 405 590.69	41 385 505 926.36

27. 宁波银行上海分行资产负债表

2013-12-31 单位：人民币元(本外币合计)

资 产	期初余额	本期余额	负债及所有者权益	期初余额	本期余额
流动资产	0.00	0.00	流动负债	0.00	0.00
现金及银行存款	37 459 943.45	46 052 151.39	短期存款	19 268 901 503.65	22 018 584 475.82
其中：现金	37 459 943.45	46 052 151.39	短期储蓄存款	1 591 886 152.44	1 743 197 519.02
贵金属	0.00	0.00	财政性存款	0.00	0.00
存放中央银行款项	492 837 972.08	463 588 548.00	向中央银行借款	0.00	0.00
其中：备付金存款	492 837 972.08	463 588 548.00	同业存放款项	2 358 759 686.44	5 139 562 572.74
存放同业款项	30 581 027.68	130 881 540.25	联行存放款项	0.00	0.00
存放联行款项	0.00	0.00	同业拆入	4 925 447 796.33	774 089 547.80
拆放同业	0.00	0.00	应解汇款	24 365 486.29	10 852 560.11
短期贷款	7 067 425 945.76	9 142 186 443.17	汇出汇款	530.00	530.00
应收进出口押汇	93 464 386.80	110 735 575.55	委托存款	0.00	4 999 075.28
应收帐款	1 268 978.52	720 533.78	应付代理证券款项	0.00	0.00
减：坏帐准备	0.00	10 800 000.00	卖出回购证券款	0.00	0.00
其他应收款	17 529 935.05	41 599 455.73	应付帐款	205 391 058.02	393 934 456.76
贴现	660 278 969.75	463 839 671.97	其他应付款	10 004 699.75	11 032 670.21
短期投资	0.00	0.00	存入短期保证金	1 053 875 878.03	1 577 077 749.07
委托贷款及委托投资	0.00	0.00	应付工资	57 243 825.21	62 990 528.55
自营证券	0.00	0.00	应付福利费	0.00	0.00
代理证券	0.00	0.00	应交税金	75 405 180.73	90 452 682.79
买入返售证券	5 091 401 696.18	2 459 912 382.12	应付利润	0.00	0.00
待处理流动资产净损失	0.00	0.00	预提费用	0.00	0.00
其他流动资产	12 748 622 489.93	17 390 757 617.82	发行短期债券	0.00	0.00
一年内到期的长期投资	0.00	0.00	其他流动负债	121 203 424.10	103 800 769.58
	0.00	0.00		0.00	0.00
	0.00	0.00		0.00	0.00
流动资产合计	26 240 871 345.20	30 239 473 919.78	流动负债合计	29 692 485 220.99	31 930 575 137.73
长期资产	0.00	0.00	长期负债	0.00	0.00
中长期贷款	6 364 860 999.01	5 828 606 690.86	长期存款	1 495 650 000.00	2 190 740 000.00
逾期贷款	33 482 399.35	123 877 630.91	长期储蓄存款	1 014 326 335.34	1 720 661 380.70
减：贷款损失准备	241 097 263.73	323 676 296.24	存入长期保证金	0.00	0.00
应收租赁款	0.00	0.00	应付转租赁租金	0.00	0.00
减：未收租赁款	0.00	0.00	发行长期债券	0.00	0.00
应收转租赁款	0.00	0.00	长期借款	0.00	0.00
租赁资产	0.00	0.00	长期应付款	0.00	0.00
减：待转租赁资产	0.00	0.00	其他长期负债	0.00	0.00
经营租赁资产	0.00	0.00		0.00	0.00
减：经营租赁资产折旧	0.00	0.00	长期负债合计	2 509 976 335.34	3 911 401 380.70
长期投资	0.00	0.00	递延所得税负债	0.00	0.00
减：资产减值准备	0.00	0.00		0.00	0.00
固定资产原值	20 310 870.23	252 757 697.97		0.00	0.00
减：累计折旧	7 985 306.68	29 490 697.24		0.00	0.00
固定资产净值	12 325 563.55	223 267 000.73	所有者权益	0.00	0.00
固定资产清理	0.00	0.00	实收资本	0.00	0.00
在建工程	0.00	0.00	资本公积	0.00	0.00
待处理固定资产净损失	0.00	0.00	盈余公积	0.00	0.00
长期资产合计	6 169 571 698.18	5 852 075 026.26	一般准备	0.00	0.00
无形、递延及其他资产	0.00	0.00	未分配利润	229 588 696.83	273 246 623.82
无形资产	0.00	0.00	其中：本年利润	234 150 649.39	280 646 583.01
递延资产	21 607 209.78	23 674 196.21	外币资本折算差额	0.00	0.00
其他长期资产	0.00	0.00	所有者权益合计	229 588 696.83	273 246 623.82
其他资产合计	21 607 209.78	23 674 196.21		0.00	0.00
递延所得税资产	0.00	0.00		0.00	0.00
资产总计	32 432 050 253.16	36 115 223 142.25	负债及所有者权益总计	32 432 050 253.16	36 115 223 142.25

28. 杭州银行上海分行资产负债表

2013-12-31

单位：人民币元(本外币合计)

资　　产	行次	期初数	期末数	负债及所有者权益	行次	期初数	期末数
资产：				负债：			
现金及存放中央银行款项	1	508 513 125.51	608 144 890.12	向中央银行借款	20		
存放同业款项	2	173 939 752.59	1 673 209 304.10	同业和其他金融机构存放款	21	11 077 391 687.82	4 227 016 741.41
贵金属	3			拆入资金	22	757 767 612.22	384 056 187.88
拆出资金	4			交易性金融负债	23		
交易性金融资产	5			衍生金融负债	24		
衍生金融资产	6			卖出回购金融资产款	25		
买入返售金融资产	7	3 965 241 521.16	1 253 102 993.92	吸收存款	26	16 685 030 107.49	19 871 858 120.97
应收利息	8	27 923 482.32	70 748 175.83	应付职工薪酬	27	26 055 658.07	12 337 288.10
发放贷款和垫款	9	11 282 009 743.91	10 630 889 621.33	应交税费	28	12 231 583.87	12 537 691.90
可供出售金融资产	10			应付利息	29	288 088 754.39	263 397 654.75
持有至到期金融资产	11			预计负债	30		
应收款项类投资	12	1 419 261 926.37	1 269 185 524.04	应付债券	31		
长期股权投资	13			递延所得税负债	32		
投资性房地产	14			其他负债	33	112 789 344.02	137 911 209.30
固定资产	15	5 019 640.45	4 849 078.82	负债合计	34	28 959 354 747.88	24 909 114 894.31
无形资产	16			股东权益：			
递延所得税资产	17			股本	35		
其他资产	18	11 921 943 015.32	9 950 844 334.30	资本公积	36		
				减：库存股	37		
				盈余公积	38		
				一般风险准备	39		
				未分配利润	40	344 497 459.75	551 859 028.15
				股东权益合计	41	344 497 459.75	551 859 028.15
资产合计	19	29 303 852 207.63	25 460 973 922.46	股东权益及负债总计	42	29 303 852 207.63	25 460 973 922.46

29. 温州银行上海分行资产负债表

2013-12-31 单位:万元

	项 目	A	B	C
		人民币	外币折人民币	本外币合计
1	Ⅰ. 资产			
2	1. 现金	1 499.76	126.35	1 626.11
3	2. 贵金属	0.00	0.00	0.00
4	3. 存放中央银行款项	108 327.85	0.00	108 327.85
5	4. 存放同业款项	741 181.16	398.27	741 579.43
6	4.1 境内同业	741 181.16	398.27	741 579.43
7	4.2 境外同业	0.00	0.00	0.00
8	70. 存放系统内款项	0.00	0.00	0.00
9	71. 拨付营运资金	0.00	0.00	0.00
10	5. 应收利息	6 525.54	82.88	6 608.42
11	6. 贷款	488 969.53	25 262.50	514 232.03
12	7. 贸易融资	0.00	724.12	724.12
13	8. 贴现及买断式转贴现	8 256.65	0.00	8 256.65
14	9. 其他贷款			
15	10. 拆放同业	50 000.00	0.00	50 000.00
16	11. 其他应收款	731.14	0.00	731.14
17	12. 投资	944 476.69	0.00	944 476.69
18	12.1 债券	23 000.00	0.00	23 000.00
19	12.2 股票	0.00	0.00	0.00
20	12.3 其他	921 476.69	0.00	921 476.69
21	12.3.1 其中:长期股权投资	0.00	0.00	0.00
22	13. 买入返售资产	0.00	0.00	0.00
23	13.1 境内外金融机构	0.00	0.00	0.00
24	13.2 境内外非金融机构	0.00	0.00	0.00
25	13.9 买入返售资产(按品种分类)			
26	13.9.1 债券			
27	13.9.2 票据			
28	13.9.3 贷款			
29	13.9.4 其他			
30	14. 长期待摊费用	2 372.08	0.00	2 372.08
31	15. 固定资产原价	587.11	0.00	587.11
32	16. 减:累计折旧	118.99	0.00	118.99
33	17. 固定资产净值	468.12	0.00	468.12
34	18. 固定资产清理	0.00	0.00	0.00
35	19. 在建工程	275.43	0.00	275.43
36	20. 无形资产	0.00	0.00	0.00
37	21. 抵债资产	0.00	0.00	0.00
38	22. 递延所得税资产	0.00	0.00	0.00
39	23. 其他资产	0.00	0.00	0.00
40	23.1 投资性房地产	0.00	0.00	0.00
41	23.2 衍生金融资产	0.00	0.00	0.00
42	23.3 商誉	0.00	0.00	0.00
43	24. 减:各项资产减值损失准备	1 279.46	0.00	1 279.46
44	25. 资产总计	2 351 804.49	26 594.12	2 378 398.61
45	Ⅱ. 负债及所有者权益			
46	26. 单位存款	733 066.45	26 011.98	759 078.43

（续表）

	项　　目	A 人民币	B 外币折人民币	C 本外币合计
47	27. 储蓄存款	89 269.46	81.13	89 350.59
48	28. 向中央银行借款	0.00	0.00	0.00
49	29. 同业存放款项	582 040.30	0.00	582 040.30
50	29.1　境内同业	582 040.30	0.00	582 040.30
51	29.2　境外同业	0.00	0.00	0.00
52	72. 系统内存放款项	658 288.51	36.44	658 324.95
53	30. 同业拆入	0.00	0.00	0.00
54	31. 卖出回购款项	0.00	0.00	0.00
55	31.1　境内外金融机构	0.00	0.00	0.00
56	31.2　境内外非金融机构	0.00	0.00	0.00
57	31.9　卖出回购款项(按品种分类)			
58	31.9.1　债券			
59	31.9.2　票据			
60	31.9.3　贷款			
61	31.9.4　其他			
62	32. 汇出汇款	0.00	0.00	0.00
63	33. 应解汇款	1 027.84	0.00	1 027.84
64	34. 存入保证金	174 797.80	135.40	174 933.20
65	35. 其他存款			
66	36. 应付利息	16 775.72	65.04	16 840.76
67	37. 应交税费	549.59	0.00	549.59
68	38. 应付职工薪酬	1 651.30	0.00	1 651.30
69	40. 应付股利	0.00	0.00	0.00
70	41. 其他应付款	50.56	3.87	54.43
71	43. 递延收益	100.52	0.00	100.52
72	44. 预计负债	0.00	0.00	0.00
73	46. 应付债券	0.00	0.00	0.00
74	47. 其他负债	0.00	0.00	0.00
75	47.1　衍生金融负债	0.00	0.00	0.00
76	48. 递延所得税负债	0.00	0.00	0.00
77	49. 负债合计	2 257 618.05	26 333.86	2 283 951.91
78	50. 少数股东权益			
79	51. 所有者权益			
80	52. 实收资本	10 000.00	0.00	10 000.00
81	53. 资本公积	0.00	0.00	0.00
82	53.1　其中:重估储备	0.00	0.00	0.00
83	54. 盈余公积	0.00	0.00	0.00
84	55. 一般风险准备	0.00	0.00	0.00
85	56. 信托赔偿准备	0.00	0.00	0.00
86	57. 未分配利润	84 186.44	260.26	84 446.70
87	57.1　其中:本年利润	85 425.95	260.26	85 686.21
88	58. 外币报表折算差额	0.00	0.00	0.00
89	59. 所有者权益合计	94 186.44	260.26	94 446.70
90	60. 负债及所有者权益总计	2 351 804.49	26 594.12	2 378 398.61
91	附注项目			
92	61. 各项存款	998 161.55	26 228.51	1 024 390.06
93	62. 各项贷款	497 226.18	25 986.62	523 212.80
94	63. 生息资产	2 340 521.78	26 384.89	2 366 906.67
95	64. 付息负债	2 238 490.36	26 264.95	2 264 755.31

30. 厦门国际银行上海分行资产负债表

2013-12-31 单位:万元

	项目	A	B	C
		人民币	外币折人民币	本外币合计
1	Ⅰ.资产			
2	1. 现金	197.79	205.72	403.51
3	2. 贵金属	0.00	0.00	0.00
4	3. 存放中央银行款项	15 433.42	0.00	15 433.42
5	4. 存放同业款项	69 835.36	3 059.89	72 895.25
6	4.1 境内同业	69 835.36	3 059.89	72 895.25
7	4.2 境外同业	0.00	0.00	0.00
8	70. 存放系统内款项	0.00	31 740.18	31 740.18
9	71. 拨付营运资金	0.00	0.00	0.00
10	5. 应收利息	19 201.87	107.27	19 309.14
11	6. 贷款	1 207 589.42	124 912.29	1 332 501.71
12	7. 贸易融资	303.80	5 856.05	6 159.85
13	8. 贴现及买断式转贴现	18 129.00	0.00	18 129.00
14	9. 其他贷款			
15	10. 拆放同业	74 900.00	0.00	74 900.00
16	11. 其他应收款	53 000.20	1 128.97	54 129.17
17	12. 投资	1 627 170.27	0.00	1 627 170.27
18	12.1 债券	0.00	0.00	0.00
19	12.2 股票	0.00	0.00	0.00
20	12.3 其他	1 627 170.27	0.00	1 627 170.27
21	12.3.1 其中:长期股权投资	0.00	0.00	0.00
22	13. 买入返售资产	0.00	0.00	0.00
23	13.1 境内外金融机构	0.00	0.00	0.00
24	13.2 境内外非金融机构	0.00	0.00	0.00
25	14. 长期待摊费用	165.35	0.00	165.35
26	15. 固定资产原价	969.61	0.00	969.61
27	16. 减:累计折旧	673.26	0.00	673.26
28	17. 固定资产净值	296.35	0.00	296.35
29	18. 固定资产清理	0.00	0.00	0.00
30	19. 在建工程	0.00	0.00	0.00
31	20. 无形资产	0.00	0.00	0.00
32	21. 抵债资产	0.00	0.00	0.00
33	22. 递延所得税资产	0.00	0.00	0.00
34	23. 其他资产	1 132 169.82	0.00	1 132 169.82
35	23.1 投资性房地产	0.00	0.00	0.00
36	23.2 衍生金融资产	0.00	0.00	0.00
37	23.3 商誉	0.00	0.00	0.00
38	24. 减:各项资产减值损失准备	28 720.37	0.00	28 720.37
39	25. 资产总计	4 189 672.28	167 010.37	4 356 682.65

（续表）

	项目	A 人民币	B 外币折人民币	C 本外币合计
40	Ⅱ．负债及所有者权益			
41	26. 单位存款	2 348 048.28	147 278.99	2 495 327.27
42	27. 储蓄存款	34 599.77	507.49	35 107.26
43	28. 向中央银行借款	0.00	0.00	0.00
44	29. 同业存放款项	1 578 540.54	0.00	1 578 540.54
45	29.1　境内同业	1 578 075.99	0.00	1 578 075.99
46	29.2　境外同业	464.55	0.00	464.55
47	72. 系统内存放款项	0.00	0.00	0.00
48	30. 同业拆入	0.00	5 046.06	5 046.06
49	31. 卖出回购款项	0.00	0.00	0.00
50	31.1　境内外金融机构	0.00	0.00	0.00
51	31.2　境内外非金融机构	0.00	0.00	0.00
52	32. 汇出汇款	0.00	32.31	32.31
53	33. 应解汇款	0.00	0.00	0.00
54	34. 存入保证金	108 925.22	2 648.84	111 574.06
55	35. 其他存款			
56	36. 应付利息	70 402.74	303.21	70 705.95
57	37. 应交税费	2 682.93	0.00	2 682.93
58	38. 应付职工薪酬	4 783.62	0.00	4 783.62
59	40. 应付股利	0.00	0.00	0.00
60	41. 其他应付款	17 975.80	64.51	18 040.31
61	43. 递延收益	0.00	0.00	0.00
62	44. 预计负债	0.00	0.00	0.00
63	46. 应付债券	0.00	0.00	0.00
64	47. 其他负债	0.00	0.00	0.00
65	47.1　衍生金融负债	0.00	0.00	0.00
66	48. 递延所得税负债	0.00	0.00	0.00
67	49. 负债合计	4 165 958.90	155 881.41	4 321 840.31
68	50. 少数股东权益			
69	51. 所有者权益			
70	52. 实收资本	0.00	10 000.00	10 000.00
71	53. 资本公积	0.00	0.00	0.00
72	53.1　其中：重估储备	0.00	0.00	0.00
73	54. 盈余公积	0.00	0.00	0.00
74	55. 一般风险准备	0.00	0.00	0.00
75	56. 信托赔偿准备	0.00	0.00	0.00
76	57. 未分配利润	23 713.38	1 128.96	24 842.34
77	57.1　其中：本年利润	23 713.38	1 128.96	24 842.34
78	58. 外币报表折算差额	0.00	0.00	0.00
79	59. 所有者权益合计	23 713.38	11 128.96	34 842.34
80	60. 负债及所有者权益总计	4 189 672.28	167 010.37	4 356 682.65

31. 浙江泰隆商业银行上海分行资产负债表

2013-12-31

单位:人民币元(本外币合计)

资　　产	行次	期初数	期末数	负债及股东权益	行次	期初数	期末数
资产:				负债:			
现金及存放中央银行款项	1	184 481 050.84	259 407 022.11	向中央银行借款	24	0.00	0.00
存放同业款项	2	21 029 439.92	31 326 767.35	同业及其他金融机构存放款项	25	99 164 251.61	166 393.86
贵金属	3	0.00	0.00	拆入资金	26	0.00	0.00
拆出资金	4	0.00	0.00	交易性金融负债	27	0.00	0.00
交易性金融资产	5	0.00	0.00	衍生金融负债	28		
衍生金融资产	6	0.00	0.00	卖出回购金融资产款	29	0.00	0.00
买入返售金融资产	7	0.00	0.00	存入保证金	30	394 987 637.89	486 152 378.38
应收利息	8	10 613 518.97	26 319 315.18	吸收存款	31	5 533 017 264.86	9 286 638 376.91
其他应收款	9	5 163 156.57	7 338 486.58	应付职工薪酬	32	0.00	0.00
发放贷款和垫款	10	3 253 411 045.14	4 662 839 590.71	应交税费	33	6 055 004.97	14 814 822.86
可供出售金融资产	11	0.00	0.00	其他应付款	34	6 214 812.33	7 122 599.83
持有至到期投资	13	0.00	0.00	应付利息	35	21 370 091.75	54 928 701.38
长期股权投资	14	0.00	0.00	预计负债	36		
投资性房地产	15	0.00	0.00	应付债券	37		
固定资产	16	19 290 876.20	22 599 382.54	递延所得税负债	38	0.00	0.00
无形资产	17	64 416.60	707 916.59	其他负债	40	2 830 000.00	2 807 799.00
在建工程	18	7 272 497.06	0.00	负债合计	41	6 063 639 063.41	9 852 631 072.22
长期待摊费用	19	67 873 741.13	79 299 968.51				
抵债资产	20	0.00	0.00				
拨出营运资金	21	0.00	0.00				
其他资产	22	2 610 880 821.99	4 944 033 580.92	股东权益:			
递延所得税资产	23	0.00	0.00	股本	42	0.00	0.00
				拨入营运资金	43	100 000 000.00	100 000 000.00
				资本公积	44	0.00	0.00
				减:库存股	45		
				盈余公积	46	0.00	0.00
				一般风险准备	47	0.00	0.00
				未分配利润	48	16 441 501.01	81 240 958.27
				股东权益合计	49	116 441 501.01	181 240 958.27
资产总计		6 180 080 564.42	10 033 872 030.49	负债及股东权益总计		6 180 080 564.42	10 033 872 030.49

32. 浙江民泰商业银行上海分行资产负债表

2013-12-31　　单位:万元

	项　　目	A	B	C
		人民币	外币折人民币	本外币合计
1	Ⅰ.资产			
2	1. 现金	2 204.44	17.09	2 221.53
3	2. 贵金属	0.00	0.00	0.00
4	3. 存放中央银行款项	4 447.50	0.00	4 447.50
5	4. 存放同业款项	2 624.16	183.85	2 808.01
6	4.1 境内同业	2 624.16	183.85	2 808.01
7	4.2 境外同业	0.00	0.00	0.00
8	70. 存放系统内款项	135 141.19	0.00	134 634.03
9	71. 拨付营运资金	0.00	0.00	0.00
10	5. 应收利息	1 430.09	2.30	1 432.39
11	6. 贷款	226 585.63	0.00	226 585.63
12	7. 贸易融资	0.00	809.97	809.97
13	8. 贴现及买断式转贴现	317.99	0.00	317.99
14	9. 其他贷款			
15	10. 拆放同业	0.00	0.00	0.00
16	11. 其他应收款	949.08	0.00	949.08
17	12. 投资	0.00	0.00	0.00
18	12.1 债券	0.00	0.00	0.00
19	12.2 股票	0.00	0.00	0.00
20	12.3 其他	0.00	0.00	0.00
21	12.3.1 其中:长期股权投资	0.00	0.00	0.00
22	13. 买入返售资产	0.00	0.00	0.00
23	13.1 境内外金融机构	0.00	0.00	0.00
24	13.2 境内外非金融机构	0.00	0.00	0.00
25	14. 长期待摊费用	2 706.82	0.00	2 706.82
26	15. 固定资产原价	1 853.87	0.00	1 853.87
27	16. 减:累计折旧	391.54	0.00	391.54
28	17. 固定资产净值	1 462.33	0.00	1 462.33
29	18. 固定资产清理	0.00	0.00	0.00
30	19. 在建工程	0.00	0.00	0.00
31	20. 无形资产	0.00	0.00	0.00
32	21. 抵债资产	0.00	0.00	0.00
33	22. 递延所得税资产	0.00	0.00	0.00
34	23. 其他资产	18.47	0.00	18.47
35	23.1 投资性房地产	0.00	0.00	0.00
36	23.2 衍生金融资产	0.00	0.00	0.00
37	23.3 商誉	0.00	0.00	0.00
38	24. 减:各项资产减值损失准备	3 191.94	0.00	3 191.94
39	25. 资产总计	374 695.76	1 013.21	375 201.81
40	Ⅱ.负债及所有者权益			
41	26. 单位存款	194 835.69	41.57	194 877.26

（续表）

	项　　目	A	B	C
		人民币	外币折人民币	本外币合计
42	27. 储蓄存款	111 632.28	463.84	112 096.12
43	28. 向中央银行借款	0.00	0.00	0.00
44	29. 同业存放款项	0.00	0.00	0.00
45	29.1　境内同业	0.00	0.00	0.00
46	29.2　境外同业	0.00	0.00	0.00
47	72. 系统内存放款项	0.00	507.16	0.00
48	30. 同业拆入	0.00	0.00	0.00
49	31. 卖出回购款项	0.00	0.00	0.00
50	31.1　境内外金融机构	0.00	0.00	0.00
51	31.2　境内外非金融机构	0.00	0.00	0.00
52	32. 汇出汇款	0.00	0.00	0.00
53	33. 应解汇款	340.52	0.00	340.52
54	34. 存入保证金	49 502.41	0.00	49 502.41
55	35. 其他存款	0.00		
56	36. 应付利息	4 367.69	0.18	4 367.87
57	37. 应交税费	819.46	0.00	819.46
58	38. 应付职工薪酬	707.00	0.00	707.00
59	40. 应付股利	0.00	0.00	0.00
60	41. 其他应付款	1 012.92	0.00	1 012.92
61	43. 递延收益	1.94	0.00	1.94
62	44. 预计负债	0.00	0.00	0.00
63	46. 应付债券	0.00	0.00	0.00
64	47. 其他负债	10.00	0.00	10.00
65	47.1　衍生金融负债	0.00	0.00	0.00
66	48. 递延所得税负债	0.00	0.00	0.00
67	49. 负债合计	363 229.91	1 012.75	363 735.50
68	50. 少数股东权益			
69	51. 所有者权益			
70	52. 实收资本	10 000.00	0.00	10 000.00
71	53. 资本公积	0.00	0.00	0.00
72	53.1　其中:重估储备	0.00	0.00	0.00
73	54. 盈余公积	0.00	0.00	0.00
74	55. 一般风险准备	0.00	0.00	0.00
75	56. 信托赔偿准备	0.00	0.00	0.00
76	57. 未分配利润	1 465.85	0.46	1 466.31
77	57.1　其中:本年利润	1 465.85	0.46	1 466.31
78	58. 外币报表折算差额	0.00	0.00	0.00
79	59. 所有者权益合计	11 465.85	0.46	11 466.31
80	60. 负债及所有者权益总计	374 695.76	1 013.21	375 201.81
81	附注项目			
82	61. 各项存款	356 310.90	505.41	356 816.31
83	62. 各项贷款	226 903.62	809.97	227 713.59

33. 上海奉贤浦发村镇银行资产负债表

2013-12-31 单位：人民币元

项 目	行次	期末余额	期初余额
现金	1	2 055 196.54	2 067 095.00
存放中央银行款项	2	297 329 460.57	275 465 182.67
存放同业	3	295 662 250.44	374 376 796.69
贵金属	4		
拆出资金	5		
交易性金融资产	6		
加或减：交易性金融资产公允价值调整	7		
衍生金融资产	8		
买入返售金融资产	9		
应收利息	10	642 477.09	173 348.45
短期贷款	11	1 034 648 605.57	872 400 000.00
贴现	12		2 900 000.00
进出口押汇	13		
中期贷款	14	47 457 197.81	30 931 432.24
长期贷款	15	59 958 492.44	33 303 480.01
逾期贷款	16	118 823 285.75	
减：贷款呆账准备	17	−53 517 591.41	−25 715 481.19
可供出售金融资产	18		
加或减：可供出售金融资产公允价值调整	19		
减：可供出售金融资产减值准备	20		
持有至到期投资	21		
减：持有至到期投资减值准备	22		
分为贷款和应收款的金融资产	23		
长期股权投资	24		
减：长期股权投资减值准备	25		
固定资产	26	3 427 327.00	2 557 719.00
减：累计折旧	27	1 433 478.93	−1 020 087.29
减：固定资产减值准备	28		
固定资产清理	29		
在建工程	30		
减：在建工程减值准备	31		
无形资产	32		
减：无形资产累计摊销	33		
减：无形资产减值准备	34		
递延所得税资产	35		
其他应收款	36	2 049 422.50	28 160.00
减：坏账准备	37		
其他流动资产	38	273 072.33	197 070.25
长期待摊费用	39	3 020 197.08	3 354 145.58
待处理抵债资产	40		
减：抵债资产跌价准备	41		
其他长期资产	42		
减：其他非贷款资产减值准备	43		
资产合计	44	1 810 395 914.78	1 571 018 861.41
向中央银行借款	45	20 000 000.00	
同业存放款项	46	152 285 967.21	50 805 757.50
拆入资金	47	—	
衍生金融负债	48	—	
卖出回购金融资产款	49	—	
短期存款	50	1 066 456 672.37	738 505 605.78
短期储蓄存款	51	104 174 873.35	66 755 776.65
委托资金	52		
存入短期保证金	53	113 095 944.49	415 065 125.99
长期存款	54	—	
长期储蓄存款	55	27 406 610.76	8 396 152.93
存入长期保证金	56	16 942 116.91	2 159 600.00
应解汇款及临时存款	57	4 430 000.00	1 570 000.00
资产托管存款	58	—	
应付工资	59	2 939 281.00	2 778 694.46
应付福利费	60	—	
应交税费	61	8 492 627.57	6 393 186.17
应付利息	62	3 978 347.95	2 090 202.21
发行长期债券	63	—	
递延所得税负债	64	—	
财政性存款	65	—	
汇出汇款	66	—	
其他应付款	67	1 691 063.07	2 479 233.29
应付利润	68	—	
预提费用	69	—	
其他流动负债	70	—	47 260.11
其他长期负债	71	—	
负债合计	72	1 521 893 504.68	1 297 046 595.09
实收资本	73	150 000 000.00	150 000 000.00
资本公积	74	86 000 000.00	86 000 000.00
盈余公积	75	3 797 226.62	1 238 667.90
一般风险准备	76	4 697 674.56	
未分配利润	77	44 007 508.92	36 733 598.42
所有者权益合计	78	288 502 410.10	273 972 266.32
负债和所有者权益合计	79	1 810 395 914.78	1 571 018 861.41

三、金融机构人员统计

1. 中资金融机构人员结构表

单位名称	总人数	男	女	年龄				学历				职称			
				30岁以下	31—40岁	41—50岁	51岁以上	博士	硕士	本科	大专以下	高级	中级	初级	其他
中国人民银行上海总部	600	331	269	63	238	211	88	75	227	230	68	110	367	52	/
上海银监局	248	114	134	68	102	61	17	21	152	74	1	36	107	14	91
交通银行	98 010	45 017	52 993	49 980	24 870	17 891	5 269	189	7 596	62 122	28 103	640	16 990	17 760	62 620
上海银行	9 718	4 144	5 574	4 329	3 173	1 397	819	23	936	5 919	2 840	85	1 367	1 733	6 533
上海农商银行	5 934	2 951	2 983	2 169	1 562	1 662	541	19	469	3 359	2 087	31	848	1 942	3 113
中国外汇交易中心	355	215	140	132	144	61	18	23	174	120	38	21	148	54	132
中国银联	2 997	1 930	1 067	1 283	1 234	392	88	42	1 116	1 585	254	106	445	128	2 318
上海黄金交易所	81	54	27	12	44	19	6	1	38	37	5	7	32	8	/
中国金融期货交易所	238	168	70	43	158	31	6	62	154	21	1	11	26	/	/
上海清算所	142	89	53	74	48	16	4	10	111	20	1	9	22	6	/
国家开发银行上海市分行	166	101	65	76	45	36	9	2	106	58	/	30	51	46	39
中国进出口银行上海分行	74	39	35	31	25	13	5	1	29	43	1	/	/	/	/
中国农业发展银行上海市分行	306	142	164	96	46	103	61	/	29	184	93	8	91	87	120
中国工商银行上海市分行	14 553	5 834	8 719	6 733	2 883	4 264	673	29	770	9 144	4 610	158	1 539	5 588	7 268
中国农业银行上海市分行	9 559	4 080	5 479	3 268	1 162	3 967	1 162	13	578	4 685	4 283	102	1 920	4 906	2 631
中国银行上海市分行	8 424	3 518	4 906	4 796	1 752	1 481	395	4	571	6 469	1 380	220	2 362	3 737	2105
中国建设银行上海市分行	10 355	4 139	6 216	4 672	2 599	2 331	753	14	494	7 034	2 813	106	3 435	4 212	2 602
交通银行上海市分行	5 209	2 323	2 886	2 727	1 264	864	354	9	458	3 599	1 143	24	1 470	1 224	2 491
中国邮政储蓄银行上海分行	3 111	1 340	1 771	1 496	703	580	332	2	98	1 374	1 637	16	106	180	2 809
上海浦东发展银行上海分行	3 611	1 656	1 955	1 543	1 227	608	233	8	349	2 407	847	22	675	477	/
上海银行	9 718	4 144	5 574	4 329	3 173	1 397	819	23	936	5 919	2 840	85	1 367	1 733	6 533
中信银行上海分行	1 423	586	837	777	460	152	34	9	255	994	165	22	269	73	1 059
中国光大银行上海分行	1 703	797	906	768	551	294	90	3	160	1 242	298	14	261	138	1 290
华夏银行上海分行	844	343	501	323	287	174	60	1	71	596	176	10	221	80	/
中国民生银行上海分行	2 443	991	1 452	1 226	856	304	57	7	340	1 738	358	23	19	75	/
招商银行上海分行	2 927	1 214	1 713	1 687	931	245	64	15	292	2 189	431	13	308	292	2 314
兴业银行上海分行	1 653	682	971	770	575	265	43	4	170	1 101	378	4	248	142	/
广发银行上海分行	1 075	474	601	523	365	152	35	4	108	740	223	20	185	104	766
平安银行上海分行	2 146	952	1 194	1 210	648	226	62	7	288	1 331	520	69	26	19	/

（续表）

单位名称	总人数	男	女	年龄				学历				职称			
				30岁以下	31—40岁	41—50岁	51岁以上	博士	硕士	本科	大专以下	高级	中级	初级	其他
浙商银行上海分行	356	167	189	159	142	53	2	1	47	217	91	/	/	/	/
渤海银行上海分行	276	140	136	120	87	49	20	/	26	171	79	5	46	25	/
北京银行上海分行	634	307	327	276	243	104	11	3	70	368	193	4	76	36	/
天津银行上海分行	310	158	152	230	59	20	1	/	19	120	171	3	19	5	/
江苏银行上海分行	414	189	225	234	112	64	4	/	43	305	66	3	73	23	/
南京银行上海分行	348	161	187	191	121	24	12	1	41	254	52	1	27	6	/
宁波银行上海分行	580	259	321	364	159	57	/	1	87	408	84	3	15	41	/
杭州银行上海分行	393	185	208	216	134	34	9	1	28	272	92	3	62	40	288
温州银行上海分行	249	109	140	131	92	23	3	/	39	180	30	7	38	15	189
浙江泰隆商业银行上海分行	937	403	534	856	73	8	/	/	68	624	245	/	20	21	/
浙江民泰商业银行上海分行	375	185	190	310	55	6	4	1	57	213	104	1	5	1	368
厦门国际银行上海分行	229	135	94	180	42	7	/	/	36	166	27	/	15	26	188
上海崇明沪农商村镇银行	30	17	13	13	6	9	2	/	/	17	13	/	2	3	25
上海奉贤浦发村镇银行	53	22	31	27	15	8	3	/	3	28	22	2	4	16	/
上海浦东江南村镇银行	26	15	11	10	11	5	/	/	2	12	12	/	3	3	20
上海浦东建信村镇银行	19	12	7	11	3	5	/	/	2	14	3	/	3	/	/
中国工商银行票据营业部	308	134	174	122	80	87	19	2	72	215	19	39	93	49	127
中国农业银行票据营业部	70	30	40	13	29	21	7	1	28	36	5	5	43	5	17
中国银联上海分公司	37	21	16	6	16	8	7	/	13	19	5	1	/	/	36
城市商业银行资金清算中心	44	27	17	16	15	8	5	/	3	30	11	1	11	7	25
中国华融资产管理有限公司上海市分公司	49	32	17	11	16	9	13	1	20	20	8	10	13	8	/
中国长城资产管理公司上海办事处	44	32	12	21	6	9	8	/	22	19	3	5	12	7	20
中国信达资产管理有限公司上海市分公司	40	25	15	5	13	12	10	/	15	21	4	3	19	2	/
中国东方资产管理公司上海办事处	40	21	19	12	9	10	9	/	27	8	5	5	8	8	/
上海国际信托有限公司	221	114	107	99	66	41	15	7	118	78	18	8	75	32	106
华澳国际信托有限公司	157	99	58	51	85	18	3	1	66	86	4	/	/	/	/
华宝信托有限责任公司	282	127	155	136	111	25	10	6	130	133	13	4	62	7	209
中海信托股份有限公司	130	77	53	54	54	19	3	3	75	47	5	5	17	2	106
中泰信托有限责任公司	164	91	73	68	64	26	6	3	57	81	23	6	25	6	127
上海爱建信托有限责任公司	155	108	47	67	53	23	12	4	57	84	10	2	24	8	/
安信信托股份有限公司	163	101	62	69	53	41	/	3	40	81	39	/	/	/	/
宝钢集团财务有限责任公司	60	35	25	15	16	20	9	/	27	30	3	6	29	7	18
上海浦东发展集团财务有限责任公司	49	28	21	16	20	10	3	2	19	24	4	1	21	5	22
东航集团财务有限责任公司	48	14	34	16	16	12	4	/	15	26	7	2	14	2	20
锦江国际集团财务有限责任公司	23	17	6	5	10	4	4	/	3	14	6	1	6	4	12
中国电力财务有限公司华东分公司	109	58	51	34	45	25	5	1	43	57	8	20	50	7	32
上海汽车集团财务有限责任公司	454	315	139	317	105	15	17	2	78	350	24	3	49	16	386
上海远东资信评估有限公司上海总部	68	28	40	35	22	7	4	3	22	33	10	1	7	14	46
上海新世纪资信评估投资服务有限公司	188	88	100	119	45	15	9	3	87	75	23	2	12	2	172
华杰资信评级有限责任公司	61	29	32	21	15	13	12	2	16	29	14	12	13	3	/
上海普兰金融服务有限公司	803	470	333	675	111	12	5	2	82	659	60	/	/	/	/

2. 外资金融机构人员结构表

单位名称	总人数	男	女	年龄				学历				职称			
				30岁以下	31—40岁	41—50岁	51岁以上	博士	硕士	本科	大专以下	高级	中级	初级	其他
三菱东京日联银行(中国)有限公司	2 256	548	1 708	1 152	935	139	30	2	346	1 656	234	/	/	/	/
东亚银行(中国)有限公司	4 410	1 665	2 745	2 096	1 858	404	52	9	863	2 949	589	/	/	/	/
大华银行(中国)有限公司	1 023	290	733	605	354	59	5	1	216	688	118	/	/	/	/
南洋商业银行(中国)有限公司	1 394	576	818	561	537	248	48	2	229	935	228	/	/	/	/
苏格兰皇家银行(中国)有限公司	181	65	116	45	108	26	2	/	51	107	23	/	/	/	/
盘谷银行(中国)有限公司	247	85	162	97	101	38	11	1	67	141	38	/	/	/	/
华一银行	620	265	355	355	174	67	24	2	110	399	109	2	20	22	/
正信银行有限公司	75	50	25	21	17	15	22	1	18	37	19	9	19	11	36
三井住友银行(中国)有限公司(注:仅限中国员工)	629	193	436	348	221	56	4	2	88	457	82	/	/	/	/
日本三井住友信托银行上海分行	118	29	89	66	39	11	2	1	19	84	14	/	/	/	/
韩国产业银行上海分行	47	13	34	30	11	5	1	/	10	33	4	/	2	15	/
韩国外换银行上海分行	32	9	23	21	7	4	/	/	2	30	/	/	/	/	/
友利银行(中国)有限公司上海分行	83	15	68	62	9	10	2	/	11	63	9	/	/	/	/
澳大利亚国民银行上海分行	30	13	17	3	18	7	2	/	9	18	3	/	/	/	/
印度国家银行上海分行	38	18	20	22	11	3	2	/	4	22	12	/	/	/	/
澳洲联邦银行上海分行	31	12	19	7	13	10	1	/	10	15	6	/	/	/	/
马来西亚马来亚银行有限公司上海分行	45	17	28	15	23	5	2	/	10	31	4	/	/	/	/
德国商业银行股份有限公司上海分行	111	49	62	37	42	24	8	/	42	55	14	/	/	/	/
德意志银行(中国)有限公司上海分行	334	111	223	134	165	31	4	1	103	195	35	/	/	/	/
荷兰安智银行股份有限公司上海分行	47	13	34	11	28	8	/	1	17	23	6	/	/	/	/
西班牙桑坦德银行上海分行	24	10	14	5	16	3	/	/	6	18	/	/	/	/	/
瑞典北欧斯安银行有限公司上海分行	39	13	26	15	17	7	/	/	10	29	/	/	/	/	/
瑞典商业银行公共有限公司上海分行	29	6	23	15	11	2	1	/	2	25	2	/	/	/	/
意大利联合圣保罗银行股份有限公司上海分行	27	14	13	9	12	4	2	1	6	16	4	/	/	/	/
意大利裕信银行股份有限公司上海分行	38	13	25	17	15	4	2	/	10	25	3	/	/	/	/
英国巴克莱银行有限公司上海分行	25	12	13	5	17	2	1	/	5	20	/	/	4	3	3
加拿大丰业银行有限公司上海分行	21	4	17	5	11	4	1	/	6	12	3	/	3	1	/
美国银行有限公司上海分行	233	83	150	73	118	41	1	1	94	115	23	/	/	/	/
俄罗斯外贸银行上海分行	23	9	14	6	16	1	/	/	/	21	2	/	/	/	/

四、证 券 统 计

1. 上海证券市场总貌

	2013 年	2012 年	2011 年
交易天数	238	243	244
上市公司总数	953	954	931
新上市公司数	1	26	39
上市证券总数	2 786	2 098	1 691
股票	997	998	975
A 股	944	944	921
B 股	53	54	54
债券	1 731	1 059	680
政府债	218	191	213
公司债	1 468	830	417
债券回购	45	38	50
基金	58	41	36
封闭式	9	12	13
ETF	47	29	23
交易型货币基金	2	—	—
权证	—	—	0
发行数量			
股票(亿股)	25 751.69	24 617.62	23 466.65
基金(亿份)	768.30	849.92	795.54
集资总额(亿元)			
A 股	2 515.72	2 890.31	3 199.69
B 股	0.000(US$)	0.00(USD)	0.00(USD)
股票流通数量(亿股)	23 731.13	19 521.33	17 993.80
股票市价总值(亿元)	151 165.27	158 698.44	148 376.22
股票流通市值(亿元)	136 526.38	134 294.45	122 851.36
解禁的存量限售股份(亿股)	11 735.91	8 698.45	7 837.35
年度解禁限售股份(亿股)	3 616.35	1 138.66	1 239.30
卖出的已解禁限售股份(亿股)	544.82	277.55	243.78
成交金额(亿元)	865 098.34	547 535.22	454 651.56
股票	230 266.03	164 545.01	237 560.45
A 股	228 918.82	164 047.38	236 809.12
B 股	689.94	413.48	746.19
股票回购	657.27	84.14	5.15
债券	625 839.41	379 818.85	210 714.87
政府债	771.60	905.56	1 243.11
公司债	14 540.88	7 537.43	4 850.47
债券回购	610 526.93	371 375.86	204 621.29
基金	8 989.48	3 171.36	2 901.41
封闭式	231.86	144.53	202.28
ETF	6 706.52	3 026.59	2 699.13
交易型货币基金	2 050.41	—	—
权证	—	—	3 474.82

（续表）

	2013 年	2012 年	2011 年
平均市盈率	10.99	12.30	13.40
A 股	10.99	12.29	13.41
B 股	11.62	13.18	12.28
股价指数			
上证综合指数	2 115.98	2 269.13	2 199.42
上证 50 指数	1 574.78	1 857.68	1 617.61
上证 180 指数	5 040.27	5 550.09	5 009.29
上证 380 指数	3 352.49	2 944.82	2 978.89
会员公司数	111	112	112
营业部数	5 785	5 263	4 996
交易单元数	9 262	8 311	7 454
投资者(万户)	9 097.69	8 996.40	8 705.02
A 股总户数(万户)	155.75	8 841.56	8 550.85
B 股总户数(万户)	474.29	154.84	154.17
信息交易开户数(万户)	84.85	32.41	15.45
WFE 排名			
总市值排名	6	7	6
总筹资额排名	5	3	6
总成交金额排名	5	6	6

2. 上证综合指数历年数据

年 份	开 盘	最 高	日 期	最 低	日 期	收 盘
1992	293.74	1 429.01	05/26	292.76	01/02	780.39
1993	802.14	1 558.95	02/16	750.46	12/20	833.80
1994	837.70	1 052.94	09/13	325.89	07/29	647.87
1995	637.72	926.41	05/22	524.43	02/07	555.29
1996	550.26	1 258.69	12/11	512.83	01/19	917.02
1997	914.06	1 510.18	05/12	870.18	02/20	1 194.10
1998	1 200.95	1 422.98	06/04	1 043.02	08/18	1 146.70
1999	1 144.89	1 756.18	06/30	1 047.83	05/17	1 366.58
2000	1 368.69	2 125.72	11/23	1 361.21	01/04	2 073.48
2001	2 077.08	2 245.44	06/14	1 514.86	10/22	1 645.97
2002	1 643.49	1 748.89	06/25	1 339.20	01/29	1 357.65
2003	1 347.43	1 649.60	04/16	1 307.40	11/13	1 497.04
2004	1 492.72	1 783.01	04/07	1 259.43	09/13	1 266.50
2005	1 260.78	1 328.53	02/25	998.23	06/06	1 161.06
2006	1 163.88	2 698.90	12/29	1 161.91	01/04	2 675.47
2007	2 728.19	6 124.04	10/16	2 541.53	02/06	5 261.56
2008	5 265.00	5 522.78	01/14	1 664.93	10/28	1 820.81
2009	1 849.02	3 478.01	08/04	1 844.09	01/05	3 277.14
2010	3 289.75	3 306.75	01/11	2 319.74	07/02	2 808.08
2011	2 825.33	3 067.46	04/18	2 134.02	12/28	2 199.42
2012	2 212.00	2 478.38	02/27	1 949.46	12/04	2 269.13
2013	2 289.51	2 444.80	02/18	1 849.65	06/25	2 115.98

3. 股票市场概貌

股票市场交易	2013 年	2012 年	增减(%)
交易天数	238	243	−2.06
上市股票数	997	998	−0.10
A 股	944	944	0.00
B 股	53	54	−1.85
新上市股票数	1	26	−96.15
股票市价总值(亿元)	151 165.27	158 698.44	−4.75
A 股	150 406.94	157 912.65	−4.75
B 股	758.33	785.79	−3.49
股票非限售市值(亿元)	136 526.38	134 294.45	1.66
A 股	135 768.04	133 508.66	1.69
B 股	758.33	785.79	−3.49
总成交金额(亿元)	230 266.03	164 545.01	39.94
A 股	228 918.82	164 047.38	39.54
B 股	689.94	413.48	66.86
股票回购	657.27	84.14	681.12
日均成交金额(亿元)	967.50	677.14	42.88
A 股	961.84	675.09	42.48
B 股	2.90	1.70	70.59
股票回购	2.76	0.35	697.53
总成交量(亿股)	26 718.85	18 948.94	41.00
A 股	26 432.16	18 850.54	40.22
B 股	131.57	77.89	68.92
股票回购	155.14	20.51	656.31
日均成交量(亿元)	112.26	77.98	43.96
A 股	111.06	77.57	43.17
B 股	0.55	0.32	71.88
股票回购	0.65	0.08	672.20
总成笔数(百万)	1 153.21	925.55	24.60
A 股	1 146.99	921.75	24.44
B 股	6.21	3.80	63.42
股票回购	0.02	0.002	601.14
大宗交易成交			
总成交金额(亿元)	910.65	565.50	61.03
总成交量(亿股)	104.40	72.51	43.98
总成交笔数(笔)	2 348.00	1 842.00	27.47
股票换手率	123.60	101.60	21.65
A 股	123.83	101.92	21.50
B 股	89.42	57.52	55.46
股票平均价格(元)	8.62	8.68	−0.69
A 股	8.66	8.70	−0.46
B 股	5.24	5.31	−1.32
股票市盈率 P/E	10.99	12.30	−10.65
A 股	10.99	12.29	−10.58
B 股	11.62	13.18	−11.84

4. 债券市场概貌

债券市场交易	2013 年	2012 年	增减(%)
交易天数	238	243	−2.06
上市债券数	1 731	1 059	63.46
政府债	218	191	14.14
公司债	1 468	830	76.87
债券回购	45	38	18.42
新上市债券数	763	470	62.34
总成交金额(亿元)	625 839.41	379 818.85	64.77
政府债	771.60	905.56	−14.79
公司债	14 540.88	7 537.43	92.92
债券回购	610 526.93	371 375.86	64.40
日均成交金额(百万元)	262 957.74	156 304.05	68.23
政府债	324.20	372.66	−13.00

（续表）

债券市场交易	2013 年	2012 年	增减(%)
公司债	6 109.61	3 101.82	96.97
债券回购	256 523.92	152 829.57	67.85
总成交量(百万手)	625 409.31	379 756.23	64.69
政府债	770.29	895.22	−13.96
公司债	14 087.22	7 482.66	88.26
债券回购	610 551.80	371 378.34	64.40
日均成交量(百万手)	2 627.77	1 562.78	68.15
政府债	3.24	3.68	−11.96
公司债	59.19	30.79	92.24
债券回购	2 565.34	1 528.31	67.85
总成笔数(百万手)	8 974.30	4 888.80	83.57
政府债	13.74	10.25	34.05
公司债	533.29	245.26	117.44
债券回购	8 427.27	4 633.30	81.88
日均成交笔数(万)	37.71	20.12	87.43
政府债	0.06	0.04	50.00
公司债	2.24	1.01	121.78
债券回购	35.41	19.07	85.68
债券发行(亿元)	88 620.02	70 777.99	25.21
政府债	65 827.90	55 726.10	18.13
公司债	22 792.12	15 051.89	51.42
大宗交易成交			
总成交金额(亿元)	977.88	836.81	16.86
总成交量(百万)	970.32	845.17	14.81
总成交笔数(笔)	3 977.00	2 881.00	38.04

5. 基金市场概貌

基金市场交易	2013 年	2012 年	增减(%)
交易天数	238	243	−2.06
上市基金数	58	41	41.46
封闭式基金	9	12	−25.00
ETFs	47	29	62.07
交易型货币基金	2	—	—
新上市基金数	20	6	233.33
发行额(亿份)	768.30	849.92	−9.60
封闭式基金	240.00	300.00	−20.00
ETFs	528.07	549.92	
交易型货币基金	0.23	—	—
总成交金额 (亿元)	8 989.48	3 171.36	183.46
封闭式基金	231.86	144.53	60.42
ETFs	6 706.52	3 026.59	121.59
交易型货币基金	2 050.41	—	—
日均成交金额(亿元)	37.77	13.05	189.43
封闭式基金	0.97	0.59	64.41
ETFs	28.18	12.46	126.16
交易型货币基金	9.24	—	—
总成交量(亿份)	3 744.80	2 541.17	47.37
封闭式基金	242.73	177.55	36.71
ETFs	3 480.64	2 363.18	47.29
交易型货币基金	20.48	—	—
日均成交量(百万份)	1 573.45	1 045.75	50.46
封闭式基金	101.99	73.07	39.58
ETFs	1 462.45	972.50	50.38
交易型货币基金	9.23	—	—
总成笔数(万)	1 109.18	565.22	96.24
封闭式基金	173.06	129.21	33.94
ETFs	844.53	436.01	93.70
交易型货币基金	91.57	—	—
日均成交笔数(万)	4.66	2.33	100.00
封闭式基金	0.73	0.53	37.74
ETFs	3.55	1.79	98.32
交易型货币基金	0.41	—	—
大宗交易成交			
总成交金额(亿元)	42.50	6.64	540.06
总成交量(亿份)	19.56	3.62	440.33
总成交笔数(笔)	87.00	24.00	262.50

6. 基金基本信息

基金代码	基金简称	发行时间	上市日	发行方式	发行价格(元)	基金管理人	托管人	总份额(亿份)	流通量(亿份)
500002	基金泰和	1999.04.02	1999.04.20	上网发行	1.010	嘉实基金管理有限公司	中国建设银行	20.00	19.70
500003	基金安信	1998.06.16	1998.06.26	上网发行	1.010	华安基金管理有限公司	中国工商银行	20.00	19.70
500005	基金汉盛	1999.04.30	1999.05.18	上网发行	1.010	富国基金管理有限公司	中国农业银行	20.00	19.70
500006	基金裕阳	1998.07.17	1998.07.30	上网发行	1.010	博时基金管理有限公司	中国农业银行	20.00	19.70
500008	基金兴华	1998.04.22	1998.05.08	上网发行	1.010	华夏基金管理有限公司	中国建设银行	20.00	19.70
500009	基金安顺	1999.06.09	1999.06.22	上网发行	1.010	华安基金管理有限公司	交通银行	30.00	29.85
500011	基金金鑫	1999.10.15	1999.11.26	上网发行	1.010	国泰基金管理有限公司	中国建设银行	30.00	29.85
500015	基金汉兴	1999.12.24	2000.01.10	上网发行	1.010	富国基金管理有限公司	交通银行	30.00	29.85
500018	基金兴和	1999.07.08	1999.07.30	上网发行	1.010	华夏基金管理有限公司	中国建设银行	30.00	29.85
500038	基金通乾	2001.08.23	2001.09.21	上网发行	1.010	融通基金管理有限公司	中国建设银行	20.00	19.90
500056	基金科瑞	2002.02.28	2002.03.20	上网发行	1.010	易方达基金管理有限公司	交通银行	30.00	29.85
500058	基金银丰	2002.08.08	2002.09.10	上网发行	1.010	银河基金管理有限公司	中国建设银行	30.00	29.85
510010	治理 ETF	2009.09.18	2009.12.15	上网发行	1.000	交银施罗德基金管理有限公司	中国农业银行	35.50	35.50
510020	超大 ETF	2009.12.23	2010.03.19	上网发行	1.000	博时基金管理有限公司	中国建设银行	4.93	4.93
510030	价值 ETF	2010.04.14	2010.05.28	上网发行	1.000	华宝兴业基金管理有限公司	中国工商银行	3.65	3.65
510050	50ETF	2004.12.24	2005.02.23	上网发行	1.000	华夏基金管理有限公司	中国工商银行	127.41	127.41
510060	央企 ETF	2009.08.20	2009.10.27	上网发行	1.655	工银瑞信基金管理有限公司	招商银行	5.23	5.23
510070	民企 ETF	2010.07.27	2010.10.29	上网发行	1.000	鹏华基金管理有限公司	中国工商银行	2.46	2.46
510090	责任 ETF	2010.05.19	2010.08.09	上网发行	1.000	建信基金管理有限公司	中国工商银行	4.14	4.14
510110	周期 ETF	2010.09.08	2010.11.15	上网发行	1.000	海富通基金管理有限公司	中国工商银行	1.10	1.10
510120	非周 ETF	2011.04.13	2011.06.08	上网发行	1.000	海富通基金管理有限公司	中国工商银行	1.09	1.09
510130	中盘 ETF	2010.03.17	2010.06.23	上网发行	1.000	易方达基金管理有限公司	中国工商银行	3.21	3.21
510150	消费 ETF	2010.11.30	2011.02.25	上网发行	1.000	招商基金管理有限公司	中国工商银行	4.11	4.11
510160	小康 ETF	2010.08.18	2010.11.01	上网发行	1.000	南方基金管理有限公司	中国工商银行	7.20	7.20
510170	商品 ETF	2010.11.17	2011.01.25	上网发行	1.000	国联安基金管理有限公司	中国银行	2.62	2.62
510180	180ETF	2006.03.09	2006.05.18	上网发行	1.000	华安基金管理有限公司	中国建设银行	62.71	62.71
510190	龙头 ETF	2010.11.10	2011.01.10	上网发行	1.000	华安基金管理有限公司	中国工商银行	2.58	2.58
510210	综指 ETF	2011.01.20	2011.03.25	上网发行	1.000	富国基金管理有限公司	中国工商银行	1.28	1.28
510220	中小 ETF	2011.01.14	2011.03.28	上网发行	1.000	华泰柏瑞基金管理有限公司	中国银行	0.29	0.29
510230	金融 ETF	2011.03.23	2011.05.23	上网发行	1.000	国泰基金管理有限公司	中国银行	4.18	4.18

（续表）

基金代码	基金简称	发行时间	上市日	发行方式	发行价格(元)	基金管理人	托管人	总份额(亿份)	流通量(亿份)
510260	新兴 ETF	2011.03.28	2011.06.08	上网发行	1.000	诺安基金管理有限公司	中国工商银行	6.54	6.54
510270	国企 ETF	2011.06.08	2011.08.18	上网发行	1.000	中银基金管理有限公司	招商银行	0.92	0.92
510280	成长 ETF	2011.07.27	2011.10.18	上网发行	1.000	华宝兴业基金管理有限公司	中国银行	3.38	3.38
510290	380ETF	2011.09.07	2011.11.08	上网发行	1.000	南方基金管理有限公司	中国建设银行	1.66	1.66
510300	300ETF	2012.04.24	2012.05.28	上网发行	1.000	华泰柏瑞基金管理有限公司	中国工商银行	62.13	62.13
510310	HS300ETF	2013.02.26	2013.03.25	上网发行	1.000	易方达基金管理有限公司	中国建设银行	10.18	10.18
510330	华夏 300	2012.12.17	2013.01.16	上网发行	1.000	华夏基金管理有限公司	中国工商银行	79.28	79.28
510410	资源 ETF	2012.03.28	2012.05.11	上网发行	1.000	博时基金管理有限公司	中国建设银行	3.31	3.31
510420	180EWETF	2012.06.04	2012.07.09	上网发行	1.000	景顺长城基金管理有限公司	中国银行	1.27	1.27
510430	50 等权	2012.08.15	2012.09.24	上网发行	1.000	银华基金管理有限公司	中国建设银行	0.67	0.67
510440	500 沪市	2012.08.15	2012.10.08	上网发行	1.000	大成基金管理有限公司	中国银行	0.38	0.38
510450	180 高 ETF	2013.06.26	2013.08.01	上网发行	1.000	上投摩根基金管理有限公司	中国银行	3.25	3.25
510500	500ETF	2013.01.29	2013.03.15	上网发行	1.000	南方基金管理有限公司	中国农业银行	41.46	41.46
510510	广发 500	2013.03.27	2013.05.24	上网发行	1.000	广发基金管理有限公司	中国工商银行	1.05	1.05
510610	能源行业	2013.03.20	2013.05.08	上网发行	1.000	华夏基金管理有限公司	中国建设银行	2.39	2.39
510620	材料行业	2013.03.20	2013.05.08	上网发行	1.000	华夏基金管理有限公司	中国建设银行	1.95	1.95
510630	消费行业	2013.03.20	2013.05.08	上网发行	1.000	华夏基金管理有限公司	中国建设银行	1.70	1.70
510650	金融行业	2013.03.20	2013.05.08	上网发行	1.000	华夏基金管理有限公司	中国建设银行	4.18	4.18
510660	医药行业	2013.03.20	2013.05.08	上网发行	1.000	华夏基金管理有限公司	中国建设银行	7.13	7.13
510680	万家 380	2013.10.23	2013.12.02	上网发行	1.000	万家基金管理有限公司	华夏银行	5.01	5.01
510700	百强 ETF	2013.04.15	2013.05.31	上网发行	1.000	长盛基金管理有限公司	中国银行	0.68	0.68
510880	红利 ETF	2006.11.08	2007.01.18	上网发行	1.000	华泰柏瑞基金管理有限公司	招商银行	6.77	6.77
510900	H 股 ETF	2012.08.01	2012.10.22	上网发行	1.000	易方达基金管理有限公司	交通银行	1.49	1.49
511010	国债 ETF	2013.02.25	2013.03.25	上网发行	100.000	国泰基金管理有限公司	中国建设银行	0.14	0.14
511210	企债 ETF	2013.07.03	2013.08.16	上网发行	100.000	博时基金管理有限公司	中国工商银行	0.21	0.21
511880	银华日利	2013.03.22	2013.04.18	上网发行	100.000	银华基金管理有限公司	中国建设银行	0.02	0.02
511990	华宝添益	2012.12.19	2013.01.28	上网发行	100.000	华宝兴业基金管理有限公司	中国建设银行	0.21	0.21
512010	医药 ETF	2013.09.11	2013.10.28	上网发行	1.000	易方达基金管理有限公司	中国建设银行	5.21	5.21
513100	纳指 ETF	2013.04.17	2013.05.15	上网发行	1.000	国泰基金管理有限公司	中国建设银行	0.51	0.51
518800	国泰黄金	2013.07.10	2013.07.29	上网发行	1.000	国泰基金管理有限公司	中国工商银行	0.17	0.17
518880	黄金 ETF	2013.07.10	2013.07.29	上网发行	1.000	华安基金管理有限公司	中国建设银行	1.38	1.38

7. 市场筹资

证券类型	筹资方式	筹资额(亿元)	
		2013 年	2012 年
A 股	首次发行	0.00	333.57
	再次发行	2 515.72	2 556.74
	A 股其他	0.00	0.00
	A 股筹资合计	2 515.72	2 890.31
B 股	首次发行	0.00	0.00
	再次发行	0.00	0.00
	B 股其他	0.00	0.00
	B 股筹资小计	0.00	0.00
股票筹资合计		2 515.72	2 890.31
债　券	公司债	3 130.42	1974.20

注:A 股再次发行包括:增发(向公众增发、定向增发)、配股、权证行权、可转债转股。公司债包括:可转债、可分离债、证监会审批发行的公司纯债、私募债。

8. 股票投资者历年新开户数

年份	新开户总数			A 股新开户数		B 股新开户数		信用交易新开户数		
	总　数	自然人	机　构	自然人	机　构	自然人	机　构	总　数	自然人	机　构
1992	100.2	99.5	0.7	99.5	0.7	0.0	0.0	—	—	—
1993	312.3	311.4	0.9	310.6	0.7	0.8	0.0	—	—	—
1994	151.4	150.7	0.7	149.9	0.6	0.7	0.2	—	—	—
1995	110.3	109.8	0.6	109.0	0.5	0.8	0.1	—	—	—
1996	522.7	521.8	0.9	520.0	0.8	1.8	0.1	—	—	—
1997	502.8	501.4	2.2	499.6	2.0	1.8	0.1	—	—	—
1998	286.1	285.1	1.0	283.9	1.0	1.2	0.2	—	—	—
1999	281.7	279.7	2.1	278.6	2.0	1.0	0.1	—	—	—
2000	676.7	672.1	4.6	666.5	4.6	5.6	0.1	—	—	—
2001	462.0	458.2	3.8	379.9	3.8	78.3	0.1	—	—	—
2002	136.1	133.8	2.3	130.4	2.2	3.5	0.0	—	—	—
2003	76.1	75.2	0.9	73.6	0.9	1.6	0.0	—	—	—
2004	71.0	70.3	0.7	69.1	0.6	1.2	0.1	—	—	—
2005	44.8	44.2	0.6	43.8	0.5	0.4	0.1	—	—	—
2006	153.6	152.1	1.5	150.5	1.4	1.6	0.1	—	—	—
2007	1 915.5	1 909.5	6.0	1 867.4	5.9	42.1	0.1	—	—	—
2008	725.6	722.7	2.9	719.5	2.8	3.2	0.1	—	—	—
2009	862.8	859.3	3.4	856.2	3.4	3.1	0.1	—	—	—
2010	748.9	746.2	2.7	743.9	2.6	2.3	0.1	2.1	2.1	0.0
2011	550.8	548.5	2.3	547.2	2.2	1.3	0.1	15.5	15.4	0.1
2012	291.4	290.0	1.4	289.4	1.3	0.6	0.1	32.4	32.3	0.1
2013	257.0	255.3	1.8	254.4	1.7	0.8	0.1	84.9	84.7	0.2

注:开户单位为万户。

9. 股票投资者历年开户累计

年份	开户总数			A股开户总数		B股开户总数		信用交易开户总数		
	总 数	自然人	机 构	自然人	机 构	自然人	机 构	总 数	自然人	机 构
1992	111.2	110.5	0.7	110.2	0.7	0.0	0.0	—	—	—
1993	423.5	421.9	1.6	421.1	1.4	0.8	0.2	—	—	—
1994	574.9	572.6	2.3	571.0	2.0	1.6	0.3	—	—	—
1995	685.2	682.3	2.9	680.0	2.5	2.3	0.4	—	—	—
1996	1 207.9	1 204.1	3.8	1 200.0	3.3	4.1	0.5	—	—	—
1997	1 713.3	1 708.1	5.2	1 702.2	4.6	5.9	0.6	—	—	—
1998	1 999.4	1 993.1	6.3	1 986.1	5.6	7.1	0.7	—	—	—
1999	2 281.1	2 272.8	8.3	2 264.7	7.6	8.1	0.8	—	—	—
2000	2 957.8	2 944.9	13.0	2 931.2	12.1	13.7	0.8	—	—	—
2001	3 419.8	3 403.1	16.8	3 311.1	15.9	92.0	0.9	—	—	—
2002	3 556.0	3 536.9	19.1	3 441.4	18.1	95.5	1.0	—	—	—
2003	3 632.1	3 612.1	20.0	3 515.1	19.0	97.1	1.0	—	—	—
2004	3 703.1	3 682.4	20.7	3 584.2	19.5	98.2	1.1	—	—	—
2005	3 747.9	3 726.6	21.3	3 628.0	20.1	98.6	1.2	—	—	—
2006	3 901.5	3 878.8	22.8	3 778.5	21.4	100.3	1.3	—	—	—
2007	5 817.0	5 788.2	28.8	5 645.9	27.3	142.4	1.5	—	—	—
2008	6 542.6	6 510.9	31.7	6 365.4	30.1	145.5	1.6	—	—	—
2009	7 405.4	7 370.3	35.1	7 221.6	33.4	148.6	1.7	—	—	—
2010	8 154.2	8 116.5	37.8	7 965.5	36.0	151.0	1.8	2.1	2.1	0.0
2011	8 705.0	8 664.9	40.1	8 512.7	38.1	152.2	2.0	17.6	17.5	0.1
2012	8 996.4	8 954.9	41.5	8 802.1	39.5	152.8	2.1	50.0	49.8	0.2
2013	9 253.4	9 210.1	43.3	9 056.5	41.2	153.6	2.2	134.8	134.5	0.4

注:开户单位为万户。

10. 上海证券交易所会员公司概貌

会员公司	2013 年	2012 年	增减(%)
会员公司数量	111	112	−0.89
席位数量	8 880	7 928	12.01
A股	8 693	7 737	12.36
B股	187	191	−2.09
B股证券商	102	102	0.00
境内	62	62	0.00
境外	40	40	0.00
会员公司交易金额(亿元)			
合计	1 730 196.68	1 095 070.45	58.00
股票	460 532.05	329 090.03	39.94
A股	457 837.64	328 094.76	39.54
B股	1 379.87	826.98	66.86
股票回购	1 314.54	168.29	681.12
基金	17 977.59	6 342.73	183.44
债券	1 251 678.83	759 637.71	64.77
政府债	1 544.20	1 811.14	−14.74
公司债现货	29 081.76	15 074.85	92.92
债券回购	1 221 053.86	742 751.73	64.40
其他	6.84	0	—

五、保 险 统 计

1. 上海市保险业务情况综合表(2013 年)

全部保险	保费收入(百万元)	83 016.51
	同比增长(%)	−2.77
财产保险业务 (不包括意外险、健康险业务)	保费收入(百万元)	29 708.49
	同比增长(%)	9.24
人身保险业务 (包括产险中意外险、健康险业务)	保费收入(百万元)	53 308.02
	同比增长(%)	−8.38
保险密度(元)	全部业务	5 825.15
	财产保险	2 084.60
	人身保险	3 740.55
保险深度(%)	全部业务	3.84
	财产保险	1.38
	人身保险	2.47

注:本表数据来源于上海市各保险公司业务统计表汇总。

2. 上海市人寿保险公司

公司序号	保险机构	保费收入															
		合计	个人业务							团体业务							其中新单保费
			人寿保险					意外伤害险	健康险	人寿保险					意外伤害险	健康险	
			小计	普通寿险	分红寿险	投资连接保险	万能保险			小计	普通寿险	分红寿险	投资连接保险	万能保险			
1	中国人寿保险股份有限公司上海市分公司	6 950.67	5 899.86	491.04	5 408.82	0	0	169.17	250.47	175.89	75.27	100.62	0	0	133.10	322.18	3 285.60
2	中国太平洋人寿保险股份有限公司上海分公司	2 249.32	1 922.72	239.64	1 680.87	0	2.21	14.69	2.91	40.71	20.01	20.65	0	0.05	173.04	95.25	1 098.40
3	中国平安人寿保险股份有限公司上海分公司	9 544.06	8 362.51	1 567.99	6 433.00	67.42	294.10	82.54	1 060.72	38.14	38.14	0	0	0	0.03	0.12	1 802.79
4	泰康人寿保险股份有限公司上海分公司	3 611.41	3 211.09	15.01	3 194.39	0.05	1.64	2.82	28.43	4.19	4.18	0	0	0.01	306.54	58.34	2 128.32
5	新华人寿保险股份有限公司上海分公司	5 473.90	4 958.57	434.65	4 515.91	0	8.01	274.38	108.4	3.92	3.92	0	0	0	25.45	103.18	1 931.64
6	太平人寿保险有限公司上海分公司	1 062.26	995.94	44.91	951.00	0.03	0	4.40	45.05	10.95	10.60	0.48	−0.13	0	0.83	5.09	619.15
7	生命人寿保险股份有限公司上海分公司	1 371.51	1 303.63	1.98	1 301.14	0.04	0.47	0.18	23.61	2.41	2.39	0	0	0.02	11.36	30.32	613.34
8	民生人寿保险股份有限公司上海分公司	97.10	90.04	0.16	89.88	0	0	0.12	6.47	0	0	0	0	0	0.45	0.02	37.77
9	合众人寿保险股份有限公司上海分公司	500.51	473.57	23.38	447.97	0	2.22	0.98	13.77	0.89	0.89	0	0	0	2.71	8.59	138.34
10	中国人民健康保险股份有限公司上海分公司	162.21	0	0	0	0	0	0.42	37.93	55.58	0	55.58	0	0	11.99	56.29	12.33
11	和谐健康保险股份有限公司上海分公司	1.75	0	0	0	0	0	0	0.89	0	0	0	0	0	0.15	0.71	0.86
12	汇丰人寿保险有限公司	529.96	517.37	2.01	515.33	0.03	0	0	8.40	1.13	1.13	0	0	0	0.22	2.84	150.22
13	平安健康保险股份有限公司上海分公司	105.90	0	0	0	0	0	0	6.32	0	0	0	0	0	0.39	99.19	105.35
14	友邦保险有限公司上海分公司	2 336.77	1 661.68	975.53	680.45	1.53	4.17	90.67	484.85	9.99	9.99	0	0	0	24.16	65.42	487.98
15	中宏人寿保险有限公司上海分公司	1 359.82	1 158.19	66.94	1 088.44	2.81	0	14.98	168.84	1.29	1.29	0	0	0	5.80	10.72	253.42
16	建信人寿保险有限公司	1 743.68	1 501.82	407.04	1 089.15	1.66	3.97	32.37	166.10	1.60	1.60	0	0	0	16.01	25.78	921.15

业务统计表(2013 年)

单位:人民币百万元

有效保单件数(万件)	赔款支出									退保
	合计	个人业务				团体业务				
		赔款支出	死伤医疗给付	满期给付	年金给付	赔款支出	死伤医疗给付	满期给付	年金给付	
196.26	2 696.07	73.16	106.89	2 053.94	118.45	320.88	22.75	0	0	1 354.12
1 002.02	320.83	6.26	45.39	15.28	124.85	65.17	7.42	37.83	18.63	903.30
416.00	2 899.71	79.21	280.8	1 625.28	779.84	0.62	1.86	0.03	132.07	684.40
36.34	623.26	1.36	28.11	442.42	88.79	52.41	0.55	0	9.62	1 208.43
107.96	929.29	2.33	64.47	566.80	222.78	69.23	0.93	0	2.75	2 182.47
16.88	454.35	1.78	8.26	410.92	31.51	0.77	0.92	0.01	0.18	413.09
16.04	343.87	0.07	5.91	312.46	0.01	25.42	0	0	0	316.31
2.42	62.12	0.06	1.15	38.84	22.07	0	0	0	0	36.70
10.65	82.92	0.59	6.99	35.69	32.24	7.39	0.02	0	0	146.43
1.17	73.33	0.36	1.13	2.94	0	57.48	1.79	9.63	0	7.45
1.25	77.81	0	0.27	76.10	0	0	1.35	0.09	0	2.05
0.83	12.45	0.18	1.14	0	8.40	2.53	0.20	0	0	21.63
1.24	60.77	0.03	0.97	0	0	59.77	0	0	0	0.25
131.94	432.62	67.76	68.43	43.52	215.47	36.42	1.02	0	0	162.44
32.81	152.68	19.30	25.78	10.41	91.27	5.53	0.39	0	0	54.10
40.91	207.23	10.23	28.24	35.94	107.85	24.97	0	0	0	157.26

公司序号	保险机构	保费收入															
		合计	个人业务							团体业务							其中新单保费
			人寿保险					意外伤害险	健康险	人寿保险					意外伤害险	健康险	
			小计	普通寿险	分红寿险	投资连接保险	万能保险			小计	普通寿险	分红寿险	投资连接保险	万能保险			
17	中德安联人寿保险有限公司上海分公司	590.72	527.75	73.44	452.41	0.23	1.67	6.28	35.15	2.13	2.13	0	0	0	2.35	17.06	242.03
18	工银安盛人寿保险有限公司	1 736.24	1 563.26	28.18	1 531.91	3.17	0	4.75	72.39	6.40	6.40	0	0	0	12.38	77.06	1 526.55
19	交银康联人寿保险有限公司	410.65	365.45	121.76	243.47	0	0.22	3.71	33.99	0.08	0.08	0	0	0	6.45	0.97	265.40
20	天安人寿保险股份有限公司上海分公司	822.50	753.55	12.45	740.81	0	0.29	1.06	5.67	0.72	0.72	0	0	0	22.05	39.45	754.10
21	海康人寿保险有限公司	292.25	275.58	48.17	227.07	0.01	0.33	4.91	9.43	0.14	0.14	0	0	0	0.32	1.87	86.72
22	长生人寿保险有限公司	99.60	32.82	0.87	31.58	0	0.37	1.04	6.13	5.25	5.25	0	0	0	6.18	48.18	72.88
23	华夏人寿保险股份有限公司上海分公司	29.31	24.72	3.85	20.87	0	0	0.03	0.47	0.19	0.19	0	0	0	1.33	2.57	4.09
24	正德人寿保险股份有限公司上海分公司	10.44	10.39	0.01	10.38	0	0	0	0.05	0	0	0	0	0	0	0	0
25	信诚人寿保险有限公司上海分公司	217.87	194.48	12.76	180.27	1.18	0.27	1.26	12.54	0.96	0.96	0	0	0	1.7	6.93	63.75
26	中美联泰大都会人寿保险有限公司	934.82	825.67	580.83	244.41	0.41	0.02	24.40	83.40	1.35	1.35	0	0	0	0	0	156.60
27	中意人寿保险有限公司上海分公司	321.77	46.94	6.18	40.32	0.42	0.02	1.43	2.21	23.5	23.5	0	0	0	24.27	223.42	285.88
28	瑞泰人寿保险有限公司上海分公司	0.84	0.52	0.02	0	0.50	0	0.19	0.13	0	0	0	0	0	0	0	0.19
29	招商信诺人寿保险有限公司上海分公司	728.27	398.25	253.18	144.42	0.65	0	51.57	163.92	0.13	0.13	0	0	0	0	114.40	263.30
30	中国人民人寿保险股份有限公司上海市分公司	1 351.55	1 095.11	442.18	541.80	0	111.13	4.09	8.25	70.41	1.81	66.61	0	1.99	11.18	162.51	1 289.13
31	国华人寿保险股份有限公司上海分公司	148.89	136.80	19.67	116.73	0	0.40	0.05	3.07	0.59	0.59	0	0	0	3.81	4.57	88.04
32	中国人寿养老保险股份有限公司上海市分公司	0	0	0	0	0	0	0	0	0	0	0	0	0	0	0	0
33	平安养老保险股份有限公司上海分公司	1 085.32	0	0	0	0	0	0	0	7.22	7.22	0	0	0	371.37	706.73	1 085.31

（续表）

有效保单件数（万件）	赔款支出									退保
	合计	个人业务				团体业务				
		赔款支出	死伤医疗给付	满期给付	年金给付	赔款支出	死伤医疗给付	满期给付	年金给付	
7.51	98.54	2.09	5.83	60.04	22.67	7.91	0	0	0	38.27
12.68	279.81	31.79	7.18	115.1	41.25	82.82	1.67	0	0	56.78
5.00	96.08	0.41	7.70	86.9	0.95	0.12	0	0	0	108.20
11.30	51.62	0.67	5.38	3.43	10.19	31.76	0.19	0	0	512.92
6.58	32.69	1.12	1.89	18.37	9.18	2.13	0	0	0	19.11
1.76	73.93	0.74	0.98	0.20	1.74	68.94	1.33	0	0	26.93
0.10	5.80	0	0.06	0.14	4.45	1.15	0	0	0	2.64
2.85	3.93	0	0.24	3.69	0	0	0	0	0	11.12
3.24	27.52	0.70	2.49	19.75	0.06	4.52	0	0	0	37.45
18.88	25.63	1.00	19.93	0	2.70	2.00	0	0	0	59.63
1.08	176.01	0.01	0.65	0	3.73	164.26	7.36	0	0	27.86
1.12	0.14	0.04	0.10	0	0	0	0	0	0	0.15
46.38	119.71	40.88	9.27	0	0.37	69.19	0	0	0	31.85
172.43	107.06	2.21	7.85	25.21	0	9.90	55.46	6.43	0	427.61
47.95	55.34	0.02	3.09	35.86	11.75	4.34	0.28	0	0	623.38
0	0	0	0	0	0	0	0	0	0	0
7.38	661.34	0	0	0	0	655.29	0.06	0	5.99	169.66

公司序号	保险机构	保费收入																
		合计	个人业务							团体业务							其中新单保费
			人寿保险					意外伤害险	健康险	人寿保险					意外伤害险	健康险	
			小计	普通寿险	分红寿险	投资连接保险	万能保险			小计	普通寿险	分红寿险	投资连接保险	万能保险			
34	英大泰和人寿保险股份有限公司上海分公司	90.40	78.93	0.45	78.39	0	0.09	0.02	0.71	0.07	0.07	0	0	0	6.99	3.68	25.82
35	华泰人寿保险股份有限公司上海分公司	520.23	510.89	6.43	504.37	0	0.09	0.77	0.27	0.60	0.60	0	0	0	3.68	4.02	200.21
36	光大永明人寿保险有限公司上海分公司	150.48	98.48	13.69	84.78	0	0.01	0.06	2.04	4.31	4.30	0.01	0	0	8.53	37.06	83.35
37	太平养老保险股份有限公司上海分公司	400.37	0	0	0	0	0	0	0	23.38	23.38	0	0	0	42.75	334.24	89.52
38	幸福人寿保险股份有限公司上海分公司	153.96	125.35	0.01	125.19	0	0.15	0.05	1	0.5	0.5	0	0	0	11.44	15.62	137.57
39	泰康养老保险股份有限公司上海分公司	208.75	0	0	0	0	0	0	0	44.85	0	44.85	0	0	46.96	116.94	163.9
40	昆仑健康保险股份有限公司上海分公司	235.42	0	0	0	0	0	2.35	187.32	0	0	0	0	0	7.32	38.43	241.27
41	阳光人寿保险股份有限公司上海分公司	871.88	847.15	31.86	815.28	0	0.01	0.01	4.85	1.26	0	1.26	0	0	2.69	15.92	602.95
42	安邦人寿保险股份有限公司上海分公司	619.03	618.98	0	618.98	0	0	0.05	0	0	0	0	0	0	0	0	0
43	中融人寿保险股份有限公司上海分公司	1 742.20	1 742.15	0	1 742.15	0	0	0	0	0	0	0	0	0	0.01	0.04	1 742.20
44	信泰人寿保险股份有限公司上海分公司	70.75	68.84	6.49	62.23	0	0.12	1.06	0.35	0	0	0	0	0	0.47	0.03	0.50
45	国泰人寿保险有限责任公司上海营运部	165.85	53.18	9.94	43.21	0.01	0.02	9.59	10.23	0	0	0	0	0	14.56	78.29	92.85
46	北大方正人寿保险有限公司上海营业部	190.74	146.45	13.95	132.03	0.05	0.42	1.98	20.38	3.10	3.10	0	0	0	1.57	17.26	59.60
47	中荷人寿保险有限公司上海分公司	28.09	27.37	0.36	27.01	0	0	0.01	0.58	0.01	0.01	0	0	0	0.05	0.07	27.87
48	复星保德信人寿保险有限公司	16.48	13.38	0.69	12.69	0	0	0.34	2.04	0.72	0.72	0	0	0	0	0	15.14
	总计	51 346.50	42 639.43	5 957.70	36 169.11	80.20	432.42	808.78	3 079.73	544.56	252.56	290.06	−0.13	2.07	1 322.64	2 951.36	23 253.38

（续表）

有效保单件数（万件）	赔款支出									退保
	合计	个人业务				团体业务				
		赔款支出	死伤医疗给付	满期给付	年金给付	赔款支出	死伤医疗给付	满期给付	年金给付	
5.25	12.27	0.02	1.76	0	2.33	8.03	0.13	0	0	41.29
7.03	23.58	0.05	7.72	0	11.88	3.78	0.15	0	0	352.69
0.37	48.78	0	4.06	2.93	6.46	35.00	0.33	0	0	209.07
0.36	186.87	0	0	0	0	186.87	0	0	0	0
3.52	34.83	0.03	2.44	0	8.74	23.52	0.1	0	0	141.37
0.17	145.8	0	0	0	0	72.9	72.89	0.01	0	21.7
0.31	24.75	0.33	0.52	0	0	23.50	0.40	0	0	10.06
6.91	51.33	0	3.25	43.96	0	3.98	0.14	0	0	372.25
0.39	0.11	0.11	0	0	0	0	0	0	0	8.29
4.36	2.62	0	2.54	0	0	0	0.08	0	0	341.00
1.72	0.33	0	0.25	0	0	0.08	0	0	0	0.97
3.64	72.66	0.16	1.79	4.81	6.81	55.99	3.10	0	0	15.94
31.58	27.41	0.61	2.73	0.56	8.26	15.04	0.21	0	0	16.54
0.24	0.03	0	0.01	0	0	0.02	0	0	0	5.54
0.37	0.01	0.01	0	0	0	0	0	0	0	0.11
2 427.18	11 875.84	345.68	773.64	6 091.49	1 997.05	2 261.63	183.08	54.03	169.24	11 340.81

3. 上海市人寿保险公司业务来源统计表(2013年)

单位:人民币百万元

公司序号	公司名称	保费收入					
		合计	银行代理	营销代理	中介机构	公司直接承包	其他
1	中国人寿保险股份有限公司上海市分公司	6 950.67	2 337.86	3 319.66	77.62	1 215.53	0
2	中国太平洋人寿保险股份有限公司上海分公司	2 249.32	956.03	962.56	168.82	140.18	21.73
3	中国平安人寿保险股份有限公司上海分公司	9 544.06	493.28	9012.5	0	38.28	0
4	泰康人寿保险股份有限公司上海分公司	3 611.41	2 951.11	250.46	349.33	52.83	7.68
5	新华人寿保险股份有限公司上海分公司	5 473.9	3 679.34	1 014.33	291	476.39	12.84
6	太平人寿保险有限公司上海分公司	1 062.26	715.04	295.52	15.43	16.87	19.4
7	生命人寿保险股份有限公司上海分公司	1 371.51	819.83	500.13	34.84	11.93	4.78
8	民生人寿保险股份有限公司上海分公司	97.1	33.03	16.04	46.86	1.17	0
9	合众人寿保险股份有限公司上海分公司	500.51	58.82	429.08	7.48	5.13	0
10	中国人民健康保险股份有限公司上海分公司	162.21	76.36	66.9	18.95	0	0
11	和谐健康保险股份有限公司上海分公司	1.75	0.8	0	0.89	0.04	0.02
12	汇丰人寿保险有限公司	529.96	478.8	24.01	0	27.15	0
13	平安健康保险股份有限公司上海分公司	105.9	0	0	0	22.7	83.2
14	友邦保险有限公司上海分公司	2 336.77	51.78	2 194.34	27	31.78	31.87
15	中宏人寿保险有限公司上海分公司	1 359.82	61.92	0	0	1 297.9	0
16	建信人寿保险有限公司	1 743.68	939.92	783.58	0	19.76	0.42
17	中德安联人寿保险有限公司	590.72	399.48	137.18	18.23	35.83	0
18	工银安盛人寿保险有限公司	1 736.24	1 372.91	180.13	78.07	105.13	0
19	交银康联人寿保险有限公司	410.65	363.2	38.57	6.8	2.08	0
20	天安人寿保险股份有限公司上海分公司	822.5	604.04	156.04	0	0	62.42
21	海康人寿保险有限公司	292.25	66.5	18.92	180.97	25.86	0
22	长生人寿保险有限公司	99.6	13.47	20.54	11.75	53.84	0
23	华夏人寿保险股份有限公司上海分公司	29.31	2.61	15.92	4.4	4.09	2.29
24	正德人寿保险股份有限公司上海分公司	10.44	9.75	0.67	0	0.02	0
25	信诚人寿保险有限公司上海分公司	217.87	135.16	69.55	0	7.63	5.53
26	中美联泰大都会人寿保险有限公司	934.82	811.34	99.8	0	22.62	1.06
27	中意人寿保险有限公司上海分公司	321.77	11.89	0	38.18	271.22	0.48
28	瑞泰人寿保险有限公司上海分公司	0.84	0.01	0	0.75	0.08	0
29	招商信诺人寿保险有限公司上海分公司	728.27	155.79	0	110.84	37.3	424.34
30	中国人民人寿保险股份有限公司上海市分公司	1 351.55	920.71	34.92	125.57	244.09	26.26
31	国华人寿保险股份有限公司上海分公司	148.89	79.34	30.73	9.4	29.42	0
32	中国人寿养老保险股份有限公司上海市分公司	0	0	0	0	0	0
33	平安养老保险股份有限公司上海分公司	1 085.32	1.13	178.33	414.32	491.54	0
34	英大泰和人寿保险股份有限公司上海分公司	90.4	72.97	4.82	2.23	5.44	4.94
35	华泰人寿保险股份有限公司上海分公司	520.23	477.29	33.42	8.3	1.22	0
36	光大永明人寿保险有限公司上海分公司	150.48	29.19	1.06	56.01	49.9	14.32
37	太平养老保险股份有限公司上海分公司	400.37	0	0	0	400.37	0
38	幸福人寿保险股份有限公司上海分公司	153.96	200.63	11.96	−71.13	12.5	0
39	泰康养老保险股份有限公司上海分公司	208.75	57.72	14.46	42.96	93.61	0
40	昆仑健康保险股份有限公司上海分公司	235.42	0.16	4.08	230.46	0.55	0.17
41	阳光人寿保险股份有限公司上海分公司	871.88	717.79	3.06	83.73	64.03	3.27
42	安邦人寿保险股份有限公司上海分公司	619.03	619.03	0	0	0	0
43	中融人寿保险股份有限公司上海分公司	1 742.2	1 697.15	0	44	0	1.05
44	信泰人寿保险股份有限公司上海分公司	70.75	45.49	1.49	23.72	0.05	0
45	国泰人寿保险有限责任公司上海营运部	165.85	21.55	36.55	63	44.75	0
46	北大方正人寿保险有限公司上海营业部	190.74	16.11	59.65	2.43	112.55	0
47	中荷人寿保险有限公司上海分公司	28.09	21.78	0.15	6.16	0	0
48	复星保德信人寿保险有限公司	16.48	0.61	7.6	0	6.77	1.5
	合计	51 346.5	22 578.72	20 028.71	2 529.37	5 480.13	729.57

4. 上海市人寿保险公司保费收入市场份额表(2013 年)

单位:人民币百万元

公司序号	单　位　名　称	保费收入	占市场比例(%)
1	中国人寿保险股份有限公司上海市分公司	6 950.67	13.54
2	中国太平洋人寿保险股份有限公司上海分公司	2 249.32	4.38
3	中国平安人寿保险股份有限公司上海分公司	9 544.06	18.59
4	泰康人寿保险股份有限公司上海分公司	3 611.41	7.03
5	新华人寿保险股份有限公司上海分公司	5 473.90	10.66
6	太平人寿保险有限公司上海分公司	1 062.26	2.07
7	生命人寿保险股份有限公司上海分公司	1 371.51	2.67
8	民生人寿保险股份有限公司上海分公司	97.10	0.19
9	合众人寿保险股份有限公司上海分公司	500.51	0.97
10	中国人民健康保险股份有限公司上海分公司	162.21	0.32
11	和谐健康保险股份有限公司上海分公司	1.75	0.00
12	汇丰人寿保险有限公司	529.96	1.03
13	平安健康保险股份有限公司上海分公司	105.9	0.21
14	友邦保险有限公司上海分公司	2 336.77	4.55
15	中宏人寿保险有限公司上海分公司	1 359.82	2.65
16	建信人寿保险有限公司	1 743.68	3.40
17	中德安联人寿保险有限公司上海分公司	590.72	1.15
18	工银安盛人寿保险有限公司	1 736.24	3.38
19	交银康联人寿保险有限公司	410.65	0.80
20	天安人寿保险股份有限公司上海分公司	822.5	1.60
21	海康人寿保险有限公司	292.25	0.57
22	长生人寿保险有限公司	99.60	0.19
23	华夏人寿保险股份有限公司上海分公司	29.31	0.06
24	正德人寿保险股份有限公司上海分公司	10.44	0.02
25	信诚人寿保险有限公司上海分公司	217.87	0.42
26	中美联泰大都会人寿保险有限公司	934.82	1.82
27	中意人寿保险有限公司上海分公司	321.77	0.63
28	瑞泰人寿保险有限公司上海分公司	0.84	0.00
29	招商信诺人寿保险有限公司上海分公司	728.27	1.42
30	中国人民人寿保险股份有限公司上海市分公司	1 351.55	2.63
31	国华人寿保险股份有限公司上海分公司	148.89	0.29
32	中国人寿养老保险股份有限公司上海市分公司	0	0.00
33	平安养老保险股份有限公司上海分公司	1 085.32	2.11
34	英大泰和人寿保险股份有限公司上海分公司	90.40	0.18
35	华泰人寿保险股份有限公司上海分公司	520.23	1.01
36	光大永明人寿保险有限公司上海分公司	150.48	0.29
37	太平养老保险股份有限公司上海分公司	400.37	0.78
38	幸福人寿保险股份有限公司上海分公司	153.96	0.30
39	泰康养老保险股份有限公司上海分公司	208.75	0.41
40	昆仑健康保险股份有限公司上海分公司	235.42	0.46
41	阳光人寿保险股份有限公司上海分公司	871.88	1.70
42	安邦人寿保险股份有限公司上海分公司	619.03	1.21
43	中融人寿保险股份有限公司上海分公司	1 742.2	3.39
44	信泰人寿保险股份有限公司上海分公司	70.75	0.14
45	国泰人寿保险有限责任公司上海营运部	165.85	0.32
46	北大方正人寿保险有限公司上海营业部	190.74	0.37
47	中荷人寿保险有限公司上海分公司	28.09	0.05
48	复星保德信人寿保险有限公司	16.48	0.03
	总计	51 346.50	100.00

5. 上海市财产保险公司

公司序号	保险机构	保费收入										
		合计	企业财产保险	机动车辆保险	货物运输保险	责任保险	工程保险	信用及保证保险	农业保险	短期健康保险	意外伤害保险	其他
1	中国人民财产保险股份有限公司上海市分公司	4 771.95	420.58	3 068.41	149.96	305.66	57.05	16.34	0.00	37.43	55.47	661.05
2	中国太平洋财产保险股份有限公司上海分公司	5 644.16	540.84	4 280.29	−0.16	303.38	69.97	41.15	0.00	13.30	244.21	151.18
3	中国平安财产保险股份有限公司上海分公司	6 988.19	551.32	5 222.18	128.37	336.33	79.15	361.15	0.00	55.91	179.01	74.77
4	天安财产保险股份有限公司上海分公司	253.23	23.24	204.21	4.68	10.21	5.22	−8.51	0.00	5.40	8.78	0.00
5	大众保险股份有限公司上海分公司	253.02	48.22	124.95	20.02	7.73	8.52	0.00	0.00	0.00	46.74	−3.16
6	华泰财产保险有限公司上海分公司	607.47	62.97	175.65	135.13	50.80	5.97	−1.52	0.00	63.01	105.39	10.07
7	太平财产保险有限公司上海分公司	704.22	73.06	526.84	20.87	23.27	8.90	0.00	0.00	22.89	22.48	5.91
8	中华联合财产保险股份有限公司上海分公司	592.93	62.28	438.72	7.43	21.41	5.01	−2.92	0.00	31.75	24.28	4.97
9	华安财产保险股份有限公司上海分公司	321.00	4.51	103.94	2.50	0.79	3.43	1.93	0.00	46.62	152.46	4.82
10	中国大地财产保险股份有限公司上海分公司	902.43	65.77	467.43	10.42	37.72	5.07	27.52	0.00	218.04	19.70	50.76
11	中国大地财产保险股份有限公司营业部	323.42	53.29	32.92	14.06	57.34	25.60	28.41	0.28	54.94	4.45	52.13
12	安信农业保险股份有限公司	691.80	58.13	55.73	0.39	38.88	80.35	3.71	395.89	8.34	22.31	28.07
13	安邦财产保险股份有限公司上海分公司	159.19	4.71	37.35	0.00	115.20	1.67	0.22	0.00	0.00	0.03	0.01
14	天平汽车保险股份有限公司上海分公司	296.82	0.00	295.94	0.00	0.00	0.00	0.00	0.00	0.00	0.88	0.00
15	永诚财产保险股份有限公司上海分公司	406.73	50.66	250.26	2.90	4.88	0.20	0.00	0.00	55.73	27.20	14.90
16	阳光财产保险股份有限公司上海市分公司	356.49	13.47	266.37	17.73	6.87	1.25	31.20	0.00	0.00	11.61	7.99
17	都邦财产保险股份有限公司上海分公司	53.71	5.40	45.79	0.36	0.11	0.25	0.00	0.00	0.00	1.80	0.00
18	美亚财产保险有限公司上海分公司	653.85	116.12	0.34	109.10	193.60	7.46	27.14	0.00	17.57	170.43	12.09
19	东京海上日动火灾保险(中国)有限公司上海分公司	201.63	61.11	2.79	77.22	44.23	8.70	2.66	0.00	0.00	2.25	2.67
20	安盛保险有限公司	38.43	15.81	0.00	8.25	5.78	2.63	0.00	0.00	3.38	2.25	0.33
21	太阳联合保险(中国)有限公司	164.69	48.06	0.00	42.25	47.85	7.64	1.58	0.00	0.13	14.43	2.75
22	丘博保险(中国)有限公司	166.59	3.88	0.00	20.83	91.79	0.00	0.00	0.00	29.58	20.51	0.00
23	三星财产保险(中国)有限公司	105.35	27.01	49.40	6.46	4.28	9.68	0.21	0.00	0.00	8.31	0.00
24	三井住友海上火灾保险(中国)有限公司	836.78	136.88	543.72	66.69	34.88	9.36	10.54	0.00	0.83	2.54	31.34
25	中国出口信用保险公司上海分公司	441.08	0.00	0.00	0.00	0.00	0.00	441.08	0.00	0.00	0.00	0.00

业务统计表(2013 年)

单位:人民币百万元

保户储金及投资款	赔款支出											赔案件数(万件)	未决赔款
	合计	企业财产保险	机动车辆保险	货物运输保险	责任保险	工程保险	信用保证保险	农业保险	短期健康保险	意外伤害保险	其他		
46.95	2 805.09	218.92	2 148.16	61.14	115.12	11.88	10.01	0.00	17.66	7.20	215.00	37.25	2 327.64
0.00	3 487.82	298.56	2 824.89	9.49	139.91	17.22	0.94	0.00	30.86	57.47	108.48	81.10	1 072.29
1.13	4 245.05	480.49	3 288.01	51.46	131.52	40.25	154.35	0.00	29.44	39.12	30.41	92.07	1 952.99
1.76	169.82	19.53	142.37	0.59	1.54	1.89	0.36	0.00	1.46	2.08	0.00	0.47	64.64
0.00	149.26	31.27	83.28	9.27	4.06	1.81	0.00	0.00	0.00	19.38	0.19	2.70	246.96
0.00	195.30	12.89	101.19	40.63	10.73	0.32	0.31	0.00	19.33	9.66	0.24	5.69	218.16
0.00	271.44	11.05	248.18	2.60	2.23	2.75	0.00	0.00	1.69	1.67	1.27	5.69	162.11
0.00	447.72	49.83	336.58	2.05	15.02	1.82	0.09	0.00	29.35	9.47	3.51	14.26	20.95
0.00	103.57	0.59	81.72	0.00	0.53	0.42	0.00	0.00	2.76	14.25	3.30	2.48	40.22
0.00	504.12	17.47	302.67	2.86	8.46	0.86	12.16	0.00	132.80	6.74	20.10	9.56	124.46
0.00	202.14	36.44	20.26	0.38	25.88	30.65	17.02	3.38	36.93	0.79	30.41	1.56	54.55
0.00	346.74	21.07	42.91	13.52	5.15	6.56	0.09	234.11	6.34	8.14	8.85	2.95	84.90
0.00	43.45	0.46	42.40	0.00	0.22	0.03	0.00	0.00	0.00	0.00	0.34	0.99	9.32
0.00	218.49	0.00	218.39	0.00	0.00	0.00	0.00	0.00	0.00	0.10	0.00	5.16	100.52
0.00	296.87	22.80	200.66	5.25	2.38	8.72	0.31	0.00	44.72	6.71	5.32	7.60	91.21
0.00	205.01	6.62	149.50	31.32	1.24	0.00	1.59	0.00	0.00	7.87	6.87	7.40	95.93
0.00	21.75	2.08	19.54	0.04	0.01	0.00	0.00	0.00	0.00	0.08	0.00	0.01	0.03
0.00	318.32	160.44	0.03	32.74	57.29	20.54	0.47	0.00	10.03	36.13	0.65	3.41	106.21
0.00	86.98	36.01	0.62	35.00	11.09	3.40	0.00	0.00	0.00	0.20	0.66	0.31	140.67
0.00	6.60	3.29	0.00	0.34	1.46	0.46	0.00	0.00	0.85	0.13	0.07	0.91	586.66
0.00	53.43	21.38		14.52	8.37	7.90	0.06	0.00	0.04	0.98	0.18	0.15	57.50
0.00	88.55	0.22	0.00	9.94	34.56	0.00	0.00	0.00	8.17	35.66	0.00	5.52	63.31
0.00	49.82	7.71	10.01	17.41	4.84	7.17	0.31	0.00	0.00	2.33	0.04	0.39	471.91
0.00	404.55	42.25	282.32	55.42	14.97	6.91	0.10	0.00	0.54	0.76	1.28	0.27	65.09
0.00	345.60	0.00	0.00	0.00	0.00	0.00	345.60	0.00	0.00	0.00	0.00	0.01	124.68

公司序号	保险机构	保费收入										
		合计	企业财产保险	机动车辆保险	货物运输保险	责任保险	工程保险	信用及保证保险	农业保险	短期健康保险	意外伤害保险	其他
26	民安财产保险有限公司上海分公司	45.79	6.18	8.45	0.23	3.44	0.14	0.13	0.00	23.31	0.06	3.85
27	渤海财产保险股份有限公司上海分公司	19.10	0.29	17.86	0.00	0.03	0.00	0.00	0.00	0.00	0.17	0.75
28	日本财产保险(中国)有限公司上海分公司	370.03	219.37	3.68	56.76	52.95	17.62	3.43	2.78	5.89	7.55	0.00
29	中银保险有限公司上海分公司	155.73	25.71	34.52	3.35	7.23	3.82	46.21	0.00	4.15	19.05	11.69
30	安诚财产保险股份有限公司上海分公司	186.09	4.77	170.95	0.72	0.73	3.44	0.09	0.00	0.08	5.18	0.13
31	国泰财产保险有限责任公司	103.08	26.46	52.59	5.56	13.08	2.42	0.27	0.00	0.00	0.00	2.70
32	中国人寿财产保险股份有限公司上海市分公司	986.82	82.21	788.01	15.56	29.00	24.05	0.00	0.00	0.00	21.56	26.43
33	华泰财产保险有限公司营业部	199.65	23.92	0.00	39.43	33.18	98.29	0.69	0.00	0.00	3.78	0.36
34	英大泰和财产保险股份有限公司上海分公司	354.96	139.17	180.61	2.33	20.37	6.20	0.42	0.12	0.00	3.86	1.88
35	紫金财产保险股份有限公司上海分公司	67.63	3.81	44.97	6.42	1.45	3.26	0.19	0.00	0.85	4.55	2.13
36	中意财产保险有限公司上海分公司	34.67	8.90	1.49	8.21	9.62	5.00	0.11	0.00	0.00	0.49	0.85
37	中国人民财产保险股份有限公司航运保险运营中心	1 206.60	0.00	0.00	0.00	0.00	0.00	0.00	0.00	0.00	0.00	1 206.60
38	中国太平洋财产保险股份有限公司航运保险事业营运中心	641.28	0.00	0.00	292.95	0.00	0.00	0.00	0.00	0.00	0.00	348.33
39	信达财产保险股份有限公司上海分公司	141.33	31.28	102.63	0.00	0.00	0.00	0.00	0.00	0.21	7.21	0.00
40	鼎和财产保险股份有限公司上海分公司	83.29	2.29	76.64	0.07	1.78	0.24	0.10	0.00	0.00	2.15	0.02
41	长安责任保险股份有限公司上海市分公司	49.86	5.19	41.21	0.20	1.58	0.09	0.00	0.00	0.12	1.47	0.00
42	浙商财产保险股份有限公司上海分公司	110.36	3.77	101.37	0.15	0.35	0.34	0.00	0.00	0.00	4.30	0.08
43	劳合社保险(中国)有限公司	296.55	71.82	0.00	31.81	24.87	29.15	0.00	112.12	0.00	4.73	22.05
44	信利保险(中国)有限公司	42.50	7.46	0.00	0.00	35.04	0.00	0.00	0.00	0.00	0.00	0.00
45	中国平安财产保险股份有限公司航运保险运营中心	268.47	0.00	0.00	100.95	0.00	0.00	0.00	0.00	0.00	0.00	167.52
46	安联财产保险(中国)有限公司上海分公司	136.52	2.32	17.19	1.52	14.95	64.01	10.51	0.00	22.44	2.59	0.99
47	永安财产保险股份有限公司上海分公司	134.91	3.55	106.79	11.86	3.05	0.73	0.02	0.00	0.80	2.43	5.68
48	阳光财产保险股份有限公司航运保险运营中心	5.07	0.57	0.00	0.65	0.03	0.00	0.00	0.00	0.00	0.00	3.82
49	众诚汽车保险股份有限公司上海分公司	94.56	1.39	90.63	0.06	0.94	0.08	0.00	0.00	0.04	0.13	1.29
	总计	31 670.01	3 117.75	18 032.82	1 424.25	1 996.66	661.96	1 044.06	511.19	722.74	1 238.78	2 919.80

（续表）

保户储金及投资款	赔款支出										赔案件数（万件）	未决赔款
	合计	企业财产保险	机动车辆保险	货物运输保险	责任保险	工程保险	信用保证保险	农业保险	短期健康保险	意外伤害保险	其他		
0.00	21.25	1.87	7.06	0.20	0.53	0.50	0.92	0.00	3.58	0.09	6.50	0.34	8.68
0.00	7.25	0.04	6.80	0.00	0.00	0.41	0.00	0.00	0.00	0.00	0.00	0.00	7.68
0.00	212.51	173.40	0.10	18.50	3.57	7.87	0.08	0.00	5.36	1.08	2.55	0.64	21.38
0.00	52.85	8.79	16.62	0.90	0.60	2.02	21.65	0.00	0.49	0.29	1.49	1.31	30.88
0.00	80.27	8.41	63.46	0.01	0.73	0.52	0.00	0.00	0.08	1.95	5.11	9.52	50.04
0.00	58.51	8.67	28.90	9.55	6.48	3.52	0.68	0.00	0.00	0.12	0.59	1.31	16.04
0.00	516.56	28.65	441.13	10.86	12.64	1.23	0.32	0.00	0.00	4.22	17.51	10.00	299.28
0.00	51.29	27.17	0.00	9.33	4.27	8.34	0.03	0.00	0.49	1.60	0.06	0.45	290.96
0.00	178.27	33.95	110.51	7.15	16.07	0.25	0.00	0.66	0.00	7.68	2.00	2.76	11.77
0.00	54.58	3.67	45.65	0.98	0.49	0.72	0.00	0.00	0.59	0.54	1.94	0.00	6.16
0.00	14.97	5.83	0.08	2.72	0.95	1.75	0.00	0.00	0.00	3.62	0.02	0.04	5.73
0.00	541.66	0.00	0.00	0.00	0.00	0.00	0.00	0.00	0.00	0.00	541.66	0.12	101.74
0.00	385.21	0.00	0.00	232.61	0.00	0.00	0.00	0.00	0.00	0.00	152.60	0.42	410.83
0.00	84.22	5.00	76.16	0.00	0.00	0.00	0.00	0.00	0.15	2.91	0.00	1.89	93.04
0.00	50.17	0.29	47.67	0.15	0.36	0.19	0.00	0.00	0.00	1.50	0.01	1.36	15.75
0.00	31.09	1.66	26.31	0.21	0.87	0.02	0.00	0.00	0.60	0.24	1.18	0.00	
0.00	79.46	3.22	73.19	0.05	0.34	0.00	0.00	0.00	0.00	2.66	0.00	1.56	
0.00	108.94	20.70	0.00	7.64	4.72	6.26	0.00	61.89	0.00	1.46	6.27	0.01	
0.00	2.13	0.13	0.00	0.00	2.00	0.00	0.00	0.00	0.00	0.00	0.00	0.00	2.37
0.00	56.52	0.00	0.00	27.91	0.00	0.00	0.00	0.00	0.00	0.00	28.61	0.07	111.49
0.00	18.37	0.24	2.28	0.43	0.06	0.85	0.01	0.00	13.20	1.11	0.19	0.00	
0.00	38.09	3.35	26.02	6.56	0.77	0.00	0.00	0.00	0.18	0.57	0.64	0.69	43.95
0.00	0.02	0.00	0.00	0.02	0.00	0.00	0.00	0.00	0.00	0.00	0.00	0.00	
0.00	11.20	0.06	11.10	0.00	0.02	0.00	0.00	0.00	0.02	0.00	0.00	0.00	
49.84	17 722.88	1 836.47	11 526.73	731.75	652.05	206.01	567.46	300.04	397.71	298.56	1 206.10	320.40	9 810.68

6. 上海市财产保险公司业务来源统计表(2013 年)

单位:人民币百万元

公司序号	公司名称	保费收入						
		合计	分入保费	银行代理	营销代理	中介机构	公司直接承包	其他
1	中国人民财产保险股份有限公司上海市分公司	4 771.95	0	0	18.99	3 179.78	1 573.18	0
2	中国太平洋财产保险股份有限公司上海分公司	5 644.16	0	59.82	3.01	3 928.81	1 652.52	0
3	中国平安财产保险股份有限公司上海分公司	6 988.19	0	0	0	3 384.14	3 604.05	0
4	天安财产保险股份有限公司上海分公司	253.23	0	2.67	0	194.4	56.16	0
5	大众保险股份有限公司上海分公司	253.02	0	4.15	0	198.06	50.81	0
6	华泰财产保险有限公司上海分公司	607.47	0	6.78	0	522.35	78.34	0
7	太平财产保险有限公司上海分公司	704.22	0	27.57	0	292.93	383.72	0
8	中华联合财产保险股份有限公司上海分公司	592.93	0.46	6.64	38.69	432.39	114.75	0
9	华安财产保险股份有限公司上海分公司	321.00	0	191.14	109.57	10.32	9.97	0
10	中国大地财产保险股份有限公司上海分公司	902.43	1.53	9.08	0	802.56	26.44	62.82
11	中国大地财产保险股份有限公司营业部	323.42	26.96	0.44	0	257.34	38.68	0
12	安信农业保险股份有限公司	691.80	0.08	36.29	0	223.77	431.66	0
13	安邦财产保险股份有限公司上海分公司	159.19	0	0	21.35	5.62	132.22	0
14	天平汽车保险股份有限公司上海分公司	296.82	0	0	0	138.86	157.96	0
15	永诚财产保险股份有限公司上海分公司	406.73	0	10.66	0	351.24	44.83	0
16	阳光财产保险股份有限公司上海市分公司	356.49	0	0.14	0	202.19	154.16	0
17	都邦财产保险股份有限公司上海分公司	53.71	0	0	0	53.65	0.06	0
18	美亚财产保险有限公司上海分公司	653.85	74.10	0	156.12	192.44	231.19	0
19	东京海上日动火灾保险(中国)有限公司上海分公司	201.63	0	0.53	0	45.62	155.48	0
20	安盛保险有限公司	38.43	12.74	0	5.1	18.63	1.96	0
21	太阳联合保险(中国)有限公司	164.69	29.74	0.36	21.06	81.80	31.73	0
22	丘博保险(中国)有限公司	166.59	43.20	0	0	66.39	57.00	0
23	三星财产保险(中国)有限公司	105.35	21.15	0	0	54.30	29.90	0
24	三井住友海上火灾保险(中国)有限公司	836.78	622.78	0	0	62.71	151.29	0
25	中国出口信用保险公司上海分公司	441.08	0	0	0	7.58	433.50	0
26	民安财产保险有限公司上海分公司	45.79	0	2.47	0	40.37	2.95	0

(续表)

公司序号	公司名称	保费收入						
		合计	分入保费	银行代理	营销代理	中介机构	公司直接承包	其他
27	渤海财产保险股份有限公司上海分公司	19.10	0	0	0.02	18.74	0.34	0
28	日本财产保险(中国)有限公司上海分公司	370.03	293.57	0	32.45	5.10	38.91	0
29	中银保险有限公司上海分公司	155.73	0.64	0	90.24	49.00	15.85	0
30	安诚财产保险股份有限公司上海分公司	186.09	0	0	0	175.50	10.59	0
31	国泰财产保险有限责任公司	103.08	6.17	1.28	0	79.14	16.49	0
32	中国人寿财产保险股份有限公司上海市分公司	986.82	0.13	14.62	0.53	882.09	85.53	3.92
33	华泰财产保险有限公司营业部	199.65	7.08	0	0	180.34	10.14	2.09
34	英大泰和财产保险股份有限公司上海分公司	354.96	0	0	0	337.07	17.89	0
35	紫金财产保险股份有限公司上海分公司	67.63	0	0.48	0	67.01	0.14	0
36	中意财产保险有限公司上海分公司	34.67	10.85	0	0	22.20	1.62	0
37	中国人民财产保险股份有限公司航运保险运营中心	1 206.60	0	15.34	163.62	468.79	548.10	10.75
38	中国太平洋财产保险股份有限公司航运保险事业营运中心	641.28	0	23.76	0	325.48	292.04	0
39	信达财产保险股份有限公司上海分公司	141.33	0	0.78	0	125.98	14.56	0.01
40	鼎和财产保险股份有限公司上海分公司	83.29	0	0	0	82.65	0.64	0
41	长安责任保险股份有限公司上海市分公司	49.86	0	0	0	47.45	1.22	1.19
42	浙商财产保险股份有限公司上海分公司	110.36	0	0.44	109.32	0.51	0.09	0
43	劳合社保险(中国)有限公司	296.55	295.75	0	0	0.55	0.25	0
44	信利保险(中国)有限公司	42.50	5.74	0	0	35.56	1.20	0
45	中国平安财产保险股份有限公司航运保险运营中心	268.47	0	0.65	2.93	155.58	68.32	40.99
46	安联财产保险(中国)有限公司上海分公司	136.52	37.25	0	0	99.27	0	0
47	永安财产保险股份有限公司上海分公司	134.91	0.30	0.35	0	128.40	5.60	0.26
48	阳光财产保险股份有限公司航运保险运营中心	5.07	0	0	0	5.07	0	0
49	众诚汽车保险股份有限公司上海分公司	94.56	0	0	0	92.16	2.40	0
	总计	31 670.01	1 490.22	416.44	773.00	18 131.89	10 736.43	122.03

7. 上海市财产保险公司保费收入市场份额表(2013 年)

单位:人民币百万元

公司序号	单 位 名 称	保费收入	占市场比例(%)
1	中国人民财产保险股份有限公司上海市分公司	4 771.95	15.07
2	中国太平洋财产保险股份有限公司上海分公司	5 644.16	17.82
3	中国平安财产保险股份有限公司上海分公司	6 988.19	22.07
4	天安财产保险股份有限公司上海分公司	253.23	0.80
5	大众保险股份有限公司上海分公司	253.02	0.80
6	华泰财产保险有限公司上海分公司	607.47	1.92
7	太平财产保险有限公司上海分公司	704.22	2.22
8	中华联合财产保险股份有限公司上海分公司	592.93	1.87
9	华安财产保险股份有限公司上海分公司	321.00	1.01
10	中国大地财产保险股份有限公司上海分公司	902.43	2.85
11	中国大地财产保险股份有限公司营业部	323.42	1.02
12	安信农业保险股份有限公司	691.80	2.18
13	安邦财产保险股份有限公司上海分公司	159.19	0.50
14	天平汽车保险股份有限公司上海分公司	296.82	0.94
15	永诚财产保险股份有限公司上海分公司	406.73	1.28
16	阳光财产保险股份有限公司上海市分公司	356.49	1.13
17	都邦财产保险股份有限公司上海分公司	53.71	0.17
18	美亚财产保险有限公司上海分公司	653.85	2.06
19	东京海上日动火灾保险(中国)有限公司上海分公司	201.63	0.64
20	安盛保险有限公司	38.43	0.12
21	太阳联合保险(中国)有限公司	164.69	0.52
22	丘博保险(中国)有限公司	166.59	0.53
23	三星财产保险(中国)有限公司	105.35	0.33
24	三井住友海上火灾保险(中国)有限公司	836.78	2.64
25	中国出口信用保险公司上海分公司	441.08	1.39
26	民安财产保险有限公司上海分公司	45.79	0.14
27	渤海财产保险股份有限公司上海分公司	19.10	0.06
28	日本财产保险(中国)有限公司上海分公司	370.03	1.17
29	中银保险有限公司上海分公司	155.73	0.49
30	安诚财产保险股份有限公司上海分公司	186.09	0.59
31	国泰财产保险有限责任公司	103.08	0.33
32	中国人寿财产保险股份有限公司上海市分公司	986.82	3.12
33	华泰财产保险有限公司营业部	199.65	0.63
34	英大泰和财产保险股份有限公司上海分公司	354.96	1.12
35	紫金财产保险股份有限公司上海分公司	67.63	0.21
36	中意财产保险有限公司上海分公司	34.67	0.11
37	中国人民财产保险股份有限公司航运保险运营中心	1 206.60	3.81
38	中国太平洋财产保险股份有限公司航运保险事业营运中心	641.28	2.02
39	信达财产保险股份有限公司上海分公司	141.33	0.45
40	鼎和财产保险股份有限公司上海分公司	83.29	0.26
41	长安责任保险股份有限公司上海市分公司	49.86	0.16
42	浙商财产保险股份有限公司上海分公司	110.36	0.35
43	劳合社保险(中国)有限公司	296.55	0.94
44	信利保险(中国)有限公司	42.50	0.13
45	中国平安财产保险股份有限公司航运保险运营中心	268.47	0.85
46	安联财产保险(中国)有限公司上海分公司	136.52	0.43
47	永安财产保险股份有限公司上海分公司	134.91	0.43
48	阳光财产保险股份有限公司航运保险运营中心	5.07	0.02
49	众诚汽车保险股份有限公司上海分公司	94.56	0.30
	总计	31 670.01	100.00

8. 上海市再保险公司业务统计表(2013年)

单位:人民币百万元

项目	德国通用再保险股份公司上海分公司				中国人寿再保险股份有限公司上海分公司				汉诺威再保险股份公司上海分公司				中国财产再保险股份有限公司上海分公司			
	财产再保险业务		人寿再保险业务		财产再保险业务		人寿再保险业务		财产再保险业务		人寿再保险业务		财产再保险业务		人寿再保险业务	
	2012年	2013年	2012年	2013年	2012年	2013年	2012年	2013年	2012年	2013年	2012年	2013年	2012年	2013年	2012年	2013年
分保费收入	24.13	34.98	300.40	334.00	0.00	0.00	4 384.79	1 400.41	1 751.19	1 299.62	2 354.58	13 222.30	5 428.21	7 376.34	0.00	0.00
摊回分保赔偿	0.00	0.00	0.00	0.00	0.00	0.00	0.00	0.00	3.15	0.65	10.89	22.35	1.50	0.58	0.00	0.00
利息收入	0.18	0.27	2.22	2.54	0.00	0.00	3.32	2.59	58.26	47.89	115.70	155.68	0.05	0.08	0.00	0.00
投资收入	1.98	2.68	24.71	25.59	0.00	0.00	0.00	0.00	0.00	0.00	0.00	0.00	0.00	0.00	0.00	0.00
其他收入	0.03	0.06	0.33	0.53	0.00	0.00	0.01	−0.01	0.05	0.11	2.87	6.64	0.39	4.21	0.00	0.00
转回未决赔款准备金	0.00	0.00	0.00	0.00	0.00	0.00	0.00	0.00	0.00	0.00	0.00	0.00	−1.26	0.71	0.00	0.00
转回长期责任准备金	0.00	0.00	0.00	0.00	0.00	0.00	0.00	0.00	0.00	0.00	0.00	0.00	0.00	0.00	0.00	0.00
分保费支出	0.00	0.00	0.00	0.00	0.00	0.00	0.00	0.00	48.38	81.03	394.57	7025.37	4.49	3.82	0.00	0.00
分保赔款支出	5.36	7.01	102.51	161.37	0.00	0.00	394.88	392.94	702.79	876.84	490.47	570.11	2 942.01	3 056.69	0.00	0.00
分保费用支出	0.17	0.16	57.16	79.24	0.00	0.00	754.65	9.85	602.57	474.78	566.55	1 102.42	2 169.86	2 545.42	0.00	0.00
利息支出	0.00	0.00	0.00	0.00	0.00	0.00	0.00	0.00	0.00	0.00	0.00	0.00	0.00	0.00	0.00	0.00
营业费用	15.64	21.52	30.90	29.73	0.00	0.00	15.65	14.36	28.97	29.45	35.24	42.54	6.65	7.38	0.00	0.00
其他支出	0.01	0.00	0.06	0.00	0.00	0.00	255.96	2 553.40	0.00	2.62	0.00	0.00	123.48	979.48	0.00	0.00
提存未决赔款准备金	13.58	12.85	14.51	17.95	0.00	0.00	23.40	47.98	391.05	−4.74	−102.75	62.55	−102.25	755.77	0.00	0.00
提存长期责任准备金	1.83	−7.97	98.29	56.13	0.00	0.00	3 177.21	−1 504.61	0.00	0.00	1 082.31	5 070.12	0.00	0.00	0.00	0.00
损益	−10.27	4.42	24.23	18.24	0.00	0.00	−233.63	−110.93	40.22	−110.00	116.52	124.27	285.04	34.09	0.00	0.00

9. 上海市主要保险中介

公司序号	中介公司名称	成立时间	总部所在地	注册资金（百万元）	股东单位数（个）	员工人数（个）	法人代表
1	上海东大保险经纪有限责任公司	2000 年 7 月	上海	20	2	25	王荣桃
2	韦莱保险经纪有限公司	2004 年 8 月	上海	30	2	393	Roger Wilkinson
3	中怡保险经纪有限责任公司	2003 年 11 月	上海	50	2	477	邬小蕙
4	上海环亚保险经纪有限公司	2009 年 1 月	上海	20	2	98	鲍荣清
5	上海晨光保险经纪有限公司	2004 年 4 月	上海	10	2	12	宋建平
6	上海华一保险经纪有限公司	2004 年 7 月	上海	10	3	10	高忠德
7	上海安国保险经纪有限公司	2004 年 3 月	上海	10	2	21	柳镇源
8	上海诺亚荣耀保险经纪有限公司	2008 年 9 月	上海	50	1	15	殷 哲
9	上海众心保险经纪有限公司	2009 年 1 月	上海	10.5	2	28	高 慧
10	上海中盈保险经纪有限公司	2009 年 1 月	上海	12	4	102	俞侃敏
11	上海天合保险经纪有限公司	2009 年 1 月	上海	10	1	25	陈愚石
12	江泰保险经纪股份有限公司华东分公司	2005 年 3 月	北京	68.8	17	24	沈开涛
13	华泰保险经纪有限公司上海分公司	2004 年 4 月	北京	40	0	47	姜卫建
14	达信(北京)保险经纪有限公司上海分公司	2005 年 7 月	北京	30	1	114	龙鼎信
15	上海信宜保险代理有限公司	2003 年 8 月	上海	2	2	9	石 桥
16	上海东方保险代理有限公司	2003 年 8 月	上海	5	8	20	包莉莉
17	上海合泰保险代理有限责任公司	2009 年 3 月	上海	10	2	12	魏志城
18	上海文定保险代理有限公司	2006 年 4 月	上海	2	2	8	沈国文
19	上海一鸣优信保险代理有限公司	2008 年 11 月	上海	3	3	8	王艳春
20	上海龙旗保险代理有限公司	2010 年 8 月	上海	50	1	31	潘以江
21	携程保险代理有限公司	2011 年 6 月	上海	50	2	2 639	李小平
22	上海信和保险代理有限公司	2011 年 10 月	上海	2	2	3	龚 伟
23	华瑞保险销售有限公司	2013 年 8 月	上海	50	1	13	路 昊
24	上海城市保险公估中心	2005 年 10 月	上海	2	4	80	高行安
25	根宁翰保险公估(中国)有限公司	2004 年 2 月	上海	4	1	109	李全英
26	上海谛诚保险公估有限公司	2005 年 5 月	上海	2	2	9	陈传麒
27	上海锦正保险公估有限公司	2008 年 3 月	上海	2	3	112	朱 青
28	北京华泰保险公估有限公司上海分公司	2008 年 6 月	北京	0	1	32	杨永忠

机构情况表(2013 年)

单位:人民币百万元

资产	负债	所有者权益	保险业务收入	营业收入	营业支出	营业利润	利润总额	净利润
20.63	0.24	20.39	0.00	33.50	33.40	0.10	0.19	0.01
344.54	242.24	102.30	100.84	186.23	222.69	−36.46	−33.40	−33.97
350.36	165.71	184.65	414.31	414.49	310.70	103.79	106.21	78.71
46.75	3.72	43.03	46.75	50.87	44.06	6.81	6.81	5.08
37.80	1.10	36.70	12.47	13.12	5.53	7.59	6.81	5.24
12.11	5.14	6.97	14.15	14.15	13.96	0.19	0.18	−0.22
9.80	0.20	9.60	7.60	7.60	0.04	7.56	0.60	0.40
51.77	0.92	50.85	0.17	0.17	0.25	−0.08	−0.08	−0.06
9.29	1.38	7.91	0.00	7.57	7.61	−0.04	0.06	0.06
25.11	8.15	16.96	1.93	1.93	1.81	0.12	0.23	1.78
9.29	0.03	9.26	4.20	4.20	3.52	0.68	−0.47	−0.47
1.20	1.20	0.00	0.00	11.93	9.46	2.47	2.60	2.60
21.77	21.77	0.00	0.00	22.74	15.29	7.45	7.52	7.52
240.00	45.00	195.00	97.00	138.00	102.00	36.00	38.00	36.00
2.76	0.07	2.69	1.03	1.03	1.10	−0.07	0.02	0.02
8.16	5.75	2.41	2.64	2.64	2.62	0.02	0.16	0.09
6.30	0.10	6.20	2.20	2.20	2.80	−0.60	−0.70	−0.70
3.42	0.05	3.37	3.78	3.78	3.50	0.28	0.33	0.23
1.70	0.04	1.66	2.11	2.11	2.26	−0.15	−0.16	−0.16
50.18	0.07	50.11	8.43	8.43	8.31	0.12	0.17	0.15
520.65	444.64	76.01	437.16	437.16	415.93	21.23	24.76	16.65
0.01	0.01	0.00	0.00	0.02	0.26	−0.24	0.00	0.00
249.62	200.00	49.62	0.00	0.00	0.38	−0.38	−0.38	−0.38
1.10	0.46	0.64	5.94	5.94	7.81	−1.87	−1.45	−1.67
25.00	21.00	4.00	0.00	44.18	44.08	0.10	0.06	0.05
2.79	0.05	2.74	0.00	2.88	2.71	0.17	0.17	0.13
3.28	0.61	2.67	0.00	15.25	14.93	0.32	0.32	0.24
3.90	3.90	0.00	0.00	14.29	8.77	5.52	4.73	4.73

第七篇　法　　规

一、国 务 院

1. 国务院公布《征信业管理条例》

中华人民共和国国务院令第 631 号

《征信业管理条例》已经 2012 年 12 月 26 日国务院第 228 次常务会议通过，现予公布，自 2013 年 3 月 15 日起施行。

总理　温家宝

2013 年 1 月 21 日

征信业管理条例

第一章　总　　则

第一条　为了规范征信活动，保护当事人合法权益，引导、促进征信业健康发展，推进社会信用体系建设，制定本条例。

第二条　在中国境内从事征信业务及相关活动，适用本条例。

本条例所称征信业务，是指对企业、事业单位等组织（以下统称企业）的信用信息和个人的信用信息进行采集、整理、保存、加工，并向信息使用者提供的活动。

国家设立的金融信用信息基础数据库进行信息的采集、整理、保存、加工和提供，适用本条例第五章规定。

国家机关以及法律、法规授权的具有管理公共事务职能的组织依照法律、行政法规和国务院的规定，为履行职责进行的企业和个人信息的采集、整理、保存、加工和公布，不适用本条例。

第三条　从事征信业务及相关活动，应当遵守法律法规，诚实守信，不得危害国家秘密，不得侵犯商业秘密和个人隐私。

第四条　中国人民银行（以下称国务院征信业监督管理部门）及其派出机构依法对征信业进行监督管理。

县级以上地方人民政府和国务院有关部门依法推进本地区、本行业的社会信用体系建设，培育征信市场，推动征信业发展。

第二章　征 信 机 构

第五条　本条例所称征信机构，是指依法设立，主要经营征信业务的机构。

第六条　设立经营个人征信业务的征信机构，应当符合《中华人民共和国公司法》规定的公司设立条件和下列条件，并经国务院征信业监督管理部门批准：

（一）主要股东信誉良好，最近 3 年无重大违法违规记录；

（二）注册资本不少于人民币 5 000 万元；

（三）有符合国务院征信业监督管理部门规定的保障信息安全的设施、设备和制度、措施；

（四）拟任董事、监事和高级管理人员符合本条例第八条规定的任职条件；

（五）国务院征信业监督管理部门规定的其他审慎性条件。

第七条　申请设立经营个人征信业务的征信机构，应当向国务院征信业监督管理部门提交申请书和证明其符合本条例第六条规定条件的材料。

国务院征信业监督管理部门应当依法进行审查，自受理申请之日起 60 日内作出批准或者不予批准的决定。决定批准的，颁发个人征信业务经营许可证；不予批准的，应当书面说明理由。

经批准设立的经营个人征信业务的征信机构，凭个人征信业务经营许可证向公司登记机关办理登记。

未经国务院征信业监督管理部门批准，任何单位和个人不得经营个人征信业务。

第八条　经营个人征信业务的征信机构的董

事、监事和高级管理人员，应当熟悉与征信业务相关的法律法规，具有履行职责所需的征信业从业经验和管理能力，最近3年无重大违法违规记录，并取得国务院征信业监督管理部门核准的任职资格。

第九条 经营个人征信业务的征信机构设立分支机构、合并或者分立、变更注册资本、变更出资额占公司资本总额5%以上或者持股占公司股份5%以上的股东的，应当经国务院征信业监督管理部门批准。

经营个人征信业务的征信机构变更名称的，应当向国务院征信业监督管理部门办理备案。

第十条 设立经营企业征信业务的征信机构，应当符合《中华人民共和国公司法》规定的设立条件，并自公司登记机关准予登记之日起30日内向所在地的国务院征信业监督管理部门派出机构办理备案，并提供下列材料：

（一）营业执照；

（二）股权结构、组织机构说明；

（三）业务范围、业务规则、业务系统的基本情况；

（四）信息安全和风险防范措施。

备案事项发生变更的，应当自变更之日起30日内向原备案机构办理变更备案。

第十一条 征信机构应当按照国务院征信业监督管理部门的规定，报告上一年度开展征信业务的情况。

国务院征信业监督管理部门应当向社会公告经营个人征信业务和企业征信业务的征信机构名单，并及时更新。

第十二条 征信机构解散或者被依法宣告破产的，应当向国务院征信业监督管理部门报告，并按照下列方式处理信息数据库：

（一）与其他征信机构约定并经国务院征信业监督管理部门同意，转让给其他征信机构；

（二）不能依照前项规定转让的，移交给国务院征信业监督管理部门指定的征信机构；

（三）不能依照前两项规定转让、移交的，在国务院征信业监督管理部门的监督下销毁。

经营个人征信业务的征信机构解散或者被依法宣告破产的，还应当在国务院征信业监督管理部门指定的媒体上公告，并将个人征信业务经营许可证交国务院征信业监督管理部门注销。

第三章 征信业务规则

第十三条 采集个人信息应当经信息主体本人同意，未经本人同意不得采集。但是，依照法律、行政法规规定公开的信息除外。

企业的董事、监事、高级管理人员与其履行职务相关的信息，不作为个人信息。

第十四条 禁止征信机构采集个人的宗教信仰、基因、指纹、血型、疾病和病史信息以及法律、行政法规规定禁止采集的其他个人信息。

征信机构不得采集个人的收入、存款、有价证券、商业保险、不动产的信息和纳税数额信息。但是，征信机构明确告知信息主体提供该信息可能产生的不利后果，并取得其书面同意的除外。

第十五条 信息提供者向征信机构提供个人不良信息，应当事先告知信息主体本人。但是，依照法律、行政法规规定公开的不良信息除外。

第十六条 征信机构对个人不良信息的保存期限，自不良行为或者事件终止之日起为5年；超过5年的，应当予以删除。

在不良信息保存期限内，信息主体可以对不良信息作出说明，征信机构应当予以记载。

第十七条 信息主体可以向征信机构查询自身信息。个人信息主体有权每年两次免费获取本人的信用报告。

第十八条 向征信机构查询个人信息的，应当取得信息主体本人的书面同意并约定用途。但是，法律规定可以不经同意查询的除外。

征信机构不得违反前款规定提供个人信息。

第十九条 征信机构或者信息提供者、信息使用者采用格式合同条款取得个人信息主体同意的，应当在合同中作出足以引起信息主体注意的提示，并按照信息主体的要求作出明确说明。

第二十条 信息使用者应当按照与个人信息主体约定的用途使用个人信息，不得用作约定以外的用途，不得未经个人信息主体同意向第三方提供。

第二十一条 征信机构可以通过信息主体、企业交易对方、行业协会提供信息，政府有关部门依法已公开的信息，人民法院依法公布的判决、裁定等渠道，采集企业信息。

征信机构不得采集法律、行政法规禁止采集的企业信息。

第二十二条 征信机构应当按照国务院征信业监督管理部门的规定，建立健全和严格执行保障信息安全的规章制度，并采取有效技术措施保障信息安全。

经营个人征信业务的征信机构应当对其工作人员查询个人信息的权限和程序作出明确规定，对工作人员查询个人信息的情况进行登记，如实记载查询工作人员的姓名，查询的时间、内容及用途。工作人员不得违反规定的权限和程序查询信息，不得泄露工作中获取的信息。

第二十三条 征信机构应当采取合理措施，保障其提供信息的准确性。

征信机构提供的信息供信息使用者参考。

第二十四条 征信机构在中国境内采集的信息的整理、保存和加工，应当在中国境内进行。

征信机构向境外组织或者个人提供信息，应当遵守法律、行政法规和国务院征信业监督管理部门的有关规定。

第四章 异议和投诉

第二十五条 信息主体认为征信机构采集、保存、提供的信息存在错误、遗漏的，有权向征信机构或者信息提供者提出异议，要求更正。

征信机构或者信息提供者收到异议，应当按照国务院征信业监督管理部门的规定对相关信息作出存在异议的标注，自收到异议之日起 20 日内进行核查和处理，并将结果书面答复异议人。

经核查，确认相关信息确有错误、遗漏的，信息提供者、征信机构应当予以更正；确认不存在错误、遗漏的，应当取消异议标注；经核查仍不能确认的，对核查情况和异议内容应当予以记载。

第二十六条 信息主体认为征信机构或者信息提供者、信息使用者侵害其合法权益的，可以向所在地的国务院征信业监督管理部门派出机构投诉。

受理投诉的机构应当及时进行核查和处理，自受理之日起 30 日内书面答复投诉人。

信息主体认为征信机构或者信息提供者、信息使用者侵害其合法权益的，可以直接向人民法院起诉。

第五章 金融信用信息基础数据库

第二十七条 国家设立金融信用信息基础数据库，为防范金融风险、促进金融业发展提供相关信息服务。

金融信用信息基础数据库由专业运行机构建设、运行和维护。该运行机构不以营利为目的，由国务院征信业监督管理部门监督管理。

第二十八条 金融信用信息基础数据库接收从事信贷业务的机构按照规定提供的信贷信息。

金融信用信息基础数据库为信息主体和取得信息主体本人书面同意的信息使用者提供查询服务。国家机关可以依法查询金融信用信息基础数据库的信息。

第二十九条 从事信贷业务的机构应当按照规定向金融信用信息基础数据库提供信贷信息。

从事信贷业务的机构向金融信用信息基础数据库或者其他主体提供信贷信息，应当事先取得信息主体的书面同意，并适用本条例关于信息提供者的规定。

第三十条 不从事信贷业务的金融机构向金融信用信息基础数据库提供、查询信用信息以及金融信用信息基础数据库接收其提供的信用信息的具体办法，由国务院征信业监督管理部门会同国务院有关金融监督管理机构依法制定。

第三十一条 金融信用信息基础数据库运行机构可以按照补偿成本原则收取查询服务费用，收费标准由国务院价格主管部门规定。

第三十二条 本条例第十四条、第十六条、第十七条、第十八条、第二十二条、第二十三条、第二十四条、第二十五条、第二十六条适用于金融信用信息基础数据库运行机构。

第六章 监督管理

第三十三条 国务院征信业监督管理部门及其派出机构依照法律、行政法规和国务院的规定，履行对征信业和金融信用信息基础数据库运行机构的监督管理职责，可以采取下列监督检查措施：

（一）进入征信机构、金融信用信息基础数据库运行机构进行现场检查，对向金融信用信息基础数据库提供或者查询信息的机构遵守本条例有关规定的情况进行检查；

（二）询问当事人和与被调查事件有关的单位和个人，要求其对与被调查事件有关的事项作出说明；

（三）查阅、复制与被调查事件有关的文件、资料，对可能被转移、销毁、隐匿或者篡改的文件、资料予以封存；

（四）检查相关信息系统。

进行现场检查或者调查的人员不得少于 2 人，并应当出示合法证件和检查、调查通知书。

被检查、调查的单位和个人应当配合，如实提供有关文件、资料，不得隐瞒、拒绝和阻碍。

第三十四条 经营个人征信业务的征信机构、金融信用信息基础数据库、向金融信用信息基础数据库提供或者查询信息的机构发生重大信息泄露等事件的，国务院征信业监督管理部门可以采取临时接管相关信息系统等必要措施，避免损害扩大。

第三十五条 国务院征信业监督管理部门及其派出机构的工作人员对在工作中知悉的国家秘密和信息主体的信息，应当依法保密。

第七章 法 律 责 任

第三十六条 未经国务院征信业监督管理部门批准，擅自设立经营个人征信业务的征信机构或者从事个人征信业务活动的，由国务院征信业监督管理部门予以取缔，没收违法所得，并处 5 万元以上 50 万元以下的罚款；构成犯罪的，依法追究刑事责任。

第三十七条 经营个人征信业务的征信机构违反本条例第九条规定的，由国务院征信业监督管理部门责令限期改正，对单位处 2 万元以上 20 万元以下的罚款；对直接负责的主管人员和其他直接责任人员给予警告，处 1 万元以下的罚款。

经营企业征信业务的征信机构未按照本条例第十条规定办理备案的，由其所在地的国务院征信业监督管理部门派出机构责令限期改正；逾期不改正的，依照前款规定处罚。

第三十八条 征信机构、金融信用信息基础数据库运行机构违反本条例规定，有下列行为之一的，由国务院征信业监督管理部门或者其派出机构责令限期改正，对单位处 5 万元以上 50 万元以下的罚款；对直接负责的主管人员和其他直接责任人员处 1 万元以上 10 万元以下的罚款；有违法所得的，没收违法所得。给信息主体造成损失的，依法承担民事责任；构成犯罪的，依法追究刑事责任：

（一）窃取或者以其他方式非法获取信息；

（二）采集禁止采集的个人信息或者未经同意采集个人信息；

（三）违法提供或者出售信息；

（四）因过失泄露信息；

（五）逾期不删除个人不良信息；

（六）未按照规定对异议信息进行核查和处理；

（七）拒绝、阻碍国务院征信业监督管理部门或者其派出机构检查、调查或者不如实提供有关文件、资料；

（八）违反征信业务规则，侵害信息主体合法权益的其他行为。

经营个人征信业务的征信机构有前款所列行为之一，情节严重或者造成严重后果的，由国务院征信业监督管理部门吊销其个人征信业务经营许可证。

第三十九条 征信机构违反本条例规定，未按照规定报告其上一年度开展征信业务情况的，由国务院征信业监督管理部门或者其派出机构责令限期改正；逾期不改正的，对单位处 2 万元以上 10 万元以下的罚款；对直接负责的主管人员和其他直接责任人员给予警告，处 1 万元以下的罚款。

第四十条 向金融信用信息基础数据库提供或者查询信息的机构违反本条例规定，有下列行为之一的，由国务院征信业监督管理部门或者其派出机构责令限期改正，对单位处 5 万元以上 50 万元以下的罚款；对直接负责的主管人员和其他直接责任人员处 1 万元以上 10 万元以下的罚款；有违法所得的，没收违法所得。给信息主体造成损失的，依法承担民事责任；构成犯罪的，依法追究刑事责任：

（一）违法提供或者出售信息；

（二）因过失泄露信息；

（三）未经同意查询个人信息或者企业的信贷信息；

（四）未按照规定处理异议或者对确有错误、遗漏的信息不予更正；

（五）拒绝、阻碍国务院征信业监督管理部门或者其派出机构检查、调查或者不如实提供有关文件、资料。

第四十一条 信息提供者违反本条例规定，向征信机构、金融信用信息基础数据库提供非依法公开的个人不良信息，未事先告知信息主体本人，情节严重或者造成严重后果的，由国务院征信业监督管理部门或者其派出机构对单位处 2 万元以上 20 万元以下的罚款；对个人处 1 万元以上 5 万元以下的罚款。

第四十二条 信息使用者违反本条例规定，未按照与个人信息主体约定的用途使用个人信息或者未经个人信息主体同意向第三方提供个人信息，情节严重或者造成严重后果的，由国务院征信业监督管理部门或者其派出机构对单位处2万元以上20万元以下的罚款；对个人处1万元以上5万元以下的罚款；有违法所得的，没收违法所得。给信息主体造成损失的，依法承担民事责任；构成犯罪的，依法追究刑事责任。

第四十三条 国务院征信业监督管理部门及其派出机构的工作人员滥用职权、玩忽职守、徇私舞弊，不依法履行监督管理职责，或者泄露国家秘密、信息主体信息的，依法给予处分。给信息主体造成损失的，依法承担民事责任；构成犯罪的，依法追究刑事责任。

第八章 附 则

第四十四条 本条例下列用语的含义：

（一）信息提供者，是指向征信机构提供信息的单位和个人，以及向金融信用信息基础数据库提供信息的单位。

（二）信息使用者，是指从征信机构和金融信用信息基础数据库获取信息的单位和个人。

（三）不良信息，是指对信息主体信用状况构成负面影响的下列信息：信息主体在借贷、赊购、担保、租赁、保险、使用信用卡等活动中未按照合同履行义务的信息，对信息主体的行政处罚信息，人民法院判决或者裁定信息主体履行义务以及强制执行的信息，以及国务院征信业监督管理部门规定的其他不良信息。

第四十五条 外商投资征信机构的设立条件，由国务院征信业监督管理部门会同国务院有关部门制定，报国务院批准。

境外征信机构在境内经营征信业务，应当经国务院征信业监督管理部门批准。

第四十六条 本条例施行前已经经营个人征信业务的机构，应当自本条例施行之日起6个月内，依照本条例的规定申请个人征信业务经营许可证。

本条例施行前已经经营企业征信业务的机构，应当自本条例施行之日起3个月内，依照本条例的规定办理备案。

第四十七条 本条例自2013年3月15日起施行。

2. 国务院办公厅关于金融支持小微企业发展的实施意见

国办发〔2013〕87号 2013年8月8日

各省、自治区、直辖市人民政府，国务院各部委、各直属机构：

小微企业是国民经济发展的生力军，在稳定增长、扩大就业、促进创新、繁荣市场和满足人民群众需求等方面，发挥着极为重要的作用。加强小微企业金融服务，是金融支持实体经济和稳定就业、鼓励创业的重要内容，事关经济社会发展全局，具有十分重要的战略意义。为进一步做好小微企业金融服务工作，全力支持小微企业良性发展，经国务院同意，现提出以下意见。

一、确保实现小微企业贷款增速和增量"两个不低于"的目标

继续坚持"两个不低于"的小微企业金融服务目标，在风险总体可控的前提下，确保小微企业贷款增速不低于各项贷款平均水平、增量不低于上年同期水平。在继续实施稳健的货币政策、合理保持全年货币信贷总量的前提下，优化信贷结构，腾挪信贷资源，在盘活存量中扩大小微企业融资增量，在新增信贷中增加小微企业贷款份额。充分发挥再贷款、再贴现和差别准备金动态调整机制的引导作用，对中小金融机构继续实施较低的存款准备金率。进一步细化"两个不低于"的考核措施，对银行业金融机构的小微企业贷款比例、贷款覆盖率、服务覆盖率和申贷获得率等指标，定期考核，按月通报。要求各银行业金融机构在商业可持续和有效控制风险的前提下，单列小微企业信贷计划，合理分解任务，优化绩效考核机制，并由主要负责人推动层层落实。（人民银行、银监会按职责分工负责）

二、加快丰富和创新小微企业金融服务方式

增强服务功能、转变服务方式、创新服务产品，是丰富和创新小微企业金融服务方式的重点内容。进一步引导金融机构增强支小助微的服务理念，动

员更多营业网点参与小微企业金融服务，扩大业务范围，加大创新力度，增强服务功能；牢固树立以客户为中心的经营理念，针对不同类型、不同发展阶段小微企业的特点，不断开发特色产品，为小微企业提供量身定做的金融产品和服务。积极鼓励金融机构为小微企业全面提供开户、结算、理财、咨询等基础性、综合性金融服务；大力发展产业链融资、商业圈融资和企业群融资，积极开展知识产权质押、应收账款质押、动产质押、股权质押、订单质押、仓单质押、保单质押等抵质押贷款业务；推动开办商业保理、金融租赁和定向信托等融资服务。鼓励保险机构创新资金运用安排，通过投资企业股权、基金、债权、资产支持计划等多种形式，为小微企业发展提供资金支持。充分利用互联网等新技术、新工具，不断创新网络金融服务模式。（人民银行、银监会、证监会、保监会按职责分工负责）

三、着力强化对小微企业的增信服务和信息服务

加快建立"小微企业—信息和增信服务机构—商业银行"利益共享、风险共担新机制，是破解小微企业缺信息、缺信用导致融资难的关键举措。积极搭建小微企业综合信息共享平台，整合注册登记、生产经营、人才及技术、纳税缴费、劳动用工、用水用电、节能环保等信息资源。加快建立小微企业信用征集体系、评级发布制度和信息通报制度，引导银行业金融机构注重用好人才、技术等"软信息"，建立针对小微企业的信用评审机制。建立健全主要为小微企业服务的融资担保体系，由地方人民政府参股和控股部分担保公司，以省（区、市）为单位建立政府主导的再担保公司，创设小微企业信贷风险补偿基金。指导相关行业协会推进联合增信，加强本行业小微企业的合作互助。充分挖掘保险工具的增信作用，大力发展贷款保证保险和信用保险业务，稳步扩大出口信用保险对小微企业的服务范围。（发展改革委、工业和信息化部、财政部、商务部、人民银行、工商总局、银监会、证监会、保监会等按职责分工负责）

四、积极发展小型金融机构

积极发展小型金融机构，打通民间资本进入金融业的通道，建立广覆盖、差异化、高效率的小微企业金融服务机构体系，是增加小微企业金融服务有效供给、促进竞争的有效途径。进一步丰富小微企业金融服务机构种类，支持在小微企业集中的地区设立村镇银行、贷款公司等小型金融机构，推动尝试由民间资本发起设立自担风险的民营银行、金融租赁公司和消费金融公司等金融机构。引导地方金融机构坚持立足当地、服务小微的市场定位，向县域和乡镇等小微企业集中的地区延伸网点和业务，进一步做深、做实小微企业金融服务。鼓励大中型银行加快小微企业专营机构建设和向下延伸服务网点，提高小微企业金融服务的批量化、规模化、标准化水平。（银监会牵头）

五、大力拓展小微企业直接融资渠道

加快发展多层次资本市场，是解决小微企业直接融资比例过低、渠道过窄的必由之路。进一步优化中小企业板、创业板市场的制度安排，完善发行、定价、并购重组等方面的政策和措施。适当放宽创业板市场对创新型、成长型企业的财务准入标准，尽快启动上市小微企业再融资。建立完善全国中小企业股份转让系统（以下称"新三板"），加大产品创新力度，增加适合小微企业的融资品种。进一步扩大中小企业私募债券试点，逐步扩大中小企业集合债券和小微企业增信集合债券发行规模，在创业板、"新三板"、公司债、私募债等市场建立服务小微企业的小额、快速、灵活的融资机制。在清理整顿各类交易场所基础上，将区域性股权市场纳入多层次资本市场体系，促进小微企业改制、挂牌、定向转让股份和融资，支持证券公司通过区域性股权市场为小微企业提供挂牌公司推荐、股权代理买卖等服务。进一步建立健全非上市公众公司监管制度，适时出台定向发行、并购重组等具体规定，支持小微企业股本融资、股份转让、资产重组等活动。探索发展并购投资基金，积极引导私募股权投资基金、创业投资企业投资于小微企业，支持符合条件的创业投资企业、股权投资企业等发行企业债券，专项用于投资小微企业，促进创新型、创业型小微企业融资发展。（证监会、发展改革委、科技部等按职责分工负责）

六、切实降低小微企业融资成本

进一步清理规范各类不合理收费，是切实降低小微企业综合融资成本的必然要求。继续对小微企业免征管理类、登记类、证照类行政事业性收费。规

范担保公司等中介机构的收费定价行为，通过财政补贴和风险补偿等方式合理降低费率。继续治理金融机构不合理收费和高收费行为，开展对金融机构落实收费政策情况的专项检查，对落实不到位的金融机构要严肃处理。（发展改革委、工业和信息化部、财政部、人民银行、银监会等按职责分工负责）

七、加大对小微企业金融服务的政策支持力度

对小微企业金融服务予以政策倾斜，是做好小微企业金融服务、防范金融风险的必要条件。进一步完善和细化小微企业划型标准，引导各类金融机构和支持政策更好地聚焦小微企业。充分发挥支持性财税政策的引导作用，强化对小微企业金融服务的正向激励；在简化程序、扩大金融机构自主核销权等方面，对小微企业不良贷款核销给予支持。建立科技金融服务体系，进一步细化科技型小微企业标准，完善对各类科技成果的评价机制。在银行业金融机构的业务准入、风险资产权重、存贷比考核等方面实施差异化监管。继续支持符合条件的银行发行小微企业专项金融债，用所募集资金发放的小微企业贷款不纳入存贷比考核。逐步推进信贷资产证券化常规化发展，引导金融机构将盘活的资金主要用于小微企业贷款。鼓励银行业金融机构适度提高小微企业不良贷款容忍度，相应调整绩效考核机制。继续鼓励担保机构加大对小微企业的服务力度，推进完善有关扶持政策。积极争取将保险服务纳入小微企业产业引导政策，不断完善小微企业风险补偿机制。（发展改革委、科技部、工业和信息化部、财政部、人民银行、税务总局、统计局、银监会、证监会、保监会等按职责分工负责）

八、全面营造良好的小微金融发展环境

推进金融环境建设，营造良好的金融环境，是促进小微金融发展的重要基础。地方人民政府要在健全法治、改善公共服务、预警提示风险、完善抵质押登记、宣传普及金融知识等方面，抓紧研究制定支持小微企业金融服务的政策措施；切实落实融资性担保公司、小额贷款公司、典当行、投资（咨询）公司、股权投资企业等机构的监管和风险处置责任，加大对非法集资等非法金融活动的打击惩处力度；减少对金融机构正常经营活动的干预，帮助维护银行债权，打击逃废银行债务行为；化解金融风险，切实维护地方金融市场秩序。有关部门要研究采取有效措施，积极引导小微企业提高自身素质，改善经营管理，健全财务制度，增强信用意识。（发展改革委、工业和信息化部、公安部、财政部、商务部、人民银行、税务总局、工商总局、银监会、证监会、保监会等按职责分工负责）

各地区、各有关部门和各金融机构要按照国务院的统一部署，进一步提高对小微企业金融服务重要性的认识，明确分工，落实责任，形成合力，真正帮助小微企业解决现实难题。银监会要牵头组织实施督促检查工作，确保各项政策措施落实到位。从2014年开始，各省级人民政府、人民银行、银监会、证监会和保监会要将本地区或本领域上一年度小微企业金融服务的情况、成效、问题、下一步打算及政策建议，于每年1月底前专题报告国务院。各银行业金融机构有关落实情况及下一步工作和建议，由银监会汇总后报国务院。

国务院办公厅

2013年8月8日

二、金融管理部门

1. 征信机构管理办法

中国人民银行令〔2013〕第1号

2013年11月15日

第一章　总　　则

第一条　为加强对征信机构的监督管理，促进征信业健康发展，根据《中华人民共和国中国人民银行法》、《中华人民共和国公司法》、《征信业管理条例》等法律法规，制定本办法。

第二条　本办法所称征信机构，是指依法设立、主要经营征信业务的机构。

第三条　中国人民银行依法履行对征信机构的监督管理职责。中国人民银行分支机构在总行的授权范围内，履行对辖区内征信机构的监督管理职责。

第四条　征信机构应当遵守法律、行政法规和中国人民银行的规定，诚信经营，不得损害国家利益、社会公共利益，不得侵犯他人合法权益。

第二章　机构的设立、变更与终止

第五条　设立个人征信机构应当经中国人民银行批准。

第六条　设立个人征信机构，除应当符合《征信业管理条例》第六条规定外，还应当具备以下条件：

（一）有健全的组织机构；

（二）有完善的业务操作、信息安全管理、合规性管理等内控制度；

（三）个人信用信息系统符合国家信息安全保护等级二级或二级以上标准。

《征信业管理条例》第六条第一项所称主要股东是指出资额占公司资本总额5%以上或者持股占公司股份5%以上的股东。

第七条　申请设立个人征信机构，应当向中国人民银行提交下列材料：

（一）个人征信机构设立申请表；

（二）征信业务可行性研究报告，包括发展规划、经营策略等；

（三）公司章程；

（四）股东关联关系和实际控制人说明；

（五）主要股东最近3年无重大违法违规行为的声明以及主要股东的信用报告；

（六）拟任董事、监事和高级管理人员任职资格证明；

（七）组织机构设置以及人员基本构成说明；

（八）已经建立的内控制度，包括业务操作、安全管理、合规性管理等；

（九）具有国家信息安全等级保护测评资质的机构出具的个人信用信息系统安全测评报告，关于信息安全保障措施的说明和相关安全保障制度；

（十）营业场所所有权或者使用权证明文件；

（十一）工商行政管理部门出具的企业名称预先核准通知书复印件。

中国人民银行可以通过实地调查、面谈等方式对申请材料进行核实。

第八条　中国人民银行在受理个人征信机构设立申请后公示申请人的下列事项：

（一）拟设立征信机构的名称、营业场所、业务范围；

（二）拟设立征信机构的资本；

（三）拟设立征信机构的主要股东名单及其出资额或者所持股份；

（四）拟任征信机构的董事、监事和高级管理人员名单。

第九条　中国人民银行自受理个人征信机构设立申请之日起60日内对申请事项进行审查，并根据有利于征信业公平竞争和健康发展的审慎性原则作出批准或者不予批准的决定。决定批准的，依法颁发个人征信业务经营许可证；决定不予批准的，应当作出书面决定。

第十条 经批准设立的个人征信机构，凭个人征信业务经营许可证向公司登记机关办理登记，领取营业执照；个人征信机构应当自公司登记机关准予登记之日起20日内，向中国人民银行提交营业执照复印件。

第十一条 个人征信机构拟合并或者分立的，应当向中国人民银行提出申请，说明申请和理由，并提交相关证明材料。

中国人民银行自受理申请之日起20日内，作出批准或者不予批准的书面决定。

第十二条 个人征信机构拟变更资本、主要股东的，应当向中国人民银行提出申请，说明变更事项和变更理由，并提交相关证明材料。

中国人民银行自受理申请之日起20日内，作出批准或者不予批准的书面决定。

第十三条 个人征信机构拟设立分支机构的，应当符合以下条件：

（一）对拟设立分支机构的可行性已经进行充分论证；

（二）最近3年无受到重大行政处罚的记录。

第十四条 个人征信机构申请设立分支机构，应当向中国人民银行提交下列材料：

（一）个人征信机构分支机构设立申请表；

（二）个人征信机构上一年度经审计的财务会计报告；

（三）设立分支机构的可行性论证报告，包括拟设立分支机构的3年业务发展规划、市场分析和经营方针等；

（四）针对设立分支机构所作出的内控制度安排和风险防范措施；

（五）个人征信机构最近3年未受重大行政处罚的声明；

（六）拟任职的分支机构高级管理人员履历材料。

中国人民银行自受理申请之日起20日内，作出批准或者不予批准的书面决定。

第十五条 个人征信机构变更机构名称、营业场所、法定代表人的，应当向中国人民银行申请变更个人征信业务经营许可证记载事项。

个人征信机构应当在个人征信业务经营许可证记载事项变更后，向公司登记机关申办变更登记，并自公司登记机关准予变更之日起20日内，向中国人民银行备案。

第十六条 个人征信业务经营许可证应当在个人征信机构营业场所的显著位置公示。

第十七条 个人征信机构应当妥善保管个人征信业务经营许可证，不得涂改、倒卖、出租、出借、转让。

第十八条 个人征信业务经营许可证有效期为3年。有效期届满需要续展的，应当在有效期届满60日前向中国人民银行提出申请，换发个人征信业务经营许可证。

有效期届满不再续展的，个人征信机构应当在个人征信业务经营许可证有效期届满60日前向中国人民银行报告，并依照本办法第二十条的规定，妥善处理信息数据库，办理个人征信业务经营许可证注销手续；个人征信机构在个人征信业务经营许可证有效期届满60日前未提出续展申请的，中国人民银行可以在个人征信业务经营许可证有效期届满之日注销其个人征信业务经营许可证，并依照《征信业管理条例》第十二条的规定处理信息数据库。

第十九条 设立企业征信机构，应当符合《中华人民共和国公司法》规定的公司设立条件，自公司登记机关准予登记之日起30日内向所在地的中国人民银行省会（首府）城市中心支行以上分支机构办理备案，并提交下列材料：

（一）企业征信机构备案表；

（二）营业执照复印件；

（三）股权结构说明，包括资本、股东名单及其出资额或者所持股份；

（四）组织机构设置以及人员基本构成说明；

（五）业务范围和业务规则基本情况报告；

（六）业务系统的基本情况，包括企业信用信息系统建设情况报告和具有国家信息安全等级保护测评资质的机构出具的企业信用信息系统安全测评报告；

（七）信息安全和风险防范措施，包括已经建立的内控制度和安全管理制度。

企业征信机构备案事项发生变更的，应当自变更之日起30日内向备案机构办理变更备案。

第二十条 个人征信机构因解散或者被依法宣告破产等原因拟终止征信业务的，应当在拟终止之日前60日向中国人民银行报告退出方案，并依照

《征信业管理条例》第十二条第一款规定处理信息数据库。

个人征信机构终止征信业务的，应当自终止之日起20日内，在中国人民银行指定的媒体上公告，并办理个人征信业务经营许可证注销手续，将许可证缴回中国人民银行；逾期不缴回的，中国人民银行应当依法收缴。

第二十一条 企业征信机构因解散或者被依法宣告破产等原因拟终止征信业务的，应当在拟终止之日前60日向中国人民银行报告退出方案，并依照《征信业管理条例》第十二条第一款规定处理信息数据库。

第三章 高级任职人员管理

第二十二条 个人征信机构的董事、监事、高级管理人员，应当在任职前取得中国人民银行核准的任职资格。

第二十三条 取得个人征信机构董事、监事和高级管理人员任职资格，应当具备以下条件：

（一）正直诚实，品行良好；

（二）具有大专以上学历；

（三）从事征信工作3年以上或者从事金融、法律、会计、经济工作5年以上；

（四）具有履行职责所需的管理能力；

（五）熟悉与征信业务相关的法律法规和专业知识。

第二十四条 有下列情形之一的，不得担任个人征信机构董事、监事和高级管理人员：

（一）因贪污、贿赂、侵占财产、挪用财产或者破坏社会主义市场经济秩序，被判处刑罚，或者因犯罪被剥夺政治权利，执行期满未逾5年的；

（二）最近3年有重大违法违规记录的。

本办法所称重大违法违规记录，是指除前款第一项所列之外的犯罪记录或者重大行政处罚记录。

第二十五条 个人征信机构向中国人民银行申请核准董事、监事和高级管理人员的任职资格，应当提交下列材料：

（一）董事、监事和高级管理人员任职资格申请表；

（二）拟任职的董事、监事和高级管理人员的个人履历材料；

（三）拟任职的董事、监事和高级管理人员的学历证书复印件；

（四）拟任职的董事、监事和高级管理人员最近3年无重大违法违规记录的声明；

（五）拟任职的董事、监事和高级管理人员的个人信用报告。

个人征信机构应当如实提交前款规定的材料，个人征信机构以及拟任职的董事、监事和高级管理人员应当对材料的真实性、完整性负责。中国人民银行根据需要对材料的真实性进行核实，并对申请任职资格的董事、监事和高级管理人员进行考察或者谈话。

第二十六条 中国人民银行依法对个人征信机构董事、监事和高级管理人员的任职资格进行审查，作出核准或者不予核准的书面决定。

第二十七条 企业征信机构的董事、监事、高级管理人员，应当由任职的征信机构自任命之日起20日内向所在地的中国人民银行省会（首府）城市中心支行以上分支机构备案，并提交下列材料：

（一）董事、监事、高级管理人员备案表；

（二）董事、监事、高级管理人员的个人履历材料；

（三）董事、监事、高级管理人员的学历证书复印件；

（四）董事、监事、高级管理人员的备案材料真实性声明。

企业征信机构的董事、监事、高级管理人员发生变更的，应当自变更之日起20日内向备案机构办理变更备案。

第四章 监督管理

第二十八条 个人征信机构应当在每年第一季度末，向中国人民银行报告上一年度征信业务开展情况。

企业征信机构应当在每年第一季度末，向备案机构报告上一年度征信业务开展情况。

报告内容应当包括信用信息采集、征信产品开发、信用信息服务、异议处理以及信用信息系统建设情况，信息安全保障情况等。

第二十九条 个人征信机构应当按规定向中国人民银行报送征信业务统计报表、财务会计报告、审计报告等资料。

企业征信机构应当按规定向备案机构报送征信

业务统计报表、财务会计报告、审计报告等资料。

征信机构应当对报送的报表和资料的真实性、准确性、完整性负责。

第三十条 征信机构应当按照国家信息安全保护等级测评标准，对信用信息系统的安全情况进行测评。

征信机构信用信息系统安全保护等级为二级的，应当每两年进行测评；信用信息系统安全保护等级为三级以及以上的，应当每年进行测评。

个人征信机构应当自具有国家信息安全等级保护测评资质的机构出具测评报告之日起20日内，将测评报告报送中国人民银行，企业征信机构应当将测评报告报送备案机构。

第三十一条 征信机构有下列情形之一的，中国人民银行及其分支机构可以将其列为重点监管对象：

（一）上一年度发生严重违法违规行为的；

（二）出现可能发生信息泄露征兆的；

（三）出现财务状况异常或者严重亏损的；

（四）被大量投诉的；

（五）未按本办法第二十八条、第二十九条、第三十条规定报送相关材料的；

（六）中国人民银行认为需要重点监管的其他情形。

征信机构被列为重点监管对象的，中国人民银行及其分支机构可以酌情缩短征信机构报告征信业务开展情况、进行信用信息系统安全情况测评的周期，并采取相应的监管措施，督促征信机构整改。

整改后第一款中所列情形消除的，中国人民银行及其分支机构可不再将其列为重点监管对象。

第三十二条 中国人民银行及其分支机构可以根据监管需要，约谈征信机构董事、监事和高级管理人员，要求其就征信业务经营、风险控制、内部管理等有关重大事项作出说明。

第五章 罚 则

第三十三条 申请设立个人征信机构的申请人隐瞒有关情况或者提供虚假材料的，中国人民银行依照《中华人民共和国行政许可法》的相关规定进行处罚。

第三十四条 个人征信机构的个人信用信息系统未达到国家信息安全保护等级二级或者二级以上要求的，中国人民银行可以责令整顿；情节严重或者拒不整顿的，中国人民银行依照《征信业管理条例》第三十八条的规定，吊销其个人征信业务经营许可证。

第三十五条 申请个人征信机构的董事、监事、高级管理人员任职资格的申请人隐瞒有关情况或者提供虚假材料的，中国人民银行不予受理或者不予核准其任职资格，并给予警告；已经核准的，取消其任职资格。

禁止上述申请人3年内再次申请任职资格。

第三十六条 个人征信机构任命未取得任职资格董事、监事、高级管理人员的，由中国人民银行责令改正并给予警告；情节严重的，处1万元以上3万元以下罚款。

企业征信机构任命董事、监事、高级管理人员未及时备案或者变更备案，以及在备案中提供虚假材料的，由中国人民银行分支机构责令改正并给予警告；情节严重的，处1万元以上3万元以下罚款。

第三十七条 征信机构违反本办法第二十九条、第三十条规定的，由中国人民银行及其分支机构责令改正；情节严重的，处1万元以上3万元以下罚款；涉嫌犯罪的，依法移交司法机关追究其刑事责任。

第六章 附 则

第三十八条 本办法由中国人民银行负责解释。

第三十九条 本办法自2013年12月20日起施行。

2. 同业存单管理暂行办法

中国人民银行公告〔2013〕第20号

2013年12月7日

第一条 为规范同业存单业务，拓展银行业存款类金融机构的融资渠道，促进货币市场发展，根据《中华人民共和国中国人民银行法》及相关法律法规，制定本办法。

第二条 本办法所称同业存单是指由银行业存款类金融机构法人（以下简称存款类金融机构）在全国银行间市场上发行的记账式定期存款凭证，是一种货币市场工具。

前款所称存款类金融机构包括政策性银行、商业银行、农村合作金融机构以及中国人民银行认可的其他金融机构。

第三条 存款类金融机构发行同业存单应当具备以下条件：

（一）是市场利率定价自律机制成员单位；

（二）已制定本机构同业存单管理办法；

（三）中国人民银行要求的其他条件。

第四条 同业存单的投资和交易主体为全国银行间同业拆借市场成员、基金管理公司及基金类产品。

第五条 存款类金融机构发行同业存单，应当于每年首只同业存单发行前，向中国人民银行备案年度发行计划。

第六条 存款类金融机构可以在当年发行备案额度内，自行确定每期同业存单的发行金额、期限，但单期发行金额不得低于5 000万元人民币。发行备案额度实行余额管理，发行人年度内任何时点的同业存单余额均不得超过当年备案额度。

第七条 同业存单发行采取电子化的方式，在全国银行间市场上公开发行或定向发行。全国银行间同业拆借中心（以下简称同业拆借中心）提供同业存单的发行、交易和信息服务。

第八条 同业存单的发行利率、发行价格等以市场化方式确定。其中，固定利率存单期限原则上不超过1年，为1个月、3个月、6个月、9个月和1年，参考同期限上海银行间同业拆借利率定价。浮动利率存单以上海银行间同业拆借利率为浮动利率基准计息，期限原则上在1年以上，包括1年、2年和3年。

第九条 同业存单在银行间市场清算所股份有限公司登记、托管、结算。

第十条 公开发行的同业存单可以进行交易流通，并可以作为回购交易的标的物。

定向发行的同业存单只能在该只同业存单初始投资人范围内流通转让。

同业存单二级市场交易通过同业拆借中心的电子交易系统进行。

第十一条 发行人不得认购或变相认购自己发行的同业存单。

第十二条 建立同业存单市场做市商制度。同业存单做市商由市场利率定价自律机制核心成员担任，根据同业存单市场的发展变化，中国人民银行将适时调整做市商范围。做市商应当通过同业拆借中心交易系统连续报出相应同业存单的买、卖双边价格，并按其报价与其他市场参与者达成交易。

第十三条 同业存单发行人应当按照发行文件的约定，按期兑付同业存单本息，不得擅自变更兑付日期。

第十四条 存款类金融机构发行同业存单应当在中国货币网和银行间市场清算所股份有限公司官方网站上披露相关信息。信息披露应当遵循诚实信用原则，不得有虚假记载、误导性陈述或重大遗漏。

第十五条 发行人应当于每年首只同业存单发行前，向市场披露该年度的发行计划。若在该年度内发生重大或实质性变化的，发行人应当及时重新披露更新后的发行计划。

第十六条 发行人应当于每期同业存单发行前和发行后分别披露该期同业存单的发行要素公告和发行情况公告。

第十七条 同业存单存续期间，发生任何影响发行人履行债务的重大事件的，发行人应当及时进行披露。

第十八条 同业存单在会计上单独设立科目进行管理核算；在统计上单独设立存单发行及投资统计指标进行反映。

第十九条 中国人民银行依据本办法及其他相关规定，对同业存单的发行与交易实施监督管理。

同业拆借中心和银行间市场清算所股份有限公司每月分别汇总同业存单发行、交易情况和登记、托管、结算、兑付情况，报送中国人民银行。

第二十条 本办法由中国人民银行负责解释。

第二十一条 本办法自2013年12月9日起施行。

3. 消费金融公司试点管理办法

中国银行业监督管理委员会令〔2013〕第2号

2013年11月14日

第一章 总 则

第一条 为促进消费金融业务发展，规范消费金融公司的经营行为，根据《中华人民共和国银行业监督管理法》、《中华人民共和国公司法》等法律法规，制定本办法。

第二条 本办法所称消费金融公司，是指经银监会批准，在中华人民共和国境内设立的，不吸收公众存款，以小额、分散为原则，为中国境内居民个人提供以消费为目的的贷款的非银行金融机构。

第三条 本办法所称消费贷款是指消费金融公司向借款人发放的以消费(不包括购买房屋和汽车)为目的的贷款。

第四条 消费金融公司名称中应当标明“消费金融”字样。未经银监会批准，任何机构不得在名称中使用“消费金融”字样。

第五条 银行业监督管理机构依法对消费金融公司及其业务活动实施监督管理。

第二章 设立、变更与终止

第六条 申请设立消费金融公司应当具备下列条件：

(一) 有符合《中华人民共和国公司法》和银监会规定的公司章程；

(二) 有符合规定条件的出资人；

(三) 有符合本办法规定的最低限额的注册资本；

(四) 有符合任职资格条件的董事、高级管理人员和熟悉消费金融业务的合格从业人员；

(五) 建立了有效的公司治理、内部控制和风险管理制度，具备与业务经营相适应的管理信息系统；

(六) 有与业务经营相适应的营业场所、安全防范措施和其他设施；

(七) 银监会规定的其他审慎性条件。

第七条 消费金融公司的出资人应当为中国境内外依法设立的企业法人，并分为主要出资人和一般出资人。主要出资人是指出资数额最多并且出资额不低于拟设消费金融公司全部股本30%的出资人，一般出资人是指除主要出资人以外的其他出资人。

前款所称主要出资人须为境内外金融机构或主营业务为提供适合消费贷款业务产品的境内非金融企业。

第八条 金融机构作为消费金融公司主要出资人，应当具备下列条件：

(一) 具有5年以上消费金融领域的从业经验；

(二) 最近1年年末总资产不低于600亿元人民币或等值的可自由兑换货币(合并会计报表口径)；

(三) 财务状况良好，最近2个会计年度连续盈利(合并会计报表口径)；

(四) 信誉良好，最近2年内无重大违法违规经营记录；

(五) 入股资金来源真实合法，不得以借贷资金入股，不得以他人委托资金入股；

(六) 承诺5年内不转让所持有的消费金融公司股权(银行业监督管理机构依法责令转让的除外)，并在拟设公司章程中载明；

(七) 具有良好的公司治理结构、内部控制机制和健全的风险管理制度；

(八) 满足住所地国家(地区)监管当局的审慎监管指标要求；

(九) 境外金融机构应当在中国境内设立代表处2年以上，或已设有分支机构，对中国市场有充分的分析和研究，所在国家或地区金融监管当局已经与银监会建立良好的监督管理合作机制；

(十) 银监会规定的其他审慎性条件。

金融机构作为消费金融公司一般出资人，除应当具备第(三)、(四)、(五)、(六)、(七)、(八)、(九)项规定的条件外，还应当具备注册资本不低于3亿元人民币或等值的可自由兑换货币的条件。

第九条 非金融企业作为消费金融公司主要出资人，应当具备下列条件：

(一) 最近1年营业收入不低于300亿元人民币或等值的可自由兑换货币(合并会计报表口径)；

(二) 最近1年年末净资产不低于资产总额的30%(合并会计报表口径)；

(三) 财务状况良好，最近2个会计年度连续盈利(合并会计报表口径)；

(四) 信誉良好，最近2年内无重大违法违规经营记录；

(五) 入股资金来源真实合法，不得以借贷资金入股，不得以他人委托资金入股；

(六) 承诺5年内不转让所持有的消费金融公司股权(银行业监督管理机构依法责令转让的除外)，并在拟设公司章程中载明；

(七) 银监会规定的其他审慎性条件。

非金融企业作为消费金融公司一般出资人，应当具备第(二)、(三)、(四)、(五)、(六)项规定的条件。

第十条 消费金融公司主要出资人可以在消费金融公司章程中约定，在消费金融公司出现支付困难时，给予流动性支持；当经营失败导致损失侵蚀资本时，及时补足资本金。

第十一条 消费金融公司至少应当有1名具备5年以上消费金融业务管理和风险控制经验，并且出资比例不低于拟设消费金融公司全部股本15%的出资人。

第十二条 消费金融公司的注册资本应当为一次性实缴货币资本，最低限额为3亿元人民币或等值的可自由兑换货币。

银监会根据消费金融业务的发展情况及审慎监管需要，可以调整注册资本的最低限额。

第十三条 消费金融公司根据业务发展的需要，经银监会批准，可以设立分支机构。设立分支机构的具体条件由银监会另行制定。

第十四条 消费金融公司董事和高级管理人员实行任职资格核准制度。

第十五条 消费金融公司有下列变更事项之一的，应当报经银行业监督管理机构批准：

（一）变更公司名称；

（二）变更注册资本；

（三）变更股权或调整股权结构；

（四）变更公司住所或营业场所；

（五）修改公司章程；

（六）变更董事和高级管理人员；

（七）调整业务范围；

（八）改变组织形式；

（九）合并或分立；

（十）银监会规定的其他变更事项。

第十六条 消费金融公司有下列情况之一的，经银监会批准后可以解散：

（一）公司章程规定的营业期限届满或者公司章程规定的其他解散事由出现；

（二）公司章程规定的权力机构决议解散；

（三）因公司合并或者分立需要解散；

（四）其他法定事由。

第十七条 消费金融公司因解散、依法被撤销或被宣告破产而终止的，其清算事宜按照国家有关法律法规办理。

第十八条 消费金融公司设立、变更、终止和董事及高级管理人员任职资格核准的行政许可程序，按照银监会相关规定执行。

第十九条 消费金融公司设立、变更及业务经营过程中涉及外汇管理事项的，应当遵守国家外汇管理有关规定。

第三章 业务范围及经营规则

第二十条 经银监会批准，消费金融公司可以经营下列部分或者全部人民币业务：

（一）发放个人消费贷款；

（二）接受股东境内子公司及境内股东的存款；

（三）向境内金融机构借款；

（四）经批准发行金融债券；

（五）境内同业拆借；

（六）与消费金融相关的咨询、代理业务；

（七）代理销售与消费贷款相关的保险产品；

（八）固定收益类证券投资业务；

（九）经银监会批准的其他业务。

第二十一条 消费金融公司向个人发放消费贷款不应超过客户风险承受能力且借款人贷款余额最高不得超过人民币20万元。

第四章 监督管理

第二十二条 消费金融公司应当按照银监会有关规定，建立健全公司治理架构和内部控制制度，制定业务经营规则，建立全面有效的风险管理体系。

第二十三条 消费金融公司应当遵守下列监管指标要求：

（一）资本充足率不低于银监会有关监管要求；

（二）同业拆入资金余额不高于资本净额的100%；

（三）资产损失准备充足率不低于100%；

（四）投资余额不高于资本净额的20%。

有关监管指标的计算方法遵照银监会非现场监管报表指标体系的有关规定。银监会视审慎监管需要可以对上述指标做出适当调整。

第二十四条 消费金融公司应当按照有关规定建立审慎的资产损失准备制度，及时足额计提资产损失准备。未提足准备的，不得进行利润分配。

第二十五条 消费金融公司应当建立消费贷款利率的风险定价机制，根据资金成本、风险成本、资本回报要求及市场价格等因素，在法律法规允许的范围内，制定消费贷款的利率水平，确保定价能够全面覆盖风险。

第二十六条 消费金融公司应当建立有效的风险管理体系和可靠的业务操作流程，充分识别虚假的申请信息，防止欺诈行为。

第二十七条 消费金融公司如有业务外包需要，应当制定与业务外包相关的政策和管理制度，包括业务外包的决策程序、对外包方的评价和管理、控制业务信息保密性和安全性的措施和应急计划等。

消费金融公司签署业务外包协议前应当向银行业监督管理机构报告业务外包的主要风险及相应的风险规避措施等。

消费金融公司不得将与贷款决策和风险控制核心技术密切相关的业务外包。

第二十八条 消费金融公司应当按规定编制并报送会计报表及银行业监督管理机构要求的其他报表。

第二十九条 消费金融公司应当建立定期外部审计制度，并在每个会计年度结束后的 4 个月内，将经法定代表人签名确认的年度审计报告报送银行业监督管理机构。

第三十条 消费金融公司应当接受依法进行的监督检查，不得拒绝、阻碍。银行业监督管理机构在必要时可以委托会计师事务所对消费金融公司的经营状况、财务状况、风险状况、内部控制制度及执行情况等进行审计。

第三十一条 消费金融公司对借款人所提供的个人信息负有保密义务，不得随意对外泄露。

第三十二条 借款人未按合同约定归还贷款本息的，消费金融公司应当采取合法的方式进行催收，不得采用威胁、恐吓、骚扰等不正当手段。

第三十三条 消费金融公司应当按照法律法规和银监会有关监管要求做好金融消费者权益保护工作，业务办理应当遵循公开透明原则，充分履行告知义务，使借款人明确了解贷款金额、期限、价格、还款方式等内容，并在合同中载明。

第三十四条 消费金融公司违反本办法规定的，银行业监督管理机构可以责令限期整改；逾期未整改的，或者其行为严重危及消费金融公司的稳健运行、损害客户合法权益的，银行业监督管理机构可以区别情形，依照《中华人民共和国银行业监督管理法》等法律法规，采取暂停业务、限制股东权利等监管措施。

第三十五条 消费金融公司已经或者可能发生信用危机、严重影响客户合法权益的，银监会可以依法对其实行接管或者促成机构重组。消费金融公司有违法经营、经营管理不善等情形，不予撤销将严重危害金融秩序、损害公众利益的，银监会有权予以撤销。

第五章 附 则

第三十六条 香港、澳门和台湾地区的出资人设立消费金融公司适用境外出资人的条件。

第三十七条 本办法中“以上”均含本数或本级。

第三十八条 本办法由银监会负责解释。

第三十九条 本办法自 2014 年 1 月 1 日起施行，原《消费金融公司试点管理办法》(中国银监会令 2009 年第 3 号)同时废止。

4. 商务部、中国人民银行、中国证券监督管理委员会发布《商品现货市场交易特别规定(试行)》

商务部令〔2013〕第 3 号

《商品现货市场交易特别规定(试行)》已经 2013 年 8 月 15 日商务部第 7 次部务会议审议通过，并经中国人民银行、证监会同意，现予发布，自 2014 年 1 月 1 日起施行。

部长 高虎城
行长 周小川
主席 肖 钢
2013 年 11 月 8 日

商品现货市场交易特别规定(试行)

第一章 总 则

第一条 为规范商品现货市场交易活动，维护市场秩序，防范市场风险，保护交易各方的合法权益，促进商品现货市场健康发展，加快推行现代流通方式，根据国家有关法律法规以及《国务院关于清理整顿各类交易场所切实防范金融风险的决定》(国发〔2011〕38号)，制定本规定。

第二条　中华人民共和国境内的商品现货市场交易活动，应当遵守本规定。国家另有规定的，依照其规定。

第三条　本规定所称商品现货市场，是指依法设立的，由买卖双方进行公开的、经常性的或定期性的商品现货交易活动，具有信息、物流等配套服务功能的场所或互联网交易平台。

本规定所称商品现货市场经营者(以下简称市场经营者)，是指依法设立商品现货市场，制定市场相关业务规则和规章制度，并为商品现货交易活动提供场所及相关配套服务的法人、其他经济组织和个人。

第四条　从事商品现货市场交易活动，应当遵循公开、公平、公正和诚实信用的原则。

第五条　商务部负责全国商品现货市场的规划、信息、统计等行业管理工作，促进商品现货市场健康发展。

中国人民银行依据职责负责商品现货市场交易涉及的金融监管以及非金融机构支付业务的监管工作。

第六条　商品现货市场行业协会应当制定行业规范和行业标准，加强行业自律，组织业务培训，建立高管诚信档案，受理投诉和调解纠纷等。

第二章　交易对象和交易方式

第七条　商品现货市场交易对象包括：

(一) 实物商品；

(二) 以实物商品为标的的仓单、可转让提单等提货凭证；

(三) 省级人民政府依法规定的其他交易对象。

第八条　商品现货市场交易的实物商品，应当执行国家有关质量担保责任的法律法规，并符合现行有效的质量标准。

第九条　商品现货市场交易可以采用下列方式：

(一) 协议交易；

(二) 单向竞价交易；

(三) 省级人民政府依法规定的其他交易方式。

本规定所称协议交易，是指买卖双方以实物商品交收为目的，采用协商等方式达成一致，约定立即交收或者在一定期限内交收的交易方式。

本规定所称单向竞价交易，是指一个买方(卖方)向市场提出申请，市场预先公告交易对象，多个卖方(买方)按照规定加价或者减价，在约定交易时间内达成一致并成交的交易方式。

第十条　市场经营者不得开展法律法规以及《国务院关于清理整顿各类交易场所切实防范金融风险的决定》禁止的交易活动，不得以集中交易方式进行标准化合约交易。

现货合同的转让、变更，应当按照法律法规的相关规定办理。

第三章　商品现货市场经营规范

第十一条　市场经营者应当履行下列职责：

(一) 提供交易的场所、设施及相关服务；

(二) 按照本规定确定的交易方式和交易对象，建立健全交易、交收、结算、仓储、信息发布、风险控制、市场管理等业务规则与各项规章制度；

(三) 法律法规规定的其他职责。

第十二条　市场经营者应当公开业务规则和规章制度。制定、修改和变更业务规则和规章制度，应当在合理时间内提前公示。

第十三条　商品现货市场应当制定应急预案。出现异常情况时，应当及时采取有效措施，防止出现市场风险。

第十四条　市场经营者应当采取合同约束、系统控制、强化内部管理等措施，加强资金管理力度。

市场经营者不得以任何形式侵占或挪用交易者的资金。

第十五条　鼓励商品现货市场创新流通方式，降低交易成本；建设节能环保、绿色低碳市场。

第十六条　鼓励商品现货市场采用现代信息化技术，建立互联网交易平台，开展电子商务。

第十七条　市场经营者应当建立完善商品信息发布制度，公布交易商品的名称、数量、质量、规格、产地等相关信息，保证信息的真实、准确，不得发布虚假信息。

第十八条　采用现代信息化技术开展交易活动的，市场经营者应当实时记录商品仓储、交易、交收、结算、支付等相关信息，采取措施保证相关信息的完整和安全，并保存五年以上。

第十九条　市场经营者不得擅自篡改、销毁相关信息和资料。

第四章 监督管理

第二十条 县级以上人民政府商务主管部门负责本行政区域内的商品现货市场的行业管理，并按照要求及时报送行业发展规划和其他具体措施。

中国人民银行分支机构依据职责负责辖区内商品现货市场交易涉及的金融机构和支付机构的监督管理工作。

国务院期货监督管理机构派出机构负责商品现货市场非法期货交易活动的认定等工作。

第二十一条 市场经营者应当根据相关部门的要求报送有关经营信息与资料。

第二十二条 县级以上人民政府商务主管部门应当根据本地实际情况，建立完善各项工作制度。必要时应及时将有关情况报告上级商务主管部门和本级人民政府。

第五章 法律责任

第二十三条 市场经营者违反第十一条、第十二条、第十三条、第十四条、第十七条、第十八条、第十九条、第二十一条规定，由县级以上商务主管部门会同有关部门责令改正。逾期不改的，处一万元以上三万元以下罚款。

第二十四条 市场经营者违反第八条、第十条规定和《期货交易管理条例》的，依法予以处理。

第二十五条 有关行政管理部门工作人员在市场监督管理工作中，玩忽职守、滥用职权、徇私舞弊的，依法给予行政处分；构成犯罪的，依法追究刑事责任。

第六章 附　则

第二十六条 本规定自 2014 年 1 月 1 日起施行。

三、上海市人民政府

上海市人民政府办公厅印发本市贯彻《国务院办公厅关于金融支持经济结构调整和转型升级的指导意见》实施方案的通知

各区、县人民政府，市政府各委、办、局：

经市政府同意，现将本市贯彻落实《国务院办公厅关于金融支持经济结构调整和转型升级的指导意见》的实施方案印发给你们，请认真按照执行。

上海市人民政府办公厅

2013年8月9日

本市贯彻《国务院办公厅关于金融支持经济结构调整和转型升级的指导意见》的实施方案

为深入贯彻《国务院办公厅关于金融支持经济结构调整和转型升级的指导意见》(国办发〔2013〕67号)(以下简称《指导意见》)，制订本实施方案。

一、指导思想

尽快把《指导意见》落到实处，更好地发挥金融在支持上海创新驱动、转型发展中的作用，抓出实效，努力维护上海经济平稳运行格局，促进上海经济转型升级，推动上海金融业进一步发展。

二、具体要求

(一) 紧密结合上海实际。为体现区域经济特点，在工作内容上，要结合本市实际，选择与上海经济发展密切相关的项目，形成具体化、定量化、可操作性的工作方案，并予重点推进。

(二) 积极主动作为。各有关部门和单位要根据《指导意见》关于国家对口部委工作任务分工以及本实施方案的安排，主动承担相应责任，提早谋划、尽早推进。同时，要主动与国家对口部委对接，积极跟踪政策动态，推进各项政策在本市及时、有效落实。

(三) 加强分工合作。为更好地发挥金融政策、财政政策和产业政策的协同作用，明确每项工作的牵头部门、参加部门(详见附件)。牵头部门总体负责工作推进，包括制定工作方案，落实工作分工，建立与参加部门共同推进工作的机制，协调及解决工作推进中碰到的问题和困难。参加部门负责把本部门的工作落实好，并积极配合其他有关部门的工作，形成工作合力。

三、分类推进措施

《指导意见》涉及金融政策、财政政策、产业政策，从充分利用好各项政策和资源出发，将贯彻《指导意见》具体工作分为三类。

一是对接类，即目前不存在政策障碍，要梳理具体需求、加大对接力度的工作。产业管理部门与金融管理部门要建立常态的工作对接机制，定期沟通信息，及时掌握资金供需变动趋向，突出重点项目、领域与行业对金融资源的需求带动作用，聚焦小微企业金融服务需求的可获得性，组织金融机构开展对接。

二是政策完善类，即对已出台的地方政策，根据《指导意见》部署继续完善的工作。政策制定部门要根据《指导意见》，结合当前新形势、新要求，总结分析政策执行过程中的经验和问题，及时修订完善政策，加大政策促进、政策落实及政策之间相互协同的力度，充分发挥政策的引导和促进作用。

三是改革创新类，即对《指导意见》中提出的改革创新内容，在国家有关部委尚没有出台具体实施细则或明确操作路径的情况下，积极争取先行先试的工作。各有关部门和单位要主动与国家部委沟通，并结合中国(上海)自由贸易试验区建设的要求，深化改革、扩大开放，提出具有上海特点的方案和操作办法，争取在上海先行先试，使国家金融改革、开放、创新的有关部署在上海最先落地。

四、实施情况督查

由市政府办公厅负责对本实施方案的实施情况进行督查，并定期向市政府报告工作推进情况。由市政府办公厅、市金融办和人民银行上海总部、上海银监局、上海证监局、上海保监局负责对本实施方案的实施效果进行总结与后评估，以促进金融更好地支持本市经济结构调整和转型升级。

附件

本市金融支持经济结构调整和转型升级重点工作分工表

类　别	重点工作	具体工作举措	责任单位	备　注
一、对接类	(一) 加大对有市场发展前景的先进制造业、战略性新兴产业、现代信息技术产业和信息消费、劳动密集型产业、服务业、传统产业改造升级以及绿色环保等领域的资金支持力度。	1. 有效甄别有市场发展前景的企业，批量向金融机构推荐，引导金融机构加大资金支持。	**市经济信息化委、市发展改革委**、市商务委、市科委、市金融办、人民银行上海总部、上海银监局、上海证监局	
	(二) 保证重点在建续建工程和项目的合理资金需求，积极支持铁路等重大基础设施、城市基础设施、保障性安居工程等民生工程建设。	2. 梳理重点在建工程项目，组织金融机构开展对接。	**市发展改革委、市建设交通委**、人民银行上海总部、市金融办、上海银监局、上海保监局	
		3. 推进上海保障房中票的发行。	**市金融办、市住房保障房屋管理局**、人民银行上海总部	
		4. 研究推进保险资金参与本市旧区改造项目，拓宽融资渠道。	**市建设交通委、市金融办**、市发展改革委、市财政局、市规划国土资源局、上海保监局	
	(三) 对产能过剩行业区分不同情况实施差别化政策。	5. 明确产能过剩行业中产品有竞争力、有市场、有效益的企业标准，提出重点企业名录，支持金融机构继续对这类企业给予资金支持。	**市经济信息化委、市发展改革委**、上海银监局、人民银行上海总部、外汇局上海市分局、市金融办	
		6. 支持富余产能向境外有序转移，了解企业融资需求，引导金融机构开展业务创新，加大金融支持力度。	**市商务委**、上海银监局、人民银行上海总部、外汇局上海市分局、市金融办	
		7. 梳理实施产能整合的重点企业名录，开展定向并购贷款，支持企业兼并重组。	**市经济信息化委、上海银监局**、市国资委、人民银行上海总部、市金融办	
	(四) 加强对科技型、创新型、创业型小微企业的金融支持力度。	8. 有效开展银企对接，改善金融服务，加大金融支持。	**市科委、市人力资源社会保障局**、市经济信息化委、市财政局、市金融办、人民银行上海总部、上海银监局、上海证监局、上海保监局	
		9. 完善科技金融统计制度。	**人民银行上海总部**、市科委	
	(五) 积极满足居民大宗耐用消费品、新型消费品以及教育、旅游等服务消费领域的合理信贷需求。	10. 支持金融机构探索和推广有效的消费金融业务模式，满足居民消费信贷需求。	**市商务委、市旅游局**、市教委、上海银监局、市金融办	
	(六) 创新外汇储备运用，拓展外汇储备委托贷款平台和商业银行转贷款渠道，综合运用多种方式为用汇主体提供融资支持。	11. 积极向委贷机构推荐本市大中型对外投资合作项目，争取获得低利率的外储贷款。	**市商务委、外汇局上海市分局**、市金融办	

（续表）

类 别	重点工作	具体工作举措	责任单位	备 注
一、对接类	（七）稳步扩大公司（企业）债、中期票据和中小企业私募债券发行。	12. 支持符合条件的企业发行企业债、中小企业集合债。	**市发展改革委**、市经济信息化委	
		13. 支持符合条件的企业发行中期票据、中小企业集合票据、资产支持票据、非公开定向债务融资工具、短期融资券、超短期融资券。	**人民银行上海总部**、**市金融办**、市经济信息化委	
		14. 支持符合条件的企业发行公司债、中小企业私募债。	**上海证监局**、市经济信息化委、市金融办	
	（八）允许发展成熟、经营稳健的村镇银行在最低股比要求内，调整主发起行与其他股东持股比例。	15. 探索对发展成熟、经营稳健的村镇银行在最低股比要求内，调整主发起行与其他股东持股比例。	**上海银监局**、市金融办	
	（九）逐步扩大消费金融公司的试点范围。	16. 争取发起设立更多的消费金融公司。	**市金融办**、**上海银监局**、市商务委	
	（十）深入排查各类金融风险隐患，适时开展压力测试，动态分析可能存在的风险触点，及时锁定、防控和化解风险，严守不发生系统性区域性金融风险的底线。	17. 落实行业主管部门、地方（准）金融监管部门的管理责任，针对涉金融风险的行业开展风险排摸工作，逐步完善监管方式，促进规范发展。	**市金融办**、人民银行上海总部、上海银监局、上海证监局、上海保监局、市商务委、市工商局、市住房保障房屋管理局	
		18. 建立金融监管部门、行业主管部门、公检法、企业所属区（县）的多方联动合作机制，加强重点领域、重点行业、重点企业的风险防控。	**市金融办**、人民银行上海总部、上海银监局、上海证监局、上海保监局、市商务委、市工商局、有关区县政府、市住房保障房屋管理局	
二、政策完善类	（一）适当提高对小微企业贷款的不良贷款容忍度。	19. 结合本市实际情况，提出对商业银行适当提高小微企业贷款的不良贷款容忍度的工作要求。	**上海银监局**	
	（二）鼓励地方人民政府建立小微企业信贷风险补偿基金。	20. 完善小微企业信贷风险补偿政策。	**市财政局**、**市金融办**、市科委、上海银监局	2013年三季度
	（三）政府出资设立或参股融资性担保公司，以及通过奖励、风险补偿等多种方式引导融资性担保公司健康发展。	21. 继续推进政府出资参股融资性担保公司，发挥政府资金的引导作用。	**市财政局**、市金融办	2013年四季度
		22. 完善本市融资性担保公司奖励措施。	**市经济信息化委**、市金融办	
		23. 完善商业性融资担保机构担保代偿损失风险补偿政策。	**市财政局**	2013年四季度
	（四）支持小微企业信息整合，加快推进中小企业信用体系建设。	24. 研究相关措施，提升上海市公共信用信息服务平台服务中小企业能力，加快推进中小企业信用体系建设。	**市经济信息化委**、**人民银行上海总部**	
		25. 推进本市小微企业融资服务平台建设工作。	**市金融办**、**市经济信息化委**、各区县政府、张江高新区管委会	
	（五）加大对“三农”领域的金融支持力度。	26. 探索开展农村土地承包经营权抵押贷款试点，对开展试点的商业银行给予支农再贷款支持。	**市农委**、**市金融办**、人民银行上海总部、上海银监局	
		27. 完善财政支持的农业保险大灾风险分散机制。	**市农委**、**市财政局**、市金融办、上海保监局	2013年四季度

（续表）

类　别	重点工作	具体工作举措	责任单位	备　注
二、政策完善类	（六）大力发展出口信用保险，鼓励为企业开展对外贸易和“走出去”提供投资、运营、劳动用工等方面的一揽子保险服务。	28. 完善出口信用保险政策，发展短期出口信用保险业务，扩大保险规模，特别是小微企业短期险覆盖面，继续发挥中信保上海分公司主渠道作用，推动人保产险上海分公司开办短期险业务。	**市商务委**、市财政局、上海保监局	
	（七）试点推广小额信贷保证保险，推动发展国内贸易信用保险。	29. 积极推进科技中小企业短期贷款履约保证保险。	**市科委、市财政局**、上海保监局、市金融办	
		30. 推动发展国内贸易信用保险，加大对小型微型贸易型企业的金融支持力度。	**市商务委**、市财政局、上海保监局、市金融办	
三、改革创新类	（一）对实施产能整合的企业，探索发行优先股。	31. 对实施产能整合的企业，探索发行优先股。	**上海证监局、市经济信息化委**、市金融办、市国资委	
	（二）逐步推进信贷资产证券化常规化发展。	32. 积极争取开展信贷资产证券化常规化运作。	**市金融办**、人民银行上海总部、上海银监局、上海证监局、上海证券交易所、中国外汇交易中心、上海清算所	
	（三）以推进贸易投资便利化为重点，进一步推动人民币跨境使用，推进外汇管理简政放权，完善货物贸易和服务贸易外汇管理制度。	33. 推动跨境人民币结算业务发展，扩大人民币在贸易、投资、保险等领域的使用。	**人民银行上海总部、市金融办**、市财政局、市商务委、外汇局上海市分局、上海银监局、上海证监局、上海保监局	
		34. 深入推进国际贸易结算中心外汇管理试点和跨国公司总部外汇资金集中运营管理试点。	**外汇局上海市分局、市金融办**、市商务委、上海综合保税区管委会	
	（四）逐步开展个人境外直接投资试点。	35. 研究推进在沪开展个人境外直接投资试点工作。	**外汇局上海市分局、人民银行上海总部**、市金融办	
	（五）加强银行间外汇市场净额清算等基础设施建设。	36. 争取扩大银行间外汇市场净额清算的参与者范围。	**上海清算所**、中国外汇交易中心	2013年完成调研，2014年上半年实施
	（六）适当放宽创业板对创新型、成长型企业的财务准入标准。	37. 积极跟进放宽创业板财务准入标准的政策动态，鼓励本市符合条件的创新型、成长型企业在创业板上市。	**市金融办**、上海证监局	
	（七）探索发展并购投资基金，鼓励私募股权投资基金、风险投资基金产品创新。	38. 积极配合开展政策研究，探索在上海设立境内外并购投资基金。	**市发展改革委、市金融办**、市商务委、上海证监局	
		39. 促进私募股权投资基金、风险投资基金开展产品与服务创新。	**市发展改革委、市金融办**、上海证监局	
	（八）加快完善期货市场建设，稳步推进期货市场品种创新。	40. 做好国债期货上市准备工作，适时推出国债期货。	**中国金融期货交易所**、上海证监局、市金融办	2013年三、四季度
	（九）尝试由民间资本发起设立自担风险的民营银行、金融租赁公司和消费金融公司等金融机构。	41. 积极配合开展民营资金进入金融业的政策研究，探索设立民间资本发起的自担风险的民营银行和金融租赁公司、消费金融公司。	**市金融办、上海银监局**	
	（十）支持银行开展不良贷款转让，扩大银行不良贷款自主核销权，及时主动消化吸收风险。	42. 积极配合开展政策研究，扩大银行不良贷款自主核销权，探索银行不良贷款转让的常规化路径。	**上海银监局、市财政局**、人民银行上海总部、市金融办	

（注：黑体字标出的为牵头单位）

第八篇　文　　化

一、学 术 团 体

1. 上海市金融学会

2013年,上海市金融学会加强组织协调,发动理事单位和会员结合金融工作实际,开展重点课题和青年课题研究。积极筹备第九届会员代表大会,组织力量广泛深入地开展学术研讨和交流。参加市社联科普周和学术活动月活动,举办金融教育基础知识讲座和市地方志金融分志培训。加强《上海金融》期刊编辑、审稿以及《上海金融年鉴》组稿,进一步提高稿件质量,提升金融刊物的影响力。

【组织协调】 学会年初召开秘书长工作会议和专业研究部工作会议,讨论全年学术活动安排、研究课题选题。发动各理事单位和会员,参加2013年重点课题和青年课题申报、第四届“青年金融论坛”征文和2013年学术年会征文、优秀活动组织奖评选,以及上海市社联“党的十八大精神”理论课题研究项目申报、上海市“坚持和发展中国特色社会主义”理论研讨征文。利用学会网站,发布学术活动和研究成果,搭建网络平台。利用电子邮件,有组织有针对性地邀请会员参加各种学术活动。

积极筹备第九届会员代表大会。2013年是学会换届年,学会认真做好换届大会的筹备工作。吸收一批新的金融机构作为学会理事单位,同时吸收一批新的青年专家学者和会员,不断壮大学会队伍,开创学会工作新局面。

【学术研究和交流】 一是发挥学会专业研究部和副会长单位、理事单位的作用,开展各种形式的学术讨论会。2013年先后举办了7次学术讨论会。例如,由上海财经大学、上海市金融学会与联合国千年发展目标公益活动组织委员会共同主办的“实施联合国千年发展目标8.A1,2013信用管理与可持续发展论坛”于4月20日在上海召开。上海财经大学党委副书记陈宏、上海市金融学会秘书长李安定、联合国千年发展目标公益活动组织委员会主任张财根出席开幕式并致辞。中国市场学会信用工作委员会专家委员会主任林钧跃作了题为“二十年来社会信用体系相关理论的脉络与传承及第三代企业信用管理理论探讨”的主题报告。上海财经大学信用研究中心主任、美国宾州州立大学黄京志教授作了“北美信用风险管理的现状及趋势”的主题演讲。除上午主论坛外,下午还另设六场平行论坛聚焦“征信与信用评级”、“信用风险管理与信用环境建设”等学术问题和实践经验,以邀请嘉宾主题演讲、学术论文报告、专家现场点评等形式对信用管理领域的具体问题进行深入探讨。7月24日,学会货币政策专业研究部召开“货币政策问题与思考”学术讨论会,围绕美联储退出量化宽松货币政策的影响、利率市场化、影子银行和流动性管理等问题展开讨论。10月25日,学会金融市场专业研究部召开“金融市场热点问题”学术讨论会,围绕中国资本市场对外开放后的前景、黄金价格趋势分析、互联网金融对资金市场的影响、股票市场投资等问题展开讨论。此次活动入选上海市社联第七届学会学术活动月项目。11月20—21日,上海市金融学会和上海交通大学中国金融研究院举办2013第六届财富管理与私人银行会议,围绕财富管理市场发展与创新展开交流。11月24日,上海市金融学会和中国浦东干部学院举办完善地方政府金融管理专题讨论会,就地方债、投融资体制、金融管理体制等问题展开讨论。12月5日,上海市金融学会、同济大学、上海市期货同业公会、上海国际集团金融发展研究院联合举办自贸区金融发展讨论会,就自贸区金融创新、金融机构走出去等问题展开讨论。12月9日,上海市金融学会和上海财经大学现代金融研究中心举办国内外要素有序自由流动深化金融改革讨论会,围绕自贸区离岸人民币金融创新、资本项目开放、人民币汇率等问题展开讨论。

二是发挥青年专家学者的优势,举办青年金融论坛。11月6日，学会举办了第四届青年金融论坛。经初审，编入青年论坛论文集49篇，其中有14篇论文参加论坛交流。此次活动入选上海市社联第七届学会学术活动月项目。通过此类形式的学术活动，学会为青年人才提供了展示风采的舞台和学术成果发布的途径。

三是举办金融教育基础知识讲座。5月27日举办“上海金融的过去、现在和未来”的讲座，并组织参观上海银行博物馆。本次讲座特邀上海市金融学会顾问洪葭管讲解，100余位学会会员、志书编纂人员以及青年同志参加。此项活动入选上海市社联“第12届上海市社会科学普及活动周”学会特色科普活动以及2013年上海市地方志法规宣传日“知史爱国、读志爱乡”活动。

四是发挥专家学者的积极性和创造性，开展课题研究。学会围绕金融业的热点、重点和难点问题，搭建研究平台，广泛联系上海金融实务界和理论界专家学者和青年人才，开展重点课题和青年课题研究，充分调动和发挥各自的积极性和创造性，鼓励开展联合研究，集中大家的智慧，为金融业的改革和发展献计献策。根据学会课题招标管理办法，学会在2013年初组织各会员单位根据经济金融发展的实际提供研究选题，开展重点课题申报。从基本内容、研究方法和创新程度等多角度考察，确定30个重点课题。通过组织重点课题中期交流会和终期评审会，加强课题指导和协调，切实推动研究工作开展，提高研究质量。积极组织青年课题研究，围绕国际金融、宏观经济与货币政策、金融监管与风险管理、中小企业、金融支持实体经济、金融市场、金融服务、商业银行经营管理等专题确定60个青年课题。

【期刊编辑和培训】 一是出版优秀金融研究成果，促进成果转化。为了展现研究成果，所有招标课题和会员论文均组织专家审稿，获奖论文统一由学会组织发表。2013年，学会围绕金融支持实体经济、国际金融中心建设、金融市场、商业银行等专题，从2012年获奖的重点研究课题、优秀青年课题和优秀征文中选出25篇文章，出版了《上海金融论丛(2013)》。

二是办好金融期刊，树立刊物品牌。按期编辑出版《上海金融》月刊和《金融探索与实践》内刊。《上海金融》多次入选“中文社会科学引文索引来源期刊(CSSCI)”，在中国学术期刊综合引证年度报告中的排名在人行系统期刊中领先，连续入选中文核心期刊、RCCSE中国核心学术期刊，首次入选中国人文社会科学核心期刊。《上海金融》经过三轮评审，作为全市400多种刊物中选出的17种刊物之一，被上海市出版局选定参加第三届中国出版政府奖期刊类评选，各入围期刊代表上海期刊的最高水平。结合《上海金融》创刊400期，向金融管理机关、金融机构和金融研究单位及《上海金融》协办单位开展征稿活动，结集出版400期纪念特刊。

召开《上海金融年鉴(2013)》启动工作会议，并在宁波市召开第八次“长三角金融”组稿培训。举办《上海市志·金融分志·综合卷》第一期、第二期编纂人员业务培训。向各修志单位发文做好资料收集与资料长编工作。

(王海生)

2. 上海城市金融学会

2013年，上海城市金融学会与时俱进，认真履行职责。学会深入开展金融理论和实践研究，重点推进重大课题调研、学术研讨、学术交流、同业分析、刊物出版和组织建设，以理论实践推动工行上海市分行创新转型，为分行战略发展提供了前瞻性理论指导。一年来，学会各项工作取得丰硕成果，多篇论文获奖，并再次荣获中国城市金融学会“最佳团体会员”第一名，获总行“我与工商银行30年”征稿活动“特殊贡献奖”。

【学术研究】 重点课题调研取得诸多成果，为银行战略发展提供前瞻理论指导。2013年，学会深入开展课题调研，牵头并组织各分会完成了100多个重点课题。在人行重点课题评选中获二等奖1篇、优秀奖1篇；人行青年课题评选中获2等奖一篇；在总行“我与工商银行30年”主题征稿活动中，获特等奖1篇、二等奖1篇、三等奖4篇，并获总行“特殊贡献奖”。全年围绕以下几个领域开展了重点研究：一是围绕工行新三年战略发展，总行重点课题研究取得多项成果。聚焦网点经营转型、消费金融市场开拓、互联网金融创新、商投联动发展和上海国际金融中心建设。二是围绕金融创新，探索大数据背景下商业银行消费金融业务拓展路径，获人行年度重点课题评选二等奖；研究金融在四个中心建设中的核心地位和对策，获人行重点课题优秀奖。围绕金融支持实体经济和商业银行经营创新，组织完成了七项人行青年课题，全部入围参加人行上海总部举办的第四届青年金融论坛，其中 1 篇获二等奖。三是围绕基层经营重点难点，群众性课题调研活动形成丰富成果。

【学术活动】 举办了丰富的学术研讨活动，为经营攻坚克难汇聚专家智慧。成功组织参加总行“资本市场发展与商业银行创新”主题征稿活动，探索新兴业务创新路径。成功组织完成工行十年纲要课题调研活动。成功组织完成有关上海银行同业网点建设和经营经验的调研活动。

【学术组织】 持续推进了学会刊物出版和组织建设，使学会成为人才培养的摇篮。办好学会会刊，每月出版《上海城市金融》，积极刊登获奖论文。成功开展年度优秀论文评选及优秀研究成果交流活动。编辑《优秀论文集》，在全行范围内分享、推广学会优秀研究成果。推进换届选举工作，初步完成了 29 家分会的换届选举工作，完善学会组织建设，并吸收了一批高学历的中高层业务骨干，进一步为学会集聚了人才队伍。

（上海城市金融学会）

3. 上海市农村金融学会

2013 年是上海市农村金融学会配合上海农行开始实施新三年发展规划的开局之年，围绕分行年内中心工作和任务，继续加强应用理论研究和课题调研工作，依托上海加快建设国际金融中心的大背景，为分行业务经营和发展转型提供智力支持和理论先行；认真做好分行信访维稳工作，为业务发展保驾护航；加强分行精神文明建设和企业文化建设，扎实推进各项工作的有序推进，圆满履行了学会职责。

【理论研究】 积极开展理论研究工作，加强金融实务调研，发挥参谋助手作用。（1）学会和《金融时报》社于 4 月 2 日联合举办了“改革创新金融服务，加强支持实体经济发展”研讨会。研讨会通过介绍典型经验、专家学者发言以及与参会者互动交流的方式，讨论了银行业金融机构应如何在新的经济发展阶段，改革创新金融服务，全面参与支持实体经济发展，并深入分析了未来银行业金融机构面临的机遇与挑战。上海市农村金融学会会长、分行行长刘桂平和金融时报社社长汪洋、农总行企业文化部副总经理陈继军分别在会上致辞；金融时报社副总编辑傅勇主持研讨会并做了总结发言。会议得到了有关方面的高度重视，取得了预期效果。

（2）深入贯彻落实党的十八大明确提出的“深化金融体制改革，健全促进宏观经济稳定、支持实体经济发展的现代金融体系”、“实施创新驱动发展战略”等方针政策，学会深入发动中青年干部员工参与上海市金融学会 2013 年度研究课题的投标、申报、论文研究工作，完成了 2 个重点课题，分别是“国家金融创新和区域经济转型背景下商业银行发展路径研究”（曾振宇主持）和“农业银行发挥城乡业务联动优势加大对上海郊区发展支持力度研究”（张国平主持）；完成了 3 个青年课题，分别是“网络金融服务模式研究——以商业银行移动支付业务为视野”（李慧俊）、“基于声誉机制模型的中小企业融资环境——兼论完善社会征信体系与破解中小企业融资瓶颈”（陆文彬）以及“金融脱媒趋势下商业银行发展路径研究——基于管理转型的视角”（邵昶）。

（3）为适应互联网金融发展大趋势，学会精心组织开展了“智慧农行”论坛征文活动，形成论文 48 篇；并有 4 篇优秀论文选送农总行，其中 1 篇荣获农总行“智慧农行”论坛二等奖。为大力推动城镇化发展，开拓农行业务新的增长点，协同分行团委认真组织开展“2013 年青年论坛”征文活动，形成论文 77 篇；并有 3 篇优秀论文选送农总行，其中 1 篇荣获农总行第十四届“青年论坛”征文活动三等奖。

（4）全年组织召开了各类征文座谈会、总结表彰会、理论研讨会 11 次，推动了分支行金融研究、征文活动的有序开展。参加了中国人民银行资产管理、中国债券、地方金融、产业金融发展、财富管理、私人银行等论坛、研讨会八次。

【办好会刊】 办好《上海农村金融》杂志，做好理论研究和宣传工作。（1）学会克服人手不够的实际困难，保质保量地完成了《上海农村金融》全年六期的组稿、编辑、校对、发行工作，有效宣传了分行党委的工作要求和业务动态，及时总结了分行业务经营中涌现出来的先进事迹和先进个人，为宣传业务发展中的正能量做出了不懈努力。

（2）《上海农村金融》始终保持了正确的政治方向和业务方向，首先，根据分行业务发展实际，不断调整有关栏目，强化功能，进一步提高办刊质量；其次，贴近业务实际，联合业务专业部门，结合经营管理和业务拓展实践，积极组织理论研究文章，指导分行业务经营；再次，加强通联员队伍建设，组织必要的培训、讲座，不断提高他们的业务水平，保证刊物质量。

（3）做好《上海农村金融》的发行工作，确保每个网点、每个部室都能看得到刊物，最大程度发挥刊物的功能和作用。完成《上海农村金融》在市出版局的年检工作。

（4）开展了年度刊物优秀文章评选工作，评出一等奖一个，二等奖三个，三等奖六个，进行了表彰。

【信访维稳】 切实做好农行信访维稳工作，践行打造受人尊敬的商业银行。（1）学会进一步完善了信访维稳工作机制和应急预案，完善信访维稳工作流程，加强了同分行本部有关职能部门、有关支行的联系沟通和合作，加强信访督办的力度，加强与市信访办、市金融工委、同业公会、银监局等信访部门的联系，及时受理这些部门转来的信访事项，确保各类信访在规定的时限内完成流程。全年共受理各类信访投诉 207 件次，比上年同期上升了 11.9%，全部信访落实率 100%；办结率 95.3%。

（2）为进一步加强全行信访工作的力度，年内召开了农行信访维稳工作会议。分行党委委员、行长助理沙笑春在会上传达了中央维稳工作领导小组关于近期维稳工作情况的通报、上海政法委对当前有关维稳情况的通报以及上海市委副书记李希在上海市维稳工作领导小组会议上的讲话精神、市金融工委对金融系统做好当前维稳工作的具体部署，并对全行贯彻落实上述会议和讲话精神、进一步做好近期信访维稳工作提出要求。会议进一步强化了各单位信访维稳意识和政治意识，提高了各级领导干部对信访工作的关注度。

（3）以高度的责任感做好信访接待（来访、来电、来信）工作，态度和蔼，认真倾听，完整记录；重视信访回复工作，力争用规范、专业、简洁的语言文字答复有关诉求，展现农行大型上市商业银行的社会责任。

（4）深入信访第一线，召集分行有关部门领导、支行领导、信访干部召开信访协调会，共同探讨解决信访矛盾的途径和方法，开展工作协调，了解情况，沟通信息，拟定应对措施，助力经营行业务发展。

（5）完成上报总行、上海银监局、市金融工委、同业公会等各类信访工作贯彻落实情况汇报、信访类调研报告“做好违规经营行为举报处理工作的落实情况”、“刘人杰案依法终结”、“上海市金融机构金融消费者权益保护工作评估”等 26 份。参加了与上海银监局、市金融工委等的有关信访事项的双边谈话，提出了有关看法和意见，形成报告。

【达标创优】 继续开展达标创优活动，加强学会基础管理工作，推进学会自身建设上新台阶。

（1）年内完成并通过了市社团局、市社联的年检工作。加强与市社联、市社团局的联系沟通，及时上报各类材料，确保学会网上年报数据准确完整，反映学会真实概貌，使学会合法有序地开展工作。

（2）加强与农总行、中国人民银行上海总部的联系与交流，完成各类年鉴的编纂、发行工作。继续做好《上海经济年鉴》、《上海金融年鉴》等的编纂工作，完成发行任务。做好了农总行《农村金融研究》和人行《上海金融》等刊物的发行工作。

【取得成绩】 （1）学会荣获“2012 年度上海市达标学会”称号。（2）陈伟华获得农总行办公室专项工作先进个人、上海市社会科学界联合会“上海市优秀社会科学学会工作者”、上海市信息协会“优秀通讯员”。

（农金学会）

4. 上海市投资学会

2013 年，上海市投资学会以学习贯彻党的十八大精神为主线，以社会主义核心价值体系建设为根本，大力激发社会正能量。认真履行学会章程赋予责任，坚持社会主义先进文化发展方向，把力量凝聚到学会工作目标上来，开展学科研究，推动理论创新，服务科学发展。

【坚持举办特色科普讲座】 上海市投资学会按照上海市社联关于第 12 届上海社会科普活动要求，为满足广大市民对金融知识需求，根据学会自身特点于 5 月 29 日举办“投资理财专题讲座”，邀请建行上海市分行理财专家给大家上一堂理财基础课，吸引近百名市民参加。科普讲座营造和谐舒畅的学术氛围，金融专家深入浅出地对当前社会经济形势下的理财之道进行了理性剖析，充分体现出“三个结合、三位一体”的特点。即注重理论讲解与操作技巧相结合；投资理财思路与银行业务相结合；投资理论普及与市社联科普周相结合。讲座体现学术性与科普性、趣味性与科学性有机地结合。

【组织开展专题学术研究】 上海市投资学会一贯强调科学研究的重要性，努力构筑投融资理论交流的平台，提倡理论联系实际的研究方向，充分发挥学会专家学者的智慧，形成有学会自身特色的研究团队以及有理论水平且对实际工作具有指导意义的调研成果。学会党工组加强对学术工作的领导，坚持用科学思想引领投融资理论研究跃上新台阶，把理论研究和学术创新作为学会的重要任务，充分体现学科研究的导向与服务作用。

【完善学会组织管理制度】 上海市投资学会建立和健全领导机构和组织机构，严格按照社会团体管理要求和学会章程规定开展各项活动，精心组织和周密安排年度学术任务，及时汇编信息资料，全面反映理论研究成果。完善组织建设，加强内部管理，弘扬团结精神，营造和谐环境，推进改革创新。严格执行社会团体机构的财务制度，规范管理学会日常经费开支，促进学会组织管理的系统性和科学性。

（吕　沂）

5. 上海市钱币学会

【货币大系】 2013 年是上海市钱币学会成立 30 周年，也是在准备换届的一年。自从学会成立以来，始终将社科研究部门、文博部门、金融部门、高等院校的钱币专家、学者，以及散居于民间的收藏家、鉴赏家、研究者团结于学会的周围，以学术研究作为学会主要的工作重点和内容，大力开展学术活动。从 1983 年起，由学会发起、组织钱币学、货币史专家学者组成《中国历代货币大系》编辑委员会，由学会名誉理事长马飞海任总主编，进行浩繁的《中国历代货币大系》的编纂工程。《中国历代货币大系》以上海博物馆的钱币藏品为依托，征集了全国各大文博单位、银行、钱币学会和个人收藏者的许多重要藏品，按照历史发展顺序和历史货币分类，并以总论和专论的形式，对中国货币的产生与发展进行了广泛而深入的探讨，提出了许多具有重要的有影响力的学术观点。《中国历代货币大系》历时 30 年，精益求精，至 2013 年已出版十卷，最后两卷正待出版。《中国历代货币大系》的出版，为研究中国货币史和钱币学提供了系统而完整的科学资料。

【学术研讨】 上海市钱币学会始终站在学术研究的最前沿，就学术研究中相关专题和课题，组织专家学者开展学术座谈和学术研讨会，引导中青年钱币研究者去深入思考钱币研究中的深层次问题和课题。近年来，学会每年举行一次学术研讨会，如 2005 年举行了“中国货币制度和货币思想”学术研讨会，2006 年举办了“近代上海货币流通”学术研讨会，2007 年举行了“上海货币的发展与研究”学术研讨会，2008 年举办了“上海的金融与货币”学术研讨会，2009 年举行了“国际金融中心和上海货币”学术研讨会，2010 年举行了“近现代货币与货币文化”学术研讨会，2011 年举办了“辛亥革命与民国时期的货币”学术研讨会，2012 年举行了“人民货币源远流长——革命根据地货币与人民币研究”学术研讨会，2013 年举行了“货币文化的探索与应用”学术研讨会。每次研讨会都有相应的主题，动员广大会员撰写相关的学术论文，在研讨会期间还就相关问题进行进一步的探讨，取得了积极的成果。据不完全统计，单就近十年来举办的各次学术研讨会与会作者提交的论文就有 123 篇之多，参加研讨会的会员达 360 人次。每次参加研讨会的人员不仅有老面孔，而且不断有新面孔出现，反映出学会以学术研讨会为抓手，学术研究队伍得到壮大，学术活动欣欣向荣。

【日常工作】 2013 年，上海市钱币学会秘书处坚持做好学会日常的工作。(1)学会的刊物《钱币博览》为季刊，体现普及与提高相结合。内容征集方面，突出人民币研究的文章，依靠上海印钞有限公司、上海造币有限公司、中国人民银行货币金银处等单位的有关专业人员写稿，以保证刊物的质量。(2)坚持办好与黄浦区老年大学联合举办的钱币讲习班，这班已连续举办了近 20 多年，是学会的品牌项目之一。学会选用当前会员中最优秀的、年富力强的专家、学者作为教师，受到学员的欢迎。(3)在云洲古玩城的每月举行一次的钱币鉴定活动，也是学会的品牌项目，为公众义务鉴定钱币活动，多年来一直获得上海市社联颁发的奖励。目前，自 2002 年起始的义务鉴定活动，坚持长期不懈的努力，使这个品牌的知名度不断提升，社会影响在逐年扩大。

（沈鸣镝）

6. 上海市保险学会

2013年，上海市保险学会在上海市社联和上海保监局的指导和支持下，遵循“服务行业发展、服务社会经济”的原则，致力于推动保险行业在改革、管理、风险管控等领域的理论创新，努力形成有上海特色的保险学术氛围。市保险学会的工作获得了上海市社联的充分肯定，连续多年被评为达标学会和“上海市优秀社会科学学会”。

【理论研究】 上海市保险学会整合行业资源，积极推动上海保险业理论研究，组织保险理论和实务的探讨交流。一是深入开展保险课题研究。2013年，上海市保险学会继续深入推进学术课题研究工作，学会立项的7个研究课题已经取得阶段性成果，内容涉及保险业与上海经济增长的关系、养老保险、住院医疗保险、物流保险等方面。二是围绕保险行业热点，开展理论征文活动。2013年，学会共收到论文30余篇，征文活动重点关注上海保险业的发展，内容涉及保险产品、公司治理、资金运用、保险服务、保险原理、风险控制以及财产保险、人身保险、社会保障等诸多方面。

【学术交流】 学会组织举办各类学术研讨会，为上海保险企业搭建了交流学习的平台。2013年6月，学会和新加坡再保险有限公司联合主办“第十届中国国际海上保险研讨会”，会议同时举行了“亚洲航运保险卓越贡献专业人士奖”的颁奖仪式，积极推动航运保险事业的发展。此外，学会还联合国际专业机构、大专院校、司法单位、国内外著名企业联合举办了《保险法司法解释二》研讨会、上海市保险行业云计算与大数据研讨会、“英国协会货物运输保险条款”研讨会、沪、苏、浙精算研讨会、华东地区保险理论研讨会等一系列大型专业研讨会。

【宣传工作】 为进一步宣传普及保险知识，落实中国保监会宣传保险核心价值观，学会参与组织全市保险企业开展“7·8全国保险公众宣传日”活动，组织安排了150余场各种形式的宣传活动。同时，制定部署上海保险行业年度宣传计划，通过表彰五一奖状（章）先进团队、先进个人以及优秀代理人及创优服务窗口的先进事迹介绍，利用社会媒体、网络以及新媒体等宣传手段，在全市开展持久性的保险行业核心理念宣传。此外，学会与第一财经电视台合作，邀请专家学者，每月轮流举办《保险大讲堂》讲座。

【编撰期刊】 上海市保险学会是国内唯一一家拥有公开出版期刊的省（市）级保险学会。《上海保险》杂志是经国家新闻出版总署批准向国内外公开发行的、唯一一份由省级地方保险学会主办的专业性保险学术期刊。2013年，《上海保险》杂志在市新闻出版局对2012出版年度的期刊质量核验审查中顺利通过，并且根据《期刊出版质量管理规定》达到优秀标准。

【自身建设】 长期以来，学会坚持经费自筹、人员自聘、工作自主的办会方针，积极开展学会的各项工作。会员公司队伍不断扩大，到目前为止，学会共有个人会员294余人，团体会员49家。同时，学会坚持严格的财务管理制度，认真执行章程的有关规定，按要求向理事会或常务理事会报告和审议每年的预决算方案，学会的财务做到收支平衡，略有结余。

（余怡琳）

7. 上海金融法制研究会

【理事会换届】 根据上海金融法制研究会章程，理事会定期换届。2013年9月26日上海金融法制研究会召开第五次会员大会。经到会会员选举，产生了由85名代表组成的第五届理事会。紧接着召开的第五届理事会第一次会议，选举产生了第五届理事会常务理事会以及会长、副会长、秘书长、副秘书长。沈国明当选为本届上海金融法制研究会会长，许慧诚当选为秘书长。

【优化金融法制环境】 继续围绕推进上海国际金融中心建设，优化金融法制环境这个主题，组织举办多种形式的研讨活动，加大为党和政府提供决策咨询的服务力度。上海金融法制研究会于11月7日假兴华宾馆举办了“上海金融理财风险防范与监控对策研究”大型研讨会，来自本市金融、司法和法学界的实务与理论工作者150余人出席了会议。上海社科院副院长、金法会副会长叶青主持了研讨会，上海市十三届人大法制委主任委员、市立法研究所所长张凌致开幕词，上海银监局副局长蒋明康到会讲话，名誉会长倪维尧做总结讲话。学术委员会主任李克渊宣读了获奖论文名单和优秀组织奖。研讨会围绕金融理财的风险防范与监控对策展开探讨，中国人民银行上海总部国际部王凡平、上海银行风险管理部史济川、中国工商银行上海市分行邱思思、上海市公安局经侦总队一支队政委任志强、上海市人民检察院金融检察处副处长肖凯、上海市高级人民法院金融庭庭长杨路等多位专家从金融理论、实务经验、司法实践等视角进行了深入分析和广泛交流，提出了有前瞻性和实践性的观点与建议。华东政法大学经济法学院院长吴弘教授作会议综述。会议成果对推动我国金融理财市场的繁荣发展和依法规范具有重要意义。

【继续办好"青年课题研究"活动】 根据2013年工作要点，上海金融法制研究会继续组织"金融法制青年课题"研究工作，于1月底发出征集"2013年度青年课题题目"的通知，广泛征求上海金融系统、各大银行以及各层级法院、检察院、公安系统等相关部门的意见和建议。5月10日，上海金融法制研究会假上海社会科学会堂举行了"2013年金融法制青年课题"中标课题组的签约仪式。10月18日，上海金融法制研究会召开"2013年青年课题中期评审会"。会议听取了各课题组代表对课题进展情况的汇报以及研究中遇到的问题，五位专家评委就课题分别发表看法，提出指导意见和方向。

【完成"民间融资相关问题研究"课题】 上海金融法制研究会于6月份赴浙江丽水、台州作深度调研，并于11月22日召开"民间融资相关问题"课题结题会议。各专家评委发表了意见，对取得的成果一致肯定，通过课题。

【继续办好"金融法制讲坛"】 上海金融法制研究会于5月22日、6月25日、8月28日、10月21日分别举办了4场"2013金融法制讲坛"，特邀上海银行原副行长、上海城市商业银行资金清算中心理事长王世豪作"2013年经济金融形势分析"，上海市公安局经侦总队一支队政委任志强作"上海金融风险预警教育"，中国人民解放军军事科学院罗援少将(中国军事科学学会副秘书长、博士生导师)作"中国周边环境和软实力建设"专题讲座，复旦大学国际关系与公共事务学院外交学系兼职教授、上海市人民政府发展研究中心特约研究员姚为群作"融入经济全球化新主流—中国(上海)自由贸易试验区功能探索"专题讲座。

【完成上海市社联布置的各项工作任务】 (1)积极响应上海市社联举办"2013年学会学术活动月"的号召，在规定时间内举办了高质量的大型研讨会，获得"组织奖"。(2)积极参加市社联的"学会达标评比"活动，获得"2012年达标学会"的表彰。(3)参加了6月份市社联学会处举办的"学会换届工作培训班"，为年内顺利换届做了准备。

【做好学术研究成果转化和宣传报道工作】 2013年10月，上海交通大学出版社正式编辑、出版了《金法新声——青年文集荟萃》一书，内容汇集了上海金融法制研究会2011年、2012年完成的"金融法制青年课题"，展示了青年人才在学术研究方面取得的可喜成果。

(金法会)

二、报刊图书

1.《上海金融》月刊

2013年,《上海金融》编辑部克服该年节假日安排紊乱以及办公迁址带来的不利影响,准时按质出刊,并延续上年良好的发展势头,在各方面都取得了一定的进步。

首先,业务状况明显改善。该年期刊实际发行18 000份,创近年新高,且广告业务也有了质的飞跃,取得创刊以来的最好业绩;期刊由此盈余大增,财务状况有了根本性好转,有利于期刊后续的进一步发展。其次,对外合作取得新进展。年初期刊新增申银万国证券股份有限公司、农行票据营业部两家协办单位;首次在他刊投放期刊广告;与中国知网再续合作协议,并与有关公司合作,尝试数字移动及互联网办刊。

【荣誉】 学术影响力持续提升。年内,期刊首次荣获"中国核心学术期刊"(扩展版)及"中国人文社会科学核心期刊"称号,加上之前所获"中文核心期刊"、"中国社会科学引文索引来源期刊(CSSCI)",《上海金融》至此已获得国内社会科学评价体系的全部称号,取得期刊创刊以来的最高荣誉。年底,期刊获第三届中国出版政府期刊奖上海地区提名。

【质量管理】 编辑部年内还对目录页的版式进行调整,使版式更趋于美观;重新恢复向上海市金融学会会员免费赠送刊物,加强与会员之间的联系;同时,期刊进一步强化质量管理,完善外审制度及工作流程,严控每期关系稿的比例,对学术不端论文执行一票否决制。结合该年第11期是创刊400期的机会,广约国内专家撰稿,出版了400期特刊,取得了良好的社会效应。

(姜天鹰)

2.《建行财富》月刊

上海市投资学会坚持正确的办刊方向,贯彻品质第一的办刊理念,使投资学会会刊《建行财富》形成集学术性、前瞻性、专业性和实用性于一体的办刊特色,具有一定的理论水平和参考价值。

2013年在全体采编人员创造性工作和努力下,由上海市投资学会主办、中国建设银行股份有限公司上海市分行主管的《建行财富》,从内容到装帧都有实质性改观,刊物质量不断得到提升。《建行财富》主办和主管单位站在新历史起点上,遵照党的路线、方针、政策和国家法律、法规及办刊宗旨做好出版工作,审核重要选题计划,审核批准重要稿件;提供和筹集必要的资金、设备;对出版单位执行国家财政、税收有关规定的情况进行监督和审计;对出版单位的管理进行检查、督促、指导。《建行财富》积极为市场经济的改革发展提供宏观经济层面的信息支持和决策参考,自觉遵守《出版管理条例》和有关法律、法规,定期组织编辑人员学习有关文件,坚持贯彻执行《期刊登记表》中的办刊宗旨和内容,审核重要选题计划,审核批准重要稿件,确保刊物质量不断得到提升。进一步发挥《建行财富》杂志的品牌宣传平台和载体作用,继续推进iPhone和iPad客户端,扩大杂志覆盖面,发挥媒体平台在对外宣传及扩大市场影响力方面的优势,以赢得更广大读者的厚爱。

(吕　沂)

3. 上海证券报

《上海证券报》社围绕"努力实现由传统财经媒体向现代多媒体财经传媒企业的战略转型",2013年来继续全力推进报纸实现媒体融合和战略转型的新突破，在业务组织架构、采编流程机制、平台创新建设等方面不断改革探索，推动采编队伍在新媒体时代的业务转型和竞争能力提升，并在新媒体产品市场化营销等方面积极探索，取得显著成效，已形成传统媒体和新媒体业务齐头并进、市场影响力不断提升、经济效益快速增长的可喜局面，媒体融合和战略转型的工作已经度过了适应期，进入完善和加快发展的新阶段，各项工作取得了较好的成效。

【采编报道】 《上海证券报》社近年来不断强化财经报道专业性、影响力，搭建智库型媒体发展平台，发挥创新型全媒体采编指挥中心的枢纽作用，通过持续的改革创新和完善深化，使报社的各项管理体制走向科学和规范，逐步建立起符合现代传媒企业要求的管理框架体系，全面提升了报道专业水平和品牌影响力。

在财经新闻采编报道方面，面对我国宏观经济形势和宏观调控的新态势，报社持续大力加强了对宏观经济的深度报道和前瞻展望，报社在年初、年中和年末的相关重要时间节点，加强了对我国宏观经济形势和数据的专题报道和专栏解析，如对CPI数据、PPI数据、信贷数据、贸易数据以及进出口数据等反映我国经济新趋向的指标性信息，做了专题和专版解析，为读者把握和了解我国经济趋势提供了专业而权威的咨询。如2013年我国的相关经济数据反映的经济增长放缓态势但持续时间之长为过去十年所未见，经济增速放缓或下行加大了我国经济结构转型和货币政策调整的压力，为此报社加大了对经济数据反映的经济趋向重点解析，为投资者正确认识我国经济增长放缓对未来经济态势的影响的提供专业咨询，相关报道通过相关持续性专栏和焦点版专题报道展开，各财经网站都有大量转载，特别是持续对经济结构调整对我国产业发展的结构性影响进行全面深度研判，并对这些经济态势对相关行业和上市公司的具体影响展开重点梳理。相关报道都引起各方广泛关注。

【精品意识】 2013年，报社在重大报道和日常报道中进一步强化精品意识，抓住重要新闻和重大题材精心策划，不断推出新闻性、思想性、专业性和权威性高度统一的好报道，特别是报社2013年对资本市场和上市公司的许多首发报道、独家报道和深度报道，充分反映了《上海证券报》舆论监督和舆论导向的正能量，引起了资本市场和财经界的高度关注。如报社对债市核查的深度报道，金融监管部门对债市核查也是2013年上半年金融领域的重大事件，报社重点对监管部门对债券和银行间市场排查情况做了连续报道，对代持养券“表外化”放大杠杆的市场风险有多角度的剖析，系列专题报道对由于银行间、交易所市场的割裂导致监管缺失的解析也引起金融界各方的高度关注，对事件核心人物的相关报道也较好，并对债券市场未来健康发展和规范路径作了前瞻性展望，此后央行也表示代持交易新规将逐步取消丙类账户，也体现了该专题报道得到了监管部门的重视，相关报道国内各财经网站都有大量转载。

【资讯业务】 为进一步服务市场，满足不同投资者需求，报社旗下的资讯产品已初步形成报纸、网站、手机报互为补充的资讯产品链。特别是随着改版后中国证券网的新上线，原创深度的资讯稿数量逐步增加，网站点击率呈上升趋势，网站影响力进一步扩大，上证资讯业务市场占有率排名榜首，市场影响力也与日俱增，新闻信息集成产品形态多样，资讯价值凸显，强化了作为中国最具影响力的财经资讯服务商的先发优势和核心竞争力。

（上证报）

4. 上海金融报

2013年是我国金融改革开放取得大踏步前进的一年。随着利率市场化步伐的加快，传统银行业的利润空间也就越来越小。银行业面临的挑战，使得银行业在创新发展的同时更加注重风险防范，在业务转型的同时更加注重成本控制。在此背景下，以银行业为主要服务对象的《上海金融报》的发展也不可避免地受到连带影响。报社编委会积极贯彻总社党委“抓管理、抓报纸、抓发展”的指示精神，与全体员工同心同德，扬长避短，变压力为动力，变挑战为机遇，以开拓创新来促进报社的发展，较好地完成了2013年的预定工作目标。

【坚持正确的舆论导向，恪守媒体职业道德】 坚持正确的舆论导向，是《上海金融报》的政治生命，容不得丝毫懈怠。2013年9月27日，上海自贸区挂牌，进一步突显了上海的国际金融中心地位，与自贸区相匹配的金融改革开放的探索与实践，足以令世界关注。《上海金融报》根植于上海这块金融改革开放的沃土，始终把服从服务于上海四个中心建设大局、为上海经济金融发展创造良好的舆论环境，作为自己的政治使命，尽心竭力。2013年以来，上海金融业在运行中出现了"泛鑫保险代理"、"光大证券误操作"等事件，在社会上引起震动，上海金融报严格遵守新闻纪律，坚持客观报道，不炒作、不添乱，很好地恪守新闻媒体的职业操守。

【加强深度报道，突出重点报道，努力提高报纸质量】 2013年是金融业亮点频出、精彩不断的一年，为《上海金融报》的宣传报道提供了广阔的领域。一年中，报社努力加强新闻策划，在新闻报道的深度上下功夫，取得了一定的进展。围绕推进上海国际金融中心建设、利率市场化、上海金融创新发展、上海自贸区建设、陆家嘴论坛、第三方支付、互联网金融等热点、焦点话题都有一些深度解读。在开展"走基层、转作风、改文风"方面，《上海金融报》组织记者编辑走出去，与当地人行领导以及金融机构的负责人举行座谈，了解了当地金融业发展的现状以及有关做法，发表了《金融业成为嘉兴支柱产业》等系列报道，得到了当地金融部门的好评。

2013年，《上海金融报》与上海银监局等继续合作推出了"上海银行业青年'进小微、进郊区、进社区'活动"专栏系列报道；由上海市金融党委主办的"学习贯彻十八大精神 深入开展群众路线教育实践活动 开创金融改革发展新局面"系列笔谈，组织上海金融机构以及管理部门党委中心组的有关文章近40篇，得到了上海市金融党委负责人以及各大金融机构党委负责人的高度关注；作为媒体协办单位，《上海金融报》继续参与了上海金融业联合会等主办的"第七届(2013)上海中小企业金融洽谈会"有关新闻报道和专题的采写工作，并推出特刊，得到了有关方面的好评，获得上海金融业联合会颁发的第六届上海中小企业金融洽谈会媒体宣传奖。

【加强新媒体建设，舆情监测与网站建设取得进展】 2013年，《上海金融报》继续加强舆情工作。一方面进一步深化与上海银监局的合作，密切与服务对象的联系与沟通，不断改进服务，提升舆情监测的效率和水平；另一方面不断与上海银监局合作，拓宽服务领域，发展服务对象。开发的产品更加多样。目前，已经开发的品种有飞信、上午版、下午版、关注版等；舆情飞信发送的平台扩展到村镇银行与信托公司及其他政策性银行，《舆情参考》的覆盖面得到拓展。2013年开始的新增保险业舆情服务进展顺利，为舆情工作的进一步市场开拓奠定了坚实基础。

（上海金融报社）

5. 2013年上海版金融类图书目录

序号	书 名	作 者	出 版 社
1	2013年上海国际金融中心建设蓝皮书	储敏伟 吴大器 贺瑛主编	上海人民出版社
2	论金融市场的有效性	余宇新著	上海人民出版社
3	中国理财市场报告(2013)	本书编写组主编	上海人民出版社
4	金砖四国开发性金融发展状况	[俄]亚历山大·利布曼等著	上海人民出版社
5	股市分析软件用法大全(技术指标篇)	姜金胜著	上海人民出版社
6	股市分析软件用法大全(技术理论篇)	姜金胜著	上海人民出版社
7	企业上市成功之路——光大证券对IPO审核要点的解读与案例分析	徐浩明主编	上海人民出版社
8	经济学	熊元楷 熊元襄	上海人民出版社
9	货币理论与物价理论研究	陈其人著	上海人民出版社
10	反倾销及其动因研究	鲍晓华著	上海人民出版社
11	劳动力流动、产业集聚和工资"俱乐部"——来自中国的理论和经验研究	谢露露著	上海人民出版社
12	我国适度普惠型社会福利制度发展研究	曹艳春著	上海人民出版社

（续表）

序号	书　　　名	作　　者	出 版 社
13	战略联盟的实证研究	宋鸿著	上海人民出版社
14	思想的力量——智识之旅的非常规自传	[匈]雅诺什·科尔奈著	上海人民出版社
15	全球经济复苏乏力与中国对外贸易	王新奎著	上海人民出版社
16	世界经济发展研究	陈其人著	上海人民出版社
17	货币与强制——国际货币权力的政治经济学	[美]乔纳森·科什纳著	上海人民出版社
18	全球生产网络与东南亚区域一体化	王铁军著	上海人民出版社
19	全球政治经济学——解读国际经济秩序	[美]罗伯特·吉尔平著	上海人民出版社
20	金砖国家研究(第一辑)	复旦大学金砖国家研究中心等编	上海人民出版社
21	美国国际经济政策研究	潘锐等著	上海人民出版社
22	战后美国对外经济援助研究	娄亚萍著	上海人民出版社
23	产业结构转型——从制造经济到服务经济	胡晓鹏　朱瑞博著	上海人民出版社
24	FDI 与中国收入分配差距——理论基础与实证分析	沈桂龙著	上海人民出版社
25	公有制高绩效论	曹雷著	上海人民出版社
26	开放条件下的中国经济周期特征与国际协同研究	贺书锋著	上海人民出版社
27	改革	张维迎著	上海人民出版社
28	超常增长——1979—2049 年的中国经济	史正富著	上海人民出版社
29	新能源革命与发展方式跃迁	邓英淘著	上海人民出版社
30	再造中国，走向未来	邓英淘著	上海人民出版社
31	新发展方式与中国的未来	邓英淘著	上海人民出版社
32	在中国制造	[挪]玛黑特·里等主编	上海人民出版社
33	2013—中国文化产业发展指数报告(CCIDI)	胡惠林　王婧主编	上海人民出版社
34	中国区域人力资本与经济增长研究	陈洪安著	上海人民出版社
35	中国贸易运行监控报告(2013)——全球经济复苏乏力与中国对外贸易	上海 WTO 事务咨询中心编	上海人民出版社
36	贸易与自由	[美]詹姆斯·巴克斯著	上海人民出版社
37	国别贸易投资环境报告(2013)	本书编写组编	上海人民出版社
38	会计准则国际趋同与信息质量国际比较	陈辉发著	上海人民出版社
39	商业银行业务与管理实务	马晓青著	上海财经大学出版社
40	国际金融学	郑甘澍著	上海财经大学出版社
41	金融英语	刘文国著	上海财经大学出版社
42	商业银行经营管理	欧阳红兵著	上海财经大学出版社
43	国际金融理论与实务	肖本华著	上海财经大学出版社
44	创业理财	王纯著	上海财经大学出版社
45	金融学(货币银行学)	李雅丽著	上海财经大学出版社
46	财产保险	孟辉著	上海财经大学出版社
47	运筹学(第三版)	赵可培著	上海财经大学出版社
48	金融学概论	张友麒　杜俊娟著	上海财经大学出版社
49	金融中介学	杜朝运等著	上海财经大学出版社
50	信用风险度量与管理	茆训诚著	上海财经大学出版社

（续表）

序号	书 名	作 者	出 版 社
51	汇率学(配光盘)	丁剑学等著	上海财经大学出版社
52	投资项目评价	俞军备 徐勇谋著	上海财经大学出版社
53	证券投资学	张玉明等著	上海财经大学出版社
54	国际金融学(第二版)	奚君羊等著	上海财经大学出版社
55	货币金融学(第二版)	周浩明等著	上海财经大学出版社
56	外汇期权定价:实际操作指南(引进版)	伊安·J.克拉克著	上海财经大学出版社
57	揭秘外汇市场:技巧、估值与策略(引进版)	[美]布莱恩·图米著	上海财经大学出版社
58	ETF 制胜策略:顶尖资产管理人分享战胜市场的方法(引进版)	[美]马克思·艾萨克曼著	上海财经大学出版社
59	震荡市场中的期权交易:通过积极波动率管理把握不确定性(引进版)	拉利·肖夫著	上海财经大学出版社
60	文化经济规律研究	秦淑娟等著	上海财经大学出版社
61	商业银行业务与管理实务	马晓青著	上海财经大学出版社
62	融资学	杨晔著	上海财经大学出版社
63	广告原理与实务	陈爱国 苏静主编	上海财经大学出版社
64	中国金融发展报告(2013)	上海财经大学金融学院主编	上海财经大学出版社
65	财智:ETF 投资者的盈利策略(引进版)	[美]汤姆·莱顿 约翰·E.瓦辛科著	上海财经大学出版社
66	数字时代的必修课:杨吉 TMT 百部全说	杨吉著	上海财经大学出版社
67	计量经济学	沈根祥著	上海财经大学出版社
68	纳税筹划与企业决策——战略视角	王延明著	上海财经大学出版社
69	房地产估价	王克强著	上海财经大学出版社
70	中国 500 强企业国际化发展路径研究:500 强企业研究报告之六	上海财经大学 500 强企业研究中心主编	上海财经大学出版社
71	市场营销学	陈丽燕 王忠政著	上海财经大学出版社
72	金融英语	刘文国著	上海财经大学出版社
73	自动营销:让你的产品自己卖自己	温韬著	上海财经大学出版社
74	优衣库非常道:柳井正的零售业经营法则	[日]横田增生著	上海财经大学出版社
75	华源重组实录	刘海奕著	上海财经大学出版社
76	国际金融学	郑甘澎著	上海财经大学出版社
77	宏观经济分析 IO 和 CGE 模型应用研究	李景华著	上海财经大学出版社
78	中国特色社会主义经济理论教程	陈承明著	上海财经大学出版社
79	上海商品住房市场宏观调控机制研究	唐旭君 姚玲珍著	上海财经大学出版社
80	商业银行经营管理	欧阳红兵著	上海财经大学出版社
81	创业理财	王纯著	上海财经大学出版社
82	公共政策导论	张红凤著	上海财经大学出版社
83	探索性数据分析——基于 JMP 软件(引进版)	[美]罗伯特·卡佛著	上海财经大学出版社
84	统计学:数据处理与分析	王德发著	上海财经大学出版社
85	国际商务	王晓静 张炳达编著	上海财经大学出版社
86	分位回归(引进版)	[美]罗杰·康克著	上海财经大学出版社

（续表）

序号	书　　名	作　　者	出 版 社
87	金融学概论	刘文国著	上海财经大学出版社
88	金融学(货币银行学)	李雅丽著	上海财经大学出版社
89	企业文化	李少惠著	上海财经大学出版社
90	中国公司治理教程	宋克勤著	上海财经大学出版社
91	市场营销学	郑艳群著	上海财经大学出版社
92	基金会——美国的秘密(引进版)	[美]乔尔·L.弗雷施曼著	上海财经大学出版社
93	审计案例	刘华著	上海财经大学出版社
94	国际金融理论与实务	肖本华著	上海财经大学出版社
95	管理学	贺小刚著	上海财经大学出版社
96	利率互换及其衍生产品(引进版)	[美]阿莫·萨德著	上海财经大学出版社
97	波动率指数衍生品交易(引进版)	[美]罗素·罗兹著	上海财经大学出版社
98	交易周期	[美]罗伯特·贝克著	上海财经大学出版社
99	美国国债市场的诞生(引进版)	[美]肯尼思·D.加贝德著	上海财经大学出版社
100	欧元的悲剧(引进版)	[美]菲利普·巴格斯著	上海财经大学出版社
101	社会影响力投资	[美]安东尼·巴格-莱文 杰德·艾默生著	上海财经大学出版社
102	安东尼·波顿教你选股(引进版)	[美]安东尼·波顿著	上海财经大学出版社
103	黄金简史(第三版)	[美]彼得·L.伯恩斯坦著	上海财经大学出版社
104	力挽狂澜:保罗·沃尔克和他改变的金融世界(引进版)	[美]威廉·西尔伯著	上海财经大学出版社
105	人力资源管理	孙欣著	上海财经大学出版社
106	金融学概论	张友麒　杜俊娟著	上海财经大学出版社
107	社会救助与社会福利(第三版)	钟仁耀著	上海财经大学出版社
108	现代推销技术	张晓青著	上海财经大学出版社
109	运筹学(第三版)	赵可培著	上海财经大学出版社
110	商务谈判	石永恒著	上海财经大学出版社
111	财产保险	孟辉著	上海财经大学出版社
112	黑格尔的本性与命运	章忠民著	上海财经大学出版社
113	财税与金融(第四版)(附赠习题集)	倪瑞娟著	上海财经大学出版社
114	财务管理基础	黄虹著	上海财经大学出版社
115	流亡华尔街:一名分析师拯救大银行的抗争(引进版)	[美]迈克·梅奥著	上海财经大学出版社
116	营销技能培养与检测	陈爱国　刘博著	上海财经大学出版社
117	中国烟草卷烟生产企业发展道路探索	王道宽著	上海财经大学出版社
118	期权价差交易	[美]罗素·罗兹著	上海财经大学出版社
119	现代货币效用论	徐辉著	上海财经大学出版社
120	企业信用管理	高秀屏著	上海财经大学出版社
121	审计学	盛永志著	上海财经大学出版社
122	中国投资发展报告(2013)	杨大楷著	上海财经大学出版社
123	新编中国对外贸易概论	苏科伍著	上海财经大学出版社
124	黄金崩溃	王泽阳著	上海财经大学出版社

（续表）

序号	书 名	作 者	出 版 社
125	中国金融安全报告(2013)	东航金融主编	上海财经大学出版社
126	房地产市场有效性的理论与实证研究	段芳著	上海财经大学出版社
127	上海城市经济与管理发展报告(2013)	上海财经大学财经研究所主编	上海财经大学出版社
128	国民经济运行报告(2012)	国民经济运行报告编写组编	上海财经大学出版社
129	金融会计领域的若干探索	吴大器等著	上海财经大学出版社
130	后危机时期国际经济金融结构与中国金融政策	巴曙松著	上海财经大学出版社
131	投资项目评价	俞军备　徐勇谋著	上海财经大学出版社
132	中国风险投资发展报告(2013)	谈毅著	上海交通大学出版社
133	保险 36 计	何四炎著	上海交通大学出版社
134	对冲基金手册	[美]拉比唐著	上海交通大学出版社
135	特许权价值、公司治理机制与银行稳健性	曲洪健著	上海交通大学出版社
136	金法新声——青年文集荟萃	倪维尧著	上海交通大学出版社
137	2012 上海金融景气指数	上海金融业联合会编	上海交通大学出版社
138	近代中国邮政储蓄研究(1919—1949)	徐琳著	上海交通大学出版社
139	上海投资报告(2013)	上海市发展和改革委员会　上海市统计局　上海投资咨询公司编	上海交通大学出版社
140	机构投资者与上市公司会计信息	胡奕明著	上海交通大学出版社
141	金融检察年刊(2012)——金融检察与民间融资	陈旭著	上海交通大学出版社
142	基金的风险管理——基于欧盟基金监管体系的思考	王倩　王鹏著	上海交通大学出版社
143	养老保险基金可持续运营管理研究——以上海为例	李含伟　汪泓著	上海交通大学出版社
144	波动率交易	[美]尤安·辛克莱著	上海交通大学出版社
145	单用途商业预付卡管理手册	上海市商务委员会市场秩序管理处等编	上海交通大学出版社
146	激励相容:银行业金融创新监管机制构建	卜亚著	上海交通大学出版社
147	上海金融改革理论与实践——2012 年上海金融业改革发展优秀研究成果汇编	上海金融业联合会编	上海交通大学出版社
148	量化投资策略——如何实现超额收益 Alpha	[美]理查德·托托里罗著	上海交通大学出版社
149	中国公司股权集中度趋势研究	马立行著	上海交通大学出版社
150	百姓金融知识小百科	上海市银行同业公会编	上海交通大学出版社
151	上海金融景气指数报告(2012 年上半年)	上海金融业联合会编	上海交通大学出版社
152	记账的规律——企业版	汪齐齐　李乐著	上海交通大学出版社
153	记账的规律——家庭版	李乐　汪齐齐著	上海交通大学出版社
154	金融定量分析与 S-Plus 运用	朱敏　王翔著	上海交通大学出版社
155	中国服务经济发展报告(2013)	陈宪等著	上海交通大学出版社
156	美国企业家:三百年传奇商业史	[美]拉里·施韦卡特　莱恩·皮尔森·多蒂著	译林出版社
157	2052:未来四十年的中国与世界	[挪威]乔根·兰德斯著	译林出版社
158	狙击中国:金融局,华盛顿的掠夺战略	赵亚赟著	译林出版社
159	中国经济迫切十问	中央人民广播电台经济之声编	译林出版社
160	高管之路:成功·管理·领导力	[美]亚当·布莱恩特著	译林出版社

（续表）

序号	书　　名	作　　者	出 版 社
161	常识之败 2:法兴银行危机始末	[法]于格·勒布雷著	译林出版社
162	边缘革命 2.0——中国信息社会发展报告	信息社会 50 人论坛编	上海远东出版社
163	国际货币体系改革——过去、现在和未来	吴晓灵　乔依德著	上海远东出版社
164	中国增长模式抉择(第 4 版)	吴敬琏著	上海远东出版社
165	外资主导下产业集群技术创新模式研究	王雷著	上海远东出版社
166	新中国老广告(1949—1966)	张家荣著	上海远东出版社
167	转型求变——中国经济与商业银行的转型发展研究	交通银行金融研究中国编	上海远东出版社
168	谈股论经——中国证券市场基本概念辨误	陆一著	上海远东出版社
169	十年轮回:从亚洲到全球的金融危机	[马来西亚]沈联涛著	上海远东出版社
170	再绘新蓝图——交通银行“二次改革”优秀论文选编	交通银行发展研究部编	上海远东出版社
171	帝国主义经济与政治概论	陈其人著	复旦大学出版社
172	税收激励政策对中国风险投资规模与区域的影响	李丹丹著	复旦大学出版社
173	数据产业	汤春蕾著	复旦大学出版社
174	从善分到善合:农民专业合作社研究	刘伯龙　唐亚林等著	复旦大学出版社
175	泡泡理论——人类社会何去何从	丁敏著	复旦大学出版社
176	国民经济核算原理	刘小瑜　李海东主编	复旦大学出版社
177	产业经济学	卢福财主编	复旦大学出版社
178	“积极养老”的全方位探索——应对人口老龄化方针、内容和动力研究	华宏鸣编著	复旦大学出版社
179	中国货币政策绩效研究——基于社会福利角度的考察	赵伟著	复旦大学出版社
180	中国期货市场的信息结构及其风险管理研究	刘庆富著	复旦大学出版社
181	资产证券化与结构化金融——超越金融的极限	宋光辉著	复旦大学出版社
182	动态环境中基于风险的企业战略控制	孙慧著	复旦大学出版社
183	可持续发展进行时——基于马克思主义的探讨	肖巍著	复旦大学出版社
184	中国村镇银行可持续发展研究	尹晨　凌峰著	复旦大学出版社
185	中国绿色经济发展研究	剧宏宇著	复旦大学出版社
186	亚洲的发展:突破约束	袁堂军主编	复旦大学出版社
187	危机后的调整与再生	上海论坛组织委员会　复旦大学亚洲研究中心编	复旦大学出版社
188	产业升级:转移、深化还是其他?——基于技术和政策的跨国比较	唐晓云著	复旦大学出版社
189	美国的国际能源战略研究——一种能源地缘政治学的分析	潜旭明著	复旦大学出版社
190	掘金科技成长——股权投资实践随笔	蒋永祥等著	复旦大学出版社
191	传统市场与电子市场并存下的供应链决策研究	李培勤著	复旦大学出版社
192	精彩晚年　轻松理财	单惟婷　章劼主编	复旦大学出版社
193	价值的创造与传递——对中国网络团购商业模式的探索	张喆著	复旦大学出版社
194	银行卡产品研发与忠诚度管理	刘鹏著	复旦大学出版社
195	金融产业发展研究——兼论上海国际金融中心建设	戴小平　付一书著	复旦大学出版社
196	上海国际再保险中心的形成模式和发展对策研究	徐英著	复旦大学出版社

（续表）

序号	书　　名	作　　者	出　版　社
197	金融硕士(MF)辅导·2014	中国专业硕士命题研究中心　上海金程教育金融硕士教研组编	复旦大学出版社
198	金融科研谱新篇——上海金融学院2011—2012年获奖成果汇编	储敏伟著	复旦大学出版社
199	保险公司财务分析与风险防范	侯旭华著	复旦大学出版社
200	金融工程应用与案例	杨军战著	复旦大学出版社
201	金融理财学(第二版)	艾正家主编	复旦大学出版社
202	基于Excel & VBA的高级金融建模	李斯克等编著	复旦大学出版社
203	最大化你的投资收益:成功基金投资的十大黄金准则(英汉对照)	[比]科克(Koch,L.D.)著	复旦大学出版社
204	投资组合管理	程黄维等编著	复旦大学出版社
205	国际直接投资的贸易理论研究	强永昌著	复旦大学出版社
206	财产保险	牛新中著	立信会计出版社
207	公共经济学	李延均著	立信会计出版社
208	中公最新版2014全国银行招聘考试专用教材经济金融会计	全国银行招聘考试编写组编写	立信会计出版社
209	2013年版企业会计准则案例讲解	企业会计准则编审委员会编	立信会计出版社
210	中公最新版2014中国银行从业人员资格认证考试辅导用书个人理财历年真题＋全真模拟预测试卷	张巧玲主编	立信会计出版社
211	中公金融人2014全国银行招聘考试专用教材:历年真题＋全真模拟预测试卷	全国银行招聘考试编写组编写	立信会计出版社
212	中公最新版2014中国银行从业人员资格认证考试辅导用书公共基础历年真题＋全真模拟预测试卷	李永新主编	立信会计出版社
213	中公最新版2014注册会计师考试同步复习题典:会计习题	中公教育注册会计师考试研究院编写	立信会计出版社
214	中公金融人2014全国银行招聘考试专用教材银行招聘考试一本通	全国银行招聘考试编写组编写	立信会计出版社
215	股市操练大全第十册	黎航著	上海三联书店
216	大国金融崛起:国际挑战与本土策略	上海金融与法律研究院著	上海三联书店
217	我国县域城乡统筹发展评价研究:以苏浙沪为例	曹杨著	上海三联书店
218	经济眼光看世间	蒋心和著	上海三联书店
219	中国经济怎么了	徐瑾著	上海三联书店
220	金融服务业和集群化发展	张慧文著	上海三联书店
221	世界如此危机	高连奎著	上海三联书店
222	洞见未来:太极牛股票操盘手训练丛书(一)	邱茂富著	上海三联书店
223	上海总部经济及商务布局发展报告(2013)	上海市商务委员会编著	上海科学技术文献出版社
224	世界服务业重点行业发展动态(2013)	上海市经济和信息化委员会　上海科学技术情报研究所编著	上海科学技术文献出版社
225	上海国际经济贸易发展报告(2013)	上海市商务委员会编著	上海科学技术文献出版社
226	上海服务业发展报告(2013)	上海市商务委员会编著	上海科学技术文献出版社
227	中国地区经济发展差距变动趋势的探索:从要素积累到技术进步	张健著	上海社会科学院出版社

（续表）

序号	书　　名	作　　者	出 版 社
228	开放升级的国际环境——国际格局变化与全球化新趋势	张幼文著	上海社会科学院出版社
229	我国产业地产运行中面临的矛盾问题与对策建议	上海社会科学院房地产业研究中心　上海市房产经济学会编	上海社会科学院出版社
230	金融信息技术专业建设与银行管理	胡乃静等主编	上海社会科学院出版社
231	上海品牌发展报告(2012)——品牌与创新	姜卫红　雷新军著	上海社会科学院出版社
232	基于人口总量、结构变化的我国住宅产业发展趋势研究	上海社会科学院房地产业研究中心　上海市房产经济学会编	上海社会科学院出版社
233	开放中的战略互动——外贸、外资与金融发展的政策协同	赵蓓文等著	上海社会科学院出版社
234	地方政府基础设施债务融资研究	徐丽梅著	上海社会科学院出版社
235	财经监管与反腐败经济机制	魏安学著	上海社会科学院出版社
236	上海金融发展报告 2013	杨建文主编	上海社会科学院出版社
237	长三角地区制造业与服务业融合发展研究	王晓娟著	上海社会科学院出版社
238	2013 年上海市国民经济和社会发展报告	俞北华编	上海社会科学院出版社
239	长三角地区经济发展报告(2013)	王振主编	上海社会科学院出版社
240	上海民生发展报告(2013)	王泠一著	上海社会科学院出版社

三、金融博物馆

1. 上海市银行博物馆

【开放服务】 上海市银行博物馆2013年按照科学发展观要求，积极做好各项工作，圆满完成了年初制定的计划。全年对外开放数超过260天，包括特展在内累计接待参观人数达5.6万余人次。各类免费参观团体与个人占所有参观者的比例已超过90%。每年5月18日—6月18日期间，专门举行为期一个月的免费开放活动，起到了良好的宣传效果。

2013年接待的重要团体与个人有：上海市副市长翁铁慧、市文广局局长胡劲军、民盟中央副主席郑惠强、浦东新区区委副书记胡佩艳、中央纪委监察部等重要领导、通用汽车公司、迪士尼企业联盟、小主人报社、中福会幼儿园等。

【主题展览】 (1) 近代上海风云际会——上海历史文化名城纪念特展。百年金融孕育了上海独具特色的海派文化，上海市银行博物馆以此为切入点，携手上海历史博物馆、上海市城市规划展览馆等机构，通过展览的形式，回眸上海所走过的改革发展历程。

(2) 上海金融百年档案展。2013年10月4日，上海市银行博物馆与上海历史博物馆联合举办的上海金融百年档案展，在位于外滩的市档案馆4楼展厅正式开幕，并向社会公众免费开放。此次展览共计汇聚了各类金融文物档案400余件，其中银行博物馆为展览提供了清代银锭、银元、钱庄印章、外资银行货币、老银行存折、业务宣传品等各类珍贵文物100余件。展览开放后，引发参观热潮。

【“三公里文化服务圈”】 银行博物馆历来是各年龄段学生朋友们的实践基地。2013年共接待中小学生超过万人。为落实市政府“三公里文化服务圈”建设，2013年与东昌中学、协和双语学校、由由小学、上海金融学院、上汽集团培训中心签订了长期合作协议，将金融文化融于学生课外活动。通过深入浅出的讲解和内容丰富的科普展示，为学生们上了一堂堂生动的金融科普之旅。

2013年暑期，银行博物馆与上海市民信箱、上海健康教育协会联手合作，打造“乐游暑期”活动。通过上海市市民信箱官方网站专栏线上抽票，门票可由一位家长携带一名儿童免费参观。

此外，银行博物馆2013年还加入科普爱心基地联盟，继续参加“爱心连你我，共谱和谐情”活动，为广大无偿献血者免费提供200张门票，进一步弘扬社会公益事业。加入“添翼计划”，与浦东新区民政局联合组织新区小朋友参加课业辅导班系列活动。

【宣传展示】 经过三年多的努力，国内首部《近代中国银行业机构人名大辞典》在年内已经正式付印，共收录银行业机构及人名万余条。这是我国第一部系统整理银行业金融机构和人物的专门工具书，填补了该领域研究的空白。另一部博物馆大型画册——《银行博物馆精品集》也已出版，画册收录150余组馆藏孤品、精品、罕品，力图反映中国银行业所走过的波澜壮阔的历史。除了以上两大工程，上海市银行博物馆同往年一样，发表大量学术性研究文章，出版高质量的学术期刊《银行博物》，坚持对金融史、银行史的不懈探索。博物馆的微博也于2013年上线，与百度合作开发《百度数字百科上海市银行博物馆数字馆》已在火热建设中。

(银行博物馆)

2. 历道证券博物馆

2013年，历道证券博物馆严格执行国家《民办非企业单位登记管理暂行条例》、《博物馆管理办法》、《文物保护法》、《文物保护法实施条例》、《公共文化体育设施条例》等有关法律法规，按照章程开展活动，免费向社会开放，无违法行为，无安全事故，规范运作，热心服务社会公众，积极促进博物馆的持续发展。

【服务行业】 积极探索、拓展博物馆的服务功能，配合证券公司的投资者教育工作，创新教育思路，丰富文化品牌，将证券公司金融产品业务创新和投资者教育服务、证券发展历史传播巧妙地融合在一起，经过两年多的打造，湘财“历道行”已成为投资者教育工作的一个特色品牌，受到证券业协会、上海证券交易所、深圳证券交易所等管理部门的高度赞誉。同时，历道证券博物馆还是证券行业员工培训基地，帮助从业人员进一步了解行业的过去、现在和未来。

【对外交流】 (1) 与政府管理部门及研究机构保持联系，探寻民办博物馆的发展之路，积极争取有利于博物馆发展的政策支持。

(2) 参加国家文物局举办的“博物馆(记忆＋创造力)＝社会变革”国际博物馆馆日活动，积极探讨社会变革中博物馆怎样挖掘文化资源，增强创新能力；参加上海市文物局、浦东新区文物保护管理组织开展的博物馆日集中开放系列宣传活动。

(3) 参加上海市及浦东新区政府部门组织的金融文化活动，历道证券博物馆作为主推金融服务项目之一，文化特色浓厚而鲜明。参加首届“上海市民文化节”，参加由浦东新区金融局、陆家嘴金融贸易区管理委员会主办的“陆家嘴金融文化节”、“陆家嘴上海一圈”等文化活动，为丰富市民文化生活、宣传和普及金融知识、为金融城快速发展营造良好的金融文化环境做出积极的努力。历道证券博物馆因热心、细致、专业服务，荣获主办方赞誉。

(4) 受邀担任上海市金融博物馆建设顾问，出席市金融办召开的金融博物馆陈列大纲专家论证会、金融博物馆规划布展事项专家研讨会，参与博物馆功能定位、展品内容和展示载体等事项的研究讨论，积极建言献策。

(5) 参加由浦东新区精神文明办、浦东新区文保所、上海地铁等共同举办的上海地铁公益文化墙活动，宣传博览文化。

(6) 历道证券博物馆受邀成为上海市东昌中学学生金融素养培育区域联动组织(简称东昌金联)成员单位，定期向青少年传播金融知识，指导学校开展有关金融素养课程的研发，对学校开展的培育和提升学生金融素养的活动进行专业指导，并帮助学校建立金融实验室。

(7) 参加上海市及浦东新区文史学会活动，加强交流，提高学术研究能力。

(8) 完成了《上海金融年鉴》及《陆家嘴金融城年鉴(2013)》的供稿。历道证券博物馆入编上海市文化广播影视管理局和市文物局联合发行的《文化上海・博物馆导览图》，该图在社会观众中广为发放，进一步提高了博物馆的社会影响力。

【合规运营】 (1) 完善历道证券博物馆内部管理制度，根据民政部、国家文物局的要求，规范运营，科学管理。按时做好报表报送工作，顺利完成年检工作。

(2) 着手开展博物馆数字化建设工作。

(3) 加强博物馆的安全防范工作。积极贯彻国家文物局、公安部的系列文件精神和要求，认真加以落实和部署，切实有效地做好全馆的各项安全工作。参加上海市文物局组织的全市博物馆安全集训，严格工作规章，强调工作纪律，做好日常维护保养和藏品防霉防潮防虫等工作。

(4) 提高专业服务能力。全馆员工在做好日常接待和管理工作的同时，认真钻研历史史料，探究证券历史发展脉络。认真向书本学习，向行业专家学习，虚心求教。克服人手少、参观嘉宾众多接待量大、观众层次众多、观众需求不一的困难，充分运用博物馆藏品丰富的平台，认真、细致、热心、专业服务客户。既注重历史文化的传承、知识的传播，也注重观众群体的感受和收获，以优质服务向国内外来宾展示了中国证券文化的发展脉络、展示了上海金融中心的文化内涵。

(张冠琼)

四、上海金融景气指数

1. 上海金融景气指数整体分析

【金融业整体景气度】 受到金融创新以及金融市场一级指标推动，2013 年上海金融业整体保持良好发展态势，以 2006 年为基期（1 000 点），通过综合上海金融业在金融市场、金融机构、金融国际化、金融创新、金融人才和金融生态环境的定量评价部分，从这六个方面测算金融业整体的发展状况和景气程度，2013 年上海金融景气指数为 3 464 点，较 2012 年增长 9.8%；反映景气度的增速指数为 1 098 点。

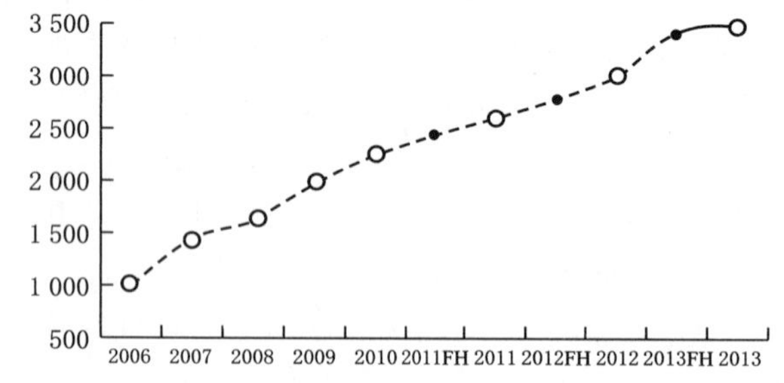

2006—2013 年上海金融景气指数—发展度曲线

年　份	以 2006 年为基期①	以上年为基期
2006	1 000	1 000
2007	1 437	1 437
2008	1 623	1 119
2009	1 989	1 214
2010	2 250	1 129
2011FH	2 426	1 073
2011	2 595	1 151
2012FH	2 780	1 051
2012	3 007	1 116
2013FH	3 423	1 069
2013	3 464	1 098

从发展角度看，上海金融景气指数在 2006—2013 年期间一直保持良好的发展态势，以 2006 年为基期，2013 年发展度指数达 3 464 点，较 2012 年末增长 457 点，增幅为 9.8%，增长速度维持在较高水平。发展度指数的年均复合增长率达到 19.4%，高于上海市 GDP 复合增速（10.7%）近 9 个百分点。

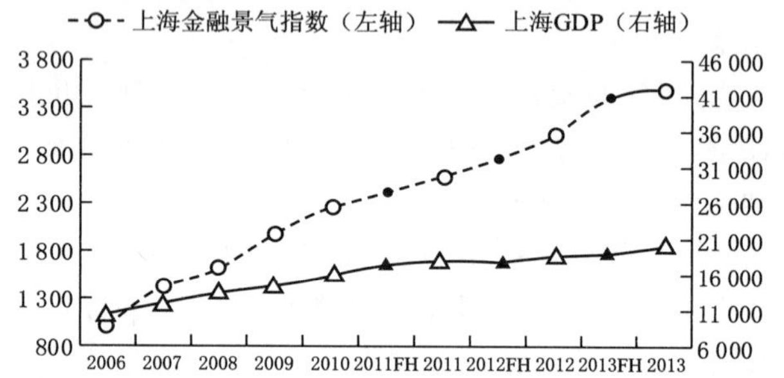

2006—2013 年上海金融景气指数同上海 GDP 比较—发展度曲线

从景气角度看，上海金融业在过去七年中的发展一直具有一定的波动性，其中 2006—2008 年波动最为剧烈，近年来波动幅度逐渐减小并趋于稳定。2013 年表征景气度的增速指数为 1 098 点，与 2012 年基本一致。

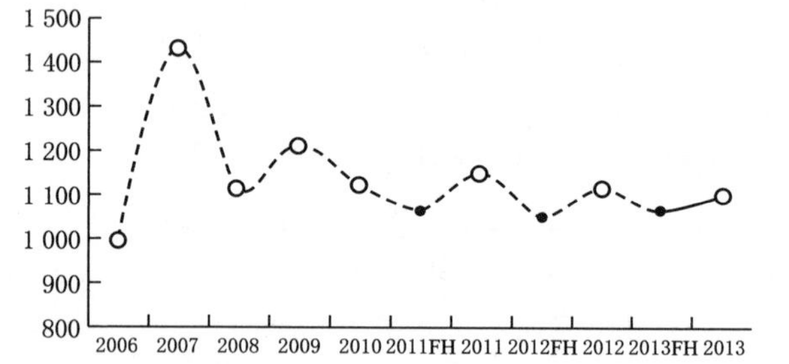

2006—2013 年上海金融景气指数—增速曲线

从一级指标构成来看，2013 年金融创新指标发展度稳居首位，领跑其余一级指标；金融市场发展度紧随其后；金融国际化 2013 年加速推进，发展度依旧在六项一级指标中保持中间位置；其后依次为金融机构、金融生态环境以及金融人才。

① 因本期报告中指标体系有所调整，同时对部分历年缺失数据进行增补，故本期所示指数与前期报告有小幅差异。

2013 年在融资融券、券商集合理财等金融创新业务日渐成熟、上海自贸区试点、互联网金融兴起等因素推动下，金融创新指标保持大幅增长态势，发展度子指数达到 9 395 点，较 2012 年大幅提升 50.3%，稳居各项一级指标首位；金融市场方面，在基金、黄金、外汇以及期货市场的带动下，市场一级指标保持稳定增长，发展度子指数达到 4 258 点，仅次于金融创新，较 2012 年提升 6.5%；金融国际化方面，受上海跨境贸易人民币结算规模及双边货币互换规模迅速提升拉动，人民币国际化快速推进，金融国际化进程加速，2013 年发展度子指数达到 2 720 点，较 2012 年增长 15.7%；2013 年受自贸区等因素提振，上海宏观商业环境以及基础设施环境继续改善，金融生态环境持续向好，发展度子指数为 1 868 点，较 2012 年增长 2.4%；金融机构方面，2013 年基金业机构、金融服务机构以及其他新型金融机构均保持稳定发展，金融机构发展度子指数达到 2 084 点，较 2012 年小幅提升 0.8%。

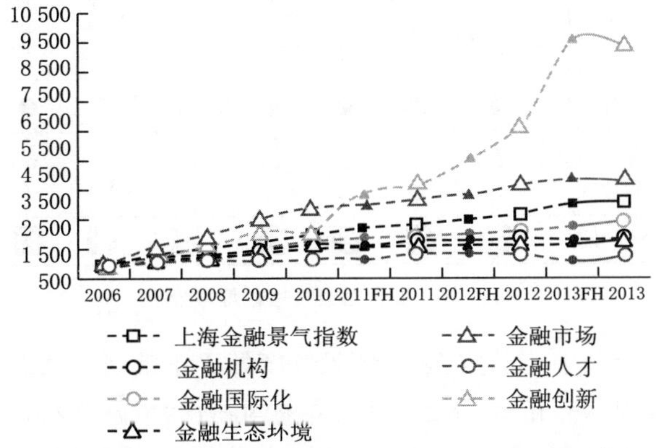

2006—2013 年上海金融景气指数及一级指标—发展度曲线

从景气程度来看，2013 年金融创新指标继续快速增长，表征景气度的增速子指数达 1 503 点，景气度持续走高，领跑其余一级指标；金融国际化在人民币国际化带动下紧随其后，2013 年表征景气度的增速子指数达 1 157 点，景气度较 2012 年明显提升 81 点，增速加快；金融市场方面，反映景气度的增速子指数达 1 065 点，较 2012 年同期增速有所下降；受自贸区试点积极影响以及金融业日渐成熟推动，2013 年上海金融生态环境增速子指数为 1 024 点，较 2012 年发展脚步加快；而金融机构增速子指数为 1 008 点，较 2012 年降低 42 点。

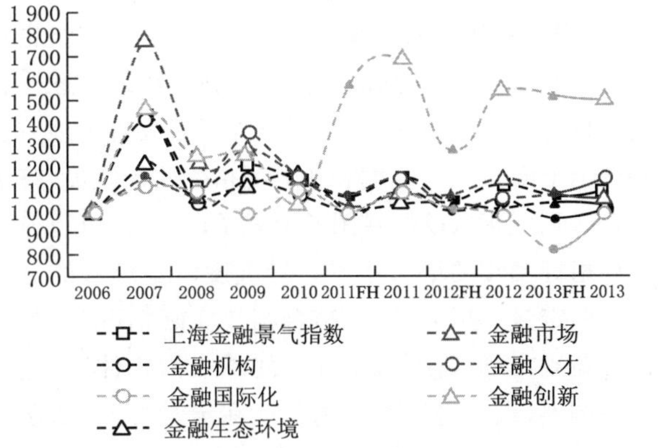

2006—2013 年上海金融景气指数及一级指标—增速曲线

从问卷调研所得到的主观测评结果来看，上海金融业从业者对于 2013 年上海金融业各个维度的景气度评价基本维持在“一般”水平，而与 2012 年相比，大部分从业者认为 2013 年的金融业景气度“维持原状”，从具体打分情况来看，部分从业者认为，在金融创新与金融国际化两方面 2013 年较 2012 年有所提升。

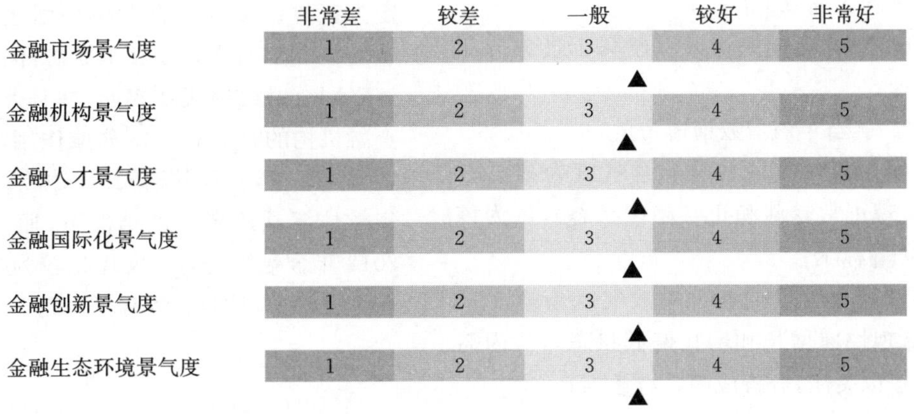

一级指标景气度问卷评估结果

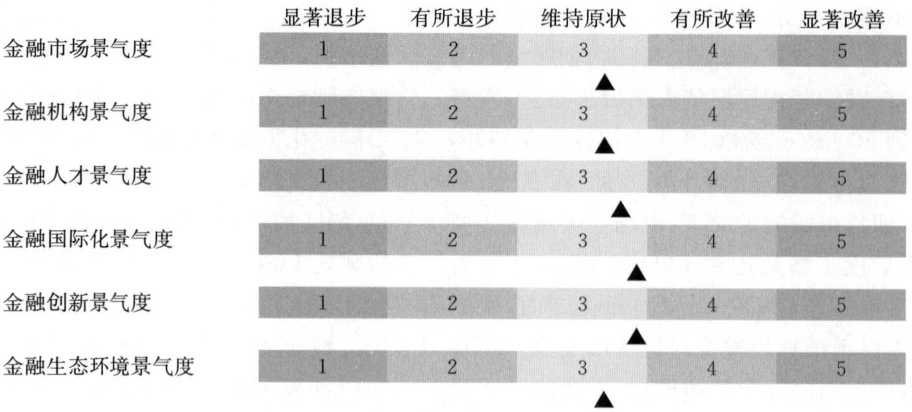

一级指标景气度较上年比较问卷评估结果

【景气指数灯号分析】 考虑到不同的一级指标因素不能完全相互比较，我们将最新一年的增速同各指标自身的历史增速比较，同时为了更为直观地分析并展示上海金融景气度和各分项指标的景气度，将上海金融景气指数以灯号图的形式予以呈现，可以分析每项指标当年的增长水平。景气度以及灯号的分类以指标定量分析为基础，结合当年实际情况（例如有部分新兴市场、新兴机构等未能纳入指标体系）进行定性调整，最后得出六种情景。在定量方面，依照当年增速水平与历史平均增速和历史最高增速的比例关系，将景气度状态分为如下六种情景①：

（1）正常趋涨：当年该指数增速低于过去五年历史平均增速1.5倍、高于过去五年历史平均增速；

（2）正常趋缓：当年该指数增速低于过去五年历史平均增速、高于过去五年历史平均增速0.5倍；

（3）快速增长：当年该指数增速低于过去五年历史最高增速、高于过去五年历史平均增速1.5倍；

（4）增长偏低：当年该指数增速为正，但低于过去五年历史平均增速0.5倍；

（5）增长趋热：当年该指数增速高于过去五年历史最高增速；

（6）不景气：当年该指数增速为负。

当上海金融景气度或各分项景气度为第1、2类情景时（呈现正常趋涨和正常趋缓状态），认为该状态正常，以●标示；

当上海金融景气度或各分项景气度为第3、4类情景时（呈现快速增长和增长偏低状态），认为需要对该状态予以关注，分析成因，以●标示；

当上海金融景气度或各分项景气度为第5、6类情景时（呈现增长趋热和不景气状态），认为需要对该状态予以警戒，分析成因并迅速采取措施予以改善，以●标示。

基于以上定义，2013年上海金融景气指数的灯号分析如下图所示。

	上海金融	金融市场	金融机构	金融人才	金融国际化	金融创新	金融生态
增长趋热	○	○	○	○	○	○	○
快速增长	○	○	○	○	○	○	○
正常趋涨	○	○	○	○	○	○	○
正常趋缓	●	●	●	●	●	●	●
增长偏低	○	○	○	○	○	○	○
不景气	○	○	○	○	○	○	○
灯号图	●	●	●	●	●	●	●

2013年上海金融景气指数灯号分析

其中，上海金融整体景气度处于正常趋缓状态，发展状态正常；金融市场、金融国际化、金融创新、金融人才和金融生态环境2013年增速均低于前两年平均增速而高于其0.5倍，故处于正常趋缓状态，判定为正常。2013年金融机构增速低于历史平均增速的0.5倍，处于增长偏低状态，但是考虑到2013年互联网金融机构大量兴起，并且此类机构对于传统金融机构的收益有一定分摊作用，而由于互联网金融方兴未艾，若将其纳入指标体系尚不成熟，因此在指数体系缺乏考虑的情况下，通过定性分析，认为2013年金融机构的发展还是较为平稳和良好的，故在灯号部分仍旧给予绿灯等级。

① 其中，金融创新景气度状态评判方法与其他一级指标不同，根据金融创新具有高增长的特点，当其增速高于过去五年历史平均增速时，均属于正常趋涨水平。

2. 上海金融景气指数指标体系及数据①

一级指标	二级指标	三级指标分类	三级指标	单位	2008年	2009年	2010年	2011年	2012年	2013年
金融市场	市场综合评价	金融市场整体交易规模	上海金融市场交易总量②	万亿元	163.7	253.8	433.6	406.1	447.2	665.8
		金融市场直接融资能力	上海直接融资额占全国融资总额比例	%	23.4	17.5	21.7	24.0		
			上海非金融机构直接融资额占社会融资总量比例	%	11.9	11.0	11.3	11.3		
		市场发展质量	上海金融市场衍生品交易量占总交易量比例	%	21.8	31.4	48.2	43.6	37.6	39.8
	信贷市场	市场规模(绝对规模、市场份额)	上海中外金融机构本外币贷款余额	万亿元	2.4	3.0	3.4	3.7	4.1	4.4
			上海中外金融机构本外币贷款余额占全国比例	%	6.6	6.3	6.7	5.3	6.1	5.8
		市场发展质量	上海不良贷款率	%	1.60	1.20	0.80	0.60	0.66	0.80
	货币市场	市场规模	信用拆借市场成交额	万亿元	15.1	19.4	27.9	33.4	46.7	35.5
			回购市场交易额	万亿元	62.4	76.2	101.4	99.5	147.6	158.2
			利率衍生品交易额	万亿元	0.9	1.1	1.8	2.8	2.9	3.2
		市场参与者	银行间本币市场成员数	家	1 857	2 446	3 063	3 984	5 603	6 466
	外汇市场	市场规模	外汇衍生品交易额	亿美元	4 577	8 116	13 162	19 866	26 375	35 000
			即期外汇交易额增速	%	8.0	19.3	3.5	17.6	−6.1	20.2
		市场参与者	银行间外币市场会员数	家	268	276	293	318	362	405
	债券市场	市场规模(绝对规模、相对规模、市场地位)	债券市场总市值	万亿元	16.1	18.0	20.3	21.6	31.2	33.8
			债券市场总发行额	万亿元	7.1	8.6	9.5	7.0	5.9	5.6
			债券市场总市值与全国GDP比率	%	53.4	52.5	51.0	45.9	60.0	59.4
			债券市场市值全球排名	排名	6	6	5	5	3	
		市场发展质量(品种结构,持有结构,交易场所结构)	企业债券市值占比	%	8.2	13.7	17.2	19.3	20.3	19.6
			非银行机构债券持有额占比	%	33.6	28.0	23.7	24.0	27.8	28.4
			上海证交所现券交易额占比	%	1.5	0.9	1.2	1.3	1.6	1.0
		市场流动性	债券市场现券日均交易额	亿元	1 660	2 003	2 797	2 777	2 915	1 554
			债券市场换手率	%	233	266	318	294	273	125
		市场参与者	银行间债券市场投资者数	人	8 299	9 247	10 235	11 162	12 415	6 075
		市场自有指数	中债综合指数	点数	132	132	134	142	142	149

① 数据来源:上海金融年鉴,上海金融发展报告,上海金融运行报告,中国人民银行,中国银监会,中国证监会,中国保监会,各交易所,上海统计年鉴,中国统计年鉴,统计公报,同业协会,WFE, Wind, CVSource 等。

② 包含股票市场、债券市场、期货市场、货币市场、黄金市场等,不含外汇市场。

（续表）

一级指标	二级指标	三级指标分类	三级指标	单位	2008年	2009年	2010年	2011年	2012年	2013年
金融市场	股票市场	市场规模（绝对规模、相对规模、市场份额、市场地位）	上海股票市场月均市价总值①	万亿元	15.3	15.0	16.8	17.4	15.2	15.4
			上海股票市场筹资总额	亿元	2 238	3 343	5 532	3 120	2 586	2 423
			上海股票市场总市值占全国股票市场比例	%	80.1	75.7	67.4	69.1	68.9	65.4
			上海股票市场筹资总额占全国股票市场比例	%	93.3	91.5	61.8	42.6	55.8	57.9
			上海股票市场总市值与全国GDP比率	%	32.3	54.2	45.0	31.5	30.6	26.6
			上海股票市场交易额全球排名②	排名	6	2	2	3	3	
		市场发展质量（持有结构，公司结构）	上海股票市场机构投资者持股市值占比例	%	26.2	17.0	15.9	15.6	17.4	13.0
			上海股票市场日间市场效率系数	点数	1.07	1.07	1.09	1.09		
			上海股票市场ST公司数量占上市公司数量比例	%	10.3	9.8	10.2	8.9	3.4	3.2
		市场流动性	上海股票市场日均交易额	亿元	733	1 420	1 257	974	677	968
			上海股票市场流通股换手率	%	393	504	189	125	101	
		市场参与者	上海证券市场投资者数量	万户	6 543	7 405	8 154	8 705	8 996	9 253
		市场自有指数	上证综合指数	点数	1 546	3 277	2 808	2 199	2 269	2 116
	期货市场③	市场规模（绝对规模、市场份额、市场地位）	上海商品期货市场成交金额④	万亿元	28.9	73.8	123.5	86.9	89.2	120.8
			上海商品期货市场成交量	亿手	2.81	8.70	12.44	6.16	3.65	12.85
			上海金融期货市场成交金额	万亿元			82.1	87.5	75.8	141.0
			上海金融期货市场成交量	万手			9 179	10 082	21 012	19 355
			上海期货市场成交额占全国期货总成交额比例	%	40.1	56.5	66.5	63.4	46.8	47.8
			上海期货市场交易量全球排名	排名	16	10	11	14	11	
		期货市场发展质量	金融期货成交额占股票交易额比例	%			270	369	461	614
			上海期货市场上市交易品种数⑤	个	6	8	9	9	10	11
		市场参与者	上海期货交易所会员数⑥	个	207	210	209	208	209	
	基金市场	市场规模（公募基金、私募基金）	上海法人基金公司管理资产规模	亿元	6 170	8 814	8 144	8 121		11 362⑦
			上海法人基金公司总基金只数	只	186	244	303	431	823	748⑧
			上海PE/VC公司投资额	亿美元	15.4	15.8	21.0	47.2	42.3	49.7

① 由于股票市场市值的高波动性，为更加准确的反应上海股票市场年度整体市值水平，故选取月均市价总值作为指标，即每月月底市值的平均。

② 按交易所所在城市排名。

③ 含商品期货和金融期货市场。由于金融期货没有2010年以前的数据，自2011年开始，将期货市场项下的商品期货和金融期货三级指标区分开。

④ 商品期货及金融期货成交金额及成交量均为双边计算。

⑤ 此处仅包括商品期货市场。

⑥ 此处仅包括商品期货交易所会员数。

⑦ 由于数据可得性原因，此处数值为截止到2014年2月底的上海法人基金公司管理资产规模。

⑧ 由于数据可得性原因，此处数值为截止到2014年2月底的上海法人基金公司总基金只数。

（续表）

一级指标	二级指标	三级指标分类	三级指标	单位	2008 年	2009 年	2010 年	2011 年	2012 年	2013 年
金融市场	基金市场	市场发展质量(投资者结构,ETF 基金)	上海法人基金公司机构投资者持有基金份额占比	%	19.9	25.8	24.8	37.8		
			上交所 ETF 市值	亿元	188.0	409.7	480.7	424.7	741.2	1 223.4①
			上交所 ETF 交易额	亿元	2 739	5 759	4 202	2 699	2 363	6 707
	保险市场	市场规模和市场份额	上海市保费收入	亿元	600	665	696②	753	821	821
			上海市保险赔付	亿元	184	177	174③	261	256	302
			上海市保费收入占全国保费收入比例	%	6.1	6.0	4.8	5.3	5.3	4.8
		市场发展潜力	上海市保险深度	%	4.3	4.4	4.1	3.9	4.1	3.8
			上海市保险密度	元/人	3 178	3 461	3 022	3 208	3 565	3 286
	黄金市场	市场规模	上海黄金交易所黄金成交额	亿元	8 696	10 278	16 143	24 772	21 506	32 134
			上海黄金交易所总成交额	亿元	8 983	11 020	20 205	44 411	35 297	52 242
		市场参与者	上海黄金交易所会员数	家	162	162	163	166	166	166
	产权市场	市场规模(绝对规模、市场份额)	上海产权市场交易金额	亿元	1 074	1 396	2 454	5 545	11 764	13 977
			上海产权市场交易涉及行业数	个	66	71	79	82	84	87
		市场参与者	上海产权市场会员数	家	371	416	444	455	473	486
		市场自有指数	上海产权市场交易指数	点数	1 044	1 091	1 548	1 997	1 253	1 128
	其他市场	信托市场	上海信托公司受托资产规模	亿元	1 497	2 662	3 491	4 766	5 833	
			上海信托公司信托资产规模占全国比例	%	12.1	12.6	11.5	9.9	7.8	
			上海信托公司主动管理信托资产规模占比	%	39.9	35.7	40.4	34.3		
		银行卡市场	上海银行卡累计发卡量	万张	7 915	10 010	11 427	13 098	14 207	15 964
			上海人均借记卡发卡量	张/人	3.4	4.2	3.9	4.3	4.7	5.2
			上海人均信用卡发卡量	张/人	0.8	1.0	1.1	1.2	1.3	1.4
			上海银行跨行交易金额	亿元	3 926	5 763	6 418	8 267	12 061	16 933
			银行跨行交易转接系统处理交易量	亿笔	5.0	6.0	6.6	7.4	8.5	9.9
			上海受理的银行卡 POS 跨行交易金额	亿元	2 535	4 114	4 813	6 259	6 590	13 708
金融机构	机构整体	机构整体数量	上海金融机构总数	家	899	986	1 049	1 136	1 124	
		机构整体实力	上海金融资产总规模	亿元	6.6	8.2				
			上海金融业增加值对 GDP 贡献率	%	10.3	12.1	11.4	11.7	12.2	13.1
			上海金融业增加值占全国金融业增加值比例	%	9.7	10.3	10.3	10.3	8.5	8.4

① 由于数据可得性原因，此处数值为截止到 2014 年 2 月底的上海证券交易所 ETF 市值。

②③ 2011 年保监会更改数据统计口径，为与 2011 年数据比较，此数据为 2011 年所披露数据反推结果。

（续表）

一级指标	二级指标	三级指标分类	三级指标	单位	2008 年	2009 年	2010 年	2011 年	2012 年	2013 年
金融机构	银行业	银行业机构数量（法人机构、营业机构）	上海法人商业银行数	家	21	24	25	25	25	25
			上海银行业一级分行级机构数	家	90	98	107	111	112	110
			上海银行业总行营业部、专营机构数	家	11	14	16	17	20	21
			上海银行业营业网点数	家	3 167	3 355	3 358	3 358	3 558	3 654
		银行业机构实力（资产、主要业务、利润）	上海银行业金融机构资产总额	万亿元	5.2	6.3	7.0	8.1	9.0	
			上海银行业金融机构资产规模占全国比例	%	8.4	7.9	7.4		6.8	
			上海银行业金融机构净利润	亿元	709	599	798	955		
			上海银行业金融机构净利润占全国银行业金融机构净利润比例	%	12.1	9.0	8.9	9.2		
	证券业	证券业机构数量（法人机构、营业机构）	上海法人证券公司数	家	15	14	14	15	16	16
			上海证券公司营业部数	家	451	459	476	484	487	501
		证券业机构实力（资产、主要业务、收入、利润）	上海法人证券公司净资本	亿元	813	981	1 010	1 361	1 140	
			上海法人证券公司净资本占全国证券公司净资本比例	%	27.7	25.8	23.3			
			上海法人证券公司经纪业务交易额	亿元	1 974	1 240	2 356	2 684		
			上海法人证券公司经纪业务交易额占所有证券公司经纪业务交易额比例	%	23.3	21.6	21.4	25.4		
			上海法人证券公司营业收入	亿元	285	421	342	277	259	
			上海法人证券公司营业收入占全国证券公司营业收入比例	%	22.8	20.5	17.9			
			上海法人证券公司净利润	亿元	126	212	152	101	83	
			上海法人证券公司净利润占全国证券公司净利润比例	%	26.1	22.7	19.5			
	期货业	期货业机构数量（法人机构、营业机构）	上海法人期货公司数	家	25	25	26	28	28	28
			上海期货公司营业部数	家	55	89	98	111	115	128
		期货业机构实力（保证金、收入、利润）	上海法人期货公司保证金规模	亿元	69	170	324	340	439	502
			上海法人期货公司保证金规模占全国期货公司保证金规模比例	%	15.8	16.9	20.2	22.9	24.8	25.7
			上海法人期货公司营业收入	亿元	32.2	26.3	43.3	47.3	65.2	42.0
			上海法人期货公司营业收入占全国期货公司营业收入比例	%	43.4	30.4	30.5	46.7	37.7	22.7
			上海法人期货公司净利润	亿元	0.4	2.4	3.8	4.9	6.9	7.1
			上海法人期货公司净利润占全国期货公司净利润比例	%	6.1	13.9	15.0	21.2	19.4	20.0
	基金业	基金业机构数量	上海法人基金管理公司数	家	30	30	31	34	36	41
			上海 PE/VC 企业数	家	1 523	1 647	1 725			

（续表）

一级指标	二级指标	三级指标分类	三级指标	单位	2008年	2009年	2010年	2011年	2012年	2013年
金融机构	基金业	基金业机构数量	上海法人基金管理公司管理资产规模占全国基金管理公司管理资产规模比例	%	31.9	32.7	31.9	37.1	37.1	38.2
			上海PE/VC公司投资规模占全国PE/VC公司投资规模比例	%	6.8	5.0	8.3	12.4		18.9
	保险业	保险业机构数量	上海法人保险公司数	家	34	34	34	35	49	50
			上海保险公司分公司数	家	101	105	115	115	122	125
		保险业机构实力	上海法人保险公司保费收入	亿元	1 551	1 758	2 482			
			上海法人保险公司保费收入占全国保险公司保费收入比例	%	15.9	15.8	17.1			
			上海保险公司资产规模	亿元	6 068	7 428				
			上海保险公司资产规模占全国保险公司资产规模	%	18.2	18.2				
			上海保险业受托资产规模	亿元	10 223	10 223				
	新型金融机构	信托业	上海信托公司数	家	7	7	7	8	7	7
			上海信托公司营业收入	亿元	27.3	26.1	30.9	37.6		
			上海信托公司营业收入占全国比例	%			10.9	8.6		
			上海信托公司净利润	亿元	17.7	17.7	21.1	23.4		
			上海信托公司净利润占全国比例	%			13.3	7.8		
		机构数量	上海村镇银行数	家	1	3	4	10	16	19
			上海小额贷款公司数	家	17	35	52	81	80	107
			上海金融租赁公司数	家	3	3	4	3	4	4
			上海汽车金融公司数	家	4	4	4	4	4	4
			上海货币经纪公司数	家	2	2	2	2	2	2
			上海发卡机构数	家	28	29	35	41	41	
	金融中介服务机构	机构数量	上海证券投资咨询机构数	家	18	18	21	19	19	19
			上海保险中介机构数	家	283	292	302	310	324	352
			上海律师事务所数	家	936	1 043	1 064	1 116	1 153	1 225
			上海会计师事务所数	家		266	274	293	306	319
金融人才	人才聚集	从业人数	上海金融业从业人员数	万人	23.2	22.1	24.1	28.4①	30.1	
		就业人口占比	上海金融业从业人员占上海在职职工比例	%	4.5	3.9	3.7	3.9	2.7	
	人才质量	高级人才比例	上海法人金融机构从业人员管理人员比例	%	15.0	10.9	11.2			
			上海金融业从业人员高等学历比例	%	46.7	48.8	58.7			
		人均贡献	上海金融业从业人员人均金融业增加值	万元/人	62.2	82.2	83.3	89.8	94.0	

① 该数据由2006年至2010年平均增速估算得出。

（续表）

一级指标	二级指标	三级指标分类	三级指标	单位	2008 年	2009 年	2010 年	2011 年	2012 年	2013 年
金融人才	人才供给	行业薪酬水平	上海金融业从业人员平均工资水平	万元	11.7	11.3	15.4	16.7	17.2	
		高校毕业生供给	全国大学毕业生数	万人	546	568	614	651	699	699
			本地大学毕业生数	万人	12.2	12.7	13.4	17.5	17.8	17.8
金融国际化	市场国际化	外汇存贷款	上海外汇存款占总存款比例	%	5.5	5.2	4.5	5.0	5.8	6.1
			上海外汇贷款占总贷款比例	%	12.1	11.8	10.5	10.3	10.5	10.4
		货币市场	外资金融机构同业拆借交易规模占比	%	17.2	9.7	8.1			
			外资金融机构回购市场交易规模占比	%	3.8	2.5	2.5			
			外资金融机构利率衍生品交易规模占比	%	18.4	19.7	38.4			
		外汇市场	外资金融机构在人民币外汇市场的市场份额占比	%	32.0	25.0	33.0			
		债券市场	外资金融机构现券买卖交易规模占比	%	10.4	9.0	10.5			
		黄金市场	外资金融机构黄金现货交易量占比	%	0.1	0.8	3.6	4.6	3.4	3.9
		产权市场	上海产权市场外资并购涉及国家和地区数	个	31	31	31	32	35	36
		境外投资开放度	累计批准 QFII 额度	亿美元	134	167	197	217	374	497
			累计批准 QDII 额度	亿美元	542	628	726	756	807	842
	机构国际化	外资金融机构总数	上海外资金融机构总数	家	395	402	402	394		
		外资银行数量和实力	上海法人外资银行数	家	17	20	21	21	22	22
			上海外资银行分行数	家	64	70	77	78	77	113
			上海外资银行资产规模占上海银行业资产规模比例	%	14.6	11.7	12.5	12.7		
		合资证券公司数量和实力	上海合资证券公司数	家	4	4	5	5	6	6
			上海外资证券公司代表处数量	家	55	56	60	80	81	77
			上海合资证券公司净资本占上海法人证券公司净资本比例	%	5.5	3.9			3.9	5.4
		合资基金公司数量和实力	上海合资基金管理公司数	家	19	19	21	21	21	44
			上海合资基金管理公司管理资产规模占上海基金管理公司管理资产规模比例	%	65.1	70.2	68.9	69.0		57.6
		外资保险公司数量和实力	上海外资保险公司数	家	17	18	19		34	32
			上海外资保险公司保费收入占上海保险公司保费收入比例	%	21.3	18.0	18.8	14.0	12.9	15.3
		海外发展质量	中国金融机构海外分支机构数	个	136	151	172			
			上海法人金融机构 QDII 额度占全国比例	%	26.0	26.7	25.5	27.0		27.3

（续表）

一级指标	二级指标	三级指标分类	三级指标	单位	2008 年	2009 年	2010 年	2011 年	2012 年	2013 年
金融国际化	人才国际化	国际化人才供给	在沪外国常住人口数	万人	15.2	15.2	16.3	16.4	17.42	
			中国留学回国人员总数	万人	38.9	49.7	63.2	81.8		
	人民币国际化	国际结算	上海跨境贸易人民币结算量	亿元			746	3 312	3 590	6 845①
		国际储备	中国双边货币互换规模	亿元	1 800	6 800	8 335	12 442	12 542	25 682
金融创新	创新整体评估	创新整体评价	上海金融创新奖的获奖作品数	个			37	59	46	42
			上海金融业重大先行先试创新试点	个			5	4	5	
			金融创新景气度问卷评价	评分			3.1	3.3	3.3	3.4
	渐进型创新	银行业	新发行结构性理财产品个数	个	587	597	647	1 387	1 680	
			上海小企业贷款余额占比	%	12.3	12.4	13.5	13.4	16.9	
			上海银行业金融机构中间业务收入	亿元	178	208	273	425	395	
		证券业	券商集合理财规模	亿元	164	325	418	425	508	1 970
		期货业	上海新增商品期货交易品种数	个	1	2	0	1	1	1
		基金业	上海法人基金管理公司新基金产品数	个	57	76	83	140	154	
		保险业	上海法人保险公司新保险产品数	个	47	15	15	8		
		其他	上海产权市场交易品种数	个	15	20	22	24		
	新推型创新	新推型创新	上海证交所融资交易额	亿元			421	1 775	4 936	20 762
			上海证交所融券交易量	亿股			0.4	14.6	255.6	827.4
			超短期融资券发行量	亿元			150	2 240	5 822	7 535
			信用风险缓释凭证名义本金金额	亿元			6.9	7.4	7.4	
金融生态环境	宏观商业环境	宏观经济环境	中国国内生产总值	万亿元	31.4	34.1	39.8	47.2	51.9	56.9
			中国人均国内生产总值	万元	2.4	2.6	2.9	3.5	3.8	4.2
			上海地区生产总值占中国国内生产总值比例	%	4.68	4.41	4.24	4.07	3.87	3.80
			中国进出口贸易总量	亿美元	25 633	22 075	29 738	36 421	38 668	41 600
			中国外商直接投资额	亿美元	924	900	1 057	1 160	1 117	1 176
			中国全社会固定资产投资额	万亿元	17.3	22.5	27.8	31.1	37.5	43.7
		产业支撑	中国工业增加值	万亿元	12.0	14.8	17.1	18.9	20.0	21.1
			中国工业增加值占中国 GDP 比例	%	43.3	39.7	40.2	40.0	38.5	37.0
		金融环境	中国经济金融化率	倍	2.31	2.59	2.64	2.57		
			中国经济证券化率	%	40.4	71.6	66.7	45.5	44.4	42.0
		税收环境	上海个人税赋水平②	%	12.1	13.0	13.9	14.0		
		生活成本	上海城市居民家庭人均可支配收入	万元	2.7	2.9	3.2	3.6	4.0	4.4

① 由于数据可得性原因，此处数值为截止到 2013 年 10 月底的上海跨境贸易人民币结算量。

② 根据当年上海金融从业人员平均工资水平来计算。

（续表）

一级指标	二级指标	三级指标分类	三级指标	单位	2008年	2009年	2010年	2011年	2012年	2013年
金融生态环境	宏观商业环境	生活成本	上海居民消费价格指数	点数	106	100	103	105	103	103
			上海住宅租赁价格指数	点数	105	101	105	107	105	107
			上海城市生活成本指数	点数	98.3	95.2				
	基础设施环境	金融基础设施	上海ATM机具数	万台	0.93	1.08	1.23	1.34	1.56	2.04
			上海联网POS机具数	万台	16.3	22.8	32.3	46.0	56.3	67.2
			上海人均联网POS机具数	台/万人	87	119	140	196	264	278
			上海人均联网ATM机具数	台/万人	4.90	5.60	5.3	5.7	6.5	8.4
			上海银行卡现金渗透率	%	31.9	36.1	41.4	43.8	44.5	75.0
			全国个人征信系统收录信息数	亿人	6.4	6.7	7.8	8	8.0	8.3
			全国企业征信系统收录信息数	万户	1 447	1 576	1 700	1 800	1 800	2 000
		办公环境	上海办公楼出租面积	万平方米	353	426	516	516	644	
			上海办公楼租赁价格指数	点数	106	101	101①			
		交通运输	上海港口货物吞吐量	亿吨	5.8	5.9	6.5	7.3	7.4	7.8
			上海机场进出港旅客人数	万人	5 111	5 708	7 170	7 456	7 871	8 279
			上海万人城市轨道交通	公里	264	355	453	454	468	538
			上海万人道路长度	公里	11.4	11.5	11.8	11.8		
			上海出租车数	万辆	4.8	4.9	5.0	5.0	5.1	
		信息化建设	上海宽带接入用户数	万户	419	470	499	505	627	
			上海信息通信管线长度	沟公里	4 007	5 354	5 821	6 258	7003	
		城市建设	上海万人执业医生数	人	27	27	22	22	23	
			上海百万人影剧院数	个	9.1	8.8	5.9	6.1	5.88	
			上海万人公共图书藏量	万册	2 450	2 630	2 766	2 605	3 026	
			上海社区公共运动场数	个	220	261	316	406	324	
			上海旅游年接待游客数	亿人次	1.2	1.3	2.2	2.4	2.6	
			上海城市绿化覆盖率	%	38.0	38.1	38.2	38.2	38.3	
			上海人均公共绿地面积	平方米	12.5	12.8	13.2	13.4	21.6	
			上海环境空气质量优良率	%	89.6	91.5	92.1	92.3	93.7	

（上海金融业联合会）

① 从2011年开始，上海统计数据中取消了房屋租赁价格指数中的非住宅租赁价格指数。

第九篇　人　　物

一、先 进 劳 模

［钱　衡］ 现任上海证监局办公室副主任。从事信访工作已有十七个年头，经手办理的各类信访件累计达上万件，始终坚持耐心细致的工作作风，全心全意为群众排忧解难，赢得了广大信访群众的信任和好评。无论是承担重要时期维稳工作，还是处置突出信访矛盾，都以高度的工作责任感和丰富的信访工作经验，圆满完成了各项工作任务。近年来，先后荣获了"上海市先进信访干部"、"市金融系统奥运安保维稳工作先进个人"、"上海市金融系统世博工作优秀个人"等荣誉称号。他以扎实的工作业绩，为保护投资者合法权益及维护辖区市场稳定作出了突出贡献。2013年，中华全国总工会授予钱衡全国五一劳动奖章。

［陈　光］ 1958年9月出生。中共党员。研究生学历、经济学博士。1982年参加工作，历任法国里昂信贷银行厦门分行行长、法国东方汇理银行厦门分行行长，2009年11月正式加入上海清算所工作，任财务总监、风险管理部（会员服务部）总经理、信息统计部（研究部）总经理。他的优秀事例可以概括为：一是不计私利、全心投入，在创业初始阶段敢啃硬骨头、打攻坚战。他筹备阶段即参加上海清算所工作，任务艰巨、条件艰苦，他始终保持饱满精神和昂扬斗志，为上海清算所挂牌开业后的机构业务筹建做出了突出成绩。二是研究引领、创新驱动，重视在更高层次上保障工作质量和可持续发展。研究方面，他主持推进了多项重大课题，为上海清算所有效开展对外宣介、主动营造政策环境、明确自身战略规划等工作，打下了扎实基础。风险管理方面，他为上海清算所设计实施中央对手清算业务风控制度体系做出了重要贡献，也在国际上树立了专业形象。2013年，荣获全国五一劳动奖章。

［刘　敏］ 女。1991年进入工商银行，从一名基层柜员做起，担任过储蓄所负责人、客户经理。现任工商银行上海市分行长宁延安西路支行行长。延安西路支行作为工行上海长宁支行营业部网点以及区域私人银行分中心，周边有近20家商业银行，同业竞争异常激烈。她带领团队在逆境中转变理念、创新发展思路，经营、服务、管理齐步走，牢牢占据区域内同业领头羊的地位。刘敏根据延安西路支行客户群的特点，实施公私联动策略，积极整合各类资源，将客户做深、做透、做精，以点带面，构建起客户资金在支行体内循环的良性机制，实现存款源头性业务的突破性进展，带领团队为支行争揽存款达数亿元，网点综合竞争力迈上了新台阶。2013年，荣获全国金融五一劳动奖章。

［杨艳华］ 女。中共党员。1959年10月出生。现任海通证券股份有限公司并购融资部党支部书记、总经理。2013年，被上海市总工会授予2012年度上海市五一劳动奖章。杨艳华同志自1998年进入金融行业，从事投资银行业务，先后独立承揽并主持了新世界、大众公用等众多企业IPO的上市推荐。从事并购工作以后，她领导并购团队在复杂多变的项目环境中坚持不断创新、知难而上、锲而不舍的精神，全力开拓有影响力的项目，创造了中国并购市场的多项第一：完成国内第一家图书发行集团借壳上市、实现国内第一家出版集团整体上市、完成上海第一家通过综合手段解决上市公司困境的成功案例。她的团队被上海市国资委、市金融办、市委宣传部评价为："不仅具有专业业务能力，而且具有战斗力，能打硬仗，能啃硬骨头！"在十多年的工作时间中，她积极开拓，勇于创新，成为了国内资本市场最具影响力的并购团队的领军人物。

［蒋丽萍］ 女。1971年3月出生。现任上海农商银行松江支行营业部经理。她心怀客户，服务至上，经常在双休日放弃休息到网点帮助客户及时解决问题，22台离行式ATM，一有状况，不管白天黑夜都能及时解决，特别是能妥善处理好客户的吞卡、吞钞现象，连续三年营业部窗口服务零投诉。她带领团队，竭尽所能，服务客户，尽责社会，使松江支行营业部的内部结算水平、工作质量、队伍工作作风得到显著提升。被评为2013年度上海市巾帼建功标兵。

上海市金融系统先进劳模简表(2013年)

姓 名	获奖称号	工作单位
钱 衡	全国五一劳动奖章	上海证监局
陈 光	全国五一劳动奖章	上海清算所
刘 敏	全国金融五一劳动奖章	中国工商银行上海长宁支行
杨艳华	上海市五一劳动奖章	海通证券公司并购融资部
宋 滨	全国金融五一劳动奖章	交通银行上海市分行
唐瑶婷	全国金融青年服务明星	交通银行上海市分行
陆 玮	第五届上海市五一巾帼奖	中国建设银行上海宝钢宝山支行
张则鸣	中国保监会系统青年五四奖章	上海保监局产险处
张 海	银监会五四青年奖章	上海银监局
林学冠	银监会五四青年奖章	上海银监局
张 浩	上海市五四青年奖章	上海银监局
蒋薇薇	上海市三八红旗手	上海银监局
王子婴	上海市三八红旗手	上海银监局
蒋丽萍	上海市巾帼建功标兵	上海农商银行松江支行

二、新闻人物

1. 2013 沪上十大金融行业领袖

经2013年“沪上金融家”评选，荣获“2013沪上十大金融行业领袖”的是：中国建设银行上海市分行行长王江，长江养老保险股份有限公司总裁李春平，华安基金管理有限公司总裁李勍，上海浦东发展银行副行长姜明生，中国金融期货交易所副总经理胡政，中国建设银行信用卡中心总经理段超良，中国工商银行票据营业部总经理郭伟，国家开发银行上海市分行副行长徐国贞，国泰君安证券股份有限公司副总裁兼国泰君安资产管理公司董事长顾颉，上海国际集团副总裁兼上海国际信托有限公司董事长潘卫东。

2. 2013 沪上十大金融创新人物

经2013年“沪上金融家”评选，荣获“2013沪上十大金融创新人物”的是：快钱公司首席执行官关国光，上海证券交易所基金与衍生品部总监兼金融创新实验室总监刘逖，上海股权托管交易中心副董事长、总经理张云峰，海通证券股份有限公司副总经理李迅雷，汇丰银行(中国)有限公司上海分行行长邱运平，上海普兰金融服务有限公司总经理李映辉，上海富友金融服务有限公司董事长陈建，渣打银行(中国)有限公司企业及金融客户部董事总经理兼上海分行行长罗龙翔，天安财产保险股份有限公司董事长洪波，光明食品(集团)有限公司董事、财务总监曹晓风。

·链接· **2013“沪上金融家”评选**

展现沪上金融家新貌，传承海上金融家精神，激扬上海国际金融中心建设的“中国梦”——2013“沪上金融家”评选于2013年6月18日正式启动。本届评选由新华社上海分社、新华社金融信息平台上海总部、上海金融业联合会、第一财经主办，上海市金融服务办公室、中国人民银行上海总部、上海银监局、上海证监局、上海保监局等提供支持。

“沪上金融家”评选，旨在通过表彰和激励对上海金融业发展作出突出贡献、有重大金融创新、有行业影响力和凝聚力并具有良好社会形象的金融界人士，为上海国际金融中心建设营造金融文化氛围，积聚正能量。

2013“沪上金融家”评选聚焦金融和新金融领域，为突出“引领”和“创新”特色，分别设立“2013年沪上十大金融行业领袖”、“2013沪上十大金融创新人物”两个奖项序列。

“2013沪上十大金融行业领袖”，旨在表彰和激励具有专业背景、国际视野、开拓意识，并在金融和新金融的细分行业或领域起到引领作用的金融业领军者；“2013沪上十大金融创新人物”则表彰和激励在金融产品、技术、服务、管理和组织形式等方面有重大创新，为推进上海金融改革创新作出重要贡献的金融业高管。

本次评选采用自主报名、媒体评审、短信投票、评委会推选等相结合的方式。评选将重点聚焦在金融和新金融领域中的杰出金融工作者。

自2011年首届评选活动成功举办以来，“沪上金融家”受到业界广泛认同，极大提升了上海金融界领军人物的社会影响力和知晓度。“东方金融家俱乐部”“东方金融家圆桌会议”等也应运而生，对增强上海国际金融中心软实力、丰富上海金融文化产生了深远影响。“沪上金融家”系列活动已成为上海国际金融中心建设的新名片。

三、商业金融机构负责人

［万晓枫］ 1949年1月出生。中共党员。硕士研究生。历任上海市新华街道事业组党总支副书记，上海市委办公厅市区处处长，上海市委办公厅副主任，上海浦东发展银行党委副书记、纪委书记，上海银行党委副书记、纪委书记。现任上海奉贤浦发村镇银行股份有限公司监事长。

［于晓青］ 1959年12月出生。中共党员。大学本科学历，经济师职称。曾任漳州市农业银行国际业务部副总经理。1992年进入兴业银行工作，历任兴业银行漳州分行行长助理、副行长（主持工作），泉州分行副行长（主持工作）、党委书记、行长，厦门分行党委副书记、副行长，武汉分行党委书记、行长。现任兴业银行上海分行党委书记、行长。

［王开国］ 1958年11月16日出生。中共党员。经济学博士，高级经济师。曾任国家国有资产管理局科研所应用室副主任、政策法规司政法处处长、科研所副所长、海通证券有限公司副总经理、党委书记、董事长兼总经理等职。1998年5月起担任海通证券股份有限公司党委书记、董事长。兼任中国证券业协会副会长、上海证券交易所理事、上海市股份制研究会副会长。2012年在中国证券业金紫荆奖评选活动中，荣膺“最具影响力领袖”称号。

［王锦凌］ 曾任华宝信托公司债券业务部部门助理、副总经理，联合证券公司部门副总经理，华宝信托公司企业年金服务中心（后更名为薪酬福利信托部）副总经理（主持工作）、信托营销部总经理、公司市场营销总部负责人兼信托营销部总经理、公司总经理助理。现任华宝信托有限责任公司副总经理。

［白　桦］ 蒙古族。1954年出生。中共党员。在职硕士研究生学历，新疆财经大学兼职教授，青岛政协委员。历任河北省政府办公厅综合处处长，国务院办公厅秘书一局处长，并作为中组部选派的第五批援疆干部任新疆乌昌党委常委、乌鲁木齐市市委常委、副市长，国家开发银行青岛分行党委书记、行长。现任国家开发银行行务委员，客户服务管理中心主任，中国开发性金融促进会副会长兼秘书长，兼任上海远东资信评估有限公司董事长。

［刘　珺］ 1972年1月出生。中共党员。博士研究生，高级经济师。先后任中国光大银行国际业务部筹资处副处长（主持工作）、处长、总经理助理兼代理行处处长，中国光大银行香港代表处首席代表，资金部副总经理（主持工作）、总经理，投行业务部总经理，中国光大银行行长助理。现任中国光大银行副行长、党委委员兼上海分行行长、党委书记。荣获2012“沪上十大金融家”称号。

［刘建平］ 1970年7月出生。中共党员。1997年毕业于北京大学，获法学硕士学位。1992年7月参加工作，曾先后就职于北京大学、中国证券监督管理委员会基金监管部、上投摩根基金管理有限公司。现任中欧基金管理有限公司总经理。

［关达昌］ 1958年5月出生于中国香港。拥有工商管理硕士学位。1978年5月加入东亚银行有限公司（“东亚银行”），历任深圳分行、上海分行和广州分行行长和东亚中国副行长。现任东亚银行（中国）有限公司（“东亚中国”）执行董事兼行长。是中国人民政治协商会议上海市第十二届委员会委员、中国银行业协会外资银行工作委员会第四届常务委员会主任、中国香港（地区）商会上海分会名誉会长、上海宋庆龄基金会第五届理事会理事、香港房地产协会副会长。荣获首届“沪上十大金融行业领袖”称号。

［印金强］ 中共党员。硕士研究生学历，高级经济师。历任中国农业银行资金组织部、零售业务部、个人金融部副处长、处长、副总经理。2013年任中国农业银行私人银行部总经理。

［朱荣恩］ 现任上海新世纪资信评估投资服务有限公司总裁、董事长。上海财经大学教授、博士生导师，中国注册会计师。财政部全国企业内部控制标准委员会委员，中国证券业协会资信评级专业委

员会副主任委员，中国银行间市场交易商协会信用评级专业委员会副主任委员，上海市信用服务行业协会常务副会长。著有《资信评级》、《现代企业信用分析》、《企业信用管理》、《信用管理教程》、《企业内部控制规范与案例》、《新世纪信用评级研究与探索》等。

[吴小平]　1964 年 4 月出生。中共党员。经济学博士，高级经济师。自 1987 年以来从事金融工作已 27 年，历经对公业务、零售业务、金融市场业务等商业银行核心业务。现任中信银行上海分行党委书记、行长。

[吴胜光]　硕士，高级经济师。曾任南京大学城市与资源系副主任、江苏省国际信托投资公司投资银行部业务二部经理、信泰证券有限责任公司投资银行部副总经理。现任泰信基金管理有限公司督察长。

[张保华]　42 岁。硕士。曾任平安证券公司南京营业部负责人；平安团险市场营销部副总经理、平安团险安徽分公司总经理；西安康鸿信息技术股份有限公司副总经理；平安信托公司产品部副总经理、上海爱建信托有限责任公司营销总监等职。现任上海爱建信托有限责任公司副总经理。

[李迅雷]　1963 年 9 月出生。浙江宁波人。曾在上海财经大学图书馆及财经研究所从事翻译和研究工作。在原君安证券公司先后担任研究所宏观研究部副经理、所长助理、副所长。历任国泰君安证券公司研究所副所长、所长兼销售交易总部总经理、总裁助理、总经济师兼首席经济学家。现任海通证券股份有限公司副总裁、首席经济学家、研究与机构业务委员会主任。同时担任上海市人大常委、上海市人大财经委委员；九三学社十三届中央委员、九三学社上海市第十六届委员会常委；中国金融四十人论坛特约成员，上海新金融研究院学术委员。长期致力于宏观经济、金融与资本市场的研究。2006 年被《新财富》评为首届券商研究机构“杰出研究领袖”。2009 年被评为“上海市十大青年经济人物”。荣获 2013 年“沪上十大金融创新人物”称号。

[李映辉]　女。1959 年 10 月出生。中共党员。1984 年至 2002 年就职于中国工商银行，历任华信资金市场总经理、河南华信支行行长、票据营业部总经理。2002 年至今担任上海普兰金融服务有限公司总经理。她首个提出了“反包装，反返利，清洁票据市场”口号并带领普兰团队以规范合法的经纪行为引导中国票据市场的规范交易，树立了新货币经纪文明的典范。其次，她对票据市场创新性地提出远期和双边交易，推动了票据市场的利率市场化进程；通过普兰全国性网络平台优势以及专业的市场研究机构，首创了普兰（票据）指数，为票据市场的众多参与者提供了重要的价格参考。荣获 2013 年“沪上十大金融创新人物”称号。

[李洋洋]　45 岁。博士。曾任海通证券股份有限公司研究所高级研究员，湘财证券有限责任公司并购部高级经理，上海爱建信托有限责任公司兼并收购总部、资金信托总部及自营业务总部高级经理，企业策划部副经理，风控合规总部副总经理、总经理兼研究发展部经理，上海爱建信托有限责任公司总经理助理。现任上海爱建信托有限责任公司副总经理。

[沈立强]　1956 年 7 月出生。中共党员。工商管理硕士，高级会计师。1998 年至 2009 年 6 月，历任中国工商银行浙江省分行行长助理、副行长、省分行营业部总经理、党委书记、省分行党委副书记，工行河北省分行行长、党委书记。2009 年 6 月起担任工行上海市分行行长、党委书记至今。兼任上海市银行同业公会会长、上海市城市金融学会会长、上海市金融学会副会长、上海市国际商会副会长、中国城市金融学会常务理事、上海市宏观经济学会常务理事。上海市人大代表，首届上海十大金融家。

[肖顺喜]　1963 年 3 月出生。中共党员。复旦大学 EMBA 硕士。曾任中国民航学院经营管理系教师，中国东方航空公司市场运营国际处科员，东航期货经纪公司部门经理、副总经理、总经理。1997 年至 2013 年历任东航集团财务有限责任公司常务副总经理、总经理、董事长。

[谷　丽]　女。1973 年 10 月出生。大专学历，会计学专业。1993 年 7 月参加工作，历任中国建设银行江苏省泗阳县支行会计主管、经理，深圳发展银行上海黄浦支行行长助理，南京银行上海分行公司业务三部、一部总经理，南京银行上海静安支行（筹）负责人、静安支行行长。现任南京银行上海分行行长助理。

[连文辉]　49 岁。毕业于新加坡南洋理工大学，拥有工程学士学位及工商管理硕士学位。1989 年从大华银行开始其银行从业生涯。后在新加坡和

中国担任过企业银行、风险管理和信贷部门的高级管理职位。2013 年 9 月任大华银行(中国)行长兼首席执行官一职。

[陆应林] 1956 年出生。中共党员。浙江大学工学学士,高级工程师。历任兵器工业部和电子工业部高级工程师,中国投资银行高级工程师。1998 年起进入国家开发银行工作,曾任总行纪委监察局监察室副主任,开发银行湖北省分行评审处处长、信贷处处长、分行纪委副书记,总行信贷管理局、客户管理中心处长。现任国家开发银行贷款委员会独立委员,客户服务管理中心方法制度处处长,上海远东资信评估有限公司总经理。

[陈诚忠] 1959 年 8 月出生。中共党员。研究生学历,经济师。曾任中国人民银行象山县支行副行长、中国人民银行宁波市分行金融管理处处长、中国人民银行宁波市分行办公室主任、宁波证券公司总经理、深圳发展银行上海分行副行长等职务。2007 年至今担任北京银行上海分行副行长。

[陈浩鸣] 1966 年 3 月出生。中共党员。硕士研究生。曾任海洋石油开发工程设计公司经济师、中国海洋石油总公司财务部资产处处长、中海石油投资控股有限公司总经理、海康人寿保险有限公司董事、招商银行监事。2005 年 8 月至 2009 年 8 月,任中海信托股份有限公司副总裁。2009 年 8 月至 2011 年 1 月,任中海基金管理有限公司总经理。2011 年 1 月至今担任中海信托总裁,兼任中海基金董事长。

[周伟荣] 1965 年 4 月出生。获江南大学控制工程领域工程硕士学位。1988 年加入中国银行工作,历任江苏省苏州分行会计科副科长、苏州分行财会处副处长、处长、吴县支行行长、苏州分行副行长,2003 年担任无锡分行行长,2007 年担任安徽省分行行长助理兼财务总监,2009 年担任安徽省分行副行长。2011 年 6 月起担任南洋商业银行(中国)有限公司财务总监至今。

[周竹平] 1963 年 3 月出生。山东人。中共党员。高级会计师。现任宝钢集团有限公司副总经理、宝钢集团财务有限责任公司董事长。

[郑 威] 1967 年 10 月出生。中共党员。大学本科学历,经济师。1989—1998 年历任厦门国际银行信贷部助理经理,贷款管理部副经理、经理,厦门国际银行珠海分行总经理,厦门国际银行助理总经理兼上海分行总经理。2007 年至今任厦门国际银行副总经理兼上海分行总经理。

[欧阳锦绍] 毕业于香港中文大学,获工商管理学士学位。香港会计师公会会员、英国会计师公会注册会员以及澳大利亚特许会计师公会会员。曾就职于瑞士信贷银行和香港证券及期货事务监察委员会,分别担任高管及高级经理职务。2001 年 6 月加入巴克莱集团,先于巴克莱银行新加坡分行担任财务部总监职务,负责巴克莱银行新加坡分行及银行在印度、泰国、马来西亚和印度尼西亚的分支机构的财务控制和财务报告。自 2005 年 12 月英国巴克莱银行上海分行开业以来,在上海分行担任首席运营官的职务,主要负责整个分行财务和内控的管理。2011 年下半年开始担任新华信托股份有限公司首席运营官,并被任命为新华信托股份有限公司董事会董事。2013 年,任英国巴克莱银行上海分行行长。

[姜瑞斌] 1963 年 8 月出生。中共党员。毕业于中国人民大学,浙江大学经贸学院金融专业硕士研究生学历。历任中国农业银行浙江省分行副行长、北京市分行副行长、宁波分行行长、湖北省分行行长。曾获"2009 年度支持湖北经济发展突出贡献奖"、"2010 湖北经济年度风云人物"称号。现任中国农业银行上海市分行党委书记、行长;兼任上海市金融学会副会长、上海市农村金融学会会长。

[宫龙云] 博士。曾先后担任南方证券公司副总裁、常务副总裁、董事、党委委员,山东证券有限责任公司总裁,中原证券股份有限公司董事、总裁、党委副书记,河南证券业协会会长,上海海际大和证券有限责任公司(中日合资)董事、总经理。2013 年 4 月起任爱建证券有限责任公司总经理。

[洪钦雄] Suwatchai Songwanich。40 岁。毕业于英国考文垂市沃维克(华威)大学,曾在盘谷银行多个部门任职。自 2005 年起,在中国境内的各家分行,包括汕头分行、深圳分行等担任行长职务。2009 年 12 月起正式担任盘谷银行(中国)有限公司董事兼首席执行官。

[顾清良] 1963 年 5 月出生。中共党员。硕士研究生学历。历任中国农业银行浙江省分行国际业务部副总经理、中国民生银行杭州分行营业部总经理、兴业银行杭州庆春支行行长。2004 年 5 月加入浙商银行工作,先后任总行市场拓展二部总经理、西

安分行行长兼党委书记、总行资金部总经理。2013年8月起任浙商银行上海分行行长。

［钱　华］ 49岁。硕士。曾任国泰证券有限公司基金管理部副总经理；国泰证券有限公司总经理助理，国联安基金公司副总经理，万家基金管理公司投资总监、副总经理，浦银安盛基金公司总经理、支部书记。现任上海爱建信托有限责任公司副总经理。

［桑维英］ 女。上海锐懿资产管理有限公司监事。硕士。2002年10月加入泰信基金管理有限公司，经历了公司的筹建及成立，历任监察稽核部负责人兼营销策划部负责人、行政总监、第一届暨第二届监事会职工监事、总经理助理。现任泰信基金管理有限公司副总经理兼董事会秘书。

［徐　春］ 女。1973年4月出生。中共党员。上海理工大学毕业，硕士。1998年7月起在东航集团财务有限责任公司研发部、秘书、资金计划部任职。2002年任东航期货有限责任公司副总经理。2005年至今历任东航集团财务有限责任公司资金计划部、外汇业务部部门经理，总经理助理、副总经理。

［徐正良］ 1972年11月出生，浙江宁波人。全日制本科学历，EMBA在读。1995年8月参加工作，至2004年5月在中国农业银行北仑支行先后从事出纳、信贷、业务经理、分理处主任、支行行长助理等岗位工作。2004年6月至2007年11月任宁波银行北仑支行副行长；2007年12月至2008年11月任宁波银行总行营业部总经理。2008年12月至2013年8月任宁波银行苏州分行行长。2013年9月至今任宁波银行上海分行行长。

［徐国贞］ 58岁。1991年3月任上海市委研究室经济处处长。1997年3月至2002年9月，先后任上海市发改委综合计划处处长、外资处处长。2002年10月至今任国家开发银行上海市分行副行长。他积极与市政府合作，推进重大项目建设，使国开行成为世博会、迪士尼、虹桥综合枢纽等项目牵头行，牵头组建30多个市重大项目银团，发放贷款近2 600多亿元。大力开拓国际合作业务，使国开行上海市分行外汇项目贷款余额升至上海银行业排名第一。推进金融产品创新，满足多元化融资需求，尝试用BOT和BT等创新投融资模式，推动基础设施投资，牵头的虹桥综合枢纽银团获得中国银行业协会的最佳交易奖。荣获2013年"沪上十大金融家"称号。

［崔畅范］ 1962年1月11日出生。韩国人。本科，毕业于韩国外国语学校工商管理系。自1988年起供职于韩国产业银行，先后在总行国际营业部、国际投资部、金融工程部、企业金融部及资金交易部等部门工作，并曾任职于新加坡分行、伦敦分行等海外分行。2013年开始担任韩国产业银行上海分行行长。

［常　宏］ 博士。曾先后担任上海市政府浦东开发办公室、浦东新区管理委员会主任科员、副处长、秘书，汉世纪开发金融公司创始合伙人，汉世纪风险投资基金创始人，Pinetree投资基金创始人，上海张江汉世纪创业投资基金总经理。现任上海陆家嘴金融发展有限公司总经理，陆家嘴国际信托有限公司董事长。2013年6月起兼任爱建证券有限责任公司董事长。

［梁君弼］ 1961年10月4日出生于韩国。1987年毕业于韩国成均馆大学经济学系。长期在韩国友利银行工作，历任培训部课长、次长、副部长，西部企业营业本部副支店长，南大门企业营业本部支店长，企业营业本部支店长等职。现任友利银行(中国)有限公司上海分行行长。

［黄一宗］ 61岁。2007年9月17日受委任加入大华银行(中国)董事会担任董事长。1979年加入大华银行，自2000年至2007年曾任大华银行副主席兼行长，2007年4月27日受委任为总裁。现任大华银行非独立执行董事、执行委员会及风险管理委员会成员。并是多家大华银行附属公司董事，包括远东银行(兼任副主席)、大华保险、大华银行(马来西亚)及大华银行(泰国)。他是大华银行(印尼)副监事长。

［黄祖耀］ 85岁。博士。1958年5月加入大华银行董事会，并于2013年4月25日再次被委任为董事。作为一位拥有50多年经验的银行家，于2013年卸下自1974年起担任的主席职位后，被授予荣誉主席头衔，并担任顾问。自1974年至2007年间，同时兼任大华银行总裁一职。自2007年起担任大华银行(中国)的监事。现任大华银行非独立及非执行董事、执行委员会、薪酬委员会和风险管理委员会主席，及提名委员会成员。大华银行附属公司远东银行及大华银行(马来西亚)的荣誉主席及顾

问，大华保险、大华银行（泰国）的主席及大华银行（印尼）监事长。

［韩　波］　大学本科学历。曾先后任山东国投上海证券部财务经理，鲁信投资有限公司财务、投资管理部门经理。2002年10月加入泰信基金管理有限公司，经历了公司的筹建及成立，历任财务负责人、总经理助理。现任泰信基金管理有限公司副总经理。

［敬宗泉］　1963年4月出生。中共党员。研究生学历，高级经济师。2011年获得清华大学高级管理人员工商管理硕士学位。曾任四川省邮政局副局长，四川省邮政公司副总经理，中国邮政储蓄银行四川省分行党委书记、行长。现任中国邮政储蓄银行上海分行党委书记、行长。荣获2012年“沪上十大金融行业领袖”称号。兼任四川大学锦城学院院长特别助理，四川省青联常委、金融中介组织界主任，西部企业家理事会理事，四川经济发展学会理事。

［曾　杰］　女。1970年8月出生，安徽人。中共党员。高级会计师。现任宝钢集团财务有限责任公司总经理。

［鲁政委］　博士。兴业银行首席经济学家、资金营运中心研究总监。曾因14次准确预测到货币政策出台时点而在市场享有盛誉，以“前瞻”名列最受关注的2011年十大经济学家榜首，并被评为“上海市金融领军人才”、“首届沪上十大金融创新人物”、“亚洲债券（人民币）最佳分析师”等。

［眭建群］　1963年6月出生。中共党员。历任中国银行镇江分行党委委员、副行长，江苏银行镇江分行党委书记、行长，江苏银行上海分行党委副书记、副行长（正行级）。现任江苏银行上海分行党委书记、行长。

［窦玉明］　1969年5月出生。1994年毕业于清华大学，获管理学硕士学位。1994年9月参加工作，具有20年证券及基金行业从业经验，曾先后就职于中信国际合作公司、深圳君安证券公司、大成基金管理有限公司、嘉实基金管理有限公司、富国基金管理有限公司。现任中欧基金管理有限公司董事长。

［潘卫东］　中共党员。经济学硕士研究生，高级经济师。初在中国人民银行杭州市分行计划资金处参加工作，历任上海浦东发展银行宁波分行副行长，上海浦东发展银行昆明分行行长、党组书记，上海市金融服务办公室机构处处长（挂职）、上海国际集团有限公司总经理助理。现任上海国际集团有限公司副总裁，上海国际信托有限公司党委书记、董事长、法人代表。荣获“2013沪上十大金融行业领袖”称号。

［潘岳汉］　1964年10月出生，浙江定海人。中共党员。中欧国际工商学院EMBA硕士，高级经济师。1984年毕业分配到中国银行浙江省舟山支行工作。1992年12月调任浙江省分行工作，历任综合计划处处长助理、存款处副处长、零售业务处主持工作的副处长。2001年5月任中国银行绍兴分行行长、党委书记。2004年，任江苏省分行副行长兼财务总监。2009年4月任中国银行苏州分行行长、党委书记。2011年3月起任中国银行上海市分行行长、党委书记，2012年3月兼任中国银行上海人民币交易业务总部副总裁。同时担任的社会职务包括中国银行业协会理事、上海金融业联合会副会长、上海市银行同业公会第十届理事会会长、中银消费金融有限公司董事、中银大厦有限公司董事长。2012年5月当选中共上海市委第十次党代会代表。2012年12月当选上海市第十四届人大代表，并荣获“沪上十大杰出金融家”称号。2013年5月兼任上海陆家嘴金融城人力资源管理联合会理事长。

［颜祖旺］　1955年10月出生。中共党员。浙江大学经济学研究生，高级政工师。1980年起在浙江省舟山市委组织部、计划委员会、浙江省计经委任职。1993年开始，历任中国建设银行舟山市分行、台州市分行行长、党委书记，中国信达资产管理公司浙江办事处主任、党委书记，信达金融租赁有限公司总经理。现任中国信达资产管理股份有限公司上海市分公司总经理、党委书记、地区总监。荣获2012年“沪上十大金融家”。

［丹尼・阿姆斯特朗］　全名“丹尼尔・布莱恩・约瑟夫・阿姆斯特朗”，澳大利亚人。1965年4月1日出生。维多利亚州莫纳什大学商学学士，新南威尔士州麦格里大学管理学硕士和工商管理硕士。现任澳大利亚国民银行有限公司中国区银行业务总经理，上海分行行长。

第十篇　长 三 角 金 融

一、长三角金融概览

(一) 上海市金融概览

2013年,上海市经济实现稳中有进、稳中向好的积极态势,全年地区生产总值同比增长7.7%。经济运行的主要特点:一是三产比重进一步提升。全年第三产业增加值占生产总值的比重达到62.2%,比上年提高1.8个百分点。其中,金融业增加值2 823.29亿元,增长13.7%;房地产业增加值1 343.77亿元,增长11.3%。二是工业生产稳步回升,企业效益有所好转。全年规模以上工业增加值6 769.64亿元,增长6.6%;规模以上工业总产值32 088.88亿元,增长4.4%。规模以上工业企业实现利润总额2 415.2亿元,增长13.1%;实现税金总额1 815.94亿元,增长11%。三是消费品市场运行平稳,固定资产投资增幅提高。全年社会消费品零售总额8 091.05亿元,增长8.6%。全社会固定资产投资总额5 647.79亿元,增长7.5%。其中,城市基础设施投资1 043.31亿元,增长0.5%;房地产开发投资2 819.59亿元,增长18.4%。四是进出口总额小幅增长,实到外资增幅平稳。全年进出口总额增长1.1%。其中,进口总额增长3.1%,出口总额下降1.2%。签订外商直接投资合同金额246.3亿美元,增长10.3%。外商直接投资实际到位金额167.8亿美元,增长10.5%。五是居民消费价格温和上涨,工业生产者价格继续下降。全年居民消费价格总水平上涨2.3%,其中食品类价格上涨4.4%,居住类价格上涨3.9%。工业生产者出厂价格下降1.8%,工业生产者购进价格下降3.5%。六是地方财政收入增长较快,城乡居民收入增长稳定。全年地方财政收入增长9.8%。地方财政支出增长8.2%。城市居民家庭人均可支配收入43 851元,增长9.1%。农村居民家庭人均可支配收入19 208元,增长10.4%。

【金融运行】 (1) 各项存款增加较多,存款波动幅度较大。全年银行业金融机构(含外资金融机构)本外币各项存款增加5 474.25亿元。本外币存款变化特点:一是存款总量增加较多,资金稳定性下降。全市新增人民币存款5 093.4亿元,其中1至4季度分别增加1 668.7亿元、1 495亿元、1 072.4亿元和857.3亿元,存款增幅逐季递减。受市场流动性变化、金融机构季末考核以及第三方理财渠道分流等因素的影响,人民币存款呈现季末翘尾、季初回落的特征,月度增量波动较大。存款的大起大落削弱了银行传统资金来源的稳定性,放大了市场利率的波动,加剧市场筹资难度,银行负债管理面临较大挑战。全年新增外汇存款81.4亿美元。外汇存款增长呈先升后降的走势,与外汇信贷规模锐减导致外汇存款的派生性因素消失有关,也与大量短期存款及保证类业务在年末陆续到期有关。二是单位存款增长加快,新增存款占比提高。全年新增本外币单位存款4 068.1亿元,同比多增1 529.1亿元。从存款增长节奏看,受四季度经济企稳回升的影响,第4季度新增本外币单位存款1 925.9亿元,是前3季度平均增量的2.7倍,全年新增本外币单位存款占各项存款增量的74.3%,占比同比提高27个百分点。从存款产品看,高收益存款占单位存款增量比重较大,本外币单位定期存款、协定存款和结构性存款全年分别增加2 154.6亿元、1 464亿元和837.3亿元,本外币单位活期存款增加118.1亿元。单位定期存款增加相对集中表明经济主体对未来经济走势预期较谨慎,投资动力不足。从存款主体看,企业是单位存款增长主体,增加2 720.5亿元,同比多增842.5亿元,机关团体和部队存款增长迅速,增加1 206.9亿元,同比多增813.7亿元。三是个人存款增长乏力,储蓄分流趋于常态化。全年新增本外币个人存款1 572.5亿元,同比少增1 014.8亿元,其中新增储蓄存款1 272.5亿元,同比少增1 016.6亿元。从存款变化情况看,受个人购房购车等消费性支出扩大和各类理财产品、互联网金融产品投资活跃的影响,下半年储蓄存款尤其是定期存款的分流趋势有所加剧。下半年全市本外币储蓄存款减少 72.3 亿元，其中第 4 季度减少 52.1 亿元。金融机构年末揽存和市场流动性趋紧推高理财产品收益率导致个人活期存款和结构性存款出现较强的季节性波动，影响个人存款稳定性。12 月份全市个人本外币活期存款和结构性存款分别增加 577.8 亿元和 404 亿元，分别占其全年增量的 97%和 134%。

(2) 各项贷款增长放缓。全年银行业金融机构(含外资金融机构)本外币各项贷款增加 3 297.46 亿元。本外币贷款变化特点：一是人民币贷款增长适度，外汇贷款增速减缓。全年新增人民币贷款 3 176.6 亿元，同比多增 33.8 亿元。受年末监管考核、贷款到期和不良贷款清理等因素的影响，4 季度人民币贷款投放节奏有所放缓。第 4 季度新增人民币贷款 660.3 亿元，较前 3 季度平均增量少增 178.5 亿元，其中 12 月份减少 84.7 亿元，主要与短期贷款集中到期和银行核销不良贷款有关。全年新增外汇贷款 41.9 亿美元，其中第 4 季度减少 32.8 亿美元。下半年外汇贷款降幅扩大主要与银行加强结售汇综合头寸管理、主动调减外汇信贷规模有关。二是中长期贷款同比多增。全年短期贷款增加 581 亿元，同比少增 1 211.5 亿元，中长期贷款增加 2 320.5 亿元，同比多增 1 562.7 亿元。受房地产市场交投活跃的影响，全市个人贷款投放维持高位增长态势，全年新增本外币个人贷款 1 347.9 亿元，同比多增 736.1 亿元，其中个人中长期消费贷款增加 1 250.4 亿元，同比多增 882.2 亿元。全年本外币单位普通贷款增加 1 084.1 亿元，同比多增 830.3 亿元，其中第 4 季度仅增加 131.8 亿元，主要与年末大量短期贷款到期导致 12 月份单位贷款减少 195.6 亿元有关。全年本外币融资租赁贷款、银团贷款和贸易融资贷款分别增加 558.4 亿元、308.6 亿元和 157.9 亿元，同比分别少增 78.5 亿元、108.3 亿元和 1 078.3 亿元。全年本外币票据融资减少 239.8 亿元，同比多减 756.8 亿元。三是贷款投向主要支持经济增长和结构调整需要。全年本外币企业贷款(不含票据融资)主要投向租赁商务业、制造业、房地产业、交运仓储邮政业和电力燃气及水生产供应业，五行业贷款分别增加 646.5 亿元、447.6 亿元、352.3 亿元、264 亿元和 107.7 亿元，批发零售业和水利环境公共设施管理业贷款分别因企业资金回笼还贷、清理平台贷款下降较多，分别减少 164.2 亿元和 118.7 亿元。按借款企业规模分，企业贷款以大型和小型企业为主，分别增加 560.3 亿元和 537.1 亿元，微型企业贷款增加 90.9 亿元，中型企业贷款减少 41 亿元。四是房地产开发贷款增长平稳。全年本外币商业性房地产开发贷款增加 398.2 亿元，同比少增 12.9 亿元。按贷款用途分，地产开发贷款增加 98.6 亿元，同比少增 38.5 亿元，主要是土地储备机构贷款同比少增 65.5 亿元。住房开发和商用房开发贷款分别增加 161.4 亿元和 156.2 亿元。受保障房贷款到期还贷和提前还贷因素影响，全年保障性住房开发贷款增加 88.7 亿元，同比少增 115.6 亿元。

(3) 证券期货业平稳运行。全市 20 家证券公司总资产合计 4571.6 亿元，同比增长 17.7%。全年累计实现营业收入 307.8 亿元，增长 18.7%，净利润 91.9 亿元，增长 11%。经纪、自营、投行、资管、融资融券业务收入占比分别为 48.4%、18.6%、9.5%、5.6%和 12.9%。全市 44 家基金公司管理资产总规模合计 12 798.8 亿元，同比增长 17.8%。公募资产总规模 9 402 亿元，同比增长 3.5%。37 家基金公司管理公募基金产品 675 只，较上年同期增加 152 只。截至年末，全市有 40 家基金公司开展专户业务，4 家开展社保基金管理业务，3 家开展企业年金管理业务。全市 28 家期货公司客户权益 501.9 亿元，占全国的 25.7%；代理交易额 143.8 万亿元，占全国 26.9%。全年累计实现营业收入 41.3 亿元(其中手续费收入 25.5 亿元)，增长 6.5%；实现净利润 7.0 亿元，增长 0.3%。全年股指期货代理交易额 86.6 万亿元，增长 104.7%。8 家期货公司开展资产管理业务，3 家期货公司设立了风险管理子公司。全市上市公司累计直接融资 462.9 亿元，下降 33%(不含 H 股融资)。其中债权融资 295.6 亿元，增长 138.4%；股权融资 73.2 亿元，下降 70.5%。股权再融资下降与 IPO 暂停是证券市场融资额下降的主要原因。

(4) 保险业务总体发展平稳。全年原保险保费收入 821.4 亿元，同比增长 0.1%。其中，财产险公司原保险保费收入 304.83 亿元，增长 12.2%；寿险公司原保险保费收入 516.6 亿元，下降 5.9%。产、寿险原保险保费收入比例为 37 ∶ 63，中、外资保险公司原保险保费收入比例为 85 ∶ 15。保险赔付支出稳步增长，充分发挥保障民生的能力。全年保险业赔付支出累计 302 亿元，同比增长 18.1%。其中，财产险赔款支出 162.3 亿元，增长 17.1%；寿险给付 103.2 亿元，增长 17.3%；健康险赔款给付 31.8 亿元，增长 26.6%；意外险赔款支出 4.6 亿元，增长 14.77%。截至年末，全市共有 125 家保险公司和 6 家保险资产管理公司。其中，财产保险公司 60 家，人寿保险公司 48 家，养老保险公司 7 家，健康保险公司 5 家，再保险公司 4 家，保险集团公司 1 家。

（5）金融市场功能不断健全和完善。全年金融市场（不含外汇市场）交易总额 588.87 万亿元，增长 20.9%。其一，银行间市场。全国银行间货币和债券市场总成交金额 235.3 万亿元，下降 10.7%。其中，银行间市场同业拆借成交 35.5 万亿元，减少 24%；债券回购成交 158.2 万亿元，增长 11.6%；现券成交 41.6 万亿元，减少 44.7%。其二，票据业务活跃，货币市场利率上行。全市金融机构银行承兑汇票余额 2 673.6 亿元，较年初下降 4.7%，票据贴现余额 2 182.7 亿元，较年初增加 1.9%。受多种因素的共同影响，货币市场利率进入 6 月后明显走高并出现大幅波动。6 月 20 日，7 天质押式回购加权平均利率上升至 11.62%，达到历史最高点。其三，外汇市场。人民币对美元汇率中间价年末创新高 6.096 9，全年升值 3.1%。银行间外汇市场全年成交 7.6 万亿美元，同比增长 25.4%。美元交易占比 95.9%，较上年下降 1.4 个百分点。其四，黄金市场。上海黄金交易所总成交金额 5.22 万亿元，增长 47.9%。其中黄金累计成交量为 11 614.5 吨，同比增长 82.9%；累计成交金额为 32 133.8 亿元，同比增长 42.6%。其五，证券市场。全年通过上海证券市场股票筹资 2 515.72 亿元，下降 13%；发行公司债 3 130.42 亿元，增长 58.6%。截至年末，上海证券市场上市证券 2 786 只，增加 688 只，其中，股票 997 只，减少 1 只。上海证券交易所各类有价证券成交金额 86.51 万亿元，增长 58%。其中，股票成交金额 23.03 万亿元，增长 39.9%。上海期货交易所各品种总成交金额 120.83 万亿元，增长 35.5%。中国金融期货交易所总成交金额 141.01 万亿元，增长 85.9%。

（6）金融风险防范加强。按贷款“五级”分类口径统计，全市银行业金融机构不良贷款余额 358 亿元，不良贷款率 0.8%。中资商业银行不良贷款率 0.95%。外资法人银行不良贷款率 0.39%。商业银行信用卡业务的资产质量保持在合理水平，风险总体可控。农行、建行等在沪 7 家持牌信用卡中心信用卡透支余额合计 8 749 亿元，不良余额合计 100 亿元，不良率 1.15%。资金中心和票据营业部继续保持成立以来“零不良、零案发”的良好记录。持续监测 172 家上海市银行业金融机构的经营状况，及时妥善处理 12 起在沪金融机构重大突发事件，牢牢守住了金融风险底线。全面梳理全市 30 余家寿险公司近 3 年分红水平和退保情况，建立应急预案指导下的保险公司、行业协会、监管部门和地方政府多层风险防范化解体系。

【金融服务与创新】（1）金融产品和工具不断丰富。中国外汇交易中心发布了贷款基础利率（LPR），推出同业存单发行交易、人民币对澳大利亚元直接交易。国家开发银行在上海证券交易所发债，商业银行发行减记债及信贷资产证券化在上海证券交易所交易转让。纳斯达克 100 指数 ETF 及标准普尔 500 指数 ETF 在上海证券交易所上市。黄金交易所推出首个跨黄金市场和证券市场的金融创新产品黄金 ETF，并在上交所上市交易。中国金融期货交易所推出 5 年期国债期货，该品种是期货衍生品市场创新发展的重要突破。上海期货交易所推出全球首个沥青期货品种，推出黄金、白银期货和有色金属期货的连续交易机制。上海清算所人民币远期运费协议（FFA）中央对手清算业务正式上线运行，人民币利率互换实现集中清算。上海股权托管交易中心推出了股权报价系统和私募债，截至年末，挂牌企业 532 家。全市跨境人民币结算总量 9 149 亿元，同比增长 86%。8 家第三方支付机构获得外汇局批准开展跨境电子商务外汇支付业务试点。9 批 23 家企业获得 QFLP（合格境外有限合伙人）试点资格，试点基金总规模 192 亿元，获批外汇额度 26.1 亿美元。国泰君安资产管理公司推出国内首单资产证券化项目“国泰君安资管—隧道股份”，东证资产管理公司推出业内首单小额贷款资产证券化产品。

（2）功能性金融机构进一步聚集。截至年末，全市各类金融单位 1 240 家，其中，货币金融服务单位 564 家，资本市场服务单位 252 家，保险业单位 347 家。在沪经营性外资金融单位 215 家，外资金融机构代表处 198 家。异地商业银行在沪设立持牌专营机构总计六类 12 家，合计账面利润 209.18 亿元。基金公司专业子公司 26 家，管理各类资产 1 360 亿元，业务范围涉及证券期货投资、委托贷款、房地产融资等多个领域。上海银行设立上银基金管理公司。海通证券收购美国恒信金融集团，在国内证券行业率先进入融资租赁领域。全国首家互联网保险公司——众安在线落户上海。支付系统国家处理中心上海中心正式投产运行，人民银行第二代支付系统在上海落地。百度、京东等优质企业参与小额贷款业务试点工作。全市56家小额贷款公司和18家有意向的融资担保机构经人民银行批准接入企业和个人信用信息基础数据库。

(3) 金融服务实体经济力度加大。制定并发布了《本市贯彻〈国务院办公厅关于金融支持经济结构调整和转型升级的指导意见〉的实施方案》，针对金融支持中小微企业、"三农"、文化创意产业、科技创新型企业、先进制造业、民生工程等推出42条政策措施。3家企业在银行间市场发行非公开定向债务融资工具，筹集保障性住房建设资金。为解决旧区改造融资问题，保险资金以债权形式为旧区改造提供融资，太平洋资产管理公司和平安资产管理公司分别获准发起设立500亿元和100亿元的债权投资计划。全市4家金融租赁企业中有3家设立了境外SPV公司，交银租赁成为全国首家在自贸试验区设立专业子公司的金融租赁公司。阳光、永安财产保险公司分别在上海成立航运保险运营中心，上海航运保险协会挂牌成立。截至年末，已有5家保险公司在上海成立航运保险运营中心，上海地区航运保险业务37.61亿元，其中船舶险保费收入23.71亿元，货运险保费收入13.9亿元。

(4) 金融支持上海自贸试验区建设。在国务院发布的《中国(上海)自由贸易试验区总体方案》中明确了23条金融开放创新的政策内容。中国人民银行、中国银监会、中国证监会和中国保监会相继出台《中国人民银行关于金融支持中国(上海)自由贸易试验区建设的意见》、《中国银监会关于中国(上海)自由贸易试验区银行业监管有关问题的通知》、《中国证监会关于支持促进中国(上海)自由贸易试验区若干政策措施》、《中国保监会支持上海自贸区建设八项措施》总计51项金融支持自贸试验区建设的措施。由分管市领导担任组长的自贸试验区金融工作协调推进小组成立。金融支持自贸试验区实体经济推进会召开，跨境人民币双向资金池、跨境人民币借款等业务试点启动。截至年末，已有50多家金融类机构获批入驻自贸试验区，入驻机构涵盖了中外资银行、保险、证券期货和股权投资等各金融类别。上海期货交易所在自贸试验区内设立上海国际能源交易中心，承担推进国际原油期货平台筹建工作。

（肖立伟）

1. 浦 东 新 区

2013年是落实"十二五"规划承上启下的关键年，浦东新区以集聚高能级金融机构、推进金融改革创新、持续优化政府服务、促进金融服务实体经济为主攻方向，深入推进金融核心功能区建设，促进了新区金融业继续保持快速健康发展。2013年浦东新区全年实现金融业增加值1 253.67亿元，同比增长20.65%，增幅同比提高8.75个百分点，占全市金融增加值的比重达44%，占新区生产总值的19.44%，占新区第三产业增加值的30.17%。

【金融环境建设】 金融发展硬环境方面。一是推进载体和空间容量突破。至2013年底，陆家嘴金融贸易区已经建成投入使用的办公楼宇共有196幢，总建筑面积约1 051.04万平方米；"十二五"期间的十大重点工程累计竣工面积达50万平方米，其中，上海国际金融中心等4项进行地下施工，上海中心大厦、中国金融信息大厦、纽约大学等4项已结构封顶，上海国金中心、陆家嘴滨江金融城和塘东总部基地部分项目已竣工。二是持续改善商业配套。出台《关于完善陆家嘴金融城商业配套的财政扶持办法》，大力推进商务楼宇商业配套达标提升工程，创建必备业态楼宇49家；建设类商业配套项目全部开工，已完成约2.4万平方米的商业配套建设；启动便捷医疗服务网点建设，拓展完善金融城白领便携式餐饮点，服务半径实现陆家嘴金融城全覆盖。三是优化交通出行，开通了换乘免费的金融城巴士，累计载客355万人次；停车引导系统一期投入使用，小陆家嘴区域35幢大楼近5 000车位实现实时发布；完成陆家嘴环路辨识系统工程建设，有序推进停车引导系统和行人指示系统建设。四是提速无线金融城，"陆家嘴金融城应用平台"2012年6月上线，建成室外空间热点53个、楼宇公共空间热点37个，2013年"CMCC-LJZ"WIFI信号共计使用人次236万次。此外，小陆家嘴区域4G网络布点已基本实现全覆盖。

金融软环境建设方面。一是持续做好金融扶持政策落实工作。扶持政策已覆盖银证保等监管类金融机构，股权投资、融资租赁等新兴金融机构，以及部分金融专业服务机构。二是继续开展高端金融教育培训。浦东新区的浦东国际金融研究交流中心，与哈佛大学、芝加哥大学、瑞士洛桑管理学院等合作，累计举办了九期高端金融培训，培训金融高管280多人；与中组部和浦东干部学院合作，为全国各省市党政领导干部提供金融课程服务，累计培训300多人。三是完善对金融机构和人才的服务。搭建浦东重点区域土地和楼宇信息监测平台，为入驻浦东的金融机构找地、找楼提供相关服务；深入推进金才服务系列工程，为金融人才提供就医、就学、安居等方面的服务，切实解决金融人才的后顾之忧。四是发掘金融城特色品牌文化。推动文化设施建设，南滨江英国翡翠当代艺术馆项目落地，震旦博物馆落成开张，交通银行博物馆、历道证券博物馆等定期向社会公益性开放；连续六届在浦东成功举行陆家嘴论坛及陆家嘴金融文化节，提升了陆家嘴的品牌效应。

【金融机构体系建设】 大力引进监管类金融机构。推动集聚资产管理类子公司，率先引入上银基金、鑫元基金两家银行系基金公司落户浦东新区，引入华富资管、兴业财富资管等10家基金公司子公司，新增德邦星睿投资管理、红正均方投资等多家证券另类投资子公司。此外，继平安航运中心之后，争取了阳光、永安、华泰的航运保险运营中心落户浦东。至2013年年底，共引进监管类金融机构57家机构，总数已达794家。其中，银行类金融机构233家，证券类金融机构325家，保险类金融机构236家。

加快发展非监管类金融机构。股权投资企业：引进鼎晖创投、上海国投协力等知名机构。2013年年末，共有股权投资企业1 452家，全年净增324家。融资租赁企业：推动82家融资租赁机构落户浦东新区。年末，共有融资租赁企业172家，融资租赁公司资产规模近3 000亿元。阳光私募和财富管理企业：成立行业自律组织——海际对冲基金协会。年末，约有140家阳光私募公司，管理资产规模为535亿元。2013年，新增71家财富管理公司，浦东新区财富管理企业达305家。

规范发展地方小型金融机构。坚持发展与监管并重，推进外资设立小贷试点，同时加强对小贷、融资担保公司的日常监管，完善监管流程。2013年，小额贷款公司和融资担保公司均增加3家，分别达到19家和16家。小额贷款公司贷款余额42.92亿元。担保公司全部在保贷款余额82.45亿元，在保户数1 345户。这两类机构的数量与规模均处于全市领先地位。

加快发展金融专业服务机构。近年来，浦东新区各类金融专业服务机构增长迅速，呈现良好的发展态势。2013年，穆迪信用评级、通联商务、罗盛、任仕达和万宝盛华等一批知名专业服务机构落户浦东。截至2013年底，浦东新区共有各类金融专业服务机构465家，比年初增加了121家。

【金融创新先行先试】 金融市场新产品不断涌现。国债期货在中国金融期货交易所重新上市；上海证券交易所成功试点中小企业私募债、跨境ETF基金、黄金ETF基金等新型金融工具；上海期货交易所启动期货市场连续交易试点，上海期货交易所下属的上海国际能源交易中心在浦东挂牌成立；上海股权托管交易中心启动中小企业股权报价系统，上海银行设计推出OTC挂牌企业股权质押贷款产品。

持续推动新型资产管理业务试点。2013年末，浦东新区已有11家企业开展QFLP(合格境外有限合伙人)试点，获批额度近12亿美元；首批QDLP(合格境内有限合伙人)试点的6家海外知名对冲基金中，肯阳基金等4家已落户浦东新区。美国道富银行对冲基金服务部门在浦东新设了机构。

组建功能性担保公司。设立注册资本达8亿元人民币的上海浦东融资担保有限公司，搭建专业平台，有效整合集中浦东新区功能性担保资源，利用市场化手段，放大银行信贷。

持续推进外汇管理改革创新。争取国家外汇管理局等有关部门支持，研究利用自贸区获批的机遇，积极推动外汇管理体制改革创新，探索简化外币资金池管理，深化国际贸易结算中心外汇管理试点。

【金融支持中小企业】 持续推进企业上市。虽然2013年由于A股IPO审核暂停，浦东新区无新增A股上市公司，但至年底有12家企业处于发行审核阶段，16家企业处于辅导备案阶段。场外市场方面，新区新增全国中小企业股份转让系统挂牌企业12家，合计挂牌企业18家；新区新增上海股权托管交易中心挂牌企业3家，合计挂牌企业23家。

着力破解中小企业融资难。深入推进浦东新区与上海银行的银政合作项目，“银政合作”项目获

2013年度上海市金融创新奖二等奖。年末,“银政合作”项下累计服务822家新区企业,累计发放贷款3 756笔共计338亿元。试点小微企业信用贷款工作。截至2013年年底,471户新区小微企业申请参与该项目。目前11家合作银行在浦东新区已为其中的137户新区企业设立信用贷款授信额度,授信获批总额为3.86亿元。

【金融支持“三农”发展和民生改善】 浦东新区积极推动商业银行、村镇银行、小额贷款公司等机构在农村地区布局,截止到2013年底,已在南部地区推动设立1家村镇银行、3家商业银行分支机构和6家小额贷款公司。鼓励村镇银行、小额贷款公司发放涉农和小企业贷款,截至2013年底,新区18家已开业小额贷款公司涉农贷款余额6.51亿元,占全部贷款的15.2%;非涉农小企业贷款26.3亿元,占全部贷款的61.3%。

(周玉媛)

2. 黄 浦 区

2013年黄浦区紧紧围绕市委、市政府推进上海国际金融中心建设的总体部署和具体任务,把握金融改革开放的机遇,发挥自身优势,协调各方资源,保持了金融业持续健康发展。全年共引进重点金融机构61家,全区各类金融、新金融机构总数近700家。诚鼎母基金、上海综艺投资、众安保险等一批具有重大影响力的项目相继落地;百联财务、英仕曼海外投资基金、阳信融资租赁等一批金融创新型项目加速集聚。全年金融业占地区生产总值近三分之一,达499.91亿元,比上年度增长9.4%;金融服务业总税收占全区税收总额比重达12.6%,区级税收占全区区级税收比重为10.97%,比上年度增长8.5%。2013年,黄浦区借助中国(上海)自由贸易试验区掀起的新一轮改革创新势头,结合黄浦实际,顺应互联网与金融融合发展的新趋势,首创提出建设外滩金融创新试验区,重点聚焦互联网金融和民营金融的发展。

【召开人民币远期运费协议业务推介会】 1月25日,黄浦区金融办和上海清算所共同举办“黄浦产金沙龙——人民币远期运费协议业务推介会”。人民币远期运费协议简称FFA,是由上海清算所研发的国内首个以人民币计价的远期运费风险管理工具,具备套期保值和价格发现功能,能够帮助企业规避和管理面临的远期运费风险,对提升上海航运金融能级,推动上海“两个中心”建设具有十分重要的创新意义。

【中国银行旧址产权交易合作协议正式签署】 1月29日,外滩投资开发集团有限公司和中银集团投资有限公司正式签订汉口路50号中国银行旧址产权交易合作协议。汉口路50号大楼于1908年由通和洋行设计建造,原为大清户部银行旧址,1912年中国银行在此宣告成立。2010年8月外滩投资开发集团开始对汉口路50号进行老大楼置换改造工作。

【区政府与交通银行上海市分行签订战略合作协议】 3月29日,交通银行上海市分行“支持实体经济,促进区域发展”——走进区县系列服务推介活动在黄浦区举行,双方共同签署了《黄浦区人民政府和交通银行股份有限公司上海市分行全面战略合作协议》。

【上海清算所正式推出人民币远期运费协议中央对手清算业务】 4月16日,上海清算所举行发布会,宣布正式推出人民币远期运费协议中央对手清算业务。中国人民银行金融市场司司长谢多,市政府副秘书长金兴明,市金融办主任方星海,黄浦区委书记周伟等出席。会上,上海清算所、浦发银行、波罗的海交易所签署合作协议。

【举行打防非法集资宣传月活动启动仪式】 5月22日,由市金融办、市检察院主办,黄浦区金融办、区检察院承办的“防范打击非法集资知识宣传进社区”专项活动启动仪式在半淞园路社区(街道)举行。

【区政府与爱建股份签署战略合作协议】 5月31日,黄浦区政府和上海爱建股份有限公司举行战略合作协议签约仪式。黄浦区委书记周伟,区委副书记、代区长彭崧,区委常委、副区长曹金喜,副区长吴成,上海爱建股份有限公司党委书记、董事长范永进,党委副书记、总经理杨德红,副总经理马金、周伟忠等出席签约仪式。

【首届外滩国际金融峰会成功举行】 6月2日,由黄浦区人民政府支持,亚布力中国企业家论坛和上海金融业联合会主办,复星集团承办,外滩金融家联谊会、外滩金融中心·BFC等协办的首届外滩国际金融峰会在我区举行。首届峰会以“金融生态与上海战略”为主题，旨在通过探讨新经济形势下金融中心建设、实体经济及虚拟经济发展的诸多热点问题，为政府、金融界和企业界构筑一个思想交流沟通的智慧平台。市委副书记、市长杨雄，全国工商联名誉主席黄孟复，市委常委、常务副市长屠光绍，黄浦区委书记周伟，区委副书记、代区长彭崧，副区长吴成等出席峰会。美国第75任财政部长蒂姆·盖特纳作为特邀演讲嘉宾出席峰会。

【区政府与中国银行上海分行签署战略合作协议】 6月25日，黄浦区政府与中国银行上海分行举行战略合作协议签约仪式。黄浦区委书记周伟，区委副书记、代区长彭崧，副区长吴成和中国银行上海分行行长潘岳汉，副行长杨益民、黄雪军出席签约仪式。彭崧致辞。吴成与黄雪军代表双方共同签署战略合作协议。

【发布建设外滩金融创新试验区十条举措】 7月20日，黄浦区政府召开新闻通气会，正式发布《黄浦区关于建设外滩金融创新试验区十大举措》（简称“金融创新十条”），黄浦区委副书记、代区长彭崧在通气会上详细介绍了十条举措，并与新闻媒体进行了沟通交流，市金融办副主任吴俊出席通气会。

【2013上海新金融研究院年会成功举行】 7月20日，以“新金融发展趋势与中国金融改革”为主题的2013上海新金融研究院年会在外滩源举行。市委常委、常务副市长屠光绍，研究院理事长、国泰君安证券董事长万建华，副理事长、区委书记周伟出席并致辞。屠光绍、中国人民银行副行长潘功胜、中国银行业监督管理委员会副主席阎庆民分别发表了以“中国国际金融中心建设中的新金融角色”、“新金融发展对货币调控及金融管理的挑战”、“新金融发展与影子银行的监管”为主题的演讲，中国投资有限责任公司副总经理谢平首次发布了“中国金融改革报告”。

【百联集团财务有限责任公司落户外滩】 8月9日，百联集团财务有限责任公司举行开业庆典仪式。市国资委副主任向月华、黄浦区副区长吴成、中国银监会上海监管局非银处处长林谦，集团党委书记、董事长马新生，总裁贺涛等领导出席开业仪式。百联财务由百联集团和友谊股份共同出资设立，是经中国银监会批准的国内第一家商贸流通领域的非银行金融机构。百联集团于2013年首次入围世界500强排行榜，百联财务公司的设立将进一步提升百联集团资金集中管理水平、提高百联集团资金使用效率，成为百联集团的资金结算中心、融资服务中心和资金管理的执行中心。

【发布建设外滩金融创新试验区实施意见细则，成立“中国互联网金融研究中心”、“中国民营金融研究中心”】 9月7日，在“互联网金融外滩论坛”上，黄浦区委副书记、区长彭崧与中投公司副总经理谢平、国泰君安证券公司董事长万建华、上海新金融研究院执行院长王海明为“中国互联网金融研究中心”、“中国民营金融研究中心”成立揭牌。论坛举行前，黄浦区召开媒体通气会，副区长吴成代表区政府正式对外发布《黄浦区关于建设外滩金融创新试验区的实施意见细则》，《细则》共八章四十六条。通气会上，黄浦区政府还为“宏慧·盟智园”举行了“互联网金融产业园区”揭牌仪式，黄浦区金融办与中国先锋金融集团旗下的网信金融信息有限公司签署了合作备忘录。

【海通证券成功收购恒信金融租赁】 9月25日，海通证券股份有限公司于宣布通过全资控股子公司海通国际控股有限公司以7.15亿美元的对价收购美国德州太平洋投资集团持有的恒信金融集团有限公司100%的股权，并实现间接控制其在中国大陆的各子公司（恒信金融集团有限公司及其各子公司）。海通证券成为国内首个涉足融资租赁的券商，同时也完成了黄浦区内金融机构间一次重要的强强联手。

【众安保险在外滩金融创新试验区正式挂牌】 11月6日，国内首家由保监会批准设立的互联网保险公司——众安在线财产保险股份有限公司在外滩源举行开业活动。当天下午，黄浦区政府联合众安保险在协进大楼即公司办公场所召开外滩金融创新试验区互联网金融暨众安保险启动新闻通气会。

【举行外滩金融·上海国际股权投资论坛】 12月11日，由上海国际股权投资基金协会、黄浦区政府、中欧陆家嘴国际金融研究院联合举办的“外滩金融·上海国际股权投资论坛”在黄浦区举行。本届论坛通过“上海自贸区：中国改革的黄金时代”、“在变革中把握PE投资第二季”、“掘金资本蓝海：聚焦互联网金融”三个专场，分别围绕上海自贸区金融创新、在新的变革环境下PE行业模式如何转型、中国金融改革给互联网金融带来的机会与困惑等一系列金融投资领域的热点问题，展开了深入而专业的互动交流。

【上海航运保险协会落户外滩金融集聚带】 12月26日，我国第一家专业性航运保险社团组织——上海航运保险协会在黄浦区正式揭牌成立，市委常委、常务副市长屠光绍，中国保监会纪委书记、党委委员陈新权，上海保监局局长裴光，市金融办副主任马弘，黄浦区委副书记、区长彭崧出席成立仪式。仪式上，屠光绍、陈新权为上海航运保险协会揭牌。

（黄浦区金融办）

3. 静 安 区

2013年，静安区紧紧围绕创新驱动发展、经济转型升级，按照“高起点、开放型、国际化”的整体发展思路，主动对接上海国际金融中心建设。牢牢把握中国(上海)自由贸易试验区推动下的改革开放重大机遇，着眼区域经济金融发展特点，凸显创新金融和外资金融发展特色，着力打造静安南京路金融轴。结合国际静安整体规划和金融产业链天然集聚的优势，坚持差异化发展战略，引导新型金融机构健康发展，鼓励外资金融机构创新发展，优化金融结构与布局，提升金融集聚度与能级，服务上海国际金融中心建设的大局。

目前，静安区已经集聚了400家左右的各类金融机构，覆盖了证券、期货、银行、保险、基金、拍卖、典当、财务公司以及股权投资和小额贷款等主要领域。2013年，静安区金融业税收总收入达到28.91亿元。其中，证券业实现税收总收入15.82亿元，占全区金融业税收贡献的54.72%；非证券金融业实现税收总收入13.09亿元，占全区金融业税收贡献的45.28%。非证券金融机构对全区金融产业的贡献进一步提升，服务区域经济发展的作用进一步显现。

【对接金融改革创新发展】 静安区围绕全面深化改革发展，紧扣上海国际金融中心建设转型提升新阶段，紧抓中国(上海)自由贸易试验区建设新机遇，不断深化改革创新，推动区域金融业持续稳步发展。2013年，静安坚持差异化发展战略，结合区域金融发展特点，引导知名金融机构落地静安，促进区域内金融企业加快发展步伐，推动新型金融机构创新发展，优化金融产业格局，提升静安金融集聚度与能级，更好地服务于区域社会经济发展。

2013年，全球排名第一的艺术品拍卖行佳士得在静安区设立了全国第一家外商独资拍卖企业——佳士得拍卖(上海)有限公司，同年9月24日到26日，佳士得拍卖在静安区香格里拉大酒店举行了成功进行展示和首拍，这也是外商独资企业的国内第一次拍卖。40件拍品，成交额达1.54亿元(另有1件1 500万元慈善拍品)，引起全球关注。此外，上海第2家券商另类投资企业光大富尊投资有限公司、上海QFLP试点企业华侨星城基金和管理公司、首批QDLP试点企业信拓城海外投资基金管理公司等一批高质量的金融机构落地静安区，助力静安金融创新发展。此外，中华开发股权投资、新沃金融服务、馨丰投资等一批实力较强的知名金融机构也入驻静安区发展，形成区域金融发展的新生力量。

在引导企业入驻发展的同时，静安区积极加强与区内企业的联系与沟通，把握企业在深化改革发展中遇到的问题，做好各方面的服务与支持工作。2013年，区内财务公司等金融机构大力拓展业务，经营业绩快速增长；小额贷款公司继续坚持“小额、分散、灵活”的原则，成为服务中小微企业融资需求的重要力量；股权投资企业产业辐射强、行业功能突出，成为静安区金融集聚度和能级提升的重要载体。此外，静安区加强与中国人民银行上海分行、上海证监局、上海银监局、上海海关等国家监管机构以及市金融办、市商务委等市级部门的联系与沟通，探索领域突破，推进先试先行，引导金融机构服务上海国际金融中心建设的大局。

【服务金融机构发展需求】 静安区不断创新企业服务手段，提升行政服务效能，整合区域各类资源，更好地服务区域金融企业发展需求。切实落实“首席联络员”制度，形成企业综合服务团队，通过现场走访、非现场检查、行业调研等手段，及时把握重点金融企业运营情况、实际需求和行业发展趋势，通过主动服务，帮助企业解决发展难题。联系区内优秀金融人才，整合区内各方资源，协调重点机构金融人才户籍办理、子女入学事宜。妥善运用政策引导等措施，积极落实相关扶持举措，向企业宣传国家及市区的有关金融政策，让企业及时把握政策信息，运用好政策措施，支持金融企业在静安加快发展。聚焦产业联动发展，搭建各类沟通交流平台，促进产业间的企业互动，提升区域金融企业的发展活力与能级。组织外资金融机构座谈会，促进外资持牌金融机构高管与专业中介机构及政府之间的交流沟通；

举办静安金融人才培训会议，对金融高管人员及其他金融人才发展需求情况做了摸底调研，支持金融机构在业务准入、企业发展创新等方面先行先试，营造更好的经营环境；加强市区、部门之间的联络协调，协助区内金融企业申报创新项目、资金扶持项目等，协助金融人才参与市区的各类人才扶持和评选活动。

【推进地方金融监管服务工作】 把握金融监管的有关政策精神，坚持寓服务于监管之中的工作理念，增强金融机构风险防控意识和能力，维护区域金融有序稳定发展，营造诚信守法的金融发展环境。切实履行小额贷款公司主管部门的职责，落实区级小额贷款公司审核要求，严格把控小额贷款公司发起人资质，依据区域经济规模、特点、市场等情况，合理确立区域小额贷款公司发展规模，维护良好的市场竞争环境；强化小额贷款公司日常监管工作，通过合规审计、信用评级、财报审计、风险提示、现场与非现场检查等手段，促进区内小额贷款公司合法合规经营，2013 年区内参评小额贷款公司均获得了 BBB 等级，成为全市小额贷款公司综合评级最好的区县。通过市区部门之间的信息互通，及时掌握区内涉嫌违法违规的金融活动，防止金融风险的不利影响，组建反假币工作联席会议机制，确定有关成员单位及工作内容。召开打击非法集资和反假货币部门相关会议，增强各部门的金融风险意识，协力防范区域金融风险的发生。择优选择入驻静安发展的金融企业，从企业的行业风险特征、企业自身的风险因素等方面综合选择能够稳健经营的企业，从源头上确保金融企业在区域的良性发展，通过延伸区域金融监管的工作环节，做到预防与监管的有效结合。

【引导金融支持中小微企业】 2013 年，静安区积极服务和支持区内中小微企业发展，优化中小微企业金融服务环境，通过多样化的融资渠道以及互动平台，促成中小微企业与相关金融服务机构的对接，满足中小微企业个性化的金融服务需求。一是支持小额贷款公司在静安区稳步发展。2013 年，静安区获批设立两家小额贷款公司，其中一家外资小额贷款公司注册资本人民币 2 亿元，在“小额、分散”信贷方面具有一定的行业优势和技术优势。截至年底，已开业运营的四家小额贷款公司累计发放贷款 707 户 1 026 笔 23.37 亿元，贷款余额 132 户 153 笔 4.02 亿元。二是修订完善中小微企业贷款贴息扶持政策，开展中小微企业贷款贴息工作。发布《关于支持本区小额贷款公司发展的若干政策(2013 年修订版)》，进一步明确了中小微企业的扶持比例和扶持流程，优化了小额贷款政策环境，全年向 2 家科技型企业发放贷款贴息 86.07 万元。三是制订《关于支持静安区中小企业开展股权托管交易的若干政策》(静金专办[2013]8 号)，通过财政激励，支持本区中小企业利用资本市场加快发展，进一步促进企业完善法人治理结构，增强企业综合竞争力。四是积极搭建多种形式的中小微企业融资服务平台，畅通融资信息渠道。参与主办第七届中小企业金融服务洽谈会，联合区内工商联、区中小办等相关部门邀请区内中小微企业参加洽谈会。举办中小企业融资服务讲座，向中小企业宣传融资服务的新途径，服务中小企业融资需求。通过多种途径，向区内企业宣传银行、小额贷款公司等金融机构以及中小企业私募债、股权托管交易、新三板等资本市场融资渠道，为区域中小微企业发展提供全方位的融资解决方案。五是鼓励各类股权投资基金发展，引导各类股权投资基金投资于区内的中小微企业，借助资本的力量，促使中小微企业规范经营，提升中小微企业的发展质量，并进一步做大做强。

【制订完善落实金融扶持政策】 为促进各类金融机构在静安区的集聚发展，提升区域金融的集聚度和发展能级，静安区依据国家及市级出台的最新金融政策，制订并优化区域金融发展的扶持政策，为金融机构的发展提供优良的政策环境。一是加强政策研究，起草并修订《静安金融产业调研分析报告》，摸清产业发展现状，探讨产业发展趋势。二是拟写《2013—2014 年推进静安金融人才集聚发展的工作方案》，进一步引导金融人才集聚静安发展。三是在对区域金融发展进行全方位调研的基础上，对比当前的市区政策，探索区域金融进一步发展的整体政策举措，强化对金融业的支持力度，巩固区域金融的品牌特色。四是对新引进的各类金融机构，包括机构总部、股权投资基金、小额贷款公司、财务公司、金融服务公司等，经静安区有关会议批准，给予相应的政策扶持。

(静安区金融和专业服务业办公室)

4. 虹　口　区

2013 年是上海市金融业“十二五”规划承前启

后的重要一年，也是虹口区打造北外滩财富管理中心再上台阶的一年，“上海对冲基金园区”挂牌成立，园区扶持政策同步出台。全区金融市场体系建设和金融改革创新不断推进，金融业对虹口经济社会贡献持续提升，对实体经济的助推作用显著增强，并推动了北外滩区域整体产业集聚和开放水平的进一步提升。

截至2013年底，全区金融企业总数达到511家，其类别包括证券公司、基金管理公司及子公司、期货公司总部、资产管理公司、对冲基金、金融服务公司、第三方基金销售公司、融资租赁以及一大批股权投资企业等。

2013年，全区金融企业累计三级税收收入完成7.72亿元，同比增长30.57%。累计区级税收收入完成2.56亿元，同比增长34.36%，占全区现代服务业区级税收比重为9.62%，占全区区级税收比重为4.73%，比“十二五”初期分别提高了1.88个和1.15个百分点。（刘芙蓉）

【金融机构】 2013年，虹口区共引进新注册的金融企业203家，上年同期累计为185家，同比增长9.73%，累计新增注册资本超过82亿元。截至2013年底，近三年区内已共新增金融企业433家，全区金融企业总数达到511家，总量超过2010年年底的6倍。其中包括公募基金公司累计8家，公募基金另类投资子公司11家，中证资信落户，同时全区第四家小贷公司东华美钻正式营业，其他新增金融企业有股权投资、资产管理、对冲基金、券商分公司、融资租赁、金融信息服务类等企业，区域金融业态更加丰富，北外滩地区金融新崛起的态势进一步凸显。一系列金融创新和试点正在酝酿，设立私募及上市投资基金支持区公租房发展取得新进展。（解文才）

【完善细化产业扶持政策】 2013年，虹口区新出台了进一步加快引进和培养优秀人才的若干意见及实施细则，进一步加强优秀产业人才和紧缺专业人才的引进和培育。政策鼓励新引进的金融服务企业及功能性机构积极开展各类培训学习和深造工作，对金融企业高级管理人员给予奖励；对金融企业高级管理人员和专业人员给予一定的购房补贴或租房补贴；对新引进金融服务企业的高级管理人员，在办理户籍及子女入托、入学等方面加强服务。全年虹口区为74位金融企业高管提供绿色便捷就医通道，并享受区政府相关医疗补贴。截至目前，虹口区对已入驻的金融企业均已落实相关金融扶持政策。10月，上海对冲基金园区落户区内，配套政策《虹口区促进上海对冲基金园区发展的扶持办法》同步出台，在投资奖励、房租补贴、人才奖励、活动补助和区域贡献奖励等方面向企业提供量身定制的扶持政策。（解文才）

【加强金融人才服务工作】 一是进一步优化人才发展综合软环境。区金融办注重对各项金融人才集聚政策和措施的落实，加大了高层次金融优秀人才和紧缺专业人才的引进和培育力度，加强了对区属金融机构高级管理人才培训学习的支持，支持高级金融人才扎根虹口，在办理户籍、高管就医和子女入学入托等方面提供优先服务。二是积极推荐评选各类优秀金融人才。4月，在区委组织部的统一部署和领导下，虹口区召开了领军拔尖人才表彰会，经区金融办推荐参与评选的金融系统高级人才有2名被评为领军人才，1名被评为拔尖人才；11月，区金融办积极配合团区委举办“虹口区十大杰出青年”推荐和评选活动推荐的2名高级金融人才，最终1名入选“虹口区十大杰出青年”，1名入选“虹口青年英才”。（陆怡隽）

【继续举办金融论坛和沙龙】 3月31日下午，虹口区成功承办了第三届北外滩财富与文化论坛，市委常委、常务副市长屠光绍出席论坛，近200位金融、文化和传媒领域的权威人士和专业精英参加了论坛。论坛上，与会嘉宾围绕“纳税与用税的文化建设”、“文化金融有效融合的上海实践”、“培育健康财富管理文化”等热点议题进行了交流。7月12日，由山西省委统战部、山西省工商联牵头主办，区金融办特别支持的第二届北外滩金融家沙龙活动——晋商专场在北外滩地区举行。共有山西省120余名重点企业负责人参加，与全区的金融家们共同探讨企业转型期中产业与金融融合创新的话题。活动向与会嘉宾展现了虹口的金融集聚情况，并使嘉宾充分了解到产业资本可以借助金融的力量，实现企业的转型与发展，探寻更多元化的创新合作机会。年底，上海对冲基金园区协同开开门资本公司、私募排排网分别举办了“全球量化投资高峰论坛”、“中国对冲基金年会”等一系列的活动，社会反响十分强烈，收到良好的宣传推广效果。（陆怡隽）

【组织企业参加上海中小微企业金融洽谈会】 8月，“第七届上海中小微企业金融洽谈会”在上海东亚展览馆开幕，本届实体“金洽会”汇集了来自银行、担保、小额贷款公司等143家金融服务机构，虹口区北外滩小贷公司和工商银行虹口支行两家金融服务机构参会。通过本次活动，区金融办被市金融办和市金融业联合会授予“第七届上海中小微企业金融洽谈会优秀组织奖”。（刘芙蓉）

【完善机制强化金融监管能力】 根据证监会清理整顿各类交易场所领导小组办公室的要求，进一步确认上海红酒交易中心和国际酒业交易中心价格形成和成交机制，确保合规经营，防范金融风险。虹口区大力推进融资性担保机构风险排查后续整改工作，积极开展辖区内担保机构2012年度监管计分与监管评级工作。针对中民担保公司账外担保涉讼，标的金额巨大等问题，在市金融办的指导下，不再换发新证。不断加强辖区内小额贷款公司的日常监管，通过健全完善监管体系，优化监管流程，确保行业持续健康发展。（解文才）

【全力支持实体经济发展】 2013年，虹口区与上海证券交易所、信达资产上海分公司、中行上海市分行、工行上海市分行、交行上海市分行、东方资产上海办事处等就金融支持小微企业发展继续加强相互间的战略合作关系。积极贯彻落实国务院《关于进一步支持小型微型企业健康发展的意见》(国发〔2012〕14号)、国务院办公厅《关于金融支持小微企业发展的实施意见》(国办发〔2013〕87号)以及《关于印发〈关于推进本市小微企业融资服务平台建设的指导意见〉的通知》(沪金融办〔2012〕256号)等重要文件精神，通过不断加强中小微企业融资服务平台建设等有效措施，努力缓解区内中小微企业融资困难。2013年，虹口区通过各形式、各层次的融资渠道帮助中小微企业解决融资需求超过34亿元。（刘芙蓉）

【证券基金业】 2013年沪深股市延续弱势，跌幅达6.75%，至年底正式收尾，市场总体依然处于底部。在这样的大背景下，虹口区证券经纪与交易类企业依然保持了较快增长，较好地促进了全区经济的发展。全年证券经纪与交易类企业三级税收收入2.11亿元，占全区金融业区级税收比重达到27.3%。上年同期为1.08亿元，同比增加95.34%；区级税收收入6 622.05万元，上年同期为4 485.90万元，同比增加47.62%。由于上海证券2012年业绩下滑严重，同比基数悬殊，若剔除该因素，2013年证券业同比略有下降。2013年，区内基金公司新增3家，分别是国寿安保基金管理有限公司、中原英石基金管理有限公司和东海基金管理有限责任公司，总数已达到8家。占全区金融业区级税收比重达到14.88%的基金管理服务类企业税收却略有下降，全年三级税收收入1.22亿元，上年同期为1.26亿元，同比减少3.02%，区级税收收入3 815.46万元，上一年同期为4 169.03万元，同比减少8.48%。（姚青翔）

【其他金融机构】 与陆家嘴、老外滩共同构成“黄金三角”的虹口北外滩地区打造国际航运中心和金融中心核心功能的“双重承载区”，瞄准财富管理为切入点，在全国率先提出打造财富管理高地。三年以来，虹口区金融服务业集聚效应初步形成，入驻虹口区的金融机构有433家，其中2013年引进金融机构203家，而“十二五”以前全区金融企业总数仅78家，三年增幅555%。在数量大幅增长的同时，质量也有显著提升，从业态上看，引进的金融企业类型包括金融服务公司、股权投资企业、阳光私募公司、第三方支付平台等，相较于“十一五”期末以证券营业部为主的业态结构，公司类型大大丰富，一系列金融创新、金融改革措施也在不断推出。作为实现虹口区新崛起的又一重要举措，成立上海对冲基金园区。金融集聚辐射效应崭露头角，除北外滩已有的航运产业有望借此升级外，虹口区北部重点发展的节能环保、商贸、文体、旅游等传统产业，均有望通过与金融联姻获得更大发展空间。（解文才）

【上海对冲基金园区落户虹口】 作为贯彻落实上海市委、市政府创新驱动、转型发展战略、加快上海国际金融中心建设进程的具体行动，以及打造区财富管理高地，实现虹口区新崛起的又一重要举措，国内首个专业型功能性对冲基金集聚地——上海对冲基金园区，于10月18日在北外滩正式开园。上海对冲基金园区是以吸引聚集国内外对冲基金公司，并为其开展相关业务提供全面专业化服务为主要目的的综合性产业园区。在运营过程中，园区将在引导基金、人才激励、财税扶持、物业租金、医疗保障等诸多方面扶持入驻企业，通过进一步扩大创新做法与管理经验所形成的示范效应和辐射范围，来带动地方金融产业的跨越式发展。截至2013年底，已经有30家对冲基金企业入驻，前来咨询和洽谈入驻的企业也络绎不绝。（金麒琪）

【上海对冲基金俱乐部挂牌成立】 上海对冲基金俱乐部是由上海对冲基金园区和上海第一财经传

媒有限公司共同发起的非官方、公益性联谊组织，于10月18日与上海对冲基金园区同时揭牌成立。俱乐部旨在为中国资本市场领军人物搭建一个交流与合作的平台，和监管层、各大交易所、上海对冲基金园区等建立了紧密联系，为中国资本市场健康持续地发展做好服务工作，特别支持单位为国浩律师事务所和安永会计师事务所。俱乐部定期举办高端沙龙、小范围的主题论坛，对国内外资本市场最新的资讯进行跟踪和交流，并形成主要观点会刊。俱乐部每月举行固定的内部会议，除业务讨论外还以俱乐部的名义向管理层提交建议。自2013年10月成立以来，俱乐部的提议促成了部分基金公司沪深300ETF份额的合并，俱乐部提交的关于私募基金借道信托通道申购新股的提案也得到了管理层的回复。（解文才）

5. 宝　山　区

宝山区主动对接上海国际金融中心建设和自贸区建设，结合自身区域特点和发展实际，着力提升金融服务水平，在地方金融机构发展和监管、产业金融对接、中小微企业融资、推动直接融资、支持金融创新等领域，不断拓展、积极创新，2013年全区金融业实现增加值73.9亿元，占增加值的8.2%，占第三产业增加值的14.4%，可比增长达10.1%，对增加值增长的贡献率达9.8%。

【宝山区中小微企业融资服务平台启动并运作】 起草并通过区府办转发了《关于建立“宝山区中小微企业融资服务平台”实施意见的通知》，依托网络平台汇集有融资需求企业并批发给金融机构，该平台为全市首创的“政府引导、市场运作”的创新平台。2013年5月28日在上海国际工业设计中心召开平台启动大会。

【鼓励企业上市或挂牌进行直接融资】 跟踪并服务好拟上市企业；推动企业股权托管或新三板挂牌交易，多次召开股权托管及新三板挂牌推进会，目前全区除1家企业首批挂牌之外，还有4家企业已经成功挂牌股权托管交易中心，有10多家企业已与中介签订了合作协议拟在股权托管交易中心或新三板挂牌，还有20多家企业有直接融资的意愿。

【注重金融机构的增量发展】 关注金融资本对产业资本的引导作用，借助金融资本引导、扶持社会资本投入区重点产业和新兴产业培育发展，吸引了多家新型机构落户宝山；研究并汇总了本市其它区创投引导基金投资情况，起草《宝山区产业投资引导基金暂行管理办法》。

【新型金融机构监管模式有突破】 区内9家小贷公司、5家担保公司。按照人民银行要求，积极开展了小额贷款公司和融资性担保公司信用评级试点工作。注重日常监管，建立了监管日志制度。政府招标方式采购会计服务，参与区域内小贷公司和担保公司等新型机构的审计、专项检查工作。

【积极开展各类合作】 2013年，积极发挥区内金融业联合会的积极作用，走访泰隆上海银行总行、亚联财小贷公司和陆金所，学习服务小微企业经验；与各家银行机构开展合作；组织参加市金洽会、举办金融信息服务高峰论坛等。

（1）6月6日下午，交通银行上海分行“服务实体经济，走进区域发展”财富管理走进区县巡回路演活动在宝山区委党校礼堂举办。双方借此活动进一步加强银、政、企三方合作，共同努力加大对实体经济的发展支持，针对企业初创、成长、腾飞期金融服务方案与国内外宏观形势等问题提出独到见解。

（2）6月3日，宝山区人民政府与浦发银行上海市分行在区级机关办公大楼举行全面战略合作协议签约仪式。区委副书记、区长汪泓和浦发银行上海市分行党委书记、行长王新浩代表双方共同签署全面战略合作协议。该协议主要围绕区域经济建设合作、资金结算合作、支持中小企业发展、个人银行业务合作、创新业务合作、加强信息沟通六个合作领域，借助这一平台，共同推动滨江发展带、吴淞工业区、南大地区、大型居住区、老镇旧区五大地区的转型发展，双方为区域经济社会繁荣提供更有效的金融支持。

（3）6月19日下午，宝山区人民政府与中国银行上海市分行在区级机关办公大楼举行全面战略合作协议签约仪式。汪泓与中国银行上海市分行行长潘岳汉代表双方共同签署全面战略合作协议。双方按照市委、市政府“创新驱动、转型发展”的要求，进一步发挥区内金融机构积极作用，助力区域经济的繁荣和发展。

（4）“第七届(2013)上海中小企业金融洽谈会”于8月29日—8月30日在上海东亚展览馆举行。宝山区已连续第三年参展，在参展中突出宝山金融发展的特色，按照宝山第六次党代会提出了“经济发展好、民生保障好、社会管理好、文化建设好、生态改善好”“五个好”的总体要求，和“建设全市加快经济发展方式转变的示范区、推动城市转型发展的最佳实践区，率先基本实现城乡一体化”的总体目标来组织参展，提供中小企业融资洽谈平台，宣传宝山区中小微企业融资服务平台，新型金融机构、直接融资模式，六大产业板块，搭建金融和产业、金融和企业、金融和项目的对接桥梁，推动区域内实体经济的发展。

(5) 12月18日，上海金融信息服务业年度峰会暨上海互联网金融高峰论坛在宝山区举行。上海现代服务业联合会会长周禹鹏、上海市经济和信息化委员会主任李耀新、上海市金融服务办公室副主任吴俊、上海市通信管理局副局长孙万毅、宝山区委常委、副区长夏雨、副区长秦文波等出席。在大数据、云计算、社交网络等新技术的助力之下，互联网金融改变了传统金融业的风险识别模式、扩大了传统金融业的服务群体、提升了金融业的服务效率，全面展现了互联网对传统行业的变革与提升。会上，周禹鹏、吴俊和秦文波分别为信而富、钱隆金融、新新贷等9家“上海市网络信贷服务业企业联盟”新成员单位颁发了联盟证书。《2013上海网络信贷服务业白皮书》也在本次峰会上启动。同时，中国首个《网络信贷行业标准》也在会上经上海市网络信贷服务企业联盟发布。

（宝山区金融办）

（二）江苏省金融概览

面对复杂多变的宏观经济环境，2013年江苏省实现地区生产总值59 161.8亿元，同比增长9.6%。

一是内需拉动逐步增强，外需总体疲弱。全年全省完成固定资产投资35 982.5亿元，同比增长19.6%，增速同比回落0.9个百分点。在完成投资总量中，项目投资占79.9%；房地产开发投资占20.1%。投资结构持续改善。第一、第二、第三产业分别完成投资198.6亿元、18 425.9亿元、17 358.0亿元，占全省投资总量的0.6%、51.2%和48.2%，分别增长9.4%、17.2%和22.3%。民间投资增长领先，贡献率和拉动力提升。全年全省民间投资完成24 525.8亿元，同比增长20.1%，增速比全部投资增速快0.5个百分点。全年民间投资占全部投资总量的比重为68.2%，同比提高1个百分点，对全省固定资产投资增长的贡献率达73.6%，拉动全省投资增长13.5个百分点，成为全省投资增长的主要动力和支撑。全年全省社会消费品零售总额20 656.5亿元，同比增长13.4%。全年全省进出口总额5 508.4亿美元，同比增长0.5%。其中，出口3 288.5亿美元，增长0.1%；进口2 219.9亿美元，增长1.1%。利用外资规模继续保持全国领先。全年全省新批外商投资企业3 453家；实际使用外资332.6亿美元，同比增长1.0%。

二是三次产业稳步增长，结构调整深入推进。全年全省第一产业增加值3 646.1亿元，增长3.1%；第二产业增加值29 094.0亿元，增长10.0%；第三产业增加值26 421.7亿元，增长9.8%。三次产业增加值比例由2012年的6.3∶50.2∶43.5调整为6.1∶49.2∶44.7。全年全省粮食总产量达3 423.0万吨，同比增长1.5%。粮食播种面积536.1万公顷，同比增加2.4万公顷，新增设施农业面积90.4万亩。工业生产企稳向好，全年全省规模以上工业增加值同比增长11.5%，全年呈缓慢回升态势，四个季度工业增加值累计增速分别为11.4%、11.3%、11.5%、11.5%。企业效益持续改善。全年规模以上工业企业实现主营业务收入132 270.4亿元，同比增长10.8%；利税12 946.7亿元，增长15.5%；利润7 834.1亿元，增长14.5%。全年实现高新技术产业产值超过5万亿元，同比增长15%；占规模以上工业总产值比重达38.5%，同比提高1个百分点。化解过剩产能取得新进展，全年分别淘汰炼铁、焦炭、水泥等落后产能210万吨、60万吨和328万吨，淘汰平板玻璃262万重量箱。现代服务业发展加快。全年实现服务业增加值26 596.0亿元，同比增长9.8%；占GDP比重为45.0%，同比提高1.2个百分点。服务业重点产业和新兴业态继续保持较高增长势头，软件业、服务外包全年增长30%以上。

三是物价涨幅略有回落，生产类价格同比下降。全年全省居民消费价格同比上涨2.3%，较2012年回落0.3个百分点。全年全省PPI同比下降2%，降幅较2012年收缩0.9个百分点。

四是财政收入增速回落，不同税种增速差异明显。全年全省一般财政预算收入同比增长12.1%，增速较2012年回落1.7个百分点。各税种增长不均衡现象较为明显，其中受房地产销售较旺的带动，涉房税收增速较高。全年全省土地增值税、契税同比分别增长27.9%、15.3%，分别高出公共财政预算收入总体增速15.8、3.2个百分点；受经济增速放缓、企业运营压力较大影响，企业所得税同比仅增长2.4%，剔除营改增影响，增值税同比增长4.7%。财政支出结构持续优化，公共财政预算支出7 731.2亿元，同比增长10.0%。

五是节能降耗持续推进，生态建设成效明显。加强生态文明制度建设，制定生态文明建设规划，划定全省生态红线保护区域。年末全省设立自然保护区31个，其中国家级自然保护区3个，自然保护区面积56.6万公顷。加强大气污染防治，实施900项大气治理工程，完成2 450千瓦发电机组脱硝改造，$PM_{2.5}$监测实现县(市)全覆盖。深入开展重点流域治理，太湖流域水质持续改善，南水北调江苏段水质达标。加强城乡环境整治，完成6.3万个村庄环境整治任务。加强绿色江苏建设，林木覆盖率提高到21.9%，国家生态市(县、区)达到22个。大力实施节能减排重点工程，鼓励发展循环经济，严格控制高耗能项目，加快淘汰落后产能，推动重点耗能企业能效提升。全省电力行业淘汰落后产能50万千瓦。单位GDP能耗下降、化学需氧量、二氧化硫、氨氮、氮氧化物排放削减等均完成年度目标任务。

六是房地产市场高位运行，房价涨幅有所扩大。全年全省房地产开发投资完成7 241.5亿元，同比增长16.7%，增幅较2012年提高5.2个百分点。房地产成交量放大。全年全省商品住宅销售面积和销售额同比分别增长33.2%和28.6%。房地产价格继续上升，全年全省辖市市区商品住宅成交均价8 177元/平方米，同比上升7.6%。房地产贷款增长较快。全年全省新增本外币房地产贷款2 665.9亿元，同比多增1 264.5亿元。房地产贷款质量总体良好，不良贷款率保持在1%以下。

【金融运行】 银行业规模稳步增长，总体运行稳健。截至年末，全省金融机构资产总额达10.9万亿元，同比增长12.5%。年末金融机构本外币存贷款余额分别达到8.8万亿元和6.5万亿元。银行业金融机构服务功能不断强化，竞争有序，经营安全稳健，服务实体经济的能力进一步增强。盈利增长平稳，全年银行业金融机构营业收入同比增长13%，利润总额同比增长9.3%。受化解产能过剩、深化结构调整等影响，不良贷款有所上升，截至年末全省金融机构不良贷款率比年初提高0.15个百分点。

人民币存款同比小幅多增。全年全省金融机构人民币存款新增10 094.1亿元，同比多增332.3亿元。从时序上看，一季度存款大幅增加，之后存款增长有所放缓。人民币存款增速持续放缓，其主要原因：一是在银行间市场资金面紧平衡的背景下，理财产品收益率趋升，理财产品对存款的替代增强，加之互联网金融快速发展，居民投资渠道更趋多元化和便利化，银行存款分流较为明显。二是6月份货币市场波动以后，同业资金供给减少，同业资金运用规模明显收缩，降低了存款的创造能力。金融统计数据显示，2013年末，全省金融机构同业资产较5月末净下降2 507.8亿元，其中，存放同业和买入返售资产分别下降了1 335.3、1 147.9亿元。

社会融资规模和贷款增长合理适度，结构持续优化。全年全省新增社会融资规模12 069.7亿元，较2010—2012年年均值高149.1亿元，融资总量增势平稳。全年全省金融机构新增人民币贷款7 207.8亿元，同比多增652.1亿元。全省信贷增长继续向常态回归，贷款增速由2009年的34.9%下降至2013年的13.6%。信贷增量总体较为适度，全年贷款增速超过地区生产总值增速(9.6%)和CPI涨幅(2.3%)之和1.7个百分点，对经济增长保持了有力支撑。贷款期限结构继续调整。全年全省金融机构短期类贷款(包括短期贷款和票据融资)增加2 764.7亿元，同比少增2 439.4亿元，也较2007—2012年年均增量少172.6亿元。其中，受信贷风险加大、工业企业有效信贷需求不足等影响，本外币短期单位经营贷款增加2 347.6亿元，同比少增537.1亿元。信贷支持重点突出。一是贷款区域分布更趋协调。全年苏北、苏中本外币贷款分别新增1 303.2亿元、1 382.3亿元，分别占全省新增贷款总量的18.52%、19.64%，较2012年分别提升2.22个、3.9个百分点。二是小微企业支持力度进一步加大。截至年末，全省金融机构小微企业本外币贷款余额为1.6万亿元，同比增长14.6%，较同期各项贷款增速高2个百分点。全年小微企业本外币贷款新增1 892.2亿元，同比多增469.3亿元。

表外融资各品种增势不一。委托贷款、信托贷款大量增加，银行承兑汇票净额大幅少增。全年全省金融机构表外融资(包括委托贷款、信托贷款和银行承兑汇票净额)增加2 815.6亿元，同比少增151.2

亿元，占同期社会融资规模的23.3%，同比下降0.6个百分点。在基础设施建设和房地产行业的信贷需求推动下，委托贷款、信托贷款增势迅猛。截至年末，全省金融机构人民币委托贷款余额为6 101.6亿元，同比增长46.1%；信托贷款余额为984.9亿元，同比增长96%。受加强监管及资金面偏紧影响，未贴现的银行承兑汇票同比大幅少增。全年全省未贴现的银行承兑汇票增加432.4亿元，同比少增1 446.9亿元。

利率市场化效应继续显现。2013年下半年以来，迫于同业存款竞争压力，各商业银行纷纷调整存款定价策略，越来越多的商业银行将更多品种的存款利率"一浮到顶"。此外，存款利率上浮导致银行存贷款利差空间缩小，倒逼商业银行加快转型。贷款利率基本稳定。全年贷款利率呈现总体平稳、稳中略降的走势。全年一、二、三、四季度，全省人民币贷款加权平均利率分别为7.087 3%、7.045 8%、7.008 7%和6.987 4%。

银行业改革创新扎实推进。大型银行改革进一步深化，工商银行江苏省分行加强创新，综合开发"小企业贷款资金流向监测"、"国际业务综合查询"、"业务运营风险信息分析平台"等创新项目，促进了业务流程的优化，提升了管理效能。交通银行江苏省分行按照服务中小企业、服务实体经济导向，构建以综合型网点为主体、传统型基础网点为依托、特色型和专业化网点为补充的人工网点渠道，创新发展科技银行、文化银行，在市场条件成熟区域打造出国金融服务中心，满足客户群体全方位的金融服务需求。江苏银行以改革创新激发活力，积极培育发展优势，顺应互联网金融发展趋势，推出了微信银行、易信银行，成为首批登录支付宝钱包公共平台的城商行；推进社区银行建设，加强小区金融服务；试点公司业务经营重心上移、小微零售业务经营重心下沉改革，打造总分行和基层支行"两个发动机"。农村金融改革稳步推进。江苏省农村信用社系统继续推动改革深化，普惠金融覆盖城乡。截至年末，服务渠道覆盖全部行政村和所有农户，50%以上的业务通过电子银行渠道办理。落实创新驱动战略，在全国率先形成"小额信贷扶贫"、"阳光信贷"、"金融服务村村通"三大特色服务模式。银行改制继续推进，全年有3家农商行挂牌开业，62家机构中已有58家改制为农商行，最后4家未改制联社年内也有2家达到组建农商行标准。

跨境人民币业务保持较快增长。随着跨境人民币结算政策的不断完善以及结算流程的简化，全年全省跨境贸易人民币结算主体不断扩展，全省跨境人民币业务保持平稳发展态势。全年办理各项跨境人民币结算业务4 722.2亿元，试点以来累计结算量达12 457.5亿元；全省共有50家银行的822家分支机构为9 371家企业办理了跨境人民币结算业务，分别比2012年增加4家、155家和4 111家；与江苏省内企业发生跨境人民币结算业务的境外国家和地区达到155个，比2012年增加26个；境外参加银行1 783家，比2012年增加908家。

证券期货业继续保持稳健发展态势。截至年末，全省共有法人证券公司6家，净资产总额529.3亿元，同比增长4.5%，全年营业收入104.2亿元，同比增长28.6%，净利润31.0亿元，同比增长56.6%。在传统业务利润空间逐步减小的背景下，券商加快业务创新步伐，在中小企业私募债、保证金现金管理产品等新业务领域进行突破，经营结构逐步优化。股票市场融资放缓。受IPO暂停影响，全年全省无新增上市公司，但辖内上市公司实现再融资158.4亿元。年末正在辅导上市的企业数达97家，其中，主板22家，创业板28家，中小板47家。期货业稳步发展，抗风险能力进一步加强。截至年末，全省共有法人期货公司10家，净资本合计30.69亿元，同比增长16%，全省期货公司营业部119家，同比增加18家。代理交易量和保证金余额分别增长7.9%和7.3%。

保险业稳步发展，风险保障功能进一步发挥。截至年末，全省共有保险主体90家，其中法人公司4家（紫金产险、乐爱金产险、利安人寿、东吴人寿），省级分公司86家。4家法人保险公司资产总额136.8亿元，同比增长44.9%。全年累计实现保费收入1 446.1亿元，同比增长11.1%。其中，财产险保费收入518.6亿元，同比增长17.6%；人身险业务保费收入927.5亿元，同比增长7.8%。全年全省保险公司累计支付各类赔款527.0亿元，同比增长36.2%。实现农险保费收入及农险基金共计31.5亿元，同比增长32.5%。

债务融资工具加快发展，金融市场创新活跃。债券市场创新和发展进一步加快，全年全省累计发行各类债券2 553.3亿元，各类债券余额净增1 623.9亿元，占全部融资量的 18.4%；累计从股票市场融资 158.4 亿元，占全部融资量的 1.8%；两者合计占融资总量的 20.2%。银行间市场债务融资工具继续加快发展。全年全省共有 129 家企业累计发行各类债务融资工具 1 824.06 亿元，发行金额同比增加 42.45%，扣除央企后，债务融资工具发行支数、企业家数、发行金额均跃居全国第一。年末，存续企业和余额分别达到 188 家和 2 769.27 亿元，存续余额较年初增长 1 023.46 亿元，首次实现年度余额新增超千亿元。金融市场创新活跃。在总量做大的基础上坚持创新，不断探索债务融资工具新品种。截至年末，全省已有 7 个省辖市的 43 家中小企业累计发行区域集优集合票据 13 支，共计 32.36 亿元，融资额占全国三分之一；累计发行资产支持票据 5 支，合计 55 亿元，融资额占全国一半左右。

货币市场交易涨跌不一。全年全省银行间市场成员累计完成同业拆借 4 252 笔，累计成交金额 1.5 万亿元，同比下降 31.8%。同业拆借呈现净拆入状态，累计拆入资金 11 686.1 亿元，拆出资金 3 216.9 亿元，净拆入额 8 469.2 亿元。债券市场回购交易仍较活跃，全年累计成交额达到 15.2 万亿元，同比增长 17.9%。票据业务平稳发展，市场利率逐步上行。全年全省承兑汇票累计发生额 3.2 万亿元，票据贴现累计发生额 5.5 万亿元，票据市场短期融资功能稳定。受流动性趋紧等因素影响，票据贴现利率持续上行，12 月全省票据贴现加权利率为 7.68%，较 1 月份上升了 2.28 个百分点。

【金融生态】 金融生态建设扎实推进。完善金融生态县动态考评制度，出台《关于进一步完善金融生态县考核　强化金融生态环境动态评估的意见》，对考核指标、考核标准、考核程序、约束机制等方面进行了完善：增加了金融基础设施、金融风险防范、直接融资等方面的考核内容。金融消费者权益保护工作扎实推进，聚焦农村，突出做好县域金融消费权益保护工作。依托银行卡助农取款点，将散布在各乡镇的反假宣传站、支付结算服务站、征信工作站等功能进行整合，在绝大部分行政村建立了农村金融综合服务站，实现站点服务职能、宣传职能与受理投诉职能的有机结合，构建了“市—县—镇—村”四位一体的网络体系。截至年末，“农村金融综合服务站”已在全省 13 个地市全面推开，全辖共建立综合服务站近 1 700 家。

金融基础设施建设和服务水平有了新的提升。深入推进农村信用体系试验区建设。完善试验区建设工作机制，在全省选择了 17 个积极性较高、条件较为成熟的地级市、县（市、区）深化试验区建设。

大力推进支付体系建设，圆满完成二代支付系统上线和银行卡刷卡手续费标准调整工作，支付服务水平进一步提升。继续推进省级数据中心基础设施建设，确保网络和信息系统安全稳定运行，支持金融业务创新发展。大力推进金融 IC 卡普及应用，IC 卡应用范围覆盖到社会保障、住房公积金、商业服务、移动支付、公共交通、医疗卫生等领域。

加强货币发行，深化“江苏省人民币流通满意工程”，建立了小面额现金供应长效机制，增加硬币自助兑换设备，冠字号码可查询标识覆盖全省 4.03 万台自动柜员机，流通中人民币整洁度大幅提高，券别结构进一步优化，银行与客户假币纠纷举证机制进一步完善。

（张秋龙）

中国人民银行南京分行与扬州市人民政府签署《共建农村信用体系试验区合作备忘录》

1. 南　京　市

2013 年，南京市实现地区生产总值 8 011.78 亿元，按可比价格计算，比上年增长 11.0%。其中，第一产业增加值 204.64 亿元，增长 3.4%；第二产业增加值 3 450.58 亿元，增长 11.1%，其中全部工业增加值 2 997.63 亿元，增长 11.1%；第三产业增加值 4 356.56 亿元，增长 11.3%。按常住人口计算，人均地区生产总值 98 011 元，按平均汇率折算达

15 827美元。三次产业增加值比例为2.3∶43.3∶54.4。全年高新技术产业产值5 419.13亿元，占工业总产值比重42.8%。金融业实现增加值846.20亿元，占全市地区生产总值比重10.6%，比上年提高0.6个百分点。文化产业增加值432.6亿元，占全市地区生产比重5.4%，比上年提高0.3个百分点。城市居民消费价格比上年上涨2.7%，其中食品类价格上涨5.6%，居住类价格上涨2.8%。全年实现社会消费品零售总额3 504.17亿元，比上年增长13.8%。全年实现财政总收入1 591.59亿元，比上年增长11.5%。

规模以上工业企业实现工业总产值12 647.14亿元，比上年增长10.3%。其中国有及国有控股企业增长11.3%，私营企业增长13.8%。规模以上工业企业实现产品销售产值12 469.24亿元，比上年增长10.6%，工业产品销售率为98.59%。全年规模以上工业企业实现主营业务收入12 428.16亿元，比上年增长10.5%；实现工业利税1 420.87亿元，增长23.1%；实现利润751.27亿元，增长35.1%。亏损企业亏损额63.52亿元，下降32.2%。全年37个工业行业大类中有36个行业实现不同程度的盈利。全社会固定资产投资完成5 265.55亿元，比上年增长12.4%。其中民间投资2 818.14亿元，增长16.7%，民间投资占全社会固定资产投资比重为53.5%，比上年提高2个百分点。房地产开发投资完成1 120.18亿元，比上年增长10.3%，其中住宅投资773.99亿元，增长14.4%。

全年完成进出口总额557.57亿美元，比上年增长0.9%。其中，出口总额322.66亿美元，增长1.1%。全年新批外商投资企业336个，比上年下降27.1%。新批注册合同外资金额53.59亿美元，下降12.4%。实际使用外资40.33亿美元，下降1.9%。

【货币政策】 贯彻实施稳健货币政策，实现信贷总量平稳增长。2013年，中国人民银行南京分行营业管理部通过汇报、专报等形式，引导地方政府对稳健货币政策内涵的全面理解。开展各类宣讲、推介和研讨活动，加大货币政策社会宣传和解读。通过制定货币政策指导意见、经济金融形势分析会、金融机构计财处长座谈会等，及时传达货币政策意图，确保货币信贷总量合理增长。做好地方法人金融机构信贷调控工作。通过调查走访和约见谈话，指导合意贷款等指标合理投放。全年安排信贷规模361.80亿元。截至12月末，15家法人金融机构人民币各项贷款余额2 143.82亿元，比年初增加361.25亿元，同比多增73.58亿元。

组合运用货币政策工具，保持金融市场健康发展。一是进一步规范存款准备金管理，加大法人金融机构法定存款准备金交存日常监测。依法处罚南京银行和江苏银行法定存款准备金透支行为，切实维护存款准备金制度有效性。二是运用再贴现政策工具正确引导信贷资金投向。进一步完善再贴现操作审批流程，加强再贴现投向、用途监测考核。通过再贴现限额动态调整，明确加大对“中小机构、中小企业、中小面额”以及县域企业票据的再贴现支持力度。同时，加大对电子商业汇票再贴现业务推广，优先办理电票再贴现业务。截至12月末，再贴现业务余额14.66亿元，同比增长14.71%；累计办理再贴现1 038笔，累计金额39.45亿元。其中，小型企业再贴现票据余额4.04亿元，同比增长19.17个百分点；县域企业承兑票据的再贴现余额为3.67亿元，同比增长127.95%；电子商业汇票再贴现余额6.54亿元，同比增长445%。三是运用支农再贷款工具，积极支持三农工作。2013年，营管部共对高淳、溧水和浦口三家村镇银行发放支农再贷款1亿元，充分体现支农支小、支持农业产业化、支持特色农业等领域的作用。四是完善利率监测管理，夯实利率市场化基础。健全利率报备制度，强化利率定价指导与利率市场化建设，加强利率市场化改革和利率政策宣传，通过进社区、入高校等形式积极开展利率政策宣传解读活动。五是加强金融市场监测管理，维护金融市场平稳运行。认真做好市场准入的审核和备案工作。组织专项检查，进一步完善货币市场、黄金市场、票据市场监测分析，积极关注银行间市场动态，对有关金融机构进行重点监测，有效维护辖区金融市场的平稳运行。

积极推进“千亿直接债务融资”，直接债务融资实现创新发展。2013年，营管部积极贯彻落实分行债务融资工具发行“双百双千”计划，做大直接债务融资总量，截至12月末，南京市直接债务融资工具余额1 235.71亿元，比上年末增加530.50亿元，增幅达75.23%，全年发行各类直接债务融资工具1 007.30亿元，比2012年多发行454.59亿元，发行额和余额均居全省首位。一是积极推动“区域集优”直接债务融资工作。营管部与中债信用增进公司、南京市金融办签订了"区域集优"三方合作框架协议。二是顺利推出超短期、超长期创新融资工具。2013年,江苏交通控股等企业在银行间市场顺利发行90天超短期融资工具,南京城建集团成功发行国内首单15年超长期融资工具。三是积极推动保障房建设非定向直接债务融资工具发行。2013年初,南京市安居集团和河西城建两单保障房建设非定向直接债务融资工具共计100亿元成功发行。下半年,安居集团又启动第二期32亿元非定向直接债务融资工具发行工作。四是资产支持票据等创新产品继续扩大。江宁自来水公司、宁宿徐高速公路有限公司分别在银行间市场发行1年、2年、3年、4年、5年期等期限的资产支持票据。五是非定向债务融资工具得到了快速发展。16家企业发行非定向债务融资工具366亿元,发行企业户数是2012年的1倍,同比多发行了249亿元。

加强窗口指导和信贷政策引导,信贷政策的针对性和有效性进一步提高。2013年初,营管部制定出台《关于2013年南京地区银行信贷工作的指导意见》,通过信贷处长座谈会、工业企业融资座谈会、房地产形势分析会、小微金融服务座谈会、金融支持城镇化座谈会等形式,引导挖掘有效信贷需求,加大对实体经济的金融支持。全年共组织开展银企对接签约活动15场,协议签约金额280.10亿元。营管部将"金融支持经济转型升级"作为年度行长工程,加强信贷政策与产业政策配合,盘活存量、优化增量,加大对战略新兴产业、现代服务业、科技文化等新经济增长点的金融支持。明确南京银行"鑫动文化"等6个市级重点示范项目,并配备了专项信贷规划和再贴现额度。截至2013年末,9个重点示范项目贷款余额121.66亿元,当年累放贷款109.38亿元,累计支持企业户数达437户。立足民生改善,深化薄弱环节金融服务。一是积极推动市政府出台《关于进一步强化金融服务小微企业发展的实施意见》等文件,遴选紫金农商行"阳光信贷进万家"等2个省级、浦发银行南京分行"信贷工厂+微小宝"等8个市级重点示范项目,引导金融机构巩固深化小微企业金融服务机制,创新适合小微企业的组织方式、金融产品、信贷流程和服务平台。二是持续改善和提升"三农"金融服务水平。通过创新型涉农信贷产品和模式,加大对农村合作经济组织、农户生产基地以及农业产业化等新型农村经济主体的金融支持力度。同时,推进农村青年信用示范户评定及融资扶持工作,推广银行卡助农取款服务,稳步推进农村手机支付,进一步改善农村金融环境。三是切实做好住房金融管理工作。坚决贯彻落实国家房地产调控政策,督促辖区金融机构加强房地产开发贷款管理,积极配合分行做好南京地区差别化住房信贷政策调整工作,努力改善首套房信贷服务,坚决抑制投机投资性购房。会同财政、银监局做好土地储备融资管理工作,支持符合政策条件的政府土地储备机构合理的信贷需求。结合南京地区住房保障2013年规划目标,引导金融机构在风险可控的条件下灵活运用多种模式,加大对保障性安居工程的金融支持力度。四是继续推动特殊群体金融服务普及。推动市政府出台了《关于进一步加快全市创业小额担保贷款发展的意见的通知》,加强对城镇就业困难人员、农村转移劳动力、青年、妇女等特殊群体的金融支持,进一步扩大创业小额担保贷款业务的覆盖面。全年累计发放创业人员小额担保贷款17 717.5万元,妇女创业小额担保贷款721万元。

积极防控系统性金融风险,金融生态环境进一步改善。进一步健全南京地区金融稳定协调小组季度例会制度,探索建立证券业风险监测制度。加强金融稳定现场评估,完成全省首家法人保险公司保险专项现场评估,积极探索区域银证保监管合作形式,多手段强化金融监管。大力夯实金融监测基础工作,关注小额贷款公司、担保公司、农民资金互助组织等非银行融资机构潜在风险,加强重点行业、重点领域风险监测分析,建立大型问题企业风险监测制度,密切关注各类潜在金融风险事件,维护辖区金融安全和稳定。全面修订《南京地区突发金融风险事件应急处置预案》,提高中国人民银行突发风险事件管理水平和应急处置能力。持续优化区域金融生态环境建设,组织开展县域金融生态环境综合评估工作。金融生态县建设工作进展顺利,高淳区荣获江苏省"金融生态达标县"、浦口区被继续认定为"金融生态优秀县"。南京市提前两年实现金融生态达标面100%、金融生态优秀县覆盖面50%。

【金融运行】 存款增长先高后低,商业银行同业操作成为影响存款波动的重要因素。12月末,南京地区金融机构(含外资金融机构,下同)本外币各项存款余额18 417.90亿元,同比增长11.88%。人民币各项存款余额18 050.82亿元,同比增长11.9%,增速比上年末低3.77个百分点。外汇存款余额60.21亿美元,比年初减少4.96亿美元,同比少增23.05亿美元。一是从存款增长月度分析来看,前五个月人民币存款增速较快,月均增速在20%左右,随后开始逐步回落,月均增速在13.50%左右浮动。存款的起伏除了与贷款投放节奏、企业债券净融资增长、净结汇变化等因素有关外,2013年银行同业业务操作快速膨胀对存款创造产生重要影响。金融机构股权及其他投资增长较快,12月末金融机构股权及其他投资余额1 378.11亿元,比年初增加698.61亿元,同比多增321.88亿元,资金主要投向信托受益权、理财信托产品等,通过金融创新,银行运用自有资金投资"类融资的金融产品"对存款变动也会产生一定影响。二是单位存款同比少增较多。12月末,单位存款余额11 816.64亿元,同比增长10.64%,比年初增加1 129.83亿元。其中,单位定期存款和单位协定存款增加较多,分别比年初增加482.60亿元和394.49亿元。单位保证金存款比年初减少72.79亿元,同比少增251.34亿元。三是个人存款增长较多。个人存款余额5 187.96亿元,同比增长13.02%,比年初增加573.53亿元,同比少增32.27亿元。四是财政性存款有所下降。年末余额251.29亿元,同比下降15.54%,比年初减少46.25亿元,同比少增92.59亿元。五是活期性质存款比重企稳回升。12月末,南京地区活期性质人民币存款余额7 775.04亿元,比年初增加928.51亿元,同比多增317.30亿元。前三个季度活期性质存款比重逐渐下降,定期性质存款则逐渐上升。四季度,活期性质存款占比有较大幅度回升,年末回升至43.07%,分别比三季度末和年初提高2.31个百分点和0.73个百分点,反映了表外理财资金回流表内带来的影响。

贷款增长平稳适度,信贷结构优化重点支持经济转型升级。截至12月末,南京地区金融机构本外币各项贷款余额为14 538.65亿元,同比增长11.16%,比年初增加1 438.05亿元,同比多增77.31亿元。一至四季度分别新增贷款528.06亿元、446.92亿元、240.21亿元和222.86亿元,基本与宏观调控要求的投放进度一致。人民币贷款平稳增长,外币贷款增速趋缓。12月末,人民币贷款余额13 791.06亿元,同比增长11.99%,增速比上年末高1.37个百分点,比年初增加1 455.98亿元。全年人民币贷款增长基本平稳,贷款增量稳中有升,贷款投放相对均衡。外币贷款余额为122.62亿美元,同比增长0.76%,增速比上年末低28.89个百分点,比年初增加0.83亿美元。受进出口增长乏力、外汇贷存比约束收紧、贸易融资监管趋严背景下外汇贷款产品套利空间收窄等因素叠加影响,外汇贷款增速下滑,同比少增明显。短期类贷款增速逐步放缓,中长期贷款增速持续加快。12月末,本外币短期类贷款(包括短期贷款和票据融资)余额5 292.01亿元,同比增长5.62%,增速比上年末低9.50个百分点,为2012年以来最低。短期类贷款增加较少,主要是短期单位经营性贷款明显少增所致。全年短期单位经营性贷款仅增加15.20亿元,同比少增330.39亿元。中长期贷款余额8 932.85亿元,同比增长14.86%,增速连续12个月回升后趋缓,比上年末高6.89个百分点。1—12月份,新增本外币中长期贷款1 155.31亿元,同比多增581.73亿元,占同期各项贷款增量的80.34%,同比大幅上升38.19个百分点。新增贷款行业投向相对集中。2013年各金融机构信贷投向制造业贷款明显减少,信贷资源流向房地产、基础设施建设、服务业和个人住房消费等领域明显增多。全年南京地区本外币贷款新增额中,房地产业、租赁和商务服务业、批发和零售业及水利、环境和公共设施管理业居前四位,分别增加276.72亿元、160.07亿元、159.42亿元和148.72亿元。上述四个行业贷款增量之和占同期各项贷款(不含票据融资)增量55.73%,同比大幅提高37.27个百分点。贷款结构有所优化,金融支持民生和转型升级取得实效。12月末,人民币科技贷款余额151.82亿元,同比增长28.62%,文化贷款余额103.73亿元,同比增长97.29%,均大幅超出同期各项贷款增速。小微企业贷款(不含票据融资)余额2 479亿元,增加459.88亿元,同比增长27.82%,比大型、中型企业贷款增速分别高27.02个和23.86个百分点。涉农贷款(不含票据融资)余额1 826.74亿元,同比增长11.04%,新增涉农贷款179.37亿元,占同期各项贷款增量13.42%。保障性住房开发贷款余额401.07亿元,同比增长14.83%,新增贷款51.80亿元。房地产信贷增长较快。全年南京市共完成房地产开发投资1 120.18亿元,同比增长10.30%,其中,商品住宅开发投资773.99亿元,同比增长14.40%。南京地区人民币房地产开发贷款余额1 404.49亿元,同比增长34.78%,增速比上年末高20.10个百分点,比年初增加362.43亿元。个人住房贷款余额1 634.27亿元,同比增长23.55%。增速比上年末高12.14个百分点,比年初增加311.50亿元,同比多增176.14亿元,占同期个人消费贷款增量的90.62%。

存款利率相对稳定,贷款利率小幅下降,融资环境有所改善。一是人民币存款利率较为平稳,同业存款利率波动显著。年末,人民币活期存款加权平均利率0.364 5%,比年初小幅上升0.48个基点;定期存款加权平均利率为3.269 9%,比年初下降11.28个基点。同业存款利率波动显著。年末,南京地区同业存款加权平均利率5.289 7%,比年初上升196.50个基点。其中,6月份同业存款加权平均利率达年度最高点至6.121 0%,创近三年新高(此前最高为2012年1月的5.023 5%)。二是贷款利率波动下行,个人住房贷款利率反转上升。贷款利率呈波动下行态势。1—12月,人民币贷款加权平均利率在6.54%—6.70%之间波动,走出3个连续、向下的v字形。从时序走势来看,贷款加权平均利率从年初6.697 3%下行至四季度初达到年度最低点6.540 0%,年末反弹至6.591 3%,比年初下降10.60个基点。个人住房贷款利率反转上行。上半年,南京地区个人住房贷款利率回落,自7月份中国人民银行公布放开贷款利率下限而个人住房贷款利率不变的政策后,个人住房贷款利率反转向上,进入四季度涨幅加快。12月份,个人住房贷款利率为6.057 0%,比年初上升24.68个基点。3年至5年(含)期利率水平最高。从期限结构来看,不同期限贷款呈现"两端低、中间高"的特点,即6个月以内期限、10年以上期限的贷款利率水平较低,其余期限贷款利率水平较高。中小企业贷款利率重心不断下移。12月份,中、小型企业贷款加权平均利率分别为6.646 9%和6.819 4%,分别比年初下降6.26个和10.49个基点。同时,中小型企业贷款利率与大型企业的差距缩小。中、小型企业贷款利率水平比大型企业高出33.67个和50.92个基点,比年初减少12.45和16.68个基点。执行利率上浮的贷款占比下降。从利率浮动区间结构看,2013年南京地区贷款利率仍以执行上浮利率的贷款为主,但呈不断下降趋势。12月份,执行利率上浮的贷款占比为58.81%,比年初下降6.99个百分点;执行基准利率的贷款占比为35.21%,比年初上升7.74个百分点;执行利率下浮的贷款占比为5.97%,比年初下降0.75个百分点。三是票据市场利率先抑后扬。1—4月,贴现加权平均利率呈逐步下行态势,由5.397 3%下行至最低点4.602 2%,后转而上行。12月份达全年最高点7.748 1%,比年初高235.07个基点。发生额分布较为均匀,各季度分别为701.16亿元、549.12亿元、687.92亿元和449.47亿元,分别占全年贴现总量29.37%、23%、28.81%和18.82%。转贴现加权平均利率走势与贴现加权平均利率一致,年末为6.819 3%,比年初高197.54个基点。

【金融市场】 货币及债券市场运行特点。一是同业拆借交易活跃度降低、价格趋升。2013全年累计成交10 773.93亿元,同比下降45.15%;四季度成交2 048.85亿元,为近两年最低水平,环比减少514.16亿元。拆借价格总体呈逐季上升趋势。四季度拆入和拆出加权平均利率分别为4.226%、4.225 3%,均创2011年以来新高。二是债券回购交易量总体增加但增速逐月回落、交易价格上升。全年累计成交65 813.37亿元,同比增长15.95%,增速下滑56.65个百分点;净回购量达到45 654.45亿元,同比增长60.28%。各季度回购交易量呈现不断减少趋势,四季度累计成交13 125.22亿元,环比下降13.16%;净回购量则冲高回落。三是票据市场交易量和价格均呈上升趋势。南京地区金融机构票据贴现、转贴现总发生额为36 112.03亿元,同比增长52.01%。加权平均利率呈上升趋势,其中,贴现、转贴现利率在年末达到7.748 1%、6.819 3%峰值。四是债券现券交易一级市场平稳、二级市场下滑。债券现货交易金额11 792.94元,同比增长21.38%。一级市场交易相对平稳,仅四季度出现较大幅度增加。二级市场交易不断下滑,四季度买入、卖出交易量比一季度的峰值分别下降89.21%、83.94%。

外汇市场运行特点。人民币兑主要外币交易量总体增加,除欧元、英镑、加拿大元交易量小幅减少外,其余各币种询价交易均有所增加。其中,兑美元、日元、港币、澳元交易发生额分别为1 064.83亿美元、2 148.62亿日元、18.64亿港币、1 892.39万澳元,同比分别增长46.87%、1 253.58%、18.32%、325.57%。价格表现上,主要外币兑人民币继续呈现不同程度的贬值。

黄金市场特点。实现交易1 239.32千克,3.7亿元,其中,买入500.81千克,1.5亿元;卖出738.51千克,2.2亿元。四家黄金市场成员单位黄金累计成交

1 264.68 万克、35.48 亿元，同比分别增长 74.66%、43.94%。其中，自营交易占据主导，累计成交 1 040.9 万克、29.37 亿元，同比分别增长 107.31%、71.28%。

【直接债务融资】 2013 全年，南京地区共发行各类直接债务融资工具 1 007.3 亿元，相当于 2012 年发行总额的 1.82 倍，占江苏全省发行总额 55.22%。

推广非公开定向融资工具，挖掘企业发债潜力。2013 年，营管部加大对非公开定向发行工具（私募债券）的探索与实践，私募债券不受净资本 40%的约束，用以提高主承销商和发行企业的积极性。另一方面，交易商协会对私募债券的信用评级和信息披露要求相对宽松。2013 年，南京地区已有 15 家企业成功发行私募债券。

积极拓展债券期限，助推城镇化建设。年初南京市城市建设投资控股（集团）有限责任公司第一期中期票据成功发行，发行金额 10 亿元，期限为 15 年，是全国银行间市场上首只长期债券。长期债券能够有效改善发债企业的资产、负债期限错配，对城镇化建设具有重要意义。南京城建集团 15 年中期票据发行利率仅为 5.8%，比 5 年期以上的贷款基准利率低 75 个基点，比 1 年期贷款基准利率低 20 个基点，充分体现直接融资价格优势。

扩大资产支持票据发行，拓宽平台企业融资渠道。2013 年，营管部积极推动资产支持票据这一创新产品增量扩面，支持宁宿徐高速公路有限责任公司发行 10 亿元资产支持票据，支持南京市江宁区自来水公司发行 10 亿元资产支持票据。全年全市资产支持票据余额为 40 亿元，占全省总额的 72.7%。

启动“区域集优”模式，支持中小企业直接融资。营管部与中债信用增进公司、南京市人民政府共同签订战略合作框架协议和资金监管协议，全面启动南京市“区域集优”债务融资工作。南京银行完成 6 家中小企业前期调查，营管部与市金融办分别出具了推荐函，年底完成注册发行工作。

（谈建军）

南京市主要经济金融统计

（2009—2013 年） 单位：亿元

项目	2009 年	2010 年	2011 年	2012 年	2013 年
国内生产总值	4 230.26	5 010.36	6 145.52	7 201.57	8 011.78
第一产业（增加值）	129.18	142.02	163.61	184.64	204.64
第二产业（增加值）	1 930.67	2 327.76	2 760.99	3 170.78	3 450.58
第三产业（增加值）	2 170.42	2 540.57	3 220.91	3 846.15	4 356.56
全社会固定资产投资	2 668.03	3 306.05	4 010.03	4 683.45	5 265.55
地方财政收入	434.51	1 075.25	1 298.77	1 427.25	1 591.59
地方财政支出	461.31	542.73	665.99	769.81	851.01
社会消费品零售总额	1 961.58	2 267.77	2 670.30	3 080.58	3 504.17
居民消费价格指数（以上年为 100）	100.1	104.2	105.4	102.7	102.7
进出口总额（亿美元）	337.45	456.01	573.44	552.35	557.57
进　口（亿美元）	152.86	207.16	264.79	133.34	234.91
出　口（亿美元）	184.59	248.85	308.65	319.01	322.66
全部金融机构各项存款（余额）	11 088	12 887.43	14 241.99	16 540.43	18 417.90
企业存款	5 490.8	5 465.82	9 175	11 006.45	12 083.41
财政存款	172	180.76	251.20	297.54	251.29
城乡储蓄存款	3 125	3 572.07	3 968.03	4 532.02	4 955.76
全部金融机构各项贷款（余额）	9 444	10 915.34	11 723.52	13 079.32	14 538.65
短期贷款	3 089.65	3 230.36	4 023.46	4 664.63	4 844.91
中长期贷款	5 848.49	6 931.80	7 002.54	7 777.40	8 932.85

（续表）

项　　目	2009 年	2010 年	2011 年	2012 年	2013 年
全部保险机构保费收入	145.98	191.30	194.08	236.50	264.75
全部保险机构保险赔款支出(含满期给付)	37.14	41.40	56.43	68.45	84.43
全部保险机构保险密度(元/人)	2 317	2 121	2 321	2 430	3 309
全部保险机构保险深度(%)	3.5	3.4	3.6	3.7	3.8

注：全部金融机构各项存款、贷款余额的七项数据为本外币并表统计数(含外资金融机构)。

2. 无　锡　市

2013 年，无锡市地区生产总值 8 070.18 亿元，按可比价格计算，比上年增长 9.3%，其中第一产业增加值 148.53 亿元，比上年增长 8.24%；第二产业增加值 4 207.43 亿元，比上年增长 4.87%；第三产业增加值 3 714.22 亿元，比上年增长 8.64%。三次产业比例调整为 1.8∶52.2∶46.0。按常住人口计算人均生产总值达到 12.46 万元，按现行汇率折算达到 2.04 万美元，继续名列全省首位。

2013 年全市完成固定资产投资 4 015.77 亿元，同比增长 18.2%。分产业投向：第一产业投资 16.04 亿元，比上年增长 5.2%，第二产业投资 1 567.35 亿元，比上年增长 16.4%，第三产业投资 2 432.38 亿元，比上年增长 19.1%。分注册类型：国有经济投资 741.68 亿元，比上年增长 4.0%，三资经济投资 604.55 亿元，比上年增长 8.5%，其他经济投资 2 669.54 亿元，比上年增长 20.4%。

工业生产稳步增长。全市规模以上工业企业实现增加值 3 057.34 亿元，比上年增长 7.0%。工业经济效益稳步提高。全市规模以上工业实现主营业务收入 14 450.48 亿元；产品销售率 97.78%；工业企业实现利税 1 123.39 亿元；利润 741.88 亿元；工业经济综合效益指数达到 246.33%。

财政收入持续增加。全市公共财政预算收入 710.91 亿元，比上年增长 8.0 %。财政支出结构继续调整。公共财政预算支出 711.49 亿元，比上年增长 9.7%；社会保险基金支出 217.11 亿元，比上年增长 24.0%。

对外贸易基本持平。全年实现外贸进出口总额 703.73 亿美元，比上年下降 0.6%。其中，进口总额 292.24 亿美元，比上年下降 0.8%；出口总额 411.49 亿美元，比上年下降 0.4%。出口结构持续优化，一般贸易出口比重上升，实现出口额 217.12 亿美元，总量占比达 52.8%，同比提高 3.1 个百分点。全年新批外资项目 409 个，协议注册外资 43.87 亿美元，到位注册外资 33.39 亿美元，下降 16.7%。

全年实现社会消费品零售总额 2 740.92 亿元，比上年增长 12.9%。其中，城镇零售额 2 382.94 亿元，比上年增长 13.3%，乡村零售额 357.98 亿元，比上年增长 10.4%；批发和零售业零售额 2 535.82 亿元，比上年增长 13.2%，住宿和餐饮业零售额 205.10 亿元，比上年增长 9.4%。

全年市区居民消费价格指数为 102.1，比上年回落了 0.4 个百分点。其中服务项目价格指数为 101.4，消费品价格指数为 102.4，商品零售价格指数为 101.7。城镇居民人均可支配收入 38 999 元，比上年增长 9.4%。农民人均纯收入 20 587 元，比上年增长 11.2%。城镇居民人均消费性支出 25 392 元，比上年增长 9.1%。农村居民人均生活消费支出 14 147 元，比上年增长 10.6%。

【货币政策】　一是发挥政策工具导向作用，科学引导货币信贷投放。中国人民银行无锡市中心支行积极跟踪信贷有效需求变化情况，加强地方法人金融机构信贷调控。强化支农再贷款导向要求，累计发放再贷款 4.6 亿元，惠及近 600 家涉农企业、青年创业对象、农村种养大户等经营主体。强化“央行票据通”再贴现资金支农、支小、支新(新兴产业和科技行业)的信贷导向，2013 年累计办理“央行票据通”业务 1 794 笔，支持金额 42.46 亿元。二是引导信贷结构调整优化，推动金融支持产业转型。积极对接无锡苏南现代化建设，引导金融支持转型升级与无锡推进科技创新、产业转型、城乡一体、两型社会等“四个示范区”建设紧密结合。推动地方政府出台《无锡市科技型中小企业贷款风险补偿资金池管理办法》，着力推动科技与金融紧密结合。推动地方政府专项设立3 000万元的合同能源管理项目贷款风险池资金，着力推动绿色金融服务模式创新。三是强化民生保障金融服务，加大普惠金融支持力度。认真落实"小微企业金融服务升级扩面"行动计划要求，着力推进小微企业金融服务。出台《关于金融支持无锡市国家现代农业示范区建设的若干意见》，推进城镇化、农业现代化金融支持。扩大小额担保贷款政策支持对象，优化小额担保贷款扶持创业政策。四是推动金融市场规范发展，加强货币信贷风险监测。积极向银行机构推荐优质企业，大力发展债务融资工具。建立银行信贷风险状况及不良处置月报制度，深化货币信贷风险监测和预警工作。加强对利率市场化的监测，引导金融机构强化利率定价机制建设。

【金融运行】 2013年末，全市金融机构本外币各项存款余额11 641.96亿元，当年新增893.63亿元，同比少增125.95亿元，增幅8.31%。其中，个人存款余额4 290.74亿元，当年新增447.11亿元，同比少增13.51亿元，增幅11.63%；单位存款余额7 000.79亿元，当年新增352.56亿元，同比少增139.36亿元，增幅5.3%。全市各金融机构本外币各项贷款余额8 565.39亿元，当年新增541.38亿元，同比少增203.52亿元，年度增幅6.75%。短期贷款累计增加141.2亿元，同比少增417.91亿元，增幅3.23%，低于各项贷款增幅3.52个百分点；票据贴现累计增加59.65亿元，同比少增54.09亿元，增幅17.05%；中长期贷款累计增加335.92亿元，同比多增272.45亿元，增幅10.23%，高于各项贷款增幅3.48个百分点。全辖金融机构外汇贷款余额75亿美元，比年初减少13.62亿美元，降幅15.37%；外汇存款余额71.54亿美元，比年初增加0.4亿美元，同比大幅少增15.21亿美元。全市金融机构2013年实现结益221.72亿元，同比减少25.99亿元，下降10.49%。全市金融机构不良贷款余额203.5亿元，比年初增加101.1亿元；不良贷款率2.38%，比年初上升1.1个百分点。

【金融市场】 同业拆借同比减少，债券回购呈资金净融入。2013年度，辖内法人金融机构同业拆借272.71亿元，同比减少546.45亿元。其中拆入173.38亿元，拆出99.33亿元。银行间债券市场债券回购12 855.98亿元，同比增加1 754.39亿元。其中正回购融入资金10 818.82亿元，逆回购融出资金2 037.16亿元，同比少融入资金722.65亿元。

证券交易市场总体较好。年末全市共有证券营业部79家。全市证券交易开户总数111.1万户。证券机构托管市值总额1 025.44亿元，比上年增长26.7%。全年股票、权证、基金成交金额15 115.95亿元，比上年增长53.4%。新增上市企业数2家，募集资金14亿元。

保险业发展趋于稳定。全年实现保费收入174.86亿元，比上年增长14.2%。其中财产险收入67.03亿元，比上年增长18.6%；人寿险收入107.83亿元，比上年增长11.6%。保险赔款支出41.14亿元，比上年增长22.1%。保险给付支出14.85亿元，比上年增长6.3%。

【金融创新】 创新融资服务保障机制，着力提升金融支持水平。一是推动产业转型领域银企合作。全面摸排骨干企业、"五有一缺"中小企业、技术改造后劲项目融资需求，组织年度银企授信签约活动，全市27家金融机构与2 848家(次)的企业、项目签订了2 030.88亿元的授信合作协议。深化"点对点"融资快通机制，解决了116家企业近270亿元的临时性资金需求。二是搭建社会融资信息服务平台。制定出台了《关于做好银行业社会融资信息服务工作的意见》，搭建面向全市银行业金融机构的企业融资信息发布平台，定期将采集的产业政策、企业融资需求等信息通过网上平台及简报向全市银行发布，全年发布信息15批次，推动银行与企业融资需求加快对接。三是建立重点企业主办帮扶机制。制定下发了《关于建立全市重点项目(企业)银行主办帮扶机制的意见》，建立了"百企百项——百行百人"银行主办挂钩服务机制，组织银行业金融机构与市级重点建设项目、100家重点骨干和100家高成长科技型企业确定挂钩帮扶关系。

【金融合作】 2013年7月25日，无锡市委、市政府在上海浦东国际会议中心共同举办了"无锡—上海金融中介服务领军人才暨融资项目合作推介会"。会议通过全面推介无锡产业特色以及引进金融中介服务人才和项目融资的政策环境，发布了一批无锡市企业的融资项目，进一步推动两地金融投资、人力资源服务产业的深度合作。活动吸引了近60家上海创投金融机构80多名代表参加会议。

(张　应)

无锡市主要经济金融统计

(2009—2013年)

单位:亿元

项　　目	2009	2010	2011	2012	2013
国内生产总值	4 992	5 758	6 880.15	7 568.15	8 070.18
第一产业(增加值)	93.92	104.94	122.98	137.22	148.53
第二产业(增加值)	2 836.38	3 208.79	3 728.12	4 012.03	4 207.43
第三产业(增加值)	2 061.7	2 444.27	3 029.05	3 418.9	3 714.22
全社会固定资产投资	2 387.56	2 985.65	3 169.18	3 618.07	4 015.77
地方财政收入	415.91	511.89	615	658.03	710.91
地方财政支出	401.27	468.47	592.67	648.61	711.49
社会消费品零售总额	1 651.37	1 809.08	2 122.72	2 427.94	2 740.92
居民消费价格指数(以上年为100)	99.5	103.4	105.1	102.5	102.1
进出口总额(亿美元)	439.45	612.23	724.47	707.75	703.73
进口(亿美元)	179.33	249.51	301.35	294.61	292.24
出口(亿美元)	260.12	362.72	423.12	413.14	411.49
全部金融机构各项存款(余额)	7 405.68	8 827.2	9 722.44	10 740.38	11 641.96
企业存款	2 949.76	2 945.01	6 150.62	6 640.9	7 000.79
财政存款	53.34	42.05			
储蓄存款	2 733.12	3 109.44	3 340.09	3 763.82	4 120.67
全部金融机构各项贷款(余额)	5 474.94	6 487.13	7 279.81	8 024	8 565.39
短期贷款	2 479.46	3 016.36	3 817.73	4 376.06	4 517.26
中长期贷款	2 361.31	2 970.32	3 220.67	3 282.36	3 618.28
全部保险机构保费收入	111.31	131.36	161.16	153.14	174.86
全部保险机构保险赔款支出(含满期给付)	18.84	18.55	26.02	47.65	55.99
全部保险机构保险密度(元/人)	2 390.42	2 813.7	3 071	3 258	3 702.86
全部保险机构保险深度(%)	2.23	2.28	2.34	2.02	2.17

注:全部金融机构各项存款、贷款余额的七项数据为本外币并表统计数(含外资金融机构)。2011年起企业存款、财政存款统一为"单位存款"口径。

3. 常　州　市

2013年,常州市实现地区生产总值4 360.93亿元,按可比价格计算增长10.9%。其中第一产业完成增加值138.12亿元,增长3.1%;第二产业完成增加值2 250.80亿元,增长11.2%;第三产业完成增加值1 972.01亿元,增长11.2%。全市第一、二、三次产业比重由上年的3.2∶52.9∶43.9调整为3.2∶51.6∶45.2,第三产业增加值在经济总量中所占比重比上年提高1.3个百分点。全市按常住人口计算的人均生产总值为92 994元,按平均汇率折算为15 016美元。在经济总量扩大、结构改善的同时,地方财政收入平稳增长。2013年全市财政总收入1 169.3亿元,比上年增长4.7%,其中公共财政预算收入408.88亿元,比上年增长7.9%;公共财政预算支出403.88亿元,比上年增长3.2%。全年完成全社会固定资产投资2 902.84亿元,比上年增长18.2%,其中工业投资完成1 541.2亿元,比上年增长16.7%。全年实现农林牧渔业总产值240.1亿元,比上年增长9.4%;完成规模以上工业总产值10 067.9亿元,比上年增长11.5%。根据海关统计,全年实现进出口贸易总额为292.13亿美元,比上年增长0.6%,其中进口88.39亿美元,比上年下降2.7%;出口203.74亿美元,比上年增长2.1%。全年注册外资实际到账35.3亿美元，比上年增长5.1%；全年新增工商登记注册外资3 000万美元以上项目45个，新增世界500强企业投资项目2个。全年实现社会消费品零售总额1 597.01亿元，比上年增长13.7%。2013年全市物价水平温和上涨，全年居民消费价格指数(CPI)为102.2，涨幅较2012年下降0.3个百分点；工业品出厂价格指数(PPI)为97.0。2013年末，全市户籍总人口365.9万人，比上年末增长0.3%；年末全市常住人口469.2万人，比上年末增长0.1%，其中城镇人口316.5万人，城镇化率为67.5%。全年新增就业12.7万人，年末城镇登记失业率在4%以内。全年市区城镇居民人均可支配收入36 946元，比上年增长10.0%；农民人均纯收入18 643元，比上年增长11.4%。年末全市金融机构人民币储蓄存款余额为2 753.3亿元，比年初增加280.0亿元。

【货币政策】 2013年，中国人民银行常州市中心支行加强货币政策工具管理，畅通货币政策传导渠道，积极发挥再贴现政策作用，组织全市金融机构认真贯彻执行稳健的货币政策，密切关注宏观调控政策在辖区的传导和实施效应。(1)加大窗口指导力度，落实稳健货币政策。一是增强政策引导的针对性。进一步巩固货币信贷政策执行联席会议等平台，发挥《金融稳定工作简报》等载体效能，通过专题汇报、会议交流等渠道，及时通报解读金融形势变化和货币政策意图，引导地方政府货币政策预期。推动地方政府出台《关于进一步加强金融支持实体经济的意见》等文件政策，明确政策支持重点。二是提高政策工具的灵活性。发挥再贴现工具引导效应，累计投入再贴现资金25.1亿元，优先支持中小企业和“三农”领域。开展法人金融机构风险定价能力评估，督促法人金融机构不断完善利率市场化机制建设，广泛开展利率政策宣传，加强对金融机构利率定价和民贸贴息工作的指导。完善信贷政策导向效果综合评估，进一步优化评估指标和评估方法，提升评估工作水平。三是突出政策执行的有效性。落实差别存款准备金政策，认真做好法人金融机构信贷调控工作。组织对辖内农商行、村镇银行开展流动性专项现场评估，切实加强法人机构流动性监测和管理。开展存款准备金缴存、专项票据兑付后续监测及金融市场业务现场执法检查，督促引导法人金融机构规范业务。(2)发挥政策引导作用，促进实体经济发展。一是促进区域经济转型升级。认真落实《国务院办公厅关于金融支持经济机构调整和转型升级的指导意见》要求，加强地方经济发展规划、产业发展政策与信贷政策协调落实，大力开展金融支持转型升级系列工程，促进经济结构调整优化。二是有效推进科技金融融合。紧抓全省科技与金融结合试点契机，积极推进科技金融合作创新示范区建设，围绕常州“一核八园”和“510”工程，明确金融支持科技创新重点，加快项目储备，重点扶持符合国家产业政策导向的科技企业。三是持续加强民生领域金融支持。出台《金融支持金坛、溧阳跨越发展的指导意见》，引导金融机构增加“三农”领域的信贷投入，满足城镇化建设、涉农企业和农业现代化发展的信贷需求。会同市财政局、人社局和妇联等部门，完善小额担保贷款管理机制，进一步发挥小额担保贷款的促进作用，加大对城镇就业困难人员、农村转移劳动力、青年、妇女等各类创业主体的金融支持。健全完善保障性安居工程金融支持情况监测机制，及时对接安居工程和投融资情况，引导金融机构加大对公共租赁房等保障性住房的信贷投入。(3)强化监测分析反馈，增强调研分析能力。一是强化经济金融运行监测。围绕辖区经济金融运行中存在的趋势性、苗头性问题，重点监测分析公积金贷款运行情况、票据业务变动情况等内容，了解掌握稳健货币政策下经济金融运行出现的问题。关注分析金融服务和产品创新发展情况，开展国内贸易信用保险项下融资业务、证券公司业务创新对客户交易结算资金第三方存管影响等调查。二是强化政策实施效应监测。开展法人金融机构流动性情况、银行机构票据业务运行情况、存贷款利率情况调查，持续跟踪监测法人金融机构信贷投放节奏，密切关注法人金融机构应对利率市场化举措。结合辖内特色，重点组织差别化房贷利率政策实施效应、住房保障制度政策设计等课题研究。三是强化金融市场风险监测。重点关注金融市场发展，继续加强金融市场业务监测管理。开展外资流入房地产、金融支持城镇化、节能减排等调查，密切关注房地产金融市场发展情况，配合房管部门研究加强市区存量房交易资金监管。

【金融运行】 2013年，常州市金融运行平稳有序。(1)存款运行情况。一是各项存款增速回落。2013年下半年以来，在银行间市场资金面紧平衡的背景下，收益率较高理财产品对银行存款的分流作用明显，加上互联网金融快速发展，居民投资渠道更趋多元化，银行存款增速出现回落。至2013年末，全市金融机构本外币各项存款余额为6 538.33亿元，比年初增加747.55亿元，同比少增21.61亿元，增长12.91%，增速较上年同期下降2.41个百分点。二是单位、个人存款增势平稳。至2013年末，全市单位存款本外币余额为3 472.01亿元，比年初增加373.66亿元，增长12.06%；全市本外币个人存款余额2 914.08亿元，比年初增加366.81亿元，增长14.4%。三是外汇存款减少较多。在人民币缓慢升值的背景下，居民结汇意愿较强，全市净结汇快速增长，外汇存款减少较多，至2013年末，全市外汇各项存款余额为31.2亿美元，比年初增加1.77亿美元，同比少增8.82亿美元，增长6.02%，增速同比下降51.16个百分点。(2)贷款运行情况。一是人民币贷款较快增长，外汇贷款持续下降。2013年末，全市本外币各项贷款余额4 490.23亿元，比年初增加472.02亿元，同比少增40.39亿元，增长11.75%，增速同比回落2.87个百分点。其中，人民币各项贷款余额为4 318.32亿元，比年初增加485.52亿元，同比多增59.07亿元，增长12.67%，增速同比提高0.15个百分点。在监管政策出现变化、外汇存贷比约束收紧、贸易融资监管趋严的背景下，全市外汇贷款持续下降，2013年末，全市外汇贷款余额为28.2亿美元，比年初减少1.3亿美元，下降4.41%。二是短期贷款增速缓中有升，中长期贷款增速快中有降。至2013年末，全市本外币短期贷款余额2 514.85亿元，比年初增加236.99亿元，同比少增104.57亿元，增长10.40%，增速回落7.24个百分点；全市本外币中长期贷款余额1 843.65亿元，比年初增加222.73亿元，同比多增87.41亿元，增长13.74%，增速较2012年提高4.63个百分点。三是涉农、小微企业贷款增长较快，制造业贷款增速较低。在金融支持小微企业及经济结构调整等政策引导下，商业银行信贷政策更加倾向涉农和小微企业。至2013年末，全市涉农贷款余额1 017.19亿元，比年初增加163.8亿元，增长19.19%，高于全市贷款平均增幅7.44个百分点；全市小微企业贷款余额1 845.22亿元，比年初增加324.73亿元，增长21.36%，高于全市贷款平均增幅9.61个百分点；全市制造业贷款余额1 454.04亿元，比年初增加48.08亿元，同比少增122.14亿元，增长3.42%，低于全市贷款平均增幅8.33个百分点。四是房地产贷款保持快速增长。至2013年末，全市房地产各项贷款余额为1 055.32亿元，比年初增加191.37亿元，同比多增83.98亿元，增长22.15%，增速同比上升6.19个百分点。

【金融市场】 一是企业上市稳步推进。至2013年末，全市共有上市公司34家，其中A股18家，B股1家，H股8家。二是证券市场交易趋于活跃。2013年全市证券营业部全年证券交易总额为5 171.2亿元，同比增长48.0%，其中A股交易4 831.0亿元，比上年增长45.0%；B股交易10.9亿元、比上年增长64.7%；债券成交额189.1亿元，比上年增长83.9%；基金成交140.1亿元，比上年增长165.8%。三是保险市场业务平稳增长。至2013年末，全市共有保险公司64家，比上年增加3家，其中寿险公司37家，产险公司27家。2013年实现保费总收入118.4亿元，比上年增长9.8%，其中寿险收入79.0亿元，增长6.7%；财产险收入39.4亿元，增长16.7%。2013年保险赔款支出25.9亿元，比上年增长22.5%，其中寿险赔款支出2.6亿元，比上年增长16.5%；财产险赔款支出23.4亿元，比上年增长23.2%。

【金融创新与服务】 一是着力开展金融产品企业行活动。深入落实小微企业金融服务升级扩面计划，积极推广“信贷工厂”、“金融顾问”等融资培育模式，提高小微企业金融服务专业化水平。充分发挥“常州市小微企业金融产品信息系统”作用，加大金融产品和服务宣传推广力度。二是着力实施直接债务融资双速计划。健全完善债务融资监测机制，跟踪落实“区域集优”项目到期兑付有关事宜，及时报送相关工作动态。加强与金融机构和企业的联系，持续加大银行间市场创新产品的宣传力度，2013年全市累计发行债务融资工具64.6亿元，余额达127.5亿元，同比增长63.25%。三是着力推进金融产品创新运用。加大商业承兑汇票推广力度，组织召开常州市票据工作座谈会议，调研商票业务现状和难点，继续发挥再贴现资金引导作用，带动金融机构商业承兑汇票业务发展。2013年累计投入商票再贴现资金9.21亿元，撬动全市试点企业签发商票185.41亿元，其中185.06亿元获得商业银行贴现支持。

（朱坚强）

常州市主要经济金融统计

(2009—2013年) 单位:亿元

项　　目	2009年	2010年	2011年	2012年	2013年
国内生产总值	2 518.66	2 976.68	3 580.42	3 969.75	4 360.93
第一产业(增加值)	91.60	99.82	111.36	126.30	138.12
第二产业(增加值)	1 429.73	1 667.16	1 950.84	2 100.76	2 250.80
第三产业(增加值)	997.33	1 209.70	1 518.22	1 742.69	1 972.01
全社会固定资产投资	1 704.77	2 103.55	2 338.94	2 760.14	2 902.84
地方财政收入	215.89	286.18	350.88	378.99	408.88
地方财政支出	217.31	273.44	354.22	384.12	403.88
社会消费品零售总额	901.44	1 044.73	1 236.10	1 404.53	1 597.01
居民消费价格指数(以上年为100)	99.5	103.4	105.0	102.5	102.2
进出口总额(亿美元)	150.79	222.78	286.35	290.28	292.13
进　口(亿美元)	42.13	67.20	92.74	90.68	88.39
出　口(亿美元)	108.66	155.58	193.61	199.60	203.74
全部金融机构各项存款(余额)	3 765.91	4 550.47	5 020.88	5 789.88	6 538.33
企业存款	1 168.08	1 286.02	1 991.19	2 203.56	2 543.40
财政存款	18.12	26.42	31.1	44.45	34.81
储蓄存款	1 756.24	2 009.24	2 171.20	2 489.97	2 770.68
全部金融机构各项贷款(余额)	2 513.97	3 011.67	3 505.80	4 018.21	4 490.23
短期贷款	1 237.16	1 521.36	1 936.28	2 277.82	2 514.85
中长期贷款	1 069.68	1 406.95	1 485.65	1 620.92	1 843.65
全部保险机构保费收入	72.57	86.53	93.56	109.41	118.42
全部保险机构保险赔款支出(含满期给付)	11.97	12.10	24.41	29.97	25.93
全部保险机构保险密度(元/人)	2 016.84	2 398.28	2 585.74	2 999.12	3 236.31
全部保险机构保险深度(%)	2.88	2.91	2.61	2.76	2.72

注:全部金融机构各项存款、贷款余额的七项数据为本外币并表统计数(含外资金融机构)。

4. 苏　州　市

2013年,苏州市实现地区生产总值13 015.7亿元,比上年增长9.6%。人均地区生产总值(按常住人口计算)12.32万元,按年平均汇率计算近2万美元。

工业经济平稳发展。全市实现工业总产值35 685亿元,比上年增长3.4%,其中规模以上工业总产值30 393亿元,比上年增长4.1%。全市36个大类行业中有28个行业的工业总产值比上年增长。

投资增势稳中提质。全市完成全社会固定资产投资6 002亿元,比上年增长14%。投资结构不断优化。第一产业完成投资6.7亿元,下降32.9%;第二产业完成投资2 434亿元,增长11.4%;第三产业完成投资3 561亿元,增长15.9%,占全社会投资的比重达到59.3%,比上年提高1个百分点。

消费市场稳步增长。全市实现社会消费品零售总额3 627.6亿元,比上年增长12.9%。其中批发和零售业零售额3 179亿元,增长13%;住宿和餐饮业零售额430亿元,增长12.4%。

外向型经济低位运行。全市实现进出口总额3 093.5亿美元,比上年增长1.2%。其中出口1 757.06亿美元,增长0.6%;进口1 336.4亿美元,增长2%。全年实际利用外资87亿美元,比上年下降5.1%。

财政收支状况良好。全市实现地方公共财政预算收入 1 331 亿元，比上年增长 10.5%，其中各项税收收入 1 138 亿元，增长 11.2%；税收收入占公共预算收入的比重达到 85.5%。全市地方公共财政预算支出 1 207 亿元，比上年增长 9.3%。

物价水平保持稳定。2013 年市区居民消费价格同比上升 2.1%，八大类消费价格指数“六升两降”：食品、衣着、家庭设备用品及维修服务、医疗保健和个人用品、娱乐教育文化用品及服务、居住类价格分别上升 4.2%、1.3%、1.7%、0.7%、0.5%、2.2%，烟酒下降 1.2%、交通和通信下降 0.4%。

【货币政策】 2013 年，中国人民银行苏州市中支切实贯彻稳健的货币政策，强化信贷政策导向评估作用，调整优化信贷结构，着力提升金融对区域经济转型升级支持力度。

保持信贷总量平稳适度增长。支持全国性银行机构积极向上争取信贷规模和政策支持。通过资产证券化、债权直接融资工具等方式盘活存量，扩大有效信贷投入。引导、支持银行机构在风险可控的情况下加快创新业务发展，满足多层次融资需求；鼓励金融机构运用多元化融资方式支持区域经济发展，保持融资规模合理增长。引导银行机构着力加强资金组织和项目储备工作，努力满足实体经济的合理资金需求。

切实推动信贷结构不断优化。以“金融聚焦转型升级系列工程”为抓手，加强信贷政策指导，引导金融机构不断调整优化信贷结构，创新经营服务机制，有效支持地方经济转型升级。一是继续做好科技金融服务工作。与科技局、财政局等部门进一步推广“科贷通”、“千人计划”集合信贷等科技金融服务产品。目前“科贷通”的风险补偿资金池规模达 2.5 亿元，合作银行扩大到 17 家；累计为 636 家科技型中小企业发放贷款 53.7 亿元。二是加强银企合作，择优推荐合作项目。与经信委合作开展的“围绕转型升级，强化金融聚焦”银企对接活动中，34 家银行机构与 91 家企业进行了对接，现场签约(授信)金额 550 亿元，在此次对接活动中，签约的最小金额为 40 万元，1 000 万元以下的签约项目占全部签约项目 21%，项目涉及产业提档升级、科技创新、文化振兴、民生创业等多个领域。三是进一步完善再贴现票据差别化管理方法，完善集“产业导向、票据评分、综合分析、风险防范”于一体的“再贴现票据管理系统”，引导金融机构优化票据结构，重点加大对“三农”、科技型中小企业、文化产业及节能环保产业等符合信贷政策导向的行业、企业的支持力度。

积极开展法人金融机构信贷规划的调控工作，增强调控的灵活性和针对性。充分利用差别准备金动态调整工具，探索地方法人金融机构落实宏观审慎要求的成效评估，重点支持资本充足率较高、资产质量较好、法人治理较为完善、信贷政策执行有力的地方法人金融机构业务发展，督促稳健性状况不佳、信贷政策执行不力的地方法人金融机构更加注重风险防范，保持稳健经营。

【金融运行】 2013 年，金融支持实体经济发展取得新成效，信贷总量保持合理增长。存款持续增长，增速有所放缓。2013 年 12 月末，全市本外币存款余额为 21 237.59 亿元，比年初增加 2 445.09 亿元，同比少增 347.57 亿元。全年人民币存款增加 2 337.95 亿元，较上年同期少增 105.54 亿元；同期外汇存款仅增加 16.59 亿美元，较上年同期少增 32.92 亿美元。

贷款增长放缓，结构变化较大。2013 年 12 月末，全市本外币贷款余额 16 675.52 亿元，比年初增加 1 741.67 亿元，同比少增加 360.58 亿元。贷款增长的结构特点：一是中长期贷款增长明显快于短期贷款。全年新增本外币中长期贷款 1 070.42 亿元，同比多增 455.45 亿元；新增本外币短期贷款 558.31 亿元，同比少增 881.84 亿元。二是本币贷款增长平稳，外汇贷款出现下降。全年新增人民币贷款 1 812.65 亿元，同比多增 59.03 亿元。2013 年，监管部门加强了银行外币资产负债管理，将外币纳入存贷比考核，使得金融机构收缩外币资产规模，将外汇贷存比控制在监管要求的范围内。全年外汇贷款减少 5.48 亿美元，同比多减少 61.30 亿美元。三是制造业贷款增速放缓，基础设施行业增长较快。受制造业压缩、调整、转移产能影响，制造业投资需求整体不旺。全年全市制造业本外币贷款累计新增 151.77 亿元(不含贴现)，同比少增 489.29 亿元。受基础设施投资增长加快影响，租赁和商务服务业，水利、环境和公共设施管理业，电力、热力、燃气及水生产和供应业三个基础设施项目集中的行业贷款增长较快。全年上述三个行业合计新增贷款 374.22 亿元，同比多增 185.43 亿元。

非信贷融资产品快速增长。2013 年全市信托资产和委托贷款分别增加 326.66 亿元和 331.97 亿元,分别较年初增长 100.7%和 31.28%,同比分别多增加 231.6 亿元和 46.97 亿元。

直接债务融资持续发展。全市各金融机构落实江苏省"债务融资工具双百双千亿计划"的工作部署,总结近年来发展直接债务融资业务的经验和成效,在着力满足大型企业发债需求的基础上创新推动中小企业直接债务融资,在继续丰富融资品种的基础上创新开展市场发展机制建设,在持续扩大直接债务融资规模的基础上创新开展风险防范工作,实现了苏州市直接债务融资业务持续发展。全年全市企业共注册各类债务融资工具 266 亿元,同比增加 47 亿元。年末全市债务融资工具余额为 353 亿元,比年初增加 53 亿元。

贷款利率平稳。2013 年末苏州市金融机构 1 年期贷款加权平均利率为 7.04%,较上年同期提高 0.06 个百分点,但仍较全省平均水平低 0.17 个百分点,继续保持苏州市资金"洼地"的优势。

【金融市场】 一是保险业健康发展。新增保险机构 4 家,年末保险机构共 72 家,其中外资保险机构 20 家。全年保费收入 269.8 亿元,比上年增长 13.6%,其中财产险收入 122.8 亿元,增长 17.2%;人身险收入 147 亿元,增长 10.8%。保险赔款和给付支出 94.3 亿元,比上年增长 31.7%。二是积极推进企业上市。全年新增 3 家上市企业,共募集资金 8 亿元。至 2013 年末,全市拥有境内外上市公司 84 家,全年募集资金 70 亿元。三是证券期货业稳步发展。证券机构托管市值总额 1 976.4 亿元,比上年增长 54%。全年各类证券交易额 16 221 亿元,比上年增长 54.8%。期货市场交易额 36 100.3 亿元,比上年增长 3.4%。

【金融创新】 一是大力争取并获准开展跨国公司总部外汇资金集中运营管理试点。两家试点企业于 9 月份正式启动,至 12 月末共集中境内外成员企业 36 家,归集资金 10 亿多美元,并借入外债 4 300 万美元。目前,2 家试点企业均已被其总公司定位为亚洲地区财务结算中心。二是推进昆山深化两岸产业合作试验区跨境人民币业务试点。昆山试验区于 8 月份正式启动业务试点,至 12 月末,试验区内发生个人经常项下跨境人民币收付金额 5 296 万元;105 家企业办理了台资企业集团成员双向借款账户备案。三是有效简化海关特殊监管区域货物贸易外汇收支管理。充分利用自主开发"海关特殊监管区域外汇管理监测服务系统",在苏州工业园区综合保税区率先开展政策试点,进一步便利了区内企业收付汇。至 12 月末,共有 130 余家企业和 40 余家银行参与试点。四是大力推动直接债务融资工具发展和创新。推动首批两支"区域集优"中小企业集合票据成功发行,4 家中小企业募集 3 年期资金 3.06 亿元。

(殷贵梅)

苏州市主要经济金融统计

(2009—2013 年) 单位:亿元

项　　目	2009 年	2010 年	2011 年	2012 年	2013 年
国内生产总值	7 740.20	9 168.91	10 716.99	12 011.65	13 015.7
第一产业(增加值)	142.82	155.53	164.51	195.08	214.49
第二产业(增加值)	4 547.12	5 294.07	6 057.3	6 502.25	6 849.59
第三产业(增加值)	3 050.26	3 719.31	4 495.18	5 314.32	5 951.62
全社会固定资产投资	2 967.35	3 617.82	4 502.02	5 266.49	6 001.94
地方财政收入	2 040.24	2 869.16	3 492.38	3 333.17	3 952.40
地方财政支出	1 342.33	2 448.94	3 022.44	2 782.60	3 149.76
社会消费品零售总额	1 846.30	2 407.89	2 829.58	3 240.97	3 627.6
居民消费价格指数(以上年为 100)	99.8	103.4	105.1	102.7	102.1
进出口总额(亿美元)	2 014.46	2 740.80	3 008.63	3 056.92	3 093.5
进　口(亿美元)	873.64	1 209.70	1 336.29	1 310.03	1 336.4
出　口(亿美元)	1 140.85	1 531.10	1 672.33	1 746.89	1 757.06

（续表）

项　　目	2009 年	2010 年	2011 年	2012 年	2013 年
全部金融机构各项存款(余额)	11 450.54	14 225.49	16 004.16	18 796.06	21 237.59
企业存款	4 724.15	5 538.93	6 961.99	11 824.56	13 238.78
财政存款	117.17	121.89	142.31	197.25	228.68
储蓄存款	4 004.87	4 701.31	5 126.887	5 845.91	6 470.7
全部金融机构各项贷款(余额)	9 032.28	10 831.62	12 776.25	14 877.84	16 675.53
短期贷款	3 193.59	3 830.62	5 411.525	6 843.28	7 457.51
中长期贷款	5 050.55	6 308.12	6 974.71	7 596.64	8 667.16
全部保险机构保费收入	148.28	193.00	205.00	237.42	269.8
全部保险机构保险赔款支出(含满期给付)	49.14	43.00	55.00	71.64	94.3
全部保险机构保险密度(元/人)	2 338	3 026.69	3 192	3 665	2 550
全部保险机构保险深度(%)	1.92	2.10	2.1	1.98	2.1

注:全部金融机构各项存款、贷款余额的七项数据为本外币并表统计数(含外资金融机构)。2013 年保险密度的数据是使用常住人口计算的。

5. 南　通　市

2013 年,南通市实现生产总值 5 038.9 亿元,按可比价格计算,比上年增长 11.8%。其中:第一产业增加值 345.4 亿元,增长 3.1%;第二产业增加值 2 623.5 亿元,增长 12.0%;第三产业增加值 2 070 亿元,增长 12.9%。人均 GDP 达到 69 050 元,按 2013 年人民币对美元的平均汇率计算,人均 GDP 达到 11 150 美元。

2013 年,全市工商登记注册外资 49.52 亿美元,增长 8.7%;注册外资实际到账 25.7 亿美元,商务部确认数同口径增长 10.4%。跨境人民币投资快速发展,新批跨境人民币投资项目 16 个,实际投资 11.6 亿元人民币,增长 133.4%。外商投资企业增资扩股企稳回升,增资扩股项目 140 个,协议外资 10.6 亿美元,增长 1.24%。新批总投资接近或超过亿美元项目 22 个,增加 4 个;新引进世界 500 强投资项目 9 个,投资总额 6.2 亿美元。外资金融业取得新突破,贝斯融资租赁等 4 家外资融资租赁和正大融资担保先后落户,第二家外资银行汇丰银行南通分行筹备开业。全年外贸进出口总值 298.1 亿美元,增长 13.4%;其中,出口 212.8 亿美元,增长 13.3%;进口 85.3 亿美元,增长 13.6%,跻身全省第四位。全市实现社会消费品零售总额 1 927.1 亿元,增长 12.8%,比上年回落 2.7 个百分点;对全市经济贡献率 38.3%,比上年提高 0.8 个百分点。

2013 年,南通市区(不含通州区)CPI 为 102.2。全市城镇居民人均可支配收入 31 059 元,比上年增长 9.8%,其中,市区(不含通州区)城镇居民人均可支配收入 33 136 元,增长 9.7%。市区(不含通州区)城镇居民人均消费性支出 20 978 元,比上年增长 10.5%。全市农村居民人均纯收入 14 754 元,比上年增长 11.5%;农村居民人均消费性支出 10 931 元,比上年增长 11.1%。

【货币政策】 执行稳健货币政策,切实支持实体经济发展。中国人民银行南通市中心支行重视货币政策宣导,严格落实惩戒机制,加强信贷导向评估。完成 2012 年南通市中小企业信贷政策导向评估和 5 个县(市)的涉农信贷政策导向评估工作。加强再贴现再贷款管理。截至 2013 年末,再贴现余额 13.37 亿元,比年初净增 6.9 亿元;2013 年累计发放再贴现 34.92 亿元,同比净增 24.67 亿元,增幅达 240.7%。累计办理再贴现票据 1 412 张,平均每张贴现票据金额为 247 万元。首次向辖区 3 家村镇银行发放了 1 亿元的支农再贷款,并对其进行现场评估,确保支农再贷款的规范使用与管理。对 4 家法人银行业金融机构法定存款准备金业务开展了现场评估,针对如东农村商业银行的存款准备金透支行为,督促人民银行如东县支行进行了查处。

加强小微企业金融服务,促进经济转型升级。出台了《南通市“金融支持转型升级系列工程”实施方案(2013—2015)》和《南通市2013—2015年"小微企业金融服务升级扩面"竞赛活动实施方案》,联合市总工会在全市银行业金融机构间开展了劳动竞赛活动,提升金融服务小微企业的水平。会同市民发办、中小企业局举办了"票据融资超市",与市经信委、银监部门联合举办了"千企千亿"对接会。全市17家银行业金融机构为2 644家企业提供了1 521亿元的初步授信意向,现场签约146.3亿元。出台了《南通市海上构(建)筑物抵押融资暂行办法》、《南通市专利权质押融资管理暂行办法》、《关于促进科技金融创新　扶持科技型中小企业发展的若干措施》等政策文件。

加强金融市场管理,推动金融市场稳健发展。2013年南通市发行直接债务融资工具47.1亿元。进一步完善"南通市利率监测反馈制度",引导金融机构和农村小额贷款公司科学合理定价。

加强金融统计和调查研究,提升监测分析能力。提升金融统计数据质量。扩大存贷款综合抽样统计试点范围,推进金融统计标准化试点工作。与市发改委、金融办等建立协作关系,按月开展地区社会融资规模统计工作。

完善银行业金融机构风险监测月报制度,建立非银行业金融机构定期联系制度,同时密切关注融资性非金融机构经营动向,全面开展"大金融"监测。修订《南通市银行业金融机构执行人民银行政策法规情况评价办法》,对市区17家银行业金融机构开展了2012年度执行中国人民银行政策法规情况综合评估,对综合评价等级为"C"的3家机构主要负责人进行了诫勉谈话。牵头召集专题协调会议,妥善处置耶纳诺服饰、新三维棉业、比亚迪专营店企业主出走事件,及时消除了负面影响,有效维护了银行债权。密切关注熔盛重工信贷资金风险,成立熔盛重工风险防控领导小组。拓展金融消费权益保护工作内涵。联合南通市银监分局、南通市银行业协会出台了《南通市银行业金融消费权益保护联席会议制度》,创新出台了《南通市银行业金融机构金融消费权益保护工作评价办法》,组织辖区银行业金融机构开展了个人金融信息保护自查,并对7家银行业金融机构进行了现场检查。以海安县为试点,选取具有代表性的3家银行业金融机构开展了金融消费保护评查。2013年中国人民银行南通市中心支行系统共受理投诉85起。共受理群众金融咨询约795次,均按时办结回复,群众满意度100%。

【金融运行】 2013年末,南通市各金融机构本外币各项存款余额为7 542.12亿元,比年初增加1 069.40亿元,增长14.18%,比全省平均增幅高2.67个百分点;同比多增206.12亿元。增量列全省第三(苏州、南京之后),余额列全省第四(苏州、南京、无锡之后)。本外币各项贷款余额为4 672.81亿元,比年初增加666.19亿元,增长16.63%,增幅较全省平均水平高4.47个百分点;同比多增68.23亿元。贷款增量位于全省第三(列苏州、南京之后),分别超过无锡124.81亿元、常州194.17亿元;余额稳居全省第四。自2013年1月贷款余额超常州、贷款增量超无锡以来,双超地位日益巩固。其中:短期贷款余额2 660.67亿元,比年初增加356.48亿元,增长15.47%,同比少增74.63亿元;中长期贷款余额1 879.02亿元,比年初增加275.6亿元,增长17.19%,同比多增128.46亿元;票据融资余额131.26亿元,比年初增加33.7亿元,增长34.54%,同比多增14.71亿元。

【金融创新】 2013年,南通市各银行业金融机构累计发放金融IC卡146万多张,圆满完成年初制定的目标。举办了中南城、南大街、星湖101广场3个"非接"商圈建设启动仪式,将商圈内600多个商户的POS机进行了更新改造,开展了"有奖促刷"活动,深入推进"非接"商圈建设,推广电子钱包应用。

进一步改善农村地区支付结算服务环境。截至2013年末,南通市助农取款服务点已达到4 200个,平均每个行政村达3个,累计取款45万笔,金额7 094万元,余额查询37万次,业务量是2012年全年的4倍。在如皋市试点开展农村地区城乡居保经办"四不出村"(参保登记不出村、个人缴费不出村、待遇领取不出村、权益查询不出村)活动,加办绿卡5万张,办理各项保费领取36万人次,服务人口近80万人,占该市总人口60%、行政村81%。

在全省率先开展出口退税电子化业务。中国人民银行南通市中心支行于2013年5月2日顺利完成国库会计集中核算系统(TCBS)上线工作。自TCBS上线首日,国家金库南通市中心支库成功开展电子化出口退税业务,节省了出口企业财务成本,提升了国税、国库两部门服务地方经济的效能。

【金融合作】 建立"金融外汇服务经济发展创新小组"和"金融创新联系行制度"。为因应上海自由贸易区对南通金融经济发展的挑战,策应南通建设陆海统筹综合发展配套改革试验区，更好发挥金融外汇对南通经济发展的支撑作用，2013 年 9 月 27 日，中国人民银行南通市中心支行成立了“金融外汇服务经济创新小组”。创新小组本着“实施大履职、形成大合力、作出大贡献”的原则，在整合行（人行）、局（外汇局）、库（金库）、会（金融学会）等各方资源的基础上，开展金融外汇创新研究，为政府、银行、企业和社会公众提供更加广泛、更加深入、更加前瞻、更具价值的“集成式”金融服务，满足经济主体日益增长而迫切的金融外汇服务需求。2013 年 11 月 27 日，印发了《人民银行南通市中心支行金融服务经济创新联系行管理办法》，建立了金融创新联系行制度，确定中行、农行、交行、中信银行南通分行及如皋农村商业银行为南通中支首批金融创新联系行。

制定《陆海统筹发展金融改革实施意见》。因应上海自由贸易试验区试点、叠石桥国内市场国际化等热点问题，南通市金融机构积极协助制定《陆海统筹发展金融改革实施意见》，为开放型经济发展献计献策。

大力推动叠石桥地区市场采购贸易方式下国内市场国际化发展取得突破。2013 年，南通市三星叠石桥市场被商务部定为国内市场国际化发展试点的三个市场之一。为提升叠石桥市场国际化的竞争能力，中国人民银行南通市中心支行形成了《海门“市场采购”贸易方式外汇管理试行办法》等四个外汇政策支持框架上报国家外汇管理总局，同时积极探索外汇服务便利化取得实效。

（杨　可）

南通市主要经济金融统计

（2009—2013 年）　　单位：亿元

项　目	2009 年	2010 年	2011 年	2012 年	2013 年
国内生产总值	2 872.80	3 417.88	4 080.22	4 558.67	5 038.89
第一产业(增加值)	236.46	262.43	287.21	319.09	345.41
第二产业(增加值)	1 607.50	1 908.56	2 221.48	2 414.11	2 623.50
第三产业(增加值)	1 028.84	1 246.89	1 571.53	1 825.47	2 069.98
全社会固定资产投资	1 802.38	2 168.38	2 378.36	2 886.47	3 298.73
地方财政收入	329.06	521.14	723.73	827.62	962.98
地方财政支出	384.97	546.18	762.10	937.60	1 060.73
社会消费品零售总额	1 086.11	1 268.32	1 479.87	1 708.65	1 927.09
居民消费价格指数(以上年为 100)	98.70	103.70	105.00	102.5	102.2
进出口总额(亿美元)	162.59	210.96	258.44	263.01	298.14
进　口(亿美元)	50.79	69.89	78.14	75.15	85.36
出　口(亿美元)	111.80	141.07	180.30	187.86	212.78
全部金融机构各项存款(余额)	4 006.23	4 957.83	5 614.56	6 477.84	7 542.12
企业存款	1 114.47	1 206.41	2 427.12	2 680.25	3 177.48
财政存款	18.78	29.12	29.79	25.45	28.58
储蓄存款	2 285.89	2 693.99	3 068.10	3 605.65	4 150.54
全部金融机构各项贷款(余额)	2 431.98	2 964.58	3 408.62	4 006.48	4 672.81
短期贷款	1 234.48	1 510.04	1 884.35	2 304.14	2 660.67
中长期贷款	937.68	1 283.10	1 444.96	1 603.33	1 879.02
全部保险机构保费收入	96.48	134.45	133.62	129.38	139.86
全部保险机构保险赔款支出(含满期给付)	25.76	44.80	32.00	36.78	56.21
全部保险机构保险密度(元/人)	1 352.45	1 846.38	1 833.15	1 722.98	1 916.49
全部保险机构保险深度(%)	3.36	3.88	3.27	2.84	2.78

注：全部金融机构各项存款、贷款余额的七项数据为本外币并表统计数(含外资金融机构)。

6. 扬 州 市

2013年,扬州市实现地区生产总值3 252.01亿元,增长12%,连续11年保持两位数增长。其中,第一产业增加值224.47亿元,增长4.6%;第二产业增加值1 693.7亿元,增长12.3%;第三产业增加值1 333.84亿元,增长12.7%。人均GDP达72 774元,按美元汇率折算达到11 751美元。

农业连续10年丰收。2013年,全市粮食总产量312万吨,增长1.25%,粮食单产496公斤/亩,比上年增加5公斤/亩;实现农林牧渔业总产值404亿元,增长9.5%。

工业稳中有升。2013年,全市规模以上工业完成总产值8 499.39亿元,增长16.8%;实现工业增加值2 003.56亿元,增长13.2%;实现主营业务收入8 189.5亿元,增长17.5%;实现利税总额951.7亿元,增长17.8%;实现利润总额540.5亿元,增长15.6%。

投资稳定增长。2013年,全市完成全社会固定资产投资2 025.2亿元,增长20.3%。从三大产业来看,第一产业完成投资26.6亿元,增长49.7%;第二产业完成投资1 146.9亿元,增长14.5%;第三产业完成投资851.7亿元,增长27.7%,其中房地产开发投资315.9亿元,增长34.0%。

消费持续繁荣。2013年,全市实现社会消费品零售总额1 099.51亿元,增长13.6%。按新的城乡标准划分,城镇消费品零售额1 025.44亿元,增长13.7%;乡村消费品零售额74.07亿元,增长12.5%。

外贸形势不容乐观。2013年,全市进出口总额95.1亿美元,下降6.6%,其中,出口75.5亿美元,下降7.6%;进口19.6亿美元,下降2.2%。

财政收支状况良好。2013年,全市财政总收入为660.3亿元,增长19.1%。公共财政预算收入259.26亿元,增长15.2%;公共财政预算支出302.65亿元,增长6.3%。

城乡居民收入平稳增长。2013年末,全市户籍总人口为459.84万人,比上年末增加1.42万人,增长0.31%。城市居民人均可支配收入30 690元,增长9.6%;农村居民人均年纯收入14 214元,增长12.0%。

【货币政策】 2013年,扬州市金融部门从服务地方经济转型升级大局出发,对接"江苏省金融支持经济转型升级系列工程"和"小微企业金融服务升级扩面计划",围绕"三个重点",即抓政策落实、促转型升级、优化生态环境,为全市经济社会发展营造良好金融环境,取得实质性成效。

一是深入开展银企对接县域行、园区行,整合企业信用信息,推动全市金融超市、网上融资对接平台建设,促进银企对接常规化。2013年,组织市级银企对接2次,共促成银行对企业授信277.82亿元,其中对"122"技改项目授信67.12亿元。组织县域银企对接16次,共促成辖区银行业机构与县域企业达成938项合作协议,金额185.89亿元。至2013年末,全市银行业机构共向"122"技改项目实施主体完成授信46亿元,签约落实率达68.53%。

二是大力推进直接债务融资发展。2013年,扬州市出台非金融企业直接债务融资"155工程"实施意见,年初进行工作部署,年中做好跟踪监测,年底抓好对接考评,2013年累计发行直接债务融资工具41亿元,超过前3年的总和。

三是推动扬州市政府创设1.5亿元的扬州市小微企业信贷资金池,完善银行业机构信贷考核办法,为小微金融发展营造良好外部环境。同时推动扬州市政府创设中小企业应急专项资金,并出台《扬州市政府企业应急专项资金管理暂行办法》,为经营正常、资金出现暂时困难的优质中小企业转贷提供资金帮扶。

四是引导农村金融机构加强金融创新,推动农村土地承包经营权质押贷款等新业务的开展,激活农村沉淀资产,增强"三农"经济主体获取贷款的能力。2013年,在江都区和宝应县成功试行农村土地承包经营权质押贷款,发放贷款1 018万元。

五是做好县域金融生态建设工作。2013年宝应县继仪征市之后成为扬州市第二个江苏省金融生态优秀县。同时,自主组织辖内县(市、区)开展2012年度金融生态乡镇创建评选工作,全市共评定了25个金融生态乡镇,县域金融生态环境不断优化。

【金融运行】 社会融资规模保持稳定,各项贷款增幅高于省均。2013 年，全市社会融资规模 642.45 亿元，同比减少 3.48 亿元。其中，未到期银行承兑汇票净额 98.82 亿元，同比减少 38.61 亿元；直接融资金额 47 亿元，同比减少 4.08 亿元，其中，累计发行直接债务融资工具 41 亿元，是前三年发行总和的 2 倍多。

本外币贷款年末余额为 2 375.62 亿元，比年初增加 332.63 亿元，同比多增 41.15 亿元，余额同比增长 16.28%，增速高于省均 3.7 个百分点。分期限看，短期贷款年末余额为 1 261.04 亿元，占各项贷款比重为 53.08%，比重同比下降 3.65 个百分点，中长期贷款年末余额为 1 030.11 亿元，占各项贷款比重为 43.36%，比重同比上升 4 个百分点。票据融资年末余额为 82.72 亿元，较年初增加 8.82 亿元，同比少增 9.58 亿元，余额同比增长 11.94%，增速同比下降 21.19 个百分点。分结构看，企业贷款（不含贴现）年末余额为 1 534.53 亿元，较年初增加 174.19 亿元，同比少增 28.58 亿元，余额同比增长 12.8%，增速同比下降 4.71 个百分点。个人贷款年末余额为 756.65 亿元，较年初增加 148.48 亿元，同比少增 78.12 亿元，余额同比增长 24.41%，增速同比上升 11.35 个百分点。

小微企业贷款增速加快。2013 年，扬州市小微企业贷款年末余额 633.47 亿元，较年初新增 85.5 亿元；年末余额占企业贷款余额的 44.7%，较上年同期上升 3.89 个百分点；余额同比增长 22.52%，高于全部贷款增幅 6.24 个百分点。2013 年末，有贷户为 6 853 户，较年初增加 500 户。

县域贷款投放增速加快。2013 年，县域（含江都区）新增本外币贷款 176.34 亿元，同比多增 33.35 亿元，占全市各项贷款新增的 53.01%，较上年同期提高 3.96 个百分点；余额同比增长 20.69%，较上年同期提高 0.92 个百分点。涉农贷款增加较多。涉农贷款新增 141.34 亿元，余额同比增长 22.72%。

房地产业贷款增加较多。2013 年，扬州市房地产业贷款新增 27.57 亿元，同比多增 21.23 亿元；余额同比增长 27.52%，增速同比上升 20.77 个百分点。个人购房贷款新增 93.8 亿元，同比多增 55.08 亿元；余额同比增长 24.03%，增速同比上升 13.02 个百分点。建筑业贷款增速有所回落。全年建筑业贷款新增 45.02 亿元，同比少增 1.73 亿元；余额同比增长 27.75%，增速同比下降 14.72 个百分点。制造业贷款增长乏力。2013 年，扬州市各金融机构制造业贷款新增 26.94 亿元，同比少增 50.68 亿元；余额同比增长 4.95%，增速同比下降 11.05 个百分点。

各项存款增长放缓，存款波动性增强。2013 年末，扬州市本外币存款余额为 3 888.39 亿元，比年初增加 523.17 亿元，同比多增 18.16 元；余额同比增长 15.55%，增速同比下降 2 个百分点，但高于省均 2.5 个百分点。分季度看，一季度增加 552.1 亿元，二季度净减少 87.5 亿元，三季度净减少 3.27 亿元，四季度增加 61.84 亿元。2013 年，全市月度存款增量的变异系数为 2.568 2，超过上年同期 2.100 8 的水平，存款波动性加大。

分结构看，扬州市单位存款年末余额为 1 791.1 亿元，比年初增加 244.37 亿元，同比多增 11.8 亿元，余额同比增长 15.38%，增速同比下降 1.73 个百分点。其中，保证金存款余额 298.9 亿元，比年初增加 32.1 亿元，同比少增 24.6 亿元，余额同比增长 12%，增速同比下降 14.21 个百分点。个人存款增长逐渐放缓。全市个人存款年末余额为 1 978.8 亿元，比年初增加 263.5 亿元，同比少增 10.6 亿元；余额同比增长 15.4%，增速同比下降 3.57 个百分点。

【金融市场】　保费收入平稳增长，理赔支出略有下降。至 2013 年末，扬州市共有保险机构 55 家，其中财产险公司 24 家，寿险公司 31 家。2013 年，扬州实现保费收入 87.88 亿元，同比增加 13.68 亿元；发生理赔支出 15.78 亿元，同比增加 1.45 亿元。赔付率为 17.97%，同比下降 1.36 个百分点。

证券交易额明显增加，当年股市资金流出较多。至 2013 年末，扬州市辖内 23 家证券营业部共开设资金账户 34.59 万户，比年初增加 1.58 万户；保证金余额 12.59 亿元，比年初减少 0.69 亿元。全年累计完成证券交易额 3 781.61 亿元，同比增加 1 508.26 亿元。其中，股票交易完成额 2 858.67 亿元，同比增加 1 130.91 亿元；当年净流出股市资金 41.19 亿元。

（周　懿）

扬州市主要经济金融统计

（2009—2013年）　　单位:亿元

项　　目	2009年	2010年	2011年	2012年	2013年
国内生产总值	1 856.39	2 207.99	2 630.30	2 933.2	3 252.01
第一产业(增加值)	144.88	159.25	184.54	203.86	224.47
第二产业(增加值)	1 042.03	1 229.34	1 427.87	1 555.78	1 693.70
第三产业(增加值)	669.48	819.4	1 017.89	1 173.56	1 333.84
全社会固定资产投资	1 063.9	1 331.85	1 476.18	1 783.65	2 025.20
地方财政收入	128.08	167.78	218.08	225.0	259.26
地方财政支出	151.48	193.94	248.98	268.48	302.65
社会消费品零售总额	619	719.5	846.04	967.87	1 099.51
居民消费价格指数(以上年为100)	99.9	103.4	105.1	102.6	102.2
进出口总额(亿美元)	54.33	82.4	101.5	102.02	95.1
进　口(亿美元)	14.20	21.83	28.3	20.3	19.6
出　口(亿美元)	40.13	60.57	73.2	81.72	75.5
全部金融机构各项存款(余额)	2 101.21	2 471.96	2 860.65	3 365.22	3 888.39
企业存款	669.78	659.3	1 356.55	1 588.68	1 833.05
财政存款	23.76	17.87	18.18	21.15	13.79
储蓄存款	1 103.88	1 259.73	1 435.27	1 705.76	1 940.28
全部金融机构各项贷款(余额)	1 236.17	1 514.88	1 751.50	2 042.98	2 375.62
短期贷款	562.64	702.62	865.72	1 098.2	1 261.04
中长期贷款	555.79	739.76	829.57	869.73	1 030.11
全部保险机构保费收入	54.08	65.99	72.97	74.2	87.9
全部保险机构保险赔款支出(含满期给付)	7.41	7.96	9.17	14.33	15.78
全部保险机构保险密度(元/人)	1 178.21	1 332.81	1 586.30	1 613.04	1 911.53
全部保险机构保险深度(%)	2.43	2.99	2.77	2.53	2.70

注:全部金融机构各项存款、贷款余额的七项数据为本外币并表统计数(含外资金融机构)。

7. 镇　江　市

2013年,镇江市地区生产总值2 927.09亿元,增长12.1%。经济企稳的基础不断巩固,工业用电量增长7.8%,比上年提高6个百分点;交通运输周转量增长15.8%,比上年提高0.8个百分点。投资持续较快增长,固定资产投资1 753.15亿元,增长22.1%。消费市场平稳回升,社会消费品零售总额866.89亿元,增长13.8%。外贸降幅有所加深,全市进出口总额99.50亿美元,比上年下降12.8%,其中,进口37.27亿美元,增长1.4%,出口62.23亿美元,下降19.6%。质量效益稳步提升,公共财政预算收入占GDP比重8.7%,比上年提高0.5个百分点,其中税占比提高1.8个百分点。社会民生持续改善。物价涨幅相对温和,全年CPI为102.1。居民收入稳步提高,全市城镇居民人均可支配收入为32 977元,增长9.8%,农民人均纯收入16 258元,增长12.0%。社保体系日趋完善,全年新增城镇就业7.2万人、转移农村劳动力3.2万人,城镇登记失业率2.3%;社会保障救助机制不断完善,新开工保障性安居工程16 956套、竣工7 797套,完成年度目标143%和105%。

【货币政策】 2013年,中国人民银行镇江市中心支行积极疏通货币信贷政策传导机制,引导社会深化对稳健货币政策的认知。一是加强内部学习和传达落实,组织召开2013年货币信贷工作会议,部署年度信贷工作,制定《人民银行镇江市中心支行2013年货币信贷工作指引》。二是强化宣传引导,疏通货币政策传导渠道,加强向地方党政部门汇报,宣传信贷适度增长的理念,为信贷增长营造稳定的环境;传达国家加快发展资本市场以及江苏省债务融资工具"双百双千计划"的精神,引导地方政府与金融机构构建工作合力,拓展直接融资渠道。三是组织召开全市货币信贷与金融稳定工作会议,分析信贷形势和年度货币供应量目标,引导金融机构及时调整宽松的政策预期,更好落实稳健货币政策。四是加强窗口指导,强化法人金融机构信贷调控,综合运用差别化准备金、再贴现等政策工具,引导金融机构更好贯彻执行稳健的货币政策。组织召开法人金融机构工作座谈会,向法人金融机构传达差别存款准备金动态调整的政策,合理控制信贷投放规模和节奏,对贷款投放超标或者不足的机构及时提醒或警示。五是充分发挥再贴现引导功能,加大对重点领域资金支持。全年累计办理再贴现19.3亿元,有力支持小微企业和三农发展。六是加强存款准备金管理工作。开展了对镇江农村商业银行、句容茅山村镇银行存款准备金交存与管理情况的现场检查工作,有效加强了对存款准备金政策执行的日常管理。持续开展央行专项票据兑付后续监测现场核查工作,有效促进农村商业银行法人治理结构进一步完善,抗风险能力进一步增强,支农服务进一步提升。

【金融运行】 截至12月末,全市银行业金融机构本外币各项存款余额3 346.73亿元,比年初增加447.23亿元,增长15.42%,高于全省平均水平2.41个百分点;本外币各项贷款余额2 422.71亿元,比年初增加294.48亿元,增长13.84%,高于全省平均水平1.68个百分点,新增贷款在全省占比4.27%,较年初上升0.21个百分点。

各项存款保持增长,定期化特征持续但趋势放缓。2013年,全市存款增长为15.42%。从增长结构看,储蓄存款、单位定期存款、保证金存款增量占比分别为39.06%、22.48%、10.66%。存款定期化特征持续,但趋势减缓,12月末定期存款占全部新增存款的56.91%,较上季度下降16.41个百分点。

个人存款增长迅速,12月末个人存款余额1 544.62亿元,增长16.57%,高于存款平均增长1.15个百分点。比年初增加219.6亿元,同比多增17.9亿元。单位存款增长乏力,12月末,单位存款增加222.23亿元,同比多增22.94亿元。存款增量逐季下降,分别为188.55亿元、50.62亿元、3.25亿元、—20.19亿元。

信贷投放持续增长,2013年,全市新增本外币贷款294.48亿元,同比多增1.75亿元,增长13.84%。受政府投融资平台和房地产企业融资推动,委托贷款增长较快,12月末,金融机构三项或有资产、委托贷款余额分别为934.4亿元、178.97亿元,较年初分别增加125.11亿元、78.08亿元,增长分别为15.46%、77.39%。

从信贷投向看,结构持续调整。制造业贷款、个人贷款、批发和零售业贷款分别占41.66%、21.64%、8.84%;从增量看:制造业贷款、个人贷款、水利环境和公共设施管理业贷款增量居前,分别比年初增加102.06亿元、91.25亿元、33.78亿元;从增长看:金融业、科学研究和技术服务业、信息传输软件和信息技术服务业增长居前,分别为83.56%、71.1%、52.34%。中小企业贷款保持较快增长。新增中小企业贷款190.43亿元,增长15.39%,超过全部贷款增速1.55个百分点。涉农贷款快速增长。新增涉农贷款242.79亿元,增长21.89%,高于全部贷款增长8.05个百分点。

【金融市场】 2013年,镇江市全年证券交易金额685.4亿元,同比下降6.71%。截至12月末,证券公司的资产总额为5.25亿元,同比下降9.95%;负债总额为4.93亿元,同比下降12.39%;营业收入为3 718万元,同比下降50.64%;手续费净收入为3 232万元,同比下降50.84%;利息净收入为193万元,同比下降79.85%;营业支出为2 089万元,同比下降51.34%;净利润为1 590万元,同比下降40.52%;证券交易金额的当年累计数为685.4亿元,同比下降6.71%;期末资金账户数为13.525 7万个,同比增长1.11%。

截至2013年年末,全市共有55家保险机构,其中产险24家、寿险26家,专业代理公司5家。从业人员12 137名,机构网点覆盖全市。全市保险业实现保费收入61.79亿元,同比增长6.72%;总赔付19.54亿元,同比增长43.68%,其中:产险收入17.96亿元,产险赔付8.60亿元;寿险收入43.84亿元,赔付10.95亿元。

【金融创新】 2013年，中国人民银行镇江市中心支行在全市范围内重点实施了“金融支持科技创新工程”、“金融支持民生改善工程”两大工程。其中，“金融支持科技创新工程”实施过程中，协调市财政局等单位出台了《镇江市科技型中小企业贷款风险补偿资金池管理实施细则》、联合市科技局印发了《镇江市鼓励和促进科技保险发展的实施办法(试行)》，联合市科技局等单位在镇江市人保财险设立了镇江市科技保险服务中心，构建全方位的科技金融服务体系，金融支持科技型企业的力度明显加强。截至12月末，镇江市科技型企业贷款余额106.38亿元，比年初增加28.63亿元，同比增长23.16%。在“金融支持民生改善工程”实施过程中，推动市政府出台《镇江市人民政府关于促进小微企业健康发展的实施意见》、《镇江市市区小微企业周转贷款管理办法(试行)》，协调市财政局修订完善了《镇江市创业担保贷款管理办法》，引导金融机构切实加大民生领域信贷和服务投入，将丹阳保得村镇银行等单位列为“镇江市小微企业金融服务升级扩面工程”典型示范项目的重点承办机构，积极给予政策支持。

(丁露园)

中国人民银行镇江中支举办“《征信业管理条例》和社会信用体系建设培训班”

镇江市主要经济金融统计

(2009—2013年)　　单位:亿元

项　　目	2009年	2010年	2011年	2012年	2013年
国内生产总值	1 672.08	1 956.64	2 310.4	2 630.1	2 927.1
第一产业(增加值)	75.92	81.58	100.41	116.7	129.1
第二产业(增加值)	972.21	1 124.52	1 274.23	1 419.5	1 549.4
第三产业(增加值)	623.95	750.54	935.76	1 093.8	1 248.6
全社会固定资产投资	1 010.57	1 327.08	1 223.45	1 500.7	1 753.15
地方财政收入	296.35	381.5	531.27	530.86	631.2
地方财政支出	231.27	298.22	425.14	424.86	538.03
社会消费品零售总额	488.5	559.52	658.07	761.7	866.89
居民消费价格指数(以上年为100)	99.6	103.7	105	102.4	102.1
进出口总额(亿美元)	60.4	81.54	100.75	114.1	99.5
进　口(亿美元)	25	34.03	44.56	36.8	37.27
出　口(亿美元)	35.4	47.51	56.19	77.4	62.23
全部金融机构各项存款(余额)	1 814.16	2 242.89	2 474.45	2 903.48	3 346.73
企业存款	591.72	632.87	1 307.46	1 506.74	1 725.0
财政存款	7.77	13.29	13.97	16.82	12.42
储蓄存款	855.39	1 002.51	1 115.64	1 308.93	1 483.62
全部金融机构各项贷款(余额)	1 348.25	1 617.07	1 835.5	2 128.23	2 422.71

（续表）

项目	2009年	2010年	2011年	2012年	2013年
短期贷款	665.34	807.33	993	1 256.13	1 443.37
中长期贷款	547.74	725.68	809.01	826.78	938.96
全部保险机构保费收入	40.76	54.04	57.92	57.85	61.79
全部保险机构保险赔款支出（含满期给付）	10.52	9.6	11.86	13.58	19.54
全部保险机构保险密度（元/人）	1 455.6	1 930.5	2 130.3	1 839.43	1 952.0
全部保险机构保险深度（%）	2.58	3.42	2.5	2.2	2.1

注：全部金融机构各项存款、贷款余额的七项数据为本外币并表统计数（含外资金融机构）。

8. 泰 州 市

2013年，泰州市实现地区生产总值3 006.91亿元，增长11.8%。其中，第一产业增加值205.96亿元，增长3.1%；第二产业增加值1 574亿元，增长12.1%；第三产业增加值1 226.95亿元，增长12.7%。全市规模以上工业总产值8 501.65亿元，增长18.4%；规模以上工业增加值1 999.74亿元，增长12.8%。全市规模以上工业实现主营业务收入、利税总额、利润总额分别为8 149.57亿元、1 022.26亿元和605.06亿元，分别增长18%、19.1%和16.2%。全社会固定资产投资1 764.17亿元，增长21%。全年实现财政总收入697.23亿元，增长11%；其中公共财政预算收入259.26亿元，增长11.2%。全年实现进出口总值104.42亿美元，上升0.7%。其中：出口总额为62.92亿美元，下降9.4%；进口总额41.5亿美元，上升21.3%。1—12月份，实际到账注册外资13.23亿美元，下降8.8%。全市社会消费品零售总额837.12亿元，增长13.5%。城镇居民人均可支配收入29 112元，增长9.6%；农民人均现金收入13 982元，增长11.9%。

【货币政策】 2013年，中国人民银行泰州中支引导全辖金融机构合理把握信贷投放节奏，增强货币政策执行的针对性和灵活性，促进经济的健康平稳发展。

深化“融资通达工程”，促进新型农业经营主体发展。一是建立新型农村经营主体融资培育机制。联合市委农工办发布全市1 235家专业合作社、家庭农场、市级农业龙头企业信息，引导信贷资源向新型农业经营主体倾斜。12月末，“融资通达工程”贷款余额22.8亿元，累计为1 100户合作社、家庭农场和8 000多名组织内农户发放贷款55.1亿元。二是创新开展农民合作经济组织信贷政策导向特色评估，由中支分管领导带队，进行点对点、全覆盖现场督查。评估结果与财政奖补资金、信贷优惠政策挂钩。三是指导兴化农商行推动农村土地流转抵押、大型农机具抵押创新，为189户家庭农场、专业合作社发放“农田流转融资宝”、“农机通”贷款2 933万元。指导姜堰农商行积极服务“订单农业”，根据订单，动态调整授信规模、授信期限，给予特定的利率优惠。12月末，全市涉农贷款余额同比增速23.51%，高出上年同期6.89个百分点。

实施“惠民金桥”工程，促进民生金融发展。一是放大小额担保贷款政策效应。会同人社局、财政局提高个人小额担保贷款最高额度至30万元，劳动密集型小企业最高额度提升至300万元，支持城乡居民创业就业。12月末，全市小额担保贷款累放额达14.45亿元，带动就业人数超过10万人。二是指导建行创新资产收益权类理财产品，为3个保障房项目融资4亿元。指导交行开展“阳光担保”保障房融资模式，以政府财政出资的担保公司作为第三方担保主体，累计为“泰和园”等保障房项目办理按揭贷款325笔、金额2 297.1万元。三是开展“银镇共建”活动。引导金融机构与重点镇村签订“银镇共建”合作协议。累计发放农民集中居住、农田水利、土地平整等“新农村建设贷款”29.8亿元。发放污水处理、生活饮水净化等方面的“绿色信贷”3亿元。

启动实施“直接债务融资提速扩面三年计划”。一是在全市金融系统实施“直接债务融资提速扩面三年计划”，力争2013—2015年，在银行间市场直接债务融资的企业50家以上，融资金额300亿元以上，业务拓展实现三市三区全覆盖。截至12月末，全市直接债务融资工具注册总额124.5亿元，存续余额60.5亿元，同比提高53.2%。全市首单“区域集优”集合票据、首单非公开定向债务融资工具发行成功。二是强化重点项目储备。引导商业银行依托人民银行征信系统，对全市贷款1亿元以上的企业进行认真筛选，围绕生物医药、新能源新材料、电子信息等新兴产业和符合条件的平台抓项目储备。全市已有24户企业列入直接融资目标企业库，融资金额100亿元以上。三是进一步加大宣传力度。开展直接债务融资工具“进企业、进园区、进部门、进市区政府”的“四进”宣传活动。组织主承销银行在姜堰、泰兴举办直接债务融资培训班，为140户企业负责人开展政策宣讲，提高企业负责人对政策和产品知晓度，引导更多企业尝试直接债务融资方式。

【金融运行】 12月末，金融机构本外币各项贷款余额2 464.15亿元，较年初增加383.49亿元，同比多增加107.28亿元。其中，人民币贷款比年初增加336.3亿元，同比多增53.67亿元；外汇贷款比年初增加8.1亿美元，同比多增9.09亿美元。

中长期贷款大幅增长，12月末，中长期贷款余额943.05亿元，较年初新增184.15亿元，同比多增139.12亿元。中长期贷款新增占比48.02%，同比大幅提高31.71个百分点。1—12月短期贷款新增205.2亿元；票据融资较年初下降5.98亿元，同比少增41.31亿元。

房地产项目和政府平台贷款增加较多。受房地产市场持续回暖的带动，个人住房贷款和房地产业贷款迅速增长。1—12月，全市住房贷款增加98.58亿元，同比多增65.52亿元。其中，房地产开发贷款和个人住房贷款分别新增32.52亿元、64.35亿元，同比多增31.17亿元、32.89亿元。随着城镇化建设的稳步推进，基础设施贷款明显多增。1—12月，基础设施行业贷款累计发放150.39亿元，同比增长39.66%，占全部贷款累计发放额的6.91%，较上年同期上升0.94个百分点；1—12月基础设施行业贷款净增8.67亿元，同比多增10亿元。

制造业贷款平稳增长。12月末，全市本外币制造业贷款(不含票据融资)余额为776.63亿元，同比增长13.51%。1—12月制造业贷款净增93.62亿元。全市金融机构累计发放企业贷款2 175.67亿元，其中制造业贷款1 192.72亿元，同比增长12.62%，占全部贷款的54.82%。

重点领域信贷支持进一步强化。在传统制造业贷款平稳增长的基础上，金融对重点领域的信贷支持进一步强化。至12月末，医药高新区贷款余额143.48亿元，比年初增加33.39亿元，同比多增26.39亿元。科技百强企业贷款余额25.36亿元，比年初增加3.12亿元。高端装备制造、新电子、现代服务业等重点产业贷款比年初增加17.97亿元、6.21亿元、68.61亿元，同比分别多增26.01亿元、3.16亿元、54.69亿元。

【金融市场】 截至2013年末，全市资金账户数为261 589户，同比多增8 112户；股票交易额2 322亿元，债券交易额5.9亿元。2013年，全市保险业实现保费收入73.23亿元，增长4.79%，保费规模居全省第8位，保险深度2.4%，保险密度1 446元/人。全市保险公司54家，其中产险公司23家，寿险公司31家，保险分支机构及营销网点300多个，保险中介专业机构10家，兼业代理机构近500家，逐步形成了多种组织形式、多种所有制成分并存，公平竞争、规范自律、共同发展的市场格局。

【金融创新】 深入开展小微企业金融服务“升级扩面”活动，创新小微企业融资培育、金融走访、服务竞赛、产品推介、银企对接、风险防控六大工作机制。至12月末，全市小微企业贷款余额832.39亿元，比年初新增113.86亿元；余额占全部企业类贷款余额的49.65%，同比提高2.29个百分点。1 804户小微企业首次获得贷款，同比多增155户。一是会同市经信委、广电传媒集团举办“小微企业优秀信贷产品评选活动”，对13个优秀信贷产品进行表彰。开展优秀信贷产品“进县域、进园区、进企业”活动，700多家企业达成意向性贷款26.7亿元。二是创建“金融超市”服务平台。在产业集中度较高的6个乡镇、4个专业市场举办“金融超市进乡镇、进市场”活动，800多家小微企业受益。定期开展“小微企业授信扩面集中走访”活动，通过行长带头走访、部门联合走访、专业团队走访，为200多户小微企业授信25亿元。三是创新“金融顾问”服务机制。联合市民发办、经信委选聘300名业务精良的“金融顾问”。通过“政府引导、银企互动、结对包挂、任务到人”方式，与企业实现“一对一”挂钩，200多家企业在“金融顾问”帮助下，获得贷款20.4亿元。

(周海静)

泰州市主要经济金融统计

(2009—2013年)

单位:亿元

项 目	2009年	2010年	2011年	2012年	2013年
国内生产总值	1 651.02	2 002.58	2 420	2 701.67	3 006.91
第一产业(增加值)	133.70	148.45	172	191.75	205.96
第二产业(增加值)	936.56	1 125.58	1 318	1 434.53	1 574
第三产业(增加值)	580.76	728.28	930	1 075.39	1 226.95
全社会固定资产投资	1 166.2	1 538.03	1 197.65	1 454.59	1 764.17
地方财政收入	343.84	456.37	623.3	627.95	697.23
地方财政支出	256.15	341.88	473.69	499.65	617.24
社会消费品零售总额	469.89	550.29	645.27	737.6	837.12
居民消费价格指数(以上年为100)	99.7	103.8	103.9	108.0	101.9
进出口总额(亿美元)	58.2	85.84	110.88	103.7	104.42
进 口(亿美元)	16.04	27.07	36.1	34.23	41.5
出 口(亿美元)	42.15	58.77	74.78	69.47	62.92
全部金融机构各项存款(余额)	1 916.3	2 359.79	2 632.69	3 076.17	3 612.6
企业存款	595.39	611.57	1 278.43	1 456.25	1 720.8
财政存款	13.50	12.74	6.59	8.52	11.3
城乡储蓄存款	1 001.9	1 164.18	1 311.6	1 550.76	1 790.9
全部金融机构各项贷款(余额)	1 204.99	1 531.07	1 804.45	2 080.66	2 464.15
短期贷款	630.79	819.58	1 034.68	1 229.65	1 434.9
中长期贷款	449.7	616.36	713.86	758.89	943.05
全部保险机构保费收入	49.21	66.7	72.09	69.88	73.23
全部保险机构保险赔款支出(含满期给付)	13.07	12.43	16.95	18.34	26.75
全部保险机构保险密度(元/人)	982.24	1 322	1 430	1 378	1 446
全部保险机构保险深度(%)	2.9	3.33	3	2.6	2.4

注:全部金融机构各项存款、贷款余额的七项数据为本外币并表统计数(含外资金融机构)。

9. 徐 州 市

2013年徐州市完成地区生产总值4 435.82亿元,按可比价计算,比上年增长11.8%。其中,第一产业增加值432.38亿元,增长3.2%;第二产业增加值2 118.32亿元,增长12.3%;第三产业增加值1 885.12亿元,增长12.8%。人均地区生产总值达到51 714元。三次产业结构调整为9.7∶47.8∶42.5,第三产业占比比上年提高1个百分点。工业经济平稳增长。全市规模以上工业实现总产值10 523.10亿元,增长17.1%。全市重点培育的装备制造业、能源产业、食品及农副产品加工业、煤盐化工业、冶金业和建材业六大千亿元产业分别完成产值2 757.32亿元、734.25亿元、2 458.03亿元、2 030.55亿元、921.84亿元和495.37亿元,分别增长9.0%、2.1%、22.2%、20.4%、20.0%和32.3%。重点监测的100家工业企业实现产值3 076.64亿元。

全市实现固定资产投资3 090.13亿元,增长22.1%。其中,国有及国有经济控股投资404.18亿元,增长17.3%;外商投资59.55亿元,增长29.4%;民间投资2 304.85亿元,增长22.3%,占固定资产投资比重达74.6%,比上年提高1.1个百分点。全市实现社会消费品零售总额1 473.61亿元,增长14.0%。其中,限额以上企业实现消费品零售额1 086.70亿元,增长17.3%。全年实现公共财政预算收入422.84

亿元，增长15.3%。公共财政保障能力继续增强，财政支出结构进一步优化，全年公共财政预算支出585.86亿元，比上年增长11.0%。全市进出口总额62.89亿美元，同比下降24.5%；出口总额48.97亿美元，下降22.1%。进出口总额中，一般贸易进出口54.98亿美元；加工贸易进出口7.64亿美元。全年新批外商直接投资企业171家，新批协议外资24.47亿美元；实际到账外资15.00亿美元，比上年增长26.6%。

全市城镇居民人均可支配收入达23 770元，比上年增长9.5%，其中，主城区增长9.4%，县（市）区增长9.6%。城镇居民人均消费支出15 963元，增长16.3%。城市居民消费价格总水平（CPI）比上年上涨2.3%。

【货币政策】 落实稳健货币政策，加强货币信贷调控工作。2013年，中国人民银行徐州市中心支行通过行长联席会议等多种形式督促引导各商业银行分支行力争更多的信贷资源向徐州倾斜；充分运用好再贷款、再贴现等货币政策工具，加大对地方性中小金融机构的资金支持，增强其信贷投放能力。全年共办理再贴现3.42亿元，再贷款5.5亿元。

强化重点领域信贷支持，促进信贷结构调整优化。中国人民银行徐州市中心支行联合市科技局、金融办等部门印发了《关于加快推进徐州科技金融合作创新示范区建设的指导意见》，并在全市范围内布置实施。举办高新区专场银企对接会。为推进徐州高新区"省级科技金融合作创新示范区"建设，深化科技金融合作创新。组织举办高新区银企对接会，41家科技企业与金融机构签订15.4亿元贷款合同；27家科技企业与金融机构达成28.8亿元贷款意向。协调中国银行徐州市分行在7月和9月先后两次与市委宣传部、市文广新局合作，举办"金融舞动汉风，推动文化发展"文化产业银企对接会。

不断提升金融助危扶困效能。一是完善小额担保贷款政策。中国人民银行徐州市中心支行加强与市人社局、财政局沟通协调，出台《关于完善徐州市小额担保贷款贴息办法的通知》。二是制定出台《睢宁县残疾人扶贫财政贴息贷款实施办法》，睢宁农商行每年拿出1 000万元用于残疾人扶贫贷款使用。三是制发《关于全面开展徐州市"银团见面会"活动的通知》。全市小额担保贷款、助学贷款分别累计投放3 855万元、1 955万元，金融扶弱效应进一步增强。四是做好对大学生村干部创业的金融支持工作。大学生贷款申贷成功率达到90%，为大学生村干部创业提供了良好的条件，并带动了农村的发展。

【金融运行】 2013年12月末，全市金融机构人民币各项贷款余额为2 360.80亿元，比年初增加313.57亿元，同比多增1.18亿元。人民币各项贷款余额同比增长15.32%，较上年同期下降2.69个百分点。其中，国有商业银行和地方性中小金融机构当年新增贷款分别为124.80亿元和112.42亿元，占全市新增贷款总量的39.80%和35.85%，成为推动2013年信贷增长的决定性力量。受年末考核影响，地方性中小金融机构信贷投放在年底激增，以12月为例，全市当月新增贷款30.93亿元，地方性中小金融机构新增量达15.18亿元，占49.08%。

全市金融机构人民币各项存款余额为3 884.46亿元，比年初增加520.40亿元，创历史新高，同比多增136.92亿元，余额同比增长15.46%，较上年同期上升2.6个百分点。人民币各项存款波动较大，各项存款上半年增长较多，下半年增长缓慢。上半年新增各项存款339.11亿元，同比少增7.05亿元。进入下半年，各项存款增长缓慢，新增各项存款181.27亿元，同比多增143.95亿元。按季度看，全年四个季度新增各项存款分别为328.50亿元、10.61亿元、132.6亿元、48.67亿元，波动明显。受金融机构存款时点考核等因素影响，人民币各项存款增量在月度间的波动明显加大，整体上呈现"季末冲高、季初回落"的特点。2013年新增个人存款占同期各项存款新增总量的66.89%。2013年个人存款增长较快，同比多增明显，增势大体呈现逐季回落态势。一、二、三、四季度全市新增个人存款分别为218.60亿元、30.35亿元、82.21亿元、16.96亿元。

【金融市场】 2013年，在央行继续施行稳健货币政策的总体背景下，徐州市货币市场总体运行平稳，货币市场资金供应增加，同业利率波动较小。金融机构整体流动性状况良好，外汇市场稳健运行，票据融资量有所下降，银行理财产品销售增长明显。

2013年末，全市纳入统计范围的保险公司共53家，全年实现保费收入93亿元，比上年增长11.98%，其中财产险保费收入32.45亿元，寿险保费收入60.55亿元，分别增长14.8%和6.71%。全年各类保险赔款给付支出18.94亿元，比上年增长15.2%，其中产险支出16.87亿元，增长16.9%；寿险支出2.07

亿元，增长11.6%。

【金融创新】 创建金融综合服务站工作。2013年，徐州市建成了首批50家金融综合服务站试点。金融综合服务站旨在探索农村金融服务网点资源整合，以乡、镇、村为单位，依托一个金融服务点，提升资源利用效率和金融服务水平，让居民足不出户即可享受一体化金融服务。金融综合服务站整合的内容包括残损币兑换、反假币宣传、助农取现、小面额货币供应、国债反假宣传、征信知识宣传等。徐州市金融综合服务站的建立，迈出了惠农金融服务的第一步。

开展徐州市家庭农场金融合作示范区建设。2013年，徐州市在江苏省率先开展家庭农场金融合作示范区建设，该项目为全省首创。率先设立家庭农场小额信贷风险补偿基金，推动铜山区政府出资设立500万元家庭农场风险补偿基金池。完善风险分担机制，政府与银行、保险公司风险共担，对小额贷款的损失部分分别承担10%、20%和70%的比例。家庭农场无需自身提供抵押担保，贷款成本低于常规涉农贷款利率。2013年11月末，全市家庭农场贷款余额2 672.37万元，同比增长58%。

（李　浩）

徐州市主要经济金融统计

（2009—2013年）

单位：亿元

项　　目	2009年	2010年	2011年	2012年	2013年
国内生产总值	2 390.16	2 942.14	3 551.65	4 016.58	4 435.82
第一产业(增加值)	249.90	282.82	334.54	382.46	432.38
第二产业(增加值)	1 249.04	1 490.92	1 777.04	1 968.52	2 118.32
第三产业(增加值)	891.22	1 168.40	1 440.07	1 665.60	1 885.12
全社会固定资产投资	1 624.57	1 938.72	2 201.03	2 685.89	3 090.13
地方财政收入	318.89	413.89	555.33	597.63	659.95
地方财政支出	256.53	325.72	454.24	530.05	585.86
社会消费品零售总额	805.99	956.99	1 141.89	1 312.50	1 473.61
居民消费价格指数(以上年为100)	99.9	103.6	105.2	102.6	102.3
进出口总额(亿美元)	23.02	41.61	63.10	83.27	62.89
进　口(亿美元)	7.85	15.30	21.50	20.39	13.92
出　口(亿美元)	15.17	26.31	41.59	62.88	48.97
全部金融机构各项存款(余额)	2 193.13	2 655.36	3 003.76	3 364.47	3 920.50
企业存款	606.69	645.37	1 433.58	1 494.56	1 684.10
财政存款	33.87	42.40	34.49	39.53	43.96
储蓄存款	1 145.21	1 329.11	1 500.83	1 794.72	2 096.60
全部金融机构各项贷款(余额)	1 137.71	1 447.20	1 744.09	2 047.23	2 375.30
短期贷款	625.01	793.95	978.34	1 165.90	1 317.89
中长期贷款	423.31	594.78	687.28	783.25	948.49
全部保险机构保费收入	60.12	82.06	82.87	83.05	93.00
全部保险机构保险赔款支出(含满期给付)	8.36	9.23	12.10	16.44	18.94
全部保险机构保险密度(元/人)	627.81	843.47	848.50	838.45	978.95
全部保险机构保险深度(%)	2.52	2.79	2.33	2.07	2.10

注：全部金融机构各项存款、贷款余额的七项数据为本外币并表统计数(含外资金融机构)。

10. 连 云 港 市

2013 年，连云港市全年实现地区生产总值 1 785.42 亿元，按可比价格计算，比上年增长 11.8%。其中，第一产业增加值 245.26 亿元，增长 5.53%；第二产业增加值 807.42 亿元，增长 13.0%；第三产业增加值 732.74 亿元，增长 15.41%。全年固定资产投资完成 1 350.12 亿元，比上年增长 22.1%。消费品市场持续活跃，实现社会消费品零售总额 655.57 亿元，比上年增长 13.9%。外贸进出口总额 66.41 亿美元，比上年减少 17.0%，其中出口额 37.84 亿美元，比上年增长 5.1%。城乡居民生活水平进一步提高，城镇居民人均可支配收入 26 898 元，比上年增长 10.5%；农村居民人均纯收入 10 745 元，比上年增长 12.0%。地方财政总收入 595.65 亿元，比上年增长 5.47%；财政支出 673.03 亿元，比上年增长 12.17%。市场物价水平保持稳定，城市居民消费价格指数(CPI)比上年增长 2.2%，工业生产者出厂价格指数(PPI)和购进价格指数累计比上年下降 1.9% 和 3.9%。

【货币政策】 强化货币政策传导，合理保持社会融资规模。中国人民银行连云港市中心支行贯彻落实“总量适度、审慎灵活、定向支持”的总体要求，执行稳健的货币政策，加速融资结构、融资模式转型，实施间接融资和直接融资“双轮驱动”战略，推动社会融资规模稳步增长。2013 年，全市可统计的各类社会融资增加 310 亿元，其中贷款增加 163.7 亿元，新发行直接债务融资工具融资 62.2 亿元(发行量居苏北首位)。

认真贯彻货币信贷政策要求。组织召开连云港市货币信贷与金融稳定工作会议，因地制宜地提出政策要求。制定印发了《2013 年县支行货币信贷与金融稳定工作指引》，对县支行提出八项重点工作任务。按季召开经济金融形势分析会或行长联席会。组织召开中小企业金融创新推进会、农村法人机构信贷投放推进会、妇女小额担保贷款推进会 3 个现场会，推动金融机构加大对中小企业、三农、就业创业等领域的金融支持。分层次召开人民银行县支行信贷条线工作会议、市级银行机构座谈会、苏南农(城)商行分支机构座谈会。行领导带队深入金融机构、企业和农户开展金融需求及信贷投放情况调研，引导银行机构主动融入地方经济发展，保持信贷投放平稳较快增长。

开展信贷政策效果考核评估。先后组织开展 2012 年度中小企业和涉农信贷政策导向效果评估，引导金融机构加大对中小企业、三农的支持力度，开展中小企业信贷政策导向效果评估的做法得到中国人民银行南京分行肯定，并在全省信贷政策导向效果评估工作座谈会上做交流发言。

【金融运行】 存款增量同比多增，但在关键时点波动性加大。截至 2013 年 12 月末，连云港市本外币各项存款余额为 1 709.93 亿元，比年初新增 171.98 亿元，同比多增 22.63 亿元。从存款增长进度看，银行机构受上级行存贷比、“以存定贷”的考核压力影响，“季末冲刺、季后回落”特征十分明显。3 月、6 月、9 月、12 月当月新增存款分别为 86.48 亿元、9.8 亿元、71.9 亿元、20.33 亿元，4 月、7 月、10 月当月存款分别下降 38.84 亿元、43.51 亿元、32.02 亿元，全市单月存款新增额峰谷差高达 86 亿元，较上年同期扩大 69 亿元。

贷款投放平稳增长，稳步投向实体经济。2013 年 12 月末，连云港市本外币贷款余额为 1 425.50 亿元，较年初新增 140.31 亿元。在贷款投放上，基建、涉农贷款增加较多，制造业贷款投放趋缓。到 12 月末，基础设施类贷款余额 297.04 亿元，比年初增加 37.82 亿元，重点支持了港口、码头、徐圩新区、新海新区、连云新城海堤达标和徐圩新区防洪除涝等重点基础设施项目建设；涉农贷款余额 483.17 亿元，比年初增加 71.17 亿元，增长 17.25%，农户、农村企业等得到有力支持；制造业贷款余额 199.81 亿元，比年初减少 15.29 亿元，同比少增 40.46 亿元，制造业贷款增量前三季度逐季度下降，四季度小幅回落，主要受经济下行压力加大影响，一方面，工业企业扩大产能的动力不足，另一方面，银行将受市场影响较大的产业列入限制支持类或退出类，导致贷款萎缩。

【金融市场】 推进直接债务融资工作。强化承销商服务，帮助市里优质企业到市场上融资，置换贷款规模，直接债务融资实现四项突破。第一，发行金额实现突破，通过在银行间市场发行直接债务融资工具融资 62.2 亿元，发行量居全省第 5 位、苏北第 1 位，直接债务融资余额超百亿。第二，债券品种实现突破，在过去发行短期融资券、中期票据、非公开定向发行票据的基础上，首单“区域集优”中小企业集合票据于2013年2月4日发行。第三，受益群体实现突破，在银行间市场融资的企业数由过去3家增加到11家。第四，承销银行实现突破。呈现“本土化”发展，全部为本地银行。

加强对发债企业和主承销商的监测评价。落实《银行间市场非金融企业债务融资工具业务评价指引》要求，及时评估、关注直接债务融资进展，掌握发债企业经营情况。前往港口集团召开直接债务融资工具评估座谈会，监测中小企业集合票据发行企业的资金流向，开展城投集团注册发行中票和短融的现场调研，并出具相关发行意见书。

加强金融市场管理。批复赣榆农村商业银行加入同业拆借市场申请，指导灌云农村商业银行准备加入银行间债券市场和同业拆借市场事宜；推动赣榆农村商业银行与中国银行间市场交易商协会签订了银行间债券回购主协议，在中央国债登记结算有限公司开立全款对付(DVP)账户，指导其做好DVP过渡期的相关准备。转发《2013年人民银行分支行金融市场工作指引》和《关于加强银行业金融机构黄金市场业务管理有关事项的通知》，对金融机构开办金融市场业务实行备案管理。

【金融创新】 中国人民银行连云港市中心支行积极推动金融产品和服务方式创新。一是创新科技企业信贷方式。推动设立科技风险补偿基金。7月，会同市科技局在东海县召开科技成果转化风险补偿资金工作现场推进会，在全市推广江苏银行东海县支行“科技之星”贷款的做法，要求各县区成立科技风险补偿金，撬动金融机构加大对科技创新企业的支持力度。全市各县区均成立了不少于300万元的科技风险补偿金，江苏银行东海县支行、赣榆农村商业银行依托科技风险补偿金为22户科技企业发放贷款7 850万元。二是创新适合文化产业的金融产品。指导江苏银行连云港分行针对文化产业的特点，创新“文e贷”产品，根据支持对象不同，细分出五大融资产品，对所支持的文化企业开设专用通道，实行优惠利率，并给予一定授信额度，授信期内额度可循环使用。三是推动开展小微企业普适性金融产品创新。推动建行连云港分行在灌云县开展中小企业“助保贷”业务，并在全省首家发放“助保贷”贷款，已为14户中小企业发放贷款4 710万元；指导江苏银行连云港分行推出“小快灵·转期贷”业务，借款人在人民币短期流动资金贷款到期前，经有关审批部门重新审批后，不需再办理归还手续，直接进行期限延长，单次期限不超过1年，总期限不超过3年，降低了企业的融资成本，简化了贷款手续，自2013年4月末推出“小快灵·转期贷”服务以来，已累计为14户小微企业办理了合计贷款3 300万元的转期贷服务。

（李敬喜）

连云港市主要经济金融统计

（2009—2013年）

单位:亿元

项　　目	2009年	2010年	2011年	2012年	2013年
国内生产总值	941.13	1 193.31	1 410.52	1 603.42	1 785.42
第一产业(增加值)	154.46	182.60	204.11	232.40	245.26
第二产业(增加值)	435.61	545.07	654.28	736.14	807.42
第三产业(增加值)	351.06	465.64	552.13	634.88	732.74
全社会固定资产投资	1 000.10	1 234.25	1 240.93	1 519.94	1 664.77
地方财政收入	232.32	352.58	462.41	564.74	595.65
地方财政支出	235.78	352.03	468.38	600.06	673.03
社会消费品零售总额	362.70	430.65	500.23	575.49	655.57
居民消费价格指数(以上年为100)	99.30	103.50	104.9	102.3	102.2
进出口总额(亿美元)	38.60	50.76	69.00	80.04	66.41
进　口(亿美元)	19.06	24.75	31.64	44.01	28.57
出　口(亿美元)	19.54	26.01	37.36	36.03	37.84

（续表）

项　　目	2009 年	2010 年	2011 年	2012 年	2013 年
全部金融机构各项存款(余额)	1 019.44	1 243.81	1 388.69	1 538.04	1 709.93
企业存款	278.67	281.20	723.38	756.75	811.84
财政存款	21.07	15.70	21.27	28.50	26.47
储蓄存款	452.92	538.24	626.63	727.44	850.95
全部金融机构各项贷款(余额)	772.48	946.26	1 088.17	1 285.20	1 425.50
短期贷款	367.68	449.48	568.33	677.28	642.73
中长期贷款	312.44	418.23	504.84	580.50	687.86
全部保险机构保费收入	25.40	33.42	35.17	38.99	44.06
全部保险机构保险赔款支出(含满期给付)	4.75	7.68	9.27	11.52	15.70
全部保险机构保险密度(元/人)	526.72	693.03	729.32	808.54	913.67
全部保险机构保险深度(%)	2.70	2.80	2.49	2.43	2.47

注:全部金融机构各项存款、贷款余额的七项数据为本外币并表统计数(含外资金融机构)。

11. 淮　安　市

2013 年,淮安市完成地区生产总值 2 155.86 亿元,按照可比价格计算,比上年增长 12.0%。其中,第一产业增加值 272.58 亿元,增长 3.3%;第二产业增加值 983.15 亿元,增长 13.2%;第三产业增加值 900.13 亿元,增长 13.3%。三次产业比例调整为 12.6∶45.6∶41.8。全市按常住人口计算的人均生产总值达到 44 774 元,按年平均汇率折算为 7 230 美元。全市规模以上工业总产值 4 802.91 亿元,同比增长 20.4%;规模以上工业增加值 1 133.89 亿元,按可比价格计算,增长 13.5%。规模以上工业企业实现销售收入 4 731.24 亿元,增长 20.1%;利税总额 413.23 亿元,增长 19.4%;利润总额 218.77 亿元,增长 21.8%。全社会固定资产投资 1 453.05 亿元,比上年增长 22.1%。其中工业投资 804.24 亿元,增长 22.4%;房地产开发投资 312.22 亿元,增长 11.3%。民间投资 894.07 亿元,增长 26.0%。社会消费品零售总额 721.22 亿元,比上年增长 13.9%,其中,城镇零售额 640.58 亿元,比上年增长 17.9%;乡村零售额 90.64 亿元,比上年增长 8.3%。进出口总额 36 亿美元,比上年下降 15.1%。其中,出口总额 27.8 亿美元,比上年下降 17.4%;进口总额 8.2 亿美元,比上年下降 6.2%;贸易顺差 19.60 亿美元,比上年减少 5.30 亿美元。实现财政收入 494.60 亿元,同比增长 12.8%。其中,公共财政预算收入 271.42 亿元,增长 16.2%。全年财政总支出 455.26 亿元,增长 12.4%。其中,公共财政预算支出 388.31 亿元,增长 13.4%。全市居民消费价格指数(CPI)为 102.2,涨幅较 2012 年下降 0.2 个百分点。2013 年末,全市户籍总人口 552.96 万人,比上年增加 6.15 万人,增长 1.1%;常住总人口 482.69 万人,比上年增加 2.39 万人,增长 0.5%。城镇居民人均可支配收入 25 456 元,比上年增长 10.7%;人均消费性支出 16 919 元,增长 13.8%。农民人均纯收入 11 045 元,比上年增长 12.3%;人均生活消费支出 7 373 元,增长 13.6%。

【货币政策】 2013 年,中国人民银行淮安市中心支行认真执行稳健货币政策,合理引导金融资源配置,指导辖内金融机构不断开拓进取、提高服务水平,为全市实体经济健康发展提供支持。

一是加强货币政策传导,突出政策工具运用。通过召开全市金融工作会、季度金融形势分析会等,传导和实施货币政策。定期走访银行机构、约见银行机构负责人谈话,指导和督促银行机构有效落实货币信贷政策。注重做好货币政策的宣传和解释工作,协助人民银行南京分行举办“金融创新与发展—江苏金融宣传计划(淮安行)”活动,邀请《淮安日报》等媒体开展专题宣传报道,增强货币政策的社会效应。继续推进银企合作平台建设,举办 3 次全市大型银企对接活动,共促成银企融资签约 415.91 亿元。灵活运用差别准备金动态调整工具,指导地方法人银行机构科学制定全年信贷规划,确保全年信贷投入合理有序均衡增长。指导 2 家法人银行机构加入全国银行间市场，并对其经营情况开展业务指导和检查，督促完善资金营运内控制度。

二是守住风险防范底线，确保区域金融稳定。牵头召开全市金融工作座谈会、金融稳定工作协调小组会议，部署金融稳定工作。建立重点行业、重点领域月度风险监测制度，以专报形式向地方政府作专题报告，及时进行风险提示和预警。完成10家市级银行业机构执行中国人民银行政策综合评价工作，组织对3家新设银行机构开业筹备情况进行现场验收指导。严格履行金融监管职能，认真组织开展金融统计、征信管理、支付结算、反洗钱等执法检查；加强支付市场管理，规范地方法人机构票据管理；加大反洗钱业务培训力度，深化与司法、海关等部门反洗钱合作机制，选择1家法人机构进行反洗钱风险评估工作试点。

三是注重金融服务创新，优化金融生态环境。深入推进银行卡助农取款工程，实现银行卡助农取款服务乡镇和行政村全覆盖，建立银行卡助农取款商户准入退出和监管机制。积极推进个人跨行通存业务，实现个人同城跨行通存无假日服务。加强银行卡收单市场管理，落实银行卡刷卡手续费标准调整工作，进一步规范银行卡收单市场秩序。开展金融生态县动态考评工作，深入推进金融生态优秀县、信用乡镇创建活动，新申报1家金融生态优秀县，推动8家乡镇参创信用乡镇，全市信用乡镇达到78个，覆盖面达82.76%。

【金融运行】 一是各项存款稳步增长，存款结构有所变化。2013年末，淮安市金融机构本外币各项存款余额1 737.07亿元，同比增长14.17%。人民币各项存款余额1 721.30亿元，同比增长14.54%。外汇存款余额2.59亿美元，同比下降12.66%。从存款时间分布来看，存款增长的时间分布呈现高开低走的趋势。1—4季度本外币各项存款分别新增215.93亿元、5.52亿元、19.17亿元、－24.34亿元。其中，一季度本外币各项存款新增额占据全年存款新增额的99.84%。从存款结构来看，单位存款和个人存款同步增长。2013年末，本外币单位存款余额773.94亿元，比年初增加85亿元，比上年同期增长12.33%；本外币个人存款余额947.06亿元，比年初增加134.31亿元，比上年同期增长16.53%。从存款机构类别来看，四大行新增本外币各项存款占比提升。工、农、中、建四家大型银行本外币各项存款新增92.40亿元，同比增长13.05%，占金融机构全年新增本外币各项存款的42.72%，比上年上升24.02个百分点。股份制商业银行本外币各项存款新增21.6亿元，同比增长20.26%。城市商业银行本外币各项存款新增28.1亿元，同比增加14.93%。

二是贷款增长较快，信贷结构继续优化。2013年末，淮安本外币各项贷款余额1 397.49亿元，比年初增加207.03亿元，增长17.39%。从贷款投放时间来看，各月贷款新增量相对平稳。1月份和6月份贷款增加较多，分别增加34.2亿元和32.6亿元。从贷款期限来看，中长期贷款增加多于短期贷款。2013年末，中长期贷款余额699.44亿元，比年初增加109.16亿元，占全部新增贷款的52.72%。短期贷款余额656.67亿元，比年初增加104.78亿元，占全部新增贷款的50.61%。从贷款种类来说，票据融资成净压缩趋势。2013年末，票据融资余额40.88亿元，比年初下降5.95亿元。从信贷投放行业来看，信贷结构继续优化。2013年末，涉农贷款余额506.66亿元，比年初新增108.51亿元，比上年同期增加27.25%。制造业贷款余额287.44亿元，比年初增加37.77亿元；水利、环境和公共设施管理业贷款余额61.52亿元，比年初增加19.07亿元。中小微企业贷款余额574.87亿元，比年初增加67.34亿元。

三是地区社会融资规模中本外币贷款仍占主体。2013年，淮安市地区社会融资规模为283.85亿元，其中，本外币各项贷款207.03亿元，占比72.94%；委托贷款和银行承兑汇票20.11亿元，占比7.08%；企业债券融资7亿元，占比2.47%。

【金融市场】 2013年末，全市证券营业部共有7家，营业收入7 686万元，同比增长37.59%；营业支出4 301万元，同比增长24.7%；利润总额3 627万元，同比增长109.29%；就业人数119人，同比下降11.85%。

2013年，淮安市全年实现保费收入42.8亿元，比上年增长17.6%。其中财产险增长21.1%，人身险增长12.3%，意外险增长27.9%，健康险增长64%。全年保险赔款和给付支出14.7亿元，其中财产险7.7亿元，寿险6.2亿元，意外险0.27亿元，健康险0.58亿元。

【金融创新】 组织推进“金融聚焦转型升级工程”和“金融聚焦民生改善工程”，开展金融支持区域发展、产业升级、科技创新、城镇化建设、民生改善等八项工程。实施“商业汇票倍增”计划，截至11月末，商票再贴现余额达2.2亿元。加强对银行间市场发行直接债务融资工具的组织推动，全年发行债务融资工具余额13.5亿元。积极推动辖区符合“六真原则”（真公司、真资产、真项目、真支持、真偿债、真现金流）的融资平台、保障房企业、普通商品房开发企业发行债务融资工具，完成浦发银行主承销的6亿元中期票据各项准备工作。继续推动机构信用代码推广与应用工作，探索机构信用代码在人民银行业务、商业银行业务等领域的使用。

创新支付结算服务。依托同城业务系统积极推进个人跨行通存业务，将个人同城跨行通存业务系统运行时间由5×8延长到7×9，实现个人同城跨行通存无假日服务。开展银行卡联网通用专项检查，对辖内ATM/CDM终端设备IC卡受理改造情况进行检查，推进IC卡受理环境建设。

配合中国人民银行总行开展货币发行二代发行库管理系统试点工作，参与制定试点实施方案，挑选2家银行机构作为试点参与单位，做好场地整理与数据采集工作，对各类设备安装位置进行测绘、设计和调试，已顺利完成封包、拆封业务、清分入库等项目。

（王婷婷）

第八届台商论坛在江苏淮安举行

淮安市主要经济金融统计

（2009—2013年） 单位:亿元

项　　目	2009年	2010年	2011年	2012年	2013年
国内生产总值	1 121.75	1 388.07	1 690.00	1 920.91	2 155.86
第一产业(增加值)	170.97	195.97	223.46	247.98	272.58
第二产业(增加值)	541.48	647.10	794.18	889.20	983.15
第三产业(增加值)	409.30	545.00	672.36	783.73	900.13
全社会固定资产投资	745.58	921.01	1 009.99	1 247.99	1 453.05
地方财政收入	213.55	310.01	407.82	438.36	494.60
地方财政支出	180.10	255.38	352.58	410.16	455.26
社会消费品零售总额	390.47	464.81	547.84	633.24	721.22
居民消费价格指数(以上年为100)	99.1	103.3	104.4	102.4	102.2
进出口总额(亿美元)	21.40	21.71	28.55	42.41	36.00
进　口(亿美元)	6.04	6.76	10.15	8.75	8.20
出　口(亿美元)	15.36	14.95	18.40	33.66	27.80
全部金融机构各项存款(余额)	942.33	1 214.46	1 335.01	1 521.41	1 737.07
企业存款	276.50	282.89	623.53	688.98	773.94
财政存款	1.06	1.03	20.60	14.98	9.05
储蓄存款	486.86	587.24	680.93	808.97	934.30
全部金融机构各项贷款(余额)	673.24	863.80	1 016.58	1 190.46	1397.49
短期贷款	317.99	393.61	464.38	551.89	656.67
中长期贷款	297.04	424.11	526.18	590.28	699.44

（续表）

项　　目	2009年	2010年	2011年	2012年	2013年
全部保险机构保费收入	24.32	31.83	34.94	36.3	42.8
全部保险机构保险赔款支出（含满期给付）	10.09	8.00	9.13	10.3	14.7
全部保险机构保险密度（元/人）	504.66	663.14	727.40	755.78	886.70
全部保险机构保险深度（%）	2.17	2.29	2.07	1.89	1.99

注：全部金融机构各项存款、贷款余额的七项数据为本外币并表统计数（含外资金融机构）。

12. 盐　城　市

2013年，盐城市实现地区生产总值3 475.5亿元，增长12.3%。其中，第一产业实现增加值489.2亿元，比上年增长3.2%；第二产业实现增加值1 636亿元，比上年增长14.0%；第三产业实现增加值1 350.3亿元，比上年增长13.4%。三次产业增加值比例调整为14.1∶47∶38.9，二三产业比重提高了0.5个百分点。人均地区生产总值达48 150元，按2013年年平均汇率折算约7 775美元，比上年增长12.2%。城市居民消费价格总指数为102.7，工业生产者出厂价格同比下跌0.1%，工业生产者购进价格同比下跌1.3%。农林牧渔业实现总产值991.7亿元，增长7.2%；粮食总产量686.5万吨，比上年增长2.1%，连续十年实现增收。规模以上工业企业实现总产值6 454.58亿元，比上年增长15.1%。实现规模以上工业增加值1 584亿元，比上年增长15.6%。全社会固定资产投资2 217.7亿元，增长22.2%。其中，工业投资1 383.4亿元，增长16.6%；服务业投资802.3亿元，增长26.5%。社会消费品零售总额完成1 163.4亿元，增长13.7%。进出口总额65.3亿美元，增长13.5%。其中，出口37.8亿美元，增长9.1%；进口27.5亿美元，增长20.1%。财政总收入881.1亿元，比上年增长11.6%。其中，公共财政预算收入366.8亿元，比上年增长17.3%；公共财政预算支出557.4亿元，比上年增长14.1%。

【货币政策】 2013年，中国人民银行盐城市中心支行围绕“保增长、调结构、促转型”工作主线，引导信贷结构性调整，实施“金融聚焦转型升级系列工程”，强化货币政策工具管理，切实发挥货币政策导向作用。一是引导信贷进行“支农支小”结构性调整。围绕盐城农业大市实际，引导金融机构尤其是法人金融机构在支持家庭农场、农业产业化、农村城镇化和小微企业等方面加大产品创新力度。出台《关于加强金融支持“三农”发展的指导意见》，积极配合东台市政府开展农村产权抵押贷款创新试点，协调解决创新瓶颈，推动出台农村产权抵押登记办法。开展盐城市涉农和中小企业信贷政策导向效果评估工作，联合市经信委、市财政局等部门组织市区小微企业贷款风险补偿奖励资金申报工作。二是积极实施“金融聚焦转型升级系列工程”。督促指导东台农商行和大丰农商行用好0.5亿元专项再贴现和1亿元专项信贷规划支持工具。截至2013年末，被列入省级重点示范项目的“台城各乡镇住房按揭”（“安居宝”）贷款达1 536笔、余额11.42亿元，当年累计投放贷款4.99亿元。组织实施“小微企业金融服务升级扩面三年计划”，选择10家银行确定8个小微企业金融服务升级扩面重点示范项目。三是提升金融服务水平。制定《盐城市金融支持全民创业实施办法》，引导金融机构探索建立适合创业需求的信贷管理体制、推动适合全民创业需求特点的金融产品和信贷模式创新。贯彻落实分行做好高校毕业生就业创业金融服务工作的指导意见。建立和举办三期盐城市金融超市，为有融资需求的各类主体提供融资平台，实现银企有效对接。四是强化货币政策工具的导向作用。2013年累计发放支农再贷款10.77亿元，累计办理再贴现28.97亿元，较好发挥了货币政策工具支农支小、引导涉农和小微企业信贷投放扩大的政策导向作用。

【金融运行】 2013年，盐城市社会融资总量平稳增长，融资结构持续改善。各项贷款增长平稳。2013年末，盐城市金融机构本外币各项贷款余额2 214.59亿元，比年初增长19.31%，增速列全省第2位，比全省平均增速高7.15个百分点。表外融资前高后低。2013年表外融资新增127.57亿元。6月份以来，银行体系流动性趋紧，金融市场利率走高，加之受到同业业务风险警示影响，表外融资增势明显趋降，6—10月份表外融资增加17.8亿元，仅为前5个月增量的16%。债务融资步伐加快。2013年共发行各类债务融资工具97.6亿元，年末余额达260.6亿元，比上年增加76.1亿元。其中：发行直接债务融资工具52.5亿元，企业债40.5亿元、公司债4.6亿元。

贷款投向进一步优化，民生领域信贷支持力度继续加大。2013年，盐城市本外币短期贷款类贷款(包括短期贷款和票据融资)新增169.2亿元，同比少增40.29亿元，占各项贷款新增额的47.2%，较上年末下降30.06个百分点。本外币中长期贷款新增189.47亿元，占各项贷款新增额的52.86%，同比提高30.49个百分点。中小微企业新增贷款156.59亿元，同比多增34.56亿元，比年初增长17.49%，同比提高2.1个百分点。涉农贷款新增204.1亿元，同比多增118.02亿元。保障性住房开发贷款增加5.52亿元，同比多增1.6亿元。人民币个人消费贷款新增122.85亿元，同比多增57.4亿元，其中个人住房贷款增加95.72亿元，同比多增36.05亿元。

各项存款增加较多，季度波动特征明显。2013年末，盐城市金融机构本外币各项存款余额3 219.99亿元，比年初增加503.42亿元，同比多增122.73亿元。存款增长的稳定性差，“季末冲高、季初回落”特征非常明显。各季末的月度存款共增380.78亿元，占全年存款增量的76%，季初的4、7、10月份大幅减少212.08亿元。

【金融市场】 2013年，盐城市保险业经营主体继续增加，新成立浙商产险、英大产险、平安养老、长生人寿、建信人寿、东吴人寿6家保险公司盐城分公司，保险机构主体达到50家，其中产险公司19家，寿险公司31家。保费收入规模进一步扩大，2013年，全市实现保费收入69.03亿元，同比增长7.79%，其中产险保费收入21.51亿元，同比增长20.62%；寿险保费收入47.52亿元，同比增长2.83%。2013年，盐城市证券期货营业部15家，上市企业9家，新增8家企业进入辅导。企业债发行数量和规模平稳增长。2013年，盐城市发行企业债40.5亿元，分别是建湖债10亿元、盐城国资小微债7.5亿元、大丰港债8亿元、亭湖公投债10亿元、大丰债5亿元。发行公司债4.6亿元，分别是丰港债2亿元，东飞债2.6亿元。

【金融创新】 一是创新涉农贷款担保方式，扩大有效担保品范围。在金融创新政策的鼓励和推动下，盐城市农村商业银行按照因地制宜、灵活多样的原则，逐步探索发展大型农用生产设备、林权、海域使用权等抵押贷款，规范发展应收账款、仓单、商标、存单等权利质押贷款，进一步扩大农户和农村企业申请贷款可用于担保的财产范围。二是创新基于农业龙头企业订单的金融工具，提升农村信贷资源配置效率。为发挥农业龙头企业的核心带动作用，盐城市农村商业银行创新推出“农业龙头企业＋合作社＋农户”的产业链信贷模式。三是创新适应新型城镇化和新型农村生产经营主体发展的金融产品，满足农村多元化的金融需求。随着盐城市城镇化步伐的加快，农民住房等消费性需求逐渐增加。盐城市多家农村商业银行顺应这一形势发展，开发了深受农户欢迎的“安居宝”和“安居乐”等住房贷款品种。

（刘国辉）

盐城市主要经济金融统计

（2009—2013年）

单位:亿元

项　　目	2009年	2010年	2011年	2012年	2013年
国内生产总值	1 917.00	2 332.76	2 771.33	3 120.00	3 475.5
第一产业(增加值)	330.40	374.21	416.83	456.13	489.2
第二产业(增加值)	923.74	1 096.55	1 306.26	1 472.87	1 636.00
第三产业(增加值)	662.86	862.00	1 048.24	1 191.00	1 350.3
全社会固定资产投资	1 500.26	1 891.05	1 586.98	1 940.89	2 217.7
地方财政收入	236.53	407.6	621.49	707.60	717.35
地方财政支出	317.17	503.30	761.26	854.69	856.66

（续表）

项　　目	2009年	2010年	2011年	2012年	2013年
社会消费品零售总额	644.81	759.50	895.09	1 023.20	1 163.40
居民消费价格指数(以上年为100)	99.0	103.5	105.0	102.8	102.7
进出口总额(亿美元)	28.62	39.55	52.45	57.54	65.28
进　口(亿美元)	9.98	16.36	22.67	22.89	27.48
出　口(亿美元)	18.64	23.19	29.78	34.65	37.80
全部金融机构各项存款(余额)	1 658.64	2 009.17	2 336.19	2 716.87	3 219.99
企业存款	370.35	394.85	654.91	750.50	831.61
财政存款	0.83	5.51	30.14	28.91	35.87
储蓄存款	997.82	1 131.82	1 273.24	1 532.15	1 793.26
全部金融机构各项贷款(余额)	1 053.11	1 333.93	1 585.18	1 856.11	2 214.59
短期贷款	534.92	667.66	820.39	968.35	1 125.10
中长期贷款	408.23	587.54	701.36	762.00	951.49
全部保险机构保费收入	54.33	64.35	71.22	64.41	69.03
全部保险机构保险赔款支出(含满期给付)	7.51	7.81	18.75	21.12	28.70
全部保险机构保险密度(元/人)	668.83	788.49	867.78	783.28	837.95
全部保险机构保险深度(%)	2.84	2.76	2.57	2.07	1.99

注：全部金融机构各项存款、贷款余额的七项数据为本外币并表统计数(含外资金融机构)。

13. 宿　迁　市

2013年，宿迁市实现地区生产总值1 706.28亿元，按可比价计算，比上年增长12.5%。三次产业结构为13.8∶47.8∶38.4。其中一产、二产、三产实际增速为3.0%、14.9%、13.0%。人均GDP达到35 484元，按可比价计算，比上年增长12.0%。

工业生产快速增长。全市规模以上工业实现增加值739.80亿元，比上年增长18.1%，高出全省平均水平6.6个百分点，增速连续九年位居全省第一。

固定资产投资高位运行。全年固定资产投资1 290.75亿元，比上年增长25.8%。其中工业投资831.20亿元，增长25.0%。

市场消费稳步增长。全市社会消费品零售总额442.43亿元，比上年增长14.0%。其中批发零售业实现385.44亿元，增长14.9%；住宿餐饮业实现56.99亿元，增长7.9%。

对外贸易快速增长。全年进出口总额33.22亿美元，比上年增长19.0%。其中出口额27.8亿美元，增长20.0%。

居民收入平稳增长。全市城镇居民人均可支配收入18 846元，扣除价格因素，实际增长8.3%。农村居民人均纯收入10 703元，实际增长10.1%，连续10年保持两位数增长。

财政收入快速增长。全市财政总收入381.94亿元，比上年增长14.6%。其中，公共财政预算收入185.12亿元，增长17.1%。

【货币政策】 2013年，中国人民银行宿迁市中心支行组织全市金融机构全面执行稳健的货币政策。引导地方法人金融机构合理安排信贷投放总量、节奏和结构。引导和督促法人金融机构及时掌握差别准备金政策的新要求，并通过补充资本、优化信贷结构、保持均衡投放、办好省级重点示范项目等举措提高合意贷款水平。全年地方法人机构新增人民币贷款88.6亿元，同比增加20.4亿元，增幅达29.9%。投放节奏较为均衡，四个季度信贷投放分布为23∶29∶30∶18。

注重信贷结构调整和优化。一是联合市总工会制定“小微企业金融服务升级扩面工程三年计划”，全年组织实施重点示范项目11项，累计投放小微企业贷款53.25亿元。二是认真落实分行“金融支持经济转型升级系列工程”，重点做好“金融支持民生改善工程”、“金融支持城镇化工程”、“金融支持区域发展工程”。三是大力支持家庭农场加快发展。截至 2013 年末，全市金融机构累计发放家庭农场贷款 1.86 亿元，支持 949 户家庭农场获取融资，较好地满足了家庭农场的资金需求。

重点增强货币政策工具导向作用。一是对涉农贷款比例达到要求的各县域农商行、村镇银行给予优惠 1 个百分点的存款准备金率政策，增加其可用资金约 2.88 亿元。二是全年累计发放支农再贷款 5.8 亿元、再贴现 16.2 亿元，有效发挥了中央银行资金支持扩大“三农”和中小企业融资的导向作用。三是累计为全市 10 户民贸民品企业办理贴息 695.4 万元，及时办理小企业贷款增长奖励申报工作，有力地支持了全市民族企业和小企业的发展。

【金融运行】 人民币各项存款增速位居全省第一。2013 年末，全市金融机构人民币各项存款余额 1475.6 亿元，比年初增加 248.7 亿元，同比多增 19.6 亿元；增长 20.3%，比全省、苏北五市平均水平分别高出 6.9 个、4.2 个百分点，位居全省第一。其中单位存款余额 699.6 亿元，增长 19.2%。个人存款余额 752.7 亿元，增长 20.5%。

人民币各项贷款持续平稳增长。2014 年，全市金融机构人民币各项贷款余额 1 282.1 亿元，增长 27.8%。其中个人消费贷款新增 80.2 亿元，占各项贷款新增额的 28.7%，同比提高 6 个百分点。制造业贷款新增 62.5 亿元，增长 21.8%，占贷款新增额的 22.4%。农业贷款新增 56 亿元，增长 22%。

外汇存贷款平稳较快增长，增速同比回落。12 月末，全市各金融机构外汇各项存款余额 21 996 万美元，增长 5%，同比回落 138.6 个百分点。各项贷款余额 13 400 万美元，增长 39%，同比回落 14.3 个百分点。

【金融市场】 民丰农商行和泗阳农商行加入全国银行间债券市场，沭阳、泗阳农商行加入全国银行间同业拆借市场，泗洪农商行改制后重新加入全国银行间同业拆借市场。2013 年，由首义薄膜、金田塑业组成的 2.6 亿元“区域集优”中小企业集合票据以及绿陵化工、益客食品组成的 0.9 亿元“区域集优”集合票据成功发行。洋河集团成功注册发行短期融资券 40 亿元，首期到账 20 亿元。

2013 年实现保费收入 33.84 亿元，比上年同期增加 3.57 亿元，同比增长 11.79%。其中产险公司累计实现保费收入 12.66 亿元，同比增长 18.31%；寿险公司累计实现保费收入 19.45 亿元，同比增长 6.64%；农业政策性保险累计实现保费收入 1.73 亿元，同比增长 29.86%。

全年证券机构累计实现交易额 250.30 亿元，同比增长 54.84%，托管市值 76.92 亿元，比年初增加 8.53 亿元；期货机构累计实现交易额 866.25 亿元，同比增长 69.08%。截至 2013 年底，全市设立小贷公司 44 家，其中开业 41 家、获批筹建 3 家，贷款余额 38.67 亿元，比年初增加 2.54 亿元。

【金融创新】 2013 年，中国人民银行宿迁市中心支行立足金融支持实体经济发展，着力推动金融创新。一是创新银企对接方式。组织实施“立交工程”，即银企合作洽谈“直达班车”、宿迁金融服务网银企对接“网络动车”、小微企业金融服务“直通车”，以及金融服务“大篷车(县区行)”等活动，着力为中小微企业提供多层次、全方位、立体式的融资服务，全年累计达成合作项目 1 825 个、协议融资 311.6 亿元。二是加强信贷与财政政策的协调。会同市金融办、财政局、国税局制定出台《宿迁市财税奖补资金抵押贷款管理办法》，切实缓解中小企业贷款担保抵押物不足的问题。三是加强农村地区信用环境建设。督促、指导沭阳农商行组织开展“整村推进”农户小额信用贷款业务试点。四是不断拓展金融服务与监管功能。创新开通“刷卡缴税直通车”业务，研发的“财政存款账户查询系统”被分行在江苏辖区推广运行。五是创新支农再贷款管理方式。首次安排专项再贷款限额，运用招标机制，引导金融机构降低家庭农场贷款利率，扩大再贷款资金撬动倍数。

【金融合作】 3 月 15 日，江苏省信用担保协会在宿迁市举办融资性担保机构从业人员上岗资格培训班，此次培训班为 2013 年度省担保协会首期融资性担保机构培训班。5 月 6 日，宿迁市与国家开发银行江苏省分行签订开发性金融战略合作协议。国开行江苏分行将重点支持宿迁城镇化、保障房、现代农业、文化项目、民生工程等方面的建设和发展，积极促进和推动与宿迁的金融合作，全面助推宿迁经济社会跨越发展。6 月 25 日，宿迁市政府与苏州银行签订战略合作协议。根据协议，苏州银行将在 2013 年至 2015 年期间，加大对宿迁地区的融资力度，实现分支机构全覆盖，并在基础设施建设、产业结构调整、新农村建设、大企业大集团发展壮大、中小企业金融服务等方面予以重点倾斜支持。11月5日，宿迁市与中国邮储银行江苏分行签订战略合作协议。根据协议，中国邮储银行江苏分行将在宿迁基础设施体系建设、产业结构调整升级、新农村建设、大企业大集团发展壮大、中小企业增强活力等方面，优先为宿迁市提供全方位的优质、高效、优惠和个性化的金融服务与资金支持。2013年至2015年期间，将对宿迁市重点建设项目、重点产业以及民生金融等领域牵头提供综合融资100亿元，其中中小微企业客户融资60亿元。

（王 楠）

宿迁市主要经济金融统计

（2009—2013年）

单位:亿元

项　　目	2009年	2010年	2011年	2012年	2013年
国内生产总值	826.85	1 015.21	1 304.81	1 516.77	1 706.28
第一产业(增加值)	159.62	181.69	209.72	228.71	235
第二产业(增加值)	382.86	479.14	604.52	713.18	815.61
第三产业(增加值)	284.36	354.37	490.57	574.88	655.67
全社会固定资产投资	740.43	652.85	787.64	1 025.56	1 290.75
地方财政收入	130.23	205.76	276.24	333.33	381.94
地方财政支出	161.96	234.31	306.48	357.00	399.15
社会消费品零售总额	234.6	286.74	336.26	388.23	442.43
居民消费价格指数(以上年为100)	98.8	103.6	105	102.8	102.4
进出口总额(亿美元)	6.23	12.20	20.71	27.93	33.22
进　口(亿美元)	0.88	3.06	3.58	4.753	5.42
出　口(亿美元)	5.35	9.14	17.13	23.18	27.8
全部金融机构各项存款(余额)	610.80	815.66	997.81	1 240.04	1 488.99
企业存款	147.64	182.77	491.08	599.09	711.73
财政存款			3.68	6.66	5.06
储蓄存款	336.95	419.34	497.50	622.073 4	737.58
全部金融机构各项贷款(余额)	467.77	629.08	760.00	1 008.93	1 290.26
短期贷款	246.03	323.50	394.57	547.94	684.53
中长期贷款	216.42	300.67	357.74	439.94	576.96
全部保险机构保费收入	16.14	22.87	27.45	30.27	33.84
全部保险机构保险赔款支出(含满期给付)	4.52	5.12	6.07	7.57	10.54
全部保险机构保险密度(元/人)	341.60	484.97	575.97	630.89	702.17
全部保险机构保险深度(%)	1.95	2.25	2.10	2.00	1.98

注:全部金融机构各项存款、贷款余额的七项数据为本外币并表统计数(含外资金融机构)。

(三)浙江省金融概览

2013年，浙江省生产总值37 568.5亿元，比上年增长8.2%。其中，第一产业增加值1 784.6亿元，增长0.4%；第二产业增加值18 446.7亿元，增长8.4%；第三产业增加值17 337.2亿元，增长8.7%。三次产业比例为4.8∶49.1∶46.1，三产比重比上年提高0.9个百分点。人均生产总值为68 462元，比上年增长7.9%，按年平均汇率计算，合11 055美元，比上年增加1 016美元。

农业生产基本稳定。2013年，浙江省加快建设粮食生产功能区和现代农业园区，推进粮食生产结构调整和畜牧业转型升级。粮食播种面积 1 254 千公顷，比上年增长 0.2%，粮食总产量 734 万吨，下降 4.7%。药材、花卉苗木等效益农业发展较好，播种面积分别增长 2.2%和 4.1%。

工业产销平稳增长，用电量继续回升。2013 年，规模以上工业增加值 11 701 亿元，比上年增长 8.5%，增幅比上年回升 1.4 个百分点。销售产值 61 837 亿元，增长 7.1%，增幅比上年回升 1.2 个百分点。内销好于外销，内销产值 50 237 亿元，增长 8.3%；出口交货值 11 600 亿元，增长 2.2%。全社会用电量 3 453 亿千瓦时，工业用电量 2 545 亿千瓦时，比上年分别增长 7.6%和 5.9%，增幅比上半年分别回升 2.6 和 1.3 个百分点。

服务业发展稳中有升。2013 年，三产增加值增幅高于 GDP 增幅 0.5 个百分点，对 GDP 的增长贡献率达 47%。其中，批发和零售、房地产、金融、住宿和餐饮、交通运输仓储和邮政业增加值分别增长 9.1%、8.7%、8.1%、6.5%、4.7%，其他服务业增加值增长 10%。全社会铁、公、水路交通货运量和货物周转量分别比上年增长 2.4%和 7.4%，与上年相比，货物周转量增幅回升 1 个百分点。邮电业务总量 1 179 亿元，增长 15.1%。旅游总收入 5 536 亿元，比上年增长 15.3%，其中，国内旅游收入 5 202 亿元，增长 16.2%，国际旅游(外汇)收入 53.9 亿美元，增长 4.7%。1—11 月，限额以上交通、信息、商务、科技、文化、居民服务等服务业企业营业收入同比增长 13.5%。

固定资产投资快速增长。2013 年，固定资产投资 20 194 亿元，比上年增长 18.1%。其中，民间投资 12 396 亿元，增长 17.3%，占投资总额的 61.4%。投资项目推进力度加大。施工项目 4.4 万个，其中新开工项目 2.5 万个，比上年增长 10%。随着“万亿基础设施建设完善工程”的推进，基础设施投资增长较快，全年投资 4 715 亿元，增长 19%。房地产开发投资 6 216 亿元，增长 18.9%，房屋新开工和竣工面积分别增长 19.2%和 9.3%，商品房销售面积和销售额分别增长 22%和 26.6%。

消费需求平稳增长。2013 年，社会消费品零售总额 15 138 亿元，比上年增长 11.8%。汽车类零售额 2 713 亿元，增长 10.7%，对社会消费品零售总额的增长贡献率从上年的 10.2%回升至 16.5%；限额以上贸易企业的建材装潢、五金电料、家用电器类零售额分别增长 40%、26.9%和 6.2%，金银珠宝类零售额增长 34%；日用品、通讯器材、中西药品和服装类零售额继续保持稳定增长，分别增长 20.7%、16.7%、15.8%和 10.9%。

出口较快增长。2013 年，进出口总额 3 358 亿美元，比上年增长 7.5%，其中，出口 2 488 亿美元，增长 10.8%；进口 870 亿美元，下降 1%。传统产品增长势头较好，纺织品、服装、箱包、鞋类、玩具、家具、塑料制品七大类传统劳动密集型产品出口增长 15.5%，占全省出口总额的 37.3%，灯具出口增长 25.7%。利用外资和对外投资量质并举。2013 年，新批外商投资企业 1 572 家，合同外资和实际利用外资分别为 243.8 亿美元和 141.6 亿美元，比上年增长 15.7%和 8.3%。新引进世界 500 强 12 家，新批世界 500 强投资企业 35 家。全年经审批和核准的境外企业和机构共计 568 家，对外直接投资额 55.2 亿美元，增长 41.7%，创历史新高，全省经核准设立的境外营销网络项目共 551 个，中方投资额 47.5 亿美元，占总量的 86.1%。

财政收入保持增长。2013 年，财政总收入 6 908 亿元，比上年增长 7.8%。公共财政预算收入 3 797 亿元，增长 10.3%，其中，税收收入 3 546 亿元，增长 9.8%，占公共财政预算收入的比重为 93.4%。公共财政预算支出为 4 731 亿元，增长 13.7%。财政支出结构继续优化，重点支出的比重达到 70%以上，对交通运输、国土资源气象、节能环保、农林水、住房保障、金融监管、社会保障和就业、医疗卫生、文化体育与传媒、公共安全、教育、城乡社区事务支出分别增长 29.6%、29.2%、26.3%、25.7%、25%、23%、14.9%、14.7%、12.6%、9%、8.2%、8.2%。而严控“三公”经费后，一般公共服务支出增长 7%，低于全部支出平均增幅 6.7 个百分点，且增幅连续 7 个月回落。

城乡居民收支稳定增长。2013 年，城镇居民人均可支配收入 37 851 元，农村居民人均纯收入 16 106 元，分别比上年名义增长 9.6%和 10.7%，扣除价格因素实际增长 7.1%和 8.1%，增幅呈逐季回升态势。在城镇居民人均可支配收入中，工资性收入 24 453 元，增长 9.2%；经营性、财产性和转移性收入分别增长 9.1%、1.4%和 7.1%；在农村居民人均纯收入中，工资性收入 8 577 元，增长 11.7%；家庭经营性收入 5 757 元，增长 8.8%；财产性和转移性收入分别增长

9.8%和13.3%。城镇、农村居民人均消费支出分别为23 257和11 760元,分别比上年增长7.9%和10.4%,扣除价格因素实际增长5.5%和7.8%。

就业和社会保障积极推进。年末城镇登记失业率为3.01%,全年城镇新增就业人员104.3万人。年末企业职工基本养老、失业、工伤、生育参保人数分别比上年末增加189.2、78.8、94.4和88.3万人;基本医疗保险参保人数为4 120.5万人,其中,城镇职工医疗险参保人数1 790.5万人,分别比上年末增加161.5和119.5万人;城乡居民养老保险参保人数为1 355.8万人。保障性住房建设加快推进。2013年,全省新开工城镇保障性安居工程19.4万套,竣工11.1万套,分别完成年度目标任务的129.3%、123.3%,提前超额完成年度目标任务。城市化率提高。2013年,人口自然增长率为4.56‰,城镇人口比重约为64%,比上年提高0.8个百分点。

【金融运行】 2013年,浙江省金融运行平稳,融资结构持续改善,各项改革有序推进,金融对实体经济发展和转型升级的支持力度不断加大。

存款增速有所回升,增长势头趋于减弱。2013年末,浙江省全部金融机构本外币各项存款余额同比增长10.6%,增速较上年上升1.1个百分点。单位存款同比多增,个人存款增势平稳。单位存款较上年多增765.8亿元,个人存款多增232.1亿元。存款季末冲高现象虽有所减弱,但月度间波动仍较明显,1月、3月和9月存款为全年存款累计新增的90%。从月度走势看,1—5月份存款增速较为稳定,6月份之后出现下滑、短暂回升、再下滑态势。

贷款增速有所放缓,支持重点突出。2013年,浙江省本外币各项贷款余额比年初新增5 704.6亿元,增速比上年下降2个百分点。全年贷款增速逐季下滑,四个季度贷款增量之比为3.1∶2.6∶2.4∶1.8。从期限看,短期贷款增速明显放缓,中长期贷款多增。中长期贷款余额增速较上年同期加快9.2个百分点;短期贷款余额增速较上年同期回落6.2个百分点。信贷结构不断优化,支持重点突出。2013年,全省小微企业贷款比年初增加1 717亿元,同比多增238亿元,增量占全部企业贷款增量的54.0%,较上年提高17个百分点;全省涉农贷款新增3 320亿元,占各项贷款增量的58.2%,较上年提高5.6个百分点。保障房开发贷款余额同比增长47.3%,贷款同比多增60.2亿元。

贷款利率稳中有降,民间借贷监测利率持续回落。利率走势较为平稳,各月一般贷款加权平均利率在7.15%—7.20%区间内窄幅波动,四个季度利率分别为7.19%、7.15%、7.18%和7.17%。利率重心下移,利率上浮贷款占比为81.1%,较上年末下降1.8个百分点。受金融机构贷款利率下降、民间借贷市场风险释放、借贷主体风险意识增强等多种因素影响,民间借贷监测利率持续回落。2013年,全省民间借贷监测综合平均利率为21.76%,较上年下降3个百分点。

【金融市场】 2013年,浙江资本市场、保险市场稳步发展。证券市场总体向好,交易量有所放大,期货经营机构业务发展平稳,证券机构创新业务发展迅速;保险业积极推进改革创新,市场体系日益完善,资产规模稳步增长,服务领域继续拓宽,经济补偿和风险保障功能有效发挥。

证券期货业稳步发展。2013年末,全省法人证券公司4家,证券营业部503家,证券投资咨询机构4家。证券经营机构全年累计代理交易额13.5万亿元,同比增长52.7%,实现利润35.1亿元。期货业发展总体平稳,期货经营机构代理交易额60.1万亿元,同比增长56.2%,实现利润8.3亿元。各法人证券公司继续推动证券经纪业务转型和产品创新。

上市公司融资增加。2013年末,全省共有境内上市公司246家,其中创业板上市公司36家,中小板块上市公司119家。资本市场累计融资244.6亿元,较上年增加93.6亿元。上市公司治理机制更趋完善,发展较为稳健。区域股权交易市场迅速发展,在丰富省内中小企业融资渠道、促进民间资本转化为实业资本等方面发挥了积极作用。2013年末,浙江省在股权交易中心挂牌的企业有737家,其中成长板企业150家,总市值230亿元;创新板企业587家,总股本107亿股;发行私募债17单,融资金额16.4亿元。

保险业总体平稳,市场体系日益完善。截至2013年末,全省共有各类保险机构119家,行业从业人员29.2万人,新增保险市场主体2家。保险机构、中介机构、行业社团共同发展的市场格局更趋成熟。全省保险公司资产总额2 274.3亿元,同比增长13.8%。保费收入同比增长12.7%,其中,财产险保费收入同比增长15.2%,人身险保费收入同比增长10.7%。保险业经营效益继续保持平稳增长,法人机构偿付能力有所改善，投资收益良好。政策性农业保险平稳推进，新险种开发加快，全年共为211万户参保农户提供319亿元的农业自然灾害风险保障。政策性农房保险参保率达到98.5%，较上年提高15.1个百分点，基本实现承保全覆盖。出口信用保险保障作用有效发挥，企业通过保险追偿、赔付挽回损失1.9亿美元。

（宋　玮）

1. 杭　州　市

2013年，杭州市实现地区生产总值8 343.52亿元，按可比价格计算，比上年增长8.0%，第一、二、三产业增加值同比分别增长2.5%、8.5%和10.1%。人均生产总值94 566元，增长7.4%。按国家公布的2013年平均汇率折算，达到15 271美元。

工业保持平稳增长。2013年，杭州市实现工业增加值3 246.67亿元，增长7.8%，其中规上工业增加值2 523.88亿元，增长8.0%。全市规模以上工业企业实现主营业务收入13 399.13亿元，同比增长7.0%，实现利润818.96亿元，增长7.9%。工业产品产销衔接良好，全年规模以上工业产品产销率为99.36%。

固定资产投资增速放缓。2013年，杭州市完成固定资产投资4 263.87亿元，同比增长14.5%，增速较上年下滑5.6个百分点。从产业投向看，第一产业投资8.40亿元，下降96.9%；第二产业投资912.53亿元，增长7.0%，其中工业投资910.46亿元，增长6.9%；第三产业投资3 342.94亿元，增长16.7%。

外贸出口形势有所好转。2013年，杭州市完成外贸进出口总额650.71亿美元，比上年增长5.5%。其中进口下降0.5%；出口增长8.5%。出口总额中，机电产品出口170.44亿美元，高新技术产品出口50.24亿美元，分别增长6.9%和6.3%。

财政收支稳步增长。2013年完成财政总收入1 734.98亿元，比上年增长6.6%，其中地方财政一般预算收入945.20亿元，增长9.9%。全年地方财政支出855.74亿元，比上年增长8.8%。

居民收入持续增长。2013年杭州市区城镇居民人均可支配收入39 310元，同比增长10.1%，扣除价格上涨因素后，实际增长7.4%。杭州市农村居民人均纯收入18 923元，同比增长11.2%，扣除价格因素，实际增长8.5%。

【金融运行】　2013年，杭州市金融业总体运行平稳，市场融资规模不断扩大，金融服务不断优化，对经济发展的保障进一步增强。全年金融业实现增加值879.33亿元，增长10%，增加值占全市GDP的10.5%。

金融机构有所增加，经营效益稳步增长。截至2013年末，在杭银行业金融机构共有68家，全年实现利润371.71亿元，同比增加26.4%。杭州市法人证券公司（含资产管理公司）4家，证券营业部145家，证券投资咨询机构3家。证券经营机构全年累计代理交易额5.5万亿元，实现利润10.48亿元，同比增长148.34%；期货经营机构代理交易额38.9万亿元，实现利润6.64亿元，同比增长9.93%。

存款保持较快增长，季末特征较为明显。2013年，杭州市银行业金融机构本外币存款新增2 033.08亿元，同比多增280.51亿元；年末存款余额2.22万亿元，增长10.05%。单位存款大幅增加，同比多增262.07亿元，占存款多增额的93.4%。存款稳定性减弱，季末冲高、季初回落特征较为明显。

贷款增速有所下降，支持重点较为突出。2013年，杭州市本外币贷款新增1 252.03亿元，同比少增260.29亿元，余额同比增长6.96%。贷款投放出现逐季下跌，四个季度贷款增量之比为2.6∶2.3∶2.0∶1。从期限结构看，短期贷款同比少增530.05亿元、中长期贷款同比多增606.64亿元。从投向结构看，杭州市信贷投向继续突出重点。一是积极支持小微企业发展，全市小微企业贷款新增480.07亿元，占全部企业贷款增量的63.3%，其中小型企业贷款新增365.04亿元，同比增长12.57%；微型企业贷款新增78.27亿元，同比增长40.27%。二是积极支持居民住房消费需求，全年购房贷款较年初增加334.91亿元，同比多增228.45亿元，余额同比增长14.38%，其中主要支持住房刚需群体。

贷款利率稳中有降，民间借贷利率下行。2013年，人民币贷款利率在7.15%—7.20%区间内窄幅波动，四个季度的利率分别为7.19%、7.15%、7.18%和7.17%；全年平均贷款利率为7.17%，同比下降0.4个百分点。2013年，民间借贷综合平均利率为21.76%，同比下降3个百分点。

【金融市场】　2013年，金融市场继续保持平稳健康发展态势，市场融资不断扩大，各类市场稳步发展。

上市融资有所下降。2013年末，杭州市共有境内上市公司78家，其中，中小板块上市公司29家，创业板上市公司17家。全年在资本市场累计融资79.54亿元，受全国IPO暂停影响，全年无首发上市公司。

地方资本市场快速发展。浙江省股权交易中心在杭挂牌成立，截至2013年末，浙江股权交易中心挂牌企业737家，其中成长板企业150家，总市值230亿元，累计成交4.49亿股；创新板企业587家，总股本约107亿股。私募债备案企业32家，备案金额35.6亿元，完成发行17单，发行金额16.4亿元，实现股权融资32.6亿元，股权质押融资15.8亿元。

保险市场稳步发展。截至2013年末，杭州市共有各类保险机构627家，新增保险市场主体1家。全市保险公司资产规模同比增长15.72%，保费收入同比增长12.63%。其中，财产险保费收入增长12.06%，人身险保费收入增长13.14%。保险业经营效益继续平稳增长，法人机构偿付能力有所改善，投资收益情况良好。

同业拆借市场交易增速提高。2013年，杭州市银行间市场成员累计拆借9 437.35万亿元，同比增长11.3%，增速较上年提高约10个百分点。净拆入资金共计4 400.59亿元，同比增加6.8%。

票据市场业务萎缩。2013年，杭州市累计签发银行承兑汇票6 197.34万亿元，同比减少7.5%。全年银票直贴利率和买断式转贴现利率分别为6.14%和5.27%，同比分别下降0.19个百分点和上升0.14个百分点。

2013年，杭州市有7家法人金融机构开办黄金业务，1家企业成为上海黄金交易所成员单位。全市在银行间即期外汇市场的交易金额同比增长6.02%，全部采用询价交易方式。

【货币政策】 2013年，中国人民银行杭州中心支行按照“稳中求进”的工作总基调，认真贯彻落实稳健的货币政策，综合运用各项货币政策工具，保持信贷总量和社会融资规模合理适度增长，调整和优化信贷结构。

引导信贷合理适度增长。一是组织召开货币政策通报会、货币信贷形势分析会和货币政策专家咨询会等系列会议，合理引导政策预期。二是制定下发2013年货币信贷工作指导意见和工作要点，引导信贷平稳投放。三是制定出台《2013年浙江省地方法人金融机构稳健性参数动态调整实施方案》，完善差别准备金动态调整机制。

着力优化信贷结构。一是中国人民银行杭州中心支行会同浙江省住建厅，在全国率先制定出台了《关于金融支持浙江省新型城市化建设的指导意见》。二是进一步推动金融产品和服务方式创新，引导金融机构加大小微企业信贷投放，确保了“两个不低于”。三是出台《关于调整杭州市区差别化住房信贷政策的通知》，提高二套房贷首付比例。四是大力拓宽直接融资渠道，推动跨境人民币业务试点取得了新成效。

着力加强货币政策工具管理。一是认真落实2013年中国人民银行总行准备金率政策，组织开展存款准备金检查，对存款准备金欠交漏交行为实施行政处罚。二是构建再贷款“支农支小”长效机制，出台支农再贷款管理办法和短期再贷款实施细则。三是引导金融机构稳步扩大票据承兑和贴现融资业务，优先对涉农票据、县域企业与商业承兑汇票重点推广企业签发、收受的票据和中小金融机构签发、承兑、持有的票据办理再贴现。此外，还着力加强利率管理和完善监测机制。

（邓舒仁）

杭州市主要经济金融统计

（2009—2013年）

单位：亿元

项　　目	2009年	2010年	2011年	2012年	2013年
国内生产总值	5 098.66	5 945.82	7 011.80	7 803.98	8 343.52
第一产业(增加值)	190.25	207.96	236.07	255.93	265.42
第二产业(增加值)	2 434.89	2 844.47	3 322.15	3 626.88	3 661.98
第三产业(增加值)	2 473.52	2 893.39	3 453.58	3 921.17	4 416.12
全社会固定资产投资	2 291.65	2 753.13	3 105.16	3 722.75	4 263.87
地方财政收入	520.79	671.34	785.15	859.99	945.20

（续表）

项　　目	2009 年	2010 年	2011 年	2012 年	2013 年
地方财政支出	490.40	616.58	747.50	786.28	855.74
社会消费品零售总额	1 804.93	2 146.08	2 548.36	2 944.63	3 531.17
居民消费价格指数(以上年为 100)	98.6	103.9	104.8	102.5	102.5
进出口总额(亿美元)	404.17	523.55	639.72	616.83	650.71
进　口(亿美元)	132.37	170.18	244.50	204.22	203.05
出　口(亿美元)	271.80	353.37	415.21	412.62	447.66
全部金融机构各项存款(余额)	14 284.21	17 084.35	18 396.57	20 148.77	22 174.71
企业存款	6 728.99	7 936.54	11 648.10	12 644.93	13 884.84
财政存款	446.51	470.61	427.18	478.97	619.40
储蓄存款	4 223.58	4 932.87	5 547.48	6 089.98	6 408.59
全部金融机构各项贷款(余额)	13 113.30	15 078.73	16 573.74	18 090.90	19 350.70
短期贷款	5 595.02	6 500.78	7 947.96	8 748.39	9 069.59
中长期贷款	6 227.99	7 609.84	7 956.66	8 272.12	9 145.91
全部保险机构保费收入	159.69	202.94	211.10	247.92	279.23
全部保险机构保险赔款支出(含满期给付)	49.90	48.98	62.39	85.41	102.4
全部保险机构保险密度(元/人)	2 375	2 417	2 416	2 817	3 157
全部保险机构保险深度(%)	3.13	3.41	3.01	3.18	3.35

注：全部金融机构各项存款、贷款余额的七项数据为本外币并表统计数(含外资金融机构)。

2. 宁　波　市

2013 年，宁波市地区生产总值 7 128.87 亿元，按可比价格计算，比上年增长 8.1%，增幅同比提高 0.3 个百分点。其中，第一产业比上年减少 1.2%；第二、三产业分别比上年增长 8.2%、8.8%，增幅同比分别提高 2.2 个、2.4 个百分点。

农业生产放缓。“菲特”台风灾害性天气及其他疫情对宁波市农业生产影响较大，尤其是“菲特”台风造成 3.2 万家企业停产、2.7 万间房屋倒塌，248 万人受灾，直接经济损失 333.6 亿元。全年农业总产值 429.90 亿元，减少 1.5%。

工业低位徘徊。全市规模以上工业总产值 12 794.95 亿元，增长 5.6%；销售产值 12 380.97 亿元，增长 5.0%，产销率 96.76%；利税总额 1 258.10 亿元，增长 17.2%，主要是石油加工等行长增长较快，全市规上亏损企业 1 205 家，亏损面 17.65%，同比提高 1.11 个百分点。工业用电量 384.59 亿度，增长 7.9%。同比提高 8.9 个百分点。

服务业稳步发展。全市商品销售总额 12 206.38 亿元，增长 15.4%。商品房销售面积增长 23.7%。港口货物吞吐量 4.96 亿吨，增长 9.5%，集装箱吞吐量 1 677.4 万标箱，增长 7.0%。

固定资产投资增长较快。全市固定资产投资 3 422.95 亿元，增长 18%，其中房地产开发投资 1 123.14 亿元，增长 27%，新开工面积 1 837.20 万平方米，增长 24.9%。

消费保持平稳增长。全市社会消费品零售总额 2 635.71 亿元，增长 13.3%。其中，限额以上批发、零售分别增长 39.0%、10.0%，餐饮、住宿分别增长 2.7%、减少 16.6%。

出口增长较慢。全市自营进出口总额 1 003.29 亿美元，增长 3.9%。其中出口 657.10 亿美元，增长 7.0%，对俄罗斯、非洲、东盟等区域出口增长较快；进口 346.19 亿美元，减少 1.4%。

收入和就业形势稳定。全市地方财政收入 792.81 亿元，同比增长 9.3%。市区居民人均可支配收入 41 729 元，增长 10.1%；农村居民人均纯收入 20 534 元，增长 11.1%。年末，全市新增城镇就业人数 16.8

万人，城镇登记失业率2.16%。居民消费价格指数102.2%。

【金融运行】 直接融资占比下降明显。2013年，宁波市新增融资总量2 056.75亿元，其中：社会融资规模1 814.36亿元，同比仅多增19.17亿元；信用证、银行理财产品融资、银信(银租、银证、银保)合作融资及其他融资新增242.39亿元。由于股票市场IPO冻结，直接融资占比与上年相比减少4.49个百分点。

贷款增量居全省首位。截至年末，全市本外币贷款余额13 314.02亿元，同比增长11.31%；比年初增加1 326.50亿元，贷款增量连续11个月居全省第一；余额存贷比101.14%，增量存贷比112.27%。制造业、批发零售业、租赁和商务服务业新增贷款居前三位。制造业新增283.39亿元，同比少增74.93亿元，占全部新增贷款的20.36%；批发零售业，新增211.82亿元，同比少增38.93亿元，占全部新增贷款的15.22%；租赁和商务服务业，新增191.38亿元，同比多增113.63亿元，占全部新增贷款的13.75%。

存款保持稳定增长。截至年末，全市本外币存款余额13 164.60亿元，同比增长9.88%，增幅降至年内低点，并同比回落2.52个百分点；比年初新增1 181.57亿元，同比少增140.08亿元。其中，个人储蓄存款余额4 596.47亿元，同比增长9.21%，同比下降4.66个百分点；单位定期存款余额2 094.91亿元，同比增长9.13%；其他存款余额587.93亿元，同比增长47.70%，增速同比提高44.86个百分点。

货物贸易顺差增加显著。2013年，全市跨境收支1 684.62亿美元，同比增长15.40%；收支顺差403.42亿美元，增长27.22%。其中，跨境收入1 044.02亿美元，同比增长17.51%；跨境支出640.60亿美元，同比增长12.12%。

【金融市场】 截至2013年末，全市银行机构资产总额达20 243.16亿元，比年初增加2 827.17亿元，增长16.23%。全辖银行业金融机构达到63家，其中政策性银行3家，大型银行5家，股份制商业银行11家，城市商业银行12家，邮储银行1家，外资银行5家，农村合作金融机构9家，新型农村金融机构14家，非银行金融机构3家。

2013年全市证券成交总额2.16万亿元，比上年增长49.0%。其中股票和基金成交1.37万亿元，增长39.1%，证券客户交易结算资金余额66.2亿元，下降5.1%。年末证券投资者开户98.4万户，增长5.6%。年内新增期货营业部4家，年末全市共有69家证券营业部，1家证券投资咨询公司，1家期货公司和35家期货营业部。年内境内上市公司实现融资18.6亿元；境内上市公司总数42家。

2013年全市保险业实现保费收入185.5亿元，比上年增长12.6%。其中，财产险保费收入96.8亿元，增长12.3%；人身险保费收入88.7亿元，增长13.0%。支出赔款和给付103.9亿元，增长61.7%。其中，财产险赔付支出89.5亿元，增长72.5%；人身险赔付支出14.4亿元，增长16.2%。共为3.7万家次企业、229.5万辆次机动车和1 210.9万人次提供各类风险保障6.59万亿元。

【货币政策】 2013年，中国人民银行宁波市中心支行认真执行稳健货币政策和信贷政策，促进信贷投入总量适度结构合理，通过走访调查、会议指导、约见谈话、稳健性参数动态调整等措施，加强对辖区金融机构的窗口指导和对法人机构的信贷规划指导。改进地方法人金融机构流动性管理，建立涵盖日常流动性指标、应急流动性指标、资产安全性、资产质量、盈利能力、融资水平六个方面、19个细项的流动性指标监测体系。进一步发挥再贴现工具引导金融机构办理小面额票据承兑、贴现的作用，全年累计办理再贴现4 763笔，金额25.24亿元，同比增长83%；完善支农再贷款管理，支持金融机构扩大涉农信贷投放，全年累计发放支农再贷款8.21亿元，同比增加0.2亿元。结合辖区实际研究提出金融支持创新驱动加快经济转型发展“三年行动计划”，实施过程中，注重组织引导，面向科技金融、绿色金融、创业融资、外贸转型等领域组织了7场业务宣讲和融资对接会。实施“三大工程”，其中“金火炬”工程支持了科技创新发展，股权质押、知识产权质押贷款等创新产品推广力度加大，“金钥匙”工程支持了现代产业体系的培育完善，“金手指”工程支持了城乡一体创业富民。年末小微企业贷款余额3 941.7亿元，余额占比40.9%。涉农贷款余额4 793.0亿元，同比增长15.9%。提高信贷政策导向效果评估科学性和有效性，运用信贷政策综合评估模式，对30家金融机构进行综合评估，对25家金融机构进行中小企业方面政策的专项评估，对宁波银行开展现场评估并提出存在问题与整改措施。

【金融服务】 2013年，中国人民银行宁波市中心支行推进货物贸易外汇管理改革，加强总量核查、分类管理和动态监测，对181家企业实施现场核查，对96家企业实行分类管理。实施服务贸易外汇管理改革，相关行政许可全面取消。适应资本项目可兑换思路，积极落实外商直接投资和外债管理两大新政策。成为全国唯一一个开展出口买方信贷项下非关联对外担保试点的城市。出台宁波市跨境贸易电子商务外汇管理指引，全面解决跨境贸易电子商务面临的收付汇难题。继续推动跨境贷款对外债权登记试点向纵深发展，全年新增跨境贷款36.2亿美元，较上年增长2倍。宁波金融IC卡多应用平台成为全国率先投入运用的国家电子商务示范城市试点项目，并在全国率先与中国人民银行总行移动支付平台实现对接。截至年末，辖内已有23家银行累计发行金融IC卡811万张，新增发卡中金融IC卡占比超过50%。手机信贷模式全面推广，截至年末，共发放手机信贷卡4 350张，贷款余额达1.8亿元。推进农村地区"微银行"金融服务体系建设，提供小额存取款、转账汇款、业务咨询等基本金融服务，以及公用事业缴费、贷款申请代受理和货币反假鉴定等附加金融服务。截至年末，辖区已设立1 554家服务点，覆盖辖内54.9%的行政村。优化票据电子交换系统功能，实现了金融IC卡同城跨行通存通兑、个人跨行定期还款和清算组织集中支付缴费。推动网上支付业务在县域的应用，截至年末，共创建完成网上支付应用示范区8个，发展网上支付单位用户15.49万个、个人用户412.47万户，较上年同期分别增长53.67%和47.67%。完善中小微企业信用体系建设，截至年末，累计有14.9%建立过信用档案的中小企业获得了贷款。深化农村信用体系建设，已累计为44.7%的农户建立了信用档案。以媒体报道、有奖竞答、主题晚会等方式，多方位宣传《征信业管理条例》，并组织实施征信宣传进校园、进医院、进部队、进企业、进乡村等活动。

（陈　科）

宁波市主要经济金融统计

（2009—2013年）　　　　单位:亿元

项　　目	2009年	2010年	2011年	2012年	2013年
国内生产总值	4 214.60	5 125.80	6 010.48	6 524.70	7 128.87
第一产业(增加值)	183.80	218.40	255.76	270.00	276.35
第二产业(增加值)	2 247.80	2 848.20	3 335.37	3 516.70	3 741.72
第三产业(增加值)	1 783.00	2 059.20	2 419.35	2 738.00	3 110.80
全社会固定资产投资	2 004.20	2 206.50	2 392.90	2 901.40	3 423.00
地方财政收入	432.80	530.90	657.60	725.50	792.81
地方财政支出	506.10	600.70	750.70	828.40	939.90
社会消费品零售总额	1 434.40	1 704.50	2 018.90	2 329.30	2 635.70
居民消费价格指数(以上年为100)	99.40	103.70	105.30	101.70	102.20
进出口总额(亿美元)	608.10	829.00	981.90	965.70	1 003.29
进　口(亿美元)	221.60	309.30	373.60	351.30	346.19
出　口(亿美元)	386.50	519.70	608.30	614.40	657.10
全部金融机构各项存款(余额)	8 083.94	9 755.52	10 659.27	11 980.50	13 164.60
企业存款	2 899.05	3 410.43	6 220.07	6 961.10	7 439.80
财政存款	155.79	208.23			
城乡储蓄存款	2 869.56	3 312.17	3 696.28	4 208.80	4 596.50
全部金融机构各项贷款(余额)	7 424.87	9 414.20	10 676.84	11 961.00	13 314.02
短期贷款	3 893.50	4 811.29	5 945.05	6 760.30	7 548.60

（续表）

项　　目	2009 年	2010 年	2011 年	2012 年	2013 年
中长期贷款	3 176.14	4 150.68	4 485.41	4 790.10	5 387.40
全部金融机构保费收入	107.40	144.06	148.39	164.71	185.50
全部保险机构保险赔款支出（含满期给付）	36.30	38.10	48.14	64.27	103.90
全部保险机构保险密度（元/人）	1 881	2 003.60	1 929.00	2 138.00	2 428.00
全部保险机构保险深度（%）	2.54	2.81	2.50	2.52	2.60

注：因统计口径变更，2011 年企业存款更改为单位存款。

3. 温　州　市

2013 年，温州市实现生产总值 4 003.86 亿元，可比增长 7.7%。全市规模以上工业总产值 4 418.48 亿元，同比增长 3.5%，增速较上年同期提高 4.9 个百分点。其中大中型企业工业产值增长 4.7%，高出规上工业企业产值平均增幅 1.2 个百分点。

温州市完成限额以上固定资产投资 2 618.09 亿元，同比增长 24.1%。“三驾马车”中，除投资较快增长外，消费、出口需求低迷。全年全市实现限额以上社会消费品零售总额 787.94 亿元，同比增长 5.4%；全市外贸进出口总额 206.02 亿美元，同比增长 0.8%。其中出口 181.46 亿美元，同比增长 2.55%。外贸出口形势较为严峻。

全市财政总收入 565.6 亿元，同比增长 9.2%。其中，公共财政收入 324.0 亿元，同比增长 11.9%；全年全市规上工业企业实现利税总额 361.17 亿元，同比增长 7.0%，较上年提高 14.2 个百分点，其中完成利润总额 213.13 亿元，同比增长 9.0%；市区居民消费价格指数累计上涨 2.7%。

【货币政策及金融创新】 2013 年，中国人民银行温州市中支以“创新金融服务支持经济转型升级”为主线，认真贯彻稳健的货币政策，加强信贷引导和创新推动，改进跨境人民币业务等金融服务，维护区域金融平稳运行。

推进金融支持经济转型升级。加强政策指引，组织全市金融机构开展金融支持经济转型升级服务年活动，制订活动方案，明确九项重点支持和一项限制措施。年中现场督查了银行机构支持经济转型升级、推进金融创新、化解金融风险等工作开展情况，召开督查汇报会，通报督查结果。加强窗口指导，推进中小企业、三农、绿色金融、科技金融、海洋金融、民生金融等金融服务，促进金融支持经济转型升级服务。

做好法人银行的合意贷款管理。严格落实合意贷款政策，加大机构之间调剂力度，做好地方法人金融机构信贷投放预调微调，确保地方法人金融机构贷款增长不超出合意贷款前提下，保持信贷投放适度增长，投放节奏更趋均衡。全年法人机构贷款新增 237.89 亿元，占全年合意贷款 99.6%。

加强部门联动，形成政策合力。会同发改委向银行机构公布 2013 年银项合作推荐项目名单；配合经信委举办成长型小微企业融资对接会；联合市环保局实行绿色信贷名录管理，推动排污权抵押；会同科技局加大对战略性新兴产业和科技创新支持力度；会同市住建委加强商品房预售资金监管。

加强中央银行资金管理。加强再贷款管理，发文规范支农再贷款业务操作，督促温州银行建立再贷款资金使用内部管理机制和系统标识，全面开展支农再贷款现场检查。将支农再贷款服务对象拓展到 5 家村镇银行。年末再贷款限额 19.95 亿元，累计发放各项再贷款 30.6 亿元，创历史新高。积极办理再贴现业务，加强操作安全管理，累计办理再贴现 10 笔，金额合计 1 100 万元，支持中小企业发展。

引导金融机构加大小微企业信贷投放。做好农信社和村镇银行的票据兑付后续监测考核，落实存款准备金等货币政策的导向激励，支持发展支农支小信贷服务。对 20 家银行机构开展中小企业信贷政策导向效果评估，组织指导各县（市）支行对 68 家县域银行机构开展涉农信贷政策导向效果评估。会同审核 11 家市级银行机构小企业贷款风险补偿资金 157.78 万元，会同申报农村合作金融机构农业贷款风险补偿资金 196.91 万元。

推进期限类信贷产品创新。出台《关于加强银行业金融机构服务创新的意见》《关于进一步做好金融服务工作有关问题的通知》等文件，采取试点推广、现场督查、动态监测等措施，推广循环贷款、年审制贷款、增信式和分段式还款等信贷创新。全市有32家银行机构共推出了51种延长贷款实际使用期限的创新产品，累计发放各类贷款1.15万笔，共计196亿元。全市中长期贷款余额比年初新增318.4亿元，中长期贷款占比提高3.8个百分点。

大力推动直接债务融资发展。积极推进短期融资券、中期票据、中小企业集合票据等银行间市场企业债务融资工具发行。全市共有6家企业在银行间市场发行7单直接债务融资工具，金额38.5亿元，同比增加19.8亿元；有4家企业43亿元直接债务融资工具已注册。首单区域集优项目已报交易商协会审核。支持多家法人金融机构发行小型微型企业专项金融债。推进温州市保障房私募债发行，首期36亿元保障房非公开定向债券已上报交易商协会。

推广发展跨境人民币业务。强化RCPMIS系统监测与管理，开展业务宣传月活动，召开温州市跨境人民币业务部门联席会议，加强推动业务发展沟通协作。截至12月末，全市跨境人民币累计结算量约360亿元。资本项目人民币跨境业务实现全面突破，已开办人民币境外直接投资、外商投资、外商投资企业外债业务、境内企业境外人民币放款业务等，办理了辖内首笔、全省金额最大的外商直接投资人民币借款项目。

【金融运行】 2013年，温州市金融运行总体平稳，在贷款增长放缓同时直接融资得到较快发展，存款增势较上年好转，不良贷款率增速明显放缓。

存款同比多增。2013年末，全市金融机构本外币各项存款余额8 095.5亿元，较年初新增349.7亿元，同比多增150.3亿元，余额同比增长4.53%，比上年同期上升1.89个百分点。

贷款适度增长。2013年末，全市金融机构本外币各项贷款余额7 263.3亿元，比年初增加215.9亿元，同比少增402.1亿元；余额同比增长3.57%，比上年同期回落6.09个百分点。

跨境收支“一升一降”，顺差扩大，人民币跨境收支继续快速增长。温州市跨境收支总额为474.02亿美元，同比增长1.6%。其中，跨境收入356.56亿美元，同比增长11.1%；跨境支出117.46亿美元，同比下降19.3%；跨境收支顺差239.10亿美元，同比增长36.3%。累计办理跨境人民币收支折合87.87亿美元，同比增长56.9%。

不良贷款率增速明显放缓。2013年末，全市金融机构本外币不良贷款额和不良贷款率分别为320亿元和4.40%，分别较年初增加57亿元和上升0.65个百分点。

【金融市场】 1—12月，全市累计保费收入131.18亿元，同比增长10.72%；累计赔款和给付支出45.2亿元。全市累计证券交易额8 500.59亿元，同比增长38.76%；12月末，全市证券保证金余额30.42亿元，同比下降13.75%。2013年温州直接融资金额达到153亿元，比上年增长59.4%，是全年银行新增贷款的71.01%，全市新增企业债、公司债融资38.5亿元，新增中票22.5亿元，短期融资券16亿元。2013年末全市小额贷款公司贷款余额达到142.13亿元。

（倪乐央）

温州市主要经济金融统计

（2009—2013年）

单位：亿元

项　　目	2009年	2010年	2011年	2012年	2013年
国内生产总值	2 527.88	2 925.57	3 350.87	3 650.06	4 003.86
第一产业(增加值)	79.89	92.78	107.01	112.9	115.39
第二产业(增加值)	1 287.75	1 535.12	1 750.65	1 843.06	2 015.48
第三产业(增加值)	1 160.24	1 297.66	1 493.21	1 694.1	1 782.99
全社会固定资产投资	837.78	925.98	1 751.52	2 357.11	2 950
地方财政收入	360.72	411.43	485.61	517.89	565.6
地方财政支出	251.56	311.05	370.4	387.8	438

（续表）

项　　目	2009 年	2010 年	2011 年	2012 年	2013 年
社会消费品零售总额	1 264.72	1 498.09	1 767.64	1 929.29	2 136.38
居民消费价格指数(以上年为 100)	99	104.3	106.1	102.3	102.7
进出口总额(亿美元)	132.79	170.94	215.72	204.38	206.02
进　口(亿美元)	23.43	25.51	34.06	27.43	24.56
出　口(亿美元)	109.36	145.43	181.65	176.96	181.46
全部金融机构各项存款(余额)	5 352.44	6 497.59	7 545.6	7 744.94	8 095.48
企业存款	1 485.42	1 954.34	3 494.17	3 379.45	3 340.12
财政存款	129.03	142.40	147.85	145.91	148.15
储蓄存款	2 752.78	2 154.16	3 566.31	3 843.3	4 002.2
全部金融机构各项贷款(余额)	4 486.68	5 516.68	6 394.96	7 013	7 263.33
短期贷款	3 380.88	4 206.28	5 230.08	5 692.41	5 643.88
中长期贷款	984.04	1 173.15	1 085.23	1 166.21	1 484.62
全部保险机构保费收入	80.27	101.55	110.88	118.47	131.18
全部保险机构保险赔款支出(含满期给付)	13.87	15.77	19.62	25.96	45.2
全部保险机构保险密度(元/人)	1 030.28	1 290.67	1 388.8	1 480.49	1 639.75
全部保险机构保险深度(%)	3.18	3.47	3.31	3.25	3.28

注：全部金融机构各项存款、贷款余额的七项数据为本外币并表统计数(含外资金融机构)。

4. 嘉　兴　市

2013 年，嘉兴市实现生产总值 3 147.66 亿元，可比增长 9.3%。工业经济稳中趋缓，企业效益总体平稳。全市规模以上工业增加值 1 206.5 亿元，同比增长 11.5%；规模以上工业企业实现利润 340.1 亿元，同比增长 31.1%。

三大需求平稳增长，增长动力基本稳定。固定资产投资 1 910.2 亿元，同比增长 16.3%；进出口总额 317.6 亿美元，同比增长 10.5%，其中出口 215.1 亿美元，同比增长 9.8%；社会消费品零售总额 1 196.9 亿元，同比增长 13.1%。

财政收支持续增长，物价水平总体平稳。全市实现财政总收入 517.5 亿元，同比增长 9.7%，其中地方财政收入 282.3 亿元，同比增长 9.5%；市区居民消费价格指数累计上涨 1.7%，市区商品住宅成交均价 7 274 元/平方米，同比微降 0.2%。

【货币政策】 2013 年，中国人民银行嘉兴市中支认真贯彻稳健的货币政策，引导信贷适度增长，进一步调整和优化信贷结构。

贯彻执行稳健的货币政策，引导信贷合理适度增长。引导辖内金融机构贷款合理适度增长，做好法人金融机构信贷调控工作。用好并优化差别准备金动态调整工具，贯彻落实《2013 年浙江省地方法人金融机构稳健性参数动态调整实施方案》。加大稳健货币政策宣传力度，确保货币信贷政策传导机制和传导渠道畅通，合理引导社会预期。

加强货币政策工具管理，提高政策的针对性和灵活性。全面强化法人机构流动性管理，针对“620”反映出银行流动性管理的新情况新问题，以敏锐的监管意识建立流动性管理“5＋1”联动机制。管好用活再贷款工具，主动排摸资金需求，把好贷款投向管理。加强专项票据兑付后续监测考核，组织实施辖内农村信用社的监测考核工作，上报年度考核专题报告。推进利率市场化改革，举办利率市场化和利率管理培训班，加强利率动态监测，制定《嘉兴市金融机构利率政策执行情况及利率定价能力评估办法》。

强化信贷政策引导，着力支持经济转型升级。加大对中小企业的金融支持力度，深入推进九大类担保方式创新，拓宽小微企业融资可抵押物范围。推动小微企业四大类还款方式创新，着力提高小微企业信用贷款比重。支持新型城镇化建设和现代农业发展，以嘉兴市小城市培育试点为突破口，引导金融机构加强与城镇化建设项目融资对接，以嘉兴作为省级统筹城乡综合配套改革试点为契机，不断加大对“两分两换”推进“两新工程”建设的支持力度。积极落实房地产信贷政策，加大对保障性住房建设的金融支持。大力推进科技和金融高效对接，以嘉兴市创建省级科技金融创新示范区为抓手，深入推进科技金融合作。

【金融运行】 2013 年，嘉兴市金融运行总体平稳，金融总量不断扩大；信贷结构有所变化。存款同比多增。2013 年末，全市金融机构本外币各项存款余额 5 205.7 亿元，比年初增加 608.3 亿元，同比多增 178.5 亿元，余额同比增长 13.2%，比上年同期上升 2.9 个百分点。贷款适度增长。2013 年末，全市金融机构本外币各项贷款余额 4 122.8 亿元，比年初增加 446.9 亿元，同比少增 10.9 亿元，占全省比重 7.8%，同比提高 0.5 个百分点；余额同比增长 12.3%，比上年同期回落 2.0 个百分点。

国际收支顺差扩大，跨境人民币结算较快增长。全市国际收支总计 443.6 亿美元，同比增长 7.3%，其中顺差137.0 亿美元，增长 19.5%。跨境人民币结算量达 416.0 亿元，同比增长 36.8%。银行不良贷款总体稳定。2013 年末，全市金融机构本外币不良贷款余额 50.4 亿元，比年初增加 4.3 亿元；不良贷款率 1.22%，比年初下降 0.03 个百分点。

【金融市场】 全市累计保费收入 84.1 亿元，同比增长 12.5%；累计赔款和给付支出 33.3 亿元，同比增长 28.5%。累计证券交易额 6 391.2 亿元，同比增长 57.8%；12 月末，证券保证金余额 26.7 亿元，同比增长 0.1%。企业直接融资新增 170.0 亿元，其中新增企业债、公司债融资 74.0 亿元，新增短融、中票、集合票据融资 74.5 亿元，新增股票融资、定向增发 13.2 亿元，新增私募债融资 8.3 亿元。2013 年末全市小额贷款公司贷款余额达到 62.7 亿元。

【金融创新】 2013 年，嘉兴市深入推进九大类担保方式创新，拓宽小微企业融资可抵押物范围。全市金融机构担保方式创新贷款余额 121.11 亿元，同比增长 28.5%，高于各项贷款增速 14.2 个百分点。推动小微企业四大类还款方式创新，全市 35 家金融机构推出“无还本续贷”、“还贷便利宝”、“小微企业转贷基金”、“接力贷”等 50 多项小微企业还款方式产品。累计发放还款方式创新贷款 59.49 亿元，为转贷企业节约财务费用超过 5 亿元。

（郑　飞）

嘉兴市举办金融服务宣讲会

嘉兴市主要经济金融统计

（2009—2013 年）　　单位：亿元

项　目	2009 年	2010 年	2011 年	2012 年	2013 年
国内生产总值	1 917.96	2 296.00	2 668.06	2 884.94	3 147.66
第一产业（增加值）	107.01	126.30	146.09	150.05	155.62
第二产业（增加值）	1 111.74	1 342.12	1 536.18	1 620.82	1 726.73
第三产业（增加值）	699.21	827.58	985.79	1 114.07	1 265.31
全社会固定资产投资	1 233.34	1 518.60	1 502.48	1 642.31	1 910.15
地方财政收入	141.70	176.83	226.40	257.73	282.31
地方财政支出	161.11	199.06	240.61	260.70	303.36

（续表）

项　　目	2009年	2010年	2011年	2012年	2013年
社会消费品零售总额	694.30	799.40	948.57	1 083.74	1 196.93
居民消费价格指数(以上年为100)	99.1	104.00	105.5	102.2	101.7
进出口总额(亿美元)	172.04	228.20	284.84	287.44	317.63
进　口(亿美元)	48.63	67.79	92.12	91.41	102.51
出　口(亿美元)	123.41	160.41	192.72	196.03	215.12
全部金融机构各项存款(余额)	2 904.21	3 590.82	4 168.17	4 597.34	5 205.65
企业存款	955.10	1 151.16	2 130.87	2 265.45	2 508.87
财政存款	30.06	54.06	61.71	51.36	51.15
储蓄存款	1 376.76	1 621.29	1 910.30	2 181.17	2 522.83
全部金融机构各项贷款(余额)	2 278.65	2 753.64	3 212.74	3 670.52	4 122.77
短期贷款	1 156.87	1 390.05	1 831.14	2 167.67	2 414.07
中长期贷款	1 029.32	1 252.27	1 359.05	1 444.41	1 671.06
全部保险机构保费收入	47.25	59.27	70.09	74.71	84.07
全部保险机构保险赔款支出(含满期给付)	15.82	13.04	19.55	25.94	33.33
全部保险机构保险密度(元/人)	1 397.93	1 764.13	2 051.81	2 178.10	2 472.65
全部保险机构保险深度(%)	2.46	2.58	2.63	2.59	2.67

注：全部金融机构各项存款、贷款余额的七项数据为本外币并表统计数(含外资金融机构)。

5. 湖　州　市

2013年，湖州市实现地区生产总值(GDP)1 803.15亿元，按可比价格计算，比上年增长9.0%。分产业看，第一产业增加值125.56亿元，增长0.7%；第二产业增加值953.19亿元，增长10.1%，其中，工业增加值861.10亿元，增长10.8%；第三产业增加值724.40亿元，增长9.0%。按户籍人口计算的人均GDP为68 839元，增长8.7%，折合11 116美元；按常住人口计算的人均GDP为61 953元，增长8.7%，折合10 004美元。全年实现农林牧渔业总产值212.99亿元，比上年增长2.2%。规模以上工业增加值629.94亿元，比上年增长11.3%，规模以上工业实现主营业务收入3 763.05亿元，比上年增长13.5%，利税323.97亿元，其中，利润207.14亿元，分别增长27.1%和31.0%。全年完成固定资产投资1 070.05亿元，比上年增长10.2%，其中，非国有投资866.41亿元，增长9.0%。全市外贸进出口总额95.33亿美元，比上年增长9.3%。其中，出口80.88亿美元，增长9.5%；进口14.45亿美元，增长8.3%。全年新批准及增减资外资项目211个，其中，新批外商投资企业119家，批准增资项目60个。合同外资16.84亿美元。接待国内外旅游人数4 956.74万人次，比上年增长17.0%。实现财政总收入271.66亿元，其中，地方财政收入154.66亿元，分别比上年增长10.0%和11.6%。财政总收入占GDP的比重为15.1%。社会消费品零售总额766.22亿元，比上年增长13.1%，居民消费价格总水平比上年上升2.1%。

【货币政策】 中国人民银行湖州市中支继续保持政策的针对性、灵活性和有效性，加快推动经济金融转型。引导信贷合理增长，指导地方法人金融机构把握好信贷投放的力度和节奏。灵活运用再贷款、再贴现等货币政策工具，有效扩大金融供给能力。针对2013年夏天持续高温灾害和台风灾害，申请支农再贷款资金，用于全市灾后建设。开展全市中小企业及涉农信贷政策执行效果评估工作以及全市金融机构利率政策执行情况和利率定价能力评估工作，发挥信贷政策评估的正向激励和有效引导作用。制订出台《关于金融进一步支持实体经济发展的指导意见》，引导金融机构加大对实体经济支持力度，优化信贷投向结构，提升金融服务效率。开展重点建设项目银企对接活动，加大对重点建设项目的信贷支持力度。加大对“3＋3”产业体系的金融支持力度，助推工业经济转型升级。创新知识产权抵质押贷款模式，推动科技金融发展。所辖安吉县成为全省唯一的国家知识产权质押融资试点县。稳步推进跨境人民币业务，鼓励银行创新产品，尝试开展人民币 NRA 账户境内质押境内融资业务。

【金融运行】 2013 年末，全市本外币各项存款余额 2 577.93 亿元，比年初增加 291.79 亿元，同比多增 108.04 亿元，同比增长 12.79％，增速高于上年同期 4.06 个百分点，高于全省平均增速 2.21 个百分点，列全省第 6 位。全市本外币贷款余额 2 145.43 亿元，比年初增加 231.5 亿元，同比多增 31.26 亿元，同比增长 12.18％，增速高于上年同期 0.49 个百分点，高于全省平均增速 2.38 个百分点，列全省第 6 位。全市金融机构不良贷款余额 43.32 亿元，比年初增加 13.54 亿元；不良贷款率 2.02％，比年初上升 0.46 个百分点。

【金融市场】 全市实现证券交易额 2 185.37 亿元，同比增长 45.65％。其中，A 股累计交易额 1 584.09 亿元，增长 22.5％；基金累计交易额 2.7 亿元，增长 519.62％。个人开户数较 2012 年底增加 1 919 户，同比少增 8 850 户；机构开户数较 2012 年底增加 21 户，同比多增 6 户。全市保险公司全年保费收入 59.07 亿元，同比增长 24.22％。其中，产险保费收入 29.76 亿元，增长 49.88％；寿险保费收入 29.31 亿元，增长 5.83％。各类保险理赔支出 23.66 亿元，同比增长 62.18％。其中，产险理赔支出 19.23 亿元，增长 88％；寿险理赔支出 4.43 亿元，增长 1.64％。

【金融稳定】 以“稳健性现场评估”为抓手，创新评估手段，深化金融维稳职能。针对湖州市不良贷款持续发酵问题，重点围绕银行机构不良资产分类真实性和表外业务开展合规性等对长兴农村合作银行开展稳健性现场评估。针对湖州市担保链风险问题对建设银行长兴支行担保有效性稳健性专项现场评估。在利率市场化逐步推进和金融脱媒现象进一步加剧的新形势下，加强全市银行业机构流动性管理，促进辖区法人金融机构稳健经营。启动法人金融机构流动性管理专项窗口指导，组织召开全市法人金融机构流动性管理专题会议。深化日常监测，在部门协作的基础上对法人金融机构流动性实行名单制管理。

【金融服务】 加快改善全市农村地区支付环境，立足湖州市作为“省级社会主义新农村实验示范区”和全面实施“美丽乡村”建设的平台优势，推动实施全市“易(e)支付”工程。作为全省四个农村地区手机支付业务试点地市之一，把农村团员青年等重点创建对象打造成为“手机支付应用示范群体”。提升人民币管理，建立金融机构小面额现金备付制度、小面额现金主办网点制度和主办银行制度三大长效机制。在全省率先实现商业银行缴存中国人民银行发行库现金及 ATM 机加钞实现全额清分，实现 ATM 取款机冠字号码的查询。在全省率先开展地税电子退库试点工作。创新开通企业款项“绿色通道”。

【外汇管理】 建立以银行和企业为主体的资本经常联动管理模式，统筹分析相关主体涉外行为，不断拓展外汇管理的全面性，有效提高审慎监管效率。逐步建立“主体监测、异常追踪、违规处置、分类管理”的全流程运行机制，并通过“三项联动”实现从行为监管向主体监管转变。打击虚假转口贸易成效显著，在全国范围内实现了专项行动处罚第一案，有力地威慑了虚假转口贸易行为，且有效地抑制了杠杆作用下的跨境收入增长。依托外汇政策服务站深入乡镇、信息灵敏的优势，大力推动外汇政策服务站“扩能”，在加强服务站外汇政策普及和信息传递功能的基础上，进一步将部分调查、监测工作下放，提升服务效率。

【征信管理】 开展“《征信业管理条例》宣传贯彻年活动”。创建《湖州市征信业法规宣讲员工作制度》，由金融机构征信从业人员组成宣讲员队伍，负责对征信法规宣传和培训。开展“万家企业万封信”和“千企百日行”专项活动。将《征信业管理条例》主要内容进行印发，在企业办理贷款卡或贷款卡年审时送达，进一步扩大《条例》的受众群体。从中小企业信用档案数据库中选择“有市场、有技术、缺资金、缺担保”的 1 000 家小微企业，组成“湖州市小微企业金融支持项目库”，在 100 天内通过加强政府、银行、企业之间的协调互动，为小微企业在融资和结算等方面提供金融服务支持。

（孙　巍）

湖州市主要经济金融统计

(2009—2013年)

单位:亿元

项 目	2009年	2010年	2011年	2012年	2013年
国内生产总值	1 111.50	1 301.73	1 518.83	1 661.97	1 803.15
第一产业(增加值)	89.74	104.22	116.02	123.31	125.56
第二产业(增加值)	617.76	715.01	824.55	888.20	953.19
第三产业(增加值)	404.00	482.50	578.26	650.46	724.40
全社会固定资产投资	637.84	719.98	809.65	970.73	1 070.05
地方财政收入	80.01	97.27	122.12	138.55	154.66
地方财政支出	108.51	127.12	151.73	167.51	197.61
社会消费品零售总额	442.57	516.09	609.89	703.87	766.22
居民消费价格指数(以上年为100)	99.20	104.00	104.80	102.00	102.10
进出口总额(亿美元)	48.33	69.28	86.62	87.37	95.33
进 口(亿美元)	7.57	10.67	13.06	13.40	14.45
出 口(亿美元)	40.76	58.61	73.56	73.96	80.88
全部金融机构各项存款(余额)	1 397.68	1 805.61	2 102.05	2 285.66	2 577.93
企业存款	444.04	558.92	1 067.82	1 128.95	1 212.19
财政存款	9.76	14.11	25.61	35.48	35.09
储蓄存款	688.32	821.68	954.44	1 082.79	1 243.80
全部金融机构各项贷款(余额)	1 150.71	1 461.32	1 712.17	1 912.40	2 145.43
短期贷款	624.98	812.49	1 057.63	1 202.75	1 261.99
中长期贷款	477.41	600.84	629.46	666.11	835.42
全部保险机构保费收入	31.45	41.43	46.03	47.55	59.07
全部保险机构保险赔款支出(含满期给付)	6.35	6.35	8.04	14.59	23.66
全部保险机构保险密度(元/人)	1 209.62	1 442.50	1 590.93	1 636.90	2 250.34
全部保险机构保险深度(%)	2.83	3.18	3.03	2.86	3.55

注:全部金融机构各项存款、贷款余额的七项数据为本外币并表统计数(含外资金融机构)。

6. 绍 兴 市

2013年绍兴市实现GDP为3 967亿元,增长8.5%,比上年度回落1.2个百分点。其中第一产业193亿元,增长3.1%;第二产业2 103亿元,增长8.6%;第三产业1 671亿元,增长9.0%。全社会固定资产投资2 002亿元,增长16.2%。其中,基础设施投资365亿元,增长28.5%;工业性投资1 000亿元,增长13.4%;房地产开发投资537亿元,增长14.8%。商品房销售建筑面积608万平方米,增长25.6%;商品房销售额569亿元,增长35.7%。全市外贸进出口总额334亿美元,同比增长4.0%。其中,全年累计自营出口279亿美元,同比增长9.2%;全年累计进口55亿美元,同比下降16.7%。全市累计实现社会消费品零售总额1 318亿元,增长13.8%。城镇居民人均可支配收入和农村居民人均现金收入分别为40 454元、19 618元,增长9.6%和10.8%。全市规上工业企业实现利润485亿元,增长10.4%。财政总收入502亿元,增长7.0%;财政支出312亿元,增长12.0%。市区CPI累计比上升2.0%;工业生产者出厂价格指数和购进价格指数累计同比分别下降1.7%和1.3%。

【货币政策】 贯彻落实各项货币信贷政策。一是加强法人金融机构信贷调控。根据上级行要求,按日监测法人金融机构贷款投放,按月控制其贷款增量，合理整合全辖法人金融机构合意贷款规模，提高支持实体经济发展能力。二是加强对金融机构的监督管理。开展2012年度全市农信社和村镇银行监测考核工作。完成2012年度中小企业、涉农信贷政策导向效果评估、“千家企业评银行”问卷调查，督促银行改进工作作风；对北京银行、恒信农合行开展利率政策、存款准备金政策、跨境人民币业务、信贷业务等现场检查。三是推动利率市场化。加强宣传，举办“利率市场化进程中商业银行应对策略”的讲座，根据上级行安排，对全辖法人金融机构开展利率政策执行情况及利率定价能力评估，指导金融机构提高定价水平和应对利率市场化的能力。

支持地方实体经济转型升级。一是完善政策体系。出台《关于改进金融服务　强化要素保障　支持经济转型升级发展的意见》，强化实体经济转型升级的要素保障；出台《绍兴市金融支持文化产业发展的指导意见》，加强对文化产业发展的金融支持；联合财政、经信、发改等部门开展小企业贷款、农信社涉农贷款风险补偿工作，促进金融机构加强对小企业、三农等领域的支持。二是搭建合作平台。联合相关部门，举行为期4个月，以“营造良好金融环境，助推经济转型升级”为主题的“绍兴市金融助推经济转型升级服务活动”。联合经信委编发全市银行对融资性担保公司合作的准入条件小册子，公开合作条件，促进银担合作。开展“金融支持中小企业示范项目”、“支农精品工程”评选活动和“金融对接十大产品重点企业活动”。三是加强金融创新。联合市财政局等部门，开展市级政府采购支持中小企业信用融资试点。在嵊州市试点推出土地承包经营权抵押贷款，首笔100万元贷款已成功发放。举办全市银行间市场债务融资业务推进会，出台实施《绍兴市银行间市场债务融资企业培育库管理办法》，选择市内69家企业纳入培育库予以重点支持和服务。支持绍兴银行、瑞丰银行发行金融债，指导诸暨支行开展“区域集优”合作项目试点。

【金融运行】 存款总体多增，“前高后低”特征明显。12月末，全市各项存款余额6 461.7亿元，比年初新增536.7亿元，同比多增121.2亿元；余额同比增长9.0%，比上年同期提高1.6个百分点。全年存款运行表现为前高后低、结构变化等特征。第一季度存款增加578.8亿元，多增368.6亿元；而4—12月下降42.1亿元，上年同期为增加205.3亿元，存款增量主要集中在一季度。后期存款增势放缓的原因：一是保证金受监管影响波动大；二是存款分流加剧。一方面电商分流个人存款。以“余额宝”为例，辖内某商业银行1—12月净转入支付宝账户的活期存款金额同比增长189.1%。另一方面，理财产品继续分流存款，据对全市14家商业银行统计汇总，11月末，全市金融机构理财产品余额同比大幅增长44.8%。三是部分调控领域存款下降。据对全市各家银行存款下降前十大户统计显示，175家样本企业中政府融资平台、房地产建筑业11月末存款比年初下降量占比合计达37.9%。从存款构成看，单位存款新增244.3亿元，同比多增162.7亿元，占全部存款新增额的45.5%，占比比上年同期提高25.9个百分点。但其中企业存款仅新增26.3亿元，增加的多为机关团体存款。个人存款新增275.8亿元，同比少增27.0亿元，主要原因为理财产品、电商分流存款逐渐常态化。其他存款新增37.8亿元，同比多增28.4亿元，主要为保险机构存款增加。

贷款少增较多，结构变化明显。12月末，全市贷款余额5 644.15亿元，比年初新增511.62亿元，比上年同期少增154.45亿元；余额同比增长10.04%，比上年同期回落4.88个百分点。从期限看，中长期贷款多增。12月末新增中长期贷款196.19亿元，同比多增104.76亿元；余额同比增长17.57%，比全部贷款高7.53个百分点，是短期贷款增速的2.17倍，其中新增个人住房贷款97.4亿元，占中长期贷款增量的50.92%。1—11月短期贷款新增317.67亿元，仅为上年同期增量的56.11%。从投向看，信贷结构“三多一少”，一是商贸服务业增长较多，二是固定资产贷款新增较多，三是个人购房贷款多增。受楼市交易回暖影响，个人购房贷款快速增长，四是制造业贷款少增明显，增长乏力。

社会融资规模总体平稳，国际信用证快速发展。2013年全市金融机构各项贷款同比虽然少增，但社会融资总规模不减反增。据统计，2013年，全市社会融资规模为780.97亿元，比2012年多增41.93亿元。从构成看，全年人民币贷款、外币贷款、银行承兑汇票敞口余额和小贷公司等4项下降较多，少增金额依次为96亿元、52亿元、16亿元和6亿元。而国际信用证、委托贷款、企业债券和国内信用证4项则明显多增，多增额依次为99亿元、48亿元、47亿元、13亿元。

异地信贷流入少增，跨境人民币业务快速增长。年末，绍兴市异地信贷资金流入余额为1 737.64亿元，比年初增加33.32亿元，同比少增28.2亿元；余额同比增长1.95%，比上年同期下降1.79个百分点。其中，异地流入的各项贷款余额1 318.21亿元，比年初增加94.63亿元，同比多增40.75亿元；余额同比增长7.73%，比上年同期上升3.12个百分点。2013年，全市跨境人民币结算量888.13亿元，同比增长29.86%。惠及企业持续增加，银行参与面继续扩大，全市有25家银行、1 063家企业开展跨境人民币业务，比2012年分别增加了6家和230户。同时，境外交易的区域范围明显扩大，人民币清算渠道有效拓展，对外结算的国家和地区已达121个，较年初增加了19个。

资金价格涨跌互现，银行效益下降。2013年全市人民币贷款加权利率为6.85%，比上年同期下降0.35个百分点；平均上浮幅度为15.65%，比上年同期下降1.52个百分点。银行承兑汇票贴现利率呈先降后升态势，从2012年1月份的9.1%一直回落到2013年5月份的4.5%，6月份后受银行间市场流动性紧张、银监部门对票据业务整顿等多重因素影响快速回升，12月为7.67%，比上年同期上升1.57个百分点。存款贴息价格季末冲高特征较为明显，日常基本稳定在1.8%—2.1%之间，季末价格则达到2.5%。2013年10月25日贷款基础利率(LPR)集中报价和发布机制正式运行，中国人民银行绍兴中心支行调查显示：截至11月末绍兴市仅2家银行业(建行、兴业银行)金融机构出台了相关利率调整政策，并以该利率为基础发放了贷款，但对总体信贷投放影响不大。在银行效益方面，由于存贷利差缩小及不良贷款增加等因素影响，银行利润持续下降。1—12月，全市金融机构结益133.7亿元，比上年同期减少29.3亿元，连续8个月下降，同比下降18.0%，而上年同期为增长11.6%。

【金融市场】 2013年末，全市银行业金融机构同业拆入余额19.9亿元，比年初增加5.9亿元，同比多增11.1亿元；拆放同业15.9亿元，比年初减少4.0亿元，上年同期为增加4.7亿元。全市证券资金账户58.4万户，比年初新增开户数2.5万户，同比增长4.55%；当年累计证券总交易额为14 282亿元，同比增长72.1%。全市保险机构总的保费收入84.2亿元，同比增长12.01%。其中寿险保费收入44.0亿元，增长8.13%；财产险保费收入40.2亿元，增长16.6%。

(徐明昌)

绍兴市主要经济金融统计

(2009—2013年)

单位：亿元

项　　目	2009年	2010年	2011年	2012年	2013年
国内生产总值	2 375	2 783	3 291	3 620	3 967
第一产业(增加值)	124	149	172	185	193
第二产业(增加值)	1 380	1 583	1 844	1 949	2 103
第三产业(增加值)	872	1 051	1 275	1 486	1 671
全社会固定资产投资	1 055	1 254	1 426	1 723	2 002
地方财政收入	160	193	240	266	293
地方财政支出	170	222	253	279	312
社会消费品零售总额	718	853	1 007	1 159	1 318
居民消费价格指数(以上年为100)	99.2	104.0	105.4	102	102
进出口总额(亿美元)	205	270	335	321	334
进　口(亿美元)	47	59	75	65	55
出　口(亿美元)	158	211	260	256	279
全部金融机构各项存款(余额)	4 140	4 948	5 510	5 924	6 462
企业存款	1 418	1 815	3 094	3 174	3 418
财政存款	73	93	98	113	98
储蓄存款	1 707	1 946	2 228	2 503	2 736

（续表）

项目	2009年	2010年	2011年	2012年	2013年
全部金融机构各项贷款（余额）	3 297	3 934	4 463	5 129	5 644
短期贷款	2 404	2 840	3 392	3 957	4 278
中长期贷款	733	952	1 024	1 117	1 313
全部保险机构保费收入	47.5	61.87	66.56	75.22	84.24
全部保险机构保险赔款支出（含满期给付）	12.9	16.02	18.23	24.65	47.47
全部保险机构保险密度（元/人）	1 080	1 413	1 348	1 520	1 702
全部保险机构保险深度（%）	2.0	2.22	2.02	2.08	2.12

注：全部金融机构各项存款、贷款余额的七项数据为本外币并表统计数（含外资金融机构）。

7. 金　华　市

2013年，金华市实现地区生产总值2 959亿元，同比增长9.1%。经济运行稳中趋缓，企业效益有所好转。全市规模以上工业销售产值4 160.4亿元，同比增长9.2%，实现利润199.6亿元，同比增长8.2%。固定资产投资1 364.36亿元，同比增长21.1%。其中，工业投资666.3亿元，增长18.3%；房地产开发投资384.97亿元，增长35.0%。收入水平增长较快，消费需求保持平稳。城镇居民人均可支配收入36 423元，农民人均纯收入14 788元，分别增长9.8%和11.3%。社会消费品零售总额1 406.98亿元，同比增长14.8%。进出口总额342.75亿美元，同比增长50.8%，其中出口325.32亿美元，增长52.7%，“市场采购”方式出口占出口总额的43.4%。财政收入保持增长，物价水平持续上涨。全市财政总收入416亿元，增长10.5%，其中地方财政收入242.5亿元，增长12.8%；市区居民消费价格总指数103.1，累计同比上涨3.1%，涨幅居全省首位。

【货币政策】 2013年，中国人民银行金华市中心支行按照稳增长、调结构的政策要求，研究制订货币信贷工作和金融支持文化产业发展、“个转企”金融服务等政策意见，引导金融机构加大对转型升级领域的信贷支持。

强化信贷调控管理，妥善处理好加强信贷管理与支持地方经济发展的关系，累计向上争取调增合意贷款规模13.7亿元。召开市区金融支持小微企业和重点项目融资对接推进会，达成20.7亿元授信合作意向。通过制订考核分解任务、开展政策效果评估、完善激励约束制度等措施，推动中小企业信贷扶持政策在辖区贯彻落实。重启支农再贷款工具，发放支农再贷款3 085万元。积极推进利率市场化建设，组织开展利率政策执行情况和利率定价能力评估试点工作。推动金融市场业务发展，提请市政府出台《关于加快推进企业直接融资发展的意见》，设立5 000万元市区中小企业直接融资发展基金，全市14家企业通过银行间债券市场融资102.5亿元，同比增长45.39%。分解落实“无贷款”小微企业客户拓展任务，出台政策措施有效解决“个转企”过程中遇到的结算账户、信贷支持、征信管理等问题，促成东阳市试点组建3 000万元小微企业融资性担保基金。全市金融机构新拓展“个转企”客户726户，共有3 542家无贷小微企业获得了银行贷款支持。

维护区域金融稳定。加强对新设金融机构开业管理和在营业金融机构日常管理。认真履行金融消费权益保护新职责，制订管理办法，建立涵盖银行、证券、保险行业的金融消费投诉体系和金融消费权益保护专家库，全年处理金融消费者投诉28件。加强企业资金链状况调查、监测分析，收集整理风险企业100余家，妥善处置企业突发信贷风险事件。研究制订规范商品房预售资金监管、委托贷款业务发展的措施，有效防范金融风险。密切关注资金流动渠道及涉外主体外汇收支新动向，通过研究监管对策、开展打击虚假转口贸易专项行动，有效抑制异常资金过快流入，规范外汇市场秩序。强化企业和个人征信业务管理，先后完成17家新设机构接入征信系统的相关工作。推进农村信用体系建设，组织开展金华市信用乡（镇、街道）和信用村（社区）评选工作，共征集农户电子信用档案11.89万户。全面贯彻落实《征信业管理条例》,加强监督检查,规范征信业务。

推动区域金融改革发展。围绕金融支持义乌国际贸易综合改革试点工作,全面参与义乌金融专项改革试点方案的起草、修订和讨论,并积极向上级行争取政策支持,助推义乌金改专项方案获批。针对市场采购贸易方式中普遍存在出口主体与收汇主体相分离的现状,研究提出"宏观预警、中观监测、微观核查"的总体思路,制订市场采购贸易外汇管理办法,完善市场采购外汇管理。通过研究制订个人跨境人民币试点工作推进方案、业务管理办法、实施细则,建立客户信息库以及重点培育客户制度。全年累计办理个人跨境人民币结算业务 85.8 亿元。批准义乌小商品城个人本外币兑换公司增设 1 个经营网点,首家异地个人本外币兑换公司获准筹建。

【金融运行】 2013 年,金华市金融运行总体平稳,支撑赶超发展的信贷环境较为宽松,信贷投放再创新高,投向结构变化明显,新增贷款主要投向实体经济领域和中小企业等薄弱环节。

存款增速回升。12 月末,全市金融机构本外币存款余额 6 161.56 亿元,同比增长 15.72%,增速同比提高 3.55 个百分点,比年初增加 835.74 亿元,同比多增 258.04 亿元。分布部门看,企业存款增加较多,新增 281.08 亿元,同比多增 88.66 亿元;个人存款同比多增,新增 399.79 亿元,同比多增 57.44 亿元;财政性存款年底骤降,前 11 个月新增 36.94 亿元,12 月当月减少 37.6 亿元。

贷款适度增长。12 月末,全市金融机构本外币贷款余额 5 157.32 亿元,同比增长 18.65%,增速持续保持全省首位;比年初增加 794.04 亿元,同比多增 126.07 亿元,增量创历史新高。从份额看,新增贷款额占全省同期新增贷款总额的比重达 13.92%,同比提升 3.26 个百分点;各项贷款余额占全省的比重达 7.89%,同比提升 0.59 个百分点;每百元 GDP 投入贷款 174.31 元,同比增加 13.32 元,继续提高的信贷资源份额与信贷投入为金华赶超发展提供了强有力的金融保障。

跨境业务快速发展,结汇售汇顺差缩小。2013 年,全市跨境人民币结算量 643.62 亿元,同比增长 37.09%,为进出口企业节约汇兑成本约 1.3 亿元,其中:个人跨境人民币结算量 85.81 亿元,惠及个人客户 2 059 户,试点成效不断显现。1—12 月,全市结汇 247.26 亿美元,同比下降 3.33%,售汇 29.67 亿美元,同比增长 55.61%,结售汇顺差 217.59 亿美元,同比下降 8.08%。

银行不良贷款有所上升。12 月末,全市金融机构本外币不良贷款余额 47.81 亿元,比年初增加 13.94 亿元;不良贷款率 0.93%,比年初上升 0.15 个百分点。

【金融市场】 2013 年,金华辖内全国银行间同业拆借市场成员单位累计发生同业拆借交易 349.83 亿元,同比增长 117.68%,其中拆入交易 25.5 亿元,同比增长 218.75%。辖内市场成员单位共发生回购交易 4 398.67 亿元,比上年增加 1 379.39 亿元,同比增长 45.69%。2013 年末,辖内银行间债券市场成员单位债券持有量余额为 92.05 亿元,比上年末增加 19.56 亿元,同比增长 26.98%。全年累计发生债券买卖 89.45 亿元,同比下降 61.59%。

2013 年,全市累计交易股票 8 928.0 亿元,同比增长 40.38%;新开证券资金账户数 2.77 万个,同比减少 28.60%;证券客户资金总额 704.63 亿元,同比增长 20.18%。全市保险机构累计实现保费收入 120.81 亿元,同比增长 13.42%;财险赔款支出 29.45 亿元,同比增长 21.51%,寿险赔款给付支出 11.97 亿元,同比增长 37.33%。全市有 14 家企业发行企业债务融资工具,累计融资额为 102.5 亿元,比上年增加 32 亿元,同比增长 45.39%。其中发行短期融资券 59 亿元,中期票据 33.5 亿元,中小企业集合票据 1 亿元,定向工具 9 亿元。

(周妙燕)

金华市主要经济金融统计

(2009—2013 年)

单位:亿元

项　目	2009 年	2010 年	2011 年	2012 年	2013 年
国内生产总值	1 765.94	2 094.70	2 447.71	2 700.12	2 958.78
第一产业(增加值)	92.13	107.19	124.71	134.44	140.20
第二产业(增加值)	920.74	1 085.46	1 245.97	1 344.67	1 445.70
第三产业(增加值)	753.07	902.05	1 077.03	1 221.02	1 372.88

（续表）

项　　目	2009 年	2010 年	2011 年	2012 年	2013 年
全社会固定资产投资	635.45	777.71	873.71	1 133.18	1 364.36
地方财政收入	129.28	155.93	185.77	214.89	242.47
地方财政支出	165.36	211.52	235.08	271.95	322.25
社会消费品零售总额	780.99	916.23	1 088.95	1 260.41	1 406.98
居民消费价格指数(以上年为 100)	99.70	104.00	105.60	102.20	103.10
进出口总额(亿美元)	93.43	131.99	164.34	227.39	342.75
进　口(亿美元)	7.45	10.11	12.89	14.26	17.42
出　口(亿美元)	85.98	121.88	151.46	213.13	325.32
全部金融机构各项存款(余额)	3 220.83	3 986.99	4 746.69	5 324.39	6 161.56
企业存款	878.47	1 095.72	1 629.21	1 784.03	2 048.92
财政存款	56.56	95.64	123.72	90.27	89.62
储蓄存款	1 718.21	2 027.62	2 314.15	2 684.35	3 022.28
全部金融机构各项贷款(余额)	2 510.35	3 096.47	3 678.88	4 346.85	5 157.32
短期贷款	1 777.54	2 213.84	2 792.93	3 481.94	4 078.25
中长期贷款	680.42	812.21	837.16	813.63	978.78
全部保险机构保费收入	60.21	79.21	93.45	106.52	120.81
全部保险机构保险赔款支出(含满期给付)	13.78	14.40	24.70	32.95	41.42
全部保险机构保险密度(元/人)	1 298.52	1 697.42	1 992.24	2 263.34	2 557.26
全部保险机构保险深度(%)	3.4	3.78	3.82	3.95	4.08

注:全部金融机构各项存款、贷款余额的七项数据为本外币并表统计数(含外资金融机构)。

8. 衢　州　市

2013 年,衢州市全年生产总值 1 056.57 亿元,同比增长 9.1%;完成固定资产投资 670.72 亿元,同比增长 18.5%;基础设施投资 205.52 亿元,同比增长 61.1%;累计实现社会消费品零售总额 443.67 亿元,同比增长 13.8%;进出口总额 37.76 亿美元,同比增长 25%,其中出口 23.9 亿美元,同比增长 28.6%,进口 13.86 亿美元,同比增长 19.4%;实现工业销售产值 1 443.73 亿元,同比增长 9.3%,其中工业出口交货值 110.03 亿元,同比增长 5.8%;全年地方财政总收入 118.21 亿元,同比增长 11.1%,其中公共财政预算收入 72.75 亿元,同比增长 14.7%。在公共财政预算收入中实现税收收入 66.81 亿元,同比增长 17%,全市居民消费价格总水平同比增长 2.6%,城镇居民人均可支配收入同比增长 10.1%。

【货币政策】 用活货币政策工具,建立正向激励机制。中国人民银行衢州市中心支行灵活调配支农再贷款限度定向支持村镇银行,全年累计向 3 家村镇银行提供 1 亿元的资金支持,引导农村金融市场有序竞争。积极争取上级行的政策支持,对非法人银行机构开展以小面额票据为主的再贴现业务,定向用于支持小微企业和"三农"发展。全年累计办理 31 笔、3 622 万元的再贴现业务,平均单笔金额 116.84 万元。

强化各类评估考核,建立有效督促机制。发挥涉农信贷政策和中小企业信贷政策导向评估以及利率政策执行情况评估的作用,将评估结果直接应用于对金融机构的综合评价、业务竞赛等管理工作中,以此促进金融机构加大服务实体、支农支小和支持民生力度。组织开展金融市场和信贷政策业务、金融"支小"、利率管理和跨境人民币等四大业务竞赛,开展跨境人民币结算业务考评,营造金融服务实体经济和支持转型升级的良好氛围。

搭建各类沟通平台,畅通货币政策传导渠道。

适时召开专题座谈讨论会，结合实际制发2013年货币信贷指导意见和4个专项工作意见，及时准确传递货币政策意图，引导各金融机构围绕央行政策导向做好全年信贷工作，重点加大对小微企业、“四个一百”工程、家庭农场、科技金融合作的支持培育。

深入实施“四个一百”工程，推动主导产业加快发展。2013年，从装备制造、新兴产业、现代服务业、现代农业等地方四大主导产业中选取505家企业完善充实工程名录，开辟服务“绿色通道”，给予“两优先、一倾斜”政策，工程实施情况创新纳入中国人民银行对金融机构的综合评价。

加强银企融资对接，确保重点有效支持。牵头召开2013年银企对接会，促成30家重点企业与16家银行机构签订总额62.91亿元的贷款协议，截至2013年末，已到位贷款41.03亿元，当年应放贷款到位率102.8%。加强与发改委合作，建立完善重点项目建设协作推进监测机制，年末重点项目当年贷款需求满足率达到101.3%。积极参与市政府“三走进”活动，组织人员走访调研、协调银企双方，先后为27家有融资需求的企业协调解决贷款6 750万元。

加强科技金融合作，推动科技型企业加快发展。加强与地方政府、科技部门的合作，创新推出衢州市首只科技型中小企业债权基金——“九龙仙霞”项目，以帮助科技型小企业解决融资担保难和降低融资成本。积极试点推进科技型中小企业保证保险贷款和科技金融信用资金池业务，截至12月末，累计为市级以上科技型企业试点发放保证保险贷款900万元。

以家庭农场建设为重点，加大金融“支农”力度。截至12月末，衢州市金融机构已对1 690个家庭农场发放贷款6.36亿元，家庭农场家数和贷款余额均列全省首位。积极推广“阳光信贷”工程，为每位农户量身定制授信服务，目前衢州市农户小额信用贷款余额23.59亿元，总量占了全省四分之一。大力推进农村金融产品创新，总结推广林权抵押、粮食订单质押贷款，创新推动开展农业设施、大棚、农房、土地承包经营权等抵质押贷款。目前林权抵押贷款余额6.95亿元，居全省第二；粮食订单质押贷款累放额已突破1亿元；发放农业设施、大棚、农房等相关抵(质)押贷款1.2亿元。

以小额担保贷款为突破，加大金融支持民生力度。修订完善《就业再就业小额担保贷款管理办法》，解决当前小额贷款受益面窄、额度偏低、流程繁琐等问题，小额担保贷款发放对象扩大到城镇下岗失业人员、城镇就业困难人员、高校毕业生、复原退役军人以及失地农民等群体，贷款环节由原先的6个缩减到2个。联合社保局修订“相伴人生”小额信用贷款，推进下山脱贫和水库移民等贷款。同时，积极推进大学生村官、农村青年、农家女、低收入农户等群体创业贷款，构建多层次、多品种、广覆盖的民生融资服务体系。

【金融运行】 2013年末，衢州市本外币各项存款余额1 492.71亿元，比年初新增193.28亿元，同比多增50.99亿元，余额同比增长14.87%，高出浙江省各项存款平均增速4.29个百分点，居浙江省第三位。从存款性质上看，呈“两多两少”。一是单位存款多增。年末，单位存款余额734.09亿元，较年初增加92.49亿元，同比多增48.01亿元，同比增长14.36%，增速较上年提高6.92个百分点。二是个人存款稳定较快增长。年末，个人存款余额716.82亿元，较年初增加104.61亿元，同比多增11.13亿元，同比增长17.16%。“两少”是指，财政性存款同比少增4.28亿元，同比下降14.01%；委托存款同比少增3.26亿元，同比下降34.38%。其他存款项增减变化不大。

2013年末，衢州市金融机构本外币各项贷款余额1 250.86亿元，比年初新增170.44亿元，同比多增26.42亿元，余额同比增长15.98%，高出浙江省各项贷款平均增速6.18个百分点，位居浙江省第三位。2013年，衢州市社会融资规模216.89亿元，比上年同期多增43.41亿元；银行贷款占社会融资规模比重78.58%，同比下降4.44个百分点。

2013年衢州市跨境人民币结算量70.83亿元，同比增长47.38%。其中贸易融资22.08亿元，进口开证33.56亿元，分别比上年同期增长23.15%和11.16%。

【金融市场】 2013年，衢州市证券交易量1 410.09亿元，同比增长63.52%；实现佣金收入1.11亿元，同比增长53.19%；实现利润5 947万元，同比增长190.01%。保险市场方面，产、寿险保费总收入30.27亿元，同比增长15.84%。其中产险保费收入13.17亿元，同比增长20.50%，产险赔款支出7.22亿元，同比增长28.21%；寿险赔款支出0.48亿元，同比增长16.16%。

2013年，衢州市新注册债务融资工具24亿元，为2012年的1.6倍；累计发行各类债务融资工具20亿元，为2012年的4倍。分类看，注册短期融资券19亿元、发行15亿元，续发上年注册未发中期票据5亿元，新注册未发中期票据5亿元。截至年末，衢州市直接融资比例为13.92%，较2012年末提高了6.63个百分点，其中直接债务融资工具占比达76.36%。

衢州市政府出资1亿元设立"区域集优"债务融资专项发展基金，并与中债公司建立战略协作关系。截至2013年末，合作平台机制建设工作基本完成；先后确立3个发行包、6家企业、金额3.25亿元。

【金融创新】 2013年衢州市出台浙江省首个支持家庭农场指导意见，在浙江省率先推出"金伞"家庭农场保险系列产品。截至12月末，衢州市金融机构已对1 690个家庭农场发放贷款6.36亿元，家庭农场家数和贷款余额均列浙江省首位。先后创新推出"AFR"微贷、"协会＋基金＋金融机构"、年审循环制、小额保证保险等一系列贷款产品，支持小微企业发展。截至12月末，已为750户个体工商户、家庭作坊业主等发放"AFR"微贷1.55亿元；参加试点的4家银行和3家保险机构，为132户小微企业提供保证保险贷款6 890万元；试行年审制循环贷款，2013年1—12月，先后为156家小微企业发放3.26亿元贷款。引导衢州市农行与第三方浙江涌金仓储股份公司协作，为42家企业采购机器设备或盘活现有设备提供租赁融资1.52亿元。

（高　翔）

中国人民银行衢州市中支开展
"普惠金融"推进工作

衢州市主要经济金融统计

（2009—2013年）　　单位：亿元

项　目	2009年	2010年	2011年	2012年	2013年
国内生产总值	626.55	755.48	919.62	972.25	1 056.57
第一产业(增加值)	59.62	64.68	76.15	79.75	83.15
第二产业(增加值)	330.77	414.46	511.02	516.34	555.92
第三产业(增加值)	236.16	276.34	332.44	376.16	417.50
全社会固定资产投资	415.40	481.80	504.63	566.13	670.72
地方财政收入	37.85	46.98	57.57	63.42	72.75
地方财政支出	95.39	107.09	125.44	138.89	165.51
社会消费品零售总额	250.25	290.82	344.34	396.36	443.67
居民消费价格指数(以上年为100)	104.30	104.20	105.60	102.40	102.60
进出口总额(亿美元)	11.84	18.89	26.87	30.18	37.76
进　口(亿美元)	4.54	6.85	9.26	11.59	13.86
出　口(亿美元)	7.30	12.05	17.61	18.59	23.90
全部金融机构各项存款(余额)	755.09	953.12	1 157.23	1 299.52	1 492.71
企业存款	244.39	280.96	597.41	641.88	734.09
财政存款	139.38	43.83	24.55	25.29	21.75
储蓄存款	371.18	431.29	513.07	608.73	706.81

（续表）

项　　目	2009 年	2010 年	2011 年	2012 年	2013 年
全部金融机构各项贷款(余额)	626.98	788.22	934.51	1 078.53	1 250.86
短期贷款	330.78	410.92	551.65	688.48	775.03
中长期贷款	272.33	353.01	373.16	376.05	460.37
全部保险机构保费收入	16.40	22.23	24.29	26.13	30.27
全部保险机构保险赔款支出(含满期给付)	3.54	3.95	4.93	6.04	7.70
全部保险机构保险密度(元/人)	656.30	884.74	961.82	1 033.66	1 197.41
全部保险机构保险深度(%)	2.62	2.94	2.64	2.69	2.87

注：全部金融机构各项存款、贷款余额的七项数据为本外币并表统计数(含外资金融机构)。

9. 台　州　市

2013 年台州经济保持平稳增长，全年共实现生产总值 3 153.34 亿元，比上年增长 7.9%。其中，第一产业增加值 213.30 亿元，增长 0.6%；第二产业增加值 1 515.55 亿元，增长 8.1%；第三产业增加值 1 424.49 亿元，增长 8.7%。全年完成全社会固定资产投资 1 507.87 亿元，比上年增长 21.4%。消费品市场持续活跃，2013 年，全市实现社会消费品零售总额 1 449.27 亿元，比上年增长 12.8%。对外贸易低速增长，全年外贸进出口总额 218.78 亿美元，比上年增长 6.1%，其中出口总额 187.21 亿美元，增长 8.6%。城乡居民生活水平进一步提高，全年城镇居民人均可支配收入 37 038 元，比上年增长 9.0%，全年农村居民人均纯收入 16 126 元，比上年增长 10.7%。2013 年全市实现财政总收入 448.47 亿元，比上年同期增长 9.7%，其中地方财政收入 247.73 亿元，增长 12.4%。

【货币政策】 2013 年中国人民银行台州市中支重视预期引导和舆论引导，营造金融支持实体经济发展的良好氛围。一是出台“一主四专”指导意见，即全市货币信贷工作指导意见和金融支持新型农业经营主体发展、金融支持新型城镇化建设、金融支持科技创新发展及金融支持生态文明建设等专项指导意见，切实强化货币信贷政策引导力。二是制定印发 2013 年度全市货币信贷、金融稳定及跨境人民币业务工作要点，指导辖内支行突出重点开展工作。三是完成市级银行 2012 年度支持地方经济发展业绩考评，编制 2013 年信贷发展规划，分解市政府提出的年度增贷任务，以推动增强台州经济的信贷支持力度。

在全市金融系统开展“金融改革创新年、经济转型服务年”活动，细化完善实施方案并通过信贷联席会议部署落实，为支持实体经济发展营造声势。活动过程中，完善载体平台建设，积极搭建政、银、企(项)合作平台，实现“政银搭台、企业唱戏”。4 月，会同市经信委举办 2013 年度台州市区银企合作签约会，促成 19 家市级银行与市区“三个一百”项目企业、成长型中小企业签订贷款意向 26.57 亿元，充分挖掘企业融资需求，激发发展活力；8 月，会同市发改委举办 2013 年台州市银项合作签约仪式，促成 19 家市(省)级银行机构现场与 76 个项目业务签订融资合作协议，总计金额 359.85 亿元。建立履约督查机制，按季通报履约情况，以确保签约会成果真正落到实处，取得实效。全市中国人民银行系统共牵头举办各类签约会 11 次，累计签约金额达 505 亿元。

会同市金融办、市银监分局在全市范围开展“帮企业排忧解难、促实体经济发展”活动，要求全市银行业、保险业等金融机构加强金融保障、提升服务质量、深化金融创新、制定扶持政策、改进工作作风，切实帮扶企业。中国人民银行各县(市、区)支行结合当地实际积极开展企业走访活动。天台县支行由行长亲自带队走访县内小微企业，了解企业所需和金融服务情况，同时要求各银行领导访企业、进农家、“一户一策”送服务，累计走访企业 3 000 多家次；温岭市支行组织辖内金融机构走访企业 1.81 万家，了解有资金需求企业 4 989 家，金额 71 亿元，帮助 4 460 家解决资金 63.9 亿元。通过走访，切实解决了企业融资难题，增强了企业金融服务，提振了企业发展的信心。

【金融运行】 存款同比多增，增速年末回升。一是存款同比多增。2013年全市本外币存款整体增势良好，全年新增存款同比多增198.94亿元。二是存款增长月度分布不均。1月、3月和12月存款增长较快，单月新增额分别为167.54亿元、238.39亿元和164.02亿元，而4月、7月、10月则出现大幅下降，表明存款“季末冲高、季初回落”的运行状态未得到改观，存款增长缺乏稳定性。三是存款增速年末回升。全年存款增速呈现前高后低、年末回升的态势，4月份增速达18.92%的年内高点，此后逐步下滑，至11月末跌至13.37%的低点，12月份在各大银行加大吸储力度的拉动下，存款增速回升至15.76%。

贷款增势良好，增速高于上年同期。2013年末，全市本外币贷款余额4 454.11亿元，比年初增加540.02亿元，同比增长14.41%。总体来看，贷款增势明显好于上年。一是贷款同比大幅多增。在市政府增贷指导任务的督导和人民银行“金融两年活动”的引导下，各家银行深入挖掘客户需求，扩大信贷覆盖面，推动全年新增贷款同比多增117.62亿元。二是贷款增速高于上年同期。12月末贷款余额同比增长14.41%，虽然较7月份16.44%的年内最高点低2.03个百分点，但高于上年同期增速2.24个百分点，除1月份外，其余月份的贷款增速均高于14%。

不良贷款高位回落，信贷风险总体可控。2013年全市金融机构不良贷款呈现“过山车”式走势。上半年不良贷款额小幅上升1.76亿元，不良贷款率基本保持在1.1%左右的水平。从7月份开始，随着几家大中型企业陷入关停危机并危急相关担保企业，不良贷款继2012年后再次出现“双升”态势，且增长较快，至9月末不良贷款额已达到55.26亿元，比6月末增加8.87亿元，不良贷款率1.28%，比6月末上升0.18个百分点。四季度以来，随着不良贷款清收及核销等措施加快落实，全市不良贷款额和不良贷款率逐步回落，12月末不良贷款余额47.38亿元，不良贷款率1.06%，信贷风险总体可控，信贷资产质量居全省前列。

【金融市场】 年末台州市累计已有上市公司29家，比上年增加1家，累计融资总额达到270.33亿元(其中公司债22.3亿元)。年末有小额贷款公司32家，合计注册资金55.2亿元，全年累计发放贷款133.44亿元。

全年保费总收入96.28亿元，比上年增长14.1%。其中财产险保费收入44.57亿元，人寿险保费收入51.71亿元，分别比上年增长13.9%和14.3%。全年各类赔款、给付支出36.23亿元，比上年增长24.2%。保险深度和密度分别达到3.05%和1 620.76元/人。

【金融改革】 台州于2012年底获批创建浙江省小微企业金融服务改革创新试验区，2013年试验区实施方案获准实施，探索和完善可持续、可复制的小微金融模式。一是成立小微企业信用信息中心。该平台征集金融、工商、税务、电力等10余个部门共78项指标600多项信用信息，以“四系统、三关联”为架构，即设置基本信息、综合服务、评价与培育、风险预警与诊断四个子系统，实现投资、融资、企业与企业法人三关联，集正负面清单、不良信息企业名录库、培育与风险预警等功能。二是建立小微企业信用保证基金。建立以政府出资为主、地方银行和其他组织捐资为辅的小微企业信用保证基金，专为小微企业提供增信担保服务，初期规模为5亿元，放大担保额可达50亿元左右。三是创建全国小微企业信用体系试验区。已获中国人民银行总行批准。四是推动海峡两岸小微金融合作。成功举办两届海峡两岸小微金融发展论坛。台州市路桥区经批准设立浙江省海峡两岸小微金融合作创新实验区。五是筹建小微金融研究院与设立“台州小微金融指数”。台州市政府联合重点高校、地方院校共建浙江(台州)小微金融研究院，谋划设立“台州小微金融指数”。六是完善多层次小微企业金融服务组织体系。全面推进设立小微企业金融服务专营机构建设，至2013年底，全市已设置小微企业金融服务专营机构111家(含内设机构)。在临海农信联社直接成功改制成临海农村商业银行的基础上，温岭市和天台县农合行已着手股改，加快推进县域村镇银行全覆盖，大力发展农村普惠金融。七是全面推进小微企业金融产品和服务方式创新。小微企业直接融资水平显著提升，2013年利用地方股权交易市场融资挂牌企业总数居浙江省第二、新注册各类非金融企业债务融资工具同比增长38.17%，3家城商行发行小微企业专项金融债80亿元。小微金融产品创新成效显著，创新产品贷款增速高于辖内全部贷款增速14.6个百分点。成功搭建台州市小微企业信贷产品信息查询平台。完善风险补偿制度，2013年获小微企业贷款风险补偿居浙江省第三。

(奚尊夏　魏博文)

台州市主要经济金融统计

(2009—2013年)

单位:亿元

项目	2009年	2010年	2011年	2012年	2013年
国内生产总值	2 025.47	2 415.12	2 794.91	2 927.34	3 153.34
第一产业(增加值)	131.91	159.99	188.90	201.12	213.3
第二产业(增加值)	1 039.01	1 262.66	1 443.97	1 435.04	1 515.55
第三产业(增加值)	854.55	992.47	1 162.04	1 291.18	1 424.49
全社会固定资产投资	834.10	950.24	1 104.08	1 242.56	1 507.87
地方财政收入	136.02	164.88	200.12	220.42	247.73
地方财政支出	175.95	222.76	265.53	287.93	329.03
社会消费品零售总额	817.88	960.45	1 132.37	1 304.3	1 449.27
居民消费价格指数(以上年为100)	99.20	104.6	106.3	102.3	101.9
进出口总额(亿美元)	120.32	170.01	205.04	206.22	218.78
进　口(亿美元)	19.65	30.38	34.69	33.83	31.57
出　口(亿美元)	100.67	139.63	170.35	172.39	187.21
全部金融机构各项存款(余额)	2 935.61	3 588.48	3 998.90	4 509.17	5 219.72
企业存款	852.25	982.70	1 758.76	1 936.93	2 232.24
财政存款	55.40	74.07	78.89	98.64	111.41
储蓄存款	1 443.75	1 725.08	2 110.37	2 405.68	2 775.34
全部金融机构各项贷款(余额)	2 518.06	3 055.82	3 470.76	3 893.16	4 454.11
短期贷款	1 560.38	1 932.49	2 354.77	2 661.14	2 959.6
中长期贷款	821.94	984.53	1 089.62	1 158.38	1 345.55
全部保险机构保费收入	56.86	72.92	75.40	84.40	96.28
全部保险机构保险赔款支出(含满期给付)	19.25	18.43	22.38	29.17	36.23
全部保险机构保险密度(元/人)	983.76	1 250.47	1 284.56	1 428.2	1 620.76
全部保险机构保险深度(%)	2.81	3.02	2.70	2.87	3.05

注:全部金融机构各项存款、贷款余额的七项数据为本外币并表统计数(含外资金融机构)。

10. 丽　水　市

丽水市地处浙江省西南部,东南与温州市接壤,西南与福建省宁德市、南平市毗邻,西北与衢州市相接,北部与金华市交界,东北与台州市相连。全市总面积1.73万平方公里,占浙江省陆地面积的1/6,是浙江省面积最大的一个地级市。现辖"一区一市七县",分别是莲都区、龙泉市、青田县、缙云县、遂昌县、松阳县、云和县、庆元县、景宁县,其中景宁县是浙江省畲族主要聚居地,是全国唯一的畲族自治县。全市共有53个镇、90个乡,31个街道、96个社区、30个居民区和2 725个行政村,2013年末全市户籍总人口为263.92万人。自2000年7月撤地设市以来,丽水市经济社会得到了持续快速发展,浙西南中心城市和长三角地区重要的绿色农产品基地、特色制造业基地、生态文化休闲度假旅游目的地的"一城三地"发展格局加快形成。2013年,全市实现生产总值983.08亿元,同比增长9.2%;全社会固定资产投资570.42亿元,同比增长20.9%;进出口总额25.89亿美元,同比增长15.6%;外商直接投资5.26亿美元,同比增长1.7倍;财政总收入为124.22亿元,其中,公共财政预算收入73.70亿元,分别同比增长10.3%和14.1%;实现社会消费品零售总额420.80亿元,同比增长15.4%;城镇居民人均可支配收入和农民人均纯收入分别为29 045元和10 024元,分别同比增长10.4%和13.2%;居民消费价格比上年增长2.9%。

【货币政策】 2013年，中国人民银行丽水市中心支行认真贯彻落实稳健货币政策，加强“窗口指导”和政策指引，强化宏观审慎管理，综合运用支农再贷款、优惠存款准备金率、涉农信贷政策导向效果评估、农业贷款风险补偿等措施，实现地区货币信贷合理适度增长。2013年末，全市金融机构本外币各项贷款余额1 302.75亿元，同比增长16.54%，新增179.59亿元，同比多增20.72亿元。各项贷款连续三年保持稳定增长，且增速均高于全省平均水平，2013年末高出全省平均水平6.74个百分点，居全省第二位。全市地方法人金融机构贷款余额261.70亿元，同比增长23.68%，高出全市平均水平7.14个百分点，新增贷款50.1亿元，同比多增5.84亿元。全年累计发放支农再贷款5.93亿元，落实农业贷款风险补偿资金414万元。

2013年，组织开展“金融支持经济转型升级服务年”活动，引导和推动金融机构通过深化金融产品创新，积极支持重点项目建设，强化“三农”、小微企业、新型城镇化、生态经济等转型升级重点领域的金融服务，大力支持经济转型升级；组织全市金融机构开展银行干部服务基层活动，坚持“一对一”、“面对面”的服务方式，深入企业和基层，全面、客观、准确地了解企业生产经营状况，及时梳理和分析企业转型升级中存在的困难和实际信贷需求，积极主动地为企业出谋划策，量身定制适合其转型升级的融资方案和金融产品。2013年，全市银行干部进村入企参与5 520人次，服务企业3 299家，落实资金101.2亿元，举办（参与）政银企对接会84次，落实资金16.2亿元；“一企一策”指派帮扶人数699人次，帮扶企业数量2 037家，落实资金48.7亿元。

【金融运行】 2013年末，全市有银行业金融机构22家，其中政策性银行1家、国有商业银行5家、股份制商业银行3家、城市商业银行3家、邮政储蓄银行1家、全市9家县（市、区）农村信用合作联社（合作银行）合并计1家、村镇银行8家；小额贷款公司17家、农村资金互助社1家。在全市基本形成了以国有商业银行为主体，政策性银行、股份制商业银行、邮储银行、城市商业银行为辅助，农村合作金融机构、新型农村金融机构为补充，共同发展、竞争适度、健康有序的银行业金融机构体系。2013年末，全市金融机构本外币各项存款余额1 681.14亿元，同比增长13.96%，各项贷款余额为1 302.75亿元，同比增长16.54%，存、贷款余额同比增幅分别位列全省第四和第二。

【金融市场】 全市共有保险机构21家、证券公司营业部4家、期货公司营业部2家。2013年累计实现A股交易额1 666.78亿元，B股交易额2.75亿元，业务收入1.37亿元，营业利润7 237万元，全市累计开户数达180 636户。全市保险机构实现保费收入28.20亿元，同比增长7.55%，支付各类赔款（给付）8.95亿元，同比增长24.48%。全市有融资性担保机构18家、典当行18家。

【金融改革与创新】 2012年3月，中国人民银行和浙江省政府联合发文，决定在丽水市开展农村金融改革试点，丽水成为经央行批准设立的全国唯一的农村金融改革试点地市。自改革试点启动以来，丽水市围绕改革试点方案，稳步推进农村金融改革试点工作并取得了阶段性成果。

一是在全省率先组建了2 010家集小额取款服务站、反假货币工作站、金融消费者权益保护站、农户基本信用信息采集服务站、金融宣传工作站、“三农”融资服务站六位一体的农村金融服务站，实现农村地区（除城中村、镇中村外）全覆盖、农民享受基本金融服务“不出村”。

二是大力推进“整体批发、集中授信”小额农贷业务。创新信贷模式，引导金融机构依托中国人民银行丽水市中心支行自主开发的农户信用信息数据库积极开展“整体批发、集中授信”小额农贷业务，进一步加大金融支农力度。2013年末，全市共有618个行政村开办了该项业务，为5.8万信用农户提供授信29.61亿元，累计贷款22.84亿元。

三是农村“三权”抵押贷款实现良好开端并扎实推进。在成功推进林权抵押贷款的基础上，推动丽水市委、市政府出台《关于进一步促进农村住房抵押贷款工作的实施意见》、《农村土地流转经营权抵押贷款管理暂行办法》等文件，积极探索开展农村土地流转承包经营权和农房抵押贷款创新，初步构建了完整的农村产权融资体系。2013年末，全市已发放农村土地流转经营权抵押贷款6笔、金额948万元，其中耕地2笔，金额200万元，林地4笔、金额748万元；累计发放农房抵押贷款1.14万笔、金额23.94亿元，贷款余额8.74亿元，位居全省第二。

四是做深做实“丽水模式”的三大亮点工程。全面推动林权抵押贷款扩面增量，2013年末林权抵押贷款余额达到 36.4 亿元；进一步提升 2 114 个银行卡助农取款点的服务功能，累计办理小额取现 69.97 万笔、金额 1.82 亿元；深化农村信用体系建设，扩大农村信用体系建设成果运用，全市已成功创建县级信用村(社区)758 个，信用乡(镇、街道)28 个；市级信用村(社区)430 个，信用乡(镇、街道)23 个；评定信用农户 36.77 万户，其中，共有 23.55 万信用农户累计获得 236.9 亿元贷款，信用农户贷款覆盖面同比增长 39.71%。

五是进一步加大金融产品集群创新力度。引导各金融机构创新推出石雕抵押贷款、农副产品仓单质押贷款及农民工创业扶持贷款(农家乐、来料加工、农村电子商务、青年信用示范户创业贷款等特色信贷产品)。并积极推动特色养殖订单农业、小额贷款保证保险及低收入农户扶贫贷款项目试点，不断丰富农村信贷产品；引导和支持金融机构在全国创新推出多用途个人外汇贷款，2013 年已发放个人外汇贷款 4 笔、金额 4.2 万欧元。

六是大力推进农村金融基础服务设施建设。设立了全省首批货币兑换公司和全国首个村级外币兑换点，2013 年末累计办理代兑业务 7 万笔，金额 3 亿美元；大力推进农民担保公司建设，解决农民大额融资需求的担保抵押问题。2013 年末，已设立 9 家农民担保公司，累计为 600 余户农民担保贷款 4.2 亿元。此外，还依托政府金融扶贫资金，建立 220 个村级资金互助组织，共有入会农户 1.3 万户，为农户提供贷款总额达到 5 100 万元。

(叶银龙)

丽水市主要经济金融统计

(2009—2013 年)

单位:亿元

项目	2009 年	2010 年	2011 年	2012 年	2013 年
国内生产总值	546.55	663.29	784.37	885.17	983.08
第一产业(增加值)	58.66	62.93	72.57	79.35	84.65
第二产业(增加值)	261.1	328.6	391.45	446.09	497.87
第三产业(增加值)	220.72	278	331.81	359.73	400.56
全社会固定资产投资	279.19	320.28	362.21	471.98	570.42
地方财政收入	65.58	76.84	100.09	112.66	124.22
地方财政支出	112.87	135.12	154.4	167.94	195.38
社会消费品零售总额	224.96	266.13	315.89	371.09	420.8
居民消费价格指数(以上年为 100)	98.9	104	105.3	102.5	102.9
进出口总额(亿美元)	11.11	15.33	21.25	22.29	25.89
进　口(亿美元)	1.77	1.84	3.11	2.53	2.16
出　口(亿美元)	9.34	13.49	18.14	19.76	23.73
全部金融机构各项存款(余额)	937.03	1 128.23	1 293.56	1 475.23	1 681.14
企业存款	211.91	265.75	530.04	574.14	653.07
财政存款	21.38	23.62	28.07	47.44	58.49
储蓄存款	551.51	638.81	722.77	835	946.10
全部金融机构各项贷款(余额)	672.30	821.46	958.99	1 117.86	1 302.75
短期贷款	326.76	430.15	576.24	702.31	784
中长期贷款	321.8	370.61	372.13	402.46	502.42
全部保险机构保费收入	16.45	20.76	23.98	26.22	28.2
全部保险机构保险赔款支出(含满期给付)	5.01	5.01	5.93	7.19	8.95
全部保险机构保险密度(元/人)	639.11	799.54	917.61	998.51	1 068.51
全部保险机构保险深度(%)	3.01	3.13	3.06	2.96	2.87

注:全部金融机构各项存款、贷款余额的七项数据为本外币并表统计数(含外资金融机构)。

11. 舟　山　市

2013年，舟山市经济金融运行态势相对稳定，各项主要经济指标总体平稳，海洋经济总产出快速增长，但船舶、海运等传统产业持续低迷，经济增长下行压力仍然较大。

2013年舟山市地区生产总值930.85亿元；第一产业产值95.73亿元，同比增长8.5%；第二产业产值411.55亿元，增长9.2%；第三产业产值423.57亿元，增长7.9%。全市城镇居民人均可支配收入37 646元，渔农村居民人均纯收入20 573元。全市海洋经济总产出达到2 195亿元，海洋经济增加值644亿元，海洋经济增加值占GDP比重69%。全市实现工业总产值1750.43亿元，同比增长10.4%。全社会固定资产投资750.02亿元，同比增长20.6%。社会消费品零售总额331.65亿元，同比增长14.1%。舟山港域完成港口货物吞吐量为3.14亿吨，同比增长7.9%。全市外贸进出口总额126.72亿美元，同比下降18.7%，其中，出口总额66.49亿美元，下降27.8%。2013年，全市实现财政总收入137.42亿元，增长3.0%，其中，公共财政预算收入92.63亿元，增长8.3%。

【货币政策】　2013年，浙江舟山群岛新区建设全面展开，在此背景下，中国人民银行舟山中心支行积极执行稳健的货币政策，加强金融服务力度，引导金融机构加强金融业务创新，为舟山群岛新区建设提供金融保障。

突出对舟山群岛新区建设的窗口指导。2013年1月，国家正式批复《浙江舟山群岛新区发展规划》，省政府发布了《浙江舟山群岛新区三年行动计划》。舟山市中支积极对接两大政策，适时出台《2013年金融支持舟山群岛新区建设的指导意见》，明确金融支持新区建设重点和推动全市金融总量合理增长。要求全市金融机构根据舟山群岛新区总体规划，推动金融创新，丰富金融产品和服务，为新区建设特别是海洋经济发展提供有效的金融支持。

做好对涉海实体主体的金融支持。一是围绕国家工业化示范基地，从金融支持的角度参与到舟山市政府出台的《关于进一步促进船舶工业健康发展的若干意见》中，提出了金融支持船舶企业转型升级的具体建议。二是结合舟山船舶工业发展和金融支持现状，联合舟山市经信委发文上报《船舶工业重点发展区域亟需信贷政策支持》等相关报告。三是积极引导银行机构向上争取支持政策，部分机构对船舶修造企业的信贷政策渐为宽松。四是组织辖内机构对接新区涉海新兴产业。2013年初，选择辖内10家银行机构到新兴产业企业较为集聚的舟山市开发区开展专场银企对接会。

推动直接融资支持海洋经济发展。进一步引导和激励全市金融机构加大企业债务融资工具的宣传、推介和承销力度，加快全市债务融资工具发行步伐。截至12月末，全市直接融资余额59.70亿元，比年初增加22.40亿元，同比多增0.1亿元，余额同比增长60.1%。在银行间市场发行中期票据和定向工具各一笔，金额分别为5亿元和10亿元，发行主体均为舟山交通投资集团有限公司。

通过满足资金需求支持部分涉海企业“走出去”。为进一步推进涉海企业“走出去”，通过支持企业办理“境外放款”、“内保外贷”以及“借外债”等方式增加所需资金。支持辖内企业成功办理全市首笔境外放款业务；为欧华造船争取到短期外债指标，并已为该企业成功办妥0.2亿美元的外债业务，通过海外融资大大缓解了企业融资难问题。

【金融运行】　2013年全市金融总量实现较快增长，融资方式更趋多元化，贷款投向结构较为合理，较好满足了全市海洋经济发展的资金需求。

银行存款总体稳健。12月末，全市金融机构本外币存款余额1 497.11亿元，比年初增加106.60亿元，同比多增31.59亿元，同比增长7.7%，全省排名第10位，低于全省增速2.7个百分点。从结构上看，企业存款余额479.07亿元，比年初增加4.45亿元；个人存款余额578.93亿元，比年初增加64.94亿元，同比多增18.06亿元。机关团体存款余额237.95亿元，比年初增加23.04亿元，同比多增13.49亿元。

融资总量增速良好。2013年，全市融资总量实现快速增长。截至12月末，全市融资总量余额2 507.04亿元，比年初新增243.89亿元，同比少增68.61亿元，余额同比增长10.8%。其中，金融机构融资总量2 437.67亿元，比年初新增219.47亿元，同比少增67.90亿元，占全市融资总量的97.2%，余额同比增长10.0%；直接融资余额59.70亿元，比年初新增22.40亿元，同比多增0.10亿元，占全市融资总量的 2.4%，余额同比增长 60.1%；小额贷款公司贷款余额 9.67 亿元，比年初增加 2.02 亿元，同比少增 0.81 亿元，占全市融资总量的 0.4%，余额同比增长 26.4%。

信贷运行总体平稳。截至 12 月末，市内银行融资总量余额 1 667.11 亿元，比年初新增 67.28 亿元。其中，表内贷款余额 1 333.35 亿元，比年初新增 36.31 亿元；表外融资余额 333.76 亿元，比年初新增 30.97 亿元。截至 12 月末，全市金融机构流动资金融资余额 882.22 亿元，比年初增加 11.63 亿元，同比少增 140.75 亿元，余额同比增长 0.6%。其中，表内贷款余额 626.49 亿元，比年初增加 4.63 亿元，同比少增 110.83 亿元；表外融资余额 255.73 亿元，比年初增加 7.00 亿元，同比少增 29.92 亿元。12 月末，全市项目融资余额 419.83 亿元，比年初增加 35.33 亿元，同比多增 3.49 亿元，余额同比增长 11.0%。其中表内贷款余额 341.80 亿元，比年初增加 11.36 亿元，同比多增 15.56 亿元；表外融资余额 78.03 亿元，比年初增加 23.97 亿元，同比少增 12.07 亿元。1—12 月全市金融机构表内业务中新发放项目贷款合计 102.74 亿元，同比上升 18.2%。

银行表外融资业务发展较为平稳。12 月末，全市金融机构表外融资余额为 333.76 亿元，比年初增加 30.97 亿元，同比少增 41.99 亿元。从业务品种增量来看，一是信用证、委托贷款和收益权信托等业务明显增长，12 月末余额分别比年初增加 33.94 亿元、14.55 亿元和 11.45 亿元。二是国内信用证代付、信托贷款等业务稳步增长，12 月末余额分别比年初增加 0.71 亿元和 0.43 亿元。在上述业务较快增长的同时，转贴现(转出)、银行承兑汇票(风险敞口)和跨境人民币贸易融资等业务出现明显回落，12 月末余额分别比年初减少 10.86 亿元、7.99 亿元和 4.74 亿元。

市外融资业务发展较快。12 月末，全市企业市外融资余额为 770.56 亿元，占全市融资总量的 30.7%，比年初增加 152.19 亿元。从资金投向看，重点流入制造业、交通运输仓储业、批发零售业、房地产业等行业。从市外融资的存量看，12 月末，市外融资余额制造业 290.91 亿元、交通运输仓储业 203.20 亿元、批发零售业 101.26 亿元、房地产业 87.24 亿元，分别占全部市外融资的 37.8%、26.4%、13.1%、11.3%。从市外融资的增量看，交通运输仓储业、房地产业、批发零售业和租赁商务服务业较快增长，分别比年初新增 42.63 亿元、41.41 亿元、34.83 亿元和 27.37 亿元。

资金投向较为合理，涉海经济关联产业资金投入总体较大。一是从融资规模存量看，12 月末占比较大为商贸旅游业、工业、个人消费、港口物流业和政府公用事业类，占比分别为 26.2%、25.6%、12.6%、12.3%和 7.3%。由于船舶、海运企业资金面相对紧张，部分企业又存在混业经营的现状，存在商贸旅游业作为船舶业、海运业的融资平台现象。二是从融资规模增量看，增加较多的为商贸旅游业、房地产企业开发、政府类及公用事业类、港口物流业、个人消费，比年初分别增加 28.12 亿元、8.00 亿元、6.43 亿元、3.67 亿元、3.41 亿元。工业融资与年初相比则减少 38.29 亿元。三是从融资增速情况看，截至 12 月末全市房地产企业开发、商贸旅游业、政府类及公用事业类、渔农业和个人消费市内银行融资余额增速较快，同比分别增长 16.4%、6.9%、5.6%、2.9%和 2.3%。

【金融市场】 证券市场交易规模同比略升。截至 12 月末，全市华宝证券、浙商证券和华泰证券共有交易客户 60 856 户，累计新开户 2 959 户，同比少增 698 户，证券交易额 744.06 亿元，同比增加 193.29 亿元。1—12 月，全市累计转入资金 46.67 亿元，同比减少 9.55 亿元。其中，在全市证券营业部开户的个人进入股市资金 45.46 亿元，同比减少 10.54 亿元；企业累计进入股市资金 1.21 亿元，同比增加 0.99 亿元。1—12 月，全市累计转出资金 44.93 亿元，同比减少 10.07 亿元。其中，个人转出资金 43.64 亿元，同比减少 11.22 亿元；企业转出资金 1.29 亿元，同比增加 1.15 亿元。截至 12 月末，股市累计沉淀资金 3.33 亿元，同比减少 0.19 亿元。

保险行业运行平稳有序。全市保险业共实现保费收入 21.71 亿元，同比上升 1.8%。其中，财险收入 10.20 亿元，同比增长 4.8%；寿险收入 11.51 亿元，同比下降 0.8%。全市保险公司保费给赔付支出 7.63 亿元，同比增长 4.7%。其中，财险赔款支出 5.62 亿元，同比增长 5.2%；寿险给赔付 2.01 亿元，同比上升 3.1%。

(马国标　李子悦)

舟山市主要经济金融统计

（2009—2013 年）　　单位：亿元

项　　目	2009 年	2010 年	2011 年	2012 年	2013 年
国内生产总值	533.26	633.45	765.30	851.95	930.85
第一产业(增加值)	51.41	62.44	76.09	83.05	95.73
第二产业(增加值)	248.25	288.55	344.82	385.42	411.55
第三产业(增加值)	233.60	282.46	344.39	383.48	423.57
全社会固定资产投资	400.66	413.84	500.53	600.81	750.02
地方财政收入	48.78	61.04	76.48	85.56	92.63
地方财政支出	82.74	105.03	148.10	155.22	189.83
社会消费品零售总额	181.69	212.54	251.71	290.54	331.65
居民消费价格指数(以上年为 100)	99.2	104.1	105.8	101.7	102.1
进出口总额(亿美元)	70.23	107.33	132.64	153.56	126.72
进　口(亿美元)	32.84	37.95	57.91	61.32	60.23
出　口(亿美元)	37.39	69.37	74.73	92.24	66.49
全部金融机构各项存款(余额)	943.93	1 143.25	1 314.97	1 389.97	1 497.11
企业存款	367.23	402.66	497.50	474.63	479.07
财政存款	35.35	54.26	56.26	78.83	78.24
储蓄存款	356.36	410.80	461.30	508.59	549.61
全部金融机构各项贷款(余额)	854.02	1 017.72	1 162.66	1 295.83	1 333.35
短期贷款	415.74	475.99	610.26	733.89	745.71
中长期贷款	414.33	507.02	549.11	559.77	581.38
全部保险机构保费收入	16.43	19.00	19.95	21.33	21.71
全部保险机构保险赔款支出(含满期给付)	7.21	6.21	5.80	7.29	7.63
全部保险机构保险密度(元/人)	1 699	1 963	2 061	1 902	1 901
全部保险机构保险深度(%)	3.08	3.00	2.61	2.50	2.33

注：全部金融机构各项存款、贷款余额的七项数据为本外币并表统计数(含外资金融机构)。

(四) 安徽省金融概览

2013 年，安徽省生产总值(GDP) 19 038.9 亿元，按可比价格计算，比上年增长 10.4%。分产业看，第一产业增加值 2 348.1 亿元，增长 3.5%；第二产业增加值 10 404 亿元，增长 12.4%；第三产业增加值 6 286.8 亿元，增长 9.5%。第三产业比重提高 0.4 个百分点、工业增加值占 GDP 比重由上年的 46.6% 提高到 46.9%。全社会劳动生产率 44 889 元/人，比上年增加 3 553 元/人。人均 GDP31 684 元(折合 5 116 美元)，比上年增加 2 892 元。全年民营经济增加值 10 843 亿元，比上年增长 10.7%，占 GDP 比重由上年的 56%提高到 57%。全年进出口总额 456.3 亿美元，比上年增长 16.2%。其中，出口 282.5 亿美元，增长 5.6%；进口 173.8 亿美元，增长 38.6%。全年财政收入 3 365.1 亿元，比上年增长 11.2%，其中地方财政收入 2 075.1 亿元，增长 15.8%。全部财政收入中，增值税增长 10.6%，营业税增长 11.3%，企业所得税增长 2.9%。财政支出 4 351.6 亿元，增长 9.9%。

【融资规模】 社会融资规模稳步扩大，表外业务增长迅速。2013 年，全省社会融资规模达 4 968.8 亿元，同比多增 726 亿元。其中，人民币贷款增加 2 760.8 亿元，外币贷款折合人民币增加 114.7 亿元，分别同比多增195.6亿元和29.2亿元，两者在社会融资规模中占比合计为57.9%，较上年下降4.6个百分点；受债市整顿等多重因素影响，2013年全省债券发行量明显减少，全年企业债券净融资358亿元，同比少增418.2亿元；非金融企业境内股票融资117.1亿元，同比多增81.4亿元；辖内银行业表外融资活跃度相对较高，信托贷款、委托贷款及未贴现银行承兑汇票合计增加1 434.7亿元，同比多增890.4亿元，占比较上年提高16个百分点。

【存款】 存款增长前高后低，机构竞争日趋激烈。12月末，全省本外币各项存款余额26 938.2亿元，同比增长16.1%，较上年末回落2.7个百分点。其中，人民币各项存款余额26 739.3亿元，同比增长16.4%。在年初快速增长后，受利率市场化加快推进、银行间市场流动性趋紧等因素影响，下半年存款增长明显放缓，年末增速较6月末回落4个百分点。2013年，全省本外币各项存款增加3 719.8亿元，同比多增55.1亿元；人民币各项存款增加3 755.1亿元，同比多增181.5亿元。银行之间的存款竞争更趋激烈，中小银行存款增长明显快于大型银行，全年全国性大型银行新增人民币存款占各项存款增量的45.7%，比上年下降10.4个百分点。

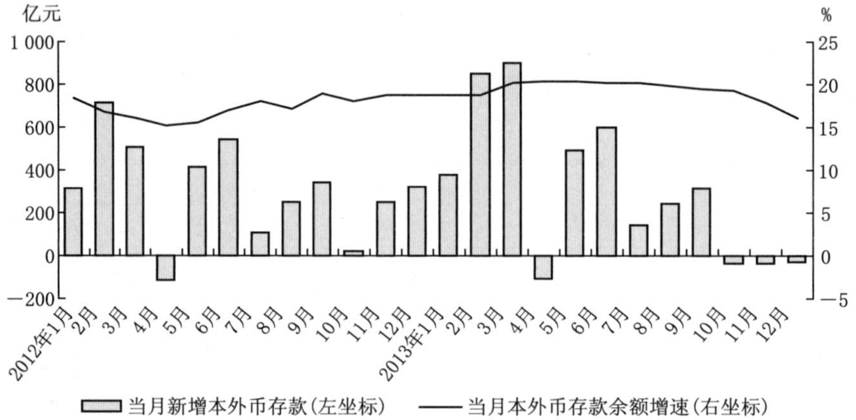

图1 安徽省本外币存款增量增速

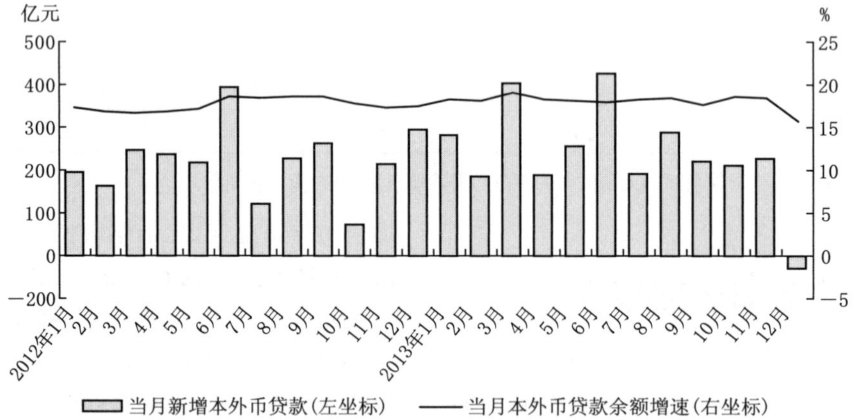

图2 安徽省本外币贷款增量增速

【贷款】 贷款保持平稳增长，期限结构有所调整。12月末，全省本外币各项贷款余额1.97万亿元，同比增长17.2%，较上年末回落1.5个百分点；比年初增加2 859.2亿元，同比多增209.6亿元。其中，人民币各项贷款余额1.91万亿元，同比增长17.2%；比年初增加2 760.8亿元，同比多增195.6亿元。贷款期限结构有所调整，全年票据融资下降70.4亿元，同比少增358.3亿元；短期贷款增加1 271.4亿元，同比多增228.3亿元；中长期贷款增加1 521.2亿元，同比多增360.3亿元。

【信贷结构】 信贷支持薄弱环节和民生领域力度加大。一是小微企业贷款增量占比过半。2013

年全省小微企业贷款增加 837.1 亿元，同比多增 291.7 亿元，占企业新增贷款的 53.0%，较上年提高 12.2 个百分点；小微企业贷款余额同比增长 17.4%，高于各项贷款平均增速 0.2 个百分点。二是金融支农惠农成效显著。12 月末，全省县域贷款余额同比增长 21.1%，高于各项贷款平均增速 3.9 个百分点；全年增加 897.2 亿元，同比多增 132.3 亿元。涉农贷款余额同比增长 23.6%，高于各项贷款 6.4 个百分点；全年增加 1 215.8 亿元，同比多增 227.8 亿元。三是积极满足居民家庭首套自住购房的合理信贷需求。12 月末，全省个人住房贷款余额 3 157.2 亿元，同比增长 26.9%，较上年同期提高 7.1 个百分点；前 12 个月新增 669.5 亿元，同比多增 257.3 亿元。前 12 个月累计发放个人住房贷款 32.2 万套、956.1 亿元，同比多发放 8.1 万套、313.3 亿元；其中，首套房贷款占比达 94.6%，执行基准及下浮利率的占比达 95.3%。四是民生金融服务能力进一步提升。全年全省累计发放小额担保贷款 41.7 亿元，同比多发放 17.5 亿元；累计发放助学贷款 11.1 亿元，其中生源地助学贷款累计发放 10.9 亿元，超过上年全年发放额。

【债务融资】 积极创新债券发行品种，拓宽债务融资渠道。2013 年中国人民银行合肥市中心支行继续实施“债务融资工具翻两番计划”，加强与交易商协会和各主承销商的沟通，联合省政府金融办等八个部门印发了《“十二五”期间安徽省加快推进直接融资发展的实施意见》。全年全省发行各类债务融资工具和金融债券 560.5 亿元，较上年多发行 44.9 亿元，分别占全省直接融资和债券融资的 52.3%和 76.2%。超短期融资券、小微企业专项金融债券在安徽实现首发，其中，安徽高速控股公司是首批获准发行超短期融资券的三家地方性国企之一，芜湖扬子农村商业银行是全国第四家获准发行小微企业金融债的农村金融机构。

【金融市场】 全年上市公司通过境内市场累计筹资 244.6 亿元，其中 A 股再筹资（包括配股、公开增发、非公开增发、认股权证）176.4 亿元；上市公司通过发行可转债、可分离债、公司债筹资 68.2 亿元。到 2013 年末，全省有上市公司 78 家，上市公司市价总值 5 018.4 亿元，比上年增长 3.6%。全年发行非上市企业（公司）债券 101 亿元。企业发行短期融资券 262.5 亿元。全年安徽省境内证券经营机构证券交易量 17 461.5 亿元，期货经营机构代理交易量 106 245.4 亿元。全年保险业保费收入 483 亿元，比上年增长 6.5%。其中，财产险业务保费收入 203.9 亿元，增长 20.6%；人身险业务保费收入 279.2 亿元，下降 1.9%。赔款和给付 223 亿元，增长 46.1%。其中，财产险业务赔款支出 115.3 亿元，增长 26%；人身险业务赔款和给付支出 107.7 亿元，增长 76.1%。

（人行合肥市中支）

安徽省首届保险资金运用对接会在合肥召开

1. 合 肥 市

2013 年，合肥市生产总值（GDP）4 672.91 亿元，按可比价格计算，比上年增长 11.5%。其中，第一产业增加值 247.21 亿元，增长 3.2%；第二产业增加值 2 583.75 亿元，增长 12.9%；第三产业增加值 1 841.95 亿元，增长 10.6%。三次产业结构由上年的 5.5∶55.3∶39.2 调整为 5.3∶55.3∶39.4，其中第三产业比重比上年提高 0.2 个百分点，工业增加值占 GDP 比重由上年的 43.6%提高到 43.9%。按常住人口计算，人均 GDP 达到 61 555 元（折合 9 939 美元），比上年增加 6 373 元。全年进出口总额 181.90 亿美元，比上年增长 3.1%。其中，出口 118.99 亿美元，下降 12.1%；进口 62.91 亿美元，增长 56.8%。加工贸易出口额 30.54 亿美元，增长 40.5%。机电产品出口额 58.76 亿美元，下降 0.4%。高新技术产品出口额 27.66 亿美元，增长 43.3%。全年财政收入 768.27 亿元，比上年增长 10.6%；其中，税收收入 685.91 亿元，增长 11.4%。地方财政收入 438.62 亿元，增长12.6%。财政支出630.89亿元，比上年增长10.2%。

【社会融资】 合肥市社会融资规模占全省比重显著上升，直接融资比例低于全国平均水平。2013年，合肥市社会融资规模为2 204.8亿元，比上年同期多677.4亿元，为上年同期的1.4倍，占全省比重为44.3%，较上年同期上升8.5个百分点；间接融资、直接融资比例分别为88.3%、9.3%，直接融资比例低于全国平均水平2.4个百分点。其中，本外币贷款占比为43.5%，同比大幅下降18.7个百分点；委托贷款、信托贷款、银行承兑汇票占比分别为14.7%、25.0%、5.1%，同比分别显著上升5.8、14.7、8.7个百分点；企业债券净融资占比为7.5%，同比下降5.3个百分点；非金融企业境内股票融资占比为1.7%，同比小幅上升1.2个百分点。2013年，合肥市间接融资1 946.6亿元，其中，本外币贷款增加959.7亿元，同比多增9.1亿元；委托贷款增加324.3亿元，同比多增188.7亿元；信托贷款增加550.5亿元，同比多增392.9亿元；银行承兑汇票增加112.1亿元，同比多增167.3亿元。2013年，合肥市直接融资204.2亿元，其中，企业债券净融资166.3亿元，同比少29.8亿元；股票融资37.9亿元，同比多29.4亿元。

【货币政策】 2013年，合肥市银行业金融机构贯彻落实稳健的货币政策，加大对实体经济支持力度，各项存款稳定增长，企业存款定期化明显；各项贷款适度增长，短期贷款、个人消费贷款、县域贷款增长较快。一是短期贷款增势强劲，中长期贷款增长平稳。2013年，为更好服务实体经济，合肥市金融机构主动压缩票据融资规模，支持短期和中长期贷款的发放。12月末，全市人民币短期贷款余额1 920.6亿元，同比增长26.2%，增速较上年末提高13.5个百分点；全年增加365.5亿元，同比多增193.3亿元。中长期贷款余额4 927.1亿元，同比增长12.7%；全年增加556.8亿元，占各项新增贷款的62.9%，同比多增7.3亿元。票据融资余额195.5亿元，同比下降16.6%；全年减少38.9亿元。二是小微企业、涉农贷款增速高于各项贷款，薄弱环节金融支持力度进一步加大。合肥市金融机构认真贯彻“国十条”和全国小微企业金融服务经验交流电视电话会议精神，加大小微企业信贷支持力度。12月末，全市小微企业贷款余额1 195.7亿元，同比增长20.5%，全年增加228.7亿元，占各类企业新增贷款的43%，比上年同期提高28.6个百分点。合肥市涉农贷款规模持续扩大。12月末，全市涉农贷款余额969.8亿元，同比增长24.6%；全年增加234.1亿元，占各项新增贷款的26.4%，较上年末提高2.1个百分点。三是基础设施行业贷款增长较快，有力支持合肥城市建设。党的十八大以来，随着城镇化进程加快推进，合肥市新开工一大批基础设施项目，基础设施行业贷款需求明显回升。2013年全市交通运输、仓储和邮政业和水利、环境和公共设施管理业贷款增加214.8亿元，占各项贷款24.3%，较上年同期提高9.3个百分点，同比多增83.1亿元。基础设施类贷款增加，有力支撑了全市“大湖名城”等相关市政建设。

【金融运行】 一是各项存款稳定增长，存款月度波动较大。2013年末，全市金融机构本外币各项存款余额8 329.4亿元，较年初增长1 247.4亿元，同比少增4.8亿元；增速为17.7%，同比回落3.8个百分点。人民币各项存款余额8 232.6亿元，较年初增长1 312亿元，同比多增155.4亿元。其中：单位存款余额同比增长20.5%，全年新增885.3亿元，同比多增258.9亿元；受房地产、互联网金融以及理财产品、信托产品等表外业务因素影响，个人存款增势放缓，全年增加391.7亿元，同比少增13.1亿元。外币存款余额较上年下降9.8亿美元，同比多降25亿美元。二是各项贷款合理增长，贷款结构持续优化。2013年，全市本外币贷款增加949.8亿元，与上年基本持平，占全省新增贷款的33.2%。12月末，合肥市本外币各项贷款余额7 446亿元，同比增长15.2%，低于全省2个百分点。从全年贷款增长轨迹来看，增速由1月末的17.2%逐步上行至11月末的18.4%（11月末贷款增速创2012年以来新高），此后受基数效应、票据融资下降等影响，12月份贷款增速回落至15.2%。

【金融市场】 全年首发上市公司1家，融资80.32亿元。至年末共有30家境内上市公司，全年债券融资306亿元。年末证券营业部68个，比上年增加9个，全年证券交易量8 055.54亿元，从业人员2 510人。年末期货营业部20个，比上年增加2个，全年期货交易量180 387.15亿元，从业人员657人。

全年保险公司保费收入109.11亿元，比上年增长22.1%。其中，财产险保费收入52.27亿元，增长30.6%；人身险保费收入56.84亿元，增长15.3%。支付各类赔款及给付 46.11 亿元，比上年增长 53.8%。其中，财产险赔款与给付 28.74 亿元，增长 42.9%；人身险赔款与给付 17.37 亿元，增长 75.9%。

（人行合肥市中支）

合肥市主要经济金融统计

（2009—2013 年）　　单位:亿元

项　　目	2009 年	2010 年	2011 年	2012 年	2013 年
国内生产总值	2 102.1	2 702.5	3 636.6	4 164.34	4 672.91
第一产业(增加值)	108.7	132.6	208.2	229.05	247.21
第二产业(增加值)	1 105.0	1 457.6	2 002.2	2 303.91	2 583.75
第三产业(增加值)	888.4	1 112.3	1 426.2	1 631.38	1 841.95
全社会固定资产投资	2 468.4	3 067.0	3 376.97	4 001.10	4 707.99
地方财政收入	180.9	259.4	338.51	389.50	438.62
地方财政支出	245.9	317.7	474.89	572.10	630.89
社会消费品零售总额	703.4	839.0	1 111.12	1 293.62	1 480.84
居民消费价格指数(以上年为 100)	99.1	102.7	105.7	102.2	102.7
进出口总额(亿美元)	64.3	99.6	123.09	176.42	181.90
进　口(亿美元)	19.8	43.3	44.89	40.14	62.91
出　口(亿美元)	44.5	56.3	78.20	136.28	118.99
全部金融机构各项存款(余额)	3 761.38	4 591.81	5 435.73	7 075.18	8 329.37
企业存款	1 925.57	2 222.16	3 627.23	4 465.33	5 286.24
财政存款	94.6	146.6	158.07	196.85	236.34
储蓄存款	1 041.17	1 241.9	1 441.60	2 079.22	2 370.93
全部金融机构各项贷款(余额)	3 528.82	4 353.79	5 296.21	6 462.50	7 446.04
短期贷款	966.50	1 083.22	1 407.74	1 669.31	2 060.96
中长期贷款	2 463.93	3 218.97	3 794.89	4 499.11	5 085.94
全部保险机构保费收入	40.8	65.7	67.97	89.33	109.11
全部保险机构保险赔款支出(含满期给付)	14.0	16.5	21.35	40.02	46.11
全部保险机构保险密度(元/人)	830.6	1 152.1	903.85	1 180.05	1 433.77
全部保险机构保险深度(%)	1.94	2.43	1.87	2.15	2.62

注:全部金融机构各项存款、贷款余额的七项数据为本外币并表统计数(含外资金融机构)。

2. 马 鞍 山 市

2013 年末，马鞍山市金融机构本外币各项存款余额 1 447.85 亿元，比年初增加 178.66 亿元，同比增长 14.08%，增速较 2012 年下降 1.93 个百分点。金融机构本外币各项贷款余额 998.5 亿元，比年初增加 121.35 亿元，同比增长 13.84%，较 2012 年提升 5.04 个百分点。2013 年，全市共有 11 家证券营业部、3 家期货营业部，从业人员 252 人。11 家证券营业部资产总额为 6.89 亿元，3 家期货公司总资产规模 1.32 亿元。证券期货机构累计实现营业收入 1.03 亿元，同比增长 39.19%，实现净利润 0.32 亿元，同比增长 100%。保险业保持平稳发展态势，行业整体实力得到增强，市场服务体系不断完善，保险保障功能有效发挥，保险支农成效显著。截至年末，保险业金融机构已达 20 家，保险从业人员 1 152 人，寿险营销人员 3 063 人，保险业资产规模 52.66 亿元，同比增长 2.13%。

【金融运行】 社会融资总量保持稳步增长，总量达 520 亿元。在融资结构中，信贷增量仅占社会融资总量的 23.34%，直接融资及银行表外融资比重逐年提升，占比达七成以上，对银行信贷替代效应明显。全年金融债券发行数量较多，融资渠道得到进一步拓宽，市场流动性充裕。共推动辖内6家企业从银行间债券市场募集资金79亿元，较2012年增加6亿元，非金融企业债务融资工具连续4年实现了快速增长。

银行业机构扩容步伐加快，新设股份制银行一家（中信银行马鞍山分行），截至2013年末，银行类金融机构营业网点总数已达346个，从业人员数5 228人。银行业资产规模和经济效益稳步增长，年末资产总额达1 641亿元，同比增长7%，实现净利润22亿元，同比增长11%，银行业金融机构呈现稳健的发展态势。

贷款增速呈现前高后低的态势，前三季度增速平均低于10%，四季度始，随着马钢、山鹰、现代牧业等大型企业流动资金贷款的大幅增长，贷款增速逐步走高，四季度月平均增速达到12.5%。各季度的增量分别为28.4亿元、22.9亿元、36.1亿元、34亿元。分期限看，受“金融支持项目提速年”等措施的实施，中长期贷款增长较快，票据融资出现负增。全年中长期贷款同比增长20.64%，较年初增加80.71亿元，占同期全部贷款增量的66.5%。短期贷款同期增长11.4%，较年初增加44.07亿元。票据融资比年初减少2.67亿元，同比少增22.99亿元。分币种看，信贷增长以人民币贷款为主，外币贷款不增反降。至2013年末，人民币贷款余额980.08亿元，比年初增加122.90亿元；外汇贷款余额3.02亿美元，比年初下降0.16亿美元。从信贷投向看，信贷结构优化明显，2013年新增贷款主要投向了重点基础设施、小微企业、三农等实体经济和民生领域建设。其中，全年新增各类固定资产投资贷款41亿元，增量占全部贷款增量的34.21%。小微企业信贷投放大幅增长，全年新增54.63亿元，占全部贷款新增额的45.02%，同比增速达14.31%，实现“两个不低于”目标。

证券交易有所回暖，期货交易明显放大。截至年末，投资者账户数达17.22万户，比年初增加1.44万户。期货经营机构完成代理交易金额5 841.51亿元，同比增长近3倍。

保费总收入23.71亿元，同比增长4.04%。其中，财产险业务保持较快增长，实现保费收入9.01亿元，同比增长23.93%；人身险业务完成保费收入14.7亿元，同比下滑5.28%。全年赔款给付支出11.58亿元，同比增长48.65%。其中，财产险业务赔付支出4.82亿元，增长31.69%；人身险业务因保险集中到期，共计给付支出6.76亿元，增长63.68%。保险深度为1.83%，保险密度1 038元/人。

【金融服务】　2013年，马鞍山市一年期贷款加权平均利率为6.87%，较上年同期下降38个基点。整体上来看，各金融机构贷款利率区间普遍下移，给实体经济发展带来实惠。受钢贸行业持续不景气影响，票据签发量略有下降、票据贴现量增速放缓、再贴现发放量增多。全年金融机构为各类企业签发承兑汇票384.81亿元，同比下降2.69%；办理贴现487.92亿元，同比增长8.41%；办理再贴现27.34亿元，同比增长97%。电子商业汇票业务快速发展，受理单位不断增加，目前已有8家银行、1家财务公司开办此项业务。2013年共签发电子商业汇票293笔，同比增长16.54%；金额15.57亿元，同比增长20.51%。2013年，马鞍山市跨境人民币业务继续加速发展，业务量屡创新高。全年跨境人民币实际收付结算额突破50亿元大关，达到52.28亿元，同比增长330%，占跨境收支总额的18.94%，较2012年提高14.5个百分点，人民币为区域内国际结算第二大币种的地位进一步巩固。跨境人民币结算业务开办两年来，累计收付结算量已达66.23亿元，总量位列全省前三。在业务量大幅增长的同时，业务覆盖面也继续扩大。2013年与马鞍山市开展人民币结算的境外国家和地区已达29个，较2012年新增23个。全年华菱西厨、鼎泰新材等40多家涉外企业办理了跨境人民币业务，较2012年增加24家，承办银行也扩大到9家机构，跨境人民币业务已成为银行改善金融服务的新途径和推动地方涉外经济发展的新引擎。

2013年，马鞍山市以《征信业管理条例》颁布为契机，全面深化“信用马鞍山”建设，社会信用体系建设步伐不断加快，社会信用意识不断提高，为经济金融发展提供了基础保障。积极推动农村信用体系试验区建设，启动了安徽省农村信用体系含山县试验区建设序幕，市政府出台《信用评级工作实施意见》，为信用评级市场健康有序发展提供了强有力支持。完善现代化支付结算体系，开安徽先河，实施了马鞍山与芜湖两市银行本票通用。服务“美好乡村”建设，继续推进“农汇通工程”，促进城乡金融一体发展，实现银行卡助农取款服务点行政村覆盖率达100%。

【资产质量】 银行业经营管理体制改革向纵深推进，公司治理结构持续改善，风险控制能力明显增强，资产质量继续提升，年末不良贷款率降至1.67%。金融服务体系日趋完善，服务覆盖面和水平稳步提升，中信银行马鞍山分行挂牌开业，招商银行当涂支行，光大银行当涂、康乐路支行等网点设立。农村金融机构改革成效明显，和县农村合作银行改制为农村商业银行，含山农村信用联社的改制进程取得突破，马鞍山农村商业银行跨区域经营步伐加快，组建的新华村镇银行总数已达9家。年末马鞍山市7家地方法人金融机构资本充足率均超过8%的监管要求，农信社系统整体资本充足率达10%以上

（尚有胜）

马鞍山市和芜湖市银行本票通用业务推进会在中国人民银行马鞍山市中支召开

马鞍山市主要经济金融统计

（2009—2013年）　　单位:亿元

项　　目	2009年	2010年	2011年	2012年	2013年
国内生产总值	665.9	811.0	1 144.0	1 232	1 293.02
第一产业(增加值)	25.7	28.5	66.9	71.5	79.6
第二产业(增加值)	443.0	563.6	779.04	818.9	834.1
第三产业(增加值)	197.2	219	298.24	341.6	379.32
全社会固定资产投资	546.1	740.3	1 311	1 201.15	1 431.6
地方财政收入	63.7	69.9	91.04	127.82	146.18
地方财政支出	80.0	87.4	139.57	190.37	232.27
社会消费品零售总额	125.7	147.8	226.09	262.94	301.34
居民消费价格指数(以上年为100)	98.3	103.0	104.8	102	101.8
进出口总额(亿美元)	17.33	28.8	41.97	36.52	36.25
进口(亿美元)	12.8	23.7	34.03	24.52	22.39
出口(亿美元)	4.53	5.07	7.94	12	13.86
全部金融机构各项存款(余额)	705.9	808.2	1 094	1 269.2	1 447.85
企业存款	218.5	241.0	361.89	602.65	653.93
财政存款	23.6	17.6	13.31	11.1	70.32
储蓄存款	305.8	355.0	555.39	637.58	723.6
全部金融机构各项贷款(余额)	453.1	554.5	806	877.1	998.5
短期贷款	173.2	220.6	367.19	386.64	430.71
中长期贷款	219.0	277.4	363.99	391.1	471.82
全部保险机构保费收入	14.0	16.52	16.61	21.4	23.71
全部保险机构保费支出(含满期支付)	3.0	3.4	4.43	7.79	11.58
全部保险机构保险密度(元/人)	1 090	1 280.62	1 277.69	903	1 038
全部保险机构保险深度(%)	2.11	2.04	1.68	1.89	1.83

注:全部金融机构各项存款、贷款余额的七项数据为本外币并表统计数(含外资金融机构)。

3. 芜 湖 市

2013年，芜湖市实现地区生产总值2 099.53亿元，同比增长12.0%。其中，一产增加值128.60亿元，增长3.3%；二产增加值1 388.22亿元，增长13.8%；三产增加值582.70亿元，增长9.4%。按户籍人口计算，人均生产总值54 676元，同比增长11.7%。财政收入381.73亿元，同比增长13.2%。固定资产投资2 040.65亿元，同比增长20.0%。社会消费品零售总额559.95亿元，同比增长14.6%。进出口总额54.33亿美元，同比增长19.1%。城市居民消费价格(CPI)同比上涨2.5%，其中食品类价格上涨4.9%。

【金融运行】 2013年，芜湖市金融机构本外币存款余额2 175.96亿元，比年初增加299.77亿元。其中，单位存款1 108.65亿元，比年初增加137.16亿元；个人存款1 033.35亿元，比年初增加153.84亿元。金融机构本外币贷款余额1 947.45亿元，比年初增加221.51亿元，其中，短期贷款751.14亿元，比年初增加71.13亿元；中长期贷款1 021.86亿元，比年初增加112.00亿元。年末外汇存款余额78 018万美元，比年初增加45 713万美元；外汇贷款余额68 644万美元，比年初增加19 059万美元。2013年，全市8家证券机构累计完成交易额1 061.7亿元，增长47.8%。信义光能、海螺创业2家企业上市，宇业集团“借壳”上市。全市28家保险主体累计实现保费收入30.2亿元，累计赔付和各类给付支出14.6亿元。

【金融服务】 推动社会融资规模适度增长，货币信贷政策服务实体经济成效显著，有力地支持经济转型升级和民生金融持续改善。2013年，实现社会融资规模388.4亿元，全市金融机构新增贷款221.5亿元，为芜湖经济总量迈上2 000亿元新台阶发挥积极作用。中国人民银行芜湖市中心支行先后配合市政府出台《关于促进科技和金融结合的实施意见》《关于支持地方法人金融机构发展的若干政策》等专项意见。灵活运用政策工具，对辖区6家法人机构存款准备金率优惠1个百分点，为中小金融机构办理再贴现30.8亿元，新发放支农再贷款2.8亿元，成功试办全省首笔质押式支农再贷款，引导中小金融机构加大对经济薄弱环节支持。县域贷款增速高于市区4.3个百分点。全年新增中小微企业贷款87.8亿元。以市“科技创业年”活动为契机，全年累计发放小额担保贷款12.3亿元。通过公积金贷款、发行企业债和融资租赁等方式，推动保障房融资多元化，全年实现保障房项目融资102.3亿元，支持了2.4万套保障房开工建设。积极落实对少数民族的优惠政策，审核优惠利率补贴175.2万元。扬子农商行10亿元小微企业金融债获准发行。

强化风险评估监测和报告提示制度的落实，稳步推进“两管理两综合一保护”工作，切实维护辖区金融平稳有序运行。对全市17家商业银行415笔不良贷款情况进行全面梳理排查。对辖区16家银行业金融机构企业互保联保贷款风险进行专题调查。开展法人银行机构流动性风险、证券业资产管理创新业务风险、保险业部分产品集中退保风险的监测。对皖江金融租赁公司的业务风险进行了全面评估。密切关注担保、小贷和典当三类融资性非金融机构的经营风险。持续加强对以奇瑞汽车为代表的汽车行业、海螺水泥为代表的水泥行业等重点行业风险的监测。会同市有关部门联合印发《进一步防范金融风险加强金融稳定工作的实施意见》，推动地方政府建立金融风险防范联席会议制度。继续完善“两综合两管理”执法工作，完成对辖区银行、证券、保险54家金融机构的评价工作。畅通金融消费者投诉受理渠道，切实维护了金融消费者的合法权益。

完善金融基础设施，推进金融服务手段创新，着力提升金融服务水平。2013年，推动安徽省内首次银行本票跨市通用，于12月初在芜湖和马鞍山两市之间启动运行。顺利完成辖区二代支付系统上线切换运行。人民币发行流通平稳有序，全年调拨30余次，货币投放189.3亿元、回笼171.2亿元。收缴假币2 433张、面额23.54万元。高效完成国库会计数据集中系统(TCBS)上线任务，在全省率先开通银行端查询缴税业务，成功阻截多笔大额国库资金违规划拨到银行存款账户，确保了国库资金安全。成功研发国库信息系统与TIPS省级前置机接口程序。“金融社保卡”和“芜湖城市金融IC卡”顺利发行。新增金融IC卡174.8万张，新增占比70.8%，远高于全国35%的工作目标。信用体系建设取得新进展，安徽省首批小贷公司、村镇银行和金融租赁公司已获准接入征信系统；南陵县获批成为全省农村信用体系试验区并取得显著进展。深入宣传贯彻《征信业管理条例》。反洗钱监管协作机制彰显成效，与市公安部门联合制定《关于进一步加强警银协作防范和打击金融犯罪工作的意见》。推进金融统计标准化建设和“金融统计数据强化年”活动。

推进外汇管理改革措施落实，优化外汇服务质量，进一步支持辖区外向型经济发展。加强跨境资金流动统计监测，累计办理跨境人民币结算 108.4 亿元，同比增长 155.3%。增量位列全省前列。全市实现跨境资金收入 43.9 亿美元，同比增长 29.3%，跨境资金支出 26 亿美元，同比增长 32.7%。推进服务贸易非现场监管辅助系统推广应用，改进货物贸易外汇管理方法。在省内开办首笔“内保外贷”业务，居民个人海外股权融资实现零突破。制定了《芜湖辖区海关特殊监管区域风险防范操作性规定》，促进海关特殊监管区域企业涉外业务的健康发展。

（魏　维　储灿春）

芜湖市主要经济金融统计

（2009—2013 年）　　单位：亿元

项　　目	2009 年	2010 年	2011 年	2012 年	2013 年
国内生产总值	902.00	1 108.63	1 658.24	1 873.63	2 099.53
第一产业（增加值）	41.80	49.21	107.01	117.63	128.60
第二产业（增加值）	565.02	722.63	1 092.55	1 234.24	1 388.22
第三产业（增加值）	295.20	336.80	458.68	521.76	582.70
全社会固定资产投资	900.69	1 220.10	1 354.21	1 700.79	2 040.65
地方财政收入	69.41	94.84	139.97	178.91	381.73
地方财政支出	104.68	144.54	236.14	295.15	319.63
社会消费品零售总额	241.51	287.45	421.01	490.20	559.95
居民消费价格指数（以上年为 100）	99.20	103.80	105.70	102.4	102.50
进出口总额（亿美元）	14.28	26.10	39.65	46.24	54.33
进　口（亿美元）	5.33	9.41	12.61	12.54	15.02
出　口（亿美元）	8.95	16.69	27.04	33.70	39.31
全部金融机构各项存款（余额）	971.23	1 238.28	1 491.57	1 876.26	2 175.96
企业存款	397.39	510.03	886.20	971.49	1 108.65
财政存款	14.55	17.37	15.58	14.01	12.13
储蓄存款	409.23	485.62	574.68	869.05	1 002.68
全部金融机构各项贷款（余额）	809.90	1 051.23	1 314.50	1 725.94	1 947.45
短期贷款	290.04	378.52	532.01	680.01	751.14
中长期贷款	434.08	635.07	745.85	909.86	1 021.86
全部保险机构保费收入	20.05	23.00	22.85	27.75	30.18
全部保险机构保险赔款支出（含满期给付）	5.69	5.91	7.88	9.47	14.62
全部保险机构保险密度（元/人）	871.45	1 006.10	993.0	1 303.1	783
全部保险机构保险深度（%）	2.22	2.10	1.60	1.6	1.44

注：全部金融机构各项存款、贷款余额的七项数据为本外币并表统计数（含外资金融机构）。

4. 铜　陵　市

2013 年，铜陵市实现地区生产总值 680.6 亿元，按可比价格计算增长 11.3%，连续 12 年保持两位数增长。三次产业比例调整为 1.8∶72.5∶25.7，第三产业增加值占 GDP 比重比上年提高 0.99 个百分点。固定资产投资 650.2 亿元，增长 21.7%，投资结构进一步优化，工业和战略性新兴产业投资占比分别提升至 46%和 26%。在外部需求逐步放缓、铜价下跌等多重因素影响下，铜陵市积极拓宽外贸渠道，推进外贸深加工结转，实现逆势上扬。全年进出口总额实现58.2亿美元，同比增长63.1%，增幅居全省第一位。外商投资领域不断扩大，新批外商投资企业10家，实际到位外资5亿美元，增长2.2%。全年实现财政收入130.1亿元，增长2.2%，增速较上年下降7.9个百分点。财政支出100.1亿元，增长3.8%，全力保障民生工程和民生改善类资金需求，民生类支出完成80.3亿元，占财政支出比重80%。居民消费价格涨幅回落，2013年铜陵市居民消费价格总水平上涨1.9%，比上年同期回落0.6个百分点，分别低于全国、全省0.7个和0.5个百分点。居民收入保持快速增长，2013年，铜陵市城镇居民人均可支配收入27 154元，增长10%，总量位列全省第三位，其中农民人均纯收入11 187元，增长13.6%。

【货币政策】 一是中国人民银行铜陵市中心支行推动铜陵市两家地方法人金融机构成功加入全国银行间同业拆借市场，实现辖内地方法人机构加入同业拆借市场零的突破；引导地方法人金融机构通过不断完善利率微观机制建设，利率定价能力不断提升；二是加强与地方政府的沟通联系，通过组织召开金融工作座谈会、行长联席会等形式，传导稳健的货币政策意图。定期编发《金融时讯》、《金融统计快报》等，分送地方党政主要负责人，动态反映货币政策执行效果；三是灵活运用货币政策工具。继续做好民贸企业贷款贴息工作，全年办理贴息17.93万元。灵活运用货币政策工具，累计办理再贴现24.81亿元，引导金融机构加大对涉农企业和小微企业的信贷支持；四是继续加大跨境人民币使用推广和宣传力度，中小企业办理跨境人民币业务积极性提高，逐渐成为辖区跨境人民币结算业务办理的主导。全年实现结算量32.4亿元，比上年增长132.8%；五是加强银企关系的协调，继续推进银企合作。2013年通过金融超市平台共举办了6次银企对接活动，签约项目59项，累计签约金额59.87亿元。

【金融运行】 各项存款同比少增，季节波动性较大。2013年末，铜陵市金融机构本外币各项存款余额644.4亿元，同比增长12.9%，增速比上年末下降4.6个百分点，比年初增加73.39亿元，同比少增11.77亿元。其中人民币存款增速比上年末下降4.8个百分点，外币存款增速比上年同期下降8.3个百分点。银行业金融机构受存贷比考核以及资金以理财产品形式在表内不同科目和表外之间的阶段性转换，存款波动较大，呈现出“季初负增或微增、季中少增、季末冲高”的特点。金融机构存款单月增量波动较大，最大增量与最小增量之间相差57.8亿元。

各项贷款增长适度，信贷结构不断优化。2013年末，铜陵市银行业金融机构本外币各项贷款余额678.3亿元，同比增长13.0%，比年初增加77.76亿元，同比少增26.52亿元，全年贷款增长基本符合经济增长的合理资金需求。信贷投放呈现如下特点：一是贷款期限结构改善，本外币短期贷款增速高于中长期贷款增速5.3个百分点。二是信贷结构不断优化，信贷投放与地方经济发展转型相契合。本外币新增贷款前十大行业中有七大行业均属第三产业，新增贷款由第二产业逐渐转向第三产业，有力推动经济转型升级和结构调整。三是个人消费贷款增速回升。2013年末，铜陵市个人消费贷款同比增长24.4%，增速较上年末增加5.5个百分点；四是金融支持薄弱环节力度加大。2013年涉农贷款增速高于全市各项贷款8.8个百分点，累计发放下岗失业人员小额担保贷款1 277笔，金额1.29亿元；五是小微企业融资状况持续改善，全年小微企业贷款增速高于各项贷款增速14.8个百分点，小微企业贷款增量占全部贷款增量比重达53.4%。

资产规模稳步增长，质量进一步提升。2013年末铜陵市银行业金融机构资产总额866亿元，同比增长7.2%；不良贷款余额较年初减少0.3亿元，不良贷款率较年初下降0.2个百分点。

【金融市场】 受经济转型升级压力影响，铜陵市直接融资总量有所回落。2013年非金融机构融资量100.3亿元，下降29.5%，其中直接融资规模下降41.1%。1家上市公司定向增发股票募集资金7.5亿元，1家非上市公司发行总额为15亿元、债券期限为7年的企业债券。证券机构新增开户数大幅增加，全年证券投资者新开户同比增加38 679户，增长115.4%，实现证券交易额435.9亿元，同比增加141.7亿元，增长48.2%。2013年末，铜陵市共有各类保险公司分支机构14家，机构数量较上年增加1家。其中财产险公司8家，寿险公司6家。全年实现保费收入10.0亿元，较上年增长7.5%，其中财产险收入增长19.9%，人身险收入与上年持平。全年保险业各类赔款（给付）支出4.9亿元，较上年增加44%，保险保障功能进一步提升。

【金融改革】 金融改革继续深化，金融服务功能进一步提升。大型商业银行不断巩固改革成果，内部管理和风险控制能力不断增强。两家地方法人金融机构成功加入全国银行间同业拆借市场。村镇银行立足县域经济发展，不断增设分支机构，全年增设两家支行机构。小额贷款公司全年累放贷款64.2亿元，担保公司实力不断增强，年末担保余额74.8亿元，典当公司累计典当金额20.6亿元，金融机构以灵活的融资方式为小微企业发展补充注入了活力。

【金融创新】 2013年，铜陵市通过"债贷组合"方式发行企业债券募集资金15亿元，成为全国第二支，安徽省第一支成功发行的"债贷组合"企业债券，有效拓宽融资渠道，市场化融资手段进一步增强。创新"接续贷"贷款业务。为缓解小微企业"转贷难"，铜陵市银行业金融机构创新推出了"接续贷"业务。由商业银行、担保机构和小微企业共同设立"接续资金池"，为池内企业发放短期转贷贷款。成员企业通过申请"接续贷"贷款，偿还到期的银行贷款，待企业在银行续贷成功后，归还接续贷款。"接续资金池"由担保机构和成员企业出资设立，所归集的接续资金专项用于成员企业办理接续贷款提供担保，成员企业由接续管理机构择优选择。截至2013年末，铜陵市接续资金池已吸纳31户企业参与，共筹集资金2 230万元，贷款余额3 480万元，累计向池内29户小微企业发放贷款25 570万元。创新黄金租赁业务，全年共办理黄金租赁业务金额8.7亿元，有效满足企业融资需求。

【金融生态】 2013年，铜陵市政府、人民银行、金融机构加强联动，促进生态环境持续优化。一是加强联动共同维护地方信用环境。中国人民银行与铜官山区法院签订合作备忘录，将地方法院执行过程逃废债务等失信信息纳入征信系统。二是开展征信宣传，全面贯彻落实《征信业管理条例》，不断优化和推动了辖区金融环境。三是金融IC卡推广运用成效明显。2013年，铜陵市POS终端全部完成受理非接IC卡改造，ATM终端全部能够受理金融IC卡和跨行圈存业务。四是支付环境不断优化，成功上线了第二代支付系统。电子商业汇票推广应用工作进展明显，业务量位居安徽省第一位。加强了对支付系统参与者的准入、退出管理和日常监督，大额、小额支付系统保持安全运行。农村地区的支付环境进一步优化，实现农村地区集中代扣代缴电费业务。五是全面深化金融消费权益保护。2013年累计办理6起消费者直接投诉，通过多种措施，顺利解决投诉纠纷，切实维护了金融消费者权益。

（叶文辉）

铜陵市主要经济金融统计

（2009—2013年） 单位：亿元

项目	2009年	2010年	2011年	2012年	2013年
国内生产总值	343.66	466.70	579.4	621.3	680.6
第一产业（增加值）	8.96	9.65	11	11.8	12.6
第二产业（增加值）	233.29	339.5	433	456.3	493.4
第三产业（增加值）	101.44	117.55	135.4	153.2	174.6
全社会固定资产投资	282.94	362.26	412.72	534.3	650.2
地方财政收入	33.05	34.73	45.36	63.6	64.2
地方财政支出	48.64	57.32	70.34	92.9	100.1
社会消费品零售总额	83.25	99.15	117.75	137.2	155.6
居民消费价格指数（以上年为100）	98.9	103.0	105.3	102.5	101.9
进出口总额（亿美元）	22.34	34.11	41.31	35.7	58.2
进　口（亿美元）	20.57	31.14	36.11	32.2	52
出　口（亿美元）	1.77	2.97	5.19	3.5	6.2
全部金融机构各项存款（余额）	350.01	410.27	485.66	570.8	644.4
企业存款	117.14	143.08	255.60	291.6	310.3
财政存款	2.22	2.17	5.48	6.27	17.1
储蓄存款	169.75	193.49	223.70	266.4	310.6

（续表）

项目	2009 年	2010 年	2011 年	2012 年	2013 年
全部金融机构各项贷款(余额)	332.16	437.01	496.37	600.5	678.3
短期贷款	127.05	172.36	222.38	313.8	363.9
中长期贷款	164.04	224.45	241.44	259.9	287.6
全部保险机构保费收入	7.94	9.27	8.5	9.3	10.0
全部保险机构保险赔款支出(含满期给付)	2.3	2.1	4.2	3.4	4.9
全部保险机构保险密度(元/人)	1 073	1 253	1 143	1 216	1 351
全部保险机构保险深度(%)	2.3	1.99	1.5	1.6	1.5

注：全部金融机构各项存款、贷款余额的七项数据为本外币并表统计数(含外资金融机构)。

5. 安 庆 市

2013 年，安庆市地区生产总值(GDP)1 418.2 亿元，按可比价格计算，比上年增长 10.5%。

农业生产平稳运行。全年农林牧渔业实现总产值 370.9 亿元，同比增长 3.3%。主要农产品产量稳步增加，其中粮食总产量 247.6 万吨，油料 29.5 万吨，棉花 9.5 万吨；水产品和肉类总产量分别达 37.8 万吨和 32.4 万吨。

工业转型初显成效。全年规模以上工业企业实现增加值 580.9 亿元，同比增长 14.3%。其中，石油化工、纺织服装、机械装备三大主导产业实现增加值 281.1 亿元，增长 15.4%。全年新增战略性新兴企业 23 家，战略性新兴企业总产值同比增幅达 21.4%。

服务业发展步伐加快。全年服务业新增各类市场主体 3.2 万户，其中私营企业和个体工商户新增 3.0 万户；增加值同比增长 9.3%。

固定资产投资稳步增长。全年固定资产投资累计完成 1 185.7 亿元，同比增长 22.0%，增速较上年提高 0.9 个百分点。其中，城镇投资 1 107.1 亿元，增长 23.1%；农村非农户投资 78.6 亿元，增长 8.1%。分产业看，一产投资同比下降 15.1%；二、三产投资同比分别增长 22.2%和 24.8%。分资金来源看，债券资金大幅减少，自筹资金、国内贷款为资金来源主体，占比分别达 75.3%和 6.7%。

消费品市场协调发展。全年实现社会消费品零售总额 523.6 亿元，同比增长 14.1%。其中，城镇零售额 355.8 亿元，增长 14.0%；乡村零售额 167.8 亿元，增长 14.2%，城乡消费差距进一步缩小。

外向型经济持续向好。全年外贸进出口总额达 18.0 亿美元，同比增长 45.7%。其中，进口 3.1 亿美元，增长 32.4%；出口 14.9 亿美元，增长 48.7%。全年外商实际直接投资 4.5 亿美元，同比增长 38.3%，增速较上年提高 14.7 个百分点。

人民生活持续改善。城乡居民收入总体保持稳定增加态势，全年城镇居民人均可支配收入为 22683 元，同比增长 10.9%，高于安徽省增速 1 个百分点；农民人均纯收入 7 748 元，同比增长 13.6%，高于安徽省增速 0.5 个百分点。

物价涨幅持续回落。全年居民消费价格 CPI 同比上涨 2.6%，增幅较上年提高 0.5 个百分点。其中食品类价格上涨 5.8%，涨幅最为明显。全年工业生产者出厂价格 PPI 同比上涨 0.4%，增幅较上年提高 0.6 个百分点。

【货币政策】 2013 年安庆市认真贯彻落实各项宏观调控政策，积极盘活贷款存量、用好贷款增量，引导金融机构支持实体经济发展，实现社会融资总量 286.6 亿元，同比多增 10.9 亿元。人民币贷款增加 214.7 亿元，占比 74.9%，同比提高 15.0 个百分点。

中国人民银行安庆市中心支行制定并组织实施《2013 年金融支持区域经济发展工作方案》，着力推进金融资源的有效配置。联合安庆市发展和改革委出台《金融支持战略性新兴产业发展的意见》，引导全市金融机构加大对战略性新兴产业的有效信贷投入，使其渐成信贷支持热点。积极协调安庆市农委、安庆市财政局共同制定《关于进一步推进为农民专业合作社提供“统贷直放”信贷服务的意见》，并经市政府正式批转，加大金融支持农民专业合作社力度，明确未来一年内为安庆市100家左右优秀合作社提供总额度不低于3亿元的"统贷直放"业务授信。持续加大对薄弱环节和民生领域信贷支持力度。认真落实大别山连片特困地区扶贫开发金融服务协调联动工作，加强对大别山连片特困地区金融服务的指导，提高金融服务水平。积极跟进"三农"、小微企业金融服务需求，连续组织开展工业、农业产业化、文化旅游、商贸流通专项银企对接会，针对专门领域，提升服务精度，提高对接效率。

【金融运行】 2013年安庆市金融机构以助推转型和服务实体经济为导向，有效扩大信贷投放，积极优化信贷结构，业务总体保持加快发展势头，支持安庆市经济转型发展的能力进一步增强。

资产质量稳步提升。2013年末，安庆市银行业金融机构资产总额为2 218.8亿元，同比增长16.5%；实现利润总额30.9亿元，同比增长36.4%。不良贷款继续实现"双降"，不良贷款余额、不良贷款率同比分别下降1.98亿元和0.76个百分点。

存款增速有所放缓。2013年安庆市受到理财产品、民间借贷等高收益投资渠道以及居民购房支出集中释放对资金分流影响，存款增速有所放缓，本外币各项存款余额为1 980.6亿元，同比增长16.3%，较上年末回落4.6个百分点；同比少增17.6亿元。

信贷投放增长较快。2013年末安庆市本外币各项贷款余额为1 073.6亿元，同比增长24.8%，高出全省平均增速7.6个百分点；比年初增加213.4亿元，同比多增47.3亿元。制造业、批发零售业以及水利、环境和公共设施管理等实体经济得到新增贷款100.0亿元，成为信贷重点支持领域。其中石油化工、机械装备制造、纺织服装三大主导产业全年新增贷款20.5亿元，占单位贷款增量的比重达15.8%。

金融机构改革纵深推进。农业银行安庆分行启动"三农金融事业部"改革，服务"三农"水平得到进一步提升；徽商银行新增设望江县支行，服务安庆市经济发展半径进一步延伸；枞阳县联社加速组建农商行，岳西湖商村镇银行顺利开业，农村金融组织体系进一步健全。

跨境人民币业务发展强劲。与境外发生业务的国家和地区增至50个，基本涵盖主要贸易伙伴；办理跨境人民币业务的企业共56家，涉及机械制造、化工、纺织服装、食品加工等多个主导产业；全年跨境人民币业务结算额累计达10.4亿元，同比增长62.3%；人民币国际贸易融资累计结算量达2.9亿元。

【金融市场】 证券业运行平稳。截至2013年末，安庆市共有证券营业部5家，期货营业部2家，证券从业人数140余人。其中，2家期货营业部的设立，填补了安庆市无期货业务营业网点的空白。5家证券营业部全年实现营业收入0.8亿元，同比增长64.4%，其中手续费及佣金收入0.7亿元，同比增长54.8%；实现净利润0.2亿元，同比增长17.0%。

保险业市场规模稳步扩大。截至2013年末，安庆市共有保险分支机构30家，其中寿险公司16家，从业人员10 725人；财险公司14家，从业人员3 905人。2013年，安庆市保险分支机构累计实现保费收入36.4亿元，同比下降10.4%。其中财产险业务实现保费收入14.0亿元，同比增长24.8%；寿险业务实现保费收入22.4亿元，同比下降23.8%。商车险和交强险保费分别占到财产险总保费的55.0%和19.0%。投资分红险保费占到寿险总保费的78.3%。2013年，安庆市农业保险实现保费收入1.8亿元，同比增长2.3%；累计赔付0.9亿元，同比下降27.4%。

安庆市金融机构存贷利率小幅下行。全年贷款价格平稳运行，金融机构贷款加权平均利率为8.46%，受项目贷款对总体贷款价格拉低影响，同比微降0.46个百分点。其中大型企业执行上浮利率的贷款占比为34.9%，同比下降2.3个百分点；中型企业执行上浮利率的贷款占比为70.0%，同比下降1.9个百分点；小型企业执行上浮利率的贷款占比为92.2%，同比提高6.2个百分点。

民间借贷相对活跃，利率普遍较高。安庆市80个民间借贷网点监测数据显示：民间借贷月平均发生额1 466万元，加权平均利率达17.06%。

【金融创新】 2013年安庆市共有21家机构申报创新产品和服务43项，共评出"星级产品"、"星级服务"9项，绝大多数产品和服务是深入市场、切合实际的优秀创新成果。其中工商银行安庆市分行针对安庆市旅游业发展实际推出的"小企业旅游贷"产品，允许以景区经营权、收费权进行质押，有效破解了旅游小企业抵押物不足的问题，开创了安庆市乃至全省非法人金融机构自主创新金融产品的先河。安徽太湖农村商业银行推出"统贷直放"模式发放农户生产资料贷款，有效发挥了合作社的带动作用。安徽宿松农村合作银行推出“水面经营权抵押贷款”，以承包的水面经营权作抵押，使沉睡的水面资源变成了可以抵押变现的资产，进一步激活了农村经济。安庆独秀农村商业银行推出“小微企业‘想贷就贷’循环信贷业务”，使小微企业在额度及有效期内，可以随时、循环获得流动资金贷款或银行承兑汇票敞口。徽商银行安庆分行推出“易保贷”，通过“1+N”的担保组合，一般能将不动产的抵押率由70%提高至最高可达140%，大幅提高了小企业的贷款额度。

（操基平）

安庆市主要经济金融统计

（2009—2013年）　　单位：亿元

项　　目	2009年	2010年	2011年	2012年	2013年
国内生产总值	802.7	988.11	1 215.7	1 359.7	1 418.2
第一产业（增加值）	142.7	155.55	180.7	196.2	213.8
第二产业（增加值）	373.3	523.99	672.7	759.4	754.0
第三产业（增加值）	286.6	308.57	362.3	404.1	450.4
全社会固定资产投资	601.6	809.4	830.2	972.01	1 185.7
地方财政收入	41.56	50.57	82.4	85.62	98.5
地方财政支出	139.96	161.2	213.4	245.64	181.8
社会消费品零售总额	287.9	338.7	397.5	460.56	523.6
居民消费价格指数（以上年为100）	98.6	103.6	105.5	102.1	102.6
进出口总额（亿美元）	4.98	6.81	8.58	12.39	18.0
进　口（亿美元）	1.11	1.75	2.58	2.34	3.1
出　口（亿美元）	3.88	5.06	6.00	10.05	14.9
全部金融机构各项存款（余额）	944.9	1 155.99	1 408.63	1 703.37	1 980.6
企业存款	193.6	246.46	494.9	400.75	664.4
财政存款	17.9	32.99	24.4	25.09	27.04
储蓄存款	608.3	716.08	875.15	1 069.21	1 254.97
全部金融机构各项贷款（余额）	449.5	555.94	694.28	860.20	1 073.6
短期贷款	232.86	279.39	370.45	489.09	625.82
中长期贷款	199.37	258.42	304.82	354.65	433.41
全部保险机构保费收入	32.5	32.8	34.8	42.33	36.4
全部保险机构保险赔款支出（含满期给付）	6.7	7.7	8.2	10.75	14.0
全部保险机构保险密度（元/人）	527.7	532.8	365.3	685.7	680.1
全部保险机构保险深度（%）	4.05	3.32	2.9	3.0	2.6

注：全部金融机构各项存款、贷款余额的七项数据为本外币并表统计数（含外资金融机构）。

6. 池　州　市

2013年，池州市依托皖江城市带承接产业转移示范区、皖南国际文化旅游示范区和全国生态文明示范区（简称“三区”）为发展平台，积极推进结构调整，强化工业、旅游业发展支撑作用，经济呈现持续稳定健康发展。全年全市实现生产总值462.2亿元，较上年增长10.2%，连续11年保持10%以上增长，增幅位列全省第10位。人均生产总值32 541元（约合5 254美元），比上年增加3 070元。2013年，全市三次产业增加值分别为67.4亿元、225.6亿元、

169.3 亿元，分别比上年增长 3.4%、12.3%和 9.7%。三次产业结构比例由上年的 14.9∶48.9∶36.2 调整为 14.6∶48.8∶36.6。二、三产增加值占全部生产总值的 85.4%，比上年提高 0.3 个百分点。实现财政收入 83.6 亿元，增长 16.6%，增幅比全省高 5.4 个百分点，增幅居全省第 4 位。全市财政支出 131.3 亿元，增长 16.5%。全市完成固定资产投资 461.5 亿元，比上年增长 23.2%，增幅居全省第 5 位。其中，城镇投资 242.5 亿元，增长 20.5%；农村投资 113.3 亿元，增长 39.5%。主要行业投资情况为，工业投资 249 亿元，增长 32.6%；房地产开发投资 115.9 亿元，增长 17.5%。全年全市工业增加值 175.3 亿元，比上年增长 14.5%，工业化率达 37.9%，比上年提高 0.4 个百分点，工业化进程明显加快。规模以上工业企业 433 户，比上年增 59 户；全年规模以上工业增加值 140.1 亿元，比上年增长 15.4%，增幅比全省高 1.7 个百分点，增幅居全省第 2 位。2013 年，全市高新技术产业产值 180 亿元，比上年增长 11.1%，占规模以上工业的比重达 30%以上，战略性新兴产业产值 81.8 亿元，增长 31.4%。对外贸易较快发展。全市全年进出口总额 4.1 亿美元，比上年增长 19%。其中，出口 2.58 亿美元，增长 17.7%；进口 1.52 亿美元，增长 21.2%。实际利用外资 2.6 亿美元，增长 22%。旅游经济发展较快，全年实现旅游收入 345 亿元，比上年增长 30.2%。全市服务业增加值比全省高 0.2 个百分点，服务业对全市经济增长的贡献率达 35.6%。居民消费价格涨幅稳定，全年上涨 2.4%，比上年提高 0.6 个百分点，与全省持平。工业生产者出厂价格比上年下降 3.5%。全面实施居民收入倍增计划，人民生活日益改善。全市城镇居民人均可支配收入 23 482 元，比上年增长 9.8%；农民人均纯收入 9 156 元，比上年增长 13.7%，增幅比全省高 0.6 个百分点，居全省第 6 位。全市城镇居民人均消费支出 17 023 元，增长 18%，农村居民人均消费支出 6 974 元，增长 10.5%；城乡居民家庭恩格尔系数分别为 39.4%、35.8%，比上年分别提高 0.9 个百分点和下降 5.9 个百分点。

【金融运行】 2013 年末，全市银行业金融机构本外币合计各项存款余额 597.28 亿元，同比增长 15.09%，比年初增加 78.35 亿元。其中，人民币各项存款余额 596 亿元，同比增长 15%，比年初增加 77.9 亿元。贷款增长趋缓，增速回落。2013 年末，全市银行业金融机构本外币合计各项贷款余额 404.35 亿元，同比增长 8.71%，比上年末回落 8.71 个百分点；比年初增加 32.38 亿元，同比少增 22.85 亿元。其中，人民币各项贷款余额 400.39 亿元，同比增长 8.54%，增幅较上年末回落 8.47 个百分点；比年初增加 31.51 亿元，同比大幅少增 22.18 亿元。全年的贷款增量和增速均居全省 16 个地市的末位，为近五年来首次。2013 年，受房地产市场交易逐步活跃、宏观经济企稳回升及企业经营状况好转影响，全市中长期贷款增速及增量占比稳步回升，年末中长期贷款余额 246.08 亿元，比年初增加 19.55 亿元，占同期各项贷款增量的 62.05%，较上年上升 28.61 个百分点。年末短期贷款余额 146.06 亿元，比年初增加 8.63 亿元，占同期各项贷款增量的 27.40%，较上年末下降 42.79 个百分点。从贷款投向看，新增贷款主要为收益率和安全性更高的个人消费贷款和单位经营性贷款。年末，全市金融机构个人消费贷款余额 82.80 亿元，比年初增加 16.75 亿元；全市金融机构单位经营贷款余额 126.79 亿元，比年初增加 15.73 亿元。银行业金融机构资产负债规模进一步扩大，盈利水平提高，但态势趋缓。年末，池州市银行业金融机构个数为 284 个，其中法人机构 6 个，资产总额达到 680.63 亿元，较年初增加 75.88 亿元，增长 12.55%，较上年下降 5.3 个百分点。全市银行业累计盈利 8.26 亿元，较上年增加 0.21 亿元，增长 2.6%，同比下降 16.04 个百分点。信贷资产质量下降，不良贷款有反弹趋势。2013 年末，全市本外币不良贷款余额 9.62 亿元，较年初增加 3.77 亿元，不良贷款率 2.38%，较年初上升 0.81 个百分点。2013 年，全市金融机构存贷款利率总体平稳，但受我国仍处于经济上升期，投资的需求较为旺盛，资金需求较多等影响，利率整体处于上升态势，资金紧张情况有所加剧。全市跨境外汇收入 2.39 亿美元，同比增长 14.69%，跨境外汇支出 1.22 亿美元，同比下降 37.43%。外汇收支总额 3.61 亿美元，同比减少 4 040 万美元，下降 10%。跨境收支相比顺差 1.18 亿美元，同比顺差增加 1.04 亿美元，增长 7.6 倍。全年，全市银行结售汇总额 3.04 亿美元，同比减少 584 万美元，下降 1.89%。其中：银行结汇 2.32 亿美元，同比增加 4 422 万美元，上升 23.60%；售汇 0.73 亿美元，同比减少 4 905 万美元，下降 40.17%。结售汇相比顺差 1.59 亿美元。同比顺差增加 9 326 万美元。全市外债(含外汇转贷款)0.84 亿美元,较上年同期减少 1 180 万美元,下降 12.28%。

【货币政策】 一是创新方式做好货币信贷政策宣传。中国人民银行池州市中心支行通过送阅材料、情况反映等载体,借助行长联席会、信贷调度会、经济金融形势研判会等形式,把稳健货币政策的精神及时传达到地方党政、金融机构和社会公众,增强其对稳健货币政策的了解和正确理解。二是发挥“窗口”指导作用,引导金融机构增强信贷投放力度。先后出台了《2013 年池州市货币信贷工作指导意见》、《池州市金融机构支持社会主义新农村建设的指导意见》、《关于改善农村金融服务增加“三农”信贷投入指导意见》、《金融支持池州市青年(大学生)创业的指导意见》等,明确辖内信贷投放方向及总体要求,引导金融机构加大对家庭农场、农业生产经营组织等新型农业主体、青年大学生创业园的信贷支持力度,推动在全省范围内率先设立了大学生村官创业基金。年末,全市金融机构涉农贷款余额 189.4 亿元,增长 18%。家庭农场贷款余额 328 万元,农业专业大户贷款余额 6 930 万元。全年共发放农村青年创业贷款 1 000 万元。三是积极推进多元化融资,支持实体经济发展。加强与中国银行间市场交易商协会的沟通协调,推动全市范围内债务融资工具发展。先后推动国家级池州市经济开发区金达公司 10 亿元企业债的发行工作,推进光大银行池州支行代理的城投 20 亿元中期票据发行前期准备工作等。四是推动金融产品和服务方式创新,拓宽融资渠道,加大薄弱环节的信贷支持。中国人民银行池州市中心支行制定了辖区金融产品创新的考核方案与活动方案,编印池州市金融产品创新手册,组织金融机构送金融创新产品进园区,召开了池州市金融产品创新专题对接会。先后应用和创新存货、应收账款、林权质押等融资担保方式,形成了医健通、互助合作贷、助保贷、四方协议贷等品牌金融产品 42 个,丰富了中小微企业融资渠道。落实《关于大力促进安徽省民生金融发展的指导意见》,小额担保贷款业务规范发展。中国人民银行池州市中心支行联合市邮储银行、市财政局、人社局推进了全市小额担保贷款“整贷直发”工作,累计发放此项贷款 2 510 笔、金额 1.5 亿元,帮扶了一批创业就业群体。五是跨境贸易人民币结算业务稳步发展,结算量持续增长。2013 年,全市全年共办理跨境贸易人民币结算业务 1.93 亿元。

【金融市场】 金融市场缓慢平稳发展,融资结构仍显单一。2013 年,全市融资渠道呈现多元化趋势,但仍以间接融资为主。随着利率市场化进程的加速,各金融机构改变了传统信贷的模式,着眼于多元化融资,满足企业融资需求。2013 年,全市社会融资规模总量为 103.17 亿元,同比多增 26.23 亿元,增幅为 34.09%。全年,银行累计签发银行承兑汇票 15.28 亿元,累计办理贴现 19.90 亿元,通过委托贷款给企业增加资金 4.70 亿元,通过理财产品、信托和信用证给企业增加资金 4.56 亿元。票据市场发展稳中有降。由于全市票据市场产品较为单一,绝大部分为银行承兑汇票,缺少商业承兑汇票和可转让大额定期存单,加之贴现汇票来源匮乏,制约了票据市场的发展。2013 年,池州市各金融机构累计承兑银行承兑汇票 15.83 亿元,同比下降 5.12 亿元;年末余额 7.65 亿元,同比下降 0.14 亿元。累计贴现 21.71 亿元,同比下降 19.74 亿元;年末余额 7.17 亿元,同比下降 0.84 亿元。保险业继续稳健发展。年末,全市共有保险机构 17 家,较上年增加 1 家。全年保险业保费收入 13.3 亿元,较上年增长 33.7%。其中,财产险业务保费收入 4.5 亿元,增长 25%;人身险业务保费收入 8.8 亿元,增长 38.6%。累计赔付和给付支出 4.9 亿元,比上年增长 26.5%。其中,财产险业务赔款和给付支出 2.4 亿元,增长 9.4%;人身险业务赔款和给付支出 2.5 亿元,增长 49.3%。2013 年,全市证券业机构 2 家,证券交易额为 162.7 亿元,较上年增加 58.1 亿元,增长 55.4%。年末,全市证券公司营业收入为 0.2 亿元,较上年同期增加 0.08 亿元,增长 66.6%,营业利润为 0.12 亿元,较上年同期增加 0.07 亿元。

【金融服务】 一是创新金融服务手段,提升金融服务质量。以“改善金融服务,支持‘三区’发展”竞赛活动为契机,开展“金融知识宣传、金融服务下乡、金融产品和服务方式创新和金融调研”等四项竞赛活动。推动新农村金融服务示范乡镇建设,拓展银行卡助农取款服务点惠民业务,加快手机支付业务的推广运用。全年池州市所辖的 48 个乡镇,平均每个乡镇拥有金融服务网点 2.2 个,一级网点均接入现代化支付系统;平均每个乡镇拥有 ATM 自助设备终端 1.6 台;平均每个行政村拥有银行卡“助农取款”服务点 1.18 个。组织“征信管理规范年”活动，开展《征信管理条例》宣传，推动了池州市农村青年信用示范户创建。配合团市委在金融机构选聘56名专业知识丰富、综合素质优秀的工作人员担任乡镇、街道团（工）委金融副书记，实现了金融副书记在全市56个乡镇、街道团（工）委全覆盖。组织全市金融系统围绕“三区”发展主题开展调研竞赛活动，举办专题论坛，为上级行决策提供参考依据。二是强化监管效能，推进和谐金融生态建设。人民银行池州市中心支行以“两管理、两综合、一保护”工作为抓手，开展对辖内12家银行业金融机构执行人民银行有关规定的综合评价，并实行分类管理。结合区域风险状况，加强调查研究，探索开展现场评估、压力测试等新型风险监测分析方法。先后加强了贷款集中度、房地产贷款等风险的分析；对青阳农村商业银行、九华农村商业银行分别开展了信贷资产质量风险状况现场评估和流动性压力测试；引用总行5C标准开展了辖区工商银行、人寿财险等反洗钱风险评估。三是强化宣传培训，提升反假货币工作的有效性。邀请省反假办在池州市殷汇镇举办安徽省反假货币进农村宣传周活动启动仪式，扩大宣传影响。全年先后3次组织金融机构反假货币业务知识培训，对308人次进行了反假货币上岗资格考试。四是继续加大国库电子化建设，加快国库服务地方经济发展步伐。推进了国库集中支付代理银行业务管理；国库会计数据集中系统（简称TCBS系统）成功上线。五是贯彻贸易投资便利化措施，营造稳健高效的涉外经济金融环境。简化并整合了外商直接投资管理的有关操作，取消服务贸易购付汇核准等要求。

【金融合作】 2013年4月28日，安徽江南产业集中区在上海市国际会议中心举行招商推介会及项目签约仪式。来自上海、江苏、浙江等“长三角”地区的近300名客商参加推介会和签约仪式。江南文达通用航空产业园、利信光学电子触摸屏和OLED制造、江南“兆联天下”软件园、台湾绿创精密电子制造二期工程等15家产业类项目签约，正式入驻江南产业集中区，总投资304.8亿元。此次签约的项目，包括通用航空、电子信息、机械制造、医疗化工、新能源、新材料等产业和项目。2013年10月10日，池州市贵池区政府代表杏花村文化旅游区与伟光汇通文化旅游投资有限公司签约，共同打造总投资资金约70亿元综合旅游项目。12月28日，浙江凌飞集团有限公司与杏花村文化旅游区管委会签署“梅洲晓雪”项目合作协议，项目总投资约2亿元人民币。

（周玉钦）

池州市主要经济金融统计

（2009—2013年）　　单位：亿元

项　　目	2009年	2010年	2011年	2012年	2013年
国内生产总值	245.59	300.80	372.50	417.40	462.20
第一产业（增加值）	40.98	45.70	56.30	62.20	67.40
第二产业（增加值）	104.29	140.20	184.50	204.10	225.60
第三产业（增加值）	100.32	114.90	131.70	151.10	169.30
全社会固定资产投资	257.46	356.90	289.80	374.70	461.50
地方财政收入	24.10	31.21	56.80	71.70	65.10
地方财政支出	51.54	65.80	88.10	111.30	131.30
社会消费品零售总额	79.18	91.20	107.10	124.30	142.50
居民消费价格指数（以上年为100）			105.7	101.8	102.4
进出口总额（亿美元）	1.97	2.11	2.58	3.45	4.10
进　口（亿美元）	1.26	1.14	0.94	1.26	1.52
出　口（亿美元）	0.71	0.97	1.64	2.19	2.58
全部金融机构各项存款（余额）	288.07	366.17	436.59	518.95	597.28
企业存款（单位存款）	70.52	102.65	175.48	194.06	210.51
财政存款	4.39	7.77	8.30	7.68	7.36
储蓄存款（个人存款）	168.88	199.75	252.23	315.73	377.07

（续表）

项　　目	2009 年	2010 年	2011 年	2012 年	2013 年
全部金融机构各项贷款(余额)	171.64	248.05	316.80	371.97	404.35
短期贷款	62.87	75.59	101.33	139.89	149.23
中长期贷款	103.01	166.35	208.59	227.15	246.87
全部保险机构保费收入	9.25	9.47	9.65	9.91	13.30
全部保险机构保险赔款支出(含满期给付)	1.98	2.01	2.70	3.87	4.90
全部保险机构保险密度(元/人)	579	590	598	612	821
全部保险机构保险深度(%)	3.77	3.15	2.59	2.37	2.88

注:全部金融机构各项存款、贷款余额的七项数据为本外币并表统计数(含外资金融机构)。

7. 滁　州　市

2013 年滁州市实现地区生产总值 1 086.1 亿元，增长 11.1%；社会消费品零售总额 338.5 亿元，增长 14.4%；固定资产投资 1 075.8 亿元，增长 21.9%；外商直接投资 7.26 亿美元，增长 39.8%；进出口总额 18.6 亿美元，增长 21.1%；实现财政收入 178.9 亿元，增长 16.7%；城镇居民可支配收入 22 591 元，增长 10.6%；居民消费价格指数为 102.3，提高 2.3 个百分点。

【货币政策】 2013 年，中国人民银行滁州市中心支行加强信贷管理与指导，促进社会融资总量科学合理增长。科学规划全年信贷增长目标，召开金融形势分析会，引导金融机构正确执行稳健的货币政策，加强信贷政策与产业政策协调配合，确保重点领域和重点项目建设的信贷支持，鼓励金融机构更多地将信贷资源配置到支柱产业、新兴行业等重点领域。开展中小企业信贷政策导向效果评估和涉农信贷政策导向效果评估，引导金融机构按照稳增长、调结构、控物价、防风险的要求，优化信贷结构，对县域、“三农”、小微企业、现代服务业、新兴产业加大信贷支持，促进地方经济结构调整和转型升级。

灵活运用货币政策工具，促进信贷投放节奏与结构不断优化。引导金融机构适应利率市场化改革，开展法人金融机构利率风险定价能力评估，完善利率定价机制。发挥存款准备金政策引导作用，下调 4 家新改制农村商业银行法定存款准备金率 1 个百分点，促进其落实信贷政策、保持合理流动性。考核落实 4 家县域农行“三农事业部”差别化存款准备金奖励政策，增强其信贷支农能力。发挥再贷款、再贴现政策调控作用，办理 2 030 万元质押回购式再贴现，对辖内 4 家村镇银行发放 7 200 万元支农再贷款。

不断改进银企合作模式，助推信贷资源供需高效对接。搭建政银企合作平台，借助牵头办理市人大 2 号议案的契机，升级优化“中小微企业金融服务平台”运维管理，设置了项目融资、信贷产品推介等 16 个版块，具备了点对点咨询、成果跟踪等六大功能，推行主办银行制度，举办 4 期“中小微企业金融服务月”系列活动，积极扩大平台推广应用的影响。截至 2013 年末，平台访问量 2.9 万次，网上对接项目 148 个，实现融资 48.9 亿元。组织开展银企对接系列活动，组织金融机构走进园区了解企业需求、拓展信贷市场，有针对性地改进信贷服务，实现大中小微企业金融服务分层推进、各行业信贷业务同步发展。

【金融运行】 各项存款中止了连续两年增速攀升势头，本外币存款余额增加 170.4 亿元，同比少增 29 亿元，增长 15.6%，同比下降 6.4 个百分点。个人存款对各项存款增长贡献了 10.8 个百分点，单位存款贡献了 5.3 个百分点；人民币存款贡献了 15.57 个百分点。

在中国人民银行的信贷政策导向效果评估引导下，在地方政府的信贷投放考核措施激励下，各银行业金融机构围绕实体经济的融资需求，争取信贷规模，增加信贷投放。本外币各项贷款余额 901 亿元，同比增长 26%，增速同比提高 3.8 个百分点，较年初增加 185.8 亿元，同比多增 55.6 亿元。

跨境人民币业务在滁州试点以来，累计激活企业 79 家，共有 42 家企业办理了跨境人民币结算业务，涉及 15 个境外国家和地区。2013 年，中国人民银行滁州市中心支行加强业务培训和重点监管企业的核查监督，进一步组织落实已出台各项政策，促进跨境人民币业务发展。跨境人民币累计结算金额

12.1 亿元。经常项下跨境人民币累计结算金额 7.6 亿元,占全部结算金额的 62.6%。资本项下跨境人民币结算 2.65 亿元,是 2012 年结算量的 2.9 倍。

【金融市场】 证券业机构平稳运行。滁州市现有 2 家非法人证券分支机构,5 家证券营业点,从业人员 32 人。全市证券投资者开户数 4.7 万户,受资本市场萎靡不振的影响,投资者信心不足,两证券营业部机构客户保证金余额 1.38 亿元,同比下降 75.1%。证券累计交易额 207 亿元,同比增加 61.7%。机构手续费收入和盈利水平大幅增长。手续费收入 3 438 万元,同比增加 61.7%,两证券营业部实现营业利润 2 590 万元,同比增加 75.1%。

保险市场稳步发展。截至 2013 年末,滁州市总保费收入 26.8 亿元,同比增长 13.3%,高于地区生产总值的增速,增长较快。保险密度 590.5 元/人,较 2012 年提高 12.9%。保险深度 2.47%,较 2012 年上升 0.03 个百分点。

社会融资以信贷为主,直接融资渠道有所拓宽,社会融资继续呈多元化发展格局。2013 年融资总额为 248.6 亿元,其中本外币贷款 186.0 亿元,占 74.8%;表外业务融资 42.6 亿元,占 17.1%;直接融资 9.86 亿元,占 4.0%;其他方式融资 10.1 亿元,占 4.1%。

票据业务有新的突破。滁州市以徽商银行为代表的票据业务发展较快。2013 年银行机构开具银行承兑汇票 87.8 亿元,较 2012 年增长 24.5%;银行承兑汇票贴现需求减少,累计 96.3 亿元,较 2012 年下降 34.2%。商业承兑汇票贴现 16.9 亿元,实现了商业汇票贴现业务零的突破。

(王　骏)

滁州市主要经济金融统计

(2009—2013 年)　　单位:亿元

项　　目	2009 年	2010 年	2011 年	2012 年	2013 年
国内生产总值	576.18	695.65	850.49	970.74	1 086.14
第一产业(增加值)	134.51	148.42	173.29	192.79	208.2
第二产业(增加值)	262.08	342.01	439.65	507.60	575.6
第三产业(增加值)	179.59	298.51	237.55	270.36	302.3
全社会固定资产投资	506.8	703.43	690.13	882.59	1 075.78
地方财政收入	37.07	50.53	73.86	96.94	114.42
地方财政支出	105.95	127.09	183.00	230.78	250.14
社会消费品零售总额	183.62	214.8	254.47	296.81	338.48
居民消费价格指数(以上年为 100)	100.1	103.3	105.2	102.1	102.3
进出口总额(亿美元)	6.88	9.13	11.32	15.32	18.55
进　口(亿美元)	1.52	2.05	2.5	3.72	4.73
出　口(亿美元)	5.36	7.08	8.81	11.60	13.83
全部金融机构各项存款(余额)	616.57	778.46	917.91	1 117.02	1 287.03
企业存款	142.13	151.6	217.49	261.76	312.96
财政存款	16.39	31.0	38.23	43.32	40.36
储蓄存款	353.34	418.76	492.53	600.12	713.06
全部金融机构各项贷款(余额)	389.94	482.47	585.21	715.36	901.14
短期贷款	237.59	267.42	320.52	371.01	491.79
中长期贷款	133.44	198.1	254.18	322.13	395.32
全部保险机构保费收入	18.12	21.64	22.88	23.65	26.8
全部保险机构保险赔款支出(含满期给付)	6.76	6.9	8.09	6.94	7.0
全部保险机构保险密度(元/人)	402.67	480.04	505.2	523.16	590.5
全部保险机构保险深度(%)	3.14	3.11	2.69	2.44	2.47

注:全部金融机构各项存款、贷款余额的七项数据为本外币并表统计数(含外资金融机构)。

8. 宣 城 市

2013年,宣城市地区生产总值842.8亿,按可比价计算,比上年增长10.7%。其中,第一产业增加值119.9亿元,增长3.1%;第二产业增加值442.8亿元,同比增长13.4%;第三产业增加值280.1亿元,同比增长9.6%。按年均常住人口计算,人均生产总值32 928元(折合5 400美元),比上年增加3 241元。三次产业结构由上年的14.7∶52.2∶33.1变化为14.2∶52.6∶33.2,二、三产业比重比上年提高0.5个百分点,工业化率由上年的44.1%提高到44.7%。全年实现社会消费品零售总额为303.6亿元,比上年增长14.5%。

固定资产投资保持较快的增长速度。全年固定资产投资完成978.2亿元,同比增长21.5%。工业及信息化产业技术改造投资274.3亿元,增长32.9%。民间投资705.9亿元,增长22.9%。从三次产业看。2013年,全市第一产业投资增长29.0%;第二产业投资增长23.7%;第三产业投资增长18.6%。分行业看,工业投资增长23.8%,其中制造业增长25.6%,制造业中装备制造业增长14.1%。六大高耗能行业投资增长18.5%。

外贸稳中有增。全年实现进出口总额18.8亿美元,比上年增长38.7%,其中,出口17.5亿美元,增长45.7%;进口1.3亿美元,下降16.6%。从出口经营主体看,生产型、贸易型企业出口分别增长8.2%和131.9%。从出口商品看,机电产品出口增长64.9%,汽车零部件出口增长16.7%,塑料及橡胶件出口增长35.2%,纺织品出口增长20.1%,广义农产品出口增长68.4%。卫浴产品出口增长55.8%。

财政收支总体趋稳。2013年,全市财政总收入157.8亿元,比上年增收20.2亿元,增长14.6%,其中地方财政收入107.7亿元,比上年增收20.7亿元,增长23.8%。全市财政支出204.8亿元,比上年增加26.1亿元,增长14.6%。

城乡居民收入稳步增长。全年城镇居民人均可支配收入22 731元,比上年增长11.0%,扣除价格因素,实际增长8.5%。人均消费性支出18 428元,增长19.7%。全年农村居民人均纯收入10 245元,增长13.4%,扣除价格因素,实际增长10.9%。人均生活消费支出7 601元,增长19.5%。

【货币政策】 积极参与银企对接活动,2013年年初银企对接活动共签约金额88亿元,创历史新高。至12月末,全市人民币各项存款余额916.54亿元,同比增长13.32%,当年新增107.73亿元;人民币各项贷款余额714.81亿元,同比增长20.61%,当年新增122.16亿元。

加大窗口指导力度。中国人民银行宣城市中心支行拟定《关于金融支持宣城市新型城镇化建设的指导意见》并提请市政府转发。运用存款准备金动态调整等政策,引导地方法人金融机构合理安排信贷投放。为增强银行业机构资金实力,全年累计发放支农再贷款和再贴现7.72亿元,同比多增1.8亿元。

加大业务推介力度。促进人民币跨境结算业务发展,全年全市跨境人民币结算量为3.51亿元,同比增长22%。不断优化信贷投放结构,开展中小企业信贷政策和涉农信贷政策导向效果评估工作,促进涉农和中小企业信贷政策顺畅传导。通过创新再贷款与金融机构支农信贷产品的对接方式,引导金融机构加大对“家庭农场”等新型农村经营组织的金融支持。2013年末,宣城市银行机构涉农贷款余额457.6亿元,同比增长24.92%,高于全部贷款增速4.31个百分点;小微企业贷款余额218.5亿元,同比增长23.1%,高于全部贷款增速2.5个百分点。

促进经济薄弱环节发展。推动辖区小额担保贷款、妇女创业、助学贷款等业务发展。积极应对H7N9禽流感、洪灾、旱灾等突发事件和自然灾害。在禽流感疫情期间,推动出台增加相关贷款贴息等扶持政策,发放再贷款和再贴现1.04亿元,有力支持涉禽企业恢复生产供应。

【金融运行】 2013年宣城市银行业机构不良贷款余额13.3亿元,较上年增加2.8亿元,不良贷款率为1.9%,较上年提高0.1个百分点。

存款保持平稳增长。2013年末,全市银行机构本外币各项存款余额919.5亿元,较上年增长13.1%,余额比上年末增加106.7亿元。其中,人民币各项存款余额916.5亿元,较上年增长13.3%;余额比上年末增加107.7亿元。受财政性存款减少、企业两项资金占用增加、理财产品快速增长等多重因素的叠加影响,单位存款增速下滑,储蓄存款放缓,存款增量比上年少增。

各项贷款增速高于全省及皖江城市平均水平,增量创历史新高。在基础设施建设项目支持力度不断增强,以及房地产贷款快速增长等因素推动下,贷款保持较高增长水平。2013 年末,全市银行机构本外币各项贷款余额 718 亿元,较上年增长 20.7%,余额比上年末增加 123.2 亿元,同比多增 12.3 亿元,其中,人民币各项贷款余额 714.8 亿元,较上年增长 20.6%;余额比上年末增加 122.2 亿元,同比多增 11.5 亿元。贷款增速高于全省平均水平 3.8 个百分点,增速全省排名第 6 位。与皖江其他城市相比,同比增幅高于皖江城市平均水平 5.1 个百分点,增速排名第 3 位。2013 年,新增贷存比 113.4%,位居全省第 2 位。

信贷资源配置更趋合理,实体经济支持力度显著增强。短期贷款增速放慢,中长期贷款呈高增长态势。2013 年,短期流动贷款运行较平稳,增幅有所回落,2013 年末,宣城市银行机构短期贷款余额 300 亿元,较上年增长 20.8%;当年新增短期贷款 51.6 亿元,同比少增 4.4 亿元。短期贷款增速同比低 8.3 个百分点,但高于全部贷款增速 0.2 个百分点。中长期贷款增速明显加快。2013 年末,中长期贷款余额 396.2 亿元,较上年增长 24%;当年新增中长期贷款 76.6 亿元,同比多增 25.8 亿元。中长期贷款占比与上年同期相比上升 16.9 个百分点。中长期贷款增速快于短期流动贷款 3.1 个百分点。

【金融市场】 在皖江城市带承接产业转移示范区建设和皖南国际旅游圈双重机遇下,2013 年,人保寿险和永泰财险入驻宣城,进一步扩大宣城保险公司阵容。至 2013 年末,全市共有 21 家保险业机构,其中财险 12 家,人身险 9 家。县域保险支公司 59 家,其中财险 34 家,人身险 25 家。全市保险业累计实现原保费收入 18.87 亿元,同比增加 1.74 亿元,增长 10.16%。其中,财产险保费收入 9.03 亿元,同比增长 19.76%;人身险保费收入 9.83 亿元,同比增长 2.5%。农业保险依托特色农业开展区域创新。除传统的油菜、小麦、水稻、玉米、棉花、大豆、能繁母猪等政策性保险外,2013 年开办了品种烟叶保险、养鸡保险、大棚蔬菜保险、茶叶保险,特色保险保费收入 122.85 万元;试点开展深林保险,实现保费收入 528.1 万元。至 2013 年末,全市实现政策性农业保险收入 7 213 万元,同比增长 6.25%。保险深度 2.24%,保险密度 674.89 元/人。2013 年,全市累计各项赔款和给付支出 5 亿元,同比增加 1.29 亿元,增长 34.77%。其中,人身险赔付支出 3 653.51 万元,同比增长 5.18%;财产险赔付支出 46 382.5 万元,同比增长 38.1%。在 2013 秋季农作物遭受洪灾等重大自然灾害背景下,支付水稻、玉米、棉花、大豆等保险赔款 2 928.2 万元,受益农户达 12.05 万人次,较好发挥了政策性农业保险的风险保障和经济补偿作用。

至 2013 年末,全市共有华安证券和国元证券 2 家非法人证券营业机构,证券经营网点 8 家,证券从业人数 80 人。2 家非法人证券公司共实现证券交易额 414.15 亿元,同比增长 42.24%。其中,股票、债券、基金交易额分别为 412.26 亿元、0.55 亿元和 1.33 亿元,同比分别增长 42.15%、832.2% 和 22.02%。受证券交易额大幅攀升影响,证券机构盈利水平不断提升。至 2013 年末,全市证券机构共实现营业利润 3 326.25 万元,同比增长 58.07%,增幅较上年同期提高 96.27 个百分点。2013 年,全市直接融资总额 28.5 亿元,比上年增加 11 300 万元,同比增长 74.34%。一是资产定向管理业务快速发展。优质企业通过证券公司资产定向管理业务募集基金 24 亿元,主要是宣城市国投公司通过兴业证券推出的定向资产管理计划实现直接融资 19 亿元(期限 5 年);国元证券分别为郎溪、泾县、宁国国投公司开发"国元美好中国 1-2 号"募集资金 2 亿元、1 亿元、1 亿元。二是债券融资有所增长。国元证券为解决市开发区短期融资需求,协调国元创新投资公司为其量身定做一款类信托短融产品,发售金额 1 亿元;江南化工发行短期融资券实现直接融资 4.5 亿元;宏磊橡胶、恩龙园林 2 家企业合计 1 亿元中小企业私募债获备案,市国投 18 亿元、宣城开发区建投 13 亿元和宁国国投 16 亿元企业债券已上报。三是上市公司后备资源充足。通过建后备库、制定政策、整合资源、打通渠道,系统性优化全市扩大直接融资环境,并直接针对性为拟上市企业协调金融机构,搞好信贷融资服务,强化跟踪帮扶指导。全市在会待审企业有 4 家,宣纸、华菱电梯等其他后备企业的各项前期工作也在加紧进行。

【金融创新】 宣城市政府已与进出口银行安徽省分行、徽商银行签订战略合作协议。加快辖内资本市场发展，上海正海资本、浙江中证大道股权基金已在宣展业。中国人民银行宣城市中心支行密切关注农业银行“三农金融事业部”改革进展情况。推动农村合作金融机构“银行化”改制，全市农合机构均改制成农商行。9 月，郎溪县支行向郎溪新华村镇银行提供 2 500 万元再贷款额度，该项再贷款与新华村镇银行针对家庭农场的“易富贷”产品相对接。这种对接方式使得传统的支农再贷款流程从“中国人民银行→商业银行，商业银行→客户”转变成“中国人民银行→商业银行→客户”，有效提高了支农再贷款的使用效率。“易富贷”产品还由郎溪县专项担保基金提供担保，利率较同类贷款下浮 10%；郎溪县财政给予一定的财政贴息配套政策，最大程度上降低家庭农场主的融资成本。郎溪农村商业银行创新开办多种质押贷款，灵活运用商标权、收费权、应退税款、剩余价值等，将其作为质押物，绩溪农村商业银行开办库存质押、贷款订单质押、专利权质押贷款，解决了小微企业抵质押不足难题。如郎溪农村商业银行向获得商标专用权及具有品牌优势的安徽省古南丰酒业有限公司，累计发放“商标权质押”贷款 4 700 万元，2013 年末余额 800 万元；郎溪县励志中学由于建设资金投入过大，面临着流动资金短缺，郎溪农村商业银行以学费收费权为质押向其办理“学费收费权质押”贷款，2013 年向该校发放收费权质押贷1 200 万元。农商行开办金农易贷福农卡，该卡急借记、贷记于一体，一次授信，循环使用，自助办理，随贷随还。通过网络金融，真正实现金融的 7×24 小时服务。宣城市 7 家农村商业银行已全部开办该业务，截至 2013 年末，农商行金融易贷福农卡贷款余额 9.07 亿元，同比增长 72.93%。郎溪新华村镇银行还推出“农村一日贷”，审批手续少，审批时间短。在手续齐全，条件符合的情况下，一个工作日便可获得贷款。截至 2013 年末，该贷款品种余额1.05 亿元，同比增长 39.43%。郎溪新华村镇银行对家庭农场主发放的贷款低于全行贷款平均利率 1 个百分点，比年初下降 0.45 个百分点。截至 2013 年末，郎溪县家庭农场贷款余额 5 459 万元，同比增长 120%。

【金融服务】 中国人民银行宣城市中心支行制定《新设银行业金融机构金融管理与服务实施细则》，完成 5 家新设机构开业管理。对综合评价排名靠后的工商银行宣城分行开展综合执法检查。积极探索金融消费权益保护新方式。出台《金融消费权益保护 2013—2015 年工作规划》。在泾县开展试点，建立村级金融消费权益保护工作点。

推进社会信用体系建设。全面落实《征信业管理条例》。巩固和深化农村信用体系“宁国试验区建设”的工作成果。积极推进小额贷款及融资性担保公司加入征信系统工作。将机构信用代码应用范围扩展至保险和证券机构。

提升外汇管理与服务水平。积极推进主体分类监管，开展“提升基础数据质量年”活动，加强外汇业务合规性检查。鼓励支持金融机构和企业拓展外汇业务，促进实体经济转型升级。支持企业对外担保进行海外融资。成功举办“第四届诚信兴商”外汇知识竞赛。全年全市跨境外汇收支总额 11.63 亿美元，银行结售汇总额 9.66 亿美元。

强化国库信息化建设。顺利完成国库会计数据集中系统（TCBS）上线运行。国库信息处理系统（TIPS）业务量占比达到 90%。成功实现全市行政事业单位社保费缴纳无纸化。全市近 200 个国债承销网点全部纳入星级认证范围。全年累计办理公共财政预算收入 157.8 亿元，同比增长 14.65%；累计办理公共财政预算支出 179 亿元，同比增长 16.15%。

优化金融基础设施。开展银行卡助农取款服务点“一点多能”试点工作。全市已有 852 个助农取款服务点，全年累计取现 1.8 万笔，金额为 568 万元。开展“银行卡收单市场业务竞赛”，累计发展银行卡特约商户 3 086 户，新建 3 个刷卡无障碍市场（景区）。推动全市金融 IC 卡应用工作。完成第二代支付系统上线切换工作。继续扩大农村金融网点支付系统覆盖面。拓展电子商业汇票、小额定期贷记和借记等新型支付业务。

改进完善货币金银工作。增加 20 元以下小面额人民币投放并加大回笼力度。上线全省首台硬币兑换机并增加布放力度，至年末全辖已运行硬币兑换机 5 台，累计兑换 1 元硬币 5 万元。开展惠农现金服务活动。完善反假货币上岗资格证书制度。开展助农取款点反假币“五个一工程”活动。做好假币专项治理工作。

（汪光炎　马雪园）

宣城市主要经济金融统计

(2009—2013年) 单位:亿元

项　　目	2009年	2010年	2011年	2012年	2013年
国内生产总值	432.8	525.7	671.4	757.5	842.8
第一产业(增加值)	85	88.5	102.1	111.7	119.9
第二产业(增加值)	199.7	248.2	349.9	395.1	442.8
第三产业(增加值)	148.1	189	219.4	250.7	280.1
全社会固定资产投资	600.8	730	635.6	805.3	978.2
地方财政收入	35.4	49.8	68.4	86.9	157.8
地方财政支出	85.7	104.0	141.7	178.4	204.8
社会消费品零售总额	167.1	195.0	228.9	265.8	303.6
居民消费价格指数(以上年为100)	99.7	102.9	105.4	102.0	102.3
进出口总额(亿美元)	4.7	6.9	10.0	13.5	18.8
进　口(亿美元)	0.7	1.1	1.4	1.5	1.3
出　口(亿美元)	4.0	5.9	8.5	12.0	17.5
全部金融机构各项存款(余额)	438.2	578.4	679.6	812.8	919.5
企业存款	93.9	140.5	176.3	212.3	224.1
财政存款	13.3	15.0	14.0	14.9	21.2
城乡储蓄存款	257.7	319.7	388.8	466.4	541
全部金融机构各项贷款(余额)	285.7	387.6	483.8	594.8	718
短期贷款	132.3	153.4	194.2	249.9	302
中长期贷款	140.2	219.9	268.9	320.1	396.9
全部保险机构保费收入	12.9	14.2	16.7	17.13	21.6
全部保险机构保险赔款支出(含满期给付)	5.8	2.4	3.7	3.71	5.0
全部保险机构保险密度(元/人)	341.1	509.9	600.1	616.74	674.89
全部保险机构保险深度(%)	2.97	2.70	2.49	2.26	2.24

注:全部金融机构各项存款、贷款余额的七项数据为本外币并表统计数(含外资金融机构)。
"全社会固定资产投资"2011年统计口径发生变动,导致数据比上年下降。

9. 六　安　市

2013年,六安市地区生产总值首次突破1 000亿元,达到1 010.3亿元,比上年增长8%,增速较上年下降3个百分点。分产业看,第一产业生产总值为209.6亿元,增长3.3%;第二产业生产总值为478.2亿元,增长10.7%;第三产业生产总值为322.5亿元,增长7.0%。全市规模工业增加值总量首次突破400亿元,达到408.2亿元,居全省第10位,同比增长11.9%,增幅居全省第14位。分轻重工业看,轻工业完成增加值186.5亿元,增长10.9%;重工业完成增加值221.7亿元,增长12.7%。分经济类型看,国有企业增长7.0%,股份制企业增长11.5%,外商及港澳台商投资企业增长17.0%,其他经济类型企业增长8.2%。从企业性质看,股份制企业完成增加值314.2亿元,增长11.5%,外商及港澳台商投资企业完成56.7亿元,增长17.0%,其他经济类型企业完成23.55亿元,增长8.2%。全市实现财政收入127.7亿元,增长13.5%,高于全省2.3个百分点,居全省第8位,其中,地方财政收入82.0亿元,增长18.0%,中央级收入40.1亿元,增长9.1%。全市累计完成固定资产投资845.0亿元,居全省第8位,增长23.0%,增幅高于全省1.8个百分点,居全省第6

位，较上年同期前进7位。分产业看，第一产业投资31.6亿元，增长33.8%；第二产业投资413.1亿元，增长23.7%；第三产业投资400.4亿元，增长21.5%。全市实现社会消费品零售总额434.2亿元，居全省第5位，增长13.8%。其中，城镇实现零售额198.2亿元，同比增长8.4%；乡村实现零售额236.0亿元，增长18.7%。2013年，全市实现进出口总额80 064万美元，同比增长8.7%。其中，出口77 720万美元，同比增长8.4%。全市利用外商直接投资30 403万美元，比上年同期增长16.8%。全市城镇居民人均可支配收入21 275元，比上年增长9.8%，增幅居全省第15位。农民人均纯收入7 430元，比上年增加895元，增长13.7%，增幅居全省第6位。居民消费价格指数为102.0，增幅较上年同期提高了0.5个百分点。

【货币政策】 2013年，中国人民银行六安市中心支行继续贯彻执行稳健的货币政策，有效运用货币政策工具，对法人金融机构进行合理监测和调控，大力支持"三农"和小微企业发展；不断强化窗口指导，引导金融机构调整和优化信贷结构，促进金融机构改进对实体经济的金融服务；加大对直接融资工具的宣传和推广，开展直接融资"一对一"帮扶，推动金融市场规范发展；精心组织、推动跨境人民币业务，促进业务规模跨越式增长，充分满足涉外经济发展的实际需求；加强对辖内经济金融形势的分析和判断，为上级行、地方党政和中心支行决策提供强有力的智力支持。

【金融运行】 2013年末，全市金融机构本外币各项存款余额1 525.23亿元，同比增长19.3%。其中，人民币各项存款余额1 524亿元，较年初增加247.3亿元，同比增长19.4%；外汇存款余额1 979.8万美元，较年初减少153.3万美元。存款变化季节性因素明显。一季度受到元旦、春节和农民工回流因素影响，存款增加163亿元，占全年比重65.9%，较上年同期提升10.7个百分点。三季度和四季度受到财政存款和单位存款增加的影响，存款分别增加57.7亿元和21.1亿元。2013年信贷投放呈现总量保持合理增长、结构调整进一步优化的态势，全市本外币各项贷款余额824.3亿元，较年初增加136.4亿元，同比增长19.8%。其中，人民币各项贷款余额822.1亿元，同比增长19.8%；外币各项贷款3 577.5万美元，较年初增加671.1万美元。从期限上来看，短期贷款和中长期贷款比例相当，其中短期贷款383.3亿元，同比增长20.7%，中长期贷款412.9亿元，同比增长23.1%。从区域投向上来看，县域新增贷款额较市区贷款占比较高，其中县域贷款余额438.6亿元，占各项贷款53.2%，市区贷款余额385.7亿元，占各项贷款43.8%。从机构间分布来看，全市商业银行(包括农业发展银行)贷款余额占全部贷款余额的67.4%；当年农村合作金融机构新增贷款15.6亿元，占全部贷款增量的47.2%。

【金融市场】 2013年末，六安市5家证券营业机构总开户数为7.06万户，全年股票投资者新开户数约3 801户，同比增长5.69%；累计代理买卖证券交易额345.91亿元，同比增长60.31%；证券营业机构营业收入为0.55亿元，同比增长48.43%；实现利润总额为0.29亿元，同比增长77.82%；客户托管资产达到20.65亿元，同比上涨7.27%，各项业务经营指标良好。2013年，全市保险业累计实现各类保费收入33.6亿元，同比增长7.8%；其中，财产险保费收入13.2亿元，人寿险保费收入20.4亿元。保险密度为476.7元/人，保险深度3.37%。

【金融创新】 结合辖区现实需求，年初中国人民银行六安市中心支行出台了关于开展"金融创新年"活动的指导意见，着力推动金融机构在组织体系、信贷产品、融资模式、服务方式、管理机制、生态环境、综合改革七个方面加大金融创新。六安市中支搭建一系列政策传导途径、机制、平台，累计出台近10个信贷指导意见和实施方案，引导金融机构进一步下放授权授信和业务审批权限，县域新增贷款投放接近市区的两倍，县域贷款占全市份额不断扩大。各县支行按照"一县一策"要求，均制定了具体的实施方案，在各县确定并培育了至少一项金融创新主导产品。牵头在各县区举办创新信贷产品巡回演示活动，促进创新成果的转化运用。继续将全面推进金寨县农村金融综合改革作为六安市中支"一把手"工程。年初及时谋划制定2013年推进金寨县农村金融综合改革18项重点工作，明确细化任务分工。通过争取政策支持、扩充融资措施、充实信息支撑、夯实支付建设、推动金融创新、改善金融生态等途径，各项改革取得了新的成效。

（云　松）

六安市主要经济金融统计

（2009—2013 年）　　单位：亿元

项　　目	2009 年	2010 年	2011 年	2012 年	2013 年
国内生产总值	584.0	676.0	821	918.2	1 010.30
第一产业（增加值）	138.4	159.3	182.1	198.8	209.60
第二产业（增加值）	237.7	285.8	372.1	423.4	478.20
第三产业（增加值）	207.9	231.1	266.8	296.1	322.50
全社会固定资产投资	355.2	490.5	588.1	687.24	845.00
地方财政收入	33.1	42.7	56.8	69.53	82.00
地方财政支出	111.38	148.4	205.6	250.2	285.9
社会消费品零售总额	235.5	279.9	331.3	382.66	434.20
居民消费价格指数（以上年为 100）	99.1	103.2	105.2	101.5	102.0
进出口总额（亿美元）	3.3	4.54	6.26	7.37	8.01
进　口（亿美元）	0.1	0.19	0.46	0.26	0.24
出　口（亿美元）	3.21	4.35	5.8	7.11	7.77
全部金融机构各项存款（余额）	681.2	843.5	1 054.9	1 278.02	1 525.23
企业存款	145.73	192.7	423.23	501.06	586.00
财政存款	23.08	34.2	45.65	45.69	49.59
储蓄存款	403.58	472.3	581.06	723.94	876.48
全部金融机构各项贷款（余额）	378.5	485.3	578.6	687.82	824.27
短期贷款	220.51	234.3	236.56	318.09	383.84
中长期贷款	152.72	243.7	255.63	336.69	412.89
全部保险机构保费收入	27.1	38.9	30.4	31.94	33.60
全部保险机构保险赔款支出（含满期给付）	6.9	5.36	10	10.81	13.18
全部保险机构保险密度（元/人）	386	553	431	449.67	476.7
全部保险机构保险深度（%）	4.64	5.75	3.7	3.48	3.37

注：全部金融机构各项存款、贷款余额的七项数据为本外币并表统计数（含外资金融机构）。

10. 黄　山　市

2013 年黄山市实现地区生产总值 470.3 亿元，同比增长 9.3%；财政收入 81.02 亿元，增长 5.4%；全社会固定资产投资 525.1 亿元，增长 17.9%；社会消费品零售总额 196.1 亿元，增长 14.3%；外贸进出口总额 8.03 亿美元，增长 14.6%；按常住人口计算人均 GDP 34 725 元，按平均汇率算达 5 607 美元；三次产业比重保持平稳，由 2012 年的 11.4∶46.3∶42.3 调整为 2013 年的 11.2∶46.4∶42.4。全年接待游客 3 732.6 万人次，旅游总收入 314.5 亿元，分别增长 2.5%和 3.8%。服务业增加值 198 亿元，增长 8%。全市城镇居民人均可支配收入 23 356 元，农民人均纯收入 10 389 元，分别增长 10.1%、13.4%。

【货币政策】 一是争取增量保重点。紧紧依托黄山市具有的服务业综合改革试点、新安江流域综合治理、皖南国际文化旅游示范区等国家级战略发展平台，引导金融机构继续加大对全市重点建设项目、旅游、文化、生态三位一体的现代服务业、先进制造业等重点领域和关键环节的信贷支持。二是调整存量优结构。中国人民银行黄山市中心支行制定《黄山市金融支持美好乡村建设实施意见》，提升对现代农业金融服务水平。继续开展“金融进园区”活动，重点促进小微企业融资。修订《金融支持地方经济发展考核奖励办法》，新增小微企业贷款增量、增速考核指标。全面落实金融支持小微企业风险补偿措施。积极推广网银循环贷、助保金贷款和小企业接续贷款等信贷产品在园区落户，有效缓解小微企业流动资金短缺问题。三是创新服务扩总量。巩固扩大景点经营权质押、林权抵押、商标权质押、股权质押、“非物质文化遗产贷”、“手艺保”、“徽艺贷”等新型信贷产品；探索开办演艺业门票收费权质押贷款，文化产品设备融资租赁贷款，服务性企业商标、专利、著作权质押贷款等信贷新产品。各农村金融机构相继创新开办农村集体土地承包经营权抵押贷款、科技惠农小额担保贷、茶叶企业信用共同体贷款。非信贷融资取得突破。

【金融运行】 银行业机构规模不断扩大，经营效益持续向好。2013年末，全市银行业机构363家，从业人员4 213人。资产总额823.6亿元，增长11.9%。不良贷款余额6.9亿元，不良贷款率1.46%，下降2.63个百分点。累计实现利润11.2亿元，增长23.7%，同比回落1.2个百分点。存款增速放缓。2013年末，全市银行业机构本外币存款余额743.1亿元，增加82.6亿元，增长12.5%，同比回落5.1个百分点。贷款同比少增。2013年末，全市银行业机构本外币贷款余额474.1亿元，增加56.6亿元，同比少增10.3亿元，增长13.6%，同比回落5.5个百分点。

社会融资规模适度增长，直接融资取得新进展。2013年，全市地区社会融资规模78.9亿元，同比减少0.6亿元，下降0.7%。其中，人民币贷款增加55.1亿元，外币贷款折合人民币增加1.6亿元，委托贷款增加6.6亿元，未贴现的银行承兑汇票增加4.7亿元，企业债券融资7亿元，保险公司赔偿2.7亿元，小贷公司贷款增加1.2亿元。中国银行黄山分行为黄山旅游股份发行4亿元短期融资券，为黄山市企业首次发行短期融资券。中国建设银行黄山分行为黄山旅游集团续发3亿元中期票据。

同业定期存款大幅减少，利率有所上升。2013年，全市金融机构同业活期存款累计发生10.8亿元，增加0.7亿元；同业定期存款累计发生23.2亿元，减少20.3亿元。活期存款加权平均利率0.7%，下降0.09个百分点；定期存款加权平均利率4.62%，上升0.73个百分点。

【金融市场】 证券业盈利能力大幅提升，上市公司运营稳健。全市现有华安证券、国元证券和银河证券黄山市营业部等5家证券业机构。2013年全年证券交易额255.5亿元，增长56.1%；营业收入3 216万元，增长42.0%；利润总额2 029万元，增长105.5%。全市现有黄山旅游、金马股份、永新股份3家上市公司。庆元堂徽菊、黄山第一建安公司、中融小贷公司在安徽省股权交易中心挂牌。

保险业运行平稳，保费收入较快增长。全市有保险公司17家，其中财产险公司8家，人身保险公司6家，农业、健康、养老等专业保险公司各1家。2013年，全市保险行业累计实现保费收入13.8亿元，增长14.4%，同比提高26个百分点。累计赔付金额6.2亿元，增长49.4%。2013年全市保险密度926元/人，保险深度2.95%。

票据市场交易活跃。2013年末，全市银行业机构银行承兑汇票余额23.5亿元，增加8.0亿元，增长51.4%。贴现余额27.4亿元，增加3.3亿元，增长13.9%。累计办理再贴现2.2亿元，年末余额1.1亿元，增加0.8亿元。互联网金融对储蓄分流效应显现。2013年支付宝账单显示：黄山市人均支出4.8万元，居全国首位，其中很大一部分为余额宝理财资金，互联网金融发展对商业银行储蓄存款分流效应显现。

【金融改革】 银行业改革稳步推进。徽州、休宁、太平和祁门农村商业银行相继开业，全市7家农合机构全部改制为农商行，在全省率先实现农商行区县全覆盖。徽商银行天都支行和徽州区支行开业，嘉银村镇银行王村支行、大地村镇银行状元支行相继开业。黟县农商行以全省20个农村综合改革示范试点县为契机，加快推进信贷产品创新，发放全市首笔农村土地承包经营权质押贷款。跨境人民币业务结算行和结算地区不断增多。2013年，全市共办理跨境人民币结算业务219笔，实际收付金额3.4亿元，增长9.2%。四大国有商业银行及徽商银行黄山市分行均开办跨境人民币结算业务；与黄山市发生人民币实际收付业务的境外国家和地区共34个，全年新增17个。

【金融服务】 金融生态环境建设持续推进。积极开展省级优秀金融生态县、良好金融生态县创建工作，推进农村青年信用示范户和中小企业信用体系试验区建设，休宁作为全省6个试验区之一，农户信息采集率达90.6%，评选A级以上信用户占建档农户的71.8%，评定首批信用乡镇6个、信用村40

个。农村支付环境进一步改善。全市711个银行卡助农取款点运行以来共取款11 268笔，金额541.5万元；重点打造全市36个美好乡村和14个供销社现代流通网络建设点，增加银行卡终端布放量，促进了农村支付服务的转型和升级。金融IC卡多领域应用取得新进展，成功搭载公交支付业务，黄山风景区自动售票机已投入使用。将乡镇调度资金、工资基金纳入国库批量直接支付范围，实现了补助资金实时到账。实施金融机构对外误付假币专项治理，开展纸币冠字号码记录，加大小面额货币投放力度，满足市场流通需求。国库集中支付改革顺利推进。黄山市7个区县中已有5个区县完成了国库集中支付改革到乡镇的任务。

（徐明奇）

黄山市主要经济金融统计

（2009—2013年） 单位：亿元

项　　目	2009年	2010年	2011年	2012年	2013年
国内生产总值	266.92	309.3	378.8	424.9	470.3
第一产业（增加值）	35.61	39.3	45.1	48.5	53
第二产业（增加值）	108.42	136.4	175.4	196.6	218.1
第三产业（增加值）	122.89	133.6	158.2	179.7	199.2
全社会固定资产投资	341.34	454.3	370.0	445.2	525.1
地方财政收入	31.23	44.3	64.0	76.9	81.02
地方财政支出	58.04	70.3	94.4	124.7	135.2
社会消费品零售总额	107.56	126.0	148.3	172.1	196.1
居民消费价格指数（以上年为100）	98.40	104.0	105.3	102.4	103
进出口总额（亿美元）	2.33	3.28	4.62	7.00	8.03
进　口（亿美元）	0.79	0.78	0.95	0.7	1.02
出　口（亿美元）	1.54	2.49	3.67	6.3	7.01
全部金融机构各项存款（余额）	374.49	474.33	561.55	660.50	743.08
企业存款	88.65	102.49	233.08	266.37	280.06
财政存款	10.12	13.57	13.82	10.21	11.64
储蓄存款	217.29	258.03	310.73	376.78	441.45
全部金融机构各项贷款（余额）	211.92	281.01	350.54	417.46	474.09
短期贷款	78.43	97.68	129.47	168.24	195.72
中长期贷款	125.40	174.27	205.47	225.10	250.87
全部保险机构保费收入	10.74	12.9	13.63	12.05	13.8
全部保险机构保险赔款支出（含满期给付）	3.08	3.6	3.77	4.16	6.2
全部保险机构保险密度（元/人）	725.00	868.4	921	818.17	926
全部保险机构保险深度（%）	4.03	4.17	3.68	2.84	2.95

注：全部金融机构各项存款、贷款余额的七项数据为本外币并表统计数（含外资金融机构）。

二、长三角金融稳定报告

1. 上海市金融稳定报告摘要

2013年，上海市面对错综复杂的外部形势和自身深化转型的压力，认真贯彻落实党的十八大及十八大二中、三中全会精神，牢牢把握住稳中求进的工作总基调，加快转变经济发展方式，创新转型积极效应进一步显现，经济运行总体平稳有序，结构调整稳中有进。国际金融中心建设、金融支持实体经济工作稳步推进，上海自贸区建设全面启动，深化改革取得重大突破，金融业保持稳健运行态势，为上海市经济转型提供有力支持。

(一) 经济与金融环境

1. 上海经济金融运行总体平稳有序

2013年，上海市实现生产总值21 602.12亿元，按可比价格计算，同比增长7.7%。第三产业增加值占全市生产总值的比重达到62.2%，比2012年提高2.2个百分点。

(1) 固定资产投资增长较快。2013年，上海市完成固定资产投资总额5 647.79亿元，同比增长7.5%。从三大投资领域看，基建投资增长0.5%，房地产开发投资增长18.4%，工业投资下降4.4%。从结构看，第三产业投资和非国有经济投资快速增长，同比分别增长11.1%和9.5%，占全市投资总额的比重分别为77.7%和65.9%。

(2) 消费增长保持平稳。2013年，上海市社会消费品零售总额8 019.05亿元，同比增长8.6%。互联网金融和消费金融正在为消费增长注入新的动力，新型业态消费和汽车消费保持快速增长。一是互联网金融为无店铺消费提供了便利的网络支付平台，无店铺零售额等新型零售业态快速增长，增速居各零售业态之首。二是消费金融继续支持大宗耐用消费品等消费领域的合理信贷需求。

(3) 外贸形势逐渐好转。2013年，上海市全年进出口总额4 413.98亿美元，同比增长1.1%。其中，出口2 042.44亿美元，同比下降1.2%；进口2 371.54亿美元，同比增长3.1%；贸易逆差329.1亿美元。

(4) 财政收入增速提高。2013年，上海市完成地方财政收入4 109.51亿元，同比增长9.8%；土地出让收入大幅增长，对地方政府收入的支撑作用明显提升。地方财政支出为4 528.61亿元，同比增长8.2%，增速比2012年提高1.3个百分点。

(5) 工业企业效益有所提高。2013年，上海市规模以上工业企业实现利润总额2 415.5亿元，同比增长13.1%，增速同比提高15.9个百分点；产成品存货增长4.6%，应收账款增长10.7%。

(6) 居民收入持续增长。2013年，上海市城市和农村居民家庭人均可支配收入分别为43 851元和19 208元，同比分别增长9.1%和10.4%，分别比2012年回落1.8个和0.8个百分点。

(7) 金融业稳步发展。2013年，上海市实现金融业增加值2 823.29亿元，同比增长13.7%。全国银行间货币和债券市场成交金额235.3万亿元，同比下降10.7%。上海黄金交易所总成交金额5.22万亿元，同比增长48%。上海证券市场上市证券2 786只；其中，股票997只。上海证券交易所各类有价证券成交金额86.51万亿元，同比增长58%。中国金融期货交易所总成交金额141.01万亿元，同比增长85.9%。

2. 促进经济增长和金融稳定的重要举措

(1) 深化经济结构战略性调整。2013年，上海市传统工业生产企稳回升，第三产业保持领先增长，战略性新兴产业创新稳步推进。全年规模以上工业总产值同比增长4.4%，增速比2012年提高4.8个百分点；第三产业增加值同比增长8.8%，占全市生产总值的比重为62.2%；节能环保、新一代信息技术、生物医药、高端装备、新能源、新材料和新能源汽车等战略性新兴产业制造业完成工业总产值 7 743.53 亿元，同比增长 1.4%。

(2) 继续实施稳健的货币政策。2013 年，中国人民银行上海总部继续发挥差别准备金动态调整工具的逆周期调节作用，引导地方法人金融机构平稳适度投放信贷；完善短期再贷款管理制度，支持地方法人金融机构的合理流动性需求；积极开展信贷政策导向效果评估，推动信贷结构优化；严格实施差别化房地产信贷政策，配合市政府做好房地产市场调控；贯彻落实各项利率改革政策，加强对利率政策执行情况的监督和指导。

(3) 上海国际金融中心建设取得新进展。2013 年 1 至 11 月，上海新设功能性金融机构 69 家，在沪总数达 188 家，比 2012 年增长 58%。大型银行纷纷在上海设立第二总部。上海第三方支付机构获牌数继续增加。金融支持实体经济力度加大。2013 年，上海市继续大力发展非金融企业债务融资工具，研究拓宽小额贷款公司发债融资渠道，增强小额贷款公司服务小微企业的能力。QDLP（Qualified Domestic Limited Partner，合格境内有限合伙人）试点率先在上海推出。

(4) 积极支持上海自贸区建设。2013 年，中国人民银行、中国银监会、中国证监会和中国保监会相继出台《中国人民银行关于金融支持上海自贸区建设的意见》、《中国银监会关于上海自贸区银行业监管有关问题的通知》、《中国证监会关于支持促进上海自贸区若干政策措施》、《中国保监会支持上海自贸区建设八项措施》，上海自贸区金融工作协调推进小组正式成立，金融多部门、全方位推进上海自贸区发展的体制和政策正在逐步形成。

3. 经济金融运行中需要关注的方面

(1) 关注人口老龄化问题。近几年上海市人口老龄化问题比较突出，60 岁及以上人口数逐年递增，截至 2012 年末占总人口数比例已达到 25.7%，远高于全国水平。人口老龄化在带来社会问题的同时也会改变未来劳动力供给的总量和结构，对提高劳动生产效率和发展高新技术产业带来挑战；会造成储蓄率和投资率下降，社会潜在经济增长力放缓，人口红利逐渐衰减，在一定程度上对经济的可持续发展产生负面影响。

(2) 关注科技创新能力对上海经济发展的影响。2013 年，上海市用于研究与试验发展(R&D)的经费支出为 737 亿元，占地区生产总值的比例为 3.4%；受理发明专利申请量 39 157 件，同比增长 5.4%。上海市全年战略性新兴产业增加值为 2 997.5 亿元，同比增长 7%，占地区生产总值的比重为 13.9%。科技对上海市经济社会发展的支撑引领作用尚未充分发挥，战略性新兴产业对经济发展的拉升作用仍不明显，产业的培育与发展有待进一步加强。

(3) 关注政府融资平台贷款风险。截至 2013 年末，上海市政府融资平台贷款余额 5 478.62 亿元，同比下降 5.64%。年内上海市融资平台贷款减少 327.36 亿元，同比多减 189.83 亿元。截至年末，全市政府融资平台不良贷款已全部清理化解，资产质量总体保持优良。虽然当前债务总体安全，但部分借款人负债率较高，部分贷款通过“过桥”资金暂时缓解了还款压力，但人为拉长融资期限所蕴含的风险不容忽视。因此，仍需要密切关注进入还款高峰期后地方融资平台的还款能力，特别是防范潜在财政风险可能转嫁为银行信贷风险。

（二）银行业

1. 上海银行业发展运行情况

(1) 积极推动上海自贸区建设的工作。截至 2013 年末，累计 22 家银行业金融机构正式获批在试验区设立机构 25 家；其中有 9 家中资银行分行，15 家中外资银行支行，1 家金融租赁专业子公司。

(2) 资产负债规模增长平稳，增长幅度回落。截至 2013 年末，上海市银行业金融机构本外币资产总额 9.79 万亿元，同比增长 8.39%；负债总额 9.46 万亿元，同比增长 8.28%。各项存款余额 6.93 万亿元，同比增长 8.96%；各项贷款余额 4.44 万亿元，同比增长 12.93%。

(3) 贷款规模增速放缓，信贷结构不断优化。2013 年，上海市银行业贷款适度增长，信贷结构不断调整优化，有力地促进了地区经济的发展。中资金融机构新增本外币贷款 3 156.4 亿元，同比少增 744.5 亿元；外资金融机构新增本外币贷款 141.1 亿元。从贷款结构看，中长期贷款增速较快且同比增多，短期贷款同比少增，票据融资收缩明显。按借款企业规模分，上海市中外资银行投放的企业贷款以大型和小型企业为主，对中小型企业的信贷倾斜力度加大，信贷支持经济结构调整和改善民生的作用增强。

(4) 拨备覆盖率保持高位，风险抵补能力较强。截至2013年末，上海市金融机构拨备覆盖率平均达到296.23%，同比上升82.81个百分点；贷款损失准备充足率平均达到285.13%，同比上升49.40个百分点。截至2013年末，上海市银行业法人机构资本充足率为13.21%；贷款损失准备充足率和拨备覆盖率稳步上升，平均贷款损失准备充足率、拨备覆盖率分别为279.02%和238.08%，同比分别上升43.30个百分点和42.48个百分点。

2. 上海银行机构稳健性评估

(1) 资本充足率监管标准不断提高，资本工具创新迫在眉睫。截至2013年末，上海中资法人商业银行平均资本充足率达12.44%，同比下降1.06个百分点；外资法人银行平均资本充足率达18.16%，同比下降0.60个百分点。2013年1月1日，《商业银行资本管理办法(试行)》正式实施。新资本办理办法对银行资本管理提出更高的要求。当前上海经济处于调整结构、转型发展阶段，不良贷款反弹压力加大，资本补充机制亟待完善。

(2) 经济增长放缓，资产质量反弹压力不减。截至2013年末，上海市银行业不良贷款余额357.72亿元，较年初增加86.79亿元；不良贷款率为0.8%，高出年初0.15个百分点。受经济增速放缓和产能过剩的影响，上海市股份制银行不良贷款余额和不良贷款率同比增幅较大。截至2013年末，股份制商业银行不良贷款余额增加45.60亿元，比2012年同期增长59.75%；不良贷款率1.42%，上升0.48个百分点。

(3) 银行存款波动性加大，流动性管理面临挑战。2013年，上海市银行业新增人民币存款5 093.4亿元，其中第一至第四季度分别增加1 668.7亿元、1 495亿元、1 072.4亿元和857.3亿元，存款增幅逐季递减。受市场流动性变化、金融机构季末考核，以及第三方理财渠道分流等多种因素的影响，资金稳定性有所下降，人民币存款依旧显现季末翘尾、季初回落的规律性特征，且月度增量波动较大。存款的大起大伏既削弱了银行传统资金来源的稳定性，也放大了市场利率的波动性，加剧市场筹资难度。

(4) 银行盈利整体出现负增长，股份制银行利润降幅明显。2013年，上海市银行业金融机构累计实现净利润991.22亿元，同比下降3.18%。分机构看，大型银行和城商行盈利增长情况明显好于股份制银行。5家大型银行全年累计净利润同比增长15.91%，14家城商行全年累计净利润增长8.92%，11家股份制银行受钢贸不良贷款核销和减值准备计提的影响，全年累计净利润减少56.27%。

3. 上海银行业发展中需要关注的方面

(1) 关注房地产贷款风险。截至2013年末，上海市房地产贷款余额达到11 864亿元，占各项贷款余额的27%；再加上以房地产作为抵押物的非房地产贷款，与房地产直接或间接相关的贷款占各项贷款的比例为40%。上海市的房地产贷款集中于房价高位时期发放，三分之二的贷款于近三年发放。因此，上海市房地产贷款对房价波动较为敏感，潜存较大的信用风险。

(2) 关注钢贸行业及其他部分重点行业风险。截至2013年末，上海市38家中资商业银行钢贸贷款余额为844.21亿元，风险敞口为703.96亿元，钢贸贷款不良率为11.88%。现阶段，产能过剩行业是信贷风险的多发地，并有从钢贸、光伏、船舶等行业向上下游行业和关联产业链蔓延的势头；钢贸类违约业务模式也存在被复制到其他大宗商品交易领域的迹象，容易造成信贷风险的集聚，影响地区金融稳定。

(3) 关注部分表外业务高速膨胀下的风险。2013年，部分银行表外业务增长迅猛。截至2013年末，跟单信用证总量同比增长79.97%，保函总量同比增长35.33%。整体来看，表外业务多涉及低风险担保类业务，总体信贷风险可控，但部分跟单信用证业务付款期限较长、行业集中度高、与国际市场价格变化关系密切，可能对银行的风控管理带来一定压力。

(4) 规范银行的类信贷业务，提高资金的运作效率。经历了监管收紧和2013年6月份"钱荒"后，2013年末，上海市银行业机构的同业资产占总资产的比重比年初下降，机构去杠杆趋势明显。年末同业负债的比重比年初微升，但在季末与年末等考核时点，同业负债转化为一般存款，规模有所下滑，其余时段呈稳步上升的状态。由于同业资产中相当一部分挂钩房地产、政府融资平台、"两高一剩"等受调控和限制的行业，因此应尽快规范银行同业"类信贷业务"的发展，更多发挥市场的作用，有效支持实体经济的健康发展。

(5) 密切关注操作风险。目前，上海市处于经济增速适度回调、产业结构调整持续推进的过程中，部分行业、企业不可避免地遭遇经济困难、资金紧张，银行业金融机构也处于案件和操作风险的多发期和暴露期。其主要集中在三个方面：一是信贷诈骗案件多发；二是操作风险集中，内部案件较多；三是民间借贷风险仍向银行体系蔓延，其中银行从业人员、尤其是银行基层分支机构负责人违约参与民间借贷引发的案件持续高发。

(三) 证券业

1. 证券业发展运行情况

截至2013年末，上海市共有证券公司20家，总资产4 571.6亿元，净资产1 687.8亿元，净资本1 233亿元，同比分别增长17.70%、5.98%和8.17%。共有基金公司44家，管理公募基金674只，基金总净值9 407亿元，同比分别增长28.63%和3.33%。共有期货公司28家，总资产618.22亿元(含客户权益)，净资产103.40亿元，净资本89.94亿元，客户权益501.94亿元，同比分别增长13.1%、16%、9.8%和12.2%。

(1) 合规和风险管理水平稳步提高。2013年，上海市证券公司继续深化风控指标动态管理，进一步完善以净资本为核心的风控指标体系，加强对流动性风险的关注与管控。基金公司内幕交易防控等机制进一步健全，创新业务、突发事件处理等风控措施进一步完善，行业自律管理机制运作顺畅。期货公司合规管理水平不断提升。2013年分类评价中，上海市4家证券公司被评为A类AA级，7家期货公司被评为A类。

(2) 行业创新能力进一步增强。2013年，上海市证券公司积极引进国外先进理念、技术、系统，拓展理财服务模式，提升投融资服务能力，发挥资本中介作用。1家公司获批行业首单公募基金管理人牌照，并发行了首只公募基金；3家公司成为行业首批转融券试点券商。2013年上海市新增基金公司专业子公司23家，香港子公司2家；基金公司相继推出了"T+0"货币基金、国债ETF、黄金ETF等创新产品；海外子公司继续推进RQFII业务。8家取得资格的期货公司陆续正式开展资产管理业务，3家期货公司成功注册设立风险管理子公司，部分期货公司与基金公司、证券公司在资产管理业务上的合作与竞争不断加强。

(3) 国际化取得新进展。截至2013年末，上海市共有合资证券公司6家，占全国的43%；合资基金公司25家，占全国的52%；合资期货公司2家，占全国的1/2；外资代表处77家，占全国近一半。已有5家证券公司、8家基金公司在香港设立分支机构并取得相关业务牌照。5家证券公司的香港子公司共设立55只基金，受托资产总额达190亿元。4家证券公司、5家基金公司借助香港子公司获准开展RQFII业务，截至年末，获批规模达266亿元。

(4) 证券市场融资呈现多元化。截至2013年末，上海市共有上市公司204家，占全国的8.2%，市值约占全国的11.3%。2013年，上海市上市公司境内资本市场直接融资462.88亿元，其中，股票再融资167.28亿元，债券融资295.60亿元。

2. 上海证券机构稳健性评估

(1) 证券公司资产规模增长，证券公司风控体系运行良好。截至2013年末，上海证券公司总资产4 571.6亿元，同比增长17.7%；净资产1 687.8亿元，同比增长5.98%。净资本与净资产的比例为73.05%、净资本与各项风险资本准备之和的比例为775.2%，均远远高于监管指标(分别为40%、100%)，显示上海市证券机构净资本覆盖风险的能力保持在较高的水平。

(2) 盈利水平明显上升，经纪业务收入比重有所恢复。2013年，上海20家证券公司实现营业收入307.78亿元，同比上升18.7%；实现净利润91.89亿元，同比上升11%。由于融资融券等增值服务的开展，同时受益于交易量尤其是债券回购交易量的上升，上海20家证券公司经纪业务收入得以恢复性增长，2013年全年共计148.91亿元，同比增长52.5%，占总营业收入的比重为48.38%，较2012年的37.67%有大幅上升。

(3) 信用类业务快速扩张。截至2013年末，上海证券机构融资融券业务规模793.5亿元，较2012年末增长了209.9%；融资融券利息净收入39.78亿元，同比增长144.6%，收入占比从2012年的6.29%提高到12.92%；约定购回交易待购回金额71.4亿元，利息收入2.6亿元；股票质押回购6月启动后发展迅速，已远远超过约定购回的规模，待购回金额195.4亿元，利息收入4.4亿元，是约定购回交易的1.7倍。

(4) 资产管理业务快速发展，在金融领域的影响力增加。2013 年，上海证券机构资产管理收入 17.06 亿元，为 2012 年的 2.4 倍，受托资金规模 1.1 万亿，是 2012 年的 2.2 倍，但主要是定向规模的增加(1.04 万亿)。从业务收入占比看，资产管理业务收入占总营业收入的比重为 5.54%，比 2012 年的 2.69%有所提升。

3. 上海证券业发展中需要关注的方面

(1) 关注跨市场金融风险的传递和叠加。证券经营机构通过投行、资管、资产证券化、金融产品销售等业务，与地方融资平台、房地产、信贷、中小企业等实体经济领域的联系越来越紧密。在现有的分业经营、分业监管体制下，容易导致缺乏对金融体系整体风险的监测和判断，应加强金融管理部门间的信息共享和协调配合，对金融行业实施功能监管，共同防范和化解跨行业金融风险。

(2) 关注创新业务风险的防范。伴随证券业深化改革、对外开放和简政放权的步伐，行业各类组织、业务、产品创新将纷纷涌现，行业走出去、迎进来的速度加快，外部竞争日益激烈，受到互联网冲击的影响力度加大，行业生态将面临较大变化。与此同时，原有的风险边界将被打破，风险敞口加大，并不断出现新的风险因素，对行业现有的风险管理和内部控制机制带来较大挑战。

(3) 关注流动性风险的防控。2013 年以来，上海证券机构通过各类融资工具拆入资金，积极推动负债类业务创新，快速放大经营杠杆，提高了资金运用效率和资产收益率。但同时，证券公司面临的流动性风险也随之显著增长。从债务融资结构来看，主要为三个月以内的负债，而 2013 年以来发展迅速的信用类业务中，资产期限通常在三个月以上甚至长达一年，期限错配的风险增大。同时，若货币市场利率升高，将影响银行间拆借资金等融资渠道，可能进一步引发公司的流动性风险。

(4) 关注金融产品兑付及非法集资等风险。证券行业正在实现以经纪业务通道服务为核心向以财富管理和提供金融产品为核心的盈利模式的转变，金融产品不仅包括传统资产管理产品，还包括资产证券化产品、公募基金产品、私募债产品等；除了自身发行的产品外，还包括代销的信托产品、基金专户产品等。在整体投融资结构有待平衡的背景下，金融产品兑付风险可能逐步发生。同时，非法集资、配资乃至金融诈骗等违法活动有可能趁虚而入，从业人员道德风险防范和投资者教育力度需进一步加强。

(四) 保险业

1. 上海保险业发展运行情况

(1) 保险市场主体稳步增加，保费收入保持稳定。截至 2013 年末，上海市共有 124 家保险公司、保险资产管理公司 6 家和保险专业中介机构 352 家。法人注册地在上海的保险机构(不含保险中介机构)共有 49 家，2013 年新增了国内首家互联网保险公司——众安在线财产保险股份有限公司，市场主体多样化明显。截至 2013 年末，上海市原保险保费收入累计 821.43 亿元，同比增长 0.1%；保险赔付支出累计 301.95 亿元，同比增长 18.05%。

(2) 保险业改革稳步推进。一是积极支持上海自贸区建设。2013 年，上海市保险业积极贯彻落实保监会支持上海自贸区建设八项举措，鼓励保险机构入驻自贸试验区，为各类保险机构入驻自贸试验区开辟绿色通道。截至年末已有四家机构入驻。二是不断提升农业保险保障功能。2013 年，上海市农业险总保险金额近 150 亿元，占全市农业总产值超过 40%。三是服务实体经济发展。科技型中小企业短期贷款履约保证保险为企业提供了贷款支持额度，并为不良贷款顺利进行了赔付；并为小微企业提供了保单质押贷款。

2. 上海保险机构稳健性运营情况

(1) 整体实力不断增强，人身险公司盈利能力显著提高。截至 2013 年末，上海市法人保险机构① 总资产共计 5 391.12 亿元，同比增长 24.02%。2013 年，共实现净利润 40.1 亿元，同比大幅增长 45%。其中，人身险公司实现净利润 23.45 亿元，同比增长 601.33%。

(2) 偿付能力充足率总体良好，风险整体可控。截至 2013 年末，上海市 36 家保险公司② 偿付能力充

---

① 包括法人注册地在上海的 37 家保险公司和 5 家保险资产管理公司全国分支机构的汇总数据，未包括东方人寿保险股份有限公司(2004 年起停业整顿至今)和 2 家再保险公司。由于太保集团尚未披露 2013 年上半年年报，因此未包括太保集团、太保寿险、太保产险和太平洋资产管理公司的数据。下同。

② 不包括长江养老保险公司和保险资产管理公司。由于长江养老保险公司经营信托型企业年金管理业务和养老保障委托管理业务，故不适用偿付能力信息披露要求。

足率情况整体良好，有34家保险公司偿付能力充足率高于150%，属于充足Ⅱ类公司，仅有2家属于关注类公司。上海市法人保险公司风险整体可控，没有出现系统性和区域性风险。

(3) 保险资金运用余额稳步增长，投资收益大幅提升。截至2013年末，上海市法人保险机构保险资金运用余额达4 874.69亿元，同比增长21.3%；实现投资收益212.54亿元，同比大幅增长52.8%；投资收益率4.36%，比2012年提高0.9个百分点。

3. 上海保险业发展中应关注的方面

(1) 产险公司盈利能力大幅下降值得关注。2013年，上海市法人产险公司实现净利润仅为5.25亿元，同比下降70.9%，盈利能力大幅下降。2012年亏损的5家产险公司中有3家扭亏为盈，2家继续亏损，2013年共有6家产险公司出现不同程度亏损，占上海市法人财产险公司总数的1/3，值得引起关注。

(2) 产险公司综合成本率明显上升需引起关注。截至2013年末，上海市18家法人产险公司平均综合成本率为104.04%，较2012年末上升3.2个百分点；其中11家公司较2012年上升。18家法人产险公司平均费用率为42.6%，较2012年上升1.45个百分点；平均赔付率为61.44%，较2012年上升1.74个百分点。

(3) 人身险公司业务结构仍需进一步优化。2013年，除万能险增长缓慢外，其他人身险险种保费收入均大幅增长，但分红险收入占比仍过大，人身险公司业务结构仍需优化。截至2013年末，上海市法人保险机构分红险实现保费收入773.08亿元，同比增长36.28%，占人身险保费收入的比例较2012年上升0.75个百分点；而保障功能较强的普通寿险占比为8.69%，较2012年下降0.34个百分点。

(4) 人身险公司退保风险整体可控，但仍需保持高度关注。2013年，上海市法人人身险公司退保金共计100.4亿元，同比增长33.98%。各法人人身险公司均未出现群体性退保现象，退保风险管控情况良好。其中，分红险退保金共计90.54亿元，同比增长32.14%，占人身险退保金总额的90.18%；而普通寿险退保金共计7.42亿元，同比增长64.35%，占人身险退保金总额的比例也由2012年的6.03%上升至7.39%，需要引起关注。

(五) 基础设施建设

1. 支付体系建设稳步推进

2013年，中国人民银行上海总部顺利完成了上海支付结算综合业务系统二期项目、支付系统上海城市处理中心(上海CCPC)和国家处理中心上海中心上线工作。开展财务公司电子商业汇票线上清算业务试点工作，推进电子商业汇票业务在跨境贸易项下的应用，结合上海市实际情况细化了《银行票据凭证印制管理办法》的相关规定。积极处置伪造支票的风险事件，并结合多起伪造、变造银行承兑汇票案件情况，向上海市各银行发出案件通报并做针对性部署。对上海市11家商业银行、8家支付机构进行了现场检查，进一步规范了上海市支付服务市场秩序，提升了上海市支付结算服务水平。启动了支持支付机构跨境支付外汇业务试点工作，积极研究中国(上海)自由贸易试验区支付结算服务的各项措施。

2. 征信体系建设不断完善

截至2013年末，上海市各金融机构共开通企业征信系统查询网点1 722个，查询用户5 122个；个人征信系统查询网点2 265个，用户3 857个。2013年，中国人民银行上海总部继续配合金融中心建设，不断扩大征信系统覆盖范围，与上海市金融服务办共同牵头组织推动上海市小额贷款公司和融资性担保公司接入金融信用信息基础数据库；动产融资质押登记系统在上海市平稳运行，审核开通116家应收账款质押登记系统常用户。不断完善借款企业、集团企业评级制度，稳步开展借款企业评级工作，推动信用评级结果在政府部门、商业银行等领域的应用。2013年共对7 079家借款企业、56家集团企业开展评级工作，对76家小额贷款公司、28家融资性担保公司开展了信用评级试点。

3. 反洗钱工作深入开展

2013年，中国人民银行上海总部结合国际国内反洗钱要求和自贸区试点工作推进情况，拟定了自贸区反洗钱、反恐怖融资以及反税收犯罪工作方案，初步总结了自贸区洗钱风险领域及拟采取的反洗钱控制措施。有序推进对国际反洗钱标准和创新业务洗钱风险控制的研究，加强对创新业务洗钱风险的研究，开展了以"互联网支付机构的洗钱风险分析及对策"和"证券创新业务洗钱风险研究"为主题的专题调研。继续规范开展反洗钱行政调查和现场检查工作，2013年接收、分析重点可疑交易报告20份，经反洗钱局审核同意后向侦查机关移送可疑交易线索8件；进一步加强与金融监管部门的反洗钱交流和合作，协同公安、海关做好对有关涉嫌洗钱重大案件的查处。

（中国人民银行上海总部金融稳定部）

2. 江苏省金融稳定报告摘要

2013年，江苏经济向着宏观调控的预期方向发展，综合实力明显增强。一是经济保持稳定增长，经济活力持续增强。据江苏省统计局核算，全年全省地区生产总值59 161.8亿元，比上年增长9.6%。其中，第一产业增加值、第二产业增加值、第三产业增加值同比分别增长3.1%、10.0%、9.8%。全年非公有制经济增加值39 756.7亿元，比上年增长10.4%；占地区生产总值比重达67.2%，比上年提高0.5个百分点。二是国内需求稳步增长，国外需求保持稳定。全年全省完成固定资产投资35 982.5亿元，比上年增长19.6%，社会消费品零售总额20 656.5亿元，比上年增长13.4%，出口总额3 288.5亿美元，比上年增长0.1%。三是财政收入稳定增长，城乡居民收入稳步增加。全年全省实现公共财政预算收入6 568.5亿元，比上年增长12.1%，基金预算收入5 018.1亿元，比上年增长38.9%；城镇居民人均可支配收入和农民人均纯收入分别为32 538元和13 598元，同比分别增长9.6%和11.4%。四是居民物价水平有所回落。全年全省居民消费价格比上年上涨2.3%，涨幅同比回落0.3个百分点。

（一）企业与居民部门

1. 企业

2013年，江苏省企业部门生产经营活动总体保持增长势头，各项指标增速小幅回升。

（1）企业部门生产经营活动指标增速企稳回升。至2013年末，中国人民银行南京分行监测的595户工业企业主营业务收入同比增长2.21%，增速同比上升1.46个百分点。595户企业利润总额同比上升17.23%，升幅较年初扩大8.78个百分点。资产利润率和资本收益率分别为5.41%和32.73%，较上年同期分别上升了0.46和2.66个百分点。

（2）企业营运能力和资金周转效率有所降低，偿债能力基本保持稳定。至2013年末，595户企业营业周期为115.94天，较上年同期增加5.47天；企业应收货款周转天数63.86天，较上年同期增加4.68天，应收货款周转天数上升，意味着应收账款占用资金增加，资金周转效率有所降低。

从短期偿债能力来看，至2013年末，595户企业流动比率为116.28%，比上年同期下降1.15个百分点，速动比率为86.29%，与上年同期基本持平，表明企业短期偿债能力基本保持稳定。从长期偿债能力看，至2013年末，595户工业企业资产负债率55.54%，比上年同期持平，表明企业长期偿债能力保持稳定。

2. 居民

2013年江苏省住户部门贷款继续保持稳定增长，杠杆率维持在较高水平，居民储蓄意愿继续回升。

（1）住户部门负债规模稳定增长，杠杆率维持在较高水平。2013年江苏省住户部门贷款余额为15 143.29亿元，增长19.14%。从贷款期限看，短期贷款占比为26.63%，中长期贷款占比为73.37%。住户部门人民币贷款余额占全省人民币各项贷款余额的比重为23.33%，与上年同期基本持平。数据显示虽然2013年信贷政策总体从紧，但住户部门贷款热情不减，杠杆率依然维持较高水平。我们以贷款与存款之比来测算其杠杆率水平，住户部门贷款/存款为42.74%，与上年同期基本持平，较全国平均水平高0.2个百分点。较高的负债水平将会使居民对收入、利率及资产价格变化的敏感性显著提高。

（2）居民储蓄意愿小幅回落，金融投资热情有所提高。调查显示，2013年四季度居民当期利率判断指数①为24.48%，比上季度下降1.07个百分点，继续处于较低水平。其中，有53.21%的居民表示利率“低”，比上季度提高1.38个百分点，仅2.17%的居民表示利率水平“高”。由于对银行存款利率的认可度较低，加上资产配置多元化背景下，房地产市场回暖、理财产品投资等因素分流，居民储蓄存款意愿小幅回落。调查显示，在目前情况下，四季度选择“更多地储蓄存款”最合算的居民占比为46.25%，虽

① 当前利率判断指数＝认为现在存款利率“高”的居民占比＋0.5*认为现在存款利率“适度”的居民占比。该指数越高，表明居民对利率水平越满意。

然仍处于历史较高水平，但分别较上季度和去年同期下降1.58、4.17个百分点。与此同时，家庭主要金融资产为“储蓄存款”的居民占比为71.37%，分别较上季度和上年同期下降0.86、5.17个百分点，也同步下降。

（二）金融业

1. 银行业

2013年，江苏省银行业总体运行平稳。一是资产负债平稳增长。至12月末，银行业金融机构资产总额10.79万亿元，比年初增加1.19万亿元，负债总额10.45万亿元，比年初增加1.15万亿元。其中，地方法人银行业金融机构资产总额2.91万亿元，比年初增加0.39万亿元，负债总额为2.68万亿元，比年初增加0.38万亿元。二是机构数量不断增加。全省共新增中资商业银行分行26家、外资商业银行6家(1家法人和4家分行开业、1家分行获准筹建)、财务公司3家、村镇银行14家，改制组建农村商业银行2家。至12月末，全省政策性银行及国家开发银行一级分行4家，二级分行13家；大型银行一级分行9家，二级分行75家；股份制商业银行一级分行23家，二级分行59家；邮政储蓄银行一级分行1家，二级分行13家；外资银行法人2家，分行33家；地方法人银行业金融机构包括城市商业银行4家、农村商业银行58家、农村信用社4家、村镇银行63家。三是盈利继续保持增长。2013年全省银行业金融机构共实现净利润1 540亿元，同比增长7%，增速较上年同期下降0.6个百分点。

2. 证券业

2013年以来，江苏证券期货业继续保持稳健发展态势。一是在IPO暂停下实现再融资。据江苏证监局统计，2013年江苏无新增上市公司，但辖内上市公司实现再融资283.7亿元。二是证券公司经营实力不断增强。至12月末，全省共有法人证券公司6家，净资产总额529.3亿元，同比增长4.47%，全年营业收入104.19亿元，同比增长28.61%，净利润30.96亿元，同比增长56.6%。三是期货公司资本实力进一步加强。至12月末，全省共有法人期货公司10家，净资本合计30.69亿元，同比增长16%，全省期货公司营业部119家，同比增加18家。

3. 保险业

2013年以来，江苏保险业呈稳健运行态势。全省全年累计实现保费收入1 446.08亿元，同比增长11.13%。其中，财产险保费收入518.61亿元，同比增长17.62%；人身险业务保费收入927.47亿元，同比增长7.8%。人身险业务中，寿险保费收入809.17亿元，同比增长5.65%；健康险保费收入76.41亿元，同比增长28.89%；意外险保费收入41.88亿元，同比增长18.97%。至12月末，全省共有保险主体90家，其中法人公司4家(紫金产险、乐爱金产险、利安人寿、东吴人寿)，省级分公司89家。4家法人保险公司资产总额136.8亿元，同比增长44.92%。2013年，全省保险公司累计支付各类赔款527.02亿元，同比增长36.19%。

（三）具有融资功能的非金融机构

1. 小额贷款公司

至2013年12月末，全省共有566家小贷公司，实收资本合计866.77亿元，贷款余额为1 085.37亿元①。

2. 融资性担保公司

至2013年12月末，全省共有492家融资性担保公司，比年初减少252家。②据中国人民银行南京分行银保监测系统显示，2013年全省融资性担保公司新发生担保额累计2 008亿元。

3. 农民资金互助合作组织

至2013年12月末，全省共有385家农民资金互助合作社，股金余额为15.51亿元③。

4. 典当行

至2013年12月末，全省共有411家典当企业，典当余额97.83亿元，利润总额为3.81亿元④。

（四）互联网金融

2013年以来，江苏省内以P2P网络借贷平台为代表的互联网金融发展迅速。调查显示，至12月末，全省共有P2P网络借贷平台37家，其中法人平台18家，非法人分支机构19家。除P2P网络借贷平台以外，传统金融机构也开始尝试借助互联网技

---

① 数据来源：江苏省金融办。

② 数据来源：江苏省经信委。2013年6月，省经信委对融资性担保机构的经营许可证进行年检，取消了252家年检不合格担保机构的融资性担保业务经营资质。

③ 数据来源：根据辖内各地市中心支行统计数据汇总。

④ 数据来源：江苏省商务厅。

术推出服务平台或相关产品，28 家金融机构(4 家国有商业银行、12 家股份制商业银行、9 家城市商业银行、1 家法人证券公司、2 家法人保险公司)建立了电商平台，其中 13 家银行(6 家股份制商业银行、7 家城市商业银行)通过手机银行、微信银行等工具介入互联网金融业务。此外，以"电商＋金融"模式为代表的互联网金融其他形式也在快速发展，如以苏宁易购、宏图三胞、同程网为代表的电商企业积极寻求互联网金融的突破口，谋求打造全金融产业链。如苏宁依托旗下易付宝支付平台，与广发基金、汇添富合作推出类似余额宝的产品"零钱宝"，设立苏宁保险销售有限公司并在网上发售保险产品，等等。

(五) 金融改革与创新

1. 银行业

(1) 政策性金融改革继续推进。国家开发银行江苏省分行突出同业引领，创新满足江苏多样化融资需求：一是发挥开行银团品牌优势，成功组建南京青奥会、江苏斯尔邦、徐州文化街区、中电投滨海码头等 16 个重点建设项目银团，引导其他商业银行资金 470 亿元，保证了省内重大项目的资金需求。二是与省外金融机构建立差异化发展的合作格局，通过信托贷款、债券销售、"棚改"债权保险资金、开行子公司协同等业务，共引进省外金融机构资金 595 亿元，对支持江苏省经济建设起到了积极的促进作用。三是创新融资工具，扩大直接融资规模，成功承销南京城建 20 亿元中票和 60 亿元短融、徐工集团 70 亿元短融、海州湾 10 亿元企业债等 15 个项目 353 亿元债券的注册发行工作，满足了省内重点客户多种金融服务需求，优化了社会融资总量结构。其中，完成江苏省政府首只 153 亿元政府债发行，推动江苏首只徐州新盛 27 亿元"债贷组合"棚改专项债券上报发改委审批，河西国资 35 亿元保障房私募债成为全国首单以城市为主题开展保障房私募债试点的项目。四是旗下国开金融与江苏省金农公司合作设立江苏"开鑫贷"互联网融资服务平台，上线一年即聚集社会资金 23 亿元，支持了江苏 1 082 家小微企业发展，社会效益逐步显现。农业发展银行江苏省分行基础管理转型升级，强化依法合规经营。一是研发上线内部监督管理信息系统，将决策审议、班子考核、岗位履职、平台建设、问题台账等管理内容统一纳入电子化平台，内部管理信息化的创新经验得到总行肯定并在全系统推广。二是深入推进主管履职、支行晨会、内控评价、办贷流程等管理标准化建设，出台各类制度办法和工作标准 65 项，省行内部监督委员会跟踪分析问题 3 989 个，检查发现问题整改率 96.5%。进出口银行江苏省分行注重金融创新，推动业务发展。一是利用出口基地建设贷款、旅游文化国际化贷款、出口企业固定资产投资贷款、国际物流基础设施建设贷款等创新业务产品，积极推动重大产业化项目和出口高新区的建设，充分发挥和提升政策性金融的职能作用。二是深化"银政合作"和"银银合作"两个平台建设，加大对重大产业化项目、重点企业和科技型、外向型中小企业的支持力度，牵头筹组银团贷款与建立业务代理关系等方式，充分利用金融同业优势，加大对江苏省各地市外向型经济的支持力度。

(2) 大型商业银行改革进一步深化。工商银行江苏省分行一是积极开展业务创新。业务管理方面推出如"小企业贷款资金流向监测"、"国际业务综合查询"、"业务运营风险信息分析平台"等创新项目，在投资理财方面共发行理财产品 177 款，其中个人理财产品 121 款，对公理财产品 56 款，在渠道结算方面，相继开发并投产了社保卡、江苏省人民医院银医通项目等重点项目。二是继续提升内部管理水平。实施"底薪＋提成"的分配机制，建成 913 人的零基营销团队。开展城区网点柜员核编，314 名柜员转至营销岗位或开展弹性营销。加强不良贷款催收、银行卡收单、电话营销等专业团队建设。深入推进网点布局调整。抓好网点分类优化工作，完成网点调整 42 家。建成"自助＋理财"网点 45 家，释放 110 人做强优势网点。加大自助机具投放力度，建成系统内首家智能银行。在部分行试点城区网点扁平化改革，激发网点的经营活力。农业银行江苏省分行一是加快推进小微企业业务发展，制定出台《关于加快推进小微企业业务发展的意见》，对现有信贷经营模式进行改造，建立起市场反应灵敏服务快捷高效、风险防控有力、绩效考核科学的经营管理体系，支持江苏小微企业持续健康发展。二是投产上线 BoEing 系统三期，将全行贷款、对公存款、现金管理、保证金存款、专项资金托管、支付结算、集中版理财等核心业务纳入系统运行，极大提高了业务运行和服务客户的能力。三是加强员工行为管理，建立员工行为管理联席会议制度，定期开会研究员工行为管理工作，出台员工行为管理责任制考核办法，强化各部门管理职责，落实各级“一把手”，尤其是网点负责人的管理职责，加强直线经理对所辖员工行为管理的行为管理和引导；发挥网点管理部作用，加强对各级机关人员行为管理，切实提高机关的管理效能。建设银行江苏省分行一是进一步优化营业机构布局，全年共对50个营业机构进行了布局调整；二是进一步完善营业机构功能，至12月末，分别将符合总行和银行业监管机构规定条件的41个储蓄所升格为支行，营业机构结构得到进一步改善；三是进一步加快营业机构新设步伐，全年共新设支行36个，有效弥补了新兴市场和新兴经济区域空白点。交通银行一是贯彻落实“人工网点＋客户经理＋自助银行”三位一体的经营理念，设立了259家离行式自助银行，2013年新增自助银行64家，做到机构设立体系丰富完善、网点设立规范合理、分布区域有序广泛；二是构建以综合型网点为主体、传统型基础网点为依托、特色型和专业化网点为补充的人工网点渠道，在全省开展特色金融，创新发展科技银行、文化银行、在市场条件成熟区域打造出国金融服务中心，满足出国留学、移民、商务等客户群体全方位的金融服务需求，树立国际业务品牌形象。

2. 证券业

(1) 多层次资本市场加快推进，促进经济转型的作用进一步显现。2013年江苏省直接融资保持稳定增长，全年多家上市公司成功通过非公开发行、公司债等方式获得融资283.7亿元。中小企业融资渠道进一步拓宽，新三板扩容后江苏首批挂牌企业数位居全国各省区第一，私募债试点工作亦走在全国前列。同时，江苏全年有23家上市公司通过资产重组，实现了产业整合、产业结构调整和盈利能力提升。

(2) 创新发展持续深化，证券期货经营机构的综合竞争力进一步提升。证券公司多项新业务积极发展，其中，融资融券收入已占总收入的近20%。期货业方面，分别有2家期货公司获准开展资管业务和设立风险管理子公司。

(3) 监管转型全面启动，市场运行秩序进一步规范。根据中国证监会的统一部署，江苏证监局全面启动把工作重点从事前审批向事中、事后监管的转型，进一步强化简政放权，完善日常监管，提高信息披露质量，督促中介机构归位尽责，切实强化稽查执法效能。

(4) 投资者保护机制更加健全，市场生态环境进一步优化。2013年，江苏现金分红的上市公司比例达到80%以上，高出全国平均水平13个百分点，市场投资功能进一步显现。同时强化证券期货业适当性管理，重点打击非法证券活动等扰乱市场秩序行为，投资者教育机制更为有效，保障投资者合法权益机制进一步完善。

3. 保险业

(1) 构建保险放心消费环境。一是营造浓厚创建氛围，通过《保险@生活》、政风热线等栏目塑造保险业诚信经营的形象。二是创建安全消费环境，通过开展销售误导综合治理评价工作和构建理赔指标测评体系提升保险行业服务水平。三是构建全覆盖消费投诉体系，实现了保险消费者投诉办理社会全覆盖。四是创新惠民举措，营造便利消费环境，不断提升保险消费者服务保障。2013年，江苏保险业拥有省级放心消费创建行业组织2个，示范单位4个，先进单位10个。

(2) 大病保险试点工作稳步推进。一是建立大病保险事前、事中和事后监管体系。江苏保监局与省医改办等5部门联合制定了江苏《关于开展城乡居民大病保险工作的实施意见》，参与制定《江苏省城乡居民大病保险承办机构招标管理若干规定》。二是加强重点环节、重点领域监管。严把资质准入关，对经营大病保险资质提出9项具体要求，通过实地抽查、人员测试、查验信息系统及操作流程等程序，公示了两批18家省级分公司经营资质名单。三是大病保险覆盖面提高。2013年，江苏省大病保险在全省12个地市全面铺开(镇江除外)，基本完成省政府年初制定的每地市至少1个县区参与试点的目标，大病保险已覆盖2 794万人，实现保费收入5.12亿元。根据已进入实际运作的大病保险项目统计，全年保险公司共接到理赔报案46 548人次，已赔付40 136人次，补偿金额1.1亿元，平均补偿水平2 740元/人，为缓解人民群众因病致贫返贫的突出矛盾发挥了巨大的作用。

(3) 农业保险工作迈上新台阶。江苏保监局推动省政府办公厅下发《省政府办公厅关于贯彻落实〈农业保险条例〉的通知》，推动省农业保险领导小组办公室下发《关于完善江苏省政策性农业保险条款费率的通知》，优化条款，保额提高了11%，费率降低了10%，农险支农惠农强农力度增强。2013年，全省农险保费收入及农险基金共计31.49亿元，支付各类农险赔款12.13亿元，378.38万户次农民从中受益，主要种植作物小麦和水稻的承保覆盖面均超过90%。高效农业保险发展迅速，全省实现高效农业保险保费15.37亿元，同比增长117%。

(4) 科技保险发展迅速。2013年，江苏省科技保险发展迅速，全省13个地市都相继推动了科技保险工作。全年实现科技保险保费收入1.66亿元，为536家(次)科技企业提供了1 000多亿元的科技创新与经营风险保障，保费收入及投保企业数量增长均超过30%。苏州成为全国唯一保险与科技结合综合创新试点地区，全国首单知识产权综合责任保险在苏州承保。

(5) 重点领域责任保险工作深入推进。2013年，环境污染责任保险为全省3 854家投保企业提供了34.22亿元风险保障；食品安全责任保险为全省422家企业提供了8.55亿元的食品安全保障。医疗责任保险实现保费收入1.88亿元，承保了2 713家医疗单位，提供风险保障14.15亿元。

(六) 金融基础设施

1. 支付体系

(1) 进一步规范支付服务市场，强化日常监督管理。2013年中国人民银行南京分行进一步强化了银行机构加入支付系统的准入管理，全年受理并审核1 500余次银行机构加入大小额支付系统、支票影像交换系统、电子商业汇票系统和网上支付跨行清算系统等支付服务系统的申请。初步建立了支付机构非现场监管指标，通过支付机构各类数据、报表、自查报告及日常监测等来源采集信息，实现对其经营情况评判和对风险趋势的判断。强化对支付机构的日常监督管理。

(2) 促进助农取款服务稳步发展，提升农村地区支付服务水平。中国人民银行南京分行探索建立“农村金融综合服务站”，整合了涉及支付、发行、信贷、征信、国库、消费者权益保护等多个部门的共计14项服务性内容，更加契合农民生产生活实际需求。通过实现人民银行监督指导、商业银行日常管理、村委会和派出所重点联系加强服务点管理，同时通过统一服务形象、对站点工作人员进行系统培训进一步规范服务流程。试点“政府预借备用金+小额无担保信用贷款”模式，通过协调地方政府预借备用金、集中发放涉农补贴，指导银行合理设置服务点、开展小额无担保信用贷款的方式，有效解决助农取款服务网点备用金不足问题，提升服务点效率和业务量，缓解银行柜面压力。

(3) 鼓励创新支付方式，推广支付工具应用范围。根据中国人民银行总行部署，圆满完成全省56万余户商户的银行卡刷卡手续费标准调整实施工作，进一步发挥银行卡在扩大内需、促进流通和消费方面的积极作用。推动金融IC卡在公共服务领域应用、鼓励电话支付、手机支付、互联网支付等新兴支付方式的发展。

2. 信用环境

(1) 大力推动《征信业管理条例》(以下简称“条例”)贯彻实施。中国人民银行南京分行印发《人民银行南京分行办公室关于开展〈征信业管理条例〉专题宣传活动的通知》，通过新闻发布会、金融系统电视电话会议等形式全面启动省、市、县三级联动的《条例》专题宣传活动，开展“百姓征信知识问答”和“金融机构征信知识竞赛”活动，深入机关、社区、乡村、企业、校园，针对不同群体开展特色宣传。开展金融机构执行《条例》情况专项检查，基本实现了对省内各金融机构的全面覆盖。同时，组织开展中国人民银行个人信用报告查询情况的全面自查工作。

(2) 不断规范和培育信用评级市场。中国人民银行南京分行组织信用评级机构加强了违约率系统数据、统计月报、年度工作报告的报送，通过对报表及报告的深入分析，掌握并及时反映信用评级机构业务经营动态。强化对评级质量的评价和监测，针对经营状况出现较大波动、跟踪评级报告级别下调幅度较大的担保机构信用评级报告组织开展专家评审。组织开展省担保机构信用评级与银保合作信息监测管理系统运行情况及效果的调查研究，加强数据核对，有效提高系统数据质量。开展小贷公司信用评级试点，苏州、无锡、镇江、盐城、扬州等地共组织开展了14户小贷公司的试点评级。

(3) 深入推进农村信用体系试验区建设工作。中国人民银行南京分行在全省选择了17个积极性较高、条件较为成熟的地级市、县(市、区)深化农村信用体系试验区建设工作，进一步完善了试验区建设的组织领导与推进机制，明确了总体工作目标、各部门的工作内容与职责分工。对照总行《农村信用体系建设数据项指引》，完善江苏省农户信用档案；会同行内法律事务部门强化农户系统的授权机制，组织各市中心支行加大协调力度、推动农户系统建设。目前，全省已有69个县区开展了农户系统建设工作，共采集160万农户1 100万条信息，1 779户农村合作经济组织9 300条信息。推动涉农金融机构依据农户信用档案及评价结果，加大信贷支持力度。

3. 反洗钱

（1）大力开展预防和打击洗钱等犯罪行为工作。强化对金融机构报送重点可疑交易的研判调查工作。规范金融机构重点可疑交易报送流程，指导辖内金融机构做好对高风险客户、高风险业务和高风险环节的持续监测。进一步深化与省国安厅、省国税、南京海关缉私局等部门深化在预防打击洗钱犯罪中的合作。

（2）有序推进金融机构反洗钱风险评估。依托人民银行总行5C评估指标体系框架，研究制定了风险评估实施方法，并通过举办培训班，向中国人民银行分支行讲解反洗钱风险评估的指标体系、操作流程及注意事项，保证风险评估工作在全辖有序、规范开展。

（3）积极探索反洗钱工作信息化建设。开发反洗钱通用数据分析系统和反洗钱重点可疑交易报送系统，规范优化处理流程、加强“大数据”信息化管理，为日常反洗钱信息的分析汇总提供系统支持。指导中国人民银行分支机构开发反洗钱风险评估系统，并利用该系统完成了对法人机构评估数据的统一集中管理，达到风险监管扁平化管理的预期效果。

4. 金融生态环境建设

（1）金融生态县动态考评制度逐步完善。针对近年来县域金融生态环境的薄弱环节和突出问题，着眼于金融生态环境长效机制建设，人民银行南京分行制定了《关于进一步完善金融生态县考核　强化金融生态环境动态评估的意见》，对考核指标、考核标准、考核程序、约束机制等方面进行了完善：增加了金融基础设施、金融风险防范、直接融资、金融消费者权益保护等方面的考核内容；加大对非法金融活动、地方政府是否存在干预金融机构正常经营的行为等方面的考核；将金融市场发生的重要风险事件以及具有融资功能的非金融机构发生挤兑、重大违规经营、经济犯罪案件等也纳入考核；建立健全监督检查及时跟进机制，完善摘牌降级制度，加大问责力度。修订出台了《江苏省金融生态县创建考核办法》，作为今后一段时期全省金融生态县考核工作依据。

（2）金融生态县申报考核工作深入推进。在县级申报、市级初审的基础上，人民银行南京分行组织对各申报单位进行省级非现场审核，广泛征求15个省金融稳定协调小组成员单位和45家主要省级金融机构的意见，结合非现场审核情况抽取部分县（市、区）开展现场督查工作。对于获得“金融生态优秀县”称号满三年的7个县（市、区）同时开展“回头看”工作。组织召开全省15个厅局参加的县域金融生态环境专题评审会，新评定产生8家金融生态优秀县和3家金融生态达标县，金融生态县覆盖率达到82.9%，提前两年完成金融生态优秀县创建目标。

（3）县域金融投资者教育工作成效显著。中国人民银行南京分行联合江苏证监局、江苏保监局在多个县域地区开展了以民间借贷、防范和打击非法集资、投资理财为主要内容的县域金融投资者集中宣传教育活动，增强农民、个体工商户、私营企业投资风险意识，优化县域金融生态环境。指导中国人民银行县支行不断丰富投资者教育活动的内容和形式，提升活动的实际效果。

（总　纂：李　军
统　稿：马军伟
执　笔：卜建明、宋　磊、张　曦、杨　洋）

3. 浙江省金融稳定报告摘要

2013年，浙江省经济保持平稳发展势头，稳定性和质量效益有所提高，转型升级积极推进，基本实现年初制定的目标，为区域金融稳健运行创造了良好的环境。银行业存贷款规模增长平稳，信贷结构持续优化，法人银行机构经营状况良好，总体运行情况较为稳健。证券业呈现体系不断丰富、深度不断拓展的稳健发展态势，证券期货机构经营情况有所好转，法人证券公司创新业务发展迅速，区域多层次资本市场建设不断推进。保险市场体系日益完善，资产规模稳步增长，服务领域进一步拓宽，现代保险经济补偿和风险保障功能有效发挥。小额贷款公司、融资性担保公司、典当行等具有融资功能的非金融机构继续发挥补充作用，温州、丽水、义乌等区域金融改革稳步推进，互联网金融创新兴起，金融基础设施持续完善。总体来看，2013 年浙江省金融稳定状况良好，但未来面临的形势仍然不容乐观。

(一) 区域经济

2013 年，浙江省经济运行的稳定性和质量效益有所提高，呈现“稳开稳走”态势，转型升级积极推进，基本实现年初制定的各项目标。

1. 经济运行概况

(1) 经济增长稳中有升，产业结构持续优化。2013 年，浙江省实现地区生产总值 37 568.5 亿元，比上年增长 8.2%，增幅提高 0.2 个百分点；人均生产总值 68 462 元，比上年增长 7.9%，增幅提高 7.9 个百分点。第三产业占比稳步提高，三次产业结构由 2012 年的 4.8 : 50 : 45.2 变为 4.8 : 49.1 : 46.1。工业经济发展总体平稳，规模以上工业增加值 11 701 亿元，比 2012 年增长 8.5%，增幅提高 1.4 个百分点。

(2) 内需增长保持平稳，外需增速有所回升。2013 年，浙江省全社会固定资产投资 20 194 亿元，比上年增长 18.1%，增幅同比下降 3.3 个百分点。社会消费品零售总额 15 138 亿元，扣除价格因素实际增长 11.8%，增速同比上升 0.4 个百分点①。进出口增速有所回升，进出口总额 3 358 亿美元，比 2012 年增长 7.5%，增幅提高 6.6 个百分点，全年实现进出口贸易顺差 1 618 亿美元，比 2012 年扩大 249 亿美元。

(3) 物价涨幅温和上扬，进出价差有所缩小。2013 年，浙江省居民消费价格同比上涨 2.3%，涨幅比上年提高 0.1 个百分点。从价格走势看，下半年开始略有回升。工业品出厂价格和原材料购进价格同比降幅有所收窄，分别比上年下降 1.8%和 2.3%，降幅分别收窄 0.9 和 1 个百分点；出厂价格和原材料购进价格涨幅差 0.5 个百分点，比上年下降 0.1 个百分点，价差略有缩小。

(4) 创新驱动作用增强，转型升级稳中有进。2013 年，浙江省高新技术产业和装备制造业保持快速增长，分别增长 10.3%和 9.4%。专利申请量 29.4 万件，比上年增长 17.9%。转型升级各项工作扎实推进。工业投资中设备工器具购置费用 2 941 亿元，增长 17%，占工业投资的 41.8%；淘汰关停 1.8 万家企业，淘汰 1 658 家企业落后产能；实现网络零售 3 821 亿元，比上年增长 88.5%，网络零售额相当于社会消费品零售总额的 25.2%，比上年提高 10.2 个百分点。

2. 经济运行中需要关注的问题

(1) 出口增长较为乏力。当前，浙江省出口企业仍然以加工装配、来料加工等低附加值环节生产为主，受外需持续疲软、人民币汇率持续升值、要素价格上涨等综合因素影响，出口增速回升力度不足，尤其是 9 月份以后义乌国际贸易综合改革基数效应消失，累计出口增长率由 1—8 月的 12.5%降至全年的 10.8%。

(2) 部分企业生产经营困难。一是部分周期性行业和船舶、光伏等产能过剩的新兴行业大面积亏损的风险依然存在。二是部分小微企业经营依旧困难。小微企业制造业 PMI 指数仅为 46.9%，仅 3、4 月份 PMI 在 50%的荣枯线以上。

(3) 地方财政收支平衡压力加大。2013 年，全省公共财政预算收支缺口达 934 亿元，公共财政预算收入增速低于支出 3.4 个百分点。当前，土地出让收入不稳定，房地产、制造业和金融业税收增长趋缓，民生相关重点支出不断增大，地方财政收支平衡压力加大。

(二) 银行业

2013 年，浙江银行业正确处理保增长与防风险的关系，存贷款增长平稳，信贷结构持续优化，法人银行机构经营状况良好，总体运行情况较为稳健，为浙江经济企稳回升提供了坚实金融保障。

1. 银行业稳健性评估

(1) 存款增速有所回升，稳定性仍显不足。年末，浙江省银行业金融机构本外币存款余额 73 732.4 亿元，比上年增长 10.58%，增速上升 1 个百分点。全年新增存款 7 051.5 亿元，同比多增 1 261.9 亿元。存款季末冲高现象有所减弱，但月度间波动仍较明显。1 月、3 月和 9 月存款增量为全年新增存款的 90%。

(2) 贷款继续平稳增长，小微贷款增加较多。年末，浙江省银行业金融机构本外币各项贷款余额 65 338.8 亿元，比上年增长 9.8%，增幅回落 2 个百

① 如果包括未纳入现行统计制度的无证个人网店零售额测算数据，则社会消费品零售总额同口径增长速度可达 13.7%。

分点。全年新增贷款 5 704.9 亿元，同比少增 561.7 亿元。全年小微企业贷款比年初新增 1 717 亿元，同比多增 238 亿元，增量占全部企业贷款增量的 54.0%。

(3) 利润水平出现下滑，中间业务收入占比提升。2013 年，浙江省银行业金融机构实现利润 1 144.06 亿元，比上年减少 49.02 亿元，降幅为 4.11%，已经连续两年出现下降。利润出现下降主要是由于不良贷款余额的攀升及处置力度的加大，各银行大幅计提了拨备。中间业务收入率 14.74%，比年初上升 1.88 个百分点。

(4) 不良贷款持续反弹，资产质量下行压力较大。年末，浙江省银行业金融机构不良贷款余额为 1 199.74 亿元，比年初增加 248.43 亿元，不良率为 1.84%，比年初提高 0.24 个百分点。年末浙江省银行业金融机构关注类贷款余额 2 084.93 亿元，关注类贷款比例达 3.17%，虽比年初有所下降，但仍处于较高水平。

(5) 中小法人银行机构经营状况较为稳健。年末，浙江省法人银行机构①存款余额 25 026.39 亿元，增长 17.85%；各类贷款余额 17 577.19 亿元，增长 16%；实现本年利润 409.97 亿元，增长 11.97%；不良贷款率 1.29%，低于全省平均水平。加权核心资本充足率和资本充足率分别为 11.81%和 13.47%，拨备覆盖率达 279.40%，抗风险能力较强。

2. 银行业运行中需要关注的主要问题

(1) 信用风险防控压力不减。一是企业经营仍显困难。浙江省经济平稳复苏，各项宏观经济指标趋好，但微观主体经营仍显困难。二是担保链风险仍在延续。尽管未出现短期内集中出险的大型担保链风险，但担保风险影响区域更广，更为普遍。三是不良贷款处置面临种种困难，企业恶意逃废债现象有所抬头。

(2) 法人机构存在流动性风险隐患。从日常监测指标看，法人银行机构的流动性指标均符合监管要求，流动性水平总体稳定，没有出现大的流动性风险事件。但部分法人机构为追求高收益，资产期限错配严重、杠杆率偏高，对外部融资的依赖程度较高，再加上自身流动性管理水平不足，存在流动性风险隐患。

(3) 盈利能力出现下滑。浙江省银行业净利润出现连续下滑态势。虽然银行大幅计提了拨备是主要原因，但其他趋势性的因素也不容忽视：一是经济增速放缓；二是利率市场化收窄净息差；三是金融脱媒挤压盈利空间。预计未来浙江省银行业将进入利润低速增长期。

(4) 案件风险应引起警惕。银行机构及基层行从业人员在展业过程中存在违规甚至违法行为。部分银行工作人员为追求自身利益，利用职务之便和信息不对称，违法发放贷款甚至非法吸收公共存款，造成了不良影响。

(三) 证券业

2013 年，浙江省证券行业表现相对良好，证券期货机构经营情况有所好转，法人证券公司创新业务发展迅速，上市公司融资持续下降，区域多层次资本市场建设不断推进。

1. 证券业稳健性评估

(1) 证券期货机构经营形势有所好转。2013 年，浙江省证券经营机构累计代理交易额 13.54 万亿元，比上年增长 52.65%；实现利润总额 35.08 亿元，比上年增长 114.82%。期货经营机构代理交易额 60.07 万亿元，比上年增长 53.16%；实现利润总额 8.29 亿元，比上年增长 3.88%。

(2) 法人证券公司经营状况良好。三家法人证券公司资产规模不断扩大，积极参与业务和产品创新，资产管理、融资融券、约定式购回等新型业务快速发展，净利润增长 242.94%，且经纪业务手续费收入占比逐年下降。净资本/净资产、净资本/负债等均高于监管标准。

(3) 上市公司融资持续下降。2013 年，浙江省境内上市公司累计融资 244.6 亿元，比上年下降 27.67%，占全省社会融资规模比例为 2.93%。全年无新增首发上市公司。增发融资 173.7 亿元，比上年增长 77.01%；公司债融资 54.2 亿元，比上年下降 44.58%。

(4) 区域股权交易市场迅速发展。浙江股权交易中心发展迅速，年末挂牌企业 737 家，其中成长板企业 150 家，创新板企业 587 家。私募债备案企业 32 家，备案金额 35.6 亿元，完成发行 17 单，发行金额 16.4 亿元。实现股权融资 32.6 亿元，股权质押融

---

① 包括浙商银行、城市商业银行、农村商业银行、农村合作银行、农村信用社、村镇银行、农村资金互助社、贷款公司和外资法人银行。

资 15.8 亿元。

2. 证券业运行中需要关注的问题

（1）部分跨行业“通道”业务隐含风险。一是定向资管业务为其他机构提供监管套利。二是相当一部分资金投向限制性行业。三是业务交叉放大整体杠杆率。四是同业补充协议潜藏法律风险。

（2）上市公司类金融业务有待规范。上市公司委托理财与委托贷款、信托投资等类金融业务得到快速发展，加剧了资金市场的资源错配，影响了上市公司主营业务发展，部分业务已经有违约事件出现。

（3）证券公司创新业务层次仍需提升。浙江省三家证券公司大部分创新业务和产品还停留在对银行理财和信托计划的模仿阶段，自主创新能力不高。期货公司业务同质化程度较高，收入结构单一，交易所的保证金结息成为收入的主要来源。

（四）保险业

2013 年，浙江省保险业积极推进改革创新，市场体系日益完善，资产规模稳步增长，服务领域进一步拓宽，保险深度达到 3.0%，保险密度达 2 025.4 元/人，现代保险经济补偿和风险保障功能有效发挥。

1. 保险业稳健性评估

（1）行业格局日益完善，资产规模稳步增长。2013 年末，浙江省共有保险市场主体 76 家，各类保险机构 3 602 家，保险专业中介机构 154 家，兼业代理机构 11 160 家，保险业总分机构、中介机构、行业社团共同繁荣的市场格局日益完善。全省保险公司资产总额 2 274.3 亿元，增长 13.82%。

（2）业务规模平稳增长，保险补偿功能有效发挥。2013 年，浙江省保险业共实现原保险保费收入 1 109.9 亿元，排名全国第 4 位，保费收入增长 12.7%，高于全国平均水平 1.5 个百分点。保险业赔付支出 451.0 亿元，增长 31.6%，与全国平均水平基本持平。

（3）保险覆盖面继续扩大，服务领域稳步拓宽。政策性农业保险健康发展，2013 年共为 349.7 万户农户提供了 381 亿元的风险保障，参保率达到 83.4%，保费收入 6.5 亿元，增长 62.5%。出口信用保险保障作用显著，共保障出口额 404.0 亿美元，增长 14.7%；大病保险顺利推进，承保人口达 1 369.6 万。

（4）行业效益继续下降，人身险公司结构优化明显。财险公司赔付支出增幅比上年提高 5.6 个百分点，导致全行业亏损 25.0 亿元。人身险公司受退保风险高企影响行业亏损持续扩大，全年共亏损 78.0 亿元，比上年增加 23.4 亿元。人身险公司结构调整进展显著，分红险一险独大的局面有效改善，保费收入占比大幅下降 13.0 个百分点。

（5）法人机构偿付能力分化，投资收益情况良好。三家法人保险机构偿付能力情况有所分化。信泰人寿通过补充资本①偿付能力充足率为 181.0%，新开业的中韩人寿偿付能力充足率达到 12 129.9%。浙商财险偿付能力有所下降，偿付能力充足率 159.93%，已接近 II 类公司监管标准。法人公司投资收益情况总体良好，投资收益率均高于 3%。

2. 保险业运行中需要关注的问题

（1）人身险公司退保率持续高企。人身险公司 2013 年退保率达到 4.7%，比上年上升 0.5 个百分点，高于全国平均水平 0.9 个百分点，已接近 5%的警戒线。

（2）财险公司经营难度加大。财产险全行业陷入亏损，同业竞争压力增加，经营难度加大，机构非理性经营行为有所抬头，不严格执行报批报备费率、攀升手续费等行为明显增多。

（3）商业化模式难以应对巨灾风险。浙江地处东南沿海，是台风灾害多发的省份，灾情具有分布地域广、发生频率高、灾害损失重的特点。2013 年，台风“菲特”导致全省直接经济损失 275.58 亿元，财险公司赔付大幅上升，赔付支出 47.9 亿元，占全省财险赔付总额的 10.6%。

（4）农业保险覆盖面偏窄。政策性农业保险发展进程仍较缓慢，覆盖面偏窄，全省农业保险保费收入占全部财险保费收入的比重仅为 1.3%。主要原因是保险品种以水稻等普适性品种为主，投保门槛偏高且部分险种保险责任范围不适应实际需求。

（五）社会金融活动

2013 年，浙江省具有融资功能的非金融机构②业务增速有所放缓，三类机构的资产质量均有所下降，个别机构经营较为困难。

1. 小额贷款公司稳健性评估

（1）贷款总量保持增长。年末，浙江省正式注册小额贷款公司 314 家，比 2012 年末增加 37 家。

---

①　信泰人寿增资尚在走流程之中。

②　包括小额贷款公司、典当企业和融资性担保公司。

2013年,浙江省小额贷款公司累计发放贷款3 222.09亿元,比上年增长21.25%;年末贷款余额899.72亿元,比上年末增长22.85%。

(2) 贷款方式以保证担保为主。年末,浙江省小额贷款公司抵押、质押和保证等非信用贷款余额共计872.77亿元,占全部贷款余额的97%,其中,保证贷款余额762.91亿元,占全部贷款余额的84.79%。

(3) 贷款利率相对较高。根据相关调查①显示,小额贷款公司贷款利率为10%—15%的占13.2%,15%—20%的占77.4%,20%—25%的占9.4%。虽然小额贷款公司的放贷利率低于民间融资,但仍达到同期银行基准利率的3—4倍。

(4) 盈利能力缓慢回升。2013年,浙江省小额贷款公司实现营业收入133.53亿元,比上年增长21.92%;实现净利润71.98亿元,同比上年增长10.81%。从单家机构看,每家小额贷款公司全年平均实现净利润2 292.36万元,比上年幅增长3.81%。

2. 典当行稳健性评估

(1) 机构数量略有增加。截至2013年末,浙江省共有483家典当企业,比上年末增加34家。注册资本总额88.51亿元,比上年末增加12.83亿元,资金实力有所增强。

(2) 典当业务量增势微弱。年末,浙江省典当行典当余额75.24亿元,增长11.17%。全年累计发放典当贷款392.98亿元,仅增长1.02%;从季度变化来看,典当贷款量在经历了二季度大幅下降后三、四季度微弱回升的先抑后扬的态势。

(3) 盈利能力继续下降。2013年,浙江省典当行业实现利息与综合服务费收入8.23亿元,同比下降1.25%;实现税后利润19 430万元,同比下降2.77%;综合息费率2.12%,较上年同期下降0.2个百分点。

3. 融资性担保机构稳健性评估

(1) 机构实力略有增强。截至年末,浙江省共有融资性担保机构558家,比上年末减少31家。实收资本353.35亿元,与上年同期基本持平;净资产367.42亿元,比上年末增加7.55亿元。平均单家机构实收资本达6 677.08万元,比上年末提高了5.5%。

(2) 业务规模继续下降。2013年,浙江省融资性担保机构担保责任发生额1 089亿元,比上年下降6.03%,其中,融资性担保责任发生额935.06亿元,同比下降11.05%。担保准备金26.83亿元,比上年末增加1.07亿元。

(3) 业务收入有所上升。2013年,浙江省融资性担保机构共实现担保业务收入16.55亿元,比上年增加0.66亿元,增长4.15%,其中融资性担保费收入14.09亿元,比上年增加1.65亿元。全省融资性担保机构实现净利润1.73亿元,增长32.06%。

4. 值得关注的问题

(1) 信用风险持续上升。部分小额贷款公司不良率较高,而且机构资产质量真实性较差,小额贷款公司资产质量下行压力较大。典当行业逾期贷款占全部典当贷款余额的比例比上年上升1.53个百分点,呈持续上升态势。融资性担保公司担保代偿风险加大,末担保代偿率为2.68%,上升了1.52个百分点。

(2) 内部管理相对薄弱。三类机构人员总体素质不高,资金实力不强,运营管理运作尚不规范,除了少数机构建立了较为精细的内部管理外,多数机构治理结构与风险控制机制不够健全,风险管控手段参差不齐,有效抵御和疏散风险的能力明显不强。

(3) 行业发展参差不齐。三类机构发展不平衡,机构之间经营业绩和管理水平差距悬殊。部分机构竞争力较弱,不能适应行业规则约束与严峻的外部形势,机构经营较为困难,出现亏损甚至关停、倒闭现象。

(六) 金融改革与创新

1. 温州金融综合改革

(1) 推动民间融资阳光化和规范化。《温州市民间融资管理条例》已经浙江省人大常委会审议通过,将于2014年3月1日正式实施。7家民间借贷服务中心开业,设立11个备案登记服务网点,已累计登记借入借出需求总额75亿元,成交总额25亿元,场内借贷成功率38%。编制“温州指数”,并扩展到全国31个地市。

(2) 健全地方金融组织体系。村镇银行实现县域“全覆盖”,分支机构达22家。23家农村资金互助会开业,共向会员投放互助金约2.5亿元。小额贷款公司开业44家,累计放贷447.3亿元。民资入

① 数据来源于中国人民银行杭州中心支行调统处在全省范围内选择53家小额贷款公司开展的专题调查结果。

股金融机构133亿元,成立一批商业保理公司、中小企业票据服务公司、小微企业再担保中心和应急转贷管委会。

(3) 拓展应用资本市场工具。2013年直接融资金额达到153亿元,比上年增长59.4%,是新增贷款的71.01%。组建11家具有地方特色的民间资本管理公司,累计组织资金20.8亿元支持618个项目发展,参与化解银行机构不良贷款8.2亿元。保障房项目定向债务融资首期拟发行36亿元已经注册。区域资本市场挂牌28家。

(4) 深化金融产品和服务。创新80多种金融产品服务小微企业,新增支持小微企业5.6万户,新增小微贷款288亿元,新增金融服务网点85个。发展出口信用保险、国内贸易信用险、小额贷款保证保险等业务,利用保险工具深化对小微企业的金融服务。深化信用体系建设,成立首家资信评估机构和征信服务公司。

(5) 健全地方金融管理机制。地方金融管理局和金融仲裁院、金融犯罪侦查支队和金融法庭等机构工作有序开展。建设金融业综合统计信息平台及温州金融监测报数平台,建立非法金融大案要案挂牌督办工作制度,完善金融突发公共事件应急预案,立案的非法集资案件、涉案金额和涉及人数分别比上年都有大幅度下降。

2. 丽水农村金融改革

(1) 促进金融支农工程拓展深化。一是引导金融机构进一步加大涉农贷款投放力度,年末涉农贷款余额657.45亿元,增速连续五年居全省第一。累计发放林权抵押贷款10.76万笔、89.69亿元。二是推进农户、社区居民和中小企业"三位一体"的社会信用体系建设,探索开展"城乡一体化"的信用体系建设。三是实现银行卡助农取款服务终端联网通用,推进涉农补贴资金发放"一卡通"。

(2) 丰富涉农金融产品。开办小额农贷业务,为5.8万信用农户、累计贷款23.99亿元。探索开展农村土地流转承包经营权和农房抵押贷款,分别发放1 298万元和24.21亿元。深化茶园抵押贷款、石雕抵押贷款、农副产品仓单质押贷款、低收入农户小额贷款等金融支农特色产品,推动丽水特色养殖订单农业贷款项目试点。

(3) 完善组织体系建设。完善农村支付服务体系。扩大农村地区POS机、ATM等机具的布放范围,引导支付机构参与农村地区银行卡受理市场建设。推进网上支付业务在农村地区的广泛应用,网银用户数和全年交易量同比分别增长95%、46%。推进政府财政出资、行业协会组建、商业性运作、村级担保基金等四个层次的农村担保体系建设。

3. 义乌金融专项改革

(1) 推进"市场采购"贸易方式。根据"市场采购"新型贸易方式的特点,以"简洁易行、便于操作"为宗旨,研究拟定《浙江省个人贸易外汇管理办法(试行)》。围绕"市场采购"贸易方式,探索建立有义乌特色的"市场采购"贸易信用体系建设长效机制。

(2) 加大贸易融资支持力度。引导金融机构探索与"市场采购"新型贸易方式相配套的供应链金融、贸易融资等创新产品。截至年末,义乌市贸易融资余额59.26亿元。出台《义乌市金融支持电子商务发展指导意见》,缓解电商企业融资难的问题。

(3) 推进个人跨境人民币业务试点。个人跨境贸易人民币结算试点申请获批,是全国唯一的试点城市。制定《浙江省个人跨境贸易人民币结算试点管理暂行办法》及实施细则,累计开展个人跨境人民币结算12 388笔,结算金额85.81亿元。

4. 互联网金融创新

(1) 浙江省互联网金融发展现状。一是阿里巴巴一枝独秀。2013年6月13日,支付宝公司与天弘基金管理有限公司合作,推出了"余额宝"业务。截至2014年2月末,"余额宝"规模已突破5 000亿元,约为全国储蓄存款余额的1%,其对接的天弘增利宝货币基金占全国货币市场基金的40%左右。二是P2P网络借贷较为活跃。从"网贷之家"的统计来看,已在"网贷之家"注册的浙江P2P平台为39家,高于北京(28家)和上海(23家)。三是银行互联网业务尚处于起步阶段。大型银行在浙江的分支机构率先发力,工商银行和工银瑞信合作推出类余额宝项目"天天益",首先在浙江地区试点。杭州银行推出"综合金融移动平台",在城商行中率先开展金融互联网战略。

(2) 存在的问题。一是"余额宝"可持续性发展存疑。"余额宝"对接的货币市场基金90%投资于银行协议存款。2013年以来银行资金面较为紧张,货币市场基金议价能力较强,协议存款利率较高。随着资金面的逐步宽松以及银行机构的危机意识增强,协议存款的高利率无法持续,"余额宝"的年化收益率很可能逐步走低，可能出现大幅赎回的现象，可能出现流动性风险并波及存放备付金机构。二是P2P平台风险开始暴露。P2P平台规模较小，缺少控制信贷风险的手段，抵御风险能力差。同时，部分P2P平台已完全背离了P2P的初衷，做起了自融和非法投资的活动，影响了行业声誉。据不完全统计，2013年下半年以来，浙江省至少有17家P2P平台倒闭，不少涉及自融性问题①。

（七）金融基础设施

1. 支付体系稳健性评估

2013年，支付清算系统业务管理持续加强，全年办理清算业务量和金额分别增长31.31%和30.92%，未发生一起重大支付清算系统安全事故。农村支付服务环境大幅改善，网银用户达2 917万，网上支付交易笔数和金额分别增长48.0%和73.3%；手机支付交易笔数和金额分别是2012年的4.9倍和5.4倍。推动银行卡助农代理转账服务的应用，解决偏远地区农民办理公用事业费缴纳难、转账难等问题。银行机构支付业务规范性不断提升，完成1.37亿户存量个人人民币银行账户身份信息核实工作和银行卡刷卡手续费标准调整实施工作。建立协作监管、窗口指导和高管考试等新监管机制，探索对大型网络支付机构开展现场检查，建立浙江省支付机构管理信息系统。

2. 征信体系稳健性评估

2013年，征信系统覆盖的经济主体规模进一步扩大，已为3 490万自然人和62.7万户企业建立了信用档案。征信系统数据来源日益丰富，已涵盖全省所有银行业金融机构，部分小微金融组织、地方政府部门、公用事业单位等。征信系统社会效应日益显现，开通系统查询用户3.8万个，金融机构月均查询量375.75万次，成为金融机构防范信贷风险的重要工具。征信市场稳健发展，累计完成80家小贷公司和301家担保机构的信用评级；推动企业信用评级，完成1 233家小微企业，8 832家借款企业的信用评级。将台州、义乌等地作为第二批中小企业信用体系试验区，探索符合地方实际的中小企业信用体系建设模式。借助温州、丽水、义乌等地改革契机，将中小企业信用体系建设工作纳入改革试点范畴。

3. 反洗钱体系稳健性评估

2013年，全省反洗钱工作持续推进。省内各级中国人民银行支行在现场检查中贯彻风险为本理念，不断创新检查方式方法，提升现场检查效果。优化监管资源配置，开展反洗钱风险评估；突出全面覆盖，不断增强法人监管有效性。利用通报情况、集中研判、举办案例分析会，多形式、多渠道提升可疑交易价值，建立风险为本的可疑交易报告管理模式。开展洗钱类型分析工作，对辖内洗钱、上游犯罪案件和可疑交易报告进行汇总统计、综合分析。深化成果转化，全年向公安机关移送案件线索66起，成功推动两起洗钱定罪案件。通过主办或组织各类宣传活动、制作专题系列节目、开展反洗钱知识有奖竞答等形式，扩大反洗钱工作的社会影响力。

（八）金融稳定总体评估

2013年，浙江省经济增长缓慢回升，金融业总量合理增长，金融改革与创新不断推进，金融结构相对合理，社会金融活动补充功能有效发挥，金融基础设施较为完善，整体金融稳定状况良好。中国人民银行杭州中心支行运用区域金融稳定定量评估模型对浙江省2013年区域金融稳定状况进行定量评估，结果显示，总分较2012年增加1.51分，区域金融稳定状况总体较好。从分项指标看，宏观经济得分较2011年增加1.51分；金融机构部分指标有所下降，但仍好于最低监管标准，因此得分继续保持满分，金融总体运行质量和效益保持平稳；金融生态环境得分与2012年持平，金融活动发展基础仍然稳固。

（总　纂：陆志红
统　稿：胡卫华　潘晓斌
执　笔：（以姓氏笔画为序）
王　勇　吴　云　芦华征　邵荣平
陈一烯　周　望　胡虎肇　翁　磊
潘佳峰　潘晓斌）

4. 安徽省金融稳定报告摘要

2013年，面对错综复杂的国内外经济环境，安徽省坚持稳中求进的工作总基调，统筹稳增长、调结构、促改革、惠民生，保持了经济持续健康较快发展

① 数据来源于《P2P网贷平台爆发提现危机　浙江倒闭17家》，《都市快报》。

的良好势头。银行业总体运行平稳,银行业金融机构资产负债规模持续扩大,利润持续增加,不良贷款实现"双降",抵御风险能力进一步提升;证券期货新设网点机构步伐加快,创新业务较快发展,市场交易活跃度有所提升,盈利能力显著提高;保险业整体保持良好发展态势,服务领域继续拓宽,保障功能和服务作用进一步发挥。但经济金融运行中的机遇与挑战并存,新老问题交错叠加,可能使潜在风险有所暴露,防范区域性金融风险面临新的压力。

(一) 经济运行与金融稳定

2013年,安徽省抓住国家扩大内需和促进中部崛起战略机遇,努力克服各种不利因素的影响,稳步推进结构调整,实现了经济持续健康较快发展,经济增速高于全国、位于中部地区前列。初步核算,全年生产总值(GDP)19 038.9亿元,按可比价格计算,比上年增长10.4%,增速高于全国2.7个百分点,连续10年保持两位数增长。其中,第一、二、三产业增加值分别增长3.5%、12.4%和9.5%。

1. 经济发展特征分析

(1) 经济增速波动较小,长期发展趋势稳健。全年四个季度生产总值累计分别增长11.2%、10.9%、10.7%和10.4%,季度间波动幅度在0.3个百分点以内,经济保持平稳较快增长的基本趋势。人均生产总值由2007年过1万元、2010年过2万元、2013年过3万元,相当于全国比例由2007年59.7%提高到2013年75.6%。

(2) 发展方式加快转变,结构调整成效明显。第一、二、三次产业比例由上年的12.7∶54.6∶32.7调整为12.3∶54.6∶33.1。工业对经济增长贡献率为60.8%,比上年提高2.6个百分点,拉动经济增长6.3个百分点;服务业增加值占GDP比重由上年的32.7%提高到33.1%,对经济增长贡献率由上年的29.9%提高到30%,拉动经济增长3.2个百分点。其中,交通运输业增加值增幅回落,房地产、金融业增速加快。

(3) 三大需求平稳增长,结构有所改善。一是消费稳中有升,消费结构优化。全年社会消费品零售总额增长14%,增幅位列全国第3位、中部第1位。零售额增速呈逐季加快之势,农村消费市场增长高于城镇,吃、穿、用类商品消费稳步增长,耐用品消费增长加快。二是投资较快增长,投资结构改善。全年固定资产投资增长21.2%,增幅比全国高1.6个百分点。固定资产投资季度间波动幅度较小,各地区增长较为均衡,一、三产业固定资产投资得到加强,六大高耗能行业投资增幅持续回落,民间投资较快增长。三是对外贸易触底回升,利用外资较快增长。全年进出口总额增长16.2%,进出口、进口增幅分别高全国8.6个和31.3个百分点,出口增幅则低2.3个百分点;进出口总额、出口额、进口额居中部地区第2位,进出口、进口增幅居首位,出口增幅居末位。出口波动U形增长,进口加快增长,加工贸易增长较快,机电设备进出口大幅增长。实际利用外商直接投资额增长23.7%,增幅高于全国18.4个百分点,总量居中部地区第二、增幅居首位。

2. 经济运行中应予以关注的问题

(1) 外部经济复苏缓慢,外部贸易环境较为复杂。全球工业生产和贸易疲弱,世界经济复苏缓慢,国际贸易保护加剧。人民币国际化进程加快、美联储量化宽松政策的调整等因素导致国际金融市场波动,外向型企业面临着复杂的汇率变动环境。国内经济企稳的基础还不稳固,经济发达地区向内地的产业转移和资金流动趋缓,利用外部资金发展后劲仍显不足。

(2) 内需增长动力有待提升,经济增长转型压力大。近年来,全省投资增速发展快,对经济增长贡献度和拉动力高,但后续投资稳定增长的压力较大。全年固定资产投资增幅比上年回落3个百分点、比全国多降2个百分点。从投资意愿看,新开工项目规模偏小、资金约束大、增长放慢。从产品市场需求环境看,产品市场需求低迷,设备利用能力不足。同时,消费短期难以出现明显提振,市场消费需求回升缓慢。社会消费品零售总额增幅比上年回落2个百分点、比全国多降0.8个百分点。从消费意愿看,居民收入增长有所放缓,物价持续上涨,居民储蓄理财持续增长,抑制居民即期消费的影响因素较多。全年全省城镇居民人均可支配收入和农村居民人均纯收入分别比上年回落3.1个和1.8个百分点。全省人均GDP不高,在一定程度上制约社会消费增长,2013年全省人均GDP仅为全国的75.6%。从消费市场环境看,市场需求回升缓慢,市场建设有待完善。农村市场规模小、基础弱、消费环境相对滞后等状况没有根本改变,网络购物对传统零售业冲击越来越明显,部分购买力外流对消费品市场产生一定影响。

(3) 节能降耗压力较大,部分行业产能过剩矛盾依然存在。全年规模以上工业综合能耗比上年增长5.7%,增幅比上年提高0.6个百分点,规模以上工业能耗增幅“先抑后扬”,单位工业增加值能耗降幅收窄,新上高耗能项目、老企业产能扩张对节能影响较大。随着工业化进程的稳步推进,工业能源消费将保持较快增长,节能降耗压力较大。钢材、水泥、平板玻璃、房间空气调节器、彩色电视机等的产能利用率相对较低,煤炭、有色、化工、纺织等传统优势产业也面临产能过剩压力。

(4) 劳动适龄人口比重下降,劳动力市场结构性矛盾凸显。根据2013年人口抽样调查数据测算,全省人口年龄中位数达40.12岁,年龄中位数的连续增加和老年人口比重的持续提高,人口老龄化程度不断加深。典型调查显示,全省企业用工人数平稳增长,企业用工形势总体向好,但招工难问题仍不同程度存在,企业员工流失率居高不下,企业普通技工缺口较大,用工成本增加。

(二) 银行业与金融稳定

1. 银行业发展基本情况

至年末,安徽省银行业机构资产3.51万亿元,比年初增长17.93%,增幅同比下降3.66个百分点。其中,银行业法人机构资产比年初增长20.67%,占全省银行业资产总额的29.95%。

(1) 存款稳定增长,存款季节性、期限性、机构性和区域性特征显著。至年末,全省银行业机构本外币合计各项存款余额2.69万亿元,同比增长16.1%,增幅比上年同期下降2个百分点。前三季度存款季末冲高、季初回落特征依然存在。财政性存款同比增速提升,单位存款和个人存款新增较多。新增存款主要集中于国有大型商业银行和农村合作金融机构,部分股份制银行存款增长乏力。定期类存款占比持续提升,皖北地区存款增长相对较快。

(2) 各项贷款较快增长,投放结构趋于合理。至年末,全省银行业机构本外币合计各项贷款余额1.97万亿元,同比增长17.2%,增幅较去年同期下降1.5个百分点。各季度信贷投放节奏较为均衡,各月贷款余额增速趋势总体平稳。中长期贷款波动较大,短期贷款快速增长,票据融资同比少增。单位贷款占比高,个人消费贷款增长较快。重点风险关注领域贷款投放放缓,薄弱领域信贷稳步增长。地方法人机构贷款增量占比较高,非银机构贷款增长较快。

(3) 利润持续增加,收入结构趋于优化。全年全省银行业机构实现利润总额441.94亿元,同比增长16.27%。中间业务收入增长29.09%,净利息收入增幅同比下降6.48个百分点,营业费用增幅同比回落5.43个百分点,成本收入比同比下降0.37个百分点。

2. 银行业发展中应予以关注的问题

(1) 不良贷款防控压力加大。至年末,银行业机构不良贷款余额比年初减少24.21亿元,不良贷款率比年初下降0.43个百分点。一是信贷资产质量波动幅度大,部分机构关注类贷款和逾期贷款增长偏快,不良贷款实际压降难度高。全年有8个月不良贷款持续环比增加,9月份和12月份受贷款重组分类上调和农金机构改制影响,不良贷款下降幅度大。部分机构信贷资产质量向下迁徙,政策性银行和股份制商业银行关注类贷款增幅较大,国有大型商业银行和股份制商业银行逾期贷款增加较快。信贷资产质量向下迁徙主要受小微企业和承接东部地区产业转移企业的资金链紧张,以及钢贸、造船等产能过剩行业在短期内仍无法摆脱经营困境的影响。二是重点行业和重点领域信贷风险仍需关注。地方政府融资平台贷款余额持续增加,年末融资平台贷款余额比年初增加134.71亿元;房地产贷款快速增长,部分银行开发贷款增长偏快;制造业、批发零售业、建筑业、信用卡、住宿餐饮业以及住房按揭不良贷款增加,钢贸、光伏和船舶行业等产能过剩行业不良贷款防控压力大。

(2) 利润增速趋缓,机构间盈利分化,资产增值水平下滑。全年银行业机构利润增幅较上年同期下降3.41个百分点。利率市场化不断推进和市场流动性成本上升使得净利息收益率收窄,净利息收入占比高但增幅回落,是利润增速减缓的主要原因。全省银行业金融机构资产利润率1.60%,比年初下降0.03个百分点,其中法人银行业金融机构资产利润率和资本利润率下降明显。一些影子银行业务不合理高企收益率和互联网金融产品加剧了市场竞争,股份制银行网点相对较少,邮储银行资金运用范围较窄,制约了该类机构利润增长,亟需盈利模式转型。

(3) 表外业务和同业业务快速发展，跨市场、跨机构的交叉性金融风险有所显现。一是表外业务快速增长，风险管理亟待规范。至年末，全省银行业机构表外业务余额增长26.88%，增速较上年同期提高13.14个百分点。其中，委托类业务余额增量最大，承兑汇票新增较多，信用风险仍在银行的销售与购买协议、金融衍生品和跟单信用证业务的余额增速快。二是同业业务较快增长，机构间风险敞口增多。至年末，银行业金融机构同业资产(主要指存放同业、拆放同业和买入返售，不含同业间投资)余额增长16.64%，其中，存放同业多增，拆放同业和买入返售下降。部分机构同业负债依存度偏高，同业负债增长较快。三是对信托受益权、定向资产管理计划和他行理财产品等其他类投资余额迅速增长。全省其他类投资余额增长27.99%，股份制银行增长较快。

(三) 证券业与金融稳定

1. 证券业发展基本情况

至年末，安徽省共有2家法人证券公司、7家证券分公司、202家证券营业部，证券从业人数4 336人；共有3家法人期货公司、39家期货公司营业部，期货从业人员数838人。

(1) 证券市场交易量大幅增长，期货市场交易量增速趋缓。至年末，证券客户保证金余额75.38亿元，同比下滑14.7%；期货客户保证金余额33.37亿元，同比增长9.34%。全年证券机构累计交易量17 461.52亿元，同比增长59.39%；期货机构代理交易额18.49万亿元，同比增长27.15%，增速同比下降67.92个百分点。

(2) 资产规模下降，盈利水平分化。至年末，全省证券、期货经营机构总资产分别达94.63亿元和23.36亿元，分别下降7.68%和23.43%。全年省内证券营业机构实现利润总额8.2亿元，同比增长137.14%。期货经营机构实现净利润0.51亿元，同比下降23.61%。其中，期货公司实现净利润0.6亿元，同比增长6.43%。

(3) 上市公司市值规模平稳增长，区域资本市场建设不断推进。至年末，全省境内上市公司总数78家，上市公司总股本609.27亿股、总市值分别4 732.66亿元，同比分别增长16.59%和4.65%。上市后备企业储备丰富，13家企业跻身“新三板”首批挂牌行列，家数居全国第七、中西部第一。省股权托管交易中心正式运行，挂牌企业22家、托管企业127家。

2. 证券期货业发展中应予以关注的问题

(1) 证券公司风险控制状况总体较好，但抵御风险能力有所降低。从偿还能力分析，证券公司资产变现能力减弱，抵御非预期风险冲击能力微降。从资产配置和抵御预期损失能力分析，证券公司风险指标值有所下降。

(2) 期货公司抗风险能力总体改善，但发展较为缓慢。从净资本变化趋势分析，期货公司净资本均保持较快增长，风险补偿能力有所增强。从净资本对客户权益的保障程度分析，期货公司净资本与营业部家数的比值以及净资本对客户权益比率维持较高水平，但保障能力总体有所下降。从资产和负债结构分析，期货公司的净资本与净资产比例、负债与净资产比例指标值变化较为稳定。但制约发展因素较多:盈利能力不佳，多数营业部处于亏损经营状态；创新能力不足，主要盈利点仍是传统期货经纪业务；专业人才缺乏，从业人员流失较为严重；缺少财税等政策优惠措施。

(3) 证券公司创新业务风险管理亟待提升。当前证券公司创新业务层出不穷，融资融券、约定式购回、股票质押式回购、债券质押式报价回购、代销金融产品、中小企业私募债等新业务陆续推出，各种业务的风险特征各不相同，风险暴露也往往具有滞后性，证券公司的创新业务风险研究及风险管理往往滞后于创新业务的发展。证券公司从事创新业务过程中加大融资力度，财务杠杆增长较快。另类投资业务资金投向宏观政策限制行业，面临一定的信用风险。

(4) 合规性风险和信息安全风险管理压力增大。随着证券公司分支机构经营范围的拓宽、轻型营业部的试点，证券公司的经营管理模式也呈现出新的趋势，部分证券公司将管理架构调整为“中心营业部”和“次级营业部”两个层级，经营管理模式变化将增大证券公司合规管理工作压力。当前信息系统建设进入新时期，而行业应用软件集中由少数几家供应商开发，供应商的开发资源有限，产品未经严格测试仓促上线运行，信息系统建设将面临新挑战。

(四) 保险业与金融稳定

1. 保险业发展基本情况

至年末，安徽省共有保险法人机构1家，省级分支机构47家，专业保险中介机构52家。保险公司资产总额1 109.9亿元，同比增长5.13%。保险深度和保险密度分别为2.5%和801元/人。

(1) 保费服务领域继续拓宽。全年实现保费收入483.01亿元，同比增长6.48%。其中，财产险保费收入203.85亿元，同比增长20.58%；人身险业务保费收入279.17亿元，同比下降1.89%。森林保险、大病保险、环境污染责任保险试点先后启动，保险服务领域继续拓宽。

(2) 保险赔付支出增速较快。全年累计赔款与给付222.99亿元，同比增长46.08%。其中，财产险业务赔付支出115.26亿元，同比增长26%；人身险业务赔付支出107.73亿元，同比增长76.11%。

(3) 产品结构调整继续推进。财产险方面，保证险、家财险、责任险和工程险等业务得到较快发展，保费收入同比分别增长96.72%、87.75%、32.72%和28.84%，增速均高于财产险平均增速。人身险方面，产品结构不断优化，健康险业务得到较快发展，保费收入同比增长42.25%，健康险保费收入占人身险保费收入的比重较上年提高3.07个百分点。

2. 保险业发展中应予以关注的问题

(1) 保险业发展仍处调整期。寿险业面临传统险保证利率放开和营销员管理体制改革的双重压力，以银保渠道为主销售投资储蓄型产品的发展模式继续面临变革压力。全年银邮代理保费收入96.13亿元，同比下降23.15%；占寿险保费收入的比重为39.63%，同比下降8.87个百分点。产险市场竞争继续加剧，产险企业承保盈利回落。全年产险应收保费率为4.1%，同比提高0.61个百分点。

(2) 保险偿付和退保增加较快。一是受车险赔付大幅上升及人身险满期给付等因素影响，保险赔付支出大幅增长。全年财产险赔付支出增速超出保费收入增速39.6个百分点；人身险赔付支出同比增长76.11%，而同期保费收入则是下降1.89%。二是保险退保额大幅增加。全年保险退保额和退保率分别较年初分别同比增加23.6亿元和1.25个百分点。

(3) 产品结构不均衡仍较突出。财产险对车险业务依赖程度依然较高，全年车险业务占财产险保费收入比重为79.12%，较上年提高1个百分点。普通型寿险产品发展进展较慢。全年普通寿险业务保费收入占寿险保费收入的比重为12.05%；分红险保费收入同比下降9.5%，但占寿险保费收入比重仍高达86.95%；投连险比重最低，但增速高达892.17%。由于投资型业务主要依赖投资收益，受资本市场影响较大，寿险业务保障功能发挥受到制约。

(4) 外汇保费收入增幅放缓，外汇赔款支出增加较多。全年外汇财产保费收入3 069.62万美元，同比仅增长4.67%，同比下降47个百分点，增速明显放缓。外汇赔款支出2 936.48万美元，同比增长49.57%。受人民币升值影响，出口信用险外汇赔付额大幅增加。

(五) 金融市场与金融稳定

1. 货币市场作为市场参与者短期头寸调节工具的重要性增强

(1) 同业拆借市场交易明显减少，拆借交易机构、品种分布较为集中。全年全省银行间市场累计信用拆借363笔，成交金额1 089.3亿元，同比下降50.81%。参与交易机构较为集中，交易期限多集中于短期品种，呈净拆入态势。

(2) 债券回购交易略有减少，短期质押式回购交易主导地位增强。全年全省债券回购市场累计成交58 662.72亿元，同比下降3.2%。质押式回购依然占整个回购市场的主导地位，买断式回购交易大幅下降，回购交易短期化趋势加强。

(3) 票据市场利率先降后升，利差有所扩大。全年全省票据贴现加权平均利率为5.81%，同比提高18个基点；转贴现加权平均利率为5.05%，同比上升1个基点。贴现和转贴现之间利差为77个基点，较上年提升17个基点。

2. 债券交易明显减少，债务性融资小幅增长

(1) 银行间债券交易明显减少，交易机构和品种相对集中。全年全省现券买卖交易累计成交14 020.79亿元，同比下降52.69%。成交量集中于少数机构，债券资金呈净回笼态势。

(2) 债务性融资额小幅增长，融资结构改善。全年全省发行各类债务性融资工具和金融债券560.5亿元，同比增长8.71%，分别占债券融资和直接融资的76.2%和52.3%。实现了超短期融资券、小微企业专项金融债在安徽首次发行。

3. 银行间外汇市场快速增长，银行结售汇有所增长

(1) 银行间外汇市场交易快速增长，美元结算

的交易占比明显下降。全年完成即期结售汇交易77.62亿美元，同比增长109.82%。

(2) 银行结售汇有所增加，经常项目结售汇顺差增幅回落。全年结汇总额193.79亿美元，同比增长21.11%；售汇总额137.3亿美元，同比增长9.54%。结售汇顺差56.49，同比增长62.7%。

4. 商业银行黄金业务快速发展

(1) 商业银行黄金代理业务发展较快，代理个人黄金延期交易比重较高。全年商业银行代理上海黄金交易所产品业务累计成交22.91亿元。其中代理个人黄金延期7325千克，占比87.67%。

(2) 商业银行境内开展的账户金业务占比较高，黄金积存业务明显增加。全年商业银行境内其他自有黄金业务成交金额168.9亿元。其中，账户金业务成交量约占商业银行境内自有黄金业务总量的53.55%，代理品牌金和定投业务相对较少。商业银行开展了黄金质押、黄金租赁和黄金远期业务。

(六) 金融基础设施与金融稳定

1. 支付系统运行安全稳健

(1) 支付系统业务量和交易额稳步增长。一是大、小额支付系统业务大幅增长。全年54家现代化支付系统直接参与者和5 549家间接参与者通过大、小额支付系统共处理支付清算业务8 715.1万笔、金额60.01万亿元，同比增幅分别为33.36%和18.41%。二是支票影像交换系统业务量保持平稳增长。全年共处理支票业务2.1万笔，同比增长108.89%；金额6.38亿元，同比增长20.57%。三是同城票据交换系统业务量下降。全年共处理支付清算业务256.30万笔，清算资金6 632.46亿元，同比分别下降15.2%和7.3%。四是银行机构行内支付系统交易额增速有所放缓。全年共处理支付业务16 445.90万笔、金额67 819.60亿元，同比分别增加15.1%和1.4%。五是银行卡跨行交易较快增长。全年银行卡跨行信息交换系统成功处理交易27 093.79万笔，同比增长53.9%；交易金额7 266.74亿元，同比增长57.6%。

(2) 非现金支付工具平稳较快发展。全年共办理非现金支付业务136 914.99万笔，金额340 454.58亿元，分别增长25.8%和16.5%。票据业务发生笔数下降11.5%，金额增长4.4%；银行卡业务笔数和金额分别增长26.7%和20%，分别占非现金支付工具业务量的96.2%和35.5%；汇兑、委托收款等结算方式业务笔数和金额分别增长26.2%和34.2%，分别占非现金支付工具业务量的2.2%和37.1%。

(3) 支付体系发展中需关注的问题。移动通信、智能终端等新信息技术在支付领域的广泛应用，创新出各种支付产品和服务方式，使得支付体系风险变得更加复杂，呈现出高技术性、虚拟性、跨地域性等特点。非金融支付机构构成支付市场的新兴力量，但也存在以规避监管为目的和脱离经济发展需要的所谓"创新"。消费者使用银行卡、票据等非现金支付结算工具以及利用汇兑、网上支付、手机支付、电话支付等支付结算方式办理个人支付结算业务时，金融消费者保护受到挑战。

2. 征信体系的应用增多

(1) 征信系统服务应用水平增强。一是企业征信系统接入网点数继续增加，收录企业和其他组织数、有效信贷记录的企业和其他组织数、查询量均稳步增长。至年末，全省累计接入机构29家，收录企业和其他组织约18.95万户，开通查询用户4 389个，查询网点数3 082个，日均查询4 032次。二是个人征信系统收录自然人数不断增加，金融机构用户数逐月递增，查询量不断攀升。至年末，个人征信系统安徽省自然人数达3 209.68万人，同比增加78.05万人；各金融机构共开立用户17 302个，同比增加1 555个；日均查询21 586次，同比提高2 605次。三是动产融资登记公示系统应用不断增多。至年末，全省共审核通过253个常用户，同比增加47个；累计登记25 891笔，同比增长35%；累计查询42 295笔，同比增长35%。

(2) 信用体系建设取得积极成效。继续扩大农村信用体系试验区覆盖范围，组织开展"安徽省农村信用信息共享服务平台"升级活动、农户和农民专业合作社信息采集与评价、农村青年信用示范户工作全面试点工作，农村信用体系建设不断推进。至年末，全省收集中小企业信用档案48 822户，已累计录入企业信用信息基础数据库46 358户，中小企业信用体系建设取得新成效。强化银行间债券市场信用评级管理，确立了融资性担保机构信用评级框架，印发《安徽省融资性担保机构信用评级工作暂行办法》，外部信用评级体系管理进一步规范。

(3) 征信体系发展中需关注的问题。小额贷款公司、村镇银行等各类小型贷款机构数量激增，推动该类机构接入征信系统具有现实需要。非银行信息异议处理机制不健全,影响了非银行信息的准确性和及时性。随着金融产品和信贷业务不断创新发展,征信系统面临着产品单一,创新性不足等问题。

3. 反洗钱工作成效显著

(1) 推进反洗钱合作机制有效运作。全年共接收可疑交易线索 111 份,协查案件 26 起,协助公安机关破获案件 74 起。加强与公安、国安等部门的合作,联合开展打击传销"皖剑-2013"行动和"打击利用境外卡为国内恐怖活动提供资金的专项行动",成效显著。

(2) 加强反洗钱非现场监测评估和现场监督检查。全年对 262 家银行、127 家证券公司、391 家保险公司、11 家六类机构,共 791 家金融机构开展非现场监管评价。综合运用非模块化检查和条线化检查等模式,全年共对 28 家银行业机构、6 家证券业机构、41 家保险业机构开展了反洗钱执法检查。强化对支付机构、财务公司等新设机构的管理。

(3) 反洗钱工作需关注问题。农村中小法人金融机构反洗钱工作较为薄弱,对反洗钱工作的重视程度、工作水平都相对较低。支付机构在可疑交易信息报送方面落实不到位,履行反洗钱义务较弱。

4. 反假币工作扎实推进

(1) 有效发挥联席会议机制作用。促进形成以政府为核心、中国人民银行为主导、公安机关为拳头、其他相关部门为主体的反假货币工作格局。与省公安厅开展重点整治联合督导,加强重点地区、重点案件、重点线索、重点部门监测。2013 年,全省假币违法犯罪活动立案 45 起、破案 39 起。

(2) 反假货币基础逐渐夯实。推进反假货币知识宣传普及活动,参加安徽省消费者权益保护协会组织的"3·15"大型广场宣传活动,将反假货币宣传有机融入省公安厅组织的"5·15 打击经济违法犯罪活动宣传日"主题活动。开展以"假币专项治理"、"假币重点整治"和"反假货币宣传进农村"为主要内容的防伪反假宣传周活动。

(3) 反假货币考核监督机制加强。坚持假币"零容忍",强化金融机构堵截防线。组织钞票清分质量和现钞设备配置专项检查,督促完成不力单位加大设备配置力度或升级力度。组织反假货币上岗资格电子化考试,启动假币实物技能测试。

5. 金融消费权益保护工作加强

2013 年,中国人民银行合肥市中心支行加强了金融消费者权益保护工作,加强和完善投诉受理、处理的组织体系建设和制度机制建设,妥善处理金融消费者投诉,有力地维护了金融消费者权益和金融稳定。

(1) 建立管理框架。2013 年 4 月份,中国人民银行合肥市中心支行成立金融消费权益保护处。至年末,全省中国人民银行系统 74 家分支机构成立了金融消费者权益保护工作领导小组,建立市、县级维权中心 47 个,分中心、工作站 166 个。全年全省中国人民银行系统共受理投诉 463 件、受理咨询 2 748 件,投诉办结率98.49%,投诉人满意度 100%。

(2) 搭建合作处理机制。探索金融消费争议处理机制,推进农村金融维权网络机制建设,构建合作机制,加强与证券、保险、银行监管部门等合作,与省消费者协会共同发布了消费维权报告。

(七) 总体评估与政策建议

1. 总体评估

2013 年,安徽省经济持续健康发展,金融体系整体保持稳健,但存在着一些不确定、不稳定因素。

(1) 宏观经济方面。外部经济复苏缓慢,对外贸易环境较为复杂;内需增长动力有待提升,经济增长转型压力大;财政收入增收制约因素较多,地方政府负有偿还责任的债务增长较快;非金融企业生产要素成本上升,企业资金周转较为紧张;住户部门内部收入分配不均衡,债务负担水平持续增加。

(2) 金融业方面。银行业信用风险防控压力趋增,利润增速放缓,表外业务和同业业务快速发展,跨市场、跨机构的交叉性金融风险有所显现,法人机构风险管理能力有待加强。证券期货业机构经营模式转型较慢,期货公司增量不增收,创新业务风险管理能力有待提升,信息化建设与信息安全保障工作面临挑战。保险业保险偿付和退保增加,亟待继续推进保险业发展方式转变和结构调整,建立健全监管协调、应急处置和金融消费权益保护机制。

2. 相关政策建议

(1) 加快经济发展方式转变,为金融业稳健运行创造良好环境。加快产业结构优化升级,促进信息化与工业化融合,推动企业加快技术改造,增强传统产业竞争力。大力实施创新驱动发展战略,发挥科技创新对产业升级的核心作用。激发民间投资潜力，促进民营经济发展。加强地方政府性债务管理，有效防控政府性债务风险。

(2) 推动金融机构持续深化改革，强化风险管控能力。巩固和深化金融改革成果，推进现代金融企业制度建设，健全金融机构公司治理结构，完善业务流程和内控体系，强化资本配置效率，提高金融体系的抗风险能力。推动金融机构加快业务转型和结构调整，规范开展产品与服务创新，优化盈利模式，不断提升风险管控能力。持续推动融资性担保企业、小额贷款公司等影子银行机构健康发展。

(3) 加强金融风险监测分析，建立健全风险评估预警机制。完善各类金融风险监测、评估和预警体系，加强对跨区域、跨行业、跨市场、跨机构金融风险的监测分析。加大风险排查力度，及时掌握重点地区、重点机构、重点领域的潜在风险点和风险因素。建立健全金融监管合作机制，完善监管合作内容，加强信息共享。

（总　纂　张　燕
统　稿　吴丹果　梁　斌
执　笔　季　军　王　亮
张　媛　鲁玉祥）

三、长三角金融调查研究

1. 2013 年温州市金融综合改革试验区工作

2013 年，中国人民银行杭州市中心支行在《浙江省温州市金融综合改革试验区实施方案》的框架下，围绕《2013 年推进温州金融综合改革工作要点》(浙金改办〔2013 年〕1 号)，立足中国人民银行工作职责，全力推动温州金融综合改革工作。

一、加强组织协调，完善改革支持保障

做好沟通协调工作。撰写上报《关于 2012 年支持推动温州和丽水金融改革情况的报告》、《关于温州金改部分项目推进情况的报告》等多篇汇报材料。协助总行召开由总行行领导主持的“温州金融改革专题研讨会”、“温州经济形势与信贷情况座谈会”等重要会议，要求金融机构加大对温州金改的支持力度。

加强温州金融重大事项及重要信息的收集报送和跟踪处理，密切关注风险事件。督促金融机构和当地中国人民银行主动、及时、准确上报金融重大事项及重要信息报告，跟踪后续进展并作出积极应对，截至 2013 年末，共收到并处理温州地区金融重大事项及重要信息报告 19 期，其中上报总行 17 期。继续做好企业风险监测工作，深入分析挖掘出险原因，不断丰富监测报告内容，截至 2013 年末，共编制出险企业监测信息报告 12 期。

做好总结宣传工作。配合省政府召开温州金改媒体通报会，借助浙江省金融学会、《金融时报》、《中国金融家》、《浙江金融》等平台，加大温州改革正面宣传力度。同时通过浙江省金融学会邀请国内知名专家学者举办了 3 场区域金融改革方面的专题学术报告。

二、探索创新举措，有效推进改革项目

参与《温州市民间融资管理条例》的立法工作。先后六次提出有建设性的意见和建议并被采纳；主动邀请省法制办、省金融办参加最高人民法院和中国人民银行总行举办的民间借贷司法解释研讨会，推动立法进程。

个人境外直接投资试点准备工作就绪。修改完善《温州个人境外直接投资试点实施方案》、《温州市个人境外直接投资管理办法》和《温州市个人境外直接投资管理办法实施细则》；开展个人境外证券投资外汇管理问题研究，指导《温州市个人直接境外证券投资操作规程》的起草工作；指导建立个人境外直接投资项目库，为试点储备项目，积极争取列入个人境外直接投资第一批试点。

企业债务融资工作取得较大进展。积极推进短期融资券、中期票据、中小企业集合票据等银行间市场企业债务融资工具发行，开展“区域集优”企业直接债务融资试点。截至 2013 年末，温州市共有 7 家企业获准发行各类银行间市场债务融资工具 68.5 亿元，已发行 38.5 亿元；支持多家法人金融机构发行小型微型企业专项金融债；支持温州市 36 亿元保障房非公开定向债务融资项目上报交易商协会。

推动金融产品和服务创新。针对贷款期限错配、企业续贷难问题，积极指导和推动温州银行业机构开展贷款方式创新，截至 2013 年 8 月末，共有 20 多家银行机构推出“增信式”、“分段式”、年审制贷款、无还款续贷、循环贷款、宽期限贷款等 30 多个创新产品，余额超 110 亿元，近 7 000 户企业受益。

农村合作金融机构股份制改革稳步推进。配合指导与协调温州农村合作金融机构股份制改革，成功完成温州龙湾农村合作银行和温州鹿城农村合作银行改制工作，累计吸收民间资金 16.34 亿元。

研究完善地方金融管理体制问题。形成调研报告《关于深化地方金融管理体制改革的调查与思考》。

配合民营银行试点工作。制定民营银行风险防

范专题方案，积极向上争取将温州作为首批民营银行试点的地区。此外，中国人民银行杭州市中心支行积极发挥再贷款对区域金融改革的支持作用。温州再贷款额度为19.9亿元，居全省首位。

三、夯实基础设施，提升金融服务水平

社会信用体系建设稳步推进。积极申请和推动设立征信中心温州分中心，2013年11月27日，中国人民银行征信中心温州分中心正式挂牌成立。积极推动村镇银行、小额贷款公司、融资性担保机构接入征信系统，辖内13家小额贷款公司、2家村镇银行正式接入征信系统，为10家小贷公司开通了查询功能，并将征信查询服务拓展进入4家温州民间借贷登记服务中心。支持温州推动信用评级市场建设，截至2013年末，组织完成20家小额贷款公司的评级和703家企业信用评级工作；首次开展小微企业评分试点，组织完成1 847家小微企业评分工作。推动涉农金融机构农户信用档案建档采集和评定工作，加大农户信用信息电子化、标准化建设，截至2013年末，浙江省农户信用信息管理系统已采集21.6万户温州农户信息，采集和入库量居全省前茅。指导温州做好中小企业信用档案信息征集、更新和信息应用工作，截至2013年末，征信系统累计征集尚未与银行发生信贷关系的中小企业信息12 544户，其中4 448户企业取得了商业银行授信，4 227户实际办理贷款，贷款余额达到89.07亿元。

金融业综合统计试点取得突破性进展。自2013年1月正式启动各类金融组织试报数工作以来，温州市金融业综合统计框架已初步建立，六类报数机构总数已经达到217家，其中42家银行、40家证券公司、46家保险公司、35家小额贷款公司、40家融资性担保公司、14家典当行。2013年7月正式编辑《温州市金融业综合统计报表》，涵盖资产、负债及损益类等核心指标，构建初步的分析框架，着手建立各类数据的时间序列库。该项工作已在总行召开的全国金融业综合统计试点工作座谈会上作了两次经验汇报。

第三方支付工作有序推进。支持并推动温州之民信息服务有限公司获得了总行颁发的《支付业务许可证》，也是温州民企首次获得“第三方支付牌照”；指导温州市中支加强对第三方支付机构监管；推动成立由温州市政府牵头的第三方支付机构工作领导小组，组织实施对第三方支付机构的监督检查，维护第三方支付市场秩序。

（人行杭州市中支）

2. 2013年台州小微企业金融服务改革创新试验区工作

2013年，中国人民银行杭州市中心支行贯彻落实人民银行总行和浙江省政府的决策部署，立足中国人民银行职责，围绕“改善小微金融服务”的目标，积极主动、全力支持和大力推进台州小微企业金融服务改革创新工作。

一、推动台州创建小微企业金融服务改革创新试验区

自2012年底浙江省政府批准在台州设立浙江省小微金融改革创新试验区以来，中国人民银行杭州市中心支行不断加强对台州小微金融服务改革工作的跟踪指导，并及时向总行汇报改革相关情况，认真配合总行的专题调研活动，积极争取总行对台州开创国家小微企业金融服务改革创新试验区工作的支持。撰写的《民营资本办银行，民营银行支小微——人民银行赴浙江台州调研报告》、《关于浙江省有关方面请求人民银行支持事项的报告》等汇报材料，获得中国人民银行总行副行长潘功胜批示。同时，积极配合修订完善“浙江省小微企业金融服务改革创新试验区”总体方案和实施方案。

二、支持搭建金融服务信用信息平台

支持中国人民银行台州市中支牵头组织金融服务信用信息共享平台建设工作，通过征集金融、工商登记、纳税、住房抵押、土地抵押、用电、进出口、社保、环保、食品药品安全、质量监督等信用信息，以“一平台、四系统（基本信息系统、综合信息系统、评级与培育系统、风险预警与诊断系统等）”为主体框架，搭建全市统一的金融服务信用信息共享平台。支持成立台州市金融服务信用信息中心。该中心在2013年11月的海峡两岸小微金融发展论坛上揭牌成立。

三、助推小微企业信用保证基金的设立

指导台州市中支开展小微企业信用保证基金领

域的基础性、理论性研究工作,推动台州市政府制定信用保证基金方案和建立信保机制。台州市小微企业信用保证基金运行中心已经正式成立,首期规模为3亿元,该中心为小微企业互保融资、信用贷款提供担保,以政府主导、风险共担的形式,缓解小微企业融资互保链风险、缺乏抵押品等难题。

四、指导推进社会信用体系建设

指导台州市中支与经信委联合推进财政补贴模式的400家小微企业信用评级;结合台州市千家小微企业成长培育计划,完成对660家小微企业的信用评级。同时,支持台州积极创建全国小微企业信用体系建设试验区,截至2013年12月底,台州已采集小微企业信用档案1 980份,累计23 120份,更新1 700份。指导和帮助台州开展小额贷款公司评级试点与系统接入工作。台州已完成符合条件的18家小贷公司信用评级试点工作,同时完成符合条件的17家小贷公司征信系统接入与测试工作。指导台州中支深入推进信用户、信用村(社区)、信用乡(镇、街道)创建工作,试点地区从临海拓展到6县(市)同步、从农信系统拓展到各涉农机构共同参与。台州市评出市级信用村(社区)89家、信用乡(镇、街道)8个,其中省级信用村(社区)13家、省级信用乡(镇、街道)4个,征集农户信用档案12.8万纳入全省统一的农村信用信息管理系统。

五、引导小微企业金融产品和服务方式创新

加快小微信贷产品创新。积极引导金融机构加大对符合小微企业特点的金融产品创新,截至2013年9月末,台州涉及小微企业创新信贷产品24类,余额1 761亿元。推动债务融资工具创新。台州三家城商行共成功发行80亿元(注册95亿元)小微企业专项金融债;截至2013年11月末,新注册各类非金融企业债务融资工具24亿元,同比增长38.17%。创新金融服务方式。大力推进网上支付和手机支付业务应用,加快小微企业资金结算速度,确定"网上支付应用示范区"22个,已有10个达到省级标准;推进6个"手机支付应用示范区"建设。此外,推进试点法人金融机构开办电子银行个人结售汇业务,浙江泰隆商业银行已开通5个测试账户。

(人行杭州市中支)

3. 2013年丽水市农村金融改革试点工作

2013年,中国人民银行杭州市中心支行按照《丽水市农村金融改革试点总体方案》的要求,立足于中国人民银行的职责范围,全力支持和扎实、有序推进改革试点工作并取得阶段性成效。

一、增强组织协调,建立健全改革长效机制

一是完善组织协调机制。充分发挥"行省共建"模式作用,积极沟通协调省政府和中国人民银行总行,推动成立了丽水农村金融改革试点工作领导小组,由浙江省朱从玖副省长和人民银行潘功胜副行长共同担任组长,下设领导小组办公室和6个协调推进组,进一步完善了国家、省、市、县四级联动的改革试点工作推进机制。协助召开第一次丽水农村金融改革领导小组会议,并邀请了国土资源部、农业部有关领导参加。

二是推动改革规划编制。配合、协助中国人民银行金融研究所完成《浙江省丽水市农村金融改革试点规划(2013—2017年)》,帮助和指导丽水完善《丽水市农村金融改革试点推进行动方案(2012—2015年)》和14项具体实施办法,进一步明确丽水农村金融改革短、中、长期的发展目标和主要任务,确保各项改革任务落到实处。

三是加强改革经验总结与推广。积极协助省政府召开丽水农村金融改革试点推进会,总结和推广农村金融改革的成功经验,扩大改革的正向示范效应。向总行上报丽水农村金融改革创新案例《景宁扶贫贷款项目支持低收入农户发展》,入选总行农村金融服务研究小组编印的《中国农村金融服务创新案例》。在《中国金融》、《金融时报》、《中国金融家》、《浙商金融家》等国内报纸杂志,陆续发表了以丽水金改为题材的文章,引导社会舆论,为改革营造良好的环境。

二、加强业务指导,促进金融支农工程拓展深化

一是拓展信贷支农工程。引导金融机构进一步加大涉农贷款投放力度,截至2013年末,丽水市涉

农贷款余额657.45亿元，占全部贷款余额的一半左右，增速连续五年居全省第一。支持丽水继续深入推进林权抵押贷款，2013年，丽水市累计发放林权抵押贷款10.76万笔、89.69亿元，贷款余额36.58亿元，居浙江省首位，惠及林农20余万元，不良贷款率为0.16%。

二是深化信用惠农工程。支持丽水在全面做好农户征信数据更新的基础上，稳步推进农户、社区居民和中小企业“三位一体”的社会信用体系建设，探索开展“城乡一体化”的信用体系建设。2013年，丽水已成功创建省级信用村22个、信用乡8个，市级信用村(社区)430个、信用乡(镇、街道)23个；评定信用农户37.80万户，其中，共有23.87万信用农户累计获得240.89亿元贷款，农户贷款面同比增长34.78%。

三是提升支付便农工程。支持和指导丽水率先实现银行卡助农取款服务终端联网通用，积极推进涉农补贴资金发放“一卡通”和协调纳入全市“村邮站”建设方案。2013年，丽水已在2 114个行政村设立了助农取款服务点，累计办理小额取现72.05万笔、金额1.93亿元，惠及130余万农民。

三、加大政策支持和指导，增强改革发展动力

一是加大对“三农”信贷支持力度。综合运用差别存款准备金动态调整和支农再贷款等货币政策工具，引导丽水金融机构加大涉农信贷投放，支持丽水农村金融改革。2013年，丽水市再贷款额度达到6.5亿元，比上年增加1.5亿元，为改革前的2.2倍。丽水地方法人金融机构信贷年度新增50多亿元，进一步增强了丽水涉农金融机构支农资金实力。

二是外汇管理服务创新指导。指导和帮助丽水深化外汇管理服务创新。争取国家外汇管理局将丽水列入本外币特许经营试点城市，并在全国创新推出多用途个人外汇贷款，2013年已发放个人外汇贷款7笔、15.24万美元。推动丽水设立全省首批货币兑换公司，并创新设立了全国首个村级外币兑换点，有效填补了农村个人外币代兑业务的空白，2013年已累计办理代兑业务3 754笔、637.82万美元。

四、深化改革创新，丰富涉农金融产品

一是充分运用农村信用体系建设成果。指导丽水涉农金融机构依托农户信用信息系统全面推广“整体批发、集中授信”小额农贷业务。2013年，丽水市已有679个行政村开办了该项业务，为5.8万信用农户提供授信32.99亿元，累计贷款23.99亿元。

二是开展农地金融改革探索。积极支持丽水探索开展农村土地流转承包经营权和农房抵押贷款，指导中国人民银行丽水市中支起草《关于进一步促进农村住房抵押贷款工作的实施意见》、《农村土地流转经营权抵押贷款管理暂行办法》等文件，提请丽水市委市政府印发。2013年，丽水已发放农村土地流转经营权抵押贷款7笔、金额1 298万元，其中耕地3笔、金额550万元，林地4笔、金额748万元；累计发放农房抵押贷款1.16万笔、金额24.21亿元，贷款余额8.23亿元，位居全省第二。

三是加大金融产品集成创新力度。支持丽水不断深化茶园抵押贷款、石雕抵押贷款、农副产品仓单质押贷款、低收入农户小额贷款等金融支农特色产品，积极推动丽水特色养殖订单农业贷款、低收入农户扶贫贷款项目试点，2013年丽水市各类集成创新涉农信贷产品余额近10亿元；指导丽水创新外汇管理服务，通过“外保内贷”和“内保外贷”等形式分别为境内企业和境外企业提供融资担保1 650万美元和2 100万元人民币，有效拓宽涉外企业融资渠道。

五、完善组织体系建设，延伸农村金融服务

一是进一步丰富新型农村金融机构(组织)类型。支持丽水稳步发展村镇银行、小额贷款公司、农村资金互助社等新型农村金融机构(组织)，推动已开业的村镇银行向下延伸机构网点。2013年，丽水已设立村镇银行8家、小额贷款公司15家及农村资金互助社1家，基本实现新型农村金融机构(组织)县域全覆盖。

二是逐步完善农村支付服务体系。鼓励和支持丽水涉农金融机构扩大农村地区POS机、ATM等机具的布放范围。鼓励支付机构参与农村地区银行卡受理市场建设，扩大特约商户覆盖面。成功创建1条全国级、30条省级“刷卡无障碍示范街区”。大力推进网上支付业务在农村地区的广泛应用，有效支持农村电子商务发展。2013年，丽水农村地区网银用户数和全年交易量同比分别增长95%、46%，农村支付服务体系得到进一步完善。

三是积极推进多层次农村担保体系建设。支持

丽水全力推进政府财政出资、行业协会组建、商业性运作、村级担保基金等四个层次的农村担保体系建设。2013年,丽水已有10家农民担保公司开展业务,累计为农民担保贷款3.8亿元。此外,还依托政府金融扶贫资金,探索开展村级资金互助组织试点。2013年,丽水已建立220个村级资金互助组织,共有入会农户1.3万户,为农户提供贷款总额达到5 100万元。

(人行杭州市中支)

4. 2013年义乌金融专项改革情况

义乌金融改革是义乌市国际贸易综合改革试点的专项改革,自义乌开展国际贸易综合改革试点工作以来,中国人民银行杭州中心支行认真贯彻落实浙江省委省政府的决策部署,按照《2013年浙江省义乌市国际贸易综合改革试点重点工作安排》(浙政办函〔2013〕35号)的要求,积极推进实施相关工作。

协助金融专项改革方案获批。积极与中国人民银行总行沟通联系,推动《浙江省义乌市国际贸易综合改革试点金融专项方案》的顺利出台。

全面推进"市场采购"贸易方式。在义乌"市场采购"贸易方式获批之后,贯彻执行有关规定,并根据"市场采购"新型贸易方式的特点,以"简洁易行、便于操作"为宗旨,研究拟定《浙江省个人贸易外汇管理办法(试行)》,力争外汇管理政策既适应义乌国际贸易综合改革的具体实际,也符合当前贸易外汇管理的总体要求和未来发展方向。

助推跨境电子商务业务发展。支付宝(中国)网络技术有限公司及浙江贝付科技有限公司开展跨境电子商务外汇支付业务试点资格正式获批,上述2家试点支付机构可以集中为电子商务客户办理跨境收付汇和结售汇业务,给大量通过电商平台进行跨境交易的义乌网商提供更为便利的外汇结算服务。此外,借助国税、地税、外汇局三方合作机制,主动做好与海关、国税等相关部门的协调沟通工作,积极探索将包括义乌市场在内的电子商务服务试点企业纳入贸易外汇管理框架,进一步促进全省跨境电子商务发展。

加大贸易融资支持力度。一是积极引导金融机构探索与"市场采购"新型贸易方式相配套的供应链金融、贸易融资等创新产品,支持工商银行义乌分行根据小商品出口贸易物流特点和"市场采购"贸易改革要求,在全国首创供应链易透融资产品,为外贸企业的上游供应商提供融资。截至2013年末,义乌市贸易融资余额59.26亿元,其中累计发放"易透"融资产品1 028笔,金额达7.23亿元。二是出台《义乌市金融支持电子商务发展指导意见》,积极推动金融支持电子商务发展。支持义乌市农村商业银行、泰隆银行推出"道义担保贷款"、"牵手贷"联保贷款、"信用贷款"等创新担保产品,支持浦发银行总行在义乌举办"电商通"产品上线暨银电合作签约仪式,有效缓解电商企业融资难的问题。三是支持中国人民银行义乌市支行牵头举办2013年义乌市银电合作对接会议,积极推动银行与全国知名第三方支付机构、义乌电商园区、电商企业的合作,为电子商务发展打通结算通道、融资通道和信用通道,会议促成22家银行机构与66家网商、2家第三方支付机构、4个电商园区、4家融资性担保公司就信贷融资、支付结算等方面进行合作签约,签约金额达3.2亿元。四是积极支持义乌企业发行各类债务融资工具。2013年,共有4家企业获准发行各类银行间市场债务融资工具42亿元,已发行23亿元,同比分别增长115.4%和17.9%。同时,推动义乌市政府启动"区域集优"债务融资工作,并发行全国首单民营中小企业私募债1亿元。

稳步推进个人跨境人民币业务试点。经向总行积极争取,义乌开展个人跨境贸易人民币结算试点申请获得批准,成为全国唯一的试点城市。制定下发了《浙江省个人跨境贸易人民币结算试点管理暂行办法》及实施细则,印发近2万册宣传资料,通过当地报纸媒体刊登、银行网点宣传、商贸城设点宣传等方式,有效扩大政策知晓面,促进试点工作稳步推进,截至2013年末,累计开展个人跨境人民币结算12 388笔,结算金额85.81亿元,开办业务的金融机构16家,参与试点的个人账户达2 059户,境外客户覆盖全球75个国家和地区,切实满足了义乌国际贸易综合改革的市场需求。

进一步优化货币兑换环境。一是支持义乌中国小商品城本外币兑换有限公司设置10个网点,截至2013年末,累计结汇40 078笔,金额2 581.1万美元,购汇3 451笔,金额289.6万美元,为170多个国家或地区的客商办理了货币兑换服务。二是批准天津渤海通汇货币兑换有限公司义乌分公司开办兑换业务。

探索建设“市场采购”信用体系。围绕“市场采购”贸易方式，探索建立有义乌特色的“市场采购”贸易信用体系建设长效机制：由中国人民银行义乌市支行牵头，向商城集团、工商部门、司法系统、环保、质监等相关部门采集外贸企业、市场供应商的信用记录信息，尝试运用公安、海关、商务等涉外监管部门及电子商务平台、第三方支付平台等机构“大数据”建立境外采购商信用信息平台，在此基础上建立“市场采购”贸易信用评级体系，搭建金融业统一征信平台。

（人行杭州市中支）

5. 安徽省金融支持农民专业合作社的调查与思考

农民专业合作社代表了农村经济规模化、市场化、组织化发展的方向，对于推进社会主义新农村建设、促进农民增收、实现“四化同步”发展，具有十分重要的现实意义。本文在调研安徽省金融支持农民专业合作社的基础上，深入分析其中存在的问题，提出金融支持农民专业合作社的政策建议。

一、金融支持农民专业合作社呈现“四大特点”

截至2012年末，安徽省农民专业合作社发展到29 282户，比上年同期增长了43.4%，成员近23万人，直接带动了近200多万农户。安徽省农村合作金融机构针对农民专业合作社的专项贷款余额共20 078万元，比年初增长21%，支持贷款户数共计224万户。安徽省金融支持农民专业合作社发展呈现四大特点：

一是贷款方式日趋灵活。安徽省涉农金融机构针对农民专业合作社的特点，推出适合合作社发展的不同类型的贷款模式。一方面，对农民专业合作社社员中的信用户、示范户和专业户，按照农户小额信用贷款的管理原则，签发限额为4 000元至10万元不等的“农户小额信用贷款证”，并适当降低贷款利率；另一方面，对生产资金需求量较大的农民专业合作社社员，大力推行联保贷款方式，每个社员获得的贷款额度为2万元至50万元不等，有效地促进了农民专业合作社及社员的生产发展。安庆市还特别针对农民专业合作社推行“统贷直放”模式，采取由合作社统一组织有相同性质信贷需求的社员向金融机构申请贷款，并由金融机构直接发放给社员，合作社设立一定额度的风险保证金，该模式有效解决了银行对农户的信息不对称问题和贷款风险控制问题。截至2013年一季度末，安庆市已有9家合作社开展“统贷直放”服务，共获银行授信2 000多万元，5 000多家农户从中受益。

二是贷款品种不断创新。安徽省金融机构探索创新贷款新品种，不断扩大农民专业合作社、入社社员贷款抵（质）押品范围，尝试开展集体建设用地使用权、土地承包经营权、林地使用权、林木所有权、水域滩涂使用权、大型农机具、存栏种畜禽等抵押（质押）贷款品种，积极开展农产品订单、保单、仓单等权利质押，围绕农产品生产、加工、销售，发展供应链融资。如安徽省国元农业保险公司和长丰科源村镇银行试点“信贷＋保险”模式，支持长丰县草莓专业合作社发展，受到了农户的欢迎。合作社的农户只要有草莓保单就可以贷款，不需要任何抵押，最高可以贷款5万元，农户最后的贷款利息加上保险费率的成本是8%，低于市场上一般涉农贷款的利率。

三是担保难题逐步解决。在风险可控的前提下，安徽省金融机构适当放宽合作社的担保贷款条件，降低反担保门槛和费率，鼓励具有担保功能的农民专业合作社运用联保、担保基金和风险保障金等联合增信方式为本社及其成员提供贷款担保，不断增强合作成效。部分农民专业合作社充分发挥担保基金作用，切实解决融资难题。如马鞍山市含山县林头镇陈墩宏达农机专业服务合作社与当地农行合作，由该合作社提供相应的担保基金，第一年农行贷款按1∶5放大，在贷款安全的基础上，第二年和第三年可按1∶7.5、1∶10放大倍数，为该合作社及社员提供贷款。目前合作社已到位担保基金125万元，农行已授信125户，贷款625万元，解决了农民生产、生活消费等方面的融资问题，成为农民自己的“担保银行”。

四是金融服务质量显著提高。安徽省中国人民银行系统加强与地方政府的沟通和协调，通过举办银企对接会等方式，引导涉农金融机构把农民专业合作社作为重点支持对象。鼓励涉农金融机构在符合风险控制要求的前提下，不断完善授信制度，简化贷款审批手续，对符合条件且在授信额度内的农民专业合作社和社员贷款建立了“贷款绿色通道”，提高办贷效率。2008年、2009年，安徽省信用联社、中国人民银行合肥中心支行分别与省农委联合下发了《关于加强信贷支持促进农民专业合作社发展的指导意见》和《关于进一步推进农村信用体系建设加快农民专业合作社发展的意见》，扶持农民专业合作社发展壮大。

二、金融支持农民专业合作社的“三类模式”

安徽省金融机构根据不同类型的农民专业合作社发展特点，创新了多种信贷支持模式，现总结出几种典型模式，并加以拓展和延伸。

模式一：“金融机构＋龙头企业＋合作社＋农户”

运行机制：金融机构贷款给龙头企业，龙头企业担保并将款项通过合作社再贷给社员，用社员上交的原料逐年返还贷款给银行，合作社担保贷款户按期限返还银行贷款。这种模式目前各地运用的较多，在该模式体系中，金融、龙头企业、合作社、贷款社员四方组成一个网络信用结构，龙头企业和合作社起着双重担保的中介作用。

模式二：小额信用贷款模式

运行机制：农村小额信用贷款是农村合作金融机构支农的主要形式，其服务对象以农户为主。农村合作金融机构根据不同的信用等级决定贷款的额度，实行“一次核定、随用随贷、余额控制、周转使用”。农村合作金融机构也可以与合作社合作，由合作社直接推荐“信用户”，在审核的基础上对其成员发放农户小额信用贷款，并鼓励合作社为农户提供担保。

该模式进一步延伸为：“金融机构＋政府财政＋农村保险公司”模式。

运行机制：由政府财政部门、金融机构以及农村保险公司共同参与，地方政府财政提供贷款贴息、保险公司提供农业政策性保险、金融机构提供信贷和结算服务三者相结合的支持农民专业合作社发展的一种全新信用服务模式。在提供农业保险的前提下，金融机构直接贷款给农户而非合作社，并且代付农户销售款项以及代收合作社的收购款。农户所贷款项存入合作社在金融机构的专户，实行专户运作和管理。

模式三：整体授信模式

运行机制：金融机构对符合借款条件的合作社进行整体授信。合作社取得贷款后统一购买种子、化肥、农械器具等并通过内部交易出售给农户，合作社再将农户产品统一收购出售，并用货款还银行贷款。在该模式下，实物和资金流向清晰，银行人员操作简便，但对农民专业合作社的准入条件比较高，因此该模式只适用于具有比较完善的内部管理制度、运行状况良好的农民专业合作社。

该模式进一步延伸为：“政府推荐或政府背景担保公司担保＋金融机构＋合作社”模式。

运行机制：政府职能部门根据信用体系和实际调查等资料向金融机构推荐合作社，政府背景的担保公司负责担保，金融机构向合作社发放贷款。担保公司的担保基金由政府财政出资，按照一定放大比例，对合作社贷款进行担保。

三、金融支持农民专业合作社发展中存在的主要问题

安徽省大多数农民专业合作社发展时间比较短暂，融资来源以内源性融资为主，对外融资能力较弱。随着农民专业合作社快速发展、固定资产及设备的不断更新，合作社业务发展与资金不足的矛盾日益显现，融资问题已成为制约合作社发展壮大的一个重要瓶颈。

（1）性质和定位的特殊性，限制合作社成为合格承贷主体。农民专业合作社虽是法人组织，但有别于《公司法》规定下的法人企业，大部分农民专业合作社自身并不以营利为目的，且组织化程度普遍不高，没有与龙头企业和农民形成真正的利益共同体。农民专业合作社财产被量化到成员账户下，而社员享有自由退出权利，在该成员退社时能够将该账户下财产取回，这种财产不稳定性导致其独立承担民事责任能力受到限制。合作社因其宽松的监管标准、松散的组织管理形式和较低的风险承受能力，使其不同于一般贷款主体，而银行在发放贷款时更倾向于承贷主体明确的对象。

（2）信息不对称，制约金融机构对其授信评级。大部分农民专业合作社除了营业执照、验资开户证明外，其他资料如规范的财务报表、报告，中国人民银行发放的贷款卡等普遍缺乏。其财务报表真实性往往无法确认，非财务信息，如股权变更、民间融资

等重大事项也难以及时掌握。目前安徽省专门针对农民专业合作社的电子信用档案尚未完全建立，部分农民信用意识淡薄，贷款的道德风险仍然存在。由于农民专业合作社相关信息不透明，金融机构难以了解合作社的经营能力、信用和财务状况，影响了金融机构对其授信评级。

(3) 管理不规范，加大金融机构信贷支持难度。大多数合作社都有一个"章程"，但"章程"内容不完备，一些合作社也设立了社员大会、理事会、监事会，但"三会"的责、权、利不清晰，治理结构形同虚设。合作社的资金主要来源于会员出资、销售提成、服务收费等，相当一部分合作社社员只有身份股，没有投资股，自有资本极少，因规模小、运作时间短，其盈利能力也较弱。

(4) 抵押担保不足，阻碍合作社获得大额信贷资金。由于大部分农民专业合作社办公、营业场所是租借的，缺乏固定资产、机器设备等可供抵押登记的产权，农民社员所拥有的土地、房屋、农业设施等一般又不能设定为具有法律效率的抵押物，导致金融机构很难给予大额信贷资金支持。安徽省目前适应农民专业合作社需要的农村担保体系尚未完全建立，农业生产的高风险性又使社会担保公司难以介入，商业性保险公司涉足政策性保险业务意愿不强，农业保险对农民专业合作社发展的保障作用不明显，这些因素都制约了农民专业合作社规模化生产和加快发展。

四、思考与建议

(1) 引导农民专业合作社要进一步加强内功修炼，创造获取金融支持的必要条件。农民专业合作社应建立相应的资产管理制度和财务内控制度，规范会计工作流程，强化监督机制，提高内部管理能力和效率。尝试并推广股份合作的方式吸收资金，壮大合作社实力、增强社员对合作社的责任心和归属感。通过专业合作促进土地流转，实现合作社规模化、产业化经营。

(2) 政府部门要进一步通过法律、经济等手段间接调控，扶持农民专业合作社发展壮大。完善农民专业合作社相关法律法规，给予其明确的法律地位，加强对农民专业合作社及其相关法律知识的宣传和普及。建议由政府出资建立农民专业合作社贷款担保基金或风险补偿基金，对确实发生损失的农民专业合作社贷款给予一定比例的补偿。各级政府积极推动组建专门的农业担保公司，为农民专业合作社贷款提供低费率担保。

(3) 金融机构要进一步创新信贷模式，加大对农民专业合作社的资金支持力度。积极推广已有的较好贷款模式和信贷产品，按照规模大小及规范化水平，对农民专业合作社进行市场细分，对规模较大、规范化程度较高、综合实力较强的专业合作社给予直接的信贷支持；对规模较大、规范化程度不高、社员个体实力较强的专业合作社，通过社员联保形式，加强与专业合作社的合作；对规模较小、规范化程度较低、实力较弱的专业合作社，通过对社员发放小额贷款，培育其发展壮大。继续探索扩大农民专业合作社、入社社员贷款抵(质)押品范围，调整、简化贷款审批程序，扩大对符合条件的农民专业合作社及成员信用贷款比例。

(4) 要进一步推动以信用评级为手段的农村信用体系建设，为农民专业合作社发展创造良好的外部环境。完善农民专业合作社电子信用档案建设工作，建立科学实用的合作社农户电子信息档案，金融机构可根据农户和合作社的信用状况，在授信额度、利率、贷款条件等方面区别对待。综合运用差别存款准备金率、支农再贷款、再贴现等货币政策工具，支持金融机构进一步增强服务农民专业合作社的能力，鼓励金融机构积极为农民专业合作社及其成员提供信贷支持，从总量上保证农民专业合作社发展的资金需要。

(人行合肥市中支)

6. 安徽省县域农村金融综合改革探索与思考

为深入了解安徽省县域农村金融综合改革进展情况，近期中国人民银行合肥中支有关处室赴金寨县和凤台县开展调研，了解两县农村金融综合改革中取得的成效、总结改革经验、调查改革中反映的问题，以进一步推动全省县域农村金融改革与发展，全面提升金融服务"三农"水平。

一、安徽省县域农村金融综合改革试点背景

2012 年 6 月，时任全国人大常委会委员长吴邦国在安徽金寨县调研时指出，“搞活金寨县农村金融，使金融在扶贫开发中发挥更大作用”，“支持金寨开展农村金融综合改革”，并提出“永世不忘金寨人民对中国革命建设的贡献”，确定对金寨实施“5＋1”工程，安徽省委省政府及时制定方案上报相关部委。中国人民银行合肥市中心支行按照相关要求，在学习借鉴广西田东县经验基础上，研究制定了工作方案，参与了农村金融综合改革的相关工作。同年10月，安徽省委常委、常务副省长詹夏来在淮南调研时要求：“淮南要结合实际，积极推进农村金融综合改革，大力提升农村金融服务水平；努力把凤台县打造成为可复制、易推广、具有示范效应的农村金融综合改革试点县。”2013年初，凤台农村金融综合改革正式启动。

二、安徽省两县农村金融综合改革开局良好、成效初显

调研发现，金寨县和凤台县因经济基础、改革背景、改革层级等不同，改革有共性也有各自不同点。金寨县是安徽省的贫困县，地处山区，农业人口占比超过85%，主导产业实力不强，经济发展较为落后，改革目的着重于探索出一条金融扶贫的道路；而凤台县经济实力相对较强，在吸收借鉴了金寨县经验做法的基础上，赋予了改革更多新的内涵，推出了具有地方特色的金融产品和服务方式。两县改革取得了初步成效。

(1) 农村信贷投放规模持续扩大。2013年10月末，金寨县存款余额130亿元，增长29.1%；贷款余额63.88亿元，较年初净增15.95亿元，增长43.1%，高于六安市平均增幅19.6个百分点，位居全市之首；增量存贷比59.1%，较改革前提高了28个百分点，居全市第二。凤台县存款余额178.4亿元，同比增长13.6%；各项贷款余额117.73亿元，同比增长27.34%；增量贷存比达到138.68%，高出淮南市48.72个百分点，高出全省70.39个百分点。

(2) 体制机制创新取得积极进展。改革以来，多家金融机构在金寨和凤台增设分支机构或营业网点，县域金融组织体系不断完善。两县政府还加大扶持力度，促使两县农信社改制为农商行。同时，两县银行业机构均对辖区信贷项目开辟了绿色通道，简化流程，优先审批。金寨县银行业金融机构共设立专营机构6个，制定了差异化的绩效考核和费用配比方案。凤台县先后制定出台了《凤台县农村金融综合改革实施方案》、《凤台县农村信用体系建设实施方案》、《凤台县社会信用体系建设工作联席会议制度》等20多个政策文件，通过完善制度建设，构建起推动金融改革的长效机制，有力保障了金融改革创新规范有序进行。

(3) 农村金融服务重心不断下移。一是金融服务实现村级全覆盖。金寨县共有助农取款点328个，较改革启动前增加314个；金融服务室建成使用24个，设立POS机1 539台。凤台县在县、乡、村三级设立金融综合服务室。二是征信体系建设成果显著。金寨县和凤台县均在较短时间内建立了农村信用信息服务平台，农户贷到相应信用额度的贷款。金寨县有13.7万农户信用信息采集录入系统并完成信用评级，占全县农户的87%；凤台县对17.1万农户(约占全县农户88.57%)评审出信用户10.2万户，占农户总数的59.5%。截至2013年10月末，金寨县利用农户信用平台已发放信用贷款1 934笔，金额3 813万元；凤台县利用农户信用平台已发放信用贷款900笔，金额6 500万元。

(4) 农村金融产品与服务创新不断涌现。金寨县各银行业金融机构创新业务品种共15个。其中：“农户＋龙头企业＋担保公司＋银行”信贷支农模式，以农户为实际用款人，实施“万亩茶园富民工程”、“万户油茶富民工程”，效果良好。凤台县在行政村设立具有金融知识宣传、信用信息采集与维护、反假币、助农取款以及金融消费者权益保护功能的“五位一体”金融服务室。同时，凤台县粮食局还与银行合作设立粮食银行，农户在粮行存粮后，可以粮食折作质押，获取贷款；可持存粮折到县农委、县供销社、农行的服务网点兑换物品或提取现金，并随时提取同等级存粮。粮食银行使农户在粮食实现保值增值的同时解决了融资难的问题。为解决小微企业融资问题，探索建立了“银行＋保险＋担保＋财政”信贷模式，引入商业保险，与融资性担保公司共同作为增信主体，风险共担，总融资成本不超过9%。

三、农村金融综合改革反映的主要问题

(1) 金融服务水平仍有待提高。调研中两县均反映农民金融意识不强、金融知识缺乏，金融服务站在普及宣传金融知识时选人选点较为困难。农村支付体系建设方面，尽管实现了助农取款点全覆盖，但

各乡镇、各金融机构布点不平衡，部分助农取款点的使用和维护还存在一定的困难，农户和商户的取款积极性不高。此外，金寨县两家村镇银行由于目前没有接入中国人民银行征信系统，无法掌握企业和农户的基本信息，制约了信贷投放。

(2) 信用体系建设的效应仍有待发挥。虽然两县都建立了农户信用数据库，但在信用信息运用方面的效果还不明显，运用信用平台发放的信用贷款，与需求量仍不匹配，且主要是涉农金融机构利用平台发放信用贷款，辖内大型商业银行支行在此项工作的起步上仍较为滞后，信用数据库建设和信贷投放没有形成有力的正向关联性。

(3) 金融创新力度仍有待加强。金寨县部分小微企业和涉农企业反映，融资瓶颈依然存在，特别是在有效抵押物认定上，仍存在一定的难度。辖内金融机构开发出的“小水电整体资产抵押贷款”、“收费权质押贷款”、“林权抵押贷款”等贷款品种，由于该类产品在资产评估、抵押登记、流转变现等方面难度较大，在实际操作中银行意愿不强。农商行和村镇银行尚不具备较强的业务开发平台，经营品种较为单一，基本是以存款、贷款、结算三大传统业务为主，金融创新能力不足。此外，金融创新的各项配套仍有待加强。一些重要的融资抵押物，如土地使用权、林权等缺少必要的权属登记、评估、交易等中介服务机构，一旦发生风险，金融债权的维护存在困难，制约了创新产品的推广。金融服务室的建设，本身是方便群众、快捷服务，但取款、查询等手续费的收取又制约了其存取款功能在广大农村的应用。

(4) 融资渠道较为单一。在融资方式上，两县基本上以银行信贷的间接融资为主，利用直接融资方面还比较滞后。目前，两县均无一家企业进入全省上市后备资源库，也无企业通过债券市场融资。

调研中发现的上述问题，主要原因是：农村金融改革缺乏顶层设计和制度安排。改革过程中存在某些工作与现有政策法规发生冲突、农户隐私信息的保密、农户信息与中国人民银行征信系统的合法匹配等问题，现行相关农民土地、房屋确权、处置等方面的政策规定难以突破，创新抵质押贷款模式、增加农民资产性收入、增加融资总量等难以见效。金融机构运行机制制约信贷投放。两县工、农、中、建和邮储银行分支机构由于其上级行信贷业务授权授信不足，审批链条较长。下沉网点、下放权限、优化服务流程未现实质性进展，部分信贷创新产品尚在试点阶段，成效不明显。

四、推进农村金融综合改革深入开展的相关工作措施

(1) 推动完善县域金融组织体系，提升金融机构实力和水平。支持两县涉农金融机构发挥支农主力军的作用。增资扩股增强实力，坚持“支农支小”的市场定位，进一步提升服务水平。推动银行业金融机构新增网点，增设自助银行和村级金融服务室，开发更多适合农村和农民的金融产品。规范发展小额贷款公司、融资性担保公司、农民资金互助社，增加金融服务供给。

(2) 进一步完善金融服务体系，改善农村金融服务环境。加大农村信用体系成果转化力度，引导政策性银行和国有商业银行运用农村信用信息服务平台发放信用贷款，指导各银行业金融机构积极向上级行争取信贷政策，进一步扩大县级支行的授信审批权限；大力开展信用乡镇、信用村组、信用户建设。优化农村金融支付结算环境。引导涉农金融机构加强 ATM、POS 机、电子银行、网上银行等网络设施建设，加快自助设备的功能改造；拓展助农取款服务点功能，实现支付结算业务农村地区全覆盖。

(3) 进一步推进农村金融产品和服务方式创新，加强创新产品跟踪评估。支持金寨县和凤台县开展“农村金融产品与服务方式创新示范县”创建工作，在金寨县重点推进林权抵押贷款、农机具抵押贷款、订单农业和供应链融资、涉农补助资金担保贷款、农村土地承包经营权抵押贷款等创新产品；引导金融机构探索银保合作产品新模式，扩大农业保险覆盖面，逐步建立政策性和商业性相结合的农业保险制度，通过保险保障分散信贷风险。

(4) 进一步完善农村金融市场，拓展县域企业融资渠道。支持县域企业通过银行业债券市场发行短期融资券、中期票据、中小企业集合票据和定向支持票据；支持两县地方法人金融机构进入全国间同业拆借市场和债券市场，壮大资金实力。

(5) 进一步优化农村金融生态环境，防范农村金融风险。继续推进农村社会信用体系建设。建立农民专业合作社信用信息库，逐步推进个人、农民合作组织和企业信用体系全覆盖，不断提升数据的质量，建立信息的更新机制。着力营造良好的金融生态环境。积极开展争创金融生态县活动，严厉打击恶意逃废银行债务的行为，建立完善县域金融风险监测预警和处置体系。

五、几点建议

(1) 尽快制定农村金融改革总体方案。充分发挥央行在全国农村金融改革中的主导作用，根据我国社会经济金融发展和农村实际情况，深入分析农村金融需求和供给的特点，借鉴发达国家农村金融发展和农地金融发展的经验，制定全国农村金融改革总体方案。

(2) 扩大农村金融改革试点范围和内容。在原有试点地区的基础上，针对我国农村地区发展的不平衡性、多样性、复杂性，增加试点地区范围，建议稳步推进农村金融综合改革试点，扩大试点内容，特别是结合农民土地承包权流转、承包经营权抵押担保权能的赋予，发挥金融市场的作用，探索适合中国特色的农地金融制度。同时，根据当前我国农村资金成本、土地产出、农民收入不匹配的实际情况，加快试点农村中长期、低成本的信贷供给制度建设。

(3) 尽快制定全国征信体系完善方案。针对当前农村经济金融发展实际，加快制定全国统一的农户征信体系、农民专业合作社征信体系，并纳入人民银行征信体系，为各类金融机构支农提供支持。

(4) 完善农村金融产品和服务的支持体系。充分发挥央行的职能作用，利用央行的金融工具，建立健全金融创新支持三农的激励体系。

(人行合肥市中支)

第十一篇　机 构 名 录

一、2013 年上海市金融机构名录

（一）金融管理机构名录

机 构 名 称	地 址	负责人	电 话	邮 编
中国人民银行上海总部	陆家嘴东路 181 号	张 新	58845000	200120
中国银行业监督管理委员会上海监管局	合欢路 35 号	廖 岷	38650100	200135
中国证券监督管理委员会上海监管局	迎春路 555 号	张思宁	50121111	200135
中国保险监督管理委员会上海监管局	合欢路 39 号	裴 光	38656666	200135
国家外汇管理局上海市分局	陆家嘴东路 181 号	张 新	58845950	200120
上海市金融服务办公室	大沽路 100 号	郑 杨	23111111	200003

（二）金融市场机构名录

机 构 名 称	地 址	负责人	电 话	邮 编
中国外汇交易中心暨全国银行间同业拆借中心	张东路 1387 号 30 幢	裴传智	63298988	201203
中国银联	含笑路 36 号	时文朝	68401888	200135
上海黄金交易所	河南中路 99 号	许罗德	33189588	200001
上海证券交易所	浦东南路 528 号	黄红元	68808888	200120
上海期货交易所	浦电路 500 号	杨迈军	68400000	200122
中国金融期货交易所	世纪大道 1600 号 6 楼	张慎峰	50160666	200122
上海联合产权交易所	云岭东路 689 号 1 号楼	蔡敏勇	62657272	200062
银行间市场清算所股份有限公司	北京东路 2 号	许 臻	23198800	200002

（三）同业公会机构名录

机 构 名 称	地 址	负责人	电 话	邮 编
上海市银行同业公会	杨高南路 428 号 2 号楼 20 层	沈立强	68286900	200127
上海市证券同业公会	襄阳北路 97 号 501 室	储晓明	54042715	200031
上海市期货同业公会	浦电路 500 号 2201A 室	钱荣金	68400125	200122
上海市基金同业公会	世纪大道 1600 号 11 楼	陈 敏	58203337	200122
上海市保险同业公会	中山南路 1228 号 8 楼	张家庆	63155989	200011

（四）银行业机构名录

1. 中资银行机构

（1）政策性银行

机构名称	地址	负责人	电话	邮编
国家开发银行上海市分行	浦明路68号	陈继忠	38784999	200120
中国进出口银行上海分行	东方路2号	李莅	20265288	200120
中国农业发展银行上海市分行	延安东路45号	山云达	63366336	200002
中国农业发展银行上海市分行营业部	延安东路45号	丁为民	63365464	200002
中国农业发展银行上海市闵行区支行	莘庄镇莘浜路6号	陆琪	64922148	201100
中国农业发展银行上海市嘉定区支行	张马路20号	赵秋良	59526223	201800
中国农业发展银行上海市宝山区支行	友谊路1518弄4号	戚海峰	56785844	201900
中国农业发展银行上海市南汇支行	惠南镇南门大街104号	胡筠	58020875	201300
中国农业发展银行上海市奉贤区支行	韩村路706号	傅利民	67103712	201400
中国农业发展银行上海市松江区支行	文诚路338弄26号	梅福龙	67665257	201620
中国农业发展银行上海市金山区支行	石化卫零路611弄112号	童继宏	57965346	200540
中国农业发展银行上海市青浦区支行	青湖路977号	李雄	69714508	201700
中国农业发展银行崇明县支行	崇明县城桥镇东门路125号	张美娟	69698525	202150
中国农业发展银行上海市浦东分行	源深路300号	阙刚	58208123	200120

（2）中国工商银行上海市分行

机构名称	地址	负责人	电话	邮编
中国工商银行上海市分行	浦东大道9号	沈立强	58885888	200120
中国工商银行上海市宝山支行	淞滨路318号	王睿	56845858	200940
中国工商银行上海市漕河泾开发区支行	宜山路900号	李毓菖	54235423	200233
中国工商银行上海市长宁支行	延安西路895号	苏岳勤	62252200	200050
中国工商银行上海市崇明支行	城桥镇南门路158号	陈磊	69691942	202150
中国工商银行上海市分行第二营业部	即墨路88号	洪晓岚	58885888＊1221	200120
中国工商银行上海市分行营业部	中山东一路24号	徐晓萍	63211678	200002
中国工商银行上海市奉贤支行	南桥镇南中路48号	盛俊中	57102768	201400
中国工商银行上海市虹口支行	东大名路578号	钱勤新	25101800	200080
中国工商银行上海市虹桥开发区支行	娄山关路83号	张政	62097999	200336
中国工商银行上海市黄浦支行	四川中路346号	周紫华	63392828	200002
中国工商银行上海市嘉定支行	清河路151号	杨勇	59927999	201800
中国工商银行上海市金山支行	石化卫零路558号	王卫政	57964638	200540
中国工商银行上海市静安支行	康定路699号	胡霄骅	32184610	200040

（续表）

机 构 名 称	地 址	负责人	电 话	邮 编
中国工商银行上海市卢湾支行	淮海中路98号	王德湛	53858068	200021
中国工商银行上海市闵行支行	莘松路288号	王燕青	64889900	201100
中国工商银行上海市南汇支行	惠南镇城南路258号	冯 羽	58020695	201300
中国工商银行上海市浦东分行	浦东南路2024—2034号	秦 华	58757777	200127
中国工商银行上海市浦东开发区支行	金桥路1391号3—7层	吴燕芬	58993652	200129
中国工商银行上海市普陀支行	大渡河路388弄5号	徐光华	33606888	200060
中国工商银行上海市青浦支行	城中东路485号	吴晓春	59724800	201700
中国工商银行上海市松江支行	中山二路218—228号1层、216号2—4层	徐 莹	57813122	201600
中国工商银行上海市外滩支行	中山东二路11号	冯雁飞	63217777	200002
中国工商银行上海市徐汇支行	广元西路8号	王伟权	64475858	200030
中国工商银行上海市杨浦支行	控江路1698号	张 毅	65021880	200092
中国工商银行上海市闸北支行	河南北路485号	赵家骏	63642288	200071
中国工商银行上海市张江支行	张江路639号	江齐青	50797273	201120
中国工商银行上海市临港支行	临港新城新元南路555号	孙 伟	68284190	201306
中国工商银行上海市世博支行	耀华路8号	王育松	58680662	200126
中国工商银行上海市地铁支行	南京西路67号	郑唐浩	22057676	200003
中国工商银行上海市自贸试验区分行	马吉路28号	周 宏	200131	58699999

（3）中国农业银行上海市分行

机 构 名 称	地 址	负责人	电 话	邮 编
中国农业银行上海市分行	徐家汇路599号	姜瑞斌	53961888	200023
中国农业银行上海市分行信用卡中心	汉口路515号	许雪兴	63523645	200001
中国农业银行上海市分行信息技术管理部	桂箐路69号26幢	夏忠奂	34612888	200233
中国农业银行上海市分行电子银行部	宜山路888号二楼	陈志祥	34164510	200233
中国农业银行上海市分行委托资产处置中心	洪山路189号	王永明	58474246	200126
中国农业银行上海市分行营业部	延安东路518号	沙笑春	63512345	200001
中国农业银行上海市闵行支行	水清南路68号	陈 东	64136413	201199
中国农业银行上海市嘉定支行	塔城路355号	陆济忠	69919618	201800
中国农业银行上海市宝山支行	同济路131号	黄 雷	56676666	200940
中国农业银行上海市南汇支行	惠南镇听潮二路35号	陆 挺	68013002	201300
中国农业银行上海市奉贤支行	南奉公路8515号	杨卫超	57422445	201400
中国农业银行上海市松江支行	人民北路2—8号	冯国红	57813026	201600
中国农业银行上海市金山支行	蒙源路99号	李康康	57321258	200540
中国农业银行上海市青浦支行	公园路8号	王连军	69721333	201700
中国农业银行上海市崇明县支行	崇明县城桥镇人民路38号	陈 标	59622073	202150
中国农业银行上海市徐汇支行	天钥桥路30号	谢 斌	64279999	200030
中国农业银行上海市五角场支行	翔殷路1128号	吴海涛	65115858	200433

（续表）

机构名称	地址	负责人	电话	邮编
中国农业银行上海市静安支行	乌鲁木齐北路 207 号	陆青婕	62495599	200040
中国农业银行上海市长宁支行	定西路 998 号	施征宇	62111800	200050
中国农业银行上海市普陀支行	曹杨路 697 号	钱一锋	32074590	200062
中国农业银行上海市闸北支行	天目西路 488 号	陈国忠	63548000	200070
中国农业银行上海市黄浦支行	福州路 666 号	向志良	63917636	200001
中国农业银行上海市虹口支行	吴淞路 469 号	俞金权	63091007	200081
中国农业银行上海市浦东分行	浦东南路 379 号	王世雄	58870000	200120
中国农业银行上海市川沙支行	新川路 385 号	丁惠华	58989013	201200
中国农业银行上海市金桥支行	新金桥路 188 号	马晓军	50311100	201206
中国农业银行上海市卢湾支行	徐家汇路 601 号	王　蓓	53961888	200023

(4) 中国银行上海市分行

机构名称	地址	负责人	电话	邮编
中国银行上海市分行	银城中路 200 号	潘岳汉	38824500	200120
中国银行上海市分行营业部	中山东一路 23 号	方国华	63297778	200002
中国银行上海市普陀支行	长寿路 831 号	顾力星	52987711	200042
中国银行上海市徐汇支行	虹桥路 355 号	沈如春	34601188	200030
中国银行上海市闸北支行	恒丰路 218 号	杨　科	61408555	200070
中国银行上海市中银大厦支行	银城中路 200 号	张骏燕	50375566	200120
中国银行上海市嘉定支行	塔城路 451 号	柏　京	69919000	201800
中国银行上海市黄浦支行	中山南路 328 号	张继为	63326060	200010
中国银行上海市杨浦支行	平凉路 1128 号	鲁影萍	65725566	200090
中国银行上海市闵行支行	莘建路 256 号	费晓娴	64889988	201100
中国银行上海市宝山支行	宝杨路 1008 号	胡正茂	56128852	201900
中国银行上海市奉贤支行	南桥镇人民中路 8 号	李　坚	57425566	201400
中国银行上海市金山支行	蒙山路 1111 号	沈　杰	67240240	200540
中国银行上海市长宁支行	延安西路 2067 号	盛振洲	32095566	200335
中国银行上海市浦东开发区支行	新金桥路 58 号	李　宁	50302277	201206
中国银行上海市南汇支行	康沈路 1727 号	吴文新	20975558	201318
中国银行上海市浦东分行	张杨路 838 号	张知遥	68765880	200122
中国银行上海市静安支行	南京西路 1515 号	支　佐	52985587	200040
中国银行上海市松江支行	中山中路 208 号	宋一兵	57725670	201600
中国银行上海市卢湾支行	茂名南路 205 号	杨　军	64310909	200020
中国银行上海市青浦支行	城中东路 608 号	陈　纲	59729942	201700
中国银行上海市虹口支行	四川北路 1393 号	刘　嫵	63074918	200080

(5) 中国建设银行上海市分行

机构名称	地址	负责人	电话	邮编
中国建设银行上海市分行	淮海中路200号	王　江	58880000	200021
中国建设银行上海市分行营业部	淮海中路200号	曹　筠	68491322	200021
中国建设银行上海市分行大客户一部	延安东路700号	童志康	53850163	200001
中国建设银行上海市分行大客户二部	金陵东路499号	姚涣冰	63282190	200021
中国建设银行上海市分行大客户三部	淮海中路200号	洪　誉	63181818	200021
中国建设银行上海市分行大客户四部	滇池路103号	李　群	63232666	200002
中国建设银行上海市分行大客户五部	四川中路321号	纪万林	63231188	200002
中国建设银行上海闸北支行	天目西路290号	胡　岩	63531915	200070
中国建设银行上海宝钢宝山支行	牡丹江路1398号	赵奇飞	56125612	201900
中国建设银行上海金山石化支行	象州路52号	房师新	57942710	200540
中国建设银行上海黄浦支行	淮海东路85号	史　军	63558695	200021
中国建设银行上海卢湾支行	徐家汇路530号	李　群	64157878	200025
中国建设银行上海徐汇支行	衡山路920号	蔡　宏	64072750	200030
中国建设银行上海长宁支行	延安西路2067号6F	周　涛	62785139	200336
中国建设银行上海静安支行	愚园路172号	陈　磊	62491680	200040
中国建设银行上海普陀支行	长寿路95号	虞　炯	62996298	200060
中国建设银行上海虹口支行	吴淞路211号	赵志勇	63577626	200080
中国建设银行上海杨浦支行	长阳路1288号	黄　勤	65190446	200090
中国建设银行上海闵行支行	沪闵路6555号	丁云康	64126412	201100
中国建设银行上海嘉定支行	嘉定镇塔城路365号	董子泳	59526583	201800
中国建设银行上海松江支行	松江镇中山中路89号	李　华	57721471	201600
中国建设银行上海奉贤支行	南桥镇解放中路332号	周　瑾	57502457	201400
中国建设银行上海青浦支行	城中东路550号	曹　明	59729556	201700
中国建设银行上海崇明支行	崇明县城桥镇八一路387号	董宣忠	59622456	202150
中国建设银行上海浦东分行	陆家嘴环路900号	齐　红	68490557	200120
中国建设银行上海自贸试验区分行	富特北路258-1号	李　骏	50814718	200122

(6) 交通银行

名称	地址	负责人	电话	邮编
交通银行	银城中路188号	牛锡明	58781234	200120
交通银行上海市分行	中山南路99号	郑志扬	63111000	200010
交通银行上海自贸试验区分行	外高桥保税区马吉路2号	陈荷兰	58691106	200131
交通银行上海市分行营业部	江西中路200号	陆燕丽	63213400	200002
交通银行上海浦东分行	商城路518号	彭悦箐	58823456	200120
交通银行上海新区支行	新金桥路230号	欧阳琦	50316600	201206

（续表）

名　　称	地　　址	负责人	电　话	邮　编
交通银行上海徐汇支行	衡山路20号	厉　静	64669748	200031
交通银行上海长宁支行	江苏路502弄1号	戚慧康	62408461	200050
交通银行上海市西支行	江宁路338—350号	贺瑞康	62151235	200041
交通银行上海闸北支行	汉中路188号	叶晓宏	63549090	200070
交通银行上海虹口支行	四平路263—265号	王成宝	65225128	200081
交通银行上海杨浦支行	长阳路1317号	陈　德	65195656	200090
交通银行上海黄浦支行	淮海东路99号	罗日军	63861230	200021
交通银行上海宝山支行	淞滨路138号	董怡蓓	56841100	200940
交通银行上海闵行支行	文井路145号	朱亦辰	64303804	200245
交通银行上海嘉定支行	城中路68号	鲁　联	59922288	201800
交通银行上海松江支行	奉贤南桥镇人民中路200号	柳春燕	57100666	201400
交通银行上海临港新城支行	临港新城新元南路555号	曾文伟	68284555	201306
交通银行上海奉贤支行	人民北路227号	宋　滨	57815855	201600
交通银行上海青浦支行	公园路348号	凌海强	59732252	201700
交通银行上海金山支行	卫清西路40—70号(双)	程　华	37908000	201508
交通银行上海崇明支行	崇明城桥镇新崇南路28号	沈　萍	69695559	202150

（7）上海浦东发展银行

机构名称	地　　址	负责人	电　话	邮　编
上海浦东发展银行	中山东一路12号	吉晓辉	61618888	200002
上海浦东发展银行上海分行	浦东南路588号	王新浩	68887000	200120
上海浦东发展银行第一营业部	中山东一路12号	袁　蕊	61618888	200002
上海浦东发展银行上海分行营业部	浦东南路588号	杨　峻	68887000	200120
上海浦东发展银行宝山支行	牡丹江路1283号	李　峥	56111666	201900
上海浦东发展银行长风支行	大渡河路168弄56号1层110A室	郭树森	32160822	200062
上海浦东发展银行长宁支行	长宁路855号	张以磊	62401568	200050
上海浦东发展银行崇明支行	崇明县城桥镇北门路228号—236号	杨少波	59627078	202150
上海浦东发展银行奉贤支行	南桥镇解放中路352号	康志信	57180840	201400
上海浦东发展银行虹口支行	曲阳路731号	许建明	65543900	200437
上海浦东发展银行虹桥支行	兴义路8号	隋艳坤	52082418	200336
上海浦东发展银行黄浦支行	宁波路50号	俞建平	63291188	200002
上海浦东发展银行嘉定支行	博乐路199号	陈从治	59538383	201800
上海浦东发展银行金桥支行	金港路509号	肖逸琳	58994808	201206
上海浦东发展银行金山支行	卫清西路153—159号	陈天鸣	37907858	200540
上海浦东发展银行静安支行	北京西路669号	翁维文	62185500	200041
上海浦东发展银行空港支行	启航路1000号	华　瑾	68841200	201202

（续表）

机构名称	地址	负责人	电话	邮编
上海浦东发展银行龙阳支行	龙阳路 2277 号	周　意	50101188	201204
上海浦东发展银行陆家嘴支行	东方路 710 号底层	华　巍	58303888	200122
上海浦东发展银行卢湾支行	斜土路 713 号	顾　炯	53027256	200023
上海浦东发展银行闵行支行	莘松路 159 号	陆海量	64882488	201100
上海浦东发展银行南汇支行	惠南镇人民东路 3388 号	钟　泉	58024800	201300
上海浦东发展银行南市支行	陆家浜路 1011 号	徐　军	51159500	200011
上海浦东发展银行普陀支行	长寿路 746 号	王汉斌	62300583	200060
上海浦东发展银行青浦支行	城中东路 699 号	吴乃君	59739692	201700
上海浦东发展银行三林支行	上南路 4511—4525 号	周明强	50109999	200123
上海浦东发展银行松江支行	乐都路 388 号	陆　明	57718547	201600
上海浦东发展银行外高桥保税区支行	加枫路 18 号	梁晶晶	50482333	200131
上海浦东发展银行徐汇支行	建国西路 589 号	刘冰岩	64458518	200031
上海浦东发展银行杨浦支行	许昌路 1296 号	蔡　歆	65033118	200092
上海浦东发展银行闸北支行	天目西路 123 号	常　涛	63531008	200070
上海浦东发展银行张江支行	科苑路 151 号	苗得雨	50801562	201203

(8) 中国邮政储蓄银行上海分行

机构名称	地址	负责人	电话	邮编
中国邮政储蓄银行上海分行	九江路 38 号	敬宗泉	63292666	200002
中国邮政储蓄银行上海分行营业部	九江路 38 号	顾碧青	63293268	200002
中国邮政储蓄银行上海静安区支行	北京西路 1757 号	倪　强	62312723	200040
中国邮政储蓄银行上海徐汇区支行	宛平南路 99 弄 1 号 3 楼	蔡　春	64413966	200032
中国邮政储蓄银行上海闸北区支行	恒丰路 605 号	何志刚	65558450	200070
中国邮政储蓄银行上海浦东新区支行	蓝村路 2 号	樊　华	58399878	200127
中国邮政储蓄银行上海闵行区支行	莘建路 120 号	姚　明	64887400	201100
中国邮政储蓄银行上海宝山区支行	双城路 803 弄 9 号楼 15 楼	卢　盛	69711633	201700
中国邮政储蓄银行上海奉贤区支行	南桥镇南桥路 199 号	葛建刚	57412200	201400
中国邮政储蓄银行上海松江区支行	人民南路 65 号	沈　彬	57815284	201600
中国邮政储蓄银行上海青浦区支行	青浦公园 655 号	秦建忠	69711633	201700
中国邮政储蓄银行上海嘉定区支行	平城路 56 号	蔡建英	69036288	201899
中国邮政储蓄银行上海金山区支行	金一东路 233 号	张　佐	57955111	201540
中国邮政储蓄银行上海南汇区支行	惠南镇北门大街 33 号	金　鸣	58000033	201300
中国邮政储蓄银行上海川沙区支行	翔川路 392 号	俞　彬	50118178	201200
中国邮政储蓄银行上海崇明县支行	崇明县城桥镇八一路 365 号	李建昌	59623521	202150
中国邮政储蓄银行上海黄浦区支行	中山南路 76 号 A 楼 2—3 层	侯洋龙	53217166	200010
中国邮政储蓄银行上海虹口区支行	恒丰路 601 号 3 楼	郭长生	63170051	200070
中国邮政储蓄银行上海长宁区支行	武夷路 348 号 2 楼	夏丽华	62809630	200050
中国邮政储蓄银行上海普陀区支行	东新路 360 号 4 楼	颜卫明	62032378	200063
中国邮政储蓄银行上海杨浦区支行	安波路 569 号三楼	蔡建杰	65336996	200433

(9) 上海银行

机构名称	地址	负责人	电话	邮编
上海银行	银城中路 168 号	范一飞	68475888	200120
上海银行总行营业部	银城中路 168 号	李 卯	68475933	200120
上海银行信用卡中心	锦绣东路 4518 号	冯雪飞	20620817	201206
上海银行小企业金融服务中心	银城中路 168 号 36 楼	朱会冲	68476748	200120
上海银行浦东分行	张杨路 699 号	方坚华	68409687	200120
上海银行上海自贸试验区分行	基隆路 6 号	陈力平	38923935	200131
上海银行黄河支行	凤阳路 360 号	张奕丽	63270845	200002
上海银行白玉支行	肇嘉浜路 798 号	宋利群	64669533＊620	200030
上海银行浦西支行	中山南路 318 号	赵玉华	63323351	200010
上海银行黄浦支行	福州路 120 号	周 乐	63505690	200002
上海银行静安支行	陕西北路 78 号	陈 新	52863643	200040
上海银行卢湾支行	复兴中路 369 号	王晓岗	63367783	200025
上海银行徐汇支行	南丹东路 238 号	朱守元	54247017	200030
上海银行长宁支行	仙霞路 320 号	顾超然	62095109	200336
上海银行虹口支行	吴淞路 408 号	徐 峰	63645403	200080
上海银行杨浦支行	国宾路 46 号	胡 敏	33620163	200433
上海银行闸北支行	梅园路 228 号	唐晨壬	63817902	200072
上海银行普陀支行	曹杨路 500 号	袁 俊	62448557	200063
上海银行漕河泾支行	康健路 66、68、70 号	顾卫东	64517310	200235
上海银行金山支行	卫清西路 185—201 号	孙 劼	57281843	200540
上海银行闵行支行	七莘路 1885 号	陈 华	52966551	201101
上海银行宝山支行	牡丹江路 1528 号	丁 兵	56116660	201999
上海银行青浦支行	青安路 39 号	卜月林	59723023	201799
上海银行奉贤支行	南奉公路 9639 号	吴祖亮	67117617	201499
上海银行南汇支行	惠南镇人民东路 2881 号	戴旭峰	68008790	201399
上海银行嘉定支行	塔城路 388 号	陆 勇	69988572	201800
上海银行松江支行	中山中路 199 号	戚美荣	57728752	201600
上海银行崇明支行	崇明县城桥镇东门路 465—485 号	倪国庆	69631305	202150

(10) 上海农商银行

机构名称	地址	负责人	电话	邮编
上海农商银行	银城中路 8 号 15—27 楼	胡平西	38576666	200120
上海农商银行总行营部	延安西路 728 号	陈 跃	52381688	200050
上海农商银行滨江支行	银城中路 8 号底层	李 斌	38575160	200120
上海农商银行浦东分行	世纪大道 1500 号	王建平	50588619	200122

（续表）

机　构　名　称	地　　址	负责人	电　话	邮　编
上海农商银行上海自贸试验区分行	自由贸易试验区基隆路6号底层106—108室	吴国华	58691950	200131
上海农商银行闵行支行	七莘路670号1、2层	吴以浩	64883210	201319
上海农商银行嘉定支行	塔城路386号	许建华	69988911	201800
上海农商银行宝山支行	牡丹江路1198号	仇忠亮	56676900	200940
上海农商银行南汇支行	惠南镇少年路5号	朱忠文	58012035	201300
上海农商银行奉贤支行	南奉公路9780号	徐文洁	57106290	201400
上海农商银行松江支行	人民北路405号	杨园君	57728322	201600
上海农商银行金山支行	卫清西路505号	王仁康	57961842	200540
上海农商银行青浦支行	公园路399号	王丽芳	59717598	201700
上海农商银行崇明支行	崇明县城桥镇北门路188号	顾贤斌	59620534	202150
上海农商银行徐汇支行	肇嘉浜路9弄3—7号	乔东林	64228151	200232
上海农商银行普陀支行	新村路599号	张根林	56357446	200333
上海农商银行虹口支行	松花江路2721号	张伟昌	55884187	200437
上海农商银行杨浦支行	黄兴路1599号	张烈军	55123303	200433
上海农商银行闸北支行	共和路169号1楼	王亚青	56626165	200070
上海农商银行长宁支行	古北路555弄8号	包继军	52067918	200051
上海农商银行黄浦支行	广东路500号一楼东侧	刘　涌	63620177	200001
上海农商银行卢湾支行	瞿溪路822号	陈雪松	63011313	200023
上海农商银行静安支行	北京西路770号	李　斌	62712602	200041

（11）中信银行上海分行

机　构　名　称	地　　址	负责人	电　话	邮　编
中信银行上海分行	富城路99号	吴小平	58776287	200120
中信银行上海分行营业部	富城路99号	杨宇星	58778990	200120
中信银行上海南京东路支行	南京东路61号	应乐乐	23029225	200002
中信银行上海淮海路支行	淮海中路1355号	李德英	64318266	200031
中信银行上海普陀支行	宁夏路328号	汪　涛	52350398	200063
中信银行上海漕河泾支行	苍梧路12号	赵雪萍	64837775	200233
中信银行上海北京西路支行	北京西路1691号	顾睿彦	62886728	200040
中信银行上海中山公园支行	宣化路300号	沈韶明	62671210	200040
中信银行上海虹桥支行	延安西路2077号	潘静一	62193869	200336
中信银行上海虹口支行	四川北路1755号	何　巍	56969986	200081
中信银行上海黄浦支行	西藏南路518号	周志勇	63919081	200021
中信银行上海四平路支行	四平路204号	任　讷	65078638	200086
中信银行上海外滩支行	北京东路290号	韩　琼	63211118	200002
中信银行上海松江支行	新松江路1388弄117—119号	陈爱峰	67828223	201620

（续表）

机构名称	地址	负责人	电话	邮编
中信银行上海闵行支行	莘建路160号	龚红燕	64887925	201100
中信银行上海卢湾支行	打浦路268号	周晓东	63032871	200023
中信银行上海富丽大厦支行	江宁路1306弄11号	龚云帆	62986390	200060
中信银行上海南汇支行	人民东路2569号	金 敏	68245115	201300
中信银行上海张江支行	科苑路201号	张 屹	50277538	201203
中信银行上海闸北支行	沪太路559号	邱 玥	66581231	200070
中信银行上海青浦支行	青安路288号	陶 然	69721957	201700
中信银行上海宝钢宝山支行	牡丹江路1278号	衣学政	66593601	201900
中信银行上海嘉定支行	金沙路1号	陶理伟	59928607	201800
中信银行上海古北支行	古北路1088号	江 雯	62951938	201103
中信银行上海中环支行	梅川路1275号	陈晓岸	52822019	200333
中信银行上海浦东分行营业部	东方路710号	周华龙	58310216	200120
中信银行上海徐汇支行	漕溪北路737弄1号	张建平	54255508	200030
中信银行上海五牛城支行	浦东大道1085号	刘 峰	58218689	200135
中信银行上海中信泰富广场支行	南京西路1168号	胡雪梅	52925139	200041
中信银行上海长宁支行	江苏路398号	何 梅	32506228	200050
中信银行上海五角场支行	四平路2543号	吴文宇	65106099	200433
中信银行上海浦电路支行	长柳路88号	朱 伟	68543969	200135
中信银行上海市中支行	成都北路333号	林小锋	52981299	200041
中信银行上海沪西支行	天山路919号	徐 波	62335052	200051
中信银行上海奉贤支行	环城南路1070号	张 华	57188867	201400
中信银行上海外高桥支行	日京路28号	张弛雷	58682200	200131
中信银行上海北外滩支行	杨树浦路147号	顾 海	65456096	200082
中信银行上海人民广场支行	金陵东路500号	符玥青	63281159	200021
中信银行上海南外滩支行	中山南路28号	易 慧	63333053	200010
中信银行上海周浦支行	沪南路3439弄57号	陆 雄	20983313	201318
中信银行上海大柏树支行	曲阳路908号	郎唯亚	55896729	200437
中信银行上海徐家汇支行	漕溪北路331号	薛 莉	33973706	200030

（12）中国光大银行上海分行

机构名称	地址	负责人	电话	邮编
中国光大银行上海分行	世纪大道1118号	刘 珺	63606360	200002
中国光大银行上海分行营业部	世纪大道1118号	张雷文	63606360	200002
中国光大银行上海浦东支行	张杨路630号	潘晓芹	58356677	200122
中国光大银行上海浦东第二支行	浦建路15号	柳美娟	61641288	200127
中国光大银行上海虹口支行	四平路210号	陈旭东	65086789	200086
中国光大银行上海徐汇支行	虹桥路188号	张 颂	64692466	200030

（续表）

机 构 名 称	地　　址	负责人	电 话	邮 编
中国光大银行上海静安支行	新闸路955号	王 健	62870303	200041
中国光大银行上海闸北支行	天目西路218号	郑 颖	63549292	200070
中国光大银行上海黄浦支行	黄陂北路227号	刘 寅	63758600	200003
中国光大银行上海市北支行	康定路1592号	吴 伟	62304535	200042
中国光大银行上海古北支行	宋园路105号	许海敏	62705601	200336
中国光大银行上海淮海支行	新华路455弄1号	蒋 澍	62810018	200052
中国光大银行上海不夜城支行	天目中路383号	陈孜胤	63541144	200070
中国光大银行上海南市支行	陆家浜路1139号	刘 泓	63452642	200011
中国光大银行上海市中支行	西藏中路579号	周 期	63501157	200003
中国光大银行上海市南支行	斜土路500号	章 斌	53027611	200023
中国光大银行上海北外滩支行	东大名路378号	戎 坤	65952555	200080
中国光大银行上海长宁支行	天山路1111号	杜建伟	52127228	200051
中国光大银行上海漕河泾开发区支行	漕宝路68号	蒋 雯	64326331	200233
中国光大银行上海外滩支行	天津路2号	池 强	63612346	200020
中国光大银行上海市东支行	东体育会路990号	陈苗青	55399959	200437
中国光大银行上海外高桥保税区支行	外高桥保税区台北西路168号	胡 萃	50461509	200131
中国光大银行上海松江支行	人民北路171弄1号	马霞光	57816677	201600
中国光大银行上海嘉定支行	城中路76号	徐向军	69988898	201800
中国光大银行上海花木支行	东绣路575号	史俊玮	50458521	200127
中国光大银行上海宝山支行	牡丹江路1317号	赵 婷	56107456	201900
中国光大银行上海金桥支行	新金桥路201号	杨 镝	50318880	201206
中国光大银行上海闵行支行	水清南路20号	陆胜权	64149797	201100
中国光大银行上海杨浦支行	政通路218号	赵 平	55660900	200433
中国光大银行上海青浦支行	青松路22号	管银熙	59721911	201700
中国光大银行上海市西支行	愚园路864号	何 娟	62133136	200050
中国光大银行上海真新支行	梅川路1550号	濮蓉蓉	69192268	201824
中国光大银行上海卢湾支行	复兴中路1号	杨 健	63368828	200021
中国光大银行上海普陀支行	兰溪路179号	虞文焕	52663930	200062
中国光大银行上海大华支行	大华二路268号	张坚军	66393888	200442
中国光大银行上海昌里支行	齐河路280—286号	顾旗旗	58729188	200126
中国光大银行上海常德支行	新闸路1518号	徐葆华	61229538	200040
中国光大银行上海金山支行	卫清西路508号	杨忠铭	67965533	200540
中国光大银行上海期交所支行	世纪大道1589号	钱文佳	58310110	200122
中国光大银行上海长兴岛支行	崇明县长兴岛乡江南大道988号	王 玮	60862003	201913
中国光大银行上海江宁支行	江宁路1153号	王俊毅	62765003	200060
中国光大银行上海联洋支行	迎春路821号	杨 云	60933969	200135

（续表）

机构名称	地址	负责人	电话	邮编
中国光大银行上海龙茗支行	漕宝路1505号	计宇涛	54782383	201101
中国光大银行上海彭浦支行	汾西路471号	王　莉	56911997	200435
中国光大银行上海周浦支行	年家浜路426号	辛　辉	68128018	201318
中国光大银行上海奉贤支行	环城东路467、471号	陆传峰	61909176	201400
中国光大银行上海天山支行	哈密路198号	张建平	32170396	200336
中国光大银行上海控江支行	许昌路1566号	王　华	33811986	200092
中国光大银行上海南翔支行	沪宜公路1158号	金宝明	60713379	201802
中国光大银行上海隆昌支行	隆昌路619号	张　琪	55669377	200090
中国光大银行上海华新支行	华新镇新府中路1718号	马红兵	39285632	201708

（13）华夏银行上海分行

机构名称	地址	负责人	电话	邮编
华夏银行上海分行	浦东南路256号	史泽夫	38839666	200120
华夏银行上海分行营业部	浦东南路256号	孙友江	38839666	200120
华夏银行上海杨浦支行	控江路1207号	柴淑芳	65195796	200093
华夏银行上海虹口支行	甜爱支路17号	武继前	65089595	200092
华夏银行上海浦东支行	东方路738号	董　霖	58202730	200122
华夏银行上海徐汇支行	宛平南路401号	郭永健	64287360	200032
华夏银行上海外滩支行	中山南路76号B座	康文捷	63390990	200002
华夏银行上海大柏树支行	中山北一路1200号	仲南岭	65605025	200437
华夏银行上海普陀支行	西康路1329号	黄　磊	62981424	200060
华夏银行上海虹桥支行	古北路458号	方海瑞	62289859	200336
华夏银行上海闸北支行	秣陵路38号	赵淑琴	63805390	200070
华夏银行上海外高桥支行	台中南路2号	李建华	50484812	200131
华夏银行上海闵行支行	莘松路183号	王惠明	54958187	201100
华夏银行上海陆家嘴支行	浦东南路1036号	陈建忠	58774406	200120
华夏银行上海黄浦支行	中华路1465号	陆维勤	63697055	200010
华夏银行上海静安支行	威海路218号	王宏斌	52981647	200041
华夏银行上海长宁支行	长宁路515号	陈方晓	52395702	200050
华夏银行上海卢湾支行	鲁班路279号	吴彩虹	53014486	200023
华夏银行上海市西支行	北京西路1828号	李佳得	62258866	200040
华夏银行上海南汇支行	秀沿路885号	宁啸东	68069933	201315
华夏银行上海宝山支行	牡丹江路1338号	赵　莉	56110330	201900
华夏银行上海嘉定支行	塔城路453-1号	杨文豪	69919966	201800
华夏银行上海临港支行	鸿音路2899号	王　俊	38258970	201306
华夏银行上海奉贤支行	德丰路299弄1号	沈　洁	37580390	201400
华夏银行上海青浦支行	城中北路780号	项　军	69795577	201700
华夏银行上海张江支行	张衡路1299号	刘天凤	33909613	201203
华夏银行上海松江支行	南期昌路701号	朱　虹	37705053	201620
华夏银行上海漕河泾支行	桂平路391号B座104—106室	叶海洲	54203270	200233

（14）中国民生银行上海分行

机构名称	地址	负责人	电话	邮编
中国民生银行上海分行	浦东南路100号	王建平	61877000	200120
中国民生银行上海分行营业部	浦东南路100号	刘佳敏	61874005	200120
中国民生银行上海广场支行	威海路48号	张湘云	53857700	200003
中国民生银行上海外滩支行	同心路8号	李　丽	63298200	200002
中国民生银行上海浦东支行	东方路836号	萧　珂	68867975	200122
中国民生银行上海市西支行	长寿路1118号	袁丽莉	62116331	200042
中国民生银行上海市北支行	沪太路549号	陆晓斌	66580860	200070
中国民生银行上海市东支行	四平路529号	戚云峰	65211903	200092
中国民生银行上海徐汇支行	肇嘉浜路1033号	朱立佶	64271274	200030
中国民生银行上海黄浦支行	九江路399号	陈申炜	63601060	200001
中国民生银行上海虹桥支行	仙霞路88号	计晓桦	62700510	200336
中国民生银行上海市南支行	徐家汇路550号	杨　迅	54658899	200025
中国民生银行上海静安支行	海防路435号	刘书英	62484383	200040
中国民生银行上海嘉定支行	塔城路430号	马蓓蓓	69919167	201800
中国民生银行上海闵行支行	莘松路405号	陆　钧	64986498	201100
中国民生银行上海浦江支行	昌里路97号	鲁燕华	63372198	200126
中国民生银行上海陆家嘴支行	张杨路1498号	王汝欣	50338775	200135
中国民生银行上海长宁支行	定西路1115号	徐黎丽	62523857	200050
中国民生银行上海外高桥支行	夏碧路62号	蒋　勇	58624073	200131
中国民生银行上海虹口支行	黄浦路53号	钟灵芝	53931111	200082
中国民生银行上海市中支行	江宁路261号	蒋　玮	62716165	200041
中国民生银行上海汽车城支行	安亭镇墨玉路29号	蔡　莹	59569381	201805
中国民生银行上海卢湾支行	西藏南路218号	康永健	63343712	200021
中国民生银行上海福山支行	浦东南路2111号	金芳芳	50199079	200127
中国民生银行上海华山支行	淮海西路55号	夏　露	52989810	200030
中国民生银行上海西南支行	肇嘉浜路333号	周　新	64033377	200032
中国民生银行上海东门支行	中华路179号	任　岚	63304240	200010
中国民生银行上海松江支行	谷阳北路277号	孟天乐	57825353	201600
中国民生银行上海丽园支行	制造局路188号	向　阳	53015053	200023
中国民生银行上海世纪公园支行	民生路1286号	张　颖	61002900	200135
中国民生银行上海延中支行	延安西路726号	朱文华	52395513	200050
中国民生银行上海东方支行	福山路458号	林　浩	68756050	200122
中国民生银行上海京门支行	石门二路181号	陈晓军	52282690	200041
中国民生银行上海普陀支行	长寿路127号	张　伟	62773885	200060
中国民生银行上海延平支行	延平路81号	艾宝伦	62328008	200042
中国民生银行上海漕河泾支行	康健路38号	鞠青松	33683008	200235
中国民生银行上海天钥支行	天钥桥路458号	赵　彤	64868855	200030

（续表）

机 构 名 称	地 址	负责人	电 话	邮 编
中国民生银行上海杨浦支行	黄兴路 2009 号	黄 菁	55063655	200433
中国民生银行上海滨江支行	浦东南路 1426 号	赵 菁	58778368	200122
中国民生银行上海宝山支行	牡丹江路 1272 号	李 靖	56113203	201900
中国民生银行上海古北支行	红宝石路 500 号	齐 沨	32092510	201103
中国民生银行上海期交所支行	浦电路 577 号	张志伟	50125095	200122
中国民生银行上海青浦支行	青湖路 818 号	沈 勇	69728107	201799
中国民生银行上海曹杨支行	曹杨路 501、503 号	张剑锋	32516257	200063
中国民生银行上海吴中支行	吴中路 1155 号	张 萌	64055891	201103
中国民生银行上海七宝支行	七莘路 2888 号	夏爱华	24201922	201101
中国民生银行上海南汇支行	周浦年家浜路 338 弄 1 号	计秋明	68124292	201318
中国民生银行上海花木支行	银霄路 280 号	应 玲	50452500	201204
中国民生银行上海九亭支行	九亭镇九新公路 289-1 号	涂 强	67859288	201615
中国民生银行上海曹安支行	丰庄路 521 号	王海华	39118293	201824
中国民生银行上海凯旋支行	凯旋路 3131 号	熊志晖	54251266	200030
中国民生银行上海奉贤支行	奉浦环城东路 603 号	李 敏	67103003	201400
中国民生银行上海大华支行	大华路 352 号	赵 宁	56318387	200442
中国民生银行上海金桥支行	张杨路 3555 号 10 座	陈良运	20223791	200136
中国民生银行上海新泾支行	金钟路 607 号	舒昱君	62386655	200335
中国民生银行上海武宁支行	武宁路 507 号	逯 苗	52715360	200063
中国民生银行上海逸仙支行	逸仙路 13 号	阳成洁	55386203	200437
中国民生银行上海金山支行	蒙山路 996 号	张大林	37907766	200540
中国民生银行上海泗泾支行	泗砖路 101 号	庄芳芳	67655676	201601
中国民生银行上海同福支行	板泉路 2007 号	马 莹	68588863	200123
中国民生银行上海九星支行	虹莘路 2795 号	顾剑锋	64615988	201101
中国民生银行上海春申支行	莲花南路 1139 号	韩 峰	62966296	201104
中国民生银行上海豫园支行	昼锦路 83 号	戎 瑛	53521011	200010

（15）招商银行上海分行

机 构 名 称	地 址	负责人	电 话	邮 编
招商银行上海分行	陆家嘴环路 1088 号	施顺华	58795555	200120
招商银行上海静安寺支行	北京西路 1700 号	许雪红	62551110	200040
招商银行上海曹杨支行	曹杨路 188 号	张 迅	52352219	200063
招商银行上海徐家汇支行	漕溪北路 18 号	陈金升	64698135	200030
招商银行上海长乐支行	常熟路 158 号	张 晖	54051150	200031
招商银行上海长宁支行	长宁路 1266 号	沈 洁	52728877＊218	200051
招商银行上海曹家渡支行	长寿路 1148 号	熊晨岚	62112829	200042
招商银行上海长阳支行	长阳路 1441 号	徐海虹	53825656-799	200090

（续表）

机 构 名 称	地　　址	负责人	电　话	邮　编
招商银行上海东大名支行	东大名路 908 号	谢钟鸣	65966128	200080
招商银行上海新外滩支行	东大名路 908 号	翁　敏	65950463	200080
招商银行上海东方支行	东方路 902—904 号	陈思青	50810243	200122
招商银行上海延西支行	法华镇路 555 号	李海松	62827215	200052
招商银行上海江湾支行	丰镇路 1 号	鲁　民	65440011	200434
招商银行上海福州路支行	福州路 646 号	许　竞	63616898	200001
招商银行上海豫园支行	河南南路 378 号	汤德君	63340670	200010
招商银行上海新客站支行	天目西路 455 号 1 楼	宋晓萍	32537020	200070
招商银行上海华灵支行	华灵路 1 号	徐　麟	66343355-107	200436
招商银行上海淮海支行	淮海中路 1155 号	潘　艳	64332423	200031
招商银行上海淮中支行	淮海中路 398 号	张昱蒨	53825656-799	200020
招商银行上海五角场支行	黄兴路 2000 号	沈国强	55055050-219	200433
招商银行上海嘉定支行	塔城路 399 号	陆　江	59537072	201800
招商银行上海江宁支行	江宁路 1296 号	卜　景	62272946	200060
招商银行上海金桥支行	金桥路 1398 号	宣培栋	50753796	201206
招商银行上海张江支行	科苑路 88 号	潘浩玉	50806828-120	201203
招商银行上海丽园支行	丽园路 1015 号	束学连	63042292-103	200023
招商银行上海天山支行	天山路 762 号 304 室	沈　立	62335219	200051
招商银行上海分行营业部	陆家嘴东路 161 号	褚洪珺	58790043	200120
招商银行上海民生支行	民生路 628 号	石海兰	58520355-102	200135
招商银行上海宝山支行	牡丹江路 1577 号	张　新	56128533-216	201900
招商银行上海南西支行	南京西路 128 号 1501 室	沈大钧	63591332	200003
招商银行上海人民广场支行	南京西路 456 号	肖　伟	63278989-111	200003
招商银行上海世纪大道支行	世纪大道 1589 号	戴深宇	50587622	200122
招商银行上海古北支行	水城南路 75 号	陈　镌	62085711	201103
招商银行上海川北支行	四川北路 1717 号 1609 室	周跃敏	63936555	200080
招商银行上海四平支行	四平路 1396 号	万　钢	33628029	200092
招商银行上海松江支行	人民北路 92—98 号	陆　毅	57826760-308	201600
招商银行上海天目支行	天目东路 258 号	陈　华	51270800	200071
招商银行上海天钥桥支行	天钥桥路 86 号	龚宏强	54250082	200030
外高桥保税区支行	富特西一路 333 号	徐培琪	58663349	200131
招商银行上海大宁支行	广中路 957 号	徐伟峰	66242020	200072
招商银行上海闵行支行	莘松路 365 号	饶　芳	54958899-203	201100
招商银行上海泰兴支行	新闸路 847 号	张　宜	62186862	200041
招商银行上海源深支行	羽山路 102—108 号	张　巍	50939995-114	200135
招商银行上海张杨支行	张杨路 810 号	汪冬萍	58352663	200122
招商银行上海大木桥支行	肇嘉浜路 333 号	刘　宜	64226802	200032
招商银行上海高安支行	肇嘉浜路 680 号	许昌东	64719955-212	200233

（续表）

机 构 名 称	地 址	负责人	电 话	邮 编
招商银行上海外滩支行	中山东一路 16 号	李 莉	63528270	200002
招商银行上海中山支行	中山南路 1867 号	唐明春	63086387	200011
招商银行上海中远两湾城支行	中潭路 91 弄 3 号	来拥军	52956821	200061
招商银行上海虹桥支行	遵义南路 88 号	王昕红	62708721	200336
招商银行上海虹口体育场支行	花园路 32 号	谢玉凤	68590397	200083
招商银行上海新天地财富管理中心	兴业路 193 号	赵 静	53822823	200020
招商银行上海延东支行	延安东路 700 号 1 楼 104	李海静	58350115	200001
招商银行上海联洋支行	芳甸路 300 号 C 区 1 层 C106 单元	倪遥遥	61637167	200135
招商银行上海长宁财富管理中心	长宁路 1266 号 4 楼	孔 涓	52731636	200051
招商银行上海田林支行	田林路 140 号 15 单元	邓琳琳	60823369	200233
招商银行上海浦东大道支行	浦东大道 535 号	杨苏秦	58520355	200120
招商银行上海宜山支行	虹桥路 355 号 1 楼 101—105 单元	甘剑亮	64071212	200030
招商银行上海金陵支行	金陵东路 569 号 101、201 室	王 杰	53821222	200001
招商银行上海金沙江支行	金沙江路 1759 号 A 座 1 层	王 怡	32550101	200333
招商银行上海杨思支行	上南路 3063 号	康铁军	50172729	200002
招商银行上海奉贤支行	南奉公路 9777 号 5 楼	徐玮峰	57410259	201400
招商银行上海创智天地支行	淞沪路 333 号 101 单元	沈国强	55675565＊806	200433
招商银行上海吴中路支行	田林路 140 号	马欣旻	60839500＊109	200233
招商银行上海瑞虹支行	天宝路 123 号	翁 敏	55139585	200086
招商银行上海创智天地支行	淞沪路 333 号 101 单元	沈国强	65666958	200433
招商银行上海吴中路支行	田林路 140 号	邓琳琳	60823358	200233
招商银行上海奉贤支行	南桥镇南奉公路 9777 号	徐伟峰	57410355	201400
招商银行上海共和新路支行	共和新路 5001 号	陈 刚	33729331	200435
招商银行上海龙茗路支行	龙茗路 2211 号 2 楼	金涵锋	64989530	201101
招商银行上海九亭支行	人民北路 92—98 号	王 林	67762010	201600

（16）兴业银行上海分行

机 构 名 称	地 址	负责人	电 话	邮 编
兴业银行上海分行	江宁路 168 号	于晓青	62677777	200041
兴业银行上海虹桥支行	仙霞路 137 号	孟健平	62592858	200051
兴业银行上海卢湾支行	蒙自路 59 号	朱春江	53025332	200023
兴业银行上海大柏树支行	逸仙路 661 号	杨 敏	51251155	200434
兴业银行上海市南支行	鲁班路 166 号	郭 强	53023997	200023
兴业银行上海松江支行	人民北路 181 号	宋福新	67722315	201600
兴业银行上海杨浦支行	本溪路 225 号	许海昀	55969311	200092
兴业银行上海闵行支行	莘建路 258 号	许浩峰	64981100	201100

（续表）

机构名称	地址	负责人	电话	邮编
兴业银行上海人民广场支行	威海路147号	陈志康	63599577	200003
兴业银行上海浦东支行	东方路710号	张莉雯	58319651	200122
兴业银行上海华山支行	肇嘉浜路909号	陈日新	54894301	200030
兴业银行上海长宁支行	华山路800弄6号	徐志宏	52395215	200050
兴业银行上海宝山支行	牡丹江路1285号	张　忠	56128015	201900
兴业银行上海漕河泾支行	宜山路540号	余琼花	64756876	200233
兴业银行上海徐汇支行	肇嘉浜路238号	尹　方	64672766	200031
兴业银行上海虹口支行	四川北路1955号	张　敏	36565355	200081
兴业银行上海静安支行	万航渡路99号	王路林	62538880	200040
兴业银行上海黄浦支行	北京东路117号	曹东胜	63210008	200002
兴业银行上海金沙江支行	中山北路3553号	黄雯瑾	62453553	200062
兴业银行上海南外滩支行	制造局路584号	梅　珺	63155128	200023
兴业银行上海普陀支行	常德路1189号	韩雅维	62667695	200060
兴业银行上海嘉定支行	塔城路265号	姚　伟	69530262	201800
兴业银行上海陆家嘴支行	浦建路145号	李崇凯	58396772	200127
兴业银行上海淮海支行	兴业路180号	梁清华	53835322	200020
兴业银行上海武宁支行	武宁南路408号	刘筱华	62322322	200042
兴业银行上海闸北支行	天目西路500号	蔡成钢	63807822	200070
兴业银行上海南汇支行	惠南镇人民西路89—95号	吕　亮	63155090	200023
兴业银行上海市中支行	成都北路600号	吴爱华	63726113	200003
兴业银行上海七宝支行	吴宝路255号	陈惠琴	54495815	201101
兴业银行上海青浦支行	青湖路1010号	吴健青	69728298	201700
兴业银行上海奉贤支行	南桥镇环城南路1099号	王　勤	37596692	201400
兴业银行上海市北支行	周家嘴路999号	孙晓鹏	65633889	200086
兴业银行上海市西支行	梅川路1325号	林　坚	52785085	200333
兴业银行上海五角场支行	淞沪路290号	谈悦楚	33811866	200433
兴业银行上海龙柏支行	红松路227号	王　勇	64491208	201103
兴业银行上海沪闵支行	龙茗路1186号	李文莉	52966062	201101
兴业银行上海彭浦支行	汾西路459号	周勇义	36392122	200435
兴业银行上海交易所支行	世纪大道1701号	陆忠豪	50151558	200122
兴业银行上海天山支行	天山路600弄1号	何锷扬	62338558	200051
兴业银行上海金桥支行	金桥路1391号	熊希愈	58590912	200127
兴业银行上海张江支行	科苑路151号	刘英杰	50275148	201203

(17) 广发银行上海分行

机构名称	地址	负责人	电话	邮编
广发银行上海分行	徐家汇路555号	杨晓民	63901022	200023
广发银行上海分行营业部	徐家汇路555号	章 文	63022233	200023
广发银行上海浦东支行	浦东南路855号	吴春宁	58369010	200120
广发银行上海外滩支行	黄浦路99号	沈 超	63250707	200080
广发银行上海徐汇支行	零陵路353号	邵 敏	64450558	200030
广发银行上海虹口支行	四平路188号	黄定宇	65754072	200086
广发银行上海静安支行	北京西路1068号	王艳辉	62584384	200041
广发银行上海南汇支行	惠南镇城南路1号	徐永明	68037370	201300
广发银行上海松江支行	中山中路245号	沈 静	57823333	201600
广发银行上海长宁支行	淮海西路666号	张志渊	62813177	200052
广发银行上海黄浦支行	徽宁路665号	李 冬	63128900	200011
广发银行上海虹桥支行	古北路716号	葛剑辉	62090509	200336
广发银行上海延安支行	镇宁路251号	吴 宁	62519900	200050
广发银行上海宝山支行	牡丹江路1211号	郭 榆	56113038	200940
广发银行上海淮海支行	淮海中路1360号	郑红宇	64315522	200031
广发银行上海福州路支行	福州路318号	田 滨	62078800	200001
广发银行上海闵行支行	莘朱路222弄268号	曹建华	54153366	201199
广发银行上海嘉定支行	博乐路172号	吴 进	69919912	201800
广发银行上海闸北支行	天目中路267号	周海巍	51016828	200070
广发银行上海普陀支行	梅川路1275号	陈爱忠	52821111	200333
广发银行上海青浦支行	华青南路489号	毕春虎	33863919	201700
广发银行上海金山支行	卫清西路150号	徐文光	33699330	200540
广发银行上海大柏树支行	汶水东路29号	尤 莹	65161155	200437
广发银行上海奉贤支行	南桥镇环城东路西侧608号	谢玲珑	37566633	201400
广发银行上海桃浦支行	真南路1288号601室	水劲松	36395252	200331
广发银行上海长寿支行	昌化路932号	施 琳	52400590	200060
广发银行上海五角场支行	黄兴路1621号	周示钧	55229980	200433
广发银行上海大宁支行	共和新路1301号	王 莹	63061228	200070
广发银行上海漕河泾支行	宜山路700号	郑敏之	64821966	200233
广发银行上海浦东大道支行	桃林路18号	蒋志军	58955138	200135
广发银行上海国金中心大厦支行	世纪大道8号43楼	林 扬	50493006	200120

(18) 平安银行上海分行

机 构 名 称	地 址	负责人	电 话	邮 编
平安银行上海分行	陆家嘴环路1333号	杨 华	58877777	200120
平安银行上海分行营业部	陆家嘴环路1333号1层	刘仕鹏	50979875	200120
平安银行上海延东支行	吴淞路130号一层、七层01及02单元	郑 青	36560332	200002
平安银行上海南京西路支行	南京西路920号	杨豪杰	62718259	200041
平安银行上海虹口支行	四川北路1661号	江 源	63562423	200080
平安银行上海普陀支行	曹杨路171号	张伟航	52363379	200063
平安银行上海淮海支行	延安东路700号	罗聚荣	53851004	200001
平安银行上海卢湾支行	徐家汇路560号	陆荣华	64729577-8110	200025
平安银行上海市东支行	周家嘴路1081号、1085号	裔 骏	35303664	200086
平安银行上海西南支行	漕溪北路1200号	吉红艳	64398215	200030
平安银行上海长宁支行	定西路1299号	薛虹霞	52413131	200050
平安银行上海松江支行	谷阳北路1025号	魏金燕	67737604	201620
平安银行上海陆家嘴支行	浦东南路500号	朱 刚	58887152	200120
平安银行上海市中支行	虹桥路628号底层部分及2层	王志明	64074188	200030
平安银行上海黄浦支行	九江路333号	童国飚	63502266	200001
平安银行上海嘉定支行	博乐路100号	奚军俊	59532087	201800
平安银行上海花木支行	芳甸路1108号	黄晓军	50158387	201204
平安银行上海闵行支行	水清南路19号	吕晓峰	54130202-8101	200110
平安银行上海宝山支行	牡丹江路1081号	叶 玫	56579988-8118	200940
平安银行上海市西支行	宛平南路25号	刘 峰	51168116-8206	200032
平安银行上海青浦支行	城中北路735号	许彩红	59855555-8306	201799
平安银行上海虹桥支行	仙霞路328号	黄宇飞	62757760	200336
平安银行上海静安支行	长寿路1071号	俞琳放	62320055-8201	200042
平安银行上海安亭支行	安亭镇墨玉路141、153号	顾 睿	59560373	201805
平安银行上海五角场支行	黄兴路1855号	李炳忠	55068492	200433
平安银行上海南汇支行	惠南镇人民东路2545号	张盛苑	38258253	201300
平安银行上海闸北支行	天目中路380号1—3楼	付亚东	63541029	200070
平安银行上海奉贤支行	南桥镇江海路301号	马长江	57413901	201400
平安银行上海市南支行	西藏南路882—890号1至2层	张 辉	63452837	200011
平安银行上海北京西路支行	万航渡路179号	汤达伟	62722030	200042
平安银行上海周浦支行	周浦镇年家浜路449号1楼	宋子清	20908873	201318
平安银行上海松江钢材城支行	泗泾镇泗砖路103弄43号、45号1层	王 文	37686958	201601
平安银行上海松江新城支行	新松江路888弄102号1层南及2层	吴 敏	57817086	201620
平安银行上海新天地支行	马当路182弄1号1层,2号1层,马当路186号1层	张 琼	63851127	200020
平安银行上海外滩支行	中山东二路15号楼1楼南侧	龚马铃	63733033	200002
平安银行上海金山支行	卫清东路3070号—3086号(双号)1—2层	俞 宏	37907918	201508

（续表）

机 构 名 称	地 址	负责人	电 话	邮 编
平安银行上海张江支行	上丰路 1288 号 2 号楼 C2 区 1F9—14 轴	陈海鹰	33827057	201201
平安银行上海大柏树支行	东体育会路 990 号	王 玲	56663974	200081
平安银行上海九江路支行	九江路 701、705、707 号	唐 英	63504821	200001
平安银行上海常德路支行	常德路 1231 号一层	刘雅雁	62764405	200060
平安银行上海古北支行	黄金城道 893—899 号 1 楼商铺及荣华东道 19 弄 10 号	姚 颂	62753458	201103
平安银行上海常熟路支行	常熟路 8 号一、二层	张 黎	32504926	200040
平安银行上海徐家汇支行	华山路 1751 号 A 幢商场第一层	谢 鹏	62821002	200030
平安银行上海浦南支行	浦东南路 1351 号	吴桂国	58877777	200122
平安银行上海曹安路支行	曹安路 1926 号(主楼底层及 5 层)	周 炜	69582026	201813
平安银行上海杨浦支行	控江路 1657 号一、二层	王 舒	50158591	200092
平安银行上海大宁支行	共和新路 1550 号一、二层	赵 钢	50158591	200072
平安银行上海金沙江支行	宁夏路 777 号一楼北区 2 楼	沈 寅	50158591	200063

(19) 浙商银行上海分行

机 构 名 称	地 址	负责人	电 话	邮 编
浙商银行上海分行	威海路 567 号	顾清良	61333333	200041
浙商银行上海陆家嘴支行	浦东大道 288 号	陈劼超	60933999	200120
浙商银行上海徐汇支行	肇嘉浜路 680 号	朱 青	61922398	200031
浙商银行上海长宁支行	古北路 258 号	李 铭	61733288	200051
浙商银行上海普陀支行	曹杨路 860 号	丁国海	60717688	200063
浙商银行上海闸北支行	广中路 927 号	忻海国	36567128	200072
浙商银行上海闵行支行	报春路 239 号	邵建宏	61915999	201100
浙商银行上海嘉定支行	环城路 188 号	潘德安	60836133	201800
浙商银行上海松江支行	新松江路 292 号	黄 明	31271288	201620

(20) 渤海银行上海分行

机 构 名 称	地 址	负责人	电 话	邮 编
渤海银行上海分行	银城中路 68 号	冯 强	50106666	200120
渤海银行上海分行营业部	银城中路 68 号	鲍雯君	50106916	200120
渤海银行静安支行	石门一路 217 号	徐昱峰	62711116	200041
渤海银行同济支行	四平路 1230 号	李 方	55677850	200092
渤海银行徐汇支行	肇家浜路 567 号	周以敏	64187998	200031
渤海银行闵行支行	水清路 1026 号 33 幢	范明刚	54177656	201199
渤海银行松江支行	谷阳北路 1783 号	吴 元	37773421	201620
渤海银行联洋社区支行	迎春路 824 号	卞芸芸	50199506	200135
渤海银行老西门社区支行	方斜路 6 号	王允贤	63156067	200021

(21) 北京银行上海分行

机构名称	地址	负责人	电话	邮编
北京银行上海分行	浦东南路 1500 号	沈建峰	20612301	200002
北京银行上海分行营业部	浦东南路 1500 号	刘泳辰	20612667	200120
北京银行上海黄浦支行	河南南路 16 号一层	钱学洪	63361510	200002
北京银行上海宝山支行	双城路 803 弄 9 号一层南侧、二层南侧	刘恩奇	61809560	200940
北京银行上海浦东支行	世纪大道 1588 号 104A、1568 号 1101—1102 室	王逸兴	61065258	200122
北京银行上海闵行支行	闵城路 179、185 号、199 弄 16 号 102、201、202 室	王　春	64606033	201100
北京银行上海嘉定支行	博乐路 100 号	张翼华	39517333	201800
北京银行上海长宁支行	华山路 1568 号 1 楼	宓亦群	62832921	200052
北京银行上海松江支行	新松江路 1188 弄 101 号	万　英	67663096	201620
北京银行上海普陀支行	金沙江路 1628 弄 10 号 1 楼、18 楼 01、02、08、09 单元	黄文涛	32512918	200333
北京银行上海南汇支行	南汇城南路 403—409 号	尹　妮	68008218	201300
北京银行上海徐汇支行	宛平南路 75 号 1 楼、8 楼	陈克奇	33680618	200032
北京银行上海奉贤支行	通阳路 203—221 号	潘雪辉	57429763	201400
北京银行上海杨浦支行	黄兴路 1816 号、1820 号、1868 弄 46 号、80 号	张　峰	55785030	200433
北京银行上海虹口支行	中山北二路 1800 号 7 幢一层 27—40 单元，二层 29—40 单元	张卫国	55896380	200437
北京银行上海青浦支行	青浦镇公园路 99 号 1 层	沈　燕	39259888	201700

(22) 天津银行上海分行

机构名称	地址	负责人	电话	邮编
天津银行上海分行	汉口路 110 号	王　宏	63298989	200002
天津银行上海陆家嘴支行	浦东大道 1 号 101 室、1701 室	王家征	61683008	200120
天津银行上海闸北支行	恒丰路 556 号、558 号和 560 号 1 层 01 单元，恒丰路 568 号 5 层 02 单元	张遇华	61683003	200070
天津银行上海徐汇支行	斜土路 2119 号一楼和三楼	杨指宇	60407060	200032
天津银行上海虹口支行	大连路 843 号 101 室、845—847 号 102 室、851 号 103—104 室，大连路 839 弄 1 号 604—606 室	洪自林	61685341	200080
天津银行上海长宁支行	延安西路 2111 号 1 楼	游江龙	60290913	200336
天津银行上海卢湾支行	顺昌路 622 号 1 号幢一层及二层	毛　雷	61768102	200021
天津银行上海静安支行	威海路 511 号	朱　健	61368486	200041

(23) 江苏银行上海分行

机构名称	地址	负责人	电话	邮编
江苏银行上海分行	富城路 99 号 8 楼	眭建群	50639999	200120
江苏银行上海分行营业部	富城路 99 号 8 楼	林家庆	50639999	200120
江苏银行上海普陀支行	中山北路 3000 号	张 卫	32522720	200063
江苏银行上海杨浦支行	四平路 1779 号	徐凯辉	65111700	200433
江苏银行上海南汇支行	年家浜东路 25 号	戚卫东	68188150	201318
江苏银行上海徐汇支行	肇嘉浜路 446 弄 1 号	焦 群	64738378	200031
江苏银行上海松江支行	中山中路 79 弄 25 号	陈 凯	57812022	201600
江苏银行上海金桥支行	新金桥路 28 号	王 琪	50322368	201206
江苏银行上海闵行支行	莘松路 380 号	殷正元	64985559	201100
江苏银行上海宝山支行	淞宝路 155 弄 2 号	柏 松	36500075	200940
江苏银行上海嘉定支行	永盛路 1190 号	毕建新	60765079	201800
江苏银行上海奉贤支行	环城东路 883 弄 8 号	盛胜利	37568587	201400
江苏银行上海黄浦支行	西藏中路 18 号	何 振	60871516	200001
江苏银行上海闸北支行	海宁路 919 号	朱海林	60715988	200071

(24) 南京银行上海分行

机构名称	地址	负责人	电话	邮编
南京银行上海分行	徐家汇路 518 号	孙艺祥	24198800	200025
南京银行上海浦东支行	世纪大道 787 号	徐 鸣	68876888	200120
南京银行上海徐汇支行	南丹路 80 号	张 雄	61950666	200030
南京银行上海杨浦支行	国顺东路 260 号	倪 军	61855999	200433
南京银行上海淮海支行	西藏南路 228 号	张 黎	61970888	200021
南京银行上海长宁支行	延安西路 1358 号	陈斌全	61970900	200052
南京银行上海普陀支行	长寿路 59 号	包 隽	60566999	200060
南京银行上海虹口支行	同丰路 631 号	乔 弘	60568300	200083
南京银行上海静安支行	新闸路 951 号	魏 星	61761566	200041
南京银行上海张江支行	张江路 605 号	何文明	60876556	201210
南京银行上海北外滩支行	东长治路 760 号 1—2 层	许君立	60250704	200082
南京银行上海嘉定支行	白银路 399 号	朱伟锋	60672800	201800

(25) 宁波银行上海分行

机构名称	地址	负责人	电话	邮编
宁波银行上海分行	世纪大道 210 号	徐正良	31158888	200120
宁波银行上海营业部	世纪大道 210 号	张 亮	31158210	200120
宁波银行上海黄浦支行	黄河路 37 号	朱 洪	31158788	200003

（续表）

机　构　名　称	地　　址	负责人	电　话	邮　编
宁波银行上海徐汇支行	漕溪北路458号	刘浩毅	31158355	200030
宁波银行上海松江支行	人民北路175号	严　铭	31158426	201600
宁波银行上海闵行支行	莘松路355号	朱岸亮	31158469	201100
宁波银行上海静安支行	北京西路1788号	戴良军	31158500	200040
宁波银行上海浦东支行	浦东南路1036号	孙燕平	31158565	200120
宁波银行上海嘉定支行	博乐路198-5号	陈　巍	31158638	201800
宁波银行上海长宁支行	天山路919号	黄　群	31158655	200051
宁波银行上海普陀支行	中山北路3553号	罗益平	62868291	200062
宁波银行上海张江支行	春晓路350号	应　俊	31158808	201203
宁波银行上海卢湾支行	鲁班路617号	张　骏	31158866	200023

（26）杭州银行上海分行

机　构　名　称	地　　址	负责人	电　话	邮　编
杭州银行上海分行	九江路686号10、12、17楼	王立雄	61612822	200001
杭州银行上海分行营业部	九江路686号1楼	罗白焱	61612357	200001
杭州银行上海杨浦支行	四平路2535号1—2层	郑冠群	65111277	200433
杭州银行上海浦东支行	向城路15、17号1层	郭　涛	58307741	200122
杭州银行上海闵行支行	广通路58号	曹保良	34972105	201199
杭州银行上海徐汇支行	肇嘉浜路366号1A室	张　敏	54668632	200031
杭州银行上海虹口支行	海宁路269号	刘　坚	63098927	200080
杭州银行上海嘉定支行	塔城路297弄37号	姜卫星	59918096	201800
杭州银行上海长宁支行	安顺路251号101室	张竺华	32509227	200051
杭州银行上海青浦支行	青湖路876—860号	邵　夫	69237205	201700
杭州银行北新泾支行(2014年待开业)	天山西路280号	孙爱红	32509256	200051

（27）温州银行上海分行

机　构　名　称	地　　址	负责人	电　话	邮　编
温州银行上海分行	九江路333号	张　潜	63601116	200001
温州银行上海宝山支行	牡丹江路1508号一楼东侧	李小凡	66680133	201900
温州银行上海浦东支行	浦东大道1122—1128号	夏立峰	58607066	200135
温州银行上海徐汇支行	田林路140号六号楼	沃俊杰	64701883	200233
温州银行上海虹莘支行	虹莘路2938号、2940号	潘修平	54392677	201101
温州银行上海嘉定支行	永盛路1218号一楼109—114号	秦为群	59905682	201808
温州银行上海杨浦支行	政旦东路20—26号，国庠路21—37号	钱　效	65108119	200433

(28) 浙江泰隆商业银行上海分行

机构名称	地址	负责人	电话	邮编
浙江泰隆商业银行上海分行	常德路425号	严 强	61713999	200040
浙江泰隆商业银行上海闵行支行	漕宝路1687号	章君飞	34677367	201101
浙江泰隆商业银行上海松江支行	泗砖路88号	张志军	37014024	201601
浙江泰隆商业银行上海嘉定支行	澄浏中路2583号	董吾会	60712929	201818
浙江泰隆商业银行上海浦东支行	成山路811号一至三层	贺玲平	20287650	200215
浙江泰隆商业银行上海青浦支行	青湖路782—798号	李丹阳	69225905	201799
浙江泰隆商业银行上海南汇支行	城南路335号1—3层	应子斌	20921223	201300
浙江泰隆商业银行上海奉贤支行	环城东路570弄90号,92号	陈 奋	67105397	201400
浙江泰隆商业银行上海杨浦支行	四平路2158号一层	泮莉芬	55136013	200092
浙江泰隆商业银行上海曹安支行	曹安路1509号一层、二层	贺金华	69183611	201824
浙江泰隆商业银行上海宝山支行	友谊路1588—108号	蒋正栋	51839290	201999
浙江泰隆商业银行上海川沙支行	华夏东路2566号	周才星	20312898	200120
浙江泰隆商业银行上海闸北支行	海宁路939号1楼及2楼	陈 俊	63935085	200040
浙江泰隆商业银行上海金山支行	卫青东路2850—2862号一层、二层	王志明	37907151	201500
浙江泰隆商业银行上海徐汇支行	古宜路181号	罗 毅	64381063	200235

(29) 浙江民泰商业银行上海分行

机构名称	地址	负责人	电话	邮编
浙江民泰商业银行上海分行	桂林路928号2号楼	赵勤奋	34760688	201103
浙江民泰商业银行上海分行营业部	桂林路928号2号楼	沈贤文	34760991	201103
浙江民泰商业银行上海嘉定支行	曹安公路1685号	江 应	69951660	201824
浙江民泰商业银行上海杨浦支行	国权路108号	林烜屹	55672399	200433
浙江民泰商业银行上海浦东支行	海阳路1179号—1189号	彭赛豪	68385068	200126

(30) 厦门国际银行上海分行

机构名称	地址	负责人	电话	邮编
厦门国际银行上海分行	浦东大道138号1楼A室、4楼A室	郑 威	58881518	200120
厦门国际银行上海徐汇支行	南丹东路183—191号	李 军	54061518	200030
厦门国际银行上海静安支行	威海路233号裙楼105单元	郭锦春	63271518	200041
厦门国际银行上海长宁支行	仙霞路333号1楼104室、5楼A2室	潘立荣	60821518	200336
厦门国际银行上海黄浦支行	河南中路369号1层、2层(营业执照)	李平平	63231518	200001

2. 中资银行在沪持牌营运中心

机构名称	地址	负责人	电话	邮编
中国工商银行票据营业部	天潼路133号	郭　伟	61235588	200080
中国农业银行票据营业部	浦东南路379号4楼	王红霞	58885226	200120
中国银行上海人民币交易业务总部	银城中路200号48层	董唯俭	58774910	200120
兴业银行资金营运中心	江宁路168号28楼	陈世涌	32174699	200041
中国农业银行信用卡中心	中山南路318号10楼	陈景明	33054699	200010
中国建设银行信用卡中心	源深路419号	段超良	50378888	200135
招商银行信用卡中心	来安路686号	刘加隆	38834600	201201
兴业银行信用卡中心	来安路500号B栋5楼	严学旺	20320000	201201
中国工商银行私人银行部	中山东一路24号6楼	马　健	23229500	200002
中国农业银行私人银行部	中山东一路26号	周宏亮	53211761	200002
中国工商银行贵金属部	中山东二路11号13楼	周　明	63299299	200002
交通银行太平洋信用中心	松涛路80号	蒋伟森	38769888	201203
浦发银行信用卡中心	浦东南路588号	冯　菁	38784978	200120
浦发银行中小企业中心	北京东路689号15楼	汪素南	61618888	200001
上海银行信用卡中心	天目中路363号	冯雪飞	63545155	200070
上海银行小企业金融服务中心	银城中路168号	朱会冲	68476742	200120

3. 村镇银行

机构名称	地址	负责人	电话	邮编
上海崇明沪农商村镇银行股份有限公司	崇明县城桥镇朝阳门路19号	王　洋(董事长) 陈文斌(行长)	69695660	202150
上海奉贤浦发村镇银行股份有限公司	南桥镇环城东路692号	黄建强(董事长) 刘　胜(行长)	61820800	201400
上海松江民生村镇银行股份有限公司	文诚路230号	沈建武(董事长) 周　丽(行长)	67811306	201620
上海浦东江南村镇银行股份有限公司	周浦镇沪南路3439弄65号	张建军(董事长) 沈志军(行长)	38230700	201318
上海浦东建信村镇银行股份有限公司	川沙镇北市街26号	陈效中(董事长) 金建华(行长)	58989299	201200
上海闵行上银村镇银行股份有限公司	鑫都路2531号	钱芝平(董事长) 喻菁华(行长)	52276658	201108
上海嘉定民生村镇银行股份有限公司	金沙路245号	朱鹤勇(董事长) 丁民华(行长)	69016300	201800
上海宝山富民村镇银行股份有限公司	宝林路458号	梁景光(董事长) 杨志军(行长)	66680633	201999
上海金山惠民村镇银行股份有限公司	卫清东路3008—3018号	邢　敏(董事长) 董　克(行长)	37213031	201500

4. 其他金融机构

（1）中国银联上海分公司

机构名称	地址	负责人	电话	邮编
中国银联上海分公司	吴淞路218号7楼	陈刚	63098888	200080

（2）城市商业银行资金清算中心

机构名称	地址	法定代表人	主任	电话	邮编
城市商业银行资金清算中心	世纪大道1168号A幢八层	张伟国	袁伯平	68598787	200122

（3）资产管理公司

机构名称	地址	负责人	电话	邮编
中国华融资产管理股份有限公司上海市分公司	中山东二路15号10楼	胡英	63289900	200002
中国长城资产管理公司上海办事处	浦东南路379号27—28楼	徐沪江	58871716	200120
中国东方资产管理公司上海办事处	茂名南路205号27楼	陈小伶	64729268	200020
中国信达资产管理股份有限公司上海市分公司	北京西路1399号24—25层	颜祖旺	52000808	200040

（4）非银行金融机构

机构名称	地址	负责人	电话	邮编
上海国际信托有限公司	九江路111号	傅帆	23131111	200001
安信信托投资股份有限公司	广东路689号29楼	杨晓波	63410777	200001
华澳国际信托有限公司	花园石桥路33号17楼	赵文杰	68883098	200120
中泰信托有限责任公司	中华路1600号18层	周雄	63871888	200021
中海信托有限责任公司	蒙自路763号36楼	陈浩鸣	23191688	200023
华宝信托有限责任公司	世纪大道100号59层	钱骏	38506666	200120
上海爱建信托投资有限责任公司	零陵路599号	周磊	64396600	200030
上海汽车集团财务有限责任公司	康定路1199号	沈根伟	62311010	200042
东航集团财务有限责任公司	吴中路686号15楼	肖顺喜	64056666	201103
中船财务有限责任公司	浦东大道1号21楼	曾祥新	68860290	200120
锦江国际集团财务有限责任公司	延安东路100号27楼	陈月明	63264000	200002
申能集团财务有限公司	陆家嘴环路958号10楼	张芊	68866767	200120
上海浦东发展集团财务有限责任公司	浦东南路256号34、35楼	王鸿	58889596	200120
日立（中国）财务有限公司	茂名南路205号1908室	水流孝一	64721002	200020
松下电器（中国）财务有限公司	陆家嘴环路1000号7楼021室	吉村太作	38667009	200120
上海电气集团财务有限责任公司	江宁路212号8楼	秦怿	52895555	200041

（续表）

机 构 名 称	地 址	负责人	电 话	邮 编
宝钢集团财务有限责任公司	浦电路370号9楼	袁 磊	38671888	200122
中海集团财务有限责任公司	东大名路670号5楼	严李浩	65966666	200080
上海复星高科技集团财务有限公司	江宁路1158号1903A	何 霄	60760681	200060
上海华谊集团财务有限公司	浦东南路1271号15楼	郭 牧	50156688	200122
中国石化财务有限责任公司上海分公司	张扬路500号25楼	刘锡健	58367877	200122
中国电力财务有限公司华东分公司	广东路500号28楼	蔡 伟	23016719	200001
交银金融租赁有限责任公司	仙霞路18号	陈 敏	53559858	200336
招银金融租赁有限公司	世纪大道201号9楼	郭 光	61059999	200120
农银金融租赁有限公司	世纪大道100号55层	高克勤	68776699	200120
浦银金融租赁股份有限公司	中山东一路12号	向 瑜	61618888	200002
菲亚特汽车金融有限责任公司	淮海中路300号20楼	AllAN	23109000	200021
福特汽车金融(中国)有限公司	芳甸路1155号19层、20层	NuTran	20894666	201204
上汽通用汽车金融有限责任公司	浦明路160号F座	刘 榕	28936000	200120
东风日产汽车金融有限公司	福山路500号11楼	周 强	38576000	200122
上海国际货币经纪有限责任公司	陆家嘴环路1233号1205室	沈 峻	38617800	200120
上海国利货币经纪有限公司	陆家嘴环路1318号1001室	蔡广龙	38789777	200120
中银消费金融有限公司	滇池路74号3楼	卢 伟	63291680	200120

（5）金融服务公司

机 构 名 称	地 址	负责人	电 话	邮 编
上海远东资信评估有限公司	杨树浦路248号2楼	白 桦	61428000	200082
上海新世纪资信评估投资服务有限公司	汉口路398号14楼	朱荣恩	63501349	200001
中诚信证券评估有限公司	西藏南路760号8楼	周 浩	51019090	200011
华杰资信评级有限责任公司	南苏州路333号20楼	曹志莺	63295599	200002
上海资信有限公司	北京东路280号4—6楼	沈 琨	53211561	200002
上海天诚企业征信有限公司	北京东路280号4—6楼	孙 坚	53211525	200002
上海金国咨询服务有限公司	梅园路77号21楼	沈佩云	63803100	200070
上海普兰金融服务有限公司	张东路1388号8号楼	李映辉	60651060	201203

5. 小额贷款公司

机 构 名 称	地 址	注册资本（万元）	法定代表人	开业日期	电话
上海宝山宝莲小额贷款有限公司	双城路803弄7号101室	5 000	朱卫杰	2008年11月15日	61808853
上海松江龙欣小额贷款股份有限公司	玉华路181号	5 600	郑朝龙	2008年11月17日	37702225
上海浦东新区张江小额贷款股份有限公司	松涛路560号A座2层201A室	61 000	许景琦	2008年11月27日	58958800
上海宝山神农小额贷款股份有限公司	上大路688号218A	6 000	郑雷飞	2008年12月3日	56105501

（续表）

机构名称	地址	注册资本（万元）	法定代表人	开业日期	电话
上海青浦明诚小额贷款股份有限公司	青浦镇淀山湖大道2号	20 000	於德明	2008年12月8日	39222727
上海奉贤新发展小额贷款股份有限公司	南桥镇南桥路1号	10 000	何伟昌	2008年12月12日	57426919
上海嘉定西上海小额贷款有限公司	墨玉南路1000-3号14幢1楼	5 000	宋建明	2008年12月16日	69502276
上海嘉定银丰小额贷款股份有限公司	塔城路365号15楼	10 000	张锡森	2008年12月16日	59916219
上海崇明宝盈小额贷款有限公司	崇明县城桥镇西门路208号	3 000	黄锦培	2008年12月18日	69615655
上海普陀宝祥小额贷款有限公司	桃浦路210号108室	5 000	王岳祥	2008年12月18日	52859093
上海金山民欣小额贷款有限公司	朱泾镇金龙新街440号	30 000	沈世荣	2008年12月25日	57335227
上海闵行九星小额贷款股份有限公司	虹莘路2845号	20 000	吴恩福	2008年12月25日	54147694
上海青浦兴众小额贷款股份有限公司	青湖路1023号511—515室	10 000	郭连学	2008年12月26日	69729191
上海闵行幸子小额贷款股份有限公司	莘建东路58弄A座203室	6 000	张明华	2009年2月6日	54178965
上海松江星浩小额贷款有限公司	谷阳北路1787号	7 000	陈国邦	2009年2月19日	37703239
上海浦东新区融和小额贷款有限公司	惠南镇人民东路2465、2467、2469号	10 000	黄新观	2009年2月26日	38258136
上海松江骏合小额贷款股份有限公司	新松江路909号20层	20 000	张玉峰	2009年2月28日	67752500
上海奉贤绿地小额贷款股份有限公司	解放东路1008号201室	70 000	张　蕴	2009年3月12日	67108383
上海崇明为中小额贷款股份有限公司	崇明县长兴乡凤西路74号10幢3楼	2 000	樊为中	2009年3月25日	56857912
上海浦东新区银泰小额贷款有限公司	惠南镇卫星东路140号	22 857	黄联群	2009年3月26日	58013555
上海徐汇华擎小额贷款股份有限公司	龙漕路299号3幢B—C座1楼	10 000	张永林	2009年4月24日	54039122
上海杨浦科诚小额贷款股份有限公司	国定路335号2号楼1504室	10 000	谢吉华	2009年4月27日	55663075
上海奉贤南郊小额贷款股份有限公司	南桥镇德丰路299号9楼	6 000	蔡永康	2009年5月18日	37580305
上海杨浦科创小额贷款股份有限公司	武东路198号12楼1205—1206室	10 000	朱　方	2009年5月25日	65903664
上海宝山东圣小额贷款有限公司	漠河路600弄B座201室	5 000	邵东明	2009年6月28日	56787578
上海黄浦豫园小额贷款股份有限公司	西藏南路1229号	20 000	张培海	2009年7月30日	63669151
上海静安和信小额贷款股份有限公司	南京西路1081弄20号底层西部1幢	10 000	王邦煜	2009年8月4日	62179559
上海宝山富邦源小额贷款股份有限公司	双城路803弄10号2104室	5 000	方壮源	2009年8月6日	61805140
上海嘉定协通小额贷款股份有限公司	嘉行公路1257号6号楼	5 000	万　燕	2009年8月28日	59556996
上海闸北景业小额贷款股份有限公司	七浦路225—253号177室	10 000	平学孝	2009年9月9日	63938366
上海虹口中科小额贷款股份有限公司	四平路210号1楼	10 000	陈庆钱	2009年10月16日	55158655
上海闵行巾帼小额贷款股份有限公司	古美路997号	15 000	沈慧琴	2009年10月16日	54803331
上海宝山银合小额贷款有限公司	双城路803号7号楼1704室	10 000	郑谢斌	2009年11月10日	61810667
上海长宁长诚小额贷款股份有限公司	幸福路68号	10 000	胡　凯	2009年11月18日	62113350
上海徐汇大众小额贷款股份有限公司	中山西路1515号1102室	40 000	顾　华	2009年12月2日	64862727
上海松江华松小额贷款股份有限公司	松卫北路665号103室	10 000	夏秋珍	2010年1月10日	37745116
上海长宁东虹桥小额贷款股份有限公司	红宝石路500号B栋30楼	50 000	沈若雷	2010年1月19日	32094700
上海闸北北方小额贷款股份有限公司	中兴路1286号202室	10 000	曾　云	2010年1月27日	66296993

（续表）

机 构 名 称	地 址	注册资本（万元）	法定代表人	开业日期	电话
上海松江九和小额贷款股份有限公司	谷阳北路1425弄197号402室	10 000	朱展鹏	2010年1月28日	37702253
上海嘉定嘉加小额贷款股份有限公司	环城路2420弄10号	10 000	张建良	2010年2月8日	69987958
上海浦东新区浩大小额贷款股份有限公司	上南路4059号5幢303室	37 000	桂国杰	2010年3月26日	50655506
上海卢湾天益小额贷款股份有限公司	马当路548号	10 000	高幸奇	2010年4月8日	63855880
上海杨浦华宏小额贷款股份有限公司	国宾路18号1401室	10 000	林木强	2010年4月27日	65429370
上海杨浦览坤小额贷款股份有限公司	逸仙路23号201、202室	10 000	周华瑞	2010年7月30日	35306100
上海松江永信小额贷款股份有限公司	玉树路2583号301室	12 000	石海云	2010年8月5日	57817666
上海浦东新区金浦小额贷款有限公司	昌里路335号106B室	20 000	朱永兴	2010年9月2日	38820720
上海普陀延华小额贷款股份有限公司	西康路1255号701—703室	15 000	胡黎明	2010年9月7日	62762770
上海宝山融泰小额贷款有限公司	殷高西路101号1102、1104室	10 000	魏盛荣	2010年9月9日	33790951
上海虹口虹叶小额贷款有限公司	周家嘴路979号1楼	15 000	谭国平	2010年9月28日	65033388
上海杨浦盛瑞德小额贷款股份有限公司	国和路490号1002室	10 000	陈　平	2010年12月14日	65571001
上海金山利民小额贷款有限公司	枫泾镇枫丽路132号	10 000	王利荣	2010年12月26日	33697958
上海金山众鑫小额贷款有限公司	石化卫零路773号1楼	10 000	谢鹤鸣	2010年12月26日	67223666
上海松江御圣小额贷款股份有限公司	仓丰路242、244号	15 000	唐菊芳	2011年1月14日	67815588
上海浦东新区致广小额贷款有限公司	周浦镇沈梅路99弄1号9楼B座	10 000	孟　煜	2011年1月20日	50880508
上海浦东新区鑫隆小额贷款股份有限公司	龙阳路2277号1901室	10 000	汤庆宝	2011年1月30日	51860086
上海宝山华辉小额贷款股份有限公司	长逸路15号B座1107—1110室	12 000	周伦磐	2011年3月8日	51251189
上海杨浦杨科小额贷款股份有限公司	黄兴路2005弄2号1008室	10 000	冯金安	2011年4月8日	55061077
上海金山金开小额贷款有限公司	卫清西路773号(工行3F)	15 000	徐　弢	2011年5月13日	57953456
上海金山众达小额贷款有限公司	金一路29弄99号	10 000	姚龙昌	2011年5月13日	57930303
上海崇明南亩小额贷款有限公司	崇明城桥镇人民路58号3—5层	1 000	滕祖昌	2011年5月30日	59615788
上海宝山庙行小额贷款股份有限公司	共和新路5199号9楼A座	10 000	张东敏	2011年6月8日	36411590
上海静安华谊小额贷款股份有限公司	延安中路1000号一楼A座	10 000	常　清	2011年6月17日	32568677
上海闵行南大小额贷款股份有限公司	都市路3870号	5 000	张立斌	2011年7月28日	34718026
上海闸北德润小额贷款股份有限公司	共和新路2750号2幢903—905室	10 000	郭浩根	2011年8月8日	60760808
上海宝山亚东小额贷款股份有限公司	双城路803弄9号2601室	10 000	李金钢	2011年9月28日	61812497
上海嘉定祥融小额贷款有限公司	金沙路75号807室	10 000	孟　龙	2011年9月30日	57618708
上海杨浦华东小额贷款股份有限公司	国泰路11号602室	20 000	庄　正	2011年10月17日	55120926
上海静安甬商汇小额贷款股份有限公司	乌鲁木齐北路480号902室	10 000	庄晓天	2011年11月3日	52372190
上海奉贤金海小额贷款股份有限公司	德丰路299弄1号1108室	10 000	朱德才	2011年12月16日	37580033
上海奉贤申星小额贷款股份有限公司	南桥镇宏伟路24号	10 000	陈柄均	2011年12月16日	57427308
上海普陀华盛小额贷款股份有限公司	宁夏路312弄8号201室	5 000	叶　俊	2012年1月4日	33530305
上海杨浦金五角场小额贷款股份有限公司	包头路92号6层	15 000	邢志浩	2012年1月4日	55128035
上海虹口北外滩小额贷款股份有限公司	邯郸路173号1号楼C区109，111，112，116号	10 000	袁　立	2012年2月23日	66187238

（续表）

机构名称	地址	注册资本（万元）	法定代表人	开业日期	电话
上海嘉定中鑫小额贷款有限公司	曹安公路 1515 号 3 号楼 102 室	10 000	徐永顺	2012 年 2 月 29 日	33518900
上海奉贤聚银小额贷款股份有限公司	德丰路 299 弄 1 号 303 室	10 000	李丰林	2012 年 3 月 14 日	37580273
上海松江平高小额贷款股份有限公司	中山二路 216 号 13 层 1301、1302、1303 室	32 000	俞跃良	2012 年 5 月 8 日	67651872
上海长宁大众小额贷款股份有限公司	延安西路 1033 号 105、106、108 室	30 000	顾 华	2012 年 5 月 25 日	62526808
上海浦东新区邦信小额贷款股份有限公司	莲林路 15 号 1 幢 106 室	15 000	陈小脩	2012 年 5 月 25 日	61652961
上海浦东新区长江鼎立小额贷款有限公司	上丰路 977 号 1 幢 B 座 618 室	10 000	海 乐	2012 年 5 月 25 日	60470558
上海浦东新区玖创小额贷款股份有限公司	仁庆路 388 号 1 幢 1 层 101 室	10 000	钱敏华	2012 年 5 月 25 日	68826508
上海浦东新区金桥小额贷款股份有限公司	金海路 3288 号 4 幢 4 楼 401 室 A	10 000	吉蔚娣	2012 年 6 月 7 日	50681198
上海长宁国智小额贷款股份有限公司	红宝石路 500 号 A 栋 16 楼 02A 室	10 000	朱国琴	2012 年 6 月 13 日	32098669
上海奉贤维大小额贷款有限公司	南桥镇环城南路 1158 号	10 000	杜建良	2012 年 7 月 2 日	37569121
上海浦东新区银盛小额贷款有限公司	金桥路 939 号 614 室	10 000	凌根新	2012 年 7 月 2 日	61650175
上海浦东新区恒大小额贷款有限公司	板泉路 728 号 12 幢 301—304 室	15 000	周 奚	2012 年 7 月 17 日	50493033
上海闸北市北高新小额贷款股份有限公司	江场三路 238 号 1512 室	15 000	张羽祥	2012 年 10 月 8 日	56061818 ＊8008
上海松江承平小额贷款股份有限公司	茸梅路 518 弄 5 号	20 000	李国强	2012 年 11 月 26 日	37019988
上海浦东新区亚联财小额贷款有限公司	沪南路 938 号	20 000	长原彰弘	2013 年 1 月 10 日	33786598
上海徐汇荣晟小额贷款有限公司	钦州北路 188 号 8 楼	10 000	王建明	2013 年 1 月 17 日	64159700
上海金山宜华小额贷款有限公司	廊下镇漕廊公路 7810 号	12 000	陆金光	2013 年 1 月 28 日	37911698
上海徐汇昂立小额贷款股份有限公司	虹桥路 333 号 3 幢 105、107、109 室	15 000	朱敏骏	2013 年 2 月 5 日	64688386
上海浦东新区康信小额贷款有限公司	康桥镇秀浦路 3999 弄 1 号 201 室	20 000	汤柳鹊	2013 年 2 月 7 日	20989900
上海浦东新区秋实为农小额贷款股份有限公司	惠南镇听悦路 639—645 号	12 000	赵锦荣	2013 年 3 月 13 日	58008631
上海黄浦联合小额贷款有限公司	鲁班路 158 号 404 室	30 000	李 军	2013 年 3 月 25 日	33257888
上海嘉定国鑫小额贷款有限公司	德富路 1288 号 104 室	10 000	茅 健	2013 年 3 月 25 日	59531080
上海嘉定及时雨小额贷款股份有限公司	沪宜公路 3638 号 2 幢 303 室	10 000	李 新	2013 年 3 月 25 日	22306601
上海嘉定绿缘小额贷款股份有限公司	安亭镇杭桂路 1100 号 703—705 室	10 000	陈建荣	2013 年 3 月 25 日	60296162
上海普陀宏大小额贷款股份有限公司	中山北路 3000 号 1004 室	10 000	李兴华	2013 年 5 月 28 日	62973965
上海长宁赣信小额贷款有限公司	延安西路 570 号	10 000	曹志莺	2013 年 6 月 7 日	62130555
上海虹口东华美钻小额贷款股份有限公司	四川北路 848、850 号 5 楼	10 000	吴炯明	2013 年 6 月 7 日	56057352
上海嘉定大众小额贷款股份有限公司	江桥镇鹤旋路 88 号一层	20 000	顾 华	2013 年 6 月 7 日	69515618
上海浦东新区长鑫小额贷款股份有限公司	北张家浜路 128 号 501-1 室	20 000	施松丽	2013 年 6 月 17 日	61769698

（续表）

机构名称	地址	注册资本（万元）	法定代表人	开业日期	电话
上海松江开天小额贷款股份有限公司	茸梅路555号2幢2楼A座	20 000	金　强	2013年7月5日	37621100
上海青浦工合小额贷款股份有限公司	青龙路79号	10 000	蔡斌彬	2013年8月8日	59262999
上海松江易和小额贷款股份有限公司	谷阳北路1029号	20 000	贺　力	2013年8月13日	33559790
上海奉贤申隆小额贷款股份有限公司	南桥镇环城东路1083号	10 000	钱家庆	2013年8月15日	67102120
上海浦东新区华利小额贷款股份有限公司	泥城镇鸿音路2958号	10 000	顾爱军	2013年9月17日	20969228
上海青浦华新小额贷款有限公司	华新镇新府中路1784—1786号	10 000	李俊峰	2013年10月18日	59779988
上海静安达安小额贷款股份有限公司	安远路1号4层	10 000	耿　毅	2013年11月4日	62129506
上海闵行大众小额贷款股份有限公司	古美路573号	20 000	钟晋倖	2013年12月10日	64986656
上海奉贤南桥新城小额贷款股份有限公司	南奉公路6899号2幢101室	10 000	顾　佾	2013年12月28日	37122607

6. 支付机构

机构名称	地址	电话	邮编
安付宝商务有限公司	真光路1258号6楼	96801	200333
宝付网络科技(上海)有限公司	祖冲之路899号soho软件园2号楼	68811008	201203
东方电子支付有限公司	博霞路165号	400-821-7660	201203
东方付通信息技术有限公司	双城路803号9号楼13楼	0571-65116505	200940
汇潮支付有限公司(原名上海汇潮信息技术有限公司)	中江路879号2号楼402室	52837769	200333
锦江国际商务有限公司	长乐路400号5楼	400-866-6000	200020
卡友支付服务有限公司(原名上海卡友信息服务有限公司)	国定路323号14—15楼	400-881-5516，400-670-1999	200433
快钱支付清算信息有限公司	浦电路360号投资大厦12—13楼	400-615-5799	200120
平安付电子支付有限公司	崂山路316号6楼	400-670-0118	200021
普天银通支付有限公司(原名称普天银通信息科技有限公司)	宜山路700号A4座3楼	3367-7777	200233
杉德电子商务服务有限公司	田林路487号22号楼	962567	200233
上海便利通电子商务有限公司	金沙江路1685号	96896	200333
上海畅购企业服务有限公司	四川北路525号1406—1408室	400-886-6631	200085
上海大千商务服务有限公司	小木桥路681号28楼	62709616	200032
上海大众交通商务有限公司	昭化路12号裙楼底楼	62188888	200050
上海得仕企业服务有限公司	中山西路1800号10楼F座	400-820-0222	200235
上海德颐网络技术有限公司	钦州北路1199号88幢5楼	800-820-2829	200233
上海点佰趣信息科技有限公司	伊犁路152号2楼	400-884-6868	200051
上海电银信息技术有限公司	张江高科技园区博霞路50号503—504室	0571-65005061	201203
上海东方汇融信息技术服务有限公司	延安西路593号1号楼1楼	61229322	200050

（续表）

机构名称	地址	电话	邮编
上海都市旅游卡发展有限公司	中山南路28号9楼	63309120	200010
上海付费通企业服务有限公司	广中西路777号12号楼3楼	962233	200072
上海付费通信息服务有限公司	广中西路777号12号楼3楼	962233	200072
上海富友金融网络技术有限公司	民生路1399号502室	400-6677-333	200135
上海富友支付服务有限公司	民生路1399号511室	400-6677-333	200135
上海瀚银信息技术有限公司	新昌路80号4楼	400-670-8866	200003
上海华势信息科技有限公司	东方路877号2108室	400-670-0808	200122
上海汇付数据服务有限公司	虹梅路1801号9楼	400-820-2819	200233
上海巾帼三六五企业服务有限公司	民生路1403号206室	400-880-0365	200135
上海金诚通电子支付服务有限公司(原名上海金诚通商务服务有限公司)	零陵路899号601室	400-018-9991	200030
上海乐易信息技术有限公司	北京西路780号	400-821-5715	200041
上海纽斯达科技有限公司	威海路48号323室	63831111	200003
上海千悦企业管理有限公司	延平路121号15楼A座	400-820-6070	200042
上海瑞得企业服务有限公司	鲁班路166号	400-820-0108	200023
上海润通实业投资有限公司	大连路990号1008室	400-116-5556	200092
上海杉德支付网络服务发展有限公司	田林路487号22号楼	962567	200233
上海商联信电子支付服务有限公司(原名称上海宜友企业服务有限公司)	上南路3855号11号楼5楼	400-88-95135	201315
上海商旅通商务服务有限公司	空港一路528号1号楼	95524	200335
上海商业高新技术发展有限公司	曲阳路800号1101室	65534350，400-888-6635	200437
上海申城通商务有限公司	南京东路233号620室	63600100	200002
上海盛付通电子支付服务有限公司(原名上海盛付通电子商务有限公司)	张衡路666弄1号9楼	400-720-8888	201203
上海索迪斯万通服务有限公司	仙霞路320号1101—1104室	400-920-6001	200336
上海通卡投资管理有限公司	东方路800号3楼	400-820-0696	200122
上海新华传媒电子商务有限公司	漕溪北路331号A座701室	400-8888-315	200002
上海亿付数字技术有限公司	博霞路160号4楼	51261919	200083
上海银联电子支付服务有限公司	东方路800号28—30楼	95534-6	200122
上海银生宝电子支付服务有限公司(原名称上海融兴网络科技有限公司)	上南路3855号11号楼5楼	400-88-95135	201315
上海优乐网络科技股份有限公司	浦东南路855号18楼	400-116-6668	200000
通联商务服务有限公司	向城路288号8楼	95156	200122
通联支付网络服务股份有限公司	陆家嘴西路99号12楼	0571-6511-0551	201206
迅付信息科技有限公司	天钥桥路1178号	400-643-8588	200232
银联商务有限公司	张衡路1006—1008号	400-622-8888	201203
银视通信息科技有限公司	杨高南路428号2号楼9层A单元	400-8212-166	200120
中钢银通信息技术服务有限公司	浦电路438号21楼	400-005-5858	200122

7. 在沪外资法人银行

机构名称	地址	负责人	电话	邮编
澳大利亚和新西兰银行(中国)有限公司	陆家嘴环路166号17楼	李权	61696016	200120
大华银行(中国)有限公司	东园路111号1层105单元	连文辉	60618888	200120
东方汇理银行(中国)有限公司	世纪大道100号33楼3370室	Xavier Roux	38566888	200120
东亚银行(中国)有限公司	花园石桥路66号28—31楼	关达昌	38663866	200120
法国巴黎银行(中国)有限公司	世纪大道100号25楼	陶怀方	28962888	200120
恒生银行(中国)有限公司	陆家嘴环路1000号34楼、36楼及浦东南路528号27楼	林伟忠	38658888	200120
花旗银行(中国)有限公司	花园石桥路33号	欧兆伦	28966000	200120
华美银行(中国)有限公司	世纪大道88号30楼	吴鹏	50499999	200121
华侨银行(中国)有限公司	源深路1155号	康慧珍	20833188	200136
富邦华一(中国)有限公司	世纪大道1168号A座20楼	詹文嶽	20619888	200122
汇丰银行(中国)有限公司	世纪大道8号37楼	黄碧娟	38882666	200120
南洋商业银行(中国)有限公司	世纪大道800号	程泽宇	38566666	200120
盘谷银行(中国)有限公司	中山东一路7号	洪钦雄	23290100	200002
浦发硅谷银行有限公司	昆明路518号A座3楼	魏高思	35159167	200082
瑞穗银行(中国)有限公司	世纪大道100号21、23楼	网野良一	38558888	200120
三井住友银行(中国)有限公司	世纪大道100号11楼	国贺久德	38609000	200120
三菱东京日联银行(中国)有限公司	陆家嘴环路1233号22楼	吉川英一	68881666＊2974 68881666＊5601	200120
苏格兰皇家银行(中国)有限公司	陆家嘴环路1233号25楼	华庆成	28930168	200120
星明财务有限公司	世纪大道88号1402室	杨志中	50988851	200120
星展银行(中国)有限公司	陆家嘴环路1318号18楼	葛甘牛	38968679/38968624	200120
渣打银行(中国)有限公司	世纪大道201号28层	张晓蕾	38518000/38963000	200120
正信银行有限公司	中山东一路17号底层大厅及第一层、第二层	刘向东	63351916	200002

8. 在沪外资银行分行

机构名称	地址	负责人	电话	邮编
埃及国民银行股份公司上海分行	浦东大道1号12B07室	YASSER EL NEGOULY (亚瑟曼古里)	68860624	200120
澳大利亚澳洲联邦银行公众股份有限公司上海分行	陆家嘴环路1233号1101—1102室		61238900	200120
澳大利亚国民银行有限公司上海分行	银城中路68号42层	Daniel Brian Joseph Armstrong	20890288	200120
巴西银行有限公司上海分行	南京西路1515号一座28层	Sérgio de Quadros (夸德洛)	60103621	200040

（续表）

机 构 名 称	地 址	负责人	电 话	邮 编
比利时联合银行股份有限公司上海分行	浦东大道 1 号 15 楼	李金通（LEE KIM TONG）	58791599	200120
德国北德意志州银行上海分行	陆家嘴东路 166 号 15 楼	Dr. Stephan Popp（浦德范）	58888168	200120
俄罗斯外贸银行公开股份公司上海分行	南京西路 1266 号 11 楼	Alexander Milyukov	61366236	200040
法国外贸银行股份有限公司上海分行	陆家嘴环路 1000 号 19 楼	鲁赐强	61633288	200120
荷兰安智银行股份有限公司上海分行	陆家嘴环路 1000 号 37—022 室	荣彼得	20208000	200120
韩国大邱银行股份有限公司上海分行	红宝石路 500 号 B 栋 11 层 03 室	赵诚文	62369209	201103
美国富国银行有限公司上海分行	世纪大道 100 号 32 楼 30 单元		28927700	200121
挪威银行公共有限公司上海分行	淮海中路 381 号 9 楼 901 室	MATS INGEMAR WERMELIN	61322888	200020
日本横滨银行股份有限公司上海分行	世纪大道 100 号 17 楼 70 室	加藤隆（KATO TAKASHI）	68776800	200120
日本三井住友信托银行股份有限公司上海分行	世纪大道 88 号 50 楼	芥川佳久（AKUTAGAWA YOSHIHISA）	50476661	200120
北欧银行瑞典有限公司上海分行	西藏中路 268 号 4806 室	Corrado Christian Lillelund Forcellati	63405111	200001
瑞典北欧斯安银行有限公司上海分行	世纪大道 8 号 33 层	Fredrik Bertil Hahnel	53966681	200021
瑞典商业银行公共有限公司上海分行	天津路 155 号 2005—2006 室	Mikael Vesterback（魏炳坤）	63298877	200002
瑞典银行有限公司上海分行	花园石桥路 33 号 601 室	刘志美	38612600	200122
瑞士信贷银行股份有限公司上海分行	世纪大道 8 号 280 层	朱承东	38560188	200120
西班牙桑坦德银行有限公司上海分行	世纪大道 88 号 2001 室	Ángel Ortiz Calle（欧安和）	61686000	200120
意大利联合圣保罗银行股份有限公司上海分行	陆家嘴东路 161 号 1001 楼	Rosario Pedicini	58799930	200120
意大利西雅那银行股份有限公司上海分行	太仓路 233 号 25 楼	Paolo Lucioli（路千里）	53830417	200020
印度卡纳拉银行上海分行	银城中路 168 号 26 层	Nara Simhan Raghu	68596330	200120
印度同心银行上海分行	张杨路 500 号 29 楼 D/E 单元	Raj Kumar Khosa	20282842	200122
印度尼西亚曼底利银行上海分行	银城中路 168 号 12 楼 01—04 室	陆宝林	20332603	200120
英国巴克莱银行有限公司上海分行	陆家嘴环路 1233 号 29 楼	欧阳锦绍	50470808	200120
第一商业银行股份有限公司上海分行	红宝石路 500 号 A 栋 15 层 01、04 室	陈金富	32098611	201103
国泰世华商业银行股份有限公司上海分行	花园石桥路 66 号 19 层 05 单元	刘俊豪	68863785	200120
台湾土地银行股份有限公司上海分行	富城路 99 号 1203—1204 室	林坤地	50372495	200120
台湾银行股份有限公司上海分行	南京西路 1788 号 30 楼	颜圭田	32569900	200040
台湾中小企业银行股份有限公司上海分行	凯旋路 399 号 38 楼	陈绍晃	62627171	200051
中国信托商业银行股份有限公司上海分行	世纪大道 100 号 27 楼	杨铭祥	20805888	200120
首都银行（中国）有限公司上海分行	延安西路 1152 号延安西路 1160 号，延安西路 1168 号	岳 洋	61910799	200052
德意志银行（中国）有限公司上海分行	世纪大道 8 号（B 座）30、38、40 层	叶素兰（YAP SOH LAN）	20802800	200120

（续表）

机构名称	地址	负责人	电话	邮编
法国兴业银行（中国）有限公司上海分行	世纪大道88号45层、48层	刘洪涛	38669866	200121
友利银行（中国）有限公司上海分行	浦电路480号1楼	梁君弼	50810707	200122
韩亚银行（中国）有限公司上海分行	银城中路200号33层	赵章行	50372121	200120
新韩银行（中国）有限公司上海分行	陆家嘴环路958号1楼	郑勋楠	68412100	200120
韩国外换银行（中国）有限公司上海分行	浦东南路588号17层	李哲雨	58825998	200120
加拿大蒙特利尔银行（中国）有限公司上海分行	世纪大道8号20层	夏瑾璐	61363600	200120
摩根大通银行（中国）有限公司上海分行	南京西路1601号		52002288	200030
中信银行国际（中国）有限公司上海分行	银城中路200号44层	黄天石	61006110	200120
大新银行（中国）有限公司上海分行	漕溪北路86号1层	庄佩蓉	24113388	200030
永亨银行（中国）有限公司上海分行	世纪大道210号23层	温子斌	28983858	200120
加拿大丰业银行有限公司上海分行	世纪大道88号2904室	傅　琼	60728900	200121
上海商业银行有限公司上海分行	陆家嘴东路161号	陈黎莺	20891888	200120
永隆银行有限公司上海分行	世纪大道8号26楼	程晗光	20351799	200120
澳大利亚西太平洋银行有限公司上海分行	世纪大道8号27层		61657688	200120
德国商业银行股份有限公司上海分行	世纪大道100号37楼	Peter Wolfgang Rolf Vent（樊仲德）	58366666	200120
韩国产业银行上海分行	世纪大道100号38楼	崔畅范	68871234	200120
荷兰合作银行有限公司上海分行	世纪大道8号10楼	Wilhelmus Theodorus Gerardus Hendriks	58889888	200120
美国银行有限公司上海分行	陆家嘴环路1233号16楼	黄晓光	6160888	200120
美国纽约梅隆银行有限公司上海分行	陆家嘴环路1000号41楼	龚忆明	38661166	200120
马来西亚马来亚银行有限公司上海分行	浦东大道1号15层	叶志辉	68860003	200120
意大利裕信银行股份有限公司上海分行	浦东世纪大道88号2401室	Maurizio Brentegani（毛瑞）	50470077	200121
印度国家银行上海分行	淮海中路1010号42层	Dinesh Sharma	54051023	200031
韩国友利银行股份有限公司上海分行	世纪大道1600号23层	金正起	50819556	200120
中信银行国际上海分行	银城中路200号44层	钱晓亮	61006108	200120

9. 外资银行上海代表处

机构名称	地址	负责人	电话	邮编
阿联酋联合国民银行公开合股公司上海代表处	世纪大道100号64楼6470单元	ZAHID MAHMOOD KHALID	68805533	200120
阿联酋阿布扎比银行上市股份公司上海代表处	世纪大道8号2304室	吴　颖	60952388	200120
巴西亿达富贝贝亚银行股份有限公司上海代表处	湖滨路222号1号10楼1009室	HOWARD JYHOON HAN	33113466	200021
德国黑森—图林根州银行上海代表处	陆家嘴环路1000号06—022室	王　艺	68777707	200120

（续表）

机构名称	地址	负责人	电话	邮编
德国贝伦贝格银行两合制公司上海代表处	思南路 75 号	徐英峰	64188411	200120
德国巴登—符腾堡州银行上海代表处	世纪大道 1600 号 23 楼 2311 室	Marcus Wassmuth	50816002	200092
德国地金银行股份有限公司上海代表处	南京西路 1266 号 2902 室	Thomas Adammer	62889908	200040
法国爱德蒙得洛希尔银行股份有限公司上海代表处	陆家嘴东路 166 号 2902 室	王育群	60862599	200120
法国阔达银行股份有限公司上海代表处	长阳路 738 号 3 楼 C3001—3002 室	于 阳	51607630	200082
法国工商银行有限公司上海代表处	延安西路 129 号 2005 室	胡 姗	62496690/6927	200040
哈萨克斯坦博泰银行股份公司上海代表处	外高桥保税区基隆路 55 号 17 楼 04 室	张军生(CHZHAN, TSZYUNSHEN)	58771635	200131
韩国输出入银行上海代表处	遵义路 107 号 1203 室	郑求熙	62375561	200336
荷兰银行有限公司上海代表处	世纪大道 8 号 865—866 室	邹江磊	60627377	200135
荷兰欧洲信贷银行有限公司上海代表处	南京西路 1266 号 4609 室	Mehwet Sudak	61361818	200040
加拿大帝国商业银行有限公司上海代表处	西藏中路 268 号 4807—4808 室	叶 俊	63404600	200001
加拿大多伦多道明银行有限公司上海代表处	南京西路 1266 号 25 楼	鲍李晨(拟任)	62887979	200040
加拿大国民银行有限公司上海代表处	零陵路 899 号 29-B	龚 瑶	51506588/6788	200030
卡塔尔国民银行公共有限公司上海代表处	世纪大道 100 号 9 楼	史 皓	68778980	200120
卡塔尔多哈银行股份有限公司上海代表处	南京西路 1376 号 360 室	卢伟明	62798008/6	200040
科威特国民银行股份有限公司上海代表处	陆家嘴环路 1233 号 1003 室	杨先柳	68881092	200120
美国浦瑞兴银行股份有限公司上海代表处	延安东路 222 号 4304 室	嵇董蕾(DONGLEI JI)	63350098	200002
美国国泰银行有限公司上海代表处	南京西路 1515 号 2610A	刘志伟(LIU, CHIH-WEI)	52985656	200040
南非第一兰特银行有限公司上海代表处	延安西路 728 号 20 楼 B 座	朱 瑾	62100909	200050
葡萄牙圣灵银行股份有限公司上海代表处	陆家嘴东路 161 号 2509 室	钟培忠	58870016	200120
日本鹿儿岛银行上海代表处	陆家嘴环路 27 楼 141 室	中村诚悟(NAKAMURA SEIGO)	68415185	200120
日本蓝天银行股份有限公司上海代表处	陆家嘴环路 1000 号 27 楼 043 室	须永清英(SUNAGA KIYOHIDE)	51178952	200040
日本蓝天银行股份有限公司上海代表处	陆家嘴环路 1000 号 27 楼 043 室	须永清英(SUNAGA KIYOHIDE)	51178952	200120

（续表）

机构名称	地址	负责人	电话	邮编
日本美纳都银行股份有限公司上海代表处	铜仁路195号3312室	河村真二（KAWAMURA SHINJI）	62898080	200040
日本南都银行股份有限公司上海代表处	陆家嘴环路1000号16楼	河野仁（KOHNO HITOSHI）	68412771	200120
日本百十四银行股份有限公司上海代表处	陆家嘴环路1000号14楼012室	盐田哲也（SHIOTA TETSUYA）	58770114	200120
日本七十七银行股份有限公司上海代表处	陆家嘴环路1000号16楼	高桥理（TAKAHASHI OSAMU）	68412077	200120
日本北洋银行股份有限公司上海代表处	延安西路2201号1602	田中雅启（TANAKA MASAHIRO）	62752666	200336
日本商工组合中央金库股份有限公司上海代表处	延安西路2201号1706	木铺万裕（KISHIKU KAZUHIRO）	62753860	200336
日本京都银行股份有限公司上海代表处	陆家嘴环路1000号18楼	光岛秀（拟任）	68410575	200120
日本肥后银行股份有限公司上海代表处	西藏中路268号4007室	漆岛智和（URUSHIMA TOMOKAZU）	63403915	200001
日本信金中央金库有限公司上海代表处	延安西路2201号508	丹羽弘之（NIWA HIROYUKI）	62703091	200336
日本北国银行有限公司上海代表处	南京西路1376号350室（东峰）	一愿阳光（ICHIGAN AKIMTSU）	62798717	200040
日本陆奥银行股份有限公司上海代表处	陆家嘴环路1000号28楼	和岛贵之（WAJIMA TAKAYUKI）	68410698	200120
日本百五银行有限公司上海代表处	茂名南路205号1002室	广田诚（HIROTA MAKOTO）	54661105	200020
日本滋贺银行有限公司上海代表处	陆家嘴环路1000号27楼	户簾和俊（TOMISU KAZUTOSHI）	68415101	200120
日本山阴合同银行股份有限公司上海代表处	陆家嘴环路1000号15层	绫木贤一（AYAKI KENICHI）	68411661	200120
日本大垣共立银行股份有限公司上海代表处	世纪大道88号4406A室	王绍青	50472700	200120
日本八十二银行股份有限公司上海代表处	浦东陆家嘴环路1000号8楼	米泽正太郎（YONEZAWA SHOTARO）	68411882	200120
日本里索那银行股份有限公司上海代表处	延安西路2201号2709室	平原行雄	62755198	200336
日本常阳银行股份有限公司上海代表处	延安西路2201号1901室	加藤伦夫（KATO MICHIO）	62090258	200336
日本CHUGOKU银行股份有限公司上海代表处	延安西路2201号2007室	大木正和	62751988	200336
日本广岛银行股份有限公司上海代表处	延安西路2201号1713室	藤光雅之（FUJIMITSU MASAYUKI）	62752755	200336
日本千叶银股份有限公司上海代表处	延安西路2201号707室	三木秀智（MIKI HIDEHARU）	62780482	200336
日本静冈银行股份有限公司上海代表处	延安西路2201号1813室	大杉幸弘（OSUGI YUKIHIRO）	62098115	200336

（续表）

机构名称	地址	负责人	电话	邮编
日本名古屋银行股份有限公司上海代表处	延安西路 2201 号 1809 室	金田诚二	62754207	200336
日本福冈银行股份有限公司上海代表处	延安西路 2201 号 2010 室	安恒忠纪（YASUTSUNE TADANORI）	62194570	200336
日本伊予银行股份有限公司上海代表处	延安西路 2201 号 1603 室	栗原隆（KURIHARA TAKASHI）（拟任）	62707488	200336
日本北陆银行股份有限公司上海代表处	延安西路 2201 号 602 室	浜田贵英（HAMADA TAKAHIDE）	62708108	200336
西日本城市银行股份有限公司上海代表处	延安西路 2201 号 2209 室	石内宏明	62190600	200336
日本十六银行股份有限公司上海代表处	陆家嘴环路 1000 号 18 楼 022 室	岩村志	68411600	200120
日本第四银行股份有限公司上海代表处	陆家嘴环路 1000 号 28 楼 022 室	土田直树	50119832	200120
日本群马银行股份有限公司上海代表处	陆家嘴环路 1000 号 18 楼 011 室	矶贝城二（ISOGAI JOJI）	68416288	200120
瑞士盈丰银行股份有限公司上海代表处	世纪大道 100 号 65 楼 T10 单元	陆　玮	61680518	200120
瑞士银行有限公司上海代表处	南京西路 1168 号 2411—2412 室	刘元隆	61033099	200041
瑞士宝盛银行有限公司上海代表处	世纪大道 8 号 1003 室	孙　妍	60753180	200041
沙特阿拉伯国家商业银行股份有限公司上海代表处	世纪大道 88 号 38 层 07 室	沈　峻	50875161	200120
泰国开泰银行（大众）有限公司上海代表处	陆家嘴东路 166 号 2708 室	CHATCHAISKUL NANTHAKORN	68419528/29	200120
土耳其实业银行股份公司上海代表处	世纪大道 88 号 4407 室	Tune Turker	50470882	200120
土耳其担保银行股份公司上海代表处	浦东大道 1 号 1304 室	Mustafa Noyan Rona	58797900/4155	200120
西班牙人民银行有限公司上海代表处	南京西路 1038 号 2104 室	LUCIANO MENENDEZ RODRIGUEZ	52281543	200041
西班牙萨瓦德尔银行股份有限公司上海代表处	南京西路 1038 号 1605A	Guillermo Diaz Sevilla	62718347	200041
西班牙对外银行有限公司上海代表处	世纪大道 88 号 3405 室	刘　瑛	50470031	200120
西班牙班西亚银行股份上海代表处	银城中路 200 号 402 室	JESUS CARLOS MIRAMON GARCIA	38713642	200120
西班牙商业银行股份有限公司上海代表处	广东路 689 号 1610 室	Danni Cheng Zhou	63410055	200001
以色列国民银行有限公司上海代表处	富城路 99 号 11 楼 1115 室	Eyal Shimoni	60589213	200120

（续表）

机构名称	地址	负责人	电话	邮编
意大利意联银行股份合作公司上海代表处	长乐路989号3304室	陆 波	61675333	200040
意大利维琴察人民银行股份有限公司上海代表处	长乐路989号3307B	李 鸣	54075455	200030
意大利人民银行有限责任合作公司上海代表处	陆家嘴环路1000号27楼27—103室	Luigi Grisi	68410599	200120
印度联合银行上海代表处	兴义路8号1911室	NANJUNDAPPA THIMMAIAH	52082258	200336
印度旁遮普国家银行上海代表处	商城路800号1411室	BRIJENDRA SINGH VERMA	22157751	200120
英国标准银行有限公司上海代表处	世纪大道8号12层1207—1208室	姚 彬	68412666	200120
约旦阿拉伯银行公众有限公司上海代表处	四平路188号1803室	陈 刚	65077737	200086
协和银行有限公司上海代表处	延安西路2077号1706室	朱利平	62753170	200336
大西洋银行股份有限公司上海代表处	陆家嘴环路1233号31楼3103室	王若冰	68888525	200120
大众银行（香港）有限公司上海代表处	浦东大道138号8楼G室	陈力航	58878851	200120
创兴银行有限公司上海代表处	南京西路288号2605室	张 雷	62794172	200040

10. 外资非银行金融机构上海代表处

机构名称	地址	负责人	电话	邮编
AEON信贷财务公司上海代表处	汉中路158号1201室	於汝毅	63548303	200070
中央短资上海代表处	陆家嘴东路161号1905室	张 华	58799592	200120
上田八木短资上海代表处	茂名南路205号1906室	陈盈萱	54562362	200020
东京短资股份有限公司上海代表处	陆家嘴东路161号812室	徐双龙	68886992	200120
高祺金融国际经纪有限公司上海代表处	广东路689号35层3512室	夏 霏	68411781	200120
毅联汇业有限公司上海代表处	银城中路168号1708室	陶慎昌	68886909	200120
万邦有利上海代表处	浦东南路360号34楼F座	裘 英	68410549	200120
大来信用证国际（香港）有限公司上海代表处	花园石桥路33号29层	卫晨霏	28963940	200120
中银信用卡（国际）有限公司上海代表处	遵义路100号A1215室	唐 骏	61917931	200040
美国速汇金国际有限公司上海代表处	浦东南路588号16楼D室	刘荣群	61946966	200120
英国满利通国际特快汇款有限公司上海代表处	西藏中路168号2508室	陈 峰	51798399	200001

（五）证券业机构名录

1. 证 券 公 司

机 构 名 称	地 址	电 话	邮 编
爱建证券有限责任公司	世纪大道 1600 号 32 楼	32229888	200122
财富里昂证券有限责任公司	世纪大道 100 号 9 层	38784818	200120
德邦证券有限责任公司	福山路 500 号 26 楼	68761616	200122
东方花旗证券有限公司	中山南路 318 号 24 层	23153598	200010
东方证券股份有限公司	中山南路 318 号 2 号楼 22、23 层、25—29 层	63325888	200010
光大证券股份有限公司	新闸路 1508 号	22169999	200040
国泰君安证券股份有限公司	银城中路 168 号 29 层	38676666	200120
海际大和证券有限责任公司	陆家嘴环路 1000 号 45 楼	38582000	200120
海通证券股份有限公司	广东路 689 号	23219000	200001
航天证券有限责任公司	曹杨路 430 号	62446688	200063
华宝证券有限责任公司	世纪大道 100 号 57 层	68777222	200120
摩根士丹利华鑫证券有限责任公司	世纪大道 100 号 75 楼 75T30 室	20336000	200120
上海东方证券资产管理有限公司	中山南路 318 号 2 号楼 31 层	63325888	200010
上海光大证券资产管理有限公司	新闸路 1508 号 17 层	22169653	200040
上海国泰君安证券资产管理有限公司	银城中路 168 号 24 层	38676666	200120
上海海通证券资产管理有限公司	广东路 689 号 32 楼	23219932	200001
上海证券有限责任公司	西藏中路 336 号	53519888	200001
申银万国证券股份有限公司	常熟路 171 号	33389888	200031
长江证券承销保荐有限公司	世纪大道 1589 号 21 楼	38784899	200122
中银国际证券有限责任公司	银城中路 200 号 40 楼	20328000	200120

2. 基金管理公司

机 构 名 称	地 址	电 话	邮 编
长信基金管理有限责任公司	银城中路 68 号 9 楼	61009999	200120
东吴基金管理有限公司	源深路 279 号	50509888	200135
富国基金管理有限公司	世纪大道 8 号 16—17 层	20361818	200120
光大保德信基金管理有限公司	延安东路 222 号 46—48 层	33074700	200002
国海富兰克林基金管理有限公司	世纪大道 8 号 9 层	38555555	200120
国联安基金管理有限公司	陆家嘴环路 1318 号 9 楼	38992888	200121
国泰基金管理有限公司	世纪大道 100 号 39 楼	38561600	200120
华安基金管理有限公司	世纪大道 8 号 31—32 楼	38969999	200120
华宝兴业基金管理有限公司	世纪大道 100 号 58 楼	38505888	200120
华富基金管理有限公司	陆家嘴环路 1000 号 31 层	68886996	200120

（续表）

机　构　名　称	地　　址	电　话	邮　编
汇丰晋信基金管理有限公司	世纪大道8号17楼	20376868	200120
海富通基金管理有限公司	花园石桥路66号36—37层	38650999	200120
汇添富基金管理股份有限公司	富城路99号21楼	28932888	200120
金元惠理基金管理有限公司	花园石桥路33号3608室	68881801	200120
交银施罗德基金管理有限公司	世纪大道201号10层	61055050	200120
诺德基金管理有限公司	陆家嘴环路1233号12楼	68879999	200120
农银汇理基金管理有限公司	世纪大道1600号7楼	61095588	200122
浦银安盛基金管理有限公司	淮海中路381号38楼	23212888	200020
上投摩根基金管理有限公司	富城路99号20楼	38794999	200120
申万菱信基金管理有限公司	淮海中路300号40层	23261188	200021
泰信基金管理有限公司	浦东南路256号36、37层	20899188	200120
天治基金管理有限公司	复兴西路159号	64371155	200031
万家基金管理有限公司	浦电路360号9层	38619999	200122
信诚基金管理有限公司	世纪大道8号9层	68649788	200120
兴业全球基金管理有限公司	张杨路500号20楼	58368998	200122
华泰柏瑞基金管理有限公司	民生路1199弄1号17层	38601777	200135
银河基金管理有限公司	世纪大道1568号15楼	38568888	200122
中海基金管理有限公司	银城中路68号2905—2908室及30层	38429808	200120
中欧基金管理有限公司	花园石桥路66号8层	68609600	200120
中银基金管理有限公司	银城中路200号45层	38834999	200120
纽银梅隆西部基金管理有限公司	世纪大道100号19楼	38572888	200120
富安达基金管理有限公司	世纪大道1568号29层	61870999	200122
财通基金管理有限公司	银城中路68号41楼	68886666	200120
长安基金管理有限公司	芳甸路1088号16层	20329999	201204
德邦基金管理有限公司	吴淞路218号35层	26010999	200080
华宸未来基金管理有限公司	四川北路859号16层	26066999	200085
中原英石基金管理有限公司	花园石桥路33号17层	38556666	200120
东海基金管理有限责任公司	世纪大道1528号15楼	60586300	200122
兴业基金管理有限公司	江宁路168号7楼	22211888	200041
上银基金管理有限公司	世纪大道1528号12楼	60232799	200122
鑫元基金管理有限公司	富城路99号31楼	20892000	200120
永赢基金管理有限公司	世纪大道210号27楼	51690188	200120
华福基金管理有限责任公司	东方路3261号B座20层	51917678	200125
圆信永丰基金管理有限公司	世纪大道1528号19楼	60366000	200122

3. 期货公司

机构名称	地址	电话	邮编
中信新际期货有限公司	浦东大道1085号C座401室	61051166	200135
新湖期货有限公司	裕通路100号36层	22155599	200070
申银万国期货有限公司	东方路800号7、8、10楼	50588811	200122
上海中期期货有限公司	浦电路500号11楼	61090799	200122
上海中财期货有限公司	陆家嘴环路958号23楼、2402室	68866688	200120
上海浙石期货经纪有限公司	浦电路438号10楼	50586902	200122
上海通联期货有限公司	陆家嘴环路958号7楼	68866986	200120
上海普民期货经纪有限公司	中山北路2550号820—824	62570000	200063
上海良茂期货经纪有限公司	打浦路198号	63046489	200023
同信久恒期货有限责任公司	世纪大道1500号12楼北座	68416966	200122
上海金源期货有限公司	源深路273号(1、2、3楼)	68559999	200135
上海东证期货有限公司	松林路300号14层	68400610	200122
上海东亚期货有限公司	松林路300号2202—2205室	68400499	200122
上海东方期货经纪有限责任公司	松林路300号1603室	68401477	200122
上海大陆期货有限公司	凯旋路3131号25、26楼	54071888	200030
华鑫期货有限公司	宁海东路200号27、28楼	63558998	200021
华闻期货经纪有限公司	浦东大道720号22楼A、B、C、D、M、N室	50368918	200120
恒泰期货有限公司	峨山路91弄120号2层201单元	68405178	200122
海证期货有限公司	临平北路19号	65218887	200086
海通期货有限公司	世纪大道1589号17楼、6楼01～04单元、25楼	61871688	200122
国投中谷期货有限公司	东大名路638号	60560800	200080
国泰君安期货有限公司	延平路121号	52138857	200042
光大期货有限公司	福山路458号	22169060	200122
东兴期货有限责任公司	杨树浦路248号22层	65456870	200082
东吴期货有限公司	西藏南路1208号6楼、10楼EFGH室	63123019	200011
东航期货有限责任公司	吴中路686弄3号D幢16楼	64068796	200233
天鸿期货经纪有限公司	东大名路1080号21层01、02、03室	60769640	200082
国信期货有限责任公司	广纪路738号1幢118室	68865815	200434

4. 外资证券基金类机构上海代表处(截至2014年5月15日)

机构名称	地址	电话
野村证券株式会社上海代表处	淮海中路381号35楼3501室	61937212
美国美林国际有限公司上海代表处	陆家嘴环路1233号1607B—1608单元	61324896
中信里昂证券有限公司上海代表处	世纪大道100号9楼0910室	20205881
香港新鸿基投资服务有限公司上海代表处	南京西路338号1903室	63276850
高盛(中国)有限责任公司上海代表处	长乐路989号43楼	24018621

（续表）

机 构 名 称	地 址	电 话
巴克莱证券有限公司上海代表处	陆家嘴环路 1233 号 3102A 室	38966150
韩国友利投资证券公司上海代表处	浦东南路 528 号北塔 1205 室	68826100
香港群益国际控股有限公司上海代表处	浦东南路 360 号 18 楼 A 座	58887188
韩国现代证券公司上海代表处	浦东南路 528 号北塔 1405 室	68817007
台湾元富证券(香港)有限公司上海代表处	淮海中路 918 号 16 楼 D 座	61369088
香港永丰金证券(亚洲)有限公司上海代表处	浦东南路 256 号 2405 室	68865358
香港日盛嘉富证券国际有限公司上海代表处	天山路 310 号 903-B 室	62375055
花旗环球金融亚洲有限公司上海代表处	花园石桥路 33 号 34 楼	28963816
台湾凯基证券亚洲有限公司上海代表处	红宝石路 500 号 2 号楼 2203B、2204 室	61258678
洛希尔中国控股有限公司上海代表处	南京西路 1266 号 3207 室	62881528
台湾统一证券(香港)有限公司上海代表处	浦东南路 360 号 6 楼 F 座	58402533
香港上海汇丰银行有限公司(证券业务)上海代表处	世纪大道 8 号 20 楼 2013—2016 单元	38882609
内藤证券公司上海代表处	茂名南路 205 号 1101 室	64672900
香港摩根大通证券(亚太)有限公司上海代表处	南京西路 1601 号 50 楼	52003900
法国巴黎资本(亚洲)有限公司上海代表处	世纪大道 100 号 26 楼 2630 室	60969006
法国兴业证券(香港)有限公司上海代表处	世纪大道 88 号 4806A 室	50470218
香港卓亚(企业融资)有限公司上海代表处	东方路 710 号 1504 室	68763248
富达基金(香港)有限公司上海代表处	世纪大道 8 号(B 座)33 层 3311—3312 室	20305610
台湾元大宝来证券股份有限公司上海代表处	陆家嘴环路 1233 号 7 楼 705—708 室	61873887
大和投资管理(香港)有限公司上海代表处	陆家嘴环路 1000 号 45 楼 012 室	58401886
瑞士信贷(香港)有限公司上海代表处	世纪大道 8 号 28 楼、29 楼	38560319
日本瑞穗证券股份有限公司上海代表处	世纪大道 100 号 17 楼 T10 室	68778000
三井住友资产管理股份有限公司上海代表处	南京西路 1168 号 1002 单元	52925960
台湾富邦综合证券股份有限公司上海代表处	遵义路 100 号 A 座 2111—2112 室	62370935
德意志银行股份有限公司(证券业务)上海代表处	世纪大道 8 号 38 层 01—02 和 15—16 室	20801630
渣打证券(香港)有限公司上海代表处	世纪大道 201 号 13 楼 02 单元	38518207
美国富瑞金融集团上海代表处	南京西路 1168 号 1909 室	61118700
冈三证券股份有限公司上海代表处	世纪大道 100 号 1730 室	68811001
马丁可利投资管理有限公司上海代表处	陆家嘴花园石桥路 66 号 1547 室	20803090
美国威廉—博莱有限责任公司上海代表处	湖滨路 222 号 1 号楼 1116—1118 室	23272290
英国施罗德集团上海代表处	世纪大道 8 号 11 楼 1101 室	50120580
麦格理证券(澳大利亚)股份有限公司上海代表处	长乐路 989 号 3 楼 309—311 单元	24129003
荷兰荷宝基金管理公司上海代表处	陆家嘴环路 1000 号 18 楼 142 室	68412280
香港致富证券有限公司上海代表处	陆家嘴东路 161 号 1309 室	38870772
韩国未来资产环球投资有限公司上海代表处	陆家嘴环路 166 号 5 楼 B 室	31352084
东洋证券股份有限公司上海代表处	南京西路 1376 号 416 室	62798112
韩国大信证券股份有限公司上海代表处	银城中路 8 号 809 室	50105298
益华证券有限公司上海代表处	银城中路 68 号 3305—3307 室	50106218
韩国新韩金融投资股份有限公司上海代表处	陆家嘴环路 958 号 1 楼 104 单元	68889135
新加坡安本亚洲资产管理有限公司上海代表处	太仓路 233 号 21 层 01 单元	51525600
新加坡东京海上国际资产管理有限公司上海代表处	陆家嘴环路 1000 号 18 楼 122 室	68410288

（续表）

机　构　名　称	地　　址	电　话
蓝泽证券股份有限公司上海代表处	南京西路 1376 号 536 室	62798906
韩国爱思开证券股份有限公司上海代表处	陆家嘴环路 166 号 20-01Q 室	51748840
日本大和住银投信投资顾问株式会社上海代表处	陆家嘴环路 1000 号 24 楼 011 室	68410800
香港联昌证券有限公司上海代表处	陆家嘴环路 1233 号 803 室	50471771
美国盈透证券有限公司上海代表处	陆家嘴环路 1233 号 1007 室	60868508
台湾华南永昌综合证券股份有限公司上海代表处	漕溪北路 18 号 19C 座	34241158
新加坡利安资金管理公司上海代表处	淮海中路 333 号 12 层 REGUS 瑞安中心 A19 室	51160529
韩国华宜资产运用株式会社上海代表处	浦东南路 528 号北楼 2306B 室	66800218
韩国投资信托运用株式会社上海代表处	世纪大道 100 号 64 楼 64T50 室	68776880
韩国大宇证券股份有限公司上海代表处	陆家嘴环路 1000 号 28 楼 013 室	50136392
香港第一金和昇证券有限公司上海代表处	红宝石路 500 号 2 号楼 11 楼 02 室	32080311
台湾元大宝来证券投资信托股份有限公司上海代表处	陆家嘴环路 1233 号 706A 室	61820303
野村投资管理香港有限公司上海代表处	淮海中路 381 号 8 楼 825 室	61937329
香港博大证券有限公司上海代表处	新闸路 356 号 1202 室	53012157
香港海通国际证券有限公司上海代表处	陆家嘴东路 166 号 2905 室	68411902
新加坡星展唯高达香港有限公司上海代表处	陆家嘴环路 1318 号 1306 室	68883376
瑞银证券亚洲有限公司上海代表处	花园石桥路 33 号 37 楼 3708 室	
摩根士丹利亚洲有限公司上海代表处	延安东路 222 号 7 楼 702A	
明富环球新加坡私人有限公司上海代表处	世纪大道 100 号 1780 层	
台湾兆丰资本(亚洲)有限公司上海代表处	天钥桥路 325 号 2208 室	
韩国韩华投资证券股份有限公司上海代表处	世纪大道 88 号 2007 室	
韩国科提比资产运用株式会社上海代表处	陆家嘴东路 161 号 1108 室	
新加坡星展亚洲融资有限公司上海代表处	陆家嘴环路 1318 号 1305 室	
韦仕投资银行集团有限公司上海代表处	花园石桥路 33 号 2316 室	

（六）保险业机构名录

1. 寿 险 总 公 司

机　构　名　称	地　　址	总经理	电　话	批准时间
中国太平洋人寿保险股份有限公司	银城中路 190 号	徐敬惠	33965062/58776688	1991.4
太平人寿保险有限公司	民生路 1399 号	张　可	50614888	2001.11
国华人寿保险股份有限公司	世纪大道 88 号 4 层	金振华	61058666	2007.10
建信人寿保险有限公司	源深路 1088 号 8、9 楼及 1602—1604 单元	赵富高	38991666＊1133/1147	1998.9
平安养老保险股份有限公司	陆家嘴环路 1333 号 20 楼、21 楼	赵卫星	38636134	2004.12
太平养老保险股份有限公司	银城中路 488 号 25、26 层	傅文胜	61652352	2004.12

（续表）

机构名称	地址	总经理	电话	批准时间
长江养老保险股份有限公司	浦东南路588号7楼	李春平	38606836/38606823	2007.3
平安健康保险股份有限公司	陆家嘴环路1333号19楼	Ajdrew Michael Scott	38635846/7361/13817659791	2005.5
东方人寿保险股份有限公司	张杨路500号12楼	田　地	58367996	2001.12
中宏人寿保险有限公司	世纪大道88号6楼	Guy Raymond Adam Mills	50492288＊5292/5311	1996.11
工银安盛人寿保险有限公司	陆家嘴环路166号19楼	张文伟	58792288	1999.6
交银康联人寿保险有限公司	仙霞路18号18—21楼	张宏良	22192288＊2100	2000.8
北大方正人寿保险有限公司	世纪大道1168号A栋21层	李　平	38929911	2002.11
海康人寿保险有限公司	张恒路1000弄77号	马君硕	38784868	2003.4
长生人寿保险有限公司	世纪大道100号8楼08T70室	MAEBA YOSHINOBU	38999888	2003.9
国泰人寿保险有限责任公司	世纪大道88号11楼	林国寿	61006168＊0/1055	2004.12
中美联泰大都会人寿保险有限公司	黄陂北路227号15楼	谭　强	23103695/23103636	2005.7
汇丰人寿保险有限公司	世纪大道8号18楼	James Patrick costello	38509200	2009.6
中德安联人寿保险有限公司	浦东南路360号2楼A区、C区及37楼A区	陈　良	61653688	1998.10
复星保德信人寿保险有限公司	芳甸路1155号36层3601—3605室	孙建军	38139588	2012.9.13
友邦保险有限公司上海分公司	中山东一路17号3—8楼	方志男	53599988＊62002	1992.9

2. 寿险分公司

机构名称	地址	总经理	电话	批准时间
中国人寿保险股份有限公司上海市分公司	人民路858—864号	高志缨	23221307	2003.6
中国平安人寿保险股份有限公司上海分公司	常熟路8号	韩　光	62078673/62078817/62078951	2002.11
中国太平洋人寿保险股份有限公司上海分公司	吴淞路400号	徐　勇	66779900＊2400	2000.12
泰康人寿保险股份有限公司上海分公司	南京西路580号47楼	王庆龙	61939300/9667/9752	2000.4
泰康养老保险股份有限公司上海分公司	南京西路580号48楼	刘　跃	61939522	2010.3
新华人寿保险股份有限公司上海分公司	东大名路558号	唐庚荣	60934263	2001.3
太平人寿保险有限公司上海分公司	民生路1399号10—12层，17层	张立辉	62727777/62722800	2002.4
生命人寿保险股份有限公司上海分公司	张杨路707号	施文澜	58773333/28993009	2004.4
东方人寿保险股份有限公司上海分公司	张杨路500号12楼	李　铭	58367321	2004.4
民生人寿保险股份有限公司上海分公司	江宁路167号23层及501A	孙国强	61355555＊5523	2004.10
合众人寿保险股份有限公司上海分公司	东方路69号12楼	于振东	68634567	2005.4
中国人民人寿保险股份有限公司上海市分公司	福佑路8号	孙　磊	58359700＊200	2007.10
正德人寿保险股份有限公司上海分公司	宁波路1号8楼	马云山	63238666＊6202	2007.10

（续表）

机构名称	地址	总经理	电话	批准时间
英大泰和人寿保险股份有限公司上海分公司	恒通路 360 号	韩　朔	51160000/51160090	2007.11
华泰人寿保险股份有限公司上海分公司	世纪大道 1589 号 6 层	卞东杰	61870518	2008.1
幸福人寿保险股份有限公司上海分公司	北京西路 1399 号 23 层	张嘉伟	61031155	2008.7
国华人寿保险股份有限公司上海分公司	世纪大道 88 号 1 区 4 层 01—03、09 单元	金振华	61098585	2008.9
平安养老保险股份有限公司上海分公司	常熟路 8 号 5 楼	周连成	62078795	2007.2
太平养老保险股份有限公司上海分公司	南京西路 1600 号 7 楼	吴金发	60456666	2008.6
中国人寿养老保险股份有限公司上海市分公司	人民路 858 号 7 层	芮国良	63365221/23221612 (13501663572)	2009.7
中国人民健康保险股份有限公司上海分公司	东方路 3261 号 7 楼	乔善波	61001166＊8618	2005.12
和谐健康保险股份有限公司上海分公司	浦东南路 1118 号 17 楼	葛晓峰	68875856	2006.6
平安健康保险股份有限公司上海分公司	常熟路 8 号 9 楼	吴新春	62078278	2006.12
昆仑健康保险股份有限公司上海分公司	虹桥路 1386 号 3 层 3E01	王　勋	22198239/22198318	2010.3
阳光人寿保险股份有限公司上海分公司	南京西路 819 号 20 楼	张华伦	62588313	2010.6
光大永明人寿保险有限公司上海分公司	淮海中路 200 号 29 层 A 区、30 层	张　耿	61566156/6192/6167	2007.12
安邦人寿保险股份有限公司上海分公司	浦东南路 1118 号 16 楼 1606 室	叶晓雯	61096956	2011.2
中融人寿保险股份有限公司上海分公司	北京西路 1465 号 19 楼	寿宇卫	22301699	2011.3
信泰人寿保险股份有限公司上海分公司	吴淞路 469 号 C 区 2002 室、2006 室	徐　勇	60650333＊76369/76365	2011.9
天安人寿保险股份有限公司上海分公司	浦东南路 360 号 3 层 A、B 室	任　军	60750789	2011.11
华夏人寿保险股份有限公司上海分公司	世纪大道 1528 号	李尚武	029-88337100	2012.3
北大方正人寿保险有限公司上海营业部	九江路 686 号 3 楼 A 座			2013.4
中宏人寿保险有限公司上海分公司	西江湾路 388 号 B 栋 9 层—12 层、15 层—20 层	徐文昌	53594770＊8518	2007.4
中德安联人寿保险有限公司上海分公司	浦东南路 360 号 2 楼 B 区	敖宝莲	61653578(法规部)	2008.4
中意人寿保险有限公司上海分公司	吴淞路 218 号 19、20 楼	庞震刚	61055588＊1901	2005.10
瑞泰人寿保险有限公司上海分公司	淮海中路 398 号 19 层 ABC1	严国超	61418800＊2711	2005.11
招商信诺人寿保险有限公司上海分公司	世纪大道 1589 号 706、707 单元	周　晖	61871288＊821	2005.11
信诚人寿保险有限公司上海分公司	四川北路 859 号 25 层	赵建刚	68644688	2005.5
中荷人寿保险有限公司上海分公司	竹林路 101 号 1704 室	王　佶	60362977	2012.11

3. 产险总公司

机构名称	地址	总经理	电话	批准时间
中国太平洋保险(集团)股份有限公司	银城中路 190 号	霍联宏	33961067/33961663(郑)	1991.4
中国太平洋财产保险股份有限公司	银城中路 190 号	吴宗敏	33962106/33962309	1991.4

（续表）

机 构 名 称	地 址	总经理	电 话	批准时间
天安财产保险股份有限公司	浦东大道1号	高焕利	61017878	1994.1
大众保险股份有限公司	延安西路1033号裙楼6楼	陈耀中	23076617	1995.1
中国大地财产保险股份有限公司	民生路1199弄1号8楼	郭 敏	68577310	2003.9
安信农业保险股份有限公司	共和新路3651号	周伟国	66988000	2004.9
永诚财产保险股份有限公司	陆家嘴环路958号37层	Sammy Sum Yu Chan	51105888	2004.9
天平汽车保险股份有限公司	浦东南路500号15楼	胡 务	58401126/13901720988	2004.12
中国人保资产管理有限公司	银城中路200号10楼	无	38571800	2003.7
华泰资产管理有限公司	世纪大道88号4308室	淦客兴	61001668	2005.1
平安资产管理有限责任公司	陆家嘴环路1333号29—31楼	万 放	38638888	2005.5
太平洋资产管理有限责任公司	西藏中路336号20楼	于业明	68659999＊5625	2006.6
太平资产管理有限公司	银城中路488号42、43楼	杨新民	61002999/61655387	2006.9
民生通惠资产管理有限公司	松花江路2601号1幢B区3楼	葛 旋	60278666/18616398078	2012.10
华泰财产保险有限公司	世纪大道88号四区43层03单元	丛雪松	60963663/010-59371363 刘小姐	2011.7
众安在线财产保险股份有限公司	圆明园路169号4—5楼	尹 海	60278666/18616398078	2013.9
三星财产保险(中国)有限公司	虹桥路1438号20楼	郑贤俊	22311841/22311888	2001.4
三井住友海上火灾(中国)有限公司	世纪大道100号34—T70	伊藤幸孝	68777800	2001.1
太阳联合保险(中国)有限公司	芳甸路1155号	张嘉麟	60359188	2007.7
丘博保险(中国)有限公司	芳甸路1155号	冯天佑	23256688	2007.9
美亚财产保险有限公司	世纪大道1589号5楼	郑 艺	38578000	2007.9
东京海上日动火灾保险(中国)有限公司	陆家嘴环路1000号38楼、41楼	大野博仁	68414455	2008.7
国泰财产保险有限责任公司	世纪大道1168号A座15层	陈谨洲	61032288＊法务部	2008.9
劳合社保险(中国)有限公司	陆家嘴环路1233号3301—3305室	高 璁	61628211/8235	2007.3
信利保险(中国)有限公司	世纪大道1568号33层3305B	谢哲强	60583909/60583911	2010.12
安盛保险有限公司	世纪大道1701号南塔11层	陈耀棠	68823351	1996.11
汉诺威再保险股份公司上海分公司	世纪大道1568号3305A3307室	周俊明	50819585＊115	2008.3
德国通用再保险股份公司上海分公司	陆家嘴东路161号1803室	蔡端绵	61006300	2004.5

4. 产险分公司

机构名称	地址	总经理	电话	批准时间
中国人民财产保险股份有限公司上海市分公司	中山南路700号	张家庆	63773000	1949.10
中国人民财产保险股份有限公司航运保险运营中心	中山南路700号17层	祖宙军	63671089/63671003	2010.12
中国太平洋财产保险股份有限公司上海分公司	吴淞路400号	张渝	66779900 * 1626	1991.4
中国太平洋财产保险股份有限公司航运保险事业营运中心	上海市吴淞路400号11—12楼	唐瑞平	66779900 * 1251	2010.12
中国平安财产保险股份有限公司上海分公司	常熟路8号10楼	吴军	62494670	2002.5
中国平安财产保险股份有限公司航运保险运营中心	浦东南路360号28层	张晓东	13701988025	2012.3
天安财产保险股份有限公司上海分公司	浦东大道2000号7楼	黄方红	58219955 * 1225/68552394	1994.1
大众保险股份有限公司上海分公司	延安西路1033号4—5楼	李涛	23076648	2003.3
华泰财产保险有限公司上海分公司	浦东大道720号26楼	马坚	51163578/13661618720	1998.1
太平财产保险有限公司上海分公司	陆家嘴东路166号	阚季刚	58877888	2002.4
中国出口信用保险公司上海分公司	杨高南路428号4号楼	朱守中	63306030 * 6226/6236	2002.6
中华联合财产保险股份有限公司上海分公司	成都北路600号13—22层	陆丰元	53554600	2003.3
华安财产保险股份有限公司上海分公司	世纪大道1777号3层A、B单元	杨海鸥	38570000	2003.9
中国大地财产保险股份有限公司上海分公司	吴淞路130号13楼01—03单元、14楼	万忠明	36128000	2003.11
安邦财产保险股份有限公司上海分公司	浦东南路1118号16楼	丁晓娜	61601166	2003.11
永诚财产保险股份有限公司上海分公司	浦东大道900号9楼、801—802室	李明华	58525999	2005.11
阳光财产保险股份有限公司上海市分公司	广中西路777弄55号9楼	王森	66316727	2005.12
阳光财产保险股份有限公司航运保险运营中心	福山路458号19楼		58301991	2013.6
中国大地财产保险股份有限公司营业部	浦电路360号10层A单元	黄叻	58827966	2006.4
天平汽车保险股份有限公司上海分公司	浦东南路500号21—22层D单元	张晓宇	63555599	2006.9
都邦财产保险股份有限公司上海分公司	福山路450号8楼	顾大庆	61638888	2006.11
中国人寿财产保险股份有限公司上海市分公司	天潼路133号12楼	汪建军	61810000	2007.6
民安财产保险有限公司上海分公司	吴淞路218号11楼1101、1102、1108—1110室	徐勇强	68877231	2007.7
中银保险有限公司上海分公司	四川中路321号9楼和11楼	刘洪	63391396/63392880	2007.7
安诚财产保险股份有限公司上海分公司	中山南路969号17层	陈鸣	52588797	2007.1
渤海财产保险股份有限公司上海分公司	浦东南路2240号201、507室	邵洪勇	51325906	2007.11
华泰财产保险有限公司营业部	世纪大道1600号2206室	胡千海	38617101	2008.6

（续表）

机 构 名 称	地 址	总经理	电 话	批准时间
英大泰和财产保险股份有限公司上海分公司	银城中路68号20层、1层107单元	汪 媛	51168168/13585550778	2009.1
紫金财产保险股份有限公司上海分公司	淮海西路666号702—704室	杨文涛	20301211	2009.12
中国财产再保险股份有限公司上海分公司	花园石桥路66号1203室	王忠曜	33830050	2004.3
信达财产保险股份有限公司上海分公司	北京西路1399号18楼	曹明兴	62792812/62792888	2010.6
鼎和财产保险股份有限公司上海分公司	铁岭路32号1701—1706室	何 雷	61731988	2010.7
中国人寿再保险股份有限公司上海分公司	陆家嘴环路1318号304室	方 力	58369788	2004.3
长安责任保险股份有限公司上海市分公司	东大名路879号5楼	陈 强	51821395	2011.1
浙商财产保险股份有限公司上海分公司	四川北路1717号21层	秦沪鹰	36531290办公室	2011.1
安联财产保险(中国)有限公司上海分公司	富城路99号第8层第03室	何 祺	20339622	2012.1
永安财产保险股份有限公司上海分公司	花园路66弄1号1801—1812室	常海阳	61815516	2012.5
永安财产保险股份有限公司航运保险运营中心	峨山路91弄130号8楼			2013.6
东京海上日动火灾保险(中国)有限公司上海分公司	陆家嘴环路1000号38楼0214	石井诚	68414455/62786680	2008.7
中意财产保险有限公司上海分公司	世纪大道88号702室、福山路458号1710和1711室	严劲秋	60581925	2010.11
日本财产保险(中国)有限公司上海分公司	陆家嘴环路1000号20楼021室	石田伸一	54075828	2007.9
美亚财产保险有限公司上海分公司	世纪大道1589号5楼502室	郑 艺	38578000	1992.9
众诚汽车保险股份有限公司上海分公司	四川北路859号2505、2506室	张 建	63071000	2012.12
三井住友海上火灾(中国)有限公司营业部	世纪大道100号34楼T30室	安田吉宏	68777899/68777858	2012.12

5. 保险中介机构

序号	机构名称(全称)	地 址	法定代表人(主要负责人)	邮 编	电 话(总机)	客户服务电话	传 真
	保险代理公司						
1	上海信宜保险代理有限公司	普安路177号607室	石 桥	200021	63866272	63866248	63866151
2	上海东方保险代理有限公司	曹安路1926号4楼	刘彦武	201824	59184367	8008203375	59192597
3	上海合泰保险代理有限责任公司	浦东南路855号1层A座	魏志城	200120	68885001	38875118	38870118
4	上海文定保险代理有限公司	汶水路8号8幢2A1—2室	沈国文	200072	50459341	50597406	36536198
5	上海一鸣优信保险代理有限公司	中山西路999号901室	王艳春	200051	32515535	32515535	32515539
6	上海龙旗保险代理有限公司	金沙江路2009弄1号楼1305室	潘以江	2000333	65305800	65305800	52685133

（续表）

序号	机构名称(全称)	地址	法定代表人（主要负责人）	邮编	电话（总机）	客户服务电话	传真
7	携程保险代理有限公司	福泉路99号	李小平	200335	34064880	10106666	54261465
8	上海信和保险代理有限公司	商城路800号14R56室	龚伟	200120	22157888	22157888	22157885
9	华瑞保险销售有限公司	金海路1000号27号楼9层	路昊	201206	50153731	50153731	50153731
	保险公估公司						
1	上海城市保险公估中心（普通合伙）	宛平南路590弄2号楼105室	高行安	200030	64872307	64872307	64872705
2	根宁翰保险公估(中国)有限公司	九江路333号801/808室	李全英	200001	63221616	63221616	63528668
3	上海谛诚保险公估有限公司	牡丹江路1325号407室	陈传麒	201900	34140801	54489985	54489986
4	上海锦正保险公估有限公司	哈密路433号4号楼A—B座	朱青	200335	52199276	52199276-801	52199250
5	北京华泰保险公估有限公司上海分公司	浦东南路855号14A	杨永忠	200120	58369707	58369707	58369156
	保险经纪公司						
1	上海东大保险经纪有限责任公司	新华路539号2幢2楼	王荣桃	200052	52582299	52582299	62816226
2	韦莱保险经纪有限公司	福山路500号10楼	Roger	200122	38879988	4009915015	50811102
3	中怡保险经纪有限责任公司	世纪大道88号42F	邬小蕙	200120	38658000	38658000	50498338
4	上海环亚保险经纪有限公司	六合路98号13楼	鲍荣清	200001	63616888	4008208883	63507288
5	上海晨光保险经纪有限公司	东方路69号A座1001室	张洪涛	200120	68865778	68865778	68865776
6	上海华一保险经纪有限公司	东方路69号2101—2102室	高忠德	20010	61498861	61498861	61485059
7	上海安国保险经纪有限公司	莲花路1733号308室	柳镇源	201103	51698989	51698989	64016108
8	上海诺亚荣耀保险经纪有限公司	秦皇岛路32号C栋	殷哲	200082	38602301	4008200025	25100852
9	上海众心保险经纪有限公司	陆家浜路1295号5楼	高慧	200011	51095455	400-8202578	51095455-5516
10	上海中盈保险经纪有限公司	衡山路922号30楼B座	俞侃敏	200030	4078781	4008166768	54076180
11	上海天合保险经纪有限公司	四川北路2261、2263号201	陈愚石	200081	63936090	63936090	63936017
12	江泰保险经纪股份有限公司华东分公司	中山南二路440号10楼1001—1004室	江群	200032	64220902、64220903	64220902、64220903	34160016
13	华泰保险经纪有限公司上海分公司	浦东南路855号14楼A座	姜卫建	200120	58369707	58369707	58369709
14	达信(北京)保险经纪有限公司上海分公司	陆家嘴环路1000号30-022室	李铭	200120	60965700	60965700	60965899

6. 外资及港澳台保险机构上海代表处

编号	国别地区	机构名称(中文)	办公地址	首席代表	电　话	邮　编	获批日
1	德　国	慕尼黑再保险公司	陆家嘴环路 1000 号 14 楼	容　欣	68411666＊261	200120	1997-8-28
2	德　国	德国汉萨美安保险集团	西藏中路 268 号 51 楼 5161 室	朱文婕	23127589	200001	2009-2-4
3	法　国	巴黎人寿保险有限公司	世纪大道 100 号 26 楼 2611 室	吴文华	68775258	200120	2003-4-16
4	法　国	法国圣汇安保险经纪股份有限公司	张江高科技园区科苑路 88 号 2 座 630 室	许端格	61870488/61600208	201203	2009-6-26
5	韩　国	LIG 财产保险公司	陆家嘴东路 161 号 2216 室	金胜植	58406489/6478	200122	2003-2-20
6	韩　国	韩国贸易保险公社	兴义路 8 号 2210 室	安秉哲	52081181	200336	2004-9-15
7	韩　国	韩国现代海上火灾保险株式会社	娄山关路 85 号 C 座 1402 室	张云飞	62787740	200336	2008-11-24
8	荷　兰	富杰保险国际股份有限公司	银城中路 488 号 3801B	苏永雄	50988808	200120	2003-2-20
9	荷　兰	安卓信用保险公司	世纪大道 210 号 6088 室	吴承刚	51727215	200120	2009-1-7
10	美　国	大西洋再保险公司	世纪大道 8 号 2307—08 室	陈　蕾	50312671/2675	200020	1997-10-29
11	美　国	北美洲保险公司	世纪大道 88 号 2905 室	吴韵源	50470780	200121	2002-11-25
12	美　国	大陆保险公司	延安西路 129 号 2003 室	刘佩华	62497511	200040	2000-3-2
13	美　国	美国盛博保险有限公司	花园石桥路 33 号 23 楼	罗仲尹	61010069	200120	2007-8-15
14	美　国	美国安泰人寿保险公司	世纪大道 88 号 2405 室	赵　红	38780375	200121	2008-3-25
15	瑞　士	苏黎世保险公司	淮海中路 283 号南座 2603 单元第 32 室	谷学斌	61035712	200021	1996-5-3
16	瑞　士	瑞士再保险公司	世纪大道 201 号 7 楼	高　青	61826720	200120	1996-11-5
17	卢森堡	卢森堡瑞再国际财产保险有限公司	世纪大道 201 号 515A 室	万马腾	61826788	200120	2010-4-20
18	中国台湾	新光人寿保险股份有限公司	淮海中路 222 号 3813—15 室	曾铭秋	53965897	200021	2004-12-14
19	中国台湾	新安东京海上产物保险股份有限公司	虹桥路 808 号 A 栋 8106 室	孔昱翔	64477858	200030	2006-5-18
20	中国台湾	台湾产物保险股份有限公司	淮海中路 333 号 1504 室	李建成	58772839	200021	2006-5-16
21	中国台湾	兆丰产物保险公司	浦东大道 138 号 15 楼 H 室	蔡志伦	61005269	200120	2007-9-3
22	中国台湾	台湾南山人寿保险股份有限公司	银城中路 168 号 1907 室	贾　宁	68593398	200120	2012-6-18

（续表）

编号	国别地区	机构名称(中文)	办公地址	首席代表	电 话	邮 编	获批日
23	日 本	第一生命保险公司上海代表处	世纪大道 100 号 15 楼 70 室	杉崎知喜	68775788	200120	2004-12-16
24	中国香港	香港蓝十字(亚太)保险有限公司	北京西路 1277 号 915 室	潘 为	62895883	200040	2003-3-25
25	中国香港	中国太平保险控股有限公司	民生路 1399 号 8 层 806 室	隋 舵	58769567/68817001	200135	2000-12-18
26	意大利	忠利保险有限公司	世纪大道 88 号 702A	姚建丰	61050165	200121	1997-7-4
27	英 国	英国库柏・盖伊有限公司	浦东南路 379 号 26 楼 L	张雯颖	58780639	200120	2006-9-12
28	澳大利亚	澳大利亚保险集团有限公司	浦东南路 999 号 14 层 A 单元	周 峰	58209676	200122	2005-10-10

二、2013年江苏省金融机构名录

1. 南京市主要金融机构

机　构　名　称	地　　址	负责人	电　话	邮　编
中国人民银行南京分行	南京市建邺路88号	周学东	025-84790002	210004
中国人民银行南京分行营管部	南京市中山东路200号	张　奎	025-84557049	210002
中国银监会江苏监管局	南京市建邺路90号	于学军	025-84212999	210004
中国证监会江苏监管局	南京市中山东路90号	王明伟	025-84575558	210002
中国保监会江苏监管局	南京市汉中路169号	宋志华	025-86793900	210029
国家开发银行江苏省分行	南京市广州路188号	茆君才	025-52625370	210024
中国农业发展银行江苏省分行	南京市汉中路120号	丁　伟	025-51807990	210029
中国进出口银行南京分行	南京市中山南路49号	吴　钢	025-86890500	210005
中国工商银行江苏省分行	南京市中山南路408号	黄纪宪	025-52858009	210006
中国农业银行江苏省分行	南京市洪武路357号	高友清	025-84577006	210002
中国银行江苏省分行	南京市中山南路148号	谢　平	025-84206696	210005
中国建设银行江苏省分行	南京市洪武路188号	杨　毓	025-84213599	210002
交通银行南京分行	南京市中山北路124号	顾　生	025-83278828	210009
江苏银行	南京市洪武北路55号	夏　平	025-58588388	210005
南京银行	南京市中山路288号	林　复	025-86775044	210008
江苏省农村信用社联合社	南京市中山南路368号	王晨曦	025-52378008	210001
中信银行南京分行	南京市中山路348号	焦世经	025-83799001	210008
华夏银行南京分行	南京市中山路81号	何　羽	025-84789899	210005
上海浦东发展银行南京分行	南京市中山东路90号	吴国元	025-84579112	210002
招商银行南京分行	南京市汉中路1号	金　毅	025-84797102	210005
广东发展银行南京分行	南京市湖南路47号	李兴智	025-58701299	210009
光大银行南京分行	南京市汉中路120号	龚小元	025-84738218	210029
民生银行南京分行	南京市中山北路26号	胡庆华	025-83279088	210008
平安银行南京分行	南京市山西路128号	冷培栋	025-83168817	210008
兴业银行南京分行	南京市长江路2号	官恒秋	025-83191177	210005
恒丰银行南京银行	南京市长江路188号	门成梅	025-86827500	210018
中国邮政储蓄银行江苏省分行	南京市中山北路212-8号	王雄飞	025-83796098	210003
宁波银行南京分行	南京市汉中路120号	徐震宇	025-51808008	210029
渤海银行南京分行	南京市中央路389号	傅琼子	025-89677850	210037
浙商银行南京分行	南京市中山北路9号	刘英明	025-86823509	210008

（续表）

机构名称	地址	负责人	电话	邮编
浙江稠州商业银行南京分行	南京市洪武路198号	唐利民	025-87776111	210002
徽商银行南京分行	南京市中央路231号	钱　进	025-83119963	210009
上海银行南京分行	南京市北京东路22号	汪莫平	025-86896737	210008
北京银行南京分行	南京市江东中路289号	王　萌	025-66779601	210019
江苏紫金农村商业银行	南京市梦都大街136号	汤　宇	025-88866606	210019
杭州银行南京分行	南京市中山南路	李家永	025-89630000	210005
渣打银行南京分行	南京市鼓楼街88号	黎敏威	025-83763988	210008
比利时联合银行南京分行	南京市中山南路49号	郭西薇	025-86893531/105	210005
香港恒生银行南京分行	南京市洪武北路55号	郑炳建	025-83753336	210005
东亚银行南京分行	南京市洪武路23号	许　华	025-86899988/8000	210005
中国华融资产管理股份有限公司江苏省分公司	南京市北京东路42号	陈　朴	025-57710700	210008
长城资产管理公司南京办事处	南京市太平南路450号斯亚财富中心	钱宗宝	025-84551329	210001
东方资产管理公司南京办事处	南京市洪武路29号	于家钦	025-84503903	210005
信达资产管理公司南京办事处	南京市中山北路26号	彭郎辉	025-83322749	210008
江苏省国际信托投资有限责任公司	南京市长江路88号	黄东峰	025-84784865	210005
江苏金融租赁有限公司	南京市长江路188号	熊先根	025-86816901	210018
中国银联江苏分公司	南京市中山南路414号	耿静良	025-52348615	210006
江苏省银行业协会	南京市中山南路101号	戴书宁	025-83193656	210005
华泰证券有限责任公司	南京市中山东路90号	吴万善	025-51863330	210002
信泰证券有限责任公司	南京市中山东路90号	吴建党	025-84784765	210005
南京证券有限责任公司	南京市大钟亭8号	张华东	025-83367888	210008
中信证券南京营业部	南京市高楼门5号	葛　政	025-83363531	210000
南京国信证券有限责任公司	南京市洪武路239号	高德康	025-84567088	210002
海通证券股份有限公司南京营业部	南京市常府街85-7号	王开国	025-84400266	210002
联合证券有限责任公司南京营业部	南京市中山北路212-8号	马昭明	025-83581111	210003
申银万国证券南京营业部	南京市华侨路29号	刘作书	025-84763784	210029
平安证券南京营业部	南京市太平北路51号	雷　建	025-84783232	210018
国泰君安股份有限公司江苏省分公司	南京市太平南路371号	杜新乐	025-84575516	210002
信泰证券有限责任公司南京中华路证券营业部	南京市中华路8-1号	赵家龙	025-52334754	210001
东北证券有限责任公司南京中山北路证券营业部	南京市中山北路168号	赵政军	025-66605698	210009
海通证券有限公司南京常府街证券营业部	南京市常府街85-7号	张海波	025-84413133	210001
国信证券有限责任公司南京洪武路证券营业部	南京市洪武路239号	徐小柔	025-84567052	210002
光大证券有限责任公司南京中山北路证券营业部	南京市中山路81号	杨友明	025-83196988	210005
兴业证券股份有限公司南京珠江路证券营业部	南京市珠江路699号	邱福兵	025-84661588	210018
湘财证券有限责任公司南京牌楼巷证券营业部	南京市牌楼巷45号	杜颖灏	025-86587066	210029
广发证券股份有限公司南京洪武路证券营业部	南京市洪武路23号	陈　梅	025-86899208	210005
长江证券有限责任公司南京中央路证券营业部	南京市中央路42号	武　雁	025-83276888	210008
宏源证券有限责任公司南京汉中路证券营业部	南京市鼓楼区汉中路6号	吴　欣	025-84717073	210029

（续表）

机 构 名 称	地 址	负责人	电 话	邮 编
东兴证券有限责任公司南京洪武路营业部	南京市洪武路29号	刘晓东	025-84638555	210005
恒泰证券有限责任公司南京水西门大街证券营业部	南京市建邺区水西门大街203号	华金良	025-84780368	210017
华创证券经纪有限责任公司南京和燕路证券营业部	南京市和燕路5号	桂 彬	025-85080568	210037
方正证券有限责任公司南京中山东路证券营业部	南京市中山东路75号	徐 联	025-84218626	210002
人保江苏省分公司	南京市长江路69号	华 山	025-84715888	210005
太平洋财险江苏分公司	南京市洪武路137号	孔 兵	025-84508808	210005
平安财险江苏分公司	南京市正洪街18号	吴 军	025-84705999	210005
天安保险江苏省分公司	南京市石鼓路107号	袁雪楼	025-84202666	210005
大众保险江苏分公司	南京市中央路258号	蒋 香	025-83302800	210008
华泰财险江苏省分公司	南京市中山北路26号	卓 娅	025-83302800	210008
中国人寿江苏省分公司	南京市汉中路88号	缪 平	025-83783011	210005
平安人寿江苏分公司	南京市长江路99号	谭 宁	025-84799666	210005
太平洋寿险江苏分公司	南京市洪武路137号	张 东	025-84508808	210005
信诚人寿江苏分公司	南京市中山路268号	丁 易	025-83176899	210008
中国大地财产保险江苏分公司	南京市龙蟠中路93-8号	秦国民	025-84569400	210016
泰康人寿保险江苏分公司	南京市龙蟠中路323号	陈东升	025-84470666	210001
阳光财产保险股份有限公司江苏省分公司	南京市中山东路145号	朱印法	025-84651800	210002

2. 无锡市主要金融机构

机 构 名 称	地 址	负责人	电 话	邮 编
中国人民银行无锡市中心支行	无锡市五爱路33号	何敏峰	0510-82221688	214031
中国银行业监督管理委员会无锡监管分局	无锡市县前西街109号	戴玉明	0510-82795258	214031
无锡市人民政府金融工作办公室	无锡市太湖新城观山路市民中心3号楼15层	王 维	0510-81820581	214131
中国农业发展银行无锡市分行	无锡市健康路89号	陈一兵	0510-82732153	214001
中国工商银行无锡分行	无锡市五爱路30号	姜 乔	0510-82753162	214031
中国农业银行无锡分行	无锡市解放北路55号	陈杏梅	0510-82832788	214002
中国银行无锡分行	无锡市中山南路258号	马 晓	0510-82739388	214002
中国建设银行无锡分行	无锡市五爱路88号	刘 兵	0510-81181991	214031
交通银行无锡分行	无锡市人民中路198号	鲁 敏	0510-82792188	214001
中信银行无锡分行	无锡市人民西路112号	王 康	0510-82701308	214031
华夏银行无锡分行	无锡市新生路105号	王志祥	0510-82769956	214002
上海浦东发展银行无锡分行	无锡市解放西路191号	陈 晨	0510-82796029	214005
招商银行无锡分行	无锡市人民中路128号	初海军	0510-82720768	214002
广发银行无锡支行	无锡市五爱路79号	田长俊	0510-82739980	214031
兴业银行无锡分行	无锡市县前西街99号	蒋占琴	0510-82760996	214001

（续表）

机构名称	地址	负责人	电话	邮编
江苏银行无锡分行	无锡市工运路8号	杨　凯	0510-82306000	214005
上海浦东发展银行江阴支行	江阴市虹桥南路99号	黄汉进	0510-86875558	214400
南京银行无锡分行	无锡市人民中路220号	徐腊梅	0510-82751555	214001
中国民生银行无锡分行	无锡市青石路1号	曹　亮	0510-81189998	214043
中国光大银行无锡分行	无锡市人民中路1号	张明翱	0510-81802888	214031
上海银行无锡支行	无锡市红星路250-4号	吴劲松	0510-81186880	214000
平安银行无锡分行	无锡市北大街20号	乐晓峰	0510-81187568	214043
宁波银行无锡分行	无锡市北大街20号	沈晓驰	0510-81086703	214000
浙商银行无锡分行	无锡市湖滨路688号华东大厦一楼	谭龙彬	0510-81801688	214000
恒丰银行无锡分行	无锡市梁清路118号	梁科杰	0510-81086012	214000
渤海银行无锡分行	无锡市运河东路557号时代国际C幢	高琪峰	0510-85769869	214023
国联信托股份有限公司	无锡市县前东街8号3楼	华伟荣	0510-82831280	214005
中国邮政储蓄银行无锡市分行	无锡市健康路87号	张晓刚	0510-82702094	214001
江苏江阴农村商业银行	江阴市澄江中路1号	孙　伟	0510-86839901	214431
江苏无锡农村商业银行	无锡市解放北路1号	绍　辉	0510-82832088	214002
宜兴市农村合作银行	宜兴市宜城镇通贞观西路28号	吴　凌	0510-87924815	214200
日本瑞穗实业银行无锡分行	无锡新区长江路16号无锡软件园8楼	中山秀纪	0510-85223939-100	214028
三菱东京日联银行无锡分行	无锡新区长江路16号无锡软件园10楼	市川丰明	0510-85211818-100	214028
新韩银行无锡分行	无锡新区长江北路5号长江俱乐部1—2楼	李俊燮	0510-81813456	214028
南洋商业银行无锡分行	无锡新区长江北路28号万科家园	高晔华	0510-82200638	214028
花旗银行无锡分行	无锡市中山路218号锦江大酒店7楼	相　雷	0510-82799668-11211	214028
汇丰银行无锡分行	无锡市新区长江路21-1号	郑佳琪	0510-81121800	214028
东亚银行无锡分行	无锡市新区长江路16号无锡软件园2层	黄海毓	0510-81139108	214000
国联财务有限责任公司	无锡市县前东街168号	杨静月	0510-82833897	214001
红豆集团财务有限公司	无锡市锡山区东港镇红豆工业城	胡国梁	0510-88358603	214199
华西集团财务有限公司	江阴市华士镇华西村	卞三荣	0510-86216810	214000
国联证券有限责任公司	无锡市滨湖区观山路国联金融大厦	雷建辉	0510-82832919	214002
国联证券无锡中山路证券营业部	无锡市中山路153号	顾　励	0510-82759199	214001
国联证券无锡人民东路证券营业部	无锡市人民东路29号	浦慧华	0510-82829338	214007
国联证券无锡五爱北路证券营业部	无锡市五爱北路60号	李　玮	0510-82715151	214001
国联证券无锡梁溪路证券营业部	无锡市梁溪路28号	梁粤雷	0510-85801573	214062
国联证券无锡县前东街证券营业部	无锡市县前东街168号	陈　玮	0510-82830100	214003
国联证券无锡湖滨路证券营业部	无锡市湖滨路1号	张　进	0510-85122200	214073
国联证券无锡新区长江北路证券营业部	无锡市长江北路97号	王龙金	0510-82200051	214028

（续表）

机　构　名　称	地　　址	负责人	电　话	邮　编
国联证券无锡洛社镇人民南路证券营业部	无锡市洛社镇人民南路 47 号 3 楼	糜　晟	0510-83319618	214187
国联证券无锡华夏南路证券营业部	无锡市华夏南路 11 号丰汇广场 3 号门 2 楼	邹　顺	0510-88202569	214101
国联证券江阴大桥北路证券营业部	江阴市大桥北路 105 号	张冬梅	0510-86876301	214400
国联证券宜兴人民南路证券营业部	宜兴市宜城镇人民南路 168 号	吴新凤	0510-87911776	214200
国联证券宜兴阳羡东路证券营业部	宜兴市阳羡东路 193、195 号	贾江晖	0510-87610155	214200
华泰证券无锡解放西路证券营业部	无锡市解放西路 327 号	刘晓冰	0510-82702153	214001
华泰证券无锡永乐路证券营业部	无锡市永乐路水利大厦一、二层	尤凌燕	0510-85045101	214000
华泰证券无锡解放北路证券营业部	无锡市解放北路 16 号 4 楼	周红霞	0510-82768155	214001
华泰证券无锡苏锡路证券营业部	无锡市贡湖大道苏锡路 359 号	张　叶	0510-85065672	214123
华泰证券江阴福泰路证券营业部	江阴市福泰路 8 号	顾福平	0510-86817888	214431
大通证券无锡建筑路证券营业部	无锡市滨湖区建筑路 456 号	刘立忠	0510-85812373	214071
招商证券无锡新生路证券营业部	无锡市新生路 107 号	周彩娟	0510-82756333	214002
海通证券无锡解放南路证券营业部	无锡解放南路 1008 号	吴国华	0510-82328831	214000
银泰证券无锡兴源北路证券营业部	无锡市兴源北路 401 号北塘科创园 10 楼	王正洋	0510-82615272	214000
广发证券无锡清扬路证券营业部	无锡清扬路 99 号太湖明珠数码大厦 7 楼	唐　枫	0510-85059002	214000
南京证券无锡五爱北路证券营业部	无锡市五爱北路 97 金置电脑广场 4 楼	傅金发	0510-82809808	214031
南京证券江阴人民中路证券营业部	江阴人民中路 289-2 号泓昇商务大厦 1 楼 17—18 楼	梅　颖	0510-86874807	214400
申银万国证券无锡清扬路营业部	无锡市清扬路 24 号	华　炯	0510-82856988	214000
国泰君安无锡人民中路证券营业部	无锡市人民中路 97 号佳福大厦 1200 室	成美颖	0510-82710198	214000
国信证券无锡梁溪路营业部	无锡市万达广场 A 区梁溪路 51 号 12 楼	李　忠	0510-85881783	214000
国元证券无锡学前街营业部	无锡市学前街 5 号银辉大厦 5 楼	秦　柳	0510-82749161	214000
华龙证券无锡人民东路营业部	无锡人民东路 305 号	廖　炜	0510-82606633	214000
中国建银投资证券有限责任公司无锡清扬路营业部	无锡市南长区清扬路 123 号金阳大厦 3 楼	戴国强	0510-82708577	214000
东吴证券无锡锡沪路证券营业部	无锡市东亭锡沪路 168 号	刘　伟	0510-88229966	214000
长江证券无锡政和大道营业部	惠山区政和大道 209 号	陈韩岩	0510-83588601	214000
山西证券五爱路营业部	无锡市五爱路 18 号化轻大厦 2、3 楼	田　璟	0510-81080275	214000
东北证券江阴营业部	江阴市朝阳路 77—79 号	浦　岩	0510-86818238	214000
宏源证券宜兴人民中路营业部	宜兴市人民中路宏源证券营业部	刘晓燕	0510-87962161	214000
中国人民财产保险股份有限公司无锡市分公司	无锡市中山路 58 号	尤力人	0510-68865998	214002
中国人寿保险股份有限公司无锡市分公司	无锡市梁青路 4 号	张泰立	0510-85808188	214061
中国太平洋财产保险股份有限公司无锡分公司	无锡市崇宁路 8 号	鲁　强	0510-81898811	214002

（续表）

机 构 名 称	地 址	负责人	电 话	邮 编
中国太平洋人寿保险股份有限公司无锡中心支公司	无锡市县前东街86号	陈爱国	0510-82750105	214002
中国平安财产保险股份有限公司无锡分公司	无锡市解放北路1号锡州银行大厦7楼	许 威	0510-82831177	214000
中国平安人寿保险股份有限公司无锡中心支公司	无锡市中山路343号东方广场A座12、16、18、19楼	侯 勇	0510-82709108	214061
天安财产保险股份有限公司无锡中心支公司	无锡市太湖西大道258号金星睦邻中心附楼5楼	徐 芳	0510-66961058	214023
大众保险股份有限公司无锡中心支公司	无锡市新生路107号新鼎球大厦15楼	朱锡祎	0510-82729188	214002
新华人寿保险股份有限公司无锡中心支公司	无锡市永乐路29号新天地休闲广场1号楼	谢 丹	0510-85059821	214032
泰康人寿保险股份有限公司无锡中心支公司	无锡市梁青路58-1号华邸国际大厦10楼	狄秀英	0510-87925578	214062
中华联合财产保险股份有限公司无锡中心支公司	无锡市人民中路97号佳福大厦17楼	吴耀宇	0510-82799198	214002
中国大地财产保险股份有限公司无锡中心支公司	无锡市清扬路91—99号4楼	赵爱莲	0510-85059022	214071
永安财产保险股份有限公司无锡中心支公司	无锡市五星家园787-1号6楼	李 军	0510-82767113	214002
太平人寿有限公司无锡中心支公司	无锡市北大街1号华锦大厦6楼	顾鹏飞	0510-68869118	214005
太平财产保险有限公司无锡中心支公司	无锡市隐秀路872号蠡园开发区A2栋7楼	周振冬	0510-82809088	214000
民生人寿保险股份有限公司无锡中心支公司	无锡市北塘区兴源北路600号凤凰大厦2501室	刘 毅	0510-82710700	214031
华安财产保险股份有限公司无锡中心支公司	无锡市湖滨路688号	史 辉	0510-81009186	214000
生命人寿保险股份有限公司无锡中心支公司	无锡市健康路6号华岳大厦6楼	高景山	0510-88662596	214031
安邦财产保险股份有限公司无锡中心支公司	无锡市解放北路21号锡银大厦13楼A	陈 勇	0510-82830060	214002
中国出口信用保险公司江苏分公司无锡办事处	无锡市人民中路123号27楼	龚伟坚	0510-82749985	214026
阳光财产保险股份有限公司无锡中心支公司	无锡市中山路118号置业新天地412室	周金陵	0510-82733108	214002
海康人寿保险有限公司江苏分公司无锡中心支公司	无锡市南长区永和路6号903—906室	戴安杰	0510-82804868-1950	214002
华泰财产保险股份有限公司无锡中心支公司	无锡市新区长江北路6号百仕达大厦8楼	吴怡华	0510-81819601	214028
信诚人寿保险股份有限公司无锡营销服务部	无锡市中山路159号时代大厦20楼	史安庆	0510-82616333	214000
合众人寿保险股份有限公司无锡中心支公司	无锡市南禅寺商城111号三楼	周小军	0510-82715658	214001
中宏人寿保险股份有限公司无锡中心支公司	无锡市人民中路97号佳福大厦10楼	吴公荣	0510-82762109	214005
国泰人寿保险股份有限公司无锡营销服务部	无锡市太湖西大道1890号太湖明珠发展大厦605—607室	徐超键	0510-82326899	214000
海尔纽约人寿保险股份有限公司无锡营销服务部	无锡市清扬路99号数码广场6楼618室	林章铭	0510-85031678-2888	214023

（续表）

机　构　名　称	地　　址	负责人	电　话	邮　编
都邦财产保险股份有限公司无锡中心支公司	无锡市湖滨路77号锦绣大厦9楼	邓永东	0510-85113218	214073
中意人寿保险有限公司江苏分公司无锡中心支公司	无锡市中山路359号东方广场B座8楼	陶　炯	0510-80186706	214001
嘉禾人寿保险股份有限公司无锡中心支公司	无锡市健康路6号7楼	方　辉	0510-82717759	214001
中银保险股份有限公司无锡中心支公司	无锡市梁青路2号中行4楼	华永康	0510-82703965	214000
永诚财产保险股份有限公司	无锡市滨湖区金融一街10号704单元	马颖峰	0510-81179828	214000
恒安标准人寿江苏分公司无锡营销服务部	无锡市北大街1号A座华锦大厦11楼	施　开	0510-66678601	214061
美国友邦保险有限公司江苏分公司无锡营销服务部	无锡市县前东街1号金陵大饭店25楼	蔡哲惟	0510-82327558-71713	214000
中国人寿财产保险股份有限公司无锡市中心支公司	无锡市解放南路槐古豪庭8号11—13楼	杨　伟	0510-82790168	214000
民安财产保险有限公司无锡中心支公司	无锡市广益路188号崇安区广益街道13楼	叶新伟	0510-82798511	214000
天平汽车保险股份有限公司无锡中心支公司	无锡市滨湖区观山路国联金融大厦701室	徐长庚	0510-82739696	214036
瑞泰人寿保险有限公司江苏分公司无锡营销服务部	无锡人民中路123号	赵　敏	0510-82747298	214000
中国人民健康保险股份有限公司无锡中心支公司	无锡市中山路58号保险大厦12楼	穆　睿	0510-82728580	214002
渤海财产保险股份有限公司无锡中心支公司	无锡市南湖大道588号501室	李德军	0510-85410770	214000
光大永明人寿保险有限公司无锡中心支公司	无锡市滨湖区金融一街10号1701单元	殷　文	0510-66678999	214000
平安养老保险股份有限公司江苏分公司无锡中心支公司	无锡市中山路343号东方广场A座16楼	钱平家	0510-82718688	214001
华农财产保险公司无锡中心支公司	无锡市惠山区花园街9号601室	管俊昌	0510-66688681	214061
安诚财产保险股份有限公司无锡中心支公司	无锡市建筑西路567号宝通大厦3A楼	刘　浩	0510-82325169	214000
华泰人寿保险股份有限公司无锡中心支公司	无锡市五爱路78号德源大厦四楼	孟　军	0510-82711758	214001
长城人寿保险股份有限公司无锡支公司	无锡市解放北路21号金马大厦15A	薛　年	0510-82790591	214001
英大泰和人寿保险股份有限公司无锡中心支公司	无锡市新生路107号鼎球大厦9楼	刘运成	0510-66076001	214001
无锡市保险行业协会	无锡市五爱路33号	尤玲娜	0510-82729826	214031
华夏人寿保险股份有限公司无锡中心支公司	无锡市新生路107号鼎球大厦6楼	汤　淏	0510-68005115	214001
中美联泰大都会人寿无锡营销服务部	无锡市中山路343号东方广场A座9楼	杨华艳	0510-66962385	214000
阳光人寿保险公司无锡中心支公司	无锡市中山路159号时代中心大厦7楼	凌志波	0510-82718669	214002
正德人寿保险公司无锡中心支公司	无锡市解放西路195号华通大厦4楼	邓　唯	0510-85139756	214001
中国人民人寿保险股份有限公司无锡中心支公司	无锡市中山路58号保险大厦13楼	周幼幼	0510-66968001	214007

（续表）

机 构 名 称	地 址	负责人	电 话	邮 编
信泰人寿保险公司无锡中心支公司	无锡市槐古豪庭15号3楼	缪卫红	0510-68000086	214002
国泰财险无锡中心支公司	无锡市解放东路槐古豪庭8号	赵 涼	0510-82790168	214001
长安责任保险无锡市中心支公司	无锡市清扬路333号创业大厦16楼	陈锁君	0510-66072788	214023
紫金财产保险股份有限公司无锡中心支公司	无锡市湖滨路688号华东大厦6楼	房 恒	0510-82710022	214071
和谐健康保险无锡中心支公司	无锡市复兴路155号机械大楼10楼	倪剑峰	0510-80212898	214000
三井住友海上火灾保险(中国)有限公司江苏分公司	无锡市新区龙山路4号旺庄科技创业中心C幢1001—1004室	篠原康人	0510-81122377	214028
英大泰和财产保险股份有限公司无锡中心支公司	无锡市建筑西路567号宝通大厦21楼	郑 采	0510-66613366	214072
信达财产保险股份有限公司无锡中心支公司	无锡市兴源路100号崇安城投四楼	丁瑞峰	0510-81807666	214000
北大方正人寿江苏分公司无锡中心支公司	无锡市清扬路99号数码大厦6楼610室	吕旭南	0510-85031678	214023
工银安盛人寿江苏分公司无锡营销服务部	无锡市人民中路20号财富大厦26F	周施杰	0510-82210888	214001
国华人寿保险股份有限公司无锡中心支公司	无锡市南长区永乐路29号新天地写字楼904	袁亚芹	0510-85043001	214000
中英人寿保险有限公司江苏分公司无锡营销服务部	无锡市北大街22号禾嘉大厦415单元	朱 伟	0510-66613652	214000
幸福人寿保险股份有限公司无锡中心支公司	无锡市新生路107号新鼎球大厦811—816室	陈小松	0510-66682018	214072
中德安联人寿保险有限公司江苏分公司无锡营销服务部	无锡市中山路531号红豆国际8楼	丁一斐	0510-81807337	214002
利安人寿保险股份有限公司无锡分公司	无锡市中山路333号华光大厦21楼	过 华	0510-81808803	214000
招商信诺人寿保险有限公司江苏分公司无锡营销服务部	无锡市梁溪路51号万达广场903室	邱文莲	0510-85867818	214000
交银康联人寿保险有限公司无锡中心支公司	无锡市北塘区中山路678号8—9楼	刘宝泉	0510-81187700	214043
浙商财产保险股份有限公司无锡中心支公司	无锡市太湖西大道2288号华仁逸景国际大厦3楼302室	陈 灏	0510-85858237	214000
农银人寿保险股份有限公司无锡中心支公司	无锡市健康路6号华岳大厦7楼	李 景	0510-82717759	214000
东吴人寿保险股份有限公司无锡分公司	无锡市北塘区兴源北路600号凤凰大厦(恒韵商务楼4楼)	陆晓卫	0510-82620676	214000

3. 常州市主要金融机构

机 构 名 称	地 址	负责人	电 话	邮 编
中国人民银行常州市中心支行	常州市广化街18号	姚 军	0519-86648124	213001
中国人民银行武进支行	常州市武进区延政中路	王建春	0519-86310950	213159
中国人民银行金坛市支行	金坛市西门大街23号	王照洪	0519-82887566	213200
中国人民银行溧阳市支行	溧阳市平陵中路10号	冯晓兴	0519-87222371	213300
中国银行业监督管理委员会常州监管分局	常州市晋陵中路417号	朱广德	0519-88126708	213003
中国农业发展银行常州市分行	常州市丽景花园14幢	陈建中	0519-88155205	213003

（续表）

机 构 名 称	地 址	负责人	电 话	邮 编
中国工商银行常州分行	常州市延陵中路680号	张 彬	0519-88138681	213003
中国农业银行常州分行	常州市和平北路19号	周清清	0519-88126998	213003
中国银行常州分行	常州市和平北路21号	程 祥	0519-88158222	213003
中国建设银行常州分行	常州市广化街299号	尹家健	0519-86670058	213001
交通银行常州分行	常州市通江南路255号交银大厦	李 瑶	0519-86636658	213022
中信银行常州分行	常州市博爱路72号	孙 波	0519-88100088	213003
招商银行常州分行	常州市和平北路120号	张增荣	0519-88179001	213003
华夏银行常州分行	常州市和平北路162号	廉 衡	0519-88133818	213003
广发银行常州分行	常州市龙锦路1258号	倪文华	0519-81881111	213000
平安银行常州分行	常州市飞龙东路288号	赵建焕	0519-86929999	213022
兴业银行常州支行	常州市河景花园1幢	张荣国	0519-89893333	213001
上海浦东发展银行常州支行	常州市延陵中路29号	贡志文	0519-88178979	213003
中国民生银行常州支行	常州市怀德中路50号	徐之烜	0519-89858366	213001
中国光大银行常州支行	常州市和平北路128号	周永宏	0519-89990009	213001
中国邮政储蓄银行常州市分行	常州市怀德中路82号澜天大厦	刘晓波	0519-86619661	213003
江苏银行常州分行	常州市延陵中路500号	金建明	0519-81098000	213000
南京银行常州分行	常州市常武北路274号	肖 炎	0519-83600707	213161
江南农村商业银行	常州市延陵中路668号	陆向阳	0519-89995188	213003
首都银行(中国)有限公司常州分行	常州市通江中路58号福地聚龙苑7—8号	宣建方	0519-88061618	213000
中国人民财产保险公司常州市分公司	常州市和平北路11号	蒋 旭	0519-68867010	213000
中国人民人寿保险公司常州中心支公司	常州市武青北路1号金汇大厦5楼	袁龙才	0519-88017828	213003
中国人寿保险公司常州市分公司	常州市和平北路11号	高新华	0519-88120039	213001
中国人寿财产保险公司常州中心支公司	常州市晋陵中路558号红晋大厦北楼1—2楼	华繁令	0519-85216818	213000
太平洋财险公司常州分公司	常州市广化街281号	王 峰	0519-86633123	213003
太平洋寿险公司常州分公司	常州市广化街281号	陆美琴	0519-86816608	213001
平安财险公司常州中心支公司	常州市晋陵中路590号	喻一峰	0519-86688999	213002
平安寿险公司常州中心支公司	常州市延陵西路29号投资广场20楼	朱从文	0519-88110701	213003
泰康人寿保险公司常州中心支公司	常州市关河西路180号恒远大厦	成 炜	0519-88139188	213002
新华人寿保险公司常州中心支公司	常州市南大街28号商务楼C座5楼	张 挺	0519-85217988	213000
天安保险公司常州中心支公司	常州市和平北路132号8楼	谈文兴	0519-88159986	213000
中华联合财产保险公司常州中心支公司	常州市晋陵中路515号	金 锋	0519-88157000	213003
生命人寿保险公司常州中心支公司	常州市怀德南路90号	吴 氢	0519-88015501	213000
大众保险公司常州中心支公司	常州市晋陵中路388号南方大厦4楼	吴 剑	0519-87208110	213000
太平保险有限公司常州中心支公司	常州市和平北路65号丰润大厦4楼	尤乐群	0519-88166033	213000
太平人寿保险有限公司常州中心支公司	常州市南大街99号邮政大楼8/9楼	沈明敏	0519-88168883	213000
永安保险公司常州中心支公司	常州市健身路12号机关大楼5楼	杨 玲	0519-86677616	213000
华安财产保险公司常州中心支公司	常州市清潭路134号3楼	糜艳春	0519-86998918	213000

（续表）

机构名称	地址	负责人	电话	邮编
安邦财产保险公司常州中心支公司	常州市广化街20号丰臣海悦10楼	解文萍	0519-86691599	213000
都邦保险公司常州中心支公司	常州市新市路1号药监大厦5楼	谈小浩	0519-86619867	213000
民生人寿保险公司常州中心支公司	常州市南大街28号商C-417	丁宣华	0519-83966680	213000
永诚财产保险公司常州中心支公司	常州市关河东路38号15楼	钱健明	0519-88881119	213000
江苏常信保险经纪有限公司	常州市局前街285号嘉乐广场A座710室	潘俊铭	0519-88100620	213003
江苏华康保险代理有限公司常州分公司	常州市关河西路128-6号6楼	任朝晖	0519-88119208	213000
合众人寿保险公司常州营销服务部	常州市玉隆花园7幢6楼	徐　玮	0519-86618300	213001
信诚人寿保险公司常州营销服务部	常州市延陵西路99号嘉业国贸大厦18楼	谢观兴	0519-86618200	213000
中宏人寿保险公司常州营销服务部	常州市延陵中路678号消防指挥中心大楼4、5楼	刘永进	0519-88101199	213003
海尔纽约人寿保险公司常州营销服务部	常州市关河东路38号九州环宇商务广场13楼	王立新	0519-85220684	213004
海康人寿保险公司常州营销服务部	常州市关河东路38号九州环宇商务广场18楼A座	张美琴	0519-95105768	213004
中国大地财产保险公司常州中心支公司	常州市晋陵北路1号新天地商业广场B座401室	殷　军	0519-88176967	213000
阳光财产保险公司常州中心支公司	常州市博爱路113号工商银行3—4楼	胡　旭	0519-85017800	213003
国泰人寿保险公司常州营销服务部	常州市延陵西路19号嘉宏世纪大厦12楼	殷　涛	0519-88118978	213001
华泰人寿保险公司常州中心支公司	常州市关河东路38号九州环宇20楼	陈　艳	0519-85223962	213004
瑞福德健康保险公司常州中心支公司	常州市新市路1号药监大厦6楼	张　锐	0519-86810308	213003
渤海财产保险公司常州中心支公司	常州市局前街50号新都大厦14楼	戴　静	0519-88178689	213000
民安保险(中国)公司常州中心支公司	常州市和平中路322号	胥云里	0519-86811806	213004
恒安标准人寿保险公司常州营销服务部	常州市延陵西路19号嘉宏世纪大厦30楼	金　庆	0519-88029917	213003
中德安联人寿保险公司常州营销服务部	常州市西横街61号常柴大厦5楼	花锡青	0519-86687293	213003
美国友邦保险公司常州营销服务部	常州市延陵西路19号嘉宏世纪大厦6楼	赵　斌	0519-88887998	213003
安诚财产保险公司常州中心支公司	常州市化龙巷1号恒利大厦A座4楼	夏齐华	0519-86800323	213000
中银保险公司常州营销服务部	常州市和平北路21号	江伟明	0519-88126771	213004
华夏人寿保险公司常州中心支公司	常州市鹏欣丽都1-1幢	施　延	0519-89890808	213003
阳光人寿保险公司常州中心支公司	常州市新丰街20号天安城市酒店6楼	殷　勇	0519-89990180	213000
金盛人寿保险公司常州营销服务部	常州市广化街20号丰臣海悦广场15楼	吴公荣	0519-89962666	213001
长安责任保险公司常州中心支公司	常州市博爱路72号博爱大厦10楼	王一新	0519-83030777	213003
华农财产保险公司常州中心支公司	常州市通江大道318号世纪广场A座4楼	尤益苍	0519-85177350	213022
华泰证券常州和平北路证券营业部	常州市和平北路9号	张　霞	0519-88106040	213002
华泰证券常州东横街证券营业部	常州市东横街2号	刘　靖	0519-86600788	213003
华泰证券常州北大街证券营业部	常州市北大街35号玉隆花园7幢5楼	高　波	0519-86618266	213003
国泰君安证券常州广化街证券营业部	常州市广化街187—189号	殷　敏	0519-86689702	213003

（续表）

机构名称	地址	负责人	电话	邮编
中投证券常州晋陵中路证券营业部	常州市晋陵中路368号	冯美英	0519-86675119	213003
中投证券常州溧阳证券营业部	溧阳市平陵中路357号	郭永金	0519-87578880	213300
海通证券常州健身路证券营业部	常州市健身路16号	岳　岚	0519-86687980	213003
中信证券常州环府路证券营业部	常州市武进区湖塘镇环府路10号	周晋飞	0519-86565768	213159
东海证券常州延陵中路营业部	常州市延陵中路498号	俞　洋	0519-88111191	213000
东海证券常州博爱路营业部	常州市博爱路129号	陈　超	0519-86633222	213000
东海证券常州劳动西路营业部	常州市劳动西路3号	陶　陶	0519-86900002	213001
东海证券常州通江中路营业部	常州市通江中路369号太阳城商务中心4楼	朱　飚	0519-68881688	213000
东海证券常州溧阳证券营业部	溧阳市南大街12号	彭建福	0519-87281068	213300
信达证券常州延陵中路证券营业部	常州市延陵中路678号	左道军	0519-88118270	213003
中信建投有限责任公司常州分公司	常州市邮电路3号	李　响	0519-86673663	213001
信泰证券有限责任公司常州分公司	常州市东横街2号	唐　枫	0519-86803606	213000
国联证券常州营业部	常州市新北区通江大道555号中天凤凰大厦1—2楼	孟庆庭	0519-89883767	213000
东吴证券常州关河中路证券营业部	常州市关河中路38号粤海酒店2号楼2楼	龚建中	0519-88153760	213000

4. 苏州市主要金融机构

机构名称	地址	负责人	电话	邮编
中国人民银行苏州市中心支行	苏州新区狮山路59号	高爱武	0512-68253692	215011
中国银行业监督管理委员会苏州监管分局	苏州新区金山路16号	朱厚志	0512-68253049	215011
中国保险监督管理委员会苏州监管分局	苏州市工业园区苏惠璐98号国检大厦14层	单来锦	0512-85667666	215021
国家开发银行苏州分行	苏州工业园区旺墩路158号置业商务广场11—12楼	李　虹	0512-67887305	215028
中国农业发展银行苏州市分行	苏州人民路179号	徐　萍	0512-65612076	215007
中国工商银行苏州分行	苏州市阊胥路88号	徐晓岚	0512-68261379	215002
中国农业银行苏州分行	苏州新区狮山路65号	刘加旺	0512-68240321	215011
中国银行苏州分行	苏州市干将西路188号	朱　韬	0512-65113558	215002
中国建设银行股份有限公司苏州分行	苏州工业园区苏州大道西18号	刘兴华	0512-68599700	215021
交通银行苏州分行	苏州南园北路77号	束兰根	0512-65188666	215006
中信银行苏州分行	苏州竹辉路258号	温金祥	0512-65191309	215006
华夏银行苏州支行	苏州工业园区星海街188号	刘瑞嘉	0512-68623879	215021
上海浦东发展银行苏州分行	苏州市工业园区钟园路718号	傅　浩	0512-62583658	215028
中国光大银行苏州分行	苏州工业园区星海街188号恒宇广场	李　良	0512-68662988	215021
招商银行苏州分行	苏州市工业园区万盛街36号	施顺华	0512-69869361	215123
江苏银行苏州分行	苏州市三香路6号	王卫兵	0512-68631882	215004

（续表）

机构名称	地址	负责人	电话	邮编
中国民生银行苏州分行	苏州工业园区时代广场23幢	林静然	0512-62569005	215021
兴业银行苏州支行	苏州工业园区旺墩路188号建屋大厦	黄立峰	0512-66607890	215123
宁波银行苏州分行	苏州干将东路749号	冯培炯	0512-65828619	215005
恒丰银行苏州分行	苏州工业园区星海街198号星海大厦1幢	杜娟	0512-69368655	215123
广东发展银行苏州分行	苏州市阊胥路292号	张广勤	0512-89987777	215008
苏州银行	苏州市工业园区钟园路728号	王兰凤	0512-69868023	215028
南京银行苏州分行	苏州工业园区圆融时代广场24幢A座	徐建华	0512-62709908	215028
上海银行苏州分行	苏州工业园区圆融时代广场23幢B座	崔庆军	0512-66960747	215028
泰隆银行苏州分行	苏州工业园区圆融时代广场24幢B座	张丹峰	0512-62709555	215028
南昌银行苏州分行	苏州工业园区圆融时代广场25幢B座	黄江	0512-62709600	215028
浙商银行苏州分行	苏州工业园区翠微街9号月亮湾国际商务中心	徐正方	0512-62995528	215028
中国邮政储蓄银行苏州市分行	苏州市工业园区旺墩路邮政大楼	王林伟	0512-67201545	215001
苏州市信托投资有限公司	苏州工业园区苏雅路308号	朱立教	0512-65209888	215021
苏州创元集团财务有限公司	苏州三香路333号万盛大厦1楼	许鸿新	0512-68292390	215004
苏州市沙钢集团财务有限公司	江苏省张家港市锦丰镇永新路	倪云山	0512-58963006	215600
汇丰银行(中国)有限公司苏州分行	苏州工业园区苏华路1号世纪金融大厦1505—1510室	陈础桥	0512-67619669	215021
日本三井住友银行股份有限公司苏州分行	苏州新区狮山路199号新地中心23楼	稻垣雅哉	0512-68258205	215011
星展银行苏州分行	苏州工业园区苏华路2号国际大厦7楼	卞庭珠	0512-62888090	215021
渣打银行有限责任公司苏州分行	苏州工业园区苏华路2号国际大厦1楼0103室及10楼1001室	杨传东	0512-67630198	215021
企业银行(中国)有限公司苏州分行	苏州工业园区苏华路2号国际大厦209A	崔南植	0512-67671112	215021
东亚银行(中国)有限公司苏州分行	苏州工业园区旺墩路158号置业商务广场2楼	黄首鹏	0512-68735088	215028
韩国国民银行股份有限公司苏州分行	苏州工业园区化华池街时代广场24幢	金翊柱	0512-62927228	215028
友利(中国)有限公司苏州分行	苏州工业园区苏华路8号惠龙大厦101B-201室	李愚喆	0512-62950777	215021
摩根大通银行(中国)有限公司苏州分行	苏州工业园区圆融时代广场24幢B区701—702室	李霖	0512-67335767	215028
兆丰国际商业银行股份有限公司苏州分行	苏州园区旺墩路188号建屋大厦104室	蔡永义	0512-629666698	215028
华一银行苏州分行	苏州工业园区星海街188号恒宇广场1—3楼	樊方智	0512-62555777	215021
彰化银行昆山分行	昆山市黑龙江北路88号A座1—2楼	翁一新	0512-57325768	215300
合作金库银行苏州分行	苏州工业园区圆融时代广场24幢1601室	谢钦龙	0512-62958895	215028
瑞穗实业银行苏州分行	苏州工业园区旺墩路188号建屋大厦1701室	吉川贵志	0512-62968343	215123
江苏常熟农村商业银行	江苏省常熟市新世纪大道58号	宋建明	0512-52962000	215500

（续表）

机构名称	地址	负责人	电话	邮编
江苏张家港农村商业银行	江苏省张家港市人民中路66号	王自忠	0512-58236370	215600
江苏昆山农村商业银行	江苏省昆山市前进中路219号	刘　斌	0512-57379288	215301
江苏吴江农村商业银行	江苏省吴江市中山南路1777号	陆玉根	0512-63418030	215200
江苏太仓农村商业银行	江苏省太仓太平南路市27号	张云清	0512-53853741	215400
上海农商银行昆山支行	昆山前进中路183号	李剑锋	0512-36628900	215300
张家港渝农商村镇银行	张家港市长安路487—489号	王江涛	0512-58918989	215600
昆山鹿城村镇银行	昆山市长江中路181—183号	杨懋劼	0512-50112020	215300
常熟建信村镇银行	常熟市海虞北路33号	姚建明	0512-51910528	215500
太仓民生村镇银行	太仓市上海东路199号A3栋	甘　斌	0512-53206891	215400
亨通财务有限公司	苏州市吴江区中山北路2288号	马耀明	0512-63196899	215200
江苏国泰财务有限公司	张家港市人民中路国泰大厦	张子燕	0512-56375318	215600
吴江中银富登村镇银行有限公司	苏州吴江区松陵镇鲈乡北路207号	姚红良	0512-82876789	215200
东海证券有限责任公司苏州苏州大道西证券营业部	苏州工业园区苏华路2号国际大厦7楼19楼	章　戬	0512-62888882	215021
安信证券股份有限公司苏州人民路证券营业部	苏州人民路538号工人文化宫一号楼2—3层	杨　耘	0512-65727033	215005
海通证券股份有限公司苏州南园北路证券营业部	苏州市南园北路31号	岳　岚	0512-65195299	215006
银泰证券有限责任公司苏州葑门西街证券营业部	苏州市沧浪区葑门西街11号	许　玮	0512-65196437	215006
渤海证券股份有限公司苏州景德路证券营业部	苏州市景德路110号	盛　况	0512-65153708	215005
长城证券有限责任公司苏州东吴北路证券营业部	苏州市沧浪区东吴北路299号吴中大厦11楼	洪　源	0512-65620330	215218
东方证券股份有限公司苏州临顿路证券营业部	苏州市平江区临顿路82号宏信商务大厦4楼	许文平	0512-65231113	320500
光大证券股份有限公司苏州苏惠路证券营业部	苏州市苏惠路98号国检大厦东裙三楼	赵志明	0512-62986802	215021
广发证券股份有限公司苏州干将东路证券营业部	苏州市平江区干将东路636号丽景苑1幢8楼	方　强	0512-65156868	215005
国联证券股份有限公司苏州解放西路证券营业部	苏州市沧浪区解放西路116号	郑民中	0512-67861866	215009
红塔证券股份有限公司苏州人民路证券营业部	苏州市平江区人民路1309号华鼎大厦4楼	彭洪斌	0512-65156298	215005
金元证券股份有限公司苏州养育巷证券营业部	苏州市沧浪区养育巷151号苏州商务大厦511	张伯富	0512-65236893	215002
上海证券有限责任公司苏州干将西路证券营业部	苏州市金阊区干将西路456号	帅建红	0512-65580677	215004
申银万国证券股份有限公司苏州吴中西路证券营业部	苏州吴中西路175号	瞿　仁	0512-65282812	215007
新时代证券有限责任公司苏州白塔西路证券营业部	苏州市平江区白塔西路32号	潘　斌	0512-67205626	215001
中国银河证券股份有限公司苏州三香路证券营业部	苏州市三香路718号银河证券苏州营业部	钱　春	0512-87187708	215004

（续表）

机构名称	地址	负责人	电话	邮编
招商证券股份有限公司苏州干将西路证券营业部	苏州市金阊区干将西路515号佳福国际大厦3F	张　哲	0512-65225882	215002
中国中投证券有限责任公司苏州广济南路证券营业部	苏州市金阊区广济南路199号全景大厦	冯美英	0512-68656030	215008
中国民族证券有限责任公司苏州玉山路证券营业部	苏州市新区塔园路钻石广场409	阮振义	0512-88180882	215011
中信建投证券苏州工业园区星海街证券营业部	苏州市星海街200号星海国际广场702	金　鹏	0512-67601356	215000
东吴证券股份有限公司	苏州工业园区星阳街5号	吴永敏	0512-69566728	215021
华泰证券苏州人民路证券营业部	苏州市人民路1925号	陆　融	0512-67579666	215001
中国人民财产保险公司苏州市分公司	苏州高新区运河路8号	沈丽敏	0512-68258962	215011
中国太平洋财产保险股份有限公司苏州分公司	苏州市干将西路218号	席于林	0512-65218858	215002
中国平安财产保险股份有限公司苏州分公司	苏州市工业园区时代广场24幢B栋一楼105单元、六楼602—606单元	王　新	0512-65111715	215028
天安保险股份有限公司苏州中心支公司	苏州市高新区塔园路133号	柯　峰	0512-65119228	215011
大众保险股份有限公司苏州分公司	苏州市干将西路389号	蒋　雷	0512-65242381	215002
华泰财产保险股份有限公司苏州中心支公司	苏州工业园区苏华路世纪金融大厦701A室	张云晖	0512-65238866	215021
中华联合财产保险股份有限公司苏州中心支公司	苏州市三香路53-105号	徐　峰	0512-66091615	215004
太平保险有限公司苏州中心支公司	苏州市工业园区时代广场24幢A座	汪小青	0512-65237600	215028
永安财产保险股份有限公司苏州中心支公司	苏州工业园区东环路1408号1幢1004、1005室	孙　辉	0512-69373980	215002
华安财产保险股份有限公司苏州中心支公司	苏州市西环路1638号国际经贸大厦11层1104—1107单元	徐苏宁	0512-65128110	215004
中国大地财产保险有限公司苏州中心支公司	苏州市东环路1400号开元大厦	宋卫国	0512-85550710	215001
安邦财产保险股份有限公司苏州分公司	苏州市狮山路88号1幢5层	莫　飞	0512-67326818	215011
阳光财产保险股份有限公司苏州中心支公司	苏州市高新区技术开发区狮山路28号高新广场1楼101室、11楼1101—1105室	沈羽洁	0512-68028205	215021
都邦财产保险股份有限公司苏州中心支公司	苏州市吴中区东吴北路109号东吴大厦C座15楼	钱　寥	0512-66037006	215128
永诚财产保险股份有限公司苏州中心支公司	苏州市新区狮山路277号-68幢	王法林	0512-68059018	215011
安盛天平汽车保险股份有限公司苏州中心支公司	苏州市工业园区东环路1408号1幢1206、1207、1208、1209室	金　涛	0512-69368327	215002
中银保险有限公司苏州中心支公司	苏州市干将西路1359号	周立人	0512-68238319	215128
民安保险（中国）有限公司苏州中心支公司	苏州工业园区娄葑镇环府路66号信息大厦9楼	钱明庆	0512-62988293	215006
渤海财产保险股份有限公司苏州中心支公司	苏州市竹辉路201号恒润大厦708、709、710、711、712、713、714室	刘宗奇	0512-68381599	215006

（续表）

机　构　名　称	地　　址	负责人	电　话	邮　编
中国人寿财产保险股份有限公司苏州市中心支公司	苏州工业园区苏雅路308号信投大厦9层北	赵　凉	0512-69133255	215021
信达财产保险股份有限公司苏州中心支公司	苏州市工业园区苏华路8号中银惠龙大厦32楼	吉家国	0512-80994999	215021
中国人寿保险股份有限公司苏州市分公司	苏州市新区狮山路103号	李伟民	0512-68077029	215011
中国太平洋人寿保险股份有限公司苏州中心支公司	苏州市干将西路218号	夏建阳	0512-65213281	215002
东吴人寿保险股份有限公司	苏州市狮山路22号人才广场23—25楼	黄建林	0512-69580000	215005
中国平安人寿保险股份有限公司苏州中心支公司	苏州市苏雅路388号新天翔商业广场1602—1609室、1615室、1208室	冯　军	0512-65119336	215021
新华人寿保险股份有限公司苏州中心支公司	苏州市干将东路599号东凌商务大厦4楼	季小良	0512-69331371	215011
泰康人寿保险股份有限公司苏州中心支公司	苏州市干将东路749号永鼎大厦4楼	包加顺	0512-68710080	215006
民生人寿保险股份有限公司苏州中心支公司	苏州市新区三香路188号东润商务大厦4楼401室—411室、413室、417室	史晓晶	0512-65165092	215004
太平人寿保险有限公司苏州分公司	苏州市新区狮山路35号金河国际大厦15层	陈德林	0512-68419693	215021
生命人寿保险股份有限公司苏州中心支公司	苏州市苏雅璐308号信投大厦14楼南部分	马赵华	0512-88168093	215002
国泰人寿保险有限责任公司苏州营销服务部	苏州市人民路1058号房地产大厦5楼	苏键川	0512-65120928	215005
光大永明人寿保险有限公司苏州营销服务部	苏州市干将西路515号佳福国际大厦四楼整层	刘　鹏	0512-88180066	215006
平安养老保险股份有限公司苏州中心支公司	苏州市工业园区世纪金融大厦1101室	陈哲浩	0512-65119336	215021
华夏人寿保险股份有限公司苏州中心支公司	苏州市金阊区广济南路199号全景大厦5楼	俞为明	0512-88866889	215008
华泰人寿保险股份有限公司苏州中心支公司	苏州市工业园区娄葑镇东环路1408号1幢20层2001室—2005室	冯　齐	0512-65128353	215002
中国人民健康保险股份有限公司苏州中心支公司	苏州市滨河路1156号金狮大厦12楼-ABCGHIJ	梁健(兼)	0512-65813608	215011
中国人民人寿保险股份有限公司苏州中心支公司	苏州市高新区狮山路22号(苏州人才市场)1101、1102、1105、1106、1107、1108室	李红芳	0512-87775508	215011

5. 南通市主要金融机构

机　构　名　称	地　　址	负责人	电　话	邮　编
中国人民银行南通市中心支行	南通市崇川路8号	李丹瑾	0513-85512128	226001
中国银行业监督管理委员会南通监管分局	南通市人民中路27号	沈浩兵	0513-85159511	226001
中国工商银行南通分行	南通市姚港路8号	刘小全	0513-83558428	226006

（续表）

机构名称	地址	负责人	电话	邮编
中国农业银行南通分行	南通市姚港路18号	王 强	0513-83518847	226006
中国银行股份有限公司南通分行	南通市青年西路19号	顾健新	0513-83516888-3406	226006
中国建设银行股份有限公司南通分行	南通市姚港路1号	沈 康	0513-68091541	226006
交通银行股份有限公司南通分行	南通市人民中路27号交银大厦702室	王 飚	0513-85058082	226001
上海浦东发展银行股份有限公司南通分行	南通市桃坞路1号	李建宏	0513-85126517	226006
中国农业发展银行南通市分行	南通市青年中路8号	陈梦蒙	0513-85128964	226006
江苏银行股份有限公司南通分行	南通市南大街300号	艾 晨	0513-85123050	226001
招商银行股份有限公司南通分行	南通市工农路111号	詹 毅	0513-81551806	226003
中国邮政储蓄银行江苏省南通市分行	南通市人民中路88号	龚 毅	0513-85115189	226001
中信银行股份有限公司南通分行	南通市北濠桥路1号南通大厦C座	陈永宏	0513-81120961	226001
南通市农村商业银行	南通市通州区建设路一号	曹 康	0513-86027010	226006
华夏银行股份有限公司南通分行	南通市青年中路90号人保大厦	任洪亮	0513-81128816	226006
兴业银行股份有限公司南通分行	南通市工农路249号都市豪庭	周 浩	0513-85016666-257747	226008
南京银行股份有限公司南通分行	南通市跃龙路71号	陈晓江	0513-81128163	226001
中国民生银行股份有限公司南通分行	南通市跃龙路80号	张 静	0513-81128680	226001
广发银行南通分行	南通市洪江路88号	夏济龙	0513-81589294	226007
浙商银行南通分行	南通市工农路358号	徐爱明	0513-81558008	226001
恒丰银行南通分行	南通市工农北路55号苏建阳光新城	李 峰	0513-66695657	226000
光大银行南通分行	南通市人民东路88号凤凰汇1号楼1—3层	王正明	0513-80887770	226001
日本名古屋银行南通分行	南通市开发区通盛大道188号创业外包服务中心C楼2F	渡井久友	0513-89192280-120	226009
江苏通州华商村镇银行股份有限公司	南通通州金沙镇开发区世纪大道西侧杏园路南侧	仲春浩	0513-86120099	226300
江苏海安县农村商业银行股份有限公司	南通市海安县长江中路88号	徐晓君	0513-88925801	226600
江苏海安盐海村镇银行股份有限公司	南通市海安县江海西路44号	刘 丰	0513-80680869	226600
江苏如皋农村商业银行股份有限公司	南通如皋市如城镇海阳路195号	汪农生	0513-87616019	226500
江苏如皋包商村镇银行股份有限公司	南通如皋市九华镇南大街88号	杨建高	0513-87579312	226500
江苏如东农村商业银行股份有限公司	南通市如东县掘港镇范堤路2号	曹桂斌	0513-84118628	226400
江苏如东融兴村镇银行有限责任公司	南通市如东县青园路38号	盛中伟	0513-87158168	226400
江苏海门农村商业银行股份有限公司	南通海门市海门镇解放中路137号	佘 俊	0513-82268998	226100
江苏海门建信村镇银行有限责任公司	南通海门市海门镇解放中路248	姜旭照	0513-81262288	226100
江苏启东农村商业银行股份有限公司	南通启东市汇龙镇人民中路599号	陈卫兵	0513-83320398	226200
江苏启东珠江村镇银行股份有限公司	南通启东市汇龙镇南苑中路455—467号	陈泽填	0513-83904318	226200
华泰证券股份有限公司南通姚港路证券营业部	南通市姚港路6号	顾文焕	0513-85580999	226001
华泰证券股份有限公司南通环城西路证券营业部	南通市环城西路18号飞马大厦2楼	季春波	0513-85126785	226001
华泰证券有限责任公司南通人民中路证券营业部	南通市人民中路10号	沙 斐	0513-85123188	226000

（续表）

机构名称	地址	负责人	电话	邮编
申银万国证券股份有限公司南通青年中路证券营业部	南通市青年中路 58 号	刘进富	0513-89011886	226006
南京证券有限责任公司南通姚港路证券营业部	南通市姚港路 10 号	严子禹	0513-85127778	226001
海通证券股份有限公司南通人民中路证券营业部	南通市人民中路 88 号邮政大楼 2 楼	赵建祥	0513-85119899	226001
中山证券有限责任公司南通孩儿巷证券营业部	南通市姚港路 2 号鸿运大厦 C 座 4 楼	邢　澄	0513-85594286	226006
广发证券股份有限公司南通城山路证券营业部	南通市青年中路 9 号中城大厦 1—2	陶　宁	0513-85116616	226007
联讯证券经纪有限责任公司南通工农路证券营业部	南通市工农路 245 号(成功大厦)	沙　泉	0513-83586883	226007
金元证券股份有限公司南通青年中路证券营业部	南通市青年中路 69 号通明大厦 A 座 3 楼	倪建伟	0513-85051288	226006
中国建银投资证券有限责任公司南通青年西路营业部	南通市姚港路 38 号	曹培荣	0513-83558988	226006
国联证券股份有限公司南通工农路证券营业部	南通市工农路 486 号	周　波	0513-85288560	226007
中航证券有限公司南通城港路证券营业部	南通市城港路 18 号	许耀波	0513-51003868	226000
国信证券股份有限公司南通跃龙路证券营业部	南通市跃龙路 100 号经典大厦 12 楼	祁立林	0513-89016298	226006
江苏文峰期货经纪有限责任公司	南通市青年中路	顾金坤	0513-85529853	226001
江苏弘业期货经纪有限公司南通营业部	南通市姚港路 6 号方天大厦 703 室	蔡许文	0513-85113509	226006
国联期货有限责任公司南通营业部	南通市南大街 290 号崇川大厦 4 楼	金沁炜	0513-85587588	226001
东海期货有限责任公司南通营业部	南通市人民中路 71 号润友大厦 6 楼	杨国光	0513-80107692	226001
冠通期货经纪有限公司南通营业部	南通市姚港路 6 号方天大厦 408 室	赵国新	0513-55081952	226001
华泰长城期货有限公司南通营业部	南通市青年中路 69 号 4 楼 401 室	朱建平	0513-89013831	226006
南华期货有限公司南通营业部	南通市南大街 89 号总部大厦 603 室	朱威桢	0513-89011160	226000
中国人寿保险股份有限公司南通市分公司	南通市环西路华威园 7 号楼	张建平	0513-85102697	226001
中国太平洋人寿保险股份有限公司南通中心支公司	南通市工农路 129 号	季金忠	0513-85018301	226001
中国平安人寿保险股份有限公司南通中心支公司	南通市人民东路 328 号平安人寿	勾希光	0513-81186188	226007
新华人寿保险股份有限公司南通中心支公司	南通市城山路 78 号金和大厦 5 楼	朱　健	0513-89012333	226006
泰康人寿保险股份有限公司南通中心支公司	南通市外环西路 49 号外滩大厦 11 楼	于永平	0513-89082061	226007
太平人寿保险有限公司南通中心支公司	南通市人民中路 95 号纺织大厦 5 楼	刘　峰	0513-68002088	226001
生命人寿保险股份有限公司南通中心支公司	南通市青年西路 208 号	李　迎	0513-85353666	226006
民生人寿保险股份有限公司南通中心支公司	南通市跃龙路 71 号濠河名邸 302 室	李　军	0513-89012188	226006

（续表）

机构名称	地址	负责人	电话	邮编
合众人寿保险股份有限公司南通中心支公司	南通市姚港路6号方天大厦3楼	徐 玮	0513-85159901	226000
海康人寿保险有限公司江苏分公司南通营销服务部	南通市人民东路159号瑞景广场4号楼9楼	朱 勇	0513-85524868-1566	226001
信诚人寿保险有限责任公司江苏分公司南通营销服务部	南通市人民东路6号王府大厦2幢6楼	朱晓科	0513-85065932	226001
嘉禾人寿保险股份有限公司江苏分公司南通营销服务部	南通市虹桥路66号易家桥中学综合楼4楼	钱伟煌	0513-89012666	226001
中国人民健康保险股份有限公司南通中心支公司	南通市青年中路90号保险大厦13楼	朱泉海	0513-81566009	226006
国泰人寿保险有限责任公司江苏分公司南通营销服务部	南通市环城西路16号飞马大厦4楼	林鸿志	0513-85050118-2000	226001
中宏人寿江苏分公司南通营销服务部	南通市人民东路159号瑞景商贸广场3楼	金 伟	0513-89016088	226001
光大永明人寿保险有限公司南京分公司南通营销服务部	南通市跃龙路38号国际大厦11层B座	李文华	0513-80208199	226001
恒安标准人寿保险有限公司江苏分公司南通营销服务部	南通市人民中路71号润友大厦3楼	曹美娟	0513-80107058	226001
平安养老保险股份有限公司南通中心支公司	南通市工农路168号文峰大厦18楼	黄慧青	0513-85018096	226007
和谐健康保险有限公司江苏分公司南通营销服务部	南通市桃坞路服饰城1幢11层	艾 虹	0513-85057380	226001
中国人民人寿保险股份有限公司南通中心支公司	南通市青年中路90号人保大厦17楼	尹建乐	0513-80113299	226006
正德人寿保险股份有限公司南通中心支公司	南通市城山路34号5楼	朱德友	0513-89015170	226006
中德安联人寿保险有限公司江苏分公司南通营销服务部	南通市工农路249号都市豪庭11楼1103室	丁建峰	0513-81181990	226007
阳光人寿保险股份有限公司南通中心支公司	南通市南大街290号崇川大厦三楼	杨建明	0513-85158588	226001
华夏人寿保险股份有限公司南通中心支公司	南通市人民中路20号南通大厦A座19楼	戴 蓉	0513-85797358	226001
中英人寿保险有限公司江苏分公司南通营销服务部	南通市人民中路71号润友大厦13楼	姜晓丹	0513-80112652	226001
信泰人寿保险股份有限公司南通中心支公司	南通市工农路256号鑫龙大厦5楼	孙 林	0513-68581318	226008
长城人寿保险股份有限公司南通中心支公司	南通市人民中路203号中南大厦B座17楼	鹿宝成	0513-85798610	226001
幸福人寿保险股份有限公司南通中心支公司	南通市工农路5号亚太大厦8楼、11楼	季少伟	0513-80106818	226001
华泰人寿保险股份有限公司南通中心支公司	南通市濠西路78号汉庭酒店3楼	罗向东	0513-89011300	226006
国华人寿保险股份有限公司南通中心支公司	南通市青年中路111号通明大厦3楼	单云峰	0513-85531201	226006

（续表）

机构名称	地址	负责人	电话	邮编
中美联泰大都会人寿保险有限公司江苏分公司南通营销服务部	南通市人民东路 159 号瑞景商贸广场 4 号楼 10 楼	宋文通	0513-89012929	226006
长生人寿保险有限公司江苏分公司南通营销服务部	南通市工农路 155 号天鑫大厦 310—312 室	黄建新	0513-55012899	226001
中意人寿保险有限公司南通营销服务部	南通市人民东路 159 号瑞景广场 4—11 层	张　忠	0513-80208299	226001
金盛人寿保险有限公司江苏分公司南通营销服务部	南通市人民东路 159 号瑞景广场 7 号楼 3 楼	刘岳军	0513-81159366	226001
英大泰和人寿保险股份有限公司南通中心支公司	南通市外环西路 49 号外滩大厦 2 楼	黄　海	0513-80103333	226001
中国人民财产保险股份有限公司南通市分公司	南通市青年中路 90 号	高　峰	0513-68095688	226000
中国太平洋财产保险股份有限公司南通中心支公司	南通市人民中路 203 号中南大厦 B 座 8—10 楼	朱伯春	0513-68095590	226001
中国平安财产保险股份有限公司南通中心支公司	南通市工农路 155 号天星大厦 3 楼	杨晓迪	0513-81186777	226007
天安保险股份有限公司南通中心支公司	南通市桃坞路 89 号莘园大厦 6 楼	顾祖平	0513-80106088	226006
大众保险股份有限公司南通中心支公司	南通市桃坞路 1 号浦发大厦 10 楼	李　坪	0513-85128988	226006
华泰财产保险股份有限公司南通中心支公司	南通市姚港路 6＃方天大厦 6 楼	孙晓强	0513-85128578	226000
中华联合财产保险股份有限公司南通中心支公司	南通市虹桥路 66 号	杜炳冲	0513-85158518	226006
太平保险有限公司南通中心支公司	南通市工农路 129 号	高　鹏	0513-85219668	226007
中国大地财产保险股份有限公司南通中心支公司	南通市孩儿巷南路 50 号 13 幢 1—4 层	陈　晓	0513-85050188	226001
永安财产保险股份有限公司南通中心支公司	南通市工农路 59 号新景大厦 2 层	许文杰	0513-81552666	226007
安邦财产保险股份有限公司南通中心支公司	南通市人民中路 95 号纺织大厦 7 楼	尤志明	0513-85158897	226001
阳光财产保险股份有限公司南通中心支公司	南通市桃坞路 2 号友谊大厦 15 楼	刘建平	0513-85053818	226001
都邦财产保险股份有限公司南通中心支公司	南通市工农路 155 号天鑫大厦 8 楼	曹建军	0513-81185688	226000
华安财产保险股份有限公司南通中心支公司	南通市北濠桥路锦绣花园 1 店面附 3 室	何晓松	0513-85198928	226000
美国友邦保险有限公司江苏分公司南通营销服务部	南通市工农路 6 号华丽大厦 0303 室	朱璟莉	0513-85798588-71109	226001
中银保险有限公司南通中心支公司	南通市工农路 198 号金唐大厦 3 楼	秦永东	0513-83561133	226000
中国人寿财产保险股份有限公司南通市中心支公司	南通市青年东路 7 号	赵建平	0513-68195526	226008
民安财产保险有限公司南通中心支公司	南通市工农路 111 号南通华辰大厦 3 座 6 层	彭　云	0513-55013890	226001
渤海财产保险股份有限公司南通中心支公司	南通市工农路 135 号三喜大厦 3 楼	张　健	0513-81125222	226007

（续表）

机构名称	地址	负责人	电话	邮编
长安责任保险股份有限公司南通市中心支公司	南通市人民东路 159 号瑞景广场 4 号楼 7 楼	史昱敏	0513-80108159	226001
华农财产保险股份有限公司南通中心支公司	南通市工农路 8 号华雅大厦南 2 楼	周骅骝	0513-55012388	226007
安诚财产保险股份有限公司南通中心支公司	南通市青年西路 208 号海关大楼 11 楼	洪　军	0513-81567001	226001
永诚财产保险股份有限公司南通中心支公司	南通市桃坞路 2 号	唐德林	0513-81121188	226001
紫金财产保险股份有限公司南通中心支公司	南通市城山路 129#	江　健	0513-89198090	226001
英大泰和财产保险股份有限公司南通中心支公司	南通市工农路 6 号华丽大厦 4 楼 402 室	刘森雄	0513-85238060	226007

6. 扬州市主要金融机构

机构名称	地址	负责人	电话	邮编
中国人民银行扬州市中心支行	扬州市文昌中路 561 号	张　强	0514-87935288	225009
中国银行业监督管理委员会扬州监管分局	扬州市扬子江中路 756 号	张宗政	0514-87782877	225009
中国农业发展银行扬州市分行	扬州市百祥路 123 号	徐素荣	0514-87367899	225009
中国工商银行股份有限公司扬州分行	扬州市扬子江中路 656 号	徐纯彬	0514-87859678	225009
中国农业银行扬州市分行	扬州市文昌西路 2 号	朱　晔	0514-87863328	225002
中国银行股份有限公司扬州分行	扬州市文昌中路 541 号	毛建良	0514-87361008	225009
中国建设银行股份有限公司扬州分行	扬州市文昌中路 100 号	张玲莉	0514-87340515	225001
交通银行股份有限公司扬州分行	扬州市汶河北路 2 号	吴　好	0514-87359111	225002
中信银行扬州分行	扬州市维扬路 171 号	徐　勇	0514-87890988	225009
招商银行扬州分行	扬州市文昌西路 12 号	庄晓梅	0514-82988601	225009
华夏银行扬州分行	扬州市邗江中路 301 号	张正勤	0514-82962818	225012
上海浦东发展银行扬州分行	扬州市文昌西路 202 号	严如勤	0514-82981111	225009
光大银行扬州分行	扬州市文汇东路 231 号	杨　骏	0514-89988000	225009
兴业银行扬州分行	扬州市维扬路 399 号	李贵标	0514-89710801	225007
中国邮政储蓄银行扬州市分行	扬州市运河西路 176 号	葛　鹏	0514-82989600	225012
江苏银行扬州分行	扬州市文昌中路 563 号	白伟亮	0514-87933099	225009
南京银行扬州分行	扬州市江阳中路 433 号	卢建华	0514-82991002	225009
江苏长江商业银行扬州分行	扬州市邗江区文汇东路 178 号	刘国华	0514-87096601	225009
扬州农村商业银行	扬州市鸿大路 1 号	周仁山	0514-87788688	225002
江苏邗江民泰村镇银行股份有限公司	扬州市兴城西路 191 号	杨　扬	0514-82681666	225009
江苏邗江联合村镇银行股份有限公司	扬州市维扬路 399 号桐园商业 1 号楼	单海华	0514-89718818	225009
江苏广陵中成村镇银行股份有限公司	扬州市广陵区李典镇花园路 1 号	向晓梅	0514-87556955	225000
汇丰银行(中国)有限公司扬州分行	扬州市邗江区江阳西路 109 号 1 层	曹云晖	0514-87916750	225100

（续表）

机 构 名 称	地 址	负责人	电 话	邮 编
中国人寿保险股份有限公司扬州市分公司	扬州市文昌中路 543 号	黄广银	0514-87340901	225002
中国人民财产保险股份有限公司扬州市分公司	扬州市文昌中路 388 号	杨玉宏	0514-87333906	225001
中国太平洋人寿保险股份有限公司扬州中心支公司	扬州市文昌中路 542 号	刘 枫	0514-87316105	225002
中国太平洋财产保险股份有限公司扬州中心支公司	扬州市文昌中路 540 号	吴 华	0514-87331880	225002
招商证券扬州汶河北路证券营业部	扬州市汶河北路 38 号	张 宁	0514-87346818	225002
海通证券股份有限公司扬州汶河南路证券营业部	扬州市汶河南路 69 号	刘俊杰	0514-87360056	225002
申银万国证券股份有限公司扬州扬子江中路证券营业部	扬州市扬子江中路 758 号	臧 扬	0514-87891800	225009
中投证券扬州营业部	扬州市邗江北路 68 号	张卫兵	0514-87322885	225002

7. 镇江市主要金融机构

机 构 名 录	地 址	负责人	电 话	邮 编
中国人民银行镇江市中心支行	镇江市中山西路 110 号	缪 斌	0511-85246166	212004
中国银行业监督管理委员会镇江监管分局	镇江市梦溪路 43 号	周盛武	0511-88982002	212003
中国农业发展银行镇江市分行	镇江市中山东路 16 号	孟凡庭	0511-85032998	212300
中国工商银行股份有限公司镇江分行	镇江市解放路 308 号	张清水	0511-85038728	212000
中国农业银行股份有限公司镇江分行	镇江市电力路 19 号	宋国云	0511-85275208	212007
中国银行股份有限公司镇江分行	镇江市长江路 15 号	孙庆阳	0511-85081588	212001
中国建设银行股份有限公司镇江分行	镇江市正东路 29 号	朱 成	0511-84434216	212003
交通银行股份有限公司镇江分行	镇江市解放路 229 号	葛晓祥	0511-85086218	212001
华夏银行股份有限公司镇江分行	镇江市解放路 288 号东邦国际商务大厦 19 楼	王琪生	0511-88910988	212001
民生银行股份有限公司镇江支行	镇江市长江路 7 号地方海事大厦 1、2 层	丁 勇	0511-88916668	212001
上海浦东发展银行股份有限公司镇江支行	镇江解放路 318 号	陈士杰	0511-85085088	212002
招商银行镇江分行	镇江市电力路 18 号	周建明	0511-88916889	212007
江苏银行镇江分行	镇江市正东路 28 号	金向阳	0511-85010097	212000
中国邮政储蓄银行有限责任公司江苏省镇江市分行	镇江市中山西路 65 号	吕志军	0511-85230216	212004
江苏省镇江市农村商业银行	镇江市寿邱街 9 号	王国力	0511-85013502	212001
大新银行(中国)有限公司镇江分行	镇江市解放路 59 号	李奇瑞	0511-85309968	212001
兴业银行股份有限公司镇江分行	镇江市中山西路 102 号	王 强	0511-89009966	212004
广发银行股份有限公司镇江分行	镇江市润州区檀山路 8 号	孙 平	0511-83816789	212000
中信银行股份有限公司镇江分行	镇江市长江路滨江银座大厦	许良大	0511-89886288	212001
丹徒蒙银村镇银行	镇江市丹徒区谷阳大道 286 号	史武军	0511-85572905	212000
华泰证券股份有限公司镇江营业部	镇江市中山东路 4 号	袁红彬	0511-85037090	212001

（续表）

机构名录	地址	负责人	电话	邮编
申银万国证券股份有限公司镇江营业部	镇江市中山东路28号	王劲	0511-85032138	212001
安信证券股份有限公司镇江营业部	镇江市中山东路189号2楼	陈国兴	0511-85023108	212001
南京证券股份有限公司镇江营业部	镇江市中山东路288-1号	王曙福	0511-85248167	212001
国联证券股份有限公司镇江南门大街证券营业部	镇江市南门大街269号	朱向明	0511-84428548	212000
中信证券股份有限公司镇江电力路证券营业部	镇江市润州区电力路18号B区1—2楼	高群	0511-81983988	212002
海通证券股份有限公司镇江中山西路营业部	镇江市中山西路53号	夏泳	0511-89155588	212004
中投证券镇江营业部	镇江市中山西路108号金环大厦	张京	0511-85295888	212004
中国人民财产保险股份有限公司镇江市分公司	镇江市正东路35号	刘亮	0511-84434067	212003
中国太平洋财产保险股份有限公司镇江中心支公司	镇江市中山东路19号	杨宁国	0511-84433541	212003
中国平安财产保险股份有限公司镇江中心支公司	镇江市解放路357号1号楼3楼	张雪冰	0511-85037709	212003
天安保险股份有限公司镇江中心支公司	镇江市黄山北路韵成大厦B座2—4楼	周昭	0511-85116088	212004
大众保险股份有限公司镇江中心支公司	镇江市解放路318号3楼	王宇龄	0511-85034086	212001
中华联合财产保险股份有限公司镇江中心支公司	镇江市电力路39号中基大厦4楼	刘颖	0511-85293688	212002
永安财产保险股份有限公司镇江中心支公司	镇江市解放路430号5楼	曹伟	0511-85371116	212001
太平财产保险有限公司镇江中心支公司	镇江市大西路286号同德大厦2楼	崔建中	0511-85282666	212002
安邦财产保险股份有限公司镇江中心支公司	镇江市邱寿街8号6楼	莫群飞	0511-85905999	212000
华安财产保险股份有限公司镇江中心支公司	镇江市黄山南路2—16号天和星城东大门右侧(疾控中心对面)	魏俊伟	0511-84490352	212002
都邦财产保险股份有限公司镇江中心支公司	镇江市解放路22号2号楼4楼	倪凯	0511-85911987	212000
阳光财产保险股份有限公司镇江中心支公司	镇江市丁卯桥108号2楼	周武	0511-88892755	212000
大地财产保险股份有限公司镇江中心支公司	镇江市电力路30号7楼	冷吉义	0511-85950001	212000
中银保险有限公司镇江中心支公司	镇江市中山西路59号京都大厦11楼	蒋金署	0511-86060117	212000
华泰财产保险股份有限公司镇江中心支公司	镇江市解放路115号大市口邮政局4楼	钱杰	0511-85084588	212000
渤海财产保险股份有限公司镇江中心支公司	镇江市中山东路68号嘉源大厦806室	孙力宇	0511-85082789	212000
民安保险(中国)有限公司镇江中心支公司	镇江市中山东路4号附楼	洪兵	0511-86110899	212000
国寿财产保险股份有限公司镇江中心支公司	镇江市黄山南路20号德润大厦10层	杨铁牛	0511-85218503	212000
安诚财产保险股份有限公司镇江中心支公司	镇江市中山东路381号中山大厦7楼	于整放	0511-85115999	212000
长安责任财产保险股份有限公司镇江中心支公司	镇江市中山东路45号华星大厦15楼1501—1508室	王鸣威	0511-85118700	212000

（续表）

机　构　名　录	地　　址	负责人	电　话	邮　编
永诚财产保险股份有限公司镇江中心支公司	镇江市解放路 288 号东邦国际大厦 9 楼	徐　斌	0511-85013988	212000
中国人寿保险股份有限公司镇江市分公司	镇江市正东路 148 号	黄　俊	0511-84415466	212003
中国太平洋人寿保险股份有限公司镇江中心支公司	镇江市中山东路 19 号	韩建玲	0511-88990705	212003
中国平安人寿保险股份有限公司镇江中心支公司	镇江市中山东路 189 号诚和大厦 13 楼	张　劼	0511-85033562	212003
新华人寿保险股份有限公司镇江中心支公司	镇江市大西路 347 号 2—3 楼	鲁勇军	0511-85294990-808	212002
泰康人寿保险股份有限公司镇江中心支公司	镇江市电力路 28 号 6 楼	孟庆飙	0511-85296301	212002
太平人寿保险股份有限公司镇江中心支公司	镇江市解放路 22 号京城大厦 3—5 楼	陆　静	0511-88989999	212000
民生人寿保险股份有限公司镇江中心支公司	镇江市中山东路 423 号邮政大厦 7 楼	凌志波	0511-85909801	212004
合众人寿保险股份有限公司镇江中心支公司	镇江市电力路 30 号（润州教育局）6 楼	袁　因	0511-85087888	212000
生命人寿保险股份有限公司镇江中心支公司	镇江市解放路 430 号 6 楼	沈兆萍	0511-85118999	212000
中宏人寿保险股份有限公司镇江营销服务部	镇江市中山东路 25 号京口教育大厦 13 楼	陈志武	0511-88989001	212000
海康人寿保险股份有限公司镇江营销服务部	镇江市中山西路 100 号明珠大厦 611 室	吴　均	0511-85214568	212000
嘉禾人寿保险股份有限公司镇江营销服务部	镇江市中山西路 98 号外贸大厦 10 楼	鄢鸿军	0511-85936901	212000
华夏人寿保险股份有限公司镇江中心支公司	镇江市运河路 4 号南 1—6 楼	严建俊	0511-85117099	212000
平安养老保险股份有限公司镇江中心支公司	镇江市中山东路 189 号诚和大厦 14 楼	戴　漪	0511-85033564	212000
国泰人寿保险股份有限公司镇江营销服务部	镇江市大西路 120 号（建行 3 楼）	陈炜权	0511-85226538-2200	212000
正德人寿保险股份有限公司镇江中心支公司	镇江市望京天地二楼	唐　钢	0511-85930090	212000
长城人寿保险股份有限公司镇江中心支公司	镇江市大西路 286 号（中行 3 楼）	董静波	0511-85931101	212000
阳光人寿保险股份有限公司镇江中心支公司	镇江市梦溪路 2 号船院空调 2 楼	陈　艳	0511-84436228	212000
华泰人寿保险股份有限公司镇江中心支公司	镇江市解放路 68 号内	张国清	0511-85221978	212000
信泰人寿保险股份有限公司镇江中心支公司	镇江市电力路 39 号中基大厦 5 楼	徐　国	0511-85907888	212000
中国人民人寿保险股份有限公司镇江市分公司	镇江市中山东路 45 号 701（7 楼 A 座）	周　鸿	0511-85959777	212000

8. 泰州市主要金融机构

机　构　名　称	地　　址	负责人	电　话	邮　编
中国人民银行泰州市中心支行	泰州市海陵南路 319 号	贾　拓	0523-86836933	225300
中国银行业监督管理委员会泰州银监分局	泰州市五一路 121 号	陈惠莲	0523-86392800	225300
泰州市保险行业协会	泰州市青年南路 157 号	朱　彤	0523-82098578	225300
中国工商银行股份有限公司泰州分行	泰州市青年北路 188 号	蔡万周	0523-86225108	225300

（续表）

机构名称	地址	负责人	电话	邮编
中国农业银行泰州市分行	泰州市青年南路56号	汪 洋	0523-86896288	225300
中国银行股份有限公司泰州分行	泰州市青年路128号	王孝平	0523-86230388	225300
中国建设银行股份有限公司泰州分行	泰州市五一路79号	马 新	0523-86328699	225300
交通银行股份有限公司泰州分行	泰州青年北路151号	孙 亮	0523-86242160	225300
中国农业发展银行泰州市分行	泰州市人民西路20号	汪建青	0523-86231908	225300
中信银行股份有限公司泰州分行	泰州市青年路39号	宋建中	0523-86399199	225300
南京银行股份有限公司泰州分行	泰州市五一路80号	洪 伟	0523-86392998	225300
江苏银行股份有限公司泰州分行	泰州市东进东路10号	封 林	0523-86392001	225300
中国邮政储蓄银行股份有限公司泰州分行	泰州市东进西路7号B楼	唐安乐	0523-86999600	225300
招商银行股份有限公司泰州分行	泰州市迎春东路28-8	赵洪俊	0523-86681666	225300
兴业银行股份有限公司泰州分行	泰州市凤凰东路88号	刘金本	0523-86195333	225300
江苏长江商业银行泰州分行	泰州市府前路9号	王 燕	0523-86390929	225300
上海浦东发展银行股份有限公司泰州分行	泰州市青年北路215号	刘剑平	0523-86899588	225300
江苏泰州农村商业银行	泰州市青年路52号	陈 飞	0523-86239100	225300
江苏靖江农村商业银行	靖江市骥江路179号	刘友余	0523-84826628	214500
江苏泰兴农村商业银行	泰兴市国庆西路88号	申和健	0523-87627000	225400
江苏姜堰农村商业银行	姜堰市人民路560号	洪其华	0523-88289829	225500
江苏兴化农村商业银行	兴化市五里东路2号金融大厦602室	黄锦荣	0523-83328818	225700
江苏长江商业银行股份有限公司	靖江市骥江西路359号	朱惠健	0523-84891001	214500
中国人民财产保险股份有限公司泰州市分公司	泰州市凤凰东路80号	王晓文	0523-80916988	225300
中国人寿保险股份有限公司泰州市分公司	泰州市人民西路28号	孟 昶	0523-86211609	225300
中国太平洋财产保险股份有限公司泰州中心支公司	泰州市鼓楼南路557号	高 巍	0523-86363601	225300
中国太平洋人寿保险股份有限公司泰州中心支公司	泰州市鼓楼南路559号	张玉梅	0523-86363033	225300
中国平安财产保险股份有限公司泰州中心支公司	泰州市海陵南路295号	李 翔	0523-86333456	225300
中国平安人寿保险股份有限公司泰州中心支公司	泰州市迎春西路69号	辛朝辉	0523-86335918	225300
天安保险股份有限公司泰州中心支公司	泰州市海陵南路389号	林 蔚	0523-82190701	225300
新华人寿保险股份有限公司泰州中心支公司	泰州市东进东路118号锦泰商城东楼	朱金海	0523-86398608	225300
泰康人寿保险股份有限公司泰州中心支公司	泰州市海陵北路288号(坡子街商业中心)6楼	李建华	0523-86393699	225300
中华联合财产保险股份有限公司泰州中心支公司	泰州市江洲南路117号	肖 玮	0523-86243333	225300
民生人寿保险股份有限公司泰州中心支公司	泰州市鼓楼北路1号(泰州书城4楼)	张利群	0523-86392333	225300
中国大地财产保险股份有限公司泰州中心支公司	泰州市鼓楼南路398号	林 峻	0523-86398595	225300

（续表）

机 构 名 称	地 址	负责人	电 话	邮 编
华安财产保险股份有限公司泰州中心支公司	泰州市江洲南路90号	金 菊	0523-86898761	225300
永安财产保险股份有限公司泰州中心支公司	泰州市海陵南路315东楼1层	王 骏	0523-86392666	225300
太平人寿保险有限公司泰州中心支公司	泰州市海陵区海陵北路199号401—407室	王廷宏	0523-80813366	225300
生命人寿保险股份有限公司泰州中心支公司	泰州市鼓楼南路355号金地商务大厦6楼	朱红玉	0523-82111988	225300
安邦财产保险股份有限公司泰州中心支公司	泰州市海陵区阳光新城5幢511，513	郑路遥	0523-86395666	225300
阳光财产保险股份有限公司泰州中心支公司	泰州市梅兰东路33号	姚小龙	0523-86896919	225300
合众人寿保险股份有限公司泰州中心支公司	泰州市青年北路219号金茂大厦8楼	杨 静	0523-86236996	225300
都邦财产保险股份有限公司泰州中心支公司	泰州市济川西路376号4楼	夏万友	0523-86350000	225300
中国人寿财产保险股份有限公司泰州市中心支公司	泰州市江洲南路115号	梅斌峰	0523-86998688	225300
中国人民健康保险股份有限公司泰州中心支公司	泰州市海陵南路47号	树 华	0523-82190999	225300
华泰财产保险股份有限公司泰州中心支公司	泰州市鼓楼南路355号金地商务大厦5楼	钱厚峰	0523-82088901	225300
太平财产保险有限公司泰州中心支公司	泰州市鑫泰花园沿街商铺S1栋5室	于秀明	0523-86390555	225300
民安财产保险有限公司泰州中心支公司	泰州市海陵北路186号601	徐俊峰	0523-86998188	225300
友邦保险有限公司泰州中心支公司	泰州市济川东路220号万达广场写字楼8楼	王 伟	0523-86216508-75501	225300
信泰人寿保险股份有限公司泰州中心支公司	泰州市鼓楼北路1号（泰州书城5楼）	许晓强	0523-80813118	225300
农银人寿保险股份有限公司泰州中心支公司	泰州市坡子街商业中心288号2层2单元202	王鹏飞	0523-89996698	225300
华夏人寿保险股份有限公司泰州中心支公司	泰州市税东街9号	耿海鹭	0523-82196068	225300
华泰人寿保险股份有限公司泰州中心支公司	泰州市江洲南路90号胜家宾馆3楼	吴冷非	0523-86399600	225300
国泰人寿保险有限责任公司江苏分公司泰州营销服务部	泰州市济川东路220号万达广场写字楼5楼	李宣旭	0523-86998966-2300	225300
中银保险有限公司泰州中心支公司	泰州市人民西路6号3楼	秦进龙	0523-86695288	225300
阳光人寿保险股份有限公司泰州中心支公司	泰州市东进东路鹏欣丽都G3写字楼3楼	宋友凤	0523-86390666	225300
长安责任保险股份有限公司泰州市中心支公司	泰州市江洲南路90号胜家宾馆4楼	邓 鹏	0523-82121069	225300
渤海财产保险股份有限公司泰州中心支公司	泰州市海陵北路288号六楼二单元603室	钱轶敏	15850888799	225300
长城人寿保险股份有限公司泰州中心支公司	泰州市坡子街2单元606室	丁永红	0523-86156633	225300
中国人民人寿保险股份有限公司泰州中心支公司	泰州市凤凰东路68号建工大厦7楼	潘 庆	0523-80729009	225300
紫金财产保险股份有限公司泰州中心支公司	泰州市凤凰东路98号	王京苏	0523-82216888	225300
中意人寿保险有限公司泰州中心支公司	泰州市鹏欣丽都G7幢4楼	费年龙	0523-82195799	225300
光大永明人寿保险有限公司泰州中心支公司	泰州市鼓楼北路20-1号	曹维国	0523-82210168	225300

（续表）

机构名称	地址	负责人	电话	邮编
英大泰和财产保险股份有限公司泰州中心支公司	泰州市江洲南路鑫泰苑04号商铺	邱　阳	0523-82100009	225300
天平汽车保险股份有限公司泰州中心支公司	泰州市海陵区老街北停车场南侧管理二楼	高　强	0523-86155509	225300
工银安盛人寿保险有限公司江苏分公司泰州营销服务部	泰州市海陵区阳光新城3幢1楼	陈　平	0523-86519800-9801	225300
英大泰和人寿保险股份有限公司泰州中心支公司	泰州市鼓楼南路315号盐务局三楼	冯　俊	0523-82162666	225300
建信人寿保险有限公司泰州中心支公司	泰州市东风北路1号楼301室	缪天洁	0523-86519588	225300
利安人寿保险股份有限公司泰州分公司	泰州市鼓楼南路539号接待室	周　红	0523-86159788	225300
百年人寿保险股份有限公司泰州中心支公司	泰州市海陵区东风北路85号鑫隆商业广场4楼	安　刚	0523-86510111	225300
安诚财产保险股份有限公司泰州支公司	泰州市海陵区江州南路鑫泰花园沿街商业铺S2-1室	卢　勇	0523-82101126	225300
泰山财产保险股份有限公司泰州中心支公司	泰州市海陵区鼓楼南路348号	盛　茂	0523-82168668	225300
安邦人寿保险有限公司泰州中心支公司	泰州市东风路阳光新城513	丁　卫	0523-86695678	225300
和谐健康保险有限公司泰州中心支公司	泰州市济川东路220号万达广场写字楼8楼	周秀芳	0523-82168999	225300
永诚财产保险股份有限公司泰州中心支公司	泰州市东进西路28号404室	钱铁敏	0523-86999356	225300
恒安标准人寿保险有限公司江苏分公司泰州营销服务部	泰州市海陵北路288号6幢18楼	高沪平	0523-82109958	225300
东吴人寿保险股份有限公司泰州分公司	泰州市江洲南路90号3楼北侧	符　华	0523-86681699	225300
国华人寿保险股份有限公司泰州中心支公司	泰州市鼓楼南路288-20-1号	井　荣	0523-86583111	225300
华泰证券股份有限公司泰州迎春西路证券营业部	泰州市迎春西路22号	田志武	0523-86234237	225300
华泰证券股份有限公司泰州鼓楼北路证券营业部	泰州市鼓楼北路11-1号	周德洪	0523-86242500	225300
中信建投股份有限公司泰州青年北路证券营业部	泰州市青年路63号	吴月军	0523-86222733	225300
海通证券有限公司泰州鼓楼南路营业部	泰州市鼓楼南路315号	乔雷璋	0523-86890755	225300
长江证券股份有限公司泰州迎春西路证券营业部	泰州市迎春西路59号	王　勇	0523-86998099	225300
国联证券股份有限公司泰州济川东路营业部	泰州市济川东路99—106号	费新龙	0523-86390396	225300
申银万国证券股份有限公司靖江骥江路证券营业部	靖江市骥江路160号	徐志凤	0523-84834066	214500
东吴证券股份有限公司泰州海陵南路证券营业部	泰州市海陵区海陵南路360—6号	秦国军	0523-86313068	225300
申银万国证券股份有限公司泰兴长征路营业部	泰兴市长征路99号	沈剑峰	0523-87650123	225400
华泰证券股份有限公司靖江人民中路证券营业部	靖江市人民中路68号国贸中心9楼	陶　津	0523-84961111	214500
南京证券有限公司靖江骥江路证券营业部	靖江市骥江路276号4楼	王　亮	0523-84893333	214500

（续表）

机　构　名　称	地　　址	负责人	电　话	邮　编
东海证券有限公司靖江车站路证券营业部	靖江市车站路2号金泰大厦1幢临街房1至2层	丁　煜	0523-89101058	214500
华泰证券股份有限公司姜堰东大街证券营业部	姜堰市东大街23号	张英黎	0523-88209518	225500
中信建投证券股份有限公司兴化营业部	牌楼西路18—20号大兴商厦3楼	黄志军	0523-83224099	225700
华泰证券股份有限公司泰州高港金港南路证券营业部	泰州高港区金港南路都市嘉园6栋02室	张　展	0523-86985597	225000
华泰证券股份有限公司泰兴国庆西路证券营业部	泰兴市泰兴镇国庆西路29号	董　俊	0523-89795597	225400
东吴证券股份有限公司姜堰人民中路证券营业部	姜堰市人民中路82-58号	李友林	0523-88113199	225500
华泰证券股份有限公司泰州兴化长安中路证券营业部	兴化市锦绣园一期网点由南向北第13、14间	苏　斌	0523-83256333	225700
东海证券有限公司泰兴市营业部	泰兴市济川路9号	胡伟成	0523-87082005	225400
江苏东华期货经纪有限公司泰州营业部	泰州市金茂大厦716室	陶中荣	0523-86223959	225300
江苏弘业期货经纪有限公司泰州营业部	泰州市金茂大厦801室	王红权	0523-86211993	225300

9. 徐州市主要金融机构

机　构　名　称	地　　址	负责人	电　话	邮　编
中国人民银行徐州市中心支行	徐州市建国西路18号	刘耀庭	0516-85798701	221000
中国银行业监督管理委员会徐州银监分局	徐州市滨湖花园三期	刘秀全	0516-83900963	221000
徐州市保险行业协会	徐州市奎园小区望月园3号楼3、4层	邹卫中	0516-83721963	221000
中国工商银行股份有限公司徐州分行	徐州市大同街31号	李明星	0516-83702386	221000
中国农业银行股份有限公司徐州分行	徐州市淮海西路66号	李厚网	0516-83814857	221000
中国银行股份有限公司徐州分行	徐州市淮海西路99号	袁彩平	0516-85692600	221000
中国建设银行股份有限公司徐州分行	徐州市解放北路1号	肖作华	0516-83613618	221000
中国农业发展银行徐州市分行	徐州市建国西路奎西巷128号	丁　洪	0516-85797900	221000
交通银行股份有限公司徐州分行	徐州市中山南路56号	郭　健	0516-85608180	221000
华夏银行股份有限公司徐州分行	徐州市解放北路2号汇源置地广场	朱　凯	0516-85619011	221000
中国民生银行股份有限公司徐州分行	徐州市中山南路汉御花园商业楼A区1-109、210	梅　奇	0516-83903082	221000
招商银行股份有限公司徐州分行	徐州市解放路6号	叶　君	0516-83618809	221000
兴业银行股份有限公司徐州分行	徐州市泉山区建国西路75路	赵建军	0516-85900999	221000
上海浦东发展银行股份有限公司徐州分行	徐州市淮海西路29号	范新田	0516-85905528	221000
渤海银行股份有限公司徐州分行	徐州市解放路303号地王大厦裙楼1—3层	马宗海	0516-81809999	221000
中国邮政储蓄银行股份有限公司徐州市分行	徐州市青年路271号	李继宏	0516-83723299	221000
江苏银行股份有限公司徐州分行	徐州彭城路81号	胡　涛	0516-83100929	221000
莱商银行股份有限公司徐州分行	徐州市淮海东路138号	李　锋	0516-83736709	221000

（续表）

机构名称	地址	负责人	电话	邮编
江苏铜山锡州村镇银行股份有限公司	徐州市铜山经济开发区上海路28号	徐建新	0516-83917808	221000
江苏邳州农村商业银行股份有限公司	邳州市建设中路16号信合大厦	乔建社	0516-86229874	221000
徐州淮海农村商业银行股份有限公司	徐州市文亭街28号	黄保华	0516-85603627	221000
江苏丰县民丰村镇银行有限责任公司	徐州市丰县中阳大道荟苑二期一号楼A座	董德锋	0516-68896008	221000
江苏沛县汉源村镇银行股份有限公司	徐州市沛县汉源大道118号	黄　涛	0516-89685316	221000
江苏邳州陇海村镇银行股份有限公司	徐州邳州市建设北路1号通城广场一层	王　靖	0516-86567766	221000
江苏丰县农村商业银行股份有限公司	徐州市丰县人民中路9号	程之浩	0516-89230132	221000
徐州彭城农村商业银行股份有限公司	徐州市贾汪区贾韩北路8路	吴　珍	0516-87717752	221000
江苏新沂汉源村镇银行股份有限公司	新沂市新安镇钟吾南路28号	石　峰	0516-81606662	221000
江苏沛县农村商业银行股份有限公司	沛县汤沐路11号	王良玉	0516-89631505	221000
睢宁中银富登村镇银行有限公司	睢宁县文学路中段47号	钟生辉	0516-88337518	221000
徐工集团财务有限公司	徐州经济技术开发区驮蓝山路26号	吴江龙	0516-87565068	221000
东莞证券有限责任公司徐州淮海西路证券营业部	徐州市淮海西路29号财富大厦4层	焦建超	0516-85905018	221000
海通证券股份有限公司徐州中山北路证券营业部	徐州市鼓楼区中山北路12号龙泰大厦3楼	张　亮	0516-83829999	221000
大通证券股份有限公司徐州淮海西路证券营业部	徐州市淮海西路54号	杨　浩	0516-85649977	221000
国泰君安证券股份有限公司徐州解放南路证券营业部	徐州解放南路108号	徐培航	0516-83815372	221000
齐鲁证券有限公司徐州民主南路证券营业部	徐州市云龙区民主南路69号恩华大厦1、5层	梁建东	0516-83839266	221000
中信证券股份有限公司徐州解放南路证券营业部	徐州市云龙区解放南路303号地王大厦附楼2、3层	李　忻	0516-83735777	221000
华泰证券股份有限公司徐州淮海西路证券营业部	徐州市淮海西路252号华美商厦5楼	陈开生	0516-85936705	221000
华泰证券股份有限公司徐州中山南路证券营业部	徐州市中山南路56号	王民生	0516-85602146	221000
华泰证券股份有限公司徐州青年路证券营业部	徐州市青年路182号	罗　巍	0516-83718445	221000
华泰证券股份有限公司徐州铜山同昌街证券营业部	徐州市铜山新区同昌街34号电信大楼	蔡　翔	0516-83318151	221000
华泰证券股份有限公司徐州沛县汤沐路证券营业部	沛县汤沐路2号	张　琪	0516-81202058	221000
华泰证券股份有限公司徐州睢宁中山南路证券营业部	徐州市睢宁县中山南路10号	张正兴	0516-88346689	221000
东海证券股份有限责任公司徐州建国东路证券营业部	徐州市建国东路111号广达大厦16层	张卫国	0516-83908830	221000
东海证券股份有限公司徐州徐海路证券营业部	徐州经济技术开发区徐海路南君廷湖畔小区商业1号楼1-113	踪　卓	0516-83908882	221000
大同证券经纪有限责任公司徐州解放北路证券营业部	徐州市解放北路汇金时代A座6层	王　淞	0516-66665586	221000

（续表）

机 构 名 称	地 址	负责人	电 话	邮 编
东吴证券股份有限公司徐州北京北路证券营业部	徐州市铜山新区北京路东、同昌路南	俞民良	0516-61886660	221000
南京证券股份有限公司徐州民主北路证券营业部	徐州市鼓楼区民主北路68号	黄勇翔	0516-83728733	221000
国联证券股份有限公司徐州中山北路证券营业部	徐州市中山北路8号金地国际大厦601室	华国良	0516-83688000	221000
银泰证券有限责任公司徐州解放南路证券营业部	徐州市和平路64号帝都大厦1-1-2202	李劲风	0516-81917177	221000
西南证券股份有限公司徐州二环西路证券营业部	徐州市二环西路43号荣景盛苑A区8-1-102至107号	黄德权	0516-85696852	221000
创元期货有限公司徐州营业部	徐州市泉山区文亭街8号文亭金座综合楼A栋7层705、706、707	徐 玮	0516-85807927	221000
弘业期货股份有限公司徐州营业部	徐州市云龙区和平路帝都大厦2206—2208室	邱昕博	0516-85695258	221000
弘业期货股份有限公司徐州中山北路营业部	徐州市中山北路29号国贸大厦20楼A1、A2、A3	余东东	0516-85795222	221000
瑞达期货股份有限公司徐州营业部	徐州市云龙区和平路帝都大厦1#-1-302、2201室	林肖颖	0516-61888712	221000
东海期货有限责任公司徐州营业部	徐州市建国东路111号17层	张海洋	0516-66697001	221000
锦泰期货有限公司徐州营业部	徐州市建国西路43号	闫 林	0516-66696659	221000
新纪元期货有限公司	徐州市淮海东路153号	丁一民	0516-83831121	221000
中国人民财产保险股份有限公司徐州市分公司	徐州市建国东路17号	朱徐阳	0516-68006026	221000
长安责任保险股份有限公司徐州市中心支公司	徐州云龙区复兴南路247号第三屋	颜 军	0516-66663168	221000
中华联合财产保险股份有限公司徐州中心支公司	徐州市泉山区泰山路东坡广场红十字会院内	高洪涛	0516-83685567	221000
阳光财产保险股份有限公司徐州中心支公司	徐州市云龙区彭城路93号泛亚大厦4楼	李国玉	0516-66699307	221000
中银保险有限公司徐州中心支公司	徐州市云龙区建国东路427号2层	闫 军	0516-83804666	221000
中国大地财产保险股份有限公司徐州中心支公司	徐州市建国西路88号	钱惠云	0516-85809007	221000
华泰财产保险有限公司徐州市中心支公司	徐州市泉山区茗城逸墅1-114、115	张 勇	0516-85698279	221000
天安财产保险股份有限公司徐州中心支公司	徐州市淮海西路255号公交商贸大厦4层、9层	孙志远	0516-66662098	221000
大众保险股份有限公司徐州中心支公司	徐州市湖北路66号滨湖花园一期G2#楼101、103—110二层	孙可可	0516-83900059	221000
中国太平洋财产保险股份有限公司徐州中心支公司	徐州市建国西路59号	李晓飞	0516-85700199	221000
永诚财产保险股份有限公司徐州中心支公司	徐州市建国西路71号泉山农行9层	韩世群	0516-85790819	221000
中国平安财产保险股份有限公司徐州中心支公司	徐州市泉山区解放南路矿业大学科技大厦1楼、3楼	孟洪洋	0516-85805599	221000
太平财产保险有限公司徐州中心支公司	徐州市迎宾大道千家惠建材市场1号B-208室	陈 卓	0516-83829988	221000

（续表）

机构名称	地址	负责人	电话	邮编
华安财产保险股份有限公司徐州中心支公司	徐州市齐鲁南巷汉御花园A座04号	胡家友	0516-83819535	221000
永安财产保险股份有限公司徐州中心支公司	徐州市中山南路65号轻工大厦11、12层	朱传平	0516-67661069	221000
安诚财产保险股份有限公司徐州中心支公司	徐州市青年东路104号供水科技培训中心15B楼	王冰	0516-83709696	221000
都邦财产保险股份有限公司徐州中心支公司	徐州市民主南路200号天禄大厦3楼、4楼	刘永恒	0516-83900372	221000
中国人寿财产保险股份有限公司徐州市中心支公司	徐州市云龙区民主南路恩华大厦9层	张立民	0516-83801717	221000
紫金财产保险股份有限公司徐州中心支公司	徐州市泰山路积翠新村9号楼	王旭	0516-85902115	221000
浙商财产保险股份有限公司徐州中心支公司	徐州市泉山区淮海西路255号公交商贸大厦1-2305	王斐	0516-85761032	221000
安邦财产保险股份有限公司徐州中心支公司	徐州市建国东路29号	孟新	0516-83909281	221000
信诚人寿保险有限公司江苏分公司徐州营销服务部	徐州市民主南路69号恩华科研综合楼1—301层的308—315室、1—701层的710室	燕冉	0516-83905093	221000
中国人民人寿保险股份有限公司徐州中心支公司	徐州市淮海西路197号	杜振海	0516-69092196	221000
华泰人寿保险股份有限公司徐州中心支公司	徐州市建国西路75号财富广场A座6楼	陈书德	0516-85902678	221000
阳光人寿保险股份有限公司徐州中心支公司	徐州市彭城路商业区3#楼泛亚大厦4层	刘亮	0516-66663309	221000
中国太平洋人寿保险股份有限公司徐州中心支公司	徐州市段庄广场西侧西城华庭B楼1—6层	吴海洋	0516-69858030	221000
中国人寿保险股份有限公司徐州市分公司	徐州市建国东路407号	任凯军	0516-83823702	221000
民生人寿保险股份有限公司江徐州中心支公司	徐州市民主南路69号恩华大厦6楼	刘亮	0516-83808102	221000
新华人寿保险股份有限公司徐州中心支公司	徐州市泉山区西安北路6号恒茂大厦5层	夏永银	0516-85730628	221000
泰康人寿保险股份有限公司徐州中心支公司	徐州市西安南路2号综合楼	盛秀芹	0516-85799388	221000
长城人寿保险股份有限公司徐州中心支公司	徐州市大马路99号文化大厦6楼	耿扬	0516-83739865	221000
正德人寿保险股份有限公司徐州中心支公司	徐州市泉山区淮海西路134号小世界大楼6楼	赵沂	0516-83619529	221000
中英人寿保险有限公司江苏分公司徐州营销服务部	徐州市西安北路与夹河街交叉口恒茂国际商务中心6楼606至610单元	王志国	0516-66663652	221000
中融人寿保险股份有限公司徐州中心支公司	徐州市淮海西路29号华隆财富大厦19层1906—1907室	刘志刚	0516-66691679	221000
农银人寿保险股份有限公司徐州中心支公司	徐州市淮海西路255号公交商贸大厦8楼	梁勇	0516-66662558	221000
英大泰和人寿保险股份有限公司徐州中心支公司	徐州市淮海西路29号财富大厦20层	王志国	0516-66662202	221000
中国平安人寿保险股份有限公司徐州中心支公司	徐州市淮海西路150号	王毅	0516-85835011	221000

（续表）

机 构 名 称	地 址	负责人	电 话	邮 编
国华人寿保险股份有限公司徐州中心支公司	徐州市淮海西路 255 号公交大厦 901 室	刘志刚	0516-81910012	221000
平安养老保险股份有限公司徐州中心支公司	徐州市淮海西路 150 号 5 楼	王建文	0516-85833406	221000
太平人寿保险有限公司徐州中心支公司	徐州市淮海西路 120 号颖都大厦 9—10 楼	周立军	0516-67669300	221000
中德安联人寿保险有限公司江苏分公司徐州营销服务部	徐州市和平路 64 号帝都大厦 1＃1—402、414 室	杨若华	0516-83900118	221000
建信人寿保险有限公司徐州中心支公司	徐州市二环西路 29＃-1-02 第 3—5 层	郭彦平	0516-85619577	221000
生命人寿保险股份有限公司徐州中心支公司	徐州市民主南路 119 号综合楼三楼	孙月梅	0516-82160101	221000
光大永明人寿保险有限公司江苏分公司徐州中心支公司	徐州市建国东路 111 号广达大厦 11 楼	王 翔	0516-66662282	221000
和谐健康保险股份有限公司徐州中心支公司	徐州市淮海西路 29 财富大厦 18 楼	冯 毅	0516-85902777	221000
利安人寿保险股份有限公司徐州分公司	徐州市泉山区淮海西路 253 号新都佳苑 A 座四层	邵 军	0516-85612578	221000
华夏人寿保险股份有限公司徐州中心支公司	徐州市复兴北路金凯隆大厦 1—501	徐 应	0516-85935777	221000
交银康联人寿保险有限公司徐州市中心支公司	徐州市泉山区泰山路 0 号	戈 瑜	0516-83797800	221000
东吴人寿保险股份有限公司徐州分公司	徐州市和平路帝都大厦 1＃-1—509、510、511、512、513	孙月梅	0516-83819500	221000
信泰人寿保险股份有限公司徐州中心支公司	徐州市建国东路 111 号广达大厦 4 楼	李 泓	0516-67668766	221000

10. 连云港市主要金融机构

机 构 名 称	地 址	负责人	电 话	邮 编
中国人民银行连云港市中心支行	连云港市新浦区通灌北路 79 号	刘 保	0518-85600999	222002
中国银监会连云港银监分局	连云港市新浦区海连西路	丁文恪	0518-80680666	222000
农业发展银行连云港市分行	连云港市新浦区朝阳东路 26 号	胡小建	0518-85822673	222000
中国工商银行连云港分行	连云港市新浦区海连中路 118 号	周良坤	0518-85577900	222000
中国农业银行连云港分行	连云港市新浦区通灌北路 43 号	孙羊生	0518-81887718	222002
中国银行连云港分行	连云港市海连中路 1 号	徐 进	0518-85319999	222000
中国建设银行连云港分行	连云港市新浦海昌北路 49 号	张凯军	0518-85513673	222000
交通银行连云港分行	连云港市海连中路 141 号	曹云杰	0518-85520089	222000
浦发银行连云港分行	连云港市新浦区郁州北路 3 号	陈永辉	0518-80688001	222000
江苏银行连云港分行	连云港市新浦区瀛州路 1 号	陆岷峰	0518-85510001	222000
中国邮政储蓄银行连云港市分行	连云港市新浦区南极南路 9 号	曹锦生	0518-85500788	222000
江苏东方农村商业银行	连云港市新浦区郁洲南路 10 号	庄广强	0518-85106688	222000
中国人民财产保险公司连云港分公司	连云港市新浦区苍梧路 1 号	杨 光	0518-86077188	222000
中国人寿保险公司连云港分公司	连云港市新浦区海连中路 8 号	王者元	0518-85521801	222000

11. 淮安市主要金融机构

机构名称	地址	负责人	电话	邮编
中国人民银行淮安市中心支行	淮安市翔宇中道158号	薛　星	0517-83163001	223001
中国银行业监督管理委员会淮安监管分局	淮安市健康东路71号	殷路鸣	0517-83908105	223001
中国农业发展银行淮安市分行	淮安市淮海东路114号	李明放	0517-83759578	223001
中国工商银行淮安分行	淮安市淮海西路81号	周　刚	0517-83948599	223001
中国农业银行淮安分行	淮安市健康西路166号	李　平	0517-83669658	223001
中国银行淮安分行	淮安市淮海北路9号	蔡陈军	0517-83914466	223001
中国建设银行淮安分行	淮安市健康东路59号	胡　欣	0517-83993886	223001
交通银行淮安分行	淮安市淮海东路126号	袁　伟	0517-83788099	223001
江苏银行淮安分行	淮安市淮海北路34号	杨巨人	0517-83915268	223001
上海浦东发展银行淮安分行	淮安市淮海西路83号	陈凌云	0517-89888999	223001
中国邮政储蓄银行淮安分行	淮安市淮海南路130号	庄号召	0517-83559999	223001
广发银行淮安分行	淮安市淮海东路1号	陈　琦	0517-89909099	223001
苏州银行淮安分行	淮安市淮海东路1号	魏建文	0517-89333999	223001
江苏淮安农村商业银行	淮安市健康东路69号	花为伟	0517-83993939	223001
江苏涟水农村商业银行	江苏省涟水县安东路132号	程明飞	0517-82326209	223400
江苏金湖农村商业银行	江苏省金湖县健康西路1号	郑　淮	0517-86859088	211600
江苏盱眙农村商业银行	淮安市盱眙县金鹏大道2号	韩先祥	0517-88265340	211700
洪泽县农村信用合作联社	淮安市洪泽县人民路23号	朱彩涛	0517-87263555	223100
中国民生银行盱眙支行	淮安市盱眙县盱城镇金源北路19号海通时代广场A区2号楼	黄启东	0517-88398088	211700
江苏昆山农村商业银行淮阴支行	淮安市淮阴区承德北路538-23号	吴以慧	0517-80865287	223300
无锡农村商业银行楚州支行	淮安市淮安区永怀东路秦汉华府小区2号楼105室	张志勉	0517-85777000	223200
江苏太仓农村商业银行洪泽支行	淮安市洪泽县东盾路鹿港湖滨华府小区C座裙楼	丁迎斌	0517-87219822	223100
江苏常熟农村商业银行金湖支行	淮安市金湖县衡阳路228号	倪伟刚	0517-86969200	211600
江苏江阴农村商业银行盱眙支行	淮安市盱眙县甘泉西路1号	陆一浩	0517-88209918	211700
江苏海安农村商业银行盱眙支行	淮安市盱眙县甘泉西路7-1号	于爱山	0517-88390101	211700
江苏淮安光大村镇银行	淮安市淮安区永怀东路2号	龚小元	0517-85295606	223200
江苏洪泽金阳光村镇银行	淮安市洪泽县东风路114-10号	洪其华	0517-87228501	223100
江苏涟水太商村镇银行	淮安市涟水县红日路府前御景园B区40—46室	王建良	0517-82993801	223400
江苏金湖民泰村镇银行	淮安市金湖县黎城镇衡阳路228号	李　骏	0517-86969504	211600
江苏盱眙珠江村镇银行	淮安市盱眙县甘泉西路四季华庭10号楼105—109室	李　斌	0517-80971101	211700
淮安清浦常农商村镇银行	淮安市清浦区淮海南路188号	徐正元	0517-83511806	223001
海通证券淮安淮海北路营业部	淮安市淮海北路50号	唐大权	0517-83566969	223001
华泰证券淮安分公司	淮安市淮海东路18号	李达斌	0517-83907888	223001

（续表）

机构名称	地址	负责人	电话	邮编
中国中投证券淮安淮海东路证券营业部	淮安市淮海东路126号	王传兵	0517-83926777	223001
国联证券淮安淮海北路证券营业部	淮安市淮海北路214号	徐巍	0517-89862607	223001
东吴证券淮安淮海南路证券营业部	淮安市淮海南路178号	张峰	0517-83335388	223001
光大证券淮安河南东路证券营业部	淮安市河南东路28号台北不夜城1楼	胡玮	0517-83508088	223001
申银万国证券淮安淮海南路营业部	淮安市淮海南路105号联盛国际广场1层	王宁杰	0517-83800707	223001
安邦财产保险股份有限公司淮安中心支公司	淮安市清河区中鑫上城E327、E328室	郭心潮	0517-83776288	223001
渤海财产保险股份有限公司淮安中心支公司	淮安市淮海北路50号（清江中学北侧楼6楼）	曹乃鋆	0517-83938779	223001
长安责任保险股份有限公司淮安市中心支公司	淮安市淮海北路50-1号综合楼6楼	陆剑	0517-86287001	223001
中国大地财产保险股份有限公司淮安中心支公司	淮安市淮海北路50-1号3楼	陈敏	0517-83995100	223001
都邦财产保险股份有限公司淮安中心支公司	淮安市健康东路102号	项茂光	0517-83658839	223001
合众人寿保险股份有限公司淮安中心支公司	淮安市淮海北路38号乐园大厦17楼	仲祥	0517-87169000	223001
华安财产保险股份有限公司淮安中心支公司	淮安市解放东路57号	王士柏	0517-83622818	223001
平安财产保险股份有限公司淮安中心支公司	淮安市厦门西路16-1号	孙毅	0517-83754666	223001
平安人寿保险股份有限公司淮安中心支公司	淮安市清河区健康西路146-2号	王百勇	0517-83649618	223001
中国人民财产保险股份有限公司淮安市分公司	淮安市健康东路67号	王胜	0517-80879181	223001
中国人寿保险股份有限公司淮安市分公司	淮安市淮海东路20号	钟小白	0517-83750966	223001
太平人寿保险有限公司淮安中心支公司	淮安市淮海北路43号金马广场南11楼	赵丹琳	0517-80877699	223001
中国太平洋财产保险股份有限公司淮安中心支公司	淮安市淮海东路118号	钱小倩	0517-83767099	223001
中国太平洋人寿保险股份有限公司淮安中心支公司	淮安市淮海东路118号	任伟	0517-83776001	223001
泰康人寿保险股份有限公司淮安中心支公司	淮安市淮海北路50号清江中学二号楼	张伟	0517-83319988	223001
天安财产保险股份有限公司淮安中心支公司	淮安市健康东路30号联通大厦16楼	朱羿	0517-83651111	223001
新华人寿保险股份有限公司淮安中心支公司	淮安市淮海东路142号新亚国际大厦27楼	嵇剑波	0517-83995801	223001
阳光财产保险股份有限公司淮安中心支公司	淮安市健康西路51号新世纪大厦7楼	高健	0517-83989907	223001
中国人寿财产保险股份有限公司淮安市中心支公司	淮安市健康东路55号创业大厦9/11楼	吕春波	0517-83557666	223001
中华联合财产保险股份有限公司淮安中心支公司	淮安市西安路168号	张铭军	0517-83651101	223001

（续表）

机构名称	地址	负责人	电话	邮编
中银保险有限公司淮安中心支公司	淮安市健康东路73号	盛才双	0517-83996201	223001
阳光人寿保险股份有限公司淮安中心支公司	淮安市淮海东路1号丰惠广场901室	朱向阳	0517-80836699	223001
生命人寿保险股份有限公司淮安中心支公司	淮安市淮海东路1号丰惠广场29楼	邱卫东	0517-86219699	223001
中国人民人寿保险股份有限公司淮安中心支公司	淮安市清河区北京北路83号	孙亚东	0517-80856661	223001
紫金财产保险股份有限公司淮安中心支公司	淮安市经济开发区翔宇中道55号	王永峰	0517-89860901	223001
华夏人寿保险股份有限公司淮安中心支公司	淮安市淮海北路39号淮安书城商务大厦9楼	孙　进	0517-80870701	223001
利安人寿保险股份有限公司淮安分公司	淮安市清浦区淮海南路65号4楼	卞永辉	0517-83116800	223001
华泰人寿保险股份有限公司淮安中心支公司	淮安市淮海东路136号淮汽大厦12室	翟耀平	0517-83930261	223001
信达财产保险股份有限公司淮安中心支公司	淮安市淮海东路142号新亚国际大厦12楼	晋学明	0517-89867588	223001
和谐健康保险淮安中心支公司	淮安市淮海东路1号丰惠广场29楼15、16、17室	王　昭	0517-89339721	223001
信泰人寿保险股份有限公司淮安中心支公司	淮安市淮海北路金马广场南楼第七层	田洪武	0517-80868199	223001

12. 盐城市主要金融机构

机构名称	地址	负责人	电话	邮编
中国人民银行盐城市中心支行	盐城市迎宾南路80号	陆宇生	0515-88386598	224001
中国银行业监督管理委员会盐城监管分局	盐城市世纪大道	曹　彤	0515-88408000	224005
中国农业发展银行盐城市分行	盐城市黄海中路99号	叶重洋	0515-88588088	224001
中国工商银行盐城分行	盐城市建军中路124号	薛田江	0515-88323905	224001
中国农业银行盐城分行	盐城市大庆中路88号	沈　江	0515-83066666	224005
中国银行盐城分行	盐城市建军东路20号	祁　斌	0515-88218008	224000
中国建设银行盐城分行	盐城市解放北路138号	蔡四勇	0515-88318919	224001
交通银行盐城分行	盐城市建军东路68号	杨文胜	0515-88299788	224002
上海浦东发展银行盐城分行	盐城市解放南路钱江方舟商业街185号	严向春	0515-68669836	224005
中国民生银行盐城分行	盐城市解放南路钱江方舟商业街236号	曹　晖	0515-89850505	224005
江苏银行盐城分行	盐城市解放北路49号	陆松圣	0515-88327336	224001
中国邮政储蓄银行盐城市分行	盐城市人民中路19号	徐要军	0515-88372766	224000
黄海农村商业银行	盐城市大庆中路98号	丁学工	0515-88350328	224005
中国人民财产保险股份有限公司盐城市分公司	盐城市建军东路58号	曹志平	0515-68826999	224001
中国人寿保险股份有限公司盐城市分公司	盐城市太平路101号	王　军	0515-89813999	224001

（续表）

机 构 名 称	地 址	负责人	电 话	邮 编
中国太平洋财产保险股份有限公司盐城中心支公司	盐城市西环中路87号	陈旭东	0515-88372588	224005
中国太平洋人寿保险股份有限公司盐城中心支公司	盐城市大庆中路9号6楼	刘文军	0515-68665500	224005
中国平安财产保险股份有限公司盐城中心支公司	盐城市人民南路1号华邦国际7号楼A区	沃 军	0515-88375888	224005
中国平安人寿保险股份有限公司盐城市中心支公司	盐城市迎宾南路80号	殷 辉	0515-88350628	224005
天安保险股份有限公司盐城市中心支公司	盐城市解放南路123号	于正祥	0515-88181888	224001
新华人寿保险股份有限公司盐城中心支公司	盐城市人民中路2号房地产大厦6楼	鲁永军	0515-88319199	224001
中华联合财产保险公司盐城市中心支公司	盐城市太平路39号	王森林	0515-88266788	224005
太平人寿保险有限公司盐城中心支公司	盐城市太平路39号3—4楼	陈海弘	0515-68661388	224005
泰康人寿保险股份有限公司盐城中心支公司	盐城市解放南路199号阳光大厦D段5楼	宋友凤	0515-88580901	224005
民生人寿保险股份有限公司盐城中心支公司	盐城市太平路25号3楼	王 靖	0515-88351131	224005
合众人寿保险股份有限公司盐城市中心支公司	盐城市迎宾南路83号	许 林	0515-83085058	224000
华安财产保险股份有限公司盐城中心支公司	盐城市双园东路怡景商业街15—101	秦友标	0515-88166908	224001
安邦财产保险股份有限公司盐城中心支公司	盐城市青年中路青年大厦三楼B区	刘懋难	0515-88296888	224001
生民人寿保险股份有限公司盐城中心支公司	盐城市解放南路148号综合楼6—7楼	孙惠军	0515-88123508	224001
中国大地财产保险股份有限公司盐城中心支公司	盐城市青年中路14号A区13幢3楼	王 翠	0515-88128012	224005
阳光财产保险股份有限公司盐城中心支公司	盐城市太平路21号华荟大厦5楼	茆 军	0515-88162088	224001
嘉禾人寿保险股份有限公司盐城市中心支公司	盐城市世纪大道101号华逸汽贸3楼	成晓健	0515-83066098	224005
中银保险有限公司盐城中心支公司	盐城市建军东路20号中国银行14楼	赵步杰	0515-88332156	224001
中国人寿财产保险股份有限公司盐城中心支公司	盐城市开放大道55号	蔡谢群	0515-88579518	224005
华泰人寿保险股份有限公司盐城中心支公司	盐城市毓龙西路52号盐中综合楼3楼	陈胜强	0515-89873966	224001
渤海财产保险股份有限公司盐城中心支公司	盐城市开元路娱乐社区居委会办公楼3楼	陈 健	0515-88579099	224005
华夏人寿保险股份有限公司盐城市中心支公司	盐城市中茵海华广场11号楼6楼	陈民华	0515-83700010	224001
中国人民人寿保险股份有限公司盐城中心支公司	盐城市开放大道51号2楼	安 军	0515-88195299	224001
阳光人寿保险股份有限公司盐城中心支公司	盐城市太平路21号华荟大厦5楼	戴洪城	0515-68822880	224001
中国平安养老保险股份有限公司盐城市中心支公司	盐城市迎宾南路80号	王正祥	0515-88388200	224005

（续表）

机构名称	地址	负责人	电话	邮编
华泰证券股份有限公司盐城人民中路证券营业部	盐城市人民中路19号	邓帮灵	0515-88216888	224001
宏源证券股份有限公司解放北路证券营业部	盐城市解放北路100号	王　刚	0515-88166898	224001
海通证券盐城营业部	盐城市建军中路68号2楼	刘爱武	0515-88169916	224001
国元证券盐城解放南路证券营业部	盐城市解放南路121号芝林广场4楼	牛效孺	0515-88110728	224001
东吴证券股份有限公司盐城大庆中路证券营业部	盐城市大庆中路156号	季　清	0515-89898388	224000
国联证券股份有限公司盐城解放南路证券营业部	盐城市解放南路80号	陆国平	0515-89965000	224000
东海证券有限责任公司盐城建军东路证券营业部	盐城市建军东路86-1号景福大厦3楼	黄　伟	0515-66663218	224001
无锡国联期货盐城营业部	盐城市人民中路2号建设大厦4楼	汪红军	0515-83706606	224001
江苏文峰期货经纪有限公司盐城营业部	盐城市建军东路38号4楼北首	王端连	0515-88150988	224001
江苏弘业期货有限公司盐城营业部	盐城市人民南路1号华邦国际东厦19楼A区	叶春华	0515-88889288	224001
江苏省信用再担保有限公司盐城分公司	盐城市人民南路1号华邦国际东厦B区2101室	吴居海	0515-89911196	224005

13. 宿迁市主要金融机构

机构名称	地址	负责人	电话	邮编
中国人民银行宿迁市中心支行	宿迁市洪泽湖路61号	陈　琦	0527-84313001	223800
中国银行业监督管理委员会宿迁监管分局	宿迁市洞庭湖路277号	钱国华	0527-84313901	223800
宿迁市保险行业协会	宿迁市发展大道64号C区	武士琦	0527-81883631	223800
中国农业发展银行宿迁市分行	宿迁市洪泽湖路45号	王志军	0527-8435931	223800
中国工商银行股份有限公司宿迁分行	宿迁市洪泽湖路71号	姜　邗	0527-84359368	223800
中国农业银行股份有限公司宿迁分行	宿迁市宿城区黄河路158号	刘成武	0527-84225891	223800
中国银行股份有限公司宿迁分行	宿迁市幸福路2号	王恩福	0527-84313666	223800
中国建设银行股份有限公司宿迁分行	宿迁市黄河路236号	马晓东	0527-84213675	223800
交通银行股份有限公司宿迁分行	宿迁市西湖路139号	张仕才	0527-81668999	223800
上海浦东发展银行股份有限公司宿迁分行	宿迁市人民大道1号	施建辉	0527-80988999	223800
江苏银行股份有限公司宿迁分行	宿迁市青海湖路17号	蒋学众	0527-881001901	223800
苏州银行股份有限公司宿迁分行	宿迁市青海湖路80号	徐　林	0527-88000588	223800
中国邮政储蓄银行股份有限公司宿迁市分行	宿迁市中山南路64号	葛建平	0527-84359399	223800
江苏民丰农村商业银行股份有限公司	宿迁市幸福路126号	魏礼亚	0527-84467960	223800
江苏沭阳农村商业银行股份有限公司	宿迁市沭阳县苏州路与台州路交汇处	许尔波	0527-83663333	223800
江苏泗阳农村商业银行股份有限公司	宿迁市泗阳县北京中路21号	巩大兵	0527-85275001	223800
江苏泗洪农村商业银行股份有限公司	宿迁市泗洪县长江路213号	王昌林	0527-86241198	223800

（续表）

机　构　名　称	地　　址	负责人	电　话	邮　编
江苏沭阳东吴村镇银行股份有限公司	宿迁市沭阳县宿沭一级路与迎宾大道交汇处	孙以鸿	0527-83100001	223800
江苏泗阳东吴村镇银行有限责任公司	宿迁市泗阳县北京东路68号	刘桂兰	0527-85510001	223800
江苏泗洪东吴村镇银行有限责任公司	宿迁市泗洪县黄山南路16号	郁永健	0527-86292111	223800
江苏宿豫东吴村镇银行有限责任公司	宿迁市宿豫区泰山路8号	王　斌	0527-81189801	223800
中国人民财产保险有限公司宿迁分公司	宿迁市黄河路222号	王　卓	0527-84210383	223800
中国平安财产保险股份有限公司宿迁中心支公司	宿迁市洪泽湖路49号(气象局)	纪　洋	0527-81395559	223800
华安财产保险股份有限公司宿迁中心支公司富豪御景城营销服务部	宿迁市人民大道南段富豪御景城S13	李　丹	0527-84391005	223800
华安财产保险股份有限公司宿迁中心支公司东城水岸营销服务部	宿迁市运河路18号-141	金　星	0527-84391008	223800
华安财产保险股份有限公司宿迁中心支公司锦泰花园营销服务部	宿迁市锦泰花园六盘山路6号商铺	邱　凯	0527-84460919	223800
永安财产保险股份有限公司宿迁中心支公司	宿迁市名人国际花园18—20楼商铺01—03铺	潘明军	0527-81001550	223800
安诚财产保险股份有限公司宿迁中心支公司	宿迁市阳光华城63幢B03、B04室	倪　政	0527-88122203	223800
阳光财产保险股份有限公司宿迁中心支公司	宿迁市洪泽湖路61号	曹　军	0527-84399805	223800
渤海财产保险股份有限公司宿迁中心支公司	宿迁市苏宿工业园区普陀山大道7号生产力中心办公楼2层205房间	朱　勇	0527-84390609	223800
都邦财产保险股份有限公司宿迁中心支公司	宿迁市发展大道69号金陵名府37幢103、203	杨　琦	0527-84390808	223800
天安财产保险股份有限公司宿迁中心支公司	宿迁市洞庭湖路277号	朱宏亮	0527-84313600	223800
紫金财产保险股份有限公司宿迁中心支公司	宿迁市洪泽湖路114号	吴　龙	0527-80908501	223800
安邦财产保险股份有限公司宿迁中心支公司	宿迁市青海湖路80号君临国际广场A座8楼	秦　伟	0527-84390200	223800
中华联合财产保险公司宿迁中心支公司	宿迁市阳光华城一期3号商铺02号	吴晓明	0527-84387116	223800
中国人寿财产保险股份有限公司宿迁市中心支公司	宿迁市太湖路兴鸿一品14幢一、二楼	宋爱琴	0527-84399906	223800
长安责任保险股份有限公司宿迁市中心支公司	宿迁市中兴君临国际广场A合180121号	刘跃虎	0527-84358229	223800
中国大地财产保险股份有限公司宿迁中心支公司	宿迁市青海湖路73—76号二层、77—78号1—2层	胡　耀	0527-84395678	223800
浙商财产保险股份有限公司宿迁中心支公司	宿迁市湖滨新城玉兰路9号B座	潘　伟	0527-81881997	223800
中银保险有限公司宿迁中心支公司	宿迁市发展大道64号1楼、2楼	叶　玲	0527-84313563	223800
中国平安人寿保险股份有限公司宿迁中心支公司	宿迁市君临国际广场写字楼601、701、702室	秦　松	0527-84359623	223800
中国人寿保险股份有限公司宿迁市分公司	宿迁市洪泽湖路148号	吴　超	0527-84399866	223800
中国太平洋人寿保险股份有限公司宿迁中心支公司	宿迁市青海湖路80号君临国际广场A座三楼及一楼东首	卢士军	0527-84228700	223800
泰康人寿保险股份有限公司宿迁中心支公司	宿迁市君临国际广场东写字楼501、502室	李海涛	0527-84219511	223800

（续表）

机构名称	地址	负责人	电话	邮编
泰康人寿保险股份有限公司南京分公司宿迁营销服务部	宿迁市幸福北路54号1、3、5层．	赵春明	0527-84219531	223800
合众人寿保险股份有限公司宿迁中心支公司	宿迁市城宇大厦B1501	苏永辉	0527-84220298	223800
中国人民人寿保险股份有限公司宿迁中心支公司	宿迁市洪泽湖路124号中奥商务大厦5FA、5FB、1FA3	丁淮清	0527-88106818	223800
长城人寿保险股份有限公司宿迁中心支公司	宿迁市西湖路328号城宇大厦B座9层	赵 峰	0527-81889715	223800
华泰人寿保险股份有限公司宿迁中心支公司	宿迁市洪泽湖路8号府苑小区A幢2层东侧	马 翔	0527-81880206	223800
太平人寿保险有限公司宿迁中心支公司	宿迁市凯林瑞交通银行大厦6楼	孙 锐	0527-88006996	223800
华夏人寿保险股份有限公司宿迁中心支公司	宿迁市仁恒公寓E座一层、二层	徐 翔	0527-80908788	223800
东吴人寿保险股份有限公司宿迁分公司	宿迁市名人国际花园12＃与15＃间商铺101—103、105—106号	丁友好	0527-82961183	223800
利安人寿保险股份有限公司宿迁分公司	宿迁市西湖路139号交通银行大楼1201—1208室	魏 波	0527-81008701	223800
信诚人寿保险有限公司江苏省分公司宿迁营销服务部	宿迁市发展大道64号第4层	朱晓科	0527-81001111	223800
生命人寿保险股份有限公司宿迁中心支公司	宿迁市青海湖路17号江苏银行大厦14楼	国 磊	0527-81002072	223800
寿康人寿保险股份有限公司宿迁中心支公司洋河营销服务部	宿迁市洋河镇平安社区南起第三家	王 磊	0527-84219531	223800
中信建投证券股份有限公司宿迁恒山路证券营业部	宿迁市锦华名园B栋	史耀武	0527-81001879	223800
光大证券股份有限公司宿迁西湖东路证券营业部	宿迁金融财富中心A座3A02室	陈民达	0527-82280058	223800
南京证券股份有限公司宿迁黄河路证券营业部	宿迁兴鸿名城北楼二区107-1、107-2号	臧广文	0527-88889998	223800
华泰证券股份有限公司宿迁洪泽湖路证券营业部	宿迁市洪泽湖路110号	吴 晖	0527-84390888	223800
海通证券股份有限公司宿迁发展大道证券营业部	宿迁市发展大道64号	陶 冶	0527-84386676	223800
中国中投证券有限责任公司宿迁黄河南路证券营业部	宿迁市黄河南路69号	潘祥林	0527-81185399	223800
财达证券有限责任公司宿迁沭阳深圳东路证券营业部	宿迁市深圳路北侧巴黎新城60商幢107号	尤 翔	0527-88712028	223800
江苏弘业期货股份有限公司宿迁营业部	宿迁市青海湖路80号中兴君临国际广场A-1505、1506、1507室	季庚林	0527-84331588	223800
创元期货有限公司宿迁营业部	宿迁市苏宿工业园区通达大道15号1幢204室	周春良	0527-82868557	223800

三、2013年浙江省金融机构名录

1. 杭州市主要金融机构

机构名称	地址	负责人	电话	邮编
中国人民银行杭州中心支行	杭州市延安路149号	张健华	0571-87686688	310001
中国银行业监督管理委员会浙江监管局	杭州市解放路187号	韩　沂	0571-87189900	310001
中国证券监督管理委员会浙江监管局	杭州市文三路90号东部软件园1号楼3楼	吕逸君	0571-88473323	310012
中国保险监督管理委员会浙江监管局	杭州市体育场路105号凯喜雅大厦12楼	马学平	0571-85777751	310004
中国农业发展银行浙江省分行	杭州市建国北路283号	樊　荣	0571-87299111	310003
国家开发银行浙江省分行	杭州市江干区城星路69号中天国开大厦	徐　勇	0571-89778066	310020
中国进出口银行浙江省分行	杭州市下城区校场路18号	徐建华	0571-87851888	310006
中国工商银行股份有限公司浙江省分行	杭州市中河中路150号	沈荣勤	0571-87803888	310009
中国农业银行浙江省分行	杭州市长庆街55号	冯建龙	0571-87226000	310003
中国银行股份有限公司浙江省分行	杭州市凤起路321号	郭心刚	0571-85011888	310003
中国建设银行股份有限公司浙江省分行	杭州市解放东路33号	黄先俊	0571-85313228	310016
中国华融资产管理公司浙江省分公司	杭州市上城区开元路19-1、19-2号	胡　英	0571-87836709	310001
中国长城资产管理公司杭州办事处	杭州市邮电路23号	张范全	0571-85167890	310006
中国东方资产管理公司杭州办事处	杭州市庆春路225号西湖时代广场5楼	牛南浩	0571-87163173	310006
中国信达资产管理公司浙江省分公司	杭州市延安路528号标力大厦B座12楼	涂咸阳	0571-85774692	310006
浙商银行股份有限公司	杭州市庆春路288号	龚方乐	0571-87659676	310006
浙江省农村信用社联合社	杭州市秋涛路660号	姚世新	0571-85866910	310016
交通银行股份有限公司浙江省分行	杭州市钱江新城剧院路1号	陆　涛	0571-87073388	310020
中信银行股份有限公司杭州分行	杭州市延安路88号	王利亚	0571-87032888	310002
上海浦东发展银行股份有限公司杭州分行	杭州市延安路129号	赵峥嵘	0571-87366119	310002
华夏银行股份有限公司杭州分行	杭州市庆春路73号	朱　波	0571-87239000	310003
招商银行股份有限公司杭州分行	杭州市杭大路23号	秦季章	0571-87395500	310007
广东发展银行股份有限公司杭州分行	杭州市延安路516号	韩立光	0571-87019888	310006
平安银行股份有限公司杭州分行	杭州市教工路18号	李海明	0571-88933000	310012
中国民生银行股份有限公司杭州分行	杭州市市民街98号尊宝大厦	吕　萍	0571-87239790	310016
兴业银行股份有限公司杭州分行	杭州市庆春路40号	张长弓	0571-87037999	310003
中国光大银行股份有限公司杭州分行	杭州市密度桥路1号浙商时代大厦1—14层	郑学筠	0571-87895358	310005
恒丰银行股份有限公司杭州分行	杭州市建国北路639号	周德元	0571-85086006	310004

（续表）

机构名称	地址	负责人	电话	邮编
渤海银行股份有限公司杭州分行	杭州市体育场路117号	姜乳云	0571-28119999	310006
中国邮政储蓄银行有限责任公司浙江省分行	杭州市百井坊巷87号	王树志	0571-87335033	310003
杭州银行股份有限公司	杭州市庆春路46号	宋剑斌	0571-85109707	310003
宁波银行股份有限公司杭州分行	杭州市保俶路146号	贝 瑜	0571-87205966	310007
温州银行股份有限公司杭州分行	杭州市仙林桥直街3号	金建康	0571-87338001	310003
浙江稠州商业银行股份有限公司杭州分行	杭州市建国中路68号	赵 岚	0571-87137788	310009
浙江民泰商业银行股份有限公司杭州分行	杭州市莫干山路501号	张国浩	0571-87209665	310005
浙江泰隆商业银行股份有限公司杭州分行	杭州市中河中路198号	郑君京	0571-88333777	310006
上海银行股份有限公司杭州分行	杭州市庆春路138号	梁建明	0571-87560219	310003
北京银行股份有限公司杭州分行	杭州市庆春东路78号	蒋增浩	0571-81998205	310016
杭州联合农村合作银行	杭州市中山北路288号	张 晨	0571-87923272	310003
三井住友银行(中国)有限公司杭州分行	杭州市庆春路118号嘉德广场23楼	柴田学	0571-28891111	310003
东亚银行(中国)有限公司杭州分行	杭州市庆春路228—230号	麦子平	0571-89812288	310003
汇丰银行(中国)有限公司杭州分行	杭州市庆春路136号广利大厦15A层	黄 平	0571-87249898	310003
花旗银行(中国)有限公司杭州分行	杭州市庆春路118号嘉德广场13楼	史渤阳	0571-87229088	310003
恒生银行(中国)有限公司杭州分行	杭州市庆春路151-1号瑞丰国际商务大厦首层	丁怀文	0571-87296178	310003
渣打银行(中国)有限公司杭州分行	杭州市庆春路151号瑞丰国际商务大厦A2、A3、B2、B3	陆 珏	0571-87365288	310003
南洋商业银行(中国)有限公司杭州分行	杭州市庆春路195-1号	徐金法	0571-87038080	310003
中投信托有限责任公司	杭州市教工路18号	刘 屹	0571-85069326	310012
浙商金汇信托股份有限公司	杭州市庆春路199号6楼	程兴华	0571-87386160	310006
万向信托有限公司	杭州市体育场路429号天和大厦12—17楼	祝旸	0571-85807882	310006
华融金融租赁股份有限公司	杭州市曙光路122号世贸中心A座六、七楼	胡继良	0571-87950988	310007
万向财务有限公司	杭州市庆春路225号西湖时代广场7楼	傅志芳	0571-87163333	310006
浙江省能源集团财务有限责任公司	杭州市环城北路华浙广场9楼	王莉娜	0571-86669990	310006
浙商证券有限责任公司	杭州市杭大路1号黄龙世纪广场A区6—7楼	吴承根	0571-87901963	310007
财通证券有限责任公司	杭州市解放路111号金钱大厦	沈继宁	0571-87828088	310009
中信证券(浙江)有限责任公司	杭州市滨江区江南大道588号恒鑫大厦19—20楼	沈 强	0571-85106383	310052
永安期货股份有限公司	杭州市潮王路208号	蒋逸波	0571-88388190	310005
浙江中大期货有限公司	杭州市中大广场五矿大厦3楼	林 皓	0571-87219365	310003
浙商期货有限公司	杭州市庆春路173号8—10层	魏 丁	0571-87219365	310006
中国人民财产保险股份有限公司浙江省分公司	杭州市中河中路66号	吴建林	0571-87810888	310009

（续表）

机 构 名 称	地 址	负责人	电 话	邮 编
中国太平洋财产保险股份有限公司浙江分公司	杭州市庆春路196号	金在明	0571-87230051	310006
中国平安财产保险股份有限公司浙江分公司	杭州市教工路88号立元大厦8楼	曹 阳	0571-88381818	310005
中华联合财产保险股份有限公司浙江分公司	杭州市湖墅南路505号中华保险大厦15楼	赵 斌	0571-88391596	310005
天安保险股份有限公司浙江省分公司	杭州市望江东路322号望江国际C座5楼	邵鲁扉	0571-87041888	310009
大众保险股份有限公司浙江分公司	杭州市解放路89号星河商务大厦10楼	金国兴	0571-88078999	310009
中国大地财产保险股份有限公司浙江分公司	杭州西湖大道35号万新大厦1号楼11楼	李晓民	0571-87000188	310009
华泰财产保险股份有限公司浙江省分公司	杭州市庆春东路66号庆春发展大厦B座15楼	吴立强	0571-87238300	310008
太平保险有限公司浙江分公司	杭州市庆春路136号广利大厦15楼	黄寿山	0571-28811000	310003
华安财产保险股份有限公司浙江分公司	杭州市天目山路7号东海创意中心大厦15楼	刘 刚	0571-87168888	310007
永安财产保险股份有限公司浙江分公司	杭州市秋涛路28号凤凰中心19楼	王杰铭	0571-85789659	310008
安邦财产保险股份有限公司浙江分公司	杭州市建国北路639号华源发展大厦19楼	滕黛琳	0571-56920599	310004
都邦财产保险股份有限公司浙江分公司	杭州市体育场路105号凯喜雅大厦14楼	顾大庆	0571-28006720	310004
天平汽车保险股份有限公司浙江分公司	杭州市教工路88号立元大厦5楼	陈志斌	0571-28809111	310012
中银保险有限公司浙江分公司	杭州市西湖大道58号金隆花园华顺大厦5楼	吴大江	0571-85011100	310009
阳光财产保险股份有限公司浙江省分公司	杭州市新塘路33号三新大厦14楼	赵炬弥	0571-87680399	310020
民安保险(中国)有限公司浙江分公司	杭州市天目山路159号现代国际大厦B座12楼	郑剑波	0571-87669121	310007
渤海财产保险股份有限公司浙江省分公司	杭州市滨江区江南大道558号恒鑫大厦4楼	张方学	0571-28992555	310052
中国人寿财产保险股份有限公司浙江省分公司	杭州市青春坊33幢1111室	施建峰	0571-87259301	310033
安诚财产保险股份有限公司浙江省分公司	杭州市秋涛路258号秋涛发展大厦A座11楼	钱心葵	0571-88110000	310016
长安责任保险股份有限公司浙江省分公司	杭州市凯旋路445号物产国际广场22楼	杨锡忠	0571-28110808	310020
中国出口信用保险公司浙江分公司	杭州市江干区8号UDC时代大厦A座29—30层	钱水凤	0571-28036700	310006
中国人寿保险股份有限公司浙江省分公司	杭州市中河中路80号	祝 平	0571-87216401	310007
中国太平洋人寿保险股份有限公司浙江分公司	杭州西湖大道35号万新大厦1号楼	张鸣放	0571-87224949	310006
中国平安人寿保险股份有限公司浙江分公司	杭州市环城北路208号坤和中心11楼	许 健	0571-87556600	310006

（续表）

机构名称	地址	负责人	电话	邮编
泰康人寿保险股份有限公司浙江分公司	杭州市下城区仙林桥直街3号仙林大厦7—9层	汪刚	0571-85802112	310003
新华人寿保险股份公司浙江分公司	杭州市中河中路216号平海国际大厦4楼	陈国平	0571-87235369	310003
太平人寿保险有限公司浙江分公司	杭州市庆春路136号广利大厦裙楼5楼	黄朝辉	0571-28889696	310003
民生人寿保险股份有限公司浙江分公司	杭州市潮王路225号红石中央大厦18层	杨建军	0571-85389504	310005
光大永明人寿保险有限公司浙江省分公司	杭州市延安路501号联通大厦七、八楼	王久春	0571-28080576	310006
中宏人寿保险有限公司浙江分公司	杭州市黄龙路5号恒励大厦2楼	纪美娟	0571-28023322	310007
华泰人寿保险股份有限公司浙江分公司	杭州市中河南路11号万凯商务楼B座	金国民	0571-28009160	310008
中德安联人寿保险有限公司浙江分公司	杭州市庆春路87号中都大厦20楼	张玉峰	0571-28906161	310003
中国人民健康保险股份有限公司浙江分公司	杭州市延安路466号省外经贸大楼11楼	赵波	0571-28918898	310006
合众人寿保险股份有限公司浙江分公司	杭州市中河中路222号平海国际大厦17楼	陈秉玺	0571-28907766	310003
信诚人寿保险有限公司浙江省分公司	杭州市凤起路96号之俊大厦23楼	茅重远	0571-28065118	310003
长生人寿保险有限公司浙江分公司	杭州市庆春路136号广利大厦15B	徐良	0571-28035888	310003
中国人民人寿保险股份有限公司浙江省分公司	杭州市上城区解放路18号铭扬大厦4楼	廖定进	0571-28118888	310020
平安养老保险股份有限公司浙江分公司	杭州市文三路东部软件园科技大厦17楼	何方	0571-87556831	310012
中美联泰大都会人寿保险有限公司浙江省分公司	杭州市中河中路258号瑞丰国际商务大厦27楼	刘也	0571-87799688	310003
英大泰和人寿保险股份有限公司浙江省分公司	杭州市教工路88号立元大厦17层	东野尚青	0571-51212008	310012

2. 宁波市主要金融机构

机构名称	地址	负责人	电话	邮编
中国人民银行宁波市中心支行	宁波市江东北路138号	宋汉光	0574-87058147	315040
中国银行业监督管理委员会宁波监管局	宁波市江东北路138号	吉明	0574-87737580	315040
中国证券监督管理委员会宁波监管局	宁波市江东区中兴路737号天润商座A座10楼	邵锡秋	0574-87325107	315040
中国保险监督管理委员会宁波监管局	宁波市江东区惊驾路555号泰富广场A座16—17楼	邓俊辉	0574-27996530	315040
中国农业发展银行宁波市分行	宁波市灵桥路255号中宁大厦	徐世平	0574-87072821	315000
国家开发银行股份有限公司宁波市分行	宁波市海晏北路577号国际金融中心H栋	樊立新	0574-83872888	315000
中国进出口银行宁波市分行	宁波市民安东路268号国际金融服务中心A座27楼	周安岳	0574-87209999	315040
中国工商银行股份有限公司宁波市分行	宁波市中山西路218号	俞龙	0574-87361135	315010
中国农业银行股份有限公司宁波市分行	宁波市中山东路518号	彭超英	0574-87363537	315040

（续表）

机构名称	地址	负责人	电话	邮编
中国银行股份有限公司宁波市分行	宁波市药行街139号	钱建忠	0574-87196666	315000
中国建设银行股份有限公司宁波市分行	宁波市广济街31号	葛王杰	0574-87313888	315010
交通银行股份有限公司宁波分行	宁波市中山东路55号	边黎平	0574-87363941	315000
上海浦东发展银行股份有限公司宁波分行	宁波市江厦街21号	王　鹏	0574-87268111	315000
兴业银行股份有限公司宁波分行	宁波市江东区百丈东路905号	王建元	0574-87733333	315040
中国光大银行股份有限公司宁波分行	宁波江东区福明路828号	杨　明	0574-87311527	315040
平安银行股份有限公司宁波分行	宁波市江东北路138号21—23楼	张清和	0574-87721124	315040
招商银行股份有限公司宁波分行	宁波市江东区民安东路342号	冯申江	0574-87015501	315040
中信银行股份有限公司宁波分行	宁波市镇明路36号	夏年炉	0574-87733226	315040
中国民生银行股份有限公司宁波分行	宁波市江东民安路348号	孙红英	0574-87260600	315010
广发银行股份有限公司宁波分行	宁波市灵桥路473号	吴晓庭	0574-87289888	315000
浙商银行股份有限公司宁波分行	宁波市中兴路739号	张叶艺	0574-81855678	315010
华夏银行股份有限公司宁波分行	宁波市江东区和源路366号	魏开文	0574-87976666	315040
恒丰银行股份有限公司宁波分行	宁波江东区民安东路280号	章德春	0574-55229999	315041
中国邮政储蓄银行宁波市分行	宁波市江北区桃渡路120号	陈建宏	0574-87950985	315020
宁波银行股份有限公司	宁波市宁南南路700号	陆华裕	0574-87050028	315040
宁波东海银行股份有限公司	宁波市民安东路268号国际金融中心A座5—7楼	方海良	0574-81872233	315042
上海银行股份有限公司宁波分行	宁波市江东区朝晖路1号	张连怀	0574-87202799	315040
包商银行股份有限公司宁波分行	宁波市百丈东路883—885号君悦花园1幢1—4层	武仙鹤	0574-87816710	315040
临商银行股份有限公司宁波分行	宁波市江东区沧海路1918号上东商务中心C座3幢	卢立富	0574-87861100	315040
浙江泰隆商业银行股份有限公司宁波分行	宁波市江东区中山东路437、439号	颜利红	0574-87861100	315040
杭州银行股份有限公司宁波分行	宁波市惊驾路598—622号	焦　明	0574-27991166	315040
温州银行股份有限公司宁波分行	宁波市江东区世纪大道北段555-1号温州银行大厦	刘海风	0574-87860999	315040
浙江民泰商业银行股份有限公司宁波分行	宁波市鄞州区钱湖北路942号	董　明	0574-82807028	315100
象山国民村镇银行有限责任公司	宁波市象山石浦镇金山路浦港茗都街面15号	王传宁	0574-65981238	315731
慈溪民生村镇银行股份有限公司	浙江省慈溪市孙塘北路1111号	许冬明	0574-63336016	315300
宁波通商银行股份有限公司	宁波市民安东路268号国际金融服务中心A座1楼1号	戴敏伟	0574-83096666	315040
奉化罗蒙村镇银行有限责任公司	宁波市奉化市溪口镇中兴中路257号	单国辉	0574-88873857	315502
鄞州国民村镇银行有限责任公司	宁波市鄞州区集士港镇商贸路8号	徐　文	0574-89015537	315171
宁海建信村镇银行有限责任公司	宁海县西店镇滨海路115号	蒋新麒	0574-82535268	315613
宁海中银富登村镇银行有限公司	宁波市宁海县梅林街道梅林北路125号	胡建伟	0574-83517700	315609
慈溪建信村镇银行有限责任公司	慈溪市龙山镇仙境路2—10号	胡巨明	0574-63993506	315311

（续表）

机构名称	地址	负责人	电话	邮编
江北富民村镇银行股份有限公司	宁波市江北区慈城镇民权路18号	冀明星	0574-87646191	315035
北仑国开村镇银行股份有限公司	宁波北仑新大路837—847号	钟伟栋	0574-86856786	315800
宁波海曙浦发村镇银行股份有限公司	宁波海曙区丽园北路755号	葛静波	0574-55870226	315000
协和银行(中国)有限公司宁波分行	宁波市江东北路138号	洪建远	0574-87729968	315040
恒生银行(中国)有限公司宁波分行	宁波市海曙药行街77—81号都市仁和1层	赖仁安	0574-83876000	315000
汇丰银行(中国)有限公司宁波分行	宁波市彩虹北路50号波特曼中心C座	边　毅	0574-87059000	315040
渣打银行(中国)有限公司宁波分行	宁波市海曙区和义路168号万豪中心18楼	夏奕奕	0574-83883999	315000
东亚银行(中国)有限公司宁波分行	鄞州区鄞县大道1357号广博国贸中心102—103室	邝万成	0574-82833535	315100
浙江稠州商业银行股份有限公司宁波分行	宁波市江东区福明路578号	杨碧红	0574-87209567	315040
中信证券(浙江)有限责任公司宁波分公司	宁波市海曙区镇明路36号中信银行大厦	许训建	0574-88127015	315010
光大证券股份有限公司宁波分公司	宁波市海曙区中山西路2号恒隆中心24楼	满全杰	0574-83852212	315010
浙商证券股份有限公司宁波分公司	宁波市鄞州区四明中路956号都市森林1幢2单元3楼	吴志明	0574-82821001	315192
中国人民财产保险股份有限公司宁波市分公司	宁波市大来街50号	毛寄文	0574-87196111	315000
中国太平洋财产保险股份有限公司宁波分公司	宁波市和义路95号	张　渝	0574-83880263	315010
中国平安财产保险股份有限公司宁波分公司	宁波市开明街396号	杨　刚	0574-87281888	315000
中国出口信用保险公司宁波分公司	宁波市江东区民安东路342号招商银行大厦19—20楼	陈小萍	0574-87341066	315040
大众保险股份有限公司宁波分公司	宁波市江东区灯达升路15、17、19号	李恒飞	0574-87011016	315040
天安保险股份有限公司宁波分公司	宁波市会展路128号国际会展中心10号楼9层B区	黄观峰	0574-87897958	315040
中华联合财产保险股份有限公司宁波分公司	宁波市江东区会展路128号国际会展中心10号馆10楼	张伟星	0574-87811582	315040
中国大地财产保险股份有限公司宁波分公司	宁波市江东区朝晖路17号汉通大厦9—10楼	吕家麒	0574-27860006	315040
华安财产保险股份有限公司宁波分公司	宁波市百丈东路711弄2号金都大厦7楼	林　峰	0574-87979171	315040
安邦财产保险股份有限公司宁波分公司	宁波市海曙区灵桥路255号中宁大厦18楼	黄永祥	0574-27862818	315000
永安财产保险股份有限公司宁波分公司	宁波市高新区江南一品花园299号宁兴大厦18楼	章震飞	0574-27882889	315040
天平汽车保险股份有限公司宁波中心支公司	宁波市江东区甬江大道1号8号楼8楼A座	蒋　蓉	0574-27829900	315000
华泰财产保险股份有限公司宁波分公司	宁波市蓝天路9号凯悦商务大厦12层	裘华刚	0574-27890055	315000

（续表）

机构名称	地址	负责人	电话	邮编
阳光财产保险股份有限公司宁波市分公司	宁波市江东区江南路39号A座3楼	黄雁南	0574-27896610	315016
渤海财产保险股份有限公司宁波分公司	宁波市天童北路933号和邦大厦A座3楼	葛煜国	0574-28882229	315192
中银保险有限公司宁波中心支公司	宁波市海曙区药行街139号27层	张雪芬	0574-27892693	315000
都邦财产保险股份有限公司宁波分公司	宁波市高新区翔云路100号科贸中心东楼21层	孙建德	0574-87656858	315048
民安保险（中国）有限公司宁波中心支公司	宁波市鄞州区天童北路933号和邦大厦A座8楼	席志敏	0574-83051797	315192
太平保险有限公司宁波分公司	宁波市镇明路36号中信银行大厦18楼	钟佳伶	0547-27891819	315000
安诚保险股份有限公司宁波分公司	宁波市江东区会展路128号宁波国际贸易展览中心常年展2号馆8楼B区	林曾荣	0574-83089502	315000
长安责任保险股份有限公司宁波中心支公司	宁波市江东区悦盛路359号滨江商业广场1号楼19层	刘德贵	0574-28872916	315000
中国人寿财产保险股份有限公司宁波市中心支公司	宁波市海曙区灵桥路777号	费剑锋	0574-83892520	315000
浙商财产保险股份有限公司宁波中心支公司	宁波市江北区新马路97号	粟茂文	0574-27991906	315020
永诚财产保险股份有限公司宁波中心支公司	宁波市鄞州区天童北路1539号麒麟大厦南楼七楼	谢武海	0574-28897177	315100
紫金财产保险股份有限公司宁波分公司	宁波市江东区惊驾路668号银晨国际2幢6号5楼	童　科	0574-87799021	315040
泰山财产保险股份有限公司宁波分公司	宁波市江东区福明路858号恒富大厦6楼	莫亦军	0574-55663162	315040
英大泰和财产保险股份有限公司宁波分公司	宁波市海曙区布政巷16号科创大厦25层	缪君秋	0574-55127961	315010
信达财产保险股份有限公司宁波分公司	宁波江东区悦盛路359号滨江商业广场1号楼9层	陈文君	0574-55227777	315041
中国人寿保险股份有限公司宁波市分公司	宁波市解放南路65号	张忠平	0574-87291082	315010
中国太平洋人寿保险股份有限公司宁波分公司	宁波市和义路95号	陈兴土	0574-87231750	315010
中国平安人寿保险股份有限公司宁波分公司	宁波市海曙区开明街396号平安大厦15—16楼	肖　丽	0574-87689810	315010
泰康人寿保险股份有限公司宁波分公司	宁波市和义路168号万豪中心10—11层	秦　健	0574-87036696	315020
新华人寿保险股份有限公司宁波分公司	宁波市海曙区车桥街69号恒泰大厦12—13楼	陆建光	0574-87278721	315100
太平人寿保险有限公司宁波分公司	宁波市海曙区中山西路2号恒隆中心4—6楼	朱庆国	0574-87710888	315010
民生人寿保险股份有限公司宁波中心支公司	宁波市海曙区车轿街69号恒泰大厦16层	汪　森	0574-27879016	315000
中宏人寿保险有限公司宁波分公司	宁波市海曙区镇明路36号中信银行大厦28楼	郑智茂	0574-87073322	315010

（续表）

机构名称	地址	负责人	电话	邮编
生命人寿保险股份有限公司宁波分公司	宁波市江东区江东北路495号和丰创意广场谷庭楼	李 俊	0574-27879090	315000
中德安联人寿保险有限公司浙江分公司宁波营销服务部	宁波市南站东路16号月湖银座18-10室	罗珍时	0574-27829955	315040
光大永明人寿保险有限公司宁波分公司	宁波市海曙区冷静街8号银亿时代广场7—13	谢金玉	0574-87205111	315010
合众人寿保险股份有限公司宁波中心支公司	宁波市药行街169号亚西亚A座5楼8501室	俞永明	0574-27897773	315000
平安养老保险股份有限公司宁波分公司	宁波市海曙区开明街396号平安大厦12楼	吴 松	0574-83891522	315010
信诚人寿保险有限公司浙江省分公司宁波营销服务部	宁波市江东区朝晖路17号11-1室	张理秀	0574-27709770	315040
国泰人寿保险有限责任公司浙江分公司宁波营销服务部	宁波市鄞州区天童南路568号恒元商务大厦1203室	郑汉忠	0574-27892888	315010
嘉禾人寿保险股份有限公司宁波分公司	宁波市百丈东路886号万金大厦3楼	林丽莉	0574-27892888	315040
海康人寿保险有限公司浙江分公司宁波营销服务部	宁波市江东区百丈东路787号B801室	王 辉	0574-27784879	315040
中美联泰大都会人寿保险有限公司浙江分公司宁波营销服务部	宁波市中山西路布政巷16号科技创业大厦12楼	冯佩军	0574-87687368	315000
中国人民人寿保险股份有限公司宁波市分公司	宁波市海曙区永丰西路231号BOBO国际七层、八层	金晓民	0574-83880888	315000
阳光人寿保险股份有限公司宁波中心支公司	宁波市中山西路布政巷科技创业大厦8楼	陈振华	0574-83880688	315000
信泰人寿保险股份有限公司宁波中心支公司	宁波市江东区悦盛路359号滨江商业广场22楼	杨剑锋	0574-83899507	315010
中韩人寿保险有限公司宁波中心支分司	宁波市海曙区和义路168号万豪中心21楼	陈 刚	0574-81850700	315010
利宝保险有限公司宁波中心支公司	宁波市江东区江东北路475号和丰创意广场意庭楼705	沈 军	0574-87681600	315040
浙江省农村信用社联合社宁波办事处	宁波市育才路15号	张初础	0574-87201280	315016
昆仑信托有限责任公司	宁波市江东北路138号	王 亮	0574-87033100	315010
华融金融租赁股份有限公司宁波分公司	宁波市江东区中兴路739号七楼	徐高峰	0574-87734768	315040
宁波港集团财务有限公司	宁波市北仑区明州路301号	李令红	0574-27696669	315800

3. 温州市主要金融机构

机构名称	地址	负责人	电话	邮编
中国人民银行温州市中心支行	温州市府东路468号	吴国联	0577-88015706	325000
中国银行业监督管理委员会温州监管分局	温州市鹿城区车站大道福森大厦2楼	赵秀乐	0577-88108818	325000
中国工商银行股份有限公司温州分行	温州市人民东路2号	侯念东	0577-88822631	325000
中国农业银行股份有限公司温州分行	温州市鹿城区小南路农行大厦	陈庆飞	0577-88021288	325000

（续表）

机 构 名 称	地 址	负责人	电 话	邮 编
中国银行股份有限公司温州市分行	温州市鹿城区市府路600号中银大厦	陶灵富	0577-88802225	325000
中国建设银行股份有限公司温州分行	浙江省温州市车站大道701号建行大厦	杨锡舟	0577-88080001	325027
交通银行股份有限公司温州分行	温州市车站大道交行广场	陈鹤林	0577-88068666	325000
中信银行股份有限公司温州分行	温州市市府路大自然城市家园二期北区	姚 明	0577-88858617	325000
中国光大银行温州分行	温州市鹿城区府东路万川锦苑1—2层	徐巧雪	0577-88085598	325000
华夏银行股份有限公司温州分行	浙江省温州市鹿城区车站大道神力大厦	林显斌	0577-88998930	325000
广发银行股份有限公司温州分行	浙江省温州市锦绣路万康商务中心B幢（广发大厦）	宋佳伟	0577-88829588	325000
平安银行股份有限公司温州分行	温州市温州大道1707号一层、七层至九层	钱 平	0577-88800807	325000
招商银行温州分行	浙江省温州市鹿城区吴桥路300号	郑 飞	0577-88076028	325028
上海浦东发展银行股份有限公司温州分行	温州市车站大道高联大厦1—3楼	俞 军	0577-88025999	325000
兴业银行股份有限公司温州分行	温州市市府路1号大自然家园兴业银行	陈 丹	0577-88106868	325000
中国民生银行股份有限公司温州分行	浙江省温州市温州大道1707号亨哈大厦1层、4—5层和12层	王周屋	0577-88908783	325000
恒丰银行温州分行	温州市南浦路421号	曲 强	0577-88001608	325000
浙商银行温州分行	温州市新城大道319号	王成良	0577-88079998	325000
渤海银行股份有限公司温州分行	温州市鹿城路40号和平大厦	陆征峰	0577-88009908	325000
温州银行股份有限公司	温州市车站大道196号	邢增福	88990089	325000
浙江省农村信用合作联社温州办事处	温州市车站大道信合大厦A幢8楼	陈少云	0577-88077023	325000
浙江稠州商业银行股份有限公司温州分行	温州市锦绣路锦绣中城1楼	陈建新	89988008	32500
台州银行温州分行	温州市鹿城区人民东路21号	王剑波	89866001	352000
宁波银行股份有限公司温州分行	温州市鹿城区南浦路260号	王永良	0577-88009020	352000
福建海峡银行股份有限公司温州分行	温州市车站大道2号华盟商务广场3层	庄聪仕	0577-86008101	325000
杭州银行股份有限公司温州分行	浙江省温州市鹿城区信河街工会大厦1、3、4层	应若飞	88008901	325000
中国邮政储蓄银行温州市分行	温州市惠民路大发商厦	陈光龙	89501018	325000
浙江民泰商业银行温州分行	温州市鹿城区温州大道2729号1—4层	李 骏	0577-88033519	325000
中国农业发展银行温州市分行	温州市车站大道413号	金文龙	0577-88666106	325000
上海证券温州分公司	温州市人民东路谢池商城D座2层	陈先雨	0577-88826588	325000
中信证券（浙江）有限责任公司温州分公司	浙江省温州市车站大道盛德大厦1、3层	杨巧武	0577-88107058	325000
浙商证券股份有限公司温州分公司	温州市温迪路26号城开花苑2幢2层东首	池大浩	0577-88666866	325000
中国人民财产保险股份有限公司温州市分公司	温州市新城大道保险大楼	何 彬	0577-88062108	325000
中国太平洋财产保险股份有限公司温州分公司	温州市锦绣路球山花园太保大楼	郦晓东	0577-88909080	325000
中国平安财产保险股份有限公司温州中心支公司	温州市亨哈大厦10楼（温州大道与汤家桥南路交叉口偏东方向）	陈志东	0577-88659967	325000

（续表）

机　构　名　称	地　　址	负责人	电　话	邮　编
天安保险股份有限公司温州中心支公司	温州市车站大道高联大厦 10 楼	张文春	0577-86077098	325000
大众保险股份有限公司温州中心支公司	温州市吴桥路国税大楼 3 楼	斯春临	0577-89611010	325000
中华联合财产保险股份有限公司温州中心支公司	温州市经济技术开发区上江路 175 号	陈碎亮	0577-88870055	325000
中国大地财产保险股份有限公司温州中心支公司	温州南浦路 179 号天力嘉园 3—6 幢 201-1	黄广兴	0577-88955883	325000
永安财产保险股份有限公司温州中心支公司	温州市新城大道数码大厦 8 楼	张金豹	0577-88958903	325000
华安财产保险股份有限公司温州中心支公司	温州市小南路国鼎商务楼 7 楼	王麒麟	0577-88281502	325000
太平财产保险有限公司温州中心支公司	温州市南郊工业区洛河路 9 号	杨　林	0577-28888288	325000
都邦财产保险股份有限公司温州中心支公司	温州市车站大道金鳞花苑 2 幢 10 楼	黄拥军	0577-56360006	325000
安邦财产保险股份有限公司浙江分公司温州市中心支公司	温州市百里西路工会大厦 2301 室	张定龙	0577-55577098	325000
渤海财产保险股份有限公司温州中心支公司	温州市纺织路 105 号(奥乐大楼 2 楼)	陈榕浩	0577-86006009	325000
永诚财产保险股份有限公司温州中心支公司	温州市锦绣路万康商务中心 1 幢 705 室	肖海平	0577-28858952	325000
中银保险有限公司温州中心支公司	温州市人民西路西湖锦园 2 楼	邹祖权	0577-89971508	325000
阳光财产保险股份有限公司温州中心支公司	温州市鹿城区纺织路龙方工业区 20 号地块 A 幢 3 楼	陈　剑	0577-89972099	325000
民安财产保险有限公司温州中心支公司	机场大道 5465 号国大广场 8 楼	朱守海	0577-89899366	325000
中国人寿财产保险股份有限公司温州中心支公司	江滨西路欧洲城中心大楼五楼 517 室	吴弈琪	0577-88998504	325000
安诚财产保险股份有限公司温州中心支公司	府东路府东家园北门 10—11 幢 103—105 室	赖林兴	0577-28807199	325000
天平汽车保险股份有限公司温州中心支公司	温州市车站大道华盟商务广场 14 楼 1409 室	张文春	0577-28878208	325000
长安责任保险股份有限公司温州中心支公司	温州市车站大道华盟商务广场 3201、3202、3212	周晓伟	0577-28911121	325000
浙商财产保险股份有限公司温州中心支公司	温州市海事路 17 号金可达商厦 6 楼	王　军	0577-88100650	325000
华泰财产保险股份有限公司温州中心支公司	黎明工业区 67-2 号	马消俊	0577-88120805	325000
信达财险保险股份有限公司温州中心支公司	温州市温州大道金宇商务楼第六层南边一半	陈海洲	0577-28895085	325000
利宝保险有限公司温州中心支公司	温州市车站大道 577 号财富中心 1801 室	项险峰	0577-88672012	325000
中国人寿保险股份有限公司温州分公司	温州市车站大道人寿保险大楼	李松华	0577-88991558	325000
中国太平洋人寿保险股份有限公司温州中心支公司	温州市飞霞南路保丰大楼 6 楼	张传林	0577-88853836	325000
中国平安人寿保险股份有限公司温州中心支公司	温州市大自然家园二期北区城市之光一幢 21 楼	黄炳杰	0577-88958706	325000

（续表）

机构名称	地址	负责人	电话	邮编
泰康人寿保险股份有限公司温州中心支公司	温州市车站大道 789 号智慧谷 A 幢 5 楼	肖友进	0577-88929118	325000
新华人寿保险股份有限公司温州中心支公司	温州市车站大道华盟商务广场 1305—1309 室	彭佑红	0577-88112651	325000
太平人寿保险有限公司温州中心支公司	温州市勤奋路嘉汇锦苑 2 楼	栾晓波	0577-28861025	325000
民生人寿保险股份有限公司温州中心支公司	温州市新城大道新城大厦 19 层 2 室	宋其星	0577-89889313	325000
生命人寿保险股份有限公司温州中心支公司	温州市车站大道高联大厦 13 楼	谢作霖	0577-28895110	325000
光大永明人寿保险有限公司浙江分公司温州中心支公司	温州市新城大道温州晚报大厦 19 层	孙文俊	0577-88900281	325000
中宏人寿保险有限公司浙江分公司温州市营销服务部	温州市市府路新益大厦 1 幢 1801 室、1802 室	蔡南浦	0577-28863330	325000
信诚人寿保险有限公司温州中心支公司	温州车站大道人和嘉园 1—2 幢 201 室	余林剑	0577-28919188-8211	325000
平安养老保险股份有限公司温州中心支公司	温州市大自然家园二期北区城市之光一幢四楼	陈香蕉	0577-88950826	325000
合众人寿保险股份有限公司温州中心支公司	温州市温州大道金宇商务楼 5 楼	叶少武	0577-28891231	325000
中国人民人寿保险股份有限公司温州市中心支公司	温州市瓯江路海港大厦 1 幢 12 楼	刘轩宏	0577-88018903	325000
国泰人寿保险有限责任公司浙江分公司温州营销服务部	温州市新城大道中园商务楼 7 楼	陈炳宏	0577-28893188-1911	325000
中国人民健康保险股份有限公司温州中心支公司	温州市黎明中路海关大楼 4 楼	张晓琴	0577-28919387	325000
华泰人寿保险股份有限公司温州中心支公司	温州市牛山北路 52 号丰泰大厦 4 楼	陈华锋	0577-28808859	325000
国华人寿保险股份有限公司温州中心支公司	温州大厦金宇商务楼 11 楼	郑力强	0577-28890720	325000
中德安联人寿保险有限公司浙江分公司温州营销服务部	温州市人民东路国信大厦 10 层	黄婷婷	0577-28893360	325000
中美联泰大都会人寿保险股份有限公司温州营销服务部	温州市府路新益大厦 1 幢 601 室	杨　焰	0577-85557013	325000
阳光人寿保险股份有限公司温州中心支公司	温州市瓯江路海港大厦 1 幢 14 楼	郑佩锋	0577-88898261	325000

4. 嘉兴市主要金融机构

机构名称	地址	负责人	电话	邮编
中国人民银行嘉兴市中心支行	嘉兴市中环南路 1385 号	褚小平	0573-82166101	314001
中国银行业监督管理委员会嘉兴监管分局	嘉兴市秀洲区新平路 21 号	周立新	0573-82793022	314031
中国工商银行嘉兴市分行	嘉兴市禾兴南路 269 号	陶　飚	0573-82168999	314001
中国农业银行嘉兴市分行	嘉兴市斜西街 383 号	金烈祥	0573-82051888	314001

（续表）

机构名称	地址	负责人	电话	邮编
中国银行嘉兴市分行	嘉兴市中山路56号	郭　林	0573-82051288	314001
中国建设银行嘉兴市分行	嘉兴市紫阳街198号	陈　强	0573-82032222	314001
农业发展银行嘉兴市分行	嘉兴市洪兴西路南1号	张韩强	0573-82720788	314001
交通银行嘉兴分行	嘉兴市中山西路236号	梁蕴旭	0573-82054567	314031
中信银行嘉兴分行	嘉兴市中山路111号	朱　进	0573-82096222	314001
上海浦东发展银行嘉兴分行	嘉兴市环城西路东菱天官坊3号楼	宣骥翃	0573-82092128	314001
兴业银行嘉兴支行	嘉兴市城东路83号	彭光辉	0573-82039901	314001
招商银行嘉兴支行	嘉兴市中山西路253号	常建梁	0573-82779888	314001
浙商银行嘉兴支行	嘉兴市梅弯街1号	曹志元	0573-82038001	314001
深圳发展银行嘉兴支行	嘉兴市禾兴南路89号	陶　岚	0573-82053111	314001
民生银行嘉兴分行	嘉兴市禾兴南路337号	余旭旻	0573-82153800	314001
嘉兴银行	嘉兴市建国路467号	许洪明	0573-82062388	314001
湖州银行嘉兴分行	嘉兴市中山西路250号	邹　霞	0573-83673001	314001
光大银行嘉兴分行	嘉兴市中环南路2285号	余建海	0573-82795595	314001
绍兴银行嘉兴分行	嘉兴市中环西路88号	陈永惠	0573-82621508	314001
浙江省信用联社嘉兴办事处	嘉兴市越秀南路903号	吴建伟	0573-82070988	314001
邮政储蓄银行嘉兴分行	嘉兴市勤俭路369号	李丽青	0573-82627011	314001
中国人民财产保险股份有限公司嘉兴市分公司	嘉兴市斜西街213号	桂文东	0573-82053933	314001
中国人寿保险股份有限公司嘉兴分公司	嘉兴市中山路87号	齐孝安	0573-82077598	314001
中国太平洋财产保险股份有限公司嘉兴中心支公司	嘉兴市禾兴南路298号	喻　勤	0573-83919001	314001
中国太平洋人寿保险股份有限公司嘉兴中心支公司	嘉兴市禾兴南路298号	李爱良	0573-82093223	314001
中国出口信用保险公司嘉兴办事处	嘉兴市中山西路527号	王忠琴	57382721336	314001
爱建证券嘉兴分公司	嘉兴市斜西街132号	沈建昌	0573-82078655	314001
中信金通证券嘉兴分公司	嘉兴市吉杨路35号	蒋伟忠	0573-82069343	314001
申银万国证券嘉兴分公司	嘉兴市禾兴北路	刘国勇	0573-82056778	314001

5. 湖州市主要金融机构

机构名称	地址	负责人	电话	邮编
中国人民银行湖州市中心支行	湖州市东街91号	王维强	0572-2362755	313000
中国银行业监督管理委员会湖州监管分局	湖州市益民路33号	徐卫国	0572-2288109	313000
中国农业发展银行湖州市分行	湖州市东街85号	董其江	0572-2064318	313000
中国工商银行股份有限公司湖州分行	湖州市苕溪西路258号	李　强	0572-2036929	313000
中国农业银行股份有限公司湖州分行	湖州市人民路88号	孙宏卫	0572-2502119	313000
中国银行股份有限公司湖州市分行	湖州市人民路208号	董瑞芳	0572-2501679	313000
中国建设银行股份有限公司湖州分行	湖州市红旗路118号	王剑雄	0572-2500218	313000

（续表）

机　构　名　称	地　　址	负责人	电　话	邮　编
交通银行股份有限公司湖州分行	湖州市人民路299号	蔡建军	0572-2213448	313000
上海浦东发展银行股份有限公司湖州支行	湖州市体育场路120号	罗　强	0572-2578000	313000
中信银行股份有限公司湖州支行	湖州市环城西路318号	褚建平	0572-2226100	313000
招商银行股份有限公司湖州支行	湖州市苕溪西路138号	方德明	0572-2583014	313000
浙商银行股份有限公司湖州分行	湖州市人民路136号	曹秀双	0572-2777110	313000
华夏银行股份有限公司湖州分行	湖州市红旗路618号	韩建红	0572-2310910	313000
湖州银行股份有限公司	湖州市南街471—475号	路国民	0572-2213053	313000
嘉兴银行股份有限公司湖州分行	湖州市人民路518号	林　杰	0572-2585570	313000
浙江稠州商业银行湖州分行	湖州市凤凰路586号	潘中文	0572-2577716	313000
浙江泰隆商业银行湖州分行	人民路333号	丁业强	0572-2772093	313000
台州银行股份有限公司湖州分行	湖州市滨河路688号	陈　宇	0572-2771002	313000
浙江省农村信用社联合社湖州办事处	湖州市环城东路215号	赵兴意	0572-2073828	313000
中国邮政储蓄银行有限责任公司浙江省湖州市分行	湖州市凤凰路792号	朱　棣	0572-2109085	313000
中国人民财产保险股份有限公司湖州市分公司	湖州市南街368号	杨培根	0572-2031792	313000
中国人寿保险股份有限公司湖州分公司	湖州市人民路169号	王炳福	0572-2033171	313000
中国太平洋财产保险股份有限公司湖州中心支公司	湖州市人民路136号	盛立松	0572-2070458	313000
中国太平洋人寿保险股份有限公司湖州中心支公司	湖州市环城东路255号	方秀兰	0572-2025460	313000
中国平安财产保险股份有限公司湖州中心支公司	湖州市杭长桥北路68号	唐益萌	0572-2122364	313000
中国人寿财产保险股份有限公司湖州中心支公司	湖州市环城西路322号金航大厦7楼	尤　健	0572-2036607	313000
新华人寿保险股份有限公司湖州中心支公司	湖州市凤凰路820号美欣商务大厦15楼	刘　莉	0572-2038530	313000
中国人民人寿保险股份有限公司湖州市中心支公司	湖州市东街23号7—8层	王珊兔	0572-2086750	313000
中华联合财产保险股份有限公司湖州中心支公司	湖州市龙溪北路999号	姜　萍	0572-2125004	313000
民生人寿保险股份有限公司湖州中心支公司	湖州市现代广场3号楼华亭宾馆18层	童　淳	0572-2039969	313000
华安财产保险股份有限公司湖州中心支公司	湖州市仁皇山路1148—1150号	吴胜晖	0572-2129703	313000
中信证券（浙江）有限责任公司湖州环城西路证券营业部	湖州市环城西路288号	王　蕊	0572-2035005	313300
财通证券有限责任公司湖州红旗路营业部	湖州市红旗路66号新天地五楼A区	徐卫东	0572-2022657	313300
中国银河证券股份有限公司湖州证券营业部	湖州市红旗路128号	楼大新	0572-2500312	313300
浙商证券股份有限公司湖州双子大厦证券营业部	湖州市苕溪西路89号双子大厦1楼	陆　旻	0572-2059666	313000

6. 绍兴市主要金融机构

机 构 名 称	地 址	负责人	电 话	邮 编
中国人民银行绍兴市中心支行	绍兴市人民中路 339 号	陈 隆	0575-85209001	312000
中国银监会绍兴监管分局	绍兴市延安路 266 号	夏朝光	0575-88588201	312000
中国工商银行绍兴分行	绍兴市胜利东路 180 号	邵锦华	0575-88576688	312000
中国农业银行绍兴分行	绍兴市人民西路 297 号	朱文达	0575-85091999	312000
中国银行绍兴市分行	绍兴市人民路 201 号	朱鸿飞	0575-85222588	312000
中国建设银行绍兴分行	绍兴市中兴南路 2 号	刘雁群	0575-88162001	312000
交通银行绍兴分行	绍兴市人民中路 283 号	肖 亮	0575-85094567	312000
绍兴银行	绍兴市中兴南路 1 号	骆有才	0575-85087100	312000
浙江省联社绍兴办事处	绍兴市环城北路 33 号	林雨青	0575-85134865	312000
中信银行绍兴分行	绍兴市人民西路 289 号	应顺华	0575-85227188	312000
光大银行绍兴支行	绍兴市解放北路 57 号	何 强	0575-88000333	312000
华夏银行绍兴分行	绍兴市中兴南路 354 号	李 华	0575-88580966	312000
上海浦东发展银行绍兴分行	绍兴市人民东路 2 号	许国明	0575-88121028	312000
兴业银行绍兴支行	绍兴市县前街 71 号	吴 渊	0575-85088901	312000
民生银行绍兴支行	绍兴市人民中路 436 号	王黎红	0575-85088288	312000
招商银行绍兴分行	绍兴市胜利东路 357 号	周明鸣	0575-85081800	312000
恒丰银行绍兴支行	绍兴市延安东路 517 号	陈明华	0575-88586999	312000
浙商银行绍兴分行	绍兴县金柯桥大道 1418 号	龚国强	0575-81166001	312030
渤海银行绍兴支行	绍兴市解放北路 312 号	王坚刚	0575-88689588	312000
杭州银行绍兴分行	绍兴市中兴中路 29 号	刘中锡	0575-88300166	312000
北京银行绍兴支行	绍兴市延安路 268 号	王文军	0575-88588801	312000
上海银行绍兴支行	绍兴县柯桥兴越路 1585 号财智国际大厦	王建南	0575-81105501	312030
嘉兴银行绍兴分行	绍兴市镜湖凤林西路 170 号	王 勇	0575-81509252	312000
民泰银行绍兴分行	绍兴市延安东路 618 号	江建平	0575-89180656	312000
天津滨海农商行绍兴支行	绍兴县柯桥育才路 310 号	王海昌	0575-81109001	312030
中国农业发展银行绍兴市分行	绍兴市延安东路 176 号	孙跃旗	0575-85147278	312000
中国邮政储蓄银行绍兴市分行	绍兴市延安东路 558 号	陈时峰	0575-88617988	312000
广发银行绍兴分行	绍兴市中兴南路 215 号	沈葵揆	0575-81505511	312000
华侨银行绍兴分行	绍兴市中兴北路 668 号中金国际 A1801 室	王 湃	0575-81505055	312000
海亮集团财务有限责任公司	浙江省诸暨市店口镇解放路 386 号	穆绿燕	0575-87633342	311814
浙江瑞丰农村商业银行	绍兴县柯桥迪扬路 1363 号	俞俊海	0575-84788388	312000
浙江绍兴恒信农村合作银行	绍兴市中兴中路 159 号	王火金	0575-85085999	312000
浙江诸暨农村商业银行	诸暨市大桥东路 2 号	冯华良	0575-87014615	311800
浙江上虞农村合作银行	上虞市百官德盛路 55 号	程其海	0575-82119788	312300
浙江嵊州农村合作银行	嵊州市官河路 398 号	吴智晖	0575-83123268	312400
浙江新昌农村商业银行	新昌县七星街道七星路 18 号	赵学夫	0575-86266999	312500
浙江嵊州瑞丰村镇银行	嵊州市嵊州大道 108 号	吴志良	0575-83015088	312400

（续表）

机 构 名 称	地 址	负责人	电 话	邮 编
浙江新昌浦发村镇银行	新昌县七星街道鼓山西路180号	黄 斌	0575-86266888	312500
浙江柯桥联合村镇银行	浙江省柯桥区裕民路1011号	陈立权	0575-81112021	312030
浙江诸暨联合村镇银行	浙江省诸暨市暨东路70号	章 罡	0575-87633929	311800
中国人民财产保险公司绍兴市分公司	绍兴市人民西路192号	徐 虎	0575-85207879	312000
中国太平洋财产保险公司绍兴中心支公司	绍兴市人民中路285号	程海彦	0575-85225790	312000
中国平安财产保险公司绍兴中心支公司	绍兴市人民中路341号人行副楼6楼	王新法	0575-85222968	312000
天安保险绍兴中心支公司	绍兴市延安东路505号国际商务广场15楼	商锋平	0575-85110007	312000
华泰财产保险绍兴中心支公司	绍兴市迪荡湖路68号昆仑国际2号楼26楼	王 斌	0575-85011999	312000
大众保险绍兴中心支公司	绍兴市越城区解放南路高立花园11幢B区11—12楼	魏志峰	0575-85225288	312000
中华联合财产保险绍兴中心支公司	绍兴市舜江路499号	李 忠	0575-85203208	312000
中国大地财产保险绍兴中心支公司	绍兴市延安东路505号国际商务广场12B	姚 冰	0575-88125006	312000
华安财产保险绍兴中心支公司	绍兴市环城西路478—480号	陈周平	0575-88059118	312000
永安财产保险绍兴中心支公司	绍兴市胜利东路367号富绅大厦15层	章立峰	0575-88000798	312000
太平财产保险绍兴中心支公司	绍兴市胜利东路393号昆仑国际商务中心1幢2701室	丁扬飞	0575-88926501	312000
安邦财产保险绍兴中心支公司	绍兴市迪荡新城昆仑国商务中心1幢1701、1704室	张 宏	0575-89197768	312000
都邦财产保险绍兴中心支公司	绍兴市迪荡新城北辰广场13楼1301—1302室	施纪荣	0575-88958988	312000
天平汽车保险绍兴中心支公司	绍兴市中兴北路390号泓城大厦738室	马 成	0575-88667518	312000
阳光财产保险绍兴中心支公司	绍兴市中兴南路42号4楼	周甫林	0575-85095520	312000
民安财产保险绍兴中心支公司	绍兴市延安东路182号奥菲大厦B1幢401 406室	蒋燕铭	0575-88127701	312000
中国人寿财产保险公司绍兴中心支公司	绍兴市人民中路36号	施 敏	0575-85220127	312000
中银保险绍兴中心支公司	绍兴市人民西路92号	邱柏华	0575-88680001	312000
永诚保险绍兴中心支公司	绍兴胜利东路405号国茂大厦1101室	朱勤勤	0575-88925888	312000
渤海财产保险绍兴中心支公司	绍兴市中兴北路390号泓城大厦508室	姚华庆	0575-88686166	312000
长安责任保险绍兴中心支公司	绍兴市解放北路148号交通大厦9楼	吕世明	0575-88688686	312000
安成财产保险绍兴中心支公司	绍兴市胜利东路435号迪荡新城元城大厦5楼	魏志成	0575-88583288	312000
安信农业保险绍兴中心支公司	绍兴市延安东路308号国脉大楼3楼	程卫力	0575-88966566	312000
浙商财产保险股份有限公司绍兴中心支公司	绍兴迪荡新城富绅大厦25楼	石利军	0575-88660555	312000
紫金财产保险股份有限公司绍兴中心支公司	绍兴市延安东路511号811、813室	葛武华	0571-88689002	312000
中国人寿保险绍兴分公司	绍兴市中兴中路309号	楼 升	0575-85220128	312000

（续表）

机　构　名　称	地　　址	负责人	电　话	邮　编
中国太平洋人寿保险股份有限公司绍兴中心支公司	绍兴市人民中路285号	方月明	0575-85221298	312000
中国平安人寿保险股份有限公司绍兴中心支公司	绍兴市迪荡新城梅龙湖路80号财智大厦24楼	吴　威	0575-85335667	312000
泰康人寿保险股份有限公司绍兴中心支公司	绍兴市迪荡新城元城大厦5楼	孟宪文	0575-85147281	312000
新华人寿保险公司绍兴中心支公司	绍兴市解放南路1387号越兰大厦南六楼	周　杨	0575-88370158	312000
民生人寿绍兴中心支公司	绍兴市人民中路341号4楼	宋家林	0575-85095255	312000
太平人寿绍兴中心支公司	绍兴市人民中路399号财通证券7楼	胡青松	0575-88665501	312000
生命人寿绍兴中心支公司	绍兴市中兴中路300号金鑫大厦5楼	夏　海	0575-88908168	312000
中宏人寿绍兴营销服务部	绍兴市胜利东路86号金盾大厦西3楼	王泽江	0575-85083322-101	312000
光大永明保险有限公司绍兴分公司	绍兴市越城区迪荡新城北辰广场1幢12楼	何益民	0575-88670777	312000
农银人寿保险公司绍兴中心支公司	绍兴市胜利东路367号富绅大厦9楼901室	俞永涛	0575-88660698	312000
合众人寿保险有限公司绍兴分公司	绍兴市胜利东路17号凯盛国际大厦9楼	姚飞庭	0575-88662988	312000
华泰人寿保险有限公司绍兴分公司	绍兴市胜利东路365号迪荡新城富绅大厦10楼	徐　静	0575-88688078	312000
平安养老保险有限公司绍兴分公司	绍兴市迪荡新城梅龙湖路80号财智大厦21层2111室	陈奕英	0575-85176818	312000
国华人寿保险有限公司绍兴分公司	绍兴市迪荡新城汇金大厦11楼东半楼	周永锋	0571-28115867	312000
中国人民健康保险有限公司绍兴分公司	绍兴市中兴中路287号时代大厦7楼	马忠超	0575-88121898	312000
中国人民人寿险保险有限公司绍兴分公司	绍兴市中兴大道35—45号	章伟军	0575-88320101	312000
阳光人寿保险有限公司绍兴分公司	绍兴市中兴中路300号金鑫大厦4楼	朱伟清	0575-85097555	312000
信泰人寿绍兴中心支公司	绍兴市迪荡新城国茂大厦11楼1102室	陈立清	0575-88605258	312000
中德安联人帮绍兴营销服务部	绍兴市中兴中路276号现代大厦A-301室	徐鲁剑	0575-88667389	312000
嘉禾保险绍兴中心支公司	绍兴市胜利东路365号富绅大厦9楼901号	徐国宁	0575-88660898	312000
海康人寿保险有限公司绍兴营销服务部	绍兴市越城区解放南路620号303室	王　虹	0575-88684879	312000
联泰大都会保险有限公司绍兴分公司	绍兴市迪荡湖路68号昆仑国际大厦2-2404室	黄丽萍	0575-88001058	312000
信诚人寿绍兴营销服务部	绍兴市中兴路金丰大厦10楼	朱吉祥	0575-88928818-8888	312000
中国银河证券股份有限公司绍兴证券营业部	绍兴市鲁迅中路146号	奚美蕉	0575-88583388	312000
海通证券股份有限公司绍兴劳动路营业部	绍兴市劳动路158号	陈　青	0575-88952666	312000
方正证券股份有限公司绍兴胜利东路证券营业部	绍兴市胜利东路39号中兴商贸大楼3楼	倪伟英	0575-85222008	312000
财通证券股份有限公司绍兴人民中路证券营业部	绍兴市人民中路399号	叶耸霄	0575-85222111	312000
财通证券股份有限公司绍兴柯桥湖西路营业部	绍兴县柯桥湖西路228号轻纺大厦B幢3楼	董烨青	0575-84098201	312000

（续表）

机 构 名 称	地 址	负责人	电 话	邮 编
财通证券股份有限公司绍兴柯桥区钱清镇前路证券营业部	绍兴县钱清镇前路永通国贸大厦D座2楼	沈建军	0575-84513456	312000
浙商证券股份有限公司绍兴人民路证券营业部	绍兴市人民中路106号	沈益丰	0575-85131858	312000
浙商证券股份有限公司绍兴解放北路证券营业部	绍兴市解放北路258号	陈永忠	0575-85222228	312000
浙商证券股份有限公司绍兴金柯桥大道证券营业部	绍兴县金柯桥大道1056号外贸大厦12楼	孙国兴	0575-85588518	312000
华泰证券股份有限公司绍兴上大路证券营业部	绍兴市上大路128号	周向明	0575-85222917	312000
国泰君安证券股份有限公司绍兴中兴中路证券营业部	绍兴市中兴中路23—25号中区大厦	夏 欣	0575-85222606	312000
万联证券有限责任公司绍兴中兴南路证券营业部	绍兴市中兴南路358号	刘 攀	0575-88329968	312000
光大证券股份有限公司绍兴胜利东路北辰广场营业部	绍兴市胜利东路北辰广场1幢5楼	郭立胜	0575-85114788	312000
中信证券(浙江)绍兴越王城证券营业部	绍兴市偏门直街117号	胡南生	0575-88589001	312000
中信证券(浙江)绍兴万商路证券营业部	绍兴县柯桥万商路1076号	童维佳	0575-84131583	312000
广发证券股份有限公司绍兴中兴中路证券营业部	绍兴市中兴中路300号金鑫大厦3楼	谢华峰	0575-85123108	312000
齐鲁证券有限责任公司绍兴解放北路营业部	绍兴市解放北路320—342月池坊	何小明	0575-85099278	312000
山西证券股份有限公司绍兴鲁迅西路证券营业部	绍兴市鲁迅西路58号	马众钰	0575-85087866	312000
国元证券股份有限公司绍兴金柯桥大道证券营业部	绍兴县柯桥万国中心A座17层	丁继军	0575-89868000	312000
信达证券股份有限公司绍兴柯桥山阴路证券营业部	绍兴柯桥山阴路阳光商务大厦509室	何竹康	0575-88708018	312000
中信建投证券股份有限公司绍兴胜利东路证券营业部	绍兴市越城区胜利东路17号凯盛国际大厦19F	张旭明	0575-88957880	312000
银泰证券有限责任公司绍兴胜利东路证券营业部	绍兴市胜利东路国茂大厦5层502室	蔡 敏	0575-88661608	312000
浙江大越期货公司	绍兴市解放北路186号7楼	吴 坚	0575-85110022	312000
国海良时期货公司	绍兴市迪荡新城北辰广场16楼	周 胜	0575-85359280	312000
永安期货公司绍兴营业部	绍兴市崇贤街9号昆仑国际3幢19楼	张桂珍	0575-85149353	312000
浙江中证期货公司绍兴营业部	绍兴市中兴中路288号现代大厦8幢401—402室	陈玲军	0575-85099709	312000
浙商期货公司绍兴营业部	绍兴市城南绿洲新村写字楼5层	王会安	0575-88970718	312000
南华期货公司绍兴营业部	绍兴市中兴南路95号中兴商务楼南楼5—6层	郑忠平	0575-85095818	312000

7. 金华市主要金融机构

机 构 名 称	地 址	负责人	电 话	邮 编
中国人民银行金华市中心支行	金华市金东区光南路726号	翁国华	0579-82178610	321015
中国银行业监督管理委员会金华银监分局	金华市八一南街123号	陈兆水	0579-82326788	321017
中国农业发展银行金华市分行	金华市人民东路511号	甄岗军	0579-82312169	321000
中国工商银行金华分行	金华市八一北街595号	赵丹蓓	0579-82338980	321000
中国农业银行金华分行	金华市八一北街433号	贾正生	0579-82305188	321000
中国银行金华市分行	金华市双溪西路59号	吴 越	0579-82391568	321017
中国建设银行金华分行	金华市解放东路1号	王井平	0579-82302088	321000
金华银行	金华市金东区光南路668号	徐雅清	0579-82178399	321015
交通银行金华分行	金华市双溪西路191号	杨子江	0579-82139001	321017
招商银行金华分行	金华市双溪西路45号	冯雷建	0579-82399898	321017
上海浦东发展银行金华分行	金华市人民西路453号	俞永杰	0579-82569100	321000
光大银行金华分行	金华市李渔路1118号创新国际大厦1—3层	丁少华	0579-82822777	321000
中国民生银行金华分行	金华市宾虹路999号置信广场1—4层	刘永辉	0579-82822828	321017
中国邮政储蓄银行股份有限公司金华市分行	金华市宾虹路999号置信广场1—5楼、18—20楼	许德明	0579-82135077	321017
杭州银行金华分行	金华市双龙南街1051号	柳双平	0579-82776199	321017
宁波银行金华分行	金华市丹溪路1133号	吴晓红	0579-89163001	321017
浙江泰隆商业银行股份有限公司金华分行	金华市宾虹路1258号	金战新	0579-83523666	321017
台州银行金华分行	金华市李渔路577号	张正芳	0579-89168999	321017
浙江省农村信用社联合社金华办事处	金华市胜利街501号	祝晓平	0579-82118501	321000
浙江金华成泰农村合作银行	金华市八一南街123号	鲍金标	0579-82055159	321017
义乌农商银行金义支行	金华市金东区金港大道与金山大道交叉口金山华庭一号楼	朱晨丰	0579-82589777	321000
华融金融租赁股份有限公司金华分公司	金华市婺江西路28号时代商务中心1幢11楼1101—1104室	叶 宏	0579-83181200	321017
浙江稠州商业银行	义乌市江滨路义乌乐园东侧	金子军	0579-85337777	322000
兴业银行义乌分行	义乌市宾王路158号	潘 峰	0579-85998199	322000
平安银行义乌分行	义乌市宾王路223号恒风交通大厦	吴晓明	0579-85561599	322000
浙商银行义乌分行	义乌市商城大道国际商贸城二期南大厅	钱晓南	0579-85193999	322000
中信银行义乌分行	义乌市篁园路100号	傅河水	0579-85378801	322000
华夏银行义乌支行	义乌市宾王路366号	孙叶云	0579-85377801	322000
恒丰银行义乌支行	义乌市江滨北路333号	陆晓航	0579-85233001	322000
浙江民泰商业银行义乌分行	义乌市江滨北路377号	何劲松	0579-85256777	322000
瑞丰银行义乌支行	义乌市江滨北路239号	胡海忠	0579-85226767	322000
广发银行义乌分行	义乌市江滨北路523号	陈 斌	0579-89901601	322000

（续表）

机 构 名 称	地 址	负责人	电 话	邮 编
中国人民财产保险股份有限公司金华市分公司	金华市中山路293号	俞玉林	0579-82312201	321000
中国太平洋财产保险股份有限公司金华中心支公司	金华市丹溪路1223号	王 蔚	0579-82467106	321017
中国平安财产保险股份有限公司金华中心支公司	金华市八一北街118号汇金国际11楼	薛莲荷	0579-82055330	321000
天安保险股份有限公司金华中心支公司	金华市八一南街816号	王博芬	0579-82479808	321017
中华联合财产保险公司金华中心支公司	金华市八一南街256号	陈宏伟	0579-83182301	321017
大众保险股份有限公司金华中心支公司	金华市八一南街333号2楼	叶光明	0579-83185662	321017
中国大地财产保险股份有限公司金华中心支公司	金华市八一南街387号信华大楼5楼		0579-83930007	321017
太平保险有限公司金华中心支公司	金华市五一路523号、533号	应 雯	0579-83509005	321017
永安财产保险股份有限公司金华中心支公司	金华市双龙南路881号	曹蕴华	0579-82479990	321017
中国人寿保险股份有限公司金华分公司	金华市府南路工人大厦9楼	赵 娜	0579-82492859	321017
中国太平洋人寿保险股份有限公司金华中心支公司	金华市丹溪路1133号	郭正斌	0579-82467262	321017
中国平安人寿保险股份有限公司金华中心支公司	金华市八一北街567号B座4—5室	陈 浪	0579-82306838	321017
泰康人寿保险股份有限公司金华中心支公司	李渔路1000号丹桂苑2号楼	程孟晓	0579-82056610	321017
新华人寿保险股份有限公司金华中心支公司	金华市双龙北街362号2楼	王素青	0579-82351181	321017
民生人寿保险股份有限公司金华中心支公司	浙江金华八一南街428#高阳大厦7楼	朱 聃	0579-83917012	321017
太平人寿保险有限公司金华中心支公司	金华市李渔路585号天鸿饭店2—3楼	归 昶	0579-82478969	321017
银河证券金华营业部	金华市八一南街393号	宋晓军	0579-82460080	321017
申银万国证券金华营业部	金华市八一北街484号	郭 霞	0579-82305905	321000
中信金通证券金华营业部	金华市中山路331号海洋大厦	钱 哲	0579-82303626	321000
浙商证券金华营业部	金华市青春路239号	秦 朴	0579-82117448	321000
光大证券金华营业部	金华市双溪西路191号	闻明刚	0579-82390668	321017

8. 衢州市主要金融机构

机 构 名 称	地 址	负责人	电 话	邮 编
中国人民银行衢州市中心支行	衢州市白云街道三江东路10号	周 丽	0570-3386002	324000
中国银行业监督管理委员会衢州监管分局	衢州市斗谭西安路42号	赵益洪	0570-3025569	324000
中国农业发展银行衢州市分行	衢州市府东街730号	徐宇灿	0570-3040268	324000
中国工商银行股份有限公司衢州分行	衢州市上街66号	陈文伟	0570-8082228	324000
中国农业银行股份有限公司衢州分行	衢州市下街60号	龚丰谷	0570-3058877	324000
中国银行股份有限公司衢州市分行	衢州市蛟池街1号	严 斌	0570-3131180	324000

（续表）

机构名称	地址	负责人	电话	邮编
中国建设银行股份有限公司衢州分行	衢州市上街56号	李建林	0570-3055868	324000
交通银行股份有限公司衢州分行	衢州市新桥街17号	沈建伟	0570-8519001	324000
中国邮政储蓄银行股份有限公司衢州市分行	衢州市县学街36号	袁京卫	0570-8066099	324000
浙江省农村信用社联合社衢州办事处	衢州市荷花一路49号	杨中萱	0570-3089099	324000
上海浦东发展银行股份有限公司衢州支行	衢州市上街84号	吴 彤	0570-8022108	324000
招商银行股份有限公司衢州支行	衢州市县学街37号	陈 彤	0570-8079118	324000
浙商银行股份有限公司衢州分行	衢州市新安路20号	钱春平	0570-3397066	324000
温州银行股份有限公司衢州分行	衢州市上街82号	林 亮	0570-8877366	324000
金华银行股份有限公司衢州分行	衢州市三衢路187号	胡红兵	0570-8068188	324000
浙江泰隆商业银行股份有限公司衢州分行	衢州市荷四路263—283号	周建斌	0570-8358888	324000
杭州银行股份有限公司衢州分行	衢州市荷花中路4号融金大厦	金关炬	0570-8899088	324000
衢州市柯城农村信用合作联社	衢州市上街92号	甘文智	0570-3028986	324000
衢州市衢江农村信用合作联社	衢州市新桥街113号	宋献礼	0570-3039768	324000
衢州衢江上银村镇银行股份有限公司	衢州市振兴东路26号	韩 军	0570-8077708	324022
中信证券(浙江)有限责任公司衢州新桥街证券营业部	衢州市新桥街2号	潘 东	0570-8287809	324000
国泰君安证券股份有限公司衢州柯城证券营业部	衢州市巨化花园证券楼	叶兆明	0570-3067616	324000
财通证券有限责任公司衢州新桥街证券营业部	衢州市新桥街80号	王小华	0570-8288788	324000
浙商证券有限责任公司衢州下街证券营业部	衢州市下街36号	蔡吉其	0570-3048985	324000
申银万国证券股份有限公司衢州县西街证券营业部	衢州市县西街77号	毛建林	0570-3024000	324000
西藏同信证券有限责任公司衢州振兴东路营业部	衢州市振兴东路26号	胡 悦	0570-8066988	324022
中国银河证券股份有限公司衢州荷花中路证券营业部	衢州市荷花中路50号	倪志芳	0570-8085666	324000
中国人民财产保险股份有限公司衢州市分公司	衢州市新桥街56号	翁文庆	0570-3055301	324000
中国太平洋财产保险股份有限公司衢州中心支公司	衢州市三衢路501号	徐才孝	0570-3089565	324000
中国人寿财产保险股份有限公司衢州中心支公司	衢州市劳动路95号	郑美芳	0570-3046288	324000
中华联合财产保险股份有限公司衢州中心支公司	衢州市劳动路143号	李延成	0570-8020281	324000
阳光财产保险股份有限公司衢州中心支公司	衢州市南湖中路48号	汪金土	0570-8020151	324000
中国平安财产保险股份有限公司衢州中心支公司	衢州市东门街1号	王 辉	0570-3044576	324000
中国大地财产保险股份有限公司衢州中心支公司	衢州市新元路88号	饶应柏	0570-8068101	324000
永安财产保险股份有限公司衢州中心支公司	衢州市府东街730号	吕建宁	0570-8020101	324000

（续表）

机 构 名 称	地 址	负责人	电 话	邮 编
安邦财产保险股份有限公司衢州中心支公司	衢州市书院西路7号	严向龙	0570-8757979	324000
民安保险(中国)有限公司衢州中心支公司	衢州市人防路2号2楼	田 军	0570-8020191	324000
天安保险股份有限公司衢州中心支公司	衢州市西安路156号	徐爱龙	0570-3052808	324000
中银保险有限公司浙江分公司衢州营销服务部	衢州市五圣街35—39号	诸葛斌	0570-8880208	324000
中国人寿保险股份有限公司衢州分公司	衢州市劳动路95号	叶勤俭	0570-3026658	324000
中国太平洋人寿保险股份有限公司衢州中心支公司	衢州市荷花一路51号	李 馨	0570-3071223	324000
泰康人寿保险股份有限公司衢州中心支公司	衢州市狮桥街1号工贸大厦C座6楼	卓 飞	0570-3031658	324000
新华人寿保险股份有限公司衢州中心支公司	衢州市通荷路413—419号	刘长顺	0570-3051306	324000
中国平安人寿保险股份有限公司衢州中心支公司	衢州市新桥街113号方园诚信商务大厦二楼	韩亦敏	0570-3042198	324000
中国人民人寿保险股份有限公司衢州市中心支公司	衢州市劳动路25号	吴三耀	0570-3397701	324000
信泰人寿保险股份有限公司衢州中心支公司	衢州市蝴蝶路45-1号荣华饭店二楼	江 滨	0570-3053561	324000
嘉禾(农银)人寿保险股份有限公司衢州中心支公司	衢州市县学街18号香溢假日广场东大门4楼	陈水根	0570-8275001	324000
华泰人寿保险股份有限公司衢州中心支公司	衢州市衢化路179号	杜 勇	0570-8280026	324000
民生人寿保险股份有限公司衢州中心支公司	衢州市新桥街80号	赵震峰	0570-3053521	324000
生命人寿保险股份有限公司衢州中心支公司	衢州市劳动路16号金城商务大厦204室	程清萍	0570-8599629	324000
正德人寿保险股份有限公司衢州中心支公司	衢州市荷花西路201号创业大厦6楼	王文迪	0570-8560557	324000
合众人寿保险股份有限公司衢州中心支公司	衢州市衢化路454—456号	操活平	0570-8599651	324000
阳光人寿保险股份有限公司衢州中心支公司	衢州市南湖中路48号阳光保险大厦	应颂松	0570-8267660	324000
太平人寿保险有限公司衢州中心支公司	衢州市新桥街80号3楼	程红良	0570-8568897	324000
中德安联人寿保险公司衢州营销服务部	衢州市通荷路397幢铭豪商务大楼7楼	周淑燕	0570-8599698	324000
长生人寿保险股份有限公司衢州市营销服务部	衢州市通荷路397幢铭豪商务大楼6楼	周水德	0570-8268597	324000
浙江大地期货经纪有限公司衢州营业部	衢州市下街165号	施 珺	0570-3053285	324000
浙江新世纪期货有限公司衢州营业部	衢州市狮桥街2号6楼	宋松平	0570-8580789	324000

9. 台州市主要金融机构

机 构 名 称	地 址	负责人	电 话	邮 编
中国人民银行台州市中心支行	台州市椒江区东环大道310号	肖宗富	0576-88553598	318000
中国银监会台州监管分局	台州市椒江区中山西路2号	毛长才	0576-88553681	318000
中国工商银行台州市分行	台州市椒江区市府大道609号	王国才	0576-88894301	318000
中国农业银行台州市分行	台州市椒江区市府大道529号	金跃强	0576-88839501	318000

（续表）

机构名称	地址	负责人	电话	邮编
中国银行台州市分行	台州市椒江区解放南路281号	黄祥正	0576-88825111	318000
中国建设银行台州市分行	台州市椒江区广场西路1号	郑浩	0576-88818101	318000
中国农业发展银行台州市分行	台州市椒江区中心大道215号	何敏强	0576-88322901	318000
上海浦东发展银行台州分行	台州市椒江区市府大道500号101室	林海	0576-88815079	318000
兴业银行台州分行	台州市椒江区市府大道308号	陈云杉	0576-88528877	318000
中国光大银行台州支行	台州市椒江区市府大道222号	王直林	0576-88818858	318000
交通银行台州分行	台州市椒江区东环大道298号	季建友	0576-89021001	318000
招商银行台州分行	台州市椒江区市府大道535号	徐跃军	0576-88600601	318000
华夏银行台州分行	台州市椒江区东环大道312号	蒋国华	0576-81871501	318000
广发银行台州分行	台州市椒江区市府大道500号	李振岳	0576-81876001	318000
浙商银行台州分行	台州市椒江区市府大道509号	赵洁平	0576-81887666	318000
中信银行台州分行	台州市椒江区市府大道489号	郑爱民	0576-88819901	318000
平安银行台州分行	台州市经济开发区白云山南路181号	周远进	0576-81880201	318000
民生银行台州分行	台州市椒江区市府大道535号	陈贤榜	0576-88703099	318000
稠州银行台州分行	台州市椒江区东环大道129号	胡建敏	0576-88190909	318000
邮政储蓄银行台州市分行	台州市椒江区中山西路292号	周明	0576-81880907	318000
台州市商业银行	台州市路桥区南官大道92号	黄军民	0576-82454216	318050
浙江泰隆商业银行	台州市路桥区南官大道188号	王官明	0576-82449222	318050
浙江民泰商业银行	浙江省温岭市三星大道168号	杨小波	0576-86510128	317500
省农村信用联社台州办事处	台州市椒江区中山西路338号	崔全利	0576-88833851	318000
中国人民财产保险台州分公司	台州市椒江区市府大道359号	许江峰	0576-88599119	318000
中国人寿保险台州分公司	台州市椒江区轮渡路58号	冯四明	0576-88839688	318000
太平洋财险台州分公司	台州市椒江区市府大道188号	程海彦	0576-88208628	318000
太平洋寿险台州中心支公司	台州市椒江区市府大道188号	郭海云	0576-88503501	318000
平安财险台州中心支公司	台州市椒江区东海大道362号	江陈兵	0576-88527988	318000
平安人寿台州中心支公司	台州市椒江区东海大道362号	金向华	13867620301	318000
方正证券台州营业部	台州市椒江区解放南路36号	温如春	0576-88807887	318000
财通证券台州营业部	台州市椒江区解放南路18号	林红峰	0576-88869200	318000
浙商证券台州营业部	台州市黄岩区环城东路198号	徐宏飞	0576-84274118	318020

10. 丽水市主要金融机构

机构名称	地址	负责人	电话	邮编
中国人民银行丽水市中心支行	丽水市丽阳街561号	孔祖根	0578-2158270	323000
中国银行业监督管理委员会丽水监管分局	丽水市中山街505号	周明强	0578-2161078	323000
中国农业发展银行丽水市分行	丽水市开发路825号	郑忠义	0578-2173258	323000
中国工商银行丽水分行	丽水市丽阳街555号	徐晓伟	0578-2131136	323000
中国农业银行丽水分行	丽水市解放街260号	屠煜林	0578-2133228	323000

（续表）

机 构 名 称	地 址	负责人	电 话	邮 编
中国银行丽水市分行	丽水市丽阳街440号	毛海滨	0578-2286366	323000
中国建设银行丽水分行	丽水市大洋路430号	徐小康	0578-2272832	323000
交通银行丽水分行	丽水市中东路693号	程 宁	0578-2082001	323000
中信银行丽水分行	丽水市紫金路1号	潘文奇	0578-2082999	323000
浙商银行丽水分行	丽水市丽阳街651号	董卫平	0578-2226888	323000
浦发银行丽水支行	丽水市人民街529号	梁铁伟	0578-2666799	323000
中国邮政储蓄银行丽水市分行	丽水市寿尔福路445号	毛炳旺	0578-2359866	323000
温州银行丽水分行	丽水市丽阳街409号	鲁 频	0578-2266588	323000
浙江泰隆商业银行丽水分行	丽水市丽阳街568号	陈昌文	0578-2186001	323000
浙江稠州商业银行丽水分行	丽水市解放街515号	吴蔚红	0578-2186305	323000
莲都农村商业银行	丽水市解放街438号	郑 伟	0578-2660033	323000
中国银河证券股份有限公司丽水营业部	丽水市大洋路375号	舒有明	0578-2135000	323000
浙商证券有限责任公司丽水营业部	丽水市花园路581号	应文敏	0578-2121811	323000
中信金通证券有限责任公司丽水营业部	丽水市寿尔福路445号	吴剑峰	0578-2511977	323000
财通证券有限责任公司丽水营业部	丽水市北苑路198号	林 阳	0578-2226801	323000
浙商期货有限公司丽水营业部	丽水市人民路198号	刘少伟	0578-2252788	323000
中国人民财产保险股份有限公司丽水市分公司	丽水市丽阳街553号	詹志伟	0578-2577001	323000
中国平安财产保险股份有限公司丽水中心支公司	丽水市花园路752号	彭晓春	0578-2680301	323000
天安保险股份有限公司丽水中心支公司	丽水市花园路608号	吴锦豪	0578-2267228	323000
中国太平洋财产保险股份有限公司丽水中心支公司	丽水市花园路888号	叶咏蓁	0578-2577800	323000
中华联合财产保险股份有限公司丽水中心支公司	丽水市开发路699号	胡 江	0578-2352701	323000
安邦保险股份有限公司丽水市中心支公司	丽水市中山街罗马大厦5楼	麻迈新	0578-2185717	323000
中国大地财产保险股份有限公司丽水中心支公司	丽水市丽阳街698号	陶伟东	0578-2666122	323000
太平财产保险有限公司丽水中心支公司	丽水市中山街36号	沈俐彤	0578-2550987	323000
中银保险有限公司丽水中心支公司	丽水市紫金商住区1号房	闻 辉	0578-2356003	323000
中国人寿财产保险股份有限公司丽水中心支公司	丽水市大洋路280号	方 宏	0578-2661266	323000
都邦财产保险股份有限公司浙江分公司丽水市营销服务部	丽水市囿山路443号	李道新	0578-2527901	323000
阳光财产保险股份有限公司丽水中心支公司	丽水市囿山路372号	陈玮刚	0578-2515501	323000
中国人寿保险股份有限公司丽水市分公司	丽水市丽阳街551号	刘 茸	0578-2279699	323000
中国平安人寿保险股份有限公司丽水中心支公司	丽水市灯塔街205号	唐守林	0578-2687118	323000
中国太平洋人寿保险股份有限公司丽水中心支公司	丽水市大洋路192号	方月明	0578-2279967	323000
泰康人寿保险股份有限公司丽水中心支公司	丽水市丽阳街439号	季伟星	0578-2110011	323000
新华人寿保险股份有限公司丽水中心支公司	丽水市花园路581号	陈菊为	0578-2111791	323000
嘉禾人寿保险股份有限公司丽水中心支公司	丽水市花园路608号	季志明	0578-2666001	323000
生命人寿保险股份有限公司丽水中心支公司	丽水市解放街293号	闻东来	0578-2556001	323000
阳光人寿保险股份有限公司丽水中心支公司	丽水市囿山路372号	李建秀	0578-2663902	323000
中国人民人寿保险股份有限公司丽水市中心支公司	丽水市寿尔福路445号11楼	陈红宇	0578-2533998	323000

11. 舟山市主要金融机构

机 构 名 称	地 址	负责人	电 话	邮 编
中国人民银行舟山市中心支行	舟山市定海区昌国路26号	吴勇敏	0580-2061108	316000
中国银行业监督管理委员会舟山监管分局	舟山市定海区西大街42号	郑子凯	0580-2061266	316000
中国农业发展银行舟山市分行	舟山市定海区人民北路32号	陆文武	0580-8260502	316000
中国工商银行舟山市分行	舟山市定海区人民南路16号	谢素薇	0580-2069866	316000
中国农业银行舟山市分行	舟山市定海区环城东路66号	叶淑贞	0580-2263609	316000
中国银行舟山市分行	舟山市定海区解放东路33号	陈旭卉	0580-2068188	316000
中国建设银行舟山市分行	舟山市定海区人民中路68号	方士瞬	0580-2066077	316000
交通银行舟山分行	舟山市定海区环城北路167—177号	徐建平	0580-2260701	316000
中国邮政储蓄银行浙江省舟山市分行	舟山市定海区东海东路168号	俞 蜂	0580-2616666	316000
浙江省农村信用联社舟山办事处	舟山市定海区环城东路81号	沈平安	0580-2060336	316000
定海海洋农商银行	舟山市定海区环城东路81号	黄成双	0580-2061765	316000
浦发银行舟山分行	舟山市定海区解放西路231号	李建平	0580-2885666	316000
杭州银行舟山分行	舟山市定海区环城东路98号	张利平	0580-2269399	316000
浙商银行舟山支行	舟山市临城新区海宇道111号	应继红	0580-2089666	316000
浙江民泰商业银行舟山分行	舟山市芙蓉洲南路25—33号	倪 韶	0580-2269277	316000
台州银行舟山分行	舟山市定海区新桥路120号	徐 伟	0580-2628528	316000
华宝证券舟山解放西路营业部	舟山市定海区解放西路55号	张 涛	0580-2020680	316000
浙商证券舟山人民南路营业部	舟山市定海区人民南路10号3楼	丁 雄	0580-2030111	316000
华泰证券舟山滨港路证券营业部	舟山市普陀区滨港路280号	钟 迪	0580-6386566	316100
中国人民财产保险股份有限公司舟山市分公司	舟山市定海区环城东路115号	沈承章	0580-2265577	316000
中国人寿保险股份有限公司舟山分公司	舟山市定海区解放西路128号	林声忠	0580-2020105	316000
太平洋财产保险股份有限公司舟山中心支公司	舟山市定海区解放西路57号	阴海燕	0580-2051917	316000
太平洋人寿保险股份有限公司舟山中心支公司	舟山市定海区解放西路57号	陈海陆	0580-2034684	316000
天安保险股份有限公司舟山中心支公司	舟山市解放东路118号	洪南方	0580-2037127	316000
泰康人寿保险股份有限公司舟山中心支公司	舟山市定海区南珍大厦11楼	谬存露	0580-2031068	316000
中国平安人寿保险股份有限公司舟山中心支公司	舟山市定海区解放东路118号博源商务楼507室	闫群峰	0580-2034077	316000
中国平安财产保险股份有限公司舟山中心支公司	舟山市定海区卫海路108号	欧阳晶琳	0580-2038138	316000
中华联合保险有限公司舟山中心支公司	舟山市定海区昌洲大道1001号	包明海	0580-2265101	316000
民生人寿保险股份有限公司舟山中心支公司	舟山市定海区人民南路287号	包挺挺	0580-2610866	316000
大地保险股份有限公司舟山中心支公司	舟山市定海区环城东路100号	何 舟	0580-2918555	316000
安邦财产保险股份有限公司舟山中心支公司	舟山市定海区康达公寓3幢1单元2楼	殷方道	0580-2029318	316000
中银保险舟山营销服务部	舟山市定海环城东路18号	范海平	0580-8115566	316000

四、2013年安徽省金融机构名录

1. 合肥市主要金融机构

机构名称	地址	负责人	电话	邮编
中国人民银行合肥中心支行	合肥市滨湖新区洞庭湖路3366号	刘兴亚	0551-63691088	230091
中国银监会安徽监管局	合肥市合作化路466号	陈　琼	0551-65192666	230075
中国证监会安徽监管局	合肥市天波路6号	方向瑜	0551-65367292	230088
中国保监会安徽监管局	合肥市濉溪路278号财富广场20楼	胡　皖	0551-65633999	230041
国家开发银行安徽省分行	合肥市芜湖路246号开行大厦	丕　涛	0551-62867898	230061
中国农业发展银行安徽省分行	合肥市金寨路126号	周良伟	0551-63623703	230022
中国进出口银行安徽省分行	合肥市肥西路66号汇金大厦	李晓苹	0551-65170616	230031
中国工商银行安徽省分行	合肥市芜湖路189号	常真旺	0551-62869518	230001
中国农业银行安徽省分行	合肥市长江中路448号	赵　勤	0551-62223288	230061
中国银行安徽省分行	合肥市长江中路313号	唐小晴	0551-62926666	230061
中国建设银行安徽省分行	合肥市徽州大道255号	戴跃明	0551-62886655	230051
交通银行安徽省分行	合肥市花园街38号	徐　斌	0551-62638099	230001
招商银行合肥分行	合肥市阜南路169号东怡金融广场A座招银大厦	程龙辉	0551-62828309	230061
中国光大银行合肥分行	合肥市长江西路200号	王　彪	0551-65101966	230031
中信银行合肥分行	合肥市徽州大道396号	何小龙	0551-62618918	230001
兴业银行合肥分行	合肥市阜阳路99号	荣益民	0551-62666366	230001
上海浦东发展银行合肥分行	合肥市长江西路3号春天大厦	张　勇	0551-62253688	230061
中国民生银行合肥分行	合肥市亳州路135号天庆大厦B座	叶　骏	0551-65332666	230041
华夏银行合肥分行	合肥市濉溪路278号财富广场C座	王晓勇	0551-65776001	230041
中国邮政储蓄银行安徽省分行	合肥市经济技术开发区繁华大道12236号	张　宏	0551-62256618	230031
安徽省农村信用社联合社	合肥市琥珀山庄东村298幢	张良庆	0551-65620811	230061
徽商银行	合肥市安庆路79号	李宏鸣	0551-62667729	230001
九江银行合肥分行	合肥市濉溪路287号金鼎广场B座	黄朝阳	0551-65662622	230041
东亚银行(中国)有限公司合肥分行	合肥市淮河路266号香港广场大厦26层	许翰祺	0551-65663801	230001
汇丰银行(中国)有限公司合肥分行	合肥市濉溪路278号财富广场首座1—2层	李皓根	0551-65756001	230041
杭州银行合肥分行	合肥市政务新区怀宁路1639号	王为民	0551-63546699	230071
东莞银行合肥分行	合肥市芜湖路1号御景湾	葛锡军	0551-62689777	230071
瑞穗实业银行合肥分行	合肥市马鞍山路万达广场7号楼19层	石浩治	0551-63800690	230061

（续表）

机　构　名　称	地　　址	负责人	电　话	邮　编
南洋商业银行合肥分行	合肥市政务区怀宁路288号置地广场栢悦中心	朱雪芬	0551-63457620	230071
合肥科技农村商业银行	合肥市长江西路101号	刘万霞	0551-65196222	230001
中国银联股份有限公司安徽分公司	合肥市马鞍山路绿地赢海国际大厦C座20层	柳青扬	0551-62691566	230051
中国华融资产管理公司合肥办事处	合肥市寿春路211号	任津平	0551-62633788	230001
中国长城资产管理公司合肥办事处	合肥市寿春路40号	王　平	0551-62636266	230001
中国东方资产管理公司合肥办事处	合肥市金寨路131号	徐劲流	0551-63655856	230022
中国信达资产管理股份有限公司安徽省分公司	合肥市阜南路166号润安大厦	方　力	0551-62834827	230061
安徽国元控股(集团)有限责任公司	合肥市寿春路179号	过仕刚	0551-65227001	230001
安徽国元投资有限责任公司	合肥市宿州路20号	邵文革	0551-62207516	230001
安徽国元信托有限责任公司	合肥市宿州路20号	俞仕新	0551-62619858	230001
建信信托有限责任公司	合肥市九狮桥街45号兴泰大厦	曾见泽	0551-65295588	230001
国元证券股份有限公司	合肥市寿春路179号国元大厦	蔡　咏	0551-62207516	230001
华安证券有限责任公司	合肥市阜南路166号润安大厦	李　工	0551-65161691	230061
安粮期货有限公司	合肥市芜湖路168号同济大厦11层	汪　勇	0551-62870130	230001
华安期货有限责任公司	合肥市长江中路419号	汪　泓	0551-62839073	230061
徽商期货有限责任公司	合肥市芜湖路260号	吴国华	0551-62865905	230061
中国人民财产保险股份有限公司安徽省分公司	合肥市梅山路2号银保大厦	夏玉扬	0551-62827119	230022
国元农业保险股份有限公司	合肥市琥珀山庄东村298栋农金大厦1楼	张子良	0551-65269818	230061
中国太平洋财产保险股份有限公司安徽分公司	合肥市阜阳北路1号太平洋大厦	程　辉	0551-65549637	230041
中国出口信用保险公司安徽分公司	合肥市淮河路303号	马卫星	0551-62681868	230001
中国平安财产保险股份有限公司安徽分公司	合肥市政务区怀宁路1639号平安大厦23楼	朱友刚	0551-62611903	230001
天安保险股份有限公司安徽省分公司	合肥市濉溪路99号	李　静	0551-64675797	230041
大众保险股份有限公司安徽分公司	合肥市濉溪路16号信达大厦8、9层	刘敏俊	0551-62851300	230041
中国大地财产保险股份有限公司安徽分公司	合肥市濉溪路212号6楼	李晓民	0551-62661855	230001
太平保险有限公司安徽分公司	合肥市长江西路200号置地投资广场19楼	蒋素华	0551-65376666	230031
华安财产保险股份有限公司安徽分公司	合肥市庐阳区濉溪路278号财富广场二期B幢19、20层	李　山	0551-65661257	230041
安邦财产保险股份有限公司安徽分公司	合肥市长江西路200号置地投资广场26楼	赵　明	0551-62663715	230031
都邦财产保险股份有限公司安徽分公司	合肥市长江中路金城大厦9、11楼	赵景奇	0551-62853200	230001
渤海财产保险股份有限公司安徽分公司	合肥市淮河西路472号3层	徐纪华	0551-62690666	230001
永诚财产保险股份有限公司安徽分公司	合肥市濉溪路278号财富广场二期A座16层	齐永健	0551-65666202	230041
阳光财产保险股份有限公司安徽省分公司	合肥市马鞍山南路1000号新都会环球广场3层	陈　晓	0551-64682888	230011

（续表）

机 构 名 称	地 址	负责人	电 话	邮 编
中国人寿财产保险股份有限公司安徽省分公司	合肥市长江西路春天大厦裙楼1楼、4楼	顾成林	0551-62830979	230061
华泰财产保险股份有限公司安徽省分公司	合肥市淮河路303号邮电大厦1楼、5楼	孙　鉴	0551-62680018	230001
民安保险(中国)有限公司安徽分公司	合肥市濉溪路278号财富广场二期A座6层	项锡山	0551-65267776	230041
中银保险有限公司安徽分公司	合肥市宁国南路合肥工业大学建筑设计院裙楼1楼、2楼	刘　洪	0551-64672225	230009
浙商财产保险股份有限公司安徽分公司	合肥市濉溪路118号置地汇丰广场27层	赵　明	0551-66100168	230001
中国人寿保险股份有限公司安徽省分公司	合肥市寿春路90号	阮建设	0551-62635688	230001
中国平安人寿保险股份有限公司安徽分公司	合肥市政务文化新区东流路西999号新城国际A座3、4楼	邱真真	0551-62655626	230071
平安养老保险股份有限公司安徽分公司	合肥市寿春路152号平安大厦3楼	翟凌云	0551-62662365	230001
中国人民人寿保险股份有限公司安徽省分公司	合肥市梅山路2号银保大厦	吴保亚	0551-62837626	230022
中国太平洋人寿保险股份有限公司安徽分公司	合肥市阜阳北路1号	张　松	0551-65619907	230041
新华人寿保险股份有限公司安徽分公司	合肥市长江中路319号仁和大厦4楼	李　磊	0551-62691888	230061
泰康人寿保险股份有限公司安徽分公司	合肥市长江中路423号	何承周	0551-62830865	230061
太平人寿保险股份有限公司安徽分公司	合肥市长江西路200号置地投资广场4、5楼,16—18楼	孙玉德	0551-65376666	230041
合众人寿保险股份有限公司安徽分公司	合肥市寿春路356号徽商国际大厦6楼	陈　荣	0551-65255200	230001
华夏人寿保险股份有限公司安徽分公司	合肥市濉溪路278号财富广场首座9楼	费建国	0551-65267678	230041
中国人民健康保险股份有限公司安徽分公司	合肥市红星路1号省委办公厅服务楼11楼	蔡皖伶	0551-67191010	230001
民生人寿保险股份有限公司安徽分公司	合肥市长江西路3号春天大厦3楼	谢礼斌	0551-62830586	230061
生命人寿保险股份有限公司安徽分公司	合肥市马鞍山路1000号新都会环球广场22楼	李　平	0551-64683766	230011
嘉禾人寿保险股份有限公司安徽分公司	合肥市长江中路369号百大CBD写字楼8楼	杨树林	0551-65226161	230001
幸福人寿保险股份有限公司安徽省分公司	合肥市阜南西路166号润安大厦A座7—8层	李传学	0551-65291888	230061
阳光人寿保险股份有限公司安徽分公司	合肥市徽州大道15号天徽大厦C座22层	余胜昔	0551-62611008	230001
百年人寿保险股份有限公司安徽分公司	合肥市濉溪路278号财富广场C座17楼及1102室、1103室	王广华	0551-65773718	230041
首创安泰人寿保险有限公司安徽省分公司	合肥市濉溪路278号财富广场二期B座108室	周　南	0551-65666000	230041

2. 马鞍山市主要金融机构

机构名称	地址	负责人	电话	邮编
中国人民银行马鞍山市中心支行	马鞍山市西塘路 500 号	陈联明	0555-2378088	243000
中国银行业监督管理委员会马鞍山监管分局	马鞍山市印山东路碧溪丽景 19 栋 1 号	胡宏琦	0555-2372601	243000
中国农业发展银行马鞍山市分行	马鞍山市雨田路 1577 号	马良元	0555-2324934	243000
中国工商银行股份有限公司马鞍山分行	马鞍山市湖南路 501 号	李为民	0555-2350768	243000
中国农业银行股份有限公司马鞍山分行	马鞍山市花雨路 111 号	李　晓	0555-2364978	243000
中国银行股份有限公司马鞍山分行	马鞍山市华飞路太古广场	樊　伶	0555-2339599	243000
中国建设银行股份有限公司马鞍山市分行	马鞍山市湖东中路 26 号	刘希卿	0555-2366262	243000
交通银行股份有限公司马鞍山分行	马鞍山市湖东南路 156 号	周　庆	0555-2389151	243000
中国邮政储蓄银行有限责任公司马鞍山市分行	马鞍山市雨山西路 500 号	刘希军	0555-8361888	243000
徽商银行股份有限公司马鞍山分行	马鞍山市湖东南路 3 号	叶　翔	0555-2361962	243000
马鞍山市农村商业银行	马鞍山市红旗南路 1659 号	孙　晓	0555-8361757	243000
招商银行马鞍山分行	马鞍山市湖东中路 20 号	赵家勇	0555-2112399	243000
光大银行马鞍山分行	马鞍山市花雨路 109 号	朱　革	0555-2118299	243000
民生银行马鞍山分行	马鞍山市雨山东路 865 号	李敏祥	0555-2961099	243000
中信银行马鞍山分行	马鞍山市湖西中路 1177 号	黄　骏	0555-2772888	243000
中国人民财产保险股份有限公司马鞍山中心支公司	马鞍山市湖西中路 1169 号	俞能德	0555-2345732	243000
中国平安财产保险股份有限公司马鞍山中心支公司	马鞍山市湖东中路 49 号	宣意俊	0555-2341898	243000
华安证券马鞍山花雨路营业部	马鞍山市花雨路 306	赵立新	0555-2476449	243000
国元证券马鞍山雨山路营业部	马鞍山市雨山西路 497 号安基大厦 7 楼	翟建国	0555-2615656	243000
银河证券马鞍山营业部	马鞍山市中岗 1 村 18 号-1	汪恭满	0555-2348134	243000
华泰证券马鞍山营业部	马鞍山市花山区珍珠园 2 村 10 栋 5—6 号	张　俊	0555-7185520	243000
中投证券马鞍山营业部	马鞍山市花园路功辉大厦四楼	刘震环	0555-3109888	243000
海通证券马鞍山营业部	马鞍山市湖东中路中央大厦 3 楼	王尚钟	0555-2119011	243000

3. 芜湖市主要金融机构

机构名称	地址	负责人	电话	邮编
中国人民银行芜湖市中心支行	芜湖市北京中路 11 号	汪　俊	0553-3128888	241000
中国银监会芜湖银监分局	芜湖市九华山路 172 号	洪　风	0553-3813002	241000
中国工商银行股份有限公司芜湖分行	芜湖市北京东路 98 号	钱晓东	0553-3117777	241000
中国农业银行股份有限公司芜湖分行	芜湖市九华中路 179 号	宋志明	0553-3810168	241000
中国银行股份有限公司芜湖市分行	芜湖市九华山路 204 号	曹运文	0553-3810778	241000
中国建设银行股份有限公司芜湖市分行	芜湖市九华山路 302 号	陈建华	0553-3828186	241000
中国农业发展银行芜湖市分行	芜湖市瑞祥路 88 号皖江财富广场 A3 楼	汪根水	0553-3856529	241000

（续表）

机　构　名　称	地　　址	负责人	电　话	邮　编
交通银行股份有限公司芜湖分行	芜湖市北京西路1号	王大坤	0553-3839608	241000
上海浦东发展银行芜湖分行	芜湖市瑞祥路88号皖江财富广场A3楼	曾少清	0553-3111688	241000
徽商银行芜湖分行	芜湖市北京西路45号	倪建祥	0553-3831581	241000
中国邮政储蓄银行有限责任公司芜湖市分行	芜湖市天门山西路24号	吕锡兵	0553-3832672	241000
招商银行股份有限公司芜湖分行	芜湖市中山路步行街2号	吴天竹	0553-3888988	241000
中信银行股份有限公司芜湖分行	芜湖市镜湖路8号镜街西街X1—X4	张金山	0553-3888681	241000
中国光大银行股份有限公司芜湖分行	芜湖市北京路2号	李　晨	0553-3888096	241000
兴业银行股份有限公司芜湖分行	芜湖市北京东路6号	吴红先	0553-5906111	241000
芜湖扬子农村商业银行股份有限公司	芜湖市银湖南路135号	潘　耀	0553-3889181	241000
奇瑞徽银汽车金融有限公司	芜湖市瑞祥路88号皖江财富广场A2座11—12楼	陈劲伟	0553-7521188	241000
皖江金融租赁有限公司	芜湖市镜湖区镜湖路35号	李铁民	0553-3880588	241000
中国人民财产保险股份有限公司芜湖市分公司	芜湖市北京中路4号	张永安	0553-3114152	241000
中国太平洋财产保险股份有限公司芜湖中心支公司	芜湖市九华中路293号	蔡明祥	0553-3842937	241000
中国平安财产保险股份有限公司芜湖中心支公司	芜湖市镜湖区弋江北路旅游商品经济园区（欧亚达北侧）	张进军	0553-3826110	241000
太平财产保险有限公司芜湖中心支公司	芜湖市镜湖区民生路26号凯帆大厦15楼1506	郭　毅	0553-5805099	241000
华安财产保险股份有限公司芜湖中心支公司	芜湖市银湖南路88号侨虹国际5＃楼M112门面房	杨　军	0553-5991821	241000
天安财产保险股份有限公司芜湖中心支公司	芜湖市凯帆大厦10层	杨士柱	0553-3889255	241000
安邦财产保险股份有限公司芜湖中心支公司	芜湖市新时代商业街7栋75号	陈仁兵	0553-3938018	241000
中国大地财产保险股份有限公司芜湖中心支公司	芜湖市名流印象写字楼1504—1512室	边　武	0553-5877266	241000
都邦财产保险股份有限公司芜湖中心支公司	芜湖市镜湖区北京东路199号海螺商务楼三楼	黄　谷	0553-3112668	241000
渤海财产保险股份有限公司芜湖中心支公司	芜湖花津中路森海都市花园C-06室	张晨阳	0553-3938108	241000
国寿财险芜湖市中心支公司	芜湖市劳动路31号国元证券大厦8楼、9楼	李　振	0553-3888018	241000
国元农业保险股份有限公司芜湖中心支公司	芜湖市镜湖区黄山中路镜街写字楼7楼	陈　刚	0553-5582700	241000
阳光财产保险股份有限公司芜湖中心支公司	芜湖市镜湖区民生路26号凯帆大厦13楼1306室	荣发厚	0553-3121201	241000
永诚财产保险股份有限公司芜湖中心支公司	芜湖市南瑞商业街3号楼3楼	周道伟	0553-3888038	241000
中银保险有限公司芜湖中心支公司	芜湖市铁艺路海螺中兴花园2号楼门面房	黄　磊	0553-3836797	241000
浙商财产保险股份有限公司芜湖中心支公司	芜湖市鸠江区祥盛路十里创业园综合楼4楼	许　锋	0553-3880398	241000

（续表）

机构名称	地址	负责人	电话	邮编
天平汽车保险股份有限公司芜湖中心支公司	芜湖市弋江区泰鑫商务中心2102室	杨金生	0553-3881266	241000
中国人寿保险股份有限公司芜湖分公司	芜湖北京东路179号	田渐明	0553-3120596	241000
中国太平洋人寿保险股份有限公司芜湖中心支公司	芜湖市长江中路47号盛和大厦5楼	石　松	0553-2296668	241000
中国平安人寿保险股份有限公司芜湖中心支公司	芜湖市黄山中路镜街金鼎大厦3—4楼	国　鹏	0553-3812336	241000
泰康人寿保险股份有限公司芜湖中心支公司	芜湖市花津中路金玺商业广场写字楼15楼A1506—A1508室	孙红美	0553-2398166	241000
太平人寿保险有限公司芜湖中心支公司	芜湖市镜街金鼎综合楼19楼	江金根	0553-3829165	241000
新华人寿保险股份有限公司芜湖中心支公司	芜湖市镜湖区民生路26号凯帆大厦17楼1701室	张能治	0553-3832868	241000
中国人民健康保险股份有限公司芜湖中心支公司	芜湖市镜湖区文化路44号皖江电子商务中心5楼、10楼	董旭明	0553-2309901	241000
幸福人寿保险股份有限公司芜湖市中心支公司	芜湖市新芜路58号新利商厦东6楼	滕　琳	0553-5621901	241000
民生人寿保险股份有限公司芜湖中心支公司	芜湖市利民路360#金玺大厦6楼	王泽宏	0553-3838198	241000
中国人民人寿保险股份有限公司芜湖中心支公司	芜湖市民生路凯帆大厦11楼	陶定平	0553-3875358	241000
平安养老保险股份有限公司芜湖中心支公司	芜湖市黄山中路镜街大厦4楼	朱晓斌	0553-3838050	241000
华安证券有限责任公司芜湖新芜路证券营业部	芜湖市新芜路100号	贺　晓	0553-3815002	241000
华安证券有限责任公司芜湖九华南路证券营业部	芜湖市九华南路	邱　琦	0553-4822751	241000
国元证券股份有限公司芜湖文化路证券营业部	芜湖市文化路25号皖江金融大厦一、三、四层	王春保	0553-3115533	241000
国元证券股份有限公司芜湖黄山西路证券营业部	芜湖市黄山西路2号证券大厦	汪　洋	0553-3812578	241000
国元证券股份有限公司芜湖九华山路证券营业部	芜湖市九华山路154号	董　海	0553-3850666	241000
海通证券股份有限公司芜湖银湖路证券营业部	芜湖市文化路44号	夏斯清	0553-5011500	241000
齐鲁证券有限公司芜湖镜湖路证券营业部	芜湖市镜湖路8号	周朝平	0553-3856708	241000
中信证券股份有限公司芜湖新时代商业街证券营业部	芜湖市新时代商业街15栋155号	王正东	0553-5955988	241000
申银万国证券股份有限公司芜湖利民西路证券营业部	芜湖市利民西路307号	刘　扬	0553-5691077	241000
银河证券股份有限公司芜湖利民西路证券营业部	芜湖市弋江区泰鑫商务中心	王　伟	0553-4830900	241000
安信证券股份有限公司芜湖九华南路证券营业部	芜湖市弋江区九华南路117号泰鑫商务中心4楼	黄鹤友	0553-2111668	241000

4. 铜陵市主要金融机构

机构名称	地址	负责人	电话	邮编
中国人民银行铜陵市中心支行	铜陵市石城大道北段 1268 号	权俊良	0562-2893088	244000
中国银行业监督管理委员会铜陵监管分局	铜陵市长江西路 41 号	马 平	0562-2836917	244000
中国农业发展银行铜陵市分行	铜陵市北京路 43 号	鲍晓安	0562-2835177	244000
中国工商银行股份有限公司铜陵分行	铜陵市长江西路 2 号	李新彬	0562-2880692	244000
中国农业银行铜陵分行	铜陵市淮河南路	吴叶宏	0562-5827088	244000
中国银行股份有限公司铜陵分行	铜陵市石城路 82 号	许志勇	0562-2827766	244000
中国建设银行股份有限公司铜陵分行	铜陵市长江西路 41 号	王明敞	0562-2820006	244000
中国邮政储蓄银行铜陵市分行	铜陵市建设路邮政超市 4 楼	范新宇	0562-2662899	244000
交通银行铜陵分行	铜陵市长江中路 999 号	卢朝晖	0562-2186688	244000
浦东发展银行铜陵支行	铜陵市长江西路 171 号	张德峰	0562-2851188	244000
徽商银行股份有限公司铜陵分行	铜陵市义安南路义安大厦	高春明	0562-2866244	244000
铜陵农村商业银行	铜陵市北京中路 66 号	阮为光	0562-2806566	244000
铜陵皖江农村商业银行	铜陵县五松镇人民大道 5 号	房玉珍	0562-8810291	244100
铜陵铜源村镇银行	铜陵市铜芜大道 666 号	阮为光	0562-8895699	244000
铜陵有色集团财务有限公司	铜陵市长江西路 171 号	韦江宏	0562-5861991	244000
中国人民财产保险公司铜陵分公司	铜陵市石城路南段 181 号	邵 华	0562-2837077	244000
中国人寿保险股份有限公司铜陵分公司	铜陵市淮河大道中段 242 号	范文波	0562-2833207	244000
中国平安财险铜陵中心支公司	铜陵市北京路(鸿泰大酒店旁)	金 华	0562-2815599	244000
中国平安寿险铜陵中心支公司	铜陵市乐都商城 5 楼	汪永斌	0562-2839068	244000
太平洋财险铜陵中心支公司	铜陵市铜商品市场 10 楼	丁子平	0562-5828611	244000
太平洋寿险铜陵中心支公司	铜陵市铜商品市场 5 楼	叶 龙	0562-5822588	244000
天安保险铜陵中心支公司	铜陵市长江西路 41 号 10 楼	郭 毅	0562-2818637	244000
安邦财险铜陵中心支公司	铜陵市铜陵大市场	陶 静	0562-2828617	244000
华安财险铜陵中心支公司	铜陵市铜庄小区幼儿园附近	章秀英	0562-5859607	244000
国元保险铜陵中心支公司	铜陵市北京路有色大楼 3 楼	方 芸	0562-2837258	244000
泰康寿险铜陵中心支公司	铜陵市市工会 6 楼	汪自强	0562-2857666	244000
中国人民人寿保险股份有限公司铜陵中心支公司	铜陵市长江中路红楼三层 1038 号 D 楼 13 层	姜世海	0562-2878416	244000
中国人寿财产保险股份有限公司铜陵中心支公司	铜陵市翠湖一路 959 号	常 胜	0562-2688866	244000
华安证券铜陵淮河北路营业部	铜陵市淮河北路 2 号	俞 勇	0562-2867124	244000
华安证券铜陵淮河路营业部	铜陵市淮河路 1 号	肖晓明	0562-2869389	244000
国元证券义安南路证券营业部	铜陵市义安南路 10 号	程晓照	0562-2831339	244000
招商证券股份有限公司铜陵石城大道证券营业部	铜陵市石城大道 110 号银晖大厦 6 楼	郭增金	0562-2889090	244000
上海金源期货铜陵营业部	铜陵市铜官山区铜商品市场 2 楼	黄 蓓	0562-5860996	244000
徽商期货铜陵营业部	铜陵市义安大道财富广场 A 座 1501 室	唐世堃	0562-2837238	244000

5. 安庆市主要金融机构

机构名称	地址	负责人	电话	邮编
中国人民银行安庆市中心支行	安庆市龙山路168号	傅德汉	0556-5515581	246003
中国农业发展银行安庆市分行	安庆市人民路417号	朱　军	0556-5520963	246000
中国工商银行股份有限公司安庆分行	安庆市孝肃路230号	王新潮	0556-5515615	246003
中国农业银行安庆分行	安庆市孝肃路50号	李富强	0556-5515307	246000
中国银行股份有限公司安庆分行	安庆市湖心北路2号	张　浩	0556-5349777	246005
中国建设银行股份有限公司安庆市分行	安庆市集贤南路241号	丁大庆	0556-5329882	246001
中信银行股份有限公司安庆分行	安庆市中兴大道1号	张守富	0556-5280618	246001
上海浦东发展银行股份有限公司安庆分行	安庆市湖心北路9号	魏翔鸿	0556-5350789	246005
兴业银行股份有限公司安庆分行	安庆市菱湖南路238号	吴红先	0556-5280808	246003
交通银行安庆分行	安庆市龙山路99号	方　梁	0556-5509666	246003
徽商银行股份有限公司安庆分行	安庆市人民路528号	周　彤	0556-5579999	246003
安庆市独秀农村商业银行	安庆市集贤南路40号	卢义林	0556-5220819	246001
安庆市桐城农合行	安庆桐城市龙眠路104号	苏绍云	0556-6216901	231400
安庆市枞阳农村信用社	安庆市枞阳县枞阳镇湖滨东路40号	刘小勤	0556-2818867	246700
安庆市怀宁农合行	安庆怀宁县高河镇稼先路188号	齐小飞	0556-4634666	246121
安庆市潜山农商行	安庆潜山县舒州大道1072号	余汪明	0556-8931200	246300
安庆市太湖农商行	安庆太湖县人民路61号	纽国林	0556-4167154	246400
安庆市望江农行	安庆望江县清廉路101号	马金林	0556-7172062	246202
安庆宿松农合行	安庆宿松县孚玉西路641号	殷传书	0556-7832768	246501
安庆市岳西农合行	安庆岳西县天堂镇南愿大道18号	徐进军	0556-2177089	246600
中国邮政储蓄银行有限责任公司安庆市分行	安庆市中兴大道102号	何政杰	0556-5227168	246002
中国人民人寿保险股份有限公司安庆中心支公司	安庆市菱湖南路553号	孙一龙	0556-5532277	246002
中国人寿保险股份有限公司安庆市分公司	安庆市湖心北路50号	顾永明	0556-5514480	246002
中国人寿财产保险股份有限公司安庆市分公司	安庆市中兴大道25号	郭海南	0556-5326060	246002
中国人民财产保险股份公司安庆公司	安庆市菱湖南路553号	薛　柏	0556-5531908	246002
中国太平洋人寿保险股份有限公司安庆中心支公司	安庆市中兴大街103号	鲍海涛	0556-5591927	246003
中国太平洋财产保险股份有限公司安庆中心支公司	安庆市中兴大街中段	段金勇	0556-5325567	246003
中国平安人寿保险股份有限公司安庆中心支公司	安庆市菱湖南路315号	钱　毅	0556-5592977	246002
中国平安财产保险股份有限公司安庆中心支公司	安庆市皖江大道20号	王跃华	0556-5576299	246001
国元农业保险股份有限公司安庆中心支公司	安庆市湖心北路1号	李传盛	0556-5356789	246003

6. 池州市主要金融机构

机 构 名 称	地 址	负责人	电 话	邮 编
中国人民银行池州市中心支行	池州市东湖中路199号	石春利	0566-2027914	247000
中国银行业监督管理委员会池州监管分局	池州市清风西路139号	高江宁	0566-2022302	247000
安徽省农村信用联合社池州督导组	池州市清风西路139号	齐继民	0566-2039237	247000
中国农业发展银行池州市分行	池州市翠柏北路188号	周正泉	0566-2128000	247000
中国工商银行股份有限公司池州分行	池州市贵池区秋浦西路117号	黄乐志	0566-2028934	247000
中国农业银行股份有限公司池州分行	池州市翠柏中路171号	吴春雷	0566-2039906	247000
中国银行股份有限公司池州分行	池州市贵池区长江中路308号	林 钧	0566-2090012	247000
中国建设银行股份有限公司池州市分行	池州市翠微西路150号	张天祥	0566-2037996	247000
中国邮政储蓄银行有限责任公司池州市分行	池州市蓉城路144号	戴四清	0566-2029909	247000
徽商银行股份有限公司池州分行	池州市长江南路688号	许小明	0566-2044897	247000
中国光大银行股份有限公司池州支行	池州市长江中路君悦广场1—2层	朱 枫	0566-3229099	247000
池州九华农村商业银行股份有限公司	池州市清风西路139号	胡孝峰	0566-2027162	247000
安徽青阳农村商业银行	青阳县蓉城镇木镇路51号	周长明	0566-5022047	242800
东至县农村合作银行	东至县尧渡镇建设路87号	周红日	0566-7020308	247200
安徽石台县农村商业银行	石台县仁里镇和平南路	戴南利	0566-6028760	245100
安徽青阳九华村镇银行	青阳县蓉城镇木镇路和贵人家1栋4号	戴先言	0566-5036515	242800
池州贵池民生村镇银行	池州市青阳路127号	马香波	0566-5268282	247000
中国人民财产保险公司池州分公司	池州市池阳路165号	王诗贵	0566-2020706	247000
中国人民人寿保险公司池州中心支公司	池州市建设中路72号	卢晓芳	0566-5204999	247000
中国人寿保险股份公司池州分公司	池州市池阳路165号	鲍 强	0566-2027506	247000
中国人寿财产保险股份公司池州分公司	池州市贵池区平天湖假日酒店A楼3楼	刘南平	0566-2120669	247000
平安财产保险池州中心支公司	池州市杏花大道173号	张祥宏	0566-2030226	247000
平安人寿保险池州中心支公司	池州市贵池区城北花园B区综合楼4楼	鲍华国	0566-2041881	247000
天安财产保险池州中心支公司	池州市清风西路18号皖江大厦1—2层	刘翠霞	0566-5229871	247000
安邦财产保险池州中心支公司	池州市贵池区湖光路湖光苑4号楼	杨献坤	0566-3221566	247000
大地财产保险池州中心支公司	池州市昭明大道百荷蓝江苑门口综合楼7楼	姜四文	0566-5202222	247000
中国太平洋人寿保险公司池州中心支公司	池州市长江北路2号	斯华斌	0566-2033888	247000
中国太平洋财产保险公司池州中心支公司	池州市清溪大道697号海关大楼	鲍 淮	0566-5220111	247000
泰康人寿保险池州中心支公司	池州市百牙路13号	李 峰	0566-2092288	247000
新华人寿池州中心支公司	池州市长江南路688号财富广场16层	王传洋	0566-2120128	247000
华夏人寿保险池州中心支公司	池州市池阳路府儒学东4楼	李全安	0566-3393588	247000
阳光人寿保险股份有限公司池州市中心支公司	池州市贵池区建设西路综合楼4楼	胡晓梅	0566-5229606	247000
太平人寿保险股份有限公司池州中心支公司	池州市贵池区长江路金鼎大厦9层	武 进	0566-2246008	247000
国元农业保险公司池州中心支公司	池州市贵池区九华山大道520号	熊言明	0566-2083666	247000
华安证券池州营业部	池州市东湖南路198号	盛 靖	0566-2027174	247000
国元证券股份有限公司池州证券营业部	池州市青阳路19号国元大厦	褚卫宁	0566-2128339	247000

7. 滁州市主要金融机构

机构名称	地址	负责人	电话	邮编
中国人民银行滁州市中心支行	滁州市清流路446号	刘树德	0550-3067552	239000
中国银行业监督管理委员会滁州银监分局	滁州市清流路497号	吕发刚	0550-3078618	239000
中国农业发展银行滁州市分行	滁州市琅琊路286号	洪登峰	0550-3068992	239000
中国工商银行股份有限公司滁州分行	滁州市南谯北路854号	周晨光	0550-3038761	239000
中国农业银行滁州分行	滁州市清流路296号	汤　镇	0550-3078505	239000
中国银行股份有限公司滁州分行	滁州市琅琊路115号	孙　伟	0550-3036789	239000
中国建设银行股份有限公司滁州市分行	滁州市凤凰路424号	马　红	0550-3065526	239000
中国交通银行股份有限公司滁州分行	滁州市琅琊西路81号	张　波	0550-3078001	239000
中国邮政储蓄银行股份有限公司滁州市分行	滁州市琅琊东路164号	张文保	0550-3068326	239000
兴业银行股份有限公司滁州分行	滁州市丰乐大道1090号	章　宏	0550-2181201	239000
中信银行股份有限公司滁州分行	滁州市琅琊西路79号	宣　健	0550-3529588	239000
徽商银行股份有限公司滁州分行	滁州市丰乐北路286号	崔普军	0550-3010331	239000
滁州皖东农村商业银行股份有限公司	滁州市清流西路248号	李　平	0550-3065671	239000
中国人民财产保险股份有限公司滁州市分公司	滁州市凤阳路99号人保大厦	曾庆松	0550-3048170	239000
中国人寿保险股份有限公司滁州分公司	滁州市凤凰路428号	张建华	0550-3057856	239000
中国平安财产保险股份有限公司滁州中心支公司	滁州市南谯中路2329号	谢肆俊	0550-3062323	239000
中国平安人寿保险股份有限公司滁州中心支公司	滁州市琅琊西路81号(建委大厦)	胡　琼	0550-3021698	239000
中国太平洋财产保险股份有限公司滁州中心支公司	滁州市南谯南路中安大厦	吕正民	0550-3217177	239300
民生人寿保险股份有限公司滁州中心支公司	滁州市南谯北路615号顺风大厦7楼	贾　珣	0550-3119000	239000
天安保险股份有限公司滁州中心支公司	滁州市丰乐北路与琅琊西路交叉口琅琊区文教体局电教中心大楼	钱　森	0550-3075111	239000
安邦财产保险股份有限公司滁州中心支公司	滁州市中都大道598号	韩立勇	0550-7111666	239000
中国大地财产保险股份有限公司滁州中心支公司	滁州市中都大道777号	叶荣林	0550-3046555	239300
都邦保险股份有限公司滁州中心支公司	滁州市琅琊区丰乐大道1899号皖东国际车城A区3幢2单元9层	尚　龙	0550-3309008	239000
阳光财产保险股份有限公司滁州中心支公司	滁州市南谯中路2268号	王　兵	0550-3010050	239000
中国人寿财产保险股份有限公司滁州中心支公司	滁州市开发区会峰西路电信大厦2、3楼	龚　乐	0550-3518168	239000
渤海财产保险股份有限公司滁州中心支公司	滁州市南谯中路2228号	李泽民	0550-3518855	239000
国元农业保险股份有限公司滁州中心支公司	滁州市清流西路201号	陈泽全	0550-3518818	239000
中国太平洋人寿保险股份有限公司滁州中心支公司	滁州市南谯北路512号	陈　翀	0550-3523099	239000
泰康人寿保险股份有限公司滁州中心支公司	滁州市育新路46号(南大桥向西20米)	吴　羽	0550-3071818	239000
太平人寿保险有限公司滁州中心支公司	滁州市天长东路152号	郑少游	0550-3026608	239000

（续表）

机　构　名　称	地　　址	负责人	电　话	邮　编
华夏人寿保险股份有限公司滁州中心支公司	滁州市清流西路1号	刘国新	0550-3010090	239000
中国人民人寿保险股份有限公司滁州中心支公司	滁州市南谯北路740号11栋201—218室	陈红军	0550-3023193	239000
阳光人寿保险保险股份有限公司滁州中心支公司	滁州市南谯中路2268号	王汝凤	0550-7128181	239000
新华人寿保险股份有限公司滁州中心支公司	滁州市南谯北路756号新华书店5楼	陈圣平	0550-3010666	239000
合众人寿保险股份有限公司滁州中心支公司	滁州市琅琊东路201号	阮海峰	0550-7128800	239000
农银人寿保险股份有限公司滁州中心支公司	滁州市育新路81号	欧阳红兵	0550-3532222	239000
生命人寿保险股份有限公司滁州中心支公司	滁州市天长东路169号	马　飞	0550-3120788	239000
大众保险股份有限公司滁州中心支公司	滁州市南谯中路2228号	胡德胜	0550-3809168	239000
太平保险股份有限公司滁州中心支公司	滁州市丰乐大道1899号皖东国际车城A区3栋2单元9层	张　斌	0550-3010999	239000
紫金保险股份有限公司滁州中心支公司	滁州市丰乐大道1899号皖东国际车城A区4栋2单元901—904室	陆　斌	0550-3707799	239000
和谐健康保险股份有限公司滁州中心支公司	滁州市琅琊区丰乐大道1899号皖东国际车城A3区2单元7层	张　行	0550-3023199	239000
华安证券滁州营业部	滁州市天长东路169号	胡向东	0550-3043003	239000
国元证券滁州营业部	滁州市琅琊东路8号	宁皖明	0550-3044818	239000

8. 宣城市主要金融机构

机　构　名　称	地　　址	负责人	电　话	邮　编
中国人民银行宣城市中心支行	宣城市陵西路92号	李成强	0563-3032021	242000
中国银行业监督管理委员会宣城监管分局	宣城市昭亭南路与水阳江大道交汇处	杨峻松	0563-3032798	242000
中国农业发展银行宣城市分行	宣城市西林路35号	洪　流	0563-3019660	242000
中国工商银行股份有限公司宣城分行	宣城市鳌峰西路10号	梁菁涟	0563-3030088	242000
中国农业银行宣城分行	宣城市叠嶂西路1号	田　虹	0563-3033801	242000
中国银行股份有限公司宣城分行	宣城市鳌峰中路47号	马中华	0563-3021108	242000
中国建设银行股份有限公司宣城市分行	宣城市状元南路17号	史志高	0563-3028230	242000
交通银行股份有限公司宣城分行	宣城市鳌峰中路70号	王　峰	0563-2366666	242000
中国邮政储蓄银行有限责任公司宣城市分行	宣城市梅溪路	金自强	0563-2833318	242000
徽商银行宣城分行	宣城市叠嶂西路1号	濮永晶	0563-3035678	242000
宣城皖南农村商业银行	宣城市状元北路8号	王智明	0563-3032308	242000
国元证券股份有限公司宣城市分公司	宣城市状元北路B号楼	乔大庆	0563-2718258	242000
华安证券公司宣城市分公司	宣城市鳌峰西路9号	来新弟	0563-3017118	242000
海通证券宣城敬亭路营业部	宣城市敬亭路299号	张海波	0563-2610028	242000
中国人民财产保险股份有限公司宣城分公司	宣城市鳌峰西路16号	王学军	0563-3030596	242000
中国人寿保险股份有限公司宣城分公司	宣城市鳌峰西路16号	张意农	0563-3030518	242000
中国太平洋财产保险股份有限公司宣城中心支公司	宣城市鳌峰西路9号	丁子平	0563-3013266	242000

（续表）

机 构 名 称	地 址	负责人	电 话	邮 编
中国太平洋人寿保险股份有限公司宣城中心支公司	宣城市叠嶂中路银府大厦	程 杰	0563-2829999	242000
中国平安财产保险股份有限公司宣城中心支公司	宣城市宣湖路 35 号	张进军	0563-3013819	242000
中国平安人寿保险股份有限公司宣城中心支公司	宣城市鳌峰东路 27 号	罗 谡	0563-2716168	242000
中国大地财产保险股份有限公司宣城中心支公司	宣城市陵西路 211 号	郭 健	0563-5209900	242000
泰康人寿保险股份有限公司宣城中心支公司	宣城市梅西路 107 号	陶国胜	0563-2110301	242000
安邦财产保险股份有限公司宣城中心支公司	宣城市状元北路 52 号	茆恒忠	0563-2719911	242000
渤海财产保险股份有限公司宣城中心支公司	宣城市梅溪路 156 号	尚殿龙	0563-3021178	242000
天安财产保险股份有限公司宣城中心支公司	宣城市状元路	荀明辉	0563-3032777	242000
民安财产保险股份有限公司宣城中心支公司	宣城市环城北路 31 号	戴季根	0563-5208509	242000
华夏人寿保险股份有限公司宣城中心支公司	宣城市向阳路口	呼铁平	0563-5227111	242000
中国人寿财产保险股份有限公司宣城中心支公司	宣城市梅西路 108 号	王周杨	0563-3016555	242000
国元农业保险股份有限公司宣城中心支公司	宣城市经济技术开发区综合楼 1-1 栋	胡家林	0563-3017020	242000
生命人寿保险股份有限公司宣城中心支公司	宣城市叠嶂东路 47 号	王 洪	0563-5280111	242000
阳光人寿保险股份有限公司宣城中心支公司	宣城市向阳路口眼科医院 3 楼	黄新军	0563-5282880	242000
华泰财产保险股份有限公司宣城中心支公司	宣城市经济技术开发区石板桥	张 宏	0563-3015959	242000

9. 六安市主要金融机构

机 构 名 称	地 址	负责人	电 话	邮 编
中国人民银行六安市中心支行	六安市人民东路 41 号	赵永红	0564-3316633	237006
中国银行业监督管理委员会六安监管分局	六安市解放南路 79 号	李绪国	0564-3227699	237300
中国农业发展银行六安市分行	六安市长安南路银波厦 11—12 层	彭泽安	0564-3288199	237000
中国工商银行股份有限公司六安分行	六安市解放南路 79 号	杨 林	0564-3228199	237300
中国农业银行股份有限公司六安分行	六安市皋城路 89 号	江继武	0564-3338266	237000
中国银行股份有限公司六安分行	六安市人民路 84 号	孙长文	0564-3315542	237006
中国建设银行股份有限公司六安市分行	六安市大别山路 13 号	丁玉兵	0564-3327788	237001
交通银行六安分行	六安市解放南路 53 号	李 军	0564-3233533	237000
中国邮政储蓄银行股份有限公司六安市分行	六安市梅山南路电信办公大楼 6—7 层	黄 健	0564-3210666	237001
徽商银行六安分行	六安市梅山南路凯旋国际广场	王 鸣	0564-3339096	237001
中国人民财产保险股份有限公司六安市分公司	六安市球拍路财保大楼	王安生	0564-3316111	237000
中国太平洋财产保险股份有限公司六安中心支公司	六安市梅山南路总工会大楼	王正智	0564-3378602	237001
安邦财产保险股份有限公司六安中心支公司	六安市龙河路滨河小区	李洪浩	0564-3312616	237000
中国大地财产保险股份有限公司六安中心支公司	六安市平桥路口安丰大厦 302 室	闫丰生	0564-5380011	237000
华安财产保险股份有限公司六安中心支公司	六安市徽商国贸小区 10 幢 1 层 1 楼	刘国禹	0564-3335198	237000
天安保险股份有限公司六安中心支公司	六安市梅山中路欧美亚商厦	曾鹏举	0564-5395512	237000
中国人寿财产保险股份有限公司六安中心支公司	六安市解放中路明珠广场丽景苑 4 单元 12 楼	陈 焰	0564-3933901	237000

（续表）

机构名称	地址	负责人	电话	邮编
渤海财产保险股份有限公司六安中心支公司	六安市开发区东城路8号	李从海	0564-3631555	237000
太平保险有限公司六安中心支公司	六安市梅山北路老年活动中心商办楼4楼	藏　军	0564-3333222	237000
中国平安财产保险股份有限公司六安中心支公司	六安市皖西大道皋城大厦	王　鸿	0564-3358530	237006
国元农业财险公司六安中心支公司	六安市公积金管理中心4楼	王雁南	0564-3376158	237000
阳光财产保险股份有限公司六安市中心支公司	六安市光电中心南楼一层	潘文奇	0564-3233858	237000
紫金保险股份有限公司六安市中心支公司	六安市开发区金太阳国际汽车城B2幢301、302室	管　红	0564-3637116	237000
天平汽车保险股份有限公司六安中心支公司	六安市开发区金太阳国际汽车城1楼115室	胡　锐	0564-5395556	237000
中国人寿保险股份有限公司六安分公司	六安市人民东路61号	范文波	0564-3317741	237006
中国太平洋人寿保险股份有限公司六安中心支公司	六安市人民东路30号	孙光彬	0564-3336633	237000
泰康人寿保险股份有限公司六安中心支公司	六安市皖西东路140号	司守峰	0564-3311539	237006
太平人寿保险有限公司六安中心支公司	六安市梅山北路23号老干部活动中心3楼	吴克裕	0564-3319906	237000
中国平安人寿保险股份有限公司六安中心支公司	六安市皖西路168号皖西路小学门面前楼4楼	张本武	0564-3286670	237000
民生人寿保险股份有限公司六安中心支公司	六安市解放路79号天成精品城6号楼3楼	杜　名	0564-3212467	237000
幸福人寿保险股份有限公司六安中心支公司	六安市梅山北路老年活动中心4楼	徐大锐	0564-5338898	237000
合众人寿保险股份有限公司六安中心支公司	六安市明珠广场粮食局7楼	朱邦勤	0564-5389977	237000
生命人寿保险股份有限公司六安中心支公司	六安市磨子潭路舒怡花园11号楼7楼	张建国	0564-3217530	237000
人保人寿保险股份有限公司六安中心支公司	六安市球拍路财保大楼8楼	袁传双	0564-3339493	237000
阳光人寿保险股份有限公司六安中心支公司	六安市凯旋国际广场16楼	徐　立	0564-5360888	237000
华夏人寿保险股份有限公司六安中心支公司	六安市东城路9号1—3层	冯　涛	0564-5369955	237000
新华人寿保险股份有限公司六安中心支公司	六安市皋城路96号	李政琪	0564-5360999	237000
华安证券有限责任公司六安梅山路证券营业部	六安市梅山中路	江　坤	0564-3315686	237006
华安证券有限责任公司六安大别山路证券营业部	六安市大别山路8号	张俊涛	0564-3213558	237008
国元证券公司有限责任公司六安人民路营业部	六安市人民路88号	束　强	0564-3322848	237000

10. 黄山市主要金融机构

机构名称	地址	负责人	电话	邮编
中国人民银行黄山市中心支行	黄山市长干东路118号	王　林	0559-2314388	254000
中国银监会黄山监管分局	黄山市滨江西路23号	刘　星	0559-2583098	245000
中国农业发展银行黄山市分行	黄山市屯光大道1号	余立松	0559-2357738	254000
中国工商银行股份有限公司黄山市分行	黄山市黄山中路59号	张宇建	0559-2514270	254000
中国农业银行股份有限公司黄山分行	黄山市前园北路25—27号	浦宏伟	0559-2358901	254000

（续表）

机构名称	地址	负责人	电话	邮编
中国银行股份有限公司黄山分行	黄山市黄山中路1号	黄学海	0559-2538969	254000
中国建设银行股份黄山市分行	黄山市前园南路2号	方志明	0559-2516139	254000
中国邮储银行股份有限公司黄山分行	黄山市前园南路108号	陆世隆	0559-2315762	254000
徽商银行股份有限公司黄山分行	黄山市黄山西路39号	许　明	0559-2520176	254000
中国人寿保险股份有限公司黄山市分公司	黄山市滨江东路9号	许　可	0559-2542276	254000
中国人民财产保险股份有限公司黄山市分公司	黄山市新园东路2号	张　弘	0559-2319736	254000
中国平安财产保险股份有限黄山中心支公司	黄山市滨江中路59号	周晓雨	0559-2529938	254000
太平洋人寿保险股份有限黄山中心支公司	黄山市天都大道市总工会大楼8层	胡晓梅	0559-5299988	254000
国元农业保险有限公司黄山中心支公司	黄山市新园东路19号财政局大楼5层	汪　深	0559-2330200	254000
中国平安人寿保险股份有限公司黄山中心支公司	黄山市黄山东路140号（地质科技大厦）	刘　超	0559-2515096	254000
天安财产保险股份有限公司黄山中心支公司	黄山市屯光大道9号	吴　暑	0559-2356468	254000
大地财产保险股份有限公司黄山中心支公司	黄山市北海路22号	许正保	0559-5299700	254000
安邦财产保险股份有限公司黄山中心支公司	黄山市黄山东路140号（地质科技大厦）	鲍旭东	0559-2530118	254000
泰康人寿保险股份有限公司黄山中心支公司	黄山市北海路58号	李志刚	0559-2345966	254000
中国人民健康保险股份有限公司黄山中心支公司	黄山市新园东路2号南大楼	黄　忠	0559-2510977	254000
太平洋财产保险股份有限公司黄山中心支公司	黄山市天都大道市总工会大楼12层	程志平	0559-2518555	254000
平安养老保险股份有限公司黄山中心支公司	黄山市黄山东路140号（地质科技大厦）	佘大利	0559-2543649	254000
中国人民人寿保险股份有限公司黄山市中心支公司	黄山市安东路118号	张玲珑	0559-2589618	254000
中国人寿财产保险股份有限公司黄山中心支公司	黄山市滨江中路2号	管有祥	0559-2589601	254000
浙商财产保险股份有限公司黄山中心支公司	黄山市东关路1—14号	陈　健	0559-2550818	254000
新华人寿股份有限公司黄山中心支公司	黄山市黄山中路百川财富广场1单元12层	汪振济	0559-5208912	254000
华安证券有限责任公司黄山前南新村证券营业部	黄山市前南新村18号	何雄辉	0559-2317668	254000
国元证券股份有限公司黄山新街证券营业部	黄山市黄山西路49号(新街东侧2楼)	江从波	0559-2547188	254000
银河证券股份有限公司黄山新园东路证券营业部	黄山市新园东路198号财政局1楼	陆文斌	0559-2550909	245000

附　　录

一、2013年长三角金融大事记

上 海 市

1月3日 新华社上海分社、新华社金融信息平台上海总部和第一财经日报联合评选出“2012上海国际金融中心建设十大事件”。

上海裕丰融资租赁有限公司成立。该公司由上海市商务委员会批准成立，注册资金3 000万美元，是目前中国最大的中外合资融资租赁公司之一。

1月8日 中国人民银行发行上海浦东发展银行成立20周年熊猫加字金银纪念币一套。该套纪念币共2枚，其中金币1枚，银币1枚，均为中华人民共和国法定货币。

1月9日 中国人民银行向社会公开发行2013年贺岁普通纪念币一枚，全国共8 000万枚。中国人民银行上海总部和上海市公安局周密部署，组织上海市16家商业银行在1月9日当天顺利完成全市范围内的纪念币兑换工作。

1月15日 上海保监局组织召开上海保险消费者权益保护工作会议。会议通报了2012年上海保险消费者权益保护工作的基本情况，部署安排了2013年上海保险消费者权益保护工作重点。会议要求进一步夯实监管部门、行业协会、保险机构、社会各方合力参与的“四位一体”式消费者权益保护架构，全方位维护保险消费者的合法权益。

台湾第一金控宣布，旗下第一银行上海分行已在2012年12月31日获中国银监会核准办理“大陆台资企业人民币业务”，并于1月15日开办，提供大陆台资企业人民币存款、放款、汇兑、进出口等各项金融商品，满足客户全方位的金融服务需求。

1月18日 上海现代服务业发展研究基金会举行小微企业法律援助专项基金揭牌仪式。专项基金通过公募方式募集资金，主要用于资助小微企业之间的商事纠纷调解，开展专题政策解读讲座，资助小微企业管理层开展法律实务培训，资助上海经贸商事调解中心的专家对小微企业发展中的政策问题和个案进行论证、咨询等活动。

1月21日 上海第一家沪港合作的小额贷款公司——上海浦东新区亚联财小额贷款有限公司正式开业，注册资本金2亿元人民币。这是上海首家使用跨境人民币出资设立的小贷公司。

上海市政府新闻办举行市政府新闻发布会，市统计局介绍了2012年上海市国民经济运行情况及相关统计数据。全年实现生产总值20 101.33亿元，按可比价格计算，比上年增长7.5%。第三产业增加值占全市生产总值的比重首次达到60%。全年居民消费价格比上年上涨2.8%。城市居民家庭人均可支配收入40 188元，比上年增长10.9%。

2月1日 太平洋保险公布成功参与中国内地首艘豪华游轮——“海娜号”船壳险共保业务，保额近人民币60亿元。该业务采用国际共保方式，全球各大知名保险主体参与，太平洋保险是国内唯一一家参与该项目的保险公司，承保份额居第二位。

中国银联与上海市信息投资股份有限公司在上海签署战略合作协议，共同打造跨境电子商务综合服务平台，提升金融信息服务水平。

2月6日 中国大陆与台湾地区跨境人民币业务正式启动，中国银行上海市分行成功办理上海地区首笔对台跨境人民币收、付业务。

2月19日 上海证券交易所对外发布《上海证券交易所信息披露直通车业务指引》，正式开始上海证券交易所上市公司信息披露直通车业务的培训和实施工作。上市公司公告披露不再进行事前形式审核。

2月26日 “银行卡知识普及宣传活动暨2013年上海市银联卡有奖用卡活动”在浦东拉开帷幕。本次活动以“保护持卡人权益 倡导绿色生活”为主题，普及和宣传银行卡知识，营造绿色安全的支付环境，引领低碳环保的生活方式。

广发银行在上海推出“广发银行私人银行”品牌，为金融净资产达到600万元人民币及以上的客户提供定制化、个性化服务。

2月27日 “2013在沪总行信用卡中心联席会议媒体恳谈会”在上海召开。与会代表共同倡议上海信用卡行业引入全新的监督和沟通机制。

3月7日 上海市银行同业公会召开新闻通气会，宣布“上海银行业小微企业信贷产品信息查询平台2.0”于3月15日(http://loan.sbacn.org)正式上线运行。

3月14日 上海市银行同业公会在陆家嘴金融城举行“上海银行业‘3·15’国际消费者权益日宣传周活动暨陆家嘴金融城金融服务进社区活动启动仪式”。这标志着由上海市银行同业公会牵头、全市商业银行共同参与的“和谐金融、诚信服务”的上海银行业“3·15”国际消费者权益日宣传周活动正式拉开帷幕。

中国人民银行上海分行与崇明沪农商村镇银行签署协议，授予崇明沪农商村镇银行2亿元的支农再贷款额度，期限不超过1

年，用于支持“三农”领域的信贷投放。这是在上海开办的首笔支农再贷款业务。

3月15日　中国人民银行上海分行正式启动《征信业管理条例》宣传活动。自3月15日起到6月14日，中国人民银行将牵头组织上海市各金融机构、征信机构等单位开展为期3个月的宣传活动，积极通过进社区、进企业、进校园等多种形式，向社会公众广泛宣传《征信业管理条例》的有关内容。

3月20日　中国首个大宗商品领域的保税现货价格——“洋山价格”，在上海有色金属行业协会、上海有色网主办的第八届铜铝峰会上隆重推出。首期产品“洋山铜溢价”发布。

3月22日　北京银行上海分行与上海市供销合作总社举行战略合作签约仪式。北京银行上海分行将为上海市供销合作总社提供意向性授信20亿元人民币，重点支持“三农”和供销社属企业发展，并为供销社系统企业提供包括结算、汇兑、转账、咨询、理财等全方位的金融服务。

3月25日　国内第一只债券ETF产品国泰上证5年期国债ETF正式在上海证券交易所上市交易。作为创新产品，国泰国债ETF是业内首只可以同时实现一级市场和二级市场T＋0机制的产品。

3月28日　上海高院举行金融审判情况通报会暨金融审判十大案例发布会，向银行、保险、证券等金融监管部门和金融机构通报2012年度上海法院金融商事、刑事审判情况并发布金融审判系统白皮书。

3月29日　上海市金山区政府出资3亿元设立了纯国资的母基金“创业金山引导基金”，以市场化的方式吸引风险投资、产业投资。金山区政府与英飞尼迪集团合作共建的“金山高科技孵化基金”，以及上海盛清创投基金与上海庆英创投基金同时成立。

4月1日　上海证券交易所发布《上市公司以集中竞价交易方式回购股份业务指引(2013年修订)》，增加鼓励股份回购的规定，规范股份回购操作流程，强化信息披露义务，防范内幕交易或利益输送，增加上市公司内控和异常交易监管规定，明确上市公司回购股份期间不得发行股份募集资金的限制。

4月9日　中国外汇交易中心宣布，自10日起银行间外汇市场完善人民币对澳大利亚元的交易方式，发展人民币对澳大利亚元直接交易。

4月16日　上海清算所正式推出人民币远期运费协议中央对手清算业务，标志着我国在主要的全球化金融衍生品上实现了以人民币计价清算零的突破。

大华银行宣布，成立外国直接投资咨询服务部，主要负责帮助中国企业赴东南亚投资或业务拓展，同时，通过银行成熟的区域网络为客户提供品种多样的企业或个人银行产品以及全方位跨境金融服务。

4月20日　上海银行与上海金融业联合会中小企业金融专业委员会主办的“绿色金融研讨会”在上海召开。上海银行与国际金融公司IFC正式签署合作协议，在上海地区首次推出专门针对小企业能源效率节约和新能源开发的贷款新产品——“IFC绿色能效贷”。

4月23日　上海银监局下发《关于加强商业银行代销业务管理的通知》，进一步规范商业银行代销业务行为，涵盖了对银行代销各类产品的整体规范，从影响销售行为的流程管理、信息披露、网点管理和人员管理四方面核心环节，提出7项基本原则和25条具体要求。

4月24日　在上海市银行同业公会主办的商业银行员工职业操守问题高级研讨会上，举行了上海银行业从业人员职业背景调查互助机制签约仪式，这是沪上银行业首次就员工履职评价和尽职调查建立制度性的合作机制。

4月25日　浦发银行推出面向小微企业的创新融资产品和服务——“信贷工厂”和“微小宝”。信贷工厂是浦发银行针对小微企业的一套专属授信管理体系和管理模式，可以实现小微信贷业务工厂式的批量化、标准化、集约化管理。微小宝是浦发银行针对小微企业设计的一套以小额、信用、灵活为主要特征的创新授信产品系列，旗下包括网络循环贷、积分贷、组合贷和小额信用贷四个子产品。

5月2日　中国人民银行上海分行在上海市范围内开通试运行12363金融消费权益保护咨询投诉电话，旨在建立一个金融消费者好记好用、方便反映问题的渠道，积极、稳妥、快速地处理金融消费者的投诉和举报，有利于形成“央行督导、机构自律、社会监督”的多层次金融消费权益保护体系，切实保障广大金融消费者的合法权益。

5月7日　上海银行与上海市台协联合主办台资中小企业专属金融服务推介会，并签署《支持台资中小企业发展金融合作协议》。上海银行将在3年内为台资中小企业提供等值人民币50亿元综合授信支持。

5月15日　为普及金融风险防范知识，提高社区居民对各类金融风险、金融诈骗的判断力，由浦东新区金融服务局、上海市银行同业公会等单位主办的“金融服务进社区系列活动”在浦东举行。

5月21日　中信银行上海分行表示，已经获批上海广播电影电视发展有限公司20亿元额度的中期票据业务，该项目已获得中国银行间市场交易商协会的注册通知书。

5月24日　浦发银行推出全国第一张具有自主知识产权、基于SIM卡的手机支付银行卡，将手机SIM卡与金融IC卡合二为一。

5月26日　由上海财经大学上海国际金融中心研究院与澳大利亚国际金融与监管中心共同主办的“2013人民币国际化全球论坛”在上海举行。上海财经大学上海国际金融中心研究院与应用统计研究中心联合开发研制的WED全市场人民币汇率指数体系首次正式对外发布。

5月27日　上海市金融学会举办“上海金融的过去、现在与未来”讲座。上海市金融学会顾问、中国金融学会金融史专业委员会主任、研究员洪葭管主讲。

5月28日 上海金融业联合会发布2012年上海金融景气指数，上海金融业整体发展指数达到2 838点，较2011年增长305点，涨幅12%。

“宝山区中小微企业融资服务平台”在上海国际工业设计中心启动，这是利用融道网网络信贷模式，率先在全市推出的首个中小微企业融资服务平台。

5月31—6月1日 G30(三十人小组)第69次全会在上海召开。G30理事会主席雅各布·弗兰克、G30主席特里谢(欧洲中央银行前行长)、中国人民银行行长周小川等25位G30成员以及15位中外特邀嘉宾参加了本次会议。这次G30会议主要讨论了全球经济金融形势、国际金融监管改革、巴塞尔资本协议Ⅲ等议题。

6月5日 浦发硅谷银行、上海浦东发展银行上海分行、上海市再担保有限公司、闵行区人民政府联合推出一种创新型金融模式，专门针对闵行区内的科技创新企业提供信贷服务。

6月7日 上海期货交易所发布通知，连续交易自7月5日起开始上线运行，交易品种为黄金和白银，交易时间为每周一至周五的21:00至次日2:30，法定节假日(不包含双休日)前第一个工作日的连续交易不再交易。

6月9日 中国银联与中国移动宣布，双方共同打造的移动支付产业重要基础设施——技术领先、安全可信、开放式的移动支付平台上线。

6月17日 上海银监局、上海市银行同业公会组织启动了“上海银行业从业人员消费者权益保护知识竞赛活动”，旨在引导上海各银行业金融机构结合活动建立本机构消费者权益保护工作长效机制，主动开展形式多样的金融知识教育。

6月21日 由国务院新闻办公室港澳台局、中央政府驻港联络办宣传文体部、上海市政府新闻办公室、上海市政府发展研究中心共同主办的“沪港两地金融发展论坛”在上海举行，两地国际金融中心以及资本市场的合作与发展成为热议的焦点。

6月24日 作为“跨市场、跨监管、跨系统”的金融创新产品，华安基金、国泰基金旗下的黄金ETF产品正式发行，这是国内首批推出的黄金ETF。两款黄金ETF主要投资于上海黄金交易所的挂牌交易的黄金现货合约，采用被动式管理，紧密跟踪国内黄金资产价格变化。

6月27日 上海证券交易所宣布，7月1日正式推出信息披露“直通车”。沪市上市公司将通过上交所信息披露电子化系统自行登记公告并直接提交给交易所网站及其他指定媒体。对于上市公司公告，上交所不再进行事前审核，而由上市公司直接披露，上交所事后监管。

6月27—29日 由上海市人民政府和中国人民银行、中国银监会、中国证监会、中国保监会共同主办的“2013陆家嘴论坛”在上海举行，中国银监会主席尚福林和上海市市长杨雄担任本次论坛联合主席，论坛的主题是“金融改革开放新布局”。

7月1日 由中欧陆家嘴国际金融研究院和东方证券资产管理有限公司联合设立的“中欧陆家嘴金融消费者保护基金”在上海成立，旨在开展金融消费者保护相关理论研究，完善金融消费者保护法治环境，推动金融消费者保护体系的构建，实现金融体系的健康发展，服务于上海国际金融中心建设。

东亚银行(中国)有限公司举行“东亚中国基金代销业务启动暨战略合作签约仪式”。首批已确认合作的华安基金、国投瑞银基金、汇添富基金、海富通基金、长盛基金、信诚基金与东亚中国正式签订了战略合作协议。

7月5日 上海期货交易所黄金、白银期货品种连续交易正式上线运行，以顺应实体经济日益迫切的需求，提升中国期货市场运行效率、促进市场功能发挥。

7月9日 东亚银行(中国)有限公司宣布，已成功开放首笔外资银行国内基金申购业务，成为国内首家完成中国证券登记结算有限责任公司基金注册登记数据中央交换平台接入的外资银行。

7月15—19日 亚太反洗钱组织第十六届年会在上海召开，这是中国作为成员国首次举办该组织年会。来自该组织41个成员和世界银行、国际货币基金组织、金融行动特别工作组等观察员的400余名代表参加了会议。

7月18日 中国银联在上海宣布推出移动支付个人刷卡终端“卡乐付(Colorful)”，这是将手机或移动智能终端与银行卡相连接的移动支付硬件产品，为个人用户提供银行卡转账、信用卡还款、便民缴费、购物商城、景点门票等多种远程支付服务。

人保财险上海市分公司以首席承保人的身份成功承保上海国际金融中心项目的工程一切险，份额50%。上海国际金融中心项目主要由上海证券交易所项目、中国金融期货交易所股份有限公司项目和中国证券登记结算有限责任公司中国结算项目组成，总建筑面积516 808平方米，总保额63亿元人民币。

7月20日 上海市黄浦区政府正式对外发布《黄浦区关于建设外滩金融创新试验区的十大举措》，提出将在外滩金融集聚带建设以互联网金融和民营金融为主体的外滩金融创新试验区，以主动服务上海国际金融中心建设。

7月24日 上海市金融学会召开“货币政策问题与思考”学术讨论会，就美联储退出量化宽松货币政策的影响、利率市场化、影子银行与货币政府传导以及流动性管理展开讨论。

7月29日 交通银行在全国银行间债券市场成功完成100亿元金融债券的发行工作，募集资金将全部专项用于发放小微企业贷款。交行是国有大型商业银行中首家完成小微企业金融债发行的银行。

8月5日 招商银行上海分行与上海市台湾同胞投资企业协会共同举行台协联名卡发卡暨台商融资签约仪式，为在沪台商中小企业提供50亿元的融资额度。

8月7日 上海股权托管交易中心中小企业股权报价系统正式启动，首批101家企业成功挂牌，其中，上海企业71家，上海以外地区企业30家。该系统是为企业提供挂牌，定向增资，信息披露，出让、受让信息发布，以及股权转让过户登记、人员培训、专业指导、企业展示、品牌宣传等多方位服务功能的新系统。

8月8日　上海中星(集团)有限公司13亿元人民币非公开定向中期票据(私募债)在银行间债券市场成功发行，这是上海地区首只保障房私募债券。

8月13日　上海市政府办公厅正式印发《本市贯彻〈国务院办公厅关于金融支持经济结构调整和转型升级的指导意见〉的实施方案》，共提出42条工作举措，分为"对接类"、"完善地方政策类"、"政策创新类"。

8月14日　中国银行间市场交易商协会、中国人民银行上海分行、上海市金融服务办公室三方在上海联合签署了《发挥银行间市场优势助推上海经济社会发展和国际金融中心建设合作备忘录》。

8月15日　上海银行表示，已为首批境外人民币股权投资某试点企业提供了首单境内股权投资服务，意味着国内第一笔RQFLP境内投资业务顺利"落地"。RQFLP试点工作，是上海在成功开展外商投资股权投资企业试点工作(QFLP)基础上，允许海外机构投资者合法获得的境外人民币直接投资到上海市设立的外商投资股权投资企业，开展境内股权投资的有益尝试。

8月18日　上海新金融服务业联盟成立。该联盟是由致力于推动新金融服务业健康发展的社会团体、企事业单位、科研机构自愿组成的非营利性民间组织，分属于上海现代服务业联合会。

8月20日　上海市科技金融信息服务平台正式开通。该平台已与54家金融机构建立了合作关系。同时，上海市科委组建了"科技金融专员"队伍，科技、信贷、投资、上市辅导专家队伍和来自合作银行、金融机构的科技信贷员队伍。

8月22日　长信基金子公司——上海长江财富资产管理有限公司成立。注册资金2 000万元，其中，长信基金持有40%的股份，长江证券与上海和尔投资管理中心分别持股30%。

商务部网站发布消息，国务院正式批准设立中国(上海)自由贸易试验区。试验区范围涵盖上海市外高桥保税区、外高桥保税物流园区、洋山保税港区和上海浦东机场综合保税区4个海关特殊监管区域，总面积为28.78平方公里。

8月28日　上海银行业消费者纠纷调解中心挂牌成立。该中心由上海市银行同业公会组建设立，免费受理上海银行业金融机构、监管部门及消保委等机构推荐，以及购买和接受银行产品、服务的消费者申请调解的事项。

9月1日　"2013年上海银行业'金融知识进万家'宣传服务月"正式启动。全市近3 300个银行网点统一开展"多一份金融了解　多一份财富保障"为主题，围绕个人贷款、信用卡、银行理财、电子银行、非法集资等八项内容，为期一个月的金融知识公益宣传活动。

9月6日　国债期货正式在中国金融期货交易所上市交易。国债期货的正式挂牌上市，是我国多层次资本市场建设取得的重要成果，是继股指期货之后期货衍生品市场创新发展的重要突破，也是推进上海国际金融中心建设的重要内容。

汇丰银行(中国)有限公司宣布，已协助一家位于江苏省昆山市的台资企业开展人民币跨境双向借款业务，成为中国内地首家开展这项业务的外资银行。

9月9日　中信银行上海分行宣布，已与上海泓智信息科技有限公司签署银企战略合作协议，成为"合协社区"项目首家战略合作银行。此举标志着该行正式进军社区服务领域。

9月10日　"2013新华—道琼斯国际金融中心发展指数(简称IFCD Index)"在上海发布，综合竞争力排在前10位的国际金融中心分别是：纽约、伦敦、香港、东京、新加坡、上海、巴黎、法兰克福、芝加哥和悉尼。

9月12日　由南京银行发起设立的鑫元基金管理有限公司在上海正式开业，标志着南京银行成功迈入国内首批拥有基金管理公司的城商行之列。鑫元基金公司由南京银行、南京高科共同出资组建，注册地为上海，注册资本为2亿元人民币，其中南京银行持股80%，南京高科持股20%。

9月23日　作为中国人民银行"金融知识普及月"活动的重要组成部分，"金融知识进社区"活动在上海市新华街道社区举行。中国人民银行决定从2013年开始，选择每年9月统一开展全国性的"金融知识普及月"活动。

9月26日　上海股权托管交易中心在嘉定成立首个服务中心。作为上海股交中心的一个部门，新成立的嘉定服务中心功能包括市场推广、经济业务、受理并审核材料，将逐步把一个交易所的前台功能完全覆盖。

9月27日　国务院办公厅发布了《国务院关于印发中国(上海)自由贸易试验区总体方案的通知》。

9月29日　中国(上海)自由贸易试验区挂牌仪式在外高桥举行。上海市委书记韩正为"中国(上海)自由贸易试验区"揭牌。商务部部长高虎城和上海市市长杨雄共同为"中国(上海)自由贸易试验区管委会"揭牌。11家金融机构获批入驻自贸区，其中工商银行、农业银行、中国银行、建设银行、交通银行、招商银行、浦发银行、上海银行将在自贸区设立分行；交银金融租赁公司将设自贸区专业子公司；花旗银行(中国)、星展银行(中国)两家外资银行将设立自贸区支行。

10月9日　全球首个沥青期货品种在上海期货交易所上市交易。

10月10日　国债预发行交易在上海证券交易所正式推出，上交所由此成为国内首个推出国债预发行交易的市场。这是今年上交所债券市场的一项重要创新举措。

上海航运运价交易有限公司上市交易南北线煤炭运力衍生品合同。该品种是全球首个运力交割型航运金融衍生品，实现了航运衍生品的"实物交割"。

由上海宋庆龄基金会—东亚银行公益基金捐建的全国范围

内第 25 所“萤火虫乐园”在上海市崇明县裕安中学正式落成，该乐园是东亚银行公益基金在上海捐建的首个乐园。

10 月 17 日 由中国银联联合多方机构共同发起的互联网金融支付安全联盟在上海宣布成立。中国银联、公安部经济犯罪侦查局、网络安全保卫局，17 家全国性商业银行以及 9 家主要非金融支付机构成为首批成员单位。

10 月 18 日 上海对冲基金园区在虹口北外滩正式开园。上海市常务副市长屠光绍为上海对冲基金园区揭牌。12 家对冲基金机构首批入驻。

服务于小微企业的银联商务“天天富”互联网金融理财平台正式启动，首期与光大保德信基金合作，为银联商务的广大特约商户的流动资金提供便捷的现金管理和增值服务。

10 月 21 日 “2013 上半年上海金融景气指数”发布会暨上海企业并购高峰论坛召开。“上海企业并购指数”发布，该指数是首个反映上海企业并购市场运行态势的指数。

10 月 23 日 依托上海市普陀区现货白银的产业聚集优势，现货贵金属交易平台中鑫贵金属交易中心在上海开始试运营，首个交易品种现货白银同日上线交易。

汇丰银行(中国)有限公司宣布，已协助一家上海企业完成首单电子缴税业务，由此成为首家在沪开展该业务的外资银行。

10 月 24 日 为配合上海航运保险和中国(上海)自由贸易试验区保险的发展需要，上海保监局成立保险创新业务监管领导小组，负责对航运保险和自由贸易试验区保险进行监管。

10 月 25 日 上海市经济和信息化委员会支持上海农商银行和浦发银行上海分行设立的“上海市小额票据贴现中心”在上海浦东软件园揭牌，重点满足“专精特新”中小企业和重点小微企业持有的小额票据贴现需求。

10 月 27—28 日 由中国银行业协会、中国支付清算协会、中国保险行业协会、上海市浦东新区金融服务局等单位联合主办的“第十届中国国际金融论坛”在上海浦东召开，主题为“金融产业与实体经济发展”。

10 月 31 日 由上海浦东新区政府、上海国盛集团等共同出资组建的上海浦东融资担保有限公司开业启动。注册资本 8 亿元，为上海目前注册资本规模最大的政策性、综合型融资担保公司。

11 月 6 日 中国首家互联网保险公司——众安在线财产保险公司在上海正式开业。注册资本 10 亿元，最大股东方是阿里巴巴，占股 19.9%，腾讯和平安分别占 15%。业务范围包含与互联网交易直接相关的企业/家庭财产保险、货运保险、责任保险、信用保证保险等。

11 月 8 日 中国金融期货交易所正式启动全市场股指期权仿真交易，合约标的为沪深 300 指数。

11 月 11 日 由上海市司法局、黄浦区人民政府、上海市律师协会主办的“2013 外滩金融法律论坛”召开。论坛上举行了外滩金融创新试验区法律研究中心、两岸投资金融法律研究中心以及港澳投资金融法律研究中心的成立仪式。

11 月 15 日 浦发银行联合新华社在上海共同发布“新华—浦发长三角中小微企业景气指数报告”，这一指数由中国金融信息中心、国家金融信息中心指数研究院、新华社上海分社、浦发银行联合上海社会科学院共同研发。

P2B(即个人对中小企业)互联网金融平台普资华企正式引入融资租赁行业项目，成为第一家以融资租赁项目为资金流向的互联网金融平台。

11 月 18 日 上海农商银行上海自贸试验区分行正式挂牌成立，成为国内第一家由农村中小金融机构在中国(上海)自贸试验区设立的银行业分支机构。

11 月 20 日 由上海市期货同业公会、银行同业公会、证券同业公会、保险同业公会、基金同业公会以及上海上市公司协会共同主办的第四届期货机构投资者年会在上海国际会议中心举行，主题是“衍生品市场的财富管理”。

上海市银行同业公会召开上海银行业自贸区工作联席会议成立暨第一次会议，在业务交流、反映诉求、政策解读等方面为会员单位搭建平台。

11 月 22 日 由上海期货交易所和上海期货信息技术有限公司共同发起设立的上海国际能源交易中心在上海挂牌成立。注册资本 50 亿元。该中心是经中国证监会批准的第五家全国性期货交易所，主要从事原油、天然气、石化产品等能源类衍生品的上市交易、结算和交割业务。

“融通在线，网链共赢”北京银行网络供应链支持实体经济暨品牌发布仪式在上海举行，北京银行正式发布网络供应链品牌——“网络链”。发布会上，北京银行宣布成立“上海分行网络供应链金融中心”，并与快钱支付清算信息有限公司等 3 家单位签署了战略合作协议。

11 月 25 日 上海首家由高校和企业共同出资成立的开放式研究机构——上海金融学院国购研究院(自贸区金融研究院)正式挂牌成立。

11 月 26 日 上海市碳排放交易在上海环境能源交易所开市，191 家试点企业纳入配额管理。建设银行、浦发银行以及兴业银行成为首次入围上海碳排放交易市场的三家结算银行。

11 月 27 日 上海农商银行联合上海财经大学小企业融资研究中心，共同编制发布了国内首个研究小微企业融资环境指数——上海市小微企业融资环境综合指数(FEI 指数)。

12 月 2 日 中国人民银行出台《关于金融支持中国(上海)自由贸易试验区建设的意见》，包括总体原则、创新有利于风险管理的账户体系、探索投融资汇兑便利、扩大人民币跨境使用、稳步推进利率市场化、深化外汇管理改革、监测与管理共 7 部分 30 条。

12 月 5 日 “金融支持自贸试验区实体经济推进会”在中国(上海)自由贸易试验区举行。上海市常务副市长屠光绍出席并讲话，上海地区的七家商业银行和注册在自贸试验区的七家企业分别签署了业务合作协议。

中国工商银行与上海迪士尼度假区签署长期战略联盟协议。

12 月 9 日 由上海市检察院与上海交通大学共建的“金融检察法治创新研究基地”揭牌成立，将为金融检察工作以及金融法治环境建设提供智力支持，为上海自贸试验区和上海国际金融中心建设提供法治保障。

12 月 13 日 由新华社上海分社、新华社金融信息平台上海总部、第一财经、上海金融业联合会联合主办的 2013“沪上金融家”榜单在上海揭晓。榜单分别设立了“2013 沪上十大金融行业领袖”、“2013 沪上十大金融创新人物”两个序列。

12 月 18 日 上海市网络信贷服务业企业联盟发布全国首个《网络借贷行业标准》，这为高速发展但风险较高的网络借贷(P2P)行业制定了“游戏规则”。

12 月 20 日 上海期货交易所有色金属连续交易正式上线运行。

12 月 25 日 2013 年度金融创新奖揭晓，42 个创新项目获奖。其中，5 年期国债期货获特等奖。这是自 2010 年颁发上海创新奖以来，第一次评出特等奖。“黄金 ETF”等项目分获不同等级金融创新成果奖，另有 7 个项目获得金融创新推进奖。

12 月 26 日 上海航运保险协会正式成立，这是我国第一家专业性航运保险社团组织，成立航运保险协会不仅是上海航运保险业务发展的新起点，也是我国航运保险业务在国际舞台上的崭新开端。

12 月 27 日 国家开发银行在上海证券交易所首批成功发行 120 亿元金融债券，其中 2 年期品种 80 亿元、5 年期品种 40 亿元。国家开发银行金融债券成功试点发行，是中央银行、中国证监会深化债券发行、交易改革的体现，有利于金融资产要素自由流动，向建立统一开放、竞争有序的债券市场体系迈出了重要一步。

12 月 28 日 中国上海自贸试验区跨境电子商务试点平台正式启动，箱包服饰、食品、母婴用品和化妆品四大类 500 多种商品上线销售。这标志着跨境电子商务这一新兴业态在自贸试验区起步，成为自贸试验区探索贸易便利化的新举措，有助于推动跨境电子商务集聚自贸试验区。

江 苏 省

1 月 9 日 中国人民银行南京分行与江苏省商务厅共同签署《关于建立典当业信息共享和协作工作机制的框架协议》。该协议将进一步加强典当业的监测和分析，增强典当业融资服务功能，促进典当业健康发展。

1 月 31 日 中国人民银行扬州市中心支行联合扬州市经信委共同举办“2013 年首场工业企业融资对接会”。

2 月 1 日 江苏长江商业银行入驻扬州，成立江苏长江商业银行扬州分行。

2 月 26 日 南京市安居建设集团首期 65 亿元定向债务融资工具在银行间市场成功发行，标志着江苏保障性住房建设拓展融资渠道取得新的突破。

3 月 13 日 规模 20 亿元的无锡市首个“小微企业扶持债券”首期 10 亿元成功发行，无锡市成为全国首批成功发行“小微债券”的城市之一。

3 月 15 日 无锡市政府召开 2013 年银企保授信签约大会。全市 27 家金融机构与 2 848 家(次)的企业、项目签订了 2 030.88 亿元的授信合作协议，全市 24 家金融机构与 137 家(次)担保公司签订了 265.8 亿元的合作协议。

中国人民银行南京分行组织开展“3.15 金融消费法律知识宣传月”活动，会同分行支付结算、货币金银等 7 个业务部门，组织 12 家省级银行业金融机构在南京市水游城市民广场开展大型广场宣传，普及安全用卡、人民币反假、防范非法集资等金融法律知识。

3 月 28 日 中国人民银行苏州市中心支行和苏州市经信委共同承办了“2013 年苏州市金融创新暨银企合作活动”，共有 91 家企业与 30 多家银行达成合作协议，合作金额共计 550 亿元。

中国人民银行泰州市中心支行举行《征信业管理条例》宣传暨大学生征信必修课启动仪式。

4 月 7 日 中国人民银行南京分行和江苏省国家安全厅签订预防和打击危害国家安全、金融安全违法犯罪活动的合作协议。协议的签订能更好地发挥双方的信息、技术等资源优势，共同预防、发现和打击涉恐犯罪、洗钱犯罪活动。

4 月 8 日 江苏省政府同意在无锡市设立江苏金融资产管理公司。这是全国第一家省级资产管理公司。

4 月 25 日 经国务院批准，国家发改委正式印发《苏南现代化建设示范区规划》，标志着我国第一个以现代化建设为主题的区域规划正式颁布实施。

4 月 25—27 日 2013 年中小金融机构灾备服务云系统及应用示范工作研讨会在扬州召开。

4 月 江苏省国库会计数据集中系统(简称 TCBS)在江苏全省正式推广上线。

江苏沭阳农村商业银行在全覆盖、普惠式授信的基础上，开展农户小额信用贷款“整村推进”活动，提出“以小额信用方式直接发放，是农户贷款终极模式”的理念，在全省率先实施农户小额信用贷款“整村推进”工程。

5 月 3 日 中国人民银行连云港市中心支行联合市中小企业局、财政局、市银监分局等部门在市博物馆举办了第八届中小企业“金融服务日”活动。市区 13 家银行机构、近 100 家中小企业进行面对面咨询和业务洽谈。

5 月 20 日 中国人民银行总行代理发行库管理工作座谈会在泰州召开。

5 月 28 日 中国人民银行二代货币发行库管理系统试点在江苏省淮安市正式启动。

6 月 6 日 苏州保监分局联合市知识产权局举行知识产权签

约仪式，天臣国际医疗科技、昆拓热控等公司签约投保“知识产权综合责任险”，成为全国知识产权综合责任险第一单。

6 月 13 日 为进一步推动扬州市工业企业技术改造升级金融服务工作，由扬州市政府主办，人民银行扬州中心支行、扬州市经信委联合承办的“全市企业技术改造工作协调推进会暨‘122’技改项目银企签约活动”成功召开。

6 月 23 日 江苏省金融青年联合会在南京正式成立。该联合会由团省委、省金融办、中国人民银行南京分行、省银监局、省证监局、省保监局、省青联共同发起成立，是全省金融系统各族各界青年广泛的爱国统一战线组织。

6 月 24 日 苏州东山精密制造股份有限公司股东袁永峰将持有的公司高管锁定股 78 600 450 股股份中的 44 850 000 股股份质押给华泰证券有限公司用于股票质押式回购交易业务，该业务为全国首单股票质押式回购交易业务，为上市企业及其股东融资开辟了新渠道。

6 月 29—30 日 由中国金融学会主办、台北金融研究发展基金会合办的“第三届两岸票据(券)市场与业务研讨会”在苏州召开。中国人民银行副行长刘士余，台湾银行公会理事长、台湾金控暨台湾银行董事长刘灯城等来自两岸金融界、学术界的专家和学者共计 80 余人出席会议。

3 月—6 月 江苏省开展《征信业管理条例》专题宣传活动，共举办各类宣传活动 2 763 场，194 万人次、1 万余个金融机构网点、6 个征信机构、319 个政府部门参与了各类活动，174 家媒体进行了宣传报道，活动期间共发放征信宣传品 114 万份。

7 月 6 日 国务院决定 2013 年适当扩大地方政府自行发债试点范围，江苏成为 6 个自行发债试点省市之一。

8 月 1 日 中国人民银行扬州市中心支行举办“扬州市金融 IC 卡出租车行业应用成功上线仪式”。

8 月 2 日 宿迁市政府召开投融资工作推进会。会议下发了《关于市属投融资公司完成 120 亿元融资任务建议分解方案》及《市、县(区)政府融资平台整合工作方案》。

8 月 15 日 汇丰银行入驻扬州，成立汇丰银行扬州分行。

8 月 28 日 中国人民银行南京分行在淮安举行了金融支持淮安加快苏北重要中心城市建设推进会。

8 月 江苏省苏州市两家企业正式启动跨国公司总部外汇资金集中运营管理试点。该试点初步打通了国际、国内外汇资金通道，实现了境内外外汇资金归集和管理。

经国务院批准，江苏最大的台资聚集地昆山试验区正式启动开展跨境人民币创新业务试点。该试点极大便利了昆山地区企业和个人的对台贸易投资结算。

9 月 1 日 由国家外汇管理局江苏分局组织开发的“海关特殊监管区域外汇管理监测服务系统”在苏州工业园区综合保税区率先开展试点。该试点便利了区内企业的贸易收付汇，减少了金融机构的工作量，提高了管理效率。

9 月 10 日 连云港市“巾帼梦”妇女小额担保贷款工作推进会议在灌南县召开。

9 月 12 日 中国人民银行连云港市中心支行联合市工商局、市私个协会印发了《中小微企业融资服务实施意见》，中心支行与工商局、私个协会共同组织召开市中小微企业融资服务暨金融创新推进会议。6 家金融机构与 12 家中小微企业现场签订意向性融资金额 3 180 万元。

9 月 25 日 中国人民银行扬州市中心支行与扬州大学法学院共同举办了“扬州市金融消费权益保护法律援助中心”启动挂牌仪式。

9 月 常州市小微企业金融产品信息系统上线运行，全市已有 19 家银行机构登录系统，首批汇集了 320 个小微企业特色金融产品，并在不断增加更新。

根据国家外汇管理总局的部署，江苏分局在辖内推行以取消事前审批和简化单证要求为主旨的服务贸易便利化改革。

9 月底 作为总行首批试点单位，“12363”热线话务中心在人民银行南京分行开始试运行。该中心负责集中受理江苏全省金融消费者投诉，解答公众咨询。

10 月 7 日 中国工商银行镇江分行在江苏大学和江苏科技大学举办第一届“工商银行杯”江苏省高校账户贵金属模拟交易大赛现场报名活动。

10 月 8 日 中国人民银行第二代支付系统在江苏省成功上线运行。

10 月 18 日 中国人民银行盐城市中心支行牵头市经信委、市金融办等 11 个部门联合开办的盐城市金融超市正式开市。

10 月 20 日 国家级大宗商品交易所——“长三角商品交易所”在无锡开业。交易所位于无锡(滨湖)国家传感信息中心，交易大厅建筑面积达 3 000 平方米，是江苏省唯一的大宗商品类交易平台。这是无锡积极对接上海自贸区的重要举措之一，标志着无锡由传统现货交易所向产业整合、物流金融和全方位一站式服务发展方向的形成。

10 月 24 日 2013 徐州重大产业(现代服务业)融资对接洽谈会在中国人民银行徐州市中心支行召开。全市 14 家金融机构与 28 家企业现场签订信贷合同、协议及意向 73.33 亿元。

11 月 7 日 北京国际信托有限公司与无锡市桃园村土地股份合作社集体土地承包经营权信托项目在惠山区阳山镇签约，标志着江苏省第一单、全国第二单土地流转信托在无锡落地。

11 月 14 日 南京市文化集团筹办的南京文化金融服务中心正式挂牌成立，该中心整合了包括文化银行、文化小贷公司、文化基金、产业发展基金、文交所、保险、担保、信托等金融资源，是全国首家综合性文化金融服务中心。

11 月 19 日 江苏银行业消费者教育保护行动委员会在南京正式成立。该委员会由江苏银监局发起设立，江苏银行业协会和省内 45 家主要银行业金融机构及代表参与发起，为省内居民办理银行业务时提供咨询或解决投诉纠纷。该委员会系国内首家。

11 月 22 日 徐州市首家农村金融综合服务站在睢宁县农业

生态示范园光华社区举行授牌活动。

12月4日　无锡市人民政府与新加坡交易所共同主办"无锡企业在新加坡上市融资交流对接会"，并签订深化合作备忘录，引导、推动无锡市更多企业赴新交所上市。

12月25日　江苏长江商业宿迁分行获批筹建，成为继江苏银行、苏州银行后，第3家入驻宿迁市的城市商业银行。

12月28日　江苏广陵中成村镇银行在扬正式成立。

12月31日　江苏省债务融资工具存量余额达到2 769亿元，较上年末增加1 023亿元，首次实现年度余额新增超千亿。

2013年　民生银行南京分行与江苏省财政厅、江苏省农业委员会三方缔结金融合作关系，搭建全省金融合作平台，组建"惠农贷"基金，该行给予省农委推荐的全省指定客户群体4亿元的总授信额度，成功实现农业领域的批量开发。

江苏银行在小企业金融服务品牌"小快灵"框架下，推出"小快灵·网上贷"业务，为小微企业及个人客户的贷款申请提供了一条便捷渠道。

常州市政府制定了《常州市金融业发展三年行动计划(2013—2015)》，确立金融机构合理分布、金融市场层次多样、地方金融实力增强三大发展目标，努力扩大融资总量，做大金融规模，提升金融业产出占比，力争到2015年基本建成金融资本明显增强、金融服务日臻完善、金融创新不断提升、金融环境安全稳定的金融体系。

南通市金融生态环境建设再创佳绩。辖内海安县顺利通过"金融生态优秀县三年回头看"，如皋市获得"江苏省金融生态优秀县"称号。南通全辖6县(市、区)实现5个金融优秀县，1个达标县，创优覆盖率在全省名列前茅。

国库金信工程(南通市财税库数据共享系统)成功上线。南通市国库金信工程为南通市级信息化项目及人民银行南通市中心支行重点信息工程，以国家金库南通市中心支库为数据中心，数据信息覆盖南通全辖。

浙　江　省

1月5日　杭州市首家大宗商品交易机构——新华浙江大宗商品交易中心在杭州正式签约组建。

1月8日　中国人民银行公布第六批26家获得第三方支付牌照的企业名单，杭州市民卡有限公司名列其中。

1月21日　东亚银行宁波分行开业。

1月23日　温州市政府通过并批复了《关于要求微调民间资本管理公司发展政策的请示》，对民间资本管理公司关键性条款进行调整。

3月5日　浙江证监局召开2013年度辖区证券期货经营机构监管工作会议。

3月11日　中国人民银行杭州市中心支行决定在全省开展"金融支持经济转型升级服务年"活动。

3月11日　宁波银行进入中国人民银行发布的"2013年度公开市场业务一级交易商名单"，获得在一级市场直接向央行进行央票投标和公开市场正、逆回购交易的资格。

3月12日　宁波市科技金融服务中心正式获批成立。主要为创新型初创企业与天使投资机构(人)之间搭建公共对接平台。

3月15日　人行舟山市中支召开票据交换工作暨舟山市金融清算服务中心筹备会议。

浙江舟山大宗商品交易所现货挂牌交易正式上线运营。

3月26日　资本市场助推浙江经济转型升级研讨会在杭州召开。

3月28日　全国首家"农村小微金融便利店"在台州临海市涌泉镇梅岘村正式启动运营。

3月　中国人民银行绍兴市中心支行出台《绍兴市银行间市场债务融资企业培育库管理办法》，公布首批69家培育库企业名单，要求金融机构积极扶持培育，努力推动债务融资品种多元化。

4月11日　外汇管理局宁波市分局联合市外经贸局、中国银行宁波市分行、中信保宁波分公司共同主办了宁波市出口买方信贷政策研讨会暨宁波市首例中长期船舶出口买方信贷签约仪式。

4月13日　由中国期货业协会主办的第七届期货分析师论坛在杭州召开。

4月14日　浙江省政府在杭州召开丽水市农村金融改革工作座谈会，专题听取丽水农村金融改革试点工作情况汇报，研究部署改革试点推进工作。

4月16日　台州银行宁波分行开业。

4月23日　中国人民银行宁波市中心支行组织辖内人民银行各县(市、区)支行、商业银行、银联、第三方服务机构等共46家单位召开2013年宁波市银行卡工作联席会议。

4月　中国银行舟山市分行联合省进出口银行组成银团贷款，成功营销舟山新区一号工程——舟山港综合保税区建设项目授信22亿元，为浙江省内金融机构投向舟山新区金额最大的银团贷款项目。

5月8日　温州市出台《关于加快建立现代企业制度推进区域资本市场建设的补充意见》。

5月13日　中国人民银行宁波市中心支行与宁波证监局共同签署《关于加强证券期货监管合作　共同维护金融稳定备忘录》，并举行第一次联席会议。

5月17日　民间借贷司法解释研讨会在杭州召开。

5月22日　浙江省经济体制改革工作领导小组举行第七次全体会议。

5月22日　杭州市召开全市个体经济及小微企业提升发展工作电视电话会议。

5月23日　浙江省金融学会召开浙江金融圆桌会议——金融支持新型城镇化研讨会，研讨新型城镇化建设的方向及金融支持新型城镇化的工作重点。

5 月 31 日 温州市首家个人本外币兑换特许机构——温州王朝汇通货币兑换有限公司开业。

6 月 5 日 全国国库工作座谈会在宁波召开，中国人民银行潘功胜副行长出席会议。

6 月 6 日 绍兴首家外资银行——华侨银行(中国)绍兴分行正式开业。

6 月 19 日 杭州市与中国建设银行浙江省分行签订《重点项目金融合作协议》。

6 月 24 日 浙江省政府在丽水市召开丽水市农村金融改革试点工作领导小组会议。会议原则同意了《浙江省丽水市农村金融改革试点工作领导小组、办公室及协调推进组工作职责和工作规则》、《浙江省丽水市农村金融改革试点规划(2013—2017 年)》、《2013 年推进丽水农村金融改革工作要点》、《丽水市农村金融改革试点实施办法》。

6 月 25 日 浙江省政府在丽水市召开全省农村金融改革推进会，总结丽水农村"金改"工作成效，交流全省农村金融创新经验，部署下阶段工作重点。

浙江舟山群岛新区管委会和舟山市政府在杭州举办新区招商推介暨项目签约会。

6 月 27 日 中信银行股份有限公司杭州分行、中信建投证券和义乌市人民政府签订战略合作协议。

中信银行股份有限公司杭州分行、中信建投证券和义乌市人民政府签订了战略合作协议，承诺在今后三年内，为义乌市提供融资 200 亿元以上；并依托中信集团综合金融控股平台，通过中信建投证券发行企业债等方式，引入资金不少于 100 亿元。

6 月 28 日 浙江省召开改善金融发展环境促进经济金融稳定发展视频会议。

中国人民银行宁波市中心支行组织召开宁波市金融消费者权益保护工作会议。

7 月 2 日 杭州银行衢州分行正式开业。

7 月 6 日 第五届中国(国际)资产管理大会暨大宗商品高峰年会在杭州举行。

7 月 8 日 中国(杭州)跨境贸易电子商务产业园正式开园。

7 月 12 日 浙江省跨国公司总部外汇资金集中运营管理试点收笔业务成功启动，由阿里巴巴(中国)有限公司集中境内成员公司外汇资金，向其境外公司放款 3 亿美元，用于阿里巴巴境外资本运作。

7 月 19 日 温州市瑞安华峰小额贷款股份有限公司成功发行全国第一单小额贷款公司定向债。

8 月 5 日 杭州市召开全市开放型经济形势分析会，会上通报了 2013 年上半年杭州市招商引资、外经贸工作、浙商创业创新工作情况和下半年工作安排。

8 月 6 日 宁波市办理首笔非关联对外担保业务。

8 月 7 日 浙江省小额贷款公司、村镇银行《征信业管理条例》培训班在台州市举行。

8 月 22 日 温州市政府在全省率先出台了《温州市农村产权交易管理暂行办法》。

8 月 23 日 浙江省义乌市国际贸易综合改革试点金融专项方案获批。

8 月 29 日 安吉县设立首个科技型小微企业风险基金池，以风险基金池为基础，向信用联社等金融机构推荐科技型小微企业贷款，切实解决科技型小微企业融资难问题。

8 月 中国人民银行同意为温州市发行保障房私募债开辟绿色通道，首期拟发行 32 亿元。首次由本土证券和民间资本管理公司主导承销企业定向增发。

9 月 1 日 由浙江银监局主办、浙江省银行业协会协办的为期一个月的 2013 年浙江银行业"提升信用品质、金融知识进万家"宣传服务月活动正式启动。

9 月 4 日 浙江保监局、浙江省司法厅、宁波保监局联合下发《关于进一步做好涉及保险理赔司法鉴定工作的通知》，进一步规范涉保司法鉴定行为。

9 月 6 日 中国人民银行金华市中心支行举办金华市区金融支持小微企业和重点项目融资对接推进会，促成 10 家银行业金融机构与 50 家企业签订贷款授信意向书。

9 月 13 日 绍兴市对外公布首份《民间借贷纠纷案件审判白皮书》。

9 月 17 日 义乌市召开国际贸易综合改革试点金融专项方案获批新闻发布会，正式发布《义乌市国际贸易综合改革试点金融专项方案》。

1 月 1 日起，温州民间融资综合利率指数("温州指数")实现按日发布。9 月 26 日，"温州指数"官网上线；温州 · 中国民间融资利率指数正式对外试发布。

10 月 8 日 台州市"浙江省小微企业金融服务改革创新试验区"实施方案获省政府批准实施。

10 月 18 日 中国人民银行嘉兴市中心支行组织举行嘉兴市首届反洗钱微电影大赛颁奖礼。

10 月 29 日 "2013 年浙江成长型企业投融资大会"在杭州举行。

10 月 31 日 宁波金融 IC 卡多应用平台与中国人民银行总行移动支付安全可信公共服务平台成功对接，完成行业应用的注册、上线、发现等功能，即实现双方平台互联互通。

11 月 7 日 作为宁波唯一一家具有网络支付业务许可证的企业和浙江省唯一具有大宗商品交易与网络支付结算经验的第三方支付平台的浙江甬易电子支付有限公司正式开业。

11 月 21 日 绍兴银行获准在银行间债券市场公开发行 20 亿元人民币金融债，首期 5 亿小微企业金融债成功招标发行，这是绍兴市首家银行法人机构通过发行债券的方式在银行间市场融资，募集资金将专项用于小微企业贷款。

11 月 22 日 我国首部民间融资管理条例——《温州市民间融资管理条例》经浙江省十二届人大常委会第六次会议审议

通过。

11月27日 中国人民银行征信中心温州分中心正式授牌成立,这是全国首家地级市征信分中心。

11月29日 "2013海峡两岸小微金融发展论坛"在台州市举行。

台州市金融服务信用信息中心成立。该中心由财政拨款500多万,为非营利社会组织,负责台州市金融服务信用信息共享平台的建设、运行和维护工作。

台州市小微企业信保基金运行中心成立。负责小微企业信保基金的运行、担保审核、风险管控、风险代偿、债务追讨等。小微企业信保基金以政府出资为主、地方法人金融机构捐资为辅,信保基金运行中心为非营利性的社团法人(独立注册公司),专门为小微企业提供增信担保服务,在破解小微企业抵押物不足导致融资难、互保链风险等问题上发挥作用。

经浙江省台办批准,在台州市路桥区设立浙江省海峡两岸小微金融合作创新实验区。

12月3日 中国人民银行金华市中心支行召开金融消费权益保护专家第一次座谈会,建立了由市政府法制办公室、市中级人民法院、市司法局,市发改委、律师事务所相关人员以及市区金融机构等业务专家组成的金华市金融消费权益保护专家库。

2013年 温州市出台"双十条"措施和企业帮扶、担保圈化解等系列政策措施,强化"双牵头"职责,开展"双约谈"。率先在全省实行"企业授信总额联合管理机制"和"主办行"制度。引导资产管理公司、各类投资者广泛参与不良资产处置和风险企业重组,以市场化途径实现优化配置。在全国首创金融监管与金融审判协同工作新机制。开展"治赖"追逃和打击逃废债专项行动。

安 徽 省

1月16日 交通银行淮北分行开业。

1月18日 合肥高新区管委会与深交所信息公司共同建设中国(安徽)路演中心在合肥高新区正式启用。

1月28日 中国人民银行马鞍山市中心支行出台《关于金融支持"项目提速年"的指导意见》。

1月31日 天长农商行在滁州市获准开业。

2月1日 合肥金融超市投资管理有限公司正式挂牌成立,并在5月份被批准为安徽省中小企业公共示范服务平台。

2月8日 中国工商银行池州分行成功为江南产业集中区企业办理全国首笔3亿元"限额特定集合资产管理计划"。该业务是以江南产业集中区标准化厂房财产收益权而设立的银行、券商、信托三方结构化设计及组合的融资业务。

2月26日 中国光大银行池州支行开业。

2月28日 中国钱币学会第七次全国会员代表大会在合肥稻香楼宾馆东楼礼堂召开。

3月15日 农行安徽省分行成功上线全国农行系统首台自助IC卡发卡机,率先实现金融IC卡自助发卡功能,单台日均可自助发卡200余张。

3月18日 兴业银行安庆分行设立企业金融池州业务部。

中信银行马鞍山分行正式开业,马鞍山市银行业金融机构增至21家。

3月26日 芜湖津盛农村商业银行股份有限公司经银监会批准正式挂牌营业。

3月28日 六安市5家县域村镇银行相继挂牌运营,实现了村镇银行县域全覆盖。

3月29日 池州市人民政府与中国进出口银行安徽省分行签订金融战略合作协议,进一步加大对池州外向型经济发展战略和池州旅游文化项目开发等支持。

4月11日 中国银行首笔微型企业金融服务业务同时在安徽省中行3家试点分行(滁州分行1笔、安庆分行1笔、合肥管理部2笔)率先投放,累计金额400万元。

4月12日 安徽省金融办、合肥市政府联合举办合肥市2013年首场银企对接会,省中行与合肥市政府签署了战略合作备忘录。

4月22日 2013皖港经贸交流活动期间,安徽省政府金融办与港交所就相互合作及资讯互换签订合作备忘录。

4月25日 中国农业发展银行安徽省分行与池州市政府举行金融战略合作协议签约仪式暨银企对接会。共同签署了池州市人民政府与中国农业发展银行安徽省分行金融战略合作协议。农发行池州分行与池州市7个项目签署了约17亿元的信贷合作协议。

5月6日 池州市召开金融支持实体经济发展对接会。此次对接会打破了以往传统单一银企对接格局,除15家银行外,还有2家证券、1家基金、19家小额贷款公司、10家融资性担保公司参加对接会。51家企业与47家金融机构进行了现场签约,授信总额达27.05亿元。

5月20日 安徽省中行与中国进出口银行安徽省分行签署《战略合作协议》。

6月9日 《中国银行业发展报告(2012—2013)》专家评审会在合肥召开。会议由中银协主办,交总行金融研究中心和省交行共同承办。

6月28日 "安徽桐城农商银行公益基金会"正式成立,这是安徽省第一家银行业非公募公益基金会。

7月1日 合肥金融网站正式开通。

7月11日 六安市委、市政府印发出台了《六安市人民政府关于加快全市金融改革发展的意见》。

7月15日 浦发银行合肥分行在合肥举行NFC手机支付产品上市发布会,正式在安徽市场推出我国首张具有自主知识产权、基于SIM卡的手机支付银行卡。

7月16日 安徽省政府金融办与安徽保监局联合在合肥举

办了安徽省首届保险资金运用对接会。

7月26日 安徽省政府金融办在合肥市召开全省推进"新三板"及场外市场建设工作专题会议。

7月26日 中国农业银行客服中心(合肥)及安徽省分行营业办公用房建设项目主体工程正式开工。

7月 南陵县被中国人民银行合肥中心支行正式确定为安徽省第二批农村信用体系建设试验区。

8月8日 "世界遗产——黄山金银纪念币"首发仪式在黄山市举行。

8月9日 安徽省第三家外资商业银行——瑞穗实业银行合肥分行正式开业。

8月16日 铜陵市人民政府与徽商银行举行战略合作协议签署暨银企对接项目签约仪式,双方签约总额达169亿元。

8月20日 成功发行安庆城市卡,出租车系统"闪付"功能实现了全省第一家城市出租车银行卡便民支付,被中国人民银行合肥市中心支行誉为"安庆模式"予以推广。

8月25日 中国平安保险(集团)股份有限公司与合肥市人民政府在市政务中心正式签署战略合作协议。

8月26日 铜陵市成功发行安徽省首支、全国第二支"债贷组合"试点企业债券,发行金额15亿元,用于支持棚户区改造等重点工程建设。

9月9日 马鞍山市政府出台《关于金融支持经济结构调整和转型升级的实施意见》及配套办法。

9月9—11日 由中国金融学会主办,安徽省金融学会承办的"发挥学会工作特色,服务金融改革发展"工作座谈会在安徽省合肥市稻香楼宾馆召开。

9月13日 中国人民银行副行长潘功胜带领调研组赴金寨县调研农村金融综合改革进展情况。

9月22日 集团客服中心(合肥)试运营投产取得圆满成功,标志着中行三大客服中心架构初步形成。

9月22—23日 中国保监会主席项俊波一行来皖视察。

9月23日 中国保监会和安徽省政府在合肥签署战略合作备忘录。

9月27日 在泾县查济村翠红客栈挂牌成立宣城市首个村级金融消费权益保护点。

10月1—7日期间 中国人民银行合肥市中心支行组织全省54家支付系统直接参与者开展第二代支付系统上线切换实施工作。

10月29日 安徽省政府金融办在合肥市天鹅湖大酒店二楼国际厅举办了2013年全省小额贷款公司监管工作会议。

中国人民银行无为县支行成功办理安徽省首笔存单质押再贷款。

10月 铜陵市铜都金融中心被列为安徽省省级金融服务业集聚区。

11月11—12日 中国人民银行副行长刘士余率领中国银监会、财政部、公安部等部委组成国务院督查组,来安徽省督查小微企业金融服务工作。

11月12日 徽商银行在香港联交所主板正式挂牌交易,成为中国第一批登录境外资本市场的城市商业银行。

11月14日 合肥市金融办、市招商局与上海市浦东新区金融服务局共同举办"上海浦东·合肥金融合作交流推介会",并签署了《上海浦东·合肥金融战略合作备忘录》。

12月2日 马鞍山市、芜湖市银行本票实现互兑,这是全省银行本票跨地市通用的首次实施。

12月6日 芜湖市首笔小微企业专项金融债获准发行。

12月12日 安徽省首家征信文化宣传站在池州市石台县仙寓镇揭牌。

12月15日 黄山市金融学会被授予安徽省2010—2012年度全省先进社会组织,获学术类社会团体评估5A级。

12月18日 中国金融工会安徽工作委员会恢复建立会议在合肥举行。

12月20日 安徽省首家代理人民币发行库——中国人民银行枞阳县联社代理人民币发行库正式挂牌成立。

安徽省第四家外资商业银行——南洋商业银行合肥分行正式开业。

12月23日 凤阳农商行在滁州市获准开业。

12月26日 安徽省保险行业协会换届大会召开。

二、2013年上海市贷款企业资信A级汇编

序号	企 业 名 称	2011年	2012年	2013年	评级机构
1	上海地产(集团)有限公司	AA+	AAA-	AAA	新世纪
2	上港集团物流有限公司	AA+	AAA-	AAA	中誉
3	中化国际(控股)股份有限公司	AAA	AAA	AAA	华杰
4	上海华谊(集团)公司	—	—	AAA	新世纪
5	上海外高桥造船有限公司	AAA	AAA	AAA	华杰
6	中国商用飞机有限责任公司	—	AAA	AAA	新世纪
7	上海三菱电梯有限公司	AAA	AAA	AAA	中诚信
8	上海汽车集团股份有限公司	AAA	AAA	AAA	中诚信
9	上海汽车工业(集团)总公司	—	AAA	AAA	中诚信
10	上海家化(集团)有限公司	AAA	AAA	AAA	新世纪
11	上海医药集团股份有限公司	AAA	AAA	AAA	中诚信
12	宝山钢铁股份有限公司	AAA	AAA	AAA	鹏元
13	宝钢集团有限公司	AAA	AAA	AAA	中诚信
14	上海国际港务(集团)股份有限公司	AAA	AAA	AAA	新世纪
15	上海市电力公司	AAA	AAA	AAA	新世纪
16	交银金融租赁有限责任公司	—	—	AAA	远东
17	远东国际租赁有限公司	AA+	AAA	AAA	中诚信
18	上海友谊集团股份有限公司	—	AAA	AAA	新世纪
19	国药控股股份有限公司	AAA-	AAA	AAA	华杰
20	上海浦东国际机场航空油料有限责任公司	AA+	AAA	AAA	鹏元
21	中交上海航道局有限公司	AAA	AAA	AAA	华杰
22	上海建工集团股份有限公司	—	AAA	AAA	新世纪
23	上海建工(集团)总公司	AAA	AAA	AAA	新世纪
24	上海航天技术研究院	AAA	AAA	AAA	华杰
25	上海外国语大学	AAA	AAA	AAA	华杰
26	复旦大学	AAA	AAA	AAA	新世纪
27	同济大学	AAA-	AAA-	AAA	中誉
28	上海浦东发展(集团)有限公司(复议)	AA+	AA+	AAA	新世纪
29	上海市申江两岸开发建设投资(集团)有限公司	AAA	AAA	AAA	新世纪
30	上海市城市建设投资开发总公司	AAA-	AAA-	AAA	新世纪
31	上海久事公司	AAA	AAA	AAA	新世纪
32	上海同盛投资(集团)有限公司	AAA	AAA	AAA	新世纪
33	上海国际集团有限公司	AAA	AAA	AAA	新世纪

（续表）

序号	企　业　名　称	2011年	2012年	2013年	评级机构
34	光明食品(集团)有限公司	AA+	AA+	AAA	华杰
35	锦江国际(集团)有限公司	AAA	AAA	AAA	联合
36	上海上实(集团)有限公司	AAA	AAA	AAA	新世纪
37	上海市浦东新区房地产(集团)有限公司	—	AAA—	AAA—	联合
38	大华(集团)有限公司	AAA—	AAA—	AAA—	远东
39	上海陆家嘴金融贸易区开发股份有限公司	A—	AAA—	AAA—	远东
40	上海陆家嘴(集团)有限公司	AAA—	AAA—	AAA—	中诚信
41	上海文化广播影视集团	AA+	AAA—	AAA—	华杰
42	上海药明康德新药开发有限公司	—	AAA—	AAA—	中诚信
43	上海汽车变速器有限公司	—	AAA—	AAA—	华杰
44	联合汽车电子有限公司	AAA	AAA	AAA—	中诚信
45	上海医药(集团)有限公司	AAA—	AAA—	AAA—	中诚信
46	上海铁路局	AAA—	AAA—	AAA—	新世纪
47	上海机场(集团)有限公司	AAA—	AAA—	AAA—	远东
48	华东电网有限公司	AAA—	AAA—	AAA—	华杰
49	中国电信股份有限公司上海分公司	AAA—	AAA—	AAA—	中诚信
50	上海医药分销控股有限公司	AA	AA	AAA—	华杰
51	中交第三航务工程局有限公司	AAA—	AAA—	AAA—	华杰
52	华东师范大学	AAA—	AAA—	AAA—	新世纪
53	华东理工大学	AAA—	AAA—	AAA—	远东
54	复旦大学附属中山医院	AAA—	AAA—	AAA—	中诚信
55	文汇新民联合报业集团	AAA—	AAA—	AAA—	华杰
56	上海兴邦房地产有限公司	AA+	AA+	AA+	联合
57	上海实业发展股份有限公司	AA+	AA+	AA+	远东
58	上海锦江国际酒店(集团)股份有限公司	AA	AA+	AA+	联合
59	上海东浩国际服务贸易(集团)有限公司	—	—	AA+	新世纪
60	上海现代建筑设计(集团)有限公司	AA+	AA+	AA+	中诚信
61	上海巴斯夫聚氨酯有限公司	AA	AA	AA+	远东
62	上海化学工业区工业气体有限公司	AA	AA	AA+	中诚信
63	上海电气集团股份有限公司	AA+	AA+	AA+	大公
64	上海汉钟精机股份有限公司	AA+	AA+	AA+	鹏元
65	上海大众动力总成有限公司	AA+	AA+	AA+	中诚信
66	上海小糸车灯有限公司	AA	AA+	AA+	中诚信
67	上海三电贝洱汽车空调有限公司	AA	AA	AA+	中诚信
68	上海采埃孚转向系统有限公司	—	—	AA+	中诚信
69	上海纳铁福传动轴有限公司	—	—	AA+	中诚信
70	宝马格(中国)工程机械有限公司	A+	AA	AA+	中誉
71	上海烟草包装印刷有限公司	—	AA	AA+	华杰

（续表）

序号	企　业　名　称	2011年	2012年	2013年	评级机构
72	上海生物制品研究所有限责任公司	—	AA+	AA+	华杰
73	上海嘉乐股份有限公司	AA+	AA+	AA+	远东
74	交通运输部上海打捞局	AA	AA+	AA+	中誉
75	上海电力股份有限公司	AA	AA+	AA+	华杰
76	东方有线网络有限公司	AA+	AA+	AA+	华杰
77	百联集团有限公司	AA+	AA+	AA+	联合
78	上海城建(集团)公司	AA+	AA+	AA+	新世纪
79	复旦大学附属妇产科医院	AA−	AA+	AA+	华杰
80	华东政法大学	AA+	AA+	AA+	新世纪
81	上海中医药大学附属岳阳中西医结合医院	AA	AA	AA+	中诚信
82	上海黄浦置地(集团)有限公司	A+	AA−	AA+	中誉
83	上海国际集团资产管理有限公司	AA	AA+	AA+	新世纪
84	上海国有资产经营有限公司	AAA−	AA+	AA+	新世纪
85	通用汽车(中国)投资有限公司	AA+	AA+	AA+	新世纪
86	上海国盛(集团)有限公司	AA+	AA+	AA+	远东
87	上海张江高科技园区开发股份有限公司	AA+	AA+	AA+	新世纪
88	上海化学工业区发展有限公司	AA+	AA+	AA+	远东
89	上海新兴技术开发区联合发展有限公司	AA+	AA+	AA+	中诚信
90	上海漕河泾开发区高科技园发展有限公司	AA+	AA+	AA+	中诚信
91	上海申通地铁资产经营管理有限公司	AA	AA	AA+	新世纪
92	上海城投控股股份有限公司	AA−	AA+	AA+	新世纪
93	万达信息股份有限公司	AA	AA+	AA+	中诚信
94	上海纪兴房地产有限公司	AA−	AA	AA	华杰
95	上海柏兴房地产有限公司	A	A+	AA	华杰
96	新上海国际大厦有限公司	A+	AA−	AA	华杰
97	上海嘉汇达房地产开发经营有限公司	AA	AA	AA	联合
98	上海会德丰广场发展有限公司	A−	A	AA	新世纪
99	上海梅龙镇广场有限公司	AA	AA	AA	中诚信
100	上海帝泰发展有限公司	AA−	AA−	AA	中诚信
101	上海中心大厦建设发展有限公司	—	—	AA	中诚信
102	上海新华传媒股份有限公司(复议)	AA	AA	AA	新世纪
103	上海广播电影电视发展有限公司	—	—	AA	新世纪
104	上海孚宝港务有限公司	AA−	AA−	AA	远东
105	德尔福派克电气系统有限公司	AA	AA	AA	华杰
106	奥托立夫(中国)电子有限公司	—	—	AA	鹏元
107	上海电器科学研究所(集团)有限公司	—	AA	AA	远东
108	环旭电子股份有限公司	AA−	AA	AA	远东
109	上海金亭汽车线束有限公司	AA	AA	AA	中诚信

（续表）

序号	企业名称	2011年	2012年	2013年	评级机构
110	上海新时达电气股份有限公司	AA	AA	AA	中诚信
111	中国航空无线电电子研究所	—	AA	AA	中诚信
112	上海航天电子有限公司	A+	AA−	AA	中誉
113	德之馨(上海)有限公司	—	—	AA	华杰
114	上海复星医药(集团)股份有限公司	AA−	AA−	AA	新世纪
115	上海焦化有限公司	AA−	AA	AA	新世纪
116	上海金发科技发展有限公司	AA−	A+	AA	远东
117	上海卡博特化工有限公司	AA	—	AA	中诚信
118	上海海隆防腐技术工程有限公司	—	AA	AA	中誉
119	上海电气电站设备有限公司	—	AA	AA	大公
120	萨克斯汽车零部件系统(上海)有限公司	AA	AA	AA	华杰
121	上海熊猫线缆股份有限公司	AA	AA	AA	华杰
122	江南造船(集团)有限责任公司	AA−	AA	AA	华杰
123	沪东中华造船(集团)有限公司	AA	AA	AA	华杰
124	上海联明机械股份有限公司	AA−	AA−	AA	新世纪
125	上海凯泉泵业(集团)有限公司	AA	AA	AA	新世纪
126	上海置信电气股份有限公司	AA	AA	AA	新世纪
127	上海飞和实业集团有限公司	AA	AA	AA	远东
128	上海蒂森克虏伯汇众汽车零部件有限公司	—	—	AA	远东
129	上海宝钢阿赛洛激光拼焊有限公司	AA−	AA−	AA	中诚信
130	上海三电汽车空调有限公司	AA	AA	AA	中诚信
131	上海烟草机械有限责任公司	AA	AA	AA	中诚信
132	申雅密封件有限公司	AA	AA	AA	中诚信
133	上海皮尔博格有色零部件有限公司	AA	AA	AA	中诚信
134	上海汇众汽车制造有限公司	AA−	AA	AA	中诚信
135	大陆泰密克汽车系统(上海)有限公司	—	—	AA	中诚信
136	上海赛科利汽车模具技术应用有限公司	A+	A+	AA	中诚信
137	上海拖拉机内燃机有限公司	AA	AA	AA	中诚信
138	上海电力修造总厂有限公司	—	—	AA	中誉
139	上海双立人亨克斯有限公司	AA	AA	AA	新世纪
140	劲霸男装(上海)有限公司	—	—	AA	中誉
141	上海杰隆生物制品股份有限公司	AA	AA	AA	中誉
142	上海大屯能源股份有限公司	—	—	AA	新世纪
143	大众交通(集团)股份有限公司	AA	AA	AA	新世纪
144	中航国际租赁有限公司	AA−	AA−	AA	中诚信
145	国药控股国大药房有限公司	—	—	AA	中誉
146	中国石化销售有限公司华东分公司	—	—	AA	华杰
147	中船第九设计研究院工程有限公司	AAA−	AAA−	AA	华杰

(续表)

序号	企 业 名 称	2011 年	2012 年	2013 年	评级机构
148	中港疏浚有限公司	AA	AA	AA	新世纪
149	上海隧道工程股份有限公司	AA	AA	AA	中诚信
150	上海美国学校	AA+	AA+	AA	华杰
151	上海师范大学	AA	AA	AA	远东
152	上海应用技术学院	AA	AA	AA	远东
153	上海金融学院	AA−	AA	AA	远东
154	上海世博土地控股有限公司	AAA	AA	AA	鹏元
155	上海申虹投资发展有限公司	AA	AA	AA	新世纪
156	上海交通投资(集团)有限公司	A+	AA−	AA	中诚信
157	阿特拉斯.科普柯(中国)投资有限公司	AA	AA	AA	联合
158	上海复星高科技(集团)有限公司	AA−	AA−	AA	新世纪
159	上海大众公用事业(集团)股份有限公司	AA	AA	AA	新世纪
160	上海汽车工业销售有限公司	AA	AA	AA	中诚信
161	上海虹桥经济技术开发区联合发展有限公司	AA	AA	AA	中诚信
162	上海联和投资有限公司	AA	AA	AA	中诚信
163	上海金桥出口加工区开发股份有限公司	AA	AA	AA	中诚信
164	上海闵行联合发展有限公司	AA	AA	AA	中诚信
165	上海青草沙投资建设发展有限公司	AA	AA	AA	新世纪
166	上海西郊国际农产品交易有限公司	AA	AA	AA	中诚信
167	上海新华发行集团有限公司(复议)	AA−	AA	AA	新世纪
168	上海豫园旅游商城股份有限公司	AA	AA	AA	新世纪
169	上海核工程研究设计院	AA	AA	AA	中诚信
170	中国建材国际工程集团有限公司	AA	AA	AA	中誉
171	上海新天地广场有限公司	A	A+	AA−	华杰
172	上海兴启房地产有限公司	A	A+	AA−	华杰
173	新资房地产开发(上海)有限公司	AA−	AA	AA−	联合
174	上海金光外滩置地有限公司	AA−	AA−	AA−	远东
175	上海恒大建材市场管理股份有限公司	AA−	AA−	AA−	中誉
176	复地(集团)股份有限公司	AA−	AA−	AA−	新世纪
177	上海城投置地(集团)有限公司	AA−	—	AA−	远东
178	上海浦东新区香格里拉酒店有限公司	AA−	AA−	AA−	大公
179	上海新国际博览中心有限公司	A+	AA−	AA−	远东
180	上海春秋国际旅行社(集团)有限公司	—	—	AA−	华杰
181	上海市水利工程设计研究院有限公司	AA−	AA−	AA−	远东
182	国际商业机器(中国)有限公司	AA	AAA−	AA−	远东
183	优特埃国际物流(中国)有限公司	AA−	AA−	AA−	大公
184	德邦物流股份有限公司	BBB+	A	AA−	华杰
185	上海畅联国际物流有限公司	A	A+	AA−	新世纪

（续表）

序号	企 业 名 称	2011年	2012年	2013年	评级机构
186	欧西爱司物流(上海)有限公司	—	A+	AA−	中诚信
187	上海华为技术有限公司	AA	AA−	AA−	华杰
188	中达电通股份有限公司	—	AA−	AA−	远东
189	上海良信电器股份有限公司	—	A+	AA−	远东
190	上海宝临电气集团有限公司	AA−	A	AA−	远东
191	上海雷诺尔科技股份有限公司	A	AA	AA−	中诚信
192	华东理工大学华昌聚合物有限公司	AA−	A+	AA−	华杰
193	立邦涂料(中国)有限公司	AA−	AA−	AA−	新世纪
194	上海奇想青晨新材料科技股份有限公司	A	AA−	AA−	远东
195	上海飞凯光电材料股份有限公司	—	—	AA−	中誉
196	上海福伊特水电设备有限公司	—	—	AA−	大公
197	上海南华兰陵电气有限公司	A	A	AA−	联合
198	上海电气(集团)总公司	AA−	AA−	AA−	鹏元
199	上海春日机械工业有限公司	AA−	AA−	AA−	新世纪
200	上海中科电气(集团)有限公司	AA−	AA−	AA−	新世纪
201	上海连成(集团)有限公司	AA−	AA−	AA−	新世纪
202	上海唯赛勃环保科技股份有限公司	AA	AA	AA−	新世纪
203	上海岱美汽车内饰件股份有限公司	AA−	AA−	AA−	新世纪
204	麦格纳汽车镜像(上海)有限公司	—	—	AA−	远东
205	上海蓝滨石化设备有限责任公司	AA−	AA−	AA−	远东
206	上海浦东电线电缆(集团)有限公司	AA	A+	AA−	远东
207	上海凯波特种电缆料厂有限公司	A	A+	AA−	远东
208	上海集优机械股份有限公司	AA−	AA−	AA−	中诚信
209	德尔福(上海)动力推进系统有限公司	AA−	AA	AA−	中诚信
210	上海中国弹簧制造有限公司	A	A+	AA−	中诚信
211	延锋伟世通汽车电子有限公司	AA−	AA	AA−	中诚信
212	上海瑞尔实业有限公司	AA	A−	AA−	中誉
213	上海世纪出版股份有限公司	AA	AA	AA−	华杰
214	上海杉杉科技有限公司	—	AA−	AA−	新世纪
215	上海航天设备制造总厂	—	—	AA−	新世纪
216	上海梅林正广和股份有限公司	BBB−	AA−	AA−	华杰
217	上海红双喜股份有限公司	AA−	AA−	AA−	华杰
218	舒驰容器(上海)有限公司	AA−	AA−	AA−	华杰
219	上海罗莱投资控股有限公司	—	—	AA−	万隆
220	宇旭时装(上海)有限公司	AA−	A+	AA−	万隆
221	衣念(上海)时装贸易有限公司	AA−	AA−	AA−	万隆
222	上海江崎格力高食品有限公司	A+	A+	AA−	新世纪
223	上海嘉麟杰纺织品股份有限公司	AA	AA	AA−	新世纪

（续表）

序号	企 业 名 称	2011 年	2012 年	2013 年	评级机构
224	上海现代制药股份有限公司	—	AA	AA—	新世纪
225	通用电气照明有限公司	AA—	AA—	AA—	新世纪
226	上海复旦复华药业有限公司	AA	AA—	AA—	新世纪
227	上海大道包装隔热材料有限公司	—	—	AA—	远东
228	上海紫江(集团)有限公司	AA—	AA	AA—	远东
229	上海景峰制药股份有限公司	BBB+	A—	AA—	远东
230	上海东方希望动物营养食品有限公司	A	AA—	AA—	远东
231	上海金枫酒业股份有限公司	—	—	AA—	中诚信
232	上海海隆赛能新材料有限公司	A—	AA—	AA—	中诚信
233	福耀集团(上海)汽车玻璃有限公司	—	AA—	AA—	中誉
234	上海绿新包装材料科技股份有限公司	AA	—	AA—	中誉
235	上海新型建材岩棉有限公司	—	—	AA—	中誉
236	上海强生控股股份有限公司	AA	AA	AA—	华杰
237	上海申通地铁集团有限公司	AA—	AA—	AA—	联合
238	神华中海航运有限公司	—	AA—	AA—	中诚信
239	上海北海船务股份有限公司	AA+	AA	AA—	中誉
240	上海化学工业区中法水务发展有限公司	AA+	AA+	AA—	华杰
241	上海漕泾热电有限责任公司	A+	AA—	AA—	新世纪
242	上海益民商业集团股份有限公司	A+	AA—	AA—	华杰
243	上海市糖业烟酒(集团)有限公司	AA+	AA+	AA—	华杰
244	宝钢资源有限公司	AA	AA	AA—	新世纪
245	松下电器机电(中国)有限公司	AA—	A+	AA—	中诚信
246	上海伊藤忠商事有限公司	AA—	AA—	AA—	中诚信
247	上海市建设工程有限公司	A+	AA—	AA—	联合
248	上海市水利工程集团有限公司	AA—	AA	AA—	新世纪
249	上海建工五建集团有限公司	—	AA—	AA—	新世纪
250	上海交通建设总承包有限公司	—	AA	AA—	新世纪
251	舜元建设(集团)有限公司	AA—	AA—	AA—	新世纪
252	中铁二十四局集团有限公司	—	A+	AA—	新世纪
253	上海名华工程建筑有限公司	AA—	A+	AA—	远东
254	上海海事大学	AA—	AA+	AA—	华杰
255	复旦大学附属金山医院	A+	A+	AA—	远东
256	上海商学院	AA+	AA+	AA—	中誉
257	上海宝山城乡建设投资经营有限公司	AA	AA	AA—	中誉
258	中信兴业投资集团有限公司	AA—	AA—	AA—	联合
259	中信基建投资有限公司	AA	AA—	AA—	联合
260	上海盛瀚投资有限公司	AA—	AA—	AA—	联合
261	上海金桥(集团)有限公司	AA—	AA—	AA—	新世纪

（续表）

序号	企 业 名 称	2011年	2012年	2013年	评级机构
262	拜耳(中国)有限公司	A	—	AA—	新世纪
263	上海协通(集团)有限公司	A	A+	AA—	远东
264	上海化学工业区公共管廊有限公司	AA—	AA—	AA—	中诚信
265	上海交运集团股份有限公司	AA—	AA—	AA—	中诚信
266	上海商城	AA—	AA—	AA—	中誉
267	上海中山医疗科技发展公司	AA—	A+	AA—	中誉
268	上海华庆房地产开发有限公司	A	A	A+	华杰
269	上海东樱房地产有限公司	A	A+	A+	鹏元
270	上海九百城市广场有限公司	A	A	A+	新世纪
271	上海岳峰置业开发有限公司	BB+	BBB	A+	远东
272	上海新茂房地产开发有限公司	A+	A+	A+	远东
273	裕廊腾飞置业(上海)有限公司	A+	A+	A+	中诚信
274	上海银汇房地产发展有限公司	—	A—	A+	华杰
275	上海古北(集团)有限公司	A	AA—	A+	新世纪
276	上海万源房地产开发有限公司	A	A	A+	远东
277	上海新黄浦置业股份有限公司	A—	A—	A+	远东
278	上海东方金融广场企业发展有限公司	A	A—	A+	中诚信
279	和记黄埔地产(上海)陆家嘴有限公司	A+	A+	A+	中诚信
280	上海小南国餐饮有限公司	A+	A	A+	中诚信
281	中国石化集团上海海洋石油局	A	A—	A+	鹏元
282	上海中和软件有限公司	A—	A+	A+	远东
283	花旗软件技术服务(上海)有限公司	—	A+	A+	中诚信
284	上海金桥信息股份有限公司	A	A+	A+	中诚信
285	上海电影股份有限公司	—	—	A+	中誉
286	东方航空物流有限公司	—	A+	A+	新世纪
287	上海安吉通汇汽车物流有限公司	A+	A+	A+	中诚信
288	展讯通信(上海)有限公司	A+	AA—	A+	大公
289	上海大唐移动通信设备有限公司	A+	A+	A+	新世纪
290	上海东洲罗顿通信股份有限公司	BBB+	A	A+	新世纪
291	上海鸿辉光通科技股份有限公司	—	A	A+	远东
292	上海凯虹电子有限公司	—	—	A+	远东
293	格科微电子(上海)有限公司	—	A+	A+	远东
294	上海江森自控汽车电子有限公司	A—	A	A+	中诚信
295	上海宏和电子材料有限公司	A—	A—	A+	中诚信
296	上海航空电器有限公司	—	—	A+	中诚信
297	上海日港置信非晶体金属有限公司	—	—	A+	中诚信
298	上海长园维安电子线路保护有限公司	—	—	A+	中誉
299	上海中发电力自动化有限公司	A	A	A+	中誉

（续表）

序号	企　业　名　称	2011年	2012年	2013年	评级机构
300	上海复旦张江生物医药股份有限公司	A－	—	A＋	华杰
301	上海抚佳精细化工有限公司	—	BBB＋	A＋	华杰
302	上海石化比欧西气体有限责任公司	A＋	A＋	A＋	新世纪
303	双钱集团股份有限公司	BBB＋	BBB＋	A＋	新世纪
304	先尼科化工(上海)有限公司	AA	AA	A＋	新世纪
305	上海台界化工有限公司	—	A	A＋	远东
306	上海大赛璐塑料工业有限公司	A－	A＋	A＋	中诚信
307	上海赛科石油化工有限责任公司	AAA	AA	A＋	中诚信
308	上海花王化学有限公司	A	A＋	A＋	中诚信
309	上海高桥-巴斯夫分散体有限公司	AA－	AA－	A＋	中诚信
310	上海富臣化工有限公司	A	A＋	A＋	中诚信
311	上海百雀羚日用化学有限公司	—	BBB＋	A＋	中诚信
312	圣戈班韩格拉斯世固锐特玻璃(上海)有限公司	—	—	A＋	中诚信
313	上海东升新材料有限公司	A＋	A	A＋	中诚信
314	上纬(上海)精细化工有限公司	—	—	A＋	中诚信
315	上海明治橡胶制品有限公司	A＋	A＋	A＋	中诚信
316	上海电器股份有限公司人民电器厂	A	AA－	A＋	大公
317	上海克莱德贝尔格曼机械有限公司	—	A	A＋	大公
318	上海沪工焊接集团股份有限公司	—	A	A＋	华杰
319	上海交运汽车动力系统有限公司	—	A＋	A＋	华杰
320	上海快鹿电线电缆有限公司	AA	A＋	A＋	华杰
321	上工申贝(集团)股份有限公司	BBB－	BBB＋	A＋	华杰
322	上海江南长兴造船有限责任公司	AA	AA	A＋	华杰
323	上海采埃孚伦福德底盘技术有限公司	A	A	A＋	联合
324	上海中发电气(集团)股份有限公司	A＋	A＋	A＋	联合
325	上海浦江缆索股份有限公司	A－	A	A＋	鹏元
326	上海理研塑料有限公司	A＋	A－	A＋	鹏元
327	上海强邦印刷器材有限公司	—	A＋	A＋	鹏元
328	上海中欧国际企业集团有限公司	—	—	A＋	万隆
329	上海郎特汽车净化器有限公司	—	A＋	A＋	万隆
330	上海永固电力器材有限公司	AA	A＋	A＋	新世纪
331	上海一电集团有限公司	A－	A－	A＋	新世纪
332	上海中炼线材有限公司	AA	AA－	A＋	新世纪
333	上海华中实业(集团)有限公司	A	A	A＋	新世纪
334	上海科德轧辊表面处理有限公司	A＋	A＋	A＋	新世纪
335	上海华明电力设备制造有限公司	—	A＋	A＋	新世纪
336	上海华明高压电气开关制造有限公司	—	A＋	A＋	新世纪
337	上海保隆汽车科技股份有限公司	A	A＋	A＋	新世纪

（续表）

序号	企　业　名　称	2011年	2012年	2013年	评级机构
338	上海大侨允德机械工业有限公司	—	A−	A+	新世纪
339	上海汇众萨克斯减振器有限公司	—	—	A+	新世纪
340	上海爱知锻造有限公司	A	A+	A+	新世纪
341	上海华电阀门集团有限公司	A+	A	A+	新世纪
342	上海飞和压缩机制造有限公司	—	BBB+	A+	远东
343	上海飞机制造有限公司	A+	A+	A+	远东
344	上海福尔欣线缆有限公司	BBB+	BBB+	A+	远东
345	上海东方泵业(集团)有限公司	A	A	A+	远东
346	上海第一机床厂有限公司	A	A+	A+	远东
347	恒天凯马股份有限公司	A+	A+	A+	远东
348	上海加冷松芝汽车空调股份有限公司	AA−	AA−	A+	远东
349	三菱电机上海机电电梯有限公司	A+	A	A+	中诚信
350	海德堡印刷设备(上海)有限公司	A−	A	A+	中诚信
351	住友电工(上海)电子线制品有限公司	A+	A+	A+	中诚信
352	上海屹丰汽车模具制造有限公司	A	A	A+	中诚信
353	上海特波电机有限公司	AA−	AA−	A+	中诚信
354	上海创力集团股份有限公司	A+	A+	A+	中诚信
355	日泰(上海)汽车标准件有限公司	BBB+	A−	A+	中诚信
356	上海东方雨虹防水技术有限责任公司	A+	BBB	A+	中诚信
357	上海普利特复合材料股份有限公司	—	A+	A+	中诚信
358	上海贺利氏工业技术材料有限公司	A+	A+	A+	中誉
359	上海永裕塑胶有限公司	A−	A	A+	大公
360	上海莘威运动品有限公司	BBB+	A	A+	大公
361	上海大昭和有限公司	A+	A	A+	华杰
362	上海水星家用纺织品股份有限公司	—	A+	A+	华杰
363	上海古鳌电子科技股份有限公司	A	A−	A+	华杰
364	水星控股集团有限公司	—	AA	A+	万隆
365	上海百诺食品有限公司	A+	AA−	A+	新世纪
366	上海好成食品发展有限公司	AA−	A	A+	新世纪
367	上海宝钢包装股份有限公司(复议)	A−	A+	A+	新世纪
368	上海新农饲料有限公司	—	A−	A+	远东
369	上海老凤祥有限公司	A−	A	A+	远东
370	上海紫江企业集团股份有限公司	AA	AA	A+	远东
371	上海亚大汽车塑料制品有限公司	—	A+	A+	中诚信
372	上海亚大塑料制品有限公司	A	A+	A+	中诚信
373	华德塑料制品有限公司	—	A	A+	中诚信
374	沪杭铁路客运专线股份有限公司	A+	A+	A+	新世纪
375	华能上海燃机发电有限责任公司	A	A+	A+	鹏元

（续表）

序号	企业名称	2011年	2012年	2013年	评级机构
376	上海闸电燃气轮机发电有限公司	—	A+	A+	新世纪
377	上海青浦工业园区热电有限公司	A+	A+	A+	远东
378	上海浦东燃气发展有限公司	—	A	A+	远东
379	上海市城市排水有限公司	A+	A+	A+	中诚信
380	上海电气租赁有限公司	A	A+	A+	大公
381	恒信金融租赁有限公司	A	A+	A+	中诚信
382	百家好(上海)时装有限公司	—	A	A+	万隆
383	上海汇之星汽车维修服务有限公司	AA	A+	A+	新世纪
384	上海新世界股份有限公司	A+	A+	A+	新世纪
385	上海永达汽车集团有限公司	—	AA	A+	新世纪
386	上海迪信电子通信技术有限公司	AA	A+	A+	中诚信
387	上海东铪商贸有限公司	A−	A−	A+	华杰
388	哈威油液压技术(上海)有限公司	—	A+	A+	联合
389	日立建机(上海)有限公司	AA	A+	A+	中诚信
390	克丽缇娜(上海)贸易有限公司	—	BBB	A+	中诚信
391	开德阜国际贸易(上海)有限公司	BBB+	A−	A+	中诚信
392	三井物产(上海)贸易有限公司	A	A	A+	中诚信
393	上海华长贸易有限公司	A	A	A+	中诚信
394	蝶理(中国)商业有限公司	A−	A+	A+	中誉
395	上海启耀金属有限公司	BB	BBB	A+	中誉
396	上海邵万生商贸有限公司	A	A	A+	中誉
397	中盐上海市盐业公司	—	—	A+	中誉
398	东亚联合控股(集团)有限公司	A+	A	A+	鹏元
399	上海延华智能科技(集团)股份有限公司	A	BBB	A+	新世纪
400	上海金安泰建筑安装工程有限公司	A+	A+	A+	新世纪
401	上海南汇发展(集团)有限公司	A+	A+	A+	新世纪
402	上海方天建设(集团)有限公司	A	—	A+	远东
403	上海沈飞新型幕墙工程有限公司	—	—	A+	远东
404	上海江南建设工程总承包有限责任公司	—	A+	A+	中诚信
405	上海航天计算机技术研究所	—	—	A+	华杰
406	上海市土地储备中心	A	A	A+	鹏元
407	上海电力学院	A	A+	A+	鹏元
408	上海市浦东新区南汇中心医院	A+	A	A+	新世纪
409	上海市浦东新区土地储备中心	A+	A+	A+	新世纪
410	上海电机学院	A	A+	A+	新世纪
411	上海松江城镇建设投资开发有限公司	A−	A−	A+	新世纪
412	上海大盛资产有限公司	—	A+	A+	新世纪
413	上海华虹(集团)有限公司	A+	A+	A+	新世纪

（续表）

序号	企 业 名 称	2011年	2012年	2013年	评级机构
414	采埃孚(中国)投资有限公司	A	A	A+	中诚信
415	上海昊元(集团)有限公司	—	A	A+	中诚信
416	上海证大投资发展有限公司	A	A+	A+	中诚信
417	中远太平洋(中国)投资有限公司	—	—	A+	中誉
418	上海张江(集团)有限公司	A	A	A+	新世纪
419	上海紫竹高新区(集团)有限公司	A+	AA—	A+	远东
420	杉杉控股有限公司	AA—	AA	A+	联合
421	上海同济科技实业股份有限公司	A—	A—	A+	新世纪
422	上海华东电脑股份有限公司	—	—	A+	新世纪
423	上海复星产业投资有限公司	A	A	A+	新世纪
424	西上海汽车服务股份有限公司	—	A+	A+	远东
425	上海数讯信息技术有限公司	—	A+	A+	中诚信
426	上海龙创节能系统股份有限公司	—	A+	A+	中诚信
427	上海利丰物业管理有限公司	BBB—	BBB+	A	大公
428	上海世界贸易商城有限公司	A—	A—	A	华杰
429	上海陆家嘴商务广场有限公司	A+	A	A	联合
430	上海星峡置业有限公司	AA—	A	A	联合
431	上海中建投资有限公司	BBB	A	A	远东
432	上海新金穗实业(集团)股份有限公司	BBB+	A	A	远东
433	上海金山市场有限公司	A—	A	A	远东
434	上海桥梓湾实业有限公司	A—	A—	A	远东
435	上海碧峰房地产发展有限公司	BBB—	BBB	A	远东
436	上海越洋房地产开发有限公司	BBB+	A—	A	中诚信
437	上海金顺房地产有限公司	A—	A—	A	中诚信
438	华润(上海)房地产开发有限公司	—	BBB	A	大公
439	上海鹏利置业发展有限公司	A	A—	A	大公
440	上海天祥华侨城投资有限公司	BBB+	A—	A	大公
441	上海浦之威投资有限公司	BBB+	BBB+	A	联合
442	上海张江微电子港有限公司	A+	A—	A	新世纪
443	绿地控股集团有限公司	BBB+	BBB+	A	新世纪
444	上海仁恒杨浦房地产有限公司	A	A	A	中诚信
445	中华企业股份有限公司	A	A	A	中诚信
446	保利置业集团有限公司	BBB—	BBB	A	中诚信
447	上海鹏晨联合实业有限公司	A—	A—	A	中誉
448	上海世茂股份有限公司	A—	A—	A	中誉
449	上海瀛浦置业有限公司	B	A	A	中誉
450	上海市黄浦江行人隧道联合发展有限公司	A—	A—	A	新世纪
451	中国金茂(集团)有限公司	AA—	A	A	新世纪

（续表）

序号	企 业 名 称	2011 年	2012 年	2013 年	评级机构
452	上海绿捷快餐有限公司	BBB+	A+	A	远东
453	上海新旺餐饮管理有限公司	—	—	A	中诚信
454	上海大众空港宾馆有限公司	A	A	A	中誉
455	上海昂立教育科技有限公司	—	—	A	华杰
456	杉德银卡通信息服务有限公司	A−	BBB	A	鹏元
457	上海恒为信息科技有限公司	—	—	A	新世纪
458	上海东方典当有限公司	—	A	A	中誉
459	上海金丰易居房地产顾问有限公司	—	—	A	中誉
460	上海鸿盛港泰海运有限公司	—	A+	A	大公
461	中海集装箱运输股份有限公司	AA	A−	A	华杰
462	上海经贸山九储运有限公司	A+	A+	A	鹏元
463	上海浦航石油有限公司	—	A+	A	新世纪
464	上海韵达货运有限公司	—	—	A	远东
465	上海高信国际物流有限公司	A+	A+	A	中诚信
466	中国外运华东有限公司	A+	A+	A	中诚信
467	上海环世捷运物流有限公司	—	BBB	A	中誉
468	上海宝钢商贸有限公司	A+	A	A	新世纪
469	上海新进半导体制造有限公司	AA−	AA−	A	大公
470	上海电表厂有限公司	—	A−	A	鹏元
471	新宸宜(上海)实业发展有限公司	A−	A+	A	鹏元
472	上海徕木电子股份有限公司	—	A	A	鹏元
473	上海特殊陶业有限公司	BBB	BBB+	A	新世纪
474	上海仪电控股(集团)公司	A	A+	A	新世纪
475	上海日东光学有限公司	A−	A−	A	新世纪
476	上海华虹 NEC 电子有限公司	A	A+	A	新世纪
477	芯发威达电子(上海)有限公司	A	A	A	新世纪
478	德明通讯(上海)股份有限公司	—	—	A	新世纪
479	上海长丰智能卡有限公司	AA	AA	A	远东
480	上海展华电子有限公司	BB−	BBB−	A	远东
481	上海凯虹科技电子有限公司	—	—	A	远东
482	上海先进半导体制造股份有限公司	A+	A+	A	中诚信
483	上海韦尔半导体股份有限公司	—	—	A	中诚信
484	龙旗科技(上海)有限公司	—	—	A	中誉
485	上海贝尔股份有限公司	AAA	AAA	A	中誉
486	中国石化上海石油化工股份有限公司	AAA−	AA−	A	华杰
487	上海华林工业气体有限公司	A	A+	A	联合
488	中涂化工(上海)有限公司	A	A	A	鹏元
489	上海申星化工有限公司	A	A	A	新世纪

（续表）

序号	企 业 名 称	2011年	2012年	2013年	评级机构
490	上海图博可特石油管道涂层有限公司	—	A	A	新世纪
491	上海雅运纺织化工股份有限公司	BBB+	A−	A	新世纪
492	上海天坛助剂有限公司	A−	A−	A	新世纪
493	中国石油化工股份有限公司润滑油上海分公司	—	—	A	新世纪
494	上海万溯化学有限公司	—	—	A	新世纪
495	上海国际油漆有限公司	—	A	A	新世纪
496	上海联恒异氰酸酯有限公司	A	A	A	新世纪
497	上海锦湖日丽塑料有限公司	A−	A	A	远东
498	巴斯夫催化剂(上海)有限公司	BBB	BBB−	A	远东
499	巴斯夫聚氨酯特种产品(中国)有限公司	BB	BB+	A	远东
500	巴斯夫上海涂料有限公司	A+	BBB	A	远东
501	上海长光企业发展有限公司	BBB+	A	A	远东
502	圣莱科特化工(上海)有限公司	A+	BBB	A	中诚信
503	上海康鹏化学有限公司	—	—	A	中诚信
504	上海电气集团上海电机厂有限公司	—	A	A	大公
505	斯帝尔模具(上海)有限公司	—	A	A	大公
506	上海恒锦动力科技有限公司	A−	A−	A	华杰
507	上海飞众汽车配件有限公司	A−	A−	A	华杰
508	中变集团上海变压器有限公司	A	A	A	华杰
509	上海上力叉车有限公司	—	A	A	华杰
510	上海清河机械有限公司	A	A+	A	华杰
511	人民电器集团上海有限公司	BBB+	A+	A	华杰
512	威迩徕德电力设备(上海)有限公司	—	A	A	华杰
513	上海空间电源研究所	A−	—	A	华杰
514	上海日立电器有限公司	A−	A−	A	华杰
515	上海中发开关有限公司	A	A	A	联合
516	上海胜华电缆(集团)有限公司	BBB+	A	A	联合
517	中发电气股份有限公司	AA−	A	A	联合
518	上海高桥电缆集团分支电缆有限公司	BBB+	BBB	A	鹏元
519	美诺精密压铸(上海)有限公司	A−	AA−	A	鹏元
520	上海日红钢板加工有限公司	A−	A	A	新世纪
521	正泰电气股份有限公司	A+	A	A	新世纪
522	上海三国精密机械有限公司	BBB+	BBB+	A	新世纪
523	上海佳力士机械有限公司	AA	AA	A	新世纪
524	上海东升焊接集团有限公司	A	A	A	新世纪
525	上海大众液压技术有限公司	AA−	AA−	A	新世纪
526	上海中天铝线有限公司	BBB−	BBB	A	新世纪
527	上海力池机械有限公司	—	BBB	A	新世纪

（续表）

序号	企　业　名　称	2011 年	2012 年	2013 年	评级机构
528	上海太阳机械有限公司	A+	A−	A	新世纪
529	上海西门子高压开关有限公司	A+	A	A	新世纪
530	上海北特科技股份有限公司	A+	A−	A	远东
531	上海贵衣缝纫设备有限公司	—	A−	A	远东
532	东风电子科技股份有限公司	A	A	A	远东
533	上海汽车空调配件有限公司	—	—	A	远东
534	上海工业自动化仪表研究院	—	—	A	远东
535	上海永冠商业设备有限公司	A−	A+	A	远东
536	上海新业锅炉高科技有限公司	—	AA	A	远东
537	上海格尔汽车附件有限公司	—	A−	A	远东
538	上海超滤压缩机净化设备有限公司	A	A	A	中诚信
539	上海华普电缆有限公司	A−	A	A	中诚信
540	京西重工(上海)有限公司	AA−	AA−	A	中诚信
541	上海飞奥燃气设备有限公司	A−	A	A	中诚信
542	上海光电医用电子仪器有限公司	—	—	A	中诚信
543	上海德奎久保田模具有限公司	—	—	A	中诚信
544	上海新闵重型锻造有限公司	—	—	A	中诚信
545	特吕茨施勒纺织机械(上海)有限公司	—	—	A	中诚信
546	上海捷众汽车冲压件有限公司	A+	A+	A	中誉
547	上海金涌模具有限公司	—	A−	A	中誉
548	上海劲嘉建材科技有限公司	—	BBB	A	华杰
549	上海建工材料工程有限公司	A−	A−	A	新世纪
550	上海宇培特种建材有限公司	A−	A	A	远东
551	上海森林特种钢门有限公司	A−	A	A	中诚信
552	上海华垒石材有限公司	BBB+	A−	A	中诚信
553	上海海泰钢管(集团)有限公司	BBB−	A	A	华杰
554	上海海希工业通讯设备有限公司	BBB	—	A	新世纪
555	上海奥达科股份有限公司	A	A	A	中诚信
556	上海通领汽车饰件有限公司	—	—	A	中诚信
557	法尔福钢绳(上海)有限公司	—	—	A	中誉
558	上海底特精密坚固件有限公司	—	—	A	中誉
559	上海密特印制有限公司	—	A	A	大公
560	上海亚明照明有限公司	—	A	A	华杰
561	上海东方教具有限公司	BBB+	A	A	新世纪
562	普利茂斯永乐胶带(上海)有限公司	BBB	A−	A	新世纪
563	上海超人电气有限公司	A	A+	A	新世纪
564	上海华潮丽恒电器有限公司	A−	A−	A	新世纪
565	上海飞乐音响股份有限公司	A+	A+	A	新世纪

（续表）

序号	企 业 名 称	2011年	2012年	2013年	评级机构
566	上海农乐生物制品股份有限公司	A	A	A	远东
567	上海清美绿色食品有限公司	BBB	A－	A	远东
568	上海金汇通创意设计发展股份有限公司	A＋	A＋	A	远东
569	上海紫江彩印包装有限公司	A	A	A	远东
570	上海张铁军珠宝集团有限公司	A	A	A	远东
571	上海紫泉包装有限公司	A＋	A＋	A	远东
572	上海紫泉标签有限公司	A－	A	A	远东
573	上海皮皮狗服饰股份有限公司	A	A	A	中诚信
574	上海罗氏制药有限公司	—	A	A	中诚信
575	上海新亚药业有限公司	A	A	A	中诚信
576	上海红富士家纺有限公司	A	A	A	中诚信
577	上海新通联包装股份有限公司	BBB	A	A	中诚信
578	箭牌糖类(上海)有限公司	A＋	A－	A	中诚信
579	上海嘉里食品工业有限公司	A－	A－	A	中诚信
580	安硕文教用品(上海)股份有限公司	BBB＋	BBB	A	中诚信
581	上海赛伦生物技术有限公司	—	BBB＋	A	中诚信
582	金光纸业(中国)投资有限公司	A	A	A	中诚信
583	上海进锡包装印刷有限公司	A	—	A	中诚信
584	大山合集团有限公司	A＋	AA	A	中誉
585	上海益民食品一厂(集团)有限公司	BBB	A	A	中誉
586	上海亚德林有色金属有限公司	A	A	A	远东
587	东方希望集团有限公司	AA－	AA－	A	远东
588	上海中科合臣股份有限公司	—	B	A	中诚信
589	上海海博出租汽车有限公司	A	A－	A	华杰
590	春秋航空股份有限公司	A	A	A	新世纪
591	上海申通地铁股份有限公司	—	A	A	中诚信
592	上海海博股份有限公司	A	A	A	中诚信
593	上海航空有限公司	A－	BBB	A	中誉
594	中国东方航空股份有限公司	A	A	A	中誉
595	中国东方航空集团公司	A	A	A	中誉
596	上海水务资产经营发展有限公司	A	A	A	华杰
597	上海南汇水务(集团)有限公司	A	A	A	新世纪
598	上海天然气管网有限公司	A	A	A	新世纪
599	上海南汇自来水有限公司	BB＋	BB＋	A	新世纪
600	上海液化天然气有限责任公司	A	A	A	中诚信
601	上海上电漕泾发电有限公司	A－	A－	A	中诚信
602	上海外高桥第三发电有限责任公司	A－	A－	A	中诚信
603	聚信国际租赁有限公司	—	A－	A	中誉

（续表）

序号	企　业　名　称	2011年	2012年	2013年	评级机构
604	华润(上海)有限公司	BBB－	BBB	A	中诚信
605	迅销(中国)商贸有限公司	—	—	A	中诚信
606	上海祥宝投资发展中心	BBB	A	A	中誉
607	上海申鑫国际贸易有限公司	—	A＋	A	大公
608	上海申能燃料有限公司	A－	AA－	A	华杰
609	中国航空油料有限责任公司上海分公司	BBB	A	A	华杰
610	中国石化化工销售有限公司华东分公司	A	A	A	华杰
611	捷豹路虎汽车贸易(上海)有限公司	A－	A	A	联合
612	安川电机(中国)有限公司	—	AA	A	鹏元
613	上海腾世达贸易有限公司	A－	BBB＋	A	鹏元
614	上海怡康化工材料有限公司	A－	A－	A	鹏元
615	上海岩谷有限公司	———	A	A	新世纪
616	上海怡达科技投资有限责任公司	A	A	A	远东
617	上海美特斯邦威服饰股份有限公司	A	A	A	远东
618	光明米业有限责任公司	—	—	A	中诚信
619	恩福商业(上海)有限公司	BBB＋	BBB＋	A	中诚信
620	三菱商事(上海)有限公司	A	A	A	中诚信
621	康达医疗器械(上海)有限公司	A	A	A	中誉
622	上海都市农商社有限公司	—	A	A	中誉
623	上海全筑建筑装饰集团股份有限公司	A＋	A	A	大公
624	中铁二十三局集团轨道交通工程有限公司	—	BBB	A	华杰
625	上海亚通通信工程有限公司	—	—	A	华杰
626	上海星宇建设集团有限公司	A＋	A	A	新世纪
627	中国建筑第八工程局有限公司	A	A	A	新世纪
628	红阳建设集团有限公司	A＋	A－	A	新世纪
629	上海宝冶集团有限公司	A＋	A＋	A	新世纪
630	上海东冠通信建设有限公司	—	A	A	新世纪
631	中建港务建设有限公司	A	A＋	A	新世纪
632	国核工程有限公司	—	—	A	中诚信
633	上海强劲地基工程股份有限公司	—	AA－	A	中诚信
634	中建七局(上海)有限公司	A＋	A	A	中誉
635	上海市虹口区土地发展中心	BBB	BBB＋	A	大公
636	上海嘉定区妇幼保健院	—	A	A	华杰
637	上海空间推进研究所	A＋	A－	A	华杰
638	上海交通大学医学院附属新华医院崇明分院	—	—	A	华杰
639	上海科学技术职业学院	A	A	A	鹏元
640	上海市浦东新区粮食署	A	BBB	A	中誉
641	上海复兴隧道建设发展有限公司	AA	A	A	华杰

（续表）

序号	企 业 名 称	2011年	2012年	2013年	评级机构
642	上海翔殷路隧道建设发展有限公司	A−	A−	A	华杰
643	上海长江隧桥建设发展有限公司	AA+	A+	A	华杰
644	上海申渝公路建设发展有限公司	A	A−	A	华杰
645	上海松江新城建设发展有限公司	A+	A	A	新世纪
646	上海浦东路桥建设股份有限公司	A	A	A	新世纪
647	上海大连路隧道建设发展有限公司	A−	A	A	远东
648	上海浦东土地控股(集团)有限公司	A+	A+	A	远东
649	上海浦东滨江开发建设投资有限公司	A	A	A	中诚信
650	上海环境实业有限公司	A−	A	A	中誉
651	上海青浦投资有限公司	A−	A−	A	中誉
652	上海国际汽车城(集团)有限公司	AA−	AA−	A	联合
653	上海工业投资(集团)有限公司	A	A	A	远东
654	上海海外联合投资股份有限公司	A−	A−	A	远东
655	罗氏(中国)投资有限公司	A	A	A	中诚信
656	上海远洋渔业有限公司	A	A	A	中诚信
657	上海盛融投资有限公司	A	A	A	中诚信
658	上海外经贸投资(集团)有限公司	A	A	A	中诚信
659	上海市漕河泾新兴技术开发区发展总公司	A	A	A	中诚信
660	上海申迪(集团)有限公司	A	A	A	中诚信
661	舍弗勒投资(中国)有限公司	—	A−	A	中诚信
662	福信集团有限公司	A−	A	A	中誉
663	上海综合保税区联合发展有限公司	A−	A−	A	联合
664	上海临港经济发展(集团)有限公司	A	A	A	联合
665	上海复旦科技园股份有限公司	A	A	A	鹏元
666	上海张江集成电路产业区开发有限公司	A	A	A	新世纪
667	上海金桥出口加工区联合发展有限公司	A	A	A	中诚信
668	上海滨江国际旅游度假区开发有限公司	—	—	A	中诚信
669	上海闵联临港联合发展有限公司	A	A	A	中诚信
670	上海公路投资建设发展有限公司	A	A	A	华杰
671	上海浦东轨道交通投资有限公司	A−	A−	A	新世纪
672	上海浦东现代产业开发有限公司	BBB+	A−	A	新世纪
673	上海开创远洋渔业有限公司	A	A	A	华杰
674	全华网络有限公司	A	A	A	联合
675	衣恋时装(上海)有限公司	A+	A	A	万隆
676	宝钢金属有限公司	A−	A	A	新世纪
677	上海华鑫股份有限公司(复议)	A−	A+	A	新世纪
678	上海复旦复华科技股份有限公司	A	A	A	新世纪
679	西上海(集团)有限公司	A+	A+	A	远东

（续表）

序号	企 业 名 称	2011 年	2012 年	2013 年	评级机构
680	上海恒大(集团)有限公司	A	A	A	远东
681	上海博达数据通信有限公司	A	A	A	中诚信
682	上海交大教育服务产业投资管理(集团)有限公司	A	A—	A	中诚信
683	上海亚同环保实业股份有限公司	—	—	A	中诚信
684	上海印纪广告有限公司	A	A	A	中诚信
685	上海印迹广告有限公司	A—	A	A	中诚信
686	上海博天信息科技有限公司	A	A	A	中诚信
687	上海东方通用航空有限公司	—	—	A	中誉
688	上海淮海商业(集团)有限公司	A+	A	A	中誉
689	力宝置业(上海)有限公司	—	A—	A—	华杰
690	上海福乐思特房地产发展有限公司	BBB—	A—	A—	华杰
691	上海药谷药业有限公司	BBB+	A—	A—	华杰
692	上海神旺房地产有限公司	BBB—	A	A—	华杰
693	上海东方维京文化发展有限公司	BBB+	BBB+	A—	华杰
694	上海兰生房产实业有限公司	A—	A—	A—	联合
695	红星美凯龙家居集团股份有限公司	BB+	A—	A—	万隆
696	上海永达置业发展有限公司	BBB+	A—	A—	新世纪
697	维纶(上海)仓储服务有限公司	BBB	BBB	A—	新世纪
698	上海新金桥广场实业有限公司	BB	BB	A—	远东
699	上海申新(集团)有限公司	BBB+	BBB—	A—	远东
700	上海新世界淮海物业发展有限公司	A+	A	A—	中诚信
701	上海多福房地产发展有限公司	BBB+	BBB+	A—	中诚信
702	上海好来福家居市场经营管理有限公司	BBB+	BBB+	A—	中诚信
703	上海市金辉工业房地产发展公司	—	—	A—	中诚信
704	上海八六三软件孵化器有限公司	BBB—	BBB	A—	中诚信
705	上海新陆二房地产有限公司	B	A—	A—	中诚信
706	上海新陆三房地产有限公司	BB	A—	A—	中诚信
707	上海置信(集团)有限公司	A—	—	A—	中诚信
708	上海金欣联合发展有限公司	BBB	A—	A—	中誉
709	上海嘉宝实业(集团)股份有限公司	A+	A—	A—	华杰
710	上海北亚华欣置业有限公司	BB—	B+	A—	华杰
711	上海中环投资开发(集团)有限公司	A—	A—	A—	联合
712	上海南房(集团)有限公司	BBB	BBB+	A—	联合
713	上海西郊庄园资产经营管理有限公司	A—	A—	A—	联合
714	上海万业企业股份有限公司	A+	A—	A—	新世纪
715	上海信达银泰置业有限公司	A—	A—	A—	新世纪
716	三林万业(上海)企业集团有限公司	A—	BBB	A—	新世纪
717	上海中星(集团)有限公司	A	A—	A—	新世纪

（续表）

序号	企 业 名 称	2011年	2012年	2013年	评级机构
718	上海顾村房地产开发(集团)有限公司	A—	A—	A—	新世纪
719	上海锦绣华城房地产开发有限公司	A	A—	A—	远东
720	上海城开(集团)有限公司	A—	BBB—	A—	远东
721	上海颐华房地产有限公司	—	—	A—	远东
722	汤臣海景花园(上海浦东新区)有限公司	A—	A—	A—	中诚信
723	上海松江方松建设投资有限公司	A—	—	A—	中诚信
724	上海中融置业集团有限公司	A—	A—	A—	中诚信
725	上海新长宁(集团)有限公司	A—	A—	A—	中誉
726	中船置业有限公司	BBB+	BBB+	A—	华杰
727	上海联和电影院线有限责任公司	—	BBB	A—	远东
728	上海丰收日(集团)有限公司	—	A	A—	中诚信
729	上海国信典当有限公司	BBB	—	A—	华杰
730	上海瑞慈健康体检管理股份有限公司	A	A	A—	万隆
731	上海蔬菜(集团)有限公司	BBB+	A—	A—	新世纪
732	上海师范大学天华学院	BBB+	A—	A—	新世纪
733	上海市教育发展有限公司	A	A	A—	远东
734	东风日产汽车金融有限公司	BBB	A—	A—	远东
735	医学之星(上海)租赁有限公司	A	A—	A—	远东
736	上海深水港船务有限公司	—	—	A—	中诚信
737	上海天华建筑设计有限公司	—	A	A—	中诚信
738	上海众恒信息产业股份有限公司	—	—	A—	中诚信
739	上海房屋置换股份有限公司	A—	A—	A—	中誉
740	上海新闻晚报传媒有限公司	A—	A—	A—	中誉
741	上海中冶职工医院	A—	A—	A—	中誉
742	锦海捷亚国际货运有限公司	A—	A—	A—	联合
743	东方国际物流(集团)有限公司	A—	A—	A—	鹏元
744	中铁物流上海有限公司	—	—	A—	鹏元
745	远成物流股份有限公司	A—	A	A—	万隆
746	上海圆通速递有限公司	BBB+	A—	A—	新世纪
747	中远集装箱运输有限公司	A+	A+	A—	中诚信
748	长发集团长江投资实业股份有限公司	BBB—	A—	A—	中诚信
749	中航国际物流有限公司	A	A—	A—	中诚信
750	博康智能网络科技股份有限公司	—	A	A—	大公
751	中国电子科技集团公司第三十二研究所	A—	A	A—	华杰
752	联芯科技有限公司	A	A	A—	新世纪
753	上海惠普有限公司	A—	A—	A—	远东
754	上海永继电气股份有限公司	A	BBB+	A—	远东
755	上海京瓷电子有限公司	AA—	A	A—	中诚信

（续表）

序号	企 业 名 称	2011年	2012年	2013年	评级机构
756	上海新傲科技股份有限公司	A—	BBB—	A—	中誉
757	佳通轮胎(中国)投资有限公司	A—	BBB—	A—	华杰
758	上海祥乐田村电化工业有限公司	A	BBB+	A—	鹏元
759	上海三银制漆有限公司	BBB	BBB+	A—	新世纪
760	上海东洋油墨制造有限公司	BBB+	BBB+	A—	新世纪
761	亚化科技(上海)有限公司	A	BBB+	A—	新世纪
762	上海温龙化纤有限公司	BBB	BB	A—	远东
763	上海氯碱化工股份有限公司	A—	A—	A—	远东
764	上海荣威塑胶工业有限公司	BBB	BBB	A—	远东
765	佩特化工(上海)有限公司	BBB	BBB+	A—	中诚信
766	华荣科技股份有限公司	—	—	A—	华杰
767	上海开维喜阀门集团有限公司	A—	BBB+	A—	华杰
768	上海江南船舶管业有限公司	A—	A—	A—	华杰
769	上海裕生特种线材有限公司	A—	A—	A—	华杰
770	上海艾克森新技术有限公司	A	A—	A—	联合
771	上海高桥橡套电缆有限公司	BBB	A	A—	鹏元
772	上海康适达轮圈有限公司	—	—	A—	鹏元
773	上海东洋电装有限公司	BBB	BBB+	A—	鹏元
774	上海力至优叉车制造有限公司	—	BBB+	A—	新世纪
775	纽福克斯光电科技(上海)有限公司	A	A—	A—	新世纪
776	上海人民低压电器有限公司	A	A	A—	新世纪
777	上海人民电力设备股份有限公司	A+	A—	A—	新世纪
778	上海汇大机械制造有限公司	—	A—	A—	新世纪
779	上海瑞华(集团)有限公司	A—	A—	A—	新世纪
780	上海南大集团有限公司	A	A—	A—	新世纪
781	上海海隆石油钻具有限公司	A—	A+	A—	新世纪
782	上海上塑控股(集团)有限公司	A	A	A—	远东
783	上海宝钢车轮有限公司	A	BBB—	A—	远东
784	上海安捷防火电缆有限公司	BB+	BBB+	A—	远东
785	上海德真工贸有限公司	—	A—	A—	远东
786	上海胜武电缆有限公司	—	A	A—	远东
787	上海宝临电器成套制造有限公司	A	A+	A—	远东
788	卡哥特科工业(中国)有限公司	BBB	BBB	A—	远东
789	宝钢钢构有限公司	—	A—	A—	远东
790	上海广电电气(集团)股份有限公司	A	A+	A—	远东
791	上海福宇龙汽车科技有限公司	—	BBB	A—	远东
792	上海埃锡尔数控机床有限公司	—	BBB+	A—	中诚信
793	登福机械(上海)有限公司	AA—	AA—	A—	中诚信

（续表）

序号	企 业 名 称	2011年	2012年	2013年	评级机构
794	上海松尾钢结构有限公司	A—	BBB	A—	中诚信
795	上海日野发动机有限公司	A	A	A—	中诚信
796	上海沃迪自动化装备股份有限公司	—	—	A—	中诚信
797	上海联合滚动轴承有限公司	—	—	A—	中诚信
798	上海置信电气非晶有限公司	—	—	A—	中诚信
799	上海畅汇实业发展有限公司	AA	AA—	A—	中誉
800	依必安派特电气(上海)有限公司	BBB+	BBB+	A—	中誉
801	上海英硕聚合材料股份有限公司	A+	A+	A—	联合
802	美建建筑系统(中国)有限公司	BBB+	BBB+	A—	万隆
803	书香门地(上海)新材料科技有限公司	—	—	A—	新世纪
804	上海洪铺钢结构工程有限公司	A+	A+	A—	远东
805	上海汤始建华管桩有限公司	—	BBB+	A—	远东
806	南方水泥有限公司	A—	A—	A—	中诚信
807	上海棱光实业股份有限公司	—	—	A—	中誉
808	上海永发金属钢管有限公司	A—	A—	A—	新世纪
809	上海新冠美家具有限公司	—	BBB+	A—	中诚信
810	集惠瑞曼迪斯(上海)环保科技发展有限公司	—	BBB+	A—	中诚信
811	上海泰伦针织制品有限公司	A—	A	A—	华杰
812	上海欧卡纺织品特种整理有限公司	—	A—	A—	华杰
813	好丽友食品(上海)有限公司	A—	A—	A—	华杰
814	上海中西三维药业有限公司	BBB+	BBB+	A—	华杰
815	上海胜华电气股份有限公司	BBB+	A—	A—	联合
816	上海胜华特种电缆有限公司	—	A—	A—	联合
817	上海胜华电缆厂有限公司	A	A—	A—	联合
818	上海玛珂琴业有限公司	—	A+	A—	鹏元
819	上海迪纳达时装有限公司	—	—	A—	鹏元
820	上海三菱电机、上菱空调机电器有限公司	—	BBB	A—	新世纪
821	日东电工(上海松江)有限公司	—	A	A—	新世纪
822	上海日之升新技术发展有限公司	—	A	A—	新世纪
823	上海奕方农业科技股份有限公司	—	A+	A—	新世纪
824	上海新龙塑料制造有限公司	BBB+	BBB+	A—	新世纪
825	上海佳田药用包装有限公司	A+	A—	A—	远东
826	上海申茂电磁线有限公司	A—	A—	A—	远东
827	上海农好饲料有限公司	BBB+	A—	A—	远东
828	上海红马饲料有限公司	—	BBB	A—	远东
829	巨圆纸业(上海)有限公司	A—	A—	A—	远东
830	上海紫泉饮料工业有限公司	BB	BBB	A—	远东
831	上海金丝猴食品股份有限公司	A	A—	A—	远东

（续表）

序号	企 业 名 称	2011年	2012年	2013年	评级机构
832	上海双鹿上菱企业集团有限公司	A	A—	A—	远东
833	上海康德莱企业发展集团股份有限公司	A	A	A—	远东
834	上海交大昂立股份有限公司	—	A—	A—	远东
835	上海中华药业有限公司	—	A	A—	中诚信
836	上海艺友金属制品有限公司	A—	A	A—	中诚信
837	上海石库门酿酒有限公司	—	—	A—	中诚信
838	上海宝翼制罐有限公司	A+	—	A—	中诚信
839	上海晨冠乳业有限公司	—	A—	A—	中诚信
840	上海海虹实业(集团)有限公司	—	A—	A—	中誉
841	上海龙头(集团)股份有限公司	BBB+	A—	A—	中誉
842	上海鹏欣矿业投资有限公司	—	BB—	A—	中誉
843	上海强生常宁出租汽车有限公司	A	A	A—	华杰
844	上海吉祥航空股份有限公司	A+	A+	A—	远东
845	上海嘉禾航运有限公司	—	A—	A—	中诚信
846	上海申能临港燃机发电有限公司	A—	BB	A—	新世纪
847	上海松江车墩自来水厂	—	A—	A—	远东
848	上海大众嘉定污水处理有限公司	BBB+	A	A—	中诚信
849	上海大众燃气有限公司	A—	A—	A—	中诚信
850	上海阳晨投资股份有限公司	BBB	A—	A—	中诚信
851	上海奉贤燃气有限公司	—	A—	A—	中诚信
852	上海燃气市北销售有限公司	—	—	A—	中诚信
853	上海巴安水务股份有限公司	—	—	A—	中誉
854	上海奉贤燃机发电有限公司	BBB+	A—	A—	中誉
855	上海浦东东方有线网络有限公司	—	—	A—	中诚信
856	上海同岳租赁有限公司	A—	A—	A—	远东
857	美联信金融租赁有限公司	BBB	A—	A—	中诚信
858	创富融资租赁(上海)有限公司	—	—	A—	中誉
859	上海大昌行众宾汽车销售服务有限公司	—	—	A—	大公
860	上海珠玉汇市有限公司	BBB+	BBB+	A—	远东
861	上海老凤祥首饰银楼有限公司	—	BBB—	A—	中誉
862	沃尔沃汽车销售(上海)有限公司	A—	A—	A—	大公
863	上海中核浦原有限公司	BBB—	BBB	A—	大公
864	上海新宇钟表集团有限公司	A—	A	A—	华杰
865	上海医药工业有限公司	A	A—	A—	华杰
866	瑞表企业管理(上海)有限公司	—	—	A—	华杰
867	上海华东电器(集团)有限公司	A+	A	A—	华杰
868	中国石化炼油销售有限公司	—	—	A—	华杰
869	标准银行(中国)商贸有限公司(标银投资咨询上海有限公司)	A—	—	A—	华杰

（续表）

序号	企 业 名 称	2011年	2012年	2013年	评级机构
870	上海润达医疗科技股份有限公司	—	A	A−	联合
871	上海宾利汽车销售有限公司	—	—	A−	联合
872	上海热浪实业有限公司	A	A−	A−	联合
873	酩悦轩尼诗帝亚吉欧洋酒(上海)有限公司	—	—	A−	联合
874	上海富天健粮油贸易有限公司	A−	A−	A−	鹏元
875	上海宏龙空调电器有限公司	AA−	AA−	A−	新世纪
876	上海日播实业有限公司	—	—	A−	新世纪
877	上海金象铝业有限公司	A+	A+	A−	新世纪
878	奥林巴斯贸易(上海)有限公司	—	A	A−	新世纪
879	国药控股分销中心有限公司	A+	A−	A−	新世纪
880	上海鼎信投资(集团)有限公司	BB	BBB+	A−	新世纪
881	欧士机(上海)精密工具有限公司	BBB+	A−	A−	新世纪
882	国电太阳能系统科技(上海)有限公司	BBB−	A−	A−	新世纪
883	丰田通商(上海)有限公司	BBB	BBB+	A−	新世纪
884	上海博世力士乐液压及自动化有限公司	—	—	A−	新世纪
885	惠普贸易(上海)有限公司	BBB	A	A−	远东
886	上海长江口商城股份有限公司	A+	A+	A−	远东
887	上海华信石油集团有限公司	—	BBB+	A−	远东
888	上海郑隆汽车销售有限公司	A+	A−	A−	远东
889	上海汇泽国际贸易有限公司	BBB	BBB+	A−	远东
890	上海三凯进出口有限公司	A−	A−	A−	中诚信
891	帕太国际贸易(上海)有限公司	—	A−	A−	中诚信
892	万向资源有限公司	A−	A−	A−	中诚信
893	爱普生(中国)有限公司上海分公司	—	BBB	A−	中誉
894	东昊石油集团有限公司	A−	A−	A−	中誉
895	上海伊禾农产品科技发展股份有限公司	BBB+	A−	A−	中誉
896	中机国能电力工程有限公司	—	A−	A−	大公
897	中铁上海工程局有限公司	—	—	A−	大公
898	中英海底系统有限公司	—	BBB	A−	华杰
899	上海叠加建设发展有限公司	A	A−	A−	新世纪
900	上海森信建设工程有限公司	A	A	A−	新世纪
901	上海嘉实(集团)有限公司	A+	A−	A−	新世纪
902	上海贝电实业(集团)股份有限公司	—	A−	A−	新世纪
903	中国二十冶集团有限公司	A	A	A−	新世纪
904	上海泛华工程有限公司	—	A−	A−	新世纪
905	中冶天工上海十三冶建设有限公司	A	A−	A−	新世纪
906	上海新世纪绿化建设有限公司	A−	A	A−	远东
907	上海玻机智能幕墙股份有限公司	—	—	A−	远东

（续表）

序号	企 业 名 称	2011年	2012年	2013年	评级机构
908	中国核工业第五建设有限公司	A—	A—	A—	中诚信
909	百世建设(集团)有限公司	—	BBB+	A—	中诚信
910	上海三航奔腾建设工程有限公司	A	BBB	A—	中誉
911	上海鑫众通信技术有限公司	—	—	A—	中誉
912	上海政法学院	A—	A	A—	远东
913	上海市浦东新区人民医院	BBB+	BBB+	A—	远东
914	上海市浦东新区公利医院	A+	A+	A—	远东
915	上海市浦东新区浦南医院	—	—	A—	中诚信
916	上海嘉定轨道交通建设投资有限公司	BBB+	A—	A—	华杰
917	上海嘉定公路建设发展有限公司	BBB—	BB	A—	华杰
918	上海国际汽车城新安亭联合发展有限公司	A—	A—	A—	联合
919	上海外滩投资开发(集团)有限公司	A—	A—	A—	新世纪
920	上海市松江区建设投资开发总公司	A—	A—	A—	新世纪
921	上海元封市政建设发展有限公司	BBB	BBB	A—	远东
922	上海卢浦大桥投资发展有限公司	A—	A—	A—	远东
923	上海长兴岛开发建设有限公司	A—	A—	A—	远东
924	上海公路建设总公司	A—	A—	A—	中诚信
925	上海市滩涂造地有限公司	A—	A—	A—	中诚信
926	空气化工产品(中国)投资有限公司	—	—	A—	大公
927	液化空气(中国)投资有限公司	A—	A	A—	大公
928	上海化学工业区投资实业有限公司	A—	A—	A—	联合
929	中船投资发展有限公司	—	—	A—	鹏元
930	上海城投资产经营有限公司	—	—	A—	新世纪
931	上海悦达新实业集团有限公司	A—	A—	A—	新世纪
932	上海大华企业发展有限公司	A—	A—	A—	远东
933	上海新世界(集团)有限公司	A—	A—	A—	中诚信
934	华宝投资有限公司	—	—	A—	中诚信
935	卡博特(中国)投资有限公司	—	A—	A—	中诚信
936	上海汽车工业开发发展有限公司	A	A	A—	中诚信
937	上海中城联盟投资管理股份有限公司	BBB+	A—	A—	中誉
938	上海漕河泾开发区新经济园发展有限公司	A	A—	A—	联合
939	上海临港经济发展集团投资管理有限公司	A—	A—	A—	联合
940	上海开创企业发展有限公司	BBB	A—	A—	联合
941	上海外高桥物流中心有限公司	A—	A—	A—	新世纪
942	上海张江生物医药基地开发有限公司	BBB	BBB	A—	新世纪
943	上海外高桥(集团)有限公司	A—	A—	A—	远东
944	上海市外高桥保税区新发展有限公司	A—	A—	A—	中诚信
945	上海青浦出口加工区开发有限公司	BBB	BBB	A—	中誉

（续表）

序号	企 业 名 称	2011年	2012年	2013年	评级机构
946	上海崇启通道建设发展有限公司	A	A－	A－	华杰
947	上海老港固废综合开发有限公司	BBB－	BBB	A－	新世纪
948	上海白龙港污水处理有限公司	—	A－	A－	中诚信
949	上海良友(集团)有限公司	A－	BBB＋	A－	远东
950	上海华腾软件系统有限公司	—	A	A－	中诚信
951	上海微创软件股份有限公司	AA	A	A－	中诚信
952	可口可乐企业管理(上海)有限公司	—	A＋	A－	中诚信
953	光明食品集团上海长江总公司	A－	A－	A－	中誉
954	海隆石油工业集团有限公司	A	A＋	A－	中誉
955	上海杰事杰新材料(集团)股份有限公司	BBB－	A－	A－	中誉
956	上海勘测设计研究院	A＋	A	A－	中誉
957	上海奉贤绿地小额贷款股份有限公司		A	A	中诚信
958	上海浦东新区张江小额贷款股份有限公司		BBB＋	A	中诚信
959	上海徐汇大众小额贷款股份有限公司		BBB	A－	中诚信

三、2013年度上海金融创新奖获奖项目名单

金融创新成果奖

特等奖

5年期国债期货(中国金融期货交易所)

一等奖

1. 黄金ETF(上海证券交易所、上海黄金交易所)

2. 综合理财服务创新(国泰君安证券股份有限公司)

3. 引入"工程质量潜在缺陷保险"积极推进上海住宅质量安全管理项目(中国太平洋财产保险股份有限公司)

4. 赛领国际投资基金(赛领资本管理有限公司)

二等奖

1. 连续交易创新项目(上海期货交易所)

2. 人民币远期运费协议中央对手清算(银行间市场清算所股份有限公司)

3. 便民缴费产品(中国银联股份有限公司)

4. NFC手机支付(上海浦东发展银行股份有限公司信用卡中心)

5. 融金通(中国银行股份有限公司上海人民币交易业务总部)

6. 小微金融银政合作浦东模式(上海银行股份有限公司小企业金融服务中心)

7. 致力打造跨境人民币流动资金管理"旗舰"(渣打银行(中国)有限公司)

8. 东证资管—阿里巴巴专项资产管理计划(东方证券资产管理有限公司)

9. "添富快线"(汇添富基金管理有限公司)

10. 创新投资国家重点基础设施养老金产品(长江养老保险股份有限公司)

11. 全民付(银联商务有限公司)

三等奖

1. 非上市股份有限公司交易结算系统(上海股权托管交易中心股份有限公司)

2. 虚拟化系统建设(中国证券登记结算有限公司上海分公司)

3. 电子商业汇票系统代理接入业务(中信银行股份有限公司上海分行)

4. 金穗—公共自行车IC联名卡(中国农业银行股份有限公司上海市分行)

5. 汽车消费联合贷款(上汽通用汽车金融有限责任公司)

6. 铂金系列·大中华债券投资集合资金信托计划(上海国际信托有限公司)

7. 柜台交易市场建设项目(海通证券股份有限公司)

8. 上证5年期国债交易型开放式指数证券投资基金(国泰基金管理有限公司)

9. 结构化ABCD产品(申银万国期货有限公司)

10. 分析型客户关系管理平台(ACRM)(中国太平洋保险(集团)股份有限公司)

11.《航运金融风险评估手册》与模型(中国财产再保险股份有限公司上海分公司)
12. 及时雨小微金融信息管理系统(上海嘉定及时雨小额贷款股份有限公司)
13. 小微企业商票质押融资担保(上海仲盟融资担保股份有限公司)

提名奖

1. 破解虹镇老街毛地出让地块旧区改造项目融资难题(国家开发银行股份有限公司上海市分行)
2. 智慧汽车金融项目(交通银行股份有限公司)
3. 华安黄金易(ETF)(华安基金管理有限公司)
4. 集体聚餐食品安全责任保险项目(安信农业保险股份有限公司)
5. 春宇"快贸通"中小企业综合金融服务项目(盈信保理(上海)有限公司)
6. 小微企业智能解决方案(通联支付网络服务有限公司)

金融创新推进奖

推进奖

1. 加强金融消费者权益保护,服务上海国际金融中心功能建设(中国人民银行金融消费权益保护局)
2. 创新债券融资机制支持上海经济发展(中国人民银行上海分行)
3. 商业银行个人理财产品台账登记系统(中国银行业监督管理委员会上海监管局)
4. 上海市地方标准《机动车辆保险理赔(物损)服务质量规范》(中国保险监督管理委员会上海监管局)
5. 以组织结构和产品为重点,推进上海地区基金公司创新转型(中国证券监督管理委员会上海监管局)
6. 推动支付机构开展跨境电子商务外汇支付业务试点(国家外汇管理局上海市分局)

提名奖

上海市第三方支付公司审计调查(审计署驻上海特派员办事处)

索　引

D

F

J

R

S

T

W

X

Y

Z

图书在版编目（CIP）数据

上海金融年鉴. 2014/《上海金融年鉴》编辑部编.
—上海：上海人民出版社,2014
ISBN 978-7-208-12674-9

Ⅰ. ①上… Ⅱ. ①上… Ⅲ. ①金融事业—上海市—2014—年鉴 Ⅳ. ①F832.751-54

中国版本图书馆 CIP 数据核字(2014)第267823号

责任编辑 顾兆敏
封面装帧 陈 楠

上海金融年鉴

(2014)

《上海金融年鉴》编辑部 编
世 纪 出 版 集 团
上海人民出版社出版
(200001 上海福建中路193号 www.ewen.co)
世纪出版集团发行中心发行
上海中华印刷有限公司印刷
开本 889×1194 1/16 印张 50.5 插页 38 字数 1,440,000
2014年12月第1版 2014年12月第1次印刷
ISBN 978-7-208-12674-9/F·2270
定价 300.00元

凝聚资本智慧
共拓非凡价值
股权融资 / 债权融资 / 兼并收购 / 证券经纪
资产管理 / 研究 / 证券投资 / 期货 / 直接投资
中银港股通，服务更专业
中银国际证券欢迎广大内地投资者参与港股市场投资
全国统一交易及客服热线：400-620-8888
中银国际 证券有限责任公司
BOC International (China) Limited
www.bocichina.com

交通银行金融研究中心简介

交通银行金融研究中心（BFRC）主要从事交通银行改革发展研究和经济金融研究,编辑《新金融》期刊,并管理博士后工作站，拥有一支以交通银行首席经济学家为首的三十余人研究队伍。中心成立以来，以机构和个人名义，在《金融研究》、《国际金融研究》、《金融时报》等专业学术报刊公开发表文章百余篇，出版专著十余部；承担了中国发展研究基金会、中国金融四十人论坛、中国银行业协会等有关方面一批重大外部课题的研究任务。首席经济学家经常出席国务院研究室、中财办、发改委、人民银行等中央部委主持召开的专家会议，为政府高层决策提供咨询意见。中心为交行赢得了良好声誉和业界肯定,先后获得了“最具研究能力银行”、“年度机构首席经济学家”等近三十多个奖项。

2013年度所获奖项

最佳研究银行	中国国际金融论坛
最具研究能力银行	银行家 The Chinese Banker
《利率市场化对商业银行转型影响研究》获“中国银行业发展研究优秀成果评选”一等奖	中国银行业协会 CHINA BANKING ASSOCIATION
中国银行业发展研究优秀成果评选组织奖	中国银行业协会 CHINA BANKING ASSOCIATION
中国人文社会科学核心期刊	中国社会科学院文献计量与科学评价研究中心
年度机构首席经济学家（中资）	第一财经 CBN 第一财经日报 CHINA BUSINESS NEWS
年度最佳预测金融机构（中资机构第三名）	第一财经 CBN 第一财经日报 CHINA BUSINESS NEWS

光明食品（集团）有限公司

BRIGHT FOOD (GROUP) CO., LTD.

光明食品（集团）有限公司是集现代农业、食品加工制造以及食品分销为一体，具有完整食品产业链的综合性的大型食品产业集团。拥有五家上市公司，其中光明乳业、金枫酒业、梅林股份和海博股份四家为国内A股上市公司，新西兰新莱特乳业公司为新西兰上市企业。光明食品集团2013年实现营业收入1068亿元，位列2013中国企业国际化经营榜单第19位。

光明食品集团以“民以食为天、食以安为先”的企业经营理念，积极倡导“激情、创业、诚信、勤俭、包容”的企业文化核心理念，按照习近平总书记提出的“大力培育我们的食品品牌”的要求，坚持和发展自强不息、开拓创新、凝聚众力、追求卓越的光明精神，以“成为核心主业突出、国内领先、具有国际竞争力和品牌影响力的综合食品产业集团”为企业战略愿景，以“市场化、专业化、国际化、证券化、规范化和人才战略”为改革重点，聚焦奶、糖、菜、肉、米、品牌食品、现代农业、食品渠道和地产、金融业务 “8+2”主营业务，以打造“安全、优质、健康食品的模范供应商，上海城市主副食品的主要承担者，全球布局、跨国经营的中国食品领军品牌”为企业使命，不断丰富光明品牌文化内涵，不断践行、创新光明品牌国际化。

光明食品的改革发展目标是，经过三至五年时间的努力，成为上海市5—8家全球布局、跨国经营的本土化跨国公司之一，国际化经营指数达到25%，资产证券化率达到50%，主营业务收入、主营业务利润、混合所有制企业三个占比分别达到80%，自然进入世界500强企业。

光明食品集团在“践行光明梦，共筑中国梦”的征程中，不断引领全体干部员工在战略自信、品牌自信、文化自信中不懈追求，奋发图强，励精图治，与时俱进，把光明食品集团锻造成为一个充满活力的企业，诚信守法的企业，大气好学的企业。

韩正视察澳大利亚　吕永杰陪同

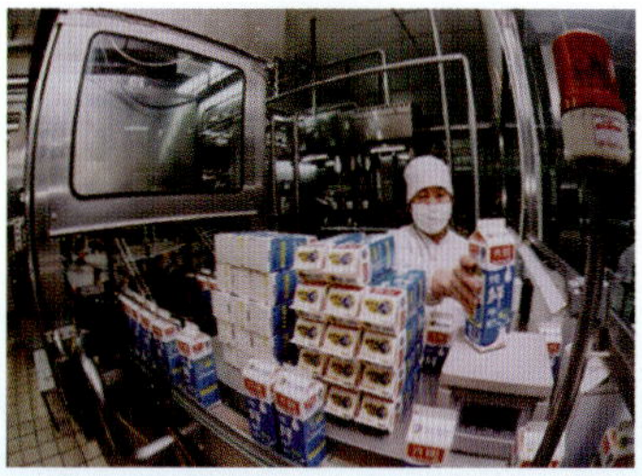

光明乳业生产流水线

光明冷饮

光明乳业华东中心工厂中央控制室

金枫灌装流水线

蔬菜集团为雪龙号科考船配送蔬菜

光明食品集团新西兰新莱特乳业公司

良心·品質
绿色生産

光明食品　爱心制作　安全衛生　健康伴侣

即时发卡

上海金融学院
SHANGHAI FINANCE UNIVERSITY

国际金融学院

上海金融学院国际金融学院前身是金融系和保险系。目前，学院下设金融系、国际金融系、金融理财系、信用管理系和金融工程系，设有金融学专业（分国际金融、金融理财、合规与反洗钱专业方向）。同时学院设有金融服务研究所、物理金融经济研究所、房地产金融研究所、合规与反洗钱研究所。

学院现有专任教师45人，其中教授7人、副教授21人，具有博士学历30人。教师队伍中绝大部分拥有海外留学背景和金融行业从业经历。国际金融教学团队和金融理财实验教学团队被评为“上海市优秀教学团队”。近年来，学院承担国家级课题10余项、省市部委级课题20余项、横向课题80余项；在核心期刊上发表论文200余篇；出版教材30余本；出版国际金融建设蓝皮书系列4本、和谐金融系列丛书4本、国际金融中心建设系列丛书5本、大师译丛7本、《博士金融学丛》10本等多种系列的专著；《金融概论》、《金融学》、《国际结算》、《商业银行经营管理》等多门课程成为国家级、上海市级精品课程、双语示范课程或重点课程；多次荣获“上海市教学成果奖”。

学院以行业为依托，以国际化为导向，以实践为载体，围绕“四个中心”尤其是国际金融中心建设，培养应用型、复合型、创新型、国际化人才。学院现有在读本科学生近2000人，开办金融保险教育高地实验班、卓越班、信达投资顾问班等。

金融学特色专业建设研讨会

充满活力的教师队伍

理财方向论证

举办第三届上海市大学生理财规划大赛

第九次"长三角金融"组稿培训
浙江金华2014.4.24-25

《上海金融年鉴》嘉兴会议
2014.7.24-25